| 法 学 致 知 |

典型合同原理

Fundamentals of Nominate Contracts

周江洪 著

法律出版社
LAW PRESS · CHINA
北京

图书在版编目(CIP)数据

典型合同原理 / 周江洪著. -- 北京 : 法律出版社, 2023(2025.6 重印)
ISBN 978-7-5197-7730-2

Ⅰ. ①典… Ⅱ. ①周… Ⅲ. ①合同法－中国－高等学校－教材 Ⅳ. ①D923.6

中国国家版本馆 CIP 数据核字(2023)第 051691 号

典型合同原理
DIANXING HETONG YUANLI

周江洪 著

责任编辑 郑怡萍
装帧设计 汪奇峰

出版发行 法律出版社
编辑统筹 法律教育出版分社
责任校对 裴 黎
责任印制 刘晓伟
经　　销 新华书店

开本 787 毫米×1092 毫米 1/16
印张 41.75　**字数** 956 千
版本 2023 年 6 月第 1 版
印次 2025 年 6 月第 3 次印刷
印刷 固安华明印业有限公司

地址:北京市丰台区莲花池西里 7 号(100073)
网址:www.lawpress.com.cn
投稿邮箱:info@lawpress.com.cn
举报盗版邮箱:jbwq@lawpress.com.cn

销售电话:010-83938349
客服电话:010-83938350
咨询电话:010-63939796

书号:ISBN 978-7-5197-7730-2
定价:108.00 元

凡购买本社图书,如有印装错误,我社负责退换。电话:010-83938349

作 者 简 介

周江洪

浙江磐安人，法学博士。现任浙江大学社会科学研究院院长，浙江大学光华法学院教授、博士生导师。兼任2018—2022届教育部高等学校法学类专业教学指导委员会委员、中国法学会理事、中国民法学研究会常务理事、中国法学教育研究会理事、中国高等教育学会理事等。曾获得司法部第三届全国法学教材与科研成果奖、浙江省哲学社会科学优秀成果奖等。先后入选国家重要人才计划青年拔尖人才、教育部新世纪优秀人才支持计划、教育部重要人才计划青年学者项目、中宣部文化名家暨“四个一批”人才、国家重要人才计划领军人才等重要人才支持计划。在《中国社会科学》《法学研究》等杂志发表论文多篇，主要有《区分所有建筑物的灾后重建》《侵权赔偿与社会保险并行给付的困境与出路》《风险负担规则与合同解除》《作为民法学方法的案例研究进路》《买卖不破租赁规则的法律效果》《委托合同任意解除损害赔偿》等。独著《服务合同研究》《服务合同立法研究》等，主编《民法判例百选》《合同案例研习》等。

缩 略 语

一、法律、法规

《民法典》	《中华人民共和国民法典》
《合同法》	《中华人民共和国合同法》
《民法通则》	《中华人民共和国民法通则》
《民法总则》	《中华人民共和国民法总则》
《涉外民事关系法律适用法》	《中华人民共和国涉外民事关系法律适用法》
《电子商务法》	《中华人民共和国电子商务法》
《侵权责任法》	《中华人民共和国侵权责任法》
《人民银行法》	《中华人民共和国中国人民银行法》
《外汇管理条例》	《中华人民共和国外汇管理条例》
《慈善法》	《中华人民共和国慈善法》
《担保法》	《中华人民共和国担保法》
《海商法》	《中华人民共和国海商法》
《合伙企业法》	《中华人民共和国合伙企业法》
《城市房地产管理法》	《中华人民共和国城市房地产管理法》
《土地管理法》	《中华人民共和国土地管理法》
《土地管理法实施条例》	《中华人民共和国土地管理法实施条例》
《信托法》	《中华人民共和国信托法》
《民事诉讼法》	《中华人民共和国民事诉讼法》
《拍卖法》	《中华人民共和国拍卖法》
《枪支管理法》	《中华人民共和国枪支管理法》
《治安管理处罚法》	《中华人民共和国治安管理处罚法》
《文物保护法》	《中华人民共和国文物保护法》
《矿产资源法》	《中华人民共和国矿产资源法》
《禁毒法》	《中华人民共和国禁毒法》
《农村土地承包法》	《中华人民共和国农村土地承包法》

《消费者权益保护法》	《中华人民共和国消费者权益保护法》
《循环经济促进法》	《中华人民共和国循环经济促进法》
《招标投标法》	《中华人民共和国招标投标法》
《招标投标法实施条例》	《中华人民共和国招标投标法实施条例》
《经济合同法》	《中华人民共和国经济合同法》
《电力法》	《中华人民共和国电力法》
《公益事业捐赠法》	《中华人民共和国公益事业捐赠法》
《企业破产法》	《中华人民共和国企业破产法》
《商业银行法》	《中华人民共和国商业银行法》
《物权法》	《中华人民共和国物权法》
《建筑法》	《中华人民共和国建筑法》
《产品质量法》	《中华人民共和国产品质量法》
《铁路法》	《中华人民共和国铁路法》
《民用航空法》	《中华人民共和国民用航空法》
《邮政法》	《中华人民共和国邮政法》
《民用航空旅客、行李国内运输规则》	《中国民用航空旅客、行李国内运输规则》
《海运条例》	《中华人民共和国国际海运条例》
《道路交通安全法》	《中华人民共和国道路交通安全法》
《海上交通安全法》	《中华人民共和国海上交通安全法》
《多式联运单证规则》	《国际商会多式联运单证规则》
《涉外经济合同法》	《中华人民共和国涉外经济合同法》
《技术合同法》	《中华人民共和国技术合同法》
《专利法》	《中华人民共和国专利法》
《促进科技成果转化法》	《中华人民共和国促进科技成果转化法》
《港口法》	《中华人民共和国港口法》
《物业管理条例》	《中华人民共和国物业管理条例》
《证券法》	《中华人民共和国证券法》
《期货和衍生品法》	《中华人民共和国期货和衍生品法》
《保险法》	《中华人民共和国保险法》
PELSC	《欧洲私法原则:服务合同》
DCFR	《欧洲示范民法典草案:欧洲私法的原则定义和示范规则》
《蒙特利尔公约》	《统一国际航空运输某些规则的公约》
《雅典公约》	《1974 年海上旅客及其行李运输雅典公约》

《民法典(草案)》	《中华人民共和国民法典(草案)》
《民法典合同编(草案)》	《中华人民共和国民法典合同编(草案)》

二、司法解释

《买卖合同司法解释》	最高人民法院《关于审理买卖合同纠纷案件适用法律问题的解释》(法释〔2020〕17号)
原《买卖合同司法解释》	最高人民法院《关于审理买卖合同纠纷案件适用法律问题的解释》(法释〔2012〕8号)
原《合同法司法解释一》	最高人民法院《关于适用〈中华人民共和国合同法〉若干问题的解释(一)》(法释〔1999〕19号)
原《合同法司法解释二》	最高人民法院《关于适用〈中华人民共和国合同法〉若干问题的解释(二)》(法释〔2009〕5号)
《外商投资企业纠纷司法解释(一)》	最高人民法院《关于审理外商投资企业纠纷案件若干问题的规定(一)》(法释〔2020〕18号)
《担保法司法解释》	最高人民法院《关于适用〈中华人民共和国担保法〉若干问题的解释》(法释〔2000〕44号)
原《城镇房屋租赁司法解释》	最高人民法院《关于审理城镇房屋租赁合同纠纷案件具体应用法律若干问题的解释》(法释〔2009〕11号)
《城镇房屋租赁司法解释》	最高人民法院《关于审理城镇房屋租赁合同纠纷案件具体应用法律若干问题的解释》(法释〔2020〕17号)
《融资租赁司法解释》	最高人民法院《关于审理融资租赁合同纠纷案件适用法律问题的解释》(法释〔2020〕17号)
原《融资租赁司法解释》	最高人民法院《关于审理融资租赁合同纠纷案件适用法律问题的解释》(法释〔2014〕3号)
《建设工程施工合同司法解释(一)》	最高人民法院《关于审理建设工程施工合同纠纷案件适用法律问题的解释(一)》(法释〔2020〕25号)
原《建设工程施工合同司法解释(二)》	最高人民法院《关于审理建设工程施工合同纠纷案件适用法律问题的解释(二)》(法释〔2018〕20号)
原《建设工程施工合同司法解释》	最高人民法院《关于审理建设工程施工合同纠纷案件适用法律问题的解释》(法释〔2004〕14号)
《矿业权纠纷司法解释》	最高人民法院《关于审理矿业权纠纷案件适用法律若干问题的解释》(法释〔2020〕17号)
《担保制度司法解释》	最高人民法院《关于适用〈中华人民共和国民法典〉有关担保制度的解释》(法释〔2020〕28号)

《商品房买卖合同司法解释》	最高人民法院《关于审理商品房买卖合同纠纷案件适用法律若干问题的解释》(法释〔2020〕17号)
原《商品房买卖合同司法解释》	最高人民法院《关于审理商品房买卖合同纠纷案件适用法律若干问题的解释》(法释〔2003〕7号)
《民法典物权编司法解释》	最高人民法院《关于适用〈中华人民共和国民法典〉物权编的解释(一)》(法释〔2020〕24号)
《国有土地使用权合同纠纷司法解释》	最高人民法院《关于审理涉及国有土地使用权合同纠纷案件适用法律问题的解释》(法释〔2020〕17号)
《农村土地承包司法解释》	最高人民法院《关于审理涉及农村土地承包纠纷案件适用法律问题的解释》(法释〔2020〕17号)
《破产法司法解释(二)》	最高人民法院《关于适用〈中华人民共和国企业破产法〉若干问题的规定(二)》(法释〔2020〕18号)
《人民法院民事执行中查封、扣押、冻结财产的规定》	最高人民法院《关于人民法院民事执行中查封、扣押、冻结财产的规定》(法释〔2020〕21号)
《民法通则意见》	最高人民法院《关于贯彻执行〈中华人民共和国民法通则〉若干问题的意见(试行)》(法(办)发〔1988〕6号)
《婚姻家庭编司法解释(一)》	最高人民法院《关于适用〈中华人民共和国民法典〉婚姻家庭编的解释(一)》(法释〔2020〕22号)
《新民间借贷司法解释》	最高人民法院《关于审理民间借贷案件适用法律若干问题的规定》(法释〔2020〕17号)
原《民间借贷司法解释》	最高人民法院《关于审理民间借贷案件适用法律若干问题的规定》(法释〔2015〕18号)
《新民间借贷司法解释适用范围问题的批复》	最高人民法院《关于新民间借贷司法解释适用范围问题的批复》(法释〔2020〕27号)
《存单纠纷司法解释》	最高人民法院《关于审理存单纠纷案件的若干规定》(法释〔2020〕18号)
《审理借贷案件的若干意见》	最高人民法院《关于人民法院审理借贷案件的若干意见》(法[民]〔1991〕21号)
《独立保函司法解释》	最高人民法院《关于审理独立保函纠纷案件若干问题的规定》(法释〔2020〕18号)
《诉讼时效司法解释》	最高人民法院《关于审理民事案件适用诉讼时效制度若干问题的规定》(法释〔2020〕17号)

《执行程序中计算迟延履行期间的债务利息司法解释》	最高人民法院《关于执行程序中计算迟延履行期间的债务利息适用法律若干问题的解释》(法释〔2014〕8号)
《铁路运输损害赔偿司法解释》	最高人民法院《关于审理铁路运输损害赔偿案件若干问题的解释》(法释〔2020〕17号)
《铁路运输人身损害赔偿司法解释》	最高人民法院《关于审理铁路运输人身损害赔偿纠纷案件适用法律若干问题的解释》(法释〔2021〕19号)
《技术合同司法解释》	最高人民法院《关于审理技术合同纠纷案件适用法律若干问题的解释》(法释〔2020〕19号)
《民法典总则编司法解释》	最高人民法院《关于适用〈中华人民共和国民法典〉总则编若干问题的解释》(法释〔2022〕6号)
《物业服务司法解释》	最高人民法院《关于审理物业服务纠纷案件适用法律若干问题的解释》(法释〔2020〕17号)
原《物业服务司法解释》	最高人民法院《关于审理物业服务纠纷案件适用法律若干问题的解释》(法释〔2009〕8号)
《建筑物区分所有司法解释》	最高人民法院《关于审理建筑物区分所有权纠纷案件适用法律若干问题的解释》(法释〔2020〕17号)
《适用民法典时间效力的规定》	最高人民法院《关于适用〈中华人民共和国民法典〉时间效力的若干规定》(法释〔2020〕15号)

简　目

绪论　合同编的制度变迁与典型合同的功能 ……………………………… (1)

第一章　买卖合同 ……………………………… (22)

第一节　买卖合同概述 ……………………………… (22)

第二节　买卖合同的效力 ……………………………… (30)

第三节　特种买卖 ……………………………… (71)

第二章　供用电、水、气、热力合同 ……………………………… (97)

第一节　供用电、水、气、热力合同的特色 ……………………………… (97)

第二节　供用电合同的成立与效力 ……………………………… (101)

第三章　赠与合同 ……………………………… (107)

第一节　赠与合同概述 ……………………………… (108)

第二节　赠与合同的效力 ……………………………… (113)

第四章　借款合同 ……………………………… (125)

第一节　借款合同概述 ……………………………… (125)

第二节　借款合同的效力 ……………………………… (135)

第三节　借款合同的特殊问题 ……………………………… (143)

第五章　保证合同 ……………………………… (147)

第一节　债的担保概述 ……………………………… (148)

第二节　保证合同概述 ……………………………… (155)

第三节　保证期间与保证债务的诉讼时效 ……………………………… (169)

第四节　保证合同的效力 ……………………………… (176)

第五节　无效保证及其法律效果 ……………………………… (192)

第六章　租赁合同 ………………………………………………（196）
第一节　租赁合同概述 ………………………………………………（197）
第二节　租赁合同的成立 ………………………………………………（200）
第三节　租赁合同的效力 ………………………………………………（207）
第四节　租赁合同的终止 ………………………………………………（242）

第七章　融资租赁合同 ………………………………………………（247）
第一节　融资租赁合同概述 ………………………………………………（248）
第二节　融资租赁合同的成立 ………………………………………………（257）
第三节　融资租赁合同的效力 ………………………………………………（264）
第四节　融资租赁合同的终止 ………………………………………………（291）

第八章　保理合同 ………………………………………………（298）
第一节　保理合同概述 ………………………………………………（299）
第二节　保理合同的效力 ………………………………………………（312）

第九章　承揽合同 ………………………………………………（330）
第一节　承揽合同概述 ………………………………………………（330）
第二节　承揽合同的效力 ………………………………………………（341）

第十章　建设工程合同 ………………………………………………（364）
第一节　建设工程合同概述 ………………………………………………（365）
第二节　建设工程合同的订立 ………………………………………………（370）
第三节　建设工程合同的效力 ………………………………………………（381）

第十一章　运输合同 ………………………………………………（405）
第一节　运输合同概述 ………………………………………………（405）
第二节　客运合同 ………………………………………………（410）
第三节　货运合同 ………………………………………………（420）
第四节　多式联运合同 ………………………………………………（432）

第十二章　技术合同 ………………………………………………（437）
第一节　技术合同概述 ………………………………………………（438）
第二节　技术开发合同 ………………………………………………（447）
第三节　技术转让合同和技术许可合同 ………………………………………………（453）
第四节　技术咨询合同和技术服务合同 ………………………………………………（457）

第十三章　保管合同 …………………………………………………………………… (462)
第一节　保管合同概述 ………………………………………………………………… (462)
第二节　保管合同的效力 ……………………………………………………………… (468)

第十四章　仓储合同 …………………………………………………………………… (478)
第一节　仓储合同概述 ………………………………………………………………… (478)
第二节　仓储合同的效力 ……………………………………………………………… (484)

第十五章　委托合同 …………………………………………………………………… (490)
第一节　委托合同概述 ………………………………………………………………… (490)
第二节　委托合同的效力 ……………………………………………………………… (494)
第三节　委托合同的终止 ……………………………………………………………… (508)
第四节　委托合同与外部关系 ………………………………………………………… (522)

第十六章　物业服务合同 ……………………………………………………………… (534)
第一节　物业服务合同概述 …………………………………………………………… (535)
第二节　物业服务合同的效力 ………………………………………………………… (542)
第三节　物业服务合同的终止 ………………………………………………………… (562)

第十七章　行纪合同 …………………………………………………………………… (566)
第一节　行纪合同概述 ………………………………………………………………… (566)
第二节　行纪合同的效力 ……………………………………………………………… (570)

第十八章　中介合同 …………………………………………………………………… (587)
第一节　中介合同概述 ………………………………………………………………… (587)
第二节　中介合同的效力 ……………………………………………………………… (594)

第十九章　合伙合同 …………………………………………………………………… (611)
第一节　合伙合同概述 ………………………………………………………………… (612)
第二节　合伙合同的效力 ……………………………………………………………… (623)
第三节　合伙合同的终止 ……………………………………………………………… (634)

后记 ……………………………………………………………………………………… (642)

繁　　目

绪论　合同编的制度变迁与典型合同的功能 …… (1)
一、《民法典》合同编变化的整体情况 …… (1)
二、合同编通则的制度变化 …… (2)
三、典型合同分编的制度变化 …… (14)
四、典型合同的功能 …… (19)

第一章　买卖合同 …… (22)
第一节　买卖合同概述 …… (22)
一、买卖合同的概念与性质 …… (22)
二、买卖合同的主体与标的 …… (24)
三、买卖与互易 …… (27)
四、买卖合同规定的参照适用 …… (29)
第二节　买卖合同的效力 …… (30)
一、对于出卖人的效力 …… (30)
二、对于买受人的效力 …… (50)
三、标的物毁损灭失时的风险负担与利益承受 …… (54)
四、费用负担 …… (62)
五、合同解除 …… (63)
六、多重买卖履行顺序的确定 …… (68)
第三节　特种买卖 …… (71)
一、分期付款买卖 …… (71)
二、所有权保留买卖 …… (77)
三、凭样品买卖 …… (91)
四、试用买卖 …… (93)
五、竞争买卖 …… (95)

第二章　供用电、水、气、热力合同 …… (97)
第一节　供用电、水、气、热力合同的特色 …… (97)

一、供用电合同的概念 …………………………………………………………… (97)
二、供用电合同的制度特色 ……………………………………………………… (98)
第二节　供用电合同的成立与效力 ……………………………………………… (101)
一、供用电合同的成立 …………………………………………………………… (101)
二、供用电合同的效力 …………………………………………………………… (103)

第三章　赠与合同 ………………………………………………………………… (107)
第一节　赠与合同概述 …………………………………………………………… (108)
一、赠与合同的概念 ……………………………………………………………… (108)
二、赠与合同的特征 ……………………………………………………………… (110)
第二节　赠与合同的效力 ………………………………………………………… (113)
一、赠与人的给付义务 …………………………………………………………… (113)
二、赠与人违约及其责任 ………………………………………………………… (113)
三、赠与合同的撤销 ……………………………………………………………… (116)
四、赠与履行之拒绝 ……………………………………………………………… (121)
五、附负担赠与的特殊效力 ……………………………………………………… (123)

第四章　借款合同 ………………………………………………………………… (125)
第一节　借款合同概述 …………………………………………………………… (125)
一、借款合同的概念 ……………………………………………………………… (125)
二、借款合同的类型 ……………………………………………………………… (128)
三、借款合同的性质 ……………………………………………………………… (130)
四、借款合同的订立 ……………………………………………………………… (131)
五、利息预扣之禁止 ……………………………………………………………… (133)
六、民间借贷合同的无效事由 …………………………………………………… (134)
第二节　借款合同的效力 ………………………………………………………… (135)
一、贷款人的义务 ………………………………………………………………… (135)
二、借款人的义务 ………………………………………………………………… (137)
第三节　借款合同的特殊问题 …………………………………………………… (143)
一、计算复利 ……………………………………………………………………… (143)
二、借新还旧 ……………………………………………………………………… (144)
三、同业拆借 ……………………………………………………………………… (145)
四、平台借贷 ……………………………………………………………………… (146)

第五章　保证合同 ………………………………………………………………… (147)
第一节　债的担保概述 …………………………………………………………… (148)
一、债的担保的概念与特征 ……………………………………………………… (148)

二、债的担保方式及其分类 …………………………………………………………（152）
第二节　保证合同概述 ……………………………………………………………（155）
一、保证合同的概念与特征 ………………………………………………………（155）
二、保证合同的订立及主要条款 …………………………………………………（160）
三、保证的类型 ……………………………………………………………………（163）
第三节　保证期间与保证债务的诉讼时效 ………………………………………（169）
一、保证期间 ………………………………………………………………………（169）
二、保证债务的诉讼时效 …………………………………………………………（173）
三、保证期间与诉讼时效的不同 …………………………………………………（175）
第四节　保证合同的效力 …………………………………………………………（176）
一、保证债务的范围 ………………………………………………………………（176）
二、保证人与债权人之间的关系 …………………………………………………（177）
三、保证人与债务人之间的关系 …………………………………………………（181）
四、主债权转让、主债务承担与保证 ……………………………………………（182）
五、数人保证情形的特殊效力 ……………………………………………………（184）
第五节　无效保证及其法律效果 …………………………………………………（192）
一、保证合同的无效 ………………………………………………………………（192）
二、无效保证情形的责任承担 ……………………………………………………（192）
三、无效保证与保证期间 …………………………………………………………（193）

第六章　租赁合同 ………………………………………………………………（196）
第一节　租赁合同概述 ……………………………………………………………（197）
一、租赁合同的概念与特征 ………………………………………………………（197）
二、租赁合同的类型 ………………………………………………………………（197）
第二节　租赁合同的成立 …………………………………………………………（200）
一、租金 ……………………………………………………………………………（200）
二、出租人 …………………………………………………………………………（200）
三、租赁物 …………………………………………………………………………（201）
四、租赁期限 ………………………………………………………………………（201）
五、租赁合同的效力评价 …………………………………………………………（203）
第三节　租赁合同的效力 …………………………………………………………（207）
一、出租人的义务 …………………………………………………………………（207）
二、承租人的义务 …………………………………………………………………（216）
三、租赁合同当事人与第三人之间的效力 ………………………………………（223）
第四节　租赁合同的终止 …………………………………………………………（242）
一、租赁合同终止的原因 …………………………………………………………（242）
二、租赁合同终止的效力 …………………………………………………………（245）

第七章　融资租赁合同 …………………………………………………………………（247）
第一节　融资租赁合同概述 ………………………………………………………………（248）
一、融资租赁合同的概念与特性 …………………………………………………………（248）
二、融资租赁合同与相关合同 ……………………………………………………………（250）
三、融资租赁合同的认定 …………………………………………………………………（253）
第二节　融资租赁合同的成立 ……………………………………………………………（257）
一、融资租赁合同的内容 …………………………………………………………………（257）
二、融资租赁合同的生效与无效 …………………………………………………………（259）
第三节　融资租赁合同的效力 ……………………………………………………………（264）
一、出租人的义务 …………………………………………………………………………（264）
二、承租人的义务 …………………………………………………………………………（273）
三、融资租赁合同的“风险负担” ………………………………………………………（280）
四、融资租赁合同当事人与第三人之间的效力 …………………………………………（282）
第四节　融资租赁合同的终止 ……………………………………………………………（291）
一、融资租赁合同终止的特殊性 …………………………………………………………（291）
二、融资租赁合同的解除 …………………………………………………………………（292）

第八章　保理合同 …………………………………………………………………………（298）
第一节　保理合同概述 ……………………………………………………………………（299）
一、保理合同的概念与类型 ………………………………………………………………（299）
二、保理合同的当事人及基础合同 ………………………………………………………（306）
三、保理合同的性质与内容 ………………………………………………………………（310）
第二节　保理合同的效力 …………………………………………………………………（312）
一、虚构债权让与标的情形下保理人的权利 ……………………………………………（312）
二、保理合同中的债权让与通知 …………………………………………………………（319）
三、有追索权保理 …………………………………………………………………………（321）
四、无追索权保理 …………………………………………………………………………（324）
五、保理合同应收账款债权让与登记与通知的效力 ……………………………………（326）

第九章　承揽合同 …………………………………………………………………………（330）
第一节　承揽合同概述 ……………………………………………………………………（330）
一、服务类合同典型合同配置方式的历史脉络 …………………………………………（330）
二、承揽合同的概念与内容 ………………………………………………………………（333）
三、承揽合同的种类与分类 ………………………………………………………………（338）
第二节　承揽合同的效力 …………………………………………………………………（341）
一、对承揽人的效力 ………………………………………………………………………（341）
二、对定作人的效力 ………………………………………………………………………（350）

三、承揽合同中的风险负担 ……………………………………………………… (359)

第十章　建设工程合同 …………………………………………………………… (364)
第一节　建设工程合同概述 …………………………………………………… (365)
一、建设工程合同的概念 ……………………………………………………… (365)
二、建设工程合同的类型 ……………………………………………………… (367)
第二节　建设工程合同的订立 ………………………………………………… (370)
一、建设工程合同的订立程序 ………………………………………………… (370)
二、建设工程合同的承包人资质 ……………………………………………… (372)
三、建设工程合同的分包 ……………………………………………………… (374)
四、建设工程合同的无效 ……………………………………………………… (377)
第三节　建设工程合同的效力 ………………………………………………… (381)
一、承包人的义务 ……………………………………………………………… (381)
二、发包人的义务 ……………………………………………………………… (389)
三、建设工程合同的解除 ……………………………………………………… (402)

第十一章　运输合同 ……………………………………………………………… (405)
第一节　运输合同概述 ………………………………………………………… (405)
一、运输合同的概念与特征 …………………………………………………… (405)
二、运输合同的订立 …………………………………………………………… (407)
三、运输合同的效力 …………………………………………………………… (409)
第二节　客运合同 ……………………………………………………………… (410)
一、客运合同的概念 …………………………………………………………… (411)
二、客运合同的成立 …………………………………………………………… (411)
三、客运合同的效力 …………………………………………………………… (412)
第三节　货运合同 ……………………………………………………………… (420)
一、货运合同的概念与特征 …………………………………………………… (420)
二、货运合同的效力 …………………………………………………………… (422)
第四节　多式联运合同 ………………………………………………………… (432)
一、多式联运合同的概念 ……………………………………………………… (432)
二、多式联运合同的效力 ……………………………………………………… (434)

第十二章　技术合同 ……………………………………………………………… (437)
第一节　技术合同概述 ………………………………………………………… (438)
一、技术合同的概念 …………………………………………………………… (438)
二、技术合同的订立 …………………………………………………………… (439)
三、技术成果相关权利的归属 ………………………………………………… (442)

四、技术合同的无效和可撤销 …………………………………………………………（444）
五、技术合同的解除 ………………………………………………………………………（446）
第二节　技术开发合同……………………………………………………………………（447）
一、技术开发合同的概念、类型与特征…………………………………………………（447）
二、技术开发合同的效力 …………………………………………………………………（448）
三、技术开发合同的风险分担 ……………………………………………………………（450）
四、技术开发合同中的技术成果权益归属 ………………………………………………（450）
第三节　技术转让合同和技术许可合同…………………………………………………（453）
一、技术转让合同和技术许可合同的概念 ………………………………………………（453）
二、技术转让合同和技术许可合同的效力 ………………………………………………（454）
三、后续改进技术成果的归属 ……………………………………………………………（456）
第四节　技术咨询合同和技术服务合同…………………………………………………（457）
一、技术咨询合同 …………………………………………………………………………（457）
二、技术服务合同 …………………………………………………………………………（459）
三、技术中介合同、技术培训合同………………………………………………………（460）

第十三章　保管合同……………………………………………………………………（462）
第一节　保管合同概述……………………………………………………………………（462）
一、保管合同的概念与特征 ………………………………………………………………（462）
二、特殊保管 ………………………………………………………………………………（464）
第二节　保管合同的效力…………………………………………………………………（468）
一、保管人的义务 …………………………………………………………………………（468）
二、寄存人的义务 …………………………………………………………………………（475）

第十四章　仓储合同……………………………………………………………………（478）
第一节　仓储合同概述……………………………………………………………………（478）
一、仓储合同的概念与特征 ………………………………………………………………（478）
二、仓单 ……………………………………………………………………………………（480）
第二节　仓储合同的效力…………………………………………………………………（484）
一、保管人的义务 …………………………………………………………………………（484）
二、存货人的义务 …………………………………………………………………………（487）

第十五章　委托合同……………………………………………………………………（490）
第一节　委托合同概述……………………………………………………………………（490）
一、委托合同的概念 ………………………………………………………………………（490）
二、委托合同与相关法律关系辨析 ………………………………………………………（492）
第二节　委托合同的效力…………………………………………………………………（494）

一、委托人的义务 …… (494)
二、受托人的义务 …… (502)
第三节　委托合同的终止 …… (508)
一、委托合同终止的原因 …… (508)
二、委托合同终止的法律效果 …… (515)
第四节　委托合同与外部关系 …… (522)
一、受托人以自己的名义与第三人订立合同 …… (522)
二、第三人订立合同时知道代理关系时的当事人关系 …… (523)
三、第三人订立合同时不知道代理关系时的当事人关系 …… (526)

第十六章　物业服务合同 …… (534)
第一节　物业服务合同概述 …… (535)
一、物业服务合同的概念和特征 …… (535)
二、物业服务合同的主体和内容 …… (539)
第二节　物业服务合同的效力 …… (542)
一、物业服务人的义务 …… (542)
二、业主的义务 …… (554)
第三节　物业服务合同的终止 …… (562)
一、物业服务合同终止的原因 …… (562)
二、物业服务合同终止的法律效果 …… (564)

第十七章　行纪合同 …… (566)
第一节　行纪合同概述 …… (566)
一、行纪合同的概念和性质 …… (566)
二、行纪合同与委托合同 …… (568)
第二节　行纪合同的效力 …… (570)
一、行纪人的义务和权利 …… (570)
二、委托人的义务 …… (579)
三、委托合同相关规定的参照适用 …… (582)

第十八章　中介合同 …… (587)
第一节　中介合同概述 …… (587)
一、中介合同的概念和性质 …… (587)
二、中介合同与相关合同的比较 …… (591)
第二节　中介合同的效力 …… (594)
一、中介人的义务 …… (594)
二、委托人的义务 …… (600)

三、委托合同相关规定的参照适用 …………………………………………… (605)

第十九章　合伙合同 ……………………………………………………………… (611)
第一节　合伙合同概述 ………………………………………………………… (612)
一、合伙合同的概念 …………………………………………………………… (612)
二、合伙合同的性质 …………………………………………………………… (615)
第二节　合伙合同的效力 ……………………………………………………… (623)
一、合伙人的出资义务 ………………………………………………………… (623)
二、合伙财产 …………………………………………………………………… (625)
三、合伙事务的决定与执行 …………………………………………………… (626)
四、合伙的损益分配 …………………………………………………………… (628)
五、合伙债务的承担 …………………………………………………………… (630)
六、合伙人财产份额的转让 …………………………………………………… (631)
七、合伙人债权人的代位权行使限制 ………………………………………… (633)
第三节　合伙合同的终止 ……………………………………………………… (634)
一、合伙合同终止的原因 ……………………………………………………… (634)
二、合伙合同终止后的剩余财产分配 ………………………………………… (638)

后记 ……………………………………………………………………………… (642)

绪论　合同编的制度变迁与典型合同的功能

合同编在中国《民法典》中占有重要的地位，是中国《民法典》"合同中心主义"的重要载体。合同编在尊重历史延续性的同时，借鉴世界法治文明先进成果、吸收民法学说最新进展、反映司法实践最新发展，在体系结构和诸多制度上都有重大发展和创新。从世界范围来看，中华人民共和国颁布的第一部《民法典》一方面吸收了世界法治文明的先进成果，同时也是中国70年法治建设本土经验的结晶。与具有代表性的各国《民法典》相比，无论是在编纂方式、立法理念、立法目的、体例结构还是在具体制度上，中国《民法典》都具有诸多创新性的元素，为世界各国提供了新的《民法典》样本。[1] 在这其中，合同编的定位与变化令人瞩目。从合同编通则发挥债法总则功能以及对身份关系的参照适用层面上来说，我国的《民法典》采用了以"法律行为"与"合同"为代表的"双中心"编纂方式。另一方面我国《民法典》参考了"法律行为中心主义"的编纂方式，在《民法典》总则编以意思表示为中心来统筹各种法律行为。但同时，在债的统合问题上，除了将侵权责任单独成编，以"合同编通则分编"来统合各种债，并设立"准合同"的合同编分编，体现了"合同中心主义"的追求。同时，较之原《合同法》及相关司法解释，《民法典》合同编有不少的创新和发展，一方面尊重历史的延续性，另一方面又根据时代的发展作出了相应的补充和修改，体现了"编纂"的特点。本书以《民法典》规定的典型合同为阐释对象，有必要对《民法典》具有合同编的制度变迁作一整体把握。本书也因此将旧文修改后权作绪论的部分内容。[2] 当然，全面了解各典型合同的《民法典》规范以后再来细看这"不是绪论的绪论"，对于《民法典》合同编以及《民法典》具有的中国特色，亦会有更加深刻的了解。

一、《民法典》合同编变化的整体情况

合同规范在《民法典》中、合同纠纷在司法实践中的重要性非常突出，因此，《民法典》中配置了众多与合同相关的规范。《民法典》合同编的条文占比非常突出，具有明显的"合同中心主义"的色彩。合同编共有526个条文，数目接近《民法典》条文数的一半；文字数约为4.5万字，接近10.67万字的《民法典》的一半。不仅如此，合同编与原《合同法》相比，增加了137条，删去了25条，修改了260条，合同编的变化和创新不可谓不大。[3]

合同编由三个分编组成，分别是通则、典型合同和准合同。通则分编主要是对原《合同法》总则的更新和完善；典型合同分编则在原《合同法》分则的基础上增加了典型合同，并对部分典型合同规则作出了修改；准合同分编在不采纳债法总则的背景下将无因管理和不当得利予以

---

〔1〕 周江洪：《中国民法典的精神实质和核心要义》，载《法治现代化研究》2020年第5期。

〔2〕 周江洪：《民法典合同编的制度变迁》，载《地方立法研究》2020年第5期。

〔3〕 石宏：《合同编的重大发展和创新》，载《中国法学》2020年第4期。

纳入,细化和扩充了原《民法通则》和原《民法总则》中关于无因管理和不当得利的规则。

合同编增加了四类典型合同,分别是保证、保理、物业服务和合伙。其中,原《担保法》规定的各种担保方式分别由《民法典》物权编和合同编分担,担保物权部分纳入物权编,而保证被作为独立的合同类型纳入合同编典型合同分编,定金被纳入合同编通则分编之中。当然,物权编中的第三人提供物的担保,传统意义上被称为物上保证人。但《民法典》物权编物上保证人相关规则的表述,与合同编保证合同保证人相关规则的表述略有差别。另外,在未采纳担保独立成编的编纂体例中,物权编中的担保与合同编中的担保之间如何协调需要在今后法律适用中特别注意。关于保理合同,虽然保理合同本质上是债权让与加上其他合同给付类型的混合合同,但宪法和法律委员会认为,保理业务作为企业融资的一种手段,在权利义务设置、对外效力等方面具有典型性。对保理合同作出明确规定,有利于促进保理业务的健康发展,缓解中小企业融资难、融资贵的问题,进而促进我国实体经济的发展。关于物业服务合同,各方普遍认为,物业服务合同是现实生活中普遍存在的一类合同,明确规定这类合同很有必要。关于合伙协议,设立合伙协议则主要是考虑了总则编从组织形态角度规定了非法人组织以后,原《民法通则》曾规定的合伙内部关系无所可依的问题。因此,从协议的角度出发,将合伙规定为独立的一类典型合同。当然,合伙作为典型合同,与通常的合同类型特别是与双务合同之间存在较大的不同。

二、合同编通则的制度变化

《民法典》合同编通则与原《合同法》总则相比发生的变化,主要有以下三方面的内容,即合同编通则删减的内容、合同编通则新增的内容和合同编通则加以完善更新的内容。

(一)合同编通则删减内容概况

《民法典》合同编通则对原《合同法》的删减,主要是通过编纂整合现有规范,删去与法典中其他各编相互重复的地方,特别是《民法典》总则编。删繁就简,这既体现了《民法典》作为编纂法典的特点,也体现了总分结构编纂《民法典》的体例要求。删减内容主要包括以下七个方面:

1. 删去基本原则的重复性规定。原《合同法》规定的合同法基本原则与民法的基本原则重复的地方很多,都已被悉数删去。

2. 删去与总则编法律行为规则、代理规则重复的部分,以总则编的"民事法律行为"一章来统筹包括合同在内的各类法律行为,体现了"法律行为中心主义"的特点。如要约的生效、撤回,《民法典》总则编已规定了意思表示的生效、撤回问题,合同编通则删去了这些条文。同样的,法律行为的无效、可撤销、效力待定、附条件附期限等附款规则、代理的规则等,也因与《民法典》总则编重复,在合同编通则中相应地删去。需要注意的是,原《合同法》第 54 条规定了合同的可变更可撤销,与原《民法总则》并不一致。在原《民法总则》立法时,立法者认为法律行为的可变更会限制当事人的意思自治,删去了可变更制度。关于法律行为及合同的可变更问题,虽然在学说上还有争议,但《民法典》延续了原《民法总则》的精神,不再规定合同的可变更,而将其限定在情势变更等特定情形中。

经过这样的修改,合同的效力部分只剩下了 7 个条文,仅保留了无权代理视为追认的情形、超越代表权限及超越经营范围、免责条款无效的情形、解决争议条款的独立效力等。其中

《民法典》第508条还是指引性的规范，即“本编对合同的效力没有规定的，适用本法第一编第六章的有关规定”。合同作为最典型的法律行为，当然适用法律行为部分的规定，此类指引性规范的存在，会部分削减《民法典》编纂抽象立法技术的功能。当然，从法典通俗易懂以及法典的透明度的角度来说，类似指引性规范也具有提醒作用。

3. 删去与原《民法总则》法人部分重复的规定，如法人合并分立时的债权债务承受问题。原《合同法》第90条法人合并分立情形下的债权债务概括承受与《民法典》总则编第67条重复。

4. 删去违约责任部分不可抗力的定义。原《合同法》规定了不可抗力的定义，但《民法典》总则编已有规定。

5. 责任竞合时的处理。原《合同法》第122条规定了违约责任与侵权责任竞合时的处理规则，但《民法典》总则编第186条对民事责任的竞合也作了规定。

6. 合同解释规则的删减。原《合同法》第125条规定了具体的解释方法，但《民法典》第466条只保留了存在两种文字文本时的解释方法；《民法典》总则编第142条第1款有关意思表示的解释方法为合同解释的一般方法。虽然合同解释与意思表示解释存在微妙的差别，但《民法典》在某种程度上将其同等对待，一定程度上也体现了“意思表示”与“法律行为”之间的区分困难。理论上来说，合同解释是双方意思表示一致、成立合同后对合同的解释，是对法律行为的解释；而意思表示的解释则是合同当事人一方的意思表示的解释问题，有时候会因为意思表示解释结果导致意思表示不一致而无法成立合同。若是有相对人的意思表示的解释，需要考虑受领意思表示的相对人的信赖；而合同的解释，则是双方意思表示后形成的共同的意思的解释，更多地偏向于客观解释。因此，两者的解释方法会存在微妙的区别。

7. 与《涉外民事法律关系适用法》重复的地方。由于《涉外民事法律关系适用法》对涉外合同的法律适用作出了规定，合同编中无需对此再作规定。

上述七点删减体现了《民法典》不是全新的制定而是属于“编纂”的特点。也就是说，《民法典》是在制定于不同历史时期的大量单行法的基础上，对民事法律规范体系的编订纂修。因此有必要考虑将各单行法纳入《民法典》以后的体系整合问题。

关于因为重复而删减的问题，有时候并不是将相关内容直接删去，而是通过修改原《合同法》与《民法典》总则编重复的原有规则，使其发挥新的功能。如《民法典》合同编第465条第2款的“依法成立的合同，仅对当事人具有法律约束力，但是法律另有规定的除外”，该条增加的“仅”字，不仅使其与《民法典》总则编第119条作出了区别，而且强调了合同之债的相对性。

（二）合同编通则新增内容

合同编通则新增内容主要集中在以下五个方面，即（1）合同编通则实现债总功能的规定新增。（2）吸收《电子商务法》规则的新增。（3）吸收原《民法通则》等规定的新增。（4）吸收司法解释规定的新增。（5）缺失遗漏的债法重要制度的新增。

1. 新增合同编通则实现债总功能的规则

虽然学界有不少人主张应该参考大陆法系传统设立债法总则，但考虑到原《合同法》总则规则与债总规则之间的重复以及我们国家合同法单行法的传统，《民法典》最终未设立债法总则。特别是数十年累积而成的强大立法惯性，以及在民法典采取以单行法直接转化为法典各编的编纂原则下,不设置债法总则有其必然性。[4] 在未设置债法总则编的背景下,并不能说各种债的发生不需要总则性的规范。在缺少债法总则编的背景下,如何让合同编通则实现债法总则的功能会面临极大的挑战。对此,《民法典》也作出了具体的安排。第一方面,通过准合同的方式,将无因管理和不当得利纳入合同编。第二方面,通过《民法典》第468条的规定,将合同编通则的规定适用于非合同之债,即“非因合同产生的债权债务关系,适用有关该债权债务关系的法律规定;没有规定的,适用本编通则的有关规定,但是根据其性质不能适用的除外”。该条属于指引,对非因合同产生的债可以适用合同编通则作出了指引。第三方面,将一些债法总则性制度规定在《民法典》合同编通则之中,如连带之债、选择之债等与债法总则相关的制度,都在合同编通则分编中予以规定。当然,原《合同法》总则本身在很多地方也发挥着债法总则的功能。例如,原《合同法》规定的债的保全问题、债的消灭问题等,本身也是债法总则的规则。从这层意义来说,《民法典》未设立债法总则,也可以说是原《合同法》实施以来的历史延续性的体现。第四方面是对一些用词作了修改,试图区分债权债务和合同权利义务。在原《合同法》中被表述为合同权利义务的,在《民法典》中的不少地方都变成了“债权债务”的表述。用“债权债务”来替代“合同权利义务”,部分目的也是使合同编通则能发挥债法总则的作用,而不仅仅是适用于合同之债。甚至可以这么说,用“债”“债权”“债务”等表述的,原则上都可以适用于非因合同产生的债;而规定的若是合同权利义务的,则要根据《民法典》第468条规定的“根据其性质不能适用的除外”这一判断原则,仔细进行判断。

当然,围绕《民法典》第468条,将来也有可能会出现诸多纠纷。例如,《民法典》侵权责任编并没有明文规定关于纯粹经济损失的损害赔偿问题,但也没有明文排除。这时候,能否适用合同编的可得利益主张赔偿,就会面临一些争议。另外,侵权责任编遵循传统的做法,没有规定可预见性规则对损害赔偿范围的限制问题。违约损害赔偿中的可预见性规则能否借助《民法典》第468条规定进入侵权损害赔偿之债的视野有可能会引起争议。不仅如此,《民法典》合同编第三分编“准合同”规定的无因管理和不当得利,根据《民法典》第118条第2款的规定,也都是债的发生原因,亦即“非因合同产生的债”。本编通则如何适用于第三分编“准合同”规定的债,也是将来需要考虑的重要问题之一。诸如此类的问题,其关键之处就在于《民法典》第468条规定的“根据其性质不能适用”如何界定。通常来说,要注意意定之债和法定之债的不同,比如合同的订立、合同的解除、违约金等规则,都是源于当事人的意思,通常只适用于合同之债,而不能适用于法定之债,也就不存在法定之债适用的可能。[5]

2. 新增吸收《电子商务法》规则

第二类增加是吸收了《电子商务法》的规则。这点上,既有电子合同成立方面的规则(如《民法典》第491条),也有电子合同标的交付时间的规则(《民法典》第512条),等等。这些规则的导入,体现了《民法典》适应信息化时代的要求,具有明显的时代特色。虽然从民事基本法与特别法之间的关系来说,《电子商务法》已有规定的情形,《民法典》似乎没有必要规定。但实践中也可能存在《电子商务法》不调整的电子合同,《民法典》作为兜底对此有所规定,也是必要

---

〔4〕 朱庆育:《债法总则消亡史》,载《法学研究》2022年第4期。

〔5〕 黄薇主编:《中华人民共和国民法典解读:合同编》(上册),中国法制出版社2020年版,第31页。

的。需要注意的是，在电子合同规则中，关于电子服务合同的服务交付时间，以凭证记载为推定证据，但以实际提供服务时间为准。

3. 新增吸收原《民法通则》等规定

第三类是按份之债和连带之债的规则变化。原《合同法》总则部分对此未作出规定，但《民法典》吸收了原《民法通则》的规定并对此作出了完善。

当然，与原《民法通则》第86条相比，《民法典》第517条加上了“标的可分”的表述。用“标的可分”概念的导入，是不是可推测《民法典》意图导入可分之债与不可分之债的概念体系并不明确，但如果是刻意加上“标的可分”这一点，则是为未来可分之债和不可分之债的理论区分提供了一个切入点，值得关注。可分之债的概念至少在比较法上有一些特殊的功能。例如，在某些立法例中，在继承领域，可分的金钱之债因继承事由的发生而直接产生遗产分割的效力，而无需先经过“遗产共有”的状态。

连带之债中，一个比较大的变化是连带债务人之一清偿债务后向其他连带债务人追偿的前提条件问题。《民法典》第519条要求债务人的清偿超过自己的份额且在其他连带债务人未履行的份额内有追偿权。但与此相比，原《民法通则》第87条并未要求超出自己份额，而是规定“履行了义务的人，有权要求其他负有连带义务的人偿付他应当承担的份额”。但在我国现行民事法律规范体系中，从2009年发布的原《侵权责任法》的连带责任开始，就采用了与《民法典》同样的方式，即要求超过自己的份额才有追偿权。例如，甲、乙、丙三个连带债务人对债权人丁负有90万元的连带债务，推定份额相等。若依原《民法通则》的规定，如果甲偿还了9万元，就存在要求其他连带债务人分担相应部分债务的解释空间；但如果按照《民法典》的规定，则不能要求其他连带债务人分担。

要注意的是这里特别强调了“相应地享有债权人的权利”，在某种程度上意味着肯定了法定的债权让与。偿还了债务的连带债务人，在超出份额的范围内享有债权人的权利，继受了债权。如此一来，就不可避免地涉及清偿了债务的连带债务人的追偿权与因“相应地享有债权人的权利”之间的关系。通常会认为，该“债权人权利”是作为追偿权的担保而存在的。也就是说，追偿权是基础性的、独立的权利，决定了作为法定代位权的“债权人权利”是否成立及其范围。〔6〕

另外，这里说的“不得损害债权人的利益”也是值得注意的地方。比如说，清偿了部分债务，但并没有全部消灭债权时，就会出现债权人对其他连带债务人的权利或对于从权利的权利，与相应地享有债权人权利的连带债务人之间的权利冲突问题，两者之间如何处理，会是一个比较复杂的难题。依《民法典》第519条第2款的规定，连带债务人清偿后取得的债权人权利或地位，并不能损害债权人之权利，因此其权利劣后于债权人的权利。例如，连带债务人之一清偿了超过自己份额的部分债务，债权人的债权并未全部得到满足；此时，若被追偿的其他连带债务人之一提供了物的担保，债权人享有抵押权，因完成部分清偿的连带债务人“相应地享有债权人的权利”，也因此享有作为从权利的该抵押权。但若该抵押权实现时的价值不足以

---

〔6〕 谢鸿飞：《连带债务人追偿权与法定代位权的适用关系——以民法典第519条为分析对象》，载《东方法学》2020年第4期。

清偿全部债务时，根据“不得损害债权人利益”的规则，尚未得到完全清偿的债权人优先。不仅如此，《民法典》第519条第3款还规定了不能被追偿时的风险由其他连带债务人按比例共同承受的原则，使得连带债务的规则更为完善。

另外需要值得注意的是，《民法典》第520条第1款规定了连带债务人之一的履行、抵销或者提存，具有绝对效力，并同时规定了该债务人的追偿权。但该条只是规定“该债务人可以根据前条规定向其他债务人追偿”，并没有像第519条一样规定“并相应地享有债权人的权利”。从立法目的上来说，应当作同样解释，该连带债务人同时也相应地享有债权人的权利。

连带债务规则中非常重要的规则新增，是连带债务的涉他效力问题。《民法典》第520条是对连带债务的全新规定，对于确立我国连带之债的基本规则具有重要的意义。

连带债务，理论上经历了从一个债的理解到数个债的理解的过程。数个债的话，就连带债务人之一发生的事由，原则上不会影响到其他债务人。因此，对于那些有可能影响其他连带债务人的事由，法律对此应单独作出规定。《民法典》首次明确了这个问题，虽然学理上可能还会存在不少争议，但至少较之以往连带债务规则更为清晰。当然，除了目前《民法典》第520条规定的事由以外，连带债务人之一针对债权人的各种抗辩事由，哪些有可能构成绝对效力事由、哪些可能构成限制相对效力事由以及哪些属于相对效力事由，在今后仍有进一步研讨之必要。[7]

4. 新增吸收司法解释规定

第四类增加则是将司法解释发展而来的一些规则纳入《民法典》之中。《民法典》编纂吸收了大量的司法解释规定。例如，《民法典》第495条规定的预约，来自《买卖合同司法解释》。再如，《民法典》第502条第2款规定的待批准合同，从原《合同法司法解释一》、原《合同法司法解释二》到《外商投资企业纠纷司法解释(一)》、《矿业权纠纷司法解释》，司法实践的态度存在一个逐步的变化过程。这次《民法典》在司法解释的基础上明确了报批义务的独立性。《民法典》合同效力部分虽然删减了大部分条文，但吸收司法解释规定，新增了两个条文，规定了无权代理情形，被代理人的履行或接受履行，被视为对无权代理的追认；以及对超越经营范围的合同效力问题作出了规定。债的保全部分也吸收了部分司法解释规定。

情势变更原则，也是合同编通则在司法解释基础上的新增。1999年原《合同法》立法时，考虑到规定情势变更原则的条件并不成熟，没有将其作为原《合同法》的规则予以确定，后来在原《合同法司法解释二》中对此予以明确，《民法典》第533条最终将其确立了下来。但需要注意的是，情势变更原则也吸收了比较法经验和我国民法学说的诸多见解，不仅在表述方式上出现了较大变化，“情势”的表述从“客观情况”过渡到了“合同的基础条件”，而且删去了司法解释中要求的“非不可抗力”的限定条件。也就是说，即使是不可抗力导致的重大变化也可以适用情势变更原则。而在适用情势变更原则时，导入了当事人的再磋商义务，要求先在合理期限内协商，协商不成才能请求变更或解除。

《民法典》也新增了与有过失规则。虽然在立法过程中有不少学者认为在债务不履行责任中适用与有过失的场景很少，原《合同法》规定的不真正义务违反的减损规则就足以应对，但

[7] 周江洪：《连带债务涉他效力规则的源流与立法选择》，载《法商研究》2019年第3期。

《民法典》还是将《买卖合同司法解释》规定的与有过失规则纳入其中，在第 592 条第 2 款对此作了规定。就学理上而言，合同之债债务不履行的损害赔偿，适用与有过失规则确实应当慎重。例如，在某承揽合同中，甲工厂与乙企业商定，由乙企业为甲工厂设置安装电压稳压器，以防止因机器运转异常时电压忽然变化导致故障和损害等。在工厂生产过程中，甲工厂工人操作机器不规范导致机器运转异常电压出现急剧变化，但由于乙安装设置的稳压器存在问题，没有适时启动发挥作用，异常电压烧毁了机器。于是甲工厂要求乙企业赔偿，乙企业则主张这是由于甲工厂自己的过失造成，要求不赔偿或要求减少赔偿。若按照《民法典》第 592 条第 2 款的文义，似乎也符合其相关要件。但就合同风险分配角度而言，安装稳压器就是为了应对机器运转有可能出现异常而导致电压变化等各种异常情况。这是订立该承揽合同的原因所在，且承揽人乙企业也知道这一点，因此，该风险早就分配到了安装稳压器的乙企业一方，对于由此造成的损失乙企业并没有理由要求减少赔偿或不予赔偿。因此，《民法典》第 592 条第 2 款的规定，在将来的适用过程中也难免会存在争议。初步的方案，可以考虑适当限缩该条规定的与有过失的前提要件，即若合同就因过失造成的损害风险或防范义务已作出适当分配的，并不在该款适用范围之内；该款规定的“对损失的发生有过错的”，应当解释为债权人存在“合同”上的可归责性，而不是就损失发生的可归责性。

《民法典》第 560 条以下规定的债务清偿抵充规定，也来自原《合同法司法解释二》。当然，从理论上来说，《民法典》第 561 条规定的债务人给付不足以清偿全部债务时的清偿顺序，特别是利息与主债务的顺序，也有可能存在其他的利益衡量，而不是目前规定的先抵充利息，然后抵充主债务。如果是抵充主债务，可以使得本金减少，进而减少后续利息的产生。当然，这是一个向债权人保护倾斜还是向债务人保护倾斜的政策考量问题。《民法典》选择了倾向于保护债权人的政策考量，规定先抵充利息。

5. 新增缺失遗漏的债法重要制度

第五类新增的制度是全新的规定，是在编纂过程中对现行民事制度重要的“查漏补缺”，主要增设缺失的重要债法制度，并就若干价值理念在微观制度层面作了细化。大致包括以下十六个方面的新增：

（1）总则层面的强制缔约制度。《民法典》第 494 条将其分为强制要约和强制承诺分别予以规定。不仅如此，该条还完善了国家订货合同的规定，以应对抢险救灾、疫情防控等特殊情形的需要。

（2）悬赏广告制度的新增。《民法典》第 499 条对此作出了规定。当然，悬赏广告问题会涉及是单方允诺还是合同的争议，有人认为规定在合同编，就应当是合同构成。该理由并不一定成立，原因在于合同编也规定了一些单方行为，如解除权等形成权的行使。当然，不同的制度构成都需要有相应的不同的制度“补丁”，特别是涉及未成年人完成行为时或不知悬赏广告存在时的解释问题。

（3）与绿色原则相关的规则。如《民法典》第 509 条第 3 款规定的合同履行的绿色原则、第 558 条规定的旧物回收义务等。

（4）金钱之债的货币种类。《民法典》第 514 条规定，“以支付金钱为内容的债，除法律另有规定或者当事人另有约定外，债权人可以请求债务人以实际履行地的法定货币履行”。需要注意的是，该条规定的当事人约定货币种类优先，与《人民银行法》规定的人民币为法定货币的货币主权之间的关系问题。按照《人民银行法》第16条的规定，人民币是法定货币，任何人都不能拒绝接受其作为清偿工具。但如果当事人在我国境内约定了以外币作为货币种类，那么在我国境内，债务人或债权人能否请求以人民币支付？这里涉及“当事人另有约定”的解释问题。比如，当事人约定，培训班报名费100美元。这是否已满足“另有约定”的构成要件？或者说以法定货币给付仍然得以构成“法定的代物清偿”？或者说一定要特别约定“不接受其他种类货币支付”或“仅接受某货币种类”等类似表达，才是该条规定的“另有约定”？虽然比较法上的趋势是逐步放宽货币主权、承认当事人之间的意思自治，但在《人民银行法》第16条的背景之下，如何妥当地解释《民法典》第514条的规定，仍有进一步讨论的空间。对此，有学者认为，《民法典》第514条的立法文义为货币之债的未来实践开辟了宽松的自治空间，直接联动到以《人民银行法》第16条、第20条和《外汇管理条例》第8条为代表的货币及外汇管制性规范，并作了或隐性或显性的修改，但这似乎并非立法者有意为之。在新货币形态推陈出新、国内自贸区不断设立、涉外债权债务大量产生等背景之下，《民法典》第514条的未来适用效果，货币之债在未来实践中的自治与管制关系处理，均依赖立法机关、政府机关尽快明确货币与外汇的法政策立场。〔8〕

（5）选择之债。《民法典》第515条与第516条均对此作出了规定。两条规定从选择之债选择权的归属、选择权的移转、选择权行使的程序以及可选择标的不能时的选择权行使等作出了规定。虽然理论上多将原《合同法》第111条规定解释为选择之债的表现形式之一，但在《民法典》之前，并未有法律对选择之债作出总则性规定。《民法典》在合同编通则中规定选择之债，是合同编通则发挥债总功能的立法技术的表现之一。

（6）第三人代为履行制度的新增。第三人代为履行，也是债法的一般性规则之一，《民法典》第524条对此作了规定。需要注意的是，该条规定的第三人代为履行，要有合法利益，而不是第三人清偿。〔9〕在第三人代为履行中，因为原则上发生债权的法定让与，所以需有合法利益的限制。但在一些场合我们也说“第三人履行”，它与这里的“第三人代为履行”并不相同。例如，在建设工程等领域经常会规定不得转包分包等，要亲自履行债务，禁止由第三人履行。这里的第三人履行，是债务履行的主体问题；而《民法典》第524条规定的第三人代为履行，是发生法定债权让与的第三人代为履行。由于会发生法定债权让与，就有可能会出现第三人通过履行债务而取得债权人地位，进而有可能对债务人形成一定的控制或威慑，因此，对于发生债权法定让与的第三人代为履行要求具有“合法利益”的限定条件。

（7）关于债权人代位权的新增规定。原《合同法》第73条规定的是可以代为行使债务人的“债权”，《民法典》第535条在此基础上进行了扩张，规定债权人可以代为行使的是“债权或者与该债权有关的从权利”。不仅如此，《民法典》第536条还规定了可以对时效援引、申报破产债权等保存行为行使债权人代位权。也就是说，债权人的债权到期前，债务人的权利存在诉讼

---

〔8〕 聂卫锋：《中国法上货币之债的自治与管制——〈民法典〉第514条的联动效应与适用效果》，载《荆楚法学》2022年第3期。

〔9〕 有观点认为，第三人代为清偿与代为清偿存在区别，但可使用第三人代为清偿概括所有类型的代为清偿。参见王利明：《债法总则研究》（第2版），中国人民大学出版社2018年版，第567页。

时效期间即将届满或者未及时申报破产债权等情形,影响债权人的债权实现的,债权人可以代位向债务人的相对人请求其向债务人履行、向破产管理人申报或者作出其他必要的行为。此等保存行为,并不要求《民法典》第 535 条或者原《合同法》第 73 条规定的债权人的债权到期这一要件。当然,《民法典》第 536 条规定的“等”,究竟是“等外等”还是“等内等”,具有解释的空间。

(8)债权让与增加的履行费用的处理。《民法典》第 550 条规定,因债权转让增加的履行费用,由让与人负担。

(9)并存的债务承担规则的新增。通常认为,原《合同法》上只有免责的债务承担,第三人承担债务后,会退出债的关系。当然,也有学者将债务的部分承担解释为并存的债务承担的规范依据。《民法典》第 552 条这次明确了并存的债务承担,增加了原债务人不退出债的关系但第三人也加入债务的情形,而且规定了两种第三人加入的方式,一种是“第三人与债务人约定 + 通知”,另一种是“第三人向债权人表示 + 未明确拒绝”。当然,在并存债务承担中,承担人清偿了债务以后,承担人与债务人之间的内部关系究竟是适用保证还是连带债务的法律关系,也需要明确。从《民法典》第 552 条的文义上看,应当是连带。毕竟,保证规则即使是连带保证,也有主从关系,要以主债务人不履行为前提。若按照保证的规则,就势必会不符合债务加入的本质。而且,保证人通常还有追偿权的问题,但加入债务的第三人究竟是否有追偿权,要看债务人与该第三人之间的约定。另外,第三人与债务人约定的性质究竟是什么,是否具有为第三人合同的性质等,这些都需要结合其他相关制度予以进一步解释。

(10)债权债务终止后从权利消灭的规定。《民法典》第 559 条规定,“债权债务终止时,债权的从权利同时消灭,但是法律另有规定或者当事人另有约定的除外”。当然,这里要注意的是,《民法典》第 557 条区分了债权债务终止和合同权利义务关系终止。解除合同导致合同权利义务关系终止的情形下,只是合同终止,并不是债权债务的终止。合同解除后的清算返还等等债务仍然存在。为此,《民法典》第 566 条规定了作为从权利的担保责任原则。

(11)持续性不定期合同的随时终止。《民法典》第 563 条在原《合同法》第 94 条法定解除的基础上,增加了第 2 款,规定了“以持续履行的债务为内容的不定期合同,当事人可以随时解除合同,但是应当在合理期限之前通知对方”。该规则原来散见于不定期租赁合同等特定合同类型之中,这次参照比较法,将其作为总则性规则予以规定。当然,在一些特定合同类型当中,《民法典》也作了特别规定,如《民法典》第 730 条规定的不定期租赁、第 948 条规定的不定期物业服务、第 976 条规定的不定期合伙以及第 1022 条规定的肖像许可使用合同,都有随时解除的特别规定。

(12)新增附宽限期的合同解除通知的法律效果问题。这是实务中比较常见的问题,《民法典》对此予以规定,解决了实务中重要的争议点。对此,《民法典》第 565 条第 1 款规定,“当事人一方依法主张解除合同的,应当通知对方。合同自通知到达对方时解除;通知载明债务人在一定期限内不履行债务则合同自动解除,债务人在该期限内未履行债务的,合同自通知载明的期限届满时解除。对方对解除合同有异议的,任何一方当事人均可以请求人民法院或者仲裁机构确认解除行为的效力”。

(13)提存的法律效果的新增。《民法典》第 557 条将“债务人依法将标的物提存”作为债权债务终止的事由之一。但从理论上来说,债务人提存后并非当然属于完成清偿。如果是需要受领的债务履行,要真正形成消灭债务的清偿需要债权人受领。如果债权人不领取提存物,还存在取回提存物的可能(《民法典》第 574 条第 2 款)。为此,《民法典》第 571 条第 2 款新增规定,"提存成立的,视为债务人在其提存范围内已经交付标的物",而并不是刚性地规定发生债消灭的效果。

(14)以第三人费用强制履行。《民法典》第 581 条规定更多的是执行法上的问题,从逻辑上来说将其纳入民事诉讼法或强制执行法更为合适。但从积极意义来说,该条也可以被作为费用支出损害赔偿请求权的情形之一予以对待,进而为费用支出损害赔偿的体系化解释提供一定的视角。

(15)拒绝受领与受领迟延的问题。原《合同法》只是在买卖合同风险负担规则领域有所涉及,但《民法典》第 589 条直接规定了无正当理由拒绝受领时的费用支出的赔偿。而且还规定了受领迟延期间债务人无须支付利息。关于受领迟延,由于该条文的导入,能否以此为契机形成我国民法学上的受领迟延理论体系,值得期待。

(16)新增《民法典》第 580 条第 2 款规定的"司法终止"。该款规定的新增,在民法学界存在较大的争议,甚至被视为"违约方解除权"的规定。但本书认为,该款并非违约方解除权,而是合同的司法终止问题。在具体适用上,该款与买卖合同中的风险负担规则,与法定解除事由以及情势变更原则之间的关系等,都需要作出体系性的解释,以避免相互之间的不协调。从原《合同法》第 94 条以及《民法典》第 563 条的规定来看,违约与否并不是关键,关键在于合同目的是否实现。因此,并没有必要从违约方解除权的角度去阐释《民法典》第 580 条第 2 款的规定。

《民法典》第 580 条第 2 款首先面临的问题是,该条第 1 款第 1 项规定的法律上或事实上的不能,与《民法典》第 563 条第 1 款第 1 项法定解除中的"因不可抗力致使不能实现合同目的"等法定解除条件之间存在交错的可能。若合同目的不能实现,完全可以根据《民法典》第 563 条及第 565 条的规定依通知解除,但第 580 条第 2 款则要求当事人通过法院或仲裁机构来"终止"。此外,《民法典》第 580 条第 1 款与情势变更原则的适用之间也可能会发生交错。对于《民法典》第 580 条第 1 款第 2 项规定的履行费用过高的情形,如果符合情势变更原则适用的条件,当然也可以适用《民法典》第 533 条的规定进行变更或解除,不一定要适用《民法典》第 580 条第 2 款的司法终止来解决。另外,如果合同编典型合同分编中的风险负担规则也能处理履行不能情形的对待给付命运问题,那按风险负担规则来处理即可。因此,如果适用其他制度能解决,优先适用其他制度,不要轻易适用该款规定。当然,《民法典》第 580 条第 2 款的规定,同样也会涉及风险负担规则与合同解除制度的交错如何妥当解决的问题。但不管如何,该款规定适用于非金钱之债,而不能适用于租金债务等金钱之债。

(三)合同编通则的更新与完善

较之原《合同法》总则规定及相关司法解释,《民法典》合同编通则也作出了不少完善。主要包括以下几个方面:

1. 体系结构的进一步完善。原《合同法》总则第八章"其他规定"经过删减后,相应的规定被纳入《民法典》合同编通则及其他章节中。如合同的解释问题,就被纳入了合同编通则第一章“一般规定”之中。

2. 原《合同法》是否适用于身份关系的问题，表述上发生重大变化。原《合同法》第 2 条第 2 款规定，“婚姻、收养、监护等有关身份关系的协议，适用其他法律的规定”。但《民法典》第 464 条第 2 款则在其后增加了“没有规定的，可以根据其性质参照适用本编规定”。该句新增，有可能会被解释为关于身份关系的协议原则上也可以参照适用合同编的规则。比如，收养协议是否存在违约责任参照适用的可能、收养协议的终止是否可以参照解除的效果等；任意监护协议的履行及解除，能否参照委托合同特别是委托合同任意解除权等，这些都需要认真考虑，要“根据其性质”作出判断是否可以参照适用。这里需要注意的是，不仅可以参照合同编通则，还可以根据其性质参照“本编”，也就是说包括典型合同分编以及准合同分编在内，都有可能成为参照适用的对象。

3. 电子签名法规则的导入。原《合同法》第 11 条规定数据电文就是书面形式，而《民法典》第 469 条第 3 款则参考电子签名法对数据电文作为书面形式的要件作出了规定，强调了“可以随时调取查用”的可识别性要件。而且，该款规定对数据电文用“视为”的拟制技术，而不是直接规定为书面形式。数据电文等与书面形式之间存在一定的差异，《民法典》对此作出完善，具有科学性。

4. 追求概念的精准性，不再将要约邀请作为“意思表示”来对待。原《合同法》第 15 条定义要约邀请时将其作为“意思表示”一直备受争议，《民法典》第 473 条将其修改为“要约邀请是希望他人向自己发出要约的表示”，同时，在列举要约邀请的表现样态时，增加了债券募集办法、基金招募说明书、商业广告和宣传等。《民法典》编纂过程中，对概念表述精确性的追求，不仅体现在法律术语的表述上，还体现在一些常用生活用语的表述上，如原《合同法》规定的“签字”均被修改为“签名”等。

5. 对格式条款的规制作出完善。值得注意的是，关于格式条款的定义，一是 2019 年 12 月发布的《民法典（草案）征求意见》不再强调“重复使用”，而是突出了“未与对方协商”的特点；但最终通过的《民法典》还是保留了原《合同法》第 39 条的定义。二是实质上导入了“合同订入”或“格式条款纳入合同内容”的规制，即“提供格式条款的一方未履行提示或者说明义务，致使对方没有注意或者理解与其有重大利害关系的条款的，对方可以主张该条款不成为合同的内容”。根据《民法典》第 496 条的规定，格式条款相对人可以主张特定的格式条款不成为合同内容。这里既没有采用未经提示说明格式条款无效的做法，也没有采用撤销权模式，而是采用“相对人可主张”的方式。也就是说，若采用无效模式，会涉及自始无效、绝对无效和当然无效的法教义问题，也会涉及法院是否应依职权审查的问题；而若采撤销权模式，则会涉及期间限制问题。《民法典》并未采纳这两种模式，而是用“相对人可主张”的类似抗辩权模式来规制。而且，《民法典》第 496 条也扩张了须提醒说明的格式条款的范围，将其扩张到所有的“与对方有重大利害关系”的条款。此外，较之原《合同法》第 40 条“提供格式条款一方免除其责任、加重对方责任、排除对方主要权利”的表述，《民法典》第 497 条第 2 项要求“不合理地免除或者减轻其责任……”也兼顾了格式条款提供人的利益平衡。

6. 争议解决条款的独立性相关事由中增加了“不生效”这一情形。原《合同法》第 57 条只是规定合同无效、被撤销或终止情形的争议解决条款的独立性，《民法典》第 507 条在此基础上增加了“合同不生效”也不影响争议解决条款的独立效力。

7. 修改原《合同法》第 64 条，确立了真正为第三人利益合同。较之原《合同法》第 64 条，《民法典》第 522 条第 2 款规定了第三人的直接请求权。而且，该条采纳了“拒绝构成”，要求“第三人未在合理期限内明确拒绝”的，第三人才享有直接的请求权。在这里介入了第三人的意思，在一定程度上反映了不得强迫得利的民法思想。

8. 协调了原《合同法》上的不安抗辩权和先期违约制度。一方面，《民法典》第 578 条延续了原《合同法》第 108 条规定的先期违约制度，同时在延续原《合同法》第 69 条的基础上，在《民法典》第 528 条规定了不安抗辩权的行使，除“中止履行”“解除合同”外，还规定了“并可以请求对方承担违约责任”，试图就不安抗辩权的行使与先期违约责任的承担作出适当协调。另外需要注意的是，预期违约中的“违约责任”是仅限于违约损害赔偿，还是包括继续履行等各种违约责任承担方式，需要作出进一步思考。

9. 债的保全规则的完善。如前所述，一方面，《民法典》拓展了债权人代位权得以行使对象的范围，包括“债权以及从权利”；而且，不仅是到期债权的问题，保存行为也被纳入得以行使的对象之中。另一方面，在代位权行使的效果上，《民法典》第 537 条规定与司法解释趋于一致，虽然全国人大常委会法制工作委员会相关释义书倾向于用“直接受偿”模式来解释这些规则，但究竟是采纳了“入库规则”还是“直接受偿”模式，仍有争议。

10. 禁止债权让与特约的效力问题。原《合同法》第 79 条第 2 项规定了当事人约定不得转让的债权作为债权让与的除外情形，但并未说明该特别约定的效力问题。《民法典》第 545 条增加一款，规定了该特别约定的对抗效力问题，而且区分了金钱债权和非金钱债权的不同效力。尤其是对于金钱债权，即使存在禁止让与的约定，也不得对抗受让人，不区分受让人善意恶意。这主要是为了鼓励金钱债权的转让。在这点上，可能会对银行等不利。对于我们的存款债权，即使银行约定了不得转让，仍然可以随时转让。当然，违反禁止让与约定的，债权人有可能需承担违反该约定的合同上的责任。

11. 债权让与情形从权利归属规则的完善。在《民法典》公布之前，实践中经常会出现争议的是，在债权让与的情形中，登记、占有移转与否是否影响作为从权利的担保权利归属。《民法典》第 547 条第 2 款明确了这一归属问题以消除争议，即债权让与的受让人取得从权利不因该从权利未办理转移登记手续或者未转移占有而受到影响。

12. 债权让与时债务人抵销权规则的完善。《民法典》第 549 条在原《合同法》第 83 条的基础上，增加了一项“（二）债务人的债权与转让的债权是基于同一合同产生”，债权让与情形中的债务人可以向受让人主张抵销。作为新增的抵销事由，在构成上具有一定的特殊性，可举一例予以说明。如建筑业者甲与债权受让人乙之间，就甲与丙将来预定缔结的建设工程合同中所生之建设工程价款债权 A（将来债权）的让与作出约定，将其出让给乙（将来债权让与）。甲将该出让事实通知于丙，根据《民法典》第 546 条的规定，该债权让与对债务人丙发生效力。此后，甲与丙之间缔结了建设工程合同。因该合同上的承揽合同工作成果（建筑物）存在合同义务的违反，丙就此取得损害赔偿请求权。此时，已出让之建设工程价款请求权与债务人丙的损害赔偿请求权，为基于同一合同产生的债权。这种情形，并不符合《民法典》第 549 条第 1 项规定的同时到期或先于到期加上接到转让通知时的要件，但符合《民法典》第 549 条第 2 项的规定,因此可以主张抵销。

13. 债务承担同意规则的完善。依《民法典》规定,免责的债务承担需要债权人同意,但可能会面临债权人迟迟不作任何表示的情形。依法律行为的一般原理,沉默没有任何意义。但《民法典》第 551 条第 2 款对此明确规定,“债务人或者第三人可以催告债权人在合理期限内予以同意,债权人未作表示的,视为不同意”,规则上更加让人明白易懂。

14. 完善债务承担情形下承担人抵销的限制。在免责的债务承担情形下,原债务人已免责脱离债之关系,若新债务人依原债务人的债权予以抵销,就等于以他人的债权作为主动债权抵销,类似对他人权利的处分。因此,《民法典》第 553 条规定了此时新债务人不得向债权人主张抵销。但需要注意的是,若是并存的债务承担,原债务人并没有退出债的关系,此时承担人与原债务人之间存在连带关系,新债务人是否可以以原债务人的债权主张抵销,可依连带债务的一般原理予以解决。

15. 区分合同权利义务关系终止与债权债务终止。《民法典》第 557 条对此作出了明确,修改了原《合同法》第 91 条的规定。

16. 明确合同解除与违约责任、担保责任的关系。《民法典》第 566 条分 3 款对合同解除的法律效果作出了规定,即(1)合同解除后,尚未履行的,终止履行;已经履行的,根据履行情况和合同性质,当事人可以请求恢复原状或者采取其他补救措施,并有权请求赔偿损失。(2)合同因违约解除的,解除权人可以请求违约方承担违约责任,但是当事人另有约定的除外。(3)主合同解除后,担保人对债务人应当承担的民事责任仍应当承担担保责任,但是担保合同另有约定的除外。第 2 款中明确了违约解除情形,合同解除并不影响违约责任的承担;第 3 款明确了合同解除并非债的消灭,担保责任仍然存在。但就第 2 款与第 1 款之间的联动问题,有可能会引起解释论上不必要的争议。在合同法施行期间,对于原《合同法》第 97 条规定的“赔偿损失”,不少学说都将其解释为“违约解除情形的违约损害赔偿”,也就是违约责任的形态之一。《民法典》第 566 条第 2 款明确了合同解除不影响违约责任的承担,第 1 款规定的“赔偿损失”,若从“违约责任”角度来理解,就会成为赘文。若要将其解释为功能上有用的条款,势必要赋予其更多的含义,有可能会导致“赔偿损失”概念含义的变化,其可能会变为“因解除而造成的损失”的赔偿问题。但究竟如何解释,仍有待解释论上进一步论证。

17. 提存物取回规则的完善。《民法典》第 574 条第 2 款在原《合同法》第 104 条第 2 款后面增加了“但是,债权人未履行对债务人的到期债务,或者债权人向提存部门书面表示放弃领取提存物权利的,债务人负担提存费用后有权取回提存物”。《民法典》并没有采取简单地归为国家所有的模式,更好地保护了债务人的权利。

18. 修改了免除的效力,采纳了拒绝构成。《民法典》第 575 条规定,“债权人免除债务人部分或者全部债务的,债权债务部分或者全部终止,但是债务人在合理期限内拒绝的除外”。关于免除,历来有单方行为抑或双方行为的争议,《民法典》第 575 条虽然没有明确双方行为的性质,但采纳拒绝构成,在某种程度上尊重了意思自治,体现了不得无故加利的思想。但这一具体法律构成的改变如何影响司法实践,仍然有待进一步观察。

19. 完善了定金规则,增设违约定金与损害赔偿的关系,严格了定金罚则适用的条件。《民法典》第 588 条第 2 款规定了定金不足以弥补违约损失时的赔偿请求权;同时在《民法典》第

587 条规定了适用违约定金罚则时,除了要求“不履行债务或者履行债务不符合约定”,还要求“致使不能实现合同目的”,对定金罚则的适用作出了更为严格的规定。

20. 因第三人原因违约情形的处理规则。《民法典》第 593 条在原《合同法》第 121 条的基础上增加了“依法”,要求“当事人一方因第三人的原因造成违约的,应当依法向对方承担违约责任”,明确了限缩解释的解释论方向,提醒在适用该条时应当谨慎。

除了上述各种变化,《民法典》合同编还有一些其他变化。例如,《民法典》第 534 条关于市场监督管理等行政主管部门对合同行为的监督,表述上与原《合同法》第 127 条相比就有微妙的变化。原《合同法》第 129 条规定的诉讼时效期间的起算点,因与总则编规定重复,也一并删去。另外,为与原《民法总则》关于意思表示区分为有相对人的意思表示与无相对人的意思表示等相适应,在合同成立相关的要约承诺方面,也作出了相应的变化,等等。

三、典型合同分编的制度变化

合同编的第二分编“典型合同”除增加了四类典型合同之外,对原《合同法》原有的合同规则,也作出了不少完善和更新。

1. 买卖合同部分变化较大,主要是结合司法解释作出了一些重要的修改。其变化如下:(1)与《民法典》合同编通则部分删去原《合同法》第 51 条无权处分的规定相一致,《民法典》第 597 条规定直接导入了《买卖合同司法解释》的规定,即“因出卖人未取得处分权致使标的物所有权不能转移的,买受人可以解除合同并请求出卖人承担违约责任”。(2)删去了与《民法典》物权编所有权变动相关的条文。如原《合同法》第 133 条规定的标的物所有权移转的时间。(3)吸收了《买卖合同司法解释》的诸多规定,特别是与原《合同法》第 158 条相关的检验期间等问题,《民法典》用第 620～623 条来替代,不仅导入了外观瑕疵和隐蔽瑕疵的区分(《民法典》第 622～623 条),还规定了向第三人履行时的检验标准等(《民法典》第 624 条),部分缓解了原《合同法》第 158 条偏向于商事交易的僵化性。试用买卖也吸收了司法解释的规定,增加了 3 个条文(《民法典》第 638 条第 2 款视为同意购买的情形、第 639 条标的物使用费、第 640 条标的物毁损灭失的风险等规则)。(4)对分期付款(《民法典》第 634 条)作出了全新的规定,完全改变了原《合同法》第 167 条的立法旨趣。分期付款买卖合同的解除及价款提前到期,要求行为人进行催告,从形式上更接近于《民法典》第 563 条第 2 款规定的催告解除的一种形式,而不像原《合同法》第 167 条一样可以解释为对解除权的限制以保护买受人。当然,《民法典》的规定并未区分提前到期和催告解除,统一采用催告的方式是否合理,仍然值得进一步商榷。(5)对所有权保留买卖(《民法典》第 641 条以下)作出重大变革。在吸收司法解释的同时,不仅导入了保留的所有权未经登记不得对抗善意第三人的模式(《民法典》第 641 条)以实现消灭隐形担保的目标,使担保功能主义得到体现,并且在取回问题上明确规定,“出卖人可以与买受人协商取回标的物;协商不成的,可以参照适用担保物权的实现程序”,将其定位成类似于担保的一类特殊交易,试图统合所有权保留中的取回权模式和担保物权模式。(6)落实绿色发展理念,新增了标的物回收义务。“依照法律、行政法规的规定或者按照当事人的约定,标的物在有效使用年限届满后应予回收的,出卖人负有自行或者委托第三人对标的物予以回收的义务”(《民法典》第 625 条)。

2. 供用电合同规则虽然有所变化，但主要是强制缔约规则、欠费中止供电时的通知义务的变化，以及根据绿色原则规定了节约用电的义务。

3. 赠与合同规则的变化，主要是与《慈善法》的规定进行了协调，对原《合同法》第 186 条规定的任意撤销权作出了修改。《民法典》第 658 条第 2 款规定，“经过公证的赠与合同或者依法不得撤销的具有救灾、扶贫、助残等公益、道德义务性质的赠与合同，不适用前款规定”。也就是说，社会公益赠与等，若按照《慈善法》的规定来处理，特别是根据《慈善法》第 41 条的规定，并非所有的公益性赠与都不得撤销，只有特定情形的公益赠与才可以强制执行。因此加了“依法不得撤销”的社会公益赠与，才是不得撤销的。增加“依法不得撤销”的限定语后，不仅限缩了得以任意撤销的范围，也在一定程度上可以应对目前以及将来立法发展的各种不同情况。《民法典》也同时增加了“助残”这一新的社会公益形式不得撤销的情形。

4. 借款合同规则的完善。原《合同法》偏重于金融机构借款，同时兼顾自然人之间的借贷，而并没有就非自然人与非金融机构之间的借款作出明确的规定。后来，随着民间借贷司法解释的出台，在《民法典》编纂过程中如何协调原《合同法》上的借款合同与司法解释中的民间借贷，也是一个难题。《民法典》删去了原《合同法》第 198 条的担保（由担保物权分编及保证合同规定即可）、删去原《合同法》第 204 条金融机构借款利率规定，统一规定为不得放高利贷及不得违反国家规定；而且规定不限于自然人，未约定支付利息的，视为不支付利息；约定不明确的，仅限于自然人之间不支付利息（《民法典》第 680 条）。从整体上来看，虽然没有明确金融机构贷款，但仍然保留了以金融借款为模型设定规则的特点。

5. 保证合同是新增加的典型合同。较之担保法，保证合同比较重要的变化主要有：（1）一般保证抑或连带保证推定的变化（《民法典》第 686 条）。在 1995 年原《担保法》中，保证人提供担保时，如果没有约定保证责任方式或者约定不明确，会推定保证人承担连带责任保证。然而，连带责任保证是一种加重保证人责任的保证方式，原则上宜由当事人明确约定；没有约定或者约定不明的，一概推定为连带责任保证，会加重实践中因互相担保或者连环担保导致资不抵债或者破产的问题，影响正常的生活和经营秩序。因此，在这次《民法典》编纂中，将当事人对保证方式没有约定或者约定不明确的推定为一般保证，有利于防止债务风险的扩散，维护经济社会稳定。这不仅是营商环境的需要，也是维护社会稳定所需要的重要修改。（2）检索抗辩权规则的变化（《民法典》第 687 条第 2 款），明确在一般保证中，除了例外情形，保证人在主合同纠纷未经审判或仲裁并就债务人财产依法强制执行仍不能履行债务前，有权拒绝向债权人承担保证责任。（3）对保证期间规则和保证责任诉讼时效作出了梳理（《民法典》第 693 条以下）。（4）对债权让与、债务承担与保证责任关系的梳理（《民法典》第 696 条、第 697 条）。（5）一般保证中，规定了提供债务人可供执行财产真实情况时的责任免除问题，即一般保证的保证人在主债务履行期限届满后，向债权人提供债务人可供执行财产的真实情况，债权人放弃或者怠于行使权利致使该财产不能被执行的，保证人在其提供可供执行财产的价值范围内不再承担保证责任（《民法典》第 698 条）。（6）数个保证人之间的关系，不像《担保法司法解释》第 19 条一样推定为连带共同保证，而是依保证合同来确定保证范围，即同一债务有两个以上保证人的，保证人应当按照保证合同约定的保证份额，承担保证责任；没有约定保证份额的，债权人可以请求任何一个保证人在其保证范围内承担保证责任（《民法典》第 699 条）。（7）追偿权与法定债权移转的微妙变化，即保证人承担保证责任后，除当事人另有约定外，有权在其承担保证责任的范围内向债务人追偿，享有债权人对债务人的权利，但是不得损害债权人的利益（《民法典》第700条）。“享有债权人对债务人的权利”这一表述，与连带债务中追偿情形的“相应地享有债权人的权利”的表述并不相同，是否刻意作出区分，仍有待进一步探讨。但不管如何，“享有债权人对债务人的权利”，为数个保证人之间的求偿、混合担保情形的求偿等提供了一定的解释空间。（8）新增债务人享有抵销权及撤销权情形下的保证人拒绝权，即债务人对债权人享有抵销权或者撤销权的，保证人可以在相应范围内拒绝承担保证责任（《民法典》第702条）。另外，虽然《民法典》合同编不像原《担保法》第13条一样明确规定“保证人与债权人应当以书面形式订立保证合同”，但《民法典》第685条的表述，也可以视为保证合同的书面形式要求。

6. 租赁合同相关的变化主要有：（1）书面形式的缓和。根据《民法典》第707条的规定，未采用书面形式，无法确定租赁期限的，才视为不定期租赁。（2）明确了可归责于承租人时，出租人不承担维修义务（《民法典》第713条第2款），因承租人的过错致使租赁物需要维修的，出租人不承担前款规定的责任。（3）细化了转租的规定（《民法典》第716～719条），其中第717～719条是根据2009年原《城镇房屋租赁司法解释》等作出的新规定。《民法典》第719条与2009年原《城镇房屋租赁司法解释》第17条不同的是，不仅赋予次承租人以租金支付对抗合同解除权，而且直接规定了次承租人作为第三人代为履行的主体支付租金的权利。（4）新增承租人解除合同的事由（《民法典》第724条），吸收了2009年原《城镇房屋租赁司法解释》第8条的规定。（5）完善了“买卖不破租赁规则”，新增“承租人按照租赁合同占有期限内”的条件（《民法典》第725条）。（6）导入2009年原《城镇房屋租赁司法解释》的规定，完善优先购买权（《民法典》第726～728条）。值得注意的是，《民法典》第728条并没有采用2009年原《城镇房屋租赁司法解释》第21条规定的“侵害承租人优先购买权”的表述，而是采用了“妨碍承租人行使优先购买权”的表述，在一定程度上吸收了学界关于“优先权作为形成权不会被侵害”的理论。但这里的优先购买权究竟为请求权说还是形成权说的争议，并不会因为《民法典》第728条的出台而消失，仍然会在理论和实践中形成纷争。（7）房屋租赁中，导入了优先承租权（《民法典》第734条第2款）。

7. 融资租赁合同主要导入了司法解释的内容，对于融资租赁合同的解除和风险负担规则等作出了补充。较之原《合同法》及司法解释，也有一些重大变化。例如，原《合同法》第242条规定，“出租人享有租赁物的所有权。承租人破产的，租赁物不属于破产财产”。但《民法典》导入了登记对抗制度，并删去了破产财产问题，规定“出租人对租赁物享有的所有权，未经登记，不得对抗善意第三人”（《民法典》第745条）。并且《民法典》第748条规定了出租人消极的租赁物用益维持的消极义务，对于出租人违反该义务的，承租人有权请求损害赔偿。另外，将商事交易习惯上升为法律规定，规定“当事人约定租赁期限届满，承租人仅需向出租人支付象征性价款的，视为约定的租金义务履行完毕后租赁物的所有权归承租人”（《民法典》第759条）。

8. 保理合同是新增的合同类型。主要区分了有追索权保理和无追索权保理、对虚构应收账款作为转让标的情形的处理作出规定，同时规定了保理领域依登记确定其受偿顺序。值得注意的是，《民法典》第769条规定了保理合同得以适用债权转让的有关情形，这也表明保理在其本质上是债权让与的特点。

9. 关于承揽合同,《民法典》没有大的改动。除了个别词句的修改,主要的修改在于定作人任意解除权被限定在“完成工作前”(《民法典》第 787 条),同时在承揽人留置权的基础上,增加了“交付拒绝权”,以保障承揽人的价款请求权(《民法典》第 783 条)。

10. 关于建设工程合同,《民法典》的修改主要吸收了部分司法解释的内容,但与融资租赁等合同类型中大量导入司法解释的规定不同,《民法典》虽然在合同编二审稿阶段吸收了很多司法解释的规定,但《民法典》最终并没有吸收多少司法解释内容。特别是法定优先权,并没有作出实质修改。需要注意的是,原来司法解释曾规定未经竣工验收擅自使用时,发包人不得主张质量不符合约定(原《建设工程施工合同司法解释》第 13 条),但《民法典》建设工程合同部分,并未导入擅自使用视为合格的规定。

11. 运输合同部分主要是针对热点社会问题作出了回应,一是明确旅客应当按照有效客票记载的时间、班次和座位号乘运。承运人应当按照有效客票记载的时间、班次和条件运输旅客(《民法典》第 815 条)。二是明确实名制客运合同的旅客丢失客票的,可以要求承运人挂失补办,承运人不得再次收取票款和其他不合理费用(《民法典》第 815 条第 2 款)。三是明确承运人应当严格履行安全运输义务,及时告知旅客安全运输应当注意的事项。旅客对承运人为安全运输所作的合理安排应当积极协助和配合。遇有不能正常运输的特殊情形和重要事由,承运人应当及时告知旅客并采取必要的安置措施(《民法典》第 819 ~ 820 条)。另外,关于货运合同中的运费问题,全国人大开会时,有代表提出原《合同法》第 314 条的规定不符合国际惯例,要求修改,但各界意见分歧较大。最终采取了较为稳妥的方式,规定了“法律另有规定的,依照其规定”(《民法典》第 835 条),为海商法等另行制定规则提供了空间。

12. 技术合同部分主要是删去了职务技术成果转让时的奖励和报酬问题(从原《合同法》第 326 条到《民法典》第 847 条),同时将技术转让合同区分为技术转让合同与技术许可合同。增加了集成电路布图设计专有权、植物新品种权、计算机软件著作权等其他知识产权的转让和许可,参照适用技术转让和技术许可合同的规定(《民法典》第 876 条)。另外,对于技术咨询合同和技术服务合同的费用负担作出了补充,规定“技术咨询合同和技术服务合同对受托人正常开展工作所需费用的负担没有约定或者约定不明确的,由受托人负担”(《民法典》第 886 条)。这在一定程度上是对于服务合同规则的应对,将其与委托合同的费用负担区别开来。另外,这里需要注意的是,个人信息、数据等的许可使用,虽然理论上主张可以参照技术合同部分,但《民法典》对此并没有作出规定。

13. 保管合同部分主要增加了场所主人保管的规定,即“寄存人到保管人处从事购物、就餐、住宿等活动,将物品存放在指定场所的,视为保管,但是当事人另有约定或者另有交易习惯的除外”(《民法典》第 888 条第 2 款)。这里的“视为保管”,究竟是适用有偿保管还是无偿保管,还有待进一步明确。当然,各国法律对于场所主人责任的赔偿都有一定的限额,《民法典》并未明确规定这一点。

14. 关于仓储合同部分,《民法典》草案并未作出重大修改。只是在“仓单”之外增加了“入库单”凭证,明确区分了作为有价证券的“仓单”和并非有价证券的“入库单”等仓储凭证(《民法典》第 908 条)。同时就仓储合同的成立作出了明确的规定,明确了其诺成合同性质(《民法典》第 905 条)。

15. 关于委托合同部分,最大的实质修改是对委托合同任意解除时的损害赔偿作出了重大修改。[10] 在此之前,上海盘起案等案件纠纷,使原《合同法》第 410 条的规定备受争议。《民法典》为区分有偿委托与无偿委托分别作出了不同的损害赔偿规定(《民法典》第 933 条),对此修改为:"委托人或者受托人可以随时解除委托合同。因解除合同造成对方损失的,除不可归责于该当事人的事由外,无偿委托合同的解除方应当赔偿因解除时间不当造成的直接损失,有偿委托合同的解除方应当赔偿对方的直接损失和合同履行后可以获得的利益。"《民法典》第 923 条关于转委托的规定,也进行了一定的修改,导入了委托人的追认,与总则编的转代理规则趋于一致。但转委托与转代理并不完全一致,是否应当采取同样的规则,有待进一步论证。

16. 物业服务合同是新增加的合同类型。值得注意的是,物业服务合同虽然规定在委托合同之后,但并没有像《民法典》分则编征求意见稿中一样规定"本章没有规定的,参照适用委托合同的规定"。这主要是考虑到了物业服务的内容不限于事务处理的委托,还会涉及承揽类的工作等。另外值得注意的是,在《民法典》第 946 条导入了业主的任意解聘,但其损害赔偿的范围,并未与前述委托合同第 933 条保持一致,没有明确直接损失和利益问题。

17. 行纪合同部分,在《民法典》合同编编纂过程中,曾试图删去行纪合同,但最终予以保留。与原《合同法》相比,条文本身没有非常大的变化。但值得注意的是,原《合同法》第 423 条规定的是"本章没有规定的,适用委托合同的有关规定",而《民法典》第 960 条变成了"本章没有规定的,参照适用委托合同的有关规定"。从"适用"到"参照适用"的变化,说明委托合同部分的规定,并不是当然地适用于行纪合同。

18. 中介合同原来在原《合同法》上称为"居间合同"。关于中介合同,除了合同名称的改变,最大的变化在于两点。(1)增加了跳单问题的规定(《民法典》第 965 条),采纳了报酬请求权构成。但因《民法典》第 966 条的规定,跳单是否构成任意解除时的损害赔偿,报酬请求权与损害赔偿请求权之间的关系,仍然值得进一步思考。(2)规定了委托合同的参照适用(《民法典》第 966 条)。关于参照适用问题,比较法上,有不少地方会认为中介合同可以参照适用委托合同。但我国原《合同法》当年未规定委托的适用问题。主要原因在于,通常来说,中介人并不负有奔走义务、积极查找、调查交易对手或交易对象的义务,只是如同我国《民法典》第 962 条规定的消极的如实报告义务而已。只有就特别的中介行业或者特殊的中介委托中,才会有积极的查询或调查义务。中介合同,只不过是取得了一个取得报酬的机会,而这个报酬的前提是促成合同的成立。因此,其本质上与委托合同中受托人要按照委托人要求积极处理受托事务并不相同。因此,原《合同法》并未规定居间合同得以适用或参照适用委托合同的规定。同样地,《民法典》将其规定为"参照适用"而不是"适用",应该说是敏锐地注意到了居间(中介)与委托之不同,但具体如何参照适用,仍有待解释论的进一步展开。

19. 合伙合同,准确的说法应该是合伙协议。在适用合伙合同相关规则时,主要是要区分其与《合伙企业法》规定的不同点,以及与双务合同之间的不同。例如,《民法典》第 973 条明确

---

[10] 朱虎:《分合之间:民法典中的合同任意解除权》,载《中外法学》2020 年第 4 期。

规定了合伙人的连带责任及其追偿权，但并未规定合伙共同体本身的债务承担问题。

四、典型合同的功能

典型合同，历来是各国民事立法的重要内容。1999 年原《合同法》规定了 15 类合同，大致可以分为财产权利移转型合同、财产利用型合同和劳务提供类合同三大类。但从市民社会生活及市场交易状况来看，作为社会交往和市场交易手段的合同类型并不限于上述三大类和 15 小类。最高人民法院《民事案件案由规定》就规定了大量各类合同纠纷民事案由。《民法典》合同编提供的典型合同类型与《民事案件案由规定》列举的合同纠纷类型之间的数量反差，也足以引起我们的重视：我们是否有必要重新审视典型合同的类型？其实，《民法典》编纂过程中的各学者建议稿中，都增加了典型合同类型。如梁慧星教授作为课题负责人的《中国民法典建议稿草案》中就增加了存款合同、借用合同、雇佣合同、项目建设运营合同、物业管理合同、教学培训合同、医疗合同、餐饮合同、住宿合同、旅游合同、演出合同、出版合同、合伙合同、保证合同、独立保证合同等诸多有名合同。其他学者的草案中也都有不同类型的增加。《民法典》在合同法基础上增加了保证、保理、合伙、物业服务等四种新的合同类型。对于为何增加这些典型合同及其取舍标准，各草案多基于相关交易的重要性予以考量。2020 年 5 月 22 日，全国人大常委会王晨副委员长在第十三届全国人民代表大会第三次会议上《关于〈中华人民共和国民法典(草案)〉的说明》也遵循了同样的思路，在说明典型合同时强调“典型合同在市场经济活动和社会生活中应用普遍。为适应现实需要……第二分编增加了四种新的典型合同……二是适应我国保理行业发展和优化营商环境的需要，增加了保理合同。三是针对物业服务领域的突出问题，增加规定了物业服务合同……”相关交易的重要性成为典型合同取舍的重要标准。但是，从典型合同功能角度来说，典型合同的意义不仅仅在于在民事生活或交易中所起的重要作用。[11]

实际上，民法遵循私法自治和契约自由，除了要求特定有名合同(典型合同)才具有法律拘束力的罗马法等私法早期时代，[12]是否构成有名合同并不影响合同的效力。也就是说，当事人缔结了法典规定以外的合同类型，亦依当事人之意思发生法律效果。即使法典对典型合同作出了规定，但其大部分为任意性规范，当事人亦完全可以拟定与法典规定内容不同的合同内容。也正因为如此，法典规定了哪些类型的合同，并不是十分重要。那么，各民法典又为何对典型合同作出规定，各自的规定又具有什么样的意义？

在日本法上，以我妻荣、来栖三郎、铃木禄弥、星野英一等学者为代表，一直以来对典型合同的作用持消极的评价，认为在确定合同的法律效果时，典型合同并没有那么大的作用，将大量的精力投入合同的性质决定并没有什么意义，更多的应是去看当事人就何种情形作出了怎样的合意。但是，近年来，也有不少学者开始对此予以反思，并主张典型合同的积极意义。实

---

〔11〕 该部分内容参见周江洪：《典型合同与合同法分则的完善》，载《交大法学》2017 年第 1 期；周江洪：《服务合同立法研究》，法律出版社 2021 年版，第 190 页以下。此处已作适当修改。

〔12〕 关于罗马法上从契约类型强制逐步发展到通过对“无方式契约”(简约)予以保护及对无名契约的保护进一步扩展法律保护的范围，以及经过中世纪罗马法尤其是教会法影响下的“单纯合意形成拘束”观念的形成再到意思自治的发展史概要，参见顾祝轩：《民法概念史：债权》，法律出版社 2016 年版，第 315 ~ 367 页。

际上，典型合同是人类生活长期以来的历史积淀，是人类共同的财富，[13]具有重要的功能。结合国内外学者的观点，典型合同至少具有以下功能：[14]

1. 典型合同具有设定依据框架功能和分析基准功能。虽说典型合同的类型源于社会交往和交易实践，但因为有了法典上的典型合同，围绕合同而展开活动的各相关当事人，就可以依据典型合同框定的范畴展开各项活动。例如，对于合同当事人而言，每次缔约无须从白纸状态开始，并得以根据法典所提供的框架区分重要部分与非重要部分，只需就重要部分予以协商确定即可；而对于处理合同纠纷的法官而言，在解释合同时，既有的合同类型也提供了重要的分析工具。也就是说，无论是对参与交易的当事人来说还是对解决合同纠纷的法官来说，因典型合同规定的存在大大减轻信息处理的负担。我国前辈学者也多主张典型合同是当事人订立合同和法官处理合同关系的准绳。[15]

2. 典型合同具有内容调整功能和合同内容形成功能。典型合同是将合同事实转换成法律构成的重要依据框架，使权利义务等法律构成更为清晰。不仅如此，针对典型合同规定的任意性规范也可以作为当事人合意的补充，成为解决合同问题的基准。

3. 典型合同具有创造辅助功能及合同内容合理性的评价标准功能。典型合同并非抑制当事人合同自由的僵化框架，而是对当事人的契约自由提供支持的重要工具，是当事人之间事先设计权利义务的重要工具。特别是在欠缺合同实质自由的场景，或者是消费者合同领域，以及格式条款规制领域，与典型合同任意性规范的乖离程度经常会成为合同内容是否合理的评价标准之一，典型合同也因此具有维护交易秩序和社会秩序的功能（也因此被称为"半强行性规范"[16]），是促进合同实质自由的重要工具。

4. 典型合同不仅对于该类合同自身具有意义，同时亦为其他类型合同乃至无名合同、混合合同的适用奠定了重要的参照适用规范基础。例如，依《民法典》第 646 条，买卖合同得以参照适用于其他有偿合同。再如，合同类型的层级构造致使上一层级合同类型的规范得以适用或参照适用于下一层级，如《民法典》第 808 条规定的建设工程合同得以适用承揽合同规定，第 918 条规定仓储合同得以适用保管合同规定，第 960 条、第 966 条分别规定行纪合同、中介合同得以参照适用委托合同规定，等等。更为重要的是，《民法典》第 467 条第 1 款规定，"本法或者其他法律没有明文规定的合同，适用本编通则的规定，并可以参照适用本编或者其他法律最相

---

〔13〕 大村敦志『民法改正を考える』（岩波書店，2011 年）119 頁。

〔14〕 关于典型合同的功能，韩世远教授从区分典型合同与非典型合同的意义角度予以阐释，认为主要功能在于法律适用，但同时也从行为之引导与补充、行为之规范与矫正等角度阐释了典型合同的功能［参见韩世远：《合同法总论》（第 4 版），法律出版社 2018 年版，第 71～72 页］。朱广新教授也认为，有名合同与无名合同划分的重要意义在于它们所适用的法律规则有所不同［参见朱广新：《合同法总则研究》（上册），中国人民大学出版社 2018 年版，第 25 页］。宁红丽教授认为典型合同的名称属于"类型"而非"概念"，认为典型合同认定的意义主要在于：减轻法官的思维负担，提高裁判的可预见性；通过典型合同的类型固定功能，以及典型合同立法负载一定的实现分配正义的功能，来维护私法的安定性；保持合同法分则体系开放，促进合同类型创新；由于类型具有体系的结构，典型合同的认定可以强化合同立法的体系性和科学性（参见宁红丽：《我国典型合同理论与立法完善研究》，对外经济贸易大学出版社 2016 年版，第 20～26 页）。关于典型合同的功能的阐释，亦参考了大村郭志、山本敬三、河上正二、石川康博等日本学者的观点。

〔15〕 谢怀栻：《外国民商法精要》（第 3 版），法律出版社 2014 年版，第 192 页。

〔16〕 关于"半强行性规范"概念的讨论，参见椿久美子「半強行法概念の生成と展開」NBL 1128 号（2018 年）第 7 頁。

类似合同的规定”。得以参照“最相类似合同的规定”这一规则，为各典型合同相关规范发挥更大作用奠定了规范依据。也就是说，典型合同的规定不仅适用于该类具体合同类型，在符合该类型合同相关规范旨趣的限度内，得以通过直接适用、准用或参照适用等方式补充当事人之间的具体合同内容，同时亦成为合同解释的重要指南。

虽然有观点主张，面对新型合同交易时不要过于夸大合同性质决定的作用，而应更多地关注当事人之间究竟约定了何种义务，不要僵化地进行合同性质决定。[17] 但该判断主要是对典型合同相应规范的僵化适用持谨慎态度，并不是否定典型合同的上述功能和意义。从上述关于典型合同的功能来看，典型合同也并非可有可无。无论是裁判规范的提供、当事人合意内容的填补、不当条款的规制和矫正、私法自治促进功能的发挥，还是新类型合同的内容补充以及无名合同、混合合同的法律适用等方面，《民法典》规定的典型合同均具有重要意义。而且，从条文分量来说，典型合同分编共 384 条、约 3.2 万字，无论是条文数还是文字数均占《民法典》的 30%；若是从典型合同分编在合同编的占比来看，条文数和文字数均占《民法典》合同编的 70% 以上。由此可见，无论是在《民法典》中，还是从《民法典》合同编的角度来看，典型合同分编的分量不可谓不重。从这层意义上来说，《民法典》作为基础性法律，在合同类型方面，也为社会生活和交易提供了基础性的合同类型，典型合同规范对于民事生活和裁判，同样具有基础性规范的意义。也正因如此，就《民法典》规定的各类典型合同规范作较为细致的了解，也就更有必要性。

---

〔17〕 周江洪：《旅游合同性质决定之局限性探讨——以日本的学说及裁判实践为例》，载《旅游学刊》2009 年第 11 期。

第一章 买卖合同

买卖合同是最为重要的典型合同,债法、合同法乃至法律行为的不少规则均以买卖交易为其典型予以设计。而且,买卖合同一章规定可以参照适用于其他有偿合同(《民法典》第646条)。1999年原《合同法》实施以来,随着司法实践的积累和学理探讨的深入,买卖合同相关规则通过司法解释等得到了极大的发展,《民法典》进一步完善了买卖合同相关规定。《民法典》典型合同分编共384条,其中买卖合同一章共53条(《民法典》第595~647条),占比接近典型合同分编的14%。

《民法典》各典型合同多以当事人义务为视角构建当事人双方的权利义务关系。而且,买卖合同一章以合同履行的动态过程来排列义务及规则:出卖人交付标的、履行遭遇风险如何处理、履行瑕疵问题、包装方式、买受人检验、支付价款等。但值得注意的是,合同当事人的义务并不限于典型合同一章规定的义务,依《民法典》的总分体系,《民法典》合同编第一分编"通则"及《民法典》总则编等各编中的义务,均构成合同当事人权利义务关系的重要规范。我国《民法典》买卖合同的规定,还参考了《联合国国际货物销售合同公约》等,〔1〕值得关注。另外,《欧洲共同买卖法草案》等统一法运动的动向也值得关注,特别是《欧洲共同买卖法》中特别关注了买卖中伴随的"服务"如何予以规范的问题,对于未来我国买卖合同相关规则的完善具有一定的参考意义。〔2〕 当然,实际生活中的交易形态丰富多样,《民法典》中的"买卖合同"只是买卖的一般规范。因当事人属性之不同、标的物性质不同、交易方式的不同等而需要作出特别考量,例如,在消费者买卖、房地产交易、债权股权等权利转让、知识产权交易、国际贸易等领域,都会存在不少特别法规范。

第一节 买卖合同概述

一、买卖合同的概念与性质

买卖合同是出卖人转移标的物的所有权于买受人,买受人支付价款的合同(《民法典》第

---

〔1〕 韩世远:《中国合同法与CISG》,载《暨南学报(哲学社会科学版)》2011年第2期。

〔2〕 《欧洲共同买卖法草案》(CESL)旨在规范买卖合同、提供数字内容的合同以及由出卖人提供的与具体商品或者数字内容直接紧密相关的服务合同。由销售者所提供的服务合同需与所供应的商品或数字内容存在直接紧密联系,实际上该服务合同通常与该商品或数字内容同时规定在同一合同或相关合同中。主要包括对该商品或数字内容的修理、技术维护及安装等(参见[意]阿尔多·贝特鲁奇:《欧洲法律传统和欧洲共同买卖法草案》,许文华译,载《苏州大学学报(法学版)》2016年第3期)。

595 条)。

买卖合同是典型的双务合同。出卖人交付标的物并转移所有权的义务与买受人的价款支付义务构成给付与对待给付的牵连关系。买卖合同适用同时履行抗辩权、不安抗辩权等双务合同履行中的抗辩权规则(《民法典》第 525 ~ 528 条)。双务合同亦有风险负担规则之适用,但《民法典》并未规定通则意义上的风险负担规则,而是在《民法典》第 604 条以下就买卖合同的风险负担规则作出了规定。

买卖合同是不要式合同。买卖合同的订立并不要求采用书面等特定形式(《民法典》第 135 条)。当然,在一些特别法中也会规定书面形式。如《城市房地产管理法》第 15 条第 1 款规定,“土地使用权出让,应当签订书面出让合同”;第 41 条规定,“房地产转让,应当签订书面转让合同,合同中应当载明土地使用权取得的方式”。《土地管理法》第 63 条及《土地管理法实施条例》第 43 条也规定集体经营性建设用地出让、转让情形应当签订书面合同。

买卖合同是诺成合同。买卖合同的成立并不要求交付标的物或完成其他给付,双方意思表示一致即可成立。

买卖合同是有偿合同。当事人一方享有合同规定的权益,须向对方偿付相应的对价。《民法典》第 595 条明确规定了买受人的价款支付义务;同时在《民法典》第 626 条以下就价款的支付作出了具体规定。作为有偿合同的典型,《民法典》关于买卖合同的规定参照适用于其他有偿合同(《民法典》第 646 条)。

案　例　湖北汇通工贸集团有限公司与长江润发集团有限公司买卖合同纠纷案[3]

▌基本案情

湖北汇通工贸集团有限公司(以下简称汇通公司)与长江润发集团有限公司(以下简称润发公司)签订《年度钢材购销合同》,双方约定的交易模式为润发公司在钢厂月度订货日期前 5 个工作日向汇通公司提供钢厂可订货规格和数量,汇通公司按润发公司提出的订货单在钢厂确认可订货的合同量,并与钢厂签订合同,按钢厂实际交货量交货。双方约定生产厂商为武钢、本钢、马钢及润发公司指定的其他钢厂。润发公司须向汇通公司支付相应财务费用并在价格中以贴息性加价方式体现。润发公司给予汇通公司不含税 50 元/吨的代理费,执行钢厂包装标准。运费、装卸费、保险费等各种杂费由润发公司承担。汇通公司负责协助与钢厂理赔,钢厂赔付给汇通公司后,汇通公司及时赔付给润发公司。货权属汇通公司,直至润发公司付清全部货款为止。若润发公司在本合同规定的提货期届满后的 30 天内仍未完成付款提货义务,则汇通公司有权自行处理货物,且由润发公司承担违约责任。双方在合同中还约定汇通公司争取钢厂与用户签订三方协议,供货按三方协议的技术要求执行,并享受直供户更大的优惠政策。双方委托全资子公司,即无锡汇通公司与江苏华达涂层有限公司(以下简称华达公司)签订月度《购销合同》并履行双方结算,本合同的月度订货计划执行情况最终以月度《购销合同》为准,双方承诺对子公司签订的所有《购销合同》的履行承担责任。同年 3 月 12 日,汇通公司

---

[3] 最高人民法院民事判决书,(2013)民提字第 133 号。

与华达公司签订一份补充协议,对各种杂费以及月度付款提货期限的计算作了补充约定。后双方出现纠纷,就双方合同的性质是买卖合同还是委托合同产生争议。润发公司以案涉钢材购销合同的核心目的是委托汇通公司代为订购钢材并成为钢厂直供户为由,主张属于委托合同。

■ 法院裁判

一审法院认为,双方之间的合同系买卖合同而非委托合同,主要理由是:50 元/吨代理费的表述是汇通公司作为卖方在成本之外享有多大利润空间的钢材市场的习惯表述,月度合同也将该50 元表述为卖方利润,而非委托代理费。该合同中约定的预付款以及所有权保留条款均是买卖合同的特有条款。双方约定"与钢厂签订合同"是指汇通公司以自己的名义而不是以润发公司的名义签订合同。在上述合同的履行过程中,润发公司在其付款提货后对汇通公司开具的以汇通公司为出卖人的增值税发票也未表示过异议。二审法院认为,双方之间的合同为买卖合同,主要理由如下:双方签订的案涉购销合同均约定,汇通公司将从钢厂购买的润发公司指定的钢材交付给润发公司,润发公司支付相应钢材货款和 50 元/吨固定费用后取得钢材所有权,并约定了逾期履行的违约责任,故案涉合同的主要目的是转移钢材的所有权,符合买卖合同的特征。最高人民法院再审回避了合同的性质认定,而是直接按照合同约定进行合同的解释。

二、买卖合同的主体与标的

买卖合同的主体包括出卖人和买受人。原《合同法》第 132 条第 1 款规定,出卖的标的物,应当属于出卖人所有或者出卖人有权处分。《民法典》合同编已删去该规定。[4] 出卖人不限于财产所有权人,只是"因出卖人未取得处分权致使标的物所有权不能转移的,买受人可以解除合同并请求出卖人承担违约责任"(《民法典》第 597 条第 1 款)。除所有权人授予处分权的出卖人以外,我国法律中还规定了一些特定情形下的出卖人。例如:(1)信托受托人。《信托法》第 2 条规定,在信托关系中,受托人可根据委托人的意愿以自己的名义进行信托财产的管理或者处分。处分行为自然包括财产的出卖。(2)行纪人。根据《民法典》第 951 条的规定,在行纪合同中,行纪人可以自己的名义为委托人从事贸易活动,其中包括对财产的出卖。(3)人民法院。《民事诉讼法》第 251 条第 1 款规定:"被执行人未按执行通知履行法律文书确定的义务,人民法院有权查封、扣押、冻结、拍卖、变卖被执行人应当履行义务部分的财产。但应当保留被执行人及其所扶养家属的生活必需品。"

依我国《民法典》第 595 条,买卖合同原则上限于"标的物"的买卖,而不包括权利的转让。以英美法系国家的买卖法为代表的法律,把买卖合同的调整范围限于货物买卖。如《美国统一商法典》第 2 ~ 102 条规定第二编"买卖""除上下文另有所指外,本编适用于货物交易"。《联合国国际货物销售合同公约》采用了"货物"而不是"动产"的表述,作为标的物的货物必须是

[4] 当然,《拍卖法》第 6 条仍然规定,"拍卖标的应当是委托人所有或者依法可以处分的物品或者财产权利"。

在交付时具有可移动性的有体物。[5] 而且,《联合国国际货物销售合同公约》第 2 条也采用排除法,将个人消费品、拍卖、国家强制买卖、股票、投资证券、流通票据以及货币的买卖、船舶、气垫船、飞机买卖和电力买卖均排除在外。以大陆法系的一些国家和地区为代表,买卖的标的并不限于货物的所有权,还包括其他财产权利。例如,《日本民法典》第 555 条以及中国台湾地区“民法”第 345 条均规定,买卖的标的为财产权。《德国民法典》第 453 条则专门规定,“关于物的买卖的规定,准用于权利买卖和其他标的买卖”。我国亦有学说指出,需要秉持有体物与无体物兼存的理念,在未来修订《民法典》时,建议将《民法典》第 595 条修改为“买卖合同是出卖人将标的物的所有权或者可处分的其他财产权转让于买受人,买受人支付价款的合同”。[6]

《民法典》第 595 条虽然限于“标的物”的买卖,且《民法典》也有意识地区分了知识产权与知识产权标的物的转让(《民法典》第 600 条),但在我国其他法律及司法解释中并未将“买卖”的标的限定为“物”。例如,依《拍卖法》第 3 条规定,拍卖的标的是“特定物品或者财产权利”。《买卖合同司法解释》(2020 年修正)虽然没有明确将权利作为买卖的标的物,但明确规定债权转让、股权转让得以参照适用买卖合同的有关规定(《买卖合同司法解释》第 32 条)。不仅如此,在我国,建设用地使用权等用益物权,一直以来都作为买卖的标的存在。因此,我国《民法典》买卖合同的标的并不限于“标的物”,也得以涵盖财产权的买卖。而且,随着时代的发展,“信息”“数据”等虽有争议,但亦已成为买卖的标的。当然,债权、股权等权利的转让,具有其特殊性,是否都得以比照有体物买卖规则予以处理,仍需作进一步细分。关于股权转让分期付款合同纠纷,最高人民法院指导性案例第 67 号就试图作出区分。[7] 当然,日常生活中经常用“买”来表述的行为,并不一定构成“买卖”。例如,“买保险”“买车票”等均不构成买卖合同,而分别成立保险合同、旅客运输合同等。前述“数据”“信息”的交易,亦有不少属于许可使用合同,而不是买卖合同。

虽然出卖人对标的物没有所有权或者无权处分并不影响买卖合同的效力,但对法律、行政法规禁止或者限制转让的标的物,则需要作出特别考虑。为此,《民法典》第 597 条第 2 款规定,“法律、行政法规禁止或者限制转让的标的物,依照其规定”。法律、行政法规禁止或者限制转让的标的物,常称之为“禁止或者限制流通物”,不得作为买卖合同的标的。例如,《枪支管理法》第 3 条第 1 款规定:“国家严格管制枪支。禁止任何单位或者个人违反法律规定持有、制造(包括变造、装配)、买卖、运输、出租、出借枪支。”《枪支管理法》第 13 条规定:“国家对枪支的制造、配售实行特别许可制度。未经许可,任何单位或者个人不得制造、买卖枪支。”因此,枪支属于限制流通物,只能在特定领域流通,未经许可,以枪支为买卖标的物签订的买卖合同无效。另外,《治安管理处罚法》规定不得出售淫秽书刊,《文物保护法》对文物转让作出禁止和限制规定,《矿产资源法》就探矿权、采矿权的转让作出限制性规定,《禁毒法》禁止毒品交易,《人民银

〔5〕［日］潮见佳男、中田邦博、松冈久和主编:《〈联合国国际货物销售合同公约〉精解》,［日］小林正弘、韩世远译,人民法院出版社 2021 年版,第 36 页。

〔6〕费安玲:《论买卖合同标的物规则的形成理念——以人格尊严和无体物为分析视角》,载《环球法律评论》2022 年第 3 期。

〔7〕周江洪:《分期付款买卖合同的解除及其限制——“汤长龙诉周士海股权转让纠纷案”评释》,载《交大法学》2017 年第 4 期。

行法》禁止伪造、变造的人民币交易，《城市房地产管理法》禁止特定房地产的转让，《人体器官移植条例》禁止人体器官买卖，《医疗废物管理条例》禁止医疗废物买卖，《古生物化石保护条例》禁止或者限制古生物化石买卖，《危险化学品安全管理条例》限制剧毒化学品等的买卖，《农村土地承包法》规定承包地不得买卖，《土地管理法》规定任何单位和个人不得侵占、买卖或者以其他形式非法转让土地，等等。《民法典》也规定了人格权禁止转让（第992条）、人体及其组成部分禁止买卖（第1007条）。以禁止或者限制流通物为标的的买卖合同，原则上无效。[8]例如，有法院判决裁判摘要认为："通过不违反公序良俗的方法提取的人体组织干细胞，属于民法上的物，但由于干细胞源于人体，基于独特的生物属性，在法律上不得直接作为交易标的物。干细胞技术作为一种新型的生物治疗技术，相关的临床研究和转化应用应面向医疗卫生需求，因此，与干细胞相关的管理规范具有公共利益属性。干细胞买卖合同因损害社会公共利益而无效。"[9]但从理论上来说，买卖禁止或限制流通物的合同效力，仍应依《民法典》第153条予以判断。例如，虽然《矿产资源法》第6条对探矿权、采矿权的转让作出了严格限制，其转让需经依法批准，但当事人仅以矿业权转让申请未经自然资源主管部门批准为由请求确认转让合同无效的，人民法院不予支持（《矿业权纠纷司法解释》第6条第2款）。关于违反强制性规定的效力问题，将强制性规定区分为"基本权保护型强制性规定"与"公益实现型强制性规定"予以考量的方法殊值参考，该方法也同样适用于禁止或限制流通物的买卖合同效力判断。

■ 拓展 | 危险化学品运输合同效力的判断[10]

设危险品制造企业甲与运输公司乙签订运输合同，将危险品从A地运送至B地交付于危险品制造企业丙，运费由丙企业到付，①危险品仍在A地尚未上路；或者②危险品已顺利运送至B地并交付给丙企业；或者③危险品已顺利运送至B地但尚未交付给丙企业。乙并未如《危险化学品安全管理条例》第43条规定的那样行事，即"从事危险化学品道路运输、水路运输的，应当分别依照有关道路运输、水路运输的法律、行政法规的规定，取得危险货物道路运输许可、危险货物水路运输许可，并向工商行政管理部门办理登记手续"，而甲、丙企业均有危险品制造及存储资质。

此时首先要以比例原则（目的正当性、妥当性原则、必要性原则和狭义比例原则）考察《危险化学品安全管理条例》第43条本身是否涉及对乙营业自由的侵害，如果构成侵害，则由于司法者并无适用《危险化学品安全管理条例》这一行政法规的义务，故可以不予适用；只有在非民法领域认定其不构成基本权侵害的前提下，才应考虑其作为强制性规定对法律行为效力可能产生的影响。就妥当性原则而言，此处即要考虑使货运合同无效这一手段对达成公益保护这一目的是否妥当。一般而言，一方面要求危险品运输需要许可和登记，另一方面让无许可和登记的合同无条件有效，显然无法规制危险品因承运人无管控能力而损害公益的情况，故对合同而言，妥当性原则的检验通常均可过关。就必要性原则而言，此处应考虑将货运合同归于无效这一手段对达

[8] 黄薇主编：《中华人民共和国民法典解读：合同编》（上册），中国法制出版社2020年版，第496页。
[9] 吴海澜诉上海聚仁生物科技有限公司买卖合同纠纷案，载《最高人民法院公报》2021年第6期。
[10] 章程：《从基本权理论看法律行为之阻却生效要件——一个跨法域释义学的尝试》，载《法学研究》2019年第2期。

成公益保护这一目的是否有其必要性。是否有不使合同无效,但依然能够实现公益保护的手段可供选择——如不使合同无效,而仅在行政法上课以不利益,甚至在刑法上入罪。但无论是行政法还是刑法上的不利益,在实际的查处与执行中都不可能没有漏网之鱼,故还不足以代替合同无效给当事人带来的合同不受法律保护的效果。更重要的是,合同作为私法自治的工具,当事人当然会将管制法规范可能带来的风险考虑进去,比如瑕疵商品的提供者会把可能的行政处罚成本平均化地计入商品价金之中,并利用合同进行风险的再分配。正是由于合同所具有的这种自反(reflexive)性质,一般而言,单纯依靠管制法进行管制而认可合同效力,反而会出现当事人之间通过合同规避管制法上的管制效果的现象。因此,就实现管制目的而言,一般性地否定法律行为的效力有其必要性。两个原则几乎在所有合同中都能通过检验,所以最需要在个案中予以精致化考虑的,便是狭义比例原则。在此设例中,情形①由于危险品尚未上路,货款尚未支付,运送义务亦尚未履行,否定货运合同的效力不仅对当事人之间的债权债务关系并无任何影响,而且能够保护潜在的危险品运送安全这一公益,因此一般会认为判定合同无效较为符合比例原则。在情形②和情形③中,危险品已经顺利运至B地,安全事故并没有发生,这一公益已不需要被考量,然而否定合同效力则相当于否定当事人之间的债权债务关系,会对合同自由的私益造成侵害。两相衡量,否定合同效力显然不符合比例性,因此,原则上应先认定合同有效。但是合同原则上有效,并不意味着乙即可行使有效合同下的所有权利。原《合同法》第315条规定:"托运人或者收货人不支付运费、保管费以及其他运输费用的,承运人对相应的运输货物享有留置权,但当事人另有约定的除外。"在情形③中,若丙未付款,原则上应让乙享有留置权甚或同时履行抗辩权,但乙一旦享有此权利,则意味着危险品必须由无资质的乙储存,显然又不一定符合《危险化学品安全管理条例》第19条以下关于储存危险物的规定。换言之,合同项下的权利甚至某一具体合同之债的权能以及抗辩权、请求权等能否行使,原则上应当逐项用比例原则进行检验,不能仅从整体上对合同效力一概而论。以比例原则进行检验时,由于合同项下各项权利可能对应不同的公益(比如上述危险品运输安全的公益与危险品储存安全的公益),因此在情形③中,除非乙的储存符合危险品储存的规定,原则上应否定乙的留置权甚至同时履行抗辩权。

三、买卖与互易

《民法典》第647条规定,"当事人约定易货交易,转移标的物的所有权的,参照适用买卖合同的规定"。买卖合同中,交付标的物并移转所有权与价款之间构成给付与对待给付的关系,而互易的给付义务和对待给付中并不存在"价款的支付"这一以金钱支付为内容的债,故与买卖合同并不相同,但与买卖合同一样,均为诺成、有偿、双务和不要式合同。

从历史发展来看,互易是买卖的早期雏形,但随着货币的出现,买卖成为主要的交易形态。在实践中,也存在互易合同的纠纷。[11] 而且,随着数字经济的发展,各种虚拟"货币"用以交换各种标的物的情形不断出现,尤其是不被认可为货币,有必要重新反思互易的时代意义。不仅如此,虽然《民法典》第647条规定的是"转移所有权"的易货交易,但在司法实践中,也有法院判决将该条适用于股权互易、债权与所有权互易等合同纠纷的裁判中。

---

〔11〕 史某培与甘肃皇台酿造(集团)有限责任公司、北京皇台商贸有限责任公司互易合同纠纷案,载《最高人民法院公报》2008年第7期。

在实践中，判断究竟为买卖还是互易，在个别情形下会存在困难。例如，甲与乙约定，甲以1000元的价格将某物转让于乙，乙则给付与该1000元数额相当的物。日本法院曾判断类似的交易为买卖而非互易。[12] 究竟是买卖还是互易，应根据当事人意思的解释而定。但从互易得以参照适用买卖合同规定的规则来说，区分两者的意义不是很大。

互易作为有偿合同，依《民法典》第646条的规定，亦参照适用买卖合同的规定，但不少国家与我国《民法典》第647条一样，就互易参照适用买卖合同作出单独规定，如《德国民法典》第480条。从互易的交易结构来看，互易情形，任何一方当事人就互易的标的物既是债权人，又是债务人。任何一方当事人就应归于自己的标的物的给付享有买受人的权利且不负买受人之价款支付义务；而且，任何一方当事人就约定的给付标的物负有出卖人之义务，但并无出卖人之价款请求权。因无价款支付义务的存在，所以关于价款支付相关规则的参照适用应当慎重。例如，关于价款支付地点的我国《民法典》第627条是否应当参照适用于互易之情形，考虑到金钱债权支付地点的特殊性和标的物互易的不同，不应予以参照适用。另外，互易合同属于双务合同，双务合同中违约损害赔偿存在替代说和差额说的讨论。通常来说，由于对待给付请求权大多以金钱为对象，两种理论通常结果相同，但在互易之情形中，采用何种理论构成在结果上会形成差别。[13]

拓展｜互易合同中替代给付损害赔偿计算的替代说与差额说[14]

在双务合同中替代给付损害赔偿的计算有两种不同的模式可资运用：替代说与差额说。根据替代说，债权人的对待给付仍然存在。在债务人方面，损害赔偿的支付义务替代了原给付义务。因此，债权人只能在提出对待给付的同时请求损害赔偿。也就是说交换关系原则上还是存在的，只是被修正了。只要债权人要提供的是金钱支付（比如支付价款），《德国民法典》第387条以下条文规定的抵销就是可能的，进而损害赔偿请求权限于原给付义务的价值（加上可能的结果损害）与作为对待给付而负担的金额价值之间的差额。差额说则认为，债权人的对待给付义务消灭。因此，由于交换关系已经结束，损害赔偿请求权自始就以原给付义务的价值（加上可能的结果损害）与对待给付价值之间的差额为对象。由于对待给付请求权在实践中大多是以金钱为对象的，所以两种理论通常结果相同。但是，在互易合同中则会出现差别。

例如，A将其自行车（价值250欧元）与B的摩托车互易（价值300欧元）。在交易进行之前，摩托车在B有过错而发生的交通事故中被完全毁损。根据替代说，A向B转让自行车的义务仍然存在，替代让与摩托车请求权的是价值补偿请求权。也就是说，A可以在转让自行车所有权的同时向B请求支付300欧元。根据差额说，A可以保留自行车，并向B请求赔偿50欧元。一般情况下损害的计算是根据差额说进行的。如果对待给付是支付金钱，与替代说相比，这一模式使得损害赔偿的计算变得更为简单。在互易的情况中，差额说同样处于中心地位，因

---

〔12〕 柚木馨＝高木多喜男編集『新版注釈民法（14）債権（5）贈与・売買・交換』（有斐閣，1993年）459頁。

〔13〕 ［德］迪尔克・罗歇尔德斯：《德国债法总论》（第7版），沈小军、张金海译，中国人民大学出版社2014年版，第240页。

〔14〕 ［德］迪尔克・罗歇尔德斯：《德国债法总论》（第7版），沈小军、张金海译，中国人民大学出版社2014年版，第239～240页。

为它通常符合债权人的利益，即只有当债务人履行了给付义务才提出自己的给付。但在互易的情况下，债权人可能对提供对待给付有正当的利益，因此，债权人必须能够继续根据替代说来计算损害赔偿请求权。

四、买卖合同规定的参照适用

《民法典》第646条规定："法律对其他有偿合同有规定的，依照其规定；没有规定的，参照买卖合同的有关规定。"《买卖合同司法解释》第32条明确规定了债权转让、股权转让等权利转让合同，可以根据该条规定参照适用买卖合同的规定。

参照适用在立法技术上的实质为"准用"。之所以采用"准用"之构成，是因为在特定情形应等同视之并赋予其法律效果。法律有时以拟处理之案型与被引用之法条所规定的案型之法律事实虽不相同，但因其实际上引起相同或类似的结果，而以之作为它们应作相同处理之依据。其特点是彼此分别所规范的法律事实虽不相同，但就系争问题，其法律上重要之点确是相同的。[15] 除通过类似性考量赋予相同法律效果之外，参照适用也并非完全适用，其内涵区别于"适用"，即"准用非全部照样适用，如其事件有差异时，于性质许可之限度，应基于其差异，加以取舍变更，以变通适用，此等与适用应完全适用者不同"。[16]

在参照适用过程中，类似性判断，即参照对象相互之间的类似或相异程度，决定了参照适用的具体范围和具体规则。基于该原则，有学者认为，买卖以外的其他有偿合同若为一时性合同、财产性合同、移转财产所有权合同，无须变通即可适用买卖合同规定的可能性较大。反之，若这些合同为继续性合同、劳务性合同、移转财产使用权合同，则往往需要对被援引的买卖合同规定的构成要件或法律效果加以调整。至于买卖以外的有偿合同是单务还是双务、要式还是不要式、要因还是不要因、本合同还是预约、一时性移转财产所有权还是终局性移转财产所有权等，在理论上也存在影响《民法典》第646条适用的可能性，但相较于上述性质，其影响的程度较弱，对此还应结合合同的缔约目的、具体的个案情况等个别判断。唯无论如何，在类似性判断这一作业的过程中，应避免不合时宜的等量齐观，不可自始排除事物本身(被规整的生活关系本身)所要求的差别待遇。[17] 《民法典》第468条中的"有关……规定"，也意在提醒适用时的"类似性标准"。类似性的判断，应指待决案件的某个争议和待适用的买卖法规范所欲解决的争议之间存有"类似性"；待决的有偿契约和买卖合同宏观上的"类似性"，只是证成上述"类似性"的工具。[18] 《民法典》规定了大量的"参照适用"，但"参照适用"所要求的案型涵摄过程中，如何判断取舍是否可以"参照"以及如何"参照"是理论和实务中重要的难点问题之一。在司法实践中，最高人民法院指导性案例第67号认为，受让方没有依约按期支付股权转让款时并不能根据《民法典》第634条(原《合同法》第167条)的规定解除合同，但学理上对此存在

---

〔15〕 张弓长：《〈民法典〉中的"参照适用"》，载《清华法学》2020年第4期。

〔16〕 史尚宽：《民法总论》，中国政法大学出版社2000年版，第52页。

〔17〕 易军：《买卖合同之规定准用于其他有偿合同》，载《法学研究》2016年第1期。

〔18〕 谢鸿飞、朱广新主编：《民法典评注：合同编 典型合同与准合同》(第1册)，中国法制出版社2020年版，第252页。

争议。[19]

"参照适用"并不是直接适用,在规范援引上应当特别注意,即"权利转让或者其他有偿合同参照适用买卖合同的有关规定的,人民法院应当首先引用民法典第六百四十六条的规定,再引用买卖合同的有关规定"(《买卖合同司法解释》第32条第2款)。

第二节 买卖合同的效力

一、对于出卖人的效力

(一)转移标的物所有权的义务

出卖人负有标的物所有权的转移义务(《民法典》第595条、第598条)。所有权转移义务在买卖合同中的地位与买卖合同的历史演变密切相关。从罗马法到现代民法,出卖人的义务存在从"以占有为中心的罗马法合意买卖(以给付义务为中心+品质担保约定+追夺担保责任)"到"给付义务+所有权转移义务+瑕疵义务"的历史演变过程。罗马法上,出卖人仅有交付义务而无所有权移转义务。买受人若希望免受第三人追夺,须与出卖人达成独立于买卖的追夺担保约定(要式口约)。后世从追夺担保中发展出所有权移转义务,将其与权利瑕疵担保(追夺担保的现代表达)并列。[20] 亦有学者将财产权移转义务作为出卖人的基本给付义务,为履行此等基本给付义务则负有标的物交付义务、对抗要件提供义务(登记协助义务等)、许可申请协助义务。[21]

关于所有权移转义务的履行,《民法典》就法律行为的物权变动作出了详细的规定(《民法典》第209条、第224~228条、第311条),是否完成所有权移转依此等规则予以判断。动产所有权虽依交付等转移所有权,但可通过约定保留所有权(《民法典》第641条)。此外,所有权转移义务意味着出卖人不仅应提供标的物,而且应协助完成所有权变动所需要的公示或对抗要件,如协助进行特殊动产的过户登记等。所有权转移义务亦可通过"交付提取标的物的单证"的拟制交付予以实现,其对应于《民法典》第227条规定的指示交付,即标的物由第三人占有时,出卖人将对于第三人的请求提取标的物的权利让与买受人,以代替标的物的现实交付。最常见的指示交付是通过仓单、提单等有价证券实现交付。实践中,有法院判决区分了作为有价证券的提单和普通的提货单,认为"提货单的交付,仅意味着当事人的提货请求权进行了转移,在当事人未将提货请求权转移事实通知实际占有人时,提货单的交付并不构成指示交付"[22]。

所有权移转义务的违反,构成债务不履行,除非存在免责事由,出卖人应承担违约责任;符

---

[19] 周江洪:《分期付款买卖合同的解除及其限制——"汤长龙诉周士海股权转让纠纷案"评释》,载《交大法学》2017年第4期。

[20] 吴香香:《〈民法典〉第598条(出卖人主给付义务)评注》,载《法学家》2020年第4期;朱庆育主编:《中国民法典评注:条文选注》(第2册),中国民主法制出版社2021年版,第323~324页。

[21] 山本敬三『民法講義Ⅳ-1契約』(有斐閣,2005年)237頁。

[22] 肯考帝亚农产品贸易(上海)有限公司与广东富虹油品有限公司、第三人中国建设银行股份有限公司湛江市分行所有权确认纠纷案,载《最高人民法院公报》2012年第1期。

合合同解除条件时,可解除合同。《民法典》第597条规定,“因出卖人未取得处分权致使标的物所有权不能移转的,买受人可以解除合同并请求出卖人承担违约责任”。所有权转移义务履行不能时,出卖人免除其所有权转移义务(《民法典》第580条),但是否免责,应依免责事由的有无判断。不可归责于当事人事由致使所有权转移义务履行不能时,出卖人免除其给付义务,买受人的价款支付义务的有无依风险负担规则处理(《民法典》第604条以下)。

思考　善意取得情形下,买受人能否抛弃善意取得保护而请求出卖人承担所有权转移义务违反的违约责任?

买受人善意取得时,所有权转移义务应履行完毕。但是,买受人善意取得时,若原所有权人向买受人主张权利,买受人能否抛弃善意取得之保护,将标的物返还原所有权人,并请求出卖人承担违约责任。德国主流观点采否定说,并认为出卖人没有义务向买受人提示自己无处分权(以破除买受人的善意)。反对观点则认为,因标的物来历不明,买受人即使善意也会卷入出卖人与原权利人的纷争之中,为避免买受人遭受不利,应允许其抛弃善意取得保护。有学者主张前说似较可采,因后说无异于认为只要第三人提出权利主张即构成权利瑕疵,无论其主张是否成立;而我国《民法典》第614条明确要求第三人权利真实存在。在这点上,我国《民法典》与《联合国国际货物销售合同公约》第41条不同,该公约采取宽泛的权利瑕疵标准,只要第三人提出权利主张(即使欠缺证据支持)就成立。据此,即使买受人已经善意取得,原所有权人提出权利主张的,同样构成权利瑕疵。同时,出卖人免除权利瑕疵责任的要求也更严格,仅有买受人明知要件尚有未足,还须同意受领有权利瑕疵的标的物。[23] 在《联合国国际货物销售合同公约》中,与该公约第35条第3款货物不符合合同场合不同,出卖人不能提出买受人知道(或不可能不知道)第三方权利或请求的抗辩,这一点与买受人未被科以对第三方权利或者请求的调查义务有关。鉴于在国际贸易场合,货物的权利瑕疵通常并非检验时所针对的问题,而当买受人被第三方提出交付货物请求时,该第三方的请求在法律上是否具有根据,要取决于准据法,买受人不一定能及时且容易地判断。[24] 该问题在我国《民法典》背景下究竟应当如何判断,可进一步思考。

(二)交付标的物的义务

虽然买卖合同的定义中并未规定标的物的交付义务(《民法典》第595条),但《民法典》第598条明确将标的物交付义务作为出卖人的给付义务予以规定,即“出卖人应当履行向买受人交付标的物或者交付提取标的物的单证”。

出卖人的交付义务与所有权移转义务不同,其旨在使买受人取得标的物的占有。交付不必然伴随所有权的变动,如所有权保留、需要登记的不动产物权等。交付是否发生所有权的变动依物权变动规则处理。且若认为存在独立的物权合意,《民法典》第598条规定的交付仅意

---

〔23〕 吴香香:《〈民法典〉第598条(出卖人主给付义务)评注》,载《法学家》2020年第4期;朱庆育主编:《中国民法典评注:条文选注》(第2册),中国民主法制出版社2021年版,第339~340页。

〔24〕 [日]潮见佳男、中田邦博、松冈久和主编:《〈联合国国际货物销售合同公约〉精解》,[日]小林正弘、韩世远译,人民法院出版社2021年版,第131页。

味着出卖人以履行给付义务的意思转移标的物的占有,有别于物权变动公示要件的交付(《民法典》第224条)。

《民法典》第601～603条就标的物交付义务的履行要求作出了具体规定。

1. 交付期限

出卖人应当按照约定的时间交付标的物。约定交付期限的,出卖人可以在该交付期限内的任何时间交付(《民法典》第601条)。当事人没有约定标的物的交付期限或者约定不明确的,可以协议补充;不能达成补充协议的,按照合同相关条款或交易习惯确定;据此仍不能确定的,出卖人可随时交付,买受人也可以随时请求交付,但是应当给对方必要的准备时间(《民法典》第602条)。若未按交付期限履行标的物交付义务,构成履行迟延;就定期行为而言,若未依交付期限交付,其后续的交付就失去了其意义,进而构成目的不达之履行不能,应依合同编通则规则承担违约责任,买受人亦可依法解除合同。若出卖人提前交付,买受人可根据《民法典》第530条第1款予以拒绝,但提前履行不损害买受人利益的除外。

值得注意的是,《民法典》第602条虽然援引了《民法典》第510条、第511条的规定,但存在微妙的区别。《民法典》第511条是"当事人就有关合同内容约定不明确"才适用该条规定的条款予以补充,但《民法典》第602条则将其扩张为"没有约定或约定不明确"之情形亦适用《民法典》第511条第4项。从理论上来说,"没有约定"包括"沉默",沉默并不能构成有效的意思表示(《民法典》第140条第2款),但就合同非必备要素而言,《民法典》通常不区分"没有约定"和"约定不明确",即使《民法典》第602条未作规定,将《民法典》第511条扩张适用于"没有约定"之情形亦无妨。

2. 交付地点

依《民法典》第603条的规定,出卖人应当按照约定的地点交付标的物。当事人没有约定交付地点或者约定不明确的,可以协议补充;不能达成补充协议的,按照合同相关条款或交易习惯确定;据此仍不能确定的,则根据标的物是否需要运输而适用不同的规定进行交付。标的物需要运输的,出卖人应当将标的物交付给第一承运人以运交给买受人。标的物不需要运输,出卖人和买受人订立合同时知道标的物在某一地点的,出卖人应当在该地点交付标的物;不知道标的物在某一地点的,应当在出卖人订立合同时的营业地交付标的物。需要注意的是,《民法典》第511条第3项关于履行地点的确定规则与《民法典》第603条并不相同。前者规定:"履行地点不明确,给付货币的,在接受货币一方所在地履行;交付不动产的,在不动产所在地履行;其他标的,在履行义务一方所在地履行。"该条根据标的物的性质就履行地点的确定作出了不同的安排。而《民法典》第603条并未援引《民法典》第511条,并未采用不动产与其他标的的区分标准,而是就此作出了分则层面的特别规定,采用是否需要运输来确定履行地点。所谓"标的物需要运输的",是指标的物由出卖人负责办理托运,承运人系独立于买卖合同当事人之外的运输业者的情形(《买卖合同司法解释》第8条)。

关于交付地点,学理上也存在以交付方式来确定交付地点的处理办法,这些交付方式主要是自提方式、送货方式、代办托运方式等。在1999年原《合同法》起草过程中即已考虑到当事人约定的这些交付方式,交付方式本身就已经说明了标的物交付的地点,因此摒弃了这种解决办法,并且认为此时合同对交付地点是明确的,或者说依照《民法典》第510条的规定,属于通过对合同其他条款的解释可以确定的情形。[25] 故其亦不属于《民法典》第 603 条第 2 款的适用范围。

未依上述交付地点交付标的物的,并未完成有效的交付,不构成清偿,应承担违约责任;因地点不符致使合同目的难以实现的,买受人可以解除合同。

3. 交付数量

标的物数量是买卖合同的必备条款,交付的标的物数量少于约定数额的,构成数量瑕疵的违约行为。买受人可拒绝出卖人的部分交付,但该部分履行不损害买受人利益的除外(《民法典》第 531 条第 1 款)。[26] 《民法典》"买卖合同"一章关于标的物数量的规定并不多见,只是就标的物数量的检验(《民法典》第 621 条、第 623 条)、多交标的物时的处理(《民法典》第 629 条)作出了规定。

若交付数量多于约定数额,买受人可以接收或拒绝接收多交的部分。一旦接收标的物,构成合同数量的变更。若买受人拒绝接收多交部分,应根据诚实信用原则及时通知出卖人(《民法典》第 629 条)。拒绝接收多交标的物,仅限于多交部分,对于合同规定数量的交付仍需受领。如果对包括超过部分在内的全部货物仅出具了一个提单,且如不就全部货物支付价款,则不能受领货物之情形,同时此种超过数量的交付情形构成根本违反合同时,买受人可以解除合同。如果不构成根本违反合同,只能受领全部,但可以由损害赔偿来调整。[27] 买受人拒绝接收多交部分标的物的,可以代为保管多交部分标的物。出卖人应负担买受人代为保管期间的合理费用;代为保管期间非因买受人故意或重大过失造成的损失,由出卖人承担(《买卖合同司法解释》第 3 条)。此处所谓的"接收",指的是"接受",盖因"接收"仅表征客观事实,而"接受"则表征买受人之意思,具有与作为发生清偿效果之"受领"类似的含义;而且,要构成合同数量的变更,需当事人意思之介入,故"接受"始符合该条之目的。[28]

思考 | "保管"多交部分标的物的性质

拒绝接收多交标的物的"保管"的性质,存在认识上的分歧。因数量超过的交付会给买受人带来额外的负担,因此买受人有拒绝接收的权利。若认为我国《民法典》与《联合国国际货物销售合同公约》第 86 条一样肯定买受人的"货物保全义务",则买受人的保管被作为其义务对待;此时的合理费用及损失赔偿,均构成了"因债务人原因增加的费用";违反此等义务亦可能构成责任承担。但《买卖合同司法解释》"代为保管"的用词,似乎又表明并不是在履行自己的

---

〔25〕 黄薇主编:《中华人民共和国民法典解读:合同编》(上册),中国法制出版社 2020 年版,第 509 页。

〔26〕 有学说认为,对于出卖人少交标的物的,买受人可以要求出卖人继续交足,也可以拒绝接受[参见魏振瀛主编:《民法》(第 8 版),北京大学出版社、高等教育出版社 2021 年版,第 484 页]。

〔27〕 潮見佳男「国際物品売買条約における売主・買主の義務及び救済システム(1)」民商法雑誌 138 巻 2 号(2008 年)174 頁。

〔28〕 该条源自《联合国国际货物销售合同公约》第 52 条,其中文版用的是"收取",与第 60 条(b)规定买受人"接收义务"之间用词并不相同;英文版中也存在"take delivery"与"taking over the goods"的微妙区别。有日本学说认为,《联合国国际货物销售合同公约》的"接收"概念,只意味着物理意义上的接收,而并不带有表示货物符合合同或者虽不符合合同但却收取的意义,接收不意味着买受人承认了货物符合合同(参见[日]潮见佳男、中田邦博、松冈久和主编:《〈联合国国际货物销售合同公约〉精解》,[日]小林正弘、韩世远译,人民法院出版社 2021 年版,第 166 ~ 167 页)。

义务，并未导入“货物保全义务”。若认为买受人的保管乃是“无因管理”，则费用等则是无因管理返还的问题，但我国《民法典》第979条规定与《买卖合同司法解释》第3条不同，对于无因管理期间管理人因管理事务受到的损失，仅是“给予适当补偿”，而不是“承担损失”。此处的保管，亦有可能被认为构成《民法典》第591条意义上的“不真正义务”，归属于买受人采取合理措施避免损失扩大的范畴。不同的解释路径和法律构成，对于法律效果具有不同的影响；究竟如何构成才符合我国《民法典》的立法旨趣，可进一步思考。但即使将其解释为保管义务，买受人的保管义务也是基于诚实信用原则而产生的法定义务。从利益平衡的思想出发，一方面，买受人的保管义务应从轻认定，一般情况下，买受人在保管过程中只负处理自己的事务同一注意义务即可，无须达到善良管理人注意义务的高度，不应参照适用有偿保管规则予以处理。另一方面，买受人为保管标的物而支出的合理费用，原则上应由出卖人承担。

4. 交付方式

出卖人应当按照约定的履行方式履行。履行方式没有约定或约定不明确的，通常依《民法典》第510条及第511条第5项予以补充。但对于买卖合同中的包装方式，《民法典》并未完全援引第511条第5项“按照有利于合同目的的方式履行”，而是在买卖合同一章中就此作出了特别规定，即出卖人应当按照约定的包装方式交付标的物。对包装方式没有约定或者约定不明确的，可以协议补充；不能达成补充协议的，按照合同相关条款或交易习惯确定；据此仍不能确定的，应当按照通用的方式包装；没有通用方式的，应当采取足以保护标的物且有利于节约资源、保护生态环境的包装方式。较之“有利于合同目的的方式”，《民法典》买卖合同一章的规定更加强调通用方式包装及绿色包装。《民法典》之所以在原《合同法》基础上增加“节约资源、保护生态环境”的内容，主要是基于我国电子商务蓬勃发展的实际情况，有大量的包装物需要得到科学处理，为贯彻《民法典》总则编的绿色原则，特地加上了该内容，以指引人们培养可持续发展的生活方式。[29]

买卖合同的标的物为电子信息产品时，其交付亦有其特殊性。标的物为无须以有形载体交付的电子信息产品，当事人对交付方式约定不明确，且依照《民法典》第510条的规定仍不能确定的，买受人收到约定的电子信息产品或者权利凭证即为交付（《买卖合同司法解释》第2条）。

值得注意的是，在我国买卖交易中，常使用发票，发票与标的物交付之间的关系常成为实践中的争点。《买卖合同司法解释》根据我国发票制度中不同发票的不同功能定位及交易习惯做法对此作了规定，即出卖人仅以增值税专用发票及税款抵扣资料证明其已履行交付标的物义务，买受人不认可的，出卖人应当提供其他证据证明交付标的物的事实。合同约定或者当事人之间习惯以普通发票作为付款凭证，买受人以普通发票证明已经履行付款义务的，人民法院应予支持，但有相反证据足以推翻的除外（《买卖合同司法解释》第5条）。

（三）瑕疵担保义务

出卖人就交付的标的物负有权利瑕疵担保义务和物的瑕疵担保义务（《民法典》第612条、

---

〔29〕 黄薇主编：《中华人民共和国民法典解读：合同编》（上册），中国法制出版社2020年版，第555页。

第615条)。出卖人的瑕疵担保义务,经历了从罗马法到现代民法的发展历程,存在法定特别责任说和违约责任统合说等观点之争。法定责任说立足于特定物买卖,就逻辑上而言,双方的买卖着眼于“该特定物”,因该特定物本身就存在瑕疵,交付完全无瑕疵之物的合同义务从一开始就不存在,因此只要交付了该特定物就已完成履行。但从合同有偿性角度来看,具有瑕疵的标的物与价款之间存在不平衡,故导入特别的担保责任(如减少价款、解除权等限定的救济措施)来保障买受人之利益。而对于种类物,则将其作为不完全履行对待,受传统的债务不履行规则(如不完全履行)的调整。从合同法的发展趋势来看,特别是随着《德国债法现代化法》的出台和日本债法的修改,统合说已成为世界的潮流。日本债法的修改甚至放弃了长期以来适用的“瑕疵”概念,替之以“与合同内容不符”的概念。违约责任统合说将无瑕疵标的物的给付作为合同义务,标的物存在瑕疵即构成合同义务违反,进而与通常的债务不履行采取同样的救济措施,统一其法律效果,如损害赔偿、减少价款、修理重作等补救措施以及合同解除。我国《民法典》亦采统合说。我国《民法典》以“义务违反”为中心构建违约责任体系,传统意义上的不完全履行、不完全给付均可以纳入“履行合同不符合约定”的范畴。在责任承担方面,也以违约责任而不是法定责任说含义上的“担保责任”来解决瑕疵给付问题。例如,《民法典》第617条在原《合同法》第115条援引原《合同法》第111条“修理、重作、更换、退货、减少价款或者报酬”等救济措施(《民法典》第582条)的基础上,增加了《民法典》第583条、第584条规定的损害赔偿请求权,更是进一步明确了瑕疵担保的特别责任与违约责任的统合,瑕疵担保义务的违反只是违约的一种形态,[30]其责任亦为违约责任之一种,表明我国《民法典》不存在独立的瑕疵担保责任,无瑕疵构成买卖合同义务的基本义务。只不过在质量瑕疵问题上,我们导入了检验通知期限和质量异议期的规则(《民法典》第621条、《买卖合同司法解释》第14条),表面上看起来与传统的瑕疵担保责任的期间限制类似而已。另外值得注意的是,《民法典》第618条在吸收《买卖合同司法解释》相关规定时,有意识地避免使用“担保责任”的概念,而是采用“对标的物瑕疵承担的责任”,这也在一定程度上说明立法者无意用独立的担保责任来解决瑕疵给付问题。当然,《买卖合同司法解释》仍然保留了“担保责任”的概念(如《买卖合同司法解释》第24条)。也正基于此,此处不再采用传统的“瑕疵担保责任”的表述,而是改称“瑕疵担保义务”。[31]

1. 权利瑕疵担保义务

出卖人就交付的标的物,负有保证第三人对该标的物不享有任何权利的义务,但是法律另有规定的除外(《民法典》第612条)。权利瑕疵担保则与所有权移转义务同源,均源自追夺担保责任。在罗马法中,出卖人仅有交付义务而无所有权移转义务。买受人若希望免受第三人追夺,须与出卖人达成独立于买卖的追夺担保约定(要式口约)。后世从追夺担保中发展出所

[30] 王利明:《合同法研究》(第2版第3卷),中国人民大学出版社2015年版,第71页。

[31] 亦有学者认为,对于瑕疵担保责任,就其实质来说,有些救济方式并不符合民事责任的规格。退货表现为合同解除、合同更改、代物清偿时,肯定不是民事责任的方式。减少价款若作为形成权,也不是民事责任的方式。较为科学的命名和定位,将瑕疵担保责任作为救济方式更为妥当。参见崔建远:《合同法》(第4版),北京大学出版社2021年版,第453~454页。

有权移转义务,与权利瑕疵担保(追夺担保的现代表达)并列。[32]

权利瑕疵的情形主要是指买卖标的物上带有不该有的权利负担。例如,标的物上存在物权负担(如抵押权、地役权、居住权等)、债权负担(如存在租赁等),或第三人根据知识产权等主张权利要求等。当然,对于买卖标的物所有权之私法上的限制,例如,物权法上的袋地通行权或其他因相邻关系所产生的限制,由于出卖人不可能使买受人取得无上述负担的所有权,故此不构成权利瑕疵。另外,标的物上附有公法上的负担或者公法对标的物的适用进行了限制,是作为"权利瑕疵"抑或"物的瑕疵"尚有争议。有学说认为,权利瑕疵指的是第三人享有权利(《民法典》第612条),而公法上的限制,并无第三人享有民事权利,而应当界定为"物的瑕疵"。[33]

思考 | 权利瑕疵是否包括第三人对标的物享有所有权

有疑问的是,第三人对该标的物享有所有权之情形,是否构成此处的"权利瑕疵"。对此,大部分学说认为第三人享有所有权构成权利瑕疵。例如,有学说认为"出卖人无法向买受人提供所有权"构成权利瑕疵,[34]或直接认为第三人享有所有权构成权利瑕疵;[35]有释义书也认为《民法典》"买卖合同"一章规定权利担保义务的目的是明确合同当事人的权利义务关系,而不解决买卖合同对货物所有权所产生的影响问题,认为如果出卖人将其根本没有所有权或处分权的财产拿来出售,善意买受人能否取得财产所有权应依《民法典》第311条善意取得制度处理,[36]这似乎也说明该释义书认为第三人享有所有权构成权利瑕疵。但也有学说认为,所有权移转义务由追夺担保发展而来,自该义务从担保提升为出卖人主给付义务后,因第三人所有权而使买受人无法取得所有权的,即不再是权利瑕疵,而是所有权移转义务的违反。据此,权利瑕疵中的"权利"系所有权以外的权利。但反对观点认为,若所有权之外的权利构成权利瑕疵,举轻以明重,第三人所有权更应构成权利瑕疵。[37]德国通说则认为未使购买人取得买卖物的所有权并不构成权利瑕疵,而适用普通的履行障碍法。[38]日本也有学者指出,因《日本民法典》明确规定了出卖人的标的物所有权移转义务,与罗马法上不存在所有权移转义务而采取追夺担保责任的构成并不相同,若出卖人不能移转所有权于买受人构成所有权移转义务的违

---

〔32〕 吴香香:《〈民法典〉第598条(出卖人主给付义务)评注》,载《法学家》2020年第4期;朱庆育主编:《中国民法典评注:条文选注》(第2册),中国民主法制出版社2021年版,第323~324页。

〔33〕 关于公法上的限制是构成物的瑕疵抑或权利瑕疵的争论,参见韩世远:《租赁标的瑕疵与合同救济》,载《中国法学》2011年第5期;金晶:《〈合同法〉第111条(质量不符合约定之违约责任)评注》,载《法学家》2018年第3期;黄茂荣:《买卖法》(增订7版),台北,植根法学丛书编辑室2015年版,第256页以下。黄茂荣认为一般应属权利瑕疵。

〔34〕 韩世远:《合同法学》(第2版),高等教育出版社2022年版,第348页;崔建远:《合同法》(第4版),北京大学出版社2021年版,第457页。

〔35〕 谢鸿飞、朱广新主编:《民法典评注:合同编　典型合同与准合同》(第1册),中国法制出版社2020年版,第66页。

〔36〕 黄薇主编:《中华人民共和国民法典解读:合同编》(上册),中国法制出版社2020年版,第532~533页。

〔37〕 吴香香:《〈民法典〉第598条(出卖人主给付义务)评注》,载《法学家》2020年第4期;朱庆育主编:《中国民法典评注:条文选注》(第2册),中国民主法制出版社2021年版,第326页。

〔38〕 [德]迪尔克·罗歇尔德斯:《德国债法总论》(第7版),沈小军、张金海译,中国人民大学出版社2014年版,第179页。

反，进而构成债务不履行，而不可能是作为法定责任的担保责任。[39]

对此，值得注意的是我国《民法典》第 613 条规定的“恶意抗辩规则”。若买受人订立合同时知道或者应当知道第三人对买卖的标的物享有权利，出卖人不承担《民法典》第 612 条规定的权利瑕疵担保义务。如此一来，若认为权利瑕疵包括第三人对标的物享有所有权，连环买卖等情形就会面临解释的难题。当买受人知道其交易为连环买卖之情形，则势必会落入《民法典》第 613 条规定的“出卖人不承担权利瑕疵担保义务”之境地。这就意味着，买受人在缔约时若明知或应知出卖人非所有权人，嗣后即使无法取得所有权，出卖人也不必承担违约责任。如此解释，不仅与出卖他人之物产生违约责任的规则不符（《民法典》第 597 条第 1 款），也对买受人过于严苛。此亦表明，所有权瑕疵固然较之其他权利瑕疵为“重”，但恰恰如此，有必要为之提供更“重”的保护，而瑕疵救济难堪此任。因而，第三人所有权不宜认定为权利瑕疵，应纳入违反所有权移转义务的救济轨道。[40] 据此，解释上可认为所有权转移义务涵盖了“所有权不存在”的“权利瑕疵”，不适用权利瑕疵担保义务，而适用《民法典》第 597 条等规则。当然，除《民法典》第 613 条以外，将第三人享有所有权纳入权利瑕疵担保义务抑或所有权转移义务处理有何不同，在违约责任统合论的背景下可进一步思考。

对于权利瑕疵的判断时点，学说上存在分歧。有学说认为是合同成立时；另有学说认为是标的物交付时，不动产则为登记时；还有学说认为是权利移转时。[41] 若依《民法典》第 612 条“出卖人就交付的标的物……”的文义，权利瑕疵在标的物交付时存在是构成权利瑕疵与否的判断时点。但从买卖合同一章的规定来看，标的物转移占有后应予移转所有权之前（如所有权保留、不动产登记），出卖人尚未完成所有权转移义务，其所有权上的负担仍为原所有权人的负担，买受人尚未就出卖人转移占有的标的物享有所有权，亦就无所谓权利上存在负担。且从买受人救济角度而言，若未能完成所有权移转，依所有权移转义务违反主张救济即可，无援引权利瑕疵担保义务违反之必要。故此处认为《民法典》第 612 条中的“交付时”应理解为完成权利移转时始为妥当。

权利瑕疵担保义务亦存在得以排除的情形。如《民法典》第 613 条规定的“恶意抗辩规则”，买受人订立合同时知道或者应当知道第三人对买卖的标的物享有权利的，出卖人不承担权利瑕疵担保义务。买受人知道存在权利瑕疵的，意味着其甘愿承受此等风险而在价款等交易条件上作出了妥切考虑，当无保护之必要；同时，遵循“买者当心”的原则，买受人也应尽到一定的注意义务，其应当知道权利存在瑕疵时，亦作同样处理。[42] 若双方当事人就第三人权利的

---

〔39〕 山本敬三『民法講義Ⅳ - 1 契約』（有斐閣，2005 年）241 頁。

〔40〕 吴香香：《〈民法典〉第 598 条（出卖人主给付义务）评注》，载《法学家》2020 年第 4 期；朱庆育主编：《中国民法典评注：条文选注》（第 2 册），中国民主法制出版社 2021 年版，第 323 ~ 324 页。

〔41〕 韩世远：《合同法学》（第 2 版），高等教育出版社 2022 年版，第 349 页；谢鸿飞、朱广新主编：《民法典评注：合同编典型合同与准合同》（第 1 册），中国法制出版社 2020 年版，第 67 页。

〔42〕《联合国国际货物销售合同公约》就权利瑕疵情形并不承认“恶意抗辩规则”，与物的瑕疵情形不同，出卖人不享有此等抗辩权。原因在于，买受人未被科以对第三方权利或请求的调查义务，第三方的请求在法律上是否具有根据，要取决于准据法，买受人不一定及时且容易判断（参见［日］潮见佳男、中田邦博、松冈久和主编：《〈联合国国际货物销售合同公约〉精解》，［日］小林正弘、韩世远译，人民法院出版社 2021 年版，第 131 页）。

存在在价款等交易条件方面已作特别考虑的，亦无需承担瑕疵担保义务。当然，买受人虽知道权利瑕疵的存在，若当事人约定或依交易习惯出卖人除去权利瑕疵时，并不应适用“恶意排除规则”。[43] 另外，《民法典》第 613 条并未对“恶意排除规则”的“排除”作出规定。对此，《买卖合同司法解释》第 24 条关于物的瑕疵担保义务的“恶意排除规则”规定，“买受人在缔约时不知道该瑕疵会导致标的物的基本效用显著降低的”，不适用恶意排除规则，可参照适用于权利瑕疵担保义务之情形。[44] 不仅如此，在特定领域，尚需与《民法典》其他制度进行体系性协调。例如，依《民法典》第 404 条的规定，“以动产抵押的，不得对抗正常经营活动中已经支付合理价款并取得抵押财产的买受人”。也就是说，正常经营活动中的买受人，并不受恶意抗辩排除规则之限制，只要是正常经营买受人，就可以取得完整的、无担保物权负担的动产所有权。就该条规定的“正常经营买受人规则”而言，依其文义，除非存在《担保制度司法解释》第 56 条规定的情形，甚至直接根据“正常经营买受人规则”的适用而排除标的物上动产抵押负担，所取得的权利并不存在权利瑕疵。《担保制度司法解释》第 56 条规定，“买受人在出卖人正常经营活动中通过支付合理对价取得已被设立担保物权的动产，担保物权人请求就该动产优先受偿的，人民法院不予支持，但是有下列情形之一的除外：（一）购买商品的数量明显超过一般买受人；（二）购买出卖人的生产设备；（三）订立买卖合同的目的在于担保出卖人或者第三人履行债务；（四）买受人与出卖人存在直接或者间接的控制关系；（五）买受人应当查询抵押登记而未查询的其他情形。前款所称出卖人正常经营活动，是指出卖人的经营活动属于其营业执照明确记载的经营范围，且出卖人持续销售同类商品。前款所称担保物权人，是指已经办理登记的抵押权人、所有权保留买卖的出卖人、融资租赁合同的出租人”。

当事人也可以通过约定排除或限制权利瑕疵担保义务，除非该免责条款无效（《民法典》第 506 条），或因出卖人故意或者重大过失不告知买受人标的物瑕疵（《民法典》第 618 条的参照适用）。此外，法律另有规定之情形，出卖人亦不承担权利瑕疵担保义务。例如，《拍卖法》第 61 条第 3 款规定，“因拍卖标的存在瑕疵未声明的，请求赔偿的诉讼时效期间为一年，自当事人知道或者应当知道权利受到损害之日起计算”。虽然该条没有直接排除权利瑕疵担保义务，但就拍卖标的的瑕疵救济作出了诉讼时效方面的特殊规定，从时效抗辩权角度作了一些限制。

买卖合同标的物上存在权利瑕疵，买受人可中止支付相应的价款，即“买受人有确切证据证明第三人对标的物享有权利的，可以中止支付相应的价款，但是出卖人提供适当担保的除外”（《民法典》第 614 条）。值得注意的是，此处的“中止支付价款”，与《民法典》第 527 条以下规定的不安抗辩权行使略有不同。不安抗辩权行使是先履行义务一方中止自己的履行，而权利瑕疵情形，因权利瑕疵的判断时点为完成权利移转时，此时出卖人已履行“交付”，买受人并非先履行义务一方。故《民法典》第 614 条的法理，更接近于“先履行一方履行债务不符合约定

---

〔43〕 值得注意的是，有学说认为，无论是权利瑕疵还是物的瑕疵，在采用瑕疵主观理解的前提下，买受人主观状态的考察已包含在瑕疵判断构造之中，无须也不应当诉诸独立的买受人善意无过失要件再作判断［参见夏静宜：《我国合同法上瑕疵概念的反思与重构——从客观瑕疵迈向主观瑕疵》，载《南京大学学报（哲学·人文科学·社会科学）》2021 年第 3 期］。

〔44〕 最高人民法院民法典贯彻实施工作领导小组主编：《中华人民共和国民法典合同编理解与适用（二）》，人民法院出版社 2020 年版，第 944 ~ 945 页。当然，就买受人的错误认识，究竟适用重大误解相关规则抑或采纳《买卖合同司法解释》第 24 条的做法，尚有讨论的空间。

的,后履行一方有权拒绝其相应的履行请求”的规则(《民法典》第 526 条)。

买卖合同标的物上存在权利瑕疵,虽然《民法典》没有像规定物的瑕疵一样规定如同《民法典》第 617 条的援引规则,但权利瑕疵同样构成出卖人不履行合同义务或履行合同义务不符合约定(《民法典》第 577 条),按照《民法典》“违约责任”一章承担违约责任。符合合同解除条件的,亦可解除合同。当然,在各种救济措施的适用上,应当适当修正适用。如《民法典》第 582 条规定的修理、重作、更换等物的瑕疵的补正,在权利瑕疵情形中则可表现为要求出卖人除去权利瑕疵。另外,买受人也可依法自行除去权利瑕疵而请求出卖人承担费用或要求赔偿损失。例如,虽然《民法典》第 406 条就抵押财产转让时的涤除权未作规定,但根据《民法典》第 524 条的规定,第三人对履行债务具有合法利益的可代为履行,债权人接受第三人履行后,其对债务人的债权转让给第三人,但是债务人和第三人另有约定的除外。据此,买受人可通过代为履行债务而消灭债务人债务,进而消除标的物上的担保物权负担,但因债权法定移转而取得了对出卖人的债权。

依《民法典》第 646 条及《买卖合同司法解释》第 32 条的规定,债权等权利的转让亦参照适用买卖合同的有关规定,但权利买卖中的权利瑕疵担保义务,受制于该权利买卖的相关规则,与通常的买卖合同并不相同,当谨慎确定相关规则后予以参照适用。如债权让与中,当事人约定金钱债权不得转让的,不得对抗第三人(《民法典》第 545 条第 2 款),并不以《民法典》第 613 条规定的第三人是否知道或应当知道为前提;债权让与的出让人亦只保证所让与债权的真实性和圆满性,对债务人的履行能力并不负担保责任;保理合同中的应收账款债权让与,虚构应收账款债权为转让标的,除非保理人明知(而并非《民法典》第 613 条所要求的知道或应当知道),否则应收账款债务人不得以应收账款不存在为由对抗保理人(《民法典》第 763 条);等等。

2. 物的瑕疵担保义务

(1)物的瑕疵担保义务的含义

出卖人应当按照约定的质量要求交付标的物。出卖人提供有关标的物质量说明的,交付的标的物应当符合该说明的质量要求(《民法典》第 615 条)。当事人对标的物的质量要求没有约定或者约定不明确,可以协议补充;不能达成补充协议的,按照合同相关条款或交易习惯确定;据此仍不能确定的,应当按照强制性国家标准履行;没有强制性国家标准的,按照推荐性国家标准履行;没有推荐性国家标准的,按照行业标准履行;没有国家标准、行业标准的,按照通常标准或者符合合同目的的特定标准履行(《民法典》第 616 条、第 511 条第 1 项)。关于标的物质量说明,应当包含出卖人、生产者在广告中或在就物的特定性质加以说明时的公开表示,若出卖人得以期待的,也同样构成质量标准(《德国民法典》第 434 条),而不限于出卖人的质量说明。关于强制性国家标准与当事人约定的质量标准之间的关系,有学说认为,“合同约定的标的质量标准低于强制性标准的要求时,合同的质量条款无效(合同部分无效),应适用强制性标准。如果合同约定不符合强制性标准,不属于合同标的或目的违法,而只是合同标的的质量条款不符合强制性标准,应认定该条款无效”[45]。

另外,我国《民法典》虽然未就数量瑕疵作出专门规定,但从《民法典》第 621 条及第 623 条

---

〔45〕 柳经纬:《标准的类型划分及其私法效力》,载《现代法学》2020 年第 2 期。

可以推出数量符合合同约定也是出卖人的义务之一。对于数量瑕疵和包装瑕疵,比较法上亦多将其纳入“物的瑕疵”。数量瑕疵和包装瑕疵的救济,可参照适用《民法典》第617条规定。另外,《民法典》第582~584条中“不符合约定”的用语表述,同样可以推出数量瑕疵亦应属于违约责任救济范畴。

无论是《民法典》第582条“履行不符合约定”、第583条“履行合同义务不符合约定的”、第584条“履行合同义务不符合约定”,还是《民法典》第617条“不符合质量要求”(含第615条“约定的质量要求”),我国《民法典》上的物的瑕疵,指的是欠缺特定的性能或品质,标的本身的瑕疵足以减少物的使用价值、交换价值等。多数学说也认为我国原《合同法》及《民法典》“质量不符合约定”的表述与“瑕疵”可作同等理解。这也表明我国的瑕疵概念受到了《联合国国际货物销售合同公约》“合约性”标准的影响。但与此同时,我国《民法典》第618条(瑕疵免责条款)、第622条(检验与瑕疵)、第623条(外观瑕疵检验的推定)、第636条(凭样品买卖)、第662条(赠与)等条款中仍然保留“瑕疵”的表述,也有学者将《民法典》第636条凭样品买卖中的“瑕疵”理解为客观意义上的欠缺同种类物的通常标准,〔46〕以区别于“质量不符合约定”的表述。因此,虽然“瑕疵概念本来仅指客观的东西,现时扩及于主观的东西”〔47〕,我国总体采纳“主观标准为主,客观标准为辅”的判断标准,〔48〕但究竟采客观瑕疵说还是主观瑕疵说,仍存有争议。实际上,源自罗马法的瑕疵责任制度,在其现代化进程之中埋伏着两条线索:其一是瑕疵责任的传统理解向现代理解的转变,即从法定责任说到合同责任说的转变;其二是瑕疵概念的客观理解向主观理解的转变。在这一进程中,当事人合意这一要素不断渗透进瑕疵责任制度之中。〔49〕各国裁判实践中也逐渐扩张了瑕疵的认定范围,包括交换价值降低、使用价值降低等在内的各种非物质性欠缺也逐步被纳入瑕疵范畴之中。例如,虽不是买卖合同而是建设工程合同,有日本裁判认为将厕所置于鬼门方位属于瑕疵,认为“该鬼门忌讳,虽说并不是建筑物结构、性质状态本身的缺陷,最多只不过是心理、精神之物,但也难以否定因建筑物结构、布局等而引起其居住者对可能发生不幸、疾病等的不安和担忧,给其带来压力;而且,建筑相关从业者也认识到住宅建设中应避免该习俗上的忌讳,那么厕所位于鬼门方位本身应被理解为建设工程合同标的物瑕疵,除非存在定作人对此忌讳毫不关心等特别情势”〔50〕。

拓展|物的瑕疵概念的客观理解和主观理解

客观瑕疵概念,将瑕疵理解为标的物欠缺交易活动中一般要求的、该种类的物通常具有的性能或品质。主观瑕疵概念,将瑕疵理解为标的物欠缺合同约定的性能和品质,当事人的意思在其中居于中心地位。我国《民法典》形式上采纳“合约性”标准,采瑕疵的主观理解,但在部分规定

---

〔46〕武腾:《消费者权益保护法上物的瑕疵与退货的定性及出路——基于与合同法相衔接的视角》,载《财经法学》2017年第3期。

〔47〕梁慧星:《论出卖人的瑕疵担保责任》,载《比较法研究》1991年第3期。

〔48〕周友军:《论出卖人的物的瑕疵担保责任》,载《法学论坛》2014年第1期;金晶:《〈合同法〉第111条(质量不符合约定之违约责任)评注》,载《法学家》2018年第3期。

〔49〕夏静宜:《我国合同法上瑕疵概念的反思与重构——从客观瑕疵迈向主观瑕疵》,载《南京大学学报(哲学·人文科学·社会科学)》2021年第3期。

〔50〕周江洪:《服务合同研究》,法律出版社2010年版,第73页。

上与瑕疵的主观理解出现矛盾。以《买卖合同司法解释》第24条为例，其与关于权利瑕疵的《民法典》第613条一样导入了“恶意抗辩规则”。该恶意抗辩规则类似于要求买受人的善意无过失要件。买受人善意无过失要件的实质是考察买受人就标的物有瑕疵这一事实的主观状态，排除买受人恶意或有过失情形的出卖人责任。采用瑕疵客观理解的前提下，瑕疵判断标准是“交易活动中一般要求的、该种类的物通常具有的性能或品质”等他律性规范。这种瑕疵判断相对客观，甚至接近于简单的事实判断，因此在瑕疵要件外，通过独立的买受人善意无过失要件对买受人的主观状态进行考察，不仅可能，而且必要。相反，采用瑕疵主观理解的前提下，瑕疵判断标准是由自律性合意与他律性规范融合而成的规范性合意，在确定、解释规范性合意的过程中，已涵盖了对当事人主观状态的考察，因此，无须也不应当通过独立的买受人善意无过失要件再作判断，否则可能产生重复评价或矛盾评价的问题。[51] 若依主观瑕疵理解，无论何种欠缺都可以依据当事人合意的具体内容判断其是否为瑕疵。原《合同法》第111条以及《民法典》第617条“质量不符合约定”“不符合质量要求”中“质量”的表述似乎更多地体现为对客观层面的描述，难以涵盖非物质层面，但《民法典》第582条已删去原《合同法》第111条“质量”的描述，从“质量不符合约定”的表述变为“履行不符合约定”，为瑕疵概念的主观理解提供了更好的规范基础。

（2）物的瑕疵担保义务违反的救济

违反物的瑕疵担保义务，出卖人应承担违约责任（《民法典》第617条），符合合同解除条件的，可解除合同。若买受人要求减少价款，当事人可以主张以符合约定的标的物和实际交付的标的物按交付时的市场价值计算差价；价款已经支付的，买受人可主张返还减价后多出部分的价款（《买卖合同司法解释》第17条）。出卖人瑕疵履行，买受人可请求其消除瑕疵或另行给付（《民法典》第582条）。该义务属于原给付义务的延长或变形，与对待给付之间构成牵连关系。在债务人未消除瑕疵或另行给付时，《民法典》买卖合同一章虽未与权利瑕疵一样规定买受人中止支付价款的权利，但买受人仍然可以援用同时履行抗辩权，拒绝支付价款。但是，一般情况下，如果是微小的瑕疵，并不能援用同时履行抗辩权，否则有违诚信原则。

值得注意的是，虽然《民法典》第617条未援引第580条、第581条的规定，但并不能说其排除了继续履行的救济措施。尤其是《民法典》并未专门规定数量瑕疵之情形，数量瑕疵当被纳入物的瑕疵担保义务；此时，继续履行的违约责任承担方式具有重要意义。不仅如此，无论是《民法典》第580条还是第581条，均规定了“履行债务不符合约定”，而不限于“不履行债务”，故物的瑕疵担保义务违反亦得以同样适用。[52] 而且，当物的瑕疵补正义务不得强制履行时，请求出卖人负担由第三人替代履行的费用也十分必要，如《商品房买卖合同司法解释》第10条第2款规定的修复费用。另外，特定情形下，买受人也可以自行除去瑕疵而要求出卖人承担费用。例如，买受人在检验期限、质量保证期、合理期限内提出质量异议，出卖人未按要求予以修理或者因情况紧急，买受人自行或者通过第三人修理标的物后，主张出卖人负担因此发生的

---

〔51〕 夏静宜：《我国合同法上瑕疵概念的反思与重构——从客观瑕疵迈向主观瑕疵》，载《南京大学学报（哲学·人文科学·社会科学）》2021年第3期；磯村保「目的物の瑕疵をめぐる法律関係」磯村保＝鎌田薫ほか編『民法トライアル教室』（有斐閣，1999年）311頁。

〔52〕 《德国民法典》第434条明确规定异种物交付、数量欠缺均与物的瑕疵同等对待。

合理费用的，人民法院应予支持(《买卖合同司法解释》第16条)。

思考｜减少价款的计算方式

依《买卖合同司法解释》第17条第1款第2句的规定，“当事人主张以符合约定的标的物和实际交付的标的物按交付时的市场价值计算差价的，人民法院应予支持”。减少价款的此等计算方式，其实质上等同于《民法典》第584条规定的履行利益赔偿，但与《民法典》第584条不同的是，减少价款的数额计算并不受“可预见性规则”的限制。另外，该计算方式并未考虑标的物价值与合同约定价款之间的关系，因此更为合理的方式是要考虑因标的物瑕疵产生的价值贬损与价款之间的主观合意及比例关系，从而回归减少价款的本质，而并非实质上的损害赔偿。例如，出卖人促销，买受人以500元购买了符合约定质量时本应价值700元的某物，但因存在瑕疵，该标的物实际价值500元。若依《买卖合同司法解释》的规定，此时买受人可要求减少200元的价款；如此一来，实际上变成了买受人以300元购买了价值500元的标的物，其付出的价款减少，但获得的收益不变。若考虑比例关系或当事人的合意，出卖人亦可能是以原价“5折或7折”予以销售的意思；若肯定该意思之效力，则为保持比例平衡，是否可以采用500元价值的“5折或7折”换算出应当支付的价款(约360元)，此时得以减少的金额为140元。因此，是应当考虑当事人的合意基础以及价格的比例关系，还是采取目前实质上接近损害赔偿的计算方式，可作进一步思考。

就如何适用《民法典》第582条的“合理选择”补正请求权方式，学界多有争议。多数学说主张“选择之债说”；但亦有少数学说主张“选择竞合说”，即就某项救济措施无效后可选择另一救济措施；还有学说主张“请求权聚合说”，认为既可同时主张，亦可单独起诉。[53] 从规定行文来看，不在于选择何种学说主张，而在于选择合理性的判断，即根据标的性质以及损失大小的救济措施选择是否合理，是构成是否可以变更选择、是否可以同时主张等的重要判断标准，因此无须拘泥于上述学说，而应依个案判断。但值得注意的是，《民法典》第582条改变了原《合同法》第111条的“更换”与“重作”的列举顺序，该调整并不表明选择的顺序。但就该条列举的“修理”与“更换”的关系，学说及比较法立法例均有争议，司法实践中也有判决并未贯彻既往司法实践的逻辑，即并未采纳修理优先、无法修理或者多次修理仍不能正常使用时方可更换之规则，而是将“合同目的”作为买受人选择更换请求权是否“合理”的判断标准，在一定程度上拓宽了买受人自由选择的空间，实现了买受人与出卖人利益的兼顾保护。[54]

在交易实践中，当事人亦可能约定质量保证金等救济方式。若买受人依约保留部分价款作为质量保证金，出卖人在质量保证期未及时解决质量问题而影响标的物的价值或者使用效果，出卖人不得要求支付该部分价款(《买卖合同司法解释》第15条)。在商品房买卖等领域，司法解释也对不动产瑕疵问题作出了规定。因房屋主体结构质量不合格不能交付使用，或者

---

〔53〕 金晶：《〈合同法〉第111条(质量不符合约定之违约责任)评注》，载《法学家》2018年第3期。

〔54〕 夏静宜：《瑕疵补正请求权：修理与更换》，载周江洪、陆青、章程主编：《民法判例百选》，法律出版社2020年版，第351页以下。

房屋交付使用后，房屋主体结构质量经核验确属不合格的，买受人可以请求解除合同和赔偿损失；因房屋质量问题严重影响正常居住使用的，买受人可以请求解除合同和赔偿损失；交付使用的房屋存在质量问题的，在保修期内，出卖人应当承担修复责任；出卖人拒绝修复或者在合理期限内拖延修复的，买受人可以自行或者委托他人修复。修复费用及修复期间造成的其他损失由出卖人承担（《商品房买卖合同司法解释》第 9 条、第 10 条）。

当事人可约定减轻或限制瑕疵担保义务违反的责任。当事人约定减轻或者免除出卖人对标的物瑕疵承担的责任，因出卖人故意或者重大过失不告知买受人标的物瑕疵的，出卖人无权主张减轻或者免除责任（《民法典》第618 条）。同样地，物的瑕疵担保义务也存在“恶意抗辩规则”，即“买受人在缔约时知道或者应当知道标的物质量存在瑕疵，主张出卖人承担瑕疵担保责任的，人民法院不予支持，但买受人在缔约时不知道该瑕疵会导致标的物的基本效用显著降低的除外”（《买卖合同司法解释》第 24 条）。但如前所述，就司法解释该规定的必要性问题，因瑕疵概念的主观理解而有商榷的余地。特别是后半句的但书，其法理妥当性更是受到质疑。买受人的认识错误在逻辑上并不能使出卖人承担违约责任，也不意味着出卖人要对瑕疵负责担保。[55] 买受人如果在对标的物基本效用产生严重认识偏差的情况下缔约，其可以采取其他救济方式予以救济，而不是限制瑕疵担保恶意排除规则的适用。[56]

交付的标的物存在瑕疵时的救济方式，并不限于物的瑕疵担保义务违反的违约救济措施。若买受人就标的物的性能或品质存在重大误解，须依照因重大误解可撤销法律行为的要件予以救济（《民法典》第 147 条）；若出卖人等就标的物的质量等虚假宣传而构成欺诈的，亦可撤销相应的买卖合同（《民法典》第 148 条以下），亦可能构成缔约过失责任（《民法典》第 500 条）；价款数额与标的物性能等之间严重不平衡之情形，若符合显失公平构成要件，亦得以撤销（《民法典》第 151 条）。就法律行为的撤销，存在返还财产、折价补偿以及赔偿损失等救济措施（《民法典》第 157 条）。另外，在《消费者权益保护法》等特别法上，出卖人还可能承担惩罚性赔偿责任。司法实践中，也有当事人既主张缔约过失责任，又主张瑕疵担保义务违反的违约责任。例如，某案件的争点是：案涉转让房屋系被出卖人出租的房屋，在承租人欠付租金的情况下，出卖人将该房屋进行转让是否损害了买受人利益，是否应当赔偿其租金损失。该案件裁判摘要认为，“买卖尚处于租赁期间的房屋，出卖人应当告知买受人房屋租赁合同的内容，但承租人的履约能力属于商业风险范畴，不属于出卖人先合同义务，买受人应自行审查与承担。租赁期间房屋产权发生变更，除当事人有特别约定外，租金自产权变更之日归买受人所有。买受人在产权变更后，因租金难以收取，以出卖人有缔约过失、交付房屋存在瑕疵为由，要求出卖人承担租金损失的，人民法院不予支持”[57]。这些责任承担均具备各自的要件，依各自要件判断即可。但其与瑕疵担保义务违反的违约责任竞合时如何处理，比较法及我国学说均有争议。[58] 以因重大误解撤销法律行为与瑕疵担保义务违反的违约救济之间的关系为例，重大误解撤销权的性

---

〔55〕 谢鸿飞、朱广新主编：《民法典评注：合同编　典型合同与准合同》（第 1 册），中国法制出版社 2020 年版，第 107 页。

〔56〕 对此，亦有观点认为，此时即使构成重大误解的构成要件，也应构成重大误解与瑕疵担保责任的竞合。参见杨代雄主编：《袖珍民法典评注》，中国民主法制出版社 2022 年版，第 590 页。

〔57〕 唐某富、庞某与合肥建鑫房地产开发有限公司给付瑕疵担保责任纠纷案，载《最高人民法院公报》2020 年第 2 期。

〔58〕 金晶：《〈合同法〉第 111 条（质量不符合约定之违约责任）评注》，载《法学家》2018 年第 3 期。

质、撤销权行使的除斥期间、撤销权行使的法律后果(自始无效及损害赔偿请求权的归责要件要求以及损害赔偿范围)与物的瑕疵担保义务的违约救济存在明显不同。而且,特别法定责任说背景下的瑕疵担保责任与违约责任统合说背景下的瑕疵担保义务违反的定位不同,也会影响到重大误解撤销与瑕疵担保义务违反救济之间的关系。在违约责任统合说的背景下,两者不构成一般法与特别法的关系,两者制度规范的目的并不相同,应允许当事人自由选择。[59] 而《买卖合同司法解释》第24条规定的"恶意抗辩规则"之情形,若买受人"应当知道"但因自身过失而不知道之情形,虽然不得请求出卖人承担瑕疵担保义务违反的责任,但若符合重大误解之构成要件,并不妨碍买受人依重大误解撤销合同。另外,《民法典》第618条规定的出卖人故意或者重大过失不告知买受人标的物瑕疵的情形,也不仅限于瑕疵担保义务免责约定的排除适用问题,同样会涉及欺诈等意思表示规则的适用问题。[60] 当然,值得注意的是,在国际货物销售中,《联合国国际货物销售合同公约》不允许买受人根据错误无效及其他国内法中合意瑕疵相关规定所提的主张,在合同缔结阶段发生关于货物质量的说明及信息提供义务的违反,也不承认基于国内法中的缔约过失责任追究理论。其主要理由是既然公约关于货物质量等不符合合同问题已有完备的规定,其救济应按公约,不应该承认按照国内法的处理。[61]

3. 标的物的检验及异议通知

为确定出卖人交付的标的物是否符合合同约定,买卖合同的履行过程中通常会有标的物的检验。《民法典》第620条规定,"买受人收到标的物时应当在约定的检验期限内检验。没有约定检验期限的,应当及时检验"。另外,"出卖人依照买受人的指示向第三人交付标的物,出卖人和买受人约定的检验标准与买受人和第三人约定的检验标准不一致的,以出卖人和买受人约定的检验标准为准"(《民法典》第624条)。《联合国国际货物销售合同公约》第38条以及《美国统一商法典》第2~513条等对买卖标的物的检验都作出了规定。从我国《民法典》的规定来看,买受人的检验通知义务为不真正义务,怠于该义务的履行,不是向出卖人承担责任,而是使买受人自身承担不利益,不能依物的瑕疵担保义务违反向出卖人要求承担违约责任。值得注意的是,《民法典》第620条会被认为规定了买受人的检验义务,但第620条以下乃是参考《联合国国际货物销售合同公约》第38条而来。就公约规定的情况而言,通常认为"检验义务"是以该公约第39条的通知(我国《民法典》第621条)为前提设定的,因此,出卖人不得根据买受人"怠于检验"本身主张免负以不符合合同为由的责任,出卖人也不能根据违反检验义务向买受人取得某项责任追究手段。[62] 对《民法典》第620条的"检验"亦可作同样理解,其落脚点乃是在于"通知"。通知义务是典型的不真正义务,检验标的物只不过是为完成通知义务而

---

〔59〕 李宇:《民法总则要义:规范释论与判解集注》,法律出版社2017年版,第559页;金晶:《〈合同法〉第111条(质量不符合约定之违约责任)评注》,载《法学家》2018年第3期。

〔60〕 亦有观点认为,此时买受人虽有可能根据《民法典》第148条撤销买卖合同,但撤销后无法保护其履行利益。因此,在此种出卖人滥用合同自由的情况下,排除责任减免特约的效力对保护买受人的利益是必要的。参见杨代雄主编:《袖珍民法典评注》,中国民主法制出版社2022年版,第591页。

〔61〕 [日]潮见佳男、中田邦博、松冈久和主编:《〈联合国国际货物销售合同公约〉精解》,[日]小林正弘、韩世远译,人民法院出版社2021年版,第127页。

〔62〕 [日]潮见佳男、中田邦博、松冈久和主编:《〈联合国国际货物销售合同公约〉精解》,[日]小林正弘、韩世远译,人民法院出版社2021年版,第123页。

在原则上必须开展的活动；即使将检验义务理解为不真正义务，其也是一种效果更弱的不真正义务，必须经由“通知迟延”才能间接地对买受人产生不利后果。[63] 由于标的物的检验与标的物瑕疵密切相关，故在瑕疵担保义务中阐述，而不是纳入买受人义务阐述。

就《民法典》“买卖合同”一章中是否应当不区分民事合同和商事合同中规定买受人的检验通知义务，从原《合同法》施行以来就多有争议。在比较法上，《德国民法典》并未规定买受人对标的物及时检验的义务，但《德国商法典》第377条却就商事买卖规定了检验及通知义务。国内亦有学说主张限缩解释，认为“检验的目的是履行通知义务，而通知义务主要发生在商事买卖中，对于民事买卖和消费者买卖原则上不应适用检验义务”[64]。或者认为，作为消费者的买受人并不承担这一义务。[65] 或者认为，区分消费买卖和商事买卖，并仅要求商人性质之买受人承担不符通知义务，是民商分立和民商合一的国家和地区学界的共同观点；并主张对于民事买卖或者买受人为一般消费者的情形，在当事人约定的检验期限内是否公平的认定以及合理期限的确定方面，都应当将其与专业商人之间的买卖区别开来，以契合我国现阶段的国情。[66] 但亦有学说主张买受人检验及通知义务一体适用于民商事买卖，适用于原给付义务与次给付义务形态下的物之瑕疵，可以准用于互易，但不得准用于权利瑕疵；而在建设工程承揽合同中，应否定其准用，在一般承揽合同中能否准用，须依工作性质等具体情事而定，于人身安全健康及第三人或社会公共利益无涉之承揽，不妨准用，否则应予限制。[67] 我国司法实践中，并未区分民商事合同而一体适用。而且，为避免标的物检验通知相关规则过度商化可能带来的问题，《民法典》第622～623条吸收了原《买卖合同司法解释》的规定，区分了外观瑕疵和隐蔽瑕疵等。[68] 从这些吸收司法解释新增规定的旨趣来看，《民法典》并未区分民事合同和商事合同，而是坚持一体适用，只是在个别领域对此等适用可能带来的问题作了制度“补丁”。

检验后发现瑕疵的，应当在检验期限内或合理期限内通知出卖人，否则视为标的物无数量瑕疵或质量瑕疵。关于通知的期限，有约定检验期限的，通知的期限为“检验期限内”；未约定检验期限的，则应当是“合理期限”的通知期限；同时规定了两年的最长通知期限，并对质量保证期作了除外规定。即当事人约定检验期限的，买受人应当在检验期限内将标的物数量瑕疵或质量瑕疵情形通知出卖人；怠于通知的，视为标的物的数量和质量符合约定（《民法典》第621条第2款）。当事人没有约定检验期限的，买受人应当在发现或者应当发现标的物的数量

---

〔63〕 谢鸿飞、朱广新主编：《民法典评注：合同编　典型合同与准合同》（第1册），中国法制出版社2020年版，第120页。

〔64〕 谢鸿飞、朱广新主编：《民法典评注：合同编　典型合同与准合同》（第1册），中国法制出版社2020年版，第119页；冯珏：《或有期间概念之质疑》，载《法商研究》2017年第3期。

〔65〕 王轶等：《中国民法典释评：合同编·典型合同》（上卷），中国人民大学出版社2020年版，第53页。

〔66〕 最高人民法院民法典贯彻实施工作领导小组主编：《中华人民共和国民法典合同编理解与适用（二）》，人民法院出版社2020年版，第994、997页。

〔67〕 金晶：《〈合同法〉第158条评注（买受人的通知义务）》，载《法学家》2020年第1期；朱庆育主编：《中国民法典评注：条文选注》（第2册），中国民主法制出版社2021年版，第390～395页。

〔68〕 例如，有释义书认为，《民法典》第621条规定的买受人通知义务没有区分消费合同和商事合同，导致实践中在买卖合同当事人一方为普通消费者时，经营者以格式条款等方式约定了较短的检验期限，消费者无法在该期限内对商品质量是否合格作出判断。此时，若适用前条规定，以约定的检验期限过去或合理期间已经过去为由认定标的物质量符合约定，显然违背了公序良俗。因此，《民法典》第622条规定的目的是弥补前条规定的不足。参见黄薇主编：《中华人民共和国民法典解读：合同编》（上册），中国法制出版社2020年版，第563页。

或者质量不符合约定的合理期限内通知出卖人。买受人在合理期限内未通知或者自收到标的物之日起两年内未通知出卖人的，视为标的物的数量或者质量符合约定；但是，对标的物有质量保证期的，适用质量保证期，不适用该两年的规定（《民法典》第 621 条第 2 款）。关于“合理期限”的认定，应当综合当事人之间的交易性质、交易目的、交易方式、交易习惯、标的物的种类、数量、性质、安装和使用情况、瑕疵的性质、买受人应尽的合理注意义务、检验方法和难易程度、买受人或者检验人所处的具体环境、自身技能以及其他合理因素，依据诚实信用原则进行判断（《买卖合同司法解释》第 12 条第 1 款）。

该期限的经过，并未导致权利的消灭，买受人仍有受领的权限。依《买卖合同司法解释》第 14 条第 2 款：“出卖人自愿承担违约责任后，又以上述期限经过为由翻悔的，人民法院不予支持。”因此，该期限并非除斥期间。该期限亦非诉讼时效期间，并不适用诉讼时效的中止、中断和延长的规定（《买卖合同司法解释》第 12 条）。[69] 期限的经过是否需要当事人援引，涉及对“视为”的理解。通常来说，“视为”作为法律拟制，是不得推翻，属于违约救济请求权权利消灭的抗辩。但有学说认为，如果标的物的质量确实不合格，而立法或司法解释通过拟制的方法将标的物的质量“拟制”为合格，并不具有正当性，认为“赋予出卖人抗辩权更为合适”。[70] 也有学者认为属于法律的事实推定，《民法典》第 621 条的“视为”乃是实体抗辩权路径，法院不得依职权援引；认为法律上的推定，涉及民事诉讼中的证明责任，主要在于通过改变证明命题，降低当事人证明责任的难度。推定的事实大概率地接近真实，而拟制相反，故而拟制与推定的基础并不相同。若界定为法律上的事实推定，则当买受人主张数量或质量不符合约定时，出卖人需就标的物符合约定进行证明，但经由本条“视为符合约定”的法律上的事实推定后，出卖人只需证明买受人怠于通知，法律就推定标的物数量或质量符合约定得到了证明，即改变了证明命题，降低了当事人的证明责任难度。若界定为法律拟制，则权利已消灭，但抗辩权是阻止权利行使，两者并不匹配。[71] 另外，也有学者指出，法律规范表述为“视为标的物的数量或者质量符合约定”，而不是“视为承认标的物的数量或者质量符合约定”，表明其并非拟制当事人的意思表示，其规范基础为法律而非法律行为，其有法律规定的性质而不具有法律行为法的性质。[72]

从规范文义来看，期限经过，即使标的物实际上不符合合同约定，出卖人也不承担违约责任，有时难免对买受人过于苛刻。故法律为此也设定了一些阻却或限制其效力的条款。主要包括出卖人恶意情形的例外、隐蔽瑕疵的特别对待、法定期限优先、数量外观瑕疵的推定规则等，即出卖人知道或者应当知道提供的标的物不符合约定的，买受人不受上述通知时间的限制（《民法典》第 621 条第 3 款）。当事人约定的检验期限过短，根据标的物的性质和

---

〔69〕 对此，有观点认为该期间是民法上一种独立的期间类型，属于或有期间。参见王轶：《民法总则之期间立法研究》，载《法学家》2016 年第 5 期；王轶等：《中国民法典释评：合同编 · 典型合同》（上卷），中国人民大学出版社 2020 年版，第 48 ~ 52 页。不同观点，参见冯珏：《或有期间概念之质疑》，载《法商研究》2017 年第 3 期。

〔70〕 纪格非：《论法律推定的界域与效力——以买受人检验通知义务为视角的研究》，载《现代法学》2020 年第 6 期。

〔71〕 金晶：《〈合同法〉第 158 条评注（买受人的通知义务）》，载《法学家》2020 年第 1 期；朱庆育主编：《中国民法典评注：条文选注》（第 2 册），中国民主法制出版社 2021 年版，第 408 ~ 410 页；谢鸿飞、朱广新主编：《民法典评注：合同编典型合同与准合同》（第 1 册），中国法制出版社 2020 年版，第 137 页。

〔72〕 宁红丽：《我国典型合同理论与立法完善研究》，对外经济贸易大学出版社 2016 年版，第 80 页。

交易习惯,买受人在检验期限内难以完成全面检验的,该期限仅视为买受人对标的物的外观瑕疵提出异议的期限。约定的检验期限或者质量保证期短于法律、行政法规规定期限的,应当以法律、行政法规规定的期限为准(《民法典》第 622 条)。当事人对检验期限未作约定,买受人签收的送货单、确认单等载明标的物数量、型号、规格的,推定买受人已经对数量和外观瑕疵进行检验,但是有相关证据足以推翻的除外(《民法典》第 623 条)。另外,检验通知期限经过后,买受人是否仍可以行使双务合同上的抗辩权,裁判实践中亦有涉及。如有案件裁判摘要认为,"买卖的货物交付后,买受人已经使用标的物且未在约定的质量保证期内提出质量异议,当出卖人要求买受人支付欠付货款、退还质保金时,买受人以货物存在质量问题为由主张行使先履行抗辩权拒绝付款的,不予支持"〔73〕。该案提及了标的物的使用问题,但值得注意的是,"买受人在合理期限内提出异议,出卖人以买受人已经支付价款、确认欠款数额、使用标的物等为由,主张买受人放弃异议的,人民法院不予支持,但当事人另有约定的除外"(《买卖合同司法解释》第 13 条)。

■ 拓展 | 检验期限、通知期限和质量保证期

《民法典》关于检验期限、通知期限和质量保证期的关系:依《民法典》第 620~621 条,约定检验期限的,检验期限即为通知期限;未约定检验期限的,以"合理期限"确定通知期限,最长两年;若有约定或法定质量保证期,则质量保证期优先于 2 年的期限规则。另外,《民法典》第 622 条第 1 款通过"过短检验期限约定"的裁量干预来限制检验期限,将约定的检验期限限于外观瑕疵的异议期限;同时通过该条第 2 款法律、行政法规规定的检验期限或质量保证期来否定当事人约定的短于法定期限的期限。但立法并未说明质量保证期是否优先于合理期限等,有待今后司法实践进一步明确。原因在于,质量保证期本质上与检验通知期限属于瑕疵担保义务规则的不同维度,检验期间与质量保证期应为各自独立的不同制度,发挥着不同的作用。从理论上来说,质量保证期的约定很可能只与标的物一定品质的维持时间有关,而不包含"最长通知期限"的合意,此时并不能认为质量保证期"等于"最长通知期限,在质量保证期最后阶段发生的质量问题,在该期间结束后合理的期限内仍有权提出主张。〔74〕检验期间不同于质量保证期还表现在:检验期间的对象为不真正义务,期满的法律后果要么是成立物的瑕疵担保责任(买受人适时提出质量异议的场合),要么相反(买受人于检验期间内未提质量异议的场合);质量保证期的对象为修理、更换甚至退货的真正义务,期满的法律后果是出卖人的质量保证义务消失,更遑论物的瑕疵担保责任了。〔75〕针对这一点,有学者主张,在承认(真正的)质保期独立功能的前提下,《民法典》第 621 条规定的质量保证期实为不真正质保期,即约定的最长客观检验期间。〔76〕质量保证

---

〔73〕东方电气集团东方汽轮机有限公司与大庆高新技术产业开发区大丰建筑安装有限公司、大庆大丰能源技术服务有限公司买卖合同纠纷案,载《最高人民法院公报》2020 年第 11 期。

〔74〕武腾:《合同法上难以承受之混乱:围绕检验期间》,载《法律科学(西北政法大学学报)》2013 年第 5 期。

〔75〕崔建远:《论检验期间》,载《现代法学》2018 年第 4 期。

〔76〕金晶:《〈合同法〉第 158 条评注(买受人的通知义务)》,载《法学家》2020 年第 1 期;朱庆育主编:《中国民法典评注:条文选注》(第 2 册),中国民主法制出版社 2021 年版,第 402 页。关于检验期限、通知期限与质量保证期关系的规范、学理和司法实践,另可参阅金晶:《检验期间、通知期间与质量保证期的关系》,载周江洪、陆青、章程主编:《民法判例百选》,法律出版社 2020 年版,第 380 页。

期的类型多样,既有约定质量保证期,亦有法定的质量保证期,如食品的保质期、药品的有效期、产品的保修期等。各类质量保证期本身的功能也会有所差异,应仔细甄别其不同的功能,将其与《民法典》第621条规定的“质量保证期”作出区别。例如,《商品房买卖合同司法解释》第10条第2款对保修期内的商品房质量问题作出了专门的规定。

检验通知的内容,《民法典》明确为“数量或者质量不符合约定”情形,仅限于物之瑕疵。但权利瑕疵情形能否参照适用物之瑕疵情形的检验通知规则?权利瑕疵问题,《民法典》第612~614条未规定通知期限等,故不适用《民法典》第620条、第623条规定的检验通知期限,[77]而应依通常的违约救济。但因权利的买卖可以参照适用买卖合同规则,故债权数额短少、股权表决权受限、专利权实施受公法限制等属于标的物自身属性问题,与第三人对标的物享有权利有本质不同,一般都属于“物的瑕疵”,此等权利买卖中的“物的瑕疵”也就会受到通知义务相关期限的限制。

(四)标的物回收义务

《民法典》第9条规定了绿色原则,并在《民法典》合同编通则第509条第3款规定“当事人在履行合同过程中,应当避免浪费资源、污染环境和破坏生态”,同时将“旧物回收”规定为后合同义务,即“债权债务终止后,当事人应当遵循诚信等原则,根据交易习惯履行通知、协助、保密、旧物回收等义务”(《民法典》第558条)。同样地,在买卖合同中,《民法典》也进一步将基于绿色原则的出卖人回收义务具体化。依照法律、行政法规的规定或者按照当事人的约定,标的物在有效使用年限届满后应予回收的,出卖人负有自行或者委托第三人对标的物予以回收的义务(《民法典》第625条)。

标的物回收义务,既可能源于法定,也可能源于当事人的约定。例如,《循环经济促进法》第15条规定,“生产列入强制回收名录的产品或者包装物的企业,必须对废弃的产品或者包装物负责回收;对其中可以利用的,由各该生产企业负责利用;对因不具备技术经济条件而不适合利用的,由各该生产企业负责无害化处置。对前款规定的废弃产品或者包装物,生产者委托销售者或者其他组织进行回收的,或者委托废物利用或者处置企业进行利用或者处置的,受托方应当依照有关法律、行政法规的规定和合同的约定负责回收或者利用、处置。对列入强制回收名录的产品和包装物,消费者应当将废弃的产品或者包装物交给生产者或者其委托回收的销售者或者其他组织。强制回收的产品和包装物的名录及管理办法,由国务院循环经济发展综合管理部门规定”。除了回收义务,《民法典》也规定了缺陷产品召回义务(《民法典》第1206条)。但缺陷产品召回乃是针对产品缺陷的补救措施,与买卖合同上旨在贯彻落实绿色原则的标的物使用年限届满后的回收并不相同,产品缺陷召回义务并不在标的物回收义务的涵摄范围内。

---

[77] 金晶:《〈合同法〉第158条评注(买受人的通知义务)》,载《法学家》2020年第1期;朱庆育主编:《中国民法典评注:条文选注》(第2册),中国民主法制出版社2021年版,第393页。在国际贸易领域,《联合国国际货物销售合同公约》第43条规定了买受人在已知或应知第三方权利或请求后应在合理时间内通知出卖人,但并未如同物的瑕疵情形一样设定两年的时间限制(参见[日]潮见佳男、中田邦博、松冈久和主编:《〈联合国国际货物销售合同公约〉精解》,[日]小林正弘、韩世远译,人民法院出版社2021年版,第130页)。

标的物回收义务的性质,既有可能是公法上的义务,也可能构成私法上的义务。对此,有释义书也指出,对于违反《民法典》第625条回收义务的,除当事人有明确约定外,法律、行政法规规定的回收义务,不能一概认为是民法上的义务,也有可能是公法上的义务。是否承担违约责任以及如何承担违约责任,都应基于法律的具体规定和当事人的具体约定而定,即具体情况具体分析。〔78〕 若构成私法上的义务,则当事人可依私法救济程序予以救济。对于法律、行政法规规定的回收义务,究竟为公法义务抑或私法义务,当依规范目的予以判断。构成私法上的义务时,出卖人违反此等义务时的买受人救济措施,亦需谨慎判断。依《民法典》第558条的规定,"旧物回收"被作为后合同义务对待。但是否属于附随义务,仍有不同考量。通常来说,附随义务不得独立诉请履行,此时如何落实绿色原则令出卖人履行此等义务势必面临困难。且《民法典》第625条明确规定出卖人自身或委托他人回收之履行义务。因此,即使不能强制履行,亦可依《民法典》第581条的规定要求出卖人负担第三人代为履行之费用。因此,构成私法上义务之情形,买受人就此享有请求权。〔79〕 另外,《全国法院贯彻实施民法典工作会议纪要》(法〔2021〕94号)第10条规定了旧物回收义务违反的损害赔偿请求权,即"当事人一方违反民法典第五百五十八条规定的通知、协助、保密、旧物回收等义务,给对方当事人造成损失,对方当事人请求赔偿实际损失的,人民法院应当支持",该损害赔偿请求权亦同样适用于买卖合同标的物回收义务违反之情形。当然,亦有观点将此处的标的物回收义务对应的请求权定位为公益性私权,认为该请求权的行使并非仅为了买受人的个人利益,更是为了社会的整体利益。〔80〕 若从公益性私权的角度理解,其请求权就有了公私法混合之属性,其行使将更为灵活,而不仅限于私法意义上的请求权。

(五)其他义务

除了前述义务,出卖人亦负有买卖合同上的其他义务,主要是相关单证及资料交付义务。出卖人应当按照约定或者交易习惯向买受人交付提取标的物单证以外的有关单证和资料(《民法典》第599条)。"提取标的物单证以外的有关单证和资料",主要应当包括保险单、保修单、普通发票、增值税专用发票、产品合格证、质量保证书、质量鉴定书、品质检验证书、产品进出口检疫书、原产地证明书、使用说明书、装箱单等(《买卖合同司法解释》第4条)。当然,出卖人向买受人交付提取标的物单证以外的有关单证和资料,以合同有约定或有交易习惯为前提。标的物相关单证及资料交付义务的违反,构成违约行为,应当承担违约责任。〔81〕 该义务的违反,是否得以构成解除权前提的根本违约,以及买受人是否得以行使同时履行抗辩权,学界有持否定见解,认为一般不构成根本违约,亦难以行使同时履行抗辩权。〔82〕 但本书认为,是否得以解除合同,应依《民法典》第563条规定的要件予以判断,"其他违约行为致使合同目的难以实现的",同样可以解除合同,并不限于主给付义务。从给付义务、附随义务的违反,若难以实现合

〔78〕 黄薇主编:《中华人民共和国民法典解读:合同编》(上册),中国法制出版社2020年版,第572页。

〔79〕 谢鸿飞、朱广新主编:《民法典评注:合同编 典型合同与准合同》(第1册),中国法制出版社2020年版,第154页。

〔80〕 最高人民法院民法典贯彻实施工作领导小组主编:《中华人民共和国民法典合同编理解与适用(二)》,人民法院出版社2020年版,第1007页。

〔81〕 黄薇主编:《中华人民共和国民法典解读:合同编》(上册),中国法制出版社2020年版,第501页。

〔82〕 谢鸿飞、朱广新主编:《民法典评注:合同编 典型合同与准合同》(第1册),中国法制出版社2020年版,第25页。

同目的，同样可以解除合同。同样地，同时履行抗辩权的有无，同样应依同时履行抗辩权的构成要件予以判断。我国《民法典》第 525 条规定了“一方在对方履行债务不符合约定时，有权拒绝其相应的履行请求”，关键在于抗辩权行使是否符合诚信原则以及所拒绝的“相应的履行请求”的“相应”程度。而且，《联合国国际货物销售合同公约》也未否定同时履行抗辩权，而是认为出卖人的单据移交义务与买受人的价款支付义务，以合同未另行规定为限，属于同时履行的关系。[83] 因此，是否得以解除合同以及是否得以行使同时履行抗辩权，应依有关单证和资料的类型及功能，就其未履行能否行使相应的解除权或同时履行抗辩权，在个案中具体判断为宜。

二、对于买受人的效力

（一）价款支付义务

《民法典》第 595 条买卖合同的定义中明确规定了买受人的价款支付义务，《民法典》第 626～628 条就价款支付的数额、方式、地点、时间作了具体规定。

1. 价款支付的数额和方式

买受人应当按照约定的数额和支付方式支付价款。但价款并非买卖合同必备条款，可通过补充协议、合同解释及任意性规范补充等予以填充。对价款的数额和支付方式没有约定或者约定不明确的，可以协议补充；不能达成补充协议的，按照合同相关条款或者交易习惯确定；若仍不能确定的，价款数额按照订立合同时履行地的市场价格履行；依法应当执行政府定价或者政府指导价的，依照规定履行；价款支付方式则按照有利于实现合同目的的方式履行（《民法典》第 626 条）。与《民法典》第 602 条一样，《民法典》第 626 条援引《民法典》第 511 条时也将其扩张到了“没有约定”之情形，而不限于《民法典》第 511 条规定的“约定不明确”之情形。

关于支付价款的货币种类，《民法典》“买卖合同”一章未作出规定，适用合同编通则的规定，即以支付金钱为内容的债，除法律另有规定或者当事人另有约定外，出卖人可以请求买受人以实际履行地的法定货币履行（《民法典》第 514 条）。

价款的支付方式，既包括支付手段，也包括支付是否分期。在支付手段上，传统上以现金支付为主，但现代支付手段已非常丰富。如金融机构转账方式、信用卡、电子支付、票据支付等。若当事人未约定支付手段或约定不明确，又未能依《民法典》第 510 条确定的，则应“按照有利于实现合同目的”的方式，此时应按照“价款支付目的”（实现出卖人履行利益之目的）确定，以最有利于出卖人的方式确定支付手段，即现金支付和银行转账。[84] 若未约定分期支付或一次性支付，应当解释为一次性支付，原因在于《民法典》第 531 条以“一次性全部履行”为原则，即“债权人可以拒绝债务人部分履行债务，但是部分履行不损害债权人利益的除外”。

违反价款支付义务不支付价款的，出卖人可要求继续履行（《民法典》第 579 条）。但在商品房买卖领域，以担保贷款方式支付价款时，特别考虑了贷款合同、商品房买卖合同、担保合同之间的紧密联系，对价款支付义务的继续履行作出了缓和规定，即“商品房买卖合同约定，买受人以担保贷款方式付款、因当事人一方原因未能订立商品房担保贷款合同并导致商品房买卖

---

〔83〕［日］潮见佳男、中田邦博、松冈久和主编：《〈联合国国际货物销售合同公约〉精解》，［日］小林正弘、韩世远译，人民法院出版社 2021 年版，第 116 页。

〔84〕谢鸿飞、朱广新主编：《民法典评注：合同编　典型合同与准合同》（第 1 册），中国法制出版社 2020 年版，第 158 页。

合同不能继续履行的，对方当事人可以请求解除合同和赔偿损失。因不可归责于当事人双方的事由未能订立商品房担保贷款合同并导致商品房买卖合同不能继续履行的，当事人可以请求解除合同，出卖人应当将收受的购房款本金及其利息或者定金返还买受人”（《商品房买卖合同司法解释》第 19 条）。

2. 价款支付地点

买受人应当按照约定的地点支付价款。对支付地点没有约定或者约定不明确，可以协议补充；不能达成补充协议的，按照合同相关条款或者交易习惯确定；仍不能确定的，买受人应当在出卖人的营业地支付；但是，约定支付价款以交付标的物或者交付提取标的物单证为条件的，在交付标的物或者交付提取标的物单证的所在地支付（《民法典》第 627 条）。据此，价款支付地点的确定依此等顺序：（1）合同约定；（2）协议补充；（3）合同解释；（4）交付标的物或提取标的物单证的所在地；（5）出卖人营业地。也就是说，《民法典》第 627 条的“但书”并非对上述（1）（2）（3）的排除，而是对“（5）出卖人营业地”的排除。这与所借鉴的《联合国国际货物销售合同公约》第 57 条的规定[85]也保持一致。

买卖合同价款支付地的确定原则，与其他债务的履行地采往取之债原则不同，虽然没有直接援引《民法典》第 511 条第 3 项，但与该条精神一致，同样遵循货币之债的赴偿之债原则，以出卖人的营业地兜底。但与《民法典》第 511 条第 3 项不同的是，强调了“货物与价款同地履行”的原则，即“约定支付价款以交付标的物或者交付提取标的物单证为条件的，在交付标的物或者交付提取标的物单证的所在地支付”。但此处的“条件”，与买卖合同作为双务合同的“牵连性”中的互为条件的“条件”当有所不同，否则所有的买卖合同均可以解释为价款与标的物交付的互为条件，从而使未约定价款支付地点时的支付地为标的物交付地（标的物交付地的确定依《民法典》第 603 条），根本无兜底的“出卖人营业地”适用的可能。解释论上可以对“约定”作出限缩，认为明确约定互为条件才可以，且此处的“条件”为日常生活用语中的“条件”，否则将导致前半句意义尽失。[86] 从其他国家和地区的相关规定看，通常指的也是“应在买卖标的物交付的同时交付价金时，须在该交付的场所支付”，如《日本民法典》第 574 条、中国台湾地区“民法”第 371 条，而并非只是双务合同的牵连性问题。当然，使用现金以外的支付手段时，其支付地如何确定，亦需特别考虑。以金融机构转账为例，账户所在地可视为价款支付地，未及时进入相应的账户可能构成迟延，但究竟以出卖人账户所在地抑或买受人账户所在地为价款支付地，需依买卖合同价款支付地的确定原则予以确定。通常来说，未约定支付地时，出卖人账户所在地为价款支付地。之所以如此，是因为其遵循的仍然是《民法典》第 511 条第 3 项所体现的货币在途风险由支付义务人承受的精神。

其他有偿合同可以参照适用买卖合同之规定，《民法典》第 627 条关于价款支付地的确定

---

〔85〕 黄薇主编：《中华人民共和国民法典解读：合同编》（上册），中国法制出版社 2020 年版，第 579 页；最高人民法院民法典贯彻实施工作领导小组主编：《中华人民共和国民法典合同编理解与适用（二）》，人民法院出版社 2020 年版，第 1012 页。当然，《联合国国际货物销售合同公约》第 57 条并没有我国《民法典》第 627 条“约定支付价款以交付标的物或者交付提取标的物单证为条件的”中的“约定”。

〔86〕 不同观点可参见谢鸿飞、朱广新主编：《民法典评注：合同编　典型合同与准合同》（第 1 册），中国法制出版社 2020 年版，第 162～164 页。

原则与《民法典》第 511 条稍有不同，是优先适用合同编通则的规定还是参照适用《民法典》第 627 条的规定，应依其与“买卖”的类似程度确定。

3. 价款支付时间

买受人应当按照约定的时间支付价款。对支付时间没有约定或者约定不明确，可以协议补充；不能达成补充协议的，按照合同相关条款或者交易习惯确定；仍不能确定的，买受人应当在收到标的物或者提取标的物单证的同时进行支付（《民法典》第 628 条）。也就是说，买卖合同价款支付时间依《民法典》第 510 条不能确定时，并不适用《民法典》第 511 条第 4 项“履行期限不明确的，债务人可以随时履行，债权人也可以随时请求履行，但是应当给对方必要的准备时间”，而是采用“货物与价款同时履行”原则。而且，并非在标的物所有权移转时支付价款，而是在“收到标的物或者提取标的物单证的同时”支付价款。《民法典》第 628 条虽然参考了《联合国国际货物销售合同公约》第 58 条的规定，但与前者不同，后者并非“收到”标的物或提取标的物单证时支付，而是“将货物或控制货物处置权的单据交给买方处置”时；同时，后者还规定了“出卖人的交换履行创设权”（出卖人可以支付价款作为移交货物或单据或者发运货物的条件）以及“买受人的检验权”（买受人在未有机会检验货物前，无义务支付价款）。[87]

买受人逾期支付价款的，构成迟延履行，出卖人可要求迟延赔偿，亦可约定违约金。价款支付义务的迟延履行损害赔偿，并不需要以催告为要件，但合同解除权的行使通常需要催告（《民法典》第 563 条第 3 项、第 634 条，《商品房买卖合同司法解释》第 11 条）。买卖合同约定了逾期付款违约金的，按照约定处理。买卖合同没有约定逾期付款违约金或者该违约金的计算方法，出卖人以买受人违约为由主张赔偿逾期付款损失，违约行为发生在 2019 年 8 月 19 日之前的，人民法院可以中国人民银行同期同类人民币贷款基准利率为基础，参照逾期罚息利率标准计算；违约行为发生在 2019 年 8 月 20 日之后的，人民法院可以违约行为发生时中国人民银行授权全国银行间同业拆借中心公布的一年期贷款市场报价利率（LPR）标准为基础，加计 30%—50% 计算逾期付款损失（《买卖合同司法解释》第 18 条第 4 款）。买卖合同对付款期限作出的变更，不影响当事人关于逾期付款违约金的约定，但该违约金的起算点应当随之变更（《买卖合同司法解释》第 18 条第 1 款）。对此，在商品房买卖领域，“商品房买卖合同没有约定违约金数额或者损失赔偿额计算方法，违约金数额或者损失赔偿额可以参照以下标准确定：逾期付款的，按照未付购房款总额，参照中国人民银行规定的金融机构计收逾期贷款利息的标准计算”（《商品房买卖司法解释》第 13 条）。通常的买卖与商品房买卖的逾期付款迟延赔偿之间并不完全相同，应当作适当的协调，建议按照《买卖合同司法解释》第 18 条第 1 款处理。

（二）受领义务

关于债权人的受领的性质，比较法上历来存在争议。理论上存在“权利说”“法定义务说”“不真正义务说”之争。[88] 法国民法学说及判例多以受领为债权人的义务，不当之受领拒绝为债务不履行。[89] 《德国民法典》虽未在债法总则层面规定债权人的受领义务，但在买卖合同、

---

〔87〕［日］潮见佳男、中田邦博、松冈久和主编：《〈联合国国际货物销售合同公约〉精解》，［日］小林正弘、韩世远译，人民法院出版社 2021 年版，第 159～163 页。

〔88〕朱广新、谢鸿飞主编：《民法典评注：合同编　通则》（第 2 册），中国法制出版社 2020 年版，第 451 页。

〔89〕韩世远：《合同法总论》（第 4 版），法律出版社 2018 年版，第 569 页。

承揽合同中规定了债权人的受领义务(《德国民法典》第 433 条第 2 款、第 640 条第 1 款)。[90]《日本民法典》的受领迟延制度与债权人是否存在受领义务或者是否存在受领义务违反并无关系,只是产生将债权人若予以受领就不会给债务人科加的负担转嫁给债权人的效果。而关于受领义务及其他协助义务违反的法律效果(如债务不履行损害赔偿、解除权等),并不在受领迟延制度的涵盖范围内。就债权人来说,日本法上并不存在一般的受领义务。当然,依当事人之间的合同或诚信原则,个别场合下债权人可能存在受领义务之情形亦不能否定。若违反此等受领义务,则可能构成债务不履行的损害赔偿等。[91]《联合国国际货物销售合同公约》第 53 条及第 60 条则明确规定了买受人的货物受领义务,而且其义务不以不真正义务构成,而是采用了会与各种法律救济手段相关联的通常的义务构成。[92] 我国《民法典》第 589 条导入了债权人受领迟延制度,第 570 条第 1 款第 1 项也规定了债权人无正当理由拒绝受领时的提存,但在债权人受领的性质上,除非法律另有规定或当事人另有约定,多数学说认为其为不真正义务。[93] 当然,即使为不真正义务,也不能否定在有的场合债权人负有受领义务。有学说认为这种个别场合的该义务属于协助义务,系基于诚实信用原则而生。[94]《民法典》在承揽合同、建设工程合同领域强调了债权人的协助义务,该义务与债权人受领之间密切相关,也有学说建议在服务类合同领域肯定一般性的服务受领人协助义务。[95] 另外,在司法实践中,在买卖或承揽的合同关系中,基本上承认债权人的协助、配合行为,尤其是对于债务人为履行债务而提供给付的受领行为,并非仅属学理中发展出的所谓“不真正义务”,而构成真正的给付义务。该种义务的违反,将导致违约责任的成立。[96] 在不少教科书中,也将买受人的受领义务单独列举。故此处亦将其单独列举,但我国《民法典》并未明确规定买受人的受领义务,因此原则上当依不真正义务的原理予以解释。

出卖人按照约定履行债务,买受人无正当理由拒绝受领的,出卖人虽然并未被免除给付义务,但并不负迟延履行的责任,出卖人可以请求买受人赔偿增加的费用(《民法典》第 589 条)。买受人无正当理由拒绝受领的,出卖人可以将标的物提存(《民法典》第 570 条第 1 款第 1 项)。因买受人的原因致使标的物不能按照约定的期限交付的,买受人应当自违反约定之日起承担标的物毁损、灭失的风险(《民法典》第 605 条)。出卖人按照约定或者依据《民法典》第 603 条第 2 款第 2 项的规定将标的物置于交付地点,买受人违反约定没有收取的,标的物毁损、灭失的风险自违反约定时起由买受人承担(《民法典》第 608 条)。在商品房买卖合同领域,受领迟延

---

〔90〕 王洪亮:《债法总论》,北京大学出版社 2016 年版,第 328 页。

〔91〕 潮見佳男『新債権総論Ⅱ』(信山社,2017 年)47 頁。

〔92〕 [日]潮见佳男、中田邦博、松冈久和主编:《〈联合国国际货物销售合同公约〉精解》,[日]小林正弘、韩世远译,人民法院出版社 2021 年版,第 145 页。

〔93〕 黄薇主编:《中华人民共和国民法典解读:合同编》(上册),中国法制出版社 2020 年版,第 458 页;朱广新、谢鸿飞主编:《民法典评注:合同编　通则》(第 2 册),中国法制出版社 2020 年版,第 451 页;韩世远:《合同法总论》(第 4 版),法律出版社 2018 年版,第 572 页;等等。

〔94〕 王利明主编:《中国民法典释评:合同编通则》,中国人民大学出版社 2020 年版,第 625 页。

〔95〕 周江洪:《服务合同立法研究》,法律出版社 2021 年版,第 280 ~ 282 页。

〔96〕 刘洋:《债权人违反协力义务的法律效果》,载周江洪、陆青、章程主编:《民法判例百选》,法律出版社 2020 年版,第 373 页。此外,亦有观点认为,“买受人应当按照合同约定,及时受领标的物。未及时受领的,构成迟延受领,买受人应承担相应的违约责任”。参见崔建远:《合同法》(第 4 版),北京大学出版社 2021 年版,第 462 页。

期间的风险亦由买受人承担，即房屋毁损、灭失的风险，在交付使用前由出卖人承担，交付使用后由买受人承担；买受人接到出卖人的书面交房通知，无正当理由拒绝接收的，房屋毁损、灭失的风险自书面交房通知确定的交付使用之日起由买受人承担，但法律另有规定或者当事人另有约定的除外（《商品房买卖合同司法解释》第 8 条第 2 款）。若当事人约定买受人的受领为给付义务的，买受人应当按照合同约定及时受领标的物，未及时受领的，构成迟延受领，买受人应承担相应的违约责任。[97]

（三）不真正义务

当事人一方违约后，对方应当采取适当措施防止损失的扩大；没有采取适当措施致使损失扩大的，不得就扩大的损失请求赔偿（《民法典》第 591 条第 1 款）。在出卖人违约之情形中，买受人亦负有采取措施防止损失扩大的义务。但对于买受人是否负有替代交易的义务，学说和实践中尚有争议。例如，动产买卖合同标的物的市场价格在出卖人违约后发生变动的，若买受人能够合理地在市场上进行替代交易，此时标的物价格损失如何计算。多数学者认为债权人缔结替代合同是减轻违约造成的损害的一种典型措施，实践中也有不少裁判予以支持。[98] 当然，在判断债权人是否违反减损义务时，除了要考虑债权人能否合理进行替代交易及其困难度，还要考虑债务人一方因减损措施所能获得的利益及此利益在何种程度内值得保护等因素。[99] 此外，买受人的不真正义务还包括前述检验通知义务。

（四）其他义务

其他义务主要包括：(1)因不可抗力不能履行合同的，应当及时通知对方，以减轻可能给对方造成的损失，并应当在合理期限内提供证明（《民法典》第 590 条第 1 款）。(2)买受人负有价款支付义务，金钱之债原则上不会陷于给付不能，但可能因不可抗力而陷入迟延，故亦有通知义务。(3)买受人拒绝接收多交标的物时，亦应通知出卖人（《民法典》第 629 条）。(4)《民法典》第 509 条、第 558 条还规定了当事人在合同履行过程中和合同终止后的义务。

三、标的物毁损灭失时的风险负担与利益承受

（一）风险负担

风险，通常有以下几种含义：一是物上风险。有关物之危险的规则，用于解决“物的损害”由何人承担的问题。对于静态之物，若出现毁损灭失，应遵从“危险止于发生处”之古谚，即由其所有人承担危险。对于动态之物，若于货物特定之前出现的灭失，其危险由债务人负担，此即“种类物不灭”原则。唯于限制种类之债中，倘若“全部存货灭失”，则债务人免其责任。[100] 二是给付上的风险，针对的是因不可归责于债务人之事由，致其基于合同所负之给付陷于不能者，债务人是否仍然负有给付义务，债权人能否请求债务人重新另为给付的情况。该风险通常由债权人承担，债务人不负另行给付的义务。三是指对待给付上的风险，即价金风险，针对的是因不可归责于债务人之事由而致债务履行不能时，若债务人再无给付之义务，他方有无对待

[97] 韩世远：《合同法学》（第 2 版），高等教育出版社 2022 年版，第 351 页。

[98] 程坦：《减损义务与替代交易》，载周江洪、陆青、章程主编：《民法判例百选》，法律出版社 2020 年版，第 375 页。

[99] 程坦：《减损义务对履行请求权的限制及其路径　破解合同僵局的一种思路》，载《中外法学》2021 年第 4 期。

[100] 张谷：《论提存》，载《清华法学》2003 年第 2 辑。

给付之义务的情况，即由谁承担价金危险，债权人是否免于对待给付义务的问题。因风险负担涉及给付与对待给付之间的关系，因此仅在双务合同中存在风险负担问题，单务合同中没有对待给付问题。该风险因所有权人主义、债务人主义、债权人主义以及交付主义等的不同，风险承担人也有所不同。债法上的风险通常指的是后两者意义上的风险，若单言风险，指的多是价金风险问题。《民法典》第604条以下的“风险”，根据规范体系，应限缩解释为对待给付风险，即“价金风险”。[101]

《民法典》只就买卖（《民法典》第604条以下）、租赁（《民法典》第729条）、技术开发（《民法典》第858条）等合同类型以及提存时（《民法典》第573条）的风险承担问题作了明确的规定。就货物运输及仓储合同则规定了不完整的风险负担规则。但依《民法典》第646条的规定，买卖合同的规范可以准用于其他有偿合同。因此，风险负担规则亦可以准用于其他有偿合同。[102] 当事人也可以就风险负担另行约定（《民法典》第604条）。当事人可以专门订立风险承担条款，也可以约定一定的贸易术语。例如，依照国际商会《国际贸易术语解释通则》（2020）通过FOB、CIF等价格条件来约定风险的承担问题。[103] 在当事人没有约定的情况下，则要按照法律的规定来确定风险的承担。关于风险负担规则部分争议的来源主要在于，虽然我国《民法典》买卖合同部分主要参考的是《联合国国际货物销售合同公约》，且可能存在我国的商业交易习惯和司法实践经验，但在风险负担规则的解释论上，多数学说以德国的赴偿之债、往取之债、寄送买卖（送付之债）等规则来解释。其中，标的物的特定化是风险负担规则适用的前提。赴偿之债，给付行为地与结果地均在债权人处，债务人将标的物送至债权人住所地，使债权人处于随时可受领状态，即完成特定化；往取之债，给付行为地与结果地均在债务人处，债务人将标的物从种类中分离并通知债权人提取，即完成特定化；送付之债，给付行为地在债务人处，结果地在债权人处，债务人并无运输义务，将标的物发送给第一承运人以运交债权人，特定化行为即完成。[104] 也就是说，买卖双方内部运输义务由谁承担成为判断的关键，但我国《民法典》第607条却以第603条确定的“标的物是否需要运输”来判断，至少文义上与《德国民法典》背景下的风险负担规则并不相同，虽然《德国民法典》与我国《民法典》均采交付主义原则，但不能简

---

〔101〕 吴香香：《〈合同法〉第142条（交付移转风险）评注》，载《法学家》2019年第3期；朱庆育主编：《中国民法典评注：条文选注》（第2册），中国民主法制出版社2021年版，第353页。

〔102〕 买卖合同的风险负担，是专注于买卖特性的特殊的风险负担规则，因此其准用当慎重，无法一般性地适用于其他有偿合同，而仅对与买卖有实质相似性的合同具有参照价值，如互易、权利买卖与承揽[参见吴香香：《〈合同法〉第142条（交付移转风险）评注》，载《法学家》2019年第3期；朱庆育主编：《中国民法典评注：条文选注》（第2册），中国民主法制出版社2021年版，第380～381页]。

〔103〕 值得注意的是，按照国际贸易术语，在FOB、CFR、CIF场合，虽然交付义务的履行需要在装运港船上完成货物的装船，但风险移转的时间点则为货物越过装运港船舷时（参见[日]潮见佳男、中田邦博、松冈久和主编：《〈联合国国际货物销售合同公约〉精解》，[日]小林正弘、韩世远译，人民法院出版社2021年版，第110页）。

〔104〕 王洪亮：《债法总论》，北京大学出版社2016年版，第94、95、107页。

单等同,为此也需要作更为细致的解释。[105] 此处关于买卖合同风险负担规则的介绍,以我国《民法典》规定为中心。

1. 风险移转的交付主义

标的物价金风险自何时移转,各国规定不尽一致,主要包括合同订立时、所有权移转时、交付时等三种立法例,我国采纳了风险随交付移转的模式。[106] 除非法律另有规定或当事人另有约定,买卖合同以标的物的交付作为风险转移的一般性判断原则。标的物毁损、灭失的风险,在标的物交付之前由出卖人承担,交付之后由买受人承担(《民法典》第 604 条)。以交付作为买卖合同风险移转的基本规则,主要是以"风险应归最易管理风险的人负担"的风险支配思想,标的物的实际占有人对标的物具有管领力,最有可能防范标的物毁损灭失的风险,易于控制不利后果和计算损害的大小。[107] 而且,标的物的交付被认为是一个事实问题,易于判断,清楚明了,以它作为判断标准有利于明确风险的移转。[108] 同时,以交付作为风险移转的时点,亦是"利益之所在、风险之所在"的风险收益一致原则的体现。[109]

此处的"交付",通常指转移标的物的占有,而并非给付义务履行意义上的"交付"。《民法典》买卖合同的诸多规定参考了《联合国国际货物销售合同公约》,在风险负担规则上更是如此。《联合国国际货物销售合同公约》明确区分了作为合同义务履行的交付与对价风险的移转。对价风险何时移转,取决于风险移转固有的逻辑,而与作为合同义务履行的交付明确分开。[110] 将给付与风险移转相分离,也说明在买卖合同风险负担领域突破了"无给付即无对待

---

[105] 关于风险负担规则的讨论,可参见刘洋:《对待给付风险负担的基本原则及其突破》,载《法学研究》2018 年第 5 期;吴香香:《〈合同法〉第 142 条(交付移转风险)评注》,载《法学家》2019 年第 3 期;刘洋:《根本违约对风险负担的影响——以〈合同法〉第 148 条的解释论为中心》,载《华东政法大学学报》2016 年第 6 期;崔建远:《风险负担规则之完善》,载《中州学刊》2018 年第 3 期;朱晓喆:《我国买卖合同风险负担规则的比较法困境——以买卖合同司法解释第 11 条、14 条为例》,载《苏州大学学报(哲学社会科学版)》2013 年第 4 期;等等。当然,对于我国《民法典》中的风险负担规则,也有学者认为,原《合同法》虽未直接使用"赴偿""往取""送付"的措辞,但以标的物是否"需要运输"为标准判断出卖人的给付行为地,隐含了上述区分。"需要运输"仅指"标的物由出卖人负责办理托运,承运人系独立于买卖合同当事人之外的运输业者的情形",即仅限代送买卖,排除赴偿与往取。实务中,同样区分赴偿、往取与送付,常用的表述是送货、自提或代办运输[参见吴香香:《〈合同法〉第 142 条(交付移转风险)评注》,载《法学家》2019 年第 3 期;朱庆育主编:《中国民法典评注:条文选注》(第 2 册),中国民主法制出版社 2021 年版,第 360 页]。

[106] 黄薇主编:《中华人民共和国民法典解读:合同编》(上册),中国法制出版社 2020 年版,第 513 ~ 515 页。

[107] 韩世远:《合同法学》(第 2 版),高等教育出版社 2022 年版,第 354 ~ 355 页。

[108] 黄薇主编:《中华人民共和国民法典解读:合同编》(上册),中国法制出版社 2020 年版,第 515 页。

[109] 谢鸿飞、朱广新主编:《民法典评注:合同编　典型合同与准合同》(第 1 册),中国法制出版社 2020 年版,第 37 页。

[110] 以《联合国国际货物销售合同公约》第 67 条为例,虽然中文版未作区分,但英文版中明确区分了"deliver"(交付)和"hand over"(移交),销售合同所涉货物需要运输时(相当于《民法典》第 607 条第 2 款),"移交"给第一承运人的时间作为风险移转的时点;而相当于《民法典》第 604 条的风险移转,则是以买受人"接收"(《联合国国际货物销售合同公约》第 69 条,对应的英文版本为"take over")货物时作为移转的时点,与表述买受人受领义务的"收取"(《联合国国际货物销售合同公约》第 60 条,对应的英文版本为"take deliver")相区分,"接收货物"只是"收取义务"的一部分。关于给付义务履行与对价风险移转分开的分析,参见[日]潮见佳男、中田邦博、松冈久和主编:《〈联合国国际货物销售合同公约〉精解》,[日]小林正弘、韩世远译,人民法院出版社 2021 年版,第 110 ~ 115 页。

给付”的双务合同一般规则，系对待给付风险负担的例外。[111] 实际上，司法解释中也明确了这一点，即“对房屋的转移占有，视为房屋的交付使用，但当事人另有约定的除外。房屋毁损、灭失的风险，在交付使用前由出卖人承担，交付使用后由买受人承担；买受人接到出卖人的书面交房通知，无正当理由拒绝接收的，房屋毁损、灭失的风险自书面交房通知确定的交付使用之日起由买受人承担，但法律另有规定或者当事人另有约定的除外”（《商品房买卖合同司法解释》第8条）。此外，标的物非经特定化无法进行“交付”，故风险负担规则适用的前提是标的物的特定化。当事人对风险负担没有约定，标的物为种类物，出卖人未以装运单据、加盖标记、通知买受人等可识别的方式清楚地将标的物特定于买卖合同，买受人主张不负担标的物毁损、灭失的风险的，人民法院应予支持（《买卖合同司法解释》第11条）。司法解释的该条规定表明，若标的物是种类物且未经特定化，毁损灭失并不免除出卖人的给付义务；而若标的物是特定物或经特定化的种类物，毁损灭失即免除出卖人再为给付的义务；至于买受人得否免为对待给付，则是价金风险问题。

思考｜占有改定、指示交付情形的风险移转问题

有学说主张交付主义下的“交付”不包括占有改定与指示交付，认为在此情况下，买受人并没有实际控制标的物，也无法直接享有利用物所产生的利益，由其承担风险是不公平的。[112] 但也有学说主张，移转风险之交付以现实交付为限，抑或涵括观念交付，对此问题的回答，又取决于如何解读交付移转风险的正当性。若以管领便利立论，合乎逻辑的立场是，将交付限于直接占有移转，而不包括间接占有让与。反之，若以风险利益一致立论，问题的关键在于，观念交付是否满足用益移转的要求。该学说认为，移转价金风险的交付，原则上指直接占有的让与，买受人仅取得间接占有时，须考察经济用益是否移转，还应斟酌双方是否具备以观念交付“代替”现实交付之合意，是否以履行买卖合同交付义务的意思为之。[113] 我国台湾地区学者亦有主张需斟酌双方是否有以指示交付、占有改定代替“现实交付”之合意，以及买受人是否因该合意而依指示交付或占有改定开始享有标的物的利益。前者要在指明出卖人不得擅自片面地以指示交付或占有改定代替“现实交付”，后者则贯彻利益之所在，即“危险之所归”与“管领说”的危险归属观。[114] 亦有不少学者支持该判断。[115] 当然，从比较法源头来看，我国原《合同法》买卖合同的风险负担规则参考了《联合国国际货物销售合同公约》，就占有改定及指示交付是否发生风险移转的问题，公约将风险移转与交付义务的履行分开并有意区分了不同用词的基本思路

---

[111] 谢鸿飞、朱广新：《民法典评注：合同编　典型合同与准合同》（第1册），中国法制出版社2020年版，第36页。另外，有观点认为，对待给付风险负担的规范体系中存在“基本原则——例外突破”的基本结构。其基本原则是，对待给付风险负担于给付义务完全履行之前均应停留于债务人方面。它立足于双务合同上给付义务之间的牵连关系，体现了交换正义的法理思想。例外突破则包括交付行为完成、债权人迟延状态出现、可归责于债权人的因素导致履行不能时，对待给付风险负担提前移转或自始由债权人负担（参见刘洋：《对待给付风险负担的基本原则及其突破》，载《法学研究》2018年第5期）。

[112] 王利明：《合同法研究》（第2版第3卷），中国人民大学出版社2015年版，第95页。

[113] 吴香香：《〈合同法〉第142条（交付移转风险）评注》，载《法学家》2019年第3期；朱庆育主编：《中国民法典评注：条文选注》（第2册），中国民主法制出版社2021年版，第372页。

[114] 黄茂荣：《买卖法》（增订7版），台北，植根法学丛书编辑室2015年版，第653～654页。

[115] 宁红丽：《我国典型合同理论与立法完善研究》，对外经济贸易大学出版社2016年版，第103页。

也可以纳入考虑的视野。观念交付情形的价金风险移转问题,可在此基础上作进一步思考。

2. 路货买卖的风险负担

路货买卖中,双方当事人均难以判断在途的标的物是否完好无损,也无法判断毁损灭失发生在哪一阶段,很难根据交付主义确定其风险由出卖人还是买受人承担。为此,我国《民法典》与《联合国国际货物销售合同公约》一样,采取了合同成立时作为风险的移转时点,即"出卖人出卖交由承运人运输的在途标的物,除当事人另有约定外,毁损、灭失的风险自合同成立时起由买受人承担"(《民法典》第606条)。当然,当事人可以通过约定来排除该条规则的适用。而且,若出卖人知道或应当知道标的物已毁损灭失之情形,风险从合同成立时移转并不合理,否则意味着其通过订立合同转嫁了已发生之风险。为此,《买卖合同司法解释》第10条作出补充解释,规定"出卖人出卖交由承运人运输的在途标的物,在合同成立时知道或者应当知道标的物已经毁损、灭失却未告知买受人,买受人主张出卖人负担标的物毁损、灭失的风险的,人民法院应予支持"。于此情形,出卖人不仅不能要求买受人承受价金风险,还有可能构成欺诈进而承担相应的责任。

3. 非路货买卖涉及运输情形的风险负担

标的物需要运输之情形,会涉及各种运输。既有可能是出卖人承担运输义务的赴偿之债,也可能是出卖人不承担运输由买受人自提的往取之债,两者均可以通过《民法典》第604条的交付主义予以处理。但两者之外的情形,需要就分配风险的理念作出适当调整。《民法典》及司法解释确立了以下规则。

出卖人根据合同约定将标的物运送至买受人指定地点并交付给承运人后,标的物毁损、灭失的风险由买受人负担,但当事人另有约定的除外(《买卖合同司法解释》第9条)。《民法典》第607条第1款吸收了该规定,但并未规定"当事人另有约定的除外"。风险负担规则本可以通过约定自行安排(《民法典》第604条),《民法典》未就此作出特别规定并不妨碍当事人对此另行约定。此种情形的运输,涉及运送至买受人指定地点的运输和到达指定地点后交付给承运人的运输。《民法典》以交付给后一运输承运人时作为风险移转的时点,也符合"风险应归最易管理风险的人负担"的风险支配思想。

未约定交付地点或约定不明确时,如何判断风险移转时点亦会成为问题。一种可能的方案是:根据《民法典》第603条援引第510条的规定确定交付地点,标的物交付至该地点时,依《民法典》第604条发生风险移转;买受人违反约定没有收取的,亦发生风险移转(《民法典》第608条参照适用)。若依《民法典》第510条不能确定的,则适用第607条第2款规定的"货交承运人规则"。但从《民法典》规定的文义来看,似乎并未采纳该解释方法。未约定交付地点或约定地点不明确时,交付地的确定在风险移转中并不发生作用。依《民法典》第607条第2款的规定,"当事人没有约定交付地点或者约定不明确,依据本法第六百零三条第二款第一项的规定标的物需要运输的"情形适用该款,并未指向《民法典》第510条的交付地点确定规则。也就是说,只要交付地点不明确,无须根据《民法典》第510条确定交付地点即适用"货交承运人规则",并无第604条风险负担一般规则适用之可能。对此,有释义书认为"依照本法第510条的规定又不能确定时”且“标的物需要运输”的情况下适用“货交承运人规则”。[116] 在这点上，《联合国国际货物销售合同公约》第 67 条的“货交承运人规则”较之《民法典》第 607 条第 2 款更为明确，即“如果出卖人没有义务在某一特定地点移交货物，自货物移交给第一承运人时”风险发生移转。[117] 其以出卖人是否负有运输义务来确定是否适用“货交承运人规则”，其前提是确定是否有义务，故需要就当事人的交付地点作出判断。从合理性上来说，得以确定交付地点时依《民法典》第 604 条，不能确定交付地点又需要运输时则依《民法典》第 607 条第 2 款，如此解释更符合风险负担规则的一般原理。[118] 另外，“货交承运人规则”中的承运人，指“独立的承运人”，即《民法典》第 603 条第 2 款第 1 项规定的“标的物需要运输的”，是指标的物由出卖人负责办理托运，承运人系独立于买卖合同当事人之外的运输业者的情形。标的物毁损、灭失的风险负担，按照《民法典》第 607 条第 2 款的规定处理（《买卖合同司法解释》第 8 条）。

4. 买受人事由与风险的移转

因买受人的原因致使标的物未按照约定的期限交付的，买受人应当自违反约定时起承担标的物毁损、灭失的风险（《民法典》第 605 条）。出卖人按照约定或者依照法律规定（《民法典》第 603 条第 2 款第 2 项）将标的物置于交付地点，买受人违反约定没有收取的，标的物毁损、灭失的风险自违反约定时起由买受人承担（《民法典》第 608 条）。

其中，基于买受人的原因引起的未依约定期限交付，并不限于买受人的过错，[119] 也不限于受领迟延，[120] 但并不包括不可抗力。例如，因买受人原因，出卖人行使同时履行抗辩权等抗辩权之情形，亦会导致标的物未按照约定期限交付，此时发生的风险，亦从违反约定时起承受价金风险。[121] 但作为风险移转时点的“自违反约定时”，并非作为买受人原因的“买受人违反约定时”，也并非未支付价款等引起同时履行抗辩权发生的原因时，而是合同约定的标的物交付期限之日。[122] 原因在于，买受人未支付价款的违约行为不会引起出卖人的给付义务的免除（除非因此而解除合同等），同时履行抗辩权的行使也不消灭买受人的请求权而只是暂时阻止买受人的请求权，并未消灭出卖人的给付义务本身，出卖人仍负有给付义务。既然出卖人仍负有给付义务，其仍然处于“待履行的状态”，在履行期限到来之前，仍对标的物负有管领控制之

---

〔116〕 黄薇主编：《中华人民共和国民法典解读：合同编》（上册），中国法制出版社 2020 年版，第 521 页。

〔117〕 [日]潮见佳男、中田邦博、松冈久和主编：《〈联合国国际货物销售合同公约〉精解》，[日]小林正弘、韩世远译，人民法院出版社 2021 年版，第 114 页。

〔118〕 相同观点参见杨代雄主编：《袖珍民法典评注》，中国民主法制出版社 2022 年版，第 578 页。

〔119〕 亦有持不同见解者，例如，有释义书认为，《民法典》第 605 条的买受人原因，要求买受人存在故意或过失；而《民法典》第 608 条规定的没有收取，则是不管买受人是否存在故意或过失[参见黄薇主编：《中华人民共和国民法典解读：合同编》（上册），中国法制出版社 2020 年版，第 523 页]。

〔120〕 《民法典》颁布之前，常有学者援引原《合同法》第 143 条作为受领迟延期间风险负担规则的依据（宁红丽：《我国典型合同理论与立法完善研究》，对外经济贸易大学出版社 2016 年版，第 116 页），但《民法典》较之原《合同法》第 143 条，将原规定的“不能按照约定的期限交付”修改为“未按照约定的期限交付”，更是进一步说明了该条规范的买受人原因并不限于受领迟延。例如，因买受人原因出卖人行使抗辩权之情形，亦同样致使标的物未按照约定期限交付，该原因亦可归结于买受人原因，同样会发生风险移转问题；此时尚未提供给付，买受人亦不可能构成受领迟延。

〔121〕 实践中亦存在类似判断的裁判案例，参见吴香香：《〈合同法〉第 142 条（交付移转风险）评注》，载《法学家》2019 年第 3 期；朱庆育主编：《中国民法典评注：条文选注》（第 2 册），中国民主法制出版社 2021 年版，第 380 页。

〔122〕 对此，亦有观点认为，“违反约定之日”实际上就是“约定交付的时间”[参见龙卫球主编：《中华人民共和国民法典合同编释义》（上册），中国法制出版社 2020 年版，第 385 页]，该观点值得商榷。

责,就如同未发生同时履行抗辩权一样,其"未交付"标的物的状态持续存在,待履行期限到来前,买受人仍可能通过支付价款等手段消除抗辩权,与正常的标的物交付前的状态无异。若因买受人一旦逾期支付价款而行使抗辩权就发生风险负担的移转,难谓公平。[123]

需按约定或法律规定在特定地点交付标的物之情形,买受人违反受领义务的,应承受不利益,风险亦随之发生移转。"买受人违反约定没有收取",不以其有过错为限,只要买受人客观上应受领而未受领即构成受领迟延。当然,由于不可抗力导致受领迟延的除外。但"出卖人按照约定或者依据本法第六百零三条第二款第二项的规定将标的物置于交付地点"中的"约定",有学说认为不应仅解释为"出卖人按照约定的地点将标的物置于交付地点",而应解释为"出卖人交付标的物的时间以及交付的标的物的数量、品种、规格等符合约定"。否则,买受人有权不予受领,自然不应使买受人承担风险。[124] 但从文义及体系来看,如此理解尚有商榷之余地。从文义上看,依据《民法典》规定置于交付地点时,并无"按照约定交付"的限定,而有约定地点时的交付则需要"按照约定"完全履行,两者之间难谓平衡。而且,出卖人不完全履行之情形,即使移转风险亦不影响买受人的违约救济(《民法典》第 611 条)。不仅如此,从体系上看,若出卖人不完全履行,且符合《民法典》第 610 条规定时,买受人可通过拒绝接受标的物或解除合同而使得风险"回跳";《民法典》第 610 条文义表明,即使出现导致合同目的难以实现的质量瑕疵,也需要通过买受人"拒绝接受"或者"解除合同"才可以使得一旦发生的"风险"发生"回跳"。若认为《民法典》第 608 条规定的情形只要发生得以拒绝受领时,风险就不发生移转,那么《民法典》第 608 条与第 610 条之间的体系难谓融贯。更何况《民法典》第 608 条用"没有收取",而不是如同《民法典》第 589 条规定受领迟延时用的"无正当理由拒绝受领",也旨在表明此处的"收取"不等于"受领",不等于"受领"也就意味着出卖人无须依《民法典》第 589 条规定的"按照约定履行债务",而只需"按照约定将标的物置于交付地点"即可。这也符合我国《民法典》参考《联合国国际货物销售合同公约》的做法。《联合国国际货物销售合同公约》坚持给付义务是否完全履行与风险移转相分离予以判断的基本出发点。

5. 出卖人违约与风险的移转

《联合国国际货物销售合同公约》将给付义务履行与否的判断与风险移转与否的判断相分离。但与此同时,将物的瑕疵即"物的相符性"的判断标准时间点与风险移转时点相联结,以风险移转时间作为相符性判断的标准时间点(《联合国国际货物销售合同公约》第 36 条)。如此一来,风险移转时点标的物存在瑕疵时,风险已发生移转,买受人负有价款支付义务,风险的移转基于不可归责于当事人之事由,而不完全履行则可归责于出卖人的义务违反,若对不完全履行不予以救济,势必会面临利益之失衡。因此,《联合国国际货物销售合同公约》第 36 条的基本设想就是:买受人仅就风险移转之前发生的货物与合同不相符为由取得该公约第 45 条以下的救济权;不过,即使在风险移转后发生的货物与合同不相符,如因出卖人义务违反所致,对此买受人仍取得该公约第 45 条以下的救济手段。不仅如此,《联合国国际货物销售合同公约》第 70 条还就根本违约情形作出特别规定,若出卖人根本违约的,第 67 ~ 69 条(风险移转的规定)

---

〔123〕 相关释义书也持相同见解,即"买受人承担风险的期限为自约定交付之日至实际交付之时"[参见黄薇主编:《中华人民共和国民法典解读:合同编》(上册),中国法制出版社 2020 年版,第 517 页]。

〔124〕 谢鸿飞、朱广新主编:《民法典评注:合同编 典型合同与准合同》(第 1 册),中国法制出版社 2020 年版,第 54 页。

规定了不损害出卖人因此种违反合同而可以采取的各种救济方法。买受人也因此取得该公约第49条意义上的合同解除权。在合同解除时,买受人因此而免于支付价款,其该免于支付价款的义务优先于《联合国国际货物销售合同公约》第66条以下的风险负担制度。[125] 我国原《合同法》第149条参考了这一规定,并为《民法典》第611条所承继,即"标的物毁损、灭失的风险由买受人承担的,不影响因出卖人履行义务不符合约定,买受人请求其承担违约责任的权利"。同时《民法典》第610条规定,"因标的物不符合质量要求,致使不能实现合同目的的,买受人可以拒绝接受标的物或者解除合同。买受人拒绝接受标的物或者解除合同的,标的物毁损、灭失的风险由出卖人承担"。

思考｜瑕疵给付时的解除与风险负担

根据《民法典》第610条,若存在致使合同目的不能实现之瑕疵,即使交付以后因法定免责事由毁损、灭失,买受人亦可以通过拒绝接受标的物或者解除将风险回转给出卖人承担。此时,通过解除制度与风险负担规则的相互作用在当事人之间分配风险。而且,该条规定的"买受人拒绝接受标的物或者解除合同的,标的物毁损、灭失的风险由出卖人承担"并未指明风险的发生时间,依文义,拒绝接受或解除合同之前还是之后发生的风险,在所不问。当然,从立法论的角度而言,标的物的灭失、毁损与标的物的瑕疵毫无因果关系时(若因质量瑕疵引起毁损、灭失,属于违约责任和合同解除的范畴,而不属于风险负担问题),因标的物恰好存在瑕疵就依风险负担的通常规则将本来应由买受人承担的风险回转给出卖人,也不是没有疑问。而且,根据《民法典》第611条的规定,风险由买受人承担的,不影响瑕疵给付(包括构成根本违约和未构成根本违约的瑕疵给付)的违约责任追究。如此一来,可能会因为当事人的选择不同,在实际结果上形成很大的不同。假设出卖人甲与买受人乙订立了购买货物A(市场价值30万元)的合同。因甲交付的货物存在瑕疵(存有瑕疵时的货物简称B),其市场价值3万元。B在乙处灭失,若设乙解除合同,依《民法典》第610条的规定,乙的30万元价款支付义务消灭,甲承担了3万元的损失。若设乙未解除合同,是否认可该批货物未予明确,也不符合《民法典》第621条"视为符合质量约定"的规定,移转的风险不依《民法典》第610条"回跳",依《民法典》第604条的规定,此时风险当由买受人乙承担,乙负有30万元价款的支付义务;但依《民法典》第611条的规定,乙可以要求甲承担违约责任,支付A与B之间的差价27万元,结果由乙承担了3万元的损失。[126] 两者之间因此会形成不平衡。当然,若考虑解除效果上的价额返还义务,上述不同可能会有所缓和。对此,可作进一步思考。

(二)利益承受

标的物的利益承受主要指的是标的物在合同成立后所产生的孳息的归属。孳息的归属:天然孳息原则上由所有权人取得;法定孳息原则上依交易习惯确定(《民法典》第321条)。但

---

〔125〕［日］潮见佳男、中田邦博、松冈久和主编:《〈联合国国际货物销售合同公约〉精解》,［日］小林正弘、韩世远译,人民法院出版社2021年版,第112页。

〔126〕周江洪:《风险负担规则与合同解除》,载《法学研究》2010年第1期。

在买卖合同中，各国法律对此多有特别规定。依《民法典》第630条，标的物在交付之前产生的孳息，归出卖人所有；交付之后产生的孳息，归买受人所有，当事人另有约定的除外。也就是说，除非当事人另有约定，标的物于合同订立后所生孳息的归属与风险的移转密切相联，二者遵循同一原则，在利益承受上，也以交付主义为一般规则。其中，我国台湾地区"民法"将孳息归属与风险移转直接挂钩，其第373条规定，"买卖标的物之利益及危险，自交付时起，均由买受人承受负担。但契约另有约定者，不再此限"。

《民法典》第630条承继原《合同法》第163条。无论是从该条的立法过程、立法意图和比较法来源来看，还是从司法实践来看，该条规定本身就排除了《民法典》第321条关于孳息归属的一般原则，而更多地关注处于交易过程中的标的物及买卖合同履行过程的属性，除了通常认为的风险与收益相一致原则外，还有意识地将买卖合同标的物孳息的归属与原物所有权的变动相脱钩。从我国原《合同法》立法当初的政策考量来看，很难说其是基于"产生孳息最主要的原因是占有"的考虑，而是更多地考虑了占有人对原物的照料；而从比较法的基础来看，将买卖标的物孳息归属与交付相联系，不仅考虑到了照料的费用问题，而且还考虑到了价款利息等买卖合同中相互密切联系的各要素，其规定本身就是衡平的结果。不仅如此，从民法体系角度而言，买卖合同标的物孳息归属的立法旨趣亦有可能对给付型不当得利等制度产生影响，进而更是彰显了其作为孳息归属特例存在的体系性意义。[127]

《民法典》第630条只是规定了"孳息"，但我国学理上多参考比较法，将其扩张解释为包括天然孳息、法定孳息及使用利益在内的"利益"。因我国立法上不存在代偿请求权制度，实践中也有法院类推原《合同法》第163条以处理买卖之房屋因地震灭失的政府补偿金的归属。[128]另外，因利益之归属与风险之承受一致，故也有学说主张，依《民法典》第607条"货交承运人"之情形、第606条路货买卖情形的合同成立后，孳息也应随之移转。[129]

四、费用负担

当事人可以约定买卖合同履行的费用。没有约定或者约定不明确的，可以协议补充；不能达成补充协议的，按照合同相关条款或者交易习惯确定。仍不能确定的，履行费用的负担不明确的，由履行义务一方负担；因债权人原因增加的履行费用，由债权人负担（《民法典》第510条、第511条第6项）。买受人受领迟延之情形、买受人采取措施防止损失扩大情形的费用负担等情形，《民法典》亦作出专门规定（第589条、第591条），同样适用于买卖合同。

费用问题，比较法上亦有专门规定买卖合同费用的立法例。如《日本民法典》第558条规定："买卖合同之费用，由当事人双方以相等比例负担。"但此处"买卖合同之费用"，与"履行费用"有别，主要指缔结买卖合同所需之费用，如合同文本制作费用、标的物的测量费用等、中介费用等。[130]

---

〔127〕 周江洪：《前民法典时代的孳息归属问题研究——体系化解读之努力》，载《浙江社会科学》2011年第5期。

〔128〕 朱晓喆：《买卖之房屋因地震灭失的政府补偿金归属——刘国秀诉杨丽群房屋买卖合同纠纷案评释》，载《交大法学》2013年第2期。

〔129〕 谢鸿飞、朱广新主编：《民法典评注：合同编　典型合同与准合同》（第1册），中国法制出版社2020年版，第177页。

〔130〕 山本敬三『民法講義Ⅳ－1 契約』（有斐閣，2005年）235頁。

五、合同解除

《民法典》合同编通则规定了约定解除条件、协议解除、法定解除、情势变更解除、不定期持续性合同的随时解除、司法终止等。买卖合同一章也规定了解除制度，涉及解除效力是否及于从物、部分解除（就部分物解除及部分批次解除以及分期付款买卖的解除）。因买卖合同可以参照适用有偿合同，具有“准通则”的意义，从中亦可能发展出“部分解除”“持续性合同解除”的一般法理。关于部分解除，《民法典》合同编通则并未作一般规定，仅在数物买卖和分批交付标的物的买卖等特定情形中对部分解除作出了特别规定。有学说认为，为尽可能维系合同，不致让缔约成本白费，应有一般性承认部分解除的必要。尚需确定的是部分解除的可能性，部分解除的目的是免除部分对待给付义务，唯有对待给付标的客观上可分时，才有部分解除的可能。同时，对待给付客观上的可分性仅是部分解除权的必要非充分条件，更为重要的条件是当事人容许部分解除的意愿。只有经合同解释，部分解除清算不违背当事人的意思时，方可部分解除；反之，即便给付和对待给付在客观上可分，但双方当事人将交易标的视为整体，不愿部分解除清算的，也不可部分解除。[131] 当然，在思考部分解除的理论时，需考虑与“减少价款”救济之间的关系问题，两者之间会存在实质上的等效问题。

（一）涉及主物从物关系时的解除

主物与从物的关系是买卖合同解除时需要特别考虑的问题。通常来说，主物能够决定从物的命运，而从物一般不能决定主物的命运。因标的物的主物不符合约定而解除合同的，解除合同的效力及于从物。因标的物的从物不符合约定被解除的，解除的效力不及于主物（《民法典》第 631 条）。《民法典》第 631 条规定的部分解除，既可以理解为对解除效力的特别规定，也可以理解为对法定解除权的特别规定。盖部分解除即对合同部分的解除权，在某种意义上也可视为对合同整体行使解除权的限制，规范的重心在于限制解除的效果。[132] 因此，本身不涉及解除事由，解除事由仍应诉诸其他规范，如《民法典》第 563 条。[133] 从物不符合约定时，其解除是买卖合同的部分解除，解除的效力只及于从物。[134] 我国台湾地区“民法”第 362 条“因主物有瑕疵而解除契约者，其效力及于从物。从物有瑕疵者，买受人仅得就从物之部分为解除”就是如此。但也有解释论认为是解除合同整体，但其解除效果限于从物。[135] 需要作出区分的是，物的组成部分不符合约定引起的解除与从物不符合约定被解除的，在原理上并不相同。通常认为前者导致合同目的难以实现时，可以解除整个买卖合同；而从物的给付障碍，通常不会导致整个合同的合同目的难以实现。[136] 但也有观点主张，当部分不履行涉及主物或影响到数物

---

〔131〕 赵文杰：《〈合同法〉第 94 条（法定解除）评注》，载《法学家》2019 年第 4 期；朱庆育主编：《中国民法典评注：条文选注》（第 2 册），中国民主法制出版社 2021 年版，第 194 页。

〔132〕 陆青：《论法定解除事由的规范体系——以一般规范与特别规范的关系为中心》，载《华东政法大学学报》2015 年第 1 期；谢鸿飞、朱广新主编：《民法典评注：合同编　典型合同与准合同》（第 1 册），中国法制出版社 2020 年版，第 180 页。

〔133〕 不同观点见韩世远：《合同法总论》（第 4 版），法律出版社 2018 年版，第 656 页。该书中将该条作为特别的法定解除条件对待。

〔134〕 黄薇主编：《中华人民共和国民法典解读：合同编》（上册），中国法制出版社 2020 年版，第 588 页。

〔135〕 谢鸿飞、朱广新主编：《民法典评注：合同编　典型合同与准合同》（第 1 册），中国法制出版社 2020 年版，第 182 页。

〔136〕 谢鸿飞、朱广新主编：《民法典评注：合同编　典型合同与准合同》（第 1 册），中国法制出版社 2020 年版，第 184 页。

中的其他物或者其他各批标的物时,依然可以沿用《民法典》第 563 条合同整体解除的逻辑,就主、从物与数物或其他各批标的物解除合同。[137] 就合同解除的逻辑而言,且结合《民法典》第 632 条数物情形的解除规则来看,若从物不符合约定致使合同整体的合同目的难以实现时,当亦可整体解除,且使其效力及于包括主物在内的合同整体。

(二)标的物为数物情形的解除

对于买卖的标的物为数物情形的解除,《民法典》也规定了特别的规则,肯定了部分解除。即,标的物为数物,其中一物不符合约定的,买受人可以就该物解除。但是,该物与他物分离使标的物的价值显受损害的,买受人可以就数物解除合同(《民法典》第 632 条)。若认为《民法典》第 631 条规定的主从物关系是特别规则,这里的"数物"指的是主从物之外的其他相互独立的物。"一物"并不限于不同种类的物,同一种类的物也可以构成数物。与主从物情形一样,某物不符合约定,不仅包括实际履行情形中的履行不完全或者到期不履行等履行障碍,也包括期前拒绝履行;但是否得以解除,需依据其他规范予以判断,如《民法典》第 563 条等。需要特别注意的是,《民法典》第 632 条将原《合同法》第 165 条解除权主体的"当事人"改为"买受人",其意图似在限制所谓的"违约方解除权"(出卖人解除权)。[138] 但数物分离后使得标的物整体价值显著降低而受损害的解除主体不限于买受人,出卖人因解除返还部分物时同样会造成损害,限制出卖人解除权并不一定妥当。例如,我国台湾地区"民法"第 363 条规定,"为买卖标的之数物中,一物有瑕疵者,买受人仅得就有瑕疵之物为解除。其以总价金将数物同时卖出者,买受人并得请求减少与瑕疵物相当之价额。前项情形,当事人之任何一方,如因有瑕疵之物,与他物分离而显受损害者,得解除全部契约"。当然,学说上也有人认为,我国台湾地区"民法"的规则并不一定妥当,可以将我国《民法典》第 632 条第 2 句解释为"买受人享有全部解除权,但不享有部分解除权"以消弭可能产生的问题。[139] 从解释论上言,若依目的解释,可将后一句解释为只是规定了买受人的数物解除权,而没有排除出卖人的解除权,出卖人是否享有解除权,依解除的一般制度处理。

(三)分批交付标的物情形的解除

分批交付标的物的买卖中,每次交付部分相互可以分离(可分性),而且按照每个交付部分以个别处理的形式从整体合同独立(个别独立性),故被称为分批履行合同。[140] 分批交付标的物的买卖为持续性合同之一种,属于分期给付合同,但与不确定总额的持续供给合同有区别,前者给付总额自始确定。从时效相关规则来看,《民法典》并不区分两者,而是总体强调契约关

---

〔137〕 陆青:《论法定解除事由的规范体系——以一般规范与特别规范的关系为中心》,载《华东政法大学学报》2015 年第 1 期。

〔138〕 黄薇主编:《中华人民共和国民法典解读:合同编》(上册),中国法制出版社 2020 年版,第 589 页。

〔139〕 谢鸿飞、朱广新主编:《民法典评注:合同编　典型合同与准合同》(第 1 册),中国法制出版社 2020 年版,第 190 页;最高人民法院民法典贯彻实施工作领导小组主编:《中华人民共和国民法典合同编理解与适用(二)》,人民法院出版社 2020 年版,第 1034 页。但亦有明确反对如此限缩解释者,如黄薇主编:《中华人民共和国民法典解读:合同编》(上册),中国法制出版社 2020 年版,第 589 页。后者认为,即使出现某一物不符合约定影响数物价值的情形,如果买受人基于某种考虑不愿意解除整体的合同,那么出卖人也就无权解除合同,即认为该条规定的合同解除权只能由买受人选择决定。

〔140〕 [日]潮见佳男、中田邦博、松冈久和主编:《〈联合国国际货物销售合同公约〉精解》,[日]小林正弘、韩世远译,人民法院出版社 2021 年版,第 227 页。

系的稳定性。[141] 但在合同解除层面，《民法典》对此作出了特别规定，即出卖人分批交付标的物的，出卖人对其中一批标的物不交付或者交付不符合约定，致使该批标的物不能实现合同目的的，买受人可以就该批标的物解除。出卖人不交付其中一批标的物或者交付不符合约定，致使之后其他各批标的物的交付不能实现合同目的的，买受人可以就该批以及之后其他各批标的物解除。买受人如果就其中一批标的物解除，该批标的物与其他各批标的物相互依存的，可以就已经交付和未交付的各批标的物解除（《民法典》第633条）。持续性合同的解除会涉及信赖关系法理问题，但我国《民法典》只是就不定期持续性合同的随时解除、分批次买卖的解除、分期付款买卖的解除以及其他部分典型合同作出了规定，并未从整体上导入信赖关系受到破坏而终止合同的法理。而且，较之主从物情形、数物情形的规定不同，《民法典》规定了解除权条件，即"不交付或交付不符合约定""合同目的难以实现"等，其属于完全规范，因此无须借助《民法典》第563条等判断解除权是否发生。从理论上来说，部分给付存在履行障碍，并不一定导致该部分给付不能实现合同目的，也不一定导致后续批次的给付不能实现合同目的，因此就某批次标的物的解除以及后续批次的解除，《民法典》均规定了具备"合同目的难以实现"的要件后，始发生解除权。有疑问的是，若未达至"不能实现合同目的"的程度，虽不发生解除权，且也无妨请求出卖人承担违约责任，但是否得以发生类似双务合同上的抗辩权，《民法典》并未提供清晰的规则。若能以分批交付标的物的买卖为中心，发展出"向后抗辩"的规则体系，即类似不安抗辩，以提供担保作为条件可消除当事人之间的不信赖，亦是一种可能的方向。不仅如此，分批交付标的物买卖的解除规则中导入了"相互依存"的法理，对于合同联立等特定情形的解除也具有参照适用的余地。对此，有学说认为，相对于一个合同中存在的数个可分的给付行为或标的物，合同联立时数个合同之间的依存关系自然更为淡薄。因此，当数个合同联立时的部分合同发生履行障碍的解除事由，其他合同能否解除，更应结合这些合同之间的依存关系以及部分合同发生履行障碍是否妨碍整个交易目的的实现作出进一步判断，并可以类推适用分批交付标的物买卖解除的"相互依存"规则。[142]

我国《民法典》对于分批交付标的物买卖的解除，参考了《联合国国际货物销售合同公约》第73条。[143] 但《联合国国际货物销售合同公约》第73条第1款、第2款（对应我国《民法典》第633条第1款、第2款）规定所设想的是，出卖人和买受人的任何一方均可成为解除权人，而该公约第73条第3款（对应我国《民法典》第633条第3款）规定的解除只能由买受人作出。例如，如果买受人怠于支付某一批交付部分的价款，或者在拒绝受领交付场合，在符合《联合国国际货物销售合同公约》第73条第1款的要件的条件下，出卖人可以对该批交付部分解除合同。[144] 但我国《民法典》第633条明确规定解除权的主体为"买受人"，与《联合国国际货物销售合同公约》第73条并不相同。在解释论上，分批交付标的物情形，除了买受人得以行使解

---

〔141〕 周江洪：《定期履行租金债权诉讼时效期间的起算规则》，载周江洪、陆青、章程主编：《民法判例百选》，法律出版社2020年版，第126页。

〔142〕 陆青：《论法定解除事由的规范体系——以一般规范与特别规范的关系为中心》，载《华东政法大学学报》2015年第1期。

〔143〕 黄薇主编：《中华人民共和国民法典解读：合同编》（上册），中国法制出版社2020年版，第591页。

〔144〕 ［日］潮见佳男、中田邦博、松冈久和主编：《〈联合国国际货物销售合同公约〉精解》，［日］小林正弘、韩世远译，人民法院出版社2021年版，第228、230页。

除权，可扩张解释《民法典》第633条的规定，将其类推适用于买受人违反合同义务情形的解除。

拓展 | 合同解除与风险负担规则的交错

当归责事由不再被作为合同解除的要件看待时，合同解除制度已经纯化为一种合同约束解放制度，即当合同履行发生障碍时，合同解除制度只是使当事人能够从其所负的债务或反对债务中解放出来的制度。但在传统债法领域，使合同当事人摆脱合同拘束的制度，并不限于合同解除制度，风险负担规则也是重要的制度之一。对于不可归责于债务人原因导致的履行不能，大陆法系国家通常都设置了明确的风险负担规则。我国《民法典》虽然未在债法总则层面规定风险负担规则，但在买卖合同等领域作出了特别规定。如此一来，合同解除制度与风险负担规则的交错就在所难免。

对此，有学说主张，合同解除制度和风险负担规则在牵连性问题、效果、具体行使程序、适用的具体个案以及期间限制方面都有异同，两者具有各自的优势领域。在两者并存模式的背景下，出卖人承担风险情形可任择其一主张，但需要就解除权期限限制、清算关系中的诉讼时效问题、风险负担抗辩问题作出特别处理；就买受人承担风险之情形，当否定买受人的解除权；就瑕疵给付时的解除与风险负担问题，应结合解除清算时的价额返还、代偿物请求〔145〕等斟酌合理的规则设计；就风险负担有特别约定时，约定优先；就清算关系中的风险分配问题，可有限制地准用《民法典》第610条的规定。《民法典》第610条虽未指明风险的发生时间，但依文义，对解除合同之前还是之后发生的风险，在所不问。因此，至少就标的物不符合质量要求引起的买卖合同解除，可以适用《民法典》第610条，即由出卖人承担风险。是否可以准用于其他解除情形，当有考察之必要。《民法典》第610条基于下述法律政策理由：质量瑕疵引起的法定解除，是以另外一方当事人侵害义务为要件，故另外一方当事人理应承受解除权人无过失行为的风险。换言之，该政策理由中蕴含了归责事由的考虑，即因可归责于出卖人的事由引起的解除，解除后的风险当由该出卖人承担。但《民法典》第563条中尚包含了不可归责于债务人之事由引起的解除，例如，因不可抗力致使不能实现合同目的之情形。因此，从这一政策考量出发，即使《民法典》第610条可以准用于解除后清算关系的风险负担，也应将其限定在解除是因可归责于债务人之事由引起之情形；对于其他情形，则应当类推适用风险负担的一般规则处理。〔146〕

也有学者以不可抗力引起的合同解除与风险负担为例，认为对二者间的关系应区分风险移转前后分别探讨。风险移转前，出卖人因给付不能不必再为给付（《民法典》第580条），买受人也不必支付价金。此时，是仅主给付义务消灭，还是合同整体消灭，尚有讨论空间。双方也可行使解除权，但解除的是主给付义务之外的其他义务，因主给付义务在解除时已消灭。风险移转

---

〔145〕 有学说认为，买受人主张代偿请求权，则法定解除与风险负担均被排除。因为原物代偿代替了原定给付，出卖人主张代偿让与，即相当于未发生给付不能，应负担相应的价金义务。但代偿利益低于对待给付的，对待给付应按比例减少。反之，若买受人放弃代偿请求权，则适用一般规则。故而，存在原物代偿的，须待买受人决定是否行使代偿请求权后，才能确定买受人的价金义务是否因风险移转而消灭［参见吴香香：《〈合同法〉第142条（交付移转风险）评注》，载《法学家》2019年第3期；朱庆育主编：《中国民法典评注：条文选注》（第2册），中国民主法制出版社2021年版，第376页］。

〔146〕 周江洪：《风险负担规则与合同解除》，载《法学研究》2010年第1期。此处引用时作了适当修改。

后,风险规则排除不可抗力解除权,买受人仍有义务支付价金。原因在于,若风险移转后买受人仍享有解除权,就可借此逃避价款义务,规避风险负担。对此,实务中也有相应判例支持。[147]

另有学者认为,风险负担规则和法定解除权规定的关系都关涉双务合同中对待给付义务的命运。两者的不同之处在于,当不可抗力致给付不能时,对待给付义务是否当然消灭。风险负担规则的回答是当然消灭,法定解除权规则的回答则是不当然消灭。要么由风险负担,要么由法定解除权规则决定对待给付义务如何消灭。两种规则,逻辑上只能择一,无并存的可能。同时认为,并存模式并非独立的模式,而是风险负担规则模式应实践需要的改良版。其特征是在风险负担规则外,兼容解除权,决定对待给付义务消灭的仍为风险负担规则。只是在实践中,债权人未必知晓债务人不能履行的缘由,为了尽早确保自己能从合同中解脱,亦可行使解除权。因为至少在解除通知到达后,对待给付义务定会消灭。采该立场的有2002年债法修正后的德国法。学说上认为兼容解除权的主要优点是:"当事人双方能够互通情况,互相配合,积极采取救济措施。"持此学说观点的学者认为,在决定对待给付义务是否消灭的问题上,只能采单一标准,或为风险负担规则,或为解除规则。究竟以何者为佳,关键是看债权人是否有决定继续承担对待给付义务自由的必要。有观点认为应以肯定为是,其理由为:一方面,债权人有决定以对待给付换取代偿物的需要;另一方面,债权人有判断继续负担对待给付义务有益性的需要。例如,在互易合同中,一方当事人不愿意继续保有对待给付义务的标的物(如因维护费用持续增加,极可能超过物本身的价值,同时该物因特殊性质不许任意抛弃),若径以风险负担规则自动消灭债权人的对待给付义务,并不一定符合其利益。[148]

值得注意的是,在修改后的日本债法中,关于契约的法定解除,删去了归责事由的要件。为了解决因此而引起的风险负担规则与契约解除之间的交错问题,其后修订的该法删去了第534~535条,最终采用了履行拒绝的抗辩权构成(因不可归责于当事人的事由履行不能时,债权人得以拒绝对待给付的履行)。但在《日本民法典》买卖契约部分的第567条中规定了"交付"后不可归责于双方当事人的灭失和毁损,买受人不得以灭失或毁损为由请求履行追完、减少价款、损害赔偿及解除,亦不得拒绝支付价款。关于可归责于债权人事由时的解除,修订后的日本债法第543条规定债权人不得依第541条(催告解除)与第542条(非经催告解除)解除。日本债法的修改,试图调和合同解除与风险负担规则之间的关系。[149] 但其效果如何,有待日本学说和司法实践进一步验证。[150]

---

〔147〕 吴香香:《〈合同法〉第142条(交付移转风险)评注》,载《法学家》2019年第3期;朱庆育主编:《中国民法典评注:条文选注》(第2册),中国民主法制出版社2021年版,第376页。类似观点参见杨代雄主编:《袖珍民法典评注》,中国民主法制出版社2022年版,第573页。

〔148〕 赵文杰:《〈合同法〉第94条(法定解除)评注》,载《法学家》2019年第4期;朱庆育主编:《中国民法典评注:条文选注》(第2册),中国民主法制出版社2021年版,第184~185页。

〔149〕 关于日本债法修改前后的风险负担与合同解除问题,可参见[日]山本敬三:《合同责任法的修改——〈修改法案〉的概要及宗旨》,夏静宜译,载李昊主编:《日本民法修正:回顾与反思》,北京大学出版社2020年版,第54页以下。

〔150〕 在日本债法修改过程中,也有学者指出,在解除权人已全部或部分履行了自己债务之情形,仅靠履行拒绝权构成的"危险负担"并不够,需要行使解除权并请求恢复原状;但与此同时,也有可能存在因解除权的不可分性而无法解除之情形,此时危险负担制度似乎有其必要性,履行拒绝权构成的"危险负担"不一定能应对此种情形。磯村保「解除と危険負担」瀬川信久編著『債権法改正の論点とこれからの検討課題』(商事法務,2014年)90頁。

六、多重买卖履行顺序的确定

一物数卖等多重买卖情形，常会涉及合同效力问题、买卖合同的履行、责任承担以及所有权变动等诸多问题。以不动产一物二卖为例，社会一般观念认为，“一物二卖”情形出卖人背信弃义，应保护第一买受人。学说与判例的主流观点则认为，第二买卖合同的效力并不因第一买卖合同的存在本身受影响，若第二买受人先完成登记即可取得标的物所有权。为此有学者建议，不动产的一物二卖应区分不同情形，根据不同的法律事实和法律构成适用不同的法律规定。例如，出卖人交出第二次出卖所获利益、第二买受人不能取得所有权以及出卖人与第二买受人承担侵权损害赔偿责任等不同的法律效果。在这一背景下，该学说建议重新审视当前学说与判例的主流观点，以重回守信与公平的轨道。[151] 通常来说，除非存在恶意串通等特别的情事，在处分行为与负担行为分离的背景下，多重买卖本身并不影响合同效力，因此而无法获得清偿的买受人则有权采取要求出卖人承担违约责任或采取解除合同等救济措施。我国司法实践也试图调和社会一般观念和买卖的法理，并因此就多重买卖形成了诸多司法解释，尤其是在合同履行顺序方面，就动产、特殊动产抑或特定类型的不动产等，都存在相应的司法解释。

（一）普通动产多重买卖

关于普通动产多重买卖，分别依“受领在先”“价款支付在先”“合同成立在先”的履行顺序规则处理，即出卖人就同一普通动产订立多重买卖合同，在买卖合同均有效的情况下，买受人均要求实际履行合同的，应当按照以下情形分别处理：(1)先行受领交付的买受人请求确认所有权已经转移的，人民法院应予支持；(2)均未受领交付，先行支付价款的买受人请求出卖人履行交付标的物等合同义务的，人民法院应予支持；(3)均未受领交付，也未支付价款，依法成立在先合同的买受人请求出卖人履行交付标的物等合同义务的，人民法院应予支持(《买卖合同司法解释》第6条)。

（二）特殊动产多重买卖

关于特殊动产多重买卖，依“受领在先”“转移登记在先”“合同成立在先”的履行顺序规则处理，即出卖人就同一船舶、航空器、机动车等特殊动产订立多重买卖合同，在买卖合同均有效的情况下，买受人均要求实际履行合同的，应当按照以下情形分别处理：(1)先行受领交付的买受人请求出卖人履行办理所有权转移登记手续等合同义务的，人民法院应予支持；(2)均未受领交付，先行办理所有权转移登记手续的买受人请求出卖人履行交付标的物等合同义务的，人民法院应予支持；(3)均未受领交付，也未办理所有权转移登记手续，依法成立在先合同的买受人请求出卖人履行交付标的物和办理所有权转移登记手续等合同义务的，人民法院应予支持；(4)出卖人将标的物交付给买受人之一，又为其他买受人办理所有权转移登记，已受领交付的买受人请求将标的物所有权登记在自己名下的，人民法院应予支持(《买卖合同司法解释》第7条)。同时，在特殊动产物权变动方面，《民法典物权编司法解释》第6条规定，“转让人转让船舶、航空器和机动车等所有权，受让人已经支付合理价款并取得占有，虽未经登记，但转让人的债权人主张其为民法典第二百二十五条所称的‘善意第三人’的，不予支持，法律另有规定的除外”。

---

〔151〕 许德风：《不动产一物二卖问题研究》，载《法学研究》2012年第3期。

（三）商品房多重买卖

值得注意的是，原《商品房买卖司法解释》第 8 条曾就一房数卖等情形规定了严格的惩罚性赔偿责任，即“具有下列情形之一，导致商品房买卖合同目的不能实现的，无法取得房屋的买受人可以请求解除合同、返还已付购房款及利息、赔偿损失，并可以请求出卖人承担不超过已付购房款一倍的赔偿责任：（一）商品房买卖合同订立后，出卖人未告知买受人又将该房屋抵押给第三人；（二）商品房买卖合同订立后，出卖人又将该房屋出卖给第三人”。但 2020 年修正后的《商品房买卖合同司法解释》删去了该条规定，而只是规定恶意串通另行订立买卖合同时的无效问题，即“买受人以出卖人与第三人恶意串通，另行订立商品房买卖合同并将房屋交付使用，导致其无法取得房屋为由，请求确认出卖人与第三人订立的商品房买卖合同无效的，应予支持”（《商品房买卖合同司法解释》第 7 条）。

（四）国有土地使用权的多重转让

对于国有土地使用权的多重转让，2020 年修正的《国有土地使用权合同纠纷司法解释》仍然保留了相应的规则，以“变更登记在先”“合法占有投资开发在先”“价款支付在先”“合同成立在先”的履行顺序规则处理，即土地使用权人作为转让方就同一出让土地使用权订立数个转让合同，在转让合同有效的情况下，受让方均要求履行合同的，按照以下情形分别处理：（1）已经办理土地使用权变更登记手续的受让方，请求转让方履行交付土地等合同义务的，应予支持；（2）均未办理土地使用权变更登记手续，已先行合法占有投资开发土地的受让方请求转让方履行土地使用权变更登记等合同义务的，应予支持；（3）均未办理土地使用权变更登记手续，又未合法占有投资开发土地，先行支付土地转让款的受让方请求转让方履行交付土地和办理土地使用权变更登记等合同义务的，应予支持；（4）合同均未履行，依法成立在先的合同受让方请求履行合同的，应予支持。未能取得土地使用权的受让方请求解除合同、赔偿损失的，依照《民法典》的有关规定处理（《国有土地使用权合同纠纷司法解释》第 9 条）。

（五）农村土地承包经营权的多重发包

农村土地承包经营权作为另外一类重要的不动产，在多重“发包”的履行方面也存在相应的规则，采取了“登记在先规则”“合同生效在先”“合法占有使用在先”的顺序取得土地经营权，即“发包方就同一土地签订两个以上承包合同，承包方均主张取得土地经营权的，按照下列情形，分别处理：（一）已经依法登记的承包方，取得土地经营权；（二）均未依法登记的，生效在先合同的承包方取得土地经营权；（三）依前两项规定无法确定的，已经根据承包合同合法占有使用承包地的人取得土地经营权，但争议发生后一方强行先占承包地的行为和事实，不得作为确定土地经营权的依据”（《农村土地承包司法解释》第 19 条）。但值得注意的是，农村土地承包经营权的“发包”并非“买卖”，亦非“权利的买卖”。而且，与前述普通动产、特殊动产、国有土地使用权转让等情形不同，这里的顺序规则并不是履行顺序规则，而是“取得土地经营权”的物权变动规则。

综合上述司法解释及相关论述亦可以看出，在多重买卖的履行顺序上，司法解释并未完全遵循债权平等原则，而是在物权变动规则以外考虑了登记、占有移转、价款支付、合同成立等诸多因素，并排列了相应的优先顺位。虽然在房屋多重买卖情形中学界也有类似的建议和主张，[152]

---

[152] 韩松：《同一房屋多重买卖情况下买受人取得房屋所有权的顺序确定》，载《政法学刊》2012 年第 6 期。

但学界对司法解释的批评也不少。例如,有学者认为,我国司法解释中的多重买卖规则采用“成立在先”、“先行付款”等标准以及“司法制裁论”的立场均存在诸多问题,应检讨并重构。重构后的多重买卖规则应与我国独特的物权变动立法模式相协调,与债权平等原则相统一,树立自由竞争理念,尊重出卖人任意履行选择权。[153] 亦有学者认为,“司法解释的起草者旨在通过上述标准实现维护诚实信用原则,防止多重买卖的目标。然而,由于这些标准既违背了基本的法理也不符合原《物权法》的规定,因此它们不仅无法实现起草者的初衷,还会制造更大的混乱与问题”[154]。另有学者试图限缩此等司法解释的范围,认为司法解释关于特殊动产多重买卖时的履行顺序规则表明,特殊动产物权变动遵循“交付生效 + 登记对抗”的原则。债权多重让与与股权多重转让问题原则上不能参照适用《买卖合同司法解释》第 7 条。登记虽不能产生所有权变动,但其履行请求优先于未受领交付之买受人;既未受领交付也未登记之情形,合同成立在先者优先。司法解释虽然便于法院确定多重转让时的履行顺序问题,但也存在忽视当事人主观意思、法理逻辑不连贯以及可能破坏债权平等原则及债务人任意履行原则等问题。因此,此学者认为应该限制《买卖合同司法解释》第 7 条的适用范围,特别是将其限于特定情形的裁判规范,而并非指引行为人行为的行为规范。[155] 另有学者认为,司法解释之所以会受到如此质疑,原因在于司法解释仅以“交付”或“登记”单一要素确定相关规则,而应采用多元解释要素。[156] 也有学者从证据方法规范和证明力角度对标的物归属作出了探讨。[157] 学界对此批评甚多,《民法典》编纂过程中虽然认为实践中亦都采用司法解释规定予以处理,但亦考虑到学界对于《买卖合同司法解释》规定的争议,并未将司法解释的上述规定吸收进《民法典》买卖合同一章之中。[158] 但《民法典》颁布后,上述司法解释并未被清理,仍然予以保留。而且,与学界的批评形成鲜明对照的是,实务中对此类规则的适用溢出买卖之外,将其类推适用于各类其他标的(如股权、知识产权、企业整体)之多重转让,对债权平等的“侵蚀”令人担忧。[159] 如何在债法一般原理与多重买卖各方当事人利益的平衡之间取得学理与司法实务的共识,还有待今后进一步发展。

---

〔153〕 孙毅:《我国多重买卖规则的检讨与重构》,载《法学家》2014 年第 6 期。

〔154〕 程啸:《论动产多重买卖中标的物所有权归属的确定标准——评最高法院买卖合同司法解释第 9、10 条》,载《清华法学》2012 年第 6 期。另外,对司法解释持批评意见的还有刘保玉:《论多重买卖的法律规制——兼评〈买卖合同司法解释〉第 9、10 条》,载《法学论坛》2013 年第 6 期;李锡鹤:《多重买卖效力探讨——〈买卖合同司法解释〉第 9 条第 2、3 款之质疑》,载《东方法学》2015 年第 6 期;叶涛:《论债权平等原则在多重买卖中的定义及适用》,载《黑河学刊》2015 年第 12 期;冀放:《多重买卖实际履行顺序研究——评我国相关司法解释之规定》,载《法学杂志》2018 年第 12 期;等等。

〔155〕 周江洪:《特殊动产多重买卖之法理——〈买卖合同司法解释〉第 10 条评析》,载《苏州大学学报(哲学社会科学版)》2013 年第 4 期。

〔156〕 陈永强:《特殊动产多重买卖解释要素体系之再构成——以法释〔2012〕8 号第 10 条为中心》,载《法学》2016 年第 1 期。

〔157〕 王雷:《多重买卖中物的归属判断规则及其举证责任配置》,载《广东社会科学》2015 年第 3 期。

〔158〕 黄薇主编:《中华人民共和国民法典解读:合同编》(上册),中国法制出版社 2020 年版,第 533 ~ 534 页。

〔159〕 吴香香:《〈民法典〉第 598 条(出卖人主给付义务)评注》,载《法学家》2020 年第 4 期;朱庆育主编:《中国民法典评注:条文选注》(第 2 册),中国民主法制出版社 2021 年版,第 346 页。当然,该文同时认为,“主张废止这些规则固然可以一劳永逸。在既定规则下,如果能够通过解释手段令其重回债权平等与处分自由的轨道,或许也不失为一条可行路径”,并提出了殊值参考的解释方案。

第三节 特种买卖

一、分期付款买卖

(一)分期付款买卖的界定

分期付款买卖是指当事人特别约定以分期方式支付价金的买卖,其实质是买卖合同中附有分期支付价款的特别条款。分期付款系指买受人将应付的总价款在一定期限内至少分三次向出卖人支付(《买卖合同司法解释》第27条第1款)。

关于何谓分期付款买卖合同,实践中常有争议。例如,有法院判决认为,"经审查,分期付款买卖的出卖人在合同成立或仅收到部分价款时即须交付标的物,剩余价款由买受人在受领标的物后分若干次付清;且合同标的物在价款分期支付形式下,买受人需要支付的价款高于一次性支付。《石材采购合同》中约定东升公司在收到供货通知单后送货,实际履行过程中,东升公司分29批次向建筑装饰集团供货,并非一次性交付标的物;且合同中约定了产品总价,建筑装饰集团需要支付的价款并未高于一次性支付"。[160] 实际上,该法院仅仅是从外在表象对分期付款买卖合同作出了判断,其理由并不充分。《民法典》之所以就分期付款买卖作出特别规定,是因为其有可能存在给买受人造成不利的不当附款,因此不应该根据是否属于一次性交付、价款是否高低等予以判断。另外,分期付款买卖与附条件分阶段付款亦存在差别。对此,有法院判决认为,"分期付款买卖是一种特殊的买卖形式,是买受人将其应付的总价款按照一定期限分批向出卖人支付的买卖。大广源公司与中建一局公司签订的两份《商混供货合同》约定的付款条件均为:完成基础混凝土施工,并在办理完结算手续后30个工作日内支付结算总价的50%,在结构封顶并完成全部混凝土结算后6个月内,支付混凝土结算总价的80%,剩余货款在工程竣工验收合格后1年内付清。上述合同虽然约定了分阶段支付货款,但每个阶段均设定了付款条件,即付款时间并非固定,而是取决于每个付款阶段的付款条件是否成就,与分期付款买卖的特征并不一致,故一审法院认定双方之间所签《商混供货合同》系分期付款买卖合同,属于认定有误,本院予以纠正"。[161]

分期付款与普通的买卖并无本质不同,只是在价款支付上不采用一次性支付,而是分期进行。因此,其实际上是出卖人授予买受人一定"信用"的赊账买卖。赊账买卖导致出卖人存在难以收回价款的风险,因此,出卖人往往会约定特定的附款来保障价金债权的实现。实践中常见的附款主要有期限利益丧失条款、解约扣价条款、所有权保留条款等。如此一来,分期付款买卖中买受人也可能因出卖人设定不当的期限利益丧失、解约扣价条款等而存在利益受损之虞。如何限制出卖人利用附款损害买受人利益成为民法规制分期付款买卖的首要问题,否则

---

〔160〕 福建省东升石业股份有限公司与中国建筑装饰集团有限公司分期付款买卖合同纠纷案,北京市第一中级人民法院(2022)京01民终4922号民事判决书。

〔161〕 中国建筑一局(集团)有限公司与天津大广源混凝土有限公司分期付款买卖合同纠纷案,北京市第二中级人民法院(2022)京02民终2765号民事判决书。

依当事人意思自治即可,《民法典》无需对分期付款买卖作出特别规定。《民法典》第 634 条为此规定:“分期付款的买受人未支付到期价款的数额达到全部价款的五分之一,经催告后在合理期限内仍未支付到期价款的,出卖人可以请求买受人支付全部价款或者解除合同。出卖人解除合同的,可以向买受人请求支付该标的物的使用费。”该条款源自原《合同法》第 167 条,但作出了重要的修改。围绕原《合同法》第 167 条,虽然最高人民法院指导性案例就股权转让的分期付款问题作出了指引,但亦有不少学说分歧。[162]

(二)原《合同法》第 167 条与《民法典》第 634 条的立法旨趣

围绕原《合同法》第 167 条第 1 款,[163]学说上主要有以下几种观点:(1)原《合同法》第 94 条(《民法典》第 563 条)的特别法化,属于“法律规定的其他情形”,并不要求催告;(2)原《合同法》第 94 条(《民法典》第 563 条)解除事项的具体化,未支付价款五分之一即构成“合同目的不能实现”,无须催告解除;(3)对原《合同法》第 167 条第 1 款持批判见解,认为无须催告的解除使得分期付款买卖中的买受人比起普通买受人在法律地位上更加不利;(4)对原《合同法》第 167 条第 1 款进行目的限缩,认为该条并未赋予出卖人以解除权,而是限制出卖人的解除权。随着原《买卖合同司法解释》第 38 条第 2 款规定的出台,对该条的理解有所转向,即一方面赋予出卖人以特别的解除权,以避免分期付款所产生的授信风险;另一方面则通过该条的强行法化,平衡买受人的利益保护。此后,最高人民法院指导性案例 67 号将分期付款买卖的主要特征概括为“一是买受人向出卖人支付总价款分三次以上,出卖人交付标的物之后买受人分两次以上向出卖人支付价款;二是多发、常见在经营者和消费者之间,一般是买受人作为消费者为满足生活消费而发生的交易;三是出卖人向买受人授予了一定信用,而作为授信人的出卖人在价款回收上存在一定风险,为保障出卖人剩余价款的回收,出卖人在一定条件下可以行使解除合同的权利”[164]。

《民法典》第 634 条部分吸收了司法实务和学说的见解,分期付款买卖合同的解除及价款提前到期,均要求催告,从形式上更接近于《民法典》第 563 条规定的催告解除的一种形式,而

[162] 相关争议参阅以下文献:姚欢庆:《〈合同法〉第 167 条规范宗旨之错位及补救》,载《浙江社会科学》2007 年第 2 期;宁红丽:《分期付款买卖法律条款的消费者保护建构》,载《华东政法大学学报》2013 年第 2 期;万方:《股权转让合同解除权的司法判断与法理研究》,载《中国法学》2017 年第 2 期;周江洪:《分期付款买卖合同的解除及其限制——“汤长龙诉周士海股权转让纠纷案”评释》,载《交大法学》2017 年第 4 期;李建星:《法定加速到期的教义学构造》,载《法商研究》2019 年第 1 期;李建伟:《分期付款的股权转让合同解除权的特殊性——兼评最高人民法院第 67 号指导性案例的约束性规范》,载《清华法学》2019 年第 1 期;杨旭:《〈合同法〉第 167 条对股权买卖之准用——〈指导案例〉67 号评释》,载《现代法学》2019 年第 4 期;蔡睿:《分期付款买卖中出卖人解除权的制度构造与立法反思——兼评最高人民法院 67 号指导案例》,载《法律科学(西北政法大学学报)》2019 年第 3 期;郝丽燕:《〈合同法〉第 167 条(分期付款买卖)评注》,载《法学家》2019 年第 5 期;朱庆育主编:《中国民法典评注:条文选注》(第 2 册),中国民主法制出版社 2021 年版,第 424 页;孙新宽:《分期付款买卖合同解除规则对股权转让的参照适用》,载周江洪、陆青、章程主编:《民法判例百选》,法律出版社 2020 年版,第 390 页;等等。

[163] 原《合同法》第 167 条第 1 款规定“分期付款的买受人未支付到期价款的金额达到全部价款的五分之一的,出卖人可以要求买受人支付全部价款或者解除合同”。

[164] 孙新宽:《分期付款买卖合同解除规则对股权转让的参照适用》,载周江洪、陆青、章程主编:《民法判例百选》,法律出版社 2020 年版,第 390 页;周江洪:《分期付款买卖合同的解除及其限制——“汤长龙诉周士海股权转让纠纷案”评释》,载《交大法学》2017 年第 4 期。

不像原《合同法》第167条第1款一样可以解释为对解除权的限制以保护买受人。[165] 但2020年年底修正后的《买卖合同司法解释》第27条第2款仍然保留了原《买卖合同司法解释》第38条第2款的规定,即"分期付款买卖合同的约定违反民法典第六百三十四条第一款的规定,损害买受人利益,买受人主张该约定无效的,人民法院应予支持"。如此一来,若将《民法典》第634条与现行司法解释进行体系解释,除增加催告程序以外,很难说《民法典》第634条从根本上改变了原《合同法》第167条蕴含的对买受人予以特别保护的旨趣。这一立法旨趣在相关释义书中也明确得到了支持,认为《民法典》第634条是"法律对分期付款出卖人避免风险的特别约定的限制",法律对出卖人请求支付全部价款的特别约定的上述限制,属于法律强制性规定,当事人不得限制、排除,否则是无效的。而对于合同解除的定位,一方面认为是"有关分期付款买卖合同解除的特别规定",是对《民法典》合同编通则规定的具体化;但另一方面认为,对期限利益丧失特别约定的限制,也同样适用于合同的解除,合同的有关约定不得低于法律规定的对保护买受人有利的标准,且认为"只有达到了这样的条件,分期付款买卖的出卖人才有权行使合同的单方解除权"[166]。另有意见认为,《民法典》第634条较之原《合同法》第167条,使出卖人行使全款清偿请求权和合同解除权的条件更加严格,有利于维护分期付款买卖合同的继续履行,也有利于买受人避免仅因支付能力一时困难便丧失整个合同利益,进一步彰显了对于买受人的保护。[167] 这一见解不囿于《民法典》第634条第1款"出卖人可以请求买受人支付全部价款或者解除合同"的文义,回归了分期付款买卖附款规制的本质,其实质就在于为了防止买受人一有迟延支付价款的行为出卖人就解除合同或要求全部价款提前到期,殊值赞同。若采纳这一见解,最高人民法院指导性案例67号关于分期付款买卖的定位,亦有必要重新斟酌。

(三)《民法典》第634条是否仅限于消费者买卖合同

在实践中,《民法典》第634条是否仅限于消费者合同时予以适用,亦有争议。最高人民法院指导性案例67号"裁判要点"明确指出,"有限责任公司的股权分期支付转让款中发生股权受让人延迟或者拒付等违约情形,股权转让人要求解除双方签订的股权转让合同的",不适用该条规定的解除,其主要理由是分期付款"多发、常见在经营者和消费者之间,一般是买受人作为消费者为满足生活消费而发生的交易",股权转让"具有与以消费为目的的一般买卖不同的特点""并非满足生活消费""因分期回收股权转让款而承担的风险,与一般以消费为目的的分期付款买卖中出卖人收回价款的风险并不同等"。但本书认为,这一判断的逻辑并不自洽。若依作为买受人的消费者的保护而言,赋予出卖人以特别的解除权,恰恰容易导致作为消费者的买受人的利益受损,因此应该限缩该条赋予的合同解除权,甚至将该条理解为对约定解除权的限制或排除某些情形(未达到1/5情形)下的出卖人解除权。若按照这一逻辑,对于非消费者的其他买受人而言,是否需要限制出卖人的合同解除权,并不需要作出特别考量,即使未达到1/5的条件,若符合法定解除的一般要件或者是约定的解除条件,也仍然得以解除。因此,该指导性案例一方面肯定了出卖人的解除权,另一方面又试图通过非消费者领域来限缩出卖人的解

---

〔165〕 周江洪:《民法典合同编的制度变迁》,载《地方立法研究》2020年第5期。

〔166〕 黄薇主编:《中华人民共和国民法典解读:合同编》(上册),中国法制出版社2020年版,第597页。

〔167〕 最高人民法院民法典贯彻实施工作领导小组主编:《中华人民共和国民法典合同编理解与适用(二)》,人民法院出版社2020年版,第1047页。

除权,逻辑并不自洽。[168] 从指导性案例发布以来的司法实践来看,在全部价款提前到期方面,有法院认为指导案例67号的裁判要点并不影响“支付全部价款”对股权转让协议的适用。[169] 而且,据学者统计,中国裁判文书网上适用原《合同法》第167条作出裁判的案件中有超过90%的案件并非消费者买卖,在这些裁判中属于真正发生在经营者和消费者之间的消费者买卖少之又少。[170] 对此,亦有观点认为《民法典》第634条一般是针对生活消费,在非消费买卖场合,确定买受人是否处于弱势地位,如果买受人实际上与消费买卖的买受人无明显差别,可以适用该规定予以保护。[171] 针对最高人民法院指导性案例第67号及《民法典》第634条,也有学者认为,指导性案例第67号的方案,“从比较法的视角,可以与《德国民法典》第506条第3款、第507条和第508条进行比较。应该注意,这些规则是在‘经营者和消费者之间的融资援助’的标题下出现的,换言之,这些特别规则是在经营者和消费者之间的合同场合适用的”,“该案例的重大意义在于,它针对在中国被过度‘商事化’的买卖法,鲜明地意识到了B2B买卖与B2C买卖之间的差异性,并且将中国法中的分期付款买卖特别规则限缩于B2C买卖的情形(限缩解释)。这是一个实质性的进步”。同时认为,《民法典》第634条“新规定属于一般规定,是否因此修正并可适用于B2B买卖而无需限缩,仍有待观察”[172]。但本书认为,我国《民法典》采民商合一体制,并未排除非消费者合同之适用,其目的在于避免买受人遭受不合理附款的约束,其反射效果只是保护了消费者而已,但并不能说只适用于消费者买卖,经营者之间的买卖合同亦得以适用。[173]

(四)《民法典》第634条是否仅适用于标的物已交付的分期付款买卖

《民法典》第634条及原《合同法》第167条均未规定出卖人是否需先交付标的物始有解除及价款提前到期的适用,但多数学说和实践多有支持。例如有法院判决认为,“分期付款买卖合同是指当事人约定在标的物交付给买受人后,买受人将其应付的总价款在一定期限内分批向出卖人支付的特殊买卖合同。分期付款买卖合同的典型特征在于标的物交付之后价款分批支付”[174]。也有学者认为,基于信用交易的本质,在分期付款买卖中出卖人必须先行给付,买

---

[168] 周江洪:《分期付款买卖合同的解除及其限制——“汤长龙诉周士海股权转让纠纷案”评释》,载《交大法学》2017年第4期。

[169] 孙新宽:《分期付款买卖合同解除规则对股权转让的参照适用》,载周江洪、陆青、章程主编:《民法判例百选》,法律出版社2020年版,第393页。

[170] 钱玉林:《分期付款股权转让合同的司法裁判——指导案例67号裁判规则质疑》,载《环球法律评论》2017年第4期。

[171] 最高人民法院民法典贯彻实施工作领导小组主编:《中华人民共和国民法典合同编理解与适用(二)》,人民法院出版社2020年版,第1051页。

[172] 韩世远:《法律发展与裁判进步:以合同法为视角》,载《中国法律评论》2020年第3期。

[173] 持相同见解的有,谢鸿飞:《民法典和特别民法关系构建》,载《中国社会科学》2013年第2期;郝丽燕:《〈合同法〉第167条(分期付款买卖)评注》,载《法学家》2019年第5期;朱庆育主编:《中国民法典评注:条文选注》(第2册),中国民主法制出版社2021年版,第428页;谢鸿飞、朱广新主编:《民法典评注:合同编 典型合同与准合同》(第1册),中国法制出版社2020年版,第200页;等等。

[174] 天津市滨海商贸大世界有限公司与天津市天益工贸有限公司、王某锋财产权属纠纷案,载《最高人民法院公报》2013年第10期。在分期付款买卖定义中要求“先向买受人交付标的物”,另参见黄薇主编:《中华人民共和国民法典解读:合同编》(上册),中国法制出版社2020年版,第597页。

受人不需要同时给付全部价款，至少要在标的物交付后有部分价款未支付。[175] 但本书认为这一观点值得商榷。认为只有在标的物已交付给买受人的情况下才得以适用这一点，虽然其目的在于限缩《民法典》第 634 条的适用范围，但与《买卖合同司法解释》通过部分强行法化限缩其适用的路径并不相同，亦与《民法典》第 634 条旨在限制出卖人解除权保护买受人的主流观点不符。若认为《民法典》第 634 条是赋予出卖人解除权的赋权条款，解释论上对其解除权进行限缩是其方向之一；但若认为该条是对出卖人解除权的限制，则应当认为不应对“解除权的限制”再限制。也就是说，在标的物交付后的情形中，未能达到 1/5 未支付价款情形亦不能解除合同；若标的物都尚未交付，未支付价款未能达到 1/5 亦不受该条限制而得以按照通常的解除规则解除合同，这对于买受人的保护将更为不利，因此更不能解除合同。因此，没有必要将《民法典》第 634 条的适用范围限缩为标的物交付之后的分期付款买卖。

（五）期限利益丧失条款

在买受人未按期付款的情形中，出卖人亦会约定价款的加速到期，即“期限利益丧失条款”。其指买受人分期给付的价款如有给付迟延时，买受人丧失期限利益，出卖人即可经催告请求尚未支付的全部价金或者催告解除合同的约款。通常情形下，分期付款买卖出卖人为保护其利益，通常要求买受人同意“如有一期迟延，出卖人即得请求全部价金”的条款。同样地，《民法典》第 634 条亦同样适用于“期限利益丧失条款”的规制，分期付款买卖合同的约定违反该条规定时，“损害买受人利益，买受人主张该约定无效的，人民法院应予支持”（《买卖合同司法解释》第 27 条第 2 款）。当然，与限制出卖人解除权的条款一样，并非只要当事人的约定与上述规定不一致就导致约定无效。法律作出这样的规定，目的是保护买受人的利益，如果当事人在合同中的约定对保护买受人的利益更加有利，并不违反法律规定的旨趣。例如，当事人特别约定，出卖人只有在买受人连续三次未支付价款，并且未支付到期价款的金额达到全部价款的 1/4 的，才可以请求买受人支付到期以及未到期的全部价款或者解除合同，这样的约定就是有效的。[176]

关于出卖人的合同解除与请求支付全部价款之间的关系问题，最高人民法院指导性案例 67 号指出，基于诚信原则，“即使依据原《合同法》第 167 条的规定，也应当首先选择要求支付全部价款，而不是解除合同”，改变了规范文义中的“或者”的意义，对规范作出了限定性解释。但此点值得商榷。若选择解除合同，则不得要求继续履行，并不能要求支付全部价款；若选择要求承担预期违约责任，当然可以要求继续履行。两者并非孰先孰后的问题，原则上应当由权

---

〔175〕 郝丽燕：《〈合同法〉第 167 条（分期付款买卖）评注》，载《法学家》2019 年第 5 期；朱庆育主编：《中国民法典评注：条文选注》（第 2 册），中国民主法制出版社 2021 年版，第 434 页。不少学说持相同见解，例如，谢鸿飞、朱广新主编：《民法典评注：合同编　典型合同与准合同》（第 1 册），中国法制出版社 2020 年版，第 201 页；徐涤宇、张家勇主编：《〈中华人民共和国民法典〉评注》（精要版），中国人民大学出版社 2022 年版，第 696 页；等等。

〔176〕 有学者在《民法典》编纂过程中建议，“立法者应将该款的适用条件从未按期付款占比五分之一抬高至三分之一，并且，若买受人为消费者，则还应要求出卖人另行催告”。参见李建星：《法定加速到期的教义学构造》，载《法商研究》2019 年第 1 期。

利人选择。[177] 要求支付全部剩余价款和解除买卖合同之间是选择性竞合。[178]

（六）催告程序中“合理期限的判断”

《民法典》第634条修改了原《合同法》第167条，无论是要求支付全部价款抑或解除合同，均要求出卖人行使催告程序，“经催告后在合理期限内仍未支付到期价款的”，才可以要求支付全部价款或者解除合同。“合理期限”如何判断，当依个案综合判断。在这点上，《商品房买卖合同司法解释》第11条的规定不能作为依据。该条规定，“根据民法典第五百六十三条的规定，出卖人迟延交付房屋或者买受人迟延支付购房款，经催告后在三个月的合理期限内仍未履行，解除权人请求解除合同的，应予支持，但当事人另有约定的除外。法律没有规定或者当事人没有约定，经对方当事人催告后，解除权行使的合理期限为三个月。对方当事人没有催告的，解除权人自知道或者应当知道解除事由之日起一年内行使。逾期不行使的，解除权消灭”。该条是针对商品房买卖作出的规定，且规定的是《民法典》第563条意义上的催告解除，与分期付款买卖合同规制的第634条的规范目的并不相同，故不应作为“合理期限”的判断依据。

（七）解约扣价条款

除了合同解除与期限利益丧失条款的规制，在分期付款买卖中还涉及解除后的清算的规制，尤其是“解约扣价条款”的规制。出卖人解除合同，需基于解除权。合同解除的法律效果，本应依《民法典》第566条，但在分期付款买卖中，出卖人往往约定合同解除时可以扣留其已受领的价款。有时出卖人也会考虑对解除合同后损害赔偿进行特别约定的方式来追求自己的最大利益。例如，出卖人有可能提出自己在因买受人的原因而解除合同时有权抵扣已收取的价款或者请求买受人支付一定金额赔偿的条款。但此类约定，有时对买受人过于苛刻，立法政策上也应予以限制。但《民法典》仅规定了标的物使用费的请求，即“出卖人解除合同的，可以向买受人请求支付该标的物的使用费”（《民法典》第634条第2款）。对于合同解除情形中的清算，虽然我国《民法典》第566条并未明确规定使用利益的返还，但通常认为该条规定的“恢复原状”包括“返还财产所产生的利息和其他孳息”[179]。同理，即使《民法典》第634条第2款未作规定，使用利益相应的标的物使用费的，亦应予以返还。若严格按照“明示其一即排除其他”的解释规则，在分期付款买卖之外的合同解除情形中，使用费的请求将被禁止。但该款的规范目的显然并非如此，更多的是提示性规则，另外也便于区分《民法典》第639条试用买卖中不得

---

[177] 从严格意义上来说，基于预期违约的“继续履行”责任并不必然导致丧失期限利益的提前支付价款。原因在于，基于预期违约的“继续履行”责任，并不一定以改变履行期为条件。丧失期限利益的提前支付全部价款的处理，是对履行期限的实质变更，其需要考量的是合同内容变更的法理。如此一来，则面临的是变更合同还是解除合同的选择或顺位问题。参见周江洪：《分期付款买卖合同的解除及其限制——“汤长龙诉周士海股权转让纠纷案”评释》，载《交大法学》2017年第4期。

[178] 郝丽燕：《〈合同法〉第167条（分期付款买卖）评注》，载《法学家》2019年第5期；朱庆育主编：《中国民法典评注：条文选注》（第2册），中国民主法制出版社2021年版，第441页。另外，最高人民法院关于《民法典》的释义书中也并未支持指导性案例第67号的见解，而是认为应当允许出卖人任意选择，但该观点同时认为，在司法实践中，可以根据具体案情，基于诚实信用、维护交易安全等价值衡量，尽量促进合同的履行，而不是解除合同。参见最高人民法院民法典贯彻实施工作领导小组主编：《中华人民共和国民法典合同编理解与适用（二）》，人民法院出版社2020年版，第1052页。

[179] 黄薇主编：《中华人民共和国民法典解读：合同编》（上册），中国法制出版社2020年版，第367页。日本学理及实务也肯定合同解除情形的使用利益返还，参见山本敬三『民法講義Ⅳ－1 契約』（有斐閣，2005年）197頁。

要求使用费的默示规则。但不论如何，就该款文义而言，是在肯定出卖人的使用费请求权，而未对可以扣留价款予以限制。《买卖合同司法解释》对此作出了补充，即"分期付款买卖合同约定出卖人在解除合同时可以扣留已受领价金，出卖人扣留的金额超过标的物使用费以及标的物受损赔偿额，买受人请求返还超过部分的，人民法院应予支持。当事人对标的物的使用费没有约定的，人民法院可以参照当地同类标的物的租金标准确定"（《买卖合同司法解释》第28条）。

二、所有权保留买卖

（一）所有权保留买卖概述

买卖合同实务中，经常会约定在买受人未履行支付价款的义务或者其他出卖人认为重要的义务之前出卖人仍享有标的物的所有权或处分权，被称为"所有权保留条款"，此类买卖也常被称为"所有权保留买卖"。其指的是当事人特别约定在买受人未履行支付价款或者其他义务时，标的物的所有权仍属于出卖人，只有在买受人按约定履行了价款支付义务或其他义务时标的物所有权才移转的买卖。所有权保留条款经常与分期付款买卖同时出现，但并不限于分期付款领域，一次性支付价款情形亦可约定所有权保留。

不管是特定物还是种类物，各国法律都允许在买卖合同中约定所有权保留。当然，对于不动产买卖的所有权保留问题，《买卖合同司法解释》第25条规定，"买卖合同当事人主张民法典第六百四十一条关于标的物所有权保留的规定适用于不动产的，人民法院不予支持"。其主要理由是，不动产物权变动需变更登记，原则上无不动产所有权保留之必要；与预告登记、不动产物权变更登记的功能重复；在登记之外另行约定所有权变动的时间有损不动产登记簿的公信力；等等。[180] 当然，也有部分学者主张所有权保留买卖得以适用于特定的不动产，如农村宅基地上的住房等；[181]或者从意思自治出发肯定不动产亦可以成为所有权保留买卖的标的。[182]而且，亦有相关释义书认为，《民法典》没有采纳《买卖合同司法解释》明确排除不动产适用于所有权保留的立法模式，就是为不动产适用于所有权保留预留了空间。[183] 亦有观点认为，《民法典》第641条"文义上，并未涉及不动产之适用问题，立法者的目的应是留有空白而交由司法实践和学说解决"[184]。本书认为，不动产买卖设定所有权保留条款属于当事人意思自治的范围，不宜否定其合意的效力，但在所有权保留的效力上，与《民法典》第641～643条规定的担保功能化相关的制度不应适用于不动产所有权保留。原因在于，《民法典》编纂与当年的原《合同

---

〔180〕 黄薇主编：《中华人民共和国民法典解读：合同编》（上册），中国法制出版社2020年版，第618页；最高人民法院民法典贯彻实施工作领导小组主编：《中华人民共和国民法典合同编理解与适用（二）》，人民法院出版社2020年版，第1096～1097页；王立栋：《〈民法典〉第641条（所有权保留买卖）评注》，载《法学家》2021年第3期；朱庆育主编：《中国民法典评注：条文选注》（第2册），中国民主法制出版社2021年版，第460页；等等。

〔181〕 李永军：《所有权保留制度的比较法研究——我国立法、司法解释和学理上的所有权保留评述》，载《法学论坛》2013年第6期。

〔182〕 王利明：《所有权保留制度若干问题探讨——兼评〈买卖合同司法解释〉相关规定》，载《法学评论》2014年第1期。

〔183〕 最高人民法院民法典贯彻实施工作领导小组主编：《中华人民共和国民法典合同编理解与适用（二）》，人民法院出版社2020年版，第1098页。

〔184〕 谢鸿飞、朱广新主编：《民法典评注：合同编　典型合同与准合同》（第1册），中国法制出版社2020年版，第235页。

法》立法时的立法旨趣并不相同,《民法典》编纂过程中,立法者考虑所有权保留的担保功能时,乃是立足于消灭隐形担保及动产担保设计的相关制度,而且以登记作为对抗要件,与不动产物权变动的登记规则明显不符。此外,司法实践中亦有部分法院判决认为股权交易亦可采用“所有权保留”以担保债权之实现;[185]但股权交易等能否参照适用《民法典》第641条以下所有权保留的相关规定,因股票种类不同,且权利变动方式、登记程式等与动产等有异,仍需进一步探讨。

(二)所有权保留的种类

在现代交易中,所有权保留被广泛地应用。但对于所有权保留的种类,我国法律上并没有具体规定,司法判例也没有形成规则性的分类。有学者以德国民事立法和判例形成的种类为例,介绍了“所有权保留”在实践中的几种不同形式:(1)简单型所有权保留。这种类型的“所有权保留”中,保留所有权买主应当保留对标的物的占有,不可将其再次转让。这种类型的所有权保留是指,出卖人将标的物转移给买受人,但所有权不转移。而买受人接受占有并可以用益,但不能再将标的物所有权转移给第三人。这种买卖形式一般是针对普通消费者的分期付款买卖等。(2)延长型所有权保留。这种形式的所有权保留的买主为商人,而商人赖以为生的是继续转让以所有权保留形式获得的商品。所以,保留所有权的卖主允许其继续转让,但卖主还是寻求其他担保手段,其方式为在继续出卖的场合,约定因再次转让而获得的债权事先转让给卖主。(3)余额结转型所有权保留。被保留的所有物不仅要担保这个具体的价金债权,而且还要担保卖主基于与所有权保留买主生意联系而产生的所有债权。例如,卖方向买方为其经营长期供货,在每个合同中都约定,仅当在买方付清了本次交易的货款,而且付清了先前合同交易价款之后,货物的所有权才发生转移。这样一来,所有权转移还附加了其他债权履行条件。这种保留还可以延伸到将来形成的债权。(4)康采恩[186]所有权保留。这里担保的不仅是卖主对买主的债权,而且还包括买主对其他的与保留买主同属于一个康采恩的其他供应商的债权(扩展型的所有权保留)。(5)事后设定的所有权保留。买主在不公开已经存在的卖主所有权保留的情况下,将标的物再以所有权保留的方式出卖给顾客。该顾客获得了对保留卖主所有权物的期待权,在清偿其债务后,即可成为所有权人。这实际上是将以所有权保留方式占有的物再以所有权保留方式转让的情况,而且,转让人不告知在受让人前面已经有所有权保留的事实。(6)转交的所有权保留。这种所有权保留是指买主在转让标的物时,向顾客告知已经存在的卖主的所有权保留。该顾客只有在清偿了买主对卖主的债务时,才能成为所有权人。[187]这些所有权保留的交易类型充分表明了所有权保留买卖交易的丰富性和多样性。但因德国关于所有权保留的制度状况与我国《民法典》有别,其规定了种类繁多的所有权保留买卖。这些制度在我国法律上是否得以产生相应的效力,能否依《民法典》第641~643条的规则处理,仍需司法实践和学理进一步发展。

---

[185] 朱某法与康某民间借贷纠纷案,北京市第一中级人民法院(2022)京01民终5578号民事判决书。

[186] 康采恩,是德语Konzern的音译,是不同经济部门的企业联合组成垄断组织的形态之一。在此类所有权保留中,出卖人保留的所有权还及于与出卖人构成康采恩的其他债权人对买受人享有的债权。

[187] 李永军:《所有权保留制度的比较法研究——我国立法、司法解释和学理上的所有权保留评述》,载《法学论坛》2013年第6期。

（三）《民法典》及相关司法解释关于所有权保留的规定

《民法典》第641～643条对所有权保留买卖作出了规定。当事人可以在买卖合同中约定买受人未履行支付价款或者其他义务的，标的物的所有权属于出卖人。出卖人对标的物保留的所有权，未经登记，不得对抗善意第三人（《民法典》第641条）。其中，未经登记不得对抗的"善意第三人"的范围及其效力，参照《担保制度司法解释》第54条的规定处理（《担保制度司法解释》第67条），即"动产抵押合同订立后未办理抵押登记，动产抵押权的效力按照下列情形分别处理：（一）抵押人转让抵押财产，受让人占有抵押财产后，抵押权人向受让人请求行使抵押权的，人民法院不予支持，但是抵押权人能够举证证明受让人知道或者应当知道已经订立抵押合同的除外；（二）抵押人将抵押财产出租给他人并移转占有，抵押权人行使抵押权的，租赁关系不受影响，但是抵押权人能够举证证明承租人知道或者应当知道已经订立抵押合同的除外；（三）抵押人的其他债权人向人民法院申请保全或者执行抵押财产，人民法院已经作出财产保全裁定或者采取执行措施，抵押权人主张对抵押财产优先受偿的，人民法院不予支持；（四）抵押人破产，抵押权人主张对抵押财产优先受偿的，人民法院不予支持"（《担保制度司法解释》第54条）。依所有权保留的担保功能，此处的"抵押人"即"被保留所有权的买受人"，而"抵押权人"则是"保留所有权的出卖人"。

为保障价款支付义务和其他义务得到履行，所有权保留的出卖人享有取回权。"当事人约定出卖人保留合同标的物的所有权，在标的物所有权转移前，买受人有下列情形之一，造成出卖人损害的，除当事人另有约定外，出卖人有权取回标的物：（一）未按照约定支付价款，经催告后在合理期限内仍未支付；（二）未按照约定完成特定条件；（三）将标的物出卖、出质或者作出其他不当处分"（《民法典》第642条第1款）。而对于取回权行使的程序，《民法典》第642条第2款规定，"出卖人可以与买受人协商取回标的物；协商不成的，可以参照适用担保物权的实现程序"。《担保制度司法解释》就行使程序作了进一步的细化，指明此处的"实现"程序即《民事诉讼法》上的"实现担保物权案件"相关的规定，即"在所有权保留买卖中，出卖人依法有权取回标的物，但是与买受人协商不成，当事人请求参照民事诉讼法'实现担保物权案件'的有关规定，拍卖、变卖标的物的，人民法院应予准许。出卖人请求取回标的物，符合民法典第六百四十二条规定的，人民法院应予支持；买受人以抗辩或者反诉的方式主张拍卖、变卖标的物，并在扣除买受人未支付的价款以及必要费用后返还剩余款项的，人民法院应当一并处理"（《担保制度司法解释》第64条）。

所有权保留的出卖人取回标的物后，买受人可以回赎。若未回赎，所有权保留的出卖人自行出卖标的物后的价款应当进行清算，即"出卖人依据前条第一款的规定取回标的物后，买受人在双方约定或者出卖人指定的合理回赎期限内，消除出卖人取回标的物的事由的，可以请求回赎标的物。买受人在回赎期限内没有回赎标的物，出卖人可以以合理价格将标的物出卖给第三人，出卖所得价款扣除买受人未支付的价款以及必要费用后仍有剩余的，应当返还买受人；不足部分由买受人清偿"（《民法典》第643条）。

不仅如此，所有权保留与动产抵押之间的关系，在《担保制度司法解释》的背景下进一步得到加强。其不仅明确将所有权保留纳入《担保制度司法解释》的涵摄范围,[188]而且还进一步拉近其与动产抵押的距离,将“正常经营买受人规则”亦适用于所有权保留买卖中,即“买受人在出卖人正常经营活动中通过支付合理对价取得已被设立担保物权的动产,担保物权人请求就该动产优先受偿的,人民法院不予支持,但是有下列情形之一的除外:(一)购买商品的数量明显超过一般买受人;(二)购买出卖人的生产设备;(三)订立买卖合同的目的在于担保出卖人或者第三人履行债务;(四)买受人与出卖人存在直接或者间接的控制关系;(五)买受人应当查询抵押登记而未查询的其他情形。前款所称出卖人正常经营活动,是指出卖人的经营活动属于其营业执照明确记载的经营范围,且出卖人持续销售同类商品。前款所称担保物权人,是指已经办理登记的抵押权人、所有权保留买卖的出卖人、融资租赁合同的出租人”(《担保制度司法解释》第56条)。

同时,所有权保留所保障的价款债权,也被纳入了价款优先权的范畴,并以登记先后确定各价款优先权的优先顺序,即“担保人在设立动产浮动抵押并办理抵押登记后又购入或者以融资租赁方式承租新的动产,下列权利人为担保价款债权或者租金的实现而订立担保合同,并在该动产交付后十日内办理登记,主张其权利优先于在先设立的浮动抵押权的,人民法院应予支持:(一)在该动产上设立抵押权或者保留所有权的出卖人;(二)为价款支付提供融资而在该动产上设立抵押权的债权人;(三)以融资租赁方式出租该动产的出租人。买受人取得动产但未付清价款或者承租人以融资租赁方式占有租赁物但是未付清全部租金,又以标的物为他人设立担保物权,前款所列权利人为担保价款债权或者租金的实现而订立担保合同,并在该动产交付后十日内办理登记,主张其权利优先于买受人为他人设立的担保物权的,人民法院应予支持。同一动产上存在多个价款优先权的,人民法院应当按照登记的时间先后确定清偿顺序”(《担保制度司法解释》第57条)。

从上述规定可以看出,《民法典》对担保制度采形式主义和功能主义结合的立法技术,对所有权保留作出了重大修改;而《担保制度司法解释》进一步增强了所有权保留的担保功能化,大有将其与动产抵押权等同之趋势。如此一来,如何有效解决功能主义与形式主义杂糅的所有权保留买卖可能面临的解释难点,及体系性地阐释所有权保留买卖就成为重点。其中,担保权视角、所有权视角和合同视角的三维视角不可或缺。[189]

(四)担保视角下的所有权保留

无论是作为所有权构成还是担保权构成,所有权保留具有价款请求权的保障功能本身不会有很大的争议。只不过在德国立法模式下,其通过保留所有权促使买受人支付价款,而我国原《合同法》则是允许出卖人变卖标的物以直接实现价款请求权,[190]《民法典》及其之后的司法解释更是导入了担保物权实现程序,担保所体现的优先受偿功能得到进一步强化。

作为担保,所有权保留如何与动产抵押相区别是首要的问题。从现行规定来看,作为所有

---

[188] 《担保制度司法解释》第1条规定:“因抵押、质押、留置、保证等担保发生的纠纷,适用本解释。所有权保留买卖、融资租赁、保理等涉及担保功能发生的纠纷,适用本解释的有关规定。”

[189] 以下内容参见周江洪:《所有权保留买卖的体系性反思——担保构成、所有权构成及合同构成的纠葛与梳理》,载《社会科学辑刊》2022年第1期。

[190] 谢鸿飞、朱广新主编:《民法典评注:合同编 典型合同与准合同》(第1册),中国法制出版社2020年版,第233页。

权担保的所有权保留,与动产抵押权不同,其得以通过行使取回权自行出卖标的物以实现所担保的价款债权(《民法典》第643条),而抵押权的实现则需借助协商或担保物权实现程序(《民法典》第410条)。关于担保的债权范围,前者是合同价款及必要费用(《民法典》第643条),而后者则是主债权及其利息、违约金、损害赔偿金、保管担保财产和实现担保物权的费用(《民法典》第389条)。[191] 在转让或不当处分标的物等情形中,保留所有权的出卖人得以行使取回权以保障其价款债权(《民法典》第642条);与此不同,在抵押期间,抵押人可以转让抵押财产,担保物权具有追及力,[192] 抵押权不受影响,只有在有可能损害抵押权的情形下,担保权人才得以要求提前清偿或提存(《民法典》第406条)。[193] 不仅如此,担保物权明确肯定了担保财产毁损灭失等情形的物上代位(《民法典》第390条),但所有权保留中是否适用物上代位规则,《民法典》并未作出明确规定。[194]

在权利行使的条件方面,所有权保留也不同于动产抵押。当动产抵押所担保的债务发生不履行时即可以启动抵押权实现程序,并无债务不履行数额的限制(《民法典》第410条);但《买卖合同司法解释》第26条则明确排除了已支付价款75%以上情形的取回权。所有权保留若是担保构成,债务不履行的数额并不会限制担保权的行使,但司法解释的该条规定明显是将所有权保留买卖视为一种合同构成。《民法典》第642~643条一方面规定了取回权的行使,另一方面又规定了"可以参照适用担保物权的实现程序",两者被作为不同的程序对待。若得以如此理解,则有可能会认为《买卖合同司法解释》第26条的规定并不排除所有权保留情形的担保物权实现程序,出卖人虽不享有取回权,但仍得以通过司法程序拍卖、变卖标的物以优先受偿。而从《担保制度司法解释》第64条的规定来看,要参照担保物权实现程序变卖、拍卖标的物,需以"出卖人依法有权取回标的物"为前提,而《民法典》第642条第2款的文义,也以第1

[191] 《民法典》的主要释义书均将必要费用定位成取回和保管费用、再交易费用及利息,其与担保物权担保的债权范围趋于一致。

[192] 学说上多认为《民法典》第406条第1款第3句的规定表明,《民法典》承认抵押权的追及效力(参见程啸:《我国民法典中的抵押财产转让》,载《检察日报》2020年11月16日,第3版)。

[193] 当然,根据《担保制度司法解释》第67条的规定,"未经登记不得对抗的'善意第三人'"的范围及其效力,所有权保留得以参照适用《担保制度司法解释》第54条动产抵押的规定。而根据《担保制度司法解释》第54条第1项的规定,"抵押人转让抵押财产,受让人占有抵押财产后,抵押权人向受让人请求行使抵押权的,人民法院不予支持,但是抵押权人能够举证证明受让人知道或者应当知道已经订立抵押合同的除外"。也就是说,未经登记的动产抵押,对于善意的三人并不具有对抗效力,在转让标的物时并不产生《民法典》第406条意义上的"物上追及力",不得对受让人主张抵押权;但若是恶意的受让人,则得以对抗,并得以主张"物上追及力"。所有权保留若得以参照该条款,则同样可以得出,若标的物买受人将标的物转让给恶意的第三人,则仍然得以主张保留的所有权,进而同样得出所谓的"物上追及力"这一结论。但无论如何,在动产抵押情形中,并不能仅仅因为抵押人转让标的物就行使抵押权,而所有权保留中转让标的物则是发生取回权的必要充分条件。

[194] 从理论上来说,也存在另外一种解释可能,即所有权保留出卖人之所以就标的物的价值转化物享有优先受偿权,其本质在于"担保标的物"与"价款债权"之间的牵连性,而不是其担保属性,甚至有学者认为不管是否经过登记公示,都应优先于"让与担保"等担保。石田剛「動産及び債権の担保と公示制度の進化」法律時報92巻11号(2020年)26頁。若是依此逻辑,则不仅存在毁损灭失时的赔偿金代位,甚至也有可能超出《民法典》第389条规定的代位范围,使转让时的价款本身也享有物上代位的权利。当然,物上代位被认为本质上涉及权利人与第三人之间的利益冲突,物上代位的适用范围乃是一个法律政策问题;而作为特别物上代位的所有权物上代位,由于物权取得的特殊性,应以法律的特别规定为前提(参见张静:《物上代位的体系整合与教义学结构》,载《环球法律评论》2021年第4期)。

款规定的取回权发生为条件。[195] 从这层意义上来说，取回权的存在构成了得以进入担保物权实现程序的前提条件，《买卖合同司法解释》第26条仍然构成了担保权行使的阻却性条款。

无论是动产抵押还是所有权保留，《民法典》均规定“未经登记不得对抗善意第三人”。值得注意的是，动产抵押的标的物可以是“交通运输工具”，也可以是生产设备等(《民法典》第395～396条)，但得以保留所有权的并不限于此等动产。虽然国家积极推进动产担保统一登记，但机动车等特殊动产并未被纳入动产和权利担保统一登记范围。[196] 如此一来，当保留所有权的动产为此等特殊动产之情形，所有权保留通过中国人民银行征信中心动产融资统一登记公示系统登记，抵押则依原有的途径予以登记。不仅如此，所有权保留采用的是“人的编成”登记，而担保合同就担保财产进行概括描述得以合理识别担保财产即可(《担保制度司法解释》第53条)。而特殊动产抵押登记，则是采纳“物的编成”，以担保物为中心而非以担保合同当事人为中心进行登记，登记得以具体指向特定的标的物。在这点上，一定程度上吸收了《美国统一商法典》动产担保交易中的登记制度，但《美国统一商法典》的规则并非“未经登记不得对抗善意第三人”的效力规则，因为其登记并非要详细地公示担保权的内容，而是向那些与担保设定人从事交易的当事人警示某种担保权的存在，[197] 体现更多的是警示功能，而不是对抗规则。我国动产担保登记中采纳的“人的编成”及概括描述，其警示功能并无问题，但因无法就特定标的物作出准确确定的登记，难以有效发挥公示的作用。《民法典》第641条采用与动产抵押同样的对抗规则表述，以及《担保制度司法解释》第67条试图通过“参照适用”赋予两类不同登记同样的效力，其试图统一登记对抗规则的努力值得肯定，但是否能有效区分两类不同的登记形态，仍然是值得商榷的。也就是说，“人的编成”(概括描述)与“物的编成”(精确指向)混编且处于不同登记机关登记的背景下，用以解决担保权竞存时的权利顺位本身不会有大的障碍，但用以解决并非担保顺位时的“权利对抗”问题，其合理性仍然需要作更为充分的论证。[198]

不仅是对抗规则，《担保制度司法解释》第56条还通过“嫁接”正常经营买受人规则，将所有权保留也纳入《民法典》第404条规定的“动产抵押”的范畴，两者在保护交易第三人方面的旨趣具有相通之处。但就所有权保留标的物的转得人而言，究竟是适用善意取得制度还是适

〔195〕 需注意的是，《担保制度司法解释》第26条不应被理解为只要买受人不同意或协商不成，就只能行使担保物权实现程序(参见崔建远：《对非典型担保司法解释的解读》，载《法治研究》2021年第4期)。

〔196〕 虽然《优化营商环境条例》(国务院令第722号)第47条第2款规定逐步实现市场主体在一个平台上办理动产和权利担保登记，但依国务院《关于实施动产和权利担保统一登记的决定》(国发〔2020〕18号)第2条第7项的规定，机动车、船舶、航空器等特殊动产的抵押并未被纳入动产和权利担保统一登记范围。中国人民银行《动产和权利担保统一登记办法》(2022年2月1日起实施)亦复如此。

〔197〕 NBL编集部『「動産・債権を中心とした担保法制に関する研究会報告書」の概要』NBLNo. 1195(2021年)6頁。

〔198〕 实际上，日本学者主导的动产债权担保法制研究会也就日本动产担保的现代化进行了研讨并提出了相应的方案。关于所有权保留的方案之一就是对所有权保留不设对抗要件，但数个担保所有权竞合之情形的优先顺位则依担保登记确定[NBL编集部『「動産・債権を中心とした担保法制に関する研究会報告書」の概要』NBLNo. 1195(2021年)6頁、9頁]。

用正常经营买受人规则,[199] 势必会面临一些构成上的不同。[200]

若依担保权来理解所有权保留,出卖人即构成了"正常经营买受人规则"视野下的"担保物权人"(《担保制度司法解释》第 56 条)。此时所有权保留买受人的转让行为构成了类似抵押人处分抵押物的构造。因抵押期间可以转让抵押财产(《民法典》第 406 条),买受人出让所有权保留标的物的行为并不构成无权处分,标的物的转得人可以取得该标的物,但该标的物上是否附有动产抵押(所有权保留)负担,则依"正常经营活动规则"确定。《担保制度司法解释》第 56 条也明确所有权保留买卖中的第三转得人同样适用"正常经营买受人规则",将所有权保留与动产抵押进一步趋同化。但其是否符合《民法典》的体系逻辑值得商榷。原因在于,所有权保留的买受人在支付完价款或完成其他义务前,对于标的物只享有占有使用收益的权能,并不享有处分权。[201] 因此,所有权保留情形的买受人地位,与注重抵押物的交换价值而不否定抵押人处分权的抵押人地位明显不同。对于所有权保留买受人的转得人来说,其首先要取得标的物的所有权,始有该标的物上是否附有担保负担的问题,不区分处分权与否而统一适用"正常经营买受人规则"的行为,其逻辑并不清晰。实际上,《买卖合同司法解释》第 26 条第 2 款[202] 正是认为所有权保留买受人并无处分权,因而采纳了以无权处分为前提的善意取得构成,认为转得人可以根据善意取得制度而排除出卖人的取回权,而并不是依"正常经营买受人规则"排除出卖人的"担保物权"。或许有人会认为该司法解释只是排除了"取回权",而并未就出卖人的"担保权"作出规定。但实际并非如此。一是如前所述,《民法典》第 642 条规定的"参照适用担保物权的实现程序"以存在"取回权"为前提,无取回权就不可能有担保物权实现程序;二是按照善意取得制度的原理,同样得以消灭标的物上的负担。我国的善意取得构成原始取得,除非受让人知道或者应当知道动产上存在抵押权等负担,包括抵押权等在内的原有权利消灭(《民法典》第 313 条)。[203] 因所有权保留的买受人无权处分标的物,转得人无法依"正常经营买受人规则"消灭标的物上的权利负担,而只能依善意取得构成予以处理始为妥当。值得注意的是,《担保制度司法解释》第 56 条就"正常经营买受人规则"规定了严格的适用条件,所有权保留买卖即使适用该规则,是否得以保护与买受人进行交易的第三人,也仍然是值得怀疑的。尤其是所有权保留中的买受人并非限于经营者,其再行出卖之情形,并不符合"出卖人正常经

---

[199] 关于善意取得制度和"正常经营买受人规则"的关系,参见纪海龙、张玉涛:《〈民法典物权编(草案)〉中的"正常经营买受人规则"》,载《云南社会科学》2019 年第 5 期。该文认为,"正常经营买受人规则"本质上是一种特殊的善意取得,即受让人善意信赖担保权人同意担保人在其正常经营活动中可以无负担地出卖担保物,从而法律允许受让人可以无负担地取得担保物所有权。

[200] 陆青:《〈民法典〉与司法解释的体系整合——以买卖合同为例的思考》,载《法治研究》2020 年第 5 期。

[201] 所有权保留的买受人"将标的物出卖、出质或者作出其他不当处分"的,出卖人有权取回标的物(《民法典》第 642 条第 1 款第 3 项)。

[202] 《买卖合同司法解释》第 26 条第 2 款规定:"在民法典第六百四十二条第一款第三项情形下,第三人依据民法典第三百一十一条的规定已经善意取得标的物所有权或者其他物权,出卖人主张取回标的物的,人民法院不予支持。"

[203] 崔建远:《物权法》(第 5 版),中国人民大学出版社 2021 年版,第 114 页;魏振瀛主编:《民法》(第 8 版),北京大学出版社 2021 年版,第 279 页。

营活动”中所要求的“营业”特点,因而无从适用“正常经营买受人规则”。[204] 因此,善意取得构成在所有权保留买卖中具有更广泛的适用性。从这层意义上来说,由于《民法典》第641~643条同时保留了取回权构成和担保权构成,所有权保留与动产抵押在第三人保护的制度配套上并不相同。

从上述对比分析也可以看出,我国《民法典》规定的所有权保留虽然可以被称为非典型担保,具有担保功能,但在具体规则适用上,与动产抵押存在较大的不同。说所有权保留具有担保性,仅仅是从其客观功能来定位的,并不是从法律层面上认定其为担保物权。[205] 即使《担保制度司法解释》秉持功能主义的立场,试图将所有权保留纳入担保物权的范畴予以处理,也仍然难以消解两者的本质区别。而且,我国《民法典》及其相关司法解释的功能主义并不彻底。功能主义的要旨在于对各种担保形式适用统一的设立、对抗、优先顺位和执行规则。[206] 但从前述分析也可以看出,动产抵押与所有权保留在我国制度体系中的规则统一并不完全,这也决定了我国《民法典》对于动产担保制度的改造虽然鲜明地体现了功能主义的特点,但并不彻底。对此,部分学说无视所有权保留的“所有权”特征而直接主张买受人为真正的所有权人、出卖人仅具担保功能,极力主张所有权保留的担保物权特性,[207] 至少从我国现有规定来看,此主张是值得商榷的。

(五)所有权视角下的所有权保留

保留所有权担保具有特殊的交易构造。所有权除发挥担保功能外,其本身亦是交易的目的,因而需要维持所有权的特别效果。[208] 因此,所有权仍然是所有权保留买卖中的典型特征之一。

从所有权视角来说,出卖人保留的所有权与通常的动产所有权之间的差别是其关键。从《民法典》第641~643条的交易结构来看,出卖人保留所有权时,无论是依物权合意不存在还是说物权合意附条件,所有权均未发生变动。但从所有权的四项权能来看,在标的物交付给买受人后,买受人享有占有使用收益的权益,待支付价款等条件成就时,出卖人才丧失所有权。而出卖人虽然并不享有占有使用收益的权能,但其拥有“处分权”,理论上仍然可以再次处分标的物。但与通常的所有权不同,在条件成就之前,德国法限制出卖人的处分权;而买受人则享

---

[204] 需要说明的是,即使是《美国统一商法典》第九编第9.320条的规定也不限于出卖人“营业”之情形、如果一个人主要为个人、家庭或家用目的使用货物或为该使用而购买货物,则随后从该人的购买货物的买方,不受制于货物中的担保权益。[参见《美国统一商法典:中英双语》(第2版),潘琪译,法律出版社2020年版,第577页。]也就是说,即使此时的出卖人并非“营业”,仍然得以适用“正常经营买受人规则。”

[205] 最高人民法院民法典贯彻实施工作领导小组主编:《中华人民共和国民法典合同编理解与适用(二)》,人民法院出版社2020年版,第1090页。

[206] 纪海龙:《民法典动产与权利担保制度的体系展开》,载《法学家》2021年第1期。

[207] 该学说认为,我国所有权保留的功能主义倾向远胜于形式主义,被保留的所有权几乎全方位地体现了担保物权的特征。甚至认为,出卖人保留的所有权属于担保性所有权,仅具有功能意义;而买受人在所有权保留条款约定的条件成就之前,买受人即已取得实质所有权,在履行完毕支付价款或其他义务之后发生的“所有权移转”,仅仅意味着出卖人的担保物权归于消灭。参见王立栋:《〈民法典〉第641条(所有权保留买卖)评注》,载《法学家》2021年第3期,第181页;朱庆育主编:《中国民法典评注:条文选注》(第2册),中国民主法制出版社2021年版,第472页。

[208] 张家勇:《体系视角下所有权担保的规范效果》,载《法学》2020年第8期。

有“期待权”,在其取得所有权之前,可以处分该期待权。[209] 我国并不存在此等规定,是否得以作出同样的限制,值得商榷。

所有权保留出卖人行使取回权后,作为所有权人的出卖人也需依担保功能予以清算,应当采用处分清算的方式清算,如将出卖所得抵作价款等,仍有剩余的,应当返还买受人(《民法典》第 643 条)。这样一来,若认可出卖人在生效条件成就之前的处分权,则势必会引起体系矛盾。例如,当所有权保留出卖人再行出卖标的物时,因标的物已为所有权保留买受人所占有,其要履行买卖合同的所有权转移义务,只能通过返还请求权让与的方式予以实现(《民法典》第 227 条)。但从所有权保留买卖交易的构造来看,出卖人并不享有此等返还请求权,而只享有特定条件下的取回权;而且,该取回权也并非单纯的标的物返还请求权,而是就取回的标的物再行出卖优先受偿的权利。因出卖人在所有权移转条件成就之前并不享有返还请求权,而在所有权移转条件最终未成就时享有的是再行出卖优先受偿的权利,故亦无法实现替代交付的可能,其实质上仍然构成无权处分,赋予其处分权并无意义。因此,我国《民法典》的所有权保留法律构造决定了保留所有权的出卖人无法再行处分,出卖人保留的所有权与得以处分的所有权并不相同。就这层意义上而言,所有权保留中的所有权,确实更趋于形式意义,更多的是作为担保目的而存在。[210]

当然,除了是否得以转让标的物,所有权保留出卖人就标的物能否设立非占有型动产抵押,也是需要考量的问题之一。对此,张家勇认为,因保留所有权旨在担保价金债权,在保留所有权期间,除非与所担保债权一并转让,原则上应排除出卖人在标的物上另行设立担保物权或者另行转让。[211] 该观点本质上是将保留的所有权视为担保物权。若从所有权的视角出发,则需作进一步分析。作为注重交换价值的担保目的所有权,出卖人虽然将占有使用收益的权能转移给了所有权保留的买受人,但标的物的换价处分功能与其担保目的并不冲突,仍由其出卖人享有亦无妨。但是,一旦设定了此等担保,若所担保的债务陷于不履行之情形,则所有权保留标的物将面临难以实现担保物权的风险。若第三人主张实现担保物权,此时标的物由买受人占有,势必会有可能妨碍标的物买受人的占有使用收益权能。若只是影响到占有使用收益权能,其与租赁情形类似,并不会因此受到影响(《民法典》第 405 条)。所有权保留的买受人与承租人的地位并不相同。在付清价款或完成其他义务之前,买受人对标的物确实只有占有使用收益权能,与承租人地位类似。但与承租人不同的是,一旦条件成就,买受人即取得所有权。虽然我国法律对于是否应赋予买受人“期待权”以保护多有争议,但买受人有可能取得完整的所有权本身无人质疑。若承认这一点,那么,出卖人以“自己财产”设定担保物权的前提就不再存在,因为一旦条件成就,出卖人即丧失所有权,买受人即取得所有权。此时出卖人为第三人设定的担保物权,类似于抵押期间标的物的所有权发生了变动。此时,担保物权设定人应提存

---

[209] 王立栋:《〈民法典〉第 641 条(所有权保留买卖)评注》,载《法学家》2021 年第 3 期;朱庆育主编:《中国民法典评注:条文选注》(第 2 册),中国民主法制出版社 2021 年版,第 476 页;[德]延斯·科赫、马丁·洛尼希:《德国物权法案例研习》(第 4 版),吴香香译,北京大学出版社 2020 年版,第 83 页。

[210] 关于保留所有权的出卖人处分标的物的问题,有学者认为,在担保物权模式下,保留卖主再处分应属于无权处分,保留买主再处分应属于有权处分(参见王洪亮:《所有权保留制度定性与体系定位——以统一动产担保为背景》,载《法学杂志》2021 年第 4 期)。

[211] 张家勇:《体系视角下所有权担保的规范效果》,载《法学》2020 年第 8 期。

价款或提前清偿(《民法典》第406条第2款),而不能向买受人行使物上追及力,就标的物主张实现担保物权;毕竟出卖人为第三人设定的动产抵押在所有权保留交易之后,且买受人在所有权保留交易当时难以事先知晓或应当知晓嗣后的担保设定。而对于买受人不支付价款或未完成义务而难以成就所有权转移条件之情形,此时的出卖人处于类似实现担保物权的担保权人地位,就标的物的权利,则类似于同一标的物上存在数个动产担保,此时可依"未经登记不得对抗善意第三人"规则予以处理。从这层意义上来说,虽然理论上应当受到限制出卖人就所有权保留标的物设定动产抵押这一处分,但从我国《民法典》相关规则来看,即使赋予出卖人设定担保的处分权限,也仍可以通过体系解释而不至于影响买受人的权益。

从所有权视角来观察,与通常的动产所有权不同,未经登记的保留所有权不得对抗善意第三人(《民法典》第641条第2款)。学说上认为出卖人保留的所有权并不需要对抗要件,原因在于其并不存在物权变动。[212] 同样地,我国《民法典》中要求登记、交付或登记对抗的,也只限于物权的"设立、变更、消灭和转让"(《民法典》第208条、第209条、第214条、第224条以及第225条)。我国学者也认为,"就所有权的保护而言,原则上无任何公示方面的要求,毕竟公示仅为物权变动的要求",但为了避免"其他嗣后在标的物上设立担保物权者"的误判而规定了登记对抗规则。[213] 或者认为,为避免未经公示的隐性担保带来的风险、给予第三人以合理的预期并得以采取妥当的风险管理措施,《民法典》对实质上的动产和权利担保交易都增加了登记公示的要求。[214] 因此,理论上不存在物权变动的所有权无须登记,但我国法律背景下的保留所有权区别于通常的动产所有权,以登记对抗为要件。当然,就立法论上而言,以占有与所有相分离导致嗣后潜在的担保物权者的误判可能性为理由为登记对抗规则提供政策判断基础,并不充分。毕竟,在民法的世界里,占有与所有分离的情形并不限于所有权保留买卖,如借用、租赁、保管等,占有与所有的分离亦为常态,《民法典》并未对此时的所有权规定登记对抗规则。民法也因此设计了包括善意取得制度在内的诸多规则予以调适,而并不一定采取登记对抗规则。《民法典》第641条导入保留的所有权"未经登记不得对抗"规则更多的是从担保视角入手解决所有权的担保功能的效力及其对抗范围,是为了解决其他债权人保护问题的优先受偿地位公示,[215] 以利于同一标的物上设立多重担保情形清偿顺位的确定。《担保制度司法解释》第67条对该司法解释第54条的参照适用,以及该司法解释第57条规定的同一动产存在多个价款优先权时依登记时间先后确定清偿顺序的规则,均是这一考量的表现所在。也就是说,"未经登记不得对抗"的,并非所有权,而是保留的所有权的担保功能。

从上述几个例子也可以看出,所有权保留交易中的所有权虽然具有所有权的名义,但由于受到当事人对交易结构的合同安排、所有权担保功能等的"扰动",其在不少规则适用上并不同于普通的动产所有权。从本质上来说,所有权保留买卖中的所有权,被限定为特定目的的所有权,其更多的是服务于所有权的担保功能。

---

〔212〕 道垣内弘人『担保物権法』(第2版)(有斐閣,2005年)358頁。
〔213〕 张家勇:《体系视角下所有权担保的规范效果》,载《法学》2020年第8期。
〔214〕 朱虎:《民法典动产和权利担保的变革》,载《人民法院报》2020年7月30日,第5版。
〔215〕 刘竞元:《民法典动产担保的发展及其法律适用》,载《法学家》2021年第1期。

（六）合同视角下的所有权保留

所有权保留只不过是买卖合同的附款而已，因此，在所有权保留交易相关解释工作中，绝不能无视买卖合同的存在。[216] 因所有权保留具有担保功能，且目前学说及立法均存在将其纳入担保权的趋势，王晨副委员长的立法草案说明更是明确将所有权保留作为非典型担保合同予以列举，因此合同视角的观察首先需要阐明所有权保留“担保合同”与通常的担保合同之间的不同。通常来说，担保合同是主债权债务合同的从合同(《民法典》第388条)。但从所有权保留买卖交易结构来看，所有权保留条款构成了买卖合同的附款，两者构成了整体和部分的关系，所有权保留条款并非作为独立的合同存在，难谓存在主从合同关系。也正因如此，关于担保合同与主债权债务合同之间关系的相关规则，并不当然适用于所有权保留买卖之中。[217] 当然，当事人可约定完成“其他义务”作为所有权保留的条件(《民法典》第641条)，买受人完成与买卖合同无关的其他义务也可能构成所有权保留所担保的债务，而不限于价款债务。这为所有权保留适用于延伸的或扩展的所有权保留提供了可能。于此情形，所有权保留条款则可能构成其他合同的从合同。

合同视角的观察，需要特别注意的是合同解除权问题。首先需要考虑的是，所有权保留条款的存在是否会影响出卖人的解除权。合同当事人享有约定或法定的解除权，所有权保留买卖作为买卖合同的特殊形式，当然也不例外。更何况分期付款买卖与所有权保留条款经常结合在一起，分期付款买卖情形下的出卖人享有解除权(《民法典》第634条)。因此，就出卖人而言，虽然因所有权保留而享有取回权、得以适用参照担保物权实现程序等保障价款债权实现的救济机制，但并不能因此而否定出卖人通过其他途径予以救济的可能。例如，当买受人未支付价款经催告仍不履行时，将因此可能触发《民法典》第563条意义上的法定解除权或《民法典》第634条意义上的分期付款解除权。此时，也同时符合《民法典》第642条规定的取回权行使条件，但并不能因此要求出卖人必须行使取回权，仍不妨碍出卖人解除合同。解除的效果，则依《民法典》第566条规定予以清算。需要注意的是，合同解除后的清算引起的债权关系，并非所有权保留所担保的价款债权，似乎对标的物并不享有优先受偿权。但解除后的清算只是原有给付义务的变形，原有担保仍保障此等债权的实现，所有权保留的担保功能仍然得以发挥作用。由于所有权保留买卖并未发生物权变动，出卖人仍享有所有权，其要求返还财产的请求应当受到物上请求权的保护。但此时是否允许出卖人在解除合同的同时行使取回权，仍然值得特别考虑。在法律效果上，取回权行使与合同解除权行使存在较大的区别。取回权行使时出卖人不得依归属清算方式清算，而应依处分清算方式另行出卖标的物，且应将出卖所得扣除未支付价款及必要费用后返还给买受人。而解除权行使的后果在于双方当事人均得以要求返还财产，出卖人在返还已支付价款的同时可要求买受人返还标的物归自己所有，甚至可以要求买受人支付标的物使用费(《民法典》第634条)。从取回权和合同解除权制度的立法目的来看，前者旨在保障价款债权或其他义务的履行，并不消灭当事人之间的合同关系(标的物的溢价以及使用收益均归属于买受人)，而后者在于使当事人从合同约束中解放出来。两者的效果应该

---

[216] 道垣内弘人『担保物権法』(第2版)(有斐閣,2005年)357頁。

[217] 当然，就所有权担保视角而言，所有权所具有的担保功能或担保权与买卖合同价款债权之间仍然有可能构成主债与从债。

是排斥的,虽然可以依出卖人的选择行使,但并不能同时行使。而且,无论如何都不能因取回权的存在就否定出卖人的解除权。毕竟,解除权行使的重要功能之一在于使得当事人从买卖合同的约束中解放出来,而取回权并不能实现这一功能;前者对于合同关系的存在与否,针对的是广义之债的问题,而后者旨在保障狭义之债的实现。

与解除权相关的另外一个问题是,取回权的行使是否需以合同解除为前提。比较法上,有立法例认为解除后才能行使标的物返还请求权,如《德国民法典》第 449 条。有学说认为出卖人要取回标的物,需以合同解除为前提;认为标的物的占有使用收益基于买卖合同,取回标的物乃是剥夺买受人使用收益的权利,因此有必要先解除合同。但也有学说认为,标的物的占有使用收益并非基于买卖合同,而是基于买受人的"物权性期待权",因此要取回标的物并无解除合同之必要。[218] 但我国《民法典》上的所有权保留构造并不同于德国法。从我国现行规定来看,不要求取回权的行使须以合同解除为前提,出卖人在不解除合同的前提下,仍然得以取回标的物。

合同视角下的合同解除权,还会涉及取回权的相关限制是否会影响合同解除权的发生,特别是《买卖合同司法解释》第 26 条是否构成合同解除权的阻却性要件。如前所述,取回权与合同解除权分属于不同的救济模式,其各有自身的构成要件,相互之间原则上不发生影响,最多只是择一行使的问题。但我国《买卖合同司法解释》第 26 条就取回权的行使作出了限制性规定,买受人已支付价款 75% 以上即排除了出卖人的取回权。[219] 此时,《民法典》第 563 条规定的法定解除权是否因《买卖合同司法解释》第 26 条的规定而受到限制?《买卖合同司法解释》第 26 条的规定,一来是为了保护买受人取得标的物的期待,特别考虑了买受人的利益保护。二来是与分期付款买受人的保护保持平衡。[220] 由于保留所有权条款常见于分期付款买卖,仅仅因为其是否附有所有权保留条款而对解除效果作相异处理,显非有理。[221] 同理,在所有权保留附款之情形中,为防止该附款对买受人可能形成的利益不平衡,进而通过《买卖合同司法解释》第 26 条对取回权作适当限制。此时,若允许出卖人行使解除权,将达到因解除权的行使而架空该制度之目的。因此,为体系考虑,若肯定司法解释维持该条的合理性所在,对于《买卖合同司法解释》第 26 条第 1 款规定之情形,应当排除出卖人解除权的行使。

---

[218] 道垣内弘人『担保物権法』(第 2 版)(有斐閣,2005 年)361 頁。

[219] 黄薇主编的释义书明确指出了未将《买卖合同司法解释》第 26 条规定纳入《民法典》的立法理由,认为该规定与《民法典》第 416 条规定的价款优先权不相吻合,因而明确不予采纳[参见黄薇主编:《中华人民共和国民法典解读:合同编》(上册),中国法制出版社 2020 年版,第 581 ~582 页]。学界也有观点认为:"《民法典》在对所有权保留制度进行规范时,充分吸收了《买卖合同司法解释》第 35 条和第 37 条的规定,但唯独没有引入第 36 条,这是否也间接表明了立法者的意图,即这一 75% 的刚性标准并无存在的必要?"(参见陆青:《〈民法典〉与司法解释的体系整合——以买卖合同为例的思考》,载《法治研究》2020 年第 5 期)。但《民法典》颁布后修正的《买卖合同司法解释》仍然保留该条规定,表明法院并不认同该立法理由。

[220] 依《民法典》第 634 条及《买卖合同司法解释》第 27 条,为防止特别约定致使买受人一有迟延付款的行为即丧失期限利益的不公平现象出现,法律对因买受人迟延付款而丧失期限利益的特别约定加以限制,为此规定分期付款的出卖人只有在买受人未支付到期价款的金额到达全部价款的 1/5 且经催告后买受人在合理期限内未支付到期价款时,出卖人才得以解除合同[参见黄薇主编:《中华人民共和国民法典解读:合同编》(上册),中国法制出版社 2020 年版,第 556 页;周江洪:《分期付款买卖合同的解除及其限制——"汤长龙诉周士海股权转让纠纷案"评释》,载《交大法学》2017 年第 4 期]。

[221] 张家勇:《体系视角下所有权担保的规范效果》,载《法学》2020 年第 8 期。

合同视角下的所有权保留,因买卖合同属于典型的双务合同,因此还会面临风险负担规则适用的问题。保留所有权的出卖人交付标的物后,即使未移转所有权,其风险亦由买受人承受,买受人仍负有价款给付义务(《民法典》第604条)。若因不可归责于当事人之事由致使标的物灭失,此时出卖人的所有权移转义务虽陷于给付不能,[222]但并不能免除买受人的价款支付义务。此时就买受人而言,因出卖人所有权转移义务履行不能,是否因此而享有法定解除权,当存在解释的空间。所有权转移义务履行不能,依法定解除权发生条件,买受人当然可以解除,但因不可归责于当事人事由之履行不能,其风险由买受人(债权人)承受,此时风险负担规则与合同解除会出现交错。通常来说,应由债权人承受风险之情形,当限制其解除权而适用风险负担规则。[223] 同样地,此时亦无法行使取回权,因标的物已灭失,无从取回标的物。但有论者认为无法取回标的物并不影响出卖人依所有权担保功能参照适用担保物权规则就灭失标的物的代位物享有优先受偿权(《民法典》第390条)。[224] 但是,从所有权保留交易构造来看,出卖人作为所有权人,其本身就标的物灭失的代偿物享有请求权,但该请求权受到所有权担保目的之限制,与《民法典》第643条应作同样理解,将其请求权的范围限于价款担保的范围之内。也正因如此,对于所有权保留情形并不能简单套用担保物权的物上代位原理予以处理。[225]

从合同视角予以观察,所有权保留还有可能会涉及取回权行使后的遗留问题。所有权保留买卖,以买受人支付价款或完成其他义务作为所有权移转的前提。在取回权行使之情形下,若所有权保留人再行出卖的价款等于或超过买受人未支付价款及必要费用,其本质上是通过所有权保留的担保功能实现了价款债权。这样一来,就如同买受人支付了标的物价款,已完全履行了买卖合同上的对待给付义务。若从合同视角而言,取回权的行使并不以合同解除为条件,即使行使取回权,当事人之间也仍然存在买卖合同关系。而在买卖合同关系下,所有权移转义务作为出卖人的主给付义务之一,因标的物已另行出售给第三人,出卖人已难以履行所有权移转义务。此时,买受人能否以自身已履行价款支付义务为由要求替代原定给付义务的违约损害赔偿?这是一个“吊诡”的命题。从买卖合同的交易结构来看,此时类似于可归责于债权人的给付不能,出卖人并无给付义务。若违约损害赔偿以归责事由为前提,此时当不构成损害赔偿。但依通说,我国《民法典》的违约损害赔偿采严格责任原则,只有不可抗力等有限的事由始得以免责。此时可能的解释之一在于所有权保留乃是所有权移转附停止条件,该条件属于任意条件,能否达成完全依赖买受人是否支付价款或完成其他义务,出卖人已完成了买卖合

---

[222] 在我国《民法典》中,所有权移转义务属于出卖人的主给付义务[参见吴香香:《〈民法典〉第598条(出卖人主给付义务)评注》,载《法学家》2020年第4期;朱庆育主编:《中国民法典评注:条文选注》(第2册),中国民主法制出版社2021年版,第337页]。

[223] 周江洪:《风险负担规则与合同解除》,载《法学研究》2010年第1期。

[224] 王立栋:《〈民法典〉第641条(所有权保留买卖)评注》,载《法学家》2021年第3期;朱庆育主编:《中国民法典评注:条文选注》(第2册),中国民主法制出版社2021年版,第480页。

[225] 在日本,虽然也存在肯定所有权保留物上代位性的见解,但也有学说主张应分析所有权人对代位物享有何种权利,而不是简单地以物上代位性予以处理[道垣内弘人『担保物権法』(第2版)(有斐閣,2005年)306、359頁]。对此,日本法务省法制审议会担保法制分会于2021年4月13日也启动了担保法制修改的审议和讨论工作。关于所有权保留是否应当肯定物上代位,在2021年5月11日举行的第二次审议会上也进行了初步的讨论[日本法務省:“法制審議会担保法制部会第2回会議”部会資料“担保法制の見直しに向けた検討(1)”第18頁以下、“議事録”第41頁以下,2021年5月11日,http://www.moj.go.jp/shingi1/shingi04900001_00064.html,2021年7月31日]。

同项下为履行义务所应当作出的所有事项，其不再负有买卖合同项下的义务，因此并不能说出卖人存在违约行为，进而也就不能要求替代原定给付义务的损害赔偿。不仅如此，还有一种可能的但不一定确切的比拟似乎也可以作为佐证。作为附停止条件的所有权保留，一定程度上可以参照适用《民法典》第159条的规定，认为所有权移转的条件未能成就乃是买受人“不正当地阻止条件成就”，进而认为条件已成就。此时取回权行使过程中的出卖人再行出售，因条件已视为成就“所有权”已发生移转，此出售就类似于出售作为担保标的物的他人之物以清偿债务，这样一来，超出担保债权范围的出售所得应当返还给买受人也就顺理成章。

综上所述，所有权保留作为买卖合同的附款，再如何担保功能化也无法逃脱其作为买卖合同中的条款存在的命运。也正因如此，买卖合同所具有的债权债务效力，也时常“隐而不现”地发挥其作用，以补强或牵制所有权担保或担保所有权之张力。

总之，《民法典》背景下的所有权保留虽然进一步强化了其担保功能，但在所有权保留的交易结构中，所保留的所有权与动产抵押、动产所有权都存在较大的差异，既不是纯粹的、完全功能化的担保物权，也不同于动产所有权。所有权保留作为买卖合同附款的属性更是决定了不仅当事人之间的合同安排对所保留所有权的效力体系产生了重要的影响，所保留所有权的担保功能及其实现程序对合同关系相关制度的解释也存在重要的影响。一方面，所有权保留具有担保功能，属于所有权担保，但由于我国《民法典》的取回权制度设计部分影响了动产担保规则的统一，在担保功能实现的条件和程序上有别于动产抵押，所有权保留情形适用“正常经营买受人规则”抑或适用动产善意取得制度的分歧，也表明了其不同于动产抵押的特点。另一方面，出卖人虽然依合同交易安排保留了所有权，但该所有权更多地受限于担保这一特定目的，而并非完整的所有权，无法依所有权规则自由处分；且一反动产所有权的一般规则，对未产生物权变动的“所有权”也要求“登记”，否则“不得对抗善意第三人”。不仅如此，作为处于买卖合同关系中的所有权保留，在合同解除权与出卖人取回权、所有权保留与风险负担规则、所有权保留与物上代位、通过所有权担保功能实现价款债权时的所有权移转义务不履行等领域，都会受到担保功能以及所有权移转附停止条件等所有权保留特性的影响，进而需要作出特别考虑。无论是内部体系还是外部体系，都不应简单化地将保留的所有权或视为担保物权，或视为所有权，而应根据相应的不同制度目的分别考虑所有权保留交易结构中的何种特性起决定性作用。

（七）《企业破产法》之相关司法解释等关于所有权保留的相关规定

所有权保留买卖与执行制度、破产法等其他法律体系之间也会存在联动，其相关的规范主要散见于各司法解释中。

最高人民法院《关于人民法院民事执行中查封、扣押、冻结财产的规定》（2020年修正）第14条规定，“被执行人将其财产出卖给第三人，第三人已经支付部分价款并实际占有该财产，但根据合同约定被执行人保留所有权的，人民法院可以查封、扣押、冻结；第三人要求继续履行合同的，向人民法院交付全部余款后，裁定解除查封、扣押、冻结”；其第16条规定，“被执行人购买第三人的财产，已经支付部分价款并实际占有该财产，第三人依合同约定保留所有权的，人民法院可以查封、扣押、冻结。保留所有权已办理登记的，第三人的剩余价款从该财产变价款中优先支付；第三人主张取回该财产的，可以依据民事诉讼法第二百二十七条规定提出异议”。

《破产法司法解释(二)》(2020 年修正)在其第 2 条第 2 项规定,“债务人在所有权保留买卖中尚未取得所有权的财产”不应被认定为债务人财产。其第 34 条规定,“买卖合同双方当事人在合同中约定标的物所有权保留,在标的物所有权未依法转移给买受人前,一方当事人破产的,该买卖合同属于双方均未履行完毕的合同,管理人有权依据企业破产法第十八条的规定决定解除或者继续履行合同”;其第 35 条规定,“出卖人破产,其管理人决定继续履行所有权保留买卖合同的,买受人应当按照原买卖合同的约定支付价款或者履行其他义务。买受人未依约支付价款或者履行完毕其他义务,或者将标的物出卖、出质或者作出其他不当处分,给出卖人造成损害,出卖人管理人依法主张取回标的物的,人民法院应予支持。但是,买受人已经支付标的物总价款百分之七十五以上或者第三人善意取得标的物所有权或者其他物权的除外。因本条第二款规定未能取回标的物,出卖人管理人依法主张买受人继续支付价款、履行完毕其他义务,以及承担相应赔偿责任的,人民法院应予支持”;其第 36 条规定,“出卖人破产,其管理人决定解除所有权保留买卖合同,并依据企业破产法第十七条的规定要求买受人向其交付买卖标的物的,人民法院应予支持。买受人以其不存在未依约支付价款或者履行完毕其他义务,或者将标的物出卖、出质或者作出其他不当处分情形抗辩的,人民法院不予支持。买受人依法履行合同义务并依据本条第一款将买卖标的物交付出卖人管理人后,买受人已支付价款损失形成的债权作为共益债务清偿。但是,买受人违反合同约定,出卖人管理人主张上述债权作为普通破产债权清偿的,人民法院应予支持”;其第 37 条规定,“买受人破产,其管理人决定继续履行所有权保留买卖合同的,原买卖合同中约定的买受人支付价款或者履行其他义务的期限在破产申请受理时视为到期,买受人管理人应当及时向出卖人支付价款或者履行其他义务。买受人管理人无正当理由未及时支付价款或者履行完毕其他义务,或者将标的物出卖、出质或者作出其他不当处分,给出卖人造成损害,出卖人依据民法典第六百四十一条等规定主张取回标的物的,人民法院应予支持。但是,买受人已支付标的物总价款百分之七十五以上或者第三人善意取得标的物所有权或者其他物权的除外。因本条第二款规定未能取回标的物,出卖人依法主张买受人继续支付价款、履行完毕其他义务,以及承担相应赔偿责任的,人民法院应予支持。对因买受人未支付价款或者未履行完毕其他义务,以及买受人管理人将标的物出卖、出质或者作出其他不当处分导致出卖人损害产生的债务,出卖人主张作为共益债务清偿的,人民法院应予支持”;其第 38 条规定,“买受人破产,其管理人决定解除所有权保留买卖合同,出卖人依据企业破产法第三十八条的规定主张取回买卖标的物的,人民法院应予支持。出卖人取回买卖标的物,买受人管理人主张出卖人返还已支付价款的,人民法院应予支持。取回的标的物价值明显减少给出卖人造成损失的,出卖人可从买受人已支付价款中优先予以抵扣后,将剩余部分返还给买受人;对买受人已支付价款不足以弥补出卖人标的物价值减损损失形成的债权,出卖人主张作为共益债务清偿的,人民法院应予支持”。

三、凭样品买卖

凭样品买卖,又称“货样买卖”,是指出卖人依照样品确定标的物的种类和质量标准的买卖。与通常的买卖不同,标的物的质量依样品确定。出卖人必须担保其交付的标的物的质量与样品完全相同。样品反映了合同双方当事人对标的物质量的确认或合意,样品是合同的质量条款。凭样品买卖是以样品确定出卖人应履行的合同义务，而不是以出卖人交付的货物符合样品为买卖合同的生效条件，即凭样品买卖不是附生效要件的买卖。[226]

凭样品买卖要求有样品存在，而且样品应当在订立合同时就存在。并且，当事人在买卖合同中应当约定以样品来确定标的物的品质，或者写明“凭样品买卖”等表明凭样品买卖的意思。如果出卖人先向买受人提示样品，而后双方订立合同时未明确表明进行的是凭样品买卖，则双方不成立凭样品买卖。所以，按照商店中摆列商品购物不属于货样买卖。[227] 合同订立后履行前提供“样品”的，并不构成凭样品买卖条款，但根据当事人意思表示的解释，在特殊情况（如有明确合意）下可解释为对品质条款的事后变更或商定，但不构成《民法典》第 635 条意义上的凭样品买卖。但实践中，亦有法院判决认为此时也构成凭样品买卖。[228]

凭样品买卖的当事人应当封存样品，并可以对样品质量予以说明。出卖人交付的标的物应当与样品及其说明的质量相同（《民法典》第 635 条）。样品之封存，主要为了避免人为引起样品质量变化。对于样品封存行为，虽然《民法典》第 635 条以“应当”描述，似乎构成当事人之义务，但学理上有观点认为封存样品为凭样品条款订入合同的条件，若未完成此等行为，凭样品买卖尚未成立，质量条款尚未约定，需依《民法典》第 510 ~ 511 条确定；若乙方拒不配合封存样品，则存在承担缔约过失责任的可能。[229]

封存样品具有强制性，而样品质量说明却具有选择性。合同约定的样品质量与文字说明不一致且发生纠纷时当事人不能达成合意，样品封存后外观和内在品质没有发生变化的，人民法院应当以样品为准；外观和内在品质发生变化，或者当事人对是否发生变化有争议而又无法查明的，人民法院应当以文字说明为准（《买卖合同司法解释》第 29 条）。

虽以样品确定质量标准，但同样也会存在外观瑕疵和隐蔽瑕疵之分。凭样品买卖的买受人不知道样品有隐蔽瑕疵的，即使交付的标的物与样品相同，出卖人交付的标的物的质量仍然应当符合同种物的通常标准（《民法典》第 636 条）。与凭样品买卖以样品质量标准确定标的物质量是否符合约定的通常规定（《民法典》第 635 条）相比，对于隐蔽瑕疵之情形，则是通过法律特别规定加重了出卖人责任，其主要理由在于标的物存在隐蔽瑕疵而买受人又不知情时，标的物有可能无法满足标的物应有之使用价值或交换价值，使出卖人以与样品相符为由免责有违公平和诚信原则。但值得注意的是，凭样品买卖情形中的不知隐蔽瑕疵存在，虽然被理解为“质量要求不明确”，但并未采用《民法典》第 510 ~ 511 条依序确定质量标准的方法，省去了协商和依照合同的条款、交易习惯确定标的物质量要求的程序。[230] 就《民法典》第 636 条文义而言，也并未采纳《民法典》第 510 ~ 511 条的解释，而是直接依据通常标准来判断质量。从理论上来说，不知样品隐蔽瑕疵的存在，可视为未就质量要求达成合意（或者是对于品质的错误、欺

[226] 翟云岭：《论凭样品买卖》，载《法学》2004 年第 1 期。

[227] 黄薇主编：《中华人民共和国民法典解读：合同编》（上册），中国法制出版社 2020 年版，第 598 页。

[228] 石河子市南洋涂料有限公司、新疆金福天源房地产开发有限公司凭样品买卖合同纠纷案，新疆维吾尔自治区伊犁哈萨克自治州塔城地区中级人民法院（2020）新 42 民终 601 号民事判决书。该案中“样品条款”乃是合同签订以后的补充条款，且补充协议签订当时并不存在此等样品；此处所谓的“凭样品买卖”，与《民法典》规定的样品买卖并不相同，法院的判断值得商榷。

[229] 谢鸿飞、朱广新主编：《民法典评注：合同编　典型合同与准合同》（第 1 册），中国法制出版社 2020 年版，第 206 页。

[230] 黄薇主编：《中华人民共和国民法典解读：合同编》（上册），中国法制出版社 2020 年版，第 602 页。

诈等),此时当依《民法典》第616条处理,但《民法典》第636条排除了《民法典》第616条的规则,而是采用"通常标准"来作为质量标准。因《民法典》第636条被认为是对于出卖人的加重条款,因此,在解释"通常标准"时,可考虑在《民法典》第511条质量要求不明确时的几种质量标准中选取较高的标准。

四、试用买卖

试用买卖,指的是先成立买卖而后经试用承认,并以买受人认可标的物为生效条件的买卖合同,即附生效条件的合同之一。虽然我国学说通常认为试用买卖为附生效条件之合同,在司法实践中,亦有法院判决明确将其表述为附生效条件的合同,[231]但亦有部分学说对附生效条件说持不同见解。[232] 其中,有学者认为,《德国民法典》第454条第1款试用买卖确立的是意愿条件的法定例外,我国原《合同法》第171条(《民法典》第638条第1款)并无《德国民法典》第454条第1款后句之解释性规定,并且,《德国民法典》虽明文规定为附停止条件,但许多德国学者指出,附停止条件并非唯一解释,亦非最佳处置,以买受人之选择权解释,并无不妥,另创例外实无必要。[233] 亦有学者认为试用买卖并非处于"成立尚未生效"的状态。试用买卖是附随意条件的预约,是附买受人承认形成权的单务预约。这种预约,是已经发生效力的合同。它设立了缔约义务,存在区别于本约(买卖)的独立给付,在试用期内,买受人享有无偿用益债权。[234]

试用买卖与保留调换之买卖、为选择送货之买卖不同。试用买卖的特点在于买受人是否接受买卖属于其自由。在此意义上,试用买卖与"保留调换之买卖"以及"为选择之送货"存在显著的区别。在"保留调换之买卖"中,买受人保留了调换货物的权利。例如,买受人购买货物赠与他人,为应其需要或嗜好而约定允许其调换其他货物。此时只是附有可以同一价格或较高价格调换其他物品的条件,而没有承认其买卖与否的自由。在"为选择之送货"中,尚未成立买卖合同,货物的发送实质上是出卖的要约(现物要约),依受领人的选择而成立买卖合同,因此,"为选择之送货"既非试用买卖,亦非保留调换之买卖。对此,《买卖合同司法解释》第30条也明确规定,"买卖合同存在下列约定内容之一的,不属于试用买卖。买受人主张属于试用买卖的,人民法院不予支持:(一)约定标的物经过试用或者检验符合一定要求时,买受人应当购买标的物;(二)约定第三人经试验对标的物认可时,买受人应当购买标的物;(三)约定买受人在一定期限内可以调换标的物;(四)约定买受人在一定期限内可以退还标的物"。

试用买卖的当事人可以约定标的物的试用期限。对试用期限没有约定或者约定不明确,依照《民法典》第510条的规定仍不能确定的,由出卖人确定(《民法典》第637条)。试用期限不明确之情形,若依《民法典》第510条不能确定,并不依《民法典》第511条规定,而是由出卖

---

〔231〕 湖北司克嘉耐磨橡胶制品有限公司、宜昌东圣磷复肥有限责任公司买卖合同纠纷再审审查与审判监督案,湖北省高级人民法院(2019)鄂民申708号民事裁定书。

〔232〕 具体参见谢鸿飞、朱广新主编:《民法典评注:合同编 典型合同与准合同》(第1册),中国法制出版社2020年版,第206页。

〔233〕 朱庆育:《民法总论》,北京大学出版社2013年版,第127页。

〔234〕 隋彭生:《论试用买卖的预约属性》,载《政治与法律》2010年第4期。

人确定。在试用期内,出卖人负有容许买受人试用之义务。

试用买卖合同已成立,在买受人承认前虽未生效,但依诚信原则,买受人应尽善良管理人的注意义务,妥善保管标的物。若非因可归责于买受人的原因毁损、灭失,会发生风险负担规则适用的问题。可能的逻辑有:(1)适用一般买卖合同的风险规则,即在法律没有特殊规定或者当事人没有特别约定的情况下,标的物毁损、灭失的风险在标的物交付之前由出卖人承担,交付之后由买受人承担。(2)因合同尚未发生效力,不产生履行问题,自然也不发生价金风险负担问题。即使事后买受人表达愿意购买的意愿,也不发生溯及力,给付风险已由出卖人负担,出卖人仍须另行给付标的物,买受人支付价款,亦不产生价款风险负担的问题。对此,《民法典》采纳了第二种构成,即标的物在试用期内毁损、灭失的风险由出卖人承担(《民法典》第640条)。而对于试用买卖的价金风险何时发生移转的问题,应依试用买卖的法律结构判断,即买受人向出卖人作出同意购买标的物的意思表示时,风险才发生移转。[235] 当然,从风险负担规则一般原理来看,风险负担的前提应以对待给付义务的存在为前提。在试用承认之前,买受人并无价金支付义务。故《民法典》第640条似乎并无必要。当然,即使毁损灭失等,标的物等有相关代偿利益时,买受人可以通过承认而取得此等利益,但若依代偿利益的取得为前提,此时价款风险由出卖人承担并不合理。因此,从体系上来说,该条旨在表明毁损灭失时买受人不负价款支付义务,若同意购买,则需另行支付价款,出卖人亦需另行提供给付。

试用买卖的买受人在试用期内可以购买标的物,也可以拒绝购买。试用期限届满,买受人对是否购买标的物未作表示的,视为购买。试用买卖的买受人在试用期内已经支付部分价款或者对标的物实施出卖、出租、设立担保物权等行为的,视为同意购买(《民法典》第638条)。买受人的"承认",系观念通知,为准法律行为,其法律效果依法律规定。[236] 买受人的承认,亦可通过法律拟制。作为《民法典》第140条的例外,《民法典》第638条明确规定沉默得以视为购买;支付部分价款或实施出卖等行为亦视为"同意购买"。在立法语言表达上,《民法典》第638条第2款"视为同意购买"不同于《民法典》第638条第1款规定的"视为购买",旨在强调第2款可推知当事人"同意"之意思表示。[237] 之所以得以将特定的行为拟制为"同意购买",是因为按照日常生活经验法则,买受人得以通过支付部分价款的方式来表示对标的物的认可;且标的物在试用期内买受人并无处置标的物的权利,其实施出卖、出租等行为显然是将标的物视为自己之物。[238] 但对于支付价款等行为的"法律拟制",应当理解为"法律推定"。原因在于,若买受人实施了此等行为,但出卖人与买受人另行约定不以此等行为视为"同意购买"亦无妨。此处的"视为同意购买",只是意思表示解释之结果,若有相反证据证明则可以推翻该结果。[239]

若买受人拒绝购买,致使所附条件不成就,合同不发生效力。试用标的物仍属于出卖人所

---

〔235〕 黄薇主编:《中华人民共和国民法典解读:合同编》(上册),中国法制出版社2020年版,第614页。

〔236〕 崔建远:《合同法》(第4版),北京大学出版社2021年版,第468页;韩世远:《合同法学》(第2版),高等教育出版社2022年版,第366页。但也有学说认为为意思表示,含有效果意思,如王利明:《合同法研究》(第2版第3卷),中国人民大学出版社2015年版,第160页。另有认为是需受领之意思表示,如谢鸿飞、朱广新主编:《民法典评注:合同编 典型合同与准合同》(第1册),中国法制出版社2020年版,第220页。

〔237〕 谢鸿飞、朱广新主编:《民法典评注:合同编 典型合同与准合同》(第1册),中国法制出版社2020年版,第221页。

〔238〕 黄薇主编:《中华人民共和国民法典解读:合同编》(上册),中国法制出版社2020年版,第608页。

〔239〕 谢鸿飞、朱广新主编:《民法典评注:合同编典型合同与准合同》(第1册),中国法制出版社2020年版,第222页。

有,买受人应当予以返还。除非有明确约定,无论拒绝购买或承认购买,出卖人均无权请求买受人支付标的物使用费(《民法典》第639条)。在1999年原《合同法》起草过程中,曾有建议应当支付标的物使用费,但最终没有被采纳。其理由在于,若规定出卖人的“标的物使用费请求权”,将难以保障买受人充分地行使购买与否的选择权,从而违背了试用买卖的本质。故试用期间标的物的损耗原则上由出卖人自行承担,出卖人无权要求买受人支付标的物在试用期内的使用费,除非当事人有特别约定。从体系上来说,该条为《民法典》第157条法律行为不发生效力返还规则的例外。依《民法典》第157条,因法律行为确定不发生效力后,因该行为取得的财产,包括使用利益在内,应当予以返还,但这与试用买卖之本质不符,故《民法典》第639条特别规定不得请求使用费。

五、竞争买卖

竞争买卖,指的是在合同成立过程中导入了竞争机制的买卖。《民法典》对此规定了参引性规范,即“招标投标买卖的当事人的权利和义务以及招标投标程序等,依照有关法律、行政法规的规定”(《民法典》第644条);“拍卖的当事人的权利和义务以及拍卖程序等,依照有关法律、行政法规的规定”(《民法典》第645条)。《招标投标法》及《招标投标法实施条例》等规定了特殊的缔约程序,并规定了特定的适用范围以及交易方式的竞争性。《拍卖法》规定了拍卖,即通过公开竞价的方式,将特定物品或者财产权利转让给最高应价者。关于拍卖成交,究竟是在拍卖人与竞买人之间成立买卖合同,还是在委托人(出卖人)与竞买人之间成立买卖合同关系,存在争议。[240] 拍卖成交时的买卖合同当事人是委托人(出卖人)还是拍卖人,需依委托人与拍卖人之间有无代理之意思以及《拍卖法》的具体规范予以判断。[241] 例如,关于《拍卖法》第40条第1款(买受人未能按照约定取得拍卖标的的,有权要求拍卖人或者委托人承担违约责任)的理解问题,有释义书认为,若拍卖人以委托人名义出卖,则依《民法典》第162条代理处理;若拍卖人以自己名义出卖或者开展名义不明的出卖时,则根据买受人“知悉”与否适用《民法典》第925条、第926条处理。而关于《拍卖法》第61条第1款(拍卖人、委托人违反《拍卖法》第18条第2款、第27条的规定,未说明拍卖标的的瑕疵,给买受人造成损害的,买受人有权向拍卖人要求赔偿;属于委托人责任的,拍卖人有权向委托人追偿)的理解,该释义书认为拍卖人对竞买人的瑕疵说明义务和成功竞买人的佣金支付义务符合中介合同的特征,《拍卖法》第61条第1款可视为《民法典》第962条的特殊规定。[242]

另外,虽然《民法典》第644条与第645条均规定“依照有关法律、行政法规的规定”,但并

---

[240] 例如,有主张在出卖人与竞买人之间成立买卖合同者,如黄薇主编:《中华人民共和国民法典解读:合同编》(上册),中国法制出版社2020年版,第634页;王利明:《合同法:上册》(第2版),中国人民大学出版社2021年版,第395页。亦有主张《拍卖法》的默认规则是在拍卖人与买受人之间成立拍卖合同(买卖合同)者,如韩世远:《合同法学》(第2版),高等教育出版社2022年版,第370页。

[241] 黄茂荣认为,拍卖人究竟为出卖人或只是代理人,视拍卖人是否表明代理意旨而定。当其表明代理意旨,拍卖人即非出卖人,其委任人方始为出卖人。反之,如未表明代理意旨,拍卖人即为出卖人。参见黄茂荣:《买卖法》(增订7版),台北,植根法学丛书编辑室2015年版,第791页。

[242] 最高人民法院民法典贯彻实施工作领导小组主编:《中华人民共和国民法典合同编理解与适用(二)》,人民法院出版社2020年版,第1121页。

不意味着其排斥《民法典》的适用。《招标投标法》《拍卖法》等有关法律、行政法规未作规定的,《民法典》作为一般法,在特别法没有规定时均得以适用。[243]《民法典》与《拍卖法》之间并不是完全割裂的,应结合规范意旨具体分析其具体的适用。以《拍卖法》第 61 条第 2 款与《民法典》第 618 条之间的关系为例可资说明。《拍卖法》第 61 条第 2 款规定,"拍卖人、委托人在拍卖前声明不能保证拍卖标的的真伪或者品质的,不承担瑕疵担保责任"。但与此不同,依《民法典》第 618 条的规定,即使存在免责条款,出卖人故意或者重大过失不告知买受人标的物瑕疵的,出卖人也无权主张减轻或免除责任。在文义上,似乎赋予了拍卖人和委托人在拍卖情形中的优待,即使其知道标的物瑕疵而故意或重大过失不告知,"不保真条款"亦能使其免责。但事实并非如此。例如,《拍卖管理办法》第 43 条第 2 款规定,"拍卖企业、委托人在拍卖前声明不能保证拍卖标的真伪或者品质的,不承担瑕疵担保责任(以下简称免责声明)。但是拍卖企业、委托人明确知道或应当知道拍卖标的有瑕疵时,免责声明无效"。虽然商务部规章能否就此作出规定尚有商榷的余地,但学界也多支持这一结论。学理上也有主张,拍卖人主观上恶意时不可免责,[244]也有学者主张,"此时免除瑕疵担保责任的格式条款可因违反原《合同法》第 40 条无效;此类免责条款有效时,根据原《民法总则》第 132 条,明知或应知瑕疵的拍卖人对其援用也构成滥用民事权利"。[245]

---

[243] 谢鸿飞、朱广新主编:《民法典评注:合同编　典型合同与准合同》(第 1 册),中国法制出版社 2020 年版,第 249 页;最高人民法院民法典贯彻实施工作领导小组主编:《中华人民共和国民法典合同编理解与适用(二)》,人民法院出版社 2020 年版,第 1118 页。

[244] 葛伟军:《论艺术品拍卖中的不保真条款》,载《法律适用》2020 年第 11 期。

[245] 武腾:《拍卖人的信息提供义务与担保责任——从居间商的法律地位出发》,载《法律科学(西北政法大学学报)》2017 年第 6 期。

第二章　供用电、水、气、热力合同

供用电合同是持续性合同的一种，虽然其标的物“电力”属于能源，而并非“有体物”，但多被认为是一种特殊的买卖。[1] 但因其在合同缔结、具体权利义务内容方面与买卖合同存在不少差异，且供用电等已成为现代社会使用率极高、极为普通的合同，再加之原《经济合同法》等供用电合同亦已作规定，故原《合同法》及《民法典》均将其作为一类典型合同单独规定。[2]《民法典》“典型合同”部分在“买卖合同”之后规定，亦表明其与买卖合同之间的密切联系。《民法典》第648～656条对该典型合同作了规定。但值得注意的是，此类合同因其标的物的特殊性，国家多有管制，且随着电力体制改革、碳中和碳达峰纳入生态文明建设整体布局以及随着能源法制体系建设的推进，相关的法律规范体系亦在逐步变化之中。除了《民法典》供用电合同一章，多存在特别法规定。例如，《电力法》等对供用电合同亦有规范。《民法典》合同编第十章虽然名为“供用电、水、气、热力合同”，但其规定多为供用电合同的内容，只是在其第656条规定“供用水、供用气、供用热力合同，参照适用供用电合同的有关规定”，故本章亦以供用电合同为中心介绍相关内容。

第一节　供用电、水、气、热力合同的特色

一、供用电合同的概念

供用电、水、气、热力合同，是指一方提供电、水、气、热力供另一方利用，另一方支付对价的合同。此等“对价”，虽然在日常生活中常用“电费”“水费”等称呼，但与民法学意义上的“费用”有别，而是对价意义上的价金。《民法典》第648条对供用电合同作了定义，即“供用电合同是供电人向用电人供电，用电人支付电费的合同”。供用电合同属于单一合同，而非多个合同的集合；属于双务、有偿合同；其给付为持续性给付。亦有学者将其特点概括为以下几个方面：客体具有特殊性，其标的物为特殊的物；主体具有特殊性，在我国，合同的一方当事人通常都是专门的社会公共服务机构；标的物具有公益性；合同形式上具有格式性；履

---

〔1〕 韩世远：《合同法学》（第2版），高等教育出版社2022年版，第378页；谢鸿飞、朱广新主编：《民法典评注：合同编典型合同与准合同》（第1册），中国法制出版社2020年版，第260页。部分教科书甚至将其作为“买卖合同”一章的一节予以对待（参见王利明：《合同法》，中国人民大学出版社2015年版，第306页）。

〔2〕 魏耀荣等：《中华人民共和国合同法释论》（分则），中国法制出版社2000年版，第94页。

行上具有持续性;具有双务、有偿、诺成性。[3] 另外,亦有学说将其归纳为公用性、公益性、继续性、合同终止的非溯及性等特点。[4]

二、供用电合同的制度特色

在规范配置上,供用电合同具有诸多特色。

(一)缔约规则的特殊性

供用电合同具有强制缔约的特点。《电力供应与使用条例》第 8 条第 2 款规定,一个供电营业区内只设立一个供电营业机构。故用电人对于供电人没有选择性,有强制缔约要求。这也是《民法典》第 494 条第 3 款的体现。为此,《民法典》第 648 条在原《合同法》基础上增加第 2 款规定,即"向社会公众供电的供电人,不得拒绝用电人合理的订立合同要求"。对此,《电力法》第 26 条第 1 款亦规定,供电营业区内的供电营业机构,对本营业区内的用户有按照国家规定供电的义务;不得违反国家规定对其营业区内申请用电的单位和个人拒绝供电。另外,《电力供应与使用条例》第 23 条规定:"申请新装用电、临时用电、增加用电容量、变更用电和终止用电,均应当到当地供电企业办理手续,并按照国家有关规定交付费用;供电企业没有不予供电的合理理由的,应当供电……"违反强制缔约义务的,应承担缔约过失责任。也有学者认为,对于供电等已定型化的业务,基于经营者负担有法定的缔约义务,并基于相对人缔约的意思,法院也可以认定合同成立,使经营者因此负担合同上的给付义务。[5] 不仅如此,强制缔约义务的存在,使相关合同的解除亦可能受到强制缔约义务的影响,限制强制缔约义务人的解除权,在司法实践中对此亦有部分反映。[6]

(二)合同解释规则的特殊性

供用电合同的解释,除了依《民法典》第 466 条及《民法典》第 142 条意思表示解释规则以外,尚需考虑其格式条款缔约的特殊性,应当遵循《民法典》第 498 条规定的格式条款解释规则,即对格式条款的理解发生争议的,应当按照通常理解予以解释。对格式条款有两种以上解释的,应当作出不利于提供格式条款一方的解释。格式条款和非格式条款不一致的,应当采用非格式条款。当然,此等解释规则仅适用于供用电、水、气、热力合同中的格式条款,对于供用企业依据特殊使用者的个性需要而签订的非格式合同条款并不适用。

(三)效力规则的特殊性

主要体现在供用电合同履行的特殊性。与经由义务人的一次交付行为即可完成合同履行的合同不同,供用电、水、气、热力合同为持续性供给合同。[7] 但与租赁等持续性给付不同,供用电合同是在一定期间或不定期间内继续地供给一定种类物品的买卖。供用电合同并非像租赁合同那样属于单一、长期存续的合同,而是更类似于单次的买卖合同持续地被反复履行。与

---

〔3〕 王利明:《合同法》,中国人民大学出版社 2015 年版,第 307 ~ 308 页。

〔4〕 崔建远:《合同法》(第 4 版),北京大学出版社 2021 年版,第 469 ~ 470 页。

〔5〕 韩世远:《合同法学》,高等教育出版社 2010 年版,第 421 页。

〔6〕 高尔夫(南京)房地产有限公司诉吴某梅供用热力合同案,载《最高人民法院公报》2012 年第 12 期。该案的评析参见周江洪主编:《合同法案例研习》,法律出版社 2019 年版,第 332 页。

〔7〕 韩世远:《合同法学》(第 2 版),高等教育出版社 2022 年版,第 376 页。

分期交付合同亦不同，分期交付合同自始有一个确定的总给付存在，但分期履行中，每一期的给付仅是部分给付而已。反之，在供用电等合同中，其依一定时间而提出的给付不是总给付的部分，而是具有经济上及法律上的某种独立性。

通常认为，因供用电合同履行上的特殊性，会产生以下效力：一是在合同存续中，一方个别给付的不履行可能构成同时履行抗辩权的参照适用。因此，电、水、气、热力的使用者若迟延支付价金，则电、水、气、热力的供给者在符合条件时可以依法拒绝提供后续给付，且不负给付迟延责任，但能否“向后抗辩”也会有一些例外规定或约定。这种“向后抗辩”的效力，除了可参照适用《民法典》第 633 条第 2 款分批交付得以解释出相应效力以外，电力领域的相关规定对此亦予以直接规定。例如《电力供应与使用条例》第 39 条规定，违反本条例第 27 条规定，逾期未交付电费的，供电企业可以从逾期之日起，每日按照电费总额的 1‰至 3‰加收违约金，具体比例由供用电双方在供用电合同中约定；自逾期之日起计算超过 30 日，经催交仍未交付电费的，供电企业可以按照国家规定的程序停止供电。二是若供用电、水、气、热力合同因各种原因终止之时，其效力仅能向将来发生，而不溯及过去。从比较法上来看，亦有将供用电合同纳入回归性给付的见解，即在电、气、水供应合同以及在电信服务合同中，除交付由消费者收取的数量之外，供给企业还应处于随时准备交付的状态之下。这就是说，即使现在没有任何消费，该企业也在“给付”。在价格表中，这种双重给付一方面反映在单纯因处于给付状态而收取的基本费用之中，另一方面反映在所收取的数量单位的价款之中。这种供应合同有时亦被称为回归性债务关系，这是基于下述理念，即在此种合同中，在基本关系的框架范围之内，随着每一次的消费，或者至少在每一个结算期之内，都有一个新的债务关系成立。这一架构有其历史成因，但在德国其成因已因《支付不能法》第 105 条而过时。另外，对于供给企业时刻处于交付准备状态这一事实，该概念也没有给予考虑。据此，梅迪库斯认为，就此类合同应当完全摒弃这一概念。〔8〕 当然，在我国司法实践中，至少在诉讼时效领域，并未如此归类和细分。〔9〕

但值得注意的是，不定期持续性合同的随时解除（《民法典》563 条第 2 款）在供用电合同领域应受到适当限制。因供用电合同涉及强制缔约，且对于终止供电存在诸多特别规定，故原则上不适用不定期持续性合同的随时解除制度。

（四）内容确定的特殊性

供用电、水、气、热力合同具有公益性，即这类合同不只是为了供应方从中得到利益，而主要是为了满足人民生活的需要。公用供用电企业并非纯粹是以营利为目的的企业，而是以促进公共生活水平等公益事业为重要目标的企业。为了保证这类合同目的的实现的持续性和稳定性，国家对电、水、气、热力合同的供应往往有很强的计划性和管制性。以电价为例，尽管《民法典》第 654 条第 1 款规定，用电人应当按照国家有关规定和当事人的约定及时交付电费；《电力供应与使用条例》第 6 条也规定，供电企业和用户应当根据平等自愿、协商一致的原则签订供用电合同。但这并不意味供用电合同中的电价是协商自由的。《电力法》第五章就电价与电费专门作出了规定。如第 35 条第 2 款规定：“电价实行统一政策，统一定价原则，分级管理。”《电

〔8〕 ［德］迪特尔·梅迪库斯：《德国债法总论》，杜景林、卢谌译，法律出版社 2004 年版，第 13 页。

〔9〕 周江洪：《定期履行租金债权诉讼时效期间的起算规则》，载周江洪、陆青、章程主编：《民法判例百选》，法律出版社 2020 年版，第 126 页。

力法》第36条规定,“制定电价,应当合理补偿成本,合理确定收益,依法计入税金,坚持公平负担,促进电力建设”。国家实行分类电价和分时电价,分类标准和分时办法都是由国务院确定的。对同一电网内的同一电压等级、同一用电类别的用户,执行相同的电价标准(《电力法》第41条)。《电力法》明确规定,任何单位不得超越电价管理权限制定电价,供电企业不得擅自变更电价(《电力法》第43条)。除法律、行政法规另有规定的,禁止任何单位和个人在电费中加收其他费用;地方集资办电在电费中加收费用的,由省、自治区、直辖市人民政府依照国务院有关规定制定办法;禁止供电企业在收取电费时,代收其他费用(《电力法》第44条)。实际上,在确定履行标的数量等情形时,在证明责任的分配上也会考虑到该类合同的公共服务性质。例如,有法院裁判就认为,“在供水合同关系中,供水方自来水公司承担的安装、更换、维修水表以及供水等义务是一种公共服务。用水方系被动接受水表和计量结果。水表更换前后,在用水方生产量基本不变且无管道跑水故障的情况下,水表显示用于生产的用水量却大幅增加,有悖常理。由此引发争议时,人民法院应当根据民事诉讼证明原则和日常经验法则,对案件事实作出综合判断并公平合理地确定计算方法和损失数额”〔10〕。当然,1981年原《经济合同法》中的供用电合同在某些方面体现了计划经济的特点,但随着电力体制深化改革的进行,政府对能源的监管方式正在逐步改变,电力业务许可证的发放等也进行了改革。〔11〕因此,随着改革的进一步深入,供用电合同等相关规制亦可能会有所变化,值得关注。

■ 思考|合同的特点与合同的性质决定

合同的性质决定应依双方约定的给付义务确定。某类合同的特点只是辅助论证合同性质的工具,但不是充分的要件。司法实践中,有法院针对当事人关于买卖合同还是供用气合同的定性争议,认为“据双方签订的《液化天然气长期供应协议》的约定,实华燃气公司向晋江建材公司供应天然气,晋江建材公司向实华燃气公司支付气款,符合天然气买卖合同的法律特征,此类买卖合同的标的物是天然气,天然气价是执行市场价格,与根据政府定价的供应气合同不同,因此,一审法院将本案案由确定为买卖合同并无不当”〔12〕。该判断实质上混淆了合同的特点与合同的性质决定,供应气合同虽然通常具有政府定价的特点,但并不等于执行市场定价的不是供应气合同。当然,该案也在另外一个层面反映了供用气合同作为一种特殊的买卖的特点,其区别于买卖合同的特点在于标的物的特殊性和给付方式的不同,而不是定价方式的不同。

---

〔10〕 盐城市天孜食品有限公司诉盐城市自来水有限公司供用水合同纠纷案,载《最高人民法院公报》2020年第3期。

〔11〕 黄薇主编:《中华人民共和国民法典解读:合同编》(上册),中国法制出版社2020年版,第646页。

〔12〕 福建省晋江市火炬建材有限公司、江西实华燃气集团有限公司买卖合同纠纷案,江西省高级人民法院(2020)赣民终998号民事判决书。

第二节 供用电合同的成立与效力

一、供用电合同的成立

（一）主体资格

用电人主体资格无特殊限制。但依《电力法》规定，用电人须是处在供电人供电营业区的自然人、法人或非法人组织等。与用电人主体资格无特别限制不同，供电人的主体资格存在限制，仅限于依法取得供电营业资格的企业或单位。但是，对于未取得供电营业许可证的供电人对外签订的供用电合同效力问题，法院并不否定其合同效力。2009 年《电力法》第 25 条曾规定供电营业区的设立、变更，需申请供电营业许可证。2018 年《电力法》第 25 条则将其修改为供电营业区的设立、变更需申请电力业务许可证。但是否取得此等许可证而供电，并不影响供用电合同的效力。最高人民法院也曾对此作出明确答复，认为该规定系国家为了保障电力安全有序供应，防止不正当竞争，对我国供电营业区实行许可证管理的法律法规。当事人在未取得供电营业许可证的情况下为他人供电，虽属违反国家有关供电营业区许可证管理制度的违法行为，但并不绝对地损害国家利益或者社会公共利益，故不应仅因当事人未取得《供电营业许可证》而认定其对外签订的供用电合同无效。[13]

（二）强制缔约

《电力法》第 26 条第 1 款规定："供电营业区内的供电营业机构，对本营业区内的用户有按照国家规定供电的义务；不得违反国家规定对其营业区内申请用电的单位和个人拒绝供电。"《民法典》第 648 条第 2 款亦予以规定。但该规定非完全性规范，并未规定违反该规定时的法律后果，有待解释。在私法上，可以参照缔约过失责任或判决强制缔约。在公法上，《电力法》第 64 条也规定了相关的责任，即违反本法第 26 条、第 29 条规定，拒绝供电或者中断供电的，由电力管理部门责令改正，给予警告；情节严重的，对有关主管人员和直接责任人员给予行政处分。

案 例 吴某与国网重庆市电力公司供用电合同纠纷案[14]

■ 基本案情

吴某系重庆市巴南区新市街的商业门面业主。吴某于 2018 年 4 月 8 日去电力公司巴南营业厅申请低压非居民供电，电力公司巴南营业厅以专变供电，不具备装表条件为由拒绝了吴某的申请。后吴某又向电力公司南岸供电分公司以及重庆电网公司提出申请和反映情况。两家单位均以《电力供应与使用条例》第 20 条第 1 款（供电方式应当按照安全、可靠、经济、合理和

〔13〕 最高人民法院《关于对未取得供电营业许可证的供电人对外签订供用电合同效力问题请示的答复》，〔2013〕民二他字第 1 号（2013 年 4 月 25 日）。

〔14〕 重庆市第五中级人民法院民事判决书，（2019）渝 05 民终 5449 号。

便于管理的原则,由电力供应与使用双方根据国家有关规定以及电网规划、用电需求和当地供电条件等因素协商确定)为依据,拒绝了吴某的申请。另查明,重庆电网公司分别于2011年12月29日和2013年3月12日与案涉房屋的开发商重庆宸琪实业发展有限公司签订《高压供用电合同》,统一对包括吴某商业门面在内的巴南区新市街赛豪大酒店及其周围商业门面供电。案涉房屋所在的楼层除案涉房屋外,均已通电。审理过程中,吴某陈述,案涉房屋系拍卖所得,开发商和物业公司要求其支付10万元方能通电。

■ 法院裁判

本案的主要争议焦点是:重庆电网公司是否还应向案涉房屋提供吴某所诉请的电力。首先,重庆电网公司在吴某取得案涉房屋所有权之前,就包括该房屋在内的原所有权人即开发商在该区域所建设的所有房屋,已经与该开发商签订了供用电合同并对相应的所有房屋进行了供电。重庆电网公司对案涉房屋已经尽到了其履行向用电主体提供适格电力供应的义务。其次,案涉房屋系吴某通过司法拍卖取得并已经履行了相应的对价给付义务且已经取得该房屋的所有权。但是,吴某从开发商处基于受让取得所有权后,因开发商的原因导致该房屋原本接通的供电系统被停止通电,没有证据证明该被停止通电的行为系重庆电网公司所为,或者系重庆电网公司授权所为,将其法律后果归于重庆电网公司难言公允。该房屋被停止通电,其根本原因在于开发商履行向吴某交付房屋的行为是否适当、是否符合合同目的的问题,并非在于供电合同履行是否适当或重庆电网公司是否履行强制缔约义务的问题。最后,吴某申请重庆电网公司另行独立为其提供非居民低压用电,明显是重复要求提供不同供电系统,并不符合《电力供应与使用条例》第20条的规定。在重庆电网公司已经向案涉房屋提供了相应的供电方式的情况下,吴某另行申请提供其他供电方式,显然不符合该条"经济、合理和便于管理"的原则。此外,对于吴某受让案涉房屋所有权后长达几年没有正常通电,对其造成的影响,无法在本案中得到处理,吴某可寻求适当的途径予以解决。

(三)合同条款

供用电合同的内容一般包括供电的方式、质量、时间,用电容量、地址、性质,计量方式,电价、电费的结算方式,供用电设施的维护责任等条款(《民法典》第649条)。实践中常见的供用电合同主要有高压供用电合同、低压供用电合同、临时供用电合同、趸购电合同、委托转供电协议、居民供用电合同等。对于特定需求的供用电合同,除了供电人的安全合格供电义务以外,实践中也有法院裁判对用电人科加了相互协作的义务。例如,有民事裁定书认为,"因中水化工公司用电所生产的电石产品对于用电质量具有较高要求的特殊性,中水化工公司在签订供用电合同时应知这一特殊性,其应当在签订供用电合同前对威宁供电局的供电能力以及所能够提供的电力质量进行必要的考察论证等可行性调查,在供用电合同履行过程中出现供电质量不符合其要求时应当及时向供电方提出整改要求,不能以此认定减损义务应归于供电方威宁供电局"[15]。

---

〔15〕 贵州省威宁县中水化工有限责任公司、贵州电网有限责任公司毕节威宁县供电局供用电合同纠纷再审审查与审判监督案,最高人民法院(2019)最高法民申795号民事裁定书。

二、供用电合同的效力

(一)供电人义务

1. 安全、合格供电的义务

供电人应当按照国家规定的供电质量标准和约定安全供电。供电人未按照国家规定的供电质量标准和约定安全供电,造成用电人损失的,应当承担赔偿责任(《民法典》第651条)。《电力法》第59条也规定,"电力企业或者用户违反供用电合同,给对方造成损失的,应当依法承担赔偿责任。电力企业违反本法第二十八条、第二十九条第一款的规定,未保证供电质量或者未事先通知用户中断供电,给用户造成损失的,应当依法承担赔偿责任"。

供用电合同的履行地点,按照当事人约定;当事人没有约定或者约定不明确的,供电设施的产权分界处为履行地点(《民法典》第650条)。供用电合同履行地点在约定不明确时,《民法典》供用电合同章并未援引《民法典》第511条规定,而是以产权分界处作为履行地点。之所以以产权分界处作为履行地点,乃是因为供用电合同的履行与其他货物买卖合同的履行不同。电力的生产、供应与使用同时进行,表现为电流的不间断流动,供用电合同的履行因此具有特殊性,很难用《民法典》第511条予以确定。而且,随着电力设施投资多元化的发展,实践中也已形成了以供电设施的产权分界处作为合同履行地点的习惯。[16] 另外,《供电营业规则》(原电力工业部1996年第8号令)第47条虽然没有规定"产权分界处",但规定了"责任分界点",该"责任分界点"对于供用电合同履行地的认定具有参考作用。[17]

在特定情形下,亦可免除供电人的连续供电义务。如临时检修、违法用电情形或者拒交电费情形。例如,《民法典》第652条规定,"供电人因供电设施计划检修、临时检修、依法限电或者用电人违法用电等原因,需要中断供电时,应当按照国家有关规定事先通知用电人"。《民法典》第654条第1款规定,"用电人应当按照国家有关规定和当事人的约定及时支付电费。用电人逾期不支付电费的,应当按照约定支付违约金。经催告用电人在合理期限内仍不支付电费和违约金的,供电人可以按照国家规定的程序中止供电"。关于"合理期限"的确定,司法实践中常援引《电力供应与使用条例》第39条规定的"逾期30日"予以确定,即"逾期未交付电费的,供电企业可以从逾期之日起,每日按照电费总额的1‰至3‰加收违约金,具体比例由供用电双方在供用电合同中约定;自逾期之日起计算超过30日,经催交仍未交付电费的,供电企业可以按照国家规定的程序停止供电"(《电力供应与使用条例》第39条)。[18] 但如后所述,即使该种情形,供电人也应当履行断电通知义务(《民法典》第654条第2款)。

《供电营业规则》第66条第1款也规定了因用电人违法用电而中止供电的情形,需经批准方可中止供电,即"在发供电系统正常情况下,供电企业应连续向用户供应电力。但是,有下列情形之一的,须经批准方可中止供电:1. 对危害供用电安全,扰乱供用电秩序,拒绝检查者;2. 拖欠电费经通知催交仍不交者;3. 受电装置经检验不合格,在指定期间未改善者;4. 用户注

---

〔16〕 魏耀荣等:《中华人民共和国合同法释论》(分则),中国法制出版社2000年版,第105页。

〔17〕 最高人民法院民法典贯彻实施工作领导小组主编:《中华人民共和国民法典合同编理解与适用(二)》,人民法院出版社2020年版,第1148页。

〔18〕 广西罗城伟隆煤业有限公司、罗城供电有限公司供用电合同纠纷再审案,最高人民法院(2018)最高法民再172号民事裁定书。

入电网的谐波电流超过标准,以及冲击负荷、非对称负荷等对电能质量产生干扰与妨碍,在规定限期内不采取措施者;5. 拒不在限期内拆除私增用电容量者;6. 拒不在限期内交付违约用电引起的费用者;7. 违反安全用电、计划用电有关规定,拒不改正者;8. 私自向外转供电力者”。但在不可抗力或紧急避险的情形下,或者确有窃电行为的,不经批准即可中止供电,但事后应报告本单位负责人(《供电营业规则》第 66 条第 2 款)。

违反安全合格供电义务应当承担违约责任。关于损害赔偿的范围,实践中常会因限额赔偿条款的存在而产生争议,法院判决往往排除限额赔偿条款的适用。例如,“国网安徽省电力有限公司淮南供电公司、安徽泓祥百福食品有限公司供用电合同纠纷案”[19]中,淮南供电公司辩称,根据供用电合同,如果明确了是淮南供电公司的责任,就应该按照合同中的第 37 条第 2 款赔偿,最高赔偿限额为用电人在电能质量不合格的时间段内实际用电量和对应时段的平均电价乘积的 20% 。一审法院认为,“该合同条款是对供电人违约责任的约定,本案中,熔断器跌落不仅造成了泓祥公司履行利益的损失,还造成了其他利益的损害,即 17 台设备被烧毁,所以淮南供电公司还需要负担泓祥公司的其他损失。另外,该合同系淮南供电公司提供的格式合同,限制了泓祥公司获得赔偿的权利,没有进行特殊说明,按照该合同条款的约定,明显不能弥补泓祥公司的损失,故该合同条款在本案中不适用,淮南供电公司应分担泓祥公司损失的 50% 。”对此,二审法院认为,“本案中,根据双方签订的供用电合同约定,淮南供电公司负有在电力系统处于正常运行状况下向用电人受电点供用符合国家规定标准电能的义务,在发供电系统正常情况下连续向用电人供电的义务。根据已查明的事实,在供用电合同履行过程中,发生了两端跌落式熔断器跌落不能正常供电的情况。而对于供电人端熔断器跌落的原因,淮南供电公司并未提供充分证据加以证明。同时,淮南供电公司亦未提供充分证据证明是泓祥公司的违约行为导致其不能连续正常供用符合合同约定的电能。因此,淮南供电公司应按照合同约定承担违约责任。由于涉案线路发生故障,导致泓祥公司机器设备的电机被烧毁产生损失,依照上述规定,淮南供电公司应依法赔偿泓祥公司损失。一审判决认定淮南供电公司应承担泓祥公司损失并无不妥,但本案是合同纠纷,一审判决以公平原则划分责任比例欠妥”。

因第三人原因停止供电之情形,还会涉及第三人的责任问题,尤其是第三人是否承担纯粹经济损失赔偿责任的问题。对于反射损害型的“物之使用不能”类的纯粹经济损失,在立法没有明确规制的情况下,司法实践中已形成一般不予赔偿的裁判规则。[20]

另外,实践中还会出现供电人因配合行政执法而断电的情形。供电人配合行政执法停电作为行政行为的辅助实施行为,是具体行政行为的组成部分,并非独立的民事行为。配合行政执法停电往往是在用电人经营失去合法依据、产生的利益并非合法权益的前提下进行的。因此,相应的法律责任应由实施具体行政行为的行政机关承担,而非供电人。供电人不因配合行政执法停电而与用电人直接产生法律上的权利义务关系。用电人对配合行政机关执法的停电行为有异议的,应通过行政复议或行政诉讼的方式维护自身合法权益。[21]

---

〔19〕 安徽省淮南市中级人民法院民事判决书,(2021)皖 04 民终 1096 号。

〔20〕 李昊:《纯粹经济损失的侵权责任法保护》,载周江洪、陆青、章程主编:《民法判例百选》,法律出版社 2020 年版,第 459 页。

〔21〕 王轶等:《中国民法典释评:合同编典型合同》(上卷),中国人民大学出版社 2020 年版,第 105 ~ 106 页。

2. 断电通知义务

供电人因供电设施计划检修、临时检修、依法限电或者用电人违法用电等原因，需要中断供电时，应当按照国家有关规定事先通知用电人；未事先通知用电人中断供电，造成用电人损失的，应当承担赔偿责任（《民法典》第652条）。关于具体的通知方式和通知时限等，《电力供应与使用条例》第28条及《供电营业规则》第67～68条作出了详细的规定。例如，《电力供应与使用条例》第28条规定，除本条例另有规定外，在发电、供电系统正常运行的情况下，供电企业应当连续向用户供电；因故需要停止供电时，应当按照下列要求事先通知用户或者进行公告：(1)因供电设施计划检修需要停电时，供电企业应当提前7天通知用户或者进行公告；(2)因供电设施临时检修需要停止供电时，供电企业应当提前24小时通知重要用户；(3)因发电、供电系统发生故障需要停电、限电时，供电企业应当按照事先确定的限电序位进行停电或者限电。引起停电或者限电的原因消除后，供电企业应当尽快恢复供电。

断电通知义务在特定情形下亦得以免除。例如，因不可抗力或者电力线路故障等原因导致电力中断的被动断电情形，通常无法事先通知。在实践中，窃电行为是否得以未经通知中断供电，亦会产生纠纷。有法院判决认为，在供电公司工作人员发现用电单位有盗窃电力嫌疑的情况下，虽然窃电行为是否实际由用电单位实施并不清楚，但为了防止窃电行为继续发生，避免损失进一步扩大，因此供电公司工作人员有权按照法律规定当场停止供电。[22] 但是，对于逾期不交付电费时的中止供电，虽然《供电营业规则》第66条规定可以不经批准即可中止供电，但《民法典》第654条第2款明确规定此种情形的中止供电，仍然应当事先通知用电人（《民法典》第654条第2款）。

3. 及时抢修义务

因自然灾害等原因断电，供电人应当按照国家有关规定及时抢修；未及时抢修，造成用电人损失的，应当承担损害赔偿责任（《民法典》第653条）。与断电通知义务的违反不同的是，断电通知义务通常是主动断电；而从《民法典》第653条的及时抢修义务来看，其更多的是被动断电情形下的抢修。即使是不可抗力引起的断电，供电人也同样负有及时抢修的义务。若是因为供电人原因（如未及时检修设备而导致设备故障）断电，其虽然亦负有抢修的义务，但其首先违反的是安全、合格供电义务中内含的持续供电义务，故其损害赔偿请求权基础是《民法典》第651条，而不是及时抢修义务。从这层意义上来说，及时抢修义务仅致使安全合格供电义务的具体化。

（二）用电人义务

1. 交付电费义务

用电人应当按照国家有关规定和当事人的约定及时支付电费。用电人逾期不支付电费的，应当按照约定支付违约金。经催告用电人在合理期限内仍不支付电费和违约金的，供电人可以按照国家规定的程序中止供电（《民法典》第654条第1款）。《电力供应与使用条例》第27条第1款规定，“供电企业应当按照国家核准的电价和用电计量装置的记录，向用户计收电

---

〔22〕玉林市宝龙水泥厂诉玉林市供电公司等供用电合同案，广西壮族自治区高级人民法院(2010)桂民二终字第43号民事判决书。

费”。该条例第39条规定,违反本条例第27条规定,逾期未交付电费的,供电企业可以从逾期之日起,每日按照电费总额的1‰至3‰加收违约金,具体比例由供用电双方在供用电合同中约定;自逾期之日起计算超过30日,经催交仍未交付电费的,供电企业可以按照国家规定的程序停止供电。在实践中,亦有发生因用电量漏计而未及时交付电费之情形。此种迟延给付,因可归责于债权人之事由,不应计违约金及中止供电。例如,有法院判决认为,“实际供电过程中,因商丘供电公司原因造成部分电量漏计,对于漏计电量部分产生的电费,商丘中学仍应承担缴纳电费义务”“实际供电过程中,因商丘供电公司的原因造成部分电量漏计,为查明漏计电量而支出的鉴定费,应由商丘供电公司自行承担。结合本案中双方的过错程度及本案案情,一审法院酌定诉讼费由商丘供电公司负担基本适当”〔23〕。用电人不仅不需要计算违约金,查明相关原因的费用亦由供电人负担。

2. 安全节约计划用电义务

用电人应当按照国家有关规定和当事人的约定安全、节约和计划用电。用电人未按照国家有关规定和当事人的约定用电,造成供电人损失的,应当承担赔偿责任(《民法典》第655条)。《电力供应与使用条例》第30条则规定了用电人用户不得有危害供电、用电安全,扰乱正常供电、用电秩序的行为,第31条规定了禁止窃电行为。依《电力供应与使用条例》第40条、第41条;《供电营业规则》第100条、第102条等,用电人有违章用电、窃电行为等情形的,供电企业可以根据违章事实和造成的后果追缴电费,并按照国务院电力管理部门的规定加收电费。用电人有危害供用电安全等违约用电行为的,应承担数倍于电费或者每次若干元的违约使用费。该类违约责任的计算,并不遵循通常的违约金计算方法。为此,有学说认为,这些违约责任相当于惩罚性违约金,而非补偿性违约责任,可与损害赔偿责任并用。〔24〕 更有学者明确指出,此等规定为法定违约金,不适用司法酌减规则,司法实践中亦有法院判决支持该理论。〔25〕

---

〔23〕 国网河南省电力公司商丘供电公司、商丘中学供用电合同纠纷案,河南省商丘市中级人民法院(2021)豫14民终3260号民事判决书。

〔24〕 韩世远:《合同法学》(第2版),高等教育出版社2022年版,第383页。

〔25〕 姚明斌:《违约金论》,中国法制出版社2018年版,第407~408页。

第三章 赠与合同

赠与合同亦属于财产权利转移型的合同类型，但与买卖合同不同的是，赠与合同是无偿合同的典型。虽然没有如同《民法典》第646条一样直接规定买卖合同得以参照适用于其他有偿合同，但通过《民法典》第467条规定的无名合同得以参照适用最相类似合同的规定，《民法典》赠与合同章相关规范亦得以在某种程度上参照适用于其他无偿合同，使赠与合同成为无偿合同的"类通则"性规则。赠与合同的无偿性决定了其在合同拘束力、债务人义务的强度、注意义务及责任的轻重、合同主体的要求等各方面都会与有偿合同存在差别。例如，依《民法典》第19条规定，接受赠与等纯获利益的法律行为，即使未取得法定代理人的同意，限制民事行为能力人亦可以单独实施。

以赠与合同为代表的无偿行为在社会历史进程中曾发挥了重要的作用，但随着市场社会和交易形态的发展，赠与的功能和作用有所衰落。但值得注意的是，赠与制度的构建与特定社会的历史文化密切相关，其具体制度立足于不同的赠与观念。例如，有学者指出，日本的赠与观与欧美立足于"好意"的赠与观明显不同，其立足于"义理乃至报恩"的"义务"，尽管作为无偿契约，亦不应予以轻视。在日本，考虑到赠与作为社会润滑剂的共同体行为性质，发自义理报恩的社会性义务，亲戚之间的抚养、继承、遗产分割等目的的赠与，对赠与契约拘束力的缓和应当慎重。[1] 同样地，我国的赠与合同所立基的文化背景亦可能会影响到赠与合同制度的构成和解释。而且，随着慈善社会的发展，赠与合同制度与慈善法的联动愈加密切，赠与对于社会发展的作用和功能需要重新得到审视。

近年来对于赠与合同制度的反思值得关注，特别是赠与合同的无偿性是否为纯粹的无偿，以及赠与动机的多样性等方面的反思。与买卖合同中给付与对待给付之间构成"原因"不同，赠与的"原因"更多地隐藏在行为的目的或动机中。[2] 如作为人与人关系或者作为社会关系构成的情感因素、慈善因素、好意、伦理、答谢报恩、道德义务、宗教因素、财产继承的回避、将来回报的可能等各种动机或目的会影响赠与意思的作出，即使作为无偿行为，因形成意思决定的动机并不相同，呈现了多样化的态势，甚至有可能与买卖、互易、抚养、继承等之间存在密切的

---

〔1〕 河上正二『債権法講義[各論]18 贈与と無償契約・好意』『法学セミナー』No. 755(2017年)78頁以下。

〔2〕 也有学者主张，在合同原因理论的历史发展中，只有通过合同原因理论才能为合同效力根源问题提供充分的解释：有偿合同的约束力植根于双方允诺的交换，而无偿合同的约束力则植根于行为人自身非因交换而获得的某种利益。参见白纶：《〈民法典〉无偿合同规范模式研究——以赠与及间接赠与的法律规制为中心》，载《中国政法大学学报》2020年第1期。

联系。[3] 在处理赠与合同时，即使同为无偿合同，也应当有意识地开展类型化的思考，有意识地考量其与买卖、互易、抚养、继承等之间的法的连续性，而不应将“无偿”绝对化。除了一方面将动机纳入考量的视野、考虑各类型动机强化了赠与合同拘束力之外，另一方面则需考虑赠与动机的不同，有可能会因赠与动机不同而弱化合同的拘束力。因赠与的动机多基于上述因素，特别是在爱情、情义、伦理、道德等诸多领域具有“非法律性”的特点，在有些场合中法律应当保持谦抑，因此会影响赠与合同拘束力的强弱，甚至个别情形下也只是发生类似自然债务的最低程度的法的拘束力而已。[4] 从我国赠与合同纠纷经常出现在夫妻、同居、父母子女等关系中可以看出，赠与合同制度的未来发展，以及如何类型化处理基于不同动机的赠与已成为重要的方向之一。而且，从社会发展来看，无偿行为不仅是共同富裕社会建设中共享财富的重要法律工具，也是人们维系团结合作的渠道。即使是借助商业化的形式，无偿行为也能在商业社会中创设出某种利他的、相对稳定的社会关系，从而实现促进财产交易和提升社会团结等多元价值。[5]

我国《民法典》第 657 ~ 666 条规定了赠与合同，基本上承继了原《合同法》的规则，但也有部分完善和变化。《民法典》对“不得任意撤销的赠与”作出了完善，不仅增加了“依法不得撤销”的限定语，也增加了“助残”这一新的社会公益形式不得撤销的情形（《民法典》第 658 条、第 660 条）。同时，对于赠与人的损害赔偿责任作出了完善（《民法典》第 660 条第 2 款等）。另外，《公益事业捐赠法》就“公益事业捐赠”的概念、捐赠人的权利义务、受赠人的义务等作出了诸多规定，与《民法典》赠与合同章并不尽相同。另外，《慈善法》第四章也规定了慈善捐赠。本章就公益事业捐赠和慈善捐赠不作阐释。

第一节　赠与合同概述

一、赠与合同的概念

赠与合同是赠与人将自己的财产无偿给予受赠人，受赠人表示接受赠与的合同（《民法典》第 657 条）。

赠与合同仍然是财产移转型的赠与，表现为“财产的给予”，其本质是一方减少财产、对方获得利益；赠与人财产的减少可以表现为物的交付或权利的移转。与买卖合同“转移标的物所

〔3〕 我国法院有判决在处理附负担赠与的违约责任时，也特别考虑了当事人相互之间的身份关系，如“酌定违约赔偿数额时，不应忽视本案存在的一个特殊背景是曾某与吴某之间在订立和履行涉案合同时存在师生关系。因此，在酌定吴某对曾某的违约赔偿数额时，双方之间的特定身份关系也应当作为酌情考量的因素”（参见曾某、吴某附义务赠与合同纠纷案，最高人民法院（2021）最高法知民终 443 号民事判决书）。另外，我国也有学者关注赠与与继承之间的密切关系，主张将生前特别赠与视为继承份额的预付，继承开始后将其合算入遗产，再由继承人平均继承的遗产合算制度（参见孟烨：《生前特别赠与及遗产合算制度之构造——以民法典继承编为分析视角》，载《东方法学》2021 年第 4 期）。

〔4〕 河上正二『債権法講義［各論］18 贈与と無償契約・好意』『法学セミナー』No. 755（2017 年）78 頁以下。

〔5〕 宁红丽：《无偿合同：民法学与社会学之维》，载《政法论坛》2012 年第 1 期。

有权”不同，赠与不限于财产所有权的赠与，还可以是使对方当事人从对第三人所负债务中解放或者为他人在某物上设立物权，也可以是其他权益的赠与。如根据《民法典》第367条的规定为他人设立居住权。在司法实践中，甚至专利申请人资格也可以赠与。[6]

但如果并非给予财产，即使无偿，亦非赠与合同。如无偿为人提供劳务并不涉及财产的移转，此时可能构成无偿委托、无偿保管等。如果涉及财产移转，但该移转并非终局性，只是债权性使用收益的“赠送”，即使是无偿的，如无偿借用，亦非赠与，而是无偿合同的另一类型——借用合同。为他人提供无偿的债务担保，则可能构成设定担保物权或保证等合同类型。另外，《民法典》第658条第1款规定“赠与人在赠与财产的权利转移之前可以撤销赠与”，亦表明赠与的标的应当具有可转让性；如果是给予非财产性的或者不具有可转让性的“特殊物”，亦不构成赠与。例如，《民法典》第1006条规定的人体组成部分及遗体的捐献，虽然亦是无偿行为，但其并非财产，亦不具有可转让性，不构成赠与，应依特别法处理。

“一方减少财产、对方获得利益”亦可以表现为免除对方当事人的债务。但我国《民法典》第575条就债务的免除采取了“拒绝构成”，并非如同赠与合同的当事人的“合意”，与赠与稍有区别。但债权人与债务人以协议方式无偿消灭债务，亦可能构成赠与。

虽然《民法典》第657条规定要求赠与人赠与的是“自己的财产”，但与他人之物买卖一样，他人财产的赠与并不妨碍赠与合同的效力（当然，有可能构成重大误解，如赠与人误以为系自己的财产而赠与）。赠与人方面财产的减少并不必须要求赠与的标的事先归属于赠与人的财产，只要赠与人可以从他人处获取该赠与标的（间接给予）即可。[7] 在这方面，日本2017年债法修改已将原《日本民法典》第549条赠与合同中的“自己之财产”修改为“某物”，并不要求赠与的标的为自己的财产。但若是他人财产之赠与，是否负有取得他人权利的义务？与他人之物买卖不同，原则上不负有取得义务，但取得他人权利时负有权利移转义务。[8]

赠与合同无偿性的判断属于主观上的判断，而不管是受赠人承担负担甚至进行相对给付，只要当事人认为不具有对价意义或者对待给付义务意义的就是赠与。但值得注意的是，合同的单务性并不必然等同于合同的无偿性。如中介合同，以促成合同成立作为报酬条件，其虽为有偿，但被认为属于单务，原因在于中介人并不负积极调查等积极义务，亦不构成对待给付关系。

赠与合同的无偿性特征使其具有一些特殊的法律效果，例如，(1)减轻赠与人的担保责任（《民法典》第662条）。(2)对于不附负担的赠与，并不妨碍限制行为能力人作为受赠人签订的赠与合同的效力（《民法典》第19条、第22条）。(3)赠与构成破产撤销权和债权人撤销权的事由之一，如《企业破产法》第31条规定。《民法典》第538条也规定“债务人以放弃其债权、放弃债权担保、无偿转让财产等方式无偿处分财产权益，或者恶意延长其到期债权的履行期限，影响债权人的债权实现的，债权人可以请求人民法院撤销债务人的行为”。

---

〔6〕 曾某、吴某附义务赠与合同纠纷案，最高人民法院(2021)最高法知民终443号民事判决书。

〔7〕 韩世远：《合同法学》(第2版)，高等教育出版社2022年版，第385页。

〔8〕 日本2017年债法修改过程中曾试图明确规定该规则，但亦有部分见解对将其作为默示规则是否合适持谨慎态度，最后未能纳入该条规定。河上正二『債権法講義[各論]19 贈与契約の成立』『法学セミナー』No.756(2018年)68頁以下。

二、赠与合同的特征

(一)赠与合同是无偿合同

即使是附负担的赠与(《民法典》第661条),所附义务与赠与人的赠与之间也并不构成给付与对待给付的关系,所附义务不构成给付的“原因”,仍然是无偿的。

(二)赠与合同是双方法律行为

赠与以有当事人的合意为必要,这是赠与与遗赠、捐助行为的显著不同之处。值得注意的是,《日本民法典》第554条明确规定了区别于遗赠的“死因赠与”,但得以准用遗赠的规则,即“就因赠与人死亡而发生效力之赠与,限于不违反其性质,准用遗赠之规定”。

(三)赠与合同是不要式合同

原《合同法》未要求特定的形式,《民法典》编纂过程中有采取要式合同的建议,但未被采纳。在欧洲大陆法律制度中,赠与一般来说必须是经公证的形式,否则无效,以避免赠送人是一时的冲动或者是受赠人以吹牛或讲述令人伤心的故事引诱他人答应赠与。一项公证所包含的东西不仅能确保赠与人的意图是清楚的,并毫无疑问地制作成文件,而且保证他将就相关法律问题得到专家的告知。[9] 在日本法上,也有“书面”之要求,但并非合同成立的要件,而是规定“非书面之赠与,各当事人得解除。但履行完成部分,不在此限”(《日本民法典》第550条)。但《日本民法典》规定的“书面”并非要式合同意义层面的“书面”:一是日本的赠与合同亦是诺成性,只是非“书面”得任意解除;二是“书面”并非一定是双方当事人之“书面”的意思表示。《日本民法典》第550条之所以规定非书面之赠与得解除,其立法旨趣在于预防赠与人轻率赠与,且为了明确赠与之意思,但并不是说赠与的意思表示非经书面不可。例如,某甲将某土地赠与某乙,但该土地尚登记在前手某丙处;在赠与当日,某甲通过司法书士制作了书面的“内容证明邮件”寄送于某丙,要求将所有权直接登记到某乙名下。对此,日本法院认为,该指示书面,考虑到其制作的动机、过程、方式以及所记载的文句,可以认为乃是基于赠与人慎重的意思决定而作成,且并不欠缺得以确定性地看出赠与意思之处,故亦符合《日本民法典》第550条书面之要求。[10] 也就是说,该书面并非以书面赠与合同为必要,也并非以赠与合同当事人之间的书面为必要。

(四)赠与合同为单务合同

受赠人并无对待给付义务,仅赠与人负有交付赠与财产的义务。在附负担赠与中,赠与虽附一定的义务,但这种义务并不构成一种对待给付义务。例如,甲赠与乙现金1万元,要求乙受赠时需帮忙临时运送部分货物给第三人。于此情形,乙负有依约运送部分货物的义务,但这种义务并不是对待给付,不是赠与的对价。因赠与合同具有单务性,不发生同时履行抗辩、风险负担问题。但就附负担赠与而言,在其性质允许的范围内,得以准用双务合同之规定。

---

〔9〕 [德]海因·克茨:《欧洲合同法》(上卷),周忠海等译,法律出版社2001年版,第81页。

〔10〕 河上正二『債権法講義[各論]18 贈与と無償契約・好意』『法学セミナー』No. 755(2017年)78頁以下。

（五）赠与合同是诺成合同

原《民法通则意见》第128条曾规定赠与合同的要物合同性质,[11]原《合同法》草案第四次建议稿虽然没有直接采纳要式合同的规定,但曾拟“赠与人在交付赠与财产之前可以撤销赠与。赠与具有救灾、扶贫等社会公益、道德义务性质的或者采用书面形式订立的赠与合同,不适用前款规定”。但原《合同法》并未承继原《民法通则意见》的规定,亦未采纳《合同法》草案第四次建议稿的意见,《民法典》也维持了原《合同法》的规定。需要说明的是,《民法典》第657条虽然只是要求双方当事人的意思表示一致即可成立赠与,但《民法典》第660条第1款关于“不得任意撤销”的规定中“受赠人可以请求交付”的表述,若进行反对解释,意味着其他类型的赠与有可能被解释为没有给付请求权。若如此解释,赠与合同的诺成性会遭受质疑,但多数学说均主张《民法典》的赠与合同为诺成合同。特别是《民法典》第658条第1款“赠与人在赠与财产的权利转移之前可以撤销赠与”的规定也表明了赠与合同的诺成性。原因在于,若赠与合同是实践性合同,权利转移之前合同尚未成立,根本不存在撤销赠与的问题。[12]

案　例　干某琼与沈某凯等赠与合同纠纷上诉案[13]

■ 基本案情

干某琼与沈某凯系夫妻关系。沈某凯在2016年3月至2019年2月,使用斗鱼公司运营的斗鱼直播平台观看直播,陆续用本人名下银行卡等充值,充值金额总计为744,004元。除了大部分在林某的直播间打赏外,其还向平台的其他主播发送过虚拟礼物。其中,打赏给林某以753,693.2个鱼翅所兑换的虚拟礼物。干某琼主张,沈某凯给特定主播林某打赏的行为属于无偿、单务合同,形成赠与法律关系,不应认定为互联网消费行为。主张沈某凯单方将家庭近十五年的全部积蓄打赏给主播林某,已经超出夫妻家庭财产的基本安全保障的临界点和限度,也远超出一般人可以忍受的范围,该行为明显侵犯了干某琼对夫妻财产的处分权,属无效行为。该案中,沈某凯在斗鱼平台上的充值行为及向林某发送虚拟道具的行为系何种法律关系成为争议焦点。

■ 法院裁判

不构成赠与合同关系。

一审法院认为,沈某凯符合两项行为构成,一是将真实货币兑换成虚拟货币的行为,即充值;二是向林某发送虚拟道具的行为,即打赏。对两行为性质的界定应当结合主体之间的法律关系以及案情综合认定。

---

〔11〕 原《民法通则意见》第128条曾规定,“公民之间赠与关系的成立,以赠与物的交付为准。赠与房屋,如根据书面赠与合同办理了过户手续的,应当认定赠与关系成立;未办理过户手续,但赠与人根据书面赠与合同已将产权证书交与受赠人,受赠人根据赠与合同已占有、使用该房屋,可以认定赠与有效,但应令其补办过户手续”。

〔12〕 关于赠与合同“要式合同+法定撤销权”模式、“诺成合同+任意撤销权+法定撤销权”模式、“要物合同+法定撤销权”等几种模式的评析,参见李永军:《“契约+非要式+任意撤销权”:赠与的理论模式与规范分析》,载《中国法学》2018年第4期;李永军:《合同法》(第6版),中国人民大学出版社2021年版,第303~304页。

〔13〕 上海市第二中级人民法院民事判决书,(2020)沪02民终9826号。

1. 沈某凯与斗鱼公司之间的法律关系。根据斗鱼公司的企业性质及斗鱼平台《用户注册协议》《斗鱼鱼翅充值服务协议》，沈某凯与斗鱼公司之间成立合同关系，该合同性质比照合同相对双方的权利和义务，应界定为网络服务合同，沈某凯的充值行为应理解为一种网络消费行为。

2. 沈某凯与林某之间的法律关系。从事实上看，依据《斗鱼平台直播协议》《斗鱼公会主播入驻服务协议》，林某系斗鱼平台的直播服务提供方(直播方、主播)，为平台用户提供在线解说(直播)视频内容的直播服务。主播与平台虽非劳动关系，但主播仍依附于平台，系为了斗鱼平台向用户提供服务而作为平台的直播服务提供方存在的。作为用户而言，直播服务属于斗鱼平台的一项子栏目，系斗鱼平台提供的服务内容之一。从法律上看，沈某凯与林某之间并未形成合同关系，其打赏行为亦仅是将虚拟道具发送给林某。沈某凯并未且不能占有虚拟道具，林某也未获得真实的货币，真实货币由斗鱼公司获取。林某对其所收到的虚拟道具无法占有、使用、收益和处分，仅作为一个记分符号用以评价主播流量带动能力进而用于向斗鱼平台索取酬劳，这类虚拟道具显然区别于一般的财产性权益。“刷礼物”的操作模式系虚拟世界中互动娱乐的一种形式，与在网络游戏中使用虚拟装备发射道具、触发加成(BUFF)效果，或在视频网站中发送特效、效果弹幕基本类似。这些虚拟道具的使用不产生新价值，不构建新的法律关系。因此，仅就本案而言，沈某凯与林某之间在斗鱼平台直播间内的打赏行为，尚未构成一种需要法律干预的关系。

3. 沈某凯的意思表示界定。就沈某凯的效果意思而言，其在直播平台注册成为用户，观看直播，系为享受直播平台提供的服务与便利。充值后，获取虚拟货币及其他会员服务，根据个人喜好在主播的直播间使用虚拟道具进行打赏，从而获得精神上的满足感。若如千某琼所主张的，沈某凯系以打赏为目的，充值为手段，则其完全可以采用绕过斗鱼平台而直接向林某赠送真实货币的方法为之，以直接实现其赠与目的。故如将沈某凯现有的操作方式解释为以赠与为目的，则无疑是“舍本逐末”，无法解释斗鱼平台在沈某凯的赠与行为中仍获得较大甚至是最大利益的这一情节，不能将主体的意思与表示统一起来。因此，从沈某凯的行为审查，探求其意思表示真意，在法律上仍应界定为网络服务合同关系。

4. 赠与合同的构成要件审查。千某琼主张沈某凯与斗鱼公司及林某之间系赠与合同关系。现实中，存在对街头艺人的打赏、微信或微博阅读文章下方为鼓励作者的打赏及使用虚拟道具的打赏等多种模式。第一种模式下的标的物为真实货币，第二种模式下的标的物为电子形式的货币，对该两种模式中的打赏若界定为赠与合同，尚有法律依据可循。但在本案中，打赏的标的物并非货币或财产，而是虚拟道具。斗鱼平台将虚拟道具界定为产生并储存于斗鱼网络数据库的数据信息等衍生物，明确用户对其不享有所有权。沈某凯、林某在发送、接收虚拟道具之时及之后，均不能实际控制及处分该虚拟道具，显然不符合赠与合同中对标的物为“自己的财产”的法律界定。同时，赠与合同以单务、无偿为条件，但本案中，充值和打赏应同时考虑，不能抛开在斗鱼平台的充值行为而径行就打赏行为作出单一的评价。直播服务是斗鱼平台向其用户提供的服务内容之一，但充值兑换虚拟货币才是平台提供的最主要服务，不能予以忽略或倒置。除充值兑换以外，用户在观看直播的同时，还可以使用虚拟道具所产生的特效增加观看体验、享受其他增值服务及特权、获得主播及其他用户的关注乃至羡慕、崇拜，从而在虚拟环境中获得精神满足感,这与网络游戏体验也是相似的。因此,沈某凯的充值、打赏行为也不符合赠与合同的单务、无偿的构成要件。

综上所述,沈某凯的充值、打赏行为系一个完整的消费行为,并非赠与行为,且充值行为是应受法律评价的行为,打赏行为则因其在本案中的特殊性不纳入法律评价之中。故沈某凯与斗鱼公司构成服务接受者与服务提供者之间的网络服务合同法律关系;沈某凯与林某之间在斗鱼直播平台中并不直接发生法律关系,双方之间不构成赠与合同关系。

二审法院认为,赠与合同是赠与人将自己的财产无偿给予受赠人的合同。赠与合同是单务、无偿的合同。纵观本案,沈某凯注册成为斗鱼平台的用户,继而使用真实货币在斗鱼平台进行充值兑换成虚拟道具,从而能够进入斗鱼平台提供的直播间观看直播并向主播发送虚拟道具。沈某凯向林某打赏的为虚拟道具,虚拟道具系产生并储存于斗鱼公司网络数据库中的数据信息等衍生物。故不能抛开沈某凯在斗鱼平台的充值行为而仅就打赏行为作出单一的评价。并且,沈某凯在观看直播时,使用虚拟道具享受了增值服务,获得了与网络游戏体验相似的精神上的满足感。简单而言,沈某凯通过充值取得虚拟道具对林某进行打赏,并非无所得,显然其行为不具备单务性、无偿性。因此,沈某凯的充值、打赏行为均不构成赠与。

第二节　赠与合同的效力

一、赠与人的给付义务

赠与人负有给付义务,受赠人具有履行请求权。经过公证的赠与合同或者依法不得撤销的具有救灾、扶贫、助残等公益、道德义务性质的赠与合同,赠与人不交付赠与财产的,受赠人可以请求交付(《民法典》第660条第1款)。该条不得反对解释,不能认为该条以外的情形不能“请求交付”。赠与合同作为诺成合同,依当事人意思发生约束力,产生债之负担,受赠人具有请求权。《民法典》第660条第1款的规定,只是在强调特定赠与合同的任意撤销权的限制。另外,赠与的财产依法需要办理登记或者其他手续的,应当办理有关手续(《民法典》第659条)。“交付赠与财产”,若涉及所有权变动的财物赠与,应当包含所有权移转义务,并不限于“交付”的字面意思,例如,应当完成不动产登记手续等,从《民法典》第659条的规定也可以推出此点。当然,实践中亦存在虽然赠与了相关财产,但其通过受赠人的委托等仍然保留财产的管理权限。例如,司法实践中也存在将股权赠与他人但由赠与人代受赠人持股行使相关权利的案例。[14]

二、赠与人违约及其责任

违约可以表现为不能履行、迟延履行、拒绝履行或不完全履行(如瑕疵履行及加害给付),违约应承担相应的违约责任。在赠与合同领域,《民法典》区分了不得任意撤销的赠与、附义务

〔14〕 周某波、冯某东赠与合同纠纷再审审查与审判监督案,最高人民法院(2020)最高法民申6134号民事裁定书。

的赠与和一般赠与，并作出了不同的规定。与买卖合同相比，《民法典》在某些领域排除或减轻了赠与人的责任，以“优待赠与人”为原则。也就是说，遵循“原则上不使赠与人负与出卖人相同的责任”的赠与人责任原则。但是，经营者在其经营范围内所为的无偿行为，是否应降低其注意义务程度，多有争议。通常来说，经营者的赠与行为，若在其经营范围的营业促销等，并不因此而降低其注意义务标准。〔15〕另外，在慈善法领域，“捐赠人捐赠的实物应当具有使用价值，符合安全、卫生、环保等标准”，“捐赠人捐赠本企业产品的，应当依法承担产品质量责任和义务”（《慈善法》第36条第2款、第3款）。

1. 因故意、重大过失致使应当交付的赠与财产毁损、灭失的责任。“依据前款规定应当交付的赠与财产因赠与人故意或者重大过失致使毁损、灭失的，赠与人应当承担赔偿责任”（《民法典》第660条第2款）。原《合同法》第189条曾规定所有的赠与均负担此等责任，但《民法典》第660条将其作为不得任意撤销的赠与的第2款予以规定，并明确指出“依照前款规定应当交付的……”，表明该责任只适用于不得任意撤销的赠与。

值得注意的是，履行迟延是否应当承担损害赔偿责任，常有争议。虽然根据《民法典》第577条及第580条规定，在赠与人任意撤销之前，受赠人可以要求继续履行，但按照《民法典》第658条第2款及第660条规定，即使不得任意撤销之赠与，赠与人也仅负有“继续履行”，以及故意或者重大过失致使毁损、灭失情形下的损害赔偿；即使不得任意撤销之赠与，亦排除了赠与人迟延履行引起的责任。若依该解释，一般赠与之情形更应排除此等履行迟延赔偿的责任。对此，亦有学者认为，赠与人迟延履行，虽可要求继续履行，但可借鉴我国台湾地区“民法”第409条第2项的规定，排除赠与人的迟延赔偿责任，以减轻赠与人负担。同时，对于赠与人没有过失或一般过失之情形，亦可准用《民法典》第660条规定免责。〔16〕

因故意、重大过失致使应当交付的赠与财产毁损、灭失时的损害赔偿，是否包括履行利益的赔偿，常有争议。有学者认为，赠与人瑕疵担保责任情形下赔偿损失的范围仅限于信赖利益。〔17〕相关释义书也认为，此处的损害赔偿，不包括迟延利息和其他损害赔偿，仅限于赠与财产本身。〔18〕但本书认为，对于不得任意撤销之赠与，其履行请求权的“强度”较之一般赠与要高，承认履行利益赔偿亦未尝不可，但其赔偿范围同样受制于可预见性规则等的限制。

当赠与的标的物为种类物时，不得任意撤销的赠与，因种类物不灭原理，可以要求继续履行（《民法典》第660条第1款）。

2. 例外情形的瑕疵担保义务及其责任。原则上，赠与人不承担瑕疵义务及责任（《民法典》第662条第1款前段）。如果说在买卖合同中，出卖人出卖财产的缺陷或欠缺合同所定的品质

〔15〕 实践中，有法院认为，经营者承诺的“赠送金额”不等同于订立“赠与合同”，并非合同意义上的无偿赠与行为，而应当认定为经营者为了促销给予消费者的优惠额度。参见江苏省高院、江苏省消保委联合发布《2020年度江苏省消费者权益保护十大典型案例》之七：陈某诉魔炼餐饮店餐饮服务合同纠纷案。

〔16〕 崔建远：《合同法》（第4版），北京大学出版社2021年版，第477页。

〔17〕 李永军：《合同法》（第6版），中国人民大学出版社2021年版，第309页。

〔18〕 黄薇主编：《中华人民共和国民法典解读：合同编》（上册），中国法制出版社2020年版，第678页；谢鸿飞、朱广新主编：《民法典评注：合同编 典型合同与准合同》（第1册），中国法制出版社2020年版，第337页；最高人民法院民法典贯彻实施工作领导小组主编：《中华人民共和国民法典合同编理解与适用（二）》，人民法院出版社2020年版，第1190页。

对买受人来说是一种损失，因为他和出卖人进行结算时是以财产的全部价值为根据的；那么在赠与合同中，基于受赠人取得财产的无偿性，受赠人自身的财产不会遭到任何损失，因此，赠与人的瑕疵责任问题原则上是不存在的。但例外的是附负担赠与，赠与人在附义务的限度内承担与出卖人相同的责任（《民法典》第 661 条）。

思考 | 加害给付情形的扩大损害责任问题

《民法典》第 662 条免除的责任，是否包括加害给付情形下的扩大损害责任在内，存有争议。就理论上而言，加害给付情形，行为人可能因过错而构成侵权责任（《民法典》第 1165 条），也可能因此承担侵权损害赔偿责任。因此，虽然可以免除不完全履行之违约责任，但无法免除其过错侵权责任。依《民法典》第 662 条第 2 款，故意不告知或保证无瑕疵之情形，赠与人应当承担损害赔偿责任，即使违约损害赔偿请求亦可，此种情形若存在加害给付，承担侵权损害赔偿责任与赠与合同的立法旨趣并不冲突。但若非此等情形，"侵权赔偿责任"与"无违约责任"之间将形成乖离现象。此时，一种意见认为可依法典体系构成，赠与合同章原则上以违约责任为规范重点，而不排除侵权责任；而另一种意见认为，合同责任乃是特殊责任，基于体系考虑，应当排除侵权责任之承担。本书认为，就加害给付之情形，并不以受益的价值平衡为出发点，而是对固有利益本身的保护，原则上无需考虑无偿合同之无偿性问题。若构成侵权责任，当仍依侵权责任构成予以判断。但考虑到《民法典》合同编对于赠与人的优待，为防止此等"优待赠与人"的立法精神受损，因此在构成要件上可与《民法典》第 662 条第 2 款相互协调，以保持一致。以故意不告知瑕疵或保证无瑕疵为构成要件，而不以一般过错为侵权责任之构成要件。对此，亦有学者认为，赠与物有瑕疵时，可否及如何对受赠人提供私法上的救济，只有诉诸比较法，运用文义解释、体系解释等诸种民法解释学方法才有可能实质性地厘清这一问题。就原《合同法》第 191 条（《民法典》第 662 条）的性质而言，从体系解释的角度看，宜定性为不完全给付责任而非瑕疵担保责任。我国法院一般认为该条中"瑕疵"的外延不包括权利瑕疵，有所不妥。该条第 1 款第 1 句与该款第 2 句、第 2 款之间存在一般与例外的关系。除非有特别规定，否则赠与人对赠与物的瑕疵就一切过错、对一切损害均无须负责。所谓无须负责，不仅包括不承担赔偿责任，也包括不承担修理、重作、更换等责任。赠与人无须就其重大过失对受赠人承担不完全给付责任，且赠与人不完全给付的责任形式仅限于损害赔偿，且以固有利益与信赖利益为限，不包括履行利益。当赠与物造成受赠人固有利益损失时，发生违约行为与侵权行为之责任竞合，此际宜采请求权相互影响说，以防原《合同法》优待赠与人的立法意旨形同虚设。[19]

3. 故意不告知瑕疵或者保证无瑕疵时的赔偿责任。赠与人故意不告知瑕疵或者保证无瑕疵，造成受赠人损失的，应当承担赔偿责任（《民法典》第 662 条第 2 款）。关于该情形的受赠人损失，虽然理论上就典型合同部分未规定损害赔偿问题，应适用合同编通则违约损害赔偿的规则（《民法典》第 584 条，违约情形，以履行利益赔偿为原则），但解释上多从赠与合同的无偿性

〔19〕 宁红丽：《论赠与物瑕疵的私法救济——基于对司法案例的实证分析》，载《政法论坛》2013 年第 5 期。

出发，认为此处应是信赖利益损失，不包括赠与标的完全无瑕疵时应得的利益的损失。〔20〕但亦有学说认为该款规定的损失，指的是固有利益损失，包括财产损失和人身损失。〔21〕另外亦有观点认为，原则上应当包括履行利益、信赖利益和固有利益。〔22〕日本、德国通说则认为系信赖利益赔偿。本书主张限于信赖利益和固有利益的赔偿。但若因赠与标的瑕疵而导致加害给付等受赠人固有利益受损等情形，则需与侵权责任编第1165条之间进行协调。如前所述，加害给付之情形并不以受益的价值平衡为出发点，而是对固有利益本身的保护，原则上无须考虑无偿合同之无偿性问题。但为防止"优待赠与人"的立法精神受损，因此在构成要件上可与《民法典》第662条第2款相互协调，以保持一致，侵权责任构成亦应以故意不告知瑕疵或保证无瑕疵为构成要件。

赠与人故意不告知瑕疵或者保证无瑕疵，但受赠人明知赠与标的有瑕疵的，可参照买卖合同章"买受人恶意抗辩规则"处理。原因在于，赠与合同章的立法旨趣之一就在于优待赠与人，"不使赠与人承担出卖人责任"。即使较之赠与人更强约束的出卖人，在标的物瑕疵时都得以因买受人之恶意而免责，举轻以明重，对于赠与之情形，虽未明确规定，但亦得以参照适用。

三、赠与合同的撤销

（一）任意撤销

任意撤销，指的是赠与人在赠与财产的权利转移之前可以撤销赠与（《民法典》第658条第1款）。任意撤销是在赠与财产"权利转移"之前而非赠与物"交付"之前，从而使赠与人享有较大的任意撤销空间。赠与的任意撤销，亦适用于婚前或婚姻存续期间的婚内赠与，即婚前或者婚姻关系存续期间，当事人约定将一方所有的房产赠与另一方或者共有，赠与方在赠与房产变更登记之前撤销赠与，另一方请求判令继续履行的，人民法院可以按照《民法典》第658条的规定处理[《婚姻家庭编司法解释（一）》第32条]。值得注意的是，关于"任意撤销赠与"的表述，日本民法曾经历了从"撤销"到"撤回"再到"解除"的用词变化过程。原日本民法用"撤销"，但2004年民法修改时，认为"撤销"主要适用于意思表示瑕疵情形下的效力消灭，就将赠与合同的"撤销"改为"撤回"；日本2017年债法修改时，则认为撤回主要指的是要约撤回等单方意思表示的效力消灭，就已成立之赠与合同，使用"撤回"的概念并不妥切，进而将赠与的"撤回"用词改为"解除"，试图表明并非撤销或撤回赠与的意思表示，而是解除赠与合同本身。我国《民法典》虽然保留了"任意撤销"的习惯用语，但并不表明其撤销的是赠与的意思表示，而是明确规定撤销的是"赠与"。〔23〕

并非所有情形的赠与人均享有任意撤销权。经过公证的赠与合同或者依法不得撤销的具有救灾、扶贫、助残等公益、道德义务性质的赠与合同，赠与人并不享有《民法典》第658条意义

---

〔20〕崔建远：《合同法》（第4版），北京大学出版社2021年版，第478页；李永军：《合同法》（第6版），中国人民大学出版社2021年版，第309页；韩世远：《合同法学》（第2版），高等教育出版社2022年版，第388页。

〔21〕徐涤宇、张家勇主编：《〈中华人民共和国民法典〉评注》（精要版），中国人民大学出版社2022年版，第724页。

〔22〕杨代雄主编：《袖珍民法典评注》，中国民主法制出版社2022年版，第628页。

〔23〕但亦有学者认为应解释为"撤销赠与的意思表示"，参见李永军：《"契约+非要式+任意撤销权"：赠与的理论模式与规范分析》，载《中国法学》2018年第4期。

上的任意撤销权(《民法典》第 658 条第 2 款)。不得任意撤销的几类赠与合同的考量并不相同。[24] 经过公证的合同之所以不得任意撤销,其主要是认为经过公证的赠与,排除了赠与人轻率的决定,表明了赠与人意思决定形成的慎重性,其赠与的意思经过深思熟虑非常明确。公益性质的赠与不得任意撤销,乃是源于此类赠与的公益性和社会性,否则将与赠与的目的和宗旨相悖。道德义务性质的赠与,由于当事人之间具有道义上的因素,如果允许赠与人任意撤销,则与道义不符。[25] 例如养子女对于法律上无抚养义务但在道义上有扶助义务的生父母,在生父母生活困难时的赠与等。除了这三种情形的赠与,即使是附负担之赠与,赠与人同样得以在权利移转前任意撤销赠与;而且,无论是口头还是书面的赠与,均得以按照《民法典》第 658 条之要件撤销;同时,无论是口头的还是书面的赠与,只要是符合《民法典》第 658 条第 2 款之规定,均不得任意撤销,但这里要特别注意的是"依法不得撤销"新要件的导入。

与原《合同法》第 186 条相比,《民法典》第 658 条第 2 款对不得任意撤销的公益、道德义务性质的赠与的范围作了限定,即"依法不得撤销的具有……"。该限定主要是为了与《慈善法》等相关法律相协调。《慈善法》第 41 条规定,"捐赠人应当按照捐赠协议履行捐赠义务。捐赠人违反捐赠协议逾期未交付捐赠财产,有下列情形之一的,慈善组织或者其他接受捐赠的人可以要求交付;捐赠人拒不交付的,慈善组织和其他接受捐赠的人可以依法向人民法院申请支付令或者提起诉讼:(一)捐赠人通过广播、电视、报刊、互联网等媒体公开承诺捐赠的;(二)捐赠财产用于本法第三条第一项至第三项规定的慈善活动,并签订书面捐赠协议的。捐赠人公开承诺捐赠或者签订书面捐赠协议后经济状况显著恶化,严重影响其生产经营或者家庭生活的,经向公开承诺捐赠地或者书面捐赠协议签订地的民政部门报告并向社会公开说明情况后,可以不再履行捐赠义务"。[26] 也就是说,虽然社会公益赠与等,特别是向慈善组织的捐赠,其可能更倾向于"信托性的财产移转"而非《民法典》规定的"赠与"(财产管理、受益人等都可能存在不同),但其在无偿给予财产方面与赠与并无本质差别。若按照《慈善法》规定来处理,特别是根据《慈善法》第 41 条的规定,并非所有的公益性赠与都不得撤销,只有特定情形的公益性赠与才可以强制执行。例如,在《慈善法》第 41 条第 2 项情形中就导入了"书面捐赠协议"的要件,与《民法典》并不要求书面与否的规定并不一致。也正因为如此,加了"依法不得撤销"的社会公益赠与,将《慈善法》与《民法典》相互联动,进一步限缩了得以任意撤销的范围。增加"依法不得撤销"的限定语后,不仅限缩了得以任意撤销的范围,也在一定程度上可以应对目前以及将来包括《慈善法》在内的各种立法的发展。[27]

---

〔24〕 谢鸿飞、朱广新主编:《民法典评注:合同编　典型合同与准合同》(第 1 册),中国法制出版社 2020 年版,第 326 ~ 327 页。理论上,也有人从赠与合同的发展历史质疑赠与合同任意撤销权本身的合理性,参见苏紫衡:《对赠与任意撤销权的质疑——以赠与合同观的历史考察为核心》,载《河南大学学报(社会科学版)》2016 年第 1 期。

〔25〕 黄薇主编:《中华人民共和国民法典解读:合同编》(上册),中国法制出版社 2020 年版,第 672 页。

〔26〕 关于公益性赠与及《慈善法》等的讨论,参见罗昆:《"依法"不得撤销的公益性赠与之认定》,载《法律适用》2020 年第 15 期。

〔27〕 周江洪:《民法典合同编的制度变迁》,载《地方立法研究》2020 年第 5 期;黄薇主编:《中华人民共和国民法典解读:合同编》(上册),中国法制出版社 2020 年版,第 673 页。

拓展｜离婚协议中的“赠与子女财产”条款

针对离婚协议中的“赠与子女财产”条款，主流理论和实践在肯定其具有“赠与”性质的前提下，就其能否适用原《合同法》第186条（《民法典》第658条）关于赠与合同的任意撤销权的规定，产生诸多争议。通过考察离婚协议中财产处理约定的整体性可以发现，此类条款在性质上属于夫妻婚姻关系解除下的财产清算协议，虽名为“赠与”，但实则缺乏赠与的意思，不应界定为赠与协议，进而可以排除原《合同法》第186条（《民法典》第658条）的适用。作为身份法上的“离婚财产清算协议”，离婚协议中的“赠与子女财产”条款涉及多方利益之平衡，须综合考察夫妻之间的财产清算关系、夫妻针对子女的为第三人利益合同关系、对外与债权人的关系三重维度以确定具体法律适用规则。[28]

另外，任意撤销与故意或重大过失毁损、灭失时的损害赔偿责任之间的关系问题，在原《合同法》背景下亦有争议，即在财产权利转移之前，故意或重大过失毁损，是否与赠与的任意撤销具有相同旨趣。原《合同法》第189条并未限定不得任意撤销之赠与情形的“故意或者重大过失毁损、灭失”，因此会引起此种争议，但《民法典》第660条第2款将其限定在“前款规定”（不得任意撤销而得以请求交付）的情形，故不再有此争议。因此，除不得任意撤销之赠与外，赠与财产权利转移之前的故意或重大过失毁损，可视为赠与人的任意撤销。财产权利转移之后，赠与人故意或重大过失毁损财产的，是对受赠人财产的侵害，构成侵害财产权。财产虽已交付但尚未转移权利之情形，如保留所有权或房产已交付使用之情形，因赠与人故意或者重大过失毁损财产的，由于占有之侵害亦当构成损害，故依占有侵害处理即可。

思考｜任意撤销权行使情形的损害赔偿

在我国台湾地区“民法”的制度设计中，规定的适用会产生另外一种结果。由于赠与合同是诺成合同，合意即成立，任意撤销权在性质上应是一种形成权。但在赠与合同成立后，受赠人基于对已经成立生效的合同的信赖而进行了一些准备行为。例如，为缔约而支出的差旅费、为接收赠与的车辆而修建车库等。但是由于赠与人任意撤销权的行使，使受赠人的期望落空，支出的费用陷于徒劳。此时，赠与人应对受赠人信赖合同已成立而支出的合理费用进行赔偿。在我国台湾地区“民法”中，赠与人仅就其故意或重大过失，对于受赠人负其责任，即赠与人应负因错误撤销之赔偿责任、契约订立上之责任等。也就是说，我国台湾地区“民法”中规定赠与人行使任意撤销权的，也应承担错误表意人之赔偿责任，即表意人对于信其意思表示为有效而受损害之相对人或第三人，应负赔偿责任。但其撤回之原因，受害人明知或可得而知者，不在此限。同样地，我国《民法典》对于法律行为撤销的处理（《民法典》第157条），同样得以参照适用。但由于我国《民法典》第157条以“过错”作为其赔偿损失的要件，如何与赠与合同情形下的任意撤销进行有效衔接，仍需进一步思考。对此，亦有学说认为，在我国《民法典》关于赠与合同的性质采诺成性的路径下，赠与人虽不承担缔约过失责任，但不得对受赠人所受之信赖

---

〔28〕 陆青：《离婚协议中的“赠与子女财产”条款研究》，载《法学研究》2018年第1期。

利益损失免于承担赔偿责任，因为受赠人之利益不应因赠与合同性质的不同而受影响。[29]

（二）法定撤销

赠与人的法定撤销，指的是在具备法定事由时，赠与人或其继承人、法定代理人行使撤销权，依法撤销赠与合同。从《民法典》的规定来看，法定撤销权主要是基于社会道德和伦理的考虑对受赠人的"忘恩负义"行为的一种惩罚，以否定受赠人保有赠与标的权利的制度。[30] 与赠与人的任意撤销权不同，法定撤销权的行使，并不限于财产权利转移前。不得任意撤销之赠与，符合法定撤销要件时，仍然得以撤销。与任意撤销权行使不同，任意撤销权情形因财产权利尚未移转，至多得以要求返还占有，而法定撤销权行使之情形，则可以请求受赠人返还财产（《民法典》第665条）。而且，亦有学者指出，此处所谓的撤销不同于《民法典》第147～152条规定的撤销。后者的撤销对象是存在欺诈、胁迫、重大误解等瑕疵的合同，而前者则是完全符合有效要件的合同，就此来说，与合同解除一致。[31]

依《民法典》第663条，受赠人有下列情形之一的，赠与人可以撤销赠与：(1)严重侵害赠与人或者赠与人近亲属的合法权益；(2)对赠与人有扶养义务而不履行；(3)不履行赠与合同约定的义务。赠与人的撤销权，自知道或者应当知道撤销事由之日起一年内行使。值得注意的是，关于不履行赠与合同约定的义务，有学说认为，虽然《民法典》违约责任的一般归责原则乃是严格责任原则，但赠与合同一章仍奉行过错责任原则，而且优待赠与人；与此相平衡，亦不应对受赠人过于严苛，只有当赠与人已为赠与，受赠人可归责于自己的事由而不履行时，赠与人才能撤销赠与合同。[32] 关于受赠人的严重侵害行为，一般认为并不需要考虑受赠人的主观状态，只要有侵害行为、严重后果即可。[33]

依《民法典》第664条，因受赠人的违法行为致使赠与人死亡或者丧失民事行为能力的，赠与人的继承人或者法定代理人可以撤销赠与。赠与人的继承人或者法定代理人的撤销权，自知道或者应当知道撤销事由之日起六个月内行使。

思考 | 赠与合同的解除

《民法典》赠与合同章中并未规定赠与合同的解除。赠与合同能否解除因此会是个问题。

---

〔29〕谢鸿飞、朱广新主编：《民法典评注：合同编　典型合同与准合同》（第1册），中国法制出版社2020年版，第329页。

〔30〕李永军：《合同法》（第6版），中国人民大学出版社2021年版，第307页。

〔31〕崔建远：《合同法》（第4版），北京大学出版社2021年版，第479页。

〔32〕谢鸿飞、朱广新主编：《民法典评注：合同编　典型合同与准合同》（第1册），中国法制出版社2020年版，第370～371页。

〔33〕崔建远：《合同法》（第4版），北京大学出版社2021年版，第479页。当然，亦有个别观点认为，对"严重侵害"的认定，应考虑受赠人的主观状态，受赠人主观上应为故意或者重大过失，但无须达到构成犯罪的程度［参见尹志强、马俊骥：《赠与合同中受赠人"忘恩负义"之构成——〈民法典（草案）〉第663条第1款第1项的规定分析》，载《广东社会科学》2020年第2期］。另外亦有观点认为，依规范文义，受赠人对侵害行为是否存在故意、过失，原则上不予考虑，但认为适用《民法典》第663条第1款第1项时，仍宜结合过失之有无或过错程度作综合考量（参见徐涤宇、张家勇主编：《〈中华人民共和国民法典〉评注》（精要版），中国人民大学出版社2022年版，第725页）。但本书赞成无需考虑主观上的故意或过失，《民法典》第663条第1款第1项考虑的是行为的客观后果，过错因素并不居于重要地位。

作为单务合同之一，赠与合同的解除既会涉及单务合同能否解除的争议问题，亦会涉及法定撤销权等撤销权制度的定位问题。不仅如此，赠与合同的解除不仅关涉赠与人能否解除合同，也会关涉受赠人能否解除合同的问题。

关于单务合同的解除问题，有学者认为单务合同无解除之必要。[34] 对此，有观点认为，单务合同如果存在解除及返还之必要亦应适用，例如，受赠人亦会承担附随或受领义务，此类情形存在解除之必要。[35] 对此，有学说认为，德国立法者虽然抛弃了义务侵害之牵连性关系的限制，但作为合同终结的一项制度，解除原则上仍然仅适用于双务合同，而不适用于单务合同。但在我国法律的条件下，解除作为合同终结制度，构成“大解除”，即不限于违约解除，还包括非违约的解除以及协议解除，而非德国法所称的解除，故解除同样应当适用于单务合同。单务合同可以构成解除的对象。[36] 也有学者认为，单务合同由于不存在双方当事人之间的对待给付，所以实践中极少出现解除的情形，这恐怕也是域外法上通常都规定解除制度仅仅适用于双务合同的原因，但这不等于理论上单务合同就缺乏适用解除制度的可能性，实践中也应当有此需要。[37] 本书也以为，在我国《民法典》的框架体系内，单务合同不应被排除在解除的对象之外。

关于赠与合同的解除问题，不少学说认为赠与合同的法定撤销在本质上是解除。[38] 有学者认为，除了赠与物交付之前的任意撤销，在受赠人出现严重不法或不当行为时，如严重侵害赠与人或者赠与人的近亲属、对赠与人有扶养义务而不履行、不履行赠与合同约定的义务，此与法定解除中的一方严重违约行为而导致的对方解除权的立法原理与目的其实是完全一致的，其撤销的后果与解除也无二致，所以只是用语或概念使用的不同而已，实质就是解除合同。尽管赠与合同中不存在对待给付义务，但受赠人的上述不法或者不当行为会严重影响赠与人当初设立赠与合同的初衷，无法实现其合同目的，此与双务合同中的根本违约而导致的解除实为异曲同工。假若当初原《合同法》或现在《民法典》在此处使用了“解除”的概念，大家也就接受了。[39]

但除上述情形以外，是否还存在赠与合同解除的适用情形。对此，有学者认为，尽管赠与合同为单务合同，受赠人不存在对待给付义务，不会发生因受赠人违反对待给付义务而影响赠与人的解除权，但倘若因不可抗力或意外事故而致使赠与人不能履行赠与义务，则即便是属于《民法典》第 658 条第 2 款规定的“经过公证的赠与合同或者依法不得撤销的具有救灾、扶贫、助残等公益、道德义务性质的赠与合同”，赠与人也应当可以解除合同。[40] 而且，也有学者主张，赠与目的不能实现时，赠与人也应当享有撤销赠与合同的权利，《民法典》就此未设明文规定，当属于法律漏洞。例如，赠与的目的是救助贫困学生上学，但受赠学生将钱款挥霍，应当允

---

[34] 韩世远：《合同法总论》（第 4 版），法律出版社 2018 年版，第 651 页。

[35] 薄燕娜、李钟：《论合同解除权的行使——〈民法典〉合同编第 565 条评释》，载《法律适用》2021 年第 6 期。

[36] 杜景林：《合同解除的体系建构》，载《法商研究》2020 年第 3 期；崔建远：《债权：借鉴与发展》，中国人民大学出版社 2012 年版，第 355 ~ 365 页。

[37] 刘凯湘：《民法典合同解除制度评析与完善建议》，载《清华法学》2020 年第 3 期。

[38] 崔建远：《合同法》（第 4 版），北京大学出版社 2021 年版，第 479 页；赵峰：《论附义务赠与合同中赠与人的救济》，载《中国政法大学学报》2021 年第 2 期。

[39] 刘凯湘：《民法典合同解除制度评析与完善建议》，载《清华法学》2020 年第 3 期。

[40] 刘凯湘：《民法典合同解除制度评析与完善建议》，载《清华法学》2020 年第 3 期。

许赠与人撤销赠与合同;赠与是为某人治病,在该病人死亡时还剩有部分捐款,应当允许赠与人主张其目的落空,部分撤销赠与合同,要求返还剩余款。[41] 因该学者主张法定撤销权与解除一致,此处的撤销的实质亦与解除相同。不仅如此,对于赠与人的履行迟延,受赠人能否催告解除,也应予以肯定。原因在于,即使是受赠人,为了受领赠与标的,不去寻找必要替代物取得的可能性而长期等待,对受赠人来说也是一种负担,因此也应认可受赠人解消契约的可能性。[42] 综上,本书也认为,即使赠与合同章并未对赠与合同的解除作出专门的规定,也并无否定赠与合同解除之必要性,只不过在判断解除权构成要件时,应结合赠与合同的特性斟酌即可。

四、赠与履行之拒绝

赠与人的经济状况显著恶化,严重影响其生产经营或者家庭生活的,可以不再履行赠与义务(《民法典》第666条)。在学理上,也多称其为穷困抗辩权、拒绝履行抗辩权等。赠与合同的无偿性决定了赠与人并不直接从赠与中获益,因此当其自身亦陷入严重影响生产经营或家庭生活之经济状况时,令其继续履行有失公允。而且,也有不少学说认为这是情势变更原则在赠与合同中的体现。[43] 赠与履行之拒绝需符合法定的条件,一是赠与人的经济状况显著恶化,二是该恶化程度需达到"严重影响赠与人生产经营或者家庭生活"。原则上,赠与人对经济状况显著恶化并产生严重影响的后果是否具有可责难性,应非所问,如因其错误的经营决策或过于冒险的投资活动,甚至因赌博等行为而经济状况显著恶化,均不影响《民法典》第666条的适用。但是,赠与人为逃避赠与义务而转移财产的,则不属于本条规定的穷困情境,赠与人不得拒绝履行赠与义务。[44] 因此,原则上,即使穷困可归责于赠与人,亦不影响其行使抗辩权。[45]

与任意撤销权不同,即使不得任意撤销的赠与合同,赠与人也仍然享有拒绝履行抗辩权,得以以《民法典》第666条之规定对抗《民法典》第660条之"请求交付";而对于得以任意撤销的合同,在权利移转前可以任意撤销,原则上并无履行拒绝之必要。但因任意撤销可能引起信赖利益之赔偿,而赠与履行之拒绝,属于抗辩权之行使,并不会因此承担信赖利益等损害赔偿责任。[46] 因此,虽然有学说认为穷困抗辩权旨在为不享有任意撤销权的赠与人因合同订立后的情况变化又无法定撤销事由时的一种救济,[47]但本书认为亦不排除享有任意解除权的赠与

---

〔41〕 崔建远:《合同法》(第4版),北京大学出版社2021年版,第479页。

〔42〕 河上正二『債権法講義[各論]19 贈与契約の成立』『法学セミナー』No. 756(2018年)68頁以下。

〔43〕 谢鸿飞、朱广新主编:《民法典评注:合同编 典型合同与准合同》(第1册),中国法制出版社2020年版,第383页;李永军:《合同法》(第6版)中国人民大学出版社2021年版,第309页。

〔44〕 徐涤宇、张家勇主编:《〈中华人民共和国民法典〉评注》(精要版),中国人民大学出版社2022年版,第728页。

〔45〕 杨代雄主编:《袖珍民法典评注》,中国民主法制出版社2022年版,第632页。

〔46〕 但有观点认为,对于那些本无经济能力捐赠,甚至濒临破产的企业,纯粹基于商业目的的宣传自身形象,在认捐后又称企业经济状况不好不能履行赠与义务的,不能简单地适用"可以不再履行赠与义务"的规定,如果给受赠人造成损失的,应当承担损害赔偿责任,赔偿给受赠方造成的损失(参见黄薇主编:《中华人民共和国民法典解读:合同编》(上册),中国法制出版社2020年版,第692页)。但本书认为,这种情形并不符合《民法典》第666条规定的"显著恶化"的要件。此处以动态的"恶化"来表述即表明这是赠与合同成立后发生的经济状况的变化,而不是赠与合同成立当时的情况。

〔47〕 谢鸿飞、朱广新主编:《民法典评注:合同编 典型合同与准合同》(第1册),中国法制出版社2020年版,第383页。

人亦得以行使此等穷困抗辩权。

与法定撤销权不同,法定撤销权旨在制裁"忘恩负义"的受赠人,而赠与履行之拒绝旨在保护困窘的赠与人;前者本质上属于合同解除的问题,而后者则是合同履行中的抗辩权行使问题;法定撤销权的行使得以要求返还已赠与之财产,但赠与履行之拒绝,只是"不再履行赠与义务",并无财产之返还。

关于赠与履行之拒绝,虽然《民法典》第 660 条并未直接言明,但学说上多认为其为抗辩权,而抗辩究竟为延期的抗辩还是永久的抗辩,学界多有争议;并认为从比较的视角看,以一时抗辩说为通常见解。[48] 包括我国台湾地区相关规定的解释论在内,不少学者主张为延期的抗辩,即一旦赠与人的经济状况日后好转,受赠人仍可请求赠与人履行。[49] 但亦有观点认为,在具备《民法典》第 666 条的条件时,赠与人不但可以拒绝受赠人的履行请求,而且可以使其请求权永久消灭。[50] 从《民法典》第 666 条"不再履行赠与义务"的"再"来看,应当是永久性的抗辩。

值得注意的是,我国《民法典》中的赠与履行之拒绝,与《德国民法典》上的困窘赠与人请求权保护模式并不相同。

拓展 | 困窘赠与人的保护:抗辩权模式与请求权模式

《民法典》第 666 条采取了拒绝履行赠与的抗辩权模式来保护困窘赠与人。我国台湾地区"民法"与此类似,该法第 418 条规定:"赠与人于赠与约定后,其经济状况显有变更,如因赠与致其生计有重大之影响,或妨碍其扶养义务之履行者,得拒绝赠与之履行。"但我国台湾地区"民法"的解释论多主张此处为延期的抗辩。

与此不同,《德国民法典》第 528 条规定:"(1)赠与人在执行赠与后不能维持其适当生计,且不能履行对血亲、配偶、同性生活伴侣或原配偶、原同性生活伴侣在法律上所担负的扶养义务的,可以依照关于不当得利的规定向受赠人请求返还所赠与的财产。受赠人可以因支付为扶养所必要的金额免于返还。受赠人的义务,准用第 760 条的规定以及第 1613 条适用血亲的扶养义务的规定,在赠与人死亡的情况下,也准用第 1615 条的规定。(2)在两个以上的受赠人之间,仅在后受赠人不负义务的限度内,前受赠人才负责任。"第 529 条规定:"(1)赠与人故意或重大过失而自己招致贫困,或在贫困发生时,自赠与标的给付以来已经过 10 年,返还赠与财产的请求权消灭。(2)在考虑受赠人的其他义务时,不危及其符合身份的生计或履行其依照法律规定担负的扶养义务就不能返还所赠与的财产的,亦同。"在德国民法上,虽然也有对赠与人困窘的法律保护制度,但并不是采取抗辩权模式,而是请求权模式,即赠与人可以请求返还赠与的财产。显然,在此模式下,赠与人不仅对尚未赠与的财产可以拒绝赠与,而且对已赠与的财产也可请求返还。与

---

[48] 韩世远:《合同法学》(第 2 版),高等教育出版社 2022 年版,第 390 页。

[49] 王利明:《合同法:上册》(第 2 版),中国人民大学出版社 2021 年版,第 422 页;最高人民法院民法典贯彻实施工作领导小组主编:《中华人民共和国民法典合同编理解与适用(二)》,人民法院出版社 2020 年版,第 1215 页;崔建远:《合同法》(第 4 版),北京大学出版社 2021 年版,第 481 页;杨代雄主编:《袖珍民法典评注》,中国民主法制出版社 2022 年版,第 632 页。

[50] 谢鸿飞、朱广新主编:《民法典评注:合同编 典型合同与准合同》(第 1 册),中国法制出版社 2020 年版,第 386 页。

我国抗辩权模式相比，请求权模式的保护力度更大一些，因为在抗辩权模式下，赠与人仅仅是有权拒绝履行尚未给付的财产，对于已经交付的赠与财产，则不能请求返还。同时，在德国请求权模式中，困窘赠与人有权请求返还赠与财产的适用情形更加周全，并不限于“经济状况显著恶化而严重影响生产经营或者家庭生活”的情形，还包括“不能履行对血亲、配偶、同性生活伴侣或原配偶、原同性生活伴侣在法律上所担负的扶养义务”等。另外，德国的请求权模式对“赠与人故意或重大过失而自己招致贫困”的情况给予了关注，即剥夺了赠与人在此种情况下的返还请求权，这一规定使该制度更具有价值上的正当性。对于既已给付之财产，我国并没有受赠人的返还义务，除非其符合法定撤销权之行使。同样地，日本学理上也有学者认为，赠与人财产状况的显著恶化，若是在赠与合同履行前，即使是书面形式的赠与，也应肯定以情势变更为由解除，但对于履行后的取回，则是非常困难的。[51]

五、附负担赠与的特殊效力

附负担赠与，又称为“附义务赠与”，是指受赠人负有一定给付债务的赠与。《民法典》第661条规定，“赠与可以附义务。赠与附义务的，受赠人应当按照约定履行义务”。在此类合同中，尽管受赠人负有义务，但这种义务并非赠与人义务的对价或对待给付义务，名为“负担”，并不改变赠与合同的单务性质。该义务并非对待给付义务，亦并非条件。例如，作为义务，需要请求履行，而作为条件，有些条件并不是得以请求履行的义务；作为条件，可以是以条件成就作为完成赠与的前提，但附义务的赠与，并非以此为条件，通常应先给付赠与标的物。

有些立法例明确要求赠与人在赠与后才能要求受赠人履行作为负担的义务。如《德国民法典》第525条第1款规定，“附负担而做出赠与的人在自己方面已履行给付的，可以请求执行负担”。《日本民法典》第553条则规定在性质允许的范围内准用双务合同的规定，因此具有同时履行抗辩权适用之可能。我国亦有学者主张，若赠与人未依原《合同法》第192条(《民法典》第663条法定撤销权)撤销赠与，则在解释上可类推原《合同法》第66条(《民法典》第525条同时履行抗辩权)拒绝给付赠与财产。[52] 从理论上来说，赠与是对受赠人的加利，若先履行负担义务，则有违赠与之无偿原理，当先履行赠与，始得请求履行义务较为妥当。

附负担赠与人，例外地负有瑕疵担保义务。附义务的赠与，赠与的财产有瑕疵的，赠与人在附义务的限度内承担与出卖人相同的责任(《民法典》第662条第1款后段)。所谓“负担的限度内”，是指以受赠人不因履行负担而蒙受损失为限度，并非要求保证赠与物的价值至少相当于该负担对应赠与物本来价值的比例。[53] 例如，受赠相当于50万元的不动产并承担30万元的义务时，赠与人所承担的责任是使赠与价值最终至少相当于30万元，而不是要承担保留赠与价值的3/5的责任(即使不动产的价值只有40万元，也应以30万元为限度)。对此，若赠与标的因其瑕疵导致其价值低于受赠人的负担的价值时，受赠人就超出部分得以拒绝履行负担，就已履行之负担则有权要求返还超出部分。所谓“出卖人相同的责任”，则是指买卖合同章规定的出卖人的瑕疵给付责任。另外值得注意的是，在赠与标的瑕疵致使受赠人遭受固有利

---

〔51〕 河上正二『債権法講義［各論］19 贈与契約の成立』『法学セミナー』No.756(2018年)68頁以下。

〔52〕 韩世远：《合同法总论》(第4版)，法律出版社2018年版，第410页。

〔53〕 ［日］我妻荣：《债法各论》(中卷一)，徐进、李又又译，中国法制出版社2008年版，第16页。

益损失时,应进行目的性限缩,赠与人的赔偿范围不受“附义务的限度”的限制。[54]

附负担赠与与目的性赠与不同。目的性赠与是指赠与人基于特定目的而进行的赠与,例如,赠与某人一笔钱供他出国留学。在目的性赠与中,受赠人的作为并非其义务。如果受赠人不实施符合该特定目的的行为,赠与人不能诉请实施,只能主张缔约目的不能而解除赠与。在附负担赠与中,负担是受赠人的义务,如果其不履行负担,赠与人可诉请履行。在目的性赠与中,一旦目的实现,赠与人的权利即受到制约,不能任意撤销赠与。

另外,混合赠与亦是不同于附负担赠与的类型,指的是约定使受赠人亦为部分对待给付的赠与。与附负担赠与中的义务不同,这里的受赠人义务构成了对待给付义务,但只是部分对待给付义务。最典型的如半卖半送等混合合同情形,此时物的瑕疵适用买卖相关规则,不当行为则适用赠与相关规则。

---

〔54〕 谢鸿飞、朱广新主编:《民法典评注:合同编　典型合同与准合同》(第1册),中国法制出版社2020年版,第359页。

第四章　借 款 合 同

《民法典》规定的典型合同，主要可以分为财产移转型合同、财产利用型合同、服务提供类合同及其他合同。其中，买卖、赠与等均以财产权的移转为中心。借款合同、租赁合同则是财产利用型合同的典型代表。关于财产利用，比较法上亦区分为无偿与有偿。典型的无偿财产利用型合同如借用合同。有偿的财产利用型合同依据财产利用过程中是否消耗标的物可区分为消费借贷和借贷合同。消费借贷，是指在其财产的利用过程中消费借用物，属于消耗物的出借，到期返还同种类标的即可；而借贷合同到期要返还原物。无论是借用合同，还是消费借贷，《民法典》均未将其作为典型合同规定。但《民法典》规定了社会生活中常见的两类财产利用型合同。其中，借款合同因以金钱的出借使用为中心，属于特殊的消费借贷，又被称为金钱消费借贷。

关于借款合同，原《合同法》偏重于金融机构借款，虽然同时兼顾自然人之间的借贷，但并没有就非自然人与非金融机构之间的借款作出明确的规定。后来，随着《新民间借贷司法解释》(2020 年第二次修正)的出台，民间借贷的规则逐步完善，在《民法典》编纂过程中亦部分予以吸收。《民法典》删去了原《合同法》第 198 条规定的担保(《民法典》担保物权分编及保证合同一章已作出规定)、删去了原《合同法》第 204 条金融机构借款利率规定，统一规定为禁止高利借贷及不得违反国家规定；而且不限于自然人，未约定支付利息的，视为不支付利息；约定不明确的，仅限于自然人之间借款的不支付利息(《民法典》第 680 条)。但从整体来看，《民法典》第 667 ~ 680 条共 14 条关于借款合同的规定，虽然没有明确以金融机构贷款为原型，从利息规则也可看出试图统一金融借贷与民间借贷规则的趋势，但仍然保留了以金融借款为原型设计规则的特点。另外，借贷领域的合同常涉及民刑交叉问题；相关规制也会受到金融政策等的影响。

第一节　借款合同概述

一、借款合同的概念

借款合同是借款人向贷款人借款，到期返还借款并支付利息的合同(《民法典》第 667 条)。贷款人转移金钱所有权于借款人，借款人则负有到期返还借款的义务。虽然《民法典》第 667 条规定“并支付利息”，但并不能依此推定借款合同均附利息；借款合同对支付利息没有约定的，视为没有利息(《民法典》第 680 条第 2 款)。

传统的借贷合同是指当事人双方约定一方将金钱或物品移转于他方,他方在约定的期限内将同等种类、数量、品质的物返还的合同,包括使用借贷和消费借贷。原《合同法》及《民法典》仅规定金钱消费借贷意义上的借款合同(未规定一般消费借贷)以及租赁合同,但不包括使用借贷意义上的借用合同。

借款合同的标的物为金钱。与租赁合同和借用合同不同,金钱并非仅是为借款人直接占有,而是亦为其所有。这意味着借款人所受领的金额,在返还之前所发生的货币贬值在这里是不考虑的(货币的名目主义)。理论上,金钱的利息只需为物,具体为何物在所不问,既可以是金钱,也可以是代替物,即使是非代替物也并无不可,例如借款 100 万元,以一匹马为利息。但实践中多以金钱作为利息。

在实践当中,涉及金钱的交易纷繁复杂,如何判断其是否为借款合同,会成为问题。判断一份合同是否属于借款合同,应从实质内容上进行。司法解释对此亦有不少规定。例如,最高人民法院《国有土地使用权合同纠纷司法解释》(2020 年修正)第 23 条规定,"合作开发房地产合同约定提供资金的当事人不承担经营风险,只收取固定数额货币的,应当认定为借款合同"[1]。《融资租赁合同司法解释》(2020 年修正)第 1 条第 2 款也规定,"对名为融资租赁合同,但实际不构成融资租赁法律关系的,人民法院应按照其实际构成的法律关系处理",其中就有不少构成借款合同关系。当然,亦有部分情形在司法实践中并不将其列入借款处理,而是作为欠款处理。例如,"当事人对垫资和垫资利息有约定,承包人请求按照约定返还垫资及其利息的,人民法院应予支持,但是约定的利息计算标准高于垫资时的同类贷款利率或者同期贷款市场报价利率的部分除外。当事人对垫资没有约定的,按照工程欠款处理。当事人对垫资利息没有约定,承包人请求支付利息的,人民法院不予支持"(《建设工程施工合同司法解释(一)》第 25 条)。考虑到承揽类合同尤其是建设工程施工合同的特殊性,工程垫资并未被作为借款合同处理。实际上,在民间借贷领域,究竟是借款合同还是其他金钱债务纠纷,常常会引起混淆。因此,司法实践中也为此提供了诸多审理规范。例如,"原告以借据、收据、欠条等债权凭证为依据提起民间借贷诉讼,被告依据基础法律关系提出抗辩或者反诉,并提供证据证明债权纠纷非民间借贷行为引起的,人民法院应当依据查明的案件事实,按照基础法律关系审理"(《新民间借贷司法解释》第 14 条第 1 款);"原告仅依据金融机构的转账凭证提起民间借贷诉讼,被告抗辩转账系偿还双方之前借款或者其他债务的,被告应当对其主张提供证据证明。被告提供相应证据证明其主张后,原告仍应就借贷关系的成立承担举证责任"(《新民间借贷司法解释》第 16 条)等。另外,民间借贷领域也是虚假诉讼多发领域之一。为此,《新民间借贷司法解释》第 18 条还专门对此作出了规范,要求人民法院"应当严格审查借贷发生的原因、时间、地点、款项来源、交付方式、款项流向以及借贷双方的关系、经济状况等事实,综合判断是

---

〔1〕 在司法实践中,不仅仅是房地产合作开发领域,在其他领域也有法院判决遵循这一原则判断。例如,有法院判决认为,"合同性质的认定不能仅凭合同名称而定,应当根据合同内容所涉法律关系,即合同当事人所设立权利义务内容确定合同的性质。就本案而言,虽然本案合同名称为《电信塔塔基建设工程安装合同》,但根据合同约定及承诺书,张某、舒某仅仅履行出资义务,不参与项目经营管理,且不论盈亏,某某公司承诺张某、舒某每座塔固定利润 4 万元,该合同约定的权利义务内容不符合建设工程施工合同的法律特征,而与民间借贷关系的法律特征相符……",参见张某新、舒某义与连云港市力标基础工程有限公司、徐某查等民间借贷纠纷案,江苏省无锡市中级人民法院(2020)苏 02 民终 345 号民事判决书。

否属于虚假民事诉讼”。对此,最高人民法院发布的指导性案例 68 号“上海欧宝生物科技有限公司诉辽宁特莱维置业发展有限公司企业借贷纠纷案”明确指出,“人民法院审理民事案件中发现存在虚假诉讼可能时,应当依职权调取相关证据,详细询问当事人,全面严格审查诉讼请求与相关证据之间是否存在矛盾,以及当事人在诉讼中的言行是否违背常理。经综合审查判断,当事人存在虚构事实、恶意串通、规避法律或国家政策以谋取非法利益,进行虚假民事诉讼情形的,应当依法予以制裁”。该案中,“结合在案其他证据,法院确信,欧宝公司诉请之债权系截取其与特莱维公司之间的往来款项虚构而成,其以虚构债权为基础请求特莱维公司返还 8650 万元借款及利息的请求不应支持”。另外,实践中也会发生“套路贷”虚假诉讼问题。为此最高人民检察院发布的检例第 87 号“李某俊等‘套路贷’虚假诉讼案”明确指出,“检察机关办理涉及‘套路贷’案件时,应当查清是否存在通过虚假诉讼行为实现非法利益的情形。对虚假诉讼中涉及的民事判决、裁定、调解协议书等,应当依法开展监督。针对办案中发现的非法金融活动和监管漏洞,应当运用检察建议等方式,促进依法整治并及时堵塞行业监管漏洞”。

《民法典》借款合同适用范围较广,不仅调整金融机构与自然人、法人、其他组织间的借贷关系,而且也调整自然人之间的借款关系。关于民间借贷,最高人民法院还专门制定了司法解释,为“自然人、法人和非法人组织之间进行资金融通的行为”但不包括“经金融监管部门批准设立的从事贷款业务的金融机构及其分支机构,因发放贷款等相关金融业务引发的纠纷”(《新民间借贷司法解释》第 1 条)的民间借贷纠纷案件审理提供指引。当然,就小贷公司等是否适用《新民间借贷司法解释》,《新民间借贷司法解释适用范围问题的批复》(法释〔2020〕27 号)也指出,“关于适用范围问题。经征求金融监管部门意见,由地方金融监管部门监管的小额贷款公司、融资担保公司、区域性股权市场、典当行、融资租赁公司、商业保理公司、地方资产管理公司等七类地方金融组织,属于经金融监管部门批准设立的金融机构,其因从事相关金融业务引发的纠纷,不适用新民间借贷司法解释”。该司法解释将其排除出了《新民间借贷司法解释》的适用范围。另外,《存单纠纷司法解释》(2020 年修正)对以存单为表现形式的借贷纠纷案件的审理也作出了规定。

拓展 | 金钱“占有即所有”原则的反思

有学说认为,通说采货币“占有即所有”原则,但近年来也有不少反思,认为尚存在诸多例外:(1)“占有即所有”原则不适用于占有辅助的情形,如职工、受雇人占有、管领单位或雇主的货币现金,属于持有而非占有。(2)对于个性大于共性的特殊货币,如货币收藏者基于研究、爱好而收藏的号码特殊的货币、印制有误的纸币等,虽有货币之名,但注重的是其单独特征而非其流通性,在占有之外可以有独立的所有权存在。(3)以封金的形式特定化的货币,如甲将货币包上封好,寄存于乙处之情形,货币实已不能发挥其流通的职能,货币之所有权与占有可同时成立。(4)“占有即所有”原则也不应适用于某些专用资金账户中的钱款,这些特殊的商业账户规则已经使受托人、行纪人等自身的财产和由其管理的委托人的货币相区分,且当事人双方均无转移货币所有权的意思。因此,对于这些专用账户中的钱款没有必要适用“占有即所有”原则。在比较法考察的基础上,该学说主张,货币为民法上的特殊动产,既是一种有形之物,又是一种具有高度替代性的种类物和消费物。货币的特殊性并不表明在货币的占有与所有问题上法律必须采所谓的“占有即所有”原则。依动产物权变动的法律规则规范货币所有权的归属问题，既能保护交易之安全，也能兼顾所有之安全。[2]

亦有学说在界定“金钱占有即所有”之民法意义与适用场域的基础上，主张金钱的高度可替代性并不必然排除其特定性，而金钱之特定包括物理特定和价值特定两个层面。“占有即所有”原理“毫无节制”地保护金钱的后续受领人，也不当保护了占有人的债权人，其流通保护功能可为善意取得制度所替代。金钱占有移转时，原权利人之物权只能依移转所有权的意思而消灭，但金钱占有非因移转所有权的意思而移转时，原权利人也将因金钱丧失其价值特定性而失去物权性保护。原权利人与占有人的金钱混同后，若能确定原权利人的金钱价值仍为占有人支配，则价值特定性犹存。若混同金钱全部消耗，则价值特定性丧失。若混同金钱部分消耗，推定原权利人的金钱价值按比例减少。为合理平衡原权利人和占有人之债权人的利益，当混同金钱或其替代物价值降低时，原权利人应通过拟制信托按比例分享混同金钱之价值。价值升高时，原权利人应基于优先权回收其金钱价值。价值恒定时，可选择拟制信托或优先权对原权利人进行物权性救济。[3]

亦有学者针对实践中将现金的“占有即所有”法则转用于存款货币的现象进行了反思，认为民法上实物货币或现金货币原则上适用动产物权的法则，货币“占有即所有”仅发挥有限的推定作用。存款货币是存款人根据存款合同而对银行享有的债权，与现金货币一样发挥记账和支付结算的功能，因此很多学者和法院将现金的“占有即所有”法则转用于存款货币，以解决存款的归属和返还问题。对我国司法实务中采用货币“占有即所有”法则解决纠纷的案件进行类型化的梳理，可归纳出借用账户、错误转账、专户存款三类案件。在这三类案型中，无一需要借助“占有即所有”法则即可解决相应的问题。借用他人账户存入资金案型中，根据账户户主与银行之间的存款合同关系，即可认定户主为存款货币权利人，原权利人不可主张物权性返还请求权。在错误转账案型中，受款人根据银行转账而没有法律根据地取得他人财产，错误付款人针对受款人享有不当得利返还请求权。在商事金融交易领域中的保证金和证券交易结算资金，根据专门账户、资金特定化来判定该存款货币的权利归属。存款货币的权属认定和返还请求权不宜作统一规定，司法实践中应就不同的存款货币纠纷案型，依各该领域的具体法则判定存款货币的权利归属及其返还请求权的相应效力。[4]

二、借款合同的类型

（一）有息借款合同与无息借款合同

依《民法典》第667条规定，借款合同原则上附有利息。但从《民法典》第680条第2款规定来看，借款合同原则上无息，除非借款合同对支付利息作出了约定，即“借款合同对支付利息没有约定的，视为没有利息”。若是约定不明确，则区分是自然人之间的借款还是非自然人之间的借款作出不同规定，即“借款合同对支付利息约定不明确，当事人不能达成补充协议的，按

---

〔2〕 其木提：《货币所有权归属及其流转规则——对“占有即所有”原则的质疑》，载《法学》2009年第11期。
〔3〕 孙鹏：《金钱“占有即所有”原理批判及权利流转规则之重塑》，载《法学研究》2019年第5期。
〔4〕 朱晓喆：《存款货币的权利归属与返还请求权——反思民法上货币“占有即所有”法则的司法运用》，载《法学研究》2018年第2期。

照当地或者当事人的交易方式、交易习惯、市场利率等因素确定利息；自然人之间借款的，视为没有利息”（《民法典》第680条第3款）。

（二）金融机构借款合同与民间借贷合同

相关司法解释将借款合同区分为金融机构借款合同和民间借贷合同。金融机构借款合同，是银行等金融机构作为贷款人，将金钱出借给借款人使用，到期后借款人返还借款并支付利息的合同。民间借贷合同，则是自然人、法人和非法人组织之间进行资金融通行为而签订的合同，但不包括“经金融监管部门批准设立的从事贷款业务的金融机构及其分支机构”等发放贷款等金融合同。对于民间借贷合同，《民法典》第679条就自然人之间的借款合同作了规定。除此之外，《民法典》借款合同一章未区分金融借款合同与民间借贷合同，理由是两者的区别主要还是在于行政监管领域，而在民事权利义务的立法内容方面，两者之间不应当有明显的区别，否则将有悖于平等原则。[5]

在实践当中，还有一些特殊的借款贷款关系，如委托贷款合同和信托贷款合同。对此，《存单纠纷司法解释》第7条规定，“存单纠纷案件中，出资人与金融机构、用资人之间按有关委托贷款的要求签订有委托贷款协议的，人民法院应认定出资人与金融机构间成立委托贷款关系。金融机构向出资人出具的存单或进账单、对账单或与出资人签订的存款合同，均不影响金融机构与出资人间委托贷款关系的成立。出资人与金融机构间签订委托贷款协议后，由金融机构自行确定用资人的，人民法院应认定出资人与金融机构间成立信托贷款关系”；“构成委托贷款的，金融机构出具的存单或进账单、对账单或与出资人签订的存款合同不作为存款关系的证明，借款方不能偿还贷款的风险应当由委托人承担。如有证据证明金融机构出具上述凭证是对委托贷款进行担保的，金融机构对偿还贷款承担连带担保责任。委托贷款中约定的利率超过人民银行规定的部分无效。构成信托贷款的，按人民银行有关信托贷款的规定处理”。

委托贷款纠纷亦是实践中多见的纠纷之一。对此，有法院判决认为，“委托人、受托银行与借款人三方签订委托贷款合同，由委托人提供资金，受托银行根据委托人确定的借款人、用途、金额、币种、期限、利率等代为发放、协助监督使用并收回贷款，受托银行收取代理委托贷款手续费，并不承担信用风险，其实质是委托人与借款人之间的民间借贷。委托贷款合同的效力，委托人与借款人之间的利息、逾期利息、违约金等权利义务均应受有关民间借贷的法律、法规和司法解释的规制”[6]。但是否均属于民间借贷，是否应都参照民间借贷的规则，司法实践此后对此也有一些发展。例如，有法院判决指出，“委托贷款一方面已纳入国家金融监管范围，由金融机构作为贷款人并履行相应职责，另一方面又因其资金来源等特性与民间借贷存在相通之处，在不同方面体现出金融借款和民间借贷的特点。在现行法律及司法解释未明确规定的情况下，可通过分析委托贷款更近似金融借款还是民间借贷的特点，进而确定可参照的规则。鉴于委托贷款系根据委托人的意志确定贷款对象、金额、期限、利率等合同主要条款，且委托人享有贷款利息收益等合同主要权利，同时考虑到委托贷款与民间借贷在资金来源相同的基础上亦可推定其资金成本大致等同，人民法院确定委托贷款合同的利率上限时应当参照民间借

〔5〕黄薇主编：《中华人民共和国民法典解读：合同编》（上册），中国法制出版社2020年版，第698页。

〔6〕北京长富投资基金与武汉中森华世纪房地产开发有限公司等委托贷款合同纠纷案，载《最高人民法院公报》2016年第11期。

贷的相关规则”[7]。但值得注意的是,两个案件均是《民法典》实施前的判决,若适用《民法典》第 680 条第 1 款“禁止高利放贷”,无论是民间借贷还是金融借贷均“禁止高利放贷”,在利息规制上是否都应该受到同样的上限限制,是否有必要区别,仍有进一步观察之必要。

三、借款合同的性质

(一)有偿、双务合同

借款合同约定利息的,为有偿、双务合同。但从双务合同中给付与对待给付的牵连性角度而言,并非贷款人的出借款项与借款人的还款义务之间构成给付与对待给付的双务关系,而是贷款人提供本金并容忍借款人用益与借款人负担利息支付义务(而不是与本金返还义务)之间形成双务关系,因其间有先后关系,贷款人无同时履行抗辩权之适用,但可行使不安抗辩权。[8]而借款合同中的无息借款合同,则是无偿、单务合同。[9]

(二)诺成合同

我国《民法典》仅将自然人之间的借款作为要物合同(《民法典》第 679 条),其他借款合同为诺成合同。因自然人之间的借款合同具有要物性,若出借人只是提供了部分借款,可参照《民法典》第 670 条的精神以及实践性合同的基本原理,就实际提供部分的借款数额成立借款合同。

(三)要式合同

借款合同应当采用书面形式,但是自然人之间借款另有约定的除外(《民法典》第 668 条第 1 款)。另外,《商业银行法》第 37 条也规定,“商业银行贷款,应当与借款人订立书面合同”。当然,依《民法典》第 490 条第 2 款,“法律、行政法规规定或者当事人约定合同应当采用书面形式订立,当事人未采用书面形式但是一方已经履行主要义务,对方接受时,该合同成立”。出借人向人民法院提起民间借贷诉讼时,应当提供借据、收据、欠条等债权凭证以及其他能够证明借贷法律关系存在的证据(《新民间借贷司法解释》第 2 条第 1 款)。

(四)继续性合同

贷款人所负的借款提供并容忍使用义务严格而言并非一次履行即行完结,毋宁说属于一种须于一定期间内予以维持的状态(状态债务),于此期间内使借款人得以持续性地支配借款,达到其合同目的。借款合同必须持续一定的时间,时间因素在合同的履行上居于重要地位,利

---

[7] 上海浦东发展银行股份有限公司深圳分行与梅州地中海酒店有限公司等借款合同纠纷案,载《最高人民法院公报》2020 年第 4 期。

[8] 张谷:《借款合同分析》,载《金融法苑》2005 年第 2 期。对此,亦有学者主张,自然人之间的借款合同,因提供借款为合同成立要件,合同项下的主给付义务仅有借款人还本付息,故此类合同属于单务合同;而其他借款合同,因为贷款人将约定的借款交付给借款人,属于借款合同项下的给付义务,借款人到期偿还所借之款,甚至附加利息,亦为借款合同项下的给付义务,所以借款合同属于双务合同[参见崔建远:《合同法》(第 4 版),北京大学出版社 2021 年版,第 483 页]。

[9] 亦有观点主张,无利息的自然人借款为单务无偿合同,而附利息的自然人借款则为单务有偿合同。参见刘勇:《〈民法典〉第 679 条(自然人借款合同的成立)评注》,载《法学家》2022 年第 4 期。从该观点可看出,其并未将提供并容忍本金由借款人用益与借款人负担利息支付义务之间视为对待给付关系,而是将提供借款作为给付义务,利息支付作为对待给付义务;因借款的提供是作为自然人之间借款合同的成立要件,故在合同成立前,并无借款之提供,故即使有息,亦为单务有偿合同。对此,本书认为借款合同的特殊性决定了其负有牵连性的给付与对待给付义务同样具有特殊性,容忍款项使用与利息之间同样构成对价给付关系。

息的总额取决于合同持续时间的长短。[10]

四、借款合同的订立

借款合同的内容一般包括借款种类、币种、用途、数额、利率、期限和还款方式等条款(《民法典》第668条第2款)。

借款合同订立过程中，借款人负有信息告知义务。在合同订立过程中，原则上应当由当事人自行负担信息收集的风险，但亦会根据信息收集成本、当事人之间的信息优势对比以及特定的政策考量，科加当事人一定的信息告知义务。在借款合同中，依《民法典》第669条，订立借款合同，借款人应当按照贷款人的要求提供与借款有关的业务活动和财务状况的真实情况。之所以设定该义务，主要是方便贷款人审查，以便了解贷款人确定借款人的生产经营是否有收益、是否能做到不挪用所借资金、判断借款人偿还借款的能力，保障借款的安全。[11] 因我国《民法典》借款合同以诺成为原则(自然人之间的借款为例外)，借款合同订立前的信息告知成为防范借款风险的重要手段。关于该义务的性质，通常认为违反该义务，构成先合同义务的违反，应当承担缔约过失责任。[12] 如果借款人故意隐瞒上述真实情况或者捏造虚假情况，按照《民法典》有关欺诈的规定处理。[13] 借款合同订立过程中的信息告知义务，不同于《民法典》第672条规定的借款存续期间的借款人依约提供财务会计报表等的义务，前者为先合同义务、后者为合同义务。当然，贷款人在收集信息的过程中，也同样负有保密义务，不得泄露或不正当使用(《民法典》第501条)。

借款合同订立过程中，相关法律对当事人主体资格亦有限制。例如，《商业银行法》第40条规定，商业银行不得向关系人发放信用贷款；向关系人发放担保贷款的条件不得优于其他借款人同类贷款的条件。上述规定所称关系人是指：(1)商业银行的董事、监事、管理人员、信贷业务人员及其近亲属；(2)前项所列人员投资或者担任高级管理职务的公司、企业和其他经济组织。另外，依《新民间借贷司法解释》第13条的规定，以下情形的贷款人提供借款的行为无效：(1)套取金融机构贷款转贷的；(2)以向其他营利法人借贷、向本单位职工集资，或者以向公众非法吸收存款等方式取得的资金转贷的；(3)未依法取得放贷资格的出借人，以营利为目的向社会不特定对象提供借款的。

借款合同的内容，尤其是利率，通常会有内容上的限制。禁止高利放贷，借款的利率不得违反国家有关规定(《民法典》第680条第1款)。对此，《商业银行法》第38条规定了“商业银行应当按照中国人民银行规定的贷款利率的上下限，确定贷款利率”。原《合同法》第204条也

---

[10] 韩世远：《合同法学》(第2版)，高等教育出版社2022年版，第398页。

[11] 黄薇主编：《中华人民共和国民法典解读：合同编》(上册)，中国法制出版社2020年版，第703~704页。

[12] 王利明：《合同法》(下册)，中国人民大学出版社2021年版，第7~8页。但亦有学说认为，该义务属于法定义务，不是一种双方缔约磋商中照顾保护的合同义务，更不属于先合同义务。或者认为是“容忍义务”，认为该义务基于约定；若未就该义务进行约定，借款人无陈述相关情况的义务，也无须承担相应的责任[参见王轶等：《中国民法典释评：合同编·典型合同》(上卷)，中国人民大学出版社2020年版，第161页]。

[13] 崔建远：《合同法》(第4版)，北京大学出版社2021年版，第484页。但亦有部分学者认为，如果借款人未履行该说明义务，贷款人可以解除合同并要求赔偿损失[参见李永军：《合同法》(第6版)，中国人民大学出版社2021年版，第316~317页]。

曾作出同样的规定，但《民法典》删去了该条，亦表明《民法典》试图统一民间借贷与金融借贷的利息规制的趋势，均禁止高利放贷。[14] 从理论上来说，《民法典》第680条适用于所有类型的借款合同。[15] 而且，目前贷款市场报价利率已经代替了贷款基准利率，各银行在新发放的贷款中主要参考贷款市场报价利率定价，并在浮动利率贷款合同中采用贷款市场报价利率作为定价基准。[16]《新民间借贷司法解释》第25条则明确规定了利率的最高上限，即出借人请求借款人按照合同约定利率支付利息的，人民法院应予支持，但是双方约定的利率超过合同成立时一年期贷款市场报价利率四倍的除外。前述规定所称"一年期贷款市场报价利率"，是指中国人民银行授权全国银行间同业拆借中心自2019年8月20日起每月发布的一年期贷款市场报价利率。

借款合同原则上为诺成合同，但自然人之间的借款合同，自贷款人提供借款时成立（《民法典》第679条）。自然人之间的借款之所以采用要物合同的成立方式，主要考虑的是在自然人之间的借款中，当事人之间往往具有亲戚、同事、朋友等特别关系，相互之间往往存在相互帮助的道德性因素。而且，出借人亦往往不具备银行等金融机构的专业能力，无法作出专业的风险防范等。《民法典》规定自然人之间借款合同的要物性，有助于贷款人进一步深思熟虑，通过是否提供借款以防范风险。[17] 自然人之间的借贷，未提供借款的，并不构成合同义务的违反，但有可能构成缔约过失责任。所谓"提供借款"，因现金、票据、银行转账等支付方式不同而表现出不同的形式。自然人之间的借款合同具有下列情形之一的，可以视为合同成立：(1)以现金支付的，自借款人收到借款时；(2)以银行转账、网上电子汇款等形式支付的，自资金到达借款人账户时；(3)以票据交付的，自借款人依法取得票据权利时；(4)出借人将特定资金账户支配权授权给借款人的，自借款人取得对该账户实际支配权时；(5)出借人以与借款人约定的其他方式提供借款并实际履行完成时（《新民间借贷司法解释》第9条）。在司法实践中，若被告抗辩借贷行为尚未实际发生并能作出合理说明的，人民法院应当结合借贷金额、款项交付、当事人的经济能力、当地或者当事人之间的交易方式、交易习惯、当事人财产变动情况以及证人证言等事实和因素，综合判断查证借贷事实是否发生（《新民间借贷司法解释》第15条第2款）。对此，有观点指出，除以现金方式提供借款外，司法解释所规定的多样提供方式实际上是对自然人借款合同要物性的缓和。在贷款人没有现实地交付标的物（金钱）的场合，也能够认为《民法典》第679条规定的要物性得到了满足。虽说实际结果可能如此，但最高人民法院的主要意图仅在于明确自然人借款合同的成立时点，并未意识到其与要物性之间的关联。[18]

当然，关于自然人之间借款合同的要物性，学界也有一些反思。例如，有学说认为《民法

---

〔14〕 但亦有不少观点认为，商业银行贷款利率上限放开，商业银行有权自主决定贷款利息的上限，商业银行贷款按照上浮利率收息，符合相关法律法规的规定即可。参见最高人民法院民法典贯彻实施工作领导小组主编：《中华人民共和国民法典合同编理解与适用（二）》，人民法院出版社2020年版，第1278～1279页。

〔15〕 刘勇：《〈民法典〉第680条评注（借款利息规制）》，载《法学家》2021年第1期；朱庆育主编：《中国民法典评注：条文选注》（第2册），中国民主法制出版社2021年版，第487页；徐涤宇、张家勇主编：《〈中华人民共和国民法典〉评注》（精要版），中国人民大学出版社2022年版，第738页。

〔16〕 最高人民法院民法典贯彻实施工作领导小组主编：《中华人民共和国民法典合同编理解与适用（二）》，人民法院出版社2020年版，第1269页。

〔17〕 谢鸿飞、朱广新主编：《民法典评注：合同编　典型合同与准合同》（第1册），中国法制出版社2020年版，第461页。

〔18〕 刘勇：《〈民法典〉第679条（自然人借款合同的成立）评注》，载《法学家》2022年第4期。

典》第679条为半强制性规范,并不排斥非典型自然人借款的存在,应注重当事人的意愿,承认诺成的自然人借款合同;认为应当区分民事自然人借款和商事意图的自然人借款,分别认定其成立要件。对于具有商事意图的自然人借款,应承认在先借款合意的有效性。至于对具有商事意图的自然人借款的判定,借款的数额应当是最为重要的因素。凡是数额处于日常生活需要范畴内的借款,原则上均应推定为民事自然人借款;数额超越日常生活需要的,则应推定为具有商事意图的自然人借款。同时,若自然人借款附有担保,则也应当被推定为具有商事意图的自然人借款。当然,主观目的才是区分民事与商事意图的自然人借款的根本依据。[19] 从交易实践来看,该解释具有一定的合理性;但从借款合同的特性来看,出借人出借款项后的风险控制手段并不多,而自然人之间的借款,其风险控制能力更是缺乏要物性的要求,为此等风险控制提供了重要的手段,其并不会因借款商事意图的有无而有所区别。而且,此等以商事意图之有无来缓和要物性的解释方法,与《民法典》第679条的文义并不相符。因此,缓和自然人之间借款合同的要物性而限缩其适用范围的解释,本书认为应当慎重。

五、利息预扣之禁止

借款的利息不得预先在本金中扣除。利息预先在本金中扣除的,应当按照实际借款数额返还借款并计算利息(《民法典》第670条)。《新民间借贷司法解释》第26条亦强调,借据、收据、欠条等债权凭证载明的借款金额,一般认定为本金。预先在本金中扣除利息的,人民法院应当将实际出借的金额认定为本金。

利息预扣,一方面使贷款人的利息提前收回,减少了借款的风险,但另一方面却损害了借款人的合法利益,使借款人实际上得到的借款少于合同约定的借款数额,影响其资金的正常使用,加重了借款人的负担,也容易引起借款合同双方当事人的纠纷。我国历史上也存在"九出十三归"等"砍头息"的做法,即若月息十分之情形,当十元物品,每个月需纳息一元;但在当物时,当铺仅出九元,预扣其利息,即"九出";客人到期取赎时,要加收三个月的利息三元,即本金加三个月加息三元共"十三归"。[20] 为了解决借款实践中经常出现的问题,体现合同公平的原则,防止贷款人利用优势地位确定不平等的合同内容,《民法典》以强行性规范规定贷款人在提供借款时不得预先将利息从本金中扣除。如果贷款人违反法律规定,在提供借款时将利息从本金中扣除的,那么,借款人只需按照实际借款数额返还借款并计算利息。同样地,依《民法典》第674条的立法精神也可以看出,对于支付利息期限没有约定或者约定不明确的,在法定的支付利息的时间点上,借款人是在为已经过去的其已经实际使用本金的这个时间段支付利息。在借款合同中,通常且已经形成习惯的对价支付方式应是先使用、后支付利息。从这个意义而言,禁止"砍头息"也符合借款合同的特点。

利息预扣禁止为强行性规范,不得通过约定排除。故而,应注意变相预先扣除利息的各种条款的判断。特别是通过各种服务费变相扣除相关金额的情形,也可以类推适用本条,作为预

---

〔19〕 刘勇:《〈民法典〉第679条(自然人借款合同的成立)评注》,载《法学家》2022年第4期。

〔20〕 韩德章、詹玉荣:《旧中国农村的高利贷》,载《中国农史》1984年第4期;刘秋根、阴若天:《晚清典当业的几个问题》,载《文化学刊》2011年第4期。

扣利息禁止予以对待。[21] 最高人民法院也曾发布典型案例将变相扣除相关服务费作为预扣利息对待。例如,在"山西梅园华盛能源开发有限公司与华融国际信托有限责任公司等金融借款合同纠纷案"[22]中,该案贷款人共计借出款项4.098亿元,同时以财务顾问费的形式,在每次放款前均要求借款人提前支付"砍头息",共计3405万元,约为贷款总额的8.3%。二审法院因贷款人不能举证证明其为借款人具体提供了何种财务顾问服务,故认定其实际未提供财务顾问服务,将收取的高额财务顾问费用认定为以顾问费名义预先收取利息,在计算欠款本金时予以扣除。另外,实践中有的贷款人为规避"砍头息"禁止性规定,约定在贷款人给付借款后,借款人于第二天便需给付部分利息或返还部分本金。此种做法,实质上仍是在本金中扣除借款利息,从而应当依照《民法典》第670条处理。原因是该条规范的立法旨趣在于,任何形式的未实际使用即计收利息的做法均属于违反禁止预先扣收利息之规定的行为。[23] 另外,最高人民检察院检例155号"某小额贷款公司与某置业公司借款合同纠纷抗诉案"也明确指出,"检察机关在办理借款合同纠纷监督案件中发现小额贷款公司设立关联公司,以收取咨询费、管理费等名义预先扣除借款本金、变相收取高额利息的,应当按照实际借款金额认定借款本金并依法计息。检察机关在办理相关案件中应当加强对小额贷款公司等地方金融组织违规发放贷款行为的审查和调查核实,发挥司法能动作用,依法维护金融秩序和金融安全"。

当然,违反利息预扣禁止规范,并不导致借款合同全部无效;无效的仅是该利息预扣条款。但该条款无效后的处理,贷款人承担的责任并非按照预扣利息前的本金提供借款的义务履行,而是其只能就实际借款数额请求返还借款并计算利息。

六、民间借贷合同的无效事由

借款合同为双方法律行为,其法律效力的判断需依法律行为的一般原理决定,按照《民法典》总则编第六章"民事法律行为"的规则予以处理。但在借款合同领域,尤其是在民间借贷领域,随着经济社会的发展和金融管制改革的深化,借款合同无效事由亦趋于变化之中。例如,早期曾严格禁止企业间的借贷,但目前并不完全否定。法人之间、非法人组织之间以及它们相互之间为生产、经营需要订立的民间借贷合同,以及法人或者非法人组织在本单位内部通过借款形式向职工筹集资金,用于本单位生产、经营的,除存在《民法典》第146条、第153条、第154条以及《新民间借贷司法解释》第13条规定的情形外,并不妨碍民间借贷合同的效力(《新民间借贷司法解释》第10条、第11条)。不仅如此,借款人或者出借人的借贷行为涉嫌犯罪,或者已经生效的裁判认定构成犯罪,当事人提起民事诉讼的,民间借贷合同并不当然无效(《新民间借贷司法解释》第12条第1款)。此种情形,仍然应当依法律行为无效与否的规则予以判断。即使是涉及非法吸收公众存款罪,亦并不必然导致借款合同无效。[24]

---

[21] 夏某与潘某明民间借贷纠纷上诉案,浙江省湖州市中级人民法院(2016)浙05民终1197号民事判决书。

[22] 最高人民法院民事判决书,(2019)最高法民终1081号。

[23] 徐涤宇、张家勇主编:《〈中华人民共和国民法典〉评注》(精要版),中国人民大学出版社2022年版,第731~732页;最高人民法院民法典贯彻实施工作领导小组主编:《中华人民共和国民法典合同编理解与适用(二)》,人民法院出版社2020年版,第1236~1237页。

[24] 吴某军诉陈某富、王某祥及德清县中建房地产开发有限公司民间借贷、担保合同纠纷案,《最高人民法院公报》2011年第11期。相关评释参见周江洪主编:《合同法案例研习》,法律出版社2019年版,第38页。

依《新民间借贷司法解释》第 13 条的规定，具有下列情形之一的，人民法院应当认定民间借贷合同无效：(1)套取金融机构贷款转贷的；(2)以向其他营利法人借贷、向本单位职工集资，或者以向公众非法吸收存款等方式取得的资金转贷的；(3)未依法取得放贷资格的出借人，以营利为目的向社会不特定对象提供借款的；(4)出借人事先知道或者应当知道借款人借款用于违法犯罪活动仍然提供借款的；(5)违反法律、行政法规强制性规定的；(6)违背公序良俗的。当然，值得注意的是，就该司法解释而言，其立足于原《合同法》第 52 条之解释，虽然随着《民法典》的颁布作了修正，但就其第 5 项规定而言，应依《民法典》第 153 条第 1 款规定判断，即"违反法律、行政法规的强制性规定的民事法律行为无效。但是，该强制性规定不导致该民事法律行为无效的除外"，并非违反法律、行政法规强制性规定的借款合同均为无效。另外，关于"套取金融机构贷款转贷"，司法实践中亦有主张限缩其适用范围，认为"企业取得银行信贷资金后出借给其他企业，即使存在一定利差，但现有证据不足以证明出借人为转贷牟利之目的套取信用贷款或者借款企业知道或应当知道借款来源于信用贷款的，借款合同应认定为有效"[25]。

第二节　借款合同的效力

一、贷款人的义务

(一)按期按额提供借款并容忍对方使用的义务

贷款人未按照约定的日期、数额提供借款，造成借款人损失的，应当赔偿损失(《民法典》第 671 条第 1 款)。当然，自然人之间的借款合同，在提供借款时才成立；因此，提供借款并非自然人借款合同上的义务。

若违反按期按额提供贷款的义务，贷款人应如何承担责任，需适当分析。有学说提示应注意与继续履行、采取补救措施、减少价款、支付违约金等违约责任之间的衔接配合关系。[26] 尤其是，在贷款人不放款时，借款人能否诉请贷款人实际履行？有学说对此持否定性意见，其主要理由是：一方面，在充分竞争的资本市场里，借款人转而寻求替代性借款并不困难，由此多支出的费用完全可以从贷款人处获得赔偿，损害赔偿的救济可以充分地保护借款人的利益。另一方面，如果允许借款人寻求实际履行的救济方法，反倒可能产生不利后果，即贷款人从事更有效益的放款活动的诱因，会被道德主义的实际履行救济方式所扼杀；实际履行的救济违背了借款合同授信的特点；等等。该学说认为，在借款合同中，由于利息不是所贷款项本身的对价，只是贷款的使用收益的对价，所以，贷款人对于授信风险的自主决定和绝对控制具有内在的、强烈的需求。实际履行的救济方式，除了会迫使银行真实地面对一种与自己预想不同，甚至是自己可能无法控制的危险外，起不到任何有效的作用。任何抵触这种需求的规则或判决，无非是过多地受到合同承诺即成立观念的影响，以至于对借款合同的独特需要视而不见的产物，并

---

〔25〕 陈秋竹、刘绍斐：《集团企业"资金池"的性质认定及"高利转贷"的判定要件——最高院判决某商投集团公司诉某商投公司等借款合同纠纷一案案例分析》，载《山东法官培训学院学报》2019 年第 4 期。

〔26〕 谢鸿飞、朱广新主编：《民法典评注：合同编　典型合同与准合同》(第 1 册)，中国法制出版社 2020 年版，第 419 页。

迟早会被银行业的实际做法抛到脑后。[27] 该学说特别关注了借款合同的特殊性，具有其合理性。同样地，亦有相关释义及学说主张类似观点，认为即使不存在得以主张情势变更、不安抗辩权之情形，银行无理由反悔并不欲放贷的，借款人也不应享有实际履行请求权，软化贷款义务和限制借款人救济手段具有合理性。原因在于，贷款人提供贷款的义务虽然属于金钱债务，可强制履行，但借款合同对借款人的信用要求高，在一定程度上具有人身性质，而且任何借款都具有信用风险，若判决实际履行，可能会给银行造成远远超过承担损害赔偿金的损失。[28] 但从现行法律规定来看，《民法典》第 579 条规定了金钱之债得以要求继续履行的原则，虽然没有直接列举“借款”，但该条所规定的“其他金钱债务”应当包括借款。因此，从规范文义上无法直接得出《民法典》第 671 条是第 579 条的特别规定的结论。若要避免此等放款义务的继续履行，一方面可以通过特别约定予以排除，另一方面亦可以参照适用不安抗辩权等予以救济。

思考 | 提供借款义务违反时的损害赔偿范围

若违反按期按额提供贷款的义务，其损害赔偿范围如何？我国民法学说中，多主张履行利益之赔偿。若依《民法典》第 584 条，该损失赔偿的数额应当相当于因贷款人违约而造成的损失，包括合同履行后可以获得的利益，但不得超过违反合同一方即贷款人在订立合同时应当预见到因违反合同可能造成的损失。在借款合同中，是否可以预见，一般可以通过借款人的借款申请资料以及贷款人对借款人的审查资料可以得出相关的判断。此种损失的数额或者计算方法，可以由双方当事人在借款合同中约定；如果没有约定的，则损失数额的证明责任应当由借款人承担。[29] 亦有学说认为，此处的损害赔偿，既包括没有足额提供借款的差额损失（实际上相同于继续履行），也包括没有足额资金导致的借款人的其他损失。并举例说明，由于农民没有及时得到足额资金，导致其不能按时购买种子和化肥，错过了最佳播种时间而遭受的损失，应当扣除借款人没有尽到减损义务而造成的损失。[30] 但是，金钱之债具有其特殊性，不仅具有高度流通性和高度可替代性，其调拨较之通常的种类物更为便捷；而且，在金钱赔偿原则下，金钱之债不履行的损害赔偿无需另行转化为金钱赔偿。正因为具有这样的特殊性，比较法上通常会以法定利率计算其迟延利息作为损害赔偿（如《瑞士债法典》第 104 条、《日本民法典》第 419 条等），而不是采用通常的损害赔偿范围规则；若有额外的损失，则需满足特定的要件，始得以请求超过逾期法定利息的赔偿（《瑞士债法典》第 106 条）。在日本债法修改过程中，也曾有提案提出金钱之债特别是基于合同原因的金钱之债的损害赔偿，建议依损害赔偿范围的一般规则处理；但就此并未能达成共识，也并未对原《日本民法典》第 419 条规定的法定利息赔偿作出修改。当然，虽然各自的理由不同，但是日本学理中也有不少学说主张金钱之债的不履行应当肯定超过法定利息的赔偿；而对于将金钱之债超过法定利息部分的赔偿可能性归之于“预见可能性”的主张，并不一定能获得认同，而是认为依合同情势，若债务人负有为避免对方经济利

---

〔27〕 张谷：《借款合同分析》，载《金融法苑》2005 年第 2 期。

〔28〕 王轶等：《中国民法典释评：合同编 · 典型合同》（上卷），中国人民大学出版社 2020 年版，第 167 页；谢鸿飞：《合同法学的新发展》，中国社会科学出版社 2014 年版，第 576 页。

〔29〕 谢鸿飞、朱广新主编：《民法典评注：合同编　典型合同与准合同》（第 1 册），中国法制出版社 2020 年版，第 421 页。

〔30〕 王利明：《合同法》（下册），中国人民大学出版社 2021 年版，第 10 页。

益之侵害而就对方经济利益作出考虑的“经济性利益的保护义务”之情形，存在类似就对方的“固有利益”保护义务之情形，才可以作为独立的保护法益将其纳入利息超过部分的损害予以对待。[31] 总之，将金钱之债不履行时的损害赔偿范围与通常的债务不履行损害赔偿等同对待予以考虑的观点，值得反思。若是借款合同中提供借款义务的违反应当赔偿其金钱使用可能带来的收益（如农作物损失）等，作为买卖合同等有偿合同的对价——价款支付义务的违反，是否也应当考虑所收取的价款金额的用途等而考虑其损害赔偿范围？但实践中对于价款支付义务违反，多限于逾期利息等。也正是从这层意义上来说，将金钱之债的损害赔偿范围界定与通常债务不履行损害赔偿范围等同对待值得商榷。但我国并不存在法定利息赔偿的规定，如何处理借款合同中不提供借款情形的损害赔偿，可参考的是贷款利率等，同时可根据情形将提起诉讼的费用、增加的债权收取费用等扩大损害也考虑在内。当然，包括借款合同在内，金钱债务不履行的损害赔偿规则的建构和发展，仍需要学说和实践的进一步开拓。

（二）保密义务

无论是合同缔结前还是合同履行过程中，借款人都有相应的信息告知义务（《民法典》第669条、第672条）。其反面也就意味着贷款人得以掌握借款人大量的信息。于此情形，无论是《民法典》第501条合同缔结过程中的保密义务，还是《民法典》第509条全面履行合同的义务以及《民法典》第558条合同终止后的保密义务等，都同样适用于贷款人。对此，《商业银行法》第53条更是明确规定了商业银行工作人员的保密义务，即“商业银行的工作人员不得泄露其在任职期间知悉的国家秘密、商业秘密”。

二、借款人的义务

（一）有息借款合同时的利息支付义务

《民法典》第674条规定了借款人的利息支付义务。关于借款合同是否附有利息的判断，原《合同法》第211条第1款规定，自然人之间的借款合同对支付利息没有约定或者约定不明确的，视为不支付利息；但《民法典》第680条第2、3款则其修改为“借款合同对支付利息没有约定的，视为没有利息”“借款合同对支付利息约定不明确，当事人不能达成补充协议的，按照当地或者当事人的交易方式、交易习惯、市场利率等因素确定利息；自然人之间借款的，视为没有利息”。也就是说，当事人没有约定的情形，不再限于自然人之间的借款合同才不附利息，这也体现了《民法典》试图统一各种类型借贷合同规则的趋势。[32] 当然，关于《新民间借贷司法解释》第24条第2款的规定，仍有再考的余地。该款规定，“自然人之间借贷对利息约定不明，

---

〔31〕 潮見佳男『新債権総論Ⅰ』（信山社，2017年）516～519頁、中田裕康『債権総論新版』（岩波書店，2012年）180頁以下。

〔32〕 关于金融机构借款与民间借款利息规制的问题，有学者指出，金融借款合同的基准利率曾一直是民间借贷利率上限的参照标准。原《民间借贷司法解释》出台后，司法裁判参照民间借贷的利率上限规则对金融借款合同进行裁判。这具有裁判观点的延续性。然而，参照民间借贷规则并不是必然的，金融借款合同的利率规则应具有主导性、独立性。在《民法典》生效后，法典所规定的主观显失公平条款、公序良俗条款，应作为调整金融借款合同的基础规范。而参照民间借贷司法解释的利率上限，则应当是在主观显失公平不能适用情况下客观显失公平所能保护的最高利率上限。参见王伟伟：《金融借款合同利率上限裁判规则的体系化整合》，载《法律适用》2021年第2期。

出借人主张支付利息的,人民法院不予支持。除自然人之间借贷的外,借贷双方对借贷利息约定不明,出借人主张利息的,人民法院应当结合民间借贷合同的内容,并根据当地或者当事人的交易方式、交易习惯、市场报价利率等因素确定利息”。该款与《民法典》第680条第2、3款明显不同,应当谨慎适用。依《民法典》第680条第3款之规定,对支付利息约定不明时,当事人之间的“协议补充”为前置条件,若协议补充不成,始有依法裁量确定利息之权限。另外,在司法实践中,裁判实务几乎是将“利息约定不明确”等同于“利率约定不明确”的。例如,最高人民法院在解释“利息约定不明”时,将借款合同双方当事人都承认存在利息约定但就利率发生争议的情形作为例子;而解释的主要内容则在于强调如何确定借款合同的“利率”。也有学说因此主张,在解释论上,应将《民法典》第680条第3款所规定的“利息约定不明确”解释为“利率约定不明确”。[33] 但此等解释,明显有违《民法典》第680条第3款的文义,须慎重。

不仅如此,如前所述,在利息的管制方面,原《合同法》第211条第2款规定“自然人之间的借款合同约定支付利息的,借款的利率不得违反国家有关限制借款利率的规定”,但《民法典》第680条第1款将其修改为“禁止高利放贷,借款的利率不得违反国家有关规定”。这也同样表明,不管是金融机构借款,还是民间借贷,均须受利息管制,而并不限于自然人之间的借款。[34] 但是,由于金融牌照的特许制继续存在,《民法典》中的借款合同仍然是“隐蔽的二元构成”,[35]金融机构与非金融机构借款适用不同规范的现状并没有根本改变。特别是《新民间借贷司法解释》确定的司法机关对利息的管制,与金融主管、监管机构指定的金融政策等,都被作为借款利率的“国家有关规定”予以对待,进而使在利率规制上虽然都不得“高利放贷”,但其管制方式和利率标准并不一致。[36] 甚至在《民法典》颁布前2019年11月最高人民法院发布的《全国法院民商事审判工作会议纪要》(法〔2019〕254号)中指出,“区别对待金融借贷与民间借贷,并适用不同规则与利率标准”。但从《民法典》不区分贷款主体均禁止高利放贷角度而言,《民法典》试图统一各种类型借款合同的趋势甚为明显,至少在利息限制方面,将来应当作统一考量。

民间借贷的利息管制,以合同成立时一年期贷款市场报价利率四倍为上限(《新民间借贷司法解释》第25条)。另外,《新民间借贷司法解释》第27~29条对复利、逾期利率、逾期利率与违约金及其他费用之间的关系也作出了规定。不仅如此,在司法实践中也特别关注了借款

---

〔33〕 刘勇:《〈民法典〉第680条评注(借款利息规制)》,载《法学家》2021年第1期;朱庆育主编:《中国民法典评注:条文选注》(第2册),中国民主法制出版社2021年版,第506页。

〔34〕 对此,有学者指出,在利率规制模式方面,《民法典》仍然沿袭了既有的立场,本身的条款并没有提供直接的依据。由于《民法典》第680条的规定覆盖了金融机构借款与民间借贷,因此该条所呈现的利率规制内容在原《合同法》第211条的基础上实现了“倍增”。但该学者也同时指出,虽然金融机构贷款是以中国人民银行发布的利率为基准,但法院通过裁判实务已经将金融机构贷款的相当部分纳入了民间借贷的范畴。但这样的倾向无论是在《民法典》还是司法解释层面都难以获得直接、明确的正当性。参见刘勇:《〈民法典〉第680条评注(借款利息规制)》,载《法学家》2021年第1期;朱庆育主编:《中国民法典评注:条文选注》(第2册),中国民主法制出版社2021年版,第499~500页。

〔35〕 刘勇:《〈民法典〉第680条评注(借款利息规制)》,载《法学家》2021年第1期;朱庆育主编:《中国民法典评注:条文选注》(第2册),中国民主法制出版社2021年版,第488页。

〔36〕 具体不同,参见刘勇:《〈民法典〉第680条评注(借款利息规制)》,载《法学家》2021年第1期;朱庆育主编:《中国民法典评注:条文选注》(第2册),中国民主法制出版社2021年版,第491~496页。

合同的本息转化为其他合同价款情形亦同样应当遵循利息管制原则的问题。例如，最高人民法院指导性案例72号“汤某、刘某龙、马某太、王某刚诉新疆鄂尔多斯彦海房地产开发有限公司商品房买卖合同纠纷案”裁判要点指出，“借款合同双方当事人经协商一致，终止借款合同关系，建立商品房买卖合同关系，将借款本金及利息转化为已付购房款并经对账清算的，不属于原《物权法》第186条规定禁止的情形，该商品房买卖合同的订立目的，亦不属于原《民间借贷司法解释》第24条规定的‘作为民间借贷合同的担保’。在不存在原《合同法》第52条规定情形的情况下，该商品房买卖合同具有法律效力。但对转化为已付购房款的借款本金及利息数额，人民法院应当结合借款合同等证据予以审查，以防止当事人将超出法律规定保护限额的高额利息转化为已付购房款”。

除了禁止“砍头息”（《民法典》第670条），借款人应当按照约定的期限支付利息。对支付利息的期限没有约定或者约定不明确，可以协议补充；不能达成补充协议的，按照合同有关条款或者交易习惯确定；据此仍不能确定的，借款期间不满一年的，应当在返还借款时一并支付；借款期间一年以上的，应当在每届满一年时支付，剩余期间不满一年的，应当在返还借款时一并支付（《民法典》第674条）。这不仅表明借款利息的支付以“后付”为原则，体现了利息乃是金钱使用收益的对价，而且也表明利息作为支分债权，并不能按照《民法典》第511条规定的“履行期限不明确”予以处理，并不能随时要求支付利息。

在实践中，亦有部分金融机构等以收取服务费等名义收取相应款项。对此，有法院裁判摘要认为，“商业银行收取中间费用应当遵循依法合规、平等自愿、息费分离、质价相符的原则。商业银行利用其优势地位捆绑贷款强制客户订立中间业务合同而未提供实质性服务的，属变相收取利息，背离了民法平等、自愿、公平原则，增加了企业融资成本，属于《商业银行收费行为执法指南》规定的‘只收费不服务’情形”，故其收取案涉4538万元费用缺乏事实依据。[37] 这一判决思路，同样可以适用于民间借贷领域，以防止民间借贷领域利用各种服务费等变相规避利息规制。

（二）按期还款义务

借款人应当按照约定的期限返还借款。对借款期限没有约定或者约定不明确，可以协议补充；不能达成补充协议的，按照合同有关条款或者交易习惯确定；据此仍不能确定的，借款人可以随时返还；贷款人可以催告借款人在合理期限内返还（《民法典》第675条）。此处借款期限的实质是“还款期限”，没有约定或约定不明确时的处理，也参考《民法典》第511条“履行期限不明确”时的履行规则，但与《民法典》第511条不同，在借款人还款时，可随时返还而无须给贷款人以准备时间。

思考 | 提前还款及其利息规则

即使约定了还款期限，也并不妨碍借款人提前返还借款。借款人提前返还借款的，除当事人另有约定外，应当按照实际借款的期间计算利息（《民法典》第677条）。从这里也可以看出，

[37] 中国华融资产管理股份有限公司、上海农村商业银行股份有限公司宝山支行与上海智富茂城置业有限公司等金融借款合同纠纷案，载《最高人民法院公报》2021年第9期。

关于借款合同的还款履行期限制度设计，我国的立法原则推定履行期限是为债务人利益的，除非当事人有明确的特别约定，否则推定提前还款为借款人之自由，不构成违约。[38] 多数学说认为，提前还款并不损害债权人利益，不构成违约；即使当事人有特别约定提前还款时的利息计算，也并非“违约责任”条款，而是“合同变更”的约定条款。[39] 对此，《新民间借贷司法解释》第30条第1款也规定，“借款人可以提前偿还借款，但当事人另有约定的除外”。当然，银行业则普遍认为，提前偿还借款缩短了借款人使用资金的期间，使借款合同在剩余的时间里不再履行，属于部分解除合同的行为。提前偿还借款，一方面增加了银行的人力成本，另一方面会打乱银行资金营运计划，并导致银行预期利息收入减少。提前还款的损害应该是人力成本的增加与银行预期利息收入减少之和。就此，银行有权主张以借款合同可得利益为限的赔偿。中国人民银行《人民币利率管理规定》（银发〔1999〕77号）第26条也规定，“借款人在借款合同到期日之前归还借款时，贷款人有权按原贷款合同向借款人收取利息”。另外，也有学者主张，对于有利息的借款，借款人提前返还借款的，贷款人可以拒绝提前偿还，因为提前偿还就意味着少收利息。拒绝提前履行是贷款人的一项权利。[40] 当然，《新民间借贷司法解释》第30条是否扩张了《民法典》第677条的释义，仍然有进一步思考之必要。一种解释可能认为，《民法典》第677条并未规定是否可以提前返还，而只是规定了提前返还时的利息计算问题。而《民法典》第530条则认为原则上债权人可以拒绝提前履行，但不损害债权人利益的除外。因此，依《民法典》体系解释，须就此时是否有损债权人利益作出解释。《新民间借贷司法解释》第30条规定可以提前返还，认为提前返还不损害债权人利益，但可以通过约定排除此等提前返还。另外一种解释可能认为，《民法典》第677条赋予了借款人提前还款的权限，贷款人仅可以通过利息约定来维护自己的利益，而不得禁止提前返还。因此，《新民间借贷司法解释》第30条的规定认为可以通过约定排除借款人的提前返还，与《民法典》第677条试图通过利息约定来平衡贷款人利益而赋予借款人提前返还的权利并不相同，限缩了《民法典》第677条的立法旨意。本书认为，两种解释均围绕“当事人另行约定”展开，不能割裂地理解，而应当认为：无论是从《民法典》第677条的规定还是从《新民间借贷司法解释》第30条的规定来看，还款的期限利益归借款人，除非有特别约定，提前返还借款应当按照实际借款期间计算利息。

借款人逾期还款应当承担违约责任。借款人当然负有继续履行的责任，应当返还借款。不仅如此，还应当承担迟延履行的责任。借款人未按照约定的期限返还借款的，应当按照约定或者国家有关规定支付逾期利息（《民法典》第676条）。逾期利息并不以当事人约定为前提，即使当事人之间为无息借款合同，还款逾期的，仍然应当按照约定或者国家有关规定支付逾期利息，因此又可以被称为法定逾期利息。例如，《新民间借贷司法解释》第28条第2款第1项规定，既未约定借期内利率，也未约定逾期利率，出借人主张借款人自逾期还款之日起参照当时一年期贷款市场报价利率标准计算的利息承担逾期还款违约责任的，人民法院应予支持。

---

〔38〕 韩世远：《合同法学》（第2版），高等教育出版社2022年版，第402页。

〔39〕 谢鸿飞、朱广新主编：《民法典评注：合同编　典型合同与准合同》（第1册），中国法制出版社2020年版，第449～450页。

〔40〕 隋彭生：《合同法要义》（第2版），中国政法大学出版社2005年版，第489页。

当然，需要注意的是，《新民间借贷司法解释》第 30 条规定的逾期还款利率，与《买卖合同司法解释》第 18 条规定的逾期付款违约金的计算不尽一致。《买卖合同司法解释》第 18 条第 4 款规定，买卖合同没有约定逾期付款违约金或者该违约金的计算方法，出卖人以买受人违约为由主张赔偿逾期付款损失，违约行为发生在 2019 年 8 月 19 日之前的，人民法院可以以中国人民银行同期同类人民币贷款基准利率为基础，参照逾期罚息利率标准计算；违约行为发生在 2019 年 8 月 20 日之后的，人民法院可以以违约行为发生时中国人民银行授权全国银行间同业拆借中心公布的一年期贷款市场报价利率（LPR）标准为基础，加计 30% ~50% 计算逾期付款损失。

当事人也可以约定逾期还款的责任。借贷双方对逾期利率有约定的，从其约定，但是以不超过合同成立时一年期贷款市场报价利率四倍为限（《新民间借贷司法解释》第 28 条第 1 款）。约定了借期内利率但是未约定逾期利率，出借人主张借款人自逾期还款之日起按照借期内利率支付资金占用期间利息的，人民法院应予支持（《新民间借贷司法解释》第 28 条第 2 款第 2 项）。出借人与借款人既约定了逾期利率，又约定了违约金或者其他费用，出借人可以选择主张逾期利息、违约金或者其他费用，也可以一并主张，但是总计超过合同成立时一年期贷款市场报价利率四倍的部分，人民法院不予支持（《新民间借贷司法解释》第 29 条）。

即使借款合同约定了还款期限，借款人也可以在还款期限届满之前向贷款人申请展期；贷款人同意的，可以展期（《民法典》第 678 条）。借款的展期的实质是合同的变更。依合同变更的基本原理，除非存在单方变更的法定事由，需经当事人双方协商一致，故借款展期亦需贷款人之同意要件。因借款展期属于合同变更，依《民法典》第 695 条第 2 款规定，债权人和债务人对主债权债务合同履行期限的变更，未经保证人书面同意，保证期间不受影响。

案例 高某霞、中国工商银行股份有限公司威海环翠支行金融借款合同纠纷案〔41〕

基本案情

2018 年 3 月 30 日，工行环翠支行与高某霞签订了一份个人购房借款/担保合同，约定工行环翠支行向高某霞提供借款 360,000 元用于购买位于威海市××路××号××房产，贷款期限 360 个月。合同约定，借款人连续三个月或累计六次未按时足额偿还贷款本息，贷款人有权停止发放本合同及依据贷款人与借款人之间其他合同项下的贷款和其他融资款项，部分或全部取消借款人未提取借款或其他融资款项；有权宣布本合同和贷款人与借款人之间其他合同项下未偿还的借款和其他融资款项立即到期，要求借款人立即清偿未偿还款项以及所产生的利息、罚息及其他费用；有权解除本合同；有权要求借款人赔偿因其违约给贷款人造成的损失。贷款发放后，高某霞自 2018 年 6 月至 2022 年 2 月累计九次、连续三个还款期未按时偿还贷款本息。一审法院认为，工行环翠支行要求高某霞偿还截至 2022 年 2 月 21 日的贷款本金及利息、罚息的诉讼请求，理由正当，证据充分，予以支持。因对一审判决不服，高某霞上诉。

争议焦点

逾期还款且未申请展期情形的提前到期问题。

〔41〕 山东省威海市中级人民法院民事判决书，（2022）鲁 10 民终 1284 号。

■ 法院裁判

案涉个人购房借款/担保合同系双方真实意思表示，合同内容未违反法律、行政法规的强制性规定，对当事人具有法律约束力，双方应当信守履行。个人购房借款/担保合同违约责任条款载明，借款人连续三个月或累计六次未按时足额偿还贷款本息，贷款人有权宣布本合同立即到期，要求借款人立即清偿未偿还款项以及所产生的利息、罚息及其他费用。高某霞在合同期间内，多次未按期足额归还借款本息，且逾期次数超过合同约定的连续三个月或累计六次的标准。从合同履行情况来看，高某霞违约次数较多、持续时间较长，符合合同约定的违约情形，且至本案二审阶段，高某霞亦明确表示无法清偿案涉借款，不能将贷款处于正常归还状态，工行环翠支行有权宣布贷款提前到期。一审法院认定高某霞应向工行环翠支行偿还全部剩余的贷款本金并支付相应的利息、罚息并无不当，法院予以确认。

高某霞主张其因疫情失去工作无力还贷，要求继续履行案涉借款，但高某霞并未提供证据证实其失业与疫情有关，高某霞已在杭州就业，并就案涉房产对外出租获得租金的情况下，仍未偿还案涉贷款。且根据案涉合同约定，若高某霞不能按期归还案涉合同项下贷款，应与工行环翠支行进行协商，在双方并未就还款期限协商达成一致的情况下，高某霞不能径行不履行还款义务。现双方仍无法达成一致意见的情况下，高某霞主张继续履行合同的主张，无事实及法律依据，法院不予支持。

(三)按约收款义务

借款人未按照约定的日期、数额收取借款的，应当按照约定的日期、数额支付利息(《民法典》第 671 条第 2 款)。除按约支付利息以外，借款人并不承担损害赔偿责任。[42] 关于借款人按约收款义务的性质，多有争议。此处并无其他损害赔偿义务，更没有规定费用赔偿，因此与《民法典》第 589 条规定的受领迟延时债权人费用赔偿责任不同。本书认为，此处的利息支付义务来源于有息借款合同的双务合同性质。在双务合同中，因可归责于债权人事由致使债务履行不能时，债务人仍得以请求对待给付。在有息借款合同中，因借款人未按约收取借款，致使提供借款并容忍借款人使用的给付义务不能履行，利息支付义务作为其对待给付义务并不能被免除，这实际上是可归责于债权人事由时的双务合同风险负担规则的体现。

(四)容忍检查监督及提供财务会计报表或其他资料的义务

贷款人按照约定可以检查、监督借款的使用情况。借款人应当按照约定向贷款人定期提供有关财务会计报表或者其他资料(《民法典》第 672 条)。违反该义务，贷款人是否得以解除合同，或要求承担违约责任？这里会涉及各种抗辩权的适用问题。能否参照适用不安抗辩权“向后抗辩”中止剩余期限的放款等(《民法典》第 673 条的参照适用)[43]；或者在符合不安抗辩权行使条件之情形中，中止履行贷款人自身的“容忍借款人使用借款”的义务等，都可以纳入考虑的范围。但也有释义书认为，借款人违反该项约定的，属于违反合同义务的行为，借款人应当承担违约责任。此时，贷款人可以提前收回借款并要求借款人承担违约责任。如果贷款

---

〔42〕 谢鸿飞、朱广新主编:《民法典评注:合同编　典型合同与准合同》(第 1 册)，中国法制出版社 2020 年版，第 422 页。

〔43〕 也有相关释义书主张类似观点，主张结合《民法典》第 673 条规定来停止发放贷款等，参见谢鸿飞、朱广新主编:《民法典评注:合同编　典型合同与准合同》(第 1 册)，中国法制出版社 2020 年版，第 427 页。

人与借款人就资料的提供没有在借款合同中作出约定的，借款人提供有关资料的义务则属于借款人的附随义务，违反附随义务造成贷款人损失的，贷款人可以要求借款人赔偿损失。[44]

贷款人检查、监督借款使用情况只是贷款人的权利而非义务，亦不构成不真正义务，若其未进行检查、监督造成损失，并不承担责任。对此，最高人民法院针对重庆市高级人民法院《关于建设银行重庆观音桥支行与新原兴企业集团有限公司借款合同纠纷一案适用法律问题的请示》(〔2003〕民二他字第43号)的答复指出："你院请示的建设银行重庆观音桥支行与新原兴企业集团有限公司借款合同纠纷一案，借款合同中约定银行有权对资金使用人使用资金进行监督，借款人将所借款项用于偿还旧贷，不能因合同中有银行有权监督借款人资金使用的约定而减轻或免除借款人的还款责任。"也有法院判决明确指出，"二审判决关于贵州交行未尽贷款发放监管义务而应免除白马房开公司担保责任的认定明显错误，本院予以纠正"。[45]

(五)用途遵守义务

借款人未按照约定的借款用途使用借款的，贷款人可以停止发放借款、提前收回借款或者解除合同(《民法典》第673条)。借款用途是贷款人控制风险的重要手段。借款人擅自改变借款用途，就会使原先当事人共同预期的收益变得不确定，增加了贷款人的借款风险，最终导致借款难以收回。[46] 值得注意的是，提前收回借款时如何计算利息会有争议。既有认为未约定时应按照实际借款期间计算利息，[47]亦有认为因属于违约，应当按照借款合同约定计算。[48]本书认为，提前收回借款，本质上属于持续性合同的解除；持续性合同解除的，面向将来发生效力，合同解除清算时并不能计算未来资金使用收益的对价。因此，除非另有约定，否则不能要求按照原合同约定的期限计算利息。当然，若因借款人未履行用途遵守义务致使贷款人受损之情形，解除权的行使并不妨碍违约损害赔偿请求权，但亦非未来资金使用收益的对价，不能完全按照利息损失来计算损害赔偿的范围。

第三节　借款合同的特殊问题

一、计算复利

复利是指按一定期限(如以年、季、月为一周期)将一期所生利息加入本金后再计算下期利息，逐期滚算直至还清欠款之日为止的一种计息方法，俗称"利滚利"。对此，《人民币利率管理规定》第20条、第21条、第25条和第28条具体规定了复利计算问题。具体如下：短期贷款(期限在一年以下，含一年)，对贷款期内不能按期支付的利息按贷款合同利率按季或按月计收复

〔44〕 王轶等：《中国民法典释评：合同编·典型合同》(上卷)，中国人民大学出版社2020年版，第170页。

〔45〕 交通银行股份有限公司贵州省分行、六盘水白马房地产开发有限公司金融借款合同纠纷再审案，最高人民法院(2019)最高法民再314号民事判决书。

〔46〕 黄薇主编：《中华人民共和国民法典解读：合同编》(上册)，中国法制出版社2020年版，第667页。

〔47〕 谢鸿飞、朱广新主编：《民法典评注：合同编　典型合同与准合同》(第1册)，中国法制出版社2020年版，第430页。

〔48〕 王利明：《合同法研究》(第2版第4卷)，中国人民大学出版社2017年版，第266页。

利,贷款逾期后改按罚息利率计收复利;中长期贷款(期限在一年以上)利率实行一年一定,对贷款期内不能按期支付的利息按合同利率按季计收复利,贷款逾期后改按罚息利率计收复利;对贷款逾期或挪用期间不能按期支付的利息按罚息利率按季(短期贷款也可按月)计收复利;中国人民银行对金融机构再贷款按合同利率计息,对贷款期内不能按期支付的利息按合同利率计收复利,再贷款逾期,对逾期期间不能按期支付的利息按罚息利率按季计收复利。在金融机构相关业务中,也有部分已失效的文件涉及复利问题。如最高人民法院《关于长城万事达信用卡透支利息不应计算复利的批复》(法复〔1996〕18 号,已失效)就信用卡透支的复利作出了答复,认为关于信用卡透支利息的计算方法,中国人民银行银发〔1992〕298 号原《信用卡业务管理暂行办法》作了规定,应当按该办法规定的方法计算。该办法对透支利率的规定已含有惩罚的性质,所以,信用卡透支不应当再计算复利。另外,在不良贷款资产领域,法院实践也曾明确规定得以计算"复息"。例如,最高人民法院《关于审理涉及金融资产管理公司收购、管理、处置国有银行不良贷款形成的资产的案件适用法律若干问题的规定》(法释〔2001〕12 号,已失效)第 7 条规定,债务人逾期归还贷款,原借款合同约定的利息计算方法不违反法律法规规定的,该约定有效。没有约定或者不明的,依照中国人民银行《人民币利率管理规定》计算利息和复息。

关于借款合同中的复利问题,我国相关法律规范对于是否允许复利的态度经历了一个变化的过程。从目前来看,基本的态度是并不禁止复利,但禁止高利的复利。原《民法通则》及原《合同法》对复利问题没有规定。但以前通常认为,鉴于计收复利不符合我国历来的民间传统习惯,有悖于我国社会主义道德倡导的团结协作、互助友爱的公序良俗,为此,原《民法通则意见》第 125 条曾规定:"公民之间的借贷,出借人将利息计入本金计算复利的,不予保护。"最高人民法院《审理借贷案件的若干意见》(法[民]〔1991〕21 号,已失效)第 7 条曾规定:"出借人不得将利息计入本金谋取高利。审理中发现债权人将利息计入本金计算复利的,其利率超出第六条[49]规定的限度时,超出部分的利息不予保护",对四倍利率内的复利利息予以认可。2015 年的原《民间借贷司法解释》第 28 条也允许一定条件下的复利。2020 年《新民间借贷司法解释》第 27 条对此适当修正后予以承继,即借贷双方对前期借款本息结算后将利息计入后期借款本金并重新出具债权凭证,如果前期利率没有超过合同成立时一年期贷款市场报价利率四倍,重新出具的债权凭证载明的金额可认定为后期借款本金。超过部分的利息,不应认定为后期借款本金。按前款计算,借款人在借款期间届满后应当支付的本息之和,超过以最初借款本金与以最初借款本金为基数、以合同成立时一年期贷款市场报价利率四倍计算的整个借款期间的利息之和的,人民法院不予支持。

二、借新还旧

借新还旧又称"转贷"或"以贷还贷",是指同一借款人在未清偿前一笔到期贷款的情况下,又与该贷款人签订借款合同用新贷款偿还其前一笔旧贷款的行为。2000 年原《担保法司法解

〔49〕 2015 年最高人民法院《审理借贷案件的若干意见》第 6 条:"民间借贷的利率可以适当高于银行的利率,各地人民法院可根据本地区的实际情况具体掌握,但最高不得超过银行同类贷款利率的四倍(包含利率本数)。超出此限度的,超出部分的利息不予保护。"

释》第39条规定："主合同当事人双方协议以新贷偿还旧贷，除保证人知道或者应当知道的外，保证人不承担民事责任。新贷与旧贷系同一保证人的，不适用前款的规定。"该条规定，实际上间接承认了借新还旧的效力。2020年《担保制度司法解释》第16条在此基础上规定，"主合同当事人协议以新贷偿还旧贷，债权人请求旧贷的担保人承担担保责任的，人民法院不予支持；债权人请求新贷的担保人承担担保责任的，按照下列情形处理：（一）新贷与旧贷的担保人相同的，人民法院应予支持；（二）新贷与旧贷的担保人不同，或者旧贷无担保新贷有担保的，人民法院不予支持，但是债权人有证据证明新贷的担保人提供担保时对以新贷偿还旧贷的事实知道或者应当知道的除外。主合同当事人协议以新贷偿还旧贷，旧贷的物的担保人在登记尚未注销的情形下同意继续为新贷提供担保，在订立新的贷款合同前又以该担保财产为其他债权人设立担保物权，其他债权人主张其担保物权顺位优先于新贷债权人的，人民法院不予支持"。以往司法实践中，与该条的精神也保持一致。[50]

借新还旧是商业银行在贷款的发放和收回过程中常用的方式之一。借新还旧有利于商业银行盘活、收贷任务的完成，规避了诉讼时效的法律限制，进一步明确了债权债务关系，并通过要求借款人完善或加强担保弱化即期贷款风险。尤其是，当借款人拖欠贷款逾期过长时，银行按现行规定不得不将贷款划入不良贷款，进而要提取一定比例的准备金，银行坏账风险加大，不利于经营运作。借新还旧则可以使逾期贷款转换成未到期贷款从而有效避免这一情况。对借款人而言，借新还旧有利于减轻其还款压力，从而充分利用资金改善经营管理，提高竞争实力，早日走出困境。但是，借新还旧也存在一些不利影响，主要表现在：在一定程度上弱化"有借有还"的信用观念；在某种程度上掩盖了信贷资产质量的真实状况，推迟了信贷风险的暴露时间，沉淀并累积了信贷风险；在办理新贷款的手续上，隐含着一定的法律风险。

三、同业拆借

同业拆借，是指经中国人民银行批准进入全国银行间同业拆借市场的金融机构之间，通过全国统一的同业拆借网络进行的无担保资金融通行为，其实质是金融机构之间的借款。从事同业拆借是商业银行的业务类型之一（《商业银行法》第3条第1款第8项）。中国人民银行也专门发布了《同业拆借管理办法》（中国人民银行令〔2007〕第3号）。同业拆借交易应遵循公平自愿、诚信自律、风险自担的原则（《同业拆借管理办法》第5条）。交易合同可采用全国银行间同业拆借中心电子交易系统生成的成交单，或者采取合同书、信件和数据电文等书面形式（《同业拆借管理办法》第18条）。

根据《商业银行法》及《同业拆借管理办法》的规定，同业拆借在拆借主体、资金来源及用途、期限等方面都会有一些特别限制。例如，《同业拆借管理办法》第6条列举了可以向中国人民银行申请进入同业拆借市场的金融机构类型，第7条、第8条则规定了得以申请进入同业拆借市场的金融机构的具体条件。从这里也可以看出，其主体上受到诸多限制。关于资金方面，《商业银行法》第46条规定，"同业拆借，应当遵守中国人民银行的规定。禁止利用拆入资金发放固定资产贷款或者用于投资。拆出资金限于交足存款准备金、留足备付金和归还中国人民

---

〔50〕 卞某祥与许某、徐州利峰木业有限公司等民间借贷纠纷案，载《最高人民法院公报》2021年第1期。

银行到期贷款之后的闲置资金。拆入资金用于弥补票据结算、联行汇差头寸的不足和解决临时性周转资金的需要”，对拆出资金的来源以及拆入资金的用途也都作出了限制。关于拆借期限，明确规定同业拆借到期后不得展期（《同业拆借管理办法》第 24 条）。

四、平台借贷

近年来，利用互联网平台开展借贷成为新的社会现象，但同时也面临诸多挑战，政策监管也多有介入。对此，《新民间借贷司法解释》第 21 条承继了 2015 年原《民间借贷司法解释》的规定，对网络借贷平台的责任问题作出了规定，即借贷双方通过网络贷款平台形成借贷关系，网络贷款平台的提供者仅提供媒介服务，当事人请求其承担担保责任的，人民法院不予支持。网络贷款平台的提供者通过网页、广告或者其他媒介明示或者有其他证据证明其为借贷提供担保，出借人请求网络贷款平台的提供者承担担保责任的，人民法院应予支持。

第五章　保证合同

保证合同并非以给付义务的性质作为合同性质决定的标准，与前述几类典型合同相比，以不同的给付义务作为区分标准存在明显不同。也正因为其并非以给付义务的性质作为标准，由此也带来了保证合同在民法典中的体例位置在各国并不一致。例如，《德国民法典》将其规定在“不完全债务”（赌博、博彩等）之后、“和解”之前；《瑞士债务法》将其规定在保管合同之后，博彩合同之前；《日本民法典》将其规定在债法总则“多数当事人之债权及债务”的“保证债务”中，与不可分债权、不可分债务、连带债权、连带债务等并列规定；《法国民法典》则将其规定在“担保”卷“人的担保”编之中。《民法典》编纂过程中，对于保证合同的体例位置亦有争议，《民法典》最终将其规定在“借款合同”之后，很有可能受到了传统民事生活中保证多用于借贷关系的观念影响。《民法典》第681～702条，共22条，分“一般规定”和“保证责任”两节对保证合同作出了规定。另外，《担保制度司法解释》《新民间借贷司法解释》等亦有不少关于保证的规范。

在《民法典》编纂过程中，虽然亦有主张设立独立的“担保编”，但《民法典》并未采用该立法体系。原《担保法》及原《物权法》规定的各种担保方式，被分别纳入物权编和合同编之中。担保物权部分，纳入物权编，而保证作为独立的合同类型被纳入合同编典型合同，定金被纳入合同编通则。它们分散于不同分编，可能会导致一些共通性规则被重复规定。传统意义的物上保证人与保证人具有相通之处，但在相类似规则的表述上，因处于不同分编，会略有差异。例如，关于债务承担时的担保问题，《民法典》第391条关于第三人提供担保的规定与《民法典》第697条第1款关于保证的规定，其表述并不完全相同。不仅如此，在担保规则不独立成编的编纂体例中，物权编中的担保与合同编中的保证，二者如何协调，需要在今后法律适用中特别予以注意。但不管如何，应当将保证放在债的担保制度的框架内予以理解。对此，有学说认为，《民法典》第388条关于担保合同的共性概括，作为担保合同的一般规定，为各类担保权利的规范互用提供了契机，其结果就是各种担保权利在形式上分离，各有各的规定，但在核心之处又实质统一，在实质统一之处能互用规范。该规则事实上为保证合同中的相关规则总体类推适用于物的担保提供了法律基础。例如，担保合同的要式性、协商变更主合同不得减损担保人利益规则、保证人的抗辩规则、保证合同无效后的法律效果等，得以类推适用于担保物权合同。[1] 当然，保证合同章的哪些规则得以适用于物上保证人、甚至是其他担保物权合同，或者得以互用，仍有必要结合规范旨趣依类推适用的一般法理予以慎重判断。

---

〔1〕 王利明：《担保制度的现代化：对〈民法典〉第388条第1款的评析》，载《法学家》2021年第1期。

第一节　债的担保概述

一、债的担保的概念与特征

（一）债的担保的概念

债的担保，是指法律以债务人的特定财产或第三人的特定财产设定优先权利，或者以第三人的责任财产（信用）设定债务负担，以保障债务人履行义务、债权人实现权利的制度。以特定的财产作为担保与保证一起，被称为特别担保，[2]以区别于一般担保。一般担保，则是指债务人必须以其全部财产（责任财产）作为履行债务的总担保。通常所谓的担保，指的是特别担保。但《民法典》第388条也规定了"其他具有担保功能的合同"等非典型担保。

债的担保的适用范围的界定，法律文本表述上存在变化。原《担保法》第2条曾规定，"在借贷、买卖、货物运输、加工承揽等经济活动中，债权人需要以担保方式保障其债权实现的，可以依照本法规定设定担保"。该表述将担保限定于经济活动中的债权担保。原《担保法司法解释》第1条则将其扩张到由民事关系产生的债权均可以担保，即"当事人对由民事关系产生的债权，在不违反法律、法规强制性规定的情况下，以担保法规定的方式设定担保的，可以认定为有效"。原《物权法》第171条则规定，"债权人在借贷、买卖等民事活动中，为保障实现其债权，需要担保的，可以依照本法和其他法律的规定设立担保物权"。虽然该条似乎是将其扩张至"民事活动"中，但"借贷、买卖等"的列举方式，似乎又表明限于交易领域。该条为《民法典》第387条规定所承继。当然，《民法典》第681条关于保证合同的定义只是规定"为保障债权实现"，并未限定具体的民事关系或民事活动，较之《民法典》第387条要科学。另外，虽然在立法过程中，也曾有建议指出"法定之债也可以设定保证。且债权债务的产生也可能基于单方行为"，[3]但是，无论是物权编第388条"担保合同是主债权债务合同的从合同"还是合同编第682条"保证合同是主债权债务合同的从合同"的规定，其表述容易引起歧义，容易被误解为担保只能是"合同之债"的担保。《民法典》第388条及第682条，只是为了表明担保的从属性而已，并不意味着只能就合同之债设定担保，应当予以扩张。另外，实践中关于人事保证类的合同能否适用债的担保亦会产生纠纷。

案　例　王某府、程某华等保证合同纠纷案[4]

■ 基本案情

2016年12月23日，王某成到泰成公司（派遣公司）报名办理赴日本技能实习手续，签署派遣公司报名确认书。2017年1月3日，泰成公司（甲方）与王某成（乙方）签订《赴日技能实习

[2] 潮見佳男『新債権総論Ⅱ』（信山社，2017年）637頁。

[3] 周江洪：《关于〈民法典合同编〉（草案）（二次审议稿）的若干修改建议》，载《法治研究》2019年第2期。

[4] 王某府、程某华等保证合同纠纷民事申请再审案，山东省高级人民法院（2021）鲁民申9426号民事裁定书。

服务合同》。2016年12月，王某成、王某府、吴某翠、王某峰、程某华向泰成公司出具担保责任确认书，约定如王某成在日技能实习期间发生脱岗、到期不回国或非法滞留行为，除按照中日两国法律规定承担责任外，还须向派遣公司承担损害赔偿金人民币60万元；王某府、吴某翠、王某峰、程某华作为王某成的担保人，在王某成发生上述行为，按约承担违约责任时，自愿作为直接被告对人民币60万元的损害赔偿金承担连带保证责任；保证期间为该笔违约金全部支付完毕之日止。王某峰、程某华还出具家人同意兼担保书，对上述保证内容进行约定。2017年5月19日，王某成由泰成公司派往日本从事实习活动。2019年1月17日，王某成脱离岗位和非法滞留。故泰成公司要求王某府等人承担保证责任。一审法院认为，王某府、吴某翠、程某华作为保证人，担保的范围是王某成可能违约而对泰成公司负有的违约金债务。该违约金债务的性质是一种附成就条件的金钱债务，现经审理查明王某成无故发生了脱岗和非法滞留等行为，构成违约，此违约金债务条件成就。王某府、吴某翠、程某华对该金钱债务提供连带责任保证担保，应依法承担连带保证责任。综合考虑双方合同履行情况、当事人的过错程度、预期利益等因素，根据公平和诚实信用原则予以衡量，一审法院对泰成公司主张的损害赔偿金予以调整，以15万元为宜。王某府、程某华上诉。二审法院支持一审结论，但将金额调整为10万元。王某府、程某华申请再审。其主要再审理由为：本案申请人与被申请人之间订立的担保责任确认书、家人同意兼担保书的性质被认定为担保合同，申请人认为属于认定事实不清，从而导致适用法律错误；认为《民法典》等法律没有规定人事保证合同，也没有劳务输出合同中的保证问题，涉案协议应当认定为人事保证协议，并发生在涉外劳务派遣合同履行过程中。依据最高人民法院《关于劳务输出合同的担保纠纷人民法院应否受理问题的复函》规定，派出单位与出国劳务人员及其担保人签订的保证书，是派出单位要求派出人员在出国期间遵守所在国法律和所在国公司各项行政规章及出国纪律等方面做出的行为保证，这是派出单位对派出人员进行管理的一种行政管理措施；担保人为出国人员提供的担保，不属于民法和经济合同法调整范畴。目前该复函未废止，因而涉及对外劳务输出的保证合同纠纷不属于法院的受理范围。

■法院裁判

再审法院驳回再审申请。主要理由如下：本案担保责任确认书、家人同意兼担保书等，法律性质上属于人事保证合同，而非担保法意义上针对债权债务而形成的担保合同。此种保证合同实践中一般分为两种情形：一是保证人与劳务输出单位就出国务工人员的违约违规违法行为达成的担保协议，此种协议是针对出国务工人员在劳务输出中将来不发生违约违规违法行为而提供的行为担保；二是保证人就出国务工人员将来违约行为所产生的损害后果，向劳务输出单位作出的承担损害赔偿责任的承诺或者担保，或者说是保证人与劳务输出单位就出国务工人员的违约损害赔偿责任承担达成的协议，此种保证的对象是劳务输出合同中附成就条件的违约金或者损害赔偿金。对于第一种情形的行为保证，司法实践中一般参照适用最高人民法院《关于劳务输出合同的担保纠纷人民法院应否受理问题的复函》处理，将此类纠纷不纳入法院受理范围。对于第二种情形的保证，因保证人所担保的是因出国务工人员违约行为所产生的损害赔偿责任，其实质仍是一种债权担保。我国目前法律、司法解释对此种担保尚无明确规范依据，按照“法无明确规定不违法”的私法原则，人民法院受理此类案件不违反法律规定。就本案而言，申请人向被申请人出具的担保责任确认书明确约定如王某成在日技能实习期间发生脱岗，或到期不回国，或非法滞留行为，除按照中日两国法律规定承担责任外，还须向派遣公司承担损害赔偿金人民币60万元；王某府、程某华作为王某成的担保人，在王某成发生上述行为，按约承担违约责任时，自愿作为直接被告对人民币60万元的损害赔偿金承担连带保证责任。据此约定，两申请人所担保的对象和范围是王某成因违反《赴日技能实习服务合同》所产生的损害赔偿金，并非对王某成在日期间的行为提供担保，故原审法院依法受理本案纠纷不违反法律和前述最高人民法院复函的规定。

（二）债的担保的特征

1. 债的担保具有从属性

担保的从属性，通常指的是担保的成立与存续以主债的成立与存续为前提，包括发生上的从属性、范围上的从属性、履行上的从属性、移转上的从属性、消灭上的从属性以及管辖上的从属性等。

例如，范围上的从属性，即担保人的担保范围和强度不得超过主债务。对此，《担保制度司法解释》第3条就规定，“当事人对担保责任的承担约定专门的违约责任，或者约定的担保责任范围超出债务人应当承担的责任范围，担保人主张仅在债务人应当承担的责任范围内承担责任的，人民法院应予支持。担保人承担的责任超出债务人应当承担的责任范围，担保人向债务人追偿，债务人主张仅在其应当承担的责任范围内承担责任的，人民法院应予支持；担保人请求债权人返还超出部分的，人民法院依法予以支持”。关于移转上的从属性，《民法典》第547条规定，“债权人转让债权的，受让人取得与债权有关的从权利，但是该从权利专属于债权人自身的除外。受让人取得从权利不因该从权利未办理转移登记手续或者未转移占有而受到影响”。《民法典》第696条则对债权让与情形的保证作出了规定。当然，第697条就债务承担作出了从属性的例外规定。另外，《担保制度司法解释》第21条就司法管辖上的从属性作出了规定，即“主合同或者担保合同约定了仲裁条款的，人民法院对约定仲裁条款的合同当事人之间的纠纷无管辖权。债权人一并起诉债务人和担保人的，应当根据主合同确定管辖法院。债权人依法可以单独起诉担保人且仅起诉担保人的，应当根据担保合同确定管辖法院”。

值得注意的是，理论上和实务中经常将《民法典》物权编第388条“担保合同是主债权债务合同的从合同”以及合同编第682条“保证合同是主债权债务合同的从合同”的规定作为担保或保证从属性的解释依据。[5] 但从逻辑上来说，担保合同或保证合同与主合同之间的主从关系，是从广义之债角度理解的，其更多的是要处理是否承认独立担保的问题；而担保或保证的从属性，强调的是担保物权对于主债权的从属性、保证债务对于主债务的从属性（从债），其立足的是狭义之债的视角。两者虽有密切联系，但并不能等同。否则就会出现主合同解除致使主合同权利义务终止情形下（《民法典》第557条第2款），如何体系解释担保人对债务人应当承担的民事责任仍应承担担保责任的问题（《民法典》第566条第3款）。但遗憾的是，《民法典》物权编仅规定了担保合同的从属性，而并未规定担保物权的从属性问题。[6] 理论上亦有

〔5〕 崔建远：《合同法》（第4版），北京大学出版社2021年版，第216页；王利明：《合同法》（下册），中国人民大学出版社2021年版，第35页。

〔6〕 孙宪忠、朱广新主编：《民法典评注：物权编》（第4册），中国法制出版社2020年版，第26页。

不少人注意到我国民法中担保从属性的确切表达问题,认为“从属性更恰当的表达是担保权从属于主债权,而非担保合同从属于主合同”。[7]在司法实践中,对此亦有较为清晰的区分。例如,虽然名义上合同无效,但隐藏的真实意思表示并不存在其他无效情形,并不影响担保关系的效力,其本质就是担保乃对于债务履行的担保,而不是对合同的担保。[8] 但由于立法上并未严格区分担保物权或保证债务的从属性与担保合同的从属性,此处阐述依习惯未做严格区分。

担保的从属性亦有其例外:(1)法律规定的除外。这里会涉及能否约定独立担保的问题。原《担保法》第5条曾规定“约定除外”,但原《物权法》第172条及《民法典》第388条以及第682条并没有规定“约定除外”,而只是规定了“法律另有规定的除外”。《担保制度司法解释》第2条明确排除了得以约定独立担保,即“当事人在担保合同中约定担保合同的效力独立于主合同,或者约定担保人对主合同无效的法律后果承担担保责任,该有关担保独立性的约定无效。主合同有效的,有关担保独立性的约定无效不影响担保合同的效力;主合同无效的,人民法院应当认定担保合同无效,但是法律另有规定的除外。因金融机构开立的独立保函发生的纠纷,适用《最高人民法院关于审理独立保函纠纷案件若干问题的规定》”。因此,从现行法上看,只有法律得以规定独立担保。[9] 另外,亦因最高额担保合同与债权债务合同之间并非一一对应关系,尚存在担保权人债权确定的过程,故某一债权债务合同无效等,并不影响最高额担保合同本身。而且,债权确定之前,部分债权转让的,最高额抵押权并不转让,除非当事人另有约定(《民法典》第421条)。(2)在为将来债权提供担保的情况下,担保关系不存在成立上的从属性,如最高额担保可以为未来债权提供担保。(3)保证人及第三人提供物保情形,涉及债务承担的,处分上的从属性归于消失。债权人未经保证人书面同意,允许债务人转移全部或者部分债务,保证人对未经其同意转移的债务不再承担保证责任,但是债权人和保证人另有约定的除外(《民法典》第697条第1款)。类似旨趣的规定还有《民法典》第391条及《担保制度司法解释》第39条第2款。

2. 债的担保具有补充性

债的担保是对债的效力的一种补充,债的效力得到了进一步加强。也正因如此,通常只有在所担保的债务没有得到履行或者没有得到完全履行时,才能要求实现担保。特别是在一般保证中,保证人对于债权人享有检索抗辩权(《民法典》第687条)。不仅如此,《民法典》第386条及第681条均以“债务人不履行到期债务或者发生当事人约定的情形”作为实现担保的前提,也体现了担保的补充性。但值得注意的是,预期违约情形,能否要求保证人等担保人承担担保责任。《民法典》编纂过程中曾建议对此予以明确规定,[10]但结合《民法典》第566条第3

---

[7] 刘骏:《主合同无效后担保权存续论》,载《比较法研究》2021年第2期。

[8] 中信银行股份有限公司西安分行与山煤国际能源集团晋城有限公司等合同纠纷案,载《最高人民法院公报》2021年第8期。该案的裁判摘要指出,“保兑仓交易以双方有真实买卖关系为前提,无真实买卖关系的,属于名为保兑仓交易实为借款合同,保兑仓交易无效,被隐藏的借款合同是当事人的真实意思表示,如不存在其他无效情形,应当认定有效。保兑仓交易认定为借款合同关系的,不影响卖方和银行之间担保关系的效力,卖方仍应当承担担保责任”。

[9] 亦有学者认为,独立保函可以看作一个独立的法律关系,不宜认为其是对保证合同从属性的突破,参见王利明:《独立保证的相关问题探讨》,载《当代法学》2020年第2期。

[10] 周江洪:《关于〈民法典合同编〉(草案)(二次审议稿)的若干修改建议》,载《法治研究》2019年第2期。

款规定的主合同解除后担保人责任的承担以及《民法典》第563条规定的期前拒绝履行的法定解除权的体系解释，既然担保人负有期前拒绝履行而合同解除后的违约责任的担保，同样也可以得出预期违约不解除合同时也仍然要承担担保责任。〔11〕

3. 债的担保具有相对独立性

担保的成立或依当事人的合意或依法律的规定而发生，与被担保的债权的发生或者成立分属于两个不同的法律关系，否则难谓"从合同"。担保的相对独立性使从合同在特殊情况下可以不受主合同的约束，产生独立的法律后果，也即在特殊情况下，从合同可以不随主合同。比如最高额担保与债权的非一一对应关系，独立保函等。比较法上亦有不少国家承认独立担保。除了相对独立性以外，尚有一类独特的担保，其无所谓主从合同的关系，而是交易结构设计上形成了一个很难单独分离的合同整体。例如，为了担保价款债权的所有权保留买卖、融资租赁交易中作为租金担保的出租人所有权等具有担保功能的非典型担保中（《民法典》第388条，《担保制度司法解释》第1条），交易结构上属于一个不可分割的整体，无所谓主从合同关系。

独立保函，指银行或非银行金融机构作为开立人，以书面形式向受益人出具的，同意在受益人请求付款并提交符合保函要求的单据时，向其支付特定款项或在保函最高金额内付款的承诺[独立保函司法解释(2020修正)第1条第1款]。单据，是指独立保函载明的受益人应提交的付款请求书、违约声明、第三方签发的文件、法院判决、仲裁裁决、汇票、发票等表明发生付款到期事件的书面文件。独立保函可以依保函申请人的申请而开立，也可以依另一金融机构的指示而开立。开立人依指示开立独立保函的，可以要求指示人向其开立用以保障追偿权的独立保函（《独立保函司法解释》第1条第2款、第3款）。独立保函并不适用保证的相关规定。当事人以独立保函记载了对应的基础交易为由，主张该保函性质为一般保证或连带保证的，人民法院不予支持。当事人主张独立保函适用《民法典》关于一般保证或连带保证规定的，人民法院不予支持（《独立保函司法解释》第3条第2款、第3款）。独立保函的独立性，也决定了保函欺诈的含义与一般民事领域中的欺诈不同，保函欺诈的认定亦具有其独特性。对此，最高人民法院指导性案例109号裁判要点指出，"认定构成独立保函欺诈需对基础交易进行审查时，应坚持有限及必要原则，审查范围应限于受益人是否明知基础合同的相对人并不存在基础合同项下的违约事实，以及是否存在受益人明知自己没有付款请求权的事实。受益人在基础合同项下的违约情形，并不影响其按照独立保函的规定提交单据并进行索款的权利。认定独立反担保函项下是否存在欺诈时，即使独立保函存在欺诈情形，独立保函项下已经善意付款的，人民法院亦不得裁定止付独立反担保函项下款项"。〔12〕

二、债的担保方式及其分类

（一）人的担保、物的担保及金钱担保

根据担保财产形式的不同，担保可以分为人的担保、物的担保及金钱担保。

---

〔11〕 谢鸿飞、朱广新主编：《民法典评注：合同编　典型合同与准合同》（第2册），中国法制出版社2020年版，第7页。

〔12〕 相关评释参见李世刚：《独立担保索付欺诈的认定》，载周江洪、陆青、章程主编：《民法判例百选》，法律出版社2020年版，第400页。

人的担保，是指以第三人的信用担保债的履行的担保方式。人的担保的典型形式是保证，它是由保证人的责任财产来担保债权的实现。

物的担保，是指以债务人或第三人的特定财物保障债权实现的担保方式。物的担保的典型形式包括抵押、质押、留置。《民法典》第388条规定，“担保合同包括抵押合同、质押合同和其他具有担保功能的合同”。其他具有担保功能的合同，如所有权保留买卖中的所有权担保、融资租赁中的所有权担保、保理中的债权让与担保以及《担保制度司法解释》规定的让与担保，也属于广义上的物的担保。

金钱担保是指以金钱为标的物而设定的担保，如定金担保（《民法典》第586条）。在定金担保中，由于标的物为金钱，而金钱是一种特殊的物，从本质上说，定金担保也属于物的担保之列，属于物的担保的一种特殊形态。实践中，还存在保证金、押租金等特定形态的金钱担保。广义上的金钱担保，还包括保证金账户等“账户担保”（《担保制度司法解释》第70条）。

多种担保方式可以并存。被担保的债权既有物的担保又有人的担保的，债务人不履行到期债务或者发生当事人约定的实现担保物权的情形，债权人应当按照约定实现债权；没有约定或者约定不明确，债务人自己提供物的担保的，债权人应当先就该物的担保实现债权；第三人提供物的担保的，债权人可以就物的担保实现债权，也可以请求保证人承担保证责任。提供担保的第三人承担担保责任后，有权向债务人追偿（《民法典》第392条）。值得注意的是，各种担保方式以外尚存在所有权保留买卖、融资租赁等非典型担保时如何实现担保，能否参照《民法典》第392条以及若能参照应当如何参照，需结合所有权保留等非典型担保的制度构成与制度目的予以慎重考虑。

（二）法定担保与约定担保

根据担保设立的方式不同，担保可以分为法定担保与约定担保。约定担保是依据当事人之间的合同而设立的担保，如保证、抵押、质押、定金等。法定担保是直接依据法律的规定而成立的担保，留置属于法定担保。另外，《民法典》第807条还规定了建设工程价款法定优先权。

（三）本担保、再担保与反担保

根据担保对象不同，担保可以分为本担保、再担保与反担保。

本担保是以债权人对债务人的债权为担保对象的担保。本担保是再担保与反担保成立的前提和基础。

再担保，是对担保的担保，即以债权人对本担保人的担保权为对象而又设定的担保。对一项债权设定了担保，仍不能排除在债权人届期对保证人要求承担保证责任或对担保物行使担保物权时遭遇本担保人无力担保或者担保物灭失、毁损等无法保障债权实现的情况。为防范这种情况的出现，债权人要求提供新的担保，设定对担保的担保或称第二担保、补充担保，以使担保更为安全、可靠。再担保中的担保权人与本担保中的担保权人为同一人时，再担保人须是本担保人之外的人，本担保人是再担保的被担保人。[13]

---

〔13〕 杨立新：《债法总论》，高等教育出版社2009年版，第214页；柳经纬主编：《债法总论》，北京师范大学出版社2011年版，第246页。

反担保，其实质是“求偿担保”。第三人提供担保时，为了确保第三人承担担保责任后向债务人的追偿权能够实现，该第三人可以要求债务人或债务人以外的人新设担保，以担保追偿权的实现。《民法典》第 387 条第 2 款及第 689 条分别规定了担保人可以要求债务人提供反担保，即第三人为债务人向债权人提供担保的，可以要求债务人提供反担保。反担保适用《民法典》和其他法律的规定（《民法典》第 387 条第 2 款）。保证人可以要求债务人提供反担保（《民法典》第 689 条）。

（四）典型担保与非典型担保

依是否由法律明确规定，担保可以分为典型担保和非典型担保。但随着《民法典》规定“其他具有担保功能的合同”，不少以前被认为是非典型担保的担保形式，亦逐渐被法律予以明确规定。因此，该分类具有动态性，“非典型担保”的含义亦发生变化。此处依传统分类对其作一简单介绍。

典型担保是物债二分的形式主义体系下法律明确规定的担保，即担保物权和保证，如民法典规定的保证、抵押、质押、留置、定金都为典型的担保方式。

非典型担保的涵摄范围，依论者所指有所不同。通常指的是虽具有担保的功能，但既非担保物权、亦非保证的担保方式，属于不规则担保或“变态担保”。《民法典》第 388 条第 2 款“担保合同包括抵押合同、质押合同和其他具有担保功能的合同”的规定，体现了《民法典》担保制度形式主义与功能主义相结合的立法方式，为非典型担保提供了重要的解释论依据。对于非典型担保，《担保制度司法解释》第 63 条规定，“债权人与担保人订立担保合同，约定以法律、行政法规尚未规定可以担保的财产权利设立担保，当事人主张合同无效的，人民法院不予支持。当事人未在法定的登记机构依法进行登记，主张该担保具有物权效力的，人民法院不予支持”。

《担保制度司法解释》第 64 ~ 70 条规定了所有权保留买卖、融资租赁、保理、让与担保、股权让与担保、保证金账户等非典型担保。与典型担保的构成和效力均由法律明文规定不同，非典型担保的情形较为复杂，务必先定性和定位，方能适当地适用法律。〔14〕 在这点上，《担保制度司法解释》第 1 条亦有意识地进行了区分，即“因抵押、质押、留置、保证等担保发生的纠纷，适用本解释。所有权保留买卖、融资租赁、保理等涉及担保功能发生的纠纷，适用本解释的有关规定”。因此，在非典型担保的法律适用和学理探讨上，既要避免担保功能主义过度泛化，将功能化的非典型担保等同于担保物权，也要避免担保功能主义贯彻不足，无视或淡化相关交易结构的担保功能。另外，也并非所有的具有担保功能的合同均为非典型担保，如抵销具有担保功能，违约金具有保障债的实现的功能，但并非非典型担保。这些类型的“担保功能”，与强调优先受偿效力的担保功能并不能等同。另外，在交易实践或生活用语中，“担保”有时并非指“担保法”意义上的具有受偿权的担保，而只是“债的确保”的含义。

---

〔14〕 崔建远：《物权法》（第 5 版），中国人民大学出版社 2021 年版，第 423 页。

第二节　保证合同概述

保证合同为《民法典》在原《合同法》基础上新增的合同类型，较之原《担保法》，保证合同相关规则的重要变化主要有以下方面。(1)一般保证抑或连带保证推定规则的变化(《民法典》第686条)。(2)检索抗辩权规则的变化(《民法典》第687条)。(3)对保证期间规则和保证责任诉讼时效予以梳理(《民法典》第693条以下)。(4)对债权让与、债务承担与保证责任之间的关系予以梳理(《民法典》第696条、第697条)。(5)一般保证中，规定了提供债务人可供执行财产真实情况时的责任免除问题(《民法典》第698条)。(6)数个保证人依保证合同来确定保证范围(《民法典》第699条)。(7)追偿权与法定债权移转的微妙变化(《民法典》第700条)。(8)新增债务人享有抵销权及撤销权情形的保证人拒绝权(《民法典》第702条)。[15] 与原《担保法》相比，《民法典》将保证作为典型合同予以规定，但其与其他典型合同集中于当事人之间的给付义务不同，其更多的是从债的担保层面来确立当事人之间的权利义务关系。因此，在将保证作为合同类型予以理解的同时，须将其作为债的担保制度的一部分，将其作为保证制度来理解，不应割裂其与债法总则、债的担保制度之间的密切联系。

一、保证合同的概念与特征

(一)保证合同的概念及其认定

保证合同是为保障债权的实现，保证人和债权人约定，当债务人不履行到期债务或者发生当事人约定的情形时，保证人履行债务或者承担责任的合同(《民法典》第681条)。

须注意识别保证与其他相关法律关系。例如，并存的债务承担与保证的识别；不动产抵押“未登记”情形与保证的关系；以个人资产作为“抵押”与保证的关系；等等。

并存的债务承担(《民法典》第552条)与保证功能类似，需要特别注意。两者都旨在补充债务人之信用，在并存的债务承担中，第三人加入债务后与原债务人一起对债权人负有连带债务。而且，第三人与债权人合意时的并存债务承担，与保证一样都无须债务人之意思介入。但与保证不同的是，并存债务承担并没有从属性和补充性。保证债务属于从债务，保证人为从债务人，而并存债务承担属于自己债务，与债务人的债务并无主从之分，并存债务承担情形的第三人为共同债务人。在实践中，与债务人的债务同一内容的债务让第三人来负担时，如何区分两者?《民法典》第552条规定的债务人与第三人合意的债务承担，与债权人与保证人合意的保证不同，区分明显；但若是第三人向债权人表示愿意加入债务而债权人未在合理期限内拒绝情形的并存债务承担，与保证之间如何区分等等。这些是实践中的难点问题之一。区分两者，关键的还是当事人之间意思表示及其合意的解释；存疑时，理论上应推定为保证。[16] 在过往的

---

[15] 周江洪:《民法典合同编的制度变迁》，载《地方立法研究》2020年第5期。

[16] 夏昊晗:《债务加入与保证之识别——基于裁判分歧的分析和展开》，载《法学家》2019年第6期；王利明:《论“存疑推定为保证”——以债务加入与保证的区分为中心》，载《华东政法大学学报》2021年第3期。

司法实践中,曾有法院判决认为,“保证系从合同,保证人是从债务人,是为他人债务负责;并存的债务承担系独立的合同,承担人是主债务人之一,是为自己的债务负责,也是单一债务人增加为二人以上的共同债务人。判断一个行为究竟是保证,还是并存的债务承担,应根据具体情况确定。如承担人承担债务的意思表示中有较为明显的保证含义,可以认定为保证;如果没有,则应当从保护债权人利益的立法目的出发,认定为并存的债务承担”〔17〕。此等法院裁判,明显以债权人利益优先,将其推定为债务承担,目前该做法已被相关司法解释纠正。例如,《担保制度司法解释》第 36 条规定,“第三人向债权人提供差额补足、流动性支持等类似承诺文件作为增信措施,具有提供担保的意思表示,债权人请求第三人承担保证责任的,人民法院应当依照保证的有关规定处理。第三人向债权人提供的承诺文件,具有加入债务或者与债务人共同承担债务等意思表示的,人民法院应当认定为民法典第五百五十二条规定的债务加入。前两款中第三人提供的承诺文件难以确定是保证还是债务加入的,人民法院应当将其认定为保证。第三人向债权人提供的承诺文件不符合前三款规定的情形,债权人请求第三人承担保证责任或者连带责任的,人民法院不予支持,但是不影响其依据承诺文件请求第三人履行约定的义务或者承担相应的民事责任”。该司法解释确认了学说中“存疑时推定保证”的见解。之所以存疑时推定保证,主要是并存的债务承担与保证相比,加入债务的第三人较之保证人的责任更重,若认定为并存的债务承担,会加重第三人的责任。例如,债务承担情形下,第三人是否具有追偿权需有当事人之间的特别约定,而保证人则原则上享有追偿权。〔18〕 对此,亦有学者持相反观点,认为当事人为了规避保证责任,刻意不使用“保证”一词,那么其也不应享受法律对保证人的优待措施和保护措施。因此对于不能确定是保证法律关系的,当事人就应该按照债务加入承担连带责任。〔19〕 当然,该司法解释也在一定程度上扩张了“保证合同”的理解,第三人提供的承诺文件具有提供担保的意思表示即可构成“保证”,并没有如同《民法典》第 681 条一样指明“约定”,没有特别指明是否需要双方的意思表示一致。《担保制度司法解释》第 36 条的规定,实质上是《民法典》第 685 条第 2 款的解释,即“第三人单方以书面形式向债权人作出保证,债权人接收且未提出异议的,保证合同成立”。

不动产抵押未经登记,抵押权未设立,但并不否认担保设定合同本身的效力。但对于担保设定合同产生何种效力问题,多有争议。主要存在有限连带保证责任说、缔约过失责任说、违约责任说、双重效力说等。其中,双重效力说中有主张“特定财产保证论”的,即一方面,债权人有权请求抵押人承担违约责任,既可要求其补办抵押登记手续,也可对其主张违约损害赔偿责任,但损害赔偿的范围以抵押物价值为限;另一方面,债权人有权直接根据抵押合同要求抵押人承担保证责任,此时责任财产限于抵押物本身。〔20〕 主流学说则为违约责任说。〔21〕 在司法实

---

〔17〕 信达公司石家庄办事处与中阿公司等借款担保合同纠纷案,载《最高人民法院公报》2006 年第 3 期。

〔18〕 王利明:《合同法》(下册),中国人民大学出版社 2021 年版,第 32 页。

〔19〕 石佳友、刘欢、曾佳:《〈民法典〉合同编司法解释规则的优化与完善——“〈民法典合同编司法解释(草案)〉学术研讨会”综述》,载《法律适用》2021 年第 12 期。

〔20〕 石冠彬:《民法典应明确未登记不动产抵押合同的双重债法效力——“特定财产保证论”的证成及展开》,载《当代法学》2020 年第 1 期。

〔21〕 高圣平:《未登记不动产抵押权的法律后果——基于裁判分歧的展开与分析》,载《政法论坛》2019 年第 6 期;冉克平:《论未登记不动产抵押合同的效力》,载《法律科学(西北政法大学学报)》2020 年第 1 期。

践中，有法院裁判认为，“对于未履行登记手续的抵押合同，其法律效力并非确定无效。为救济其法律效力的瑕疵，除可以通过补办登记手续这种方式加以补正使其发生法律效力外，还可以通过解释上的转换这一方式，将其转换为有效的担保行为，以节约交易成本，促进交易发展。根据民法基本原理，法律行为的转换是指原有行为如果具备替代行为的要件，并且可以认为当事人如果知道原有行为不生效力或无效将希望替代行为生效的，可以将原有行为转换为替代行为而生效。其制度趣旨在于不拘泥于法律行为的外观，而是在尊重当事人的真实意思的基础上，对交易做出新的评价，用一种适当的行为去替换当事人所选择的不适当的行为，以平衡当事人之间的利益。根据本案的实际情况，本院将案涉20万元的抵押担保合同转换为连带责任保证合同。由于抵押担保是以物的价值为限承担有限责任，而保证则是以保证人的全部责任财产承担无限责任，故在理论上存在将抵押担保转化为保证担保会增加刘某瑞责任范围的可能性，但在本案中，在担保方式转换后刘某瑞所应承担的20万元本息的保证责任并未超出其所提供的担保物的价值，故本院对担保方式转换后刘某瑞的保证责任范围不再予以限定”。〔22〕理论上，应当针对抵押人对于未履行登记之意思做解释，对于法律行为的转换应当谨慎，以免对当事人的意思自治介入过多。也正因如此，《担保制度司法解释》第46条规定区分不同情形就未办理登记手续的抵押人的责任形态作出了规定，而并没有直接言明其得以转换为保证责任。(1)不动产抵押合同生效后未办理抵押登记手续，债权人请求抵押人办理抵押登记手续的，人民法院应予支持。(2)抵押财产因不可归责于抵押人自身的原因灭失或者被征收等导致不能办理抵押登记，债权人请求抵押人在约定的担保范围内承担责任的，人民法院不予支持；但是抵押人已经获得保险金、赔偿金或者补偿金等，债权人请求抵押人在其所获金额范围内承担赔偿责任的，人民法院依法予以支持。(3)因抵押人转让抵押财产或者其他可归责于抵押人自身的原因导致不能办理抵押登记，债权人请求抵押人在约定的担保范围内承担责任的，人民法院依法予以支持，但是不得超过抵押权能够设立时抵押人应当承担的责任范围。当然，因为该司法解释并未言明是保证或类似保证，一旦“抵押人”承担相应责任后，其是否得以追偿以及如何追偿等亦会产生分歧。就周全角度言，应当对此种情形的“抵押人”承担责任后的追偿问题作出规定，或直接规定得以参照适用保证合同有关规定。

将个人资产作抵押为债权提供担保的，司法实践中亦有将其作为保证予以对待的判决。法院认为，个人资产属于集合概念，通常处于变化之中，不具有特定性，与担保物的特定性不符，且事后未就抵押物特定化予以补正，故此等担保条款不能起到抵押担保的作用。个人资产抵押的约定虽不能设立有效的抵押权，但其实质是当事人以个人资产信用为债权提供担保，符合保证的规定，当事人应当承担相应的保证责任。〔23〕

〔22〕刘某瑞等诉新疆石河子农村合作银行借款合同纠纷案，最高人民法院(2015)民申字第2354号民事裁定书，相关评释参见冉克平：《未登记抵押合同的效力》，载周江洪、陆青、章程主编：《民法判例百选》，法律出版社2020年版，第216页。

〔23〕董学立：《以个人资产作抵押为债权提供担保属于保证》，载周江洪、陆青、章程主编：《民法判例百选》，法律出版社2020年版，第211页。

(二)保证的特征

1. 保证具有从属性

如前所述,因我国立法上习惯性术语表达问题,此处亦不区分保证合同的从属性和保证之债的从属性。保证的从属性包括成立上的从属性、保证范围及强度上的从属性、移转上的从属性、变更及消灭上的从属性等。[24] 保证合同以主合同的有效存在为前提。保证债务以主债务的存在为前提,并于主债务存续中从属于主债务。

保证的范围与强度从属于主债务,具有内容上的从属性,不得大于或者强于主债务,唯有减轻债务时,才对保证人产生影响。也就是说,债权人和债务人未经保证人书面同意,协商变更主债权债务合同内容,减轻债务的,保证人仍对变更后的债务承担保证责任;加重债务的,保证人对加重的部分不承担保证责任。债权人和债务人变更主债权债务合同的履行期限,未经保证人书面同意的,保证期间不受影响(《民法典》第 695 条)。不仅如此,即使就保证合同本身约定特别的违约责任,保证人承担的责任亦以主债务责任范围为限。《担保制度司法解释》第 3 条为此规定,"当事人对担保责任的承担约定专门的违约责任,或者约定的担保责任范围超出债务人应当承担的责任范围,担保人主张仅在债务人应当承担的责任范围内承担责任的,人民法院应予支持。担保人承担的责任超出债务人应当承担的责任范围,担保人向债务人追偿,债务人主张仅在其应当承担的责任范围内承担责任的,人民法院应予支持;担保人请求债权人返还超出部分的,人民法院依法予以支持"。

保证具有移转上的从属性。原则上,保证债务随主债权的移转而移转。但与债权让与的基本规则一致,债权让与伴随的是保证的移转,亦需通知保证人始对保证人发生效力;且保证人与债权人可另行约定债权转让禁止特约。即"债权人转让全部或者部分债权,未通知保证人的,该转让对保证人不发生效力。保证人与债权人约定禁止债权转让,债权人未经保证人书面同意转让债权的,保证人对受让人不再承担保证责任"(《民法典》第 696 条)。另外,债务承担情形与债权让与情形并不同。若是免责的债务承担,债务人的变化会导致债务受清偿风险以及相应的保证人保证责任风险的变化,故需经保证人书面同意;而对于并存的债务承担,原债务人并未脱离债的关系,且增强了债务清偿的可能性,对保证人不会产生不利影响。因此,《民法典》第 697 条规定,"债权人未经保证人书面同意,允许债务人转移全部或者部分债务,保证人对未经其同意转移的债务不再承担保证责任,但是债权人和保证人另有约定的除外。第三人加入债务的,保证人的保证责任不受影响"。

保证债务以主债务的存在为前提,无论是一般保证还是连带责任保证,若主债务得到了部分或全部清偿、部分或全部消灭,保证人在相应范围内亦无需承担保证责任。但是,并非所有情况均如此。例如,以继承情形为例,《民法典》第 1161 条规定了限定继承原则。主债务人死亡时,主债务人的继承人以所得遗产实际价值为限清偿被继承人依法应当缴纳的税款和债务。超过遗产实际价值部分,继承人自愿偿还的不在此限(《民法典》第 1161 条第 1 款)。此时,主债务人已死亡、遗产亦被继承,遗产的实际价值难以覆盖主债务之情形,除非继承人自愿偿还,未受清偿的主债务人部分债务,存在"事实上已消灭"之状态。但就保证人而言,就此等未受清

[24] 柳经纬主编:《债法总论》,北京师范大学出版社 2011 年版,第 249 ~250 页。

偿的主债务人债务,仍负有保证责任。也就是说,限定继承之情形下,作为债务一般担保的责任财产被限定为遗产,而对于担保主债务之保证债务,并不产生影响。[25] 又如,债务人破产之情形,依债权平等原则,债权人的债权通常被限缩,但无论是人保还是物保,在债务人破产之情形其保障债权实现的意义更甚,对于保证人的保证债务,此时亦无限缩之理由。对此,《企业破产法》第 124 条规定,"破产人的保证人和其他连带债务人,在破产程序终结后,对债权人依照破产清算程序未受清偿的债权,依法继续承担清偿责任"。即使在企业重整计划执行期间,虽然"债权人未依照本法规定申报债权的,在重整计划执行期间不得行使权利;在重整计划执行完毕后,可以按照重整计划规定的同类债权的清偿条件行使权利",但对于保证人等来说,"债权人对债务人的保证人和其他连带债务人所享有的权利,不受重整计划的影响"(《企业破产法》第 92 条)。破产法领域,债权人与债务人的和解协议,亦不影响保证债务。例如,《企业破产法》第 101 条规定,和解债权人对债务人的保证人和其他连带债务人所享有的权利,不受和解协议的影响。

2. 保证具有相对独立性

保证人的保证债务虽与主债务之间形成主从关系,依主债务的存在而存在,但保证债务并不是主债务的一部分,而是独立于主债务的单独债务。在学理上,亦又被称为"别个债务性",意在表明保证债务乃是独立于主债务的另一债务。[26] 由于保证债务具有独立性,并不是主债务的一部分,所以,保证债务虽因其从属性的要求在范围上或强度上不得大于或强于主债务,却可以与主债务不同。例如,主债务不附条件的,保证债务可以附条件;基于保证合同而发生的抗辩权,债务人不得享有,保证人得单独行使其抗辩权;债权人免除保证人保证债务的,主债务人的债务仍然存在;保证合同无效的,主债务的效力也不受影响。[27] 甚至在一些立法例中,与我国《担保制度司法解释》第 3 条规定不同,单独规定了保证合同自身的违约责任问题,保证人得以就其保证债务单独约定违约金或损害赔偿额(《日本民法典》第 447 条第 2 款)。另外,前述保证从属性例外的诸多情形,也是保证具有相对独立性的重要体现。

3. 保证具有补充性

保证债务只是对主债务的补充和加强,并非主债务本身,保证人亦并非主债务的债务人,保证债务具有补充性。只有在主债务人不履行债务时,保证人才负履行保证债务的责任。而在一般保证中,保证人更是享有检索抗辩权。当事人在保证合同中约定,债务人不能履行债务时,由保证人承担保证责任的,为一般保证。一般保证的保证人在主合同纠纷未经审判或者仲裁,并就债务人财产依法强制执行仍不能履行债务前,有权拒绝向债权人承担保证责任(《民法典》第 687 条)。连带责任保证的债务人不履行到期债务或者发生当事人约定的情形时,债权人可以请求债务人履行债务,也可以请求保证人在其保证范围内承担保证责任(《民法典》第 688 条第 2 款)。

---

〔25〕［日］我妻荣:《我妻荣民法讲义(Ⅳ):新订债权总论》,王燚译,中国法制出版社 2008 年版,第 430 页;潮見佳男『新債権総論Ⅱ』(信山社,2017 年)639 頁。

〔26〕潮見佳男『新債権総論Ⅱ』(信山社,2017 年)638 頁。

〔27〕柳经纬主编:《债法总论》,北京师范大学出版社 2011 年版,第 251 页。

4. 保证合同的单务性

保证合同一定是单务合同。虽然保证人也可能获得一定的补偿,例如因受债务人有偿委托而为保证人的,保证人的确可以得到补偿。尽管如此,这种补偿也不是来自主债权人,而是来自被保证人即主债务人。保证合同毕竟只是保证人和主债权人之间的双方行为,在保证合同项下,只有保证人对主债务的不履行负有赔偿义务或者代为履行的义务,无论保证人和被保证人(主债务人)之间的关系如何(无偿委托、有偿委托或者无因管理等),保证合同都是单务合同,只有保证人负有义务。[28] 当然,《民法典》并未对受托保证作出特别规定。由于受托保证情形有基础关系存在,在追偿权、保证人获取信息等方面都有很大不同。立法过程中,有建议主张对受托保证与非受托保证进行区分,[29]但《民法典》并未特别考虑。

5. 保证担保不具有优先受偿性

这是人的担保区别于物的担保的重要特性。相较于抵押、质押等物的担保,保证的劣势在于,债权人无法打破债的平等性,无法就保证人的财产主张优先受偿权。[30] 不仅如此,保证人系以其一般财产负责任;物的担保,担保人仅就其提供的担保物的价值为限负有限责任。[31]

二、保证合同的订立及主要条款

(一)保证合同的订立及其要式性

保证合同可以是单独订立的书面合同,也可以是主债权债务合同中的保证条款。第三人单方以书面形式向债权人作出保证,债权人接收且未提出异议的,保证合同成立(《民法典》第685条)。

关于保证合同书面形式的要求,《民法典》的规定不如原《担保法》第13条的要求明确。特别是"可以是主债权债务合同中的保证条款",若主债权债务合同非书面时,其保证条款又当如何?而且用"可以",不如原《担保法》中第13条的"应当以书面"规定的更为明确。对此,目前解释论上存在争议。有学说认为,《民法典》第685条似乎在说保证合同为要式合同,但即便如此,此处所谓书面形式重在证据法的效果,并不意味着未采取书面形式的保证合同不具有法律效力。只要当事人举证证明当事人之间存在保证合同,未采取书面形式的保证合同就发生法律效力;《民法典》关于保证合同形式的规定不是强制性规定,而是倡导性规范。[32] 但更多的则是认为保证合同的成立要求书面形式。[33] 当然,就书面形式而言,《德国民法典》要求的是保证人意思表示的书面形式,而不是法律行为(合同)的书面形式。另外,《德国商法典》规定的

---

〔28〕 张谷:《民法典合同编若干问题漫谈》,载《法治研究》2019年第1期。

〔29〕 周江洪:《关于〈民法典合同编〉(草案)(二次审议稿)的若干修改建议》,载《法治研究》2019年第2期。

〔30〕 徐涤宇、张家勇主编:《〈中华人民共和国民法典〉评注》(精要版),中国人民大学出版社2022年版,第740页。

〔31〕 陈华彬:《债法通论》,中国政法大学出版社2018年版,第344页。

〔32〕 崔建远:《合同法》(第4版),北京大学出版社2021年版,第222页。

〔33〕 黄薇主编:《中华人民共和国民法典解读:合同编》(上册),中国法制出版社2020年版,第749页;谢鸿飞、朱广新主编:《民法典评注:合同编 典型合同与准合同》(第2册),中国法制出版社2020年版,第39页;最高人民法院民法典贯彻实施工作领导小组主编:《中华人民共和国民法典合同编理解与适用(二)》,人民法院出版社2020年版,第1307页;王轶等:《中国民法典释评:合同编·典型合同》(上卷),中国人民大学出版社2020年版,第239页;王利明:《合同法》(下册),中国人民大学出版社2021年版,第44页;徐涤宇、张家勇主编:《〈中华人民共和国民法典〉评注》(精要版),中国人民大学出版社2022年版,第744页。

保证人为商人时，并不要求书面意思表示。《民法典》第 865 条第 2 款“单方书面形式”及《担保制度司法解释》第 36 条的“承诺”的表述，在一定程度上也意识到了意思表示的书面形式问题，而不是合同的书面形式问题。不过，保证合同的要式性，同样也应适用《民法典》第 490 条第 2 款，“法律、行政法规规定或者当事人约定合同应当采用书面形式订立，当事人未采用书面形式但是一方已经履行主要义务，对方接受时，该合同成立”。

（二）保证合同的主要条款

保证合同的内容一般包括被保证的主债权的种类、数额，债务人履行债务的期限，保证的方式、范围和期间等条款（《民法典》第 684 条）。

（三）保证合同的当事人

保证合同的当事人为保证人和债权人，但部分主体不得成为保证人。依《民法典》第 683 条规定，机关法人不得为保证人，但是经国务院批准为使用外国政府或者国际经济组织贷款进行转贷的除外。以公益为目的的非营利法人、非法人组织不得为保证人。

不得提供担保的机关法人提供担保的，担保合同无效（《担保制度司法解释》第 5 条）。同理，不得提供担保的以公益为目的的非营利法人、非法人组织提供担保的，担保合同无效。但以公益为目的的非营利法人提供担保的行为，其目的动机并不相同，《担保制度司法解释》第 6 条为此做出了部分例外规定：“以公益为目的的非营利性学校、幼儿园、医疗机构、养老机构等提供担保的，人民法院应当认定担保合同无效，但是有下列情形之一的除外：（一）在购入或者以融资租赁方式承租教育设施、医疗卫生设施、养老服务设施和其他公益设施时，出卖人、出租人为担保价款或者租金实现而在该公益设施上保留所有权；（二）以教育设施、医疗卫生设施、养老服务设施和其他公益设施以外的不动产、动产或者财产权利设立担保物权。登记为营利法人的学校、幼儿园、医疗机构、养老机构等提供担保，当事人以其不具有担保资格为由主张担保合同无效的，人民法院不予支持。”当然，该司法解释并未专门针对以公益为目的的非营利法人提供的保证作出规定，但保证合同亦为担保合同之一，以公益为目的的非营利法人提供的保证亦应为无效保证。

但值得注意的是，《民法典》总则编将基层组织等规定为特别法人，其不属于机关法人，其提供担保的效力如何，《民法典》并未明确。对此，《担保制度司法解释》第 5 条第 2 款规定，居民委员会、村民委员会提供担保的，人民法院应当认定担保合同无效，但是依法代行村集体经济组织职能的村民委员会，依照《村民委员会组织法》规定的讨论决定程序对外提供担保的除外。

关于非法人组织是否可以提供保证，有学说认为《民法典》虽然规定非法人组织不得为保证人，但应解释为：在个案中，非法人组织有能力代主债务人清偿的，不否认非法人组织充任保证人的保证合同的效力；非法人组织无力代主债务人清偿的，才不认可非法人组织充任保证人的保证合同的效力。[34] 但本书认为，《民法典》第 683 条第 2 款并未否定非法人组织的保证能力，其否定的是以公益为目的的非法人组织的保证人资格，非法人组织本身并不构成保证人资格的障碍。相关释义书也认为，自然人、营利法人、不以公益为目的的非营利法人、不以公益为

---

〔34〕 崔建远：《合同法》（第 4 版），北京大学出版社 2021 年版，第 218 页。

目的的非法人组织，可以作为保证人。[35]

思考 | 分支机构作为保证人的情形

关于法人的分支机构，《民法典》总则编第74条作了规定。原《担保法》第10条曾规定企业法人的分支机构、职能部门不得作为保证人，但《民法典》并未作出规定。依《民法典》第74条规定，分支机构并非独立的民事主体，但"分支机构以自己的名义从事民事活动，产生的民事责任由法人承担；也可以先以该分支机构管理的财产承担，不足以承担的，由法人承担"。也就是说，法人的分支机构得以从事相应的民事活动，只不过不能独立承担责任。立法机关考虑，法人的分支机构也可以以自己的名义担任保证人，没有必要依原《担保法》的规定使法人的分支机构不能以自己的名义成为保证人。[36] 亦有观点认为，法人的分支机构为非法人组织，可以以自己名义为他人债务提供担保，但其担保权限来自法人的授权。[37] 在司法实践中，长期以来对于分支机构提供担保均持谨慎态度。例如，原《民法通则意见》第107条曾规定，"不具有法人资格的企业法人的分支机构，以自己的名义对外签订的保证合同，一般应当认定无效。但因此产生的财产责任，分支机构如有偿付能力的，应当自行承担；如无偿付能力的，应由企业法人承担"。原《担保法》则适度放宽，以是否经法人书面授权来判断法人分支机构订立担保合同的效力问题。"企业法人的分支机构未经法人书面授权或者超出授权范围与债权人订立保证合同的，该合同无效或者超出授权范围的部分无效，债权人和企业法人有过错的，应当根据其过错各自承担相应的民事责任；债权人无过错的，由企业法人承担民事责任"（原《担保法》第29条）。原《担保法》第29条的精神亦被原《担保法司法解释》第17条予以具体化。《担保制度司法解释》也延续了这一谨慎态度，对法人分支机构的担保人资格仍然持谨慎态度，仍然延续了以是否得到授权作为是否得以成为担保人的基本逻辑，[38]同时认为，除金融机构开立保函以及担保公司提供担保外，既然公司对外提供担保原则上须有公司决议，那么公司的分支机构对外提供担保自然更是如此。[39] 对此，《担保制度司法解释》第11条结合《民法典》第74条规定的精神，对分支机构的担保作出了规定，并特别考虑了金融机构、担保机构营业的特性以及相对人的善意与否对担保效力的影响，具体包括：（1）公司的分支机构未经公司股东（大）会或者董事会决议以自己的名义对外提供担保，相对人请求公司或者其分支机构承担担保责任的，人民法院不予支持，但是相对人不知道且不应当知道分支机构对外提供担保未经公司决议程序的除外。（2）金融机构的分支机构在其营业执照记载的经营范围内开立保函，或者经有权从事担保业务的上级机构授权开立保函，金融机构或者其分支机构以违反公司法关于公司对外担保决议程序的规定为由主张不承担担保责任的，人民法院不予支持。金融机构的分支机构

---

[35] 最高人民法院民法典贯彻实施工作领导小组主编：《中华人民共和国民法典合同编理解与适用（二）》，人民法院出版社2020年版，第1302页。

[36] 黄薇主编：《中华人民共和国民法典解读：合同编》（上册），中国法制出版社2020年版，第745页。

[37] 王轶等：《中国民法典释评：合同编·典型合同》（上卷），中国人民大学出版社2020年版，第228页。

[38] 最高人民法院民事审判第二庭：《民法典担保制度司法解释理解与适用》，人民法院出版社2021年版，第169～171页。

[39] 林文学等：《〈关于适用民法典有关担保制度的解释〉的理解与适用》，载《人民司法（应用）》2021年第4期。

未经金融机构授权提供保函之外的担保,金融机构或者其分支机构主张不承担担保责任的,人民法院应予支持,但是相对人不知道且不应当知道分支机构对外提供担保未经金融机构授权的除外。(3)担保公司的分支机构未经担保公司授权对外提供担保,担保公司或者其分支机构主张不承担担保责任的,人民法院应予支持,但是相对人不知道且不应当知道分支机构对外提供担保未经担保公司授权的除外。(4)公司的分支机构对外提供担保,相对人非善意,请求公司承担赔偿责任的,参照《担保制度司法解释》第17条的有关规定处理。也就是说,应当按照主合同有效而第三人提供的担保合同无效的不同情形确定担保人的赔偿责任。但是,对于法人分支机构提供担保的行为持上述谨慎和限定态度,是否符合《民法典》第74条的旨趣,仍有进一步讨论之空间。对此,有学说认为,《民法典》第74条可以作为解决法人的分支机构、职能部门以自己的名义充任保证人时产生的问题;同时认为,考虑到保证合同的单务性,为了保障无辜的法人的合法权益,严格贯彻《民法典》关于职务代理、狭义的无权代理和表见代理的规定及其规范意旨,仅仅承认拥有代理权的法人的分支机构、职能部门以法人名义订立的保证合同的效力,不承认无代理权的法人的分支机构、职能部门订立的保证合同的效力。同时,法人的分支机构、职能部门毕竟不是独立的民事主体,非法人认可的缔约主体,在不构成职务代理的情况下,债权人仍与其订立保证合同,具有过错,由此承受一定的负面结果,符合伦理,也是公平的。[40]

三、保证的类型

(一)一般保证与连带责任保证

一般保证是指保证人仅对债务人不能履行债务负补充责任的保证;连带责任保证是指保证人在债务人不履行债务时与债务人负连带责任的保证。

当事人在保证合同中约定,债务人不能履行债务时,由保证人承担保证责任的,为一般保证(《民法典》第687条第1款)。当事人在保证合同中约定保证人和债务人对债务承担连带责任的,为连带责任保证(《民法典》第688条第1款)。当事人在保证合同中对保证方式没有约定或者约定不明确的,按照一般保证承担保证责任(《民法典》第686条第2款)。"没有约定或约定不明确"的判断至关重要,特别是当事人约定不明确时的意思表示解释问题,就成为判断保证方式的关键。只有在意思表示解释规则难以明确当事人意思的前提下,才得以适用《民法典》第686条第2款的推定规则。

在一般保证中,保证人承担保证责任的前提是"债务人不能履行债务",而在连带责任保证中,保证人承担保证责任的前提是"债务人不履行债务",其效果意思并不相同。对此,《担保制度司法解释》第25条规定,"当事人在保证合同中约定了保证人在债务人不能履行债务或者无力偿还债务时才承担保证责任等类似内容,具有债务人应当先承担责任的意思表示的,人民法院应当将其认定为一般保证。当事人在保证合同中约定了保证人在债务人不履行债务或者未偿还债务时即承担保证责任、无条件承担保证责任等类似内容,不具有债务人应当先承担责任的意思表示的,人民法院应当将其认定为连带责任保证"。此等情形,因当事人的意思明确,虽

〔40〕 崔建远:《合同法》(第4版),北京大学出版社2021年版,第218页。

然没有明确指明何种保证方式，但并非“没有约定或约定明确”，应按照当事人的意思认定保证方式。也有个别情形，意思表示的解释会面临争议。例如，约定“不能按期履行债务即承担保证责任”，究竟为一般保证还是连带责任保证的意思，就会有争议。此处之“不能”，乃是就“期限”而言，并不是表明“不能履行债务”才承担的意思；但如果约定的是“到期不能偿还借款”，则会被解释为一般保证。有法院判决指出，该约定（“到期不能偿还借款”）关于借款人不能偿还借款的内容虽与“到期”结合使用，但约定的重点在于借款人不能偿还借款的“不能”事实，“到期”是不能偿还借款的前提和应有之义，如果借款未达还款期限何来不能偿还之说，应解释为承担一般保证责任。〔41〕 另外，在执行过程中，也会涉及一般保证还是连带责任保证的认定。例如，最高人民法院指导性案例 120 号“青海金泰融资担保有限公司与上海金桥工程建设发展有限公司、青海三工置业有限公司执行复议案”裁判要点就认为，“在案件审理期间保证人为被执行人提供保证，承诺在被执行人无财产可供执行或者财产不足清偿债务时承担保证责任的，执行法院对保证人应当适用一般保证的执行规则。在被执行人虽有财产但严重不方便执行时，可以执行保证人在保证责任范围内的财产”。

拓展｜关于保证方式的推定

《民法典》第 686 条第 2 款改变了原《担保法》第 19 条的规定。原《担保法》“推定连带责任保证”（当事人对保证方式没有约定或者约定不明确的，按照连带责任保证承担保证责任）的立法选择主要基于两方面的考虑。一是当时交易诚信相对缺失，债权不能实现现象较为普遍，基于保障债权实现的考虑作出了有利于保护债权人利益的政策选择。二是认为“规定保证人承担较重的责任，有助于加强保证人的责任意识，使保证人明确对保证方式不约定或者约定不明的法律后果，从而对保证方式作出适当选择”。〔42〕

在《民法典》编纂过程中，草案阶段曾试图区分自然人保证与否确定不同的保证方式推定规则。《民法典合同编（草案）》第 467 条第 2 款曾规定，当事人在保证合同中对保证方式没有约定或者约定不明确的，按照连带责任保证承担责任，但是自然人之间的保证合同除外。对此，全国人民代表大会宪法和法律委员会在关于《民法典合同编（草案）》修改情况的报告中指出，有的部门、法学教学研究机构和社会公众提出，连带责任保证是一种加重保证人责任的保证方式，原则上宜由当事人明确约定；没有约定或者约定不明的，一概推定为连带责任保证，会加重实践中因互相担保或者连环担保导致资不抵债或者破产的问题，影响正常的生活和经营秩序。宪法和法律委员会经研究认为，将当事人对保证方式没有约定或者约定不明确的推定为一般保证，有利于防止债务风险的扩散，维护经济社会稳定。据此，建议将草案第 476 条第 2 款修改为“当事人在保证合同中对保证方式没有约定或者约定不明确的，按照一般保证承担保证责任”。〔43〕 当然，在比较法上，亦有不同的立法例。《德国民法典》区分了民法上的保证与商法典中的商人保证，对

〔41〕 山东省潍坊市中级人民法院民事判决书，（2020）鲁 07 民终 4650 号。

〔42〕 谢鸿飞、朱广新主编：《民法典评注：合同编　典型合同与准合同》（第 2 册），中国法制出版社 2020 年版，第 45 页；全国人大常委会法制工作委员会民法室编著：《中华人民共和国担保法释义》，法律出版社 1995 年版，第 25 页。

〔43〕 《关于〈民法典合同编（草案）〉修改情况的汇报》（2018 年 12 月 23 日），载《民法典立法背景与观点全集》编写组编：《民法典立法背景与观点全集》，法律出版社 2020 年版，第 31 页。

于商人保证,仍是连带保证推定。

一般保证的保证人享有检索抗辩权(在部分教科书中,亦称为“先诉抗辩权”)。一般保证的保证人在主合同纠纷未经审判或者仲裁,并就债务人财产依法强制执行仍不能履行债务前,有权拒绝向债权人承担保证责任,但是有下列情形之一的除外:(1)债务人下落不明,且无财产可供执行;(2)人民法院已经受理债务人破产案件;(3)债权人有证据证明债务人的财产不足以履行全部债务或者丧失履行债务能力;(4)保证人书面表示放弃本款规定的权利(《民法典》第687条第2款)。检索抗辩权与一般保证责任中“不能履行债务”的前提相结合,充分体现了一般保证的补充性。此处“不能履行债务”并非指给付不能,而是指客观上缺乏支付能力,指就债务人财产依法强制执行后仍无法清偿债务。对此,《担保制度司法解释》第25条将《民法典》第687条第1款的“不能”扩张解释为“不能履行债务或者无力偿还债务”,亦是表明这一旨趣。

连带责任保证的保证人不享有检索抗辩权。连带责任保证的债务人不履行到期债务或者发生当事人约定的情形时,债权人可以请求债务人履行债务,也可以请求保证人在其保证范围内承担保证责任(《民法典》第688条第2款)。

(二)部分保证与全部保证

保证具有独立性,可以与主债务的范围不一致,当事人可以自由约定保证的范围。有限保证是保证人与债权人在保证合同中明确约定保证范围的保证。此类保证,亦被称为“部分保证”。无限保证是指当事人没有明确约定保证的范围,而对全部债务承担保证责任的保证。[44]原《担保法》第21条第2款曾规定:“当事人对保证担保的范围没有约定或者约定不明确的,保证人应当对全部债务承担责任。”虽然《民法典》第691条承继原《担保法》该条规定时删去了该款,但《民法典》第691条规定保证的范围时特别指出,“当事人另有约定的,按照其约定”,这亦表明可以约定保证的范围,没有约定或约定不明确时则为无限保证。当然,保证范围的约定,也不得超过主债务的责任范围(《担保制度司法解释》第3条)。在实践中,有当事人就保证合同约定违约金条款,但法院判决否定了此等违约金条款的效力,其主要理由是“由于债权人与保证人在保证合同中特别约定的违约金只针对保证人,不属于主债务的范围,故保证人承担保证合同约定的责任后将无法向主债务人追偿,这将使当事人之间的利益关系严重失衡”。[45]关于是否得以单独约定保证债务的违约金条款等,多有争议,容待后述。

有限保证,在实践中可能会存在两种约定保证范围的方式,应依当事人之意思确定其含义。例如,以100万元的主债务为例,债权人与保证人约定以40万元为上限承担保证责任,其表明债权人得以在债务人不履行债务的范围内以40万元为上限向保证人要求承担保证责任,而保证人则只需最高承担40万元即可免除其保证责任;另外亦有可能约定,就100万元的主债

〔44〕 柳经纬主编:《债法总论》,北京师范大学出版社2011年版,第251页;崔建远:《合同法》(第4版),北京大学出版社2021年版,第226页。日本民法上,通常将此类“有限保证”称为“一部保证”,参见潮見佳男『新債権総論Ⅱ』(信山社,2017年)664頁。当然,我国学界亦有观点将当事人约定以特定财产提供保证的情形称为有限保证,参见徐涤宇、张家勇主编:《〈中华人民共和国民法典〉评注》(精要版),中国人民大学出版社2022年版,第740页。应注意区分此等概念的具体含义。

〔45〕 联储证券有限责任公司与东方金钰股份有限公司合同纠纷上诉案,最高人民法院(2019)最高法民终1353号民事判决书。

务，保证人担保债权人得以回收 40 万元，此时债权人若得以从债务人处回收债权若干，保证人保证责任范围则相应缩减。[46]

（三）单独保证与数人保证

单独保证是指只有一个保证人担保同一债权的保证。除非另有指明，通常所说的保证就是指单独保证。数人保证，是指两个或两个以上的保证人为同一债权提供保证。对于数人保证，我国学说和实务中经常称之为"共同保证"。由于"共同保证"中"共同"二字易引起歧义，会被认为数个保证人之间必然存在共同关系或连带关系，因此，此处用"数人保证"来描述《民法典》第 699 条规定的情形。[47]《民法典》第 699 条规定，"同一债务有两个以上保证人的，保证人应当按照保证合同约定的保证份额，承担保证责任；没有约定保证份额的，债权人可以请求任何一个保证人在其保证范围内承担保证责任"。

按照一般保证、连带保证与共同保证不同的组合方式，可存在连带共同连带保证、连带共同一般保证、按份共同连带保证、按份共同一般保证四种共同保证形式。当然，《民法典》只是规定"同一债务有两个以上保证人"，并未就数个保证人之间的关系作进一步的细分，特别是存在数个保证人之间存在"共同意思表示"的保证与不存在意思联络或不存在共同意思表示的数个保证人的保证等不同情形，并未作进一步细分。甚至可能存在保证人之一承担一般保证、其他数个保证人承担连带保证、其他数个保证人为连带共同连带保证之复杂情形。考虑到这一点，《民法典》规定的数人保证，在司法实践适用中，仍有进一步细分之必要。

有学说认为，《民法典》第 699 条第 2 分句"没有约定保证份额的，债权人可以请求任何一个保证人在其保证范围内承担保证责任"规定的是连带共同保证，[48]或认为是"保证连带"，[49]亦有观点认为此时是"不真正连带共同保证"[50]。例如，虽然各保证人均未约定保证份额，而只是在各自的保证合同中约定了"保证范围"，其可能会形成各自的保证范围简单相加不超过主债权范围、某一保证人的保证范围与主债务相同而其他保证人的保证范围均小于主债权范围、任一保证人的保证范围均小于主债务范围但其相加超过了主债务范围以及任一保证人均为无限保证等不同情形。这些情形难谓均为连带共同保证。各保证人均为有限保证且相加不超过主债务范围时，本质上与"约定了保证份额"一致，按照约定各自承担保证责任即可；部分保证人为无限保证、部分保证人为有限保证时，不管保证人相互之间连带与否，债权人依其各自约定的保证范围向保证人求偿即可，均得以向"任一保证人主张其保证范围内的保证责任"，但不得超过主债务的范围，也就是说，保证人得因其他保证人通过承担保证责任而消灭的部分主债务对抗债权人的请求，不管保证人之间的关系连带与否，均是如此。同样地，各保证人均为无限保证或者虽然各保证人均为有限保证但其保证范围相加超过主债务等情形，亦是如此。不

---

〔46〕 潮見佳男『新債権総論Ⅱ』（信山社，2017 年）665 頁。

〔47〕 有观点指出，严格意义上的"共同保证"仅指数个保证人向债权人承担连带责任之情形，无论其是否共同与债权人订立保证合同，但我国法律学文献通常将共同保证理解为数人为同一债务提供保证（参见杨代雄主编：《袖珍民法典评注》，中国民主法制出版社 2022 年版，第 666 页）。

〔48〕 谢鸿飞、朱广新主编：《民法典评注：合同编　典型合同与准合同》（第 2 册），中国法制出版社 2020 年版，第 117 页；王利明：《合同法》（下册），中国人民大学出版社 2021 年版，第 92 页。

〔49〕 崔建远：《合同法》（第 4 版），北京大学出版社 2021 年版，第 224 页。

〔50〕 黄薇主编：《中华人民共和国民法典解读：合同编》（上册），中国法制出版社 2020 年版，第 781 页。

管各保证人之间是否连带,债权人均得以向各保证人要求承担保证范围内的保证责任,且各保证人都得以因其他保证人承担保证责任而消灭的主债务范围对抗债权人。因此,从《民法典》第 699 条第 2 分句本身难以看出各保证人之间究竟是按份还是连带。保证人之间的关系究竟为连带还是按份,应当按照具体情形判断。该句规范不在于表明保证人之间是否有连带关系,而只不过是表明,即使是各保证人保证范围相加超过了主债务的范围,债权人无须依各保证人保证范围之间的比例关系请求承担保证责任,而是可以要求各保证人依各自的保证范围承担保证责任而已。若硬要说其为"连带",除非是各保证人均为无限保证,也只能说是"部分连带",各保证人仅就各自保证范围承担保证责任,只要约定了保证范围,并不会因其未约定份额就承担超出其保证范围的保证责任。〔51〕

(四)最高额保证

最高额保证,是指保证人于最高额限度内就一定期间连续发生的债权所提供的保证。《民法典》第 690 条规定,保证人与债权人可以协商订立最高额保证的合同,约定在最高债权额限度内就一定期间连续发生的债权提供保证。最高额保证,依其不同的保证方式,亦可分为最高额一般保证和最高额连带责任保证。最高额保证适用保证的规定,最为重要的是待担保债权确定后适用保证的相关规定。最高额保证所担保债权的确定,仅发生最高额保证转化为普通保证的效力,债权人此时才有权依法向保证人主张权利,但并不发生使主债务人和保证人丧失期限利益的效力,保证债权的行使仍然要受到纳入被担保范围的具体债权的履行期限是否届满的限制。〔52〕

《民法典》第 690 条第 2 款规定"最高额保证除适用本章规定外,参照适用本法第二编最高额抵押权的有关规定"。之所以规定"参照适用"且只能"参照适用""有关规定",而不是"适用本法第二编最高额抵押权的规定",其原因在于最高额保证虽属于最高额担保,但最高额保证与最高额抵押,在债权确定的事由等方面可能会产生不同,两者只是类似的关系,而非等同的关系。〔53〕例如,保证人会存在死亡、破产、丧失行为能力等诸多情形;而抵押则针对抵押物而言,两者的规则会存在不一致。但就我国现行法而言,并未区分两者不同的债权确定事由,《担保制度司法解释》亦是援引关于最高额抵押的债权确定事由来确定最高额保证的债权。例如,《担保制度司法解释》第 30 条第 3 款规定,"前款所称债权确定之日,依照民法典第四百二十三条的规定认定"。《民法典》第 423 条规定"有下列情形之一的,抵押权人的债权确定:(一)约定的债权确定期间届满;(二)没有约定债权确定期间或者约定不明确,抵押权人或者抵押人自最高额抵押权设立之日起满二年后请求确定债权;(三)新的债权不可能发生;(四)抵押权人知道或者应当知道抵押财产被查封、扣押;(五)债务人、抵押人被宣告破产或者解散;(六)法律规定债权确定的其他情形"。事实上,《民法典》第 423 条中的"抵押财产被查封、扣押",只能是在物的担保情形下发生,作为人的担保,保证情形并不存在抵押财产被查封、扣押问题。有观点明确指出,"《民法典》第 423 条第 4 项债权人的债权确定情形'抵押权人知道或者应当知道抵

〔51〕周江洪:《数人保证中保证债务免除的涉他效力问题》,载《苏州大学学报(法学版)》2022 年第 2 期。

〔52〕高圣平:《最高额保证合同法律适用中的争议问题》,载《政治与法律》2021 年第 8 期。

〔53〕当然,亦有观点认为,最高额保证与最高额抵押仅存在担保方式的不同,在其他方面并无二致,参见徐涤宇、张家勇主编:《〈中华人民共和国民法典〉评注》(精要版),中国人民大学出版社 2022 年版,第 747 页。

押财产被查封、扣押’不适用于最高额保证。这是为了防止最高额抵押权人因对查封扣押事实不知情而发放的贷款得不到优先保护，而在最高额保证中却不存在这样的问题”[54]。而且，在保证情形，特别是自然人保证人，会存在死亡、丧失行为能力等情况，此等情况亦应参照适用“债务人、抵押人被宣告破产或者解散”予以处理，但此时亦只是参照适用，而不是直接适用。

除了存在最高额保证与最高额抵押类似的学说，甚至也有个别学说认为，最高额保证是各个分别产生的债权的保证的累积，因此在债权让与问题上与最高额抵押也会不同。[55] 再如，最高额抵押之情形，不允许未定被担保债权范围的概括性最高额抵押，但在最高额保证之情形，除了自然人个人提供的最高额保证，即使是未定被担保债权范围而保证一切债务的最高额保证亦无妨。最高额抵押，须定有最高额，但就最高额保证而言，除了自然人个人最高额保证，未定最高额的最高额保证并不必然无效。[56] 因《民法典》并未就最高额保证作出详细的规定，如何有效识别最高额抵押和最高额保证之间的异同，仍有待今后学理和实践的进一步发展。

在最高额担保中，学说和实践中常会就“最高额”的含义究竟是本金最高额还是债权最高额产生争议。[57] 在最高额保证中，有法院判决认为，“在最高额保证合同关系中，如果合同明确约定所担保的最高债权额包括主债权的数额和相应的利息、违约金、损害赔偿金以及实现债权的费用，保证人即应当依照约定对利息、违约金、损害赔偿金以及实现债权的费用承担保证责任，而不受主债权数额的限制”。[58] 该判决明确肯定了若有特别约定可以不受主债权数额的限制。《担保制度司法解释》第15条亦肯定了当事人约定优先，但认为如果没有约定，亦应依债权最高额确定最高额担保的范围，即“最高额担保中的最高债权额，是指包括主债权及其利息、违约金、损害赔偿金、保管担保财产的费用、实现债权或者实现担保物权的费用等在内的全部债权，但是当事人另有约定的除外。登记的最高债权额与当事人约定的最高债权额不一致的，人民法院应当依据登记的最高债权额确定债权人优先受偿的范围”。当然，最高额保证与最高额抵押并不完全相同。对于最高额保证而言，依当事人之间的最高额保证合同的约定认定“最高债权额限度”的含义，未作约定的，为“债权总额最高限额”；对于最高额抵押和最高额质押而言，因为涉及登记公示，当事人之间就“最高债权额限度”的约定仅具相对效力，以登记的最高债权额确定债权人优先受偿的范围。[59] 另外，不区分自然人保证人与否而一体对待，均以约定优先来确定“最高额”的含义是否妥当，仍有反思之必要，特别是与比较法上对于自然人保证人作特别优待的发展趋势并不一致。例如，与我国司法实践及《担保制度司法解释》第15条不同，比较法上有区分自然人个人最高额保证、最高额保证及最高额抵押而对此作出不同解释的立法例，对自然人个人最高额保证人并非完全按照约定处理，而是作出了特别的保护。例

〔54〕 杨永清：《〈新担保司法解释〉中有关保证合同的几个问题》，载《法律适用》2021年第2期。

〔55〕 我国学者多主张与最高额抵押相同，认为最高额保证所担保的债权确定之前，部分债权转让的，最高额保证债权不得转让，但是当事人另有约定的除外，参见高圣平：《最高额保证合同法律适用中的争议问题》，载《政治与法律》2021年第8期。

〔56〕 潮見佳男『新債権総論Ⅱ』（信山社，2017年）738～748頁。

〔57〕 黄忠：《最高额担保中“最高额”含义的确定》，载周江洪、陆青、章程主编：《民法判例百选》，法律出版社2020年版，第231页。

〔58〕 中国长城资产管理股份有限公司山西省分公司与山西朔州平鲁区华美奥崇升煤业有限公司等借款合同纠纷案，载《最高人民法院公报》2020年第5期。

〔59〕 高圣平：《最高额保证合同法律适用中的争议问题》，载《政治与法律》2021年第8期。

如,依《日本民法典》第465条之2第1款的规定,自然人个人最高额保证,须为债权最高额;而对于法人最高额保证,究竟为债权最高额抑或本金最高额,依契约的解释而定,若无法确定当事人之意思,则解释为债权最高额。[60]

第三节　保证期间与保证债务的诉讼时效

一、保证期间

保证期间是确定保证人承担责任的期间(《民法典》第692条第1款)。[61] 债权人在该期间内不依法定方式行使权利将导致保证人的保证责任消灭(《担保制度司法解释》第34条第2款)。有观点将保证期间定位为保证合同约定或者法律规定的保证债务的履行期限。[62] 将保证期间作为履行期限对待,并不准确。履行期限,通常来说是期限届至债务人负有履行义务,但保证人承担保证责任(履行保证债务)并非以该期限到来为标准,而是债务人不履行或不能履行债务,保证人履行保证债务的期限即届至,并非保证期间届满。保证期间的实质并非承担责任的期间,而是权利人应在该期间内主张权利的问题,并不是说此等期间经过保证人不承担责任。只要权利人在该期间内依法行使了权利,保证人并不能因期间经过就免除保证责任。

保证期间设立的目的在于限制保证人的责任、保障保证人的利益,同时具有督促债权人主张权利的功能。因诉讼时效制度只是抗辩权、且得中止、中断,故从保证的单务、无偿特点出发及保障保证人利益角度言,保证期间制度具有独立价值。保证期间也不同于法律行为的附期限,并不决定保证合同的生效或解除。

原《担保法》第25～26条以及原《担保法司法解释》第31～34条及第36条就保证期间作出了规定。《民法典》第692～694条、《担保制度司法解释》第27～34条对保证期间规则进行了完善。关于保证期间的性质,学说分歧较大,有不少学说主张废除法定保证期间,但民法典并未采纳。[63] 之所以选择保留现有的保证期间制度,主要是考虑到了保证期间可以限制保证人的责任,并督促主债权人行使权利。[64] 学理上亦有认为,保证人通常所承担的是单务、无偿的法律责任,并不享有对待给付请求权。因此,法律有必要设定一段特殊的不变期间加以限制,以弥补仅适用诉讼时效可能出现的问题,防止保证人无限期地承担保证责任。[65] 因保证期

---

〔60〕 潮見佳男『新債権総論Ⅱ』(信山社,2017年)740～741頁。

〔61〕 亦有学者将“保证期间”理解为“保证合同的存续期限”,参见王文军:《〈民法典〉保证期间制度的另一种解释可能——以继续性合同原理为视角》,载《暨南学报(哲学社会科学版)》2021年第4期。另外,亦有学者认为,《民法典》新增保证期间概念的规定属于不完全法条,不能仅依据该条认定保证责任消灭,参见杨巍:《〈民法典〉保证期间规则修改评释》,载《河北法学》2020年第9期。

〔62〕 最高人民法院民法典贯彻实施工作领导小组主编:《中华人民共和国民法典合同编理解与适用(二)》,人民法院出版社2020年版,第1342页。

〔63〕 张谷:《论约定保证期间——以〈担保法〉第25条和第26条为中心》,载《中国法学》2006年第4期;张谷:《民法典合同编若干问题漫谈》,载《法治研究》2019年第1期。

〔64〕 黄薇主编:《中华人民共和国民法典解读:合同编》(下册),中国法制出版社2020年版,第763页。

〔65〕 王轶等:《中国民法典释评:合同编·典型合同》(上卷),中国人民大学出版社2020年版,第280页。

间不发生中止、中断和延长的问题，且会导致权利的消灭（《民法典》第 692 条），与除斥期间类似，故在以往的司法实践中常将保证期间作为除斥期间对待，[66]但保证期间并非除斥期间。[67] 关于保证期间，争点主要集中在保证期间的起算点、保证期间经过的法律效果、保证期间与保证债务诉讼时效、数人保证时某一保证人保证期间经过的效力等。

（一）约定保证期间与法定保证期间

与诉讼时效期间不得由当事人约定（《民法典》第 197 条）不同，保证期间得以由当事人约定。债权人与保证人可以约定保证期间，但是约定的保证期间早于主债务履行期限或者与主债务履行期限同时届满的，视为没有约定；没有约定或者约定不明确的，保证期间为主债务履行期限届满之日起六个月（《民法典》第 692 条第 2 款）。在司法实践中，有法院判决从保证期间的制度目的出发，扩张解释了“早于主债务履行期限或者与主债务履行期限同时届满”的规定，约定的保证期间仅一天（主债务到期后的一天）之情形，法院也认为“视为没有约定”。[68] 除了“没有约定”，关于“没有明确约定”，司法解释亦有规定。《担保制度司法解释》第 32 条规定，“保证合同约定保证人承担保证责任直至主债务本息还清时为止等类似内容的，视为约定不明，保证期间为主债务履行期限届满之日起六个月”。[69]

在商品房预售交易实践中，常采用阶段性担保。通过办理买房人所购房屋预告抵押登记，可以有效减少金融机构和房地产企业的风险。因其阶段性特征，预告抵押登记和商品房预售登记的衔接非常重要，其中会涉及保证期间的确定问题。实践中通常会约定，“保证期间是每笔贷款放款之日起至预告抵押登记完成之日止”，办妥所购房屋预告抵押登记手续交给银行，银行办理完预告抵押登记后，房产公司的担保责任即可免除，银行通过预告抵押登记或抵押权来保障债权实现。从字面理解，双方当事人对保证期间进行了约定，以办妥预告抵押登记为时间节点，保证期间可以延长，也可以缩短。法院判决将此类“保证期间”亦理解为担保法上的保证期间对待。[70] 但事实并非如此。预售房交易阶段性担保中所谓的“保证期间”，所指的是保证合同的存续期间，而并非债权人不依法在该期间内行使权利即导致保证责任消灭的保证期间。

（二）保证期间的起算

依《民法典》第 681 条，因保证期间是确定保证人承担责任的期间，保证期间应当从“当债务人不履行到期债务或者发生当事人约定的情形”时起算。但约定保证期间和法定保证期间的起算点会有微妙的区别。最高额保证由于其担保债权范围的特殊性，也有特殊的起算方式。

---

〔66〕 谢鸿飞、朱广新主编：《民法典评注：合同编　典型合同与准合同》（第 2 册），中国法制出版社 2020 年版，第 84 页。

〔67〕 王利明：《合同法》（下册），中国人民大学出版社 2021 年版，第 82 页；崔建远：《合同法》（第 4 版），北京大学出版社 2021 年版，第 238 页。

〔68〕 翁某某诉钱某某等民间借贷纠纷案，杭州市萧山区人民法院（2012）杭萧商初字第 3138 号民事判决书。法院认为，“童某某承诺的保证期间一天时间过短，该约定过分地限制债权人行使保证债权，违背了诚实信用原则和客观常理，致使债权人翁某某主张保证债权非常困难，对其极度不公，故该约定因与当事人之间的保证合意相违，即应视为没有约定，而适用法定保证期间”。

〔69〕 当然，在学理上，亦有认为此种情形应视为对保证期间没有约定，适用法定保证期间，参见王轶等：《中国民法典释评：合同编 · 典型合同》（上卷），中国人民大学出版社 2020 年版，第 291 页。

〔70〕 招商银行股份有限公司大连分行与大连一方地产有限公司保证合同纠纷案，载《最高人民法院公报》2018 年第 5 期。

同时,一般保证与连带责任保证因存在检索抗辩权有无的不同,也会使阻止保证期间经过的权利行使方式存在不同。

约定保证期间与法定保证期间起算点不同,主要是由于约定保证期间存在同时约定起算点的可能;未约定起算点的,同法定保证期间相同,自主债务履行期限届满之日起算(《民法典》第692条第2款)。主债务履行期限未约定或约定不明,依《民法典》第511条第4项,得随时履行或请求履行,但应当给予对方准备时间;同理,作为从债务的保证责任承担期间的计算,也自债权人请求债务人履行债务的宽限期届满之日起计算(《民法典》第692条第3款)。值得注意的是,《民法典》第692条第3款并未援引《民法典》第510条确定债务履行期限后再以此为基础计算保证期间,而是直接规定宽限期届满之日起计算,似乎排除了主债权债务当事人通过协商等确定的主债务履行期限届满作为保证期间的起算点。〔71〕 对此,有学说认为,如果债权人与主债务人依第510条通过补充协议对债务履行期限作出约定,该行为属于"对主合同履行期限做了变动",应当适用《民法典》第692条第2款确定保证期间起算点,而非适用《民法典》第692条第3款。〔72〕 对于此种情形,当结合《民法典》第695条第2款的规定予以分析,若是其协商确定的合同履行期限加重了保证人的负担,当限制债权人对债务人之间协议对保证人之效力。但关于债权人请求履行债务的期间以及宽限期,其主动权均掌握在债权人手中,通过协议确定履行期限,与第692条第3款相比并不会给保证人形成更为不利之局面,本书认为应当肯定其协议变更对保证人之效力。另外,在实践当中,主合同中可能约定了加速到期条款,此时保证合同中的保证期间如何起算,亦会有争议。对此,有法院判决认为,"关于主债权被宣布加速到期后,保证期间应否相应提前计算问题。涉案各保证合同虽未明确约定国家开发银行提前收回贷款保证人是否保有保证合同规定的期限利益,但主合同中既然有加速到期条款的存在,加速到期条件的实现也并未超出保证人的预期,并未加重保证人的责任,因此保证期间也应当随着主债权的提前予以提前计算"。〔73〕

最高额保证的保证期间起算,《担保制度司法解释》第30条规定,"最高额保证合同对保证期间的计算方式、起算时间等有约定的,按照其约定。最高额保证合同对保证期间的计算方式、起算时间等没有约定或者约定不明,被担保债权的履行期限均已届满的,保证期间自债权确定之日起开始计算;被担保债权的履行期限尚未届满的,保证期间自最后到期债权的履行期限届满之日起开始计算。前款所称债权确定之日,依照民法典第四百二十三条的规定认定"。

另外,分期履行的同一债务的保证期间的起算,能否适用或参照适用《民法典》第189条诉讼时效期间的起算规则,自最后一期履行期限届满之日起计算,亦会成为问题。此时,若有约定,则按约定,如果没有约定的,则依《担保制度司法解释》第30条关于最高额保证保证期间的

---

〔71〕 当然,亦有观点认为,《民法典》第692条第3款并非保证期间起算的特殊规则,该款只是为了确定主债务履行期限何时届满而已(参见王利明:《合同法》(下册),中国人民大学出版社2021年版,第83页);或者认为,即使不规定该第3款,也不影响法律适用,《民法典》第511条第4项规定的"必要的准备时间"即所谓的宽限期(参见徐涤宇、张家勇主编:《〈中华人民共和国民法典〉评注》(精要版),中国人民大学出版社2022年版,第750页);但本书认为,从该款排除《民法典》第510条的适用来看,该款为特殊规则。

〔72〕 王轶等:《中国民法典释评:合同编·典型合同》(上卷),中国人民大学出版社2020年版,第293页。

〔73〕 李某存等与中国长城资产管理股份有限公司北京市分公司等金融借款合同纠纷案,北京市高级人民法院(2020)京民终373号民事判决书。

司法解释同样的旨趣,应当得以参照适用《民法典》第 189 条。原因在于,在最高额保证中,保证担保的债权中有不少是在特定时期内产生的独立的债权,即使就此等债权,在依债权确定事由确定担保债权范围之后,某些担保债权的履行期尚未届至,其保证期间的起算亦并非按照各个独立的债权分别计算。而对于连续性、整体性更强的分期履行债权来说,就更有理由认为应从最后一期债权履行期限届满之日起起算。另外,从学理上来说,保证人的担保,在没有特别约定的情况下,是为整个债务提供担保,保证期间应当从最后履行期限届满之日起起算。[74]

(三)保证期间的效力

保证期间届满债权人未行使其权利,将导致保证责任消灭。但因一般保证与连带责任保证中债权人行使权利的方式不同,故在阻止保证期间经过的权利行使方面,《民法典》亦作了不同规定。

一般保证因存在检索抗辩权,若保证人行使抗辩权,债权人难以主张保证责任,难以产生积极行使权利之效果。故《民法典》第 693 条第 1 款规定"一般保证的债权人未在保证期间对债务人提起诉讼或者申请仲裁的,保证人不再承担保证责任"。也就是说,自约定的起算点或者主债务履行期限届满到保证期间届满期间,债权人应向主债务人提起诉讼或申请仲裁。而且,在一般保证中,虽然在保证期间内对债务人提起诉讼或者仲裁,但撤回起诉或仲裁申请,债权人在保证期间届满前未再提起诉讼或者申请仲裁,保证人不再承担保证责任(《担保制度司法解释》第 31 条第 1 款)。当然,在保证期间内,债权人未向主债务人提起诉讼或申请仲裁,而直接向一般保证人主张权利,且保证人放弃或怠于行使检索抗辩权,司法实践中有法院判决认为,此时不能因保证期间届满免除保证责任。[75]

但实践中存在具有强制执行效力的公证文书,无需诉讼或仲裁即可强制执行,此时不能强求债权人"对债务人提起诉讼或申请仲裁",不能囿于此等文义。故,《担保制度司法解释》第 27 条对此作出补充解释,即"一般保证的债权人取得对债务人赋予强制执行效力的公证债权文书后,在保证期间内向人民法院申请强制执行,保证人以债权人未在保证期间内对债务人提起诉讼或者申请仲裁为由主张不承担保证责任的,人民法院不予支持"。有疑问的是,虽有此等公证债权文书,但未在保证期间内申请强制执行,保证人是否需承担保证责任?依《民法典》第 693 条第 1 款之立法旨意,当解释为保证人不再承担保证责任。再有疑问的是,若存在检索抗辩权例外之情形(《民法典》第 687 条第 2 款),是否得类推适用连带责任保证的保证期间效力,以在保证期间内向保证人请求为前提。因检索抗辩权例外之情形,保证人不享有检索抗辩权,故得以类推连带责任保证的保证期间效力。

另外,债权人对债务人提起诉讼或仲裁,保证人并不一定知情,但保证人仍然需依一般保证规则承担补充性保证责任,并不能以不知情为由拒绝承担保证责任。当然,若一般保证下的保证债务诉讼时效经过(《民法典》第 694 条),保证人可以以时效经过为由予以抗辩。

连带责任保证的保证期间,在债权人行使权利阻止保证期间经过方面,与一般保证的保证期间有所不同。因连带责任保证不同于一般保证,不存在保证人的检索抗辩权,故债务人

---

[74] 王轶等:《中国民法典释评:合同编 · 典型合同》(上卷),中国人民大学出版社 2020 年版,第 296 页。

[75] 张某丽与徐某宏民间借贷纠纷申诉、申请再审案,陕西省西安市中级人民法院(2020)陕 01 民申 500 号民事裁定书。

不履行到期债务即可向保证人要求承担保证责任。故其保证期间的效力规则也不同于一般保证，要求债权人应当在保证期间内向保证人请求承担保证责任，否则保证人不承担保证责任(《民法典》第693条第2款)。而且，该"请求"并不以诉讼或仲裁方式为必要。这一旨趣在《担保制度司法解释》第31条第2款中得到进一步体现。依该款，"连带责任保证的债权人在保证期间内对保证人提起诉讼或者申请仲裁后，又撤回起诉或者仲裁申请，起诉状副本或者仲裁申请书副本已经送达保证人的，人民法院应当认定债权人已经在保证期间内向保证人行使了权利"。也就是说，副本送达即使撤回起诉或仲裁申请亦可表明债权人已"请求保证人承担保证责任"，并不以提起诉讼或仲裁为必要。

二、保证债务的诉讼时效

《民法典》对于保证债务的诉讼时效作了专门规定，将保证的诉讼时效制度独立于保证期间制度之外予以处理。之所以要规定诉讼时效规则，主要在于债权人在保证期间内依法行使权利后，其保证期间的作用即消失(已使得保证责任不会归于消灭)，若此后债权人长期不行使其保证债权，致使保证人长期处于不确定状态或产生合理信赖或者因时间久远而导致保证人行使相关权利发生证据方面的困难等，故需要有单独的诉讼时效规则来处理保证债务的期间经过问题，以免保证人承担过重的责任。在这点上，作为保证债务的债务人，保证人与其他债务中的债务人处于同样的状态；而对于债权人来说，其对保证人的债权，亦与其他债权一样，都会面临请求权相关的诉讼时效问题。也就是说，保证人既可援引自身的诉讼时效抗辩，也可以援引主债务人的诉讼时效抗辩(《民法典》第701条)。实际上，保证债务的诉讼时效制度，其本质上是对《民法典》总则编第九章诉讼时效制度的具体化和特别法化，是结合诉讼时效制度的基本原理与不同保证方式的具体情形作出的具体规定。

与保证期间制度类似，因检索抗辩权的存否不同，也区分了一般保证与连带保证的不同时效期间起算点。另外，若保证期间内债权人未依法行使权利，保证责任消灭；而保证责任消灭后，并不存在相应的请求权，故也就没有诉讼时效问题。因此，《民法典》第694条均先确认保证责任存在，然后再确定不同的诉讼时效期间起算点。起算点的确认，也符合《民法典》第188条的"知道或者应当知道权利受到损害及其义务人"的基本原理。即债权人的保证债权受到损害，系指在保证债权可得行使时，债权人若向保证人主张保证债权，一旦保证人拒绝承担保证责任，债权人即知道或者应当知道自己权利受到损害，此时保证债务的诉讼时效期间即开始计算。《民法典》第694条依此原则区分了一般保证和连带责任保证的不同诉讼时效期间起算点。除了起算点，与保证期间不发生中止、中断和延长不同(《民法典》第692条)，保证债务诉讼时效的中止、中断、延长均依诉讼时效规则处理。

依《民法典》第694条，一般保证的债权人在保证期间届满前对债务人提起诉讼或者申请仲裁的，从保证人拒绝承担保证责任的权利消灭之日起，开始计算保证债务的诉讼时效。连带责任保证的债权人在保证期间届满前请求保证人承担保证责任的，从债权人请求保证人承担保证责任之日起，开始计算保证债务的诉讼时效。

与保证期间的起算类似，对主债务无须提起诉讼或仲裁情形，保证债务的诉讼时效也有其特殊性。《担保制度司法解释》第28条对此作出了规定。同时，对于检索抗辩权例外情形的诉讼时效起算问题，司法解释对《民法典》第 694 条规定的“从保证人拒绝承担保证责任的权利消灭之日起”也作出了相应的补充规定，即从债权人知道或应当知道《民法典》第 687 条但书情形时开始起算，原因在于此时保证债务的债权人已知或应知其保证债权受到损害，符合《民法典》第 188 条的原则。(1)在一般保证中，债权人依据生效法律文书对债务人的财产依法申请强制执行，保证债务诉讼时效的起算时间按照下列规则确定：①人民法院作出终结本次执行程序裁定，或者依照《民事诉讼法》第 257 条第 3 项、第 5 项的规定作出终结执行裁定的，自裁定送达债权人之日起开始计算；②人民法院自收到申请执行书之日起一年内未作出前项裁定的，自人民法院收到申请执行书满一年之日起开始计算，但是保证人有证据证明债务人仍有财产可供执行的除外。(2)一般保证的债权人在保证期间届满前对债务人提起诉讼或者申请仲裁，债权人举证证明存在《民法典》第 687 条第 2 款但书规定情形的，保证债务的诉讼时效自债权人知道或者应当知道该情形之日起开始计算。(《担保制度司法解释》第 28 条)

对于数人保证情形的诉讼时效问题，在《民法典》将保证债务诉讼时效期间与保证期间相互独立化、且《民法典》第 520 条又并未对诉讼时效在连带债务人之间的效力问题作出规定时，连带共同保证债务的诉讼时效，在各保证人之间究竟是采取绝对效力原则还是相对效力原则，会成为问题。依目前司法解释的规定，当依《诉讼时效司法解释》(2020 年修正)第 15 条的绝对效力原则。该条规定，“对于连带债权人中的一人发生诉讼时效中断效力的事由，应当认定对其他连带债权人也发生诉讼时效中断的效力。对于连带债务人中的一人发生诉讼时效中断效力的事由，应当认定对其他连带债务人也发生诉讼时效中断的效力”。但其合理与否，可进一步探讨。

思考｜一般保证债务诉讼时效起算点之疑问

根据《民法典》第 694 条，一般保证的诉讼时效期间，“从保证人拒绝承担保证责任的权利消灭之日起”，而不是原《担保法司法解释》第 34 条规定的“从判决或仲裁裁决生效之日起计算”。因一般保证中，未经强制执行而不能清偿，保证人有权拒绝承担保证责任(《民法典》第 687 条的检索抗辩权)，从判决或仲裁裁决生效之日起计算保证诉讼时效对于债权人来说并不合理，《民法典》的这一修改似乎合理。有释义书也认为，保证人拒绝承担保证责任的权利消灭之日的时点应为“一般保证人先诉抗辩权消灭的时间点”。[76]

但是，保证人拒绝承担保证责任的权利各式各样，并不限于检索抗辩权。即使以抗辩权为例，就有如下各种情形。检索抗辩权消灭的时间点为债权人就债务人的财产依法强制执行仍不能履行债务之时，通常表现为执行程序终结之时；保证人行使债务人的抗辩权时(《民法典》第 701 条)，则是此等抗辩权条件不再符合之时。在这些情形中，就可能存在保证债务诉讼时效起算时间不合理的问题。以检索抗辩权为例，若债权人不申请执行，只要执行时效不经过，保证人主张检索抗辩权的权利一直存在，进而可能会形成“执行时效 + 保证时效”的超长期间

---

〔76〕 徐涤宇、张家勇主编：《〈中华人民共和国民法典〉评注》(精要版)，中国人民大学出版社 2022 年版，第 751 页；杨代雄主编：《袖珍民法典评注》，中国民主法制出版社 2022 年版，第 659 页；王轶等：《中国民法典释评：合同编 · 典型合同》(上卷)，中国人民大学出版社 2020 年版，第 307 页；最高人民法院民法典贯彻实施工作领导小组主编：《中华人民共和国民法典合同编理解与适用(二)》，人民法院出版社 2020 年版，第 1358 页。

拘束;即使执行时效经过,此时若被执行人(债务人)不抗辩,保证人的检索抗辩权仍然存在,会形成“吊诡”的现象——对保证人来说,无法主张保证债务诉讼时效,而只能依《民法典》第701条,保证人援引债务人之抗辩拒绝承担保证责任,但要证明执行时效之经过,较之证明自身关涉其中的保证债务诉讼时效期间经过,对保证人来说相对更为困难。不仅如此,即使是检索抗辩权消灭本身,依《民法典》第694条之文义,亦不能完全说明诉讼时效期间得以开始起算。原因在于,保证人得以拒绝承担保证责任的权利,并不限于检索抗辩权。例如,保证人亦可以援引债务人的抗辩权予以抗辩。有学者因此建议限缩《民法典》第694条,将其限缩为“该时点到来之前诉讼时效不能起算,且该时点到来后亦须具备其他要件诉讼时效方能起算”。[77]

不仅如此,在主合同无效或被撤销,主债务已消灭或已过诉讼时效之情形中,保证人可永久拒绝承担保证责任,其主张的权利永不消灭;此种情形中,依《民法典》第694条,保证债务诉讼时效永不届满,一般保证人只能去主张更难证明的无效、撤销等事由才得以不承担保证责任(若主张保证时效,其乃是就自身熟悉情况主张,更容易证明),徒增保证人权益维护成本。

对此,《担保制度司法解释》第28条对于依生效法律文书申请强制执行情形的一般保证保证债务时效期间的起算作出了完善,但仍然无法完全避免上述问题。毕竟该条司法解释只针对申请强制执行以及《民法典》第687条第2款但书情形,并不能解决上述所有疑问。因此,对于一般保证债务诉讼时效起算点的问题,仍可做进一步思考。学理上,有学者主张,《民法典》第694条第1款规定与诉讼时效起算的一般规则存在不合之处,也难以明确保证债务诉讼时效的起算点。对一般保证而言,保证债务诉讼时效的起算需要债权人依法向保证人主张保证责任,在债权人向保证人提出请求后,保证人予以拒绝的,即可认定债权人知道或者应当知道其保证债权受到了损害,自此可开始计算保证债务的诉讼时效。[78]

三、保证期间与诉讼时效的不同

保证期间与诉讼时效的不同主要有以下几点:(1)能否由当事人约定不同。依《民法典》第197条第2款,诉讼时效的期间、计算方法以及中止、中断的事由由法律规定,当事人约定无效。当事人对诉讼时效利益的预先放弃无效。而约定保证期间和法定保证期间并存,且以约定优先。(2)法定期限长短不同。诉讼时效期间,除非法律另有规定,原则上为3年(《民法典》第188条)。保证期间则依约定,法定保证期间则为6个月。(3)期限能否中断、中止、延长不同。保证期间不发生中止、中断和延长(《民法典》第692条);诉讼时效期间则存在中断、中止和延长。(4)起算点不同。原则上,除非法律另有规定,诉讼时效期间自权利人知道或者应当知道权利受到损害以及义务人之日起计算(《民法典》第188条)。而保证期间,则依约定保证期间与法定保证期间之不同以及一般保证抑或连带责任保证而各有不同。(5)期限届满的效果不同。债权人在保证期间内未依法行使权利的,保证责任消灭(《担保制度司法解释》第34条第2款);但诉讼时效期间届满,只是发生抗辩权,并不消灭权利本身(《民法典》第192条)。也正因如此,诉讼时效期间届满后,义务人同意履行的,不得以诉讼时效期间届满为由抗辩;义务人

〔77〕 杨巍:《〈民法典〉保证期间规则修改评释》,载《河北法学》2020年第9期。

〔78〕 王叶刚:《论一般保证中保证债务诉讼时效的起算》,载《华东政法大学学报》2021年第3期。

已经自愿履行的，不得请求返还(《民法典》第 192 条第 2 款)。但保证期间则不同，因权利已消灭，故“债权人在保证期间内未依法行使权利的，保证责任消灭。保证责任消灭后，债权人书面通知保证人要求承担保证责任，保证人在通知书上签字、盖章或者按指印，债权人请求保证人继续承担保证责任的，人民法院不予支持，但是债权人有证据证明成立了新的保证合同的除外”(《担保制度司法解释》第 34 条第 2 款)。(6)法院在查明诉讼时效期间是否届满与保证期间是否届满时所处的角色不同。关于诉讼时效期间，依《民法典》第 193 条，法院不得主动适用诉讼时效的规定。但就保证期间而言，虽然学界及以往司法实践存在分歧，但《担保制度司法解释》第 34 条则规定，“人民法院在审理保证合同纠纷案件时，应当将保证期间是否届满、债权人是否在保证期间内依法行使权利等事实作为案件基本事实予以查明”。对此，有不少观点认为，法院应依职权主动审查保证期间是否届满；[79] 或者认为，由于法律明确规定保证期间届满的后果是保证责任消灭，故人民法院应当主动审查。[80] 在司法实务中有法官对该条规定的“予以查明”的合理性，从保证期间届满的效力不同于诉讼时效届满的效力、实体公正角度、保证债务的从债务属性、自然人及小微企业作为保证人时通常不主动抗辩的国情、保证期间届满抗辩的诉讼程序问题以及绝大多数法官可能自觉或不自觉地向保证人释明的角度，作出了解释说明。[81] 或者认为，人民法院对与保证期间有关的事实进行审理时不宜采取类似诉讼时效那样的当事人抗辩主义，而应当在向当事人释明的基础上查明与保证期间有关的基本事实。[82] 但本书认为，法院应当予以查明，并不表明法院依职权适用保证期间，而不需要当事人的主张证明。保证期间经过作为权利消灭或不存在的消极事实，当事人仍负有主张、证明的责任。事实上，主张该规范合理性的司法实务观点也认为，为了回避职权主义的色彩，应当尽量回避依职权查明的表述，与依职权查明的表述相比，现在的表述更具艺术和智慧，很好地处理了中立主义与职权主义的关系，因为查明案件的基本事实既是我国法官的职权，更是我国法官的职责。[83] 也就是说，“查明”本身并不等同于“职权主义”，不等于依职权适用保证期间。

第四节　保证合同的效力

一、保证债务的范围

依《民法典》第 691 条，保证的范围包括主债权及其利息、违约金、损害赔偿金和实现债权的费用。当事人另有约定的，按照其约定。故，保证债务的范围因有限保证抑或无限保证而有

---

〔79〕 高圣平：《担保法前沿问题与判解研究(第五卷)——最高人民法院新担保制度司法解释条文释评》，人民法院出版社 2021 年版，第 244 页；程啸：《论我国〈民法典〉及其司法解释中的保证期间》，载《财经法学》2021 年第 3 期；徐涤宇、张家勇主编：《〈中华人民共和国民法典〉评注》(精要版)，中国人民大学出版社 2022 年版，第 749 页。

〔80〕 最高人民法院民法典贯彻实施工作领导小组主编：《中华人民共和国民法典合同编理解与适用(二)》，人民法院出版社 2020 年版，第 1349 页。

〔81〕 杨永清：《〈新担保司法解释〉中有关保证合同的几个问题》，载《法律适用》2021 年第 2 期。

〔82〕 最高人民法院民事审判第二庭：《民法典担保制度司法解释理解与适用》，人民法院出版社 2021 年版，第 325 页。

〔83〕 杨永清：《〈新担保司法解释〉中有关保证合同的几个问题》，载《法律适用》2021 年第 2 期。

所不同。但保证债务的范围与强度从属于主债务,具有内容上的从属性,不得大于或者强于主债务。债权人和债务人未经保证人书面同意,协商变更主债权债务合同内容,减轻债务的,保证人仍对变更后的债务承担保证责任;加重债务的,保证人对加重的部分不承担保证责任。债权人和债务人变更主债权债务合同的履行期限,未经保证人书面同意的,保证期间不受影响(《民法典》第 695 条)。在实践当中,亦有保证债务范围的纠纷。例如,有法院判决认为,"案涉《委托贷款合同》中约定,泷洲鑫科公司发生合同约定的违约事项时,晟视资产公司可宣布合同项下贷款本息全部立即到期,并要求泷洲鑫科公司立即清偿所欠贷款本金、利息及其他相关费用。晟视资产公司与洲际油气公司签订的《保证合同》中亦约定,'晟视资产公司为实现债权而发生的所有费用'是指晟视资产公司依据主合同、本合同或其他担保合同行使任何权益、权利而发生的所有合理的费用,包括但不限于诉讼费(或仲裁费)、执行费、财产保全费、律师费、评估费、拍卖费、公告费、电讯费、差旅费等。从合同条款的内容来看,案涉《保证合同》中对于律师费的约定是对《委托贷款合同》中其他相关费用的合理性解释与补充,并未超出主合同约定范围",并进而肯定了本案争议的律师费用亦纳入保证债务的范围。[84] 从该案来看,法院实质上将"实现债权"的费用亦同样扩张到了针对保证人行使相关权利的费用。当然,从另外一个层面来说,保证合同中关于律师费的约定,究竟是保证合同自身的损害赔偿的预先约定,抑或所担保的实现主债权的费用,仍有解释的余地。其关键就在于虽然保证债务具有相对独立性,但保证合同中能否就保证债务的不履行约定违约金或损害赔偿额会存在争议。

二、保证人与债权人之间的关系

保证合同是债权人与保证人之间的合同。就债权人来说,得以依合同约定行使其权利。在主债务人不履行债务时,可以请求保证人履行保证债务即承担保证责任(《民法典》第 681 条)。权利的具体行使条件,依一般保证抑或连带责任保证的保证方式不同而不同。

(一)一般保证人的检索抗辩权

就保证人来说,保证人享有保证人特有的针对债权人的权利。保证合同具有相对独立性,作为从债务的债务人,保证人当然享有作为债务人的各种权利,如抗辩等。就一般保证的保证人而言,检索抗辩权是其重要的权利之一。一般保证的保证人在主合同纠纷未经审判或者仲裁,并就债务人财产依法强制执行仍不能履行债务前,有权拒绝向债权人承担保证责任,但是有下列情形之一的除外:(1)债务人下落不明,且无财产可供执行;(2)人民法院已经受理债务人破产案件;(3)债权人有证据证明债务人的财产不足以履行全部债务或者丧失履行债务能力;(4)保证人书面表示放弃本款规定的权利(《民法典》第 687 条第 2 款)。在一般保证中,债权人以债务人为被告提起诉讼的,人民法院应予受理。债权人未就主合同纠纷提起诉讼或者申请仲裁,仅起诉一般保证人的,人民法院应当驳回起诉。在一般保证中,债权人一并起诉债务人和保证人的,人民法院可以受理,但是在作出判决时,除有《民法典》第 687 条第 2 款但书规定的情形外,应当在判决书主文中明确,保证人仅对债务人财产依法强制执行后仍不能履行

---

〔84〕 洲际油气股份有限公司、晟视资产管理有限公司保证合同纠纷案,最高人民法院(2021)最高法民终 34 号民事判决书。

的部分承担保证责任。债权人未对债务人的财产申请保全，或者保全的债务人的财产足以清偿债务，债权人申请对一般保证人的财产进行保全的，人民法院不予准许（《担保制度司法解释》第 26 条）。当然，关于检索抗辩权的行使程序问题，学说上亦存在争议。有学说批评，因司法“父爱主义”理念导致先诉抗辩权行使程序规则严重缺失，先诉抗辩权在实践中已被异化为法院依职权适用。[85] 一般来说，从诉讼实施进程出发，可以为先诉抗辩权设计出起诉、诉讼、执行三个阶段的程序方案，以及可同时在三阶段得到适用的综合说。[86] 《民法典》及《担保制度司法解释》关于检索抗辩权的规定，在某种程度上可分别对应这些不同的阶段。具体如何设计更为合理，需结合检索抗辩权制度的目的、民事诉讼法及执行法的相关原理予以具体分析。

（二）一般保证人的责任免除抗辩

不仅如此，一般保证人对债权人亦享有提供债务人可供执行财产真实情况时的责任免除抗辩。即一般保证的保证人在主债务履行期限届满后，向债权人提供债务人可供执行财产的真实情况，债权人放弃或者怠于行使权利致使该财产不能被执行的，保证人在其提供可供执行财产的价值范围内不再承担保证责任（《民法典》第 698 条）。之所以在一般保证情形赋予一般保证人此等抗辩，主要在于一般保证的保证人仅就“不能履行”的债务承担保证责任，债权人须先就债务人财产强制执行，执行不能时始有一般保证人保证责任之承担。因此，该条是配合保证人检索抗辩权的重要条款之一，被认为是继受了日本法的结果，是检索抗辩权制度混合继受的结果。继受于德法等国的检索抗辩权是纯粹防御性的，保证人只能消极地拒绝债权人的履行请求权。反之，《民法典》第 698 条规定的则是免除保证责任，使保证人可以更为积极地采取行动，主动追求对自己有利的结果。[87] 当然，《日本民法典》在规定检索抗辩权的同时，亦规定了催告抗辩权；后者指的是债权人要求保证人承担保证责任时，保证人可以要求债权人先行催告债务人清偿。催告抗辩权与检索抗辩权，并无行使先后的要求，不行使催告抗辩权，直接行使检索抗辩权亦无妨。日本法中，检索抗辩权的行使限于主债务人财产容易执行，[88] 与我国《民法典》第 687 条规定的要件并不相同。另外值得注意的是，即使一般保证人根据《民法典》第 687 条第 2 款之规定不享有检索抗辩权，亦并不一定就不享有《民法典》第 698 条中的责任免除抗辩。例如，债权人有证据证明债务人的财产不足以履行全部债务时，一般保证人并无抗辩权。但此种情形下，主债务人仍然属于存在可供执行财产，若保证人提供了此等财产的真实情况而债权人放弃或者怠于行使权利致使该财产不能被执行的，保证人仍然得以根据《民法典》第 698 条规定免除相应的保证责任。

思考 | 保证合同能否约定单独的违约责任条款

就债权人与保证人之间的关系而言，当事人之间是否得以约定保证债务本身的违约责任，多有争议。对此，比较法上亦有对保证债务不履行时的违约金约定等作出特别规定的。例如，《日本民法典》第 447 条第 2 款规定，“保证人，得以仅就其保证债务约定违约金或损害赔偿

---

〔85〕 张海燕：《先诉抗辩权行使之程序展开》，载《现代法学》2022 年第 3 期。

〔86〕 朱禹臣：《先诉抗辩权的程序设计：一个跨法域分析视角》，载《法学家》2022 年第 5 期。

〔87〕 杨代雄主编：《袖珍民法典评注》，中国民主法制出版社 2022 年版，第 665 页。

〔88〕 潮見佳男『新債権総論Ⅱ』（信山社，2017 年）678 頁。

额”。该条款被认为是保证债务相对独立性(别个债务性)的体现之一。保证债务对主债务来说,属于另一债务,所以可仅对此发生权利关系,而且保证债务也不是对保证债务内容(被担保债权范围)的扩张,所以也不违反从属性。虽然从实际层面来说,保证人不履行债务,比主债务人不履行情形负有更重的负担,但是这并不具有否定从属性这种关系的意义。[89] 但与此不同,我国《担保制度司法解释》第3条规定,“当事人对担保责任的承担约定专门的违约责任,或者约定的担保责任范围超出债务人应当承担的责任范围,担保人主张仅在债务人应当承担的责任范围内承担责任的,人民法院应予支持。(2)担保人承担的责任超出债务人应当承担的责任范围,担保人向债务人追偿,债务人主张仅在其应当承担的责任范围内承担责任的,人民法院应予支持;担保人请求债权人返还超出部分的,人民法院依法予以支持”。从该司法解释可以看出,我国司法实践中坚持绝对的从属性原则,认为保证合同中的保证债务不履行时违约责任的约定亦违反从属性原则。[90] 其主旨在于,担保责任本质上系担保人替债务人承担责任,担保人承担担保责任后可以向债务人追偿。如果担保人承担的责任范围大于债务人所应承担责任的范围,或者针对担保责任约定专门的违约责任,那么担保人承担责任后,超出部分将无法向债务人追偿,从而违反担保的从属性。[91] 对此,亦有观点认为,《担保制度司法解释》第3条是没有厘清法律关系、错用担保从属性的表现。主要理由如下:为确保担保债务的切实履行,对不履行担保债务的行为约定违约责任条款,它们不是直接从属于被担保债权合同,而是从属于担保合同的。担保人不履行担保债务,构成独立于主债务人违约的一个违约行为,该违约行为给债权人造成了独立于主债务人违约所致损失的另外的损失,担保人对其不当行为应当独自承担不利后果。就此来说,针对担保人不承担担保责任而约定违约责任,符合逻辑。[92] 从担保从属性角度言,其意旨在于被担保债权范围不得超过主债务人应承担之责任范围,并不包括担保合同本身的违约责任条款。担保人因担保合同自身的违约而承担的担保合同上的违约责任,乃是自己责任,并不从属于主债权,应当由自己负责,不得向主债务人追偿。当然,亦有观点从现实角度认为应细分不同的违约责任条款而判断其效力,认为如果债务人和担保人都未如约向债权人履行债务,则针对主债务不履行的违约金就会一直处于累计之中,担保人也会对该累计部分的违约金承担担保责任,如果再令担保人单独承担不履行保证债务的违约责任,便会出现双重违约责任的情形。基于此种现实考量,认定专门针对担保债务清偿而约定的违约条款无效,也未尝不可。但这也只能是特殊情况,如果是针对担保人的其他债务不履行行为约定的违约条款,仍应认可其效力。[93] 本书认为,保证合同中单独约定违约金等违约责任条款并无问题。当然,若是从保证人保护的角度言,一方面可以肯定此等条款的效力,另外一方面则可以通过违约金酌减规则等予以限制。因此,《担保制度司法解释》第3条关于担保合同违约

---

〔89〕 潮見佳男『新債権総論Ⅱ』(信山社,2017年)638頁;[日]我妻荣:《我妻荣民法讲义(Ⅳ):新订债权总论》,王燚译,中国法制出版社2008年版,第415页。

〔90〕 最高人民法院民事审判第二庭:《民法典担保制度司法解释理解与适用》,人民法院出版社2021年版,第101~104页。

〔91〕 林文学等:《〈关于适用民法典有关担保制度的解释〉的理解与适用》,载《人民司法(应用)》2021年第4期。

〔92〕 崔建远:《合同法》(第4版),北京大学出版社2021年版,第215页。

〔93〕 李昊、刘磊:《〈民法典〉保证制度的发展与争议》,载朱晓喆主编:《中外法商评论》第1卷,上海财经大学出版社2021年版,第107页。

责任条款的规定值得反思。

（三）保证人得以享有主债务人的抗辩

保证人不仅享有保证人特有的针对债权人的权利，亦可以行使基于一般债务人应享有的权利，保证人对债权人亦享有主债务人得以享有的各种抗辩，且不限于抗辩权。即使主债务人放弃抗辩，保证人仍有权向债权人主张抗辩（《民法典》第701条）。当然，就主债务人享有的抗辩，若保证人未予以行使时，应承担不利之后果。如主债务诉讼时效期间届满，保证人享有主债务人的诉讼时效抗辩权。保证人未主张该诉讼时效抗辩权，承担保证责任后向主债务人行使追偿权的，人民法院不予支持，但主债务人同意给付的情形除外（《诉讼时效司法解释》第18条）。保证人知道或者应当知道主债权诉讼时效期间届满仍然提供保证或者承担保证责任，又以诉讼时效期间届满为由拒绝承担保证责任或者请求返还财产的，人民法院不予支持；保证人承担保证责任后向债务人追偿的，人民法院不予支持，但是债务人放弃诉讼时效抗辩的除外（《担保制度司法解释》第35条）。

（四）债务人享有抵销权或撤销权情形的，保证人履行拒绝权

另外，不限于一般保证人，债务人对债权人享有抵销权或者撤销权的，保证人可以在相应范围内拒绝承担保证责任（《民法典》第702条）。[94] 一方面，债务人对债权人享有的抵销权或撤销权，并非抗辩权，故不属于《民法典》第701条规定的"抗辩"，因此有单独规定之必要。另一方面，债务人是否行使抵销权或撤销权，乃是债务人自身处分权利之情势，保证人自身并非此等权利的享有者，亦不得替代行使；但若债务人基于其自身判断不行使抵销权或撤销权，势必影响保证人担保债务范围，于保证人不利。故于此情形，赋予保证人享有履行拒绝权以平衡当事人之利益。当然，《民法典》第702条的规定，亦可以防止主债权债务人恶意拉保证人入局，以保障保证人之利益。实际上，此等履行拒绝权，亦是基于保证从属性的抗辩。当然，在比较法立法例上，亦不限于债务人对债权人享有抵销权或撤销权之情形，在发生主债务的主合同存在解除事由时，保证人亦有在相应范围内拒绝履行保证责任之可能。"主债务人对债权人享有抵销权、撤销权或解除权时，于主债务人因此等权利之行使而应免除其债务之限度内，保证人得对债权人拒绝债务之履行"（《日本民法典》第457条第3款）。[95] 对此，我国亦有学说认为，在债务人对债权人享有解除权的情形中，亦存在与债务人对债权人享有撤销权的情形相同的利益状况，可以类推适用《民法典》第702条之规定。[96] 当然，债务人的撤销权会受制于除斥期间，若债务人不行使此等权利致使撤销权消灭或者放弃此等撤销权的，此时无类推适用《民法典》第701条之可能，[97] 且亦有认为保证人此时不得再援引《民法典》第702条拒绝履行保证债务。[98] 此时是否应当对保证人利益做特别考虑以及如何对保证人的利益作出特别考

---

〔94〕 关于主债务人对债权人有抵销权时的保证人保护模式的优劣分析，参见徐同远：《主债务人对债权人有抵销权时保护保证人的两种模式及其选择》，载《南大法学》2021年第5期。

〔95〕 潮見佳男『新債権総論Ⅱ』（信山社，2017年）676頁。

〔96〕 徐涤宇、张家勇主编：《〈中华人民共和国民法典〉评注》（精要版），中国人民大学出版社2022年版，第759页。

〔97〕 谢鸿飞、朱广新主编：《民法典评注：合同编　典型合同与准合同》（第2册），中国法制出版社2020年版，第134页。

〔98〕 王轶等：《中国民法典释评：合同编·典型合同》（上卷），中国人民大学出版社2020年版，第348页；徐涤宇、张家勇主编：《〈中华人民共和国民法典〉评注》（精要版），中国人民大学出版社2022年版，第759页。

虑,有待将来学说和实务的进一步发展。

三、保证人与债务人之间的关系

保证合同在保证人与债务人之间产生的效力,因保证人与主债务人之间是否存在基础关系以及何种基础关系而有所不同,但《民法典》对此未作区分。另外,因保证债务属于从债务,除了对债权人为清偿等实现被担保债权的事由之外,就保证人所生之事由并不影响主债务,即使是连带责任保证,亦是如此。原因在于,即使是连带责任保证,保证人并非与债务人一起向债权人承担连带债务,保证债务仍处于从属性之地位,属于从债。

依《民法典》,保证人在承担保证责任后的追偿权是保证人对主债务人的最为重要的权利。对此,《民法典》第700条规定,保证人承担保证责任后,除当事人另有约定外,有权在其承担保证责任的范围内向债务人追偿,享有债权人对债务人的权利,但是不得损害债权人的利益。

(一)保证人的追偿权

关于保证人追偿权的法理基础,因当事人是否另有约定而不同。保证人接受债务人委托为保证之情形,保证人与主债务人的关系,应首先按照委托合同关系处理。此时作为受托人的保证人对作为委托人的主债务人享有费用求偿权以及特定情形的损害赔偿(《民法典》第921条、第930条),亦不排除特定情形的报酬请求权(《民法典》第928条)。此时可依《民法典》第700条"当事人另有约定"处理即可,尊重当事人之间的契约安排,并不一定非依追偿权处理。不存在委托等基础关系时,保证人提供保证并承担保证责任,可能构成无因管理,进而依无因管理的费用偿还等予以处理亦可得出相应的追偿权;就主债务人的视角而言,因保证人承担保证责任致使其责任财产应予减少而未减少获有利益,对保证人来说亦有可能构成不当得利返还请求权。但无论是无因管理还是不当得利构成,返还的范围均受相应规则的限制,对保证人存有不利。《民法典》第700条直接规定追偿权,亦可认为已以特别规定的方式肯定了法定的追偿权(法定构成),而无须借助无因管理或不当得利构成。依法定构成,其得以追偿的范围亦较为明确,即限于"承担保证责任的范围内"。当然,保证人的追偿权并非必然存在,若保证人以赠与的意思提供保证且债务人接受的,得以构成赠与合同,此时属于"当事人另有约定",并不存在追偿权。也正是因为如此,《民法典》第700条"当事人另有约定"也旨在提醒判断是否具有追偿权时应注意保证人与主债务人基础关系的存在与否及该基础关系的性质。通常来说,保证人的追偿权,应具备以下要件:(1)保证人向债权人履行了保证债务;(2)因保证人的履行而使债务人免责;(3)保证人履行保证债务无过错;(4)不存在排除追偿权的当事人约定。

(二)保证人享有债权人对债务人的权利

因承担保证责任,保证人"享有债权人对债务人的权利"。如前所述,该权利包括从权利等。之所以享有此等权利,在于保证人承担保证责任具有清偿代位的属性,可参照适用《民法典》第524条的"第三人代为履行"后的法定债权移转。但值得注意的是,"享有债权人对债务人的权利"这一表述,与连带债务中追偿情形的"相应地享有债权人的权利"的表述并不相同,是否刻意作出区分,仍有待进一步探讨。但不管如何,"享有债权人对债务人的权利",为数个保证人之间的求偿、混合担保情形的求偿等,提供了一定的解释空间。[99]

(三)保证人对债务人行使权利不得损害债权人利益

无论是追偿权的行使,还是"债权人对债务人权利"的行使,均不得损害债权人之利益。所谓的"不得损害债权人的利益",原则上与《民法典》第519条可做类似理解。例如,清偿了部分债务但并没有消灭全部债务时,就会出现债权人对主债务人的权利或对从权利的权利、与保证人追偿权或保证人享有的"债权人对债务人的权利"之间的权利冲突问题,这如何处理,会是一个比较复杂的难题。保证人清偿后取得的追偿权、债权人权利或地位,并不能损害债权人之权利,因此其权利劣后于债权人的权利。例如,保证人之一清偿了超过自己份额的部分债务,债权人的债权并未全部得到满足;此时,若被追偿的债务人自己或其他担保人之一提供了物的担保,债权人享有抵押权,因该保证人"享有债权人对债务人的权利",也因此享有作为从权利的抵押权。但若该抵押权实现时的价值,不足以清偿全部债务时,根据"不得损害债权人利益"的规则,尚未得到完全清偿的债权人优先,而不是按照债权人与保证人对债务人享有的权利比例予以分配;在这里,债权之间并不具有平等性。当然,就第三人提供担保之情形,因混合共同担保情形的追偿权争议的存在,如何判断"不得损害债权人利益"会有不同的构成。

(四)保证人追偿权与保证人享有的"债权人对债务人权利"之间的关系

就保证人追偿权与保证人享有的"债权人对债务人权利"之间的关系而言,可以认为保证人享有的"债权人对债务人权利"构成了"保证人追偿权"的"担保"。也就是说,"债权人对债务人的权利"乃是为了"债权人追偿权"之目的而存在。若根据基础关系保证人本身并无追偿权,则该"债权人对债务人权利"并无意义。

(五)保证人与主债务人之间的其他关系

保证人与主债务人之间的关系,还会涉及《民法典》总则编规定的"第三人欺诈""重大误解"等意思表示瑕疵制度的适用问题。若主债务人实施欺诈行为,使保证人在违背真实意思的情况下与债权人签订了保证合同,债权人知道或者应当知道该欺诈行为的,保证人有权请求人民法院或者仲裁机构予以撤销(《民法典》第149条)。但对于重大误解撤销制度的适用,应当慎重;保证本身就是为了增加债务人"清偿能力"的担保,是为了保障债务得到履行,本身就存在债务人不履行或不能履行的可能性,债权人也正是基于这一点才会通过保证来强化债权的保障。因此,保证人对债务人的信用能力等存在误解而与债权人缔结保证合同之情形,并不能构成重大误解撤销的事由。

四、主债权转让、主债务承担与保证

(一)主债权转让与保证

债权让与,当依《民法典》合同编通则第六章债权让与规则处理。依《民法典》第547条,债权让与情形,从权利转移。附有保证之债权,其让与亦当如此。主债权虽然发生让与,但要对主债务人产生效力,需通知债务人(《民法典》第546条)。有疑问的是,主债权发生让与后,依《民法典》第547条发生移转的从权利对应的从债务,是否也需要通知从债务人才对从债务人

[99] 周江洪:《民法典合同编的制度变迁》,载《地方立法研究》2020年第5期。

产生效力。对此,《民法典》合同编保证合同章要求通知保证人,即债权人转让全部或者部分债权,未通知保证人的,该转让对保证人不发生效力(《民法典》第 696 条第 1 款)。此处的“不发生效力”,文义上似乎是主债权转让对保证人不发生效力。但是,保证人并不因其与债权人之间存在保证合同,就对主债权享有权利;主债权让与,与保证人之间,不管通知与否均无“发生效力”之说。因此,要使该条款具有法律意义,其只能从主债和从债的关系角度入手。从保证人角度言,“不发生效力”指的是,主债权让与后,受让人虽然亦依《民法典》第 547 条第 1 款取得从权利,但受让人不得以“从随主”的原则向保证人主张保证责任。值得注意的是,关于物的担保,《民法典》并未如同保证领域一样作出规定要求通知抵押人或质押人,而仅依《民法典》第 547 条处理,受让人取得从权利不因该从权利未办理转移登记手续或者未转移占有而受到影响。而且,《民法典》第 407 条也明确规定,“债权转让的,担保该债权的抵押权一并转让,但是法律另有规定或者当事人另有约定的除外”。此处亦并未要求通知抵押人。但从当事人之间的利益关系言,抵押人,特别是第三人提供担保时的物上保证人,与保证所处地位相同,亦存在因未受通知而遭受损害之危险。因此,为弥补《民法典》第 407 条之规范漏洞,可以将保证情形的规则类推适用于物的担保,债权让与未通知抵押人的,对抵押人不生效力。〔100〕 实际上,保证合同领域规则与物的担保领域规则的协同问题,不仅在债权让与领域存在,亦可能存在于其他领域,此处只是以债权让与为例作一简单说明。

不仅如此,依《民法典》第 545 条第 2 款,根据金钱之债与否,禁止债权让与的特约面临能否对抗第三人或善意第三人的问题。若将保证人视为主债权让与情形的第三人,将会陷入逻辑解释问题:若债权让与禁止特约得以对抗作为保证人的第三人,则意味着该债权对保证人来说不得转让;若不得对抗作为保证人的第三人,意味着对保证人来说,即使主债权存在禁止让与的约定,仍然得以让与且对保证人产生效力,反而意味着作为第三人的保证人权益可能受损。此等解释,与《民法典》第 545 条通过保护第三人来促进债权让与的旨趣不符。从这个角度言,《民法典》第 545 条第 2 款中的第三人并不包括保证人。

但问题在于,《民法典》第 696 条第 2 款规定的是保证人与债权人就“债权人与债务人”的债权(并非保证债务相对应的保证债权)作出禁止转让的约定,对于作为债权受让人的第三人来说,此等约定的效力如何? 对此,《民法典》第 696 条第 2 款只是规定了未经保证人书面同意,保证人不再承担保证责任,并未规定对抗与否及第三人善意与否的问题,排除了《民法典》第 545 条第 2 款的规则。也就是说,《民法典》第 545 条第 2 款只规范“债权人与债务人”作为当事人时的“当事人约定禁止债权转让”的情形。保证人与债权人之间的债权让与禁止特约,只是保证人事先保护自己的措施,对于未经其书面同意的转让,保证人对受让人不再承担保证责任。当然,债权人与保证人关于主债权禁止转让的约定,并不会影响受让人对主债权的取得,只不过未经保证人书面同意,无法依“从随主”原则取得作为从权利的保证债权。

(二)债务承担与保证

债务承担情形,特别是免责的债务承担,债务人发生变化,债务人信用能力的变化对保证人是否会承担保证责任以及保证责任承担后的追偿权能否实现,都会有利益影响。因此,《民

〔100〕 谢鸿飞、朱广新主编:《民法典评注:合同编　典型合同与准合同》(第 2 册),中国法制出版社 2020 年版,第 106 页。

法典》第697条第1款明确规定,于此情形未经保证人书面同意保证人不再承担保证责任。而对于并存的债务承担,原债务人并未退出债的关系,对保证人通常无不利影响,因此不影响保证人的保证责任。也就是说,"债权人未经保证人书面同意,允许债务人转移全部或者部分债务,保证人对未经其同意转移的债务不再承担保证责任,但是债权人和保证人另有约定的除外。第三人加入债务的,保证人的保证责任不受影响"(《民法典》第697条)。当然,此处的"保证责任不受影响",并不是说保证人不受任何影响,只是表明保证人不能以此为由不承担保证责任。在第三人加入主债务之情形,就一般保证而言,应就债务人和加入债务的第三人的财产强制执行仍不能清偿时,保证人才承担保证责任;而在连带责任保证时,则是主债务人和加入债务的第三人均不履行债务时,始有保证责任的承担。故,在某种程度上而言,第三人加入债务情形,保证人的责任实际上是减轻了,并不是不受影响。

(三)债权债务法定转移与保证

值得注意的是,《民法典》第696条、第697条的规则是否同样适用于法定债权移转或法定的债务承担,亦是问题之一。《民法典》编纂过程中,草案曾规定法定的债务承担并不需要保证人书面同意,但最后并未纳入《民法典》。《民法典》第697条的立法目的在于防止主债务当事人通过合意转让债务损害保证人利益,学理上也多认为《民法典》第697条的"允许"的表述表明,此时只适用于合意的债务承担,而不适用于法定的债务承担。通常来说,法定债务承担及法定债权移转是否均适用这两条规定,当依引起法定移转的具体原因,结合相应的规范目的予以分析,不能一概而论得以适用。通常来说,保证期间内主债务根据法定原因移转的,如《民法典》第67条规定的法人分立合并等,保证人仍应承担保证责任。[101]

五、数人保证情形的特殊效力

《民法典》第699条规定了数人保证。数人保证情形,除了前述保证人与债权人之间、保证人与债务人之间的关系以外,还会涉及数个保证人之间的相互关系问题。学理和实务上的难点争点主要集中在保证人相互之间的追偿权及就保证人之一发生事由的涉他效力问题。对此,《民法典》与《担保制度司法解释》亦有所规定。

(一)保证人相互之间的追偿权

数人保证之情形,保证人相互之间是否具有追偿权,自原《担保法》、原《担保法司法解释》及原《物权法》以来,学说争议、实践分歧一直存在。《民法典》的颁布,亦并未消除这一争议。若将保证人之间的追偿权扩展至混合共同担保领域,既涉及人的担保,又涉及物的担保,关涉物权编担保物权与合同编保证合同之间的联动问题,其争议更是复杂。[102] 对此,《民法典》第700条为保证人之间的追偿提供了可能,但《担保制度司法解释》将其限定在非常有限的范围之内。

---

〔101〕 王轶等:《中国民法典释评:合同编·典型合同》(上卷),中国人民大学出版社2020年版,第325页。

〔102〕 关于学理纷争与实践分歧,可参见叶名怡:《混合担保中担保人之间的追偿权及其范围》,载周江洪、陆青、章程主编:《民法判例百选》,法律出版社2020年版,第201页;耿林:《混合共同担保求偿权》,载周江洪、陆青、章程主编:《民法判例百选》,法律出版社2020年版,第206页;周江洪主编:《合同法案例研习》,法律出版社2019年版,第129~160页。

1.《民法典》第 700 条与保证人追偿权

虽然《民法典》第 699 条未规定数个保证人之间能否追偿的问题,但《民法典》第 700 条规定,“保证人承担保证责任后,除当事人另有约定外,有权在其承担保证责任的范围内向债务人追偿,享有债权人对债务人的权利,但是不得损害债权人的利益”。因保证人“享有债权人对债务人的权利”,文义上构成法定债权移转,只不过所移转的债权在“保证人得以向债务人追偿”的范围内存在。若是债权发生移转,则依《民法典》第 547 条,此时除非该从权利专属于原债权人,从权利亦发生移转。也就是说,债权人对其他保证人享有的权利,亦随之发生移转。实际上,数人保证情形,保证人与债务人之间的关系上而言,保证人因其清偿而取得了对主债务人的追偿权,同时依法定移转而取得原债权人之债权,以担保追偿权之实现;因该法定移转,原债权上的担保亦随之移转;此时该保证人似乎因此而取得对其他保证人之权利。但与此同时,承担债务的保证人能否向其他保证人求偿,尚需依保证人之间的关系而定。因清偿代位引起的法定移转带来的追偿可能性与保证人之间相互关系决定的追偿权存否之间就会出现矛盾。例如,保证人之间为按份保证之情形,保证人就各自份额承担保证责任,保证人内部关系上相互之间并无追偿之可能;但在清偿代位引起的法定移转上却会带来追偿可能性。对此,有比较法立法例亦有对两者作出了协调,认为只是在对其他保证人得以求偿的范围之内,保证人才得以代位原债权人实现原债权人的人保和物保(《日本民法典》第 501 条第 2 款)。[103] 也就是说,若保证人之一对其他保证人并无追偿权可言,此等因清偿代位引起的债权人地位对于保证人对其他保证人的关系上并无实质性意义。若是严格遵循此等理据,则《民法典》第 700 条规定的“享有债权人对债务人的权利”,仅仅是为保证人向其他保证人追偿提供了一种可能性,但并不能据此得出必然存在相互之间的追偿权。但与此同时,亦不能因此就否定保证人之间相互的追偿权。例如,若数个保证人之间构成所谓的“连带共同保证”,保证人之间的关系当可以参照适用《民法典》第 519 条之规定,亦可推出连带共同保证的保证人得以就超出自己保证份额部分在其他连带共同保证人未履行之份额范围内追偿。据此亦不能完全否定保证人之间相互的追偿权。

与此不同,《民法典》物权编第 392 条规定,“被担保的债权既有物的担保又有人的担保的,债务人不履行到期债务或者发生当事人约定的实现担保物权的情形,债权人应当按照约定实现债权;没有约定或者约定不明确,债务人自己提供物的担保的,债权人应当先就该物的担保实现债权;第三人提供物的担保的,债权人可以就物的担保实现债权,也可以请求保证人承担保证责任。提供担保的第三人承担担保责任后,有权向债务人追偿”。也就是说,第 392 条只是规定了对债务人进行追偿,并未如第 700 条一样规定“享有债权人对债务人的权利”,被认为在立法原意上否定担保人相互之间的追偿权。第 392 条规定,一方面似乎可用以否定担保人相互之间的追偿,但另一方面则恰恰说明第 700 条“享有债权人对债务人的权利”旨在表明其与第 392 条不同,在第 700 条的情境下则承认保证人之间相互追偿的可能性。但如此解释,又势必面临无法解释物上保证人与保证人具有不少共同之处却依第 392 条无法享有担保人之间相互的追偿权。实际上,《民法典》第 392 条未作规定,并不表明其否定了追偿权,而是认为是

〔103〕 潮見佳男『新債権総論Ⅱ』(信山社,2017 年)734 頁。

否具有追偿权应依担保人之间各自的关系具体判断,无法统一规定而已。而《民法典》第700条亦只是表明了具有清偿代位之可能,也并不能得出必然存在相互之间的追偿权的结论,因为其能否得以追偿还会受到保证人之间相互关系的限制。例如,即使是连带共同保证,若保证人之间约定了内部份额,就份额为零的保证人,其他保证人并不能进行追偿,即使存在法定债权移转。

2. 保证人追偿权的学说分歧

面对上述难题,存在各种观点。有学说以《民法典》第700条为依据认为《民法典》承认了混合共同担保人相互间享有追偿权的观点是不成立的;认为债权的法定移转,亦存在保证人承受债权人对主债务人的债权之说和取代债权人法律地位之说的分别,而《民法典》第700条恰恰采纳了前一学说。该学说还认为,因担保人之一承担担保责任,其发生债的消灭结果,从属于该债权的担保亦告消灭,不会发生向其他担保人的追偿。不仅如此,若允许追偿,会发生多轮追偿而徒增交易成本、搅动法律秩序的问题。[104] 亦有学说认为,从理论上应支持能够求偿,但我国立法和学理最近的通说采取否定说。[105] 但亦有学者明确主张《民法典》第700条构成了保证人内部追偿权的法律依据,认为保证人"有权向债务人追偿"包含双重追偿权,即保证人对债务人之追偿权和保证人之内部追偿权;后者在数额上以各担保人应分担的内部责任份额为限。[106] 亦有释义书主张,否定担保人相互之间的追偿权是否合理,本质上系法政策选择问题,但基于体系解释和立法解释,立法者否定了共同保证人之间相互的追偿权。[107] 另有释义书将其做类型化区分,认为多个保证人之间有无相互追偿权应与混合共同担保做体系化解释,人保中的多个保证人之间也不应该有追偿权,除非当事人有特别约定。若多个保证人之间明确约定为连带共同保证,则参照第519条保证人之间相互有追偿权;若是第699条第2分句情形的"不真正连带共同保证",相互之间没有意思联络的情况下,保证人之间相互追偿缺乏法律上的请求权基础。[108] 与此类似,也有观点认为,共同担保人之间的追偿权问题,在《民法典》的背景下实际上演变成共同担保是否构成《民法典》规定的连带责任或者连带债务的问题,除担保人之间就追偿问题另有约定外,仅在构成连带共同担保时,担保人之间才有相互追偿权。[109] 但亦有学者认为,按份共同保证与连带共同保证的不同之一就在于对其他保证人能否享有追偿权不同。在连带共同保证中,债权人有权请求全部或者部分保证人承担全部保证责任,如果部分保证人承担了全部保证责任,则其有权要求其他保证人承担相应份额。[110] 相关释义书也认为,《民法典》第700条规定的"享有债权人对债务人的权利"乃是"清偿承受权",若不承认保证人之间的相互追偿权,其与保证人对债务人的求偿权并无二致,无须对此作出规定,并以此

---

〔104〕 崔建远:《物权法》(第5版),中国人民大学出版社2021年版,第428页;崔建远:《混合共同担保人相互间无追偿权论》,载《法学研究》2020年第1期;崔建远:《补论混合共同担保人相互间不享有追偿权》,载《清华法学》2021年第1期。

〔105〕 李永军:《合同法》(第6版),中国人民大学出版社2021年版,第326页。

〔106〕 贺剑:《担保人内部追偿权之向死而生——一个法律和经济分析》,载《中外法学》2021年第1期。

〔107〕 谢鸿飞、朱广新主编:《民法典评注:合同编 典型合同与准合同》(第2册),中国法制出版社2020年版,第119页。

〔108〕 黄薇主编:《中华人民共和国民法典解读:合同编》(上册),中国法制出版社2020年版,第780页。

〔109〕 吴光荣:《共同担保人之间的追偿问题——以共同担保的再类型化为中心》,载《法律适用》2021年第3期。

〔110〕 王利明:《合同法》(下册),中国人民大学出版社2021年版,第93页;王利明:《我国〈民法典〉保证合同新规则释评及适用要旨》,载《政治与法律》2020年第12期。

为由认为亦享有债权人对其他担保人的从权利。[111] 也有学者认为应协调《民法典》第700条与《民法典》第392条之间的关系，认为《民法典》第392条虽未规定共同担保人享有相互追偿权，但《民法典》第700条规定保证人对债务人追偿时，债权人对债务人的权利法定移转于保证人。结合《民法典》第700条与第547条、第468条，可以得出保证人对其他担保人享有追偿权之解释结论。《民法典》第700条可以类推适用于物上担保人对保证人及其他物上担保人的追偿。共同保证构成连带债务，可以适用《民法典》第519条之连带债务追偿规则。其他共同担保情形即便不构成连带债务，亦构成类似于连带债务的连带担保关系，可以类推适用《民法典》第519条。就《民法典》第700条与第519条的关系而论，共同担保人相互间的法定原始追偿权适用第519条，债权人对其他担保人的担保权利法定移转适用第700条，但担保权利法定移转的范围受第519条第1款及第2款第1句前半句的限制。最高人民法院《担保制度司法解释》的部分规定违背《民法典》上述规范体系，在方法论与价值论层面上需要检讨。[112] 当然，该学说的立论基础在于，一旦发生债权的法定移转即取得原债权人的地位，进而享有相应的担保权利。但该学说也同时注意到，此种追偿权最大的问题在于追偿范围。保证人向债权人清偿了全部债务的，法定取得债权人对债务人的全部债权以及对抵押人之抵押物的抵押权等，保证人据此是否有权通过实现该抵押权受偿全部债权，不无疑问。鉴于保证人与其他担保人在相互关系中应当处于同一责任位阶，没有任何一个担保人需要承担终局责任，所以理应由各担保人分担责任。保证人对其他担保人的追偿权应受其依据《民法典》第519条享有的法定原始追偿权之追偿范围的限制。[113] 该观点一方面承认相互之间的追偿权源于法定债权移转，另一方面又通过保证人之间的内部份额来限缩其追偿权范围，其最终效果上与前述日本法立法例具有共通之处。此外，有观点认为，至少在共同保证场合，即使数个保证人之间未作连带共同保证或者相互之间享有追偿权的约定，只要其符合《民法典》第699条后半句规定的情形，结合《民法典》第518条第1款后半句，也应当认定保证人之间构成连带共同保证，并承认保证人之间的追偿权。[114]

3. 肯定个别情形追偿权的司法解释

从司法实践来说，虽然在《民法典》颁布前的不少判决中分歧较大，但最高人民法院试图统一其解释论。最高人民法院《全国法院民商事审判工作会议纪要》（法〔2019〕254号）第56条明确否定了担保人之间的相互追偿，除非在担保合同中约定了可以相互追偿。[115]《担保制度司法解释》第13条则试图体系性地解释保证与担保物权，虽然总体上持否定性意见，但肯定了个别情形的追偿和分担。（1）同一债务有两个以上第三人提供担保，担保人之间约定相互追偿

---

〔111〕 王轶等：《中国民法典释评：合同编·典型合同》（上卷），中国人民大学出版社2020年版，第339页。

〔112〕 杨代雄：《〈民法典〉共同担保人相互追偿权解释论》，载《法学》2021年第5期。

〔113〕 杨代雄主编：《袖珍民法典评注》，中国民主法制出版社2022年版，第670页。

〔114〕 李昊、刘磊：《〈民法典〉保证制度的发展与争议》，载朱晓喆主编：《中外法商评论》第1卷，上海财经大学出版社2021年版，第116页。

〔115〕 该纪要出台于《民法典》颁布之前。该纪要指出，“被担保的债权既有保证又有第三人提供的物的担保的，担保法司法解释第38条明确规定，承担了担保责任的担保人可以要求其他担保人清偿其应当分担的份额。但《物权法》第176条并未作出类似规定，根据《物权法》第178条关于‘担保法与本法的规定不一致的，适用本法’的规定，承担了担保责任的担保人向其他担保人追偿的，人民法院不予支持，但担保人在担保合同中约定可以相互追偿的除外”。

及分担份额，承担了担保责任的担保人请求其他担保人按照约定分担份额的，人民法院应予支持；担保人之间约定承担连带共同担保，或者约定相互追偿但是未约定分担份额的，各担保人按照比例分担向债务人不能追偿的部分。(2)同一债务有两个以上第三人提供担保，担保人之间未对相互追偿作出约定且未约定承担连带共同担保，但是各担保人在同一份合同书上签字、盖章或者按指印，承担了担保责任的担保人请求其他担保人按照比例分担向债务人不能追偿部分的，人民法院应予支持。(3)除前两款规定的情形外，承担了担保责任的担保人请求其他担保人分担向债务人不能追偿部分的，人民法院不予支持。

4. 清偿代位与保证人追偿权之间的关系

从未来发展来看，学说纷争和实践分歧仍会持续。但要肯定所有情形的数个保证人之间的追偿权，并不合理，如按份共同保证之情形；但若完全否定保证人之间相互的追偿权，亦不符合《民法典》第 700 条刻意规定“享有债权人对债务人的权利”的立法旨趣，亦不符合连带债务相关原理。因此，是否仅限于《担保制度司法解释》第 13 条规定情形的相互追偿权，以及得以追偿的范围如何等，仍有进一步思考和拓展之余地。从比较法上来看，《日本民法典》第 465 条明确规定了数人保证情形保证人之间的追偿权，即“数人保证之情形，其中一名保证人因主债务不可分或因各保证人有应全额清偿内容之特约，而清偿其全额或超出自己负担部分之数额时，准用第 442 条至第 444 条之规定。除前款规定之情形，互无连带之保证人，其一人清偿全额或超出自己负担部分之数额时，准用第 462 条之规定”。对于该求偿权，多认为与保证人对主债务人的求偿权互为独立，不存在主从关系，保证人既可以向主债务人求偿，也可以向其他保证人求偿。但与此同时，因保证人清偿主债务人债务而产生清偿代位，为确保保证人对主债务人的求偿权，尚会发生法定代位权。保证人因清偿代位而代位原债权人，得以享有原债权人的人保及物保。如此一来，清偿代位产生的对其他保证人的权利与《日本民法典》第 465 条的求偿权之间就会出现复杂的关系。为避免关系的复杂化，《日本民法典》第 501 条“因清偿而代位之效果”部分亦对保证人相互之间的求偿问题作出协调，即“前款规定〔116〕权利之行使，限于代位债权人者基于自己之权利而得对债务人求偿之范围内(保证人之一人对其他保证人代位债权人之情形，基于自己之权利而得对相关其他保证人求偿之范围内)，得为之”。〔117〕也就是说，保证人因承担保证责任而享有的“债权人对债务人的权利”，对其他保证人来说，也只是保证人对其他保证人得以追偿的范围之内发挥作用；保证人享有的“债权人对债务人的权利”，对保证人与主债务人之间的关系言，是在“担保”保证人对债务人的追偿权的范围内发挥作用；但对于与其他保证人之间的关系而言，则是在“担保”保证人对其他保证人的追偿权范围内发挥作用。

(二)数人保证情形的涉他效力

数人保证之情形，就保证人之一发生的事由是否会对其他保证人发生影响(涉他效力)，亦是重要的争点之一。例如，在诉讼时效、保证期间、保证债务的免除等方面，都会存在争议。依《民法典》第 699 条，数人保证之情形，保证人之间针对保证债务既可能构成按份债务的关系，亦可能构成连带债务之关系。若是按份保证债务之情形，保证人之一发生的事由对其他保证

〔116〕 该条第 1 款规定，“依前两条规定代位债权人之人，得行使作为债权之效力及担保而由其债权人享有之一切权利”。

〔117〕 潮見佳男『新債権総論Ⅱ』(信山社，2017 年)733～734 頁。

人并不产生影响。但就数人保证中的连带而言,亦会有争议。

数人保证情形的保证期间效力,亦有其特殊性。根据数人保证与一般保证或连带责任保证的不同组合,数人保证具有多种存在方式,其保证期间效力也因此较为复杂。对个别保证人的保证期间效力,依保证期间相关规则判断即可。但数人保证作为数人之债,虽说是从债,但也同样存在就某一保证人发生的事由是否对其他人产生影响的效力规则问题。《民法典》对此未作出规定,理论上连带共同保证(一般或连带责任保证均可),可类推适用《民法典》第520条连带债务的规则。但《民法典》第520条并未对与"期间"类似的时效作出规定,亦没有对除斥期间作出规定,依连带债务的一般原理,未做特别规定时,应以相对效力为原则,连带共同保证之情形本应依"相对效力规则"予以处理。对此,2020年修正的《诉讼时效司法解释》就连带债权、连带债务的诉讼时效中断,仍然维持了绝对效力原则,即"对于连带债务人中的一人发生诉讼时效中断效力的事由,应当认定对其他连带债务人也发生诉讼时效中断的效力"(《诉讼时效司法解释》第15条第2款)。[118] 但与此不同,就保证期间,《担保制度司法解释》第29条以相对效为原则,但就相互有追偿权的保证人之间则采取限制相对效原则,产生部分效力,采取了与连带债务诉讼时效不同的规则原理,即"(1)同一债务有两个以上保证人,债权人以其已经在保证期间内依法向部分保证人行使权利为由,主张已经在保证期间内向其他保证人行使权利的,人民法院不予支持。(2)同一债务有两个以上保证人,保证人之间相互有追偿权,债权人未在保证期间内依法向部分保证人行使权利,导致其他保证人在承担保证责任后丧失追偿权,其他保证人主张在其不能追偿的范围内免除保证责任的,人民法院应予支持"。也就是说,无论是有约定份额之数人保证抑或未约定份额的数人保证,即使是所谓的"共同连带保证"在内,影响保证期间是否经过的事由在数个保证人之间并不产生相互影响,持相对效力原则,但就相互有追偿权的保证人之间则采取限制相对效原则,产生部分效力。当然,关于诉讼时效中断与保证期间分别采取绝对效力与相对效力的做法,亦有学说质疑,认为保证期间亦应类推适用《诉讼时效司法解释》第15条的规定。[119]

债权人对保证人之一的保证债务免除是否对其他保证人产生效力,亦会产生争议。对此,有观点认为,债权人对部分保证人的债务免除若无使被免除的保证人免于承担内部义务或使其债权实现金额减少的明确意思,不应推定债权人通常有此意思,债权人对其他保证人的债权额不应被减少,更不应使其他保证人在全额承担保证责任后对被免除债务的保证人丧失追偿权。相反,只有当债权人的免除有上述明确意思时,才能发生免除的限制涉他效力,但该限制涉他效力对其他保证人分担利益的实现仅具有补充性,在其他保证人未切实同享免责利益而向债权人实际清偿全部债务的情形下,不应仅以防止循环追偿为由剥夺其他保证人对被免除债务的保证人的追偿权。[120] 对此,本书认为,数个保证人之间就保证债务存在连带之情形,就某一保证债务人的保证债务免除对其他保证人产生限制绝对效。此外之情形,因按照一般保

〔118〕 值得注意的是,最高人民法院《关于民法典合同编的司法解释》(公开征求意见稿)有可能就诉讼时效中断采取相对效力规则,而不是《诉讼时效司法解释》的绝对效力规则。

〔119〕 李昊、刘磊:《〈民法典〉保证制度的发展与争议》,载朱晓喆主编:《中外法商评论》第1卷,上海财经大学出版社2021年版,第129页。

〔120〕 潘运华、吴钦松:《个别免除时共同保证人间的追偿权之证成》,载《苏州大学学报(法学版)》2022年第2期。

证、连带保证与共同保证不同的组合方式，数人保证可存在连带共同一般保证、按份共同一般保证、连带共同连带保证、按份共同连带保证等多种共同保证形式。若考虑保证范围得以自由约定的问题，亦可能存在保证人就保证债务承担部分连带责任的特殊情形。因此，应根据数人保证的不同交易结构分别判断是否产生涉他效力。我国《民法典》上的"担保保存义务"应依其立法目的适度扩张解释，债权人对保证人负有不真正义务意义上的"担保保存义务"。保证债务的免除，若影响保证人追偿权、代位权实现的，同样构成"担保保存义务"之违反，并因而得以免除保证人相应的保证责任。与此同时，保证人及债权人的意思对于保证债务免除的限制绝对效具有牵制作用。考虑到债权人的意思及其保护，保证人保证债务内部分担份额以均等为原则，只有债权人知道或应当知道保证人之间定有与此不同的分担份额时才得以对抗债权人。

思考｜担保保存义务与保证债务免除[121]

债权人负有担保保存义务对保证债务的个别免除效力亦会产生影响。保证合同为单务合同，保证人负有保证债务，但债权人对于保证人原则上并不负义务。但就单务合同的性质来说，单务指的是仅一方当事人负给付义务，而并不表明另一方当事人不负担任何义务。[122] 从比较法立法例来看，有不少规定涉及债权人的"担保保存义务"。例如，《德国民法典》第776条规定，"债权人抛弃……为该债权存在之质权或对共同保证人的权利的，在保证人本可依第774条从所抛弃的权利中请求补偿的限度内，保证人免除责任。即使所抛弃的权利在保证承担后才发生，也适用前句规定"。依该条规定，如若债权人抛弃其他担保，并有损于保证人求偿，则保证人免于承担责任。[123]《日本民法典》第504条亦规定，"存在就清偿享有正当利益之人（本款中简称'代位权人'）之情形，债权人因故意或过失而丧失担保，或使之减少时，其代位权人代位时在因担保之丧失或减少而变得不能受偿还之限度内，免除其责任。其代位权人为物上保证人之情形，就自其代位权人处受让担保标的财产之第三人及其特定继承人，亦同。债权人丧失担保或使之减少者，参照交易上之社会通常观念被认为有合理理由时，不适用前款规定"。此处的担保，包括物的担保和人的担保，但不包括以债务人责任财产为对象的一般担保。[124] 作为过失评价的障碍事由，此处的"合理理由"应当结合债权人行为的合理性与法定代位权人对于代位的期待利益予以考量。[125] 若肯定保证人相互之间的追偿权和法定代位，债权人免除保证债务时若不存在"交易上之社会通常观念被认为有合理理由"，亦可能构成担保保存义务之违反，其他保证人可据此主张免除其相应的责任。当然，因《日本民法典》将债务免除修改为相对效力事由，保证债务免除并不影响其他保证人的求偿，因此也就不会存在该条的适用问

---

〔121〕 周江洪：《数人保证中保证债务免除的涉他效力问题》，载《苏州大学学报（法学版）》2022年第2期。

〔122〕 韩世远：《合同法总论》（第4版），法律出版社2018年版，第75页。

〔123〕［德］迪特尔·梅迪库斯：《德国债法分论》，杜景林、卢谌译，法律出版社2007年版，第425页；［德］汉斯－约翰希姆·慕斯拉克、［德］沃夫冈·豪：《德国民法概论》，刘志阳译，中国人民大学出版社2016年版，第396页。

〔124〕 中田裕康『債権総論』（新版）（岩波書店，2011年）362頁。

〔125〕 潮見佳男『新債権総論Ⅱ』（信山社，2017年）187頁。

题。[126] 但若就债务免除采取限制绝对效,保证债务的免除,则完全有可能构成“担保保存义务”违反。

同样地,我国《民法典》第409条、第435条在一定程度上也规定了担保权人特定的“担保保存义务”,在担保权人放弃债务人自己提供的财产担保时,其他担保人在担保权人丧失优先受偿利益的范围内免除担保责任。虽然两处规定的“其他担保人”既包括提供抵押、质押担保的第三人,也包括为债务人担保的保证人,两处的规定均旨在保护保证人等其他担保人的合法利益,[127]在一定程度上体现了债权人对“其他担保人”的“担保保存义务”,但与《德国民法典》《日本民法典》不同的是,我国《民法典》仅就债务人自身提供担保之情形规定了“担保保存义务”,而并没有就数人保证情形的数个保证人之间的关系层面规定“担保保存义务”。但从“担保保存义务”的制度目的来看,其本身主要是为了保护保证人等代位权人之期待,以免其遭受不测之损害。[128] 而之所以可能遭受不测之损害,就在于承担了保证责任的保证人或其他担保人会因债权人之行为而导致追偿或法定代位权的减损或落空。同样地,我国相关释义书也认为,“因债权人丧失优先受偿的权益而未能受偿的债权,就要由保证人来承担保证责任,这就会加大保证人的保证责任”。[129] 从这层含义上来说,即使我国《民法典》就债务人自己提供财产担保情形以外的“担保保存义务”没有作出规定,若保证人的追偿权或法定代位权会因债权人之行为而减损或落空,此时将《民法典》第409条、第435条规定的“担保保存义务”依其立法目的适度扩张并无问题。问题在于,数人保证情形保证人之间的相互追偿问题,历来是我国民法学界和实务界的争议焦点所在,已如前述。但从“担保保存义务”的视角来说,由于存在保证人之间得以相互追偿的情形,债权人就某一保证人保证债务的免除,完全有可能因造成其他保证人之权益减损而构成“担保保存义务”的违反,其他保证人因而也得以要求免除或减轻相应的保证责任。实际上,未在保证期间内主张权利而导致其他保证人丧失追偿权之情形,《担保制度司法解释》第29条第2款规定的对于其他保证人的涉他效力,与“担保保存义务”所关注的保证人对追偿或代位之期待的保护一脉相承,同样是债权人“担保保存义务”之具体体现。最高人民法院在出台该司法解释时也是从因债权人之行为而引起的追偿不能角度所做的考量。[130]

但是,并不是所有的保证债务免除均会构成“担保保存义务”的违反。《民法典》第700条明确规定保证人得以“追偿”及“享有债权人对债务人的权利”,但是“不得损害债权人的利益”。所谓的“不得损害债权人的利益”,原则上与《民法典》第519条可做类似理解。例如,清偿了部分债务,但并没有消灭全部债之情形,保证人清偿后取得的追偿权、债权人权利或地位,并不能损害债权人之权利,因此其权利劣后于债权人的权利。例如,保证人之一清偿了超过自己份额的部分债务,债权人的债权并未全部得到满足;此时,若被追偿的债务人自己或其他担

---

〔126〕 赤坂務「債権法研究報告:連帯債務」金融法務事情No.2028(2015年10月25日)37頁。

〔127〕 黄薇主编:《中华人民共和国民法典解读:物权编》,中国法制出版社2020年版,第642~643页。

〔128〕 我妻榮等『我妻・有泉コンメンタール民法——総則・物権・債権』(第6版)(日本評論社,2019年)1004頁。

〔129〕 黄薇主编:《中华人民共和国民法典解读:物权编》,中国法制出版社2020年版,第643页。

〔130〕 也就是说,考虑该后果系因债权人的行为所致,且债权人在保证期间内未向部分保证人主张权利导致其担保责任被免除的行为,本质上属于免除该保证人责任的行为,根据《民法典》第520条第2款的规定,在债权人免除该保证人债务的范围内,应当免除其他保证人的责任[参见林文学等:《〈关于适用民法典有关担保制度的解释〉的理解和适用》,载《人民司法(应用)》2021年第4期]。

保人之一提供了物的担保，债权人享有抵押权，因该保证人“享有债权人对债务人的权利”，也因此享有作为从权利的抵押权。但若该抵押权实现时的价值，不足以清偿全部债务时，根据“不得损害债权人利益”的规则，尚未得到完全清偿的债权人优先。同样地，“不得损害债权人的利益”的限定条件的存在也表明，当保证人利益与债权人利益相冲突时，原则上应首先尊重债权人之利益。基于同样的理由，在判断“担保保存义务”违反与否时，债权人行为的合理与否仍然值得考虑。若债权人的免除是为了债权回收之必要，与部分保证人进行和解等而免除部分保证债务，此时具有经济合理性，亦无侵害其他保证人权益之故意或过失，此时却因连带债务免除限制绝对效的参照适用而导致债权人利益面临遭受损害之可能。也就是说，可能会存在虽无“担保保存义务”之违反，却因连带债务规则的参照适用而导致债权人利益受损之局面。因此，从民法典体系融贯角度来说，数人保证情形，即使构成连带共同保证，保证债务的免除是否均得以参照连带债务规则而适用限制绝对效规则，将来仍有进一步商榷之可能。

第五节　无效保证及其法律效果

一、保证合同的无效

保证合同，既可能因主合同的无效而无效，亦可能因保证合同自身的原因无效。例如，《民法典》第 682 条第 1 款规定，保证合同是主债权债务合同的从合同。主债权债务合同无效的，保证合同无效，但是法律另有规定的除外。保证合同亦可能因自身原因无效，如《民法典》第 153 条规定的无效原因或者是因意思表示瑕疵被撤销而自始没有约束力。当然，保证合同的无效原则上并不影响主合同的效力。

二、无效保证情形的责任承担

通常来说，法律行为无效的，应依《民法典》第 157 条处理，即“民事法律行为无效、被撤销或者确定不发生效力后，行为人因该行为取得的财产，应当予以返还；不能返还或者没有必要返还的，应当折价补偿。有过错的一方应当赔偿对方由此所受到的损失；各方都有过错的，应当各自承担相应的责任。法律另有规定的，依照其规定”。但保证合同作为主债权债务合同的从合同，其本身并无财产之给付，而是在主债务不履行之情形始发生其补充性功能承担保证责任，其无效后的处理，与通常的法律行为似乎有别，更多的是涉及损失赔偿责任问题。对此，《民法典》第 682 条第 2 款规定，“保证合同被确认无效后，债务人、保证人、债权人有过错的，应当根据其过错各自承担相应的民事责任”。具体如何承担，《担保制度司法解释》第 17 条作出了细化，即“主合同有效而第三人提供的担保合同无效，人民法院应当区分不同情形确定担保人的赔偿责任：（一）债权人与担保人均有过错的，担保人承担的赔偿责任不应超过债务人不能清偿部分的二分之一；（二）担保人有过错而债权人无过错的，担保人对债务人不能清偿的部分承担赔偿责任；（三）债权人有过错而担保人无过错的，担保人不承担赔偿责任。主合同无效导致第三人提供的担保合同无效，担保人无过错的，不承担赔偿责任；担保人有过错的，其承担的赔偿责任不应超过债务人不能清偿部分的三分之一”。但是,需注意的是,此等“二分之一”“三分之一”等,只是赔偿责任的最高限额,并不是说债务人不能清偿部分均由保证人部分承担。除了保证人的过错因素之外,尚需要考虑保证人过错与债务人不能清偿之间的因果关系问题等确定具体的赔偿范围。例如,若因不可抗力导致债务人对债务不能清偿,此时债务人本身就不承担责任,若因保证人在保证合同缔结上的过错而承担不能清偿部分的一定比例的赔偿,并不合理。保证人的责任范围,仍然应当被限制在因缔约过失而引起的损害赔偿上。学说上,亦有对《担保制度司法解释》第 17 条持批评意见者。例如,有观点认为,在确定保证人责任范围时应区分两层法律关系,即债权人与债务人之间的财产返还与损害赔偿之债,以及债权人与保证人之间的损害赔偿之债。这两层法律关系彼此独立,应分别适用过失相抵规则,在各当事人之间合理分配责任。《担保制度司法解释》第 17 条有关保证人责任上限的规定有失合理,为避免对债权人的合法利益产生不利影响,应对这一规范的适用作目的性限缩,对于能够清楚确定各方当事人过错比重的情形,自无这一规定适用的空间。[131]

即使保证合同有效,保证人承担的保证责任亦只是补充主债务人之信用而已,并非终局责任。因此,在保证合同无效之情形承担的赔偿责任,保证人亦得以向债务人追偿。对此,《担保制度司法解释》第 18 条规定,“承担了担保责任或者赔偿责任的担保人,在其承担责任的范围内向债务人追偿的,人民法院应予支持。同一债权既有债务人自己提供的物的担保,又有第三人提供的担保,承担了担保责任或者赔偿责任的第三人,主张行使债权人对债务人享有的担保物权的,人民法院应予支持”。从保证债务的相对独立性,以及保证人对于保证合同无效的缔约过失责任性质而言,保证人承担的是因自己原因造成的损失的赔偿责任,此时能否向债务人求偿,仍有商榷之必要。《担保制度司法解释》第 18 条将保证合同有效情形承担保证责任与保证合同无效情形承担赔偿责任同样对待的做法值得反思。

三、无效保证与保证期间

即使在保证合同无效之情形,保证期间亦发挥其作用。对此,《担保制度司法解释》第 33 条规定,保证合同无效,债权人未在约定或者法定的保证期间内依法行使权利,保证人主张不承担赔偿责任的,人民法院应予支持。之所以如此规定,是因为债权人通常不会主观上认为保证合同无效或者可被撤销,否则就不会订立保证合同。因此,在债权人不知道保证合同无效或者可撤销时,如果其认为保证人应当承担保证责任,自应在保证期间内向保证人主张保证责任。相应地,债权人未在保证期间内依法向保证人主张保证责任,通常可以解释为债权人不再要求保证人承担保证责任,当然也就无意要求保证人承担赔偿责任。更为重要的是,若保证人不能受到保证期间的保护,就可能导致保证人在保证合同无效或者被撤销时的责任较之保证合同有效时更重。保证合同有效时,保证人因债权人未在保证期间内行使权利而无须承担任何责任,但在保证合同无效或者被撤销时,保证人反倒可能要承担赔偿责任,这显然不公平。[132]

---

〔131〕 王蒙:《论主合同无效时过错保证人的责任》,载《比较法研究》2021 年第 6 期。

〔132〕 林文学等:《〈关于适用民法典有关担保制度的解释〉的理解与适用》,载《人民司法(应用)》2021 年第 4 期。

拓展｜无效保证是否存在保证期间的适用[133]

保证合同不成立、无效、被撤销或者确定不发生效力后，债权人请求保证人承担赔偿责任，是否存在保证期间的适用空间，学界和司法实践中存在两种不同的观点。有学者专门梳理了学界的主张。

肯定说的主要理由有以下三点：第一，在合同无效的情形下，债权人所获得的利益不应当超过保证合同有效时所获得的利益，因此保证期间应适用于无效保证合同；第二，为平衡当事人之间的利益，避免无效保证合同的保证人因合同效力不确定而无期限地承担责任，在保证合同被认定无效的情况下，当事人仍应在保证期间内主张权利；第三，虽然保证合同被认定无效后，保证人的责任是以过错原则来确定的赔偿责任，其性质已不同于基于保证合同有效情形的保证责任，但是债权人与保证人在订立保证合同时一般不能预见到保证合同无效，因此保证期间是双方对各自权利义务行使期限的唯一合理预期，按照该期间确定双方的利益关系，符合双方的缔约本意。

否定说的主要理由在于：第一，法律未规定保证责任期间也适用于保证合同无效的情形。保证合同既已无效，保证人承担的损失赔偿责任，在性质上已不属于保证责任，而属于缔约过失责任，并不受保证期间的约束，债权人请求无效保证合同的保证人承担赔偿责任直接适用诉讼时效。第二，保证合同无效，有关保证期间的约定也应无效，保证人的“缔约本意”已无意义。第三，保证合同无效时，保证人无过错无责任，有过错才有责任，因而债权人的权利是基于保证人的过错，与保证合同有效时债权人的权利不具有可比性，保证合同有效时债权人的权利是基于当事人的意思，因此不存在债权人获得的利益超过保证合同有效时的问题。第四，保证责任期间制度现已过于复杂，若再适用于保证合同无效的情况，将使之更为复杂，衍生诸如是按一般保证还是连带责任保证确定债权人应当为行为、保证期间的起算点等问题。

对此，有观点认为，即使保证合同被认定无效，其中的清算条款和争议解决条款仍然是有效的。保证合同被认定无效之后，不是没有法律后果，只是保证人无须承担保证责任，但是保证人仍然需要根据其过错承担赔偿责任。可以将保证期间解释为清算条款的内容之一，债权人应当在保证期间内进行清算。从法政策上说，保证合同有效的情形之下，保证人承担保证责任有保证期间的限制，保证合同无效的情形之下，如保证人承担赔偿责任没有保证期间的约束，保证人承担的责任要比保证合同有效之时更重。也就是说，假设保证合同有效，没有被认定无效，但是债权人没有在保证期间内实施特定的行为，保证人不再承担保证责任；保证合同被认定无效，债权人在保证期间经过后才请求保证人承担赔偿责任，如不受保证期间的限制，保证人仍然要承担赔偿责任，将导致认定保证合同无效可能对于债权人更为有利。这种解释方案将导致利益失衡。因此，即使保证合同被认定无效，也有保证期间的适用。

但亦有反对意见认为，《担保制度司法解释》第33条的规定并不合理。理由在于：首先，从文义解释上看，《民法典》第692条第1款明确规定，保证期间是确定保证人承担保证责任的期间。保证责任是指保证人依据保证合同的约定于债务人不履行到期债务或者发生当事人约定的情形时，履行债务或者承担责任。这是当事人基于意思自治而产生的权利义务关系。然而，在合同无效或被撤销时的损害赔偿责任是由法律直接规定的，保证责任显然并不包括合同无效或被撤销

---

[133] 高圣平：《民法典上保证期间的效力及计算》，载《甘肃政法大学学报》2020年第5期。

时的损害赔偿责任。将仅仅适用于保证责任的保证期间扩张至适用于法定的损害赔偿责任,是不妥当的。其次,从保证期间制度设立的功能来看,其根本目的是维护保证人的利益,因为保证合同是单务合同、无偿合同,保证人在没有从债权人处获得任何对待给付的情形下,单方面地负有债务。为了避免保证人因此处于过分不利的地位,法律才通过规定保证人的抗辩权、追偿权以及保证期间等对之提供相应的保护。但是,在保证合同因为主合同无效而无效或者因为自身原因而无效的情形下,保证人承担赔偿责任的前提是其具有过错,而在保证人具有过错的时候,从法政策上说,并无特别的理由应当对其加以保护。最后,将保证期间解释为当事人的清算条款也并不合理。一则,保证期间既包括当事人约定的保证期间,也包括法律规定的保证期间;二则,《民法典》第 567 条规定:“合同的权利义务关系终止,不影响合同中结算和清理条款的效力。”合同无效或被撤销也不等于合同权利义务关系的终止。对于合同无效或被撤销后的民事责任问题,《民法典》第 157 条已经作出了明确的规定,不能将保证期间解释为结算和清理条款。[134]

---

〔134〕 程啸:《论我国〈民法典〉及其司法解释中的保证期间》,载《财经法学》2021 年第 3 期。

第六章 租赁合同

租赁合同属于财产利用型合同，其与借款合同等消费借贷类财产利用型合同不同，以非消耗物的使用收益为目的，无须转移标的物处分权或所有权即可使用收益。同时，与用益物权的设定亦不同，租赁合同并不设定物权，承租人对标的物只享有债权意义上的使用收益权。租赁合同是财产有偿利用类合同的典型。《民法典》第703～734条就租赁合同作出了规定。另外，因房屋租赁是重要的租赁形式之一，理解租赁合同时亦需关注2020年《城镇房屋租赁司法解释》以及住建部《商品房屋租赁管理办法》（2011）、原建设部等九部委《廉租住房保障办法》（2007）等与租赁合同规范密切相关的司法解释及部门规章。

现代民法上的"租赁"及我国《民法典》中的"租赁"与罗马法上的"租赁"不同。罗马法上的租赁（locatio conductio），指的是某人一定期间内提供包括自身或自身劳动力在内的某一物事，对方为此提供对价并得以享受契约所定的使用、劳动或劳动结果之契约。其契约原型包含了土地租赁、奴隶家畜租赁、商品运输、衣物制作修缮洗涤等，包含了各式各样的对象内容。该概念历经中世纪及近代欧洲法学的变迁，也出现了逐步分化的趋势，依据给付内容的不同，租赁（locatio conductio）被区分成各种类型。尤其是到了十七八世纪，欧洲各国形成了不同的区分类型。在荷兰和德国，物或权利的使用被纳入 locatio rei（相当于现代的租赁），劳力的直接使用被纳入 locatio operarum（相当于现代的雇佣），劳力的间接使用则被纳入 locatio operis（相当于现代的承揽），但在法国和意大利，并没有体系性地区分 locatio operarum 和 locatio operis。[1]

较之原《合同法》，《民法典》主要在以下几个方面完善了租赁合同相关的规则：（1）缓和了书面形式；（2）明确了可归责于承租人时，出租人不承担维修义务；（3）细化了转租的规定；（4）新增出租人解除合同的事由；（5）完善了"买卖不破租赁规则"，新增"承租人按照租赁合同占有期限内"的条件；（6）吸收司法解释相关规则，完善了优先购买权；（7）新增房屋租赁优先承租权规定。[2]

---

〔1〕 周江洪：《服务合同立法研究》，法律出版社2021年版，第69～70页。

〔2〕 周江洪：《民法典合同编的制度变迁》，载《地方立法研究》2020年第5期。

第一节　租赁合同概述

一、租赁合同的概念与特征

租赁合同是出租人将租赁物交付承租人使用、收益，承租人支付租金的合同（《民法典》第703条），其为有偿用益提供（移转“使用收益”）合同的典型。《民法典》将租赁的对象限为“租赁物”，以物为中心，因此也排除了人格表征的授权许可使用、知识产权的许可使用以及劳务的使用等。

租赁合同的特征主要有以下几个方面：（1）租赁合同是以使用、收益为目的的合同。这是租赁合同与转移标的物所有权的买卖的重要区别所在。（2）租赁合同是有偿合同。这是租赁合同与借用合同的区别所在。（3）租赁合同是双务合同。但需注意的是，与有息借款合同一样，并非出租人提供租赁物与承租人返还租赁物之间构成双务牵连关系，而是出租人提供标的物并容忍承租人使用收益与承租人支付租金之间构成双务牵连关系。（4）租赁合同是持续性合同。租金作为使用收益的对价，时间的持续和长度是租赁合同中重要的因素之一。（5）租赁合同是不要式合同。值得注意的是，租赁期限六个月以上的，应当采用书面形式（《民法典》第707条）。但《民法典》较之原《合同法》，进一步缓和了书面要求。若未采用书面形式，并不像原《合同法》一样直接规定视为不定期租赁；即使未采用书面形式，如果能确定租赁期限的，也不被作为不定期租赁对待。“当事人未采用书面形式，无法确定租赁期限的，视为不定期租赁”（《民法典》第707条）。《民法典》在原《合同法》基础上增加“无法确定租赁期限”的要件，即使是非书面，若得以确定租赁期限，不仅不影响合同的效力，而且仍然得以构成定期租赁，进一步放松了书面要求。当然，《民法典》第707条“视为”的用语不是十分确切，因是否得以“确定租赁期限”可通过证明得以明确，故应为“推定”，而不是“法律拟制”。另外，《民法典》第706条还就租赁合同的登记备案作出规定，即“当事人未依照法律、行政法规规定办理租赁合同登记备案手续的，不影响合同的效力”。该规定强调了登记备案的非强制性，进一步表明租赁不以特定的形式或手续为必要。该条不仅为法律效力判断依据，而且在一定程度上限制了未来通过特别法规定备案登记影响效力规则的创设。（6）租赁合同是诺成合同。双方意思表示一致即可成立租赁合同，无须交付标的物或完成特定的行为。

二、租赁合同的类型

（一）定期租赁与不定期租赁

以是否有固定期限为标准，租赁合同分为定期租赁合同和不定期租赁合同。不定期租赁，主要有以下几种情形：（1）当事人约定不定期租赁。（2）当事人对租赁期限没有约定或者约定不明确，可以协议补充；不能达成补充协议的，按照合同相关条款或者交易习惯仍不能确定的，视为不定期租赁（《民法典》第730条）。（3）当事人未采用书面形式，又无法确定租赁期限的，视为不定期租赁（《民法典》第707条）。（4）租赁期限届满，承租人继续使用租赁物，出租人没有提出异议的，原租赁合同继续有效，但是租赁期限为不定期（《民法典》第734条）。对于不定期租赁，当事人可以随时解除合同，但是应当在合理期限之前通知对方（《民法典》第563条第2款、第730条）。

（二）动产租赁与不动产租赁

以租赁的标的物为标准，租赁合同分为动产租赁合同和不动产租赁合同。间或也包含权利的租赁，如采矿权的租赁。例如，有不少法院判决就涉及采矿权租赁合同。[3] 另外，土地经营权等的租赁转让，也会涉及权利的租赁。较之动产租赁，不动产租赁会受到更多的管制。例如，不少国家对住房租赁合同进行一定的社会控制，主要有租金管制和解约限制两种模式。[4] 在一些国家，经特别立法，随着不动产租赁权的存续保障不断得到强化、租赁权让与及转租等逐步趋向缓和、租赁权自身固有的妨害排除请求权等的发展，不动产租赁权本身成为一种相对稳定的财产权，"债权物权化"的倾向日益明显。[5]

（三）使用租赁与用益租赁

依当事人租赁标的物的目的不同，可区分为使用租赁与用益租赁。前者以使用为目的，后者兼具使用和收益目的。此区分意义在于两者承租人权利不同。例如，《民法典》第720条规定："在租赁期间因占有、使用租赁物获得的收益，归承租人所有，但是当事人另有约定的除外。"从该条也可以看出，我国《民法典》同样也认可使用租赁和用益租赁的区别，租赁原则上是用益租赁，但仍然可以另行约定使用租赁。

■ 思考 | 租赁期间与收益

《民法典》第720条规定的收益归属，其前提是"租赁期间"的收益，且该收益与占有使用之间存在因果关系。若并非标的物之使用收益产生的"收益"等，并不归属于承租人。例如，承租某住宅居住，但于该住宅墙壁夹层中发现出租人祖辈留下之首饰银元若干等，并非承租人的"收益"。又如，高价转租之情形，租金之差价属于"收益"，归承租人所有。但有疑问的是，与买卖合同标的物交付后的孳息归属判断以某个"时间点"作为判断标准不同，租赁以时间持续为特点，因使用而产生收益这一结果是否在该持续时间内成为重要的观测指标，但此时会面临一些判断难题。若"收益"的产生具有时间维度，收益的原因产生在租赁期间但实际收益的产生于租赁期间之后，该如何处理？例如，庄稼成熟于租赁期届满后，林木采伐期滞后于租赁期间到来等，该如何处理？通常认为，有约定按约定，无约定，若被认为是租赁合同中的"使用"后的

---

〔3〕 陈某斗与宽甸满族自治县虎山镇老边墙村民委员会采矿权转让合同纠纷案，载《最高人民法院公报》2012年第3期。

〔4〕 许德风：《住房租赁合同的社会控制》，载《中国社会科学》2009年第3期。

〔5〕 河上正二「債権法講義[各論]29 賃貸借一般（その1）」法学セミナー第767号（2018年）80頁。有学者认为，从立法过程来看，我国原《合同法》及《民法典》均没有赋予租赁权排除力，但承租人可援用《民法典》关于占有保护的规定，行使占有的物上请求权；侵害租赁权成立损害赔偿请求权，多数说也持肯定意见[参见崔建远：《合同法》（第4版），北京大学出版社2021年版，第493～494页]；另外，我国亦有学者试图厘清"债权物权化"概念的由来，认为"所有权让与不破租赁"属于误入"债权物权化"的最典型代表，认为此时的合同地位概括承受是一种完全的债之性质的制度设计，本身并不掺杂任何物权因素。参见袁野：《"债权物权化"之范畴厘定》，载《法学研究》2022年第4期。

产出,则当视为收益,此时仍归承租人所有。但为了平衡双方之间的利益关系,存在"无因管理"说等学说,主张出租人收回标的物后的收益若归承租人所有,出租人可以请求管理之费用等。对此,可进一步思考分析。

(四)一般租赁与特殊租赁

以是否有特别法规定为标准,可分为一般租赁和特殊租赁。《海商法》对船舶租赁有特殊的规定,《房地产管理法》等对城市房屋租赁有特殊要求,这些租赁皆为特殊租赁。《矿业权纠纷司法解释》(2020 年修正)对矿业权租赁等也有一些特殊的规则。例如,该司法解释第 12 条规定,矿业权租赁、承包合同约定矿业权人仅收取租金、承包费,放弃矿山管理,不履行安全生产、生态环境修复等法定义务,不承担相应法律责任的,人民法院应依法认定合同无效。此区分意义在于,特殊租赁需要优先适用特别法的规定。例如,对于建设用地使用权租赁合同、土地承包经营权租赁合同以及企业经营租赁合同等纠纷案件的审理,首先应当适用《土地管理法》等特殊领域的法律规定。[6] 学理上,亦有不少学说对于房屋租赁等作出特别考虑。例如,有学说以权力财产理论来分析房屋租赁活动,认为权力财产理论分为权力财产行使理论和权力财产限制理论,两者共同作用于房屋租赁领域,体现为自由与安全价值之间的平衡,并能够在规范意义上调和所有权与居住权益之间的矛盾。[7]

(五)线上租赁与线下租赁

根据租赁合同的缔结是否采用线上模式进行等所做的分类。线上租赁,在说明告知义务、标的物的返还以及租赁中介(电子商务平台经营者规制)等领域会存在一些区别。

---

〔6〕 最高人民法院民法典贯彻实施工作领导小组主编:《中华人民共和国民法典合同编理解与适用(三)》,人民法院出版社 2020 年版,第 1412 页。实际上,我国相关法律规范体系中的出租、租用、租赁等,并不一定等同于《民法典》租赁合同中的"租赁"。例如,《土地管理法》第 63 条,《土地管理法实施条例》第 38 条、第 39 条、第 43 条规定,土地所有权人可以出让、出租集体经营性建设用地。在行政法规层面,对在集体土地使用权一级市场的租赁行为,采用了出租这个习惯表述。所谓的一级市场,是指土地所有权人收取租金,将土地使用权让予承租人在一定期限内占有、使用、收益的行为。二级市场是指,土地使用权人将土地使用权出租给承租人,承租人按时支付租金的行为。原《合同法》和现行《民法典》均将租赁合同作为有名合同予以规制。需要注意的是,这里调整的既包括一级市场也包括二级市场的租赁。一级市场和二级市场的主要区别是出租人对集体土地享有的权利属性,一级市场的出租人是土地所有权人,二级市场的出租人是土地使用权人。通过一级市场取得用益物权,承租人在租期内依法取得对土地的占有、使用、收益的权利,依法取得土地使用权。承租人在一级市场以出租的方式取得土地使用权后又出租的,属于二级市场上的租赁。此时一级市场上的承租人成为二级市场的出租人,二级市场承租人仅是根据租赁合同取得合同债权。参见陈小丽:《集体土地租赁案件审判疑难问题研究——〈民法典〉实施及〈土地管理法〉修订语境下》,载《法律适用》2022 年第 7 期。另外,亦有释义书明确指出,企业的租赁经营合同与《民法典》租赁合同章规定的租赁不同,《民法典》租赁合同章不适用于企业的租赁经营。参见黄薇主编:《中华人民共和国民法典解读:合同编》(下册),中国法制出版社 2020 年版,第 790 页。

〔7〕 童航:《权力财产理论:概念、意义及应用——房屋租赁合同的本质解释路径》,载《河北法学》2021 年第 2 期。

第二节　租赁合同的成立

一、租金

租金是租赁合同的必备条款。若就是否需要租金未达成合意,并不能成立租赁合同。若达成的合意为不需要租金,此时成立的是无偿的借用合同,而不是有偿的租赁合同。当然,在当事人达成合意成立合同的前提下,租金数额约定不明确的,可以适用《民法典》第510条及第511条补充租金条款。租金并非以金钱支付不可,如提供使用收益所得收获物的一部分等,亦可构成租金。但若以劳务支付租金,此时多认为成立混合合同,并非纯粹的租赁合同。

租金通常是租赁物使用收益的对价。但并不要求租金必须与使用收益价值完全相当;即使不相当,原则上不影响租赁合同的成立。不过,若租金与租赁物的使用收益价值显著地不成比例,例如,某人将百万元豪车租给朋友使用,每月仅收100元的租金,这种情况难以认定当事人之间成立典型的租赁合同关系。此种合同属于混合合同,即租赁合同与借用合同之混合,其法律适用应斟酌个案情形,考量当事人的真意进行确定。

二、出租人

出租人一般是租赁物的所有权人。若不是租赁物的所有权人,擅自将他人之物出租给第三人,若以财产所有人名义出租,可能会构成无权代理;若以自己名义出租,则可能构成"他人之物"的租赁,但并非权利变动意义上的"无处分权之处分",因此时并不存在处分行为,故不属于"无处分权之处分"问题。当然,在法律另有规定的情况下,非财产所有者可以将他人财产出租。例如,《民法典》第716条规定,承租人经出租人同意,可以将租赁物转租给第三人。又根据私法自治原则,在当事人特别授权的情况下,占有或保管他人之物者可以自己名义将财物进行出租。原则上,出租人应拥有处分标的物使用收益权能的权限;但未拥有此等处分权限,或未拥有所有权,并不妨碍作为负担行为的租赁合同本身的效力。未取得标的物处分权的买卖不妨碍买卖合同的效力(《民法典》第597条),不转移所有权而只是转移使用收益的租赁合同更应如此。租赁合同在当事人之间是否有效,与承租人能否合法占有使用收益租赁标的物之间并非等同,若承租人因出租人出租他人之物而无法占有使用收益标的物,出租人需承担违约责任(《民法典》第748条)。同样地,虽然《城市房地产管理法》第53条规定"房屋租赁,是指房屋所有权人作为出租人将其房屋出租给承租人使用,由承租人向出租人支付租金的行为",但该规定并不妨碍非所有权人出租他人房屋情形的租赁合同的效力。[8]

值得注意的是,若出现类似"多重买卖"的"多重租赁"当如何确定履行顺序?对此,《城镇房屋租赁司法解释》第5条就城镇房屋租赁作出了规定,即"出租人就同一房屋订立数份租赁

---

〔8〕 武汉欧亚达股份有限公司与湖北鸿达市场管理有限公司房屋租赁合同纠纷案,最高人民法院(2005)民一终字第33号民事判决书。

合同，在合同均有效的情况下，承租人均主张履行合同的，人民法院按照下列顺序确定履行合同的承租人：（一）已经合法占有租赁房屋的；（二）已经办理登记备案手续的；（三）合同成立在先的。不能取得租赁房屋的承租人请求解除合同、赔偿损失的，依照民法典的有关规定处理”。当然，与多重买卖情形一样，司法解释该规定妥当性亦值得进一步思考。

三、租赁物

《民法典》第703条规定租赁的是“租赁物”。但如前所述，权利也同样可以租赁。另外，企业亦可以租赁经营，如《全民所有制小型工业企业租赁经营暂行条例》第3条规定，“本条例所称租赁经营，是指在不改变企业的全民所有制性质的条件下，实行所有权与经营权的分离，国家授权单位为出租方将企业有期限地交给承租方经营，承租方向出租方交付租金并依照合同规定对企业实行自主经营的方式”。但取得专利使用权的合同为专利实施许可合同，《民法典》技术合同部分对此有专门规定，并非此处的租赁合同。另外，实践中也存在铁路专用线租赁等特殊的租赁合同。[9]

租赁物一般是非消费物。非消费物，通常不会因其使用而丧失其外在形状等。租赁物若为消费物，在承租人使用后，就无法进行租赁物的返还，这与租赁合同是不转移财产所有权合同、租赁合同终止后承租人应将租赁物返还给出租人的本质不符。消费物的“租赁”，可能构成消费借贷。当然，即使是消费物，也存在非以消耗的方式使用的可能，如租用各类名酒作为展览之用等。

至于租赁物是否必须限于物的整体，法律并不要求。实际上，物的一部分只要有使用价值，同样可以租赁，如城市出租车的外壳可以出租给他人用于广告发布，某一机器设备的零部件可以出租给他人使用，房屋所有人可以将其中的一间房子进行出租等。

四、租赁期限

（一）租赁最长年限限制

租赁期限不得超过20年。超过20年的，超过部分无效（《民法典》第705条第1款）。该期限并非最长诉讼时效期间，而是合同存续期间，不发生中断、中止、延长等问题。到期若需要继续租赁，可通过租赁期限满后的续订进行（《民法典》第705条第2款）。之所以有最长租赁年限的限制，主要基于以下理由：（1）租赁期间如果太长，在实际利害关系上就类似于处分行为。这将造成出租人的所有权虚化，同时会间接地使承租人以并没有支付所有权的成本获得了实质上的所有权，从而与租赁合同是转移物的使用收益而非所有权的本质产生矛盾。（2）若租赁期限太长，租赁物的使用价值将丧失殆尽，这不仅损害了出租人的利益，还会损害承租人的利益，因为在使用价值丧失殆尽的情况下，承租人在合同存续期间内仍要支付租金，显然对其不利。（3）若租赁期限太长，不仅容易就物的返还状态发生争议，而且一旦出现纠纷，将造成调查取证的困难，不利于纠纷的妥善解决。而且，若租赁期限过长，因长期占有某物而形成的

---

〔9〕成都力轩新时代物流有限公司诉中铁二局集团物资有限公司等公司租赁合同纠纷案，最高人民法院（2017）最高法民申2955号再审民事裁定书。

外观,其他第三人也可能形成误判其所有权归属。(4)租赁期限的限制,也考虑了当事人的通常预见能力问题。社会发展快速的社会结构中,合同当事人之间对于20年后的情况很难做出安排。若要对此作出稳定性的预期安排,法律制度框架提供了物权构成,而非合同构成来处理。(5)若对最长租赁期不加限制,还可能产生租赁权的金融化问题。通过超长期租赁可能会产生规避限购政策的行为,导致房源集中于大型中介企业,使得租赁市场金融化,不利于对普通承租人利益的保护。〔10〕

当然,关于租赁期限的最长年限限制问题,理论上来说,立法会因所处的社会发展情况、交易习惯、标的物以及出租人类型的不同出现不同的政策判断。例如,日本债法2017年的修改就将20年的最长租赁期限修改为50年(《日本民法典》第604条)。在我国,物权编中土地经营权的出租期限亦不受《民法典》第705条最长期限的限制,而应受剩余承包期的影响。原因在于,对土地经营权进行出租流转在性质上与《民法典》第705条的租赁有所不同,出租的对象是承包经营权人对其享有的部分权利的限期转让,承包期的剩余期限完全可能长于20年。〔11〕当然,亦有观点认为,二级市场的租赁合同,根据《民法典》第705条规定,租赁年限不得超过20年;超过20年的,超过部分无效。关于一级市场的租赁最高年限,对于集体土地使用权一级市场租赁的最高年限,参照同类用途的国有建设用地执行,如政府或土地主管部门同意农村集体经济组织出租集体建设用地使用权的年限为50年的,法院可认定租赁合同有效。〔12〕

另外,在个别立法例中,会对不动产的最短租赁期限作出规定,以便当事人对租赁物进行改良、发挥租赁物的最大经济效用等。我国《民法典》并未对此作出限制。另外,比较法上亦有针对特定出租人设定最长租赁限制的规则。例如,《日本民法典》第602条就针对不拥有处分权限的出租人(如失踪人的财产管理人、未定权限的概括代理人等作为出租人时),依租赁物的种类不同设定不同的最长租赁期间限制。

(二)租赁期限的更新

租赁期限的更新,既有约定更新,也有法定更新。前者如《民法典》第705条第2款规定的期限届满后的当事人续订租赁合同;后者如《民法典》第734条规定的租赁期限届满承租人继续使用而出租人没有提出异议之情形。从《民法典》第705条的表述来看,约定更新强调的是当事人之间合意续订合同,对于那些并非通过"合意"而是通过自动续订而超过最长租赁期限的,则应该持否定性评价,应受到最长租赁期限的限制。

续订合同不同于重新签订合同,而是在原租赁合同其他内容不变的情况下,延长合同的期限。续订合同也不同于合同变更意义上的期限变更合同,如果当事人在租赁期限内协议变更租赁期限,则不是合同续订而是合同期限的变更。更新后的租赁,在租金及其他方面不变,但其租赁期间则比照期间无约定处理。另外,对于之前的租赁,当事人提供了担保时,仅有押金对更新后的租赁产生效力,其他方面,如质权、抵押权、保证等,一切都归于消灭。担保之所以以消灭为原则,是考虑到对于合同当初设定的担保,不应该依据期满后的状态去推定担保人意

〔10〕 黄薇主编:《中华人民共和国民法典解读:合同编》(下册),中国法制出版社2020年版,第794页。
〔11〕 黄薇主编:《中华人民共和国民法典解读:合同编》(下册),中国法制出版社2020年版,第796页。
〔12〕 陈小丽:《集体土地租赁案件审判疑难问题研究——〈民法典〉实施及〈土地管理法〉修订语境下》,载《法律适用》2022年第7期。

思的变更。

实践当中,也有当事人事先约定前一合同到期后若满足特定条件双方就继续出租或续租,并通过合意来续订合同;或者是规定到期后当事人一方具有续订权。对此,有观点认为,对于当事人通过事前的续订条款的设计,希望借此锁定更长期限的租用预期的,应当灵活把握和判断,不宜简单地宣告合同条款无效。[13] 对于前一种类型的约定的效力,当可视为预约对待。对于后者的效力,则应当结合《民法典》第705条的制度目的予以考虑。该条规定了最长租赁期限的限制,超出最长期限的,超过部分无效。具有单方缔约权的,原租赁期限届满即可行使单方缔约权,若其导致原租赁期限超过了20年,其实质上是对租赁期限最长规制的违反,则因该单方缔约权的约定违反《民法典》第705条之立法目的,超过最长租赁期限部分应当视为无效。当然,亦有观点认为,实践中为规避租赁期限限制规定,当事人在租赁合同中约定,租赁期限为20年,到期后"自动续期20年"或无限期自动续期等,或者直接订立两份租赁期限前后衔接的租赁合同,这些约定都应当被认定为无效,即自动续期约定或后一份租赁合同无效。[14]

五、租赁合同的效力评价

租赁合同作为法律行为,其合同效力亦当依《民法典》第153条等判断。但因不动产租赁等常会涉及公共安全、有限资源的充分利用及可持续发展等,因此会受到各种管制。《城镇房屋租赁司法解释》等为此也规定了特定情形的租赁合同无效。

(一)规划许可证对城镇房屋租赁合同效力的影响

《城镇房屋租赁司法解释》第2条规定,"出租人就未取得建设工程规划许可证或者未按照建设工程规划许可证的规定建设的房屋,与承租人订立的租赁合同无效。但在一审法庭辩论终结前取得建设工程规划许可证或者经主管部门批准建设的,人民法院应当认定有效"。

(二)未经批准或未按批准建设的临时建筑的租赁

对此,《城镇房屋租赁司法解释》第3条规定,"出租人就未经批准或者未按照批准内容建设的临时建筑,与承租人订立的租赁合同无效。但在一审法庭辩论终结前经主管部门批准建设的,人民法院应当认定有效。租赁期限超过临时建筑的使用期限,超过部分无效。但在一审法庭辩论终结前经主管部门批准延长使用期限的,人民法院应当认定延长使用期限内的租赁期间有效"。

思考｜违章建筑、临时建筑租赁无效规则的反思

依上述司法解释,并非所有的违章建筑、临时建筑的租赁均无效。对此,也有不少学说主张,租赁物的违法性与租赁合同有效与否之间的关系,有必要在法律上结合具体情形去判断,租赁物的违法性本身是否与物的租用活动本身有关。如果所违反的法律规范与租用活动本身并无直接关联,而只涉及税费征缴、登记注册等方面的一般行政管理秩序,不宜轻易否定租赁合同的合法性。对于违章建筑等,也是要谨慎判断。那些在一审法庭辩论终结前没有实现前

---

〔13〕 王轶等:《中国民法典释评:合同编·典型合同》(上卷),中国人民大学出版社2020年版,第369页。

〔14〕 徐涤宇、张家勇主编:《〈中华人民共和国民法典〉评注》(精要版),中国人民大学出版社2022年版,第761~762页。

述证照合规的,如果无法实质性证明该建筑的租用危及人身财产安全,依司法解释租赁合同也被认定为无效,其主要理由是"体现严肃执法,有利于维护城镇建设规划秩序"。但这一理由和做法很可能混淆了人民法院和行政主管部门之间的职权分工,而且可能会导致不少机会主义的违约和诉讼行为。在不涉及前述安全性问题时,应当认为没有必要宣告合同无效。[15] 另有学说认为,鉴于租赁合同不转移租赁物的所有权,承租人已经实际占有、使用、收益了这些租赁房屋,应当支付租金,判决合同无效,反倒使关于租金的约定失去效力,采取何种租金的计算标准,难有坚强有力的理由,莫不如认定这些房屋租赁合同不因上述原因无效,承租人依约定支付租金,问题的解决较为顺畅。[16] 另外,从《民法典》第 724 条第 3 项规则来看,"租赁物具有违反法律、行政法规关于使用条件的强制性规定情形",非因承租人原因致使租赁物无法使用的,承租人可以解除合同。租赁合同无效的不少情形,完全可以通过解除权构成来解决,而无须采用合同效力否定的方式。例如,关于消防验收与租赁合同效力之间的关系,有法院判决认为,"案涉房屋属于国务院公安部门规定的大型的人员密集场所,未经公安机关消防机构消防验收,禁止投入使用。案涉房屋仍未通过消防验收,依法不能用于 KTV、会所经营,双方的租赁合同违反法律的强制性规定,一、二审法院据此认定租赁合同无法继续履行,合同目的不能实现,可以解除合同,并无不妥"。[17] 当然,在其他一些案例中,考虑到不动产租赁用于经营时的特殊性,从维护公共安全和社会价值角度出发,认为"司法不应支持、鼓励这种为追求经济利益而忽视公共安全的有违社会公共利益和公序良俗的行为",主张"违反行政规章一般不影响合同效力,但违反行政规章签订租赁合同,约定将经鉴定机构鉴定存在严重结构隐患,或将造成重大安全事故的应当尽快拆除的危房出租用于经营酒店,危及不特定公众人身及财产安全,属于损害社会公共利益、违背公序良俗的行为,应当依法认定租赁合同无效"。[18] 从学说和司法实践来看,若标的物违法而危及不特定公众人身财产安全的,应将此等租赁合同作无效处理;而若只是危及租赁物正常使用,而不是涉及公共利益的情形,则依合同目的不能实现时的合同解除予以处理,亦未尝不可。

(三)划拨方式取得土地上房屋的租赁

在实践中,关于此类房屋的出租多有争议。对此,《城市房地产管理法》第 56 条规定,"以营利为目的,房屋所有权人将以划拨方式取得使用权的国有土地上建成的房屋出租的,应当将租金中所含土地收益上缴国家"。此外,《城镇国有土地使用权出让和转让暂行条例》第 28 条也规定了土地使用权随同地上建筑物一起出租的情形,即"土地使用权出租是指土地使用者作为出租人将土地使用权随同地上建筑物、其他附着物租赁给承租人使用,由承租人向出租人支付租金的行为。未按土地使用权出让合同规定的期限和条件投资开发、利用土地的,土地使用权不得出租"。该条例第 44 条规定,"划拨土地使用权,除本条例第四十五条规定的情况外,不

---

〔15〕 王轶等:《中国民法典释评:合同编 · 典型合同》(上卷),中国人民大学出版社 2020 年版,第 363 页。

〔16〕 崔建远:《合同法》(第 4 版),北京大学出版社 2021 年版,第 488 页。

〔17〕 明发集团南京房地产开发有限公司诉顾某明房屋租赁合同纠纷案,最高人民法院(2017)最高法民申 3310 号民事裁定书。

〔18〕 饶某礼诉某物资供应站等房屋租赁合同纠纷案,最高人民法院指导性案例 170 号(2021 年)。

得转让、出租、抵押”,即“符合下列条件的,经市、县人民政府土地管理部门和房产管理部门批准,其划拨土地使用权和地上建筑物、其他附着物所有权人可以转让、出租、抵押:(一)土地使用者为公司、企业、其他经济组织和个人;(二)领有国有土地使用证;(三)具有地上建筑物、其他附着物合法的产权证明;(四)依照本条例第二章的规定签订土地使用权出让合同,向当地市、县人民政府补交土地使用权出让金或者以转让、出租、抵押所获收益抵交土地使用权出让金。转让、出租、抵押前款划拨土地使用权的,分别依照本条例第三章、第四章、第五章的规定办理”。从这些规定也可以看出,《城市房地产管理法》强调营利目的的出租应上缴土地收益,租赁合同效力本身并不受影响;而《城镇国有土地使用权出让和转让暂行条例》则强调除非符合法定条件,划拨土地使用权不得出租,但亦存在以出租所获利益抵交土地使用权出让金的方式。依《民法典》第 153 条的规定,违反强制性规定并不一定导致法律行为无效。目前司法实践中亦多倾向于不否定租赁合同本身的效力。另外,当事人承租国家福利政策相关住房,并非上述规定的适用范围,当然应予允许,否则公有住房租赁、廉租住房等国家福利政策就无法实施。

(四)租赁合同无效的法律后果

租赁合同无效的,适用《民法典》第 157 条,即民事法律行为无效、被撤销或者确定不发生效力后,行为人因该行为取得的财产,应当予以返还;不能返还或者没有必要返还的,应当折价补偿。有过错的一方应当赔偿对方由此所受到的损失;各方都有过错的,应当各自承担相应的责任。法律另有规定的,依照其规定。

值得注意的是,因租赁合同为持续性合同,无效后的返还问题,特别是租赁收益的返还具有其特殊性,存在《民法典》第 157 条所谓的“不能返还”的特点。为此,《城镇房屋租赁司法解释》对房屋租赁合同无效情形的处理作出了更为细致的解释。“房屋租赁合同无效,当事人请求参照合同约定的租金标准支付房屋占有使用费的,人民法院一般应予支持。当事人请求赔偿因合同无效受到的损失,人民法院依照民法典第一百五十七条和本解释第七条、第十一条、第十二条的规定处理”(《城镇房屋租赁司法解释》第 4 条)。“承租人经出租人同意装饰装修,租赁合同无效时,未形成附合的装饰装修物,出租人同意利用的,可折价归出租人所有;不同意利用的,可由承租人拆除。因拆除造成房屋毁损的,承租人应当恢复原状。已形成附合的装饰装修物,出租人同意利用的,可折价归出租人所有;不同意利用的,由双方各自按照导致合同无效的过错分担现值损失”(《城镇房屋租赁司法解释》第 7 条)。“承租人未经出租人同意装饰装修或者扩建发生的费用,由承租人负担。出租人请求承租人恢复原状或者赔偿损失的,人民法院应予支持”(《城镇房屋租赁司法解释》第 11 条)。“承租人经出租人同意扩建,但双方对扩建费用的处理没有约定的,人民法院按照下列情形分别处理:(一)办理合法建设手续的,扩建造价费用由出租人负担;(二)未办理合法建设手续的,扩建造价费用由双方按照过错分担”(《城镇房屋租赁司法解释》第 12 条)。司法解释上述规定,明显区分了占有使用费和损失。司法实践中,亦有不少案件对此作出了区分。例如,有法院判决认为,“实际占有使用租赁房屋的期间仍应当参照合同约定的租金标准支付房屋占有使用费。对于租赁房屋被查封不能使用的期间的房屋占有使用费的承担问题。租赁房屋被查封不能使用的期间的房屋占有使用费属于损失,而造成被查封的原因实质上是双方当事人签订的合同租赁物缺乏合法性,该合法性的条件缺失也是本案的合同无效的原因,上诉人与被上诉人对此均有过错,因此原审法院将合同无效的过错责任按各负50%的比例划分并以此比例由上诉人承担该期间的房屋占有使用费妥当,本院予以维持”。[19]当然,并未实际使用期间的房屋占有使用费能否被视为出租人的损失,尚有可商榷之处,但该案的实质在于,承租人应当支付占有使用费,但由于租赁物被查封而无法使用,故存在减少占有使用费的可能。即使是有效的租赁合同,因不可归责于当事人之事由而不能使用时,亦有减免租金之可能(《民法典》第729条),占有使用费之情形,亦复如此。而因双方原因形成的无法占有使用的,则依双方原因分担,这亦符合《民法典》第157条的原理。

思考｜押租金相关问题

对于押租金法律关系,原《合同法》及《民法典》均未特别规定。一般认为,押租金为附停止条件的返还债务之金钱所有权移转,出租人取得押金的所有权,在租赁关系终止、承租人返还租赁物时,如承租人有租金或其他债务不履行的情况,出租人有权扣除其金额,仅就其差额负返还责任。押租金构成了让与担保之一种,[20]但《担保制度司法解释》第68条只规定了通过折价、变卖、拍卖形式行使权利的“财产让与担保”,可予以扩张解释。

押租金的主要目的在于担保承租人债务的履行。在房屋租赁中,出租人通常对承租人的物品享有留置权,留置权作为物权担保方式,固然可担保出租人的债权,但其作用有限:其一,留置权的实行程序较为复杂,而且将承租人已经使用过的物品予以拍卖,其所得通常不多;而在押租金情形,金钱作为债务的担保则具有非常高的清偿可能性。其二,承租人较贵重的物品若未支付完分期付款,物的所有权很有可能仍保留于出卖人手中,行使留置权会面临诸多条件限制(如《担保制度司法解释》第62条)。其三,承租人若取走标的物,留置权即可能归于消灭,担保亦不复存在(《民法典》第457条)。鉴于此,出租人通常会选择以事先收取押金的方式担保其债权。

出租人发生变化时的押租金法律关系,特别是因契约地位承受引起的押租金问题,亦会有争议。虽然在司法实践中押租金问题成为双方当事人争议焦点的并不多见,但亦有不少判决对押租金的归属和返还关系作出了判断。从实践中来看,主要有以下几种处理方式:一是依原出租人是否向新所有权人转交了押租金判断押租金返还关系。若原出租人向新所有权人转交了押租金的,租期届满时,由新所有权人承受原押租金关系,或用以抵扣租金等相关费用,或予以返还;承租人不得向原出租人要求返还。若押租金仍留存于原出租人处的,则承租人向原出租人要求返还。但若在原租赁合同中明确约定所有权变动时由受让人承受全部合同权利义务的,则由新所有权人承受押租金的返还义务。二是明确肯定原出租人应当转交押租金,并由新

---

〔19〕 刘某与郑某某房屋租赁纠纷案,深圳市中级人民法院(2010)深中法民五终字第499号民事判决书。

〔20〕 亦有学说认为,在我国现行法框架下,房屋租赁押金的性质是债权质权而非让与担保,其出质权利是承租人对出租人的押金返还请求权,受担保债权是租金债权与相关损害赔偿请求权。押金返还请求权的行使时间应采“租赁物返还时说”,出租人返还押金时原则上无须返还押金利息,但超出返还期限应支付逾期利息。房屋所有权转移时转让人未将押金转付于受让人的,押金担保关系仍随租赁合同一并移转于受让人,由受让人负押金返还义务。具体参见杨巍、邓捷盈:《房屋租赁押金若干问题研究》,载《苏州大学学报(法学版)》2020年第1期。

所有权人承受押租金返还义务,即使未对押租金进行交接,亦复如此。此等司法实践表明,法院在押租金返还关系的处理上,其司法态度并不一致。[21] 理论上对此亦有争议。有学说认为,中国采取由实际收取押金的受让人负返还义务的观点,理由更为充分些;因为押金非租赁合同成立的要件,受让人难以确定其受让的租赁关系是否负有押金担保,问询让与人,也可能得到虚假的信息。[22] 但亦有观点认为,房屋租赁押金的性质是债权质权而非让与担保,其出质权利是承租人对出租人的押金返还请求权,受担保债权是租金债权与相关损害赔偿请求权。房屋所有权转移时转让人未将押金转付于受让人的,押金担保关系仍随租赁合同一并移转于受让人,由受让人负押金返还义务。[23]

本书认为,在租赁设有押租金的情况下,若出租人将租赁物转让给第三人,押租金应解释为同时转让。理由在于:押租金为出租人的担保权,与出租人的地位密切关联,既然法律规定在此情况下租赁合同对于受让人继续存在,出租人地位的"让与"恰如有担保物权的债权让与,同样有担保的移转。押租金权利并非质权,无须以押租金的转交为受让人负返还义务的要件,出租人的转交属于押租金权利移转以后的问题。即使作为质权,依《民法典》第547条,债权让与情形的担保权利的移转亦无须以转移占有或转交为前提。不仅如此,如果受让人不当然承受原出租人的返还义务,则其请求权甚为薄弱,不足以保护承租人,故应解释为受让人除经承租人同意外,必须承受押租金的返还义务,至于押租金是否已经转交给受让人,在所不问。因此,解释论上可以《民法典》第547条作为其规范基础。《民法典》第547条第2款明确规定,债权让与之情形,"受让人取得从权利不因该从权利未办理转移登记手续或者未转移占有而受到影响",租赁合同地位因"买卖不破租赁"而转移时,租赁物的新所有权人即成为出租人,享有押租金的担保权,该担保权的享有并无转移占有"押租金"之必要,其返还上,当亦不应有此要求。

第三节 租赁合同的效力

一、出租人的义务

出租人须将租赁物交付承租人使用、收益(《民法典》第703条)。令承租人得以使用收益租赁物是出租人的基本义务,且持续存在于租赁期间。[24] 围绕该基本义务,并进一步派生出用益状态保持义务及瑕疵担保义务等。无论出租人的"交付义务",还是"保持义务"等,其主要目的均是使租赁物维持在一定的状态,使承租人顺利使用收益租赁物,以实现租赁合同的目的。除上述义务外,特定情形还存在出租人的费用偿还义务。

---

〔21〕 周江洪:《买卖不破租赁规则的法律效果——以契约地位承受模式与前提》,载《法学研究》2014年第5期。

〔22〕 崔建远:《合同法》(第4版),北京大学出版社2021年版,第521页。

〔23〕 杨巍、邓捷盈:《房屋租赁押金若干问题研究》,载《苏州大学学报(法学版)》2020年第1期。

〔24〕 千葉恵美子「賃貸借契約について学ぶ(発展編)——建物の賃貸借における契約当事者の紛争事例を通じて」法学セミナー第796号(2021年)74頁。

（一）租赁物的交付义务

交付标的物给承租人，是承租人得以使用收益的前提。将标的物交付对方当事人使用、收益是决定财产利用型合同的典型特征，亦因此构成出租人的主要义务。为此，除了《民法典》第703条的定义规定，《民法典》第708条亦专门规定，“出租人应当按照约定将租赁物交付承租人，并在租赁期限内保持租赁物符合约定的用途”。租赁情形的“交付”，与作为物权变动的“交付”并不相同，并不以转移所有权为目的，而是与买卖合同中作为“给付义务”履行的“转移占有”的“交付”具有更多的相似性。从更为准确的角度言，应当是“租赁物提供义务”；出租人乃是“提供”租赁物而非“交付”租赁物归承租人使用收益。〔25〕 因此，租赁物的交付，有其特点。某些租赁物的转移占有，并非交付之后便事实上一直由承租人管领，与日常房屋租赁等典型情形并不相同。例如，广告墙面的租赁。在此租赁中，承租人往往只在租赁开始时占有墙面，并在其上制作广告作品。制作完毕后，除非在租赁期间另有修补或重作画面的需要，通常来说，除使广告画面继续存在之外，广告画面的承租人并没有对该墙面有任何积极的作为。即便如此，还是应解释为承租人在租赁期间占有该墙面，以便在第三人毁损广告画面时，承租人可以根据其占有事实，对于加害人行使占有人的物上请求权，而不需要以迂回的方式求助于出租人。

在交付租赁物的方式上，会因标的物的种类、交易习惯等而有所不同。例如，理论上，动产交付可包括现实交付与观念交付，但在租赁合同之情形，通常来说，若不进行现实交付无法使用收益。因此，除非当事人特别约定，应当对交付方式做限缩解释，认为若未对交付方式作出特别约定，应将动产的占有实际转移视为完成交付义务。而不动产的交付，如房屋租赁情形下，考虑到租赁物的交付主要为满足承租人的使用收益需要，因此应当是出租人为承租人能进行入住所应完成的相应义务，如腾房、交付钥匙等系列行为。〔26〕 但从实际生活来看，亦会存在不少简易交付之情形。例如，如果承租人在订立租赁合同之前已占有租赁物，如保管、质押、非融资租赁性质的售后回租等，并不妨碍以简易交付的方式完成租赁物的交付。因此，上述限缩解释能否成立，当依具体情形判断。但租赁物由第三人占有之情形，例如，前一租赁合同到期出租人与新的承租人签订合同之情形，似乎有指示交付之可能，由新的承租人向原承租人请求交付的方式实现。但从租赁物使用收益角度言，此种情形下即使以“返还请求”替代了“交付”，但若第三人并未移转占有，因承租人无法使用收益，难谓已完成租赁合同意义上的交付，除非租赁合同特别约定，出租人此时并未完成交付义务，而应承担违约责任。对新的承租人来说，若出租人怠于向原承租人要求返还，亦可以根据《民法典》第535条、第536条的规定行使债权人代位权。〔27〕

---

〔25〕 周江洪：《关于〈民法典合同编〉（草案）（二次审议稿）的若干修改建议》，载《法治研究》2019年第2期。

〔26〕 黄薇主编：《中华人民共和国民法典解读：合同编》（下册），中国法制出版社2020年版，第803页。

〔27〕 王轶等：《中国民法典释评：合同编·典型合同》（上卷），中国人民大学出版社2020年版，第384页。

（二）用益状态保持义务

依《民法典》第708条，出租人应当在租赁期限内保持租赁物符合约定的用途。[28] 租赁与买卖不同。出卖人通常不对标的物交付以后出现的瑕疵承担责任，但在租赁之情形，租赁合同作为持续性合同，且出租人负有使承租人得以使用收益租赁物的义务，租赁物嗣后出现的瑕疵亦会影响租赁物的使用甚至是租赁合同目的之实现，因此，承租人可请求出租人除去租赁物交付后出现的瑕疵，而不管出租人是否存在过错。用益状态保持义务亦是出租人负有使承租人得以使用收益租赁物这一基本义务派生而来。至于租赁物是否合于约定的用益状态，应斟酌承租人的用益目的、当事人所约定租赁物的应有品质、租金额度的高低、交易习惯等综合判断。在判断时，尤其应注意当事人对于用益状态明示或默示的合意。

一般而言，围绕使承租人得以使用收益租赁物这一基本义务，其派生的用益状态保持义务主要包括以下内容：（1）出租人不得无故剥夺承租人对租赁物的占有、使用与收益。（2）出租人须容忍承租人以合乎合同目的的方法使用租赁物，如出租店面供承租人营业的，应允许承租人安装必要的设备等。（3）出租人不得无故干扰承租人对租赁物合乎合同目的的使用收益。例如，不得以不合理的时间经常无故擅入已出租的公寓。（4）出租人应排除第三人对租赁物使用收益的干涉、妨碍等行为。（5）租赁物出现不符合约定的使用收益状态时，出租人负有修缮义务，此为用益状态保持义务的核心。

修缮义务，指租赁物出现不符合约定的使用收益状态时，出租人对租赁物进行修理的义务。依《民法典》第712条规定，出租人应当履行租赁物的维修义务。承租人在租赁物需要维修时可以请求出租人在合理期限内维修。出租人未履行维修义务的，承租人可以自行维修，维修费用由出租人负担。因维修租赁物影响承租人使用的，应当相应减少租金或者延长租期（《民法典》第713条第1款）。但结合《民法典》规定，承租人请求出租人实际履行修缮义务则需符合特定的要件：（1）有修缮的必要。（2）有修缮的可能（《民法典》第580条第1款）。若"修缮不能"，则根本不存在修缮义务的问题，而是属于给付不能以及租赁物灭失时出租人是否负有租赁物的"重建义务"（新造义务）的问题。（3）承租人已为修缮的通知（《民法典》第713条）。（4）租赁物需要修缮不可归责于承租人。对此，《民法典》第713条第2款规定，"因承租人的过错致使租赁物需要维修的，出租人不承担前款规定的维修义务"。（5）无例外规定或约定（《民法典》第712条）。例如，《海商法》第147条规定："在光船租赁期间，承租人负责船舶的保养、维修。"

[28] 值得注意的是，多数文献亦将《民法典》第708条视为出租人瑕疵担保义务的解释依据。参见黄薇主编：《中华人民共和国民法典解读：合同编》（下册），中国法制出版社2020年版，第803页；王利明：《合同法》（下册），中国人民大学出版社2021年版，第110页；谢鸿飞、朱广新主编：《民法典评注：合同编　典型合同与准合同》（第2册），中国法制出版社2020年版，第170页；等等。但本书认为，《民法典》第708条强调的是用益状态的保持义务，强调的是约定用途的维持，而不仅仅是瑕疵与否的问题。例如，出租人不得无故剥夺承租人的使用收益等，并非"瑕疵"所能涵盖，但得以用"用益状态维持义务"予以解释。另外，亦有文献将该义务表述为"适租保持义务"[参见徐涤宇、张家勇主编：《〈中华人民共和国民法典〉评注》（精要版），中国人民大学出版社2022年版，第763页；杨代雄主编：《袖珍民法典评注》，中国民主法制出版社2022年版，第675页；王轶等：《中国民法典释评：合同编·典型合同》（上卷），中国人民大学出版社2020年版，第391页]，其基本旨趣与本书相同。

拓展 | 租赁物维修义务的构造

当租赁物瑕疵是因可归责于承租人的事由所致时应由谁维修，中外学者均存在两种分歧的观点。肯定说认为，出租人负有维修义务。“因归责于承租人的事由而产生时，稍有问题，但应当解释为仍负担修缮义务，而出租人可以另外以承租人的保管义务违反为理由请求损害赔偿。”否定说则认为，出租人不负有维修义务。“盖以瑕疵或损害之发生，如承租人为不可归责，则承租人违反善良管理人注意义务，本身应负债务不履行责任，出租人既可终止租约，亦得请求损害赔偿，如谓承租人仍有修缮请求权，法律评价上，难免轻重失据。”在我国，《民法典》颁布之前，同样存在对立观点。有观点认为维修义务仅为消除租赁物瑕疵的义务，至于维修费用，则由造成租赁物毁损的过错一方负担，那么，只要租赁物毁损，就应由出租人负责维修，即使该毁损系由可归责于承租人的原因所致，也应如此。简言之，出租人负有维修义务，即使承租人有过错也不例外，仅于此情形由承租人承担维修费用而已。但也有学说认为，如果在因承租人的原因造成租赁物的损害时，要求出租人承担维修义务，则不仅对出租人不公平，而且容易引发道德风险，毕竟财产不在其直接掌控之下，难以判断损害究竟是如何造成的。对此，有学者认为肯定说确实有简化维修义务制度设计的优点，因为只要租赁物有维修必要性与可能性，出租人就负有维修义务，而无须根据出租人、承租人有无可归责事由来确定维修义务。不过，在可归责于承租人的事由致租赁物损坏的情况下，如果让出租人承担修缮义务，有悖于诚信原则，不使出租人负修缮义务，始为公平妥当。当然，此时出租人虽无维修义务，但由于其享有维修的权利，因此，如果出租人要求维修的，承租人不得拒绝出租人的维修行为。[29] 在《民法典》编纂过程中，亦有主张认为，关于该问题存在两种方案。方案一是出租人维修义务与出租人损害赔偿请求权同时存在，此时的费用或赔偿取得不能的风险由出租人承受；方案二是出租人不承担维修义务，也不负担维修费用。此时的风险在于可能因为无法查清谁的原因使得维修成为必要，进而影响租赁物的使用，迫使正常的维修也不得不由承租人来承担。从利益衡量和法律关系简便角度来说，认为第一种方案是一种更为简洁的方案。[30] 从世界范围内的最近几个立法来看，倾向于将承租人过错原因造成的瑕疵等排除在出租人的维修义务之外。例如，日本债法修改第606条规定因可归责于承租人的事由时，出租人不负修缮义务。我国《民法典》第713条第2款亦规定承租人过错情形，不承担维修责任。不仅如此，可归责于承租人情形，承租人亦不能因标的物使用收益的部分不能而要求减少租金或延长租期、亦不产生修缮费用偿还请求权。而且，若承租人未修缮，还有可能因其违反租赁合同终止时的原状返还义务、租赁期间的用途遵守义务（合理用益义务）、妥善保管义务等而承担损害赔偿责任。[31]

（三）瑕疵担保义务

租赁物的瑕疵担保，与买卖标的物并不相同。租赁物存在瑕疵不限于标的物交付时，因出租人负有使承租人得以持续性使用收益租赁物的义务，即使租赁物交付后发生瑕疵，出租人也

---

〔29〕 相关学说争议梳理，参见宁红丽：《租赁物维修义务的法律构造——基于对我国司法案例的分析》，载《清华法学》2013年第5期。

〔30〕 周江洪：《关于〈民法典合同编〉（草案）（二次审议稿）的若干修改建议》，载《法治研究》2019年第2期。

〔31〕 河上正二「債権法講義[各論]29 賃貸借一般（その1）」法学セミナー第767号（2018年）80頁。

应承担瑕疵担保义务。

1. 修缮义务与瑕疵担保义务

租赁物存在瑕疵，既有可能产生出租人的修缮义务(《民法典》第712条)，因维修租赁物而影响承租人使用的，承租人可要求相应减少租金或者延长租期(《民法典》第713条)，导致租赁物无法使用的，承租人亦可解除合同(《民法典》第724条)。不仅如此，因租金乃是物之使用收益的对价，其与出租人负担的令承租人得以使用收益租赁物基本义务之间密切关联。承租人是否得以因物的瑕疵而减少租金，或者产生同时履行抗辩权而拒绝支付相应的租金？若物之瑕疵影响承租人使用收益的，可参照适用《民法典》第729条的规定，承租人可以要求减少租金或者不支付租金。但能否产生同时履行抗辩权，则会因租金给付义务与出租人义务之间的履行顺序相关。比较法上，有判例认为租赁物瑕疵产生后的维修义务的不履行，致使标的物使用收益不能的，可拒绝相应的租金给付。[32] 若认为租金的产生原因乃是租赁物的使用收益，因租赁物瑕疵致使标的物的使用收益不能或部分不能，其相对应的租金给付义务并不发生，此时无需行使同时履行抗辩权，而是租金给付不存在(或部分不存在)的抗辩。

在修缮义务之外，另行肯定出租人的瑕疵担保义务亦具有实益。首先，修缮义务并不能涵盖租赁合同上的权利瑕疵担保，承租人因他人就租赁物主张权利，致使其无法进行租赁物使用收益时，主张权利瑕疵担保仍然具有实际价值。其次，修缮义务具有自身的成立要件，与物的瑕疵担保义务的成立要件并非完全吻合。当修缮义务的要件无法成立时(如修缮不能)，承租人仍可检视是否符合物的瑕疵担保而主张其权利。最后，纵使修缮义务与物的瑕疵担保并存，但因两者法律效果不同(如另行请求支付无瑕疵物的请求权为修缮义务所无)，承租人可以选择对其有利者行使。

2. 租赁合同情形"恶意抗辩规则"的特殊性

通常来说，若明知瑕疵之存在而缔结合同，并不能因此而解除合同，原因在于当事人已在合同缔结过程中将瑕疵的存在做了考量。但与买卖合同中"恶意抗辩规则"不同，在特殊情形下，即使承租人在订立合同时知悉标的物有瑕疵的，也不能免除出租人的瑕疵担保义务。例如，《民法典》第731条规定："租赁物危及承租人的安全或者健康的，即使承租人订立合同时明知该租赁物质量不合格，承租人仍然可以随时解除合同。"在现代法律价值体系中，对人身安全和身体健康的特别保护是现代法律的重要使命。即使在以财产流转为制度核心的合同法制度中，这一点依然表现得较为突出。例如，在合同中，财产损失的免责条款，限于故意重大过失始无效；但造成人身损害的免责条款，并不区分过错程度而无效(《民法典》第506条)。在以占有、使用为目的的租赁合同中，保护承租人的人身安全和身体健康同样为立法所关注。此处的"承租人"不仅包括作为合同当事人的承租人，因《民法典》第731条立法目的乃是维护人身安全或健康，应适当扩张解释，危及承租人同居之人等的安全或健康的，同样可以依该条随时解除合同。当然，除了在合同解除权上给予承租人以优待以外，承租人明知安全健康瑕疵时，能否请求出租人承担维修等瑕疵救济义务，立法上并未予以明确。从利益平衡角度言，承租人的随时解除权即足以保障承租人的利益，除非当事人协商一致或另行约定，不应课加出租人维修

〔32〕 河上正二「債権法講義[各論]29 賃貸借一般(その1)」法学セミナー第767号(2018年)80頁。

等实际履行义务。对此,有学说认为,“承租人在适用本条规定解除租赁合同时能否同时主张出租人承担物的瑕疵担保责任”这一问题,关键是看承租人于签订合同时是否明知租赁物的质量不合格。如果是明知的,虽不影响随时解除,却排除了出租人的“物之瑕疵担保责任”,不得同时主张。[33] 承租人在解除合同后无权要求出租人赔偿未履行部分的可期待利益的损失。[34] 通常来说,若承租人明知租赁物的此等瑕疵而缔结合同,对于租赁物瑕疵无法满足租赁用途造成的租金损失,应当由承租人自己负担,不能要求退还解除前的租金;若在承租人请求解除合同之前租赁物造成现实的人身健康或者安全损害的,出租人对此种损害的发生亦有过错的,则承租人可以要求承担相应的损害赔偿责任;但承租人明知缺陷仍然使用的,其过错程度通常比出租人要大。[35]

值得注意的是,关于租赁物危及人的安全或者健康时的解除权,一些立法例将其限定在房屋租赁情形。但考虑目前租赁交易的实践中,不仅房屋租赁可能会因为质量问题造成对承租人的人身安全和健康的危险,在其他物的租赁中也会出现,如汽车租赁、大型机器设备的租赁等。这些租赁物如果出现质量不符合要求、甚至安全标准不符合要求,对人身安全的威胁是很大的,因此我国原《合同法》借鉴了意大利合同法的规定,所有租赁物只要出现危及人身安全和健康的情况,承租人都可以解除合同。[36] 对于这一立法精神,《民法典》予以承继。

3. 租赁合同情形的权利瑕疵

权利瑕疵同样会影响租赁物的使用收益。因第三人主张权利,致使承租人不能对租赁物使用、收益的,承租人可以要求减少租金或者不支付租金(《民法典》第 723 条)。与买卖中的权利瑕疵担保(《民法典》第 612 ~ 614 条)略有不同:租赁合同中,须第三人向承租人主张权利,并且该权利属于妨碍承租人对租赁物进行使用收益的权利;而买卖合同中是要求有确切证据证明,且只是产生中止相应付款的权利,并未规定减少价款问题。而且,若租赁物上存在权利负担,但该负担并不会影响承租人的使用收益,其对承租人而言,自然不构成瑕疵。但在买卖合同情形,权利负担的存在本身就是标的物所有权具有瑕疵。

此外,无论是《民法典》第 614 条还是第 723 条并未规定其他救济措施。这是否意味着排除了其他救济措施?本书认为,无论是买卖合同中的权利瑕疵担保(若因此无法达成移转的权利的完整性等)还是租赁合同中的第三人主张权利致使无法使用收益,均构成合同义务之违反,当然可根据违约责任一般原理采取其他救济措施。问题只是在于是否优先适用《民法典》第 723 条或第 614 条,还是直接适用《民法典》合同编通则的规定等。从文义来看,《民法典》第 614 条具有一定的程序性质,似乎应当优先适用,特别是涉及与《民法典》第 527 条的体系协调,似乎不应直接主张违约责任。但《民法典》第 723 条无此性质,与《民法典》合同编通则之间并无优先顺位或排斥作用。《民法典》第 724 条第 2 款将权属争议导致无法使用收益作为解除事由之一,也表明了《民法典》第 723 条并非唯一的租赁物瑕疵救济措施,《民法典》第 723 条的存

---

〔33〕 谢鸿飞、朱广新主编:《民法典评注:合同编　典型合同与准合同》(第 2 册),中国法制出版社 2020 年版,第 349 页。

〔34〕 最高人民法院民法典贯彻实施工作领导小组主编:《中华人民共和国民法典合同编理解与适用(三)》,人民法院出版社 2020 年版,第 1588 页。

〔35〕 王轶等:《中国民法典释评:合同编 · 典型合同》(上卷),中国人民大学出版社 2020 年版,第 485 页。

〔36〕 魏耀荣等:《中华人民共和国合同法释论》(分则),中国法制出版社 2000 年版,第 233 页。

在并不排除其他违约救济措施。

案 例 陈某与向某贵房屋租赁合同纠纷抗诉案[37]

▌基本案情

2012 年 9 月，某地产公司与向某贵、邓某辉等拆迁户分别签订《房屋拆迁补偿及产权调换安置协议》，约定对向某贵、邓某辉等拆迁户所属房产实施产权调换拆迁。2017 年 10 月，某地产公司与向某贵、邓某辉分别签订《门面接房协议书》，两份协议约定安置的房产为案涉同一门面房。其后，某地产公司通知向某贵、邓某辉撤销前述两份协议，并重新作出拆迁安置分配方案，将案涉门面房安置给向某贵，隔壁门面房安置给邓某辉。此后，向某贵与某地产公司办理案涉门面房交房手续并实际占有使用案涉门面房，但邓某辉以其与某地产公司签订《房屋拆迁补偿及产权调换安置协议》为由，主张其为案涉门面房权利人。2018 年 5 月 1 日，出租人向某贵与承租人陈某签订《房屋租赁协议》，将案涉门面房出租给陈某。门面房交付后，陈某即开始装修。装修中，案外人邓某辉及家人以其享有讼争门面房权属为由，多次强行阻止陈某施工。陈某多次报警，经当地派出所多次协调未果，陈某被迫停止装修。其后，陈某要求解除《房屋租赁协议》，向某贵不同意，并拒绝接收陈某交还的钥匙。2018 年 7 月 10 日，陈某诉至法院请求判令解除双方签订的《房屋租赁协议》等。一审法院认为，租赁房屋权属有争议的，承租人可以解除合同。虽然案外人邓某辉阻止陈某使用案涉房屋，但是并无证据证明其对案涉商铺享有所有权，其干涉承租人租赁使用属于侵权行为，驳回陈某的诉讼请求。后陈某提起再审，法院亦驳回再审申请。陈某向检察院申请监督。检察院审查后提起抗诉。

▌争点

因第三人主张权利致使承租人不能使用收益，能否解除合同。

▌监督结果

检察机关通过调阅卷宗并询问当事人，重点对房屋租赁协议应否解除等相关情况进行审查后认为，向某贵作为出租方，虽向陈某交付案涉门面房，但在陈某装修门面房期间，案外人邓某辉以享有案涉门面房权属为由阻止陈某施工，导致陈某不能正常使用该门面房，签约目的不能实现，陈某有权解除《房屋租赁协议》。陈某租赁案涉门面房的目的是尽快完成装修投入经营使用，案外人邓某辉阻止陈某装修，导致陈某 2/3 租期内未能使用该门面房，继续履行合同对陈某明显不公平。重庆市人民检察院第四分院在对案涉门面房权属、房屋租赁协议履行情况以及应否解除房屋租赁协议等问题进行全面审查后，认为陈某诉向某贵房屋租赁合同纠纷案的一审生效判决适用法律确有错误，遂于 2020 年 6 月 19 日向重庆市第四中级人民法院提出抗诉。

重庆市第四中级人民法院裁定将陈某诉向某贵房屋租赁合同纠纷一案发回重庆市彭水苗族土家族自治县人民法院重审。重庆市彭水苗族土家族自治县人民法院采纳检察机关的抗诉

---

[37] 陈某与向某贵房屋租赁合同纠纷抗诉案，最高人民检察院检例第 157 号（2022 年）。

意见，于2020年12月22日作出再审一审判决：撤销一审生效民事判决；确认陈某与向某贵于2018年5月1日签订的《房屋租赁协议》已经解除；向某贵退还陈某房屋租金28,589.32元、保证金1000元；赔偿陈某装修损失13,375元。

（四）费用偿还义务

1. 必要费用和有益费用

出租人的费用偿还义务，主要涉及必要费用和有益费用的偿还问题。关于必要费用，特别是出租人未履行维修义务而承租人自行维修时的维修费用，《民法典》第713条作出明确规定，该费用由出租人负担。该必要费用的承担，与《民法典》第581条规定的第三人替代履行时的费用承担原理一致，其实质是维修义务的替代。此外，只要是为维持租赁物处于基本适用状态而由承租人支出的费用，若本应由出租人承担而承租人已支出的，亦构成必要费用。

有益费用的偿还，指的是通过对租赁物的改良等而在客观上增加了租赁物的价值而支出的费用。《民法典》就此规定了经出租人同意的租赁物改善或增设（《民法典》第715条），但并未对改善或增设费用问题作出规定。对此，学理上认为，鉴于《民法典》欠缺对有益费用负担的相关规范，除当事人另有约定外，对于承租人支出的有益费用，出租人负有偿还义务，且有益费用的偿还问题，也是有可能依不当得利的规定加以构成。〔38〕承租人就租赁物支出有益费用因而增加该物价值的，如出租人知其情事而不作反对表示的，〔39〕在租赁关系终止时，应当偿还其费用，但以现存之增加额为限。〔40〕

学理上亦有特别指明奢侈费用原则上不在返还的范围之内。奢侈费用，既不是为维持租赁物所必需支付的费用，即便是增加了租赁物的价值所做的支出，也超出了合理的范围。除非另有约定，承租人无权请求出租人偿还奢侈费用。〔41〕当然，此处的费用返还问题，究竟依不当得利返还是范围构成抑或添附的补偿范围问题予以处理，依具体情形尚有进一步讨论之空间。

2. 租赁物的改善或增设

就租赁物的改善或增设而言，既存在经出租人同意之改善或增设，亦存在未经出租人同意之改善或增设；依其具体情形，既可能构成“添附”，并进而适用“因一方当事人的过错或者确定物的归属造成另一方当事人损害的，应当给予赔偿或者补偿”（《民法典》第322条）；亦有可能构成承租人违反用途遵守义务而承担损害赔偿责任（《民法典》第711条），或者依《民法典》第715条第2款被要求恢复原状或赔偿损失；亦可能因其改善或增设造成租赁物的财产损害，进而可能构成侵权责任；当然，亦可能是出租人构成不当得利；等等。其具体构成，应依具体情形分别处理。实际上，从《城镇房屋租赁司法解释》的规定来看，特别是从租期届满时的装饰装修费用的返还规则来看，其并未充分考虑不当得利规则，也并未完全遵循添附的原则，而是根据

〔38〕韩世远：《合同法学》（第2版），高等教育出版社2022年版，第432页；谢鸿飞、朱广新主编：《民法典评注：合同编典型合同与准合同》（第2册），中国法制出版社2020年版，第222页。

〔39〕崔建远：《合同法》（第4版），北京大学出版社2021年版，第503页。亦有学说认为，有益费用返还的前提之一，是须征得出租人的同意，强调的是同意原则，而非知情而不作反对表示。参见王利明：《合同法》（下册），中国人民大学出版社2021年版，第113页。

〔40〕崔建远：《合同法》（第4版），北京大学出版社2021年版，第503页。

〔41〕崔建远：《合同法》（第4版），北京大学出版社2021年版，第502页。

不同情形作出了不同的安排。从租赁合同特别是城镇房屋租赁合同的原理来看，对承租人有价值的"添附"对于出租人并不一定构成价值，因此从如何防止"强迫得利"角度作了适当的修正。例如，"承租人经出租人同意装饰装修，租赁期间届满时，承租人请求出租人补偿附合装饰装修费用的，不予支持。但当事人另有约定的除外"(《城镇房屋租赁司法解释》第 10 条)。当然，未经同意的改善、增设，原则上承租人不但不能要求出租人返还所支付的费用，反过来出租人可以要求承租人恢复原状或者赔偿损失。[42]

3. 租赁房屋的装饰装修与扩建

就租赁城镇房屋的装饰装修、扩建等问题，因实践中纠纷较多，司法解释对此作出了较为细致规定。具体如下：(1)承租人经出租人同意装饰装修，租赁合同无效时，未形成附合的装饰装修物，出租人同意利用的，可折价归出租人所有；不同意利用的，可由承租人拆除。因拆除造成房屋毁损的，承租人应当恢复原状。已形成附合的装饰装修物，出租人同意利用的，可折价归出租人所有；不同意利用的，由双方各自按照导致合同无效的过错分担现值损失(《城镇房屋租赁司法解释》第 7 条)。(2)承租人经出租人同意装饰装修，租赁期间届满或者合同解除时，除当事人另有约定外，未形成附合的装饰装修物，可由承租人拆除。因拆除造成房屋毁损的，承租人应当恢复原状(《城镇房屋租赁司法解释》第 8 条)。(3)承租人经出租人同意装饰装修，合同解除时，双方对已形成附合的装饰装修物的处理没有约定的，人民法院按照下列情形分别处理：第一，因出租人违约导致合同解除，承租人请求出租人赔偿剩余租赁期内装饰装修残值损失的，应予支持。第二，因承租人违约导致合同解除，承租人请求出租人赔偿剩余租赁期内装饰装修残值损失的，不予支持。但出租人同意利用的，应在利用价值范围内予以适当补偿。第三，因双方违约导致合同解除，剩余租赁期内的装饰装修残值损失，由双方根据各自的过错承担相应的责任。第四，因不可归责于双方的事由导致合同解除的，剩余租赁期内的装饰装修残值损失，由双方按照公平原则分担。法律另有规定的，适用其规定(《城镇房屋租赁司法解释》第 9 条)。(4)承租人未经出租人同意装饰装修或者扩建发生的费用，由承租人负担。出租人请求承租人恢复原状或者赔偿损失的，人民法院应予支持(《城镇房屋租赁司法解释》第 11 条)。(5)承租人经出租人同意扩建，但双方对扩建费用的处理没有约定的，人民法院按照下列情形分别处理：办理合法建设手续的，扩建造价费用由出租人负担；未办理合法建设手续的，扩建造价费用由双方按照过错分担(《城镇房屋租赁司法解释》第 12 条)。[43] 从这些规定可以看出，确定租赁物之上的添附物的归属或者分配因分割添附物所造成的损失，我国相关规范主要是考虑两项一般因素和五项具体因素。前者包括：是否有助于充分发挥物的效用和是否有助于公平分配添附增益或损失。后者包括：租赁物上的添附物的可分割性、添附行为是否

---

〔42〕 黄薇主编：《中华人民共和国民法典解读：合同编》(下册)，中国法制出版社 2020 年版，第 818 页。

〔43〕 当然，关于改善和增设他物的处理，也有观点并不限于上述规则，而是认为，经同意的改善或增设，在双方租赁关系终止时，应当依公平原则，根据当时租赁物的价值情况，判令由出租人与承租人双方合理分担相应费用。例如，经改善或者增设他物后，租赁物的价值低于原租赁物价值的，应由承租人自行负担相关费用；经改善或者增设他物后，租赁物的价值高于原租赁物价值的，添附部分的价值可作为不当得利处理，添附部分归属于出租人所有，可判令由出租人对承租人作出适当补偿，在将添附部分的现有价值与改善租赁物所支出的费用比较后，以较低者为准。参见最高人民法院民法典贯彻实施工作领导小组主编：《中华人民共和国民法典合同编理解与适用(三)》，人民法院出版社 2020 年版，第 1488～1489 页。

经过出租人同意、添附物对同意添附的出租人的经济价值、当事人对租赁合同的无效或解除是否存在过错、租赁合同是否有效等。[44]

(五)特定情形的通知义务

在出租人出卖或拍卖房屋时,出租人负有通知义务。即"出租人出卖租赁房屋的,应当在出卖之前的合理期限内通知承租人,承租人享有以同等条件优先购买的权利;但是,房屋按份共有人行使优先购买权或者出租人将房屋出卖给近亲属的除外"(《民法典》第 726 条第 1 款);"出租人委托拍卖人拍卖租赁房屋的,应当在拍卖五日前通知承租人。承租人未参加拍卖的,视为放弃优先购买权"(《民法典》第 727 条)。该通知义务,主要是为了保障承租人得以行使优先购买权。出租人未通知承租人或者有其他妨害承租人行使优先购买权情形的,承租人可以请求出租人承担赔偿责任(《民法典》第 728 条)。关于优先购买权的具体阐述,详见后述。

另外,不定期租赁情形下,当事人可以随时解除合同,但是应当在合理期限之前通知对方(《民法典》第 730 条)。但该"通知"并不构成义务,而是随时解除合同权利的形成权行使方式,属于解除通知。

二、承租人的义务

(一)租金支付义务

租金作为使用收益的对价,承租人应按约定的数额支付租金。但因特定情况的出现,也会产生减少租金或调整租金的情形。例如,在租赁期间若租赁物因瑕疵而需要修缮(《民法典》第 713 条),或租赁物因不可归责于承租人的事由部分或全部毁损灭失(《民法典》第 729 条),或因第三人对租赁物主张权利(《民法典》第 723 条)等,而使承租人不能就租赁物进行使用收益或其使用收益受到妨碍,则在其不能为使用收益或使用收益受到妨碍的限度内,可以免除或减少租金。当然,当事人之间亦可协商变更租金数额,或者因适用情势变更原则等减免租金。

另外,针对特定社会情势,最高人民法院等也会结合国家政策发布若干指导意见,就租金调整等事宜作出具体指导。例如,最高人民法院《关于依法妥善审理涉新冠肺炎疫情民事案件若干问题的指导意见(二)》(法发〔2020〕17 号)专门指出,"承租国有企业房屋以及政府部门、高校、研究院所等行政事业单位房屋用于经营,受疫情或者疫情防控措施影响出现经营困难的服务业小微企业、个体工商户等承租人,请求出租人按照国家有关政策免除一定期限内的租金的,人民法院应予支持。承租非国有房屋用于经营,疫情或者疫情防控措施导致承租人没有营业收入或者营业收入明显减少,继续按照原租赁合同支付租金对其明显不公平,承租人请求减免租金、延长租期或者延期支付租金的,人民法院可以引导当事人参照有关租金减免的政策进行调解;调解不成的,应当结合案件的实际情况,根据公平原则变更合同"。

承租人应按约定期限支付租金。未约定期限时,租金支付以后付为原则。依《民法典》第 721 条,对支付期限没有约定或者约定不明确,可以协议补充;不能达成补充协议的,按照合同

[44] 王轶等:《中国民法典释评:合同编·典型合同》(上卷),中国人民大学出版社 2020 年版,第 422~431 页。

有关条款或者交易习惯确定。若仍然无法确定,按下列规则确定:租赁期限不满一年的,应当在租赁期限届满时支付;租赁期限一年以上的,应当在每届满一年时支付,剩余期限不满一年的,应当在租赁期限届满时支付。从《民法典》第721条的规定来看,租金债权作为支分债权具有一定的独立性,属于定期给付的常见类型,是相隔一定期间继续为给付之债权,各个债权之间具有相对独立性。也正因如此,有学者认为每期租金请求权的消灭时效自该期租金的支付期限届满之日起计算。[45] 但在我国司法习惯中,通常将租金债权作为一个整体对待,特别是在诉讼时效期间的起算,认为租金债权诉讼时效期间应当从最后一期履行期限届满之日起算。[46]

若违反租金给付义务,承租人应承担违约责任,但与通常的金钱之债继续履行不同,请求继续履行应当给予一定的宽限期,出租人亦可以催告解除租赁合同。承租人无正当理由未支付或者迟延支付租金的,出租人可以要求承租人在合理期限内支付;承租人逾期不支付的,出租人可以解除合同(《民法典》第722条)。另外,与分期付款买卖、所有权保留买卖情形(《民法典》第634条及《买卖合同司法解释》第26条等)不同的是,租赁合同租金义务违反情形的合同解除,并无未支付租金比例之限制性要求,而仅仅要求"逾期不支付"即可。关于承租人未支付或迟延支付租金情形的解除是否需做适当限制,在《民法典》历次起草及原《合同法》起草过程中,也曾出现过不同的政策考量。例如,在《民法典》历次编纂过程中,曾有历史草案规定"承租人故意连续三次不给付租金,出租人有权解除契约","租赁物为房屋时,承租人没有正当理由积欠租金达三(期)个月以上的,出租人可以解除契约","房屋租赁,承租人累计六个月不交租金的,出租人始得终止合同"等表述,但自1999年原《合同法》开始,则基本定型,除了个别文字表述变化,《民法典》第722条也基本沿袭了原《合同法》第227条的规定,未考虑未支付租金比例要求。[47] 从这一立法过程也可以看出,对于租金迟延情形的租赁合同解除,现行立法政策考量上与分期付款买卖领域的分期付款买受人保护的考量并不相同,并未对承租人在未支付租金比例或期数上作出特别优待。

思考 | 租金迟延给付催告解除的"无正当理由"之反思

与通常的迟延履行催告解除(《民法典》第563条)不同,对于未支付或迟延支付租金情形,《民法典》第722条特别强调了"无正当理由"。对此,有学说指出,"无正当理由"为赘词,而非出租人解除合同的前置条件,因为"有正当理由"恰为承租人主张抗辩的理由。[48] 但亦有学说对"正当理由"作出了具体的分类:一是因不可抗力或意外事件,使租赁物部分或全部毁损灭失,承租人已无法对租赁物使用、收益,承租人可以请求不支付租金。二是因出租人不履行义

---

〔45〕 崔建远:《合同法》(第4版),北京大学出版社2021年版,第506页;谢鸿飞、朱广新主编:《民法典评注:合同编　典型合同与准合同》(第2册),中国法制出版社2020年版,第266~267页。

〔46〕 周江洪、陆青、章程:《民法判例百选》(第26号),法律出版社2020年版,第126页;徐涤宇、张家勇主编:《〈中华人民共和国民法典〉评注》(精要版),中国人民大学出版社2022年版,第777页。

〔47〕 谢鸿飞、朱广新主编:《民法典评注:合同编　典型合同与准合同》(第2册),中国法制出版社2020年版,第274~275页。

〔48〕 梁慧星主编:《中国民法典草案建议稿附理由:合同编》,法律出版社2013年版,第383页。

务，如交付的租赁物不符合约定的使用要求；在租赁期限内租赁物出现质量问题，出租人不尽维修义务。三是因承租人本身发生一些意外事件致使其暂时无力支付租金。例如，用于居住的房屋的承租人因生重病住院，经济上出现暂时困难，无力支付到期租金。〔49〕在司法实践中，当事人常以一些事由作为其延付租金或者拒付租金的正当理由予以主张，法院亦经常需要判断能否成立“正当理由”。〔50〕最高人民法院《关于依法妥善审理涉新冠肺炎疫情民事案件若干问题的指导意见（二）》（法发〔2020〕17号）也指出，“承租房屋用于经营，疫情或者疫情防控措施导致承租人资金周转困难或者营业收入明显减少，出租人以承租人没有按照约定的期限支付租金为由请求解除租赁合同，由承租人承担违约责任的，人民法院不予支持。为展览、会议、庙会等特定目的而预订的临时场地租赁合同，疫情或者疫情防控措施导致该活动取消，承租人请求解除租赁合同，返还预付款或者定金的，人民法院应予支持”。这一指导意见也在某种程度上是在阐释“疫情或疫情防控措施导致的资金周转困难或营业收入减少”亦可作为“正当理由”对待。对此，亦有学说认为，如果承租人不支付或者迟延支付租金，他显然不能单纯以疫情导致自身资金周转困难、营业收入明显减少，甚至无营业收入作为“正当理由”来对抗《民法典》第722条赋予出租人的解除权。在《民法典》第722条的规范逻辑下，这样的说理并不完全充分。如果单纯以承租人经营相对困难，应对其给予宽容和理解的角度来排除出租人的解除权，那么，在所有的金钱债务的履行上，都可能得出类似的限制相对方解除权的结论。而如果我们以此来放宽《民法典》第722条“正当理由”的理解，显然会与金钱之债中不能依据不可抗力规则减免责任的原则产生强烈的冲突。换言之，《民法典》第722条所称“正当理由”，虽然在一定程度上缓和了金钱之债不能适用不可抗力规则带来的严苛性，为例外情况下承租人可以迟延支付租金提供了一个“松绑的阀门”，但这一阀门的设置，是否可以扩大到疫情导致的经营困难等风险，依然存在法律适用上探讨的余地。〔51〕

本书认为，此处的“正当理由”，指的是承租人存在得以抗辩的事由，包括抗辩权和抗辩，不应扩张解释，更不应以“其他正当理由”等兜底用语解释。此等“正当理由”，要么指向租金给付义务的不存在，如前述不可抗力毁损灭失之情形，租金乃是使用收益的对价，因不可归责于承租人事由之使用收益不能，承租人并无支付相应对价之义务（《民法典》第729条）；要么指向抗辩权之行使；要么指向因不可抗力等不可归责于当事人之一时之不能（迟延），得免除其迟延责任。金钱之债，因金钱属于高度流通物，虽无给付不能，即使因不可抗力等亦通常不会给付不能，但会因不可抗力等不可归责于当事人之事由陷入履行迟延（一时不能），此时得参照适用

〔49〕黄薇主编：《中华人民共和国民法典解读：合同编》（下册），中国法制出版社2020年版，第829页。
〔50〕谢鸿飞、朱广新主编：《民法典评注：合同编　典型合同与准合同》（第2册），中国法制出版社2020年版，第270页。
〔51〕陆青：《商铺租赁合同的履行障碍及其救济——基于疫情下纠纷处理实践的回顾与反思》，载郭春镇主编：《厦门大学法律评论》总第33辑，厦门大学出版社2022年版，第64～82页。

《民法典》第590条之规定免除其迟延责任。[52] 此等情形,均属于租金给付请求权行使的阻碍性要件,若存在此等事由本身,要么无租金支付义务,要么得以暂时停止租金给付义务,并不存在租金给付义务的违反,也就难谓因违反租金给付义务而解除合同本身。不仅如此,租金给付义务迟延履行时,出租人可以要求承租人在"合理期限内"支付,逾期不支付致使解除合同。通过"合理期限"的限制其期限合理与否的判断,也同样可以将诸多关涉承租人特定状态的事由纳入衡量之视野,无需就未支付或迟延支付租金另行作出是否具有"正当理由"之特别考虑。更为重要的是,我国的合同解除制度并不以债务人可归责为前提,合同解除无须归责事由要件,催告解除之情形,更是如此。《民法典》第722条"无正当理由"的表述,亦容易被误认为在租金迟延情形的租赁合同解除需以承租人存在可归责事由为前提,进而冲击合同解除的制度体系。因此,承租人迟延履行租金给付义务,唯有纳入请求权行使的对抗事由角度去规范性地理解,将其作为"法律上的理由"予以对待,才能获得其意义;且上述列举的各项"正当理由",亦都能从现有的法律体系中获得其解释可能,尤其是出租人的让承租人得以使用收益租赁物的"使用收益债务"与"租金给付义务之间"的牵连性等,都是重要的法律工具。若将"正当理由"的概念外延无限扩大,纳入道德化甚至生活化的"正当理由"与否,势必会冲击租金给付请求权的主张和抗辩构成,也容易给司法实践带来混乱。

（二）合理用益义务

《民法典》用三个条文就租赁物的使用作出了规定(《民法典》第709～711条)。租赁合同中之所以强调承租人应当按照约定的方法或根据租赁物性质使用租赁物,主要原因在于不同的使用方法会导致租赁标的物的损耗率、折旧率不同,进而影响租赁合同终止时返还的租赁物价值。承租人的合理用益义务主要包括用益方法合理(含用途遵守义务)和用益主体合理两个方面。

1.用益方法合理

承租人应当按照约定的方法使用租赁物。对租赁物的使用方法没有约定或者约定不明确,依据《民法典》第510条的规定仍不能确定的,应当根据租赁物的性质使用(《民法典》第709条)。合理用益,不仅是承租人的义务,亦得以成为承租人的抗辩事由。按照约定的方式对租赁物使用收益或者按照租赁物的性质使用,租赁物本身会产生损耗等,承租人并不承担责任,即"承租人按照约定的方法或者根据租赁物的性质使用租赁物,致使租赁物受到损耗的,不承担赔偿责任"(《民法典》第710条)。而且,若此等正常损耗导致租赁物难以保持其适于用益

〔52〕 当然,亦有日本学者认为,金钱之债因不可抗力等履行迟延时得以免除其迟延责任,但此等制度原本设想的是因不可抗力等交通中断而无法准备金钱等,而因疫情引起的收入减少要成为延缓支付的合理理由,具有难度;但对于因经济情势变动而引起的使用收益与租金之间的不平衡,则存在根据《日本借地借家法》第32条行使租金减额请求权的可能;另外,虽然原则上从租赁物获取收益的减少与租金减免之间并无直接关系,因此等风险应由承租人自行负担(以耕种、畜牧为目的的土地租赁,因不可抗力致使收益少于租金之情形,《日本民法》第609条规定了租金减额请求权,可以请求将租金减少到收益额),但从使用收益债务与租金债务之间的牵连性角度言,与使用收益不能或部分不能相应的租金则存在减少之可能。并进而主张,简单地用一个法理论应对所有的租金问题并无可能;民法得以发挥作用的地方交由民法解决,而除此之外的,需要借助各种民法之外的力量解决因疫情引起的租金问题。参见松井和彦「コロナ禍における家賃問題」法律時報92卷10号(2020年)1頁。

状态的,出租人尚负有用益维持义务,需对此进行修缮(《民法典》第713条)。若当事人特别约定就租赁物正常使用情形的自然损耗等承租人亦应负原状恢复义务的,此等约定的有效性当严格审查。原因在于,作为使用收益的对价,租金本身通常亦已包含了自然损耗的对价,若就此特别约定可能构成双重对价。对此,在消费者契约领域,特别是房屋租赁情形,就押租金返还等事先约定到期扣除自然损耗相关的原状回复义务费用的,日本法院有判例认为此等约定原则无效。[53] 就我国法上而言,在消费者契约领域的约定,亦可参照适用《民法典》第585条关于损害赔偿计算方法、违约金约定的处理方式,依当事人的请求做适度调整。

2. 未合理用益时的合同解除

违反合理用益的义务,承租人应当承担违约责任,出租人亦可解除合同。承租人未按照约定的方法或者未根据租赁物的性质使用租赁物,致使租赁物受到损失的,出租人可以解除合同并请求赔偿损失(《民法典》第711条)。当然,出租人请求承租人承担合理用益义务违反引起的损害赔偿责任,并不一定以解除合同为前提;《民法典》第711条只是表明出租人在行使解除权时也并不妨碍其损害赔偿请求权。实践中,使用租赁物的,并不限于承租人,尚包括"承租人"以外的第三人,如共同居住人等;合理用益的义务主体虽为承租人,但共同居住人等未正常使用导致租赁物受到损失的,亦由承租人承担类似代负的责任。"未按照约定方法或未根据租赁物性质使用"并不包括"未使用租赁物"之情形,而是指使用方法上的不当,其仍然是"积极的使用";"未使用租赁物",通常不构成租赁物的损害,不会产生《民法典》第711条之法律效果。实践中,亦有部分承租人擅自离场而不使用租赁物,此时若对租赁物未加妥善管理,可能构成妥善保管义务之违反(《民法典》第714条),而不是合理用益义务之违反。另外,《民法典》第715条规定的情形,即承租人未经同意改善、增设他物之情形,亦属于《民法典》第711条"未按照约定的方法或者未根据租赁物的性质使用租赁物",在救济措施上,就会出现《民法典》第715条第2款与《民法典》第711条的竞合,出租人既可以依《民法典》第715条第2款主张恢复原状、赔偿损失,又可依《民法典》第711条主张解除合同并(或)赔偿损失。[54] 其中,损失既包括物理性状上的损坏,也包括经济意义上的不合理贬值,甚至包括因为法律资质上的变动或者吊销导致的价值贬损。例如,承租人在承租加油站期间因严重违反消防要求或者市场监管规范而导致经营加油站必需的危险化学品经营许可证等被吊销的,则加油站因为失去经营资质而面临重大的经济价值贬损,这同样构成不合理用益引起的"损失"。[55]

有疑问的是,《民法典》第711条是否构成承租人解除权的限制?与《民法典》第563条规定的法定解除权相比,未按照约定方法或租赁物性质使用租赁物时的解除,除了义务违反,尚需具备"致使租赁物受到损失"的要件;而《民法典》第563条的法定解除权,除了催告解除,合同是否得以解除主要是看违约行为是否导致合同目的难以实现。《民法典》第563条与《民法典》第711条解除权的构成要件并不一致。从体系解释上来看,承租人违反合同义务难以实现合同目的之情形,并不妨碍第563条意义上的法定解除权,若未造成租赁物损失,但其使用方法导致合同目的难以实现的,亦可依据一般解除权解除合同。《民法典》第711条并不构成《民

〔53〕 河上正二「債権法講義[各論]29 賃貸借一般(その1)」法学セミナー第767号(2018年)80頁。

〔54〕 杨代雄主编:《袖珍民法典评注》,中国民主法制出版社2022年版,第679页。

〔55〕 王轶等:《中国民法典释评:合同编·典型合同》(上卷),中国人民大学出版社2020年版,第407页。

法典》第563条解除权的限制。但从文义上来看,就未按照约定方法或租赁物性质使用租赁物时的解除,若义务违反并未导致合同目的之实现不能,亦未致使租赁物受到损失,并不能依《民法典》第563条第3项进行催告解除。原因在于,《民法典》第563条第3项的催告解除,限于主要债务之不履行,而承租人的主要债务乃是支付租金。从这层意义上来看,《民法典》第711条是在《民法典》第563条以外赋予出租人以特别的解除权,属于《民法典》第563条第5项中的"法律规定的其他情形"。

3. 城镇房屋租赁情形的合理用益义务

就城镇房屋租赁情形的合理用益义务,司法解释也作出了解释性规定。例如,《城镇房屋租赁司法解释》第6条规定,"承租人擅自变动房屋建筑主体和承重结构或者扩建,在出租人要求的合理期限内仍不予恢复原状,出租人请求解除合同并要求赔偿损失的,人民法院依照《民法典》第七百一十一条的规定处理"。但就该条的原理应做适当说明。擅自变动房屋建筑主体和承重结构或扩建时,虽然符合《民法典》第711条"非正常使用"与"造成损害"的要件,但该解释对于《民法典》第711条的解除权发生限定了更为严格的条件,即"合理期限内仍不恢复原状",不当地限制了出租人依《民法典》第711条应享有的权利。同时,依《民法典》第715条规定,擅自变动房屋建筑主体和承重结构或扩建,属于未经同意的改善或增设他物,出租人可请求恢复原状或赔偿损失。出租人的损害赔偿请求权并不以承租人合理期限内未恢复原状为前提。司法解释的该条规定,易被误解为只要恢复原状即可,而且排除了其他损失赔偿问题。特别是以原状恢复为前提或者为限度来计算损害赔偿,可能会漠视价值贬损等问题,既不符合《民法典》第583条规定的采取补救措施后仍有损失亦应予以赔偿的原则,亦不符合擅自变动房屋建筑主体和承重结构或扩建时因构成侵权而需承担原则上以市场价格计算(《民法典》第1184条)的侵权损害赔偿责任原理。综上,应对《城镇房屋租赁司法解释》第6条做适当限缩解释,其并非表明擅自变动主体房屋建筑和承重结构或扩建时均需以恢复原状请求为前置始得行使解除权或损害赔偿请求权,而只是表明行使恢复原状请求权后仍不予恢复的,亦得以行使解除权并要求赔偿损失;亦只是表明,对于此种情形行使解除权并要求赔偿损失的法律依据在于《民法典》第711条而已。

4. 用益主体合理

合理用益义务,不仅要求用益方法合理,而且要求用益主体合理。出租人愿意订立租赁合同,往往与承租人的人格信用、资格与特质有关,并非任何人对租赁物的使用收益都能被出租人接受。故第三人未经出租人同意使用收益租赁物,出租人未必同意。且与租赁物有关的"人的范围"可任意扩大时,客观上也会造成租赁物的耗损程度、甚至毁损灭失的危险程度不当提高,或与缔约时出租人在该对价下所愿承担的风险程度不符。因此,租赁物的使用收益原则上应限于归承租人本人。当然,承租人的家属、同居人、访客等,对于租赁物所为的一并、顺便或同时使用,依附在承租人的用益上,而本身并无独立使用收益的权利或地位,这并不影响用益主体的合理性。关于用益主体合理的问题,《民法典》通过转租问题的规制、共同居住人或经营者的保护予以体现。

(三)租赁物妥善保管义务

承租人应当妥善保管租赁物,因保管不善造成租赁物毁损、灭失的,应当承担赔偿责任

(《民法典》第 714 条)。承租人的妥善保管义务与合理用益义务不同。从规范文义上来说,前者属于积极义务,而后者更多的是消极义务,要求不以约定方法以外或不以符合租赁物性质以外的方法使用租赁物。当然,法律之所以要求承租人在租赁期限内采取妥善的保管措施,主要是为了维持租赁物的正常物理状态和工作性能,避免租赁物因为脱离出租人的控制而出现不合理的损害。在这点上,与合理用益义务旨在避免租赁物不合理损害的道理相当。另外,承租人对租赁物进行保管的目标,主要是防止租赁物因合理使用行为之外的其他原因造成的物理性损坏或经济性贬值。[56]

关于承租人的妥善保管义务,需注意的是:第一,在注意义务程度上,承租人以善良管理人的注意义务保管租赁物。第二,在义务内容方面,承租人的保管不仅包括对租赁物的保存,还包括对租赁物进行正常的维护、维持、保养等,但并不因此承担租赁物的修缮义务。原因在于,《民法典》第 712 条以出租人修缮为原则,因此保管义务不包括维修义务。第三,在保管方法上,如果有约定,应该按照约定的方法进行保管。如果没有约定保管方法,解释上应视租赁物的内容、种类和性质而定。第四,承租人因其共同居住人或被允许为租赁物使用收益的第三人的行为,导致租赁物毁损、灭失的,亦应负赔偿责任。

(四)租赁物返还义务

租赁期限届满,承租人应当返还租赁物。返还的租赁物应当符合按照约定或者根据租赁物的性质使用后的状态(《民法典》第 733 条)。当然,关于租赁物的返还,亦有可能会被认为该义务并非合同上的义务,而是合同届满终止后的返还义务。就出租人的返还请求权而言,出租人既可依据租赁合同关系要求承租人返还,也可以依据物权编规则、不当得利返还请求权等要求承租人返还。例如,甲出租某房屋给乙,租赁关系终止后,乙拒不返还继续使用,致甲不能出租于他人。此时的甲享有租赁合同上的租赁物返还请求权,亦享有所有物返还请求权,同时也会产生侵权损害赔偿请求权。而《民法典》第 733 条只是规定了期限届满的返还,并未规定因其他原因合同终止时的返还。若是租赁合同解除时的返还,除了依租赁合同特别规定以外,尚需依《民法典》第 566 条规定。同时,应结合《民法典》第 733 条之精神,兼顾租赁合同使用收益的特点,返还的租赁物符合按照约定或者根据租赁物的性质使用后的状态即可,对于正常损耗等并不能要求赔偿或补偿。在这点上,与租赁合同无效情形得以请求占有使用费等并不相同。原因在于,租赁合同有效之情形,"在租赁期间因占有、使用租赁物获得的收益,归承租人所有"(《民法典》第 720 条),合同终止后,承租人无需就租赁期间的使用收益另行支付租金以外的费用。同样地,《民法典》第 720 条也表明,承租人的租赁物返还义务,并不包括使用收益的返还。值得注意的是,这里的收益必须与"占有、使用租赁物"存在因果关系,即"因"占有、使用租赁物而"产生的收益",否则,仍然应当返还。例如,某甲把一头耕牛租给某乙用于耕地。该牛产一小牛,小牛当归属某甲。因为耕牛租赁是用于耕地而不是繁殖,所产小牛并不属于"因"占有、使用租赁物而获得收益,故应该返还。

《民法典》第 733 条规定,返还的租赁物应当符合按照约定或者根据租赁物的性质使用后的状态。这也表明,承租人若进行了改善或增设等,原则上应负原状恢复义务。此时会涉及与

---

〔56〕 王轶等:《中国民法典释评:合同编·典型合同》(上卷),中国人民大学出版社 2020 年版,第 418 页。

出租人的有益费用返还义务之间的协调问题。如前所述,承租人就租赁物支出有益费用因而增加该物价值的,如出租人知其情事而不作反对表示的,在租赁关系终止时,应当偿还其费用,但以现存之增加额为限。也就是说,构成有益费用返还之情形,承租人的原状恢复义务得以排除,且得以请求有益费用。但就未经同意之增设或改善,承租人仍负有原状恢复义务(《民法典》第715条第2款)。而对于城镇房屋租赁情形的增设、改善、扩建等,《城镇房屋租赁司法解释》就此作出了规定,已如前述。其基本的原理是,从租赁合同、特别是城镇房屋租赁合同的原理来看,对承租人有价值的"添附"对于出租人并不一定构成价值,因此从如何防止"强迫得利"角度做了适当的修正。一般情况下,《城镇房屋租赁司法解释》第7~12条,亦可参照适用于普通租赁;若仍然不敷适用时,亦可看是否符合《民法典》第322条之规定而适用添附之规则。

(五)特殊事项的通知义务

持续性合同关系中,双方当事人形成紧密联系。因此,合同履行过程中出现的情况变化等,有可能会触发通知义务的产生。例如,出租人负有权利瑕疵担保义务的同时,承租人亦负有通知义务,即"第三人主张权利的,承租人应当及时通知出租人"(《民法典》第723条第2款)。出租人负有修缮义务,但因承租人占有租赁物,出租人通常无从知晓租赁物是否需要维修,通常需由承租人通知始得知晓,因此,可将《民法典》第713条规定的"承租人在租赁物需要维修时可以请求出租人在合理期限内维修"作适度扩张解释,将"请求维修"解释为"通知并可以请求在合理期限内维修",始为合理。当然,与出租人的通知义务一样,不定期租赁合同的解除通知,并不构成义务。

三、租赁合同当事人与第三人之间的效力

转租、租赁转让、租赁物所有权变动、第三人妨碍承租人使用收益等诸多情形,都会涉及租赁合同当事人与第三人的关系。

(一)转租

转租是承租人在不退出原租赁合同的情况下,与第三人签订租赁合同,将租赁物出租给次承租人。是否允许承租人转租,与合理用益义务密切相关。合理用益义务,不仅要求用益方法合理,而且要求用益主体合理;用益主体的不同,会导致租赁物的使用样态也不同,可能会造成租赁物损耗及损害风险之不同,由谁作为承租人使用收益租赁物,是出租人关心的重要事项之一。也正因如此,《民法典》依是否经过承租人同意区分转租的不同效果,未经出租人同意转租的,出租人可以解除合同(《民法典》第716条第2款)。在特殊情形下,长时间的沉默亦可以被视为同意转租(《民法典》第718条)。

拓展 | "信赖关系破坏法理"与擅自转租时的解除〔57〕

擅自转租的,出租人享有解除权,但也有一些立法例基于特定的租赁交易形态及社会发展情况,对擅自转租的解除权也作出了适当的限制。例如,日本存在租借他人土地建设住宅之情形,租借人就土地本身只享有"租赁权"而并非"地上权",而对建筑物本身则享有所有权;若要转让

〔57〕 河上正二「債権法講義[各論]29 賃貸借一般(その2)」法学セミナー第768号(2019年)86頁。

建筑物所有权,建筑物受让人与土地出借人的关系就会成为问题,建筑物所有权的处分自由与土地租赁的转租不自由之间就会形成冲突。随着实践的发展,日本判例逐步确立了“信赖关系破坏法理”以限制擅自转租情形的解除。所谓“信赖关系破坏法理”,其前提是认为租赁关系是建立在双方当事人之间的信赖关系之上,承租人的擅自转租本身原则上构成“背信”行为,但若是存在不构成“背信行为”的特别情势,则即使擅自转租亦不构成信赖关系的破坏,进而限制出租人的解除权。是否存在不构成“背信行为”的特别情势,则由承租人予以主张证明。若得以证明,则“擅自转租”就变成了“适法转租”,出租人并无解除权。是否存在“信赖关系的破坏”,最终依赖综合考虑各种情势基础上的当事人之间的利益衡量而定。日本司法实践中逐渐确认了以下几种情形并不构成“信赖关系的破坏”。(1)承租人与次承租人具有实质上的同一性,是实质上的同一主体。例如,承租人从经营个体变成法人实体。(2)擅自转租的承租人与次承租人之间存在亲戚关系或属于特殊关系的朋友、且转租不具有营利性。(3)轻微的义务违反且营利性较弱之情形。例如,几年的租约中,临时将其中某个月的空档期转租等暂时性的空档期转租。而且,也有人指出,虽然出租人关心承租人为谁,但随着经济社会的物化倾向,经济关系较之人的关系显得更为突出。对出租人来说,承租人完全履行租金给付义务及其他各项义务前提下,非要以擅自转租为由肯定出租人解除权是否合适,亦有反思之余地。另外,“信赖关系破坏法理”的适用,不仅限于擅自转租可否解除合同之判断,也逐步扩张到了承租人违反其他义务时的解除判断中,也发挥了抑制解除权发生的作用。但与此同时,“信赖关系法理”也同样是“双刃剑”,在解除权的发生上,而不是抑制解除权的发生上,也发挥了作用。例如,信赖关系已受破坏之情形下,可不经催告直接解除合同。也正因如此,“信赖关系破坏法理”也存在被法官滥用的可能。当然,从擅自转租得以解除合同的限制角度言,我国《民法典》背景下是否需对擅自转租情形的出租人解除权做适当限制,可进一步讨论。

经出租人同意或视为同意的转租,为适法转租。出租人既可以在承租人转租前经概括授权的方式或个别认可的方式表示同意,也可以在事后予以追认。另外,《民法典》第718条亦规定了“视为同意”的情形。“出租人知道或者应当知道承租人转租,但是在六个月内未提出异议的,视为出租人同意转租。”

适法转租情形,各当事人之间的法律构造如下:(1)出租人与承租人之间的租赁关系不因转租而受影响(《民法典》第716条),承租人与次承租人之间的关系与一般租赁关系相同。但承租人与次承租人租赁合同的期限受出租人与承租人的租赁合同的租赁期限限制,转租期限超过承租人剩余租赁期限的,超过部分的约定对出租人不具有法律效力,但是出租人与承租人另有约定的除外(《民法典》第717条)。(2)出租人与次承租人之间不存在直接的法律关系。例如,次承租人造成租赁物损失的,承租人仍应负担租赁合同上的赔偿义务,由承租人赔偿损失(《民法典》第716条)。但次承租人具有代位清偿的权利,特定情形下可以直接向出租人履行承租人应当履行的义务。例如,承租人拖欠租金的,次承租人可以代承租人支付其欠付的租金和违约金,但是转租合同对出租人不具有法律约束力的除外。次承租人代为支付的租金和违约金,可以充抵次承租人应当向承租人支付的租金;超出其应付的租金数额的,可以向承租人追偿(《民法典》第719条)。(3)租赁合同终止时,依据物权请求权或其他权利,可直接请求占有租赁物的次承租人返还租赁物。(4)若出租人与承租人合意解除租赁合同,不得对抗转租合同中的次承租人,否则有违出租人同意转租之意思效力及诚信原则;但出租人因承租人违约而享有解除权时,则不在此限。例如,《日本民法典》第613条第3款规定,"承租人适法转租租赁物之情形,出租人不得以合意解除与承租人间之租赁对抗次承租人。但其解除当时,出租人因承租人之债务不履行而享有解除权时,不在此限"。我国《民法典》对此并未作出规定,可通过诚信原则予以补充解释。

思考|次承租人代位清偿相关问题的思考

值得注意的是,与《民法典》第524条第三人代为履行的规则不同,《民法典》第719条只是规定了充抵及追偿权,并未直接规定债权的法定移转。追偿权本身与法定债权移转不同,债权法定移转,亦发生包括担保在内的从权利的移转(《民法典》第547条)。但适法转租的次承租人对履行承租人之租金给付义务具有合法利益,例如,得以排除出租人的解除权的行使(《民法典》第722条),次承租人有权向出租人代为履行。据此,次承租人代为履行后,同样得以依《民法典》第524条发生债权法定移转。学理上甚至将其作为第三人代为清偿制度的一个代表性场景。[58]

另外,依《民法典》第719条规定,"转租合同对出租人不具有法律约束力"之情形,次承租人并不能代位清偿,但此处"对出租人不具有法律约束力",当作限缩解释。原因在于,依《民法典》第465条,除非法律另有规定,合同仅对当事人具有法律约束力。出租人并非转租合同的当事人,故转租合同原则上不可能对出租人具有法律约束力。若是如此解释,《民法典》第719条的"转租合同对出租人不具有法律约束力"实为赘语。要使该规范具有意义,势必不能如此解释,此处"法律约束力"与《民法典》第465条之"法律约束力"应当解释为并非同一含义。从规范目的而言,此处应指经同意的转租,出租人应容忍次承租人的使用收益而不能要求返还租赁物等拘束力,并非指出租人拥有了转租合同当事人所产生的拘束力。

次承租人代位清偿的效果主要体现在:阻止出租人合同解除权的行使(《民法典》第722条)。但有疑问的是,若出租人依《民法典》第722条解除后,次承租人能否通过支付租金来恢复合同?此时,因租赁合同已被解除,出租人不再负有使承租人使用收益等租赁合同上的出租人义务,故出租人亦同样不负有容忍次承租人使用收益而不能要求返还租赁物的义务,其实质上构成《民法典》第719条所谓的"转租合同对出租人不具有法律约束力",次承租人并不能通过支付租金等使得已解除之合同"复生"。但从利益平衡角度言,次承租人往往无从知晓承租人积欠租金之事实,因而亦就可能产生其代位清偿而阻止合同解除权发生的权利无从行使,故在立法论上,可考虑是否导入出租人对次承租人的通知义务以解决该问题。

当然,从立法论上来说,在《民法典》编纂过程中,亦有观点认为,适法转租情形应当规定出租人与次承租人之间的直接请求权。其主要理由在于:《民法典》第719条只是规定了次承租人具有清偿代位资格,但该条文即使不存在,因第524条已规定第三人代为履行制度,因租赁合同的存续对于次承租人具有重大利益,次承租人可以作为适格的第三人,同样可以替代承租

---

〔58〕 王轶等:《中国民法典释评:合同编·典型合同》(上卷),中国人民大学出版社2020年版,第444页。

人清偿租金和违约金。而且，规定出租人对于次承租人的直接请求权，以及次承租人对于出租人的直接请求权，可以弥补债权人代位权要件严苛所带来的不便，且不会产生影响第三人的问题。[59]

未经出租人同意之转租，为不适法转租。承租人未经出租人同意转租的，出租人可以解除合同（《民法典》第716条第2款）。出租人、承租人及次承租人的关系构造主要存在以下三个方面：

1. 就出租人与承租人之间的关系而言，承租人转租为严重违约行为，出租人有权解除合同。出租人解除合同的，同时可请求违约损害赔偿；出租人不解除合同的，租赁关系仍然有效，并不因承租人的转租而受影响。

2. 就出租人与次承租人之间的关系而言，次承租人并不能根据转租合同对抗出租人。在出租人解除租赁关系时，出租人可以直接向次承租人请求返还租赁物。此时，次承租人可以要求承租人承担使用收益不能或权利瑕疵担保义务违反的违约责任。若出租人不解除租赁合同，能否直接向次承租人请求返还租赁物，尚有争议。不少学说参考我国台湾地区的学说，认为此时的次承租人相当于承租人的履行辅助人，次承租人的占有使用收益并非不法，在承租人尚拥有租赁权的情况下，出租人并不能直接向次承租人请求返还租赁物。[60] 或者认为，出租人不得径直请求次承租人返还占有，而只能请求次承租人将租赁物返还给承租人。租赁合同解除后，如果次承租人此时仍占有租赁物，出租人可以依据物权请求权请求次承租人返还租赁物。[61] 但从占有保护角度言，是否具有此等返还请求权，仍可进一步商榷。不适法转租的次承租人的占有权原来自承租人与次承租人的转租合同，而不是来自承租人的租赁权；转租合同效力与次承租人的占有权原之间并没有必然联系（未经同意转移转租之情形，出租人若解除租赁合同，此时转租合同虽然并不因此无效，但次承租人亦丧失其占有权原）。虽然租赁合同并未被解除，但转租可能会造成租赁物损耗及损害风险之增大，出租人作为所有权人时，对于此等损耗或损害风险可能性加大之情形，特定情形亦可能符合排除妨碍、消除危险请求权之构成要件（《民法典》第237条）。出租人可据此请求返还租赁物或请求将租赁物返还给承租人。

3. 就承租人与次承租人之间的关系言，是否经过出租人的同意并不影响转租合同本身的效力。而且，出租人知道或者应当知道承租人转租，但是在6个月内未提出异议的，视为出租人同意转租（《民法典》第718条）。该规定被认为是一项法律关于沉默的意思表示的特殊规定，被认为是《民法典》第140条第2款所谓的“沉默只有在有法律规定、当事人约定或者符合当事人之间的交易习惯时，才可以视为意思表示”的具体体现。[62]

对于默示同意转租之情形，《民法典》第718条为出租人设置了6个月的异议期间。因未经同意的转租，出租人享有解除权；而解除权的行使亦受到一年除斥期间的限制（《民法典》第564条）。两者之间如何协调，应当作适当分析。解除权行使的一年期间经过，或者是承租人催

---

〔59〕 周江洪：《关于〈民法典合同编〉（草案）（二次审议稿）的若干修改建议》，载《法治研究》2019年第2期。

〔60〕 韩世远：《合同法学》（第2版），高等教育出版社2022年版，第435页。

〔61〕 谢鸿飞、朱广新主编：《民法典评注：合同编　典型合同与准合同》（第2册），中国法制出版社2020年版，第235页。

〔62〕 黄薇主编：《中华人民共和国民法典解读：合同编》（下册），中国法制出版社2020年版，第822～823页。

告出租人后在合理期限内仍不行使的，出租人依《民法典》第716条享有的解除权亦消灭。此时，解除权除斥期间同样可以产生类似《民法典》第718条对于次承租人同样的保护。那么，《民法典》第718条规定的6个月异议期间的规范意义何在？实际上，《民法典》第718条“视为同意”的法律构造，除了具有排除《民法典》第716条第2款的解除权以外，还会发生因“视为同意”而直接转换为“经同意的转租”产生的诸多法律效力，如前述清偿代位之可能性等。而依《民法典》第564条，除斥期间的经过，仅能产生解除权消灭之结果，并不能产生“经同意的转租”的法律效力。也正是在这点上，《民法典》第718条具有其独立的规范意义。[63]

思考｜默示同意转租中的异议期间与未经同意转租时的出租人解除权

异议期间和解除权除斥期间的起算问题，可能会成为争议的问题。《民法典》第716条第2款之解除权的除斥期间，依《民法典》第564条，自出租人知道或应当知道解除事由时起算，一般应理解为知道或者应当知道转租时起算；因此其与《民法典》第718条的异议期间起算点实质上相同，两者均采纳了主观标准的起算点。关于异议期间与解除权除斥期间的协调，有观点认为，此时首先要厘清“解除事由”的含义；该观点认为，就转租而言，此处的解除事由不仅仅是承租人转租的事实，而且需要该事实是违法的，即未经出租人同意。而在默示同意的场合，未经出租人同意，应指经过异议期间，出租人仍未为异议表示；异议期间未经过之前，不能当然认为转租就是违法的；并因此而认为，违法转租解除权的除斥期间起算点应当在异议期间经过之后开始，而不是从出租人知道或应当知道转租事实时就开始计算。在异议期间内出租人明确表示异议的，除斥期间终止，解除期间开始计算。[64] 但本书认为，若如此理解，就会导致出租人若依《民法典》第716条第2款行使解除权，需进行异议通知和解除通知的双重通知、需先提出异议才得以行使、不适法转租情形出租人的解除权是否发生受到限制的不妥当结论。《民法典》第718条规定的6个月异议期间，只是为了避免法律关系和法律秩序的不稳定性，赋予次承租人适当保护而已，而并不是表明“转租原则上为适法，除非出租人在六个月提出异议”——若如此解释，关于转租规制的立法目的将会被根本动摇。因此，本书认为不适法转租情形的解除权除斥期间计算，仍然应以知道或者应当知道转租时起计算。异议期间与除斥期间的交错，并不会成为问题：6个月的异议期间经过后，已产生“视为同意”之效果，出租人并不符合《民法典》第716条第2款“未经同意转租”的前提条件，此时出租人并不享有解除权。从这层意义上来说，《民法典》第716条的6个月异议期间，实际上限缩了不适法转租情形解除权行使的期间。

---

〔63〕《民法典》第718条源于2009年《城镇房屋租赁司法解释》第16条；2009年《城镇房屋租赁司法解释》规定，“出租人知道或者应当知道承租人转租，但在六个月内未提出异议，其以承租人未经同意为由请求解除合同或者认定转租合同无效的，人民法院不予支持”。司法解释当年之所以规定该条文，主要是因为对未经同意的转租合同的效力采纳了无效说的观点，致使大量转租合同因没有取得明确的出租人同意证明而面临被认定无效的巨大风险，司法解释因而作出上述规定予以缓和，旨在平衡出租人、承租人和次承租人利益，维护交易安全和交易秩序。参见最高人民法院民法典贯彻实施工作领导小组主编：《中华人民共和国民法典合同编理解与适用（三）》，人民法院出版社2020年版，第1504～1505页。但在《民法典》背景下，擅自转租并不妨碍承租人与次承租人之间的合同效力，故与当时司法解释的旨趣不同；而且，与司法解释消极性地不支持无效认定相比，《民法典》更是以积极的默示同意构成来规定出租人在特定期限内未表示异议的效力；因此，有必要对《民法典》该规范的独立价值做简单分析。

〔64〕谢鸿飞、朱广新主编：《民法典评注：合同编　典型合同与准合同》（第2册），中国法制出版社2020年版，第243页。

（二）租赁的转让

租赁转让，指承租人将租赁权和租赁义务转让给第三人，承租人退出租赁关系，转让后，租赁关系仅存在于受让人与出租人之间。在比较法立法例上，有不少立法对租赁的转让作出特别规定。例如，《瑞士债法典》第263条就营业场所的租约转让作出规定，经出租人书面同意，可以向第三人转让租约；且出租人仅在有正当理由的情况下，才能拒绝同意租约之转让；租约转让后，第三人代位承租人；承租人对于出租人的义务被解除，但承租人与第三人承担连带责任，直到租约到期，或者第三人根据租约或者法律之规定解除租约；但无论何种情形，承租人的连带责任最多不超过两年。《日本民法典》第612条则将其与转租一并规定，未经出租人承诺，不得让与其租赁权，或转租租赁物。但我国《民法典》租赁合同章对租赁转让未作明文规定。若是概括继受（由第三人代位承租人），则依《民法典》第555条之规定，需经出租人之同意。即使并非概括继受，而仅是租赁合同项下的债权移转，依《民法典》第545条的规定，结合未经同意转租的立法态度以及租赁合同性质的解释，可认为依其性质不得转让，但出租人予以承诺的除外。[65] 未经出租人同意的，转让行为不发生效力：在承租人即转让人与受让第三人之间因承租人不能将租赁移转给受让人，受让人可以向承租人请求损害赔偿；在承租人与出租人之间，承租人的转让行为构成重大违约，出租人可以解除合同，并可请求赔偿损害；在受让人与出租人之间，出租人对占有租赁物的受让人可请求返还租赁物，受让人不得对抗出租人。

（三）所有权变动不影响租赁

"买卖不破租赁"，指的是在租赁期间租赁物的所有权变动并不导致租赁关系的解除。通常认为，"买卖不破租赁"是近代法发展的产物。大多数学者认为，罗马法仍采纳"物权优于债权""买卖破坏租赁"的规则，并不存在"买卖不破租赁"规则，因为租赁合同所产生的是债权，作为债权人的承租人不能以其依据租赁合同所享有的债权来对抗租赁物新的所有权人，新的所有权人基于物的追及权，可以驱逐承租人而夺回标的物。虽然为了保护处于弱势地位的承租人，"买卖破坏租赁"规则的适用受到了一定的限制，但总体而言，罗马法并没有采纳"买卖不破租赁"的规则。《德国民法典》起草过程中，对于是否采纳"买卖不破租赁"的规则，亦有争议，但最终生效的《德国民法典》第566条确立了"买卖不破租赁"的规则，并被当作强化承租人保护、通过私法实现社会任务要求的表现之一。[66] 《民法典》第725条承继原《合同法》第229条，规定了"买卖不破租赁"规则，即"租赁物在承租人按照租赁合同占有期限内发生所有权变动的，不影响租赁合同的效力"。

在我国法体系中，"买卖不破租赁"规则具有以下特点：(1)适用对象较广。有的立法例将该规则的适用仅限于不动产的买卖，而《民法典》规定的对象是"租赁物"，既包括不动产，也包括动产。[67] (2)适用范围较广。"买卖不破租赁"并不限于买卖，而是针对"所有权变动"的所有情形。因此，在因互易、赠与、继承等导致所有权变动的情况下，租赁合同的效力亦不受影响。(3)《民法典》在原《合同法》基础上增加了"按照租赁合同占有期限内"的要件，适当限缩

---

〔65〕 王轶等：《中国民法典释评：合同编·典型合同》（上卷），中国人民大学出版社2020年版，第433页。

〔66〕 王利明：《论"买卖不破租赁"》，载《中州学刊》2013年第9期。

〔67〕 学说上有主张将其限缩为"不动产"的观点，参见王利明：《合同法》（下册），中国人民大学出版社2021年版，第130页。

了“买卖不破租赁规则”的适用范围。通常认为，此时的法律构成是合同地位承受说，〔68〕其实质在于租赁物的新所有权人承受原出租人的地位。但也存在物上之债说、〔69〕“原租赁合同当事人约束说”、对抗模式说、有权占有说、并存债务承担说等诸多学说主张。〔70〕较之《民法典》第725条“不影响租赁合同的效力”的表述，《城镇房屋租赁司法解释》第14条“租赁房屋在承租人按照租赁合同占有期限内发生所有权变动，承租人请求房屋受让人继续履行原租赁合同的，人民法院应予支持”的表述，更为清晰地表明，标的物新的所有权人继受了原出租人的合同地位——《民法典》第725条的“不影响租赁合同的效力”。从其逻辑上来说，租赁合同的效力，无论是有效还是无效的效力问题，抑或租赁合同上的权利义务关系约束及其义务违反时的救济等，并不会因所有权变动而受到影响。这里的“不影响租赁合同的效力”，不仅指承租人得依租赁合同消极地对抗新的所有权人，新的所有权人不得依物权效力驱逐承租人；而且亦得以向新的所有权人积极主张其租赁合同上的权利义务；其实质是契约地位的承受。

当然，“买卖不破租赁”规则亦存在适用之例外，尤其是与抵押权、查封等相关时。《民法典》第405条规定，“抵押权设立前，抵押财产已经出租并转移占有的，原租赁关系不受该抵押权的影响”。抵押权，重点在于抵押物的交换价值；而租赁关系，其重点在于物的使用收益；两者之间并不矛盾。该条并未规定抵押权实现后是否影响租赁关系。抵押权的实现，无论是折价、变卖或拍卖，都会产生所有权的变动，此时当依《民法典》第725条，当然亦不影响租赁合同之效力，逻辑上无须区分抵押权设立的先后。但抵押物上存在的租赁关系，在抵押权实现过程中，有时候会影响到标的物交换价值实现的高低或者标的物拍卖变卖的难易度等，对于抵押权人的利益及承租人对于租赁物是否存在抵押的登记信赖亦应作出适当协调。对此，《城镇房屋租赁司法解释》第14条就城镇房屋租赁的“买卖不破租赁”规则作出了补充解释，即“租赁房屋在承租人按照租赁合同占有期限内发生所有权变动，承租人请求房屋受让人继续履行原租赁合同的，人民法院应予支持。但租赁房屋具有下列情形或者当事人另有约定的除外：（一）房屋在出租前已设立抵押权，因抵押权人实现抵押权发生所有权变动的；（二）房屋在出租前已被人民法院依法查封的”。

值得注意的是，原《合同法》第229条只规定了租赁期间发生所有权变动不影响租赁合同效力，并未规定承租人占有要件。我国台湾地区“民法”债编修正时，在其第425条明确增加了“承租人占有中”之限定。因租赁并未公示，受让人可能无从知道租赁合同的存在，为受让后免遭不测损害，《民法典》第725条亦导入了占有的要件，即要求“按照租赁合同占有期限内发生所有权变动”。当然，关于该要件，学理上仍可做进一步思考，特别是要考虑其与用益物权设定之间的平衡问题。依《民法典》第323条规定，可以在他人所有的动产或不动产上设定用益物权。但用益物权的设定，即使是不动产上用益物权的设定，也并非都要求登记或转移占有。例如，土地承包经营权自土地承包经营权合同生效时设立；互换转让时，才是未经登记不得对抗善意第三人（《民法典》第333条、第335条）。对于动产用益物权的设定，《民法典》并未规定具

〔68〕　周江洪：《买卖不破租赁规则的法律效果——以契约地位承受模式为前提》，载《法学研究》2014年第5期。

〔69〕　谢鸿飞、朱广新主编：《民法典评注：合同编　典型合同与准合同》（第2册），中国法制出版社2020年版，第243页；雷秋玉：《租赁权对抗效力的民法解释论：基于民法体系方法的批判与修正》，载《法学家》2019年第5期。

〔70〕　周江洪：《买卖不破租赁规则的法律效果——以契约地位承受模式为前提》，载《法学研究》2014年第5期。

体的做法。此等情形,同样会涉及潜在的受让人的保护问题,但《民法典》并未规定类似“登记”“占有”等限定要件。因此,是否所有标的物的“买卖不破租赁”均需具备“占有期间”这一限定条件,仍有进一步商榷之可能。

拓展 | “买卖不破租赁”的法律效果及出租人地位之保留〔71〕

《民法典》第725条确立的是“契约地位承受模式”,并非消极的承租人对抗模式。应确立租赁标的物所有权变动的通知义务,以保障承租人的知情利益。原出租人预先收取租金时,应肯定标的物交付后受让人对于原出租人的不当得利返还请求权或返还原物请求权,承租人则得以对原出租人的清偿对抗受让人的租金请求。出租人预先出让了将来租金债权时,在解释论上应肯定将来债权受让人的优先性,标的物受让人所受的不利益则通过其他制度予以救济。对于出租人地位保留的问题,应认为未经承租人同意的保留不生其效力,但在立法论上可以考虑有条件地肯定其效力。押租金的问题,则应坚持押租金契约的从属性,新所有权人的押租金返还义务并不以是否受有现实转交为条件。

关于契约地位承受的例外,我国司法实务中也关注到了出租人与承租人对此作出的特别约定,认为承租人与出租人约定不要求受让人继续履行的,应从其约定。但是,若标的物出让人和受让人约定,标的物出让人仍然保留其出租人的契约地位,又该如何处理?在产权式公寓的交易中,会出现原不动产所有人将其已出租的不动产分散出售给不同的业主,但同时与各业主约定,由其保留出租人的契约地位之情形。对于不拥有不动产管理经验的众多小业主来说,交给拥有不动产管理经验的原业主打理,可能对其更为有利。当然,这一功能完全可以通过签订委托管理合同加以实现,但在一些特殊的情形,特别是租赁不动产信托让与情形,乃是以信托受让人不负修缮义务或费用偿还义务等出租人义务为前提的,委托管理合同难以实现这一功能,因此存在由原所有人保留出租人地位的需要。或者是为了快速回收资金之需要,将已出租之标的物再行“融资租赁”,将标的物出售给融资租赁公司后逐年回购,同时约定由原出租人保留出租人之地位。为维持经营等的连续性,此种运营模式亦不是没有可能。不仅如此,在一些民事关系中,当事人也可能出于某种原因约定由原出租人保留作为出租人的契约地位。而在虚拟式或产权式商铺销售过程中,为促进销售,开发商通常会在出让商铺前签订商场整体租赁合同,然后再出售给投资者,并以回租的方式或者是约定保留出租人地位的方式,由开发商保留其出租或转租的权利。在租赁不动产流动化、证券化交易中,也存在类似的现象。例如,取得流动化对象的租赁不动产标的物受让人多为人数众多而分散的小业主,并将其份额权信托给信托银行,小业主自己并不行使该不动产的管理、租赁等,而是在出让人(出租人)、受让人(小业主)和信托银行之间达成由出让人保留出租人地位的合意。关于租赁标的物出让人与受让人合意的效力,学理上存在诸多争议。有学说认为,仅仅移转物权但保留标的物上的债权,在理论上是完全可能的,但同时认为其实质上导致了承租人地位发生了变化,即由承租人变成了次承租人,与所有权变动时的出租人地位承受所要求的维持原有的实质关系不符,使得承租人因标的物出让人与受让人的合意而处于不利之地位。据此,不动产原所有权人与新所有权人之间关于由出让人保留出租人地位的合意,应为

---

〔71〕 周江洪:《买卖不破租赁规则的法律效果——以契约地位承受模式为前提》,载《法学研究》2014年第5期。

无效。出租人地位的保留,被认为其实质是标的物受让人与出让人之间构成租赁关系,出让人(原出租人)与承租人构成转租关系。但从法理逻辑及我国司法实践来看,即使标的物受让人与出让人之间的出租人地位保留合意可以视为实质上的租赁关系,亦不能当然地推出原租赁关系变为转租关系。原因在于,因《民法典》第725条之规定,标的物受让人因所有权变动与承租人形成租赁关系;若将出租人地位保留合意作为租赁关系的合意对待,则势必构成"一物二租"之局面。对此,《城镇房屋租赁司法解释》第5条的规定可资参考,即"一房数租"而数承租人均要求履行时,应当依据"合法占有""登记备案""合同成立时间"的顺序确定"履行合同的承租人"。依此理解,若将出租人地位保留合意视为租赁关系,"履行合同的承租人"也只能是原先的承租人。标的物出让人与受让人关于保留出租人地位的合意并不能使原先的承租人成为次承租人,亦即双方的合意对承租人不生效力。

因此,若交易实践中需要保留出租人地位,在现行法律层面只能适用《民法典》第555条的概括转让规则,应取得承租人的同意。当然,若仅仅需要由原出租人来行使管理权限,也可以通过标的物受让人与出让人之间的委托合同予以处理。在授权原出租人管理后,若标的物受让人再行出让标的物,无论其委托合同是否由新的标的物受让人承受,依《民法典》第725条之规定,由新的标的物受让人继受出租人地位,在新的标的物受让人与承租人之间形成租赁关系。

当然,若政策论上认为应当推进不动产等租赁标的物流动化、证券化,进而有必要承认出租人地位保留对于承租人的效力,则可以对此作出特别规定,以回避《民法典》第555条的同意要件,但应采取措施使得承租人免遭不利。总之,一方面试图借助不动产之所有与利用的分离以实现不动产所有权价值的最大化,另一方面又试图确保承租人法律地位的安定及对租赁制度本身的信赖,以免给不动产租赁市场造成不良影响,两者之间的平衡已构成不动产租赁制度的现代课题之一。该课题的方向之一,在立法论上可考虑在肯定由标的物受让人当然承受的基础上,适当承认其例外。对此,《日本民法典》第605条之2对"不动产出租人地位之移转"作出了专门规定。其第2款规定,"不动产让与人及受让人,作出旨在保留出租人地位于让与人处及旨在由受让人对让与人出租其不动产之合意时,出租人地位不移转至受让人。于此情形,让与人与受让人或其承继人间之租赁终止时,保留于让与人处之出租人地位,移转至受让或其承继人"。

(四)"买卖不破租赁"与租金的预收、将来租金债权的出让

关于契约地位承受时租金债权的处理,其难点在于原出租人预先收取了将来租金或者以将来债权让与的方式将租金债权出让给第三人时的法律构成。[72]

1. 租金的预收

出租人预先收取租金之情形下,依《民法典》第579条,承租人亦得以其预先支付租金(清偿)对抗新所有权人之租金请求权。就租赁物出让人与受让人之间的关系言,在我国司法实践中,有不少判决积极肯定了受让人对于出让人预先收取租金的请求权。在法律构成上,若原出租人与标的物受让人之间构成买卖合同关系,依《民法典》第321条及第630条之体系性解释,买卖标的物交付于受让人后,受让人即取得买卖合同上的孳息收取权,出让人虽然在预先收取

---

[72] 周江洪:《买卖不破租赁规则的法律效果——以契约地位承受模式为前提》,载《法学研究》2014年第5期。

租金时有租赁合同基础,但因标的物的交付而丧失其对于法定孳息的收取权原。受让人因标的物之交付而享有租金收取权(即使所有权未发生变动),其请求权基础在于买卖合同之效力。受让人对于标的物交付后已发生之租金(分离后的孳息),须依第 235 条(返还原物请求权)之规定或第 460 条(善意占有人之返还)之规定或第 985 条(不当得利)之规定,要求返还所收取的租金及其孳息(租金的利息)。另外,若认为《民法典》第 725 条的租赁关系承受发生于所有权变动之时,则受让人依租赁关系产生的租金请求权从所有权发生变动时始得产生,出让人依原租赁关系的租金请求权自所有权发生变动时起消灭,受让人对于出让人预先收取的租金享有不当得利返还请求权,其租金收取日期以所有权变动之时开始计算。对于标的物交付与所有权变动这两个时间节点,本书认为,依《民法典》第 725 条及第 721 条,所有权发生变动后,即使标的物未曾交付,受让人亦成为新的出租人,承租人负有向出租人支付租金的义务,受让人据此享有租金收取权。但与此同时,若标的物在所有权变动前已交付的,在所有权变动前,买受人虽然不享有租赁合同上的租金收取权,但依《民法典》第 630 条,有权向出卖人(原出租人)请求已收取之租金孳息,在所有权变动后,买受人自身即享有租金收取权,对于出卖人(原出租人)已收取之租金孳息享有不当得利返还请求权。无论何种情形,标的物交付后的租金孳息都应归属于买受人。但是,若所有权变动在先、标的物交付在后,依《民法典》第 725 条及第 721 条,受让人据此取得作为新出租人的租金收取权,但因《民法典》第 630 条之规定,其在交付之前得以收取的孳息应当归属于出卖人(原出租人),出卖人(原出租人)无须向买受人给付标的物交付之前已收取的相应租金。当然,对于标的物为动产之情形,依《民法典》第 224 条规定,除非存在所有权保留等特殊情形,所有权变动时间多与交付时间相一致,并不存在上述因标的物交付与所有权变动时点不同而产生的孳息收取权归属问题。而且,在动产租赁之情形,可通过《民法典》第 227 条规定的指示交付的方式以代替现实交付,标的物交付与所有权变动的时点也是一致的。

另外,若出让人未告知已预先收取租金,受让人亦无从得知,致使受让人以不合理价格购买了特定期间内不享有收益权能的标的物,亦可类推买卖合同瑕疵担保之规定,以标的物交换价值的降低构成瑕疵为由,要求出让人承担违约责任。同理,类推适用恶意抗辩规则,若受让人订立合同时知道或应当知道瑕疵的存在,则不能依此要求出让人承担瑕疵担保责任。而且,若受让人订立合同时知道或应当知道出让人已预先收取租金,若非当事人另有约定,则可视为在考量交易价格时已预先对此作了衡量,构成当事人交易之基础,进而亦不能要求出让人依不当得利返还已预先收取之租金。

2. 预先出让将来租金债权

出租人预先出让将来租金债权之情形,所涉主体更多,法律关系更为复杂。在租赁关系中,若出租人以将来租金债权为标的先行出让、而后又因所有权变动发生契约地位的承受时,将来债权让与所涉及的利益关系并不限于将来债权的出让人、受让人和债务人,尚包括承受了原契约地位的租赁物受让人。其间,不仅仅涉及将来债权是否可以让与的法律判断,尚面临现行法律规范体系下的多重考量。

债权让与遵循的是意思主义规则。若采该解释,则将来租金债权,自当事人合意时起即时移转,该让与一经通知对承租人亦发生效力。当然,除非承租人放弃期限利益,租金债务以后付为原则(《民法典》第 721 条),租金随着租赁物的使用收益相应地产生。因此,即使让与了将来租金债权,就未实际发生的租金,债权受让人尚不得请求支付。就租金债权言,因租赁物的所有权变动而发生租赁关系承受,将来租金债权受让人与租赁物受让人之间构成"债权二重让与"的对抗关系。此时,因《民法典》并未采取法国、日本等国的通知对抗主义做法,除非是保理合同中的债权让与等特殊情形(《民法典》第 768 条),则应依让与时间先后顺序为标准,在时间上劣后的租赁物受让人,并不能对抗在先的将来租金债权受让人,第二受让人纵属善意亦不能取得债权。依此,应由将来债权受让人收取租金。但对于承租人而言,依《民法典》第 546 条规定,受通知时才对其发生债权让与效力。若将来租金债权的让与未经通知债务人或劣后于标的物所有权变动的通知,则承租人对标的物受让人负有租金支付义务。而将来租金债权受让人与出让人之间的关系,则依原因行为(买卖、赠与等)的法律原理解决。

当然,有观点主张将来债权让与的效力,并不及于出让人地位变动后才实际发生的债权。其主要理由是,就标的物转让时尚未发生的租金,因债权尚未实际发生,将来租金债权的受让人尚未取得实际的债权。由于作为将来债权让与基础的处分权,乃是立基于发生债权的契约地位,因此,将来债权让与的效力,原则上应限于将来债权出让人处分权所及范围。将来债权出让后,该将来债权的出让人的契约地位发生变化时,出让人的处分权并不及于地位变动后发生的债权。从这层意义上说,将来债权让与原因行为虽然并不会因为出让人地位的变动而受有影响,但在"债权变动"方面,则有其效力边界所在。若该解释得以成立,即使出租人出让了将来租金债权,在因适用《民法典》第 725 条发生契约地位承受时,其"债权变动"效力亦无法及于标的物出让后才实际发生的租金。将来债权的受让人仅能取得标的物出让前已实际发生的租金。但是,本书并不赞同上述观点。原因在于,标的物受让人承受的是原出租人的契约地位,而原出租人已处分了基于该契约所生之将来债权,标的物受让人正是以此为前提承受了原出租人的契约地位。因此,将来债权让与的效力亦及于承受了该契约地位的租赁标的物受让人,并不能说原出租人对将来实际发生的债权不享有处分权。

将来租金债权让与之情形,就标的物出让后才实际产生的租金,无论是归属于承受了契约的标的物受让人,还是归属于将来债权之受让人,在理论上都是可以成立的,也都有利益衡量上的基础。但从债权让与的制度体系来看,租金债权的处分不仅关涉债权让与制度,亦与债权质、租金债权与承租人债权的抵销、租金债权的扣押与执行、基于租赁标的物抵押权的物上代位对租金债权的扣押等制度相关,若以利益衡量为由肯定标的物受让人的优先权,不仅会从本质上否定将来债权的可让与性,而且也会导致债权让与何时发生效力的标准陷入混乱,将极大地动摇与债权处分相关的制度根基。而且,即使从利益衡量的角度来看,对于标的物受让人可能遭受的不利益,标的物受让人尚可以通过事先调查、对恶意串通型的将来债权让与主张无效、受欺诈时行使撤销权、向标的物出让人追究违约责任或缔约过失责任等加以回避。而对于将来债权受让人来说,令其预测租赁标的物的将来出让并采取回避措施,是非常困难的。

(五)房屋承租人的优先购买权与优先承租权

1. 房屋承租人优先购买权概述及特点

出租人出卖租赁房屋的,应当在出卖之前的合理期限内通知承租人,承租人享有以同等条件优先购买的权利(《民法典》第 726 条)。承租人的优先购买权虽限于房屋租赁,但可类推适用于其他不动产。[73] 房屋承租人的先买权主要功能在于维持和巩固财物使用状态，减少因主体变更所引致的使用调整成本。[74] 在我国，房屋承租人优先购买权是特定历史背景下的产物，可追溯至1950年的《东北城市房产管理暂行条例》。最高人民法院也曾致函最高人民法院东北分院就优先购买权等作出解答（最高人民法院《解答关于处理房户行使优先购买权案件发生疑义的问题的函》，1952年5月17日，法监字第8012号）。从中华人民共和国成立之初开始，“维护承租人生产和生活的稳定性”这一精神一直是解释承租人优先购买权的主要理由。[75] 当然，在《民法典》编纂过程中，亦有不少学者提出应当废除或抛弃房屋承租人优先购买权制度，[76] 但未被采纳，《民法典》承继了原《合同法》规定。

关于房屋承租人优先购买权的法律规定，我国法体系经历了从物权性先买权向形成权逐步转变的制度变迁过程。已失效的《城市私有房屋管理条例》第11条曾规定，“房屋所有人出卖租出房屋，须提前三个月通知承租人。在同等条件下，承租人有优先购买权”。原《民法通则意见》第118条也曾规定，“出租人出卖出租房屋，应提前三个月通知承租人，承租人在同等条件下，享有优先购买权；出租人未按此规定出卖房屋的，承租人可以请求人民法院宣告该房屋买卖无效”。原《合同法》第230条则规定，“出租人出卖租赁房屋的，应当在出卖之前的合理期限内通知承租人，承租人享有以同等条件优先购买的权利”，《民法典》承继了这一规定。《民法典》颁布后修正的《城镇房屋租赁司法解释》则在原司法解释的基础上，规定了“出租人与抵押权人协议折价、变卖”时的优先购买权。从制度变迁来看，房屋承租人优先购买权的权利内容不断弱化。例如，房屋承租人优先购买权适用场景逐步缩小，房屋按份共有人行使优先购买权或者出租人将房屋出卖给近亲属的，被排除在外；限定承租人优先购买权的行使时间，即房屋承租人优先购买权应在合理期限内行使。出租人履行通知义务后，承租人在15日内未明确表示购买的，视为承租人放弃优先购买权（《民法典》第726条第2款）；出租人与第三人之间的买卖合同，并不因承租人行使优先购买权而无效。[77]

房屋承租人的优先购买权具有以下特性：（1）法定性。承租人的优先购买权是法律直接规定的权利，当事人无须在合同中加以约定。当然，在《民法典》编纂过程中，亦有学者建议应当规定约定优先购买权。[78] 另外，有学说认为，该规范为强制性规范，不得以协议的方式变通。[79] 但本书认为，若出租人和承租人事先约定排除了承租人的优先购买权，应尊重其意思自治，不应否定其效力。（2）附条件性。该权利的享有以同等条件为前提，并非无条件地享有优先购买权。（3）专属性。该权利专属于承租人，承租人的继承人等不享有此权利。次承租人是否享有优先购买权，尚有争议，实务中有部分判决认为次承租人享有优先购买权。亦有学说认

---

〔73〕 李永军：《合同法》（第6版），中国人民大学出版社2021年版，第337页。

〔74〕 常鹏翱：《论优先购买权的法律效力》，载《中外法学》2014年第2期。

〔75〕 王利明：《合同法研究》（第2版第3卷），中国人民大学出版社2015年版，第325页。

〔76〕 戴孟勇：《论〈民法典合同编（草案）〉中法定优先购买权的取舍》，载《东方法学》2018年第4期；周江洪：《关于〈民法典合同编〉（草案）（二次审议稿）的若干修改建议》，载《法治研究》2019年第2期。

〔77〕 王轶等：《中国民法典释评：合同编·典型合同》（上卷），中国人民大学出版社2020年版，第470～471页。

〔78〕 戴孟勇：《民法典中优先购买权制度的体系设计》，载《华东政法大学学报》2017年第5期。

〔79〕 谢鸿飞、朱广新主编：《民法典评注：合同编　典型合同与准合同》（第2册），中国法制出版社2020年版，第302～303页。

为，在转租的场景，优先购买权应当由实际占有和租用房屋的次承租人来行使。其理由是，这样才能有效地发挥本制度保护承租人之生产、生活稳定性的规范目的。[80] 但本书认为，优先购买权除了维护生产生活稳定性的规范目的，首先仍然是租赁合同框架内的安排。即使是适法转租之情形，次承租人与出租人之间并无租赁合同关系，次承租人并不能享有此等权利。而且，该权利亦不得由次承租人代位承租人行使，否则不符合债权人代位权之构成要件。原因在于，次承租人的债权，并不会因为承租人怠于行使优先购买权而受影响。第四，适用范围的限定性。并不是任何租赁都存在优先购买权，优先购买权仅针对房屋租赁而言。

2. 房屋承租人优先购买权的行使

房屋承租人优先购买权的行使，需符合"同等条件"的限制。房屋承租人优先购买权的行使，乃是为了在不损害出租人实质利益的前提下维护承租人的生活或生产的稳定，因此应当符合"同等条件"。对于"同等条件"，存在绝对同等说、相对同等说、价格同一说等诸多学说。有法院判决指出，"同等条件主要指价格、价款的给付时间、给付方式等，第三人的出价条件优于承租人时，承租人没有优先购买权"；[81] 学理上则认为，虽然"同等条件"主要指的是价格条件，但并非绝对的价格同一说，而是需综合考虑价格的多少、付款期限的长短、一次性支付还是分期付款、有无担保等因素。[82] 除价格条件外，还应当适当考虑租赁物使用方式或使用用途、环境因素、品牌效应、无形资产的增值以及其他可能影响出租人经济利益的因素。[83] 另外，如果出租人基于某种特殊原因给予买受人优惠的价格，而此种优惠能以金钱计算，则应折合成金钱加入价格同一的判断之中。

思考｜承租部分房屋的承租人在出租人整体出卖房屋时是否享有优先购买权

优先购买权的行使，会涉及承租部分房屋的承租人在出租人整体出卖房屋时是否享有优先购买权的问题。对此，最高人民法院《关于承租部分房屋的承租人在出租人整体出卖房屋时是否享有优先购买权的复函》（[2004]民一他字第29号）指出，处理此类案件，可以从以下两个方面综合考虑：第一，从房屋使用功能上看，如果承租人承租的部分房屋与房屋的其他部分是可分的、使用功能可相对独立的，则承租人的优先购买权应仅及于其承租的部分房屋；如果承租人的部分房屋与房屋的其他部分是不可分的、使用功能整体性较明显的，则其对出租人所卖全部房屋享有优先购买权。第二，从承租人承租的部分房屋占全部房屋的比例看，承租人承租的部分房屋占出租人出卖的全部房屋一半以上的，则其对出租人出卖的全部房屋享有优先购买权；反之则不宜认定其对全部房屋享有优先购买权。对此，有学说积极肯定，认为承租人的优先购买权的规范目的在于维护承租人在租赁房屋上的生产生活秩序的稳定性，以及保持交易后房屋的使用价值。如果承租人所租用房屋占总体的比例较小，其主张行使优先购买权，很可能有违诚实信用原则。如果承租人所租用的部分与出租人拟出卖的整体之间存在比较明显

〔80〕 王轶等：《中国民法典释评：合同编·典型合同》（上卷），中国人民大学出版社2020年版，第473页。

〔81〕 杨某丽诉中州泵业公司优先购买权侵权纠纷案，载《最高人民法院公报》2004年第5期。

〔82〕 崔建远：《合同法》（第4版），北京大学出版社2021年版，第506页；黄薇主编：《中华人民共和国民法典解读：合同编》（下册），中国法制出版社2020年版，第838页。

〔83〕 王利明：《合同法》（下册），中国人民大学出版社2021年版，第123页。

的不可分性和使用功能整体性，支持承租人的优先购买权有助于更好地维系生产、生活秩序。承租人承租的部分房屋占出租人出卖的全部房屋一半以上的，则可以根据一般生活经验推定具备功能上的不可分性和整体性。而且，承租人行使优先购买权是以同等条件购买为前提的，并不会损害整栋建筑的市场售价，不会损害出租人的利益。[84]

拍卖程序中的承租人优先购买权行使，与通常的出卖相同。拍卖程序亦无妨承租人行使优先购买权。但与通常的买卖不同，拍卖是一种特殊的缔约方式，若允许承租人在拍卖程序完成后行使优先购买权，将导致通过拍卖所缔结的合同处于不稳定的状态，亦会冲击拍卖规则，使得《拍卖法》为竞买人设定的权利形同虚设。为此，《民法典》第727条规定了拍卖情形中承租人优先购买权的程序性保障，让优先购买权人参与到竞拍程序中来，通过程序安排来保障承租人的优先购买权，"出租人委托拍卖人拍卖租赁房屋的，应当在拍卖五日前通知承租人。承租人未参加拍卖的，视为放弃优先购买权"。在司法实践中，对于司法拍卖，也形成了较为稳定的保障承租人优先购买权的做法。最高人民法院《关于人民法院民事执行中拍卖、变卖财产的规定》(2020年修正)第11条规定，"人民法院应当在拍卖五日前以书面或者其他能够确认收悉的适当方式，通知当事人和已知的担保物权人、优先购买权人或者其他优先权人于拍卖日到场。优先购买权人经通知未到场的，视为放弃优先购买权"。同时在其第13条规定，"拍卖过程中，有最高应价时，优先购买权人可以表示以该最高价买受，如无更高应价，则拍归优先购买权人；如有更高应价，而优先购买权人不作表示的，则拍归该应价最高的竞买人。顺序相同的多个优先购买权人同时表示买受的，以抽签方式决定买受人"。虽然《民法典》第727条规定的是"委托拍卖"之情形，但司法拍卖的相关做法亦可参照适用。

除了拍卖，实践中也可能出现租赁物被设定抵押之情形。抵押权实现中的承租人优先购买权如何处理，也会成为实践中的问题之一。对此，《城镇房屋租赁司法解释》第15条规定，"出租人与抵押权人协议折价、变卖租赁房屋偿还债务，应当在合理期限内通知承租人。承租人请求以同等条件优先购买房屋的，人民法院应予支持"。抵押权实现程序中折价、变卖房屋，在可能影响承租人生产生活稳定性方面，与通常的买卖并无不同，作为《民法典》第726条的当然解释，对此作出明确。值得注意的是，与"买卖不破租赁"规则的适用不同，承租人行使优先购买权与否，并不会影响抵押权所注重的交换价值的高低，因此，抵押权设立时间并非房屋承租人优先购买权保护考虑的因素，不论抵押权成立在租赁合同成立前或成立后，承租人均得以行使优先购买权。但就城镇房屋租赁的"买卖不破租赁"规则的适用，因是否"带租赁"实现抵押权，会影响到抵押标的物的交换价值，同时兼顾承租人及抵押权人的信赖和可预见性，依《城镇房屋租赁司法解释》第14条，房屋在出租前已设立抵押权，因抵押权人实现抵押权发生所有权变动的，承租人请求房屋受让人继续履行原租赁合同并不能得到法院的支持。

3. 房屋承租人优先购买权的例外

房屋承租人优先购买权亦会受到限制，特别是有可能受到其他相关制度的影响或者受到伦理政策等的影响而排除承租人优先购买权。依《民法典》第726条，房屋按份共有人行使优

---

〔84〕 王轶等：《中国民法典释评：合同编·典型合同》(上卷)，中国人民大学出版社2020年版，第472页。

先购买权或者出租人将房屋出卖给近亲属时，排除房屋承租人优先购买权。

共有包括按份共有和共同共有。《民法典》在吸纳司法解释规定的同时，将 2009 年《城镇房屋租赁司法解释》第 24 条规定的“房屋共有人行使优先购买权”时排除承租人优先购买权的规则修改为“按份共有人行使优先购买权”时排除承租人优先购买权的规则。其主要理由是，在共同共有关系中，房屋出租人未经全体共有人同意不得出售该共有房屋，共同共有人无行使优先购买权之必要。而在按份共有关系中，若房屋出租人所占份额超过 2/3，则有权决定出售该共有房屋，此时必然会对其他按份共有人的利益造成一定影响。[85]《民法典》第 305 ~ 306 条也规定了按份共有人的优先购买权。本书认为，其实质并非如此。按份共有人行使的优先购买权，并非租赁物出让时的优先购买权，而是按份共有人转让不动产或动产份额时的份额优先购买权，与《民法典》第 726 条规定的承租人对租赁物的优先购买权并不相同，两者之间并不会发生冲突：按份共有人转让其份额时，其他共有人享有优先购买权，但承租人就该份额转让并不享有优先购买权；按份共有人依《民法典》第 301 条转让共有的不动产或动产时，《民法典》物权编共有部分并未规定其他共有人的优先购买权，而此时承租人则享有优先购买权。因此，从这一层意义上来说，《民法典》第 726 条规定的“按份共有人的优先购买权”，若理解为“份额的优先购买权”，则本身与房屋承租人的优先购买权无涉，按份共有人行使份额优先购买权时，并非租赁物的出卖，承租人此时本身不存在优先购买权，“按份共有人行使优先购买权”时排除承租人优先购买权，亦是当然之理，《民法典》第 726 条并无专门规定之必要。若将《民法典》第 726 条理解为赋予按份共有人独立于份额的优先购买权（《民法典》第 305 条、第 306 条），其实质就是认为，法律赋予按份共有人的优先购买权，亦是基于生产生活秩序稳定和标的物使用价值最大化的考虑，此时按份共有人优先于承租人，更能实现此等价值。若是得以如此解释，《民法典》第 726 条赋予按份共有人非份额的优先购买权，却不赋予共同共有人同样的优先购买权，其逻辑上并不自洽。也正因如此，《民法典》第 726 条关于按份共有人的优先购买权究竟是份额的优先购买权还是租赁物的优先购买权，特别是按份共有人是否享有份额优先购买权以外的优先购买权以及该优先购买权是否优先于承租人，仍有待学说和司法实践进一步明确。对此，有释义书认为，两者并不会真正发生冲突，当设计按份共有人的优先购买权时，此时讨论的是份额买卖问题，根本不会触发承租人的优先购买权。但同时又认为，仅从结果上来看，确实是按份共有人的优先购买权可以优先行使。故《民法典》第 726 条将按份共有人行使优先购买权作为承租人行使优先购买权的例外，直接在条文文字层面点明此点，从而避免实践中引发不必要的争议。[86] 该观点实际上主张的是《民法典》第 726 条规定的是份额的优先购买权，而并非租赁物的优先购买权。但亦有观点主张该条赋予按份共有人优先失于承租人的优先购买权，其认为，“虽然相关释义书表明，民法典是意图选择前者，其实后者思路也许更为科学合理，且也更符合第 726 条的文义表述”，依第 726 条的文义，系“出租人出卖租赁房屋时，房屋按份共有人可以行使优先购买权，并优先于房屋承租人的优先购买权”。依字面所指，此时乃“出售房屋”，而非“出售房屋份额”，故并无依据认为，此时能够发生《民法典》第 305 条的按份共有人

〔85〕 黄薇主编：《中华人民共和国民法典解读：合同编》（下册），中国法制出版社 2020 年版，第 839 页。
〔86〕 黄薇主编：《中华人民共和国民法典解读：合同编》（下册），中国法制出版社 2020 年版，第 839 页。

优先购买权。[87] 但如前所述，区别于此情形的按份共有与共同共有并不具有合理性，且从利益衡量上来说，按份共有人优先抑或承租人优先仍有再考之余地。因此，本书主张《民法典》第726条只不过是表明按份共有人享有份额优先购买权，并不会与承租人优先购买权冲突，并非表明按份共有人享有共有房屋的优先购买权且优先于承租人。

近亲属之间的买卖，因具有浓厚的人身、伦理色彩，与基于市场交易规则的普通买卖存在较大的不同。出租人将房屋出售给近亲属，通常会存在情感关系的考虑，房屋承租人行使优先购买权的前提"同等条件"，在此时很难做出判断。故此种情形的交易，亦排除了房屋承租人的优先购买权。

另外，出租人履行通知义务后，承租人在15日内未明确表示购买的，视为承租人放弃优先购买权。这主要是基于不动产交易秩序和交易安全所做的考虑，[88] 其实质是通过优先购买权行使期间的限制来达成出租人、承租人和买卖合同的买受人之间的利益平衡。

实践中，房屋承租人优先购买权是否需以出租人与第三人的合同有效为前提，亦有争议。对此，有民事裁定书认为优先购买权人的优先购买权以协议书有效为前提，在协议书已经被认定无效时，优先购买权存在的基础已不存在，其主张的优先购买权不能成立。[89]

4. 房屋承租人优先购买权的性质及法律效力

房屋承租人行使优先购买权的法律效果，与该优先购买权的性质定位息息相关。关于承租人优先购买权的性质，学界和实务界多有争议，[90] 本书将其定位为形成权。

房屋承租人行使优先购买权，承租人与出租人（出卖人）之间成立房屋买卖合同。优先购买权行使只需承租人单方意思表示即可，无须出租人之承诺。此时，承租人与出租人之间存在买卖合同，出租人与第三人之间亦存在买卖合同，故会形成一物二卖的关系。出租人为避免此种情形的违约，可与第三人特别约定承租人行使优先购买权时的处理方式，如双方之间的买卖合同因承租人行使优先购买权而解除，或者以承租人不行使优先购买权为生效条件等。

出租人与第三人之间的买卖合同不因承租人行使优先购买权而无效。《民法典》第728条规定，"出租人未通知承租人或者有其他妨害承租人行使优先购买权情形的，承租人可以请求出租人承担赔偿责任。但是，出租人与第三人订立的房屋买卖合同的效力不受影响"。该条规定了优先购买权受妨碍之情形，出租人与第三人之间的买卖合同效力不受影响，这意味着承租人只能请求出租人承担赔偿责任而不能要求确认出租人与第三人之间的买卖合同无效。之所以效力不受影响，其主要原因在于买卖合同的效力自有其判断逻辑和规范依据，即使是无处分权人处分之情形，作为负担行为的买卖合同本身亦不受影响；更何况承租人的优先购买权并未否定或限制出租人的处分权，并不能据优先购买权受妨碍而确认合同无效。同理，在承租人行使优先购买权之情形，亦不影响出租人与第三人订立的房屋买卖合同的效力。当然，若出租人

---

〔87〕 张鹏：《民法典背景下我国优先购买权制度内涵——兼评最高人民法院实施民法典相关司法解释的修订》，载《东方法学》2022年第1期。

〔88〕 黄薇主编：《中华人民共和国民法典解读：合同编》（下册），中国法制出版社2020年版，第840页。

〔89〕 上海浦润装潢有限公司与上海市纺织原料公司等承租人优先购买权纠纷再审案，最高人民法院（2013）民申字第1301号民事裁定书。

〔90〕 例如，有学说认为是请求权，参见王利明《合同法》（下册），中国人民大学出版社2021年版，第122页；黄薇主编：《中华人民共和国民法典解读：合同编》（下册），中国法制出版社2020年版，第841页。

与第三人之间构成恶意串通损害第三人利益的，则依《民法典》第 154 条，其法律行为无效。但出租人与第三人之间订立房屋买卖合同，并不当然构成恶意串通损害第三人利益。

依《民法典》第 728 条，出租人妨害承租人行使优先购买权的，承租人可以请求出租人承担赔偿责任。从理论上来说，若认为该优先购买权为形成权，因形成权通常不会遭受侵害，承租人在优先购买权得以行使的期限内仍然可依单方意思表示行使优先购买权。实践中，对于出租人未通知承租人而妨碍承租人行使购买权之情形，亦有法院明确支持承租人要求确认同等条件下优先购买权的诉请。[91] 若出租人未通知承租人或有其他妨害行为，承租人不会因此遭受损害。若承租人得知出租人出卖或其他妨害行为消除后承租人得以行使优先购买权，可以参照适用《民法典》第 726 条第 2 款之规定，承租人在 15 日内未明确表示购买的，视为其放弃优先购买权，对承租人并不会造成损害；若是承租人在合理期限内行使了优先购买权，则出租人与承租人之间形成买卖合同关系，出租人未能履行该买卖合同的，应当承担买卖合同上的违约责任。但《民法典》第 728 条的损害赔偿责任，显非此等买卖合同上的违约损害赔偿责任。若认为《民法典》第 728 条确立了独立于优先购买权行使后违约损害赔偿之外的损害赔偿责任，一种可能的解释是《民法典》第 726 条规定的租赁合同上通知义务违反引起的损害赔偿责任，而不是优先购买权受侵害引起的损害赔偿；另一种可能的解释是出租人与承租人缔结买卖合同之前的先合同义务违反引起的损害赔偿责任，两者均非优先购买权受侵害的赔偿责任。从这层意义上来说，其损害赔偿的范围亦当适当限缩，应以信赖利益的赔偿为限。[92] 当然，因优先购买权的定位素有争议，关于《民法典》第 728 条的损害赔偿请求权的性质，亦可做进一步探讨。

5. 房屋承租人优先承租权

《民法典》第 734 条第 2 款规定，租赁期限届满，房屋承租人享有以同等条件优先承租的权利。规定优先承租权的目的，也旨在维护承租人生产生活秩序的稳定。尤其是长期承租某房屋作为经营之用或作为居住之用时，承租人就周边环境之间已形成较为稳定的生产和生活秩序，就特定环境和地段已形成稳定的客户流等情形，若动则搬迁，对于承租人和社会资源均是重大的浪费。关于优先承租权的性质，与承租人优先购买权类似，也存在请求权抑或形成权的争议。[93] 此处持形成权说。同等条件的判断等，亦可参考优先购买权的相关原理。

思考 | “租赁期限届满”的优先承租权是否可能

值得注意的是，优先购买权的行使，乃是出租人与承租人之间的租赁合同未因期限届满而失去其效力时行使，原则上应在租赁期限内行使。若期限届满，除非承租人继续使用租赁物、

〔91〕 山东蓝星玻璃（集团）有限公司、刘某现房屋买卖合同纠纷案，山东省威海市中级人民法院（2021）鲁 10 民终 756 号民事判决书。

〔92〕 有学说认为，此处赔偿的范围为实际损失，即优先购买权人要获得类似房屋所多支出的价款损失，以及在购买房屋过程中支出的费用损失，参见黄薇主编：《中华人民共和国民法典解读：合同编》（下），中国法制出版社 2020 年版，第 843 页。

〔93〕 另外，亦有学说指出，我国现行法制中的优先承租权实际上以预租权（Anmietrecht）为常态，与德式的优先承租权（Vormietrecht）同名不同质。参见袁野：《房屋租赁中的优先承租权》，载《苏州大学学报（法学版）》2020 年第 1 期。

且出租人亦未提出异议(《民法典》第734条第1款),租赁合同因期限届满而失去其效力,承租人亦因此丧失承租人资格,故亦不再享有优先购买权。但就优先承租权而言,《民法典》第734条第2款要求“租赁期限届满”,房屋承租人才享有优先承租权,其逻辑和行使方式有待进一步厘清。一旦履行期限届满,除非符合《民法典》第734条第1款规定的不定期租赁,此时的“承租人”已无法依租赁合同占有使用收益房屋,实际上已不再是“承租人”,出租人将房屋出租于第三人,与原先的承租人并无瓜葛,原先的承租人亦不能因此主张承租人才得以享有的优先承租权;在司法实践中,亦有法院认为租赁合同因合同期限届满而终止,在该合同终止时,双方就续租问题并无达成新的合同,承租人的优先承租权随着案涉租赁合同的终止而自然丧失。[94]而对于符合《民法典》第734条第1款规定的不定期租赁而言,此时虽为不定期租赁,除非出租人或承租人任意解除不定期租赁,否则出租人将房屋出租于第三人,会构成“一屋二租”,若因此妨碍承租人的占有使用收益,出租人应当承担违约责任,此时亦不会有所谓的“优先承租权”。若严格依文义言,只有在租赁期间届满前,出租人与第三人达成了待原租赁合同届满后即出租于第三人之情形,承租人在届满的同时立即行使优先承租权,始有所谓的“优先承租权”的实现。逻辑上虽说如此,但立法目的显非如此,否则如何实现保护作为弱势群体[95]的承租人的利益?为此,一种可能的合理解释是,除非到期后明确表示不续租的,在履行期限届满后的一定期限内,若出租人再出租该房屋,应当赋予原先的承租人优先承租权。但就该期限的长短而言,若过长,则影响出租人之利益,过短,则无法保护承租人之利益,如何判断合理期限,其难度较大。在具体解释论上,或许有人会认为可以参照优先购买权之行使。在租赁期限届满后15天内,承租人未明确表示续租的,视为放弃优先承租权;若租赁期限届满后承租人继续使用出租人表示异议的,该期限则是出租人异议后的15天。但是,此种解释无法合理说明的是,若出租人在该15天内未与第三人达成租赁协议的,承租人行使优先承租权的条件并不具备,亦无法行使优先承租权。出租人就可能待15天经过后始与第三人达成租赁协议,以回避优先承租权。但15天的期限是否合理,仍然有必要回到出租人和承租人利益平衡角度予以判断。另外一种可能的解释是,《民法典》第734条的“租赁期限届满”,并非承租人行使优先承租权的前提条件,而是指,因承租人行使优先承租权使得原租赁期限届满后承租人仍然是新租赁合同的承租人,而关于优先承租权的行使期限,该条并未作出规定,仍需依其他规范或法理予以判断。基于上述考虑,关于优先承租权的行使,因其与优先购买权并不完成相同,仍有必要进一步思考。

(六)承租人与妨碍其使用收益之人的关系

通常来说,承租人因租赁合同而产生的对租赁物的占有使用收益为债权,并不具有物权的对世性。在权利瑕疵之情形下,若因第三人主张权利,致使承租人不能对租赁物使用、收益,承租人可以要求减少租金或者不支付租金(《民法典》第723条)。但并非权利瑕疵之情形的,若

〔94〕 李某帆与广州市白云区建发装饰工程部优先承租权纠纷上诉案,广州市中级人民法院(2011)穗中法民五终字第3024号民事判决书。

〔95〕 有学说认为,该条规定的优先承租权应理解为一种形成权,是在保护弱势群体的理念之上对于承租人优先承租权利的强化。参见黄薇主编:《中华人民共和国民法典解读:合同编》(下册),中国法制出版社2020年版,第853页。

第三人妨碍承租人占有使用收益，基于出租人具有维持用益的义务，承租人则可以请求出租人排除他人之妨碍。此等排除妨碍的请求，承租人能否代位行使，应依《民法典》第 535 条能否扩张适用而定。从《民法典》第 535 条较之原《合同法》及其司法解释扩张债权人代位权适用范围的变迁过程来看，应当认为在第三人妨碍租赁物使用收益之情形亦得以扩张适用。此外，《民法典》第 462 条规定了占有人的原物返还请求权、排除妨害或消除危险的请求权以及损害赔偿请求权。若第三人侵害承租人的占有，承租人亦可能因此而享有此等权利。

拓展 | 第三人致害租赁物的法律关系分析

第三人致害租赁物时，在合同关系内，若租赁合同仍然存续，应将维修义务视为出租人的主给付义务，承租人可要求其履行。若租赁合同解除，则出租人应赔偿承租人损失。在合同关系外，出租人可基于其所有权向第三人行使恢复原状请求权及损害赔偿请求权，所赔损失应包括租赁物的价值贬损、丧失的租金利益以及对承租人承担的解约赔偿金。在承认承租人可向第三人行使代位性权利的同时，也应承认其基于占有或租赁权产生的请求权。在综合行使各种请求权时，应注意损害是否具有同质性。租赁物受损，出租人与承租人因此提出的恢复原状及维修费用赔偿请求权，即具有同质性，满足其一即可。但租赁物价值贬损及承租人因合同解除遭受的损害为个人特别损害，应分别行使请求权。[96]

（七）共同居住人与共同经营人

承租人在房屋租赁期限内死亡的，与其生前共同居住的人或者共同经营人可以按照原租赁合同租赁该房屋（《民法典》第 732 条）。就共同居住人或共同经营人的保护而言，房屋租赁合同也因此兼具利益第三人合同之属性。有观点将其扩张为“事实生活关系”的共同居住人亦享有该权利，也有的认为至于共同居住的人或者共同经营的人与承租人之间是否具有亲属关系或者继承关系，在所不论。但本书认为，不应对出租人的处分权限、出租权限造成过分限制，这里的“共同居住的人”应做限缩解释，即仅指与承租人共同生活的近亲属，包括配偶、父母、子女、兄弟姐妹、祖父母、外祖父母、孙子女、外孙子女。另外，“按照原租赁合同租赁该房屋”，是指按照原来的租赁条件进行租赁，即租金数额不变、租期不变。但在程序上，仍然需要通过协议进行租赁合同主体变更手续，将承租人变更为共同居住者或共同经营人。值得注意的是，共同经营人是否限于自然人，亦有必要作进一步说明。《民法典》第 732 条前半句的“死亡”表明，作为共同经营人的死者应当是自然人；但从理论上来说，自然人与法人或非法人组织亦可能进行共同经营，此时应当属于生产生活关系秩序稳定的保护范畴之内，法人或非法人组织应当享有按照原租赁合同租赁该房屋的权利，可以根据具体情形参照适用《民法典》第 732 条规定。

---

〔96〕 朱晶晶：《第三人致害租赁物的法律关系分析》，载《晋阳学刊》2014 年第 3 期。

第四节 租赁合同的终止

一、租赁合同终止的原因

作为有偿使用收益类合同的典型代表的租赁合同的持续性特点等决定了租赁合同的终止具有不同于其他典型合同的特点。租赁合同的终止原因主要有以下几个方面：

1. 租赁期限届满，除非承租人继续使用且出租人没有提出异议的，租赁合同终止（《民法典》第733条、第734条）。实践中，亦有承租人主张租赁合同到期后出租人怠于行使出租人权利收回租赁物而导致损失扩大的问题，但法院裁判依出租人未提出异议的继续使用作为有效的不定期租赁处理。例如，“祝某鹏、于某晓等房屋租赁合同纠纷民事申请再审案”中，承租人主张，“（出租人）于某晓其早已明知源华公司已处于不经营的状态，按照一般情理，其有询问乳山源华纤维制品有限公司是否需要续租的义务，对于其怠于行使权利导致的损失部分没有权利向任何人主张”，对此，法院审查后援引原《合同法》第236条（《民法典》第734条）认为，“源华公司作为涉案房屋的承租方一直实际占用涉案房屋，在租赁合同期满后其未按照租赁合同约定将房屋交还给出租方而是继续占用，于某晓作为出租方未提出异议，则原租赁合同继续有效。即使于某晓知晓源华公司因故不能正常生产经营，但其也没有通知要求源华公司搬离租赁房屋的法定义务。故祝某鹏再审主张被申请人因未及时收回涉案房屋系恶意扩大损失，应承担过错责任，缺乏事实及法律依据，本院不予支持”〔97〕。

2. 解除合同。依《民法典》第557条第2款，合同解除的，该合同的权利义务关系终止。就租赁合同的解除而言，除了《民法典》合同编通则规定的法定解除、合意解除、约定解除条件、因情势变更解除等各种解除、终止制度以外，《民法典》租赁合同章对租赁合同的解除也专门做了规定。主要包括以下几种类型的解除：

（1）不定期租赁的随时解除。当事人对租赁期限没有约定或者约定不明确，依据《民法典》第510条的规定仍不能确定的，视为不定期租赁；当事人可以随时解除合同，但是应当在合理期限之前通知对方（《民法典》第730条）。不定期租赁的随时解除，是《民法典》第563条第2款规定的不定期持续性合同随时解除制度的具体化。该类解除权的目的是避免当事人无限期地受到合同约束。原因在于，任何人都不能根据合同被另一个人永久地拘束，以防止逸出个人自主决定的范围。当事人完全放弃此种解除权的约定是无效的。有学说认为，从目前的规范构成来看，不定期继续性合同中对任意解除权采取的规范技术是合理期间之前通知对方，无须承担赔偿责任。〔98〕之所以没有采纳损害赔偿构成，可能的解释在于对于不定期合同，当事人对合同期限的约束期待相对缓和，将不定期持续性合同作为一种相对非稳定的状态来对待，故只需在解除前的合理期限通知即可。但从“不定期”的角度言，当事人的意思并不一致，个别情形

---

〔97〕 祝某鹏、于某晓等房屋租赁合同纠纷民事申请再审案，山东省威海市中级人民法院（2022）鲁10民申131号民事裁定书。

〔98〕 朱虎：《分合之间：民法典中的合同任意解除权》，载《中外法学》2020年第4期。

中当事人选择“不定期”的真实意思只不过是表明当事人之间的长期合同关系，其追求的恰恰是稳定的合同关系，恰恰是当事人之间稳定的信赖关系等形成了不定期持续性关系，对于此种情形的任意解除，是否应当设置如同委托合同任意解除权行使时的损害赔偿构成，仍有进一步细分之必要，特别是在“合理期限之前通知”机制难以发挥作用之领域产生的损失，是否仍有损害赔偿请求构成的可能，仍有进一步探讨之空间。

（2）因租赁物毁损灭失不能实现合同目的引起的解除。因不可归责于承租人的事由，致使租赁物部分或者全部毁损、灭失的，承租人可以请求减少租金或者不支付租金；因租赁物部分或者全部毁损、灭失，致使不能实现合同目的的，承租人可以解除合同（《民法典》第 729 条）。该解除权，属于《民法典》第 563 条规定的法定解除权的具体化，即使并非不可抗力引起的合同目的不能实现，即使是其他不可归责于承租人的事由引起的合同目的不能实现，承租人也仍然可以解除合同。《民法典》第 563 条第 4 项中的其他违约行为致使合同目的难以实现，当然亦包括出租人的使承租人得以使用收益的义务履行出现障碍而难以实现合同目的之情形。值得注意的是，《民法典》第 729 条的合同解除，与《民法典》第 580 条规定的“司法终止”之间并无直接联系。《民法典》第 729 条乃是发生不可归责于承租人事由时的合同目的难以实现（包括履行不能）时的承租人解除权，而《民法典》第 580 条则是非金钱债务履行不能引起的所谓“合同僵局”的司法终止问题，两者之间并无关联。承租人依《民法典》第 729 条及第 565 条规定，依形成权行使的一般方式通知解除即可，无须依《民法典》第 580 条第 2 款向法院或仲裁机构申请终止合同。

（3）因租赁物危及承租人安全、健康引起的随时解除。租赁物危及承租人的安全或者健康的，即使承租人订立合同时明知该租赁物质量不合格，承租人仍然可以随时解除合同（《民法典》第 731 条）。这是承租人的特别解除权，强化了生命权及健康权的优先保护。

案　例　饶某礼诉某物资供应站等房屋租赁合同纠纷案[99]

基本案情

南昌市青山湖区晶品假日酒店（以下简称晶品酒店）组织形式为个人经营，经营者系饶某礼，经营范围及方式为宾馆服务。晶品酒店通过公开招标的方式中标获得租赁某物资供应站所有的南昌市青山南路 1 号办公大楼的权利，并向物资供应站出具承诺书，承诺中标以后严格按照权威部门出具的加固改造方案，对青山南路 1 号办公大楼进行科学、安全的加固，并在取得具有法律效力的书面文件后，再使用该大楼。出具承诺书一个月后，2011 年 8 月 29 日，晶品酒店与物资供应站签订《租赁合同》，租赁期限为 15 年，用于经营商务宾馆。《租赁合同》特别约定，“租赁物经有关部门鉴定为危楼，需加固后方能使用。晶品酒店对租赁物的前述问题及瑕疵已充分了解。晶品酒店承诺对租赁物进行加固，确保租赁物达到商业房产使用标准，晶品酒店承担全部费用”。另查明，江西省建设业安全生产监督管理站于 2007 年 6 月 18 日出具房屋安全鉴定意见，该房屋属于 D 级危房，应予以拆除。2011 年 10 月，晶品酒店将租赁的房屋发

---

〔99〕 饶某礼诉某物资供应站等房屋租赁合同纠纷案，最高人民法院指导性案例 170 号（2021 年）。

包给上海永祥进行加固改造工程;2012 年 1 月 3 日,在加固施工过程中,案涉建筑物大部分垮塌。饶某礼诉请解除租赁合同返还保证金、赔偿损失等;物资供应站反诉要求饶某礼承担侵权责任。一审法院判决解除租赁合同;二审法院维持解除合同的一审判决。双方均不服二审判决,申请再审。再审中,饶某礼将解除合同的诉讼请求变更为确认案涉《租赁合同》无效。

▌争议焦点

租赁合同解除抑或租赁合同无效

▌法院裁判

最高人民法院再审后认为,经有权鉴定机构鉴定,案涉房屋已被确定属于存在严重结构隐患、或将造成重大安全事故的应当尽快拆除的 D 级危房。本案中,有权鉴定机构已经明确案涉房屋应予拆除,并建议尽快拆除该危房的全部结构。因此,案涉危房并不具有可在加固后继续使用的情形。结合本案事实,在案涉房屋已被确定属于存在严重结构隐患、或将造成重大安全事故、应当尽快拆除的 D 级危房的情形下,双方当事人仍签订《租赁合同》,约定将该房屋出租用于经营可能危及不特定公众人身及财产安全的商务酒店,明显损害了社会公共利益、违背了公序良俗。从维护公共安全及确立正确的社会价值导向的角度出发,对本案情形下合同效力的认定应从严把握,司法不应支持、鼓励这种为追求经济利益而忽视公共安全的有违社会公共利益和公序良俗的行为。故依照原《民法总则》第 153 条第 2 款关于违背公序良俗的民事法律行为无效的规定,以及原《合同法》第 52 条第 4 项关于损害社会公共利益的合同无效的规定,确认《租赁合同》无效。关于案涉房屋倒塌后物资供应站支付给他人的补偿费用问题,因物资供应站应对《租赁合同》的无效承担主要责任,根据原《合同法》第 58 条"合同无效后,双方都有过错的,应当各自承担相应的责任"的规定,上述费用应由物资供应站自行承担。因饶某礼对于《租赁合同》无效亦有过错,故对饶某礼的损失依照原《合同法》第 58 条的规定,亦应由其自行承担。对于饶某礼向物资供应站支付的 220 万元保证金,因《租赁合同》系无效合同,物资供应站基于该合同取得的该款项依法应当退还给饶某礼。

(4)因违约或其他原因的解除。例如,《民法典》第 711 条规定了因承租人违反合理用益义务的解除,即"承租人未按照约定的方法或者未根据租赁物的性质使用租赁物,致使租赁物受到损失的,出租人可以解除合同并请求赔偿损失"。承租人未经出租人同意转租的,出租人可以解除合同(《民法典》第 716 条第 2 款)。承租人无正当理由未支付或者迟延支付租金的,出租人可以请求承租人在合理期限内支付;承租人逾期不支付的,出租人可以解除合同(《民法典》第 722 条)。非因承租人原因致使租赁物无法使用的,承租人可以解除合同,包括租赁物被司法机关或行政机关依法查封、扣押,租赁物权属有争议,租赁物具有违反法律、行政法规关于使用条件的强制性规定的情形(《民法典》第 724 条)。

值得注意的是,《民法典》第 724 条列举了"非因承租人原因致使租赁物无法使用"的三种可以解除合同的情形,并非"明示其一即排除其他"的限定,并不排除承租人基于《民法典》第 563 条等规范对租赁物无法使用之情形行使解除权。另外,租赁物具有违反法律、行政法规关于使用条件的强制性规定的情形,实践中常见的有违法建筑、不符合安全、防灾等工程建设标准等;且得以产生解除权的租赁物使用条件的规范依据,只能是“法律、行政法规”。[100] 另外,若当事人明知租赁物的使用条件存在强制性规定的限制,此时能否解除合同,常会发生争议。例如,案涉房屋无法用于商业用途,也无法作为公司注册登记地点。承租人主张,租赁合同目的无法实现而享有解除权;同时主张,无论承租人是否知道所承租房屋的使用性质,只要双方达成承租房屋用于商业经营用途的合意,在出租人提供的租赁房屋无法满足合同约定的情况下,出租人就应当承担合同责任。对此,法院判决并未明确说明承租人是否享有解除权等,而只是认为,签订案涉合同时已经知道或应当知道案涉房屋的性质,“履行案涉合同的过程中,承租人又以讼争房产不能实现合同目的等为由擅自离场、拒付租金,构成根本违约,应当承担违约责任。综合考虑案涉合同有关租金、违约责任、免租期、租期等有关约定,以及双方当事人的履行情况,二审法院判决承租人所承担的违约责任并无不当。而且,二审法院对于出租人主张的空置损失、免租期租金损失等上诉主张亦未予支持,总体上兼顾了双方当事人的利益”[101]。本书认为,即使明知租赁物存在使用条件之限制,若因此而难以达成合同目的的,除非当事人另有约定,承租人仍然享有合同解除权;而在能否因此要求承担违约责任上,则因瑕疵担保领域的“恶意抗辩规则”的适用,在明知或应知之情形,出租人并不承担瑕疵担保义务违反的责任。

另外,在住房租赁领域,比较法上亦有立法例对住房租赁合同的解约作出限制。例如,《德国民法典》第 549 条至第 577a 条,对于住房承租人利益作出了特别的关照,在特定情形排除终止合同相关规定的适用。

二、租赁合同终止的效力

租赁合同解除等导致租赁合同权利义务关系的终止(《民法典》第 557 条第 2 款),双方当事人之间的清算等,则依《民法典》第 566 条、第 567 条等规定处理。《民法典》典型合同分编租赁合同章就此亦作出了规范:

1. 承租人应当返还租赁物,返还的租赁物应当符合按照约定或者根据租赁物的性质使用后的状态(《民法典》第 566 条、第 733 条)。

2. 装修装饰的善后等恢复原状的义务。承租人未经出租人同意,对租赁物进行改善或者增设他物的,出租人可以请求承租人恢复原状或者赔偿损失(《民法典》第 715 条第 2 款)。

有学说认为,在经出租人同意而对租赁物进行改善和扩建之情形,如果当事人没有作出特别约定,承租人并不负有原状恢复义务。[102] 但在城镇房屋租赁情形,司法解释的切入点稍有不同,即承租人经出租人同意装饰装修,租赁期间届满或者合同解除时,除当事人另有约定外,未形成附合的装饰装修物,可由承租人拆除。因拆除造成房屋毁损的,承租人应当恢复原状(《城镇房屋租赁司法解释》第 8 条)。对于经过出租人同意的装饰装修,依当事人之间的违约状态的不同而规定了合同解除时的原状恢复的不同的效果。即承租人经出租人同意装饰装修,合

[100] 谢鸿飞、朱广新主编:《民法典评注:合同编 典型合同与准合同》(第 2 册),中国法制出版社 2020 年版,第 291 页。
[101] 璞园(上海)文化发展有限公司、顾某英房屋租赁合同纠纷再审案,最高人民法院(2021)最高法民申 1171 号民事裁定书。
[102] 王利明:《合同法》(下册),中国人民大学出版社 2021 年版,第 140 页。

同解除时，双方对已形成附合的装饰装修物的处理没有约定的，人民法院按照下列情形分别处理：(1)因出租人违约导致合同解除，承租人请求出租人赔偿剩余租赁期内装饰装修残值损失的，应予支持。(2)因承租人违约导致合同解除，承租人请求出租人赔偿剩余租赁期内装饰装修残值损失的，不予支持。但出租人同意利用的，应在利用价值范围内予以适当补偿。(3)因双方违约导致合同解除，剩余租赁期内的装饰装修残值损失，由双方根据各自的过错承担相应的责任。(4)因不可归责于双方的事由导致合同解除的，剩余租赁期内的装饰装修残值损失，由双方按照公平原则分担。法律另有规定的，适用其规定(《城镇房屋租赁司法解释》第9条)。在转租之情形，《城镇房屋租赁司法解释》对合同解除的效果亦作出了解释。房屋租赁合同无效、履行期限届满或者解除，出租人请求负有腾房义务的次承租人支付逾期腾房占有使用费的，人民法院应予支持(《城镇房屋租赁司法解释》第13条)。

3. 租赁合同终止后，当事人应当遵循诚实信用原则，根据交易习惯履行通知、协助、保密、旧物回收等义务(《民法典》第558条)。随着时代的发展，租赁合同终止后亦会出现一些新的义务表现形式。例如，企业商户普遍利用互联网平台或电子软件，将公司、商铺名称或主管业务及联系方式标注到网络地图上，为企业定位、品牌宣传等自身经营提供便利，租赁房屋由网络地图标注为承租人公司地址的情形也时有发生。随着社会经济的发展，附随义务应具有符合时代的内涵，租赁合同终止后，协助办理网络地图标注删除即属于承租人的附随义务，若怠于履行，势必影响出租人对房屋的使用及日常经营生活。[103]

---

[103] 顾晓威、范纪强：《租赁合同终止后删除网络地图标注的性质》，载《人民司法(案例)》2020年第14期。

第七章 融资租赁合同

20 世纪 80 年代初，融资租赁在我国的经济生活中开始出现，是外资利用的一种重要方式。比较法上，融资租赁的盛衰与税收政策、会计规则等密切相关。在我国，中小企业融资渠道的拓宽、金融监管政策的变化等与融资租赁行业的发展紧密联系。1999 年原《合同法》将融资租赁合同作为典型合同予以规定。我国的融资租赁行业得到了快速发展，但也日益面临挑战，对融资租赁的监管也日益纳入现代金融监管的范畴之中。以服务中小型企业为主的融资租赁交易，也逐步渗透至消费领域。例如，2021 年“两会”期间，汽车融资租赁行业治理成为不少代表委员关注的话题。汽车融资租赁相关的纠纷也日益增多，有相当数量案件的纠纷核心点在于混淆了融资租赁与分期付款两种购车方式。

《民法典》典型合同分编专设融资租赁合同章，在其第 735 条至第 760 条对融资租赁合同作出了规定。同时，最高人民法院也曾多次发布关于融资租赁的司法解释，分别是《关于审理融资租赁合同纠纷案件若干问题的规定》(法发〔1996〕19 号，已失效)，原《融资租赁司法解释》(法释〔2014〕3 号)以及《融资租赁司法解释》。值得注意的是，我国是在借鉴国际统一私法协会《国际融资租赁公约》和其他国家对融资租赁的定义的基础上，结合我国融资租赁界对融资租赁比较一致的看法，对融资租赁作出的规定。因此，有关融资租赁的比较法亦是理解我国融资租赁的重要参考之一。比较法上的新趋势是将融资租赁视为保留所有权交易的一种，从而纳入动产担保体系之中，属于所有权担保方式的现代形式。[1] 较之原《合同法》，《民法典》吸收了不少司法解释的规定，并进一步强化了融资租赁的担保功能，同时就融资租赁的登记作出了明确规定。当然，融资租赁交易的权利构造可以设计成“所有权 + 用益物权”模式，也可以设计成“所有权 + 租赁权”模式。这两种模式都体现了所有与利用的分离，但就承租人对租赁物的利用而言，前者属于物权性利用，后者属于债权性利用。两种建构均须公示租赁物之上的权利负担和物权变动，只不过“所有权 + 用益物权”模式中，公示的是租赁物上的他物权，间接公示租赁物上的所有权；“所有权 + 租赁权”模式中，公示的是租赁物的所有权。[2] 但从我国《民法典》现行规定来看，其规范构成多以“所有权 + 租赁权”模式展开。

---

〔1〕 黄薇主编：《中华人民共和国民法典解读：合同编》(下册)，中国法制出版社 2020 年版，第 856 页。

〔2〕 高圣平、王思源：《论融资租赁交易的法律构造》，载《法律科学(西北政法大学学报)》2013 年第 1 期。

第一节 融资租赁合同概述

一、融资租赁合同的概念与特性

融资租赁合同,是出租人根据承租人对出卖人、租赁物的选择,向出卖人购买租赁物,提供给承租人使用,承租人支付租金的合同(《民法典》第735条)。融资租赁交易关系牵涉两个合同,分别是出租人与出卖人之间的买卖合同,出租人与承租人之间的融资租赁合同,两个合同相互影响、相互作用,从而形成了一个有机的整体。例如,因融资租赁交易架构下的买卖合同无效、被撤销或被解除,且未能重新订立买卖合同,出租人或承租人均可以解除融资租赁合同(《民法典》第754条)。也正是因为两者之间的紧密关系,甚至有认为其为三方当事人的合同,但本书认为,融资租赁合同本身仍然是双方合同,是出租人与承租人之间的合同关系。

融资租赁合同,是以融物的手段实现融资的合同。该特点决定了融资租赁合同具有以下特性:

1. 融资租赁合同是财产利用型合同。从融资租赁交易的表现形式上来看,融资租赁仍然是出租人将租赁物提供给承租人使用收益,只不过是租赁物是由承租人选定并由出租人出资购买。从出租人提供资金并购入标的物提供给承租人使用角度言,承租人的使用收益,不仅是租赁物的使用,也包括了对金钱的消费使用。因此,就出租人与承租人之间的关系言,融资租赁合同既有融资的特点,又有融物的属性;[3]是以融资为目的,以融物为手段的合同。[4]

2. 融资租赁合同内容的复合性、权利义务结构的复杂性。因融资租赁交易涉及买卖合同与融资租赁合同,出租人和承租人在合同项下的权利义务关系,均因相互交错而出现了特别的权利义务构造。出租人与承租人之间的合同关系,与租赁物有偿使用收益为目的的租赁合同明显不同。即使是出租人与出卖人之间的买卖合同,在融资租赁交易架构下,其权利义务关系也不同于一般的买卖合同。融资租赁交易行为所涉及的融资租赁合同和买卖合同相互联系、相互影响,各自虽具有独立性,但又并不完全独立,而是在一定意义上以对方的存在为条件。[5]在融资租赁合同中,租赁物由承租人选择和验收,租赁物的瑕疵担保义务并非由出租人承担而由出卖人承担;融资租赁合同的租金并非租赁物使用收益的对价而是融资的对价,实际上是出租人购买租赁物的本息及合理利润;[6]出租人购买租赁物后无须承担租赁物的维修、保管义务及租赁物毁损灭失的风险;等等。

3. 融资租赁合同是双务、有偿、诺成、要式及持续性合同。有学说认为,融资租赁合同关系

---

〔3〕 王利明:《合同法》(下册),中国人民大学出版社2021年版,第143页。

〔4〕 崔建远:《合同法》(第4版),北京大学出版社2021年版,第527页。

〔5〕 黄薇主编:《中华人民共和国民法典解读:合同编》(下册),中国法制出版社2020年版,第857页。

〔6〕 但亦有观点认为,融资租赁合同中,租金大多覆盖了租赁物的购买价格,相当于租赁物所有权的对价[参见最高人民法院民法典贯彻实施工作领导小组主编:《中华人民共和国民法典合同编理解与适用(三)》,人民法院出版社2020年版,第1613页],此种观点并不准确。即使覆盖了购买价格,租金中尚包括融资租赁出租人的合理利润;而且,实践中也存在不少租金不覆盖购买价格的情形,特别是约定期满租赁物归出租人所有之情形。

牵涉三方当事人，各自承担相应的义务，体现出多务性。[7] 本书认为融资租赁合同属于双务合同。融资租赁合同双方当事人为出租人和承租人，双方互负对待给付义务，出租人负担的是依承租人之选定提供资金购买标的物供承租人使用收益（以融物为手段，以融资为目的，本质上是资金供与），承租人则负有租金给付义务，两者之间构成给付与对待给付的关系。融资租赁合同为有偿合同。对于出租人提供资金依承租人选定购买标的物供承租人使用收益，承租人需支付租金对价，故为有偿合同。融资租赁合同亦不以当事人完成特定行为或交付标的物为合同成立之要件，故为诺成合同。融资租赁合同应当采用书面形式（《民法典》第 736 条第 2 款），为要式合同。融资租赁合同为持续性合同，出租人虽不负有积极的用益维持义务，但仍负有消极的用益维持义务，该义务具有持续性特征。[8]

4. 融资租赁合同是“其他具有担保功能的合同”，是所有权担保的现代形式之一。《民法典》担保制度体现了形式主义和功能主义结合的特点。第 388 条第 1 款规定，“设立担保物权，应当依照本法和其他法律的规定订立担保合同。担保合同包括抵押合同、质押合同和其他具有担保功能的合同。担保合同是主债权债务合同的从合同。主债权债务合同无效的，担保合同无效，但是法律另有规定的除外”。其中，“其他具有担保功能的合同”就包括了融资租赁合同。《担保制度司法解释》第 1 条明确规定，所有权保留买卖、融资租赁、保理等涉及担保功能发生的纠纷，适用《担保制度司法解释》的有关规定。在关于“正常经营买受人规则”的解释中，更是明确指出，“前款所称担保物权人，是指已经办理登记的抵押权人、所有权保留买卖的出卖人、融资租赁合同的出租人”（《担保制度司法解释》第 56 条），至少在适用“正常经营买受人规则”时，将融资租赁合同的出租人视为动产担保物权人对待。在“价款担保超级优先权”领域，将融资租赁合同中的租金亦视为买卖合同中的价款对待，并得以适用《民法典》第 416 条的超级优先权规则（《担保制度司法解释》第 57 条）。同时，《担保制度司法解释》第 65 条规定，“在融资租赁合同中，承租人未按照约定支付租金，经催告后在合理期限内仍不支付，出租人请求承租人支付全部剩余租金，并以拍卖、变卖租赁物所得的价款受偿的，人民法院应予支持；当事人请求参照民事诉讼法‘实现担保物权案件’的有关规定，以拍卖、变卖租赁物所得价款支付租金的，人民法院应予准许”，进一步明确了融资租赁合同的担保功能。

拓展 | 融资租赁合同担保功能的限度[9]

融资租赁经济实质与法律形式之间的交互关系引发法律规制的难题，最典型地体现在融资租赁担保交易化的方式与限度方面。在典型交易结构下，融资租赁的融物功能附属于融资功能，具有担保交易的明显特征；但具体融资租赁交易因偏离典型结构而应归类为普通租赁。尽管担保性融资租赁与所有权保留买卖具有类似的担保交易特征，但融资租赁不具有后者的取回权机制；在与动产抵押进行规范统合时，购置款优先权规则不适用于售后回租型融资租赁。原因在

---

〔7〕 崔建远：《合同法》（第 4 版），北京大学出版社 2021 年版，第 528 页。

〔8〕 但亦有观点认为，租赁合同具有持续性特征，而融资租赁合同不具有继续性合同的特征。参见最高人民法院民法典贯彻实施工作领导小组主编：《中华人民共和国民法典合同编理解与适用（三）》，人民法院出版社 2020 年版，第 1613 页。

〔9〕 张家勇：《论融资租赁的担保交易化及其限度》，载《社会科学辑刊》2022 年第 2 期。

于，售后回租并不产生普通意义上的融物效果，仅发挥承租人自有之物的融资效用，所以，售后回租情形的融资并不具有为承租人新购资产的效果，出租人的债权不应享有新购资产价款债权的超级优先权。无论是承租人在先设定的浮动担保还是固定担保，其与售后回租形式设定的出租人所有权均应按照《民法典》第414条之规定确定优先顺序。在融资租赁合同失败的情形下，在因出租人原因致合同无效，或者承租人因出租人违约而解除合同时，租赁物归出租人所有，融资租赁担保功能应予否定；在因承租人原因致合同无效，或者出租人因承租人违约而解除合同时，融资租赁的担保功能仍应维持。正因为存在此等限度，《担保制度司法解释》将融资租赁彻底担保交易化，虽然在处理模式上更为简单明了，却丧失了应对融资租赁交易复杂性的制度灵活性，在规范适用上所引发的问题，需要在理论上作审慎评估。

二、融资租赁合同与相关合同

融资租赁合同的上述特点也决定了融资租赁合同不同于分期付款买卖合同、租赁合同、借款合同、所有权保留买卖合同等。

1. 分期付款买卖与融资租赁，都存在分期支付对价（价款或租金）的外在形式，但两者法律构造并不相同。分期付款买卖合同，是当事人特别约定以分期方式支付价金的买卖，其实质是买卖合同中附有分期支付价款的特别条款。虽然分期付款买卖亦是授予买受人一定的信用，具有一定的融资功能，但出卖人负有转移标的物所有权的义务，出卖人并不一定保留所有权，且买受人支付的对价是标的物的价款，在融资租赁合同情形出租人原则上享有标的物所有权（《民法典》第745条、第757条），只需向承租人转移租赁物的使用收益权限，且承租人支付的对价是“根据购买租赁物的大部分或者全部成本以及出租人的合理利润确定”的租金，而不是买卖标的物的价款。

2. 借款合同与融资租赁合同都存在资金融通的融资功能和目的，但两者的区别明显。两者最大的区别在于是否存在租赁物这一“介质”，借款合同并不存在租赁物。是否以融物为手段，是判断借款合同与融资租赁合同的关键点。不仅如此，融资租赁合同中出租人享有租赁物的所有权，该所有权得以担保其租金债权的实现；而借款合同本身并不具有担保功能，除非另行签订担保合同，并不存在本金及利息的担保。虽然两者都是资金的融通，但借款合同直接将资金交由借款人使用收益，而融资租赁合同中，出租人并非直接向承租人提供资金，而是通过向出卖人购买租赁物提供给承租人使用、资金作为价款支付给出卖人，进而实现对承租人的融资。

3. 所有权保留买卖与融资租赁合同亦不同。在所有权保留买卖中，在买受人付清价款或完成其他义务之前，出卖人保留标的物的所有权；而融资租赁出租人享有租赁物所有权，且在承租人付清租金或支付象征性价款等情形，租赁物的归属依当事人约定可由承租人享有租赁物所有权。不仅如此，两者均是出租人或出卖人提供了信用，具有一定的融资功能；因出卖人或出租人均保留所有权以担保其价款或租金债权的实现，均具有担保功能，均为所有权担保的形式。但是，所有权保留买卖中，买受人以取得标的物所有权为目的，支付完价款或履行完其他义务，标的物即归买受人所有；而融资租赁合同的承租人是以出租人提供资金购买标的物归自己使用收益为目的，租金给付义务履行完毕后，租赁物原则上仍归出租人所有，除非当事人另有约定(《民法典》第757条)。另外,与分期付款买卖与融资租赁合同的区别一样,买卖合同价款与融资租赁合同租金的区别亦是显而易见。

拓展 | 融资租赁合同与租赁合同之不同[10]

关于融资租赁合同与租赁合同,《民法典》均作出了定义性规定。融资租赁合同即“出租人根据承租人对出卖人、租赁物的选择,向出卖人购买租赁物,提供给承租人使用,承租人支付租金的合同”(《民法典》第735条),租赁合同则是“出租人将租赁物交付承租人使用、收益,承租人支付租金的合同”(《民法典》第703条)。据上述定义,租赁合同的本质特征在于出租人交付标的物并容忍承租人的使用收益,作为其对价,承租人支付租金。而融资租赁合同也存在使用标的物并支付租金的特性,只不过是增加了承租人对出卖人和租赁物的选择这一交易环节。至少从表面形式上看,融资租赁似乎可以构成租赁合同之一种。为此,学界也有人主张融资租赁合同是一种特别的租赁合同,[11]甚至认为,两种租赁可以相互转化,在一般的租赁中,当事人在合同中增加了融资条款,从而可以转化为融资租赁。从性质上讲,融资租赁仍然属于租赁之一种,其自身所具有的融资特点并不能改变其作为租赁合同的本质属性,法律上有关租赁合同的规则也可以准用于融资租赁合同。[12] 但本书认为,两者之间“形似神不似”,存在很大的不同。租赁合同的规则原则上并不能准用于融资租赁合同。

学说和实务关于融资租赁合同的本质多有争议,众说纷纭。[13] 近来更是认为融资租赁交易在法律结构上虽与传统的所有权担保方式存在一些差异,但其经济作用与传统的所有权担保方式并无差别,属于所有权担保方式的现代形式,融资租赁中的标的物在相当程度上承担的是担保的功能。[14] 但不可否认的是,无论采取哪种学说,均承认融资租赁合同存在信用供给的一面,是以融资为目的、以融物为手段的合同。[15] 融资的本质属性,表明其与租赁合同的根本不同。当然,强调融资属性,并不等于排除其“融物”的特性,其仍然具有标的物使用收益的要素,仍然具备一定的“租赁”属性,以区别于纯粹的典型融资——借款合同。

与租赁合同相比,融资租赁合同至少有以下不同之处:

1. 租金性质的不同。租赁合同租金是租赁标的物使用收益的对价;而融资租赁合同的租金“应当根据购买租赁物的大部分或者全部成本以及出租人的合理利润确定”(《民法典》第746条)。也就是说,融资租赁合同租金虽名为“租金”,但并非租赁物使用收益的对价,其立足于出租人为融资租赁交易投入的成本及利润,是承租人的融资对价。融资租赁合同租金的这一性质,是租赁合同所代表的有偿利用合同上的给付与对待给付所无法消解的,也决定了融资租赁合同

---

〔10〕 周江洪:《融资租赁与租赁合同的区分标准——“售后回租纠纷案”评析》,载彭诚信主编:《民法案例百选》(第2版),高等教育出版社2022年版,第393页。

〔11〕 韩世远:《合同法学》(第2版),高等教育出版社2022年版,第446页。

〔12〕 王利明:《合同法》(下册),中国人民大学出版社2021年版,第144页。

〔13〕 谢鸿飞、朱广新主编:《民法典评注:合同编　典型合同与准合同》(第2册),中国法制出版社2020年版,第383页。

〔14〕 黄薇主编:《中华人民共和国民法典解读:合同编》(下册),中国法制出版社2020年版,第856页。

〔15〕 崔建远:《合同法学》(第4版),北京大学出版社2021年版,第527页;周江洪:《融资租赁合同解除与风险负担规则并存模式之评析》,载《晋阳学刊》2015年第1期。

并非租赁合同,而只不过是借用了租赁形式的信用提供类合同。[16]

2. 租赁物毁损灭失时的租金风险分配规则不同。依《民法典》第729条规定,租赁合同价金风险由出租人承受;而依《民法典》第751条规定,承租人占有租赁物期间,租赁物毁损、灭失的,出租人有权请求承租人继续支付租金,价金风险由承租人承受。当然,在融资租赁合同中,租赁物使用与租金给付之间并不构成给付与对待给付的关系,《民法典》第751条规定并非严格意义上的风险负担规则,而只是分配租金风险的规则。[17]

3. 瑕疵担保义务及维修义务上的不同。通常来说,租赁合同出租人不仅负有权利瑕疵担保义务(《民法典》第723条)及安全健康瑕疵担保义务(《民法典》第731条),且负有物的瑕疵担保义务,负有租赁物的用益维持和修缮义务(《民法典》第708条、第712条)。但与此不同,融资租赁合同出租人只负有消极的租赁物用益维持义务(《民法典》第748条)以及有限的瑕疵担保义务(《民法典》第747条),除非依赖出租人的技能确定租赁物或者出租人干预选择租赁物,出租人就租赁物不符合约定或不符合使用目的不承担责任。租赁物的修缮也并不构成出租人的义务(《民法典》第750条)。

4. 租赁物致人损害的赔偿责任不同。一般而言,物品致人损害,若为地上工作物,物的所有人有可能承担赔偿责任(《民法典》第1252~1253条);若为机动车,所有权人也可能因过错承担责任(《民法典》第1209条)。此等物品成为租赁合同标的物时,出租人可能作为所有权人承担责任。但在融资租赁合同关系中,出租人虽然作为所有权人但并不承担责任(《民法典》第749条)。原因在于,融资租赁合同出租人并不直接选择租赁物,也不直接管理租赁物,出租人更多的只是处在提供资金的地位,其所有权更多的是保证收回投资的法律手段而已。

5. 租期限制上的不同。与租赁合同期限不得超过20年(《民法典》第705条)相比,融资租赁合同的期限并无最长20年的限制。[18]

6. 出租人所有权的定位不同。《民法典》第745条规定,“出租人对租赁物享有的所有权,未经登记,不得对抗善意第三人”。也就是说,融资租赁交易中出租人的所有权虽名为所有权,但在功能上更多的是担保功能,甚至有不少观点认为出租人所有权可定位为担保物权,[19]认为《民法典》物权编第414条规定的“担保物权”在解释上包括了融资租赁。[20] 但在租赁合同中,出租人若拥有租赁物所有权,其所有权并非担保租金债权的实现,而是在于所有权本身所具有的弹力性和复归性。不仅如此,在租赁合同中,并未要求其所有权“未经登记不得对抗善意第三人”,而是服从于传统的物权归属和对抗规则。

不仅如此,《民法典》第745条修改了原《合同法》第242条,删去了“承租人破产的,租赁物不属于破产财产”。如此一来,承租人破产时,就融资租赁租赁物,虽然有观点认为出租人的权利应依别除权处理,[21]但究竟是得以行使取回权还是得以行使别除权,势必会引起争议。而租赁

---

[16] 周江洪:《融资租赁合同解除与风险负担规则并存模式之评析》,载《晋阳学刊》2015年第1期。
[17] 周江洪:《融资租赁合同解除与风险负担规则并存模式之评析》,载《晋阳学刊》2015年第1期。
[18] 谢鸿飞、朱广新主编:《民法典评注:合同编 典型合同与准合同》(第2册),中国法制出版社2020年版,第381页。
[19] 谢鸿飞、朱广新主编:《民法典评注:合同编 典型合同与准合同》(第2册),中国法制出版社2020年版,第455页。
[20] 龙俊:《民法典中的动产和权利担保体系》,载《法学研究》2020年第6期;黄薇主编:《中华人民共和国民法典解读:合同编》(下册),中国法制出版社2020年版,第821页。
[21] 谢鸿飞、朱广新主编:《民法典评注:合同编 典型合同与准合同》(第2册),中国法制出版社2020年版,第463页。

合同中的租赁物,所有权人得以行使取回权本身不会存在争议。

7. 合同解除事由及其法律效果的区别。虽然《民法典》合同编通则规定的解除制度等,理论上也同样适用,但《民法典》对租赁合同和融资租赁合同都分别规定了解除。《民法典》第711条、第716条、第722条、第724条、第729~731条就租赁合同的解除作出了规定。而关于融资租赁合同,无论是国外立法还是融资租赁交易实践均对单方解除权作严格限制,认为具有"不可解约性"或"禁止中途解约",但我国《民法典》对此未予明确,只是在第752~754条规定了不同情形的解除权,即租金迟延时的催告解除、未经同意处分标的物时出租人的解除权、因不可归责于当事人事由合同目的难以实现时双方当事人的解除权等。

两者在合同解除事由上的定位并不相同。以租金迟延为例,租赁合同中只是规定了催告解除,并未规定加速到期问题(《民法典》第722条)。而融资租赁合同则规定了出租人可以选择租金的加速到期,而并不一定选择解除合同(《民法典》第752条)。

更为重要的是,在合同解除的法律效果上,《民法典》租赁合同章并不关注合同解除后的清算;但对融资租赁合同解除后的法律效果,《民法典》第755~758条区分了不同情形作出了细致规定,特别考虑了租赁期限届满后租赁物归属不同时的返还关系。也就是说,租赁合同解除后的法律效果,原则上依合同解除的一般规则即可;而融资租赁合同,由于出租人所有权的担保特性以及期满租赁物归属的不同而出现较多特有的清算关系,无法通过合同解除的一般规则予以处理。例如,最高人民法院《融资租赁司法解释》第11条对于解除时的损害赔偿作出了解释,特别考虑了收回租赁标的物与未支付租金之间关系、租赁物到期后的残值等,明显不同于租赁合同解除后的法律效果。

三、融资租赁合同的认定

融资租赁合同涉及复杂的权利义务结构,且与其他类型合同具有一定的相似性,实践中如何认定融资租赁合同,会产生争议。通常来说,合同性质依给付义务而定;在我国《民法典》的背景之下,各典型合同的定义,是合同性质决定的重要依据。对此,《融资租赁司法解释》第1条第1款规定,"人民法院应当根据《民法典》第七百三十五条的规定,结合标的物的性质、价值、租金的构成以及当事人的合同权利和义务,对是否构成融资租赁法律关系作出认定";而且,该条第2款规定,"对名为融资租赁合同,但实际不构成融资租赁法律关系的,人民法院应按照其实际构成的法律关系处理"。

(一)售后回租型的融资租赁

实践中,"售后回租"是否得以构成融资租赁,常会引发争议。依《民法典》第735条,融资租赁合同需存在出租人向出卖人购买租赁物的外在形态,而"售后回租"则是承租人将自有物出卖给出租人后再通过融资租赁合同从出租人处租回,并不存在外在的作为出卖人的第三人。但从本质上来看,"售后回租",并不妨碍承租人通过融物的手段实现融资的目的,仍然具备融资租赁合同的一般特征,只不过与通常的融资租赁不同,其租赁物本为承租人自己所有而已;但此种情形亦符合《民法典》第735条规定的根据承租人对出卖人、租赁物的选择(承租人指定自己为出卖人并指定自有物为租赁物而已)的特点。《民法典合同编(草案)》(一审稿)第526条曾规定此类售后回租型的融资租赁,直至《民法典(草案)》均予以保留。但2020年5月22

日全国人民代表大会删去了该款规定。[22] 但在我国的融资租赁行业内,售后回租型融资租赁交易是融资租赁交易实践中的重要模式之一,甚至有人判断其为我国融资租赁行业的主要模式之一。[23] 对此,《融资租赁司法解释》第 2 条明确规定,“承租人将其自有物出卖给出租人,再通过融资租赁合同将租赁物从出租人处租回的,人民法院不应仅以承租人和出卖人系同一人为由认定不构成融资租赁法律关系”。虽然司法解释强调了“自有物”,但售后回租的标的物,并不限于承租人现实拥有的物。只要是得以特定,即使是未来财产,也可以作为融资租赁的标的物。同时,在售后回租交易中,标的物是应登记才取得物权的,应分别不同的情形不同处理:若承租人对标的物已办理了所有权登记的,融资租赁公司应办理转移登记;若标的物尚不具备登记条件,承租人并未办理登记手续的,融资租赁公司可以不办理转移登记,但在标的物具备登记条件时,融资租赁公司应当办理所有权登记。在售后回租中,如果是依交付而取得标的物物权的,融资租赁公司自无必要办理所谓转移登记手续。[24] 但根据《民法典》第 745 条规定,所有权未经登记不得对抗善意第三人。

（二）融资租赁标的物价值与融资租赁关系的认定

实践中,融资租赁标的物,特别是售后回租标的物的价值,也会影响到融资租赁关系的认定,尤其是严重高估租赁物价值,或者是租金过高的情形,很有可能被认定为名为融资租赁、实为借贷的合同。例如,价值 1000 元的设备估值 1000 万元作为标的物进行售后回租,其实质是融资之实;或者是以一台报废机器作为融资租赁的标的物售后回租,其实质上亦可能构成借款合同。另外,也有法院判决认为,“虽然案涉当事人签订《回租租赁合同》《回租买卖合同》,但根据原《合同法》第 237 条关于‘融资租赁合同是出租人根据承租人对出卖人、租赁物的选择,向出卖人购买租赁物,提供给承租人使用,承租人支付租金的合同’的规定,以及原《融资租赁司法解释》第 1 条关于‘人民法院应当根据《合同法》第二百三十七条的规定,结合标的物的性质、价值、租金的构成以及当事人的合同权利和义务,对是否构成融资租赁法律关系作出认定。对名为融资租赁合同,但实际不构成融资租赁法律关系的,人民法院应按照其实际构成的法律关系处理’的规定可知,认定融资租赁法律关系需要对几项重要参考因素加以考量,即标的物的性质、价值、租金的构成以及当事人的合同权利和义务。售后回租是指租赁物本身是承租人所有的,承租人为了实现其融资目的,将该物的所有权转让给出租人,再从出租人处租回的交易方式。本案中,《回租买卖合同》项下的租赁物(胜利宾馆)出让价仅为 3.5 亿元,明显低于其实际价值 6 亿元,故一审法院认定长城租赁公司、大通租赁公司与胜利宾馆之间不存在真实的融资租赁关系,而实质上成立了民间借贷法律关系并无不当,本院对此不持异议”。[25] 但值得注意的是,租赁物的残值较大之时,租金的构成并不覆盖购买租赁物的大部分或全部成本,不宜仅据此而否定融资租赁交易法律关系的构成。此时,租金应为购买租赁物的全部成本除去残值,应付租金与租赁物的经济摊销期限具有对应关系。因此,该案中的出让价,其实质是融

[22] 谢鸿飞、朱广新主编:《民法典评注:合同编　典型合同与准合同》(第 2 册),中国法制出版社 2020 年版,第 380 页。

[23] 涂咏松、邵彤程:《“民法典”时代售后回租的困境与突破》,载《山东警察学院学报》2020 年第 4 期。

[24] 谢鸿飞、朱广新主编:《民法典评注:合同编　典型合同与准合同》(第 2 册),中国法制出版社 2020 年版,第 407 页。

[25] 天津市市政建设开发有限责任公司、天津胜利宾馆有限公司融资租赁合同纠纷案,最高人民法院(2020)最高法民终 1154 号民事判决书。

资成本,并不一定涵盖租赁物的全部价值,只要融资成本与租金之间得以构成对价关系即可,以售后回租的出让价与标的物实际价值之间的不对等性为由否定其融资租赁属性,仍有商榷之余地。

(三)"融物"要素与融资租赁合同的认定

融资租赁是融资与融物的结合,因此,是否存在融物的要素以及标的物的性质,也会影响到融资租赁合同的认定。通常认为,融资租赁的标的物应当为非消耗物。[26] 对此,上海法院2014年度发布的金融商事审判十大典型案例之八"甲租赁公司诉乙餐饮管理公司等融资租赁合同纠纷案"中明确指出,融资租赁是融资与融物的结合,如果缺失"融物"要素,则不成其为融资租赁。融资租赁法律关系,系以融资为目的,其法律属性仍系租赁法律关系之一种。在租赁法律关系中,承租人合同主要义务之一为依约返还租赁物,故依融资租赁合同的法律性质,其标的物应具备适于租赁的特性,即合同期限届满时,具有返还原物的可能性。若按标的物的特性,正常使用情况下,其标的物在期限届满时已经无返还可能性的,则此种消耗品不能作为融资租赁交易之标的物。虽然《民法典》第758条第2款规定"当事人约定租赁期限届满租赁物归出租人所有,因租赁物毁损、灭失或者附合、混合于他物致使承租人不能返还的,出租人有权请求承租人给予合理补偿"。但此条款仅是规定了租赁物无法返还时的救济途径,并不意味着不具备租赁特性的物可以成为融资租赁的标的物。

若仅具有融资属性,但缺失融物属性时,并不构成融资租赁合同。例如,承租人选定设备后与出租人签订融资租赁合同,出租人直接与供货人签订买卖合同,但出租人与供货人并未履行买卖合同,而由出租人直接将资金交付承租人。其实质是虚构了买卖合同以取得融资,以虚构的融物方式来实现形式意义上的融资租赁。对此,《民法典》第737条规定,"当事人以虚构租赁物方式订立的融资租赁合同无效"。此种情形下,融资租赁合同虽然无效,但并不妨碍其掩盖的真实法律关系的效力,仍不妨碍其构成借款合同。同样地,签订融资租赁合同的双方当事人未对租赁物进行明确约定,出租人即将资金直接支付给承租人,租金的约定亦仅考虑利息因素;尽管订立融资租赁合同时双方有履约目的,但出租人签约后未依约购买租赁物而是将资金直接支付给承租人;出租人与承租人订立租赁合同,但该合同中并未就租赁物名称、数量、规格等做出具体明确约定,亦未约定由何方向供货人购置租赁物,而是出租人将资金直接支付给承租人,由承租人自行购买租赁物等,均由于缺乏"融物"属性而不构成融资租赁合同,而应归入借款合同之列。另外,以售后回租为名,行借款之实,无实际租赁物,也应当认定为借款合同。司法实践中,对此也明确指出,"融资租赁是融资与融物的结合,如果缺失'融物'要素,则不成其为融资租赁。如租赁物所有权未从出卖人处移转至出租人,应认定该类融资租赁合同没有融物属性,系以融资租赁之名行借贷之实,应按照借款合同的性质判断合同效力,进而确定各方当事人的权利义务"[27]。同样地,对于所有权并未移转至出租人,所涉租赁物仍然登记

---

〔26〕 周江洪:《关于〈民法典合同编〉(草案)(二次审议稿)的若干修改建议》,载《法治研究》2019年第2期。

〔27〕 2020年度上海法院金融商事审判十大案例之八:甲融资租赁公司与乙置业公司等借款合同纠纷案,上海市高级人民法院(2017)沪民初1号民事判决书,最高人民法院(2020)最高法民终359号民事裁定书。

在第三方名下之情形，司法实践也认为，双方之间不构成融资租赁合同关系。[28]

拓展 | 融资租赁物的范畴厘定

实践中，融资租赁标的物的适格性常会发生争议，融资租赁物范畴的厘定是我国融资租赁规制的重要手段之一。《融资租赁公司监督管理暂行办法》（银保监发〔2020〕22号）第7条规定，“适用于融资租赁交易的租赁物为固定资产，另有规定的除外。融资租赁公司开展融资租赁业务应当以权属清晰、真实存在且能够产生收益的租赁物为载体。融资租赁公司不得接受已设置抵押、权属存在争议、已被司法机关查封、扣押的财产或所有权存在瑕疵的财产作为租赁物”。对此，有学说认为，首先，根据《企业会计准则第4号——固定资产》规定，固定资产是为生产商品、提供劳务、出租或经营管理而持有的，且使用寿命超过一个会计年度的有形资产。融资租赁物需为固定资产的限制，实际上将无形资产、投资性房地产、生物资产、作为存货的有形资产以及其他使用寿命短于一个会计年度的有形资产排除在适格融资租赁物的范围之外，其对适格融资租赁物的解释空间可谓颇为狭窄。“权属清晰”通常为融资租赁公司对标的物选择的内部风险管理基本原则，将其作为判断标的物是否是适格融资租赁物的标准似有不妥，即使物上存有抵押或查封保全等权利负担与瑕疵，出租人亦有可能取得该物之所有权（如将来物作为直接融资租赁标的物前已设定动产浮动抵押，但按照动产浮动抵押制度规则，出租人嗣后仍然可以取得该标的物之所有权）。换言之，风险承受能力的高低理应由企业结合自身运营状况进行把控，融资租赁物风险大小与收益高低常相匹配，物上权利负担或瑕疵的存在不涉及标的物适格与否之根本。因此，明确禁止融资租赁物上存有权利负担实无必要，自有其他民法规则对其进行调整，因而徒有画蛇添足之嫌。该学说认为，融资租赁在当代中国的发展轨迹和偏向与金融监管的政策背景以及各行业融资困局紧密相关，其在国内的兴盛与该行业的本质优势实无多大关联，更多是原有融资通道堵塞后的产品替代，且较好地利用了临时监管制度缺漏，多数交易系试图通过或有或无的形式上的融资租赁物实现本质上的资金融通目的，似乎所有无法流通的沉淀资产都可通过该业务得到价值发挥与实现。融资租赁物应为具有使用价值的非消耗物，包括设备、交通工具、动植物、建筑物等动产和不动产，但以下财产不得作为融资租赁物：（1）公立学校、公立幼儿园、公立医疗机构等以公益为目的的组织的国有教育设施、医疗卫生设施和其他公益设施；（2）法律及行政法规禁止流通或限制流通的物。[29] 当然，从私法效果上来看，也有法院判决认为，“关于租赁物的范围系监管部门行使监管职责的内容，并非人民法院认定融资租赁合同关系的根据”。[30] 另外，虽然前述学说对于权利能否作为融资租赁物持消极意见，司法实践中，以收费权、商标权、专利权为融资租赁物的，法院也倾向于一般不构成融资租赁合同，而是将其认定为质押或许可使用等，但

---

〔28〕 中民国际融资租赁股份有限公司、河南九鼎金融租赁股份有限公司融资租赁合同纠纷案，最高人民法院（2020）最高法民终1256号民事判决书。

〔29〕 王剑：《融资租赁物范畴厘定及其规制进路的体系化重思》，载《交大法学》2021年第2期。但值得注意的是，《担保制度司法解释》第6条规定，“以公益为目的的非营利性学校、幼儿园、医疗机构、养老机构等提供担保的，人民法院应当认定担保合同无效，但是有下列情形之一的除外：（一）在购入或者以融资租赁方式承租教育设施、医疗卫生设施、养老服务设施和其他公益设施时，出卖人、出租人为担保价款或者租金实现而在该公益设施上保留所有权……”实际上肯定了教育设施等得以作为融资租赁物。

〔30〕 最高人民法院民事判决书，（2019）最高法民终222号。

是，在国外实践中则存在着知识产权的融资租赁实践。我国深交所也发行了知识产权证券化相关的融资租赁产品，实践中亦存在文化产品的融资租赁（如转播权的融资租赁等）。司法实践中亦有法院就添附等的关系作出了阐明，认为：其一，我国目前有关融资租赁的规范性文件，并未对不动产及其附着物作为融资租赁物作出明确的限制，亦未规定动产因附着于不动产或成为不动产一部分而不再是租赁物；其二，虽然构筑物及添附其上的附属设施属于不动产，且上述附属设施需添附于土地等不动产之上发挥其效用，但租赁物不会因其附着于或者嵌入于不动产而不再是租赁物，仍有其动产本身属性和独立性，只是该类租赁物被添附后，相对于出租人而言，可能存在物权担保功能减弱的问题，存有风险，融资租赁合同的交易关系的基本价值会无法实现，但此本属融资租赁公司的经营风险，不属于融资租赁合同性质认定问题，如认定上述添附、建设在不动产之上的设备不能作为租赁物，与融资租赁的本质不符。〔31〕

第二节　融资租赁合同的成立

一、融资租赁合同的内容

融资租赁合同的内容一般包括租赁物的名称、数量、规格、技术性能、检验方法，租赁期限，租金构成及其支付期限和方式、币种，租赁期限届满租赁物的归属等条款（《民法典》第736条第1款）。

成立合同须有适格的合同主体。在融资租赁合同主体上，一般对承租人并无资格限制。但在出租人资格上，2014年的《金融租赁公司管理办法》（中国银行业监督管理委员会令2014年第3号）设有限制。该办法第2条规定，“本办法所称金融租赁公司，是指经银监会批准，以经营融资租赁业务为主的非银行金融机构。金融租赁公司名称中应当标‘金融租赁’字样。未经银监会批准，任何单位不得在其名称中使用‘金融租赁’字样”。而《融资租赁公司监督管理暂行办法》（银保监发〔2020〕22号）对此并未限制，而只是在第2条规定，“本办法所称融资租赁公司，是指从事融资租赁业务的有限责任公司或者股份有限公司（不含金融租赁公司）”。从银保监发〔2020〕22号的规定来看，融资租赁公司的管制，更多地偏向于行为规制，属于监管规则，而不是主体资格限制。另外，因历史发展形成的不同类型的融资租赁公司，尤其是金融租赁公司与融资租赁公司之间的协调与改革，仍然是今后的重要方向之一。

关于租赁物的限制，各国采取了不同的立法模式。我国《民法典》对租赁物并无限制，上述管理办法将其限定为固定资产。但在理论上，租赁物应为非消耗物且是可以转让的标的物。原因在于，融资租赁合同中，物的存在是租期内出租人享有所有权与承租人期满后行使选择权的前提，是实现融资租赁担保功能的重要因素；若为消耗物，上述权利将无法实现。例如，将水泥作为融资租赁的标的物，因水泥用于建筑后，出租人不再享有所有权，且承租人亦无法行使

〔31〕中国外贸金融租赁有限公司诉内蒙古晋丰元现代物流有限公司、上海云峰（集团）有限公司融资租赁合同案，北京市高级人民法院（2016）京民终字第540号民事裁定书。

选择权，此类所谓的“融资租赁”，虽具备融物之手段且亦具有融资之目的，但因无法形成融资租赁特有的交易架构，应当是名为融资实为借款合同与买卖合同组合的交易架构。

思考｜不动产能否成为融资租赁的租赁物

关于不动产能否成为融资租赁的租赁物，亦有争议。一种观点认为，融资租赁交易的标的既可以是动产，也可以是不动产，其主要理由如下：(1)金融市场细分的态势下，信贷等正规金融和融资租赁、信托、保险、典当等非正规金融各有其金融产品和服务对象。不动产融资的各种金融产品的交易模式和交易成本各有不同，完全可以由市场主体参酌具体情事自由选择。(2)我国法律、行政法规并未禁止不动产作为融资租赁物，且我国相关部门规章和规范性文件已经承认不动产融资租赁交易。例如《金融租赁公司管理办法》《融资租赁公司监督管理暂行办法》已经明确了不动产可以作为融资租赁物。而财政部、国家税务总局也已发布相应的不动产融资租赁交易征税规则。(3)在比较法上，仅就融资租赁物的范围而言，通常仅将消耗物排除在租赁物之外，并不明确禁止不动产作为融资租赁物。[32] 但亦有观点认为，以房地产等不动产为租赁物的合同，能否构成融资租赁合同关系，仍应从《民法典》第735条和第737条的规定和个案情况来认定：(1)对于租赁物包括企业厂房、设备在内的融资租赁合同，倾向于认定构成融资租赁合同关系。(2)就商业地产而言，其承租人为融资需要，以融资租赁合同方式取得商业地产的使用权，并实际占有、使用租赁物，出租人作为租赁物的所有权人，在其物权担保得到保障的前提下，提供融资便利，并不违反法律法规的强制性规定，也并非政府房地产调控政策的调整对象和目标，故也不应以租赁物为不动产而否定融资租赁合同的性质和效力。(3)对于以在建住宅商品房项目作为租赁物，以房地产开发商作为承租人、租赁公司作为出租人的“融资租赁合同”，倾向于认定不构成融资租赁合同关系。原因在于，房地产在建项目尚不具备法律上的所有权，故出租人并未实际取得房地产项目的所有权，此与租赁期间出租人享有对租赁物的所有权的特征相背离；房地产开发商作为承租人，并非租赁物的实际使用人，其租赁在建房地产项目，是为了通过房地产项目来取得贷款融资；在建房地产并不属于实质意义上的固定资产。(4)对以城市的市区道路、保障房等限制流通物作为租赁物的“融资租赁合同”，不应认定构成融资租赁关系。实务中，存在以城市的市区道路、保障房等限制流通物作为租赁物的情形，实际上是变相扩大了政府债务的风险，租赁物本身并不具有担保功能，出租人无法取得租赁物的所有权，承租人也不能实际占有、使用租赁物，故此种交易不应当认定为融资租赁合同关系。[33] 本书认为，不动产得以成为融资租赁的租赁物，特别是考虑到售后回租等融资租赁方式，排除此等标的物并不合理。而对于城市道路等能否成为融资租赁的标的，则涉及的是特定标的物的性质，而并非其为不动产之故；在建不动产是否得以作为融资租赁标的，若从融资租赁交易的担保功能言，只要其具备实现担保的可能，成为融资租赁的标的亦无不可。况且，若否定在建工程的融资租赁交易模式而认定其为普通的借款合同关系，此等借款所面临的回收

---

〔32〕 王轶等：《中国民法典释评：合同编·典型合同》(上卷)，中国人民大学出版社2020年版，第510～514页。

〔33〕 最高人民法院民法典贯彻实施工作领导小组主编：《中华人民共和国民法典合同编理解与适用(三)》，人民法院出版社2020年版，第1624～1625页。

风险势必加大,亦不符合当事人之间的意思。但司法实践中,多认为在建工程不得作为融资租赁的标的,详见后述案例。当然,《民法典》第745条规定,"出租人对租赁物享有的所有权,未经登记,不得对抗善意第三人",若以登记生效为原则的不动产作为融资租赁的租赁物,此时依凭的并非登记对抗规则,而是登记生效规则;〔34〕而对于那些无法进行登记的"不动产",则会面临"未经登记不得对抗善意第三人"的交易风险,但此等交易风险的存在,并不能否定其本身为融资租赁合同,只是此时出租人未经登记的所有权无法对抗善意三人而已。

二、融资租赁合同的生效与无效

(一)融资租赁合同的生效时间

关于融资租赁合同的生效时间,《民法典》融资租赁合同章并未规定。曾有释义书认为,融资租赁合同自签订时成立,但自承租人收到出卖人交付的标的物时起生效。〔35〕亦有学说认为,融资租赁合同须等到承租人对供货人提供的租赁物进行验收后,向出租人提交受领通知单,并支付第一期租金后方生法律上之效力。在比较法上,《美国统一商法典》以及日本融资实务界多以受领租赁标的物时开始计算租金,亦有个别观点会认为应当以交付后通知不存在标的物瑕疵为合同生效的标志。本书认为,融资租赁合同属于诺成合同,依意思表示一致而成立;依法成立的合同,自成立时生效,但是法律另有规定或者当事人另有约定的除外(《民法典》第502条)。关于融资租赁合同生效时间的争议,实质在于租金何时开始起算。若依融资租赁合同"融物"的属性来说,以物的使用为前提始有支付租金的判断有其合理性;但从"融资"的属性来说,该立足点并不一定合适。从融资租赁交易实践来看,实践中通常存在"租前息"的约定,其并不以标的物的实际使用为前提;以物的使用作为融资租赁合同的生效时间,并不符合融资租赁交易习惯。因此,本书认为,融资租赁合同的生效时间,依合同生效的一般原理判断即可。

(二)行政许可与融资租赁合同的效力

因融资租赁的标的物种类繁多,而不同种类的标的物会受制于各种管制规范,特别是涉及行政许可等。行政许可是否会影响到融资租赁合同的效力等,亦是实践中的争点之一。例如,对于特定的租赁物,比如医疗器械设备,因涉及人民的生命健康安全,相关主管部门就其经营许可作出限制,包括对出租人的要求,要求租赁物的所有权人(出租人)取得行政许可方可进行相关经营使用行为。但在融资租赁情形,实际支配使用租赁物的为承租人,只要其具有相关行政许可即可,出租人是否具有相应的许可并不会影响相关规制目的的实现。为此,《民法典》第738条吸收原《融资租赁司法解释》第3条对此作出规定,"依照法律、行政法规规定,对于租赁物的经营使用应当取得行政许可的,出租人未取得行政许可不影响融资租赁合同的效力"。在《民法典》编纂过程中,曾建议没有必要对此作出规定。原因在于:(1)融资租赁标的物的经营使用需获得许可的行为是否影响融资租赁合同本身的效力,《民法典》总则编关于法律行为效

---

〔34〕 亦有观点以该条规定为理由,认为《民法典》否定了不动产的融资租赁,即出租人所有权非经登记不得对抗第三人。因不动产所有权变动须"经依法登记",才发生效力,登记对抗不适用于不动产所有权登记。故而,不动产亦不得为融资租赁的标的。据此可知,《民法典》规定的融资租赁标的仅限于动产。参见张家勇:《论融资租赁的担保交易化及其限度》,载《社会科学辑刊》2022年第2期。

〔35〕 胡康生主编:《中华人民共和国合同法释义》(第3版),法律出版社2013年版,第390页。

力的规定足以处理，从法典的体系性和简洁性角度言，无须单独规定。(2)吸收司法解释而规定的条文，并未明确若承租人未取得许可是否影响合同效力的问题；原司法解释的规定，属于合同效力理论尚未达到现有认识水平时的规定。从现在的理论和实践来看，《民法典》总则编足以解决，无须另行规定。(3)同样的原理，亦适用于承租人未取得相应许可是否影响融资租赁合同效力的判断，依《民法典》总则编判断即可。[36]

(三)虚构租赁物的融资租赁合同效力

关于融资租赁合同的效力，亦会涉及虚构租赁物的融资租赁合同效力问题。对此，《民法典》第737条规定，"当事人以虚构租赁物方式订立的融资租赁合同无效"。如果没有租赁物的存在，作为手段的"融物"不能成立，而只涉及融资及资金的流动，难以构成融资租赁合同。虚构租赁物方式订立融资租赁合同，其实质是《民法典》第146条的通谋虚伪表示，欠缺与表示相应的效果意思，该通谋虚伪表示所对应的法律行为无效。但依《民法典》第146条第2款，隐藏行为是否有效，则需以隐藏行为本身是否符合法律行为的有效要件予以判断。《民法典》就融资租赁交易中的虚构租赁物方式专门作出规定，并非其区别于《民法典》第146条的特殊性，而是融资租赁交易实践中此等情形多发而专设规定予以提示，其本身并无独立于《民法典》第146条的要件或法律效果。《民法典》第737条多被认为是《民法典》第146条规定的具体化而已。[37]

(四)融资租赁合同无效时的租赁物归属

因融资租赁标的物的所有权归属以当事人的约定为依据，故与租赁合同等不同，若融资租赁合同无效，租赁物的归属等亦有区别于其他合同的特点。对此，《民法典》第760条规定，"融资租赁合同无效，当事人就该情形下租赁物的归属有约定的，按照其约定；没有约定或者约定不明确的，租赁物应当返还出租人。但是，因承租人原因致使合同无效，出租人不请求返还或者返还后会显著降低租赁物效用的，租赁物的所有权归承租人，由承租人给予出租人合理补偿"。依《民法典》第157条，法律行为无效时，使得以财产关系恢复到合同订立前的状态为原则的财产返还为其一般原则；但融资租赁合同的无效与该一般规定不同。首先是当事人可以就无效情形的租赁物归属作出约定。关于这点，会涉及《民法典》第157条是否为强行性规定，当事人能否就此作出与此不同的约定。但无论《民法典》第157条是否为强行性规定，同时，关于融资租赁合同无效情形的租赁物所有权归属是否属于《民法典》第507条规定的"有关解决争议方法的条款"亦有争议，依旧可参照《民法典》第507条规定精神处理。特别是融资租赁领域，标的物归属对承租人经营的影响远大于对出租人的影响，标的物一旦依《民法典》第157条规定予以返还，对承租人经营造成的影响以及社会成本的浪费，都有其特殊性；[38]融资租赁合同当事人也通常会对此作出特别约定，故《民法典》第760条作出特别规定，此等情形下有约定时按照其约定。不仅如此，融资租赁合同的无效处理，与《民法典》第157条不同，在标的物的归属上，融资租赁领域特别考虑了无效的原因、出租人的请求返还意愿以及租赁物价值与使用价值的发挥，而不是如同《民法典》第157条一样考虑"能否返还"或"有无必要返还"的区别，

[36] 周江洪：《关于〈民法典合同编〉(草案)(二次审议稿)的若干修改建议》，载《法治研究》2019年第2期。

[37] 王轶等：《中国民法典释评：合同编·典型合同》(上卷)，中国人民大学出版社2020年版，第527页。

[38] 王轶等：《中国民法典释评：合同编·典型合同》(上卷)，中国人民大学出版社2020年版，第626页。

且在不返还时给予“合理补偿”，亦不同于《民法典》第157条规定的“折价补偿”。之所以考虑因承租人原因无效时出租人的返还意愿，原因在于融资租赁的标的物是承租人选定，甚至可以说是为承租人“定制”；而从出租人视角来说，其更多的是处于“资金提供人”的角色，租赁物本身只是为担保租金债权、保障资金安全而已，出租人并不关心租赁物能否收回，而更关心的是资金成本及其利润的回收，甚至有时候请求返还融资租赁标的物反而成为出租人的负担。在合同因承租人原因无效之情形，亦同样如此，故允许根据出租人之意愿决定是否要求返还标的物。而返还后会显著降低租赁物效用时亦可以采用合理补偿而不返还租赁物的方式，一方面是考虑了前述融资租赁合同的特点，另一方面仍然可以将其作为《民法典》第157条的延长线予以对待，可以将其纳入因费用过高难以返还之情形视为“不能返还”予以对待，进而采取补偿的方式予以处理。而之所以没有采用《民法典》第157条规定的“折价补偿”而采用“合理补偿”，也是融资租赁合同的特性使然。因融资租赁合同所立足的交易结构，并非标的物的买卖，而是以融物手段实现融资目的，因此在合同无效时，会涉及已支付租金、出租人支出的成本以及承租人对标的物的使用收益之间的利益计算问题，很难用标的物的折价予以处理，故“合理补偿”而不是“折价补偿”更能体现融资租赁合同的特点。另外，与《民法典》第157条不同的是，《民法典》第760条的规定限于“融资租赁合同无效”之情形，而《民法典》第157条则适用于“民事法律行为无效、被撤销或者确定不发生效力”的情形，两者并不完全一致。但从法理层面而言，融资租赁合同被撤销或者确定不发生效力的效果，与融资租赁合同无效并无二致，也同样应适用《民法典》第760条。但值得注意的是，售后回租情形下若融资租赁合同无效，无效后的返还补偿如何处理，除了适用《民法典》第760条的原则，应适当考虑售后回租中买卖合同与融资租赁合同之间的紧密关联性。

《民法典》第760条确立的“租赁物效用原则”契合了融资租赁合同的特点，但该原则的适用是否限于“合同因承租人原因无效”情形，仍有必要考虑。从句法结构上言，《民法典》第760条文义上限于合同因承租人原因无效之情形。在合同因承租人原因无效之情形，出租人并不具备可归责性，故赋予出租人选择是否请求返还租赁物的选择权不会有归责上的问题。对此，有观点认为融资租赁合同无效情形的处理，贯彻了保护无过错方的原则。[39] 但是，若是因出租人原因合同无效之情形，则可能会存在道德风险，可能会使承租人面临不可测风险，此时应当限制出租人的选择权，而应根据《民法典》第157条中规定的“有无必要返还”来判断是否应当返还租赁物。此时，“租赁物效用原则”仍然是判断“有无必要返还”的重要因素之一。

“租赁物效用原则”与“出租人意愿”冲突时如何处理，亦是融资租赁合同无效时需考虑的问题。《民法典》第760条将“出租人不请求返还”与“租赁物效用原则”并列，以“或者”标明两者之间的关系，文义上包含了适用“租赁物效用原则”情形无需考虑出租人是否请求返还，租赁物的所有权均可依《民法典》第760条归于承租人。即使出租人请求返还，但若返还后会显著降低租赁物效用的，承租人仍然无须返还租赁标的物。实际上，这也符合《民法典》第157条规定的“有无必要返还”的主旨。

---

〔39〕 最高人民法院民事审判第二庭编著：《最高人民法院关于融资租赁合同司法解释理解与适用》，人民法院出版社2014年版，第93页。

另外,《民法典》第157条规定了租赁合同无效时的损害赔偿请求权,有过错的一方应当赔偿对方因此所受到的损失。融资租赁合同纠纷中,合同无效后租赁物的归属处理,不影响损害赔偿请求权的行使,仍可依法就所遭受的损失要求造成损失的过错方进行赔偿。[40]

案例 泰康消防化工集团融资租赁有限责任公司、泸州太昌建筑安装工程有限公司等借款合同纠纷民事再审案[41]

基本案情

2015年1月9日,泰康消防化工集团融资租赁有限公司(以下简称泰康公司)与太昌昆明分公司签订《融资租赁合同》,约定:太昌昆明分公司将自有的新亚洲体育城等资产,以融资性租赁为目的以1000万元出售给泰康公司,又将该资产租回使用并支付租金;租赁期限2年,自2015年1月9日至2017年1月8日;租金每季度支付,第一、二期每期支付1,640,314.29元,第三期至第七期在相关权属未办理至泰康公司名下期间,每季支付1,746,771.43元,第八期支付100万元租金作为回购款;合同签订后太昌昆明分公司支付保证金100万元;迟延支付租金,每日加收延付金额7‰的租金。合同签订后,泰康公司2015年1月9日支付1000万元购房款,并收取保证金100万元;2015年4月至7月,泸州太昌建筑安装工程有限公司(以下简称太昌公司)共向泰康公司支付3,232,907.43元,又于2018年3月29日支付375,000元。另外,太昌昆明分公司办理上述融资租赁交易事宜经太昌公司授权。因太昌昆明分公司拖欠租金,泰康公司起诉要求支付拖欠租金等。

一审法院认为,泰康公司与太昌昆明分公司对2015年1月9日签订《融资租赁合同》的事实均予以确认,该协议系双方真实意思表示,且不违反法律规定,依法有效。太昌公司及其昆明分公司、颜某抗辩认为该协议性质应为民间借贷合同。泰康公司系经审批设立的具有开展融资租赁业务资质的主体。从双方签订的《融资租赁合同》内容来看,融资租赁物为"新亚洲体育城·游泳馆全民健身中心及国际体育集训基地22F资产"的所有权,协议约定了资产作价金额、租赁期限、租金金额、租金支付方式、租赁物所有权处置等内容,该协议从形式和内容均能反映双方融资租赁的真实意思表示。本案融资租赁物虽为在建工程,但协议双方对此都是明确知晓的,且结合之前的以房抵款协议、融资租赁协议,双方系通过对该资产产权归属及后续手续办理权利主体进行明确约定,从而实现融资租赁的合同目的,并不违反法律规定。太昌公司、太昌昆明分公司认为双方之间为民间借贷关系的抗辩缺乏事实及法律依据,不能成立。一审法院据此支持了租金诉求。

二审法院认为,"融资租赁合同是出租人根据承租人对出卖人、租赁物的选择,向出卖人购买租赁物,提供给承租人使用,承租人支付租金的合同"。融资租赁合同相比其他类似合同具有以下特征:(1)融资租赁合同的履行通常涉及三方主体与两个合同,三方主体即出租人、承租

[40] 最高人民法院民事审判第二庭编著:《最高人民法院关于融资租赁合同司法解释理解与适用》,人民法院出版社2014年版,第97页。

[41] 最高人民法院民事判决书,(2021)最高法民再89号。

人和出卖人，两个合同即出租人与承租人之间的融资租赁合同，以及出租人和出卖人之间的买卖合同；(2)出租人根据承租人对出卖人、租赁物的选择购买租赁物；(3)租金不仅是租赁物占用、使用的对价，而且是租赁物购买价格分期负担的对价，即租金的价值不仅包括了租赁物的购买价格，还包括了购买价款的利息以及出租人的合理利润；(4)租赁期间，出租人对租赁物有所有权，但此时出租人的所有权仅具担保作用；(5)租赁期满后，根据融资租赁合同的约定确定租赁物的归属。从以上特征可看出，融资租赁合同兼具融资与融物的双重属性。从本案租赁物的权属来看，涉案标的物系房地产在建工程，而在建工程尚不具备法律上的所有权，因此在签订合同时泰康公司事实上并未实际取得涉案房地产项目的所有权，且至今也未能取得租赁标的物的所有权。本案《融资租赁合同》具备了融资租赁的形式，但是缺少了融资租赁法律关系至关重要的基础，即在租赁期限届满前租赁物的所有权必须由出租人所有，否则即使完成了融资，却并非融资租赁式的融资，故本案中融资租赁合同关系不能成立。从租赁关系的性质上来看，融资租赁合同是融资和融物的结合，融资是承租人的目的，融物是出租人债权的保障。融资是承租人利用出租人的资金满足自己的发展需求，融物以出租人享有租赁物的所有权为前提，租赁物实际上起到一种物权担保功能，如果承租人不能履行租金给付义务，出租人可以收回租赁物。本案中，由于涉案融资租赁物为在建工程，标的物的所有权尚未设立和发生转移，造成泰康公司实际上无法提供适格的租赁物给太昌昆明分公司承租使用，故本案融资租赁合同中的租赁(融物)关系不成立。本案中各方的真实意思表示系以融资租赁形式进行借款，故本案的法律关系名为融资租赁，实为借贷。

▌争议焦点

本案法律关系是融资租赁合同关系还是借款合同关系。

▌法院裁判

原《合同法》第237条规定，“融资租赁合同是出租人根据承租人对出卖人、租赁物的选择，向出卖人购买租赁物，提供给承租人使用，承租人支付租金的合同”。融资租赁交易具有融资和融物的双重属性，缺一不可。如无实际租赁物或者租赁物所有权未从出卖人处转移至出租人，或者租赁物的价值明显偏低无法起到对租赁债权的担保，应认定该类融资租赁合同没有融物属性，仅有资金往来，系以融资租赁之名行其他法律关系之实。原《融资租赁司法解释》第1条规定，“人民法院应当根据《合同法》第二百三十七条的规定，结合标的物的性质、价值、租金的构成以及当事人的合同权利和义务，对是否构成融资租赁法律关系作出认定。对名为融资租赁合同，但实际不构成融资租赁法律关系的，人民法院应按照其实际构成的法律关系处理”。本案《融资租赁合同》签订时，第22层写字楼没有修建，太昌昆明分公司不可能在当时向泰康公司转移标的物的所有权然后回租，且至今为止，太昌昆明分公司和泰康公司都没有取得案涉第22层写字楼的所有权，太昌昆明分公司自始至终都没有实际承租和使用该房屋，故双方的法律关系只有融资，没有融物。因而，双方形成的是借款合同关系。二审法院认定“《以房抵款协议书》和《融资租赁合同》有效，合同中支付租金和逾期租金的约定实为偿还借款本金及利息的性质”，将本案法律关系从一审认定的融资租赁合同关系改变为借款合同关系正确。

第三节　融资租赁合同的效力

一、出租人的义务

（一）依承租人选择购买租赁物的义务

依《民法典》第735条，融资租赁合同是出租人根据承租人对出卖人、租赁物的选择，向出卖人购买租赁物，提供给承租人使用，承租人支付租金的合同。因融资租赁是以融物手段实现融资之目的，对于出租人来说，其更多地处于资金提供者的角色。但与借款合同不同，对承租人来说，不仅仅是资金的使用，租赁物的使用收益亦是其重要目的所在，故存在“融物”这一媒介；而该使用收益的标的物，既然是为承租人之目的而存在，需依承租人之要求而选定，且出租人通常不会事先准备相应的标的物，而是需要向第三人购入后提供给承租人使用。需要何种租赁物以及如何加以使用等，均是依承租人之“定制”。故出租人应依承租人之选定而购买租赁物并提供给承租人使用。当然，虽然出租人是根据承租人对出卖人、租赁物的选择，向出卖人购买租赁物，但出租人并非作为承租人的代理人行事，而是以出租人自己的名义签订买卖合同；承租人并不构成买卖合同的当事人。当然，实践中亦存在依赖出租人技能确定租赁物之情形，此时并非依承租人之选择购入，故与依承租人选择购买时不同，出租人此时应承担瑕疵担保义务（《民法典》第747条）。

违反该义务，未依承租人选择购买租赁物的，出租人应承担违约责任；若承租人依赖出租人的技能确定租赁物或者出租人干预承租人对租赁物和出卖人的选择，或者是出租人在承租人选择出卖人、租赁物时对租赁物的选定起决定作用的，或者要求承租人按照出租人意愿选择出卖人或者租赁物的，或者出租人擅自变更承租人已经选定的出卖人或者租赁物的，则出租人应就租赁物的瑕疵承担责任（《民法典》第747条、《融资租赁司法解释》第8条）。也就是说，虽然出租人实质上是以融物的方式向承租人提供融资而不承担租赁物的瑕疵担保义务，但在承租人依赖出租人技能确定租赁物或者出租人干预选择租赁物的情形，租赁物的购买已体现了出租人的意志，此时出租人就应保证租赁物的质量符合要求，应当承担瑕疵担保责任。[42] 实际上，在承租人依赖承租人技能确定租赁物或者出租人干预承租人选择租赁物之情形，出租人提供的不仅仅是融资，也实质上提供了租赁物的“选定”服务，故对其“选定”的租赁物的瑕疵理应负责。

（二）提供租赁物的义务

1. 出卖人应当按照约定向承租人交付标的物

《民法典》第735条明确规定出租人应当将购入的租赁物提供给承租人使用，但该义务通常并非由出租人亲自履行，而是由出卖人作为履行辅助人代为履行。原因在于，基于融资租赁合同融资性的特点，出租人根据承租人对出卖人、租赁物的选择订立买卖合同，并无意在受领

〔42〕 魏耀荣等：《中华人民共和国合同法释论》（分则），中国法制出版社2000年版，第257页。

标的物之后再将标的物交付承租人,而是由出卖人直接向承租人交付租赁物。而且,因租赁物及出卖人均由承租人选定,出租人并不了解租赁物的规格及技术性能等,即使依买受人之地位受领标的物,出卖人是否按照约定交付合格的租赁物,出租人并不易判断。而承租人对此则较为了解并更容易判断。对此,《民法典》第 739 条规定,“出租人根据承租人对出卖人、租赁物的选择订立的买卖合同,出卖人应当按照约定向承租人交付标的物,承租人享有与受领标的物有关的买受人的权利”。依该条规定,出卖人应当按照约定向承租人交付标的物。此时,与《民法典》第 522 条规定的当事人约定向第三人履行并不相同:《民法典》第 522 条第 1 款未规定“向第三人履行”时的第三人的权利,同条第 2 款规定的则是“真正的利益第三人契约”,第三人有直接的请求权;[43]但与《民法典》第 522 条规定不同,《民法典》第 739 条之情形,作为第三人的承租人“享有与受领标的物有关的买受人的权利”,并未直接言明是否有直接的请求权。

不仅如此,《民法典》第 739 条特别强调了“按照约定”交付,该“按照约定”,究竟是指出租人与出卖人之间买卖合同的约定,还是出租人与承租人之间的融资租赁合同的约定,抑或说出卖人应当按照买卖合同约定的标的物质量、时限等进行交付,有进一步分析之必要。依该条文义,应当指的是出租人与出卖人的买卖合同约定了由出卖人向承租人直接交付之情形,始适用该条;而不是指应当按照约定的质量、时限等买卖合同条款进行交付。原因在于,买卖合同中出卖人的义务,依《民法典》买卖合同章即可,此处无须再单独规定;而且,融资租赁合同的当事人并不包括出卖人,出租人与承租人不得在合同中为他人设定义务;故此处的“约定”指的是买卖合同的约定,约定的内容指的是出卖人向第三人交付的义务。也就是说,若买卖合同中并无约定,出卖人并无向承租人交付的义务,而应当向出租人交付;若买卖合同中并无约定,即使出卖人向承租人进行了交付,承租人并不能依《民法典》第 739 条享有受领标的物有关的买受人的权利,而只能是作为出租人的受领辅助人享有相应的权利义务,而要成为受领辅助人,则需要出租人与承租人之间的意思联络或协商一致。对此,有学说认为,无论买卖合同中是否约定承租人享有受领权,承租人可以依据《民法典》关于买卖合同的约定享受买受人的部分权利,此种权利是依据法律规定由承租人享有的权利。而且,对于“按照约定”的理解,也多是从按照约定的质量、数量、期限、地点等交付标的物的角度予以理解。[44] 但从《民法典》第 739 条的规定来看,本书认为此处的“按照约定”,并非如此,而是指买卖合同中约定了出卖人向承租人交付标的物的义务之情形。否则,如果要规定出卖人无论是否约定均需向承租人交付标的物,则通常的文义表述应当是“出卖人应当向承租人交付约定的标的物”,始符合逻辑。

2. 承租人享有与受领标的物有关的买受人的权利

对于“与受领标的物有关的买受人的权利”,依体系解释当援引《民法典》买卖合同章的相关规定始得以确定具体所指,且需注意仅指与受领有关的权利,并不表明承租人取得了与买受人同等的地位,关于该条规定的“与受领标的物有关的买受人的权利”以外的情形,承租人是否

---

〔43〕 当然,亦有观点认为,从买卖合同的角度来看,其具有利益第三人合同的特点。这是因为出租人与出卖人之间订立了买卖合同,使承租人享有了与受领标的物有关的买受人的权利。参见王轶等:《中国民法典释评:合同编·典型合同》(上卷),中国人民大学出版社 2020 年版,第 539 页。

〔44〕 王利明:《合同法》(下册),中国人民大学出版社 2021 年版,第 152 页;王轶等:《中国民法典释评:合同编·典型合同》(上卷),中国人民大学出版社 2020 年版,第 539 页。

取得与买受人同等地位，法律上并未明确。从《民法典》买卖合同章的规定来看，该权利通常包括与检验标的物相关的权利(《民法典》第620～623条)和特定情形下的拒绝受领的权利(《民法典》第610条)。另外，《民法典》第530条规定期前履行拒绝权、第531条规定的部分履行拒绝权等，亦因其属于通则性规定而属于“与受领标的物有关的买受人的权利”。当然，正是因为承租人享有的仅是“与受领标的物有关的买受人的权利”，因此在标的物的质量标准上，亦当依出租人与出卖人之间的买卖合同约定的检验标准为准(《民法典》第624条)。

如前所述，《民法典》第739条关于“与受领标的物有关的买受人的权利”的规定，并未直接言明承租人对出卖人是否享有交付请求权。对此，有学说认为，受领以交付为前提，相应地，与受领有关的权利以交付请求权为前提，前者从属于后者。承租人如果不享有交付请求权，则与受领有关的权利对其并无意义，获得使用说明书、拒绝受领、检验货物等行为只是辅助出租人实施而已，并非行使属于自己的权利。只有承认承租人对出卖人享有交付请求权，其才能享有属于自己的与受领有关的权利。且《民法典》第740条第1款第2项中的“经承租人或者出租人催告”也表明承租人对出卖人享有交付请求权，否则承租人无权催告出卖人交付。因此，原则上承租人享有交付请求权。但该学说同时认为，《民法典》第739条的“约定”应当解释为买卖合同约定出卖人有义务向承租人交付标的物，但不必要求明确规定交付请求权，只要买卖合同约定收货人为承租人或买卖合同声明买受人系为了履行某一份融资租赁合同而购买标的物，即应解释为承租人对出卖人享有交付请求权。〔45〕 但本书认为，从“与受领标的物有关的买受人的权利”并不能直接推出承租人直接享有交付请求权。原因在于，债的效力构成中，即使没有请求力和执行力，仍不妨碍享有受领保持力，交付请求权并非受领相关权利的前提。《民法典》第522条规定的非真正利益第三人合同中，第三人虽无交付请求权，但并不妨碍其享有受领交付的权利。因此，虽然令承租人直接享有交付请求权在立法论上具有正当性，但《民法典》刻意规定“与受领标的物有关的买受人的权利”，而不直接言明交付请求权，仍然应从其文义出发予以解释。而要肯定承租人的交付请求权，除了从买卖合同中是否存在真正利益第三人的条款得以解释以外，融资租赁合同中是否存在出租人向承租人的授权、权利让与、由第三人履行条款等，亦可以得以解释。故承租人是否有交付请求权，仍需依赖买卖合同内容、融资租赁合同内容的解释。

3. 承租人的拒绝受领权

值得注意的是，《民法典》第740条就承租人“与受领标的物有关的买受人的权利”，特别是拒绝受领权作了细化规定，即“出卖人违反向承租人交付标的物的义务，有下列情形之一的，承租人可以拒绝受领出卖人向其交付的标的物：(一)标的物严重不符合约定；(二)未按照约定交付标的物，经承租人或者出租人催告后在合理期限内仍未交付”。与《民法典》第610条“因标的物不符合质量要求，致使不能实现合同目的”始得以拒绝接受标的物的规定不同，《民法典》第740条规定“标的物严重不符合约定”时承租人得以拒绝受领，而对于催告后仍未交付标的物的迟延履行亦规定了得以拒绝受领。“标的物严重不符合约定”的表述，源于原《融资租赁司法解释》第5条，《民法典》亦仅在第740条这一条文中采用了此等表述。从立法目的来看，当

〔45〕 杨代雄主编：《袖珍民法典评注》，中国民主法制出版社2022年版，第702页。

时出台的司法解释的考量主要在于"从尽可能维护交易稳定性的角度出发,应尽量努力促使合同能够继续履行,对承租人拒绝受领租赁物的条件不宜放得宽",而且认为,在承租人拒绝受领租赁物的判定条件上,应以是否能够实现承租人的使用目的为标准。〔46〕 从这一立法目的来看,两者均是以实现合同目的为目标,"标的物严重不符合约定"与买卖合同章规定的"标的物不符合质量要求致使不能实现合同目的",当可以做同样解释。而对于出卖人未交付或迟延交付情形的拒绝受领,《民法典》合同编通则及买卖合同章只是规定了催告解除,而并未规定买受人的拒绝受领,在某种程度上,较之"买受人的权利",承租人的权利得到了扩张。当然,此等扩张,亦与融资租赁交易结构相关。融资租赁合同情形,承租人享有的是"与受领标的物有关的买受人的权利",并无解除出租人与出卖人之间的买卖合同的权利,无法对他人之间的合同进行催告解除,而只能通过拒绝受领来维护自身利益。另外,从体系解释角度言,虽然在承租人权利范围上进行了扩张,但其行使要件上,某种程度上则是加重了。迟延交付或未交付的迟延受领,与《民法典》第563条的法定解除一样采取催告方式,从制度平衡角度来说,加重了要件(解除合同需要催告,拒绝受领并不当然等同于解除,故是否要催告,仍有考虑余地),但从承租人应当采取合理措施防止损失扩大角度言,以催告作为拒绝受领的前提,有其合理性。

(三)赋予承租人相应权利的义务并协助索赔的义务

融资租赁合同交易架构中,出租人实际上是通过融物的方式提供融资,出租人本身并不关心租赁物的状况;因此在与出卖人的关系上,出租人通常亦不关心其买卖合同上的权利义务,而更多的是交由承租人来处理与出卖人的关系。不少理论也因此认为,赋予承租人相应权利是出租人的义务之一,但从现行《民法典》规定来看,实证法规定并非如此。现行法上,《民法典》第739条使得承租人得以享有与受领标的物有关的买受人的权利,但该"与受领标的物有关的买受人的权利"并不包括承租人的履行请求权,也不包括融资租赁合同法原理中的传统的"索赔权"。除了使承租人取得"与受领标的物有关的买受人的权利"之外,《民法典》第741条还规定了出租人可以通过约定使承租人行使索赔的权利,即"出租人、出卖人、承租人可以约定,出卖人不履行买卖合同义务的,由承租人行使索赔的权利。承租人行使索赔权利的,出租人应当协助"。承租人直接向出卖人行使索赔权的内容主要包括标的物质量不符合约定时的减少价款、修理调换、支付违约金、解除合同并赔偿损失,以及出卖人未交付或迟延交付标的物时的继续履行请求、迟延损害赔偿、解除合同并赔偿损失的权利。〔47〕

若出租人违反该义务,是否应当承担责任?有学说曾主张,若未在买卖合同中订入向第三人(承租人)履行合同的条款,从融资租赁合同的角度,构成对该合同的违反,自应向承租人负违约责任,并认为最高人民法院《关于审理融资租赁合同纠纷案件若干问题的规定》(法发〔1996〕19号)第14条(已废止)即有此意。该条同时规定了过错责任:"在出租人无过错的情

〔46〕 最高人民法院民事审判第二庭编著:《最高人民法院关于融资租赁合同司法解释理解与适用》,人民法院出版社2014年版,第107页。

〔47〕 黄薇主编:《中华人民共和国民法典解读:合同编》(下册),中国法制出版社2020年版,第865页;谢鸿飞、朱广新主编:《民法典评注:合同编　典型合同与准合同》(第2册),中国法制出版社2020年版,第437~438页。当然,关于是否得以行使解除权,会存在争议。通常认为承租人仅能根据《民法典》第754条第3项解除融资租赁合同;在此基础上,是否当然导致买卖合同的解除,则涉及买卖合同上解除权当由出租人行使抑或包含于索赔权之中而有争议。

形下，对供货人索赔的费用和结果，均由承租人承担和享有。如因出租人的过错造成索赔逾期或索赔不着，出租人应承担相应的责任。”[48]原《融资租赁司法解释》第18条则对此予以修正，变成了怠于行使索赔权，即“出租人有下列情形之一，导致承租人对出卖人索赔逾期或者索赔失败，承租人要求出租人承担相应责任的，人民法院应予支持：……（三）怠于行使融资租赁合同中约定的只能由出租人行使对出卖人的索赔权的；（四）怠于行使买卖合同中约定的只能由出租人行使对出卖人的索赔权的”。《民法典》第743条第1款继受了该条的规定，限于明知租赁物存在质量瑕疵而不告知承租人以及承租人行使索赔权利时未及时提供必要协助的，承租人行使索赔权利失败时有权请求出租人承担相应责任。该条规定的实际上是协助索赔义务违反的责任承担，而并不是要赋予承租人权利。因此，从规范的变迁来看，赋予承租人权利，并不构成出租人的义务；对于出租人来说，也可以自己行使索赔权，《民法典》第741条只是规定可以通过约定赋予承租人索赔权，以及承租人索赔时的出租人协助义务。而且，从《民法典》第743条第2款“出租人怠于行使只能由其对出卖人行使的索赔权利，造成承租人损失的，承租人有权请求出租人承担赔偿责任”的规定来看，承租人并不必然享有索赔权，仍然需要通过《民法典》第741条的“出租人、出卖人、承租人约定”才得以享有向出卖人索赔的权利。值得注意的是，若出租人怠于行使只能由其对出卖人行使的索赔权利而向承租人承担损害赔偿责任后，就该部分支出能否向出卖人求偿，会与该损害赔偿责任的性质相关。通常来说，因出租人怠于行使索赔权利产生的损害，既有可能是时效届满抗辩而该权利无法行使、亦可能是标的物无法及时修理更换而产生的损失等各种情形，出租人承担责任后通常不能向出卖人追偿，而是出租人的自己责任。另外，承租人享有索赔权之情形，出租人所负担的是协助索赔的义务，若因承租人自身未行使索赔权，出租人亦无处协助，不存在所谓协助义务违反的问题，由此造成的损失应由承租人自行承担。[49]

思考 | 承租人索赔权的理论争议

当出租人根据承租人的指定，出资向出卖人购买租赁物后，租赁物的所有权经物权变动所需方式后即转移给出租人，出租人作为买受人同时享有因出卖人违反合同规定而造成损失时要求出卖人赔偿的权利。但由于融资租赁合同的特殊性，在买卖合同中，作为买受人的出租人的主要义务就是支付价款；由于租赁物是由承租人指定购买的，对其性能和生产要求等，出租人往往缺乏了解，很难对出卖人提供的租赁物做检验和判断；同时，租赁物的使用收益权利也属于承租人，为了保证租赁物符合要求，便于解决使用收益中出现的问题，出租人往往将选择由谁来提供何种品质、规格的租赁物的决定权赋予承租人，由承租人负责收货验收，发现质量技术问题时由承租人直接与出卖人交涉，即出租人将索赔权转让给承租人。对因出卖人的过错，如租赁物质量不合格或者迟延供货等原因所造成的损失，承租人可以直接向出卖人行使索赔权而得到赔偿。这样，既简化了法律关系，同时又降低了索赔成本。部分国家立法和示范性公约均规定了承租人的直接受领和直接索赔的权利，无须额外约定。围绕承租人的“索赔权”，

---

〔48〕 韩世远：《合同法学》，高等教育出版社2010年版，第474页。在该著作第2版中，已删去相关论述。

〔49〕 山东新华医疗器械厂与中国华融信托投资公司清算组纠纷案，最高人民法院（2001）民二终字第17号民事判决书。

也形成了不少学说，主要包括以下六种：(1)合同收缩说认为，出卖人与出租人之间的买卖合同同出租人与承租人之间的融资租赁合同收缩合为一体，以出租人对承租人的瑕疵担保义务全部免除为前提，由出卖人对承租人直接负瑕疵担保义务。该学说以出租人原则上不负担瑕疵担保义务为前提展开。但从我国《民法典》规定来看，虽然出租人原则上不负担瑕疵担保义务，但并没有法定的"索赔权"，而是由出租人、承租人和出卖人约定"索赔权"。[50] (2)第三人合同说认为，出租人订立买卖合同属于为第三人利益订立的合同；依第三人利益合同的规则，承租人作为第三人享有直接的请求权，故应承认承租人对出卖人的直接诉权。但如前所述，依《民法典》第739条规定，承租人只享有与受领有关的买受人的权利，与第三人利益合同并不相同。(3)委托说认为，承租人基于出租人的委托，作为出租人的受托人而对出卖人行使诉权索赔。但从《民法典》第741条的规定，"索赔权"来自三方的约定，并非出租人的委托。(4)债务人代替更改说认为，债务人(出租人)对于债权人即承租人，以负买卖合同上的担保责任的另一方债务人即出卖人替换自己，从而免除自己的瑕疵担保责任。但若采此说，仍然需要当事人意思的介入，其法理基础有待进一步明确。(5)损害担保合同说认为，承租人与出卖人之间成立损害担保合同，承认承租人可直接对出卖人行使索赔权。但即使采损害担保说，亦需要出卖人与承租人之间存在"担保"的合意，但诸多融资租赁交易架构中，出卖人与承租人之间并不存在类似的合意。(6)债权让与说认为，出租人将自己对于出卖人的买卖合同上的请求权转让给承租人，承租人因此直接对出卖人行使索赔权。《民法典》合同编通则规定了债权让与，但债权让与之情形，只需出租人与承租人意思表示一致，对于作为债务人的出卖人来说，只须通知即可对其发生效力，而无须如同《民法典》第741条规定的三方的约定。《民法典》第741条显然并非采用债权让与构成，只能说与债权让与构成具有一定的相似性。而且，对于这一构成，也会面临债权让与基本原理的争议。通常来说，债权让与是不可分割的让与，而并非只作为原权救济权的"索赔权"的让与，索赔权作为派生的权利，并不能脱离原权利予以转让。例如，请求原定给付的请求权不予转让的情形，单独将替代原定给付的损害赔偿请求权予以转让并不可能。

虽然《民法典》第741条仅规定了"出租人、出卖人、承租人"可以约定承租人的直接索赔权，似乎将其限定在三方约定之情形，但从过往的司法实践来看，除了认可出租人、出卖人、承租人三方共同约定的索赔权以外，也认可承租人与出租人双方约定的承租人直接索赔权及承租人与出卖人双方约定的承租人直接索赔权。[51] 从理论构成上来说，承租人与出租人约定之情形，类似于债权让与构成；而承租人与出卖人约定时，则类似于损害担保构成。从这层含义上来说，对《民法典》第741条规定的"出租人、出卖人、承租人可以约定"，可以扩张解释，即并不限于三方共同约定之情形，尚包括出租人与承租人的约定、承租人与出卖人的约定，甚至可以扩张至出租人与出卖人的约定等。该条只是表明承租人的索赔权需要当事人的合意，而不

---

〔50〕 对于原《合同法》第240条(《民法典》第741条)规定，亦有批评意见认为，原《合同法》的上述规定确实存在一定的缺陷，因为依照该规定，只有在当事人有约定时，承租人才能享有索赔权。从反面解释的角度来看，当事人没有约定，承租人就不能取得索赔权。而且，承租人要取得索赔权，需要三方的约定。这显然就严格限制了承租人索赔权的行使。在当事人没有约定的情形，承租人也应当有权向出卖人主张索赔。与承租人应当享有与受领标的物有关的买受人的权利相一致，也应当依法享有对出卖人的索赔权。参见王利明：《合同法研究》(第2版第3卷)，中国人民大学出版社2015年版，第383页。

〔51〕 谢鸿飞、朱广新主编：《民法典评注：合同编　典型合同与准合同》(第2册)，中国法制出版社2020年版，第438页。

是法定的直接索赔权，只要任意两方作出约定即可，并不限于三方共同约定。当然，此等约定的法律构成并不相同，不同的约定会形成不同的索赔权理论及其法律架构，需在实践中仔细甄别。当然，除了约定的索赔权，亦有部分观点认为存在法定的索赔权，认为《民法典》第 747 条规定的出租人不承担物的瑕疵担保责任情形，承租人应当有权请求出卖人承担损害赔偿责任，以简化索赔权的行使程序，避免重复诉讼。[52]

（四）租赁物的消极用益保持义务及平静占有担保义务

融资租赁合同之所以称为“租赁”，就在于在融资租赁期限内承租人得以使用收益租赁物。但融资租赁合同虽名为租赁，其交易架构却与租赁合同存在较大区别，出租人并不负有积极的用益维持和修缮义务。《民法典》第 750 条明确规定了承租人占有租赁物期间的维修义务，而与《民法典》第 712 条规定的租赁合同出租人承担维修义务的原则不同。对融资租赁合同的出租人来说，其只是负有“保证承租人对租赁物的占有和使用”的消极用益保持义务，该义务并不要求出租人积极地保持租赁物合乎用益状态，而是消极地保持即可。

出租人所负担的“保证承租人对租赁物的占有和使用”的义务，被认为是源于《国际融资租赁公约》第 8 条规定的出租人“平静占有担保义务”，即“出租人保证，承租人对租赁物的占有、使用不致受到享有优先地位或权利的人，或主张优先地位或权利且法院授权所为行为的人的侵扰，只要这种地位、权利或主张非因承租人的作为或不作为所引起”。[53] 平静占有担保义务，与出租人所负担的权利瑕疵担保密切相关，一方面是出租人自身负有消极义务，排除出租人自己对租赁物占有、使用的影响，另一方面是排除他人对租赁物占有、使用的影响，确保租赁物上没有权利瑕疵。

出租人违反平静占有担保义务的，应当承担损害赔偿责任。《民法典》第 748 条第 2 款规定了违反平静占有担保义务的几种典型表现形式。例如，出租人无正当理由收回租赁物；无正当理由妨碍、干扰承租人对租赁物的占有和使用；因出租人的原因致使第三人对租赁物主张权利；不当影响承租人对租赁物占有和使用的其他情形。租赁物所有权是担保出租人回收租金等权益的重要形式。因此在实践中，出租人为了保障自己的权利，会进行一些租后管理工作，或者约定享有监督租赁物使用情况的权利等。但此等管理，亦不能妨碍承租人对租赁物的使用收益，否则违反出租人的平静占有担保义务。另外，随着技术的发展，实践中也会出现出租人借助技术手段，在承租人拒付租金或其他有可能影响出租人权益实现之情形自行或请求出卖人将租赁物锁死，从而迫使承租人履行相关义务，尤其是在机动车、大型机械设备融资租赁情形，这一现象较为常见。此时是否构成出租人平静占有担保义务的违反，常常会出现争议。[54] 通常来说，依约定进行的自力救济并不构成权益侵害，除非存在权利滥用之行为。因此，仍然应当依据出租人的行为是否有正当理由予以判断。

---

〔52〕 王利明：《合同法》（下册），中国人民大学出版社 2021 年版，第 155 页。

〔53〕 谢鸿飞、朱广新主编：《民法典评注：合同编　典型合同与准合同》（第 2 册），中国法制出版社 2020 年版，第 480 页；最高人民法院民事审判第二庭编著：《最高人民法院关于融资租赁合同司法解释理解与适用》，人民法院出版社 2014 年版，第 255 页；魏耀荣等：《中华人民共和国合同法释论》（分则），中国法制出版社 2000 年版，第 257 页。

〔54〕 谢鸿飞、朱广新主编：《民法典评注：合同编　典型合同与准合同》（第 2 册），中国法制出版社 2020 年版，第 484 页。

思考｜出租人就租赁物为第三人设定担保与平静占有担保义务

平静占有担保义务包含了租赁物的瑕疵担保义务。实践中，若出租人在融资租赁关系存续期间在租赁物上为第三人设定担保，其是否构成不当影响承租人对租赁物占有和使用，会有争议。对此，有学说认为，如果出租人和承租人就租赁物设立担保有特别约定，依其约定，没有约定的，也应当允许出租人设定担保。例如，融资租赁期间为10年，但是，在经过9年后，出租人对标的物设置担保。此时，债权人愿意接受担保的，表明其自愿承受标的物上的残余利益。但是，出租人在租赁物上设立担保，不得妨碍承租人行使其租赁权。因为设定担保可能导致第三人的追夺，进而危及承租人的使用，在此情形下，承租人有权请求出租人承担违约责任。[55]但就租赁物为第三人设定担保，是否会不当影响承租人就标的物的使用收益，仍有待进一步分析。本书认为，从我国《民法典》相关规则来看，应当依融资租赁合同的约定具体判断，即使出租人设定担保，仍可以通过体系解释而不至于影响承租人权益。

若融资租赁合同未就租赁期限届满租赁物的归属作出约定时，租赁期限届满租赁物的所有权归出租人。此时，融资租赁期限内出租人即使为第三人设定动产担保，作为注重交换价值的担保目的所有权，承租人虽然享有占有使用收益的权能，但对于标的物的换价处分功能来说，承租人的权利与担保目的并不冲突，出租人就租赁物设定担保并不会影响承租人的使用收益。若第三人在融资租赁期限内实现担保物权，此时标的物由承租人占有，其租赁关系并不会受到影响（《民法典》第405条），并不会影响承租人的占有使用。

若融资租赁合同约定租赁期限届满租赁物的所有权归承租人，在融资租赁期限内实现担保物权之情形，并不会影响承租人的使用收益，与前一情形相同。但此时是否会因第三人实现担保物权而影响承租人权益，须具体分析。承租人有可能取得融资租赁期满后的标的物所有权，且一旦条件成就，出租人即丧失所有权，承租人即获得所有权。此时，出租人以“自己财产”设定担保物权的前提就不再存在。此时出租人为第三人设定的担保物权，类似于抵押期间标的物所有权发生了变动，若第三人能够证明该物权变动可能损害抵押权的，抵押人（出租人）应当提存价款或提前清偿（《民法典》第406条第2款）。第三人明知融资租赁合同期满租赁物归承租人所有之情形，难谓该物权变动影响了抵押权，第三人所享有的担保权限，也只是限于融资租赁标的物依法得以回收之情形。同样地，此时亦不能向承租人行使物上追及力，就标的物主张实现担保物权。但第三人善意无过失地不知融资租赁标的物期满归属承租人的，此时能否就租赁物实现担保物权，应依担保物权追及力予以处理，仍得以实现其担保物权。此时，虽然不会影响融资租赁期限内的承租人占有使用，但因此损害了承租人之期待利益，参照适用《民法典》第748条之规定，承租人可以要求出租人赔偿损失。

出租人违反平静占有担保义务的损害赔偿范围，因《民法典》第748条并未作出规定，适用《民法典》第584条关于违约损害赔偿范围的规则。出租人违反平静占有担保义务，承租人得以请求出租人承担损害赔偿责任以外，亦可以行使解除权，即“因出租人的原因致使承租人无法占有、使用租赁物，承租人请求解除融资租赁合同的，人民法院应予支持”（《融资租赁司法解

〔55〕 王利明：《合同法》（下册），中国人民大学出版社2021年版，第154页。

释》第 6 条)。该解除权实质仍然是《民法典》第 563 条规定的合同目的难以实现时的法定解除权的具体体现。原因在于,承租人对融资租赁标的物的使用收益是融资租赁合同的合同目的之一。

(五)变更买卖合同内容时的同意取得义务

《民法典》第 744 条规定,出租人根据承租人对出卖人、租赁物的选择订立的买卖合同,未经承租人同意,出租人不得变更与承租人有关的合同内容。之所以设定该义务,是因为买卖合同是依承租人的选定而缔结,其内容符合承租人的利益要求。若允许主体变更、标的物变更等内容变更,就会与承租人选定出卖人和租赁物的融资租赁合同性质相悖。交付时间、地点、方式等的变更,也同样涉及承租人之利益,当需承租人之同意。

若不涉及承租人利益,变更属于买卖合同当事人之间的权限,无须承租人之同意。但若与承租人有关的合同内容,未经承租人同意而变更时,其合同变更的效力如何,当需进一步观察。对此,解释论上可能存在两种途径。一是该变更不得对抗承租人,承租人仍得依变更前的合同内容享有与受领标的物相关的买受人权利以及依据约定享有的索赔权等。二是未取得承租人之同意而变更买卖合同内容,属于出租人违反融资租赁合同义务,应承担违约责任,承租人享有相应的救济权利。后者更注重出租人与出卖人之意思自治,令买卖合同变更对承租人亦发生效力。从相关释义书的阐述来看,多采后一解释,认为此时构成对承租人的违约,承租人可以要求支付违约金、拒收租赁物并通知解除融资租赁合同,并可以要求赔偿损失。[56] 对此,《融资租赁司法解释》第 8 条规定了出租人"相应的责任",即出租人擅自变更承租人已经选定的出卖人或者租赁物的,若租赁物不符合融资租赁合同约定,出租人应当承担相应的责任。另外,若出租人与出卖人人协议解除买卖合同,举轻以明重,同样亦应取得承租人之同意,否则出租人亦应依融资租赁合同承担责任。对此,《民法典》第 754 条亦规定,"出租人与出卖人订立的买卖合同解除、被确认无效或者被撤销,且未能重新订立买卖合同"时,承租人可以解除融资租赁合同。

(六)有限的物的瑕疵担保义务

与租赁合同不同,融资租赁合同中,租赁物不符合约定或者不符合使用目的的,出租人不承担责任,但是,承租人依赖出租人的技能确定租赁物或者出租人干预选择租赁物的除外(《民法典》第 747 条)。但是,"租赁物不符合约定或者不符合使用目的"(《民法典》第 747 条)之情形,若致使融资租赁合同的目的难以实现的,即使该情形并非因出租人之原因,而是出卖人原因产生,承租人仍然可以解除融资租赁合同(《民法典》第 754 条)。也就是说,虽然出租人不因此而承担瑕疵担保义务,但融资租赁合同可能因出卖人原因导致的租赁物瑕疵而解除。

出租人原则上不负瑕疵担保责任的主要理由在于:(1)从融资租赁的功能来看,融资租赁的主要功能在于向承租人提供融资,出租人只负融资责任,与租赁物有关的责任,应由出卖人承担。(2)从制度激励角度来看,出租人一般不具备有关租赁的商品知识、信息、经验和处置能

〔56〕 胡康生主编:《中华人民共和国合同法释义》(第 3 版),法律出版社 2013 年版,第 391 页;黄薇主编:《中华人民共和国民法典解读:合同编》(下册),中国法制出版社 2020 年版,第 871 页;谢鸿飞、朱广新主编:《民法典评注:合同编典型合同与准合同》(第 2 册),中国法制出版社 2020 年版,第 451 页;最高人民法院民法典贯彻实施工作领导小组主编:《中华人民共和国民法典合同编理解与适用(三)》,人民法院出版社 2020 年版,第 1656 ~ 1657 页。

力,由其承担瑕疵担保义务,并无助于租赁物瑕疵问题的解决。[57] (3)从自己责任角度看,租赁物和出卖人是承租人根据自己的知识和经验选定的,出租人完全按照承租人的指定向出卖人购买,在物的瑕疵问题上,出租人并未介入其中。根据自己责任原则,租赁物的瑕疵问题理应由承租人自己出面解决。(4)从瑕疵担保义务的传统思路来看,由出卖人承担瑕疵担保义务符合买卖合同对出卖人义务的规定,只是融资租赁关系中,出卖人不是向买受人而是依约定向承租人承担而已。(5)从融资租赁的交易实践来看,在出现物的瑕疵时,可以按照约定由承租人向出卖人索赔,同时也保证了出租人和承租人之间的利益平衡,提高索赔效率。

但是,在下列情形中,出租人承担瑕疵担保义务。一是承租人依赖出租人的技能确定租赁物,二是出租人干预选择租赁物的(《民法典》第747条)。关于如何判断依赖出租人技能确定或干预选择,《融资租赁司法解释》第8条对此作出了规定,同时规定了承租人对该事实的证明责任:(1)出租人在承租人选择出卖人、租赁物时,对租赁物的选定起决定作用的;(2)出租人干预或者要求承租人按照出租人意愿选择出卖人或者租赁物的;(3)出租人擅自变更承租人已经选定的出卖人或者租赁物的。

若依赖出租人技能确定租赁物或出租人干预选择租赁物时,承租人是否仍然享有对出卖人的索赔权?若享有,该索赔权与出租人的瑕疵担保义务违反引起的责任之间的关系该如何处理?这亦会引起问题。对此,《融资租赁司法解释》第13条规定通过诉讼第三人制度来解决,但其仅涉及程序问题,并未直接处理实体上的法律关系。从理论上来说,索赔权的基础在于当事人的约定,瑕疵担保义务违反的责任则属于融资租赁合同中的违约责任问题,两者之间在损害填补的关系上会存在交错,两者之间构成不真正连带。

二、承租人的义务

(一)支付租金的义务

1.租金的性质及租金水平管制

租金给付义务是承租人的基本义务,承租人应当按照约定支付租金(《民法典》第752条)。但融资租赁合同的租金不同于租赁合同中的租金。融资租赁合同中的租金,"应当根据购买租赁物的大部分或者全部成本以及出租人的合理利润确定"(《民法典》第746条),一般是出租人取得融资设备或机器的购买成本及合理利润,而并非租赁物使用收益的对价。该租金立足于出租人为融资租赁交易投入的成本及利润,本质上是承租人的融资对价。融资租赁合同租金的这一性质,是租赁合同所代表的有偿利用合同上的给付与对待给付所无法消解的,也决定了融资租赁合同并非租赁合同,而只不过是借用了租赁形式的信用提供类合同。另外,实践中通常还存在租前息、服务费等特别约定。司法实践中,对于融资租赁是否应当也受利息管制等常有争议。在《新民间借贷司法解释》的适用范围上,最高人民法院等以批复的方式否定了该司法解释适用于融资租赁(最高人民法院《关于新民间借贷司法解释适用范围问题的批复》,法释〔2020〕27号)。但从《民法典》借款合同章试图统一借款利息规制的立法目的来看,特别是从《民法典》第680条规定的"禁止高利放贷"并不区分金融机构借款与非金融机构借款的立法

〔57〕 王轶等:《中国民法典释评:合同编·典型合同》(上卷),中国人民大学出版社2020年版,第582页。

变迁来看，对于融资租赁亦应有租金水平管制之必要性，特别是《民法典》第746条规定的“合理利润”，为租金水平管制亦提供了可能性。事实上，实践中亦有法院判决认为，“融资租赁公司以收取服务费、代收保险费为名扣收的款项属于变相高息，增加了中小微企业的融资成本，对融资租赁公司收取的变相利息不予支持”。该案中，合同项下所有租赁物完成了交付，甲租赁公司扣除履约保证金200,000元、服务费38,500元、首付租金11,280元、保险费2642元后，实际向乙公司支付款项仅为747,578元。后乙公司无力还款，甲租赁公司起诉请求判令乙公司支付合同项下第19～35期全部未付租金509,000元及第1～18期租金逾期利息、违约金等。一审判决认定的乙公司应付租金总额仅扣除了已支付的租金、履约保证金200,000元、首付租金11,280元，并未扣除服务费38,500元及保险费2642元。二审法院认为，因甲租赁公司在本案中未能举证就其扣收的服务费具体提供了何种服务，也未能举证证明其代收保险费后缴纳了相应保险项目费用，故以收取服务费、代收保险费为名扣收的款项属于变相高息，增加了乙公司的融资成本，不应得到支持，上述费用亦应在未付租金中予以扣减，乙公司向甲租赁公司应计付的违约金基数也应作相应调整，遂予以改判。[58] 但就融资租赁的租金水平如何科学管制，是否与借款合同采取同样的方式和利率等，仍有待学理和实践进一步探索。

租金的确定方式，当事人得以另行约定，即不是根据购买租赁物的大部分或者全部成本以及出租人的合理利润确定，而是按照当事人的约定予以确定。在融资租赁实践中，融资租赁合同的租金并不涵盖购买租赁物的大部分或者全部成本的情形也并不少见。特别是当事人约定期限届满时租赁物归出租人所有或者未约定租赁物归属时，租赁期限届满租赁物亦归出租人所有，此时租金不涵盖购买租赁物全部成本或大部分成本的情形较为常见。另外，出租人与承租人亦可约定，承租人在租赁期限届满时再支付部分价款就可以取得租赁物的所有权等情形，租金构成亦不一定涵盖购买租赁物的全部成本或大部分成本。实践中，当事人还会约定服务费、租前息等。

2. 租金加速到期

承租人应当按照约定支付租金。承租人经催告后在合理期限内仍不支付租金的，出租人可以要求支付全部租金；也可以解除合同，收回租赁物（《民法典》第752条）。全部租金，既包括融资租赁合同中所规定的全部已到期而承租人未支付的租金，还包括其他依约定尚未到期的租金。[59] 出租人得以请求支付全部租金，实际上是租金的加速到期，第752条构成了承租人的期限利益丧失条款。之所以赋予出租人请求支付全部租金的权利，是从融资租赁的特点考虑的。因为出租人为承租人购买的租赁物，往往是专用设备，有的甚至是专为承租人制作的，这些租赁物对承租人来说非常有价值，但对其他人来说可能只是废铁一堆，毫无价值。如果出租人的出资不能收回，即使将这些租赁物收回也难以重新转让或出租以收回所投资金。因此，为了最大限度地减少出租人的风险，法律赋予出租人在一定条件下要求承租人加速支付全部租金的权利。[60] 在加速到期情形，其实际上是剥夺了承租人的期限利益，其反面就是出租人获

---

〔58〕 最高人民法院发布的12个人民法院助力中小微企业发展典型案例之十：甲租赁公司与乙公司融资租赁合同纠纷案——对变相利息不予支持，降低企业融资成本（2022年4月19日发布）。

〔59〕 胡康生主编：《中华人民共和国合同法释义》（第3版），法律出版社2013年版，第391页。

〔60〕 魏耀荣等：《中华人民共和国合同法释论》（分则），中国法制出版社2000年版，第263页。

得了期限利益。如果严格按照违约责任计算,在承租人不支付租金情形的继续履行及损害赔偿的计算,应当考虑到未到期租金的贴现值,即根据一定的利率标准予以折算。但根据《民法典》第752条规定,出租人可以请求承租人支付全部租金,即使该数额超过全部租金的贴现值,其实质就是使得承租人因其违约而丧失其未到期租金的期限利益,在一定程度上体现了对违约行为的"制裁",而不仅仅是损害填补,具有一定的惩罚性。[61]

3. 租金支付违反时的合同解除与租赁物回收

依《民法典》第752条,除了租金加速到期,承租人经催告后在合理期限内仍不支付租金的救济措施还包括解除合同、收回租赁物。但在解除合同、收回租赁物之情形,与租金给付义务加速到期不同,出租人不得要求承租人承担未到期部分的租金。原因在于,合同解除后,该合同的权利义务关系终止(《民法典》第557条),因此并不能请求未到期部分的租金。但从融资租赁合同的特性来看,合同解除时如何清算以及清算与因违约而解除时的违约损害赔偿之间如何协调,亦会有其特殊性,尤其是出租人已付出了租赁物购置成本却未能充分收回租金之情形,在解除后的清算上会因租赁期限届满时租赁物归属的不同而有所不同。对此,《融资租赁司法解释》第11条规定了解除合同收回租赁物的损失赔偿范围的计算,即"前款规定的损失赔偿范围为承租人全部未付租金及其他费用与收回租赁物价值的差额。合同约定租赁期间届满后租赁物归出租人所有的,损失赔偿范围还应包括融资租赁合同到期后租赁物的残值"。当事人约定租赁期限届满租赁物归承租人所有,承租人已经支付大部分租金,但无力支付剩余租金,出租人因此解除合同收回租赁物,收回的租赁物的价值超过承租人欠付的租金以及其他费用的,承租人可以请求相应返还(《民法典》第758条第1款)。而对于租赁物的残值如何确定,《融资租赁司法解释》第12条亦作出了具体规定,即"诉讼期间承租人与出租人对租赁物的价值有争议的,人民法院可以按照融资租赁合同的约定确定租赁物价值;融资租赁合同未约定或者约定不明的,可以参照融资租赁合同约定的租赁物折旧以及合同到期后租赁物的残值确定租赁物价值。承租人或者出租人认为依前款确定的价值严重偏离租赁物实际价值的,可以请求人民法院委托有资质的机构评估或者拍卖确定"。值得注意的是,虽然融资租赁情形中出租人的所有权与所有权保留买卖中的出卖人的所有权,均具有担保租金或价款的功能,均属于所有权担保的典型表现形式,但出租人解除合同收回标的物时,并不存在类似买受人回赎权的规定;即使约定租赁期限届满租赁物归承租人所有之情形,也只是规定超过欠付租金部分的"相应返还"(《民法典》第758条第1款),亦不存在出租人类似出卖人再行出卖义务一样的规则。之所以存在此等差别,其根本原因是交易结构和合同目的之不同。

因租赁物所有权归属的约定不同,因租金给付义务迟延履行而引起的解除清算亦不相同。尤其是在约定租赁物归承租人所有之情形,《民法典》第758条规定了出租人解除合同收回租赁物时的清算义务。之所以如此规定,原因在于在约定租赁物期满后归属承租人之情形,出租人的所有权更多地具有担保的意义。此种情形的融资租赁合同租金的本质在于融资的成本及其合理利润,租赁物的所有权为担保此等租金债权而存在,其功能与担保相同。因此,与担保

---

〔61〕 最高人民法院民法典贯彻实施工作领导小组主编:《中华人民共和国民法典合同编理解与适用(三)》,人民法院出版社2020年版,第1702页。

物权一样,也同样禁止流质流押情形的发生。但鉴于出租人对租赁物享有的权利实质为担保物权,仅在形式上表现为所有权,出租人在承租人不能支付租金的情形下,解除融资租赁合同收回租赁物无须经过人民法院的同意,但应当进行强制清算。也就是说,出租人因收回租赁物而取得的价值,无论按所评估的公允价格,还是按公开拍卖的实际所得,都不直接归出租人所有。这一所得必须与出租人的租金债权,即承租人尚未付清的租金及其他费用作比较。只有出租人收回租赁物的所得等于出租人的租金债权时,才归出租人所有,超出租金债权的部分,是出租人多得的利益,应返还承租人,或者充作承租人支付的损害赔偿金,不足部分仍应由承租人清偿。[62] 于此情形,与所有权保留买卖中出卖人的清算义务类似,但承租人并无出卖人一样的回赎权,《民法典》亦未规定出租人需另行出售标的物。另外,有学说认为,即使当事人约定租赁期限届满租赁物归出租人所有,如租金构成在排除租赁物残余价值之后仍然符合《民法典》第746条的规定的,只要满足其他要件出租人仍负清算义务,应当对《民法典》第758条第1款的规定予以扩张解释。[63] 该观点的实质在于,若租金涵盖了出租人成本及合理利润,即使约定期满租赁物归出租人所有,亦应当视为期满租赁物归承租人所有。本书对此持保留意见。期满后的所有权约定,并非在于担保租金价款的实现,而是当事人预先就其归属作出了分配,除非该条款无效,应当尊重当事人之意思自治,而不宜任意扩张解释《民法典》第758条第1款之规定。

承租人经催告后在合理期限内仍不支付租金时的解除,属于承租人租金给付义务陷于迟延时的催告解除,原本依《民法典》第563条的规定处理即可,无须课加更多限制。但从融资租赁交易的特点来看,国内外立法、司法实践、融资租赁实务对融资租赁合同的解除作出严格限制,融资租赁合同的不可解约性或"中途解约禁止"得到普遍承认。由于融资租赁交易具有融资性、周期长、利益重大、交易复杂等特点,单方中途解约会对另一方当事人造成较大损失,融资租赁合同的解除与一般合同的解除相比有着更为严格的条件。[64] 在租金给付义务迟延履行之情形,除了要求催告解除,《融资租赁司法解释》第5条为此做出了更为严格的限制,即"有下列情形之一,出租人请求解除融资租赁合同的,人民法院应予支持:(一)承租人未按照合同约定的期限和数额支付租金,符合合同约定的解除条件,经出租人催告后在合理期限内仍不支付的;(二)合同对于欠付租金解除合同的情形没有明确约定,但承租人欠付租金达到两期以上,或者数额达到全部租金百分之十五以上,经出租人催告后在合理期限内仍不支付的;(三)承租人违反合同约定,致使合同目的不能实现的其他情形"。较之《民法典》第562~563条及《民法典》第752条规定的解除权条件,该司法解释就融资租赁合同的解除作出了更严格的限制。例如,即使合同约定了解除条件,并非依《民法典》第562条得以直接解除,仍然需要履行"催告程序";对于租金给付义务的迟延履行,合同解除不仅需要《民法典》第563条及《民法典》第752

〔62〕 黄薇主编:《中华人民共和国民法典解读:合同编》(下册),中国法制出版社2020年版,第898页。

〔63〕 谢鸿飞、朱广新主编:《民法典评注:合同编　典型合同与准合同》(第2册),中国法制出版社2020年版,第519~520页。

〔64〕 最高人民法院民事审判第二庭编著:《最高人民法院关于融资租赁合同司法解释理解与适用》,人民法院出版社2014年,第197~198页;最高人民法院民法典贯彻实施工作领导小组主编:《中华人民共和国民法典合同编理解与适用(三)》,人民法院出版社2020年版,第1702~1703页。

条规定的催告，尚需符合“欠付租金两期以上”或“欠付租金数额达到租金百分之十五”的要求。对此，有学说认为，该规定增加了欠付租金的数额要件，加大了出租人主张解除合同的难度，提高了解除融资租赁合同的门槛。这一规则符合融资租赁合同不可中途解约的基本属性。[65] 当然，关于租金加速到期的问题，因合同并未解除，该司法解释并未对此作出特别限制。

承租人经催告后在合理期限内仍不支付租金时，期限利益丧失条款与解除合同收回租赁物能否并用或同时行使，亦是司法实践中常见的争议点。对此，《融资租赁司法解释》第 10 条规定，“出租人既请求承租人支付合同约定的全部未付租金又请求解除融资租赁合同的，人民法院应告知其依照民法典第七百五十二条的规定作出选择。出租人请求承租人支付合同约定的全部未付租金，人民法院判决后承租人未予履行，出租人再行起诉请求解除融资租赁合同、收回租赁物的，人民法院应予受理”。另外，若出租人向承租人发出的催告中，既包含了支付全部租金的请求，又包含解除合同收回租赁物的诉求，是否符合催告解除的通知要件，亦会引起争议。对此，《民法典》第 565 条规定的“附履行期限的通知解除”可资借鉴，即“当事人一方依法主张解除合同的，应当通知对方。合同自通知到达对方时解除；通知载明债务人在一定期限内不履行债务则合同自动解除，债务人在该期限内未履行债务的，合同自通知载明的期限届满时解除。对方对解除合同有异议的，任何一方当事人均可以请求人民法院或者仲裁机构确认解除行为的效力”。

4. 租金支付义务违反时的其他救济措施

除了期限利益丧失、解除合同收回租赁物的救济措施以外，承租人逾期履行支付租金义务或者迟延履行其他付款义务，出租人按照融资租赁合同的约定要求承租人支付逾期利息、相应违约金的，人民法院应予支持（《融资租赁司法解释》第 9 条）。

因出租人对租赁物享有所有权（《民法典》第 745 条），且该所有权具有担保功能，是非典担保之一，因此，承租人迟延履行租金给付义务时，出租人亦可参照担保物权实现程序保障租金债权的实现。依《担保制度司法解释》第 65 条规定，在融资租赁合同中，承租人未按照约定支付租金，经催告后在合理期限内仍不支付，出租人请求承租人支付全部剩余租金，并以拍卖、变卖租赁物所得的价款受偿的，人民法院应予支持；当事人请求参照《民事诉讼法》“实现担保物权案件”的有关规定，以拍卖、变卖租赁物所得价款支付租金的，人民法院应予准许。出租人请求解除融资租赁合同并收回租赁物，承租人以抗辩或者反诉的方式主张返还租赁物价值超过欠付租金以及其他费用的，人民法院应当一并处理。当事人对租赁物的价值有争议的，应当按照下列规则确定租赁物的价值：（1）融资租赁合同有约定的，按照其约定；（2）融资租赁合同未约定或者约定不明的，根据约定的租赁物折旧以及合同到期后租赁物的残值来确定；（3）根据前两项规定的方法仍然难以确定，或者当事人认为根据前两项规定的方法确定的价值严重偏离租赁物实际价值的，根据当事人的申请委托有资质的机构评估。值得注意的是，若参照担保物权实现程序，出租人无需解除合同并收回租赁物即可行使担保物权；而且，在租赁物价值确定的方法上，《担保制度司法解释》第 65 条对《融资租赁司法解释》第 12 条的规定作了进一步的完善。但不管如何，该担保物权的实现程序亦兼顾了融资租赁交易的特点，担保物权并非一

---

〔65〕 谢鸿飞、朱广新主编：《民法典评注：合同编　典型合同与准合同》（第 2 册），中国法制出版社 2020 年版，第 502 页。

旦陷于迟延就得以行使,而是如同加速到期一样,须经催告始得以行使。当然,就拍卖、变卖租赁物所得价款受偿时,出租人是否具有优先受偿的地位,尚需结合出租人的所有权是否经过登记以及相互对抗的权利之间的关系等所有权担保的基本原理予以具体确定。

思考 | 承租人能否以租赁物瑕疵或租赁物毁损灭失为由拒付租金

出租人的主给付义务乃是先履行义务,需预先支出成本以购置标的物。若其未先履行义务,则承租人拒绝履行租金义务,并非行使同时履行抗辩,而在于该义务尚未发生或未到期。实际上,若认为融资租赁交易本质上是以融物手段实现融资,租金之对价并非物之提供使用,而是融资之对价,《民法典》第746条关于租金的确定恰恰表明了这一点。也就是说,只要出租人支付了购买租赁物的融资成本,承租人并不能以租赁物的瑕疵为由拒绝支付租金。但融资租赁毕竟是融资与融物的结合,除了资金的供给,物之使用收益亦是承租人之目的,若因物之瑕疵致使标的物无法满足承租人之使用收益,似乎又得以行使抗辩权。从《民法典》的规定来看,显然以前者为基础构建融资租赁合同相关规则。例如,出租人原则上不负租赁物的物的瑕疵担保义务,故在租赁物存在瑕疵情况下,承租人不得以此拒绝支付租金,而只能行使索赔权寻求救济。《民法典》第742条吸收原《融资租赁司法解释》第6条,规定"承租人对出卖人行使索赔权利,不影响其履行支付租金的义务。但是,承租人依赖出租人的技能确定租赁物或者出租人干预选择租赁物的,承租人可以请求减免相应租金"。也就是说,原则上租赁物的瑕疵不影响租金给付义务。而且,即使存在得以主张瑕疵担保之情形,也不是按照抗辩构成来解决,而是按照瑕疵担保的类似减价的方式予以解决。减少价款作为形成权的行使,并非针对租金给付请求权的抗辩权,与《民法典》第525～526条关于合同履行抗辩权中的"有权拒绝其相应的履行请求"之间存在明显的区别。

租赁物存在权利瑕疵之情形,则依《民法典》第748条及《民法典》第525条、第526条的规定,似乎可拒付相应的租金。但是,《民法典》第748条也只规定了损害赔偿,并未采用抗辩构成,而且也不是租金的"减价",与通常的权利瑕疵担保义务违反的责任承担并不相同。当然,该条是否限定了承租人的救济方式还是说可参照适用买卖合同及《民法典》合同编通则违约责任规则,尚可进一步思考。

因租赁物的风险责任原则上应由承租人负担,故租赁物发生毁损灭失时,除非当事人另有约定或法律另有规定,承租人不能以此为由拒绝支付租金(《民法典》第751条)。在这点上,亦与租赁合同相关规则并不相同。依《民法典》第729条规定,租赁合同价金风险由出租人承受;而依《民法典》第751条规定,承租人占有租赁物期间,租赁物毁损、灭失的,出租人有权请求承租人继续支付租金,价金风险由承租人承受。当然,在融资租赁合同中,租赁物使用与租金给付之间并不构成给付与对待给付的关系,《民法典》第751条规定并非严格意义上的风险负担规则,而只是分配租金风险的规则。[66]

---

〔66〕 周江洪:《融资租赁合同解除与风险负担规则并存模式之评析》,载《晋阳学刊》2015年第1期。

（二）及时受领及拒绝受领租赁物时的通知义务

《民法典》第 739 条规定了依承租人选定出卖人及租赁物而订立买卖合同之情形，出卖人应当按照约定向承租人交付标的物，承租人享有与受领标的物有关的买受人的权利。对此，有释义书将其扩张解释，认为承租人应当按照合同约定的时间、地点、验收方法接收标的物。接收标的物，既是承租人的权利，也是承租人的义务。作为义务，承租人无正当理由不接收的，构成受领迟延。[67]

承租人拒绝受领标的物时，应当及时通知出租人（《民法典》第 740 条第 2 款）。值得注意的是，较之原《融资租赁司法解释》第 5 条规定的损害赔偿责任，该条规定并未规定承租人通知义务违反时的责任；但未在该条规定并不表明承租人不承担此等责任，仍可通过援引《民法典》合同编通则关于合同履行及违约责任的一般规定要求承租人承担责任。当然，如何解释会涉及该通知义务究竟是不真正义务还是真正义务的定性问题。因通知义务的违反，存在给出租人造成损失的可能，尤其是承租人据此解除融资租赁合同而出租人又未能及时行使对出卖人的权利时，可能会造成损失，因此其应当为真正义务的违反。具体可依《民法典》第 577 条、第 582 条、第 584 条等要求承租人承担责任。实际上，《融资租赁司法解释》第 3 条对此作出了明确的解释，即"承租人拒绝受领租赁物，未及时通知出租人，或者无正当理由拒绝受领租赁物，造成出租人损失，出租人向承租人主张损害赔偿的，人民法院应予支持"。

（三）妥善保管、使用租赁物的义务

所谓妥善保管，指的是应当根据善良管理人的标准来进行保管，它要求比处理自己的事务更为谨慎。合理使用，则是指承租人应当按照租赁物的性质和通常方法进行使用。[68] 在融资租赁期间，承租人占有租赁物，但租赁物的所有权归出租人。因此，为保护出租人的利益，并基于诚实信用原则，承租人应当妥善保管、使用租赁物（《民法典》第 750 条第 1 款）。承租人未经出租人同意，不得擅自转让、转租、抵押租赁物等，否则出租人可以解除融资租赁合同（《民法典》第 753 条）。另外，出租人虽然是租赁物的所有人，但并不是租赁物的使用者和管理者，其无法支配租赁物；且出租人获得的租金是融资的对价，并不是使用租赁物的对价，因此，租赁物对第三人造成损害的，出租人不承担责任（《民法典》第 749 条）。

（四）维修义务

与租赁合同中的出租人地位不同，融资租赁合同中的出租人并不负担维修义务，而只是承担消极的用益维持义务。承租人应当履行占有租赁物期间的维修义务（《民法典》第 750 条第 2 款）。原因在于，在融资租赁期间，出租人不负标的物的瑕疵担保义务，因而对租赁物无维修的义务，但出租人却享有租赁期满收回租赁物的期待利益，承租人需保障出租人期待利益的实现；若是融资租赁合同约定期满租赁物归承租人所有，则承租人享有实质意义上的所有人权益，但若对于租赁物的损坏等不予维修，亦会影响出租人担保权益的实现，与此相应，也应当负有维修租赁物的义务。因此，承租人不仅应妥善保管租赁物，还应当履行占有租赁物期间的维

---

〔67〕 魏耀荣等：《中华人民共和国合同法释论》（分则），中国法制出版社 2000 年版，第 248 页；胡康生主编：《中华人民共和国合同法释义》（第 3 版），法律出版社 2013 年版，第 388 页；黄薇主编：《中华人民共和国民法典解读：合同编》（下册），中国法制出版社 2020 年版，第 862 页。

〔68〕 黄薇主编：《中华人民共和国民法典解读：合同编》（下册），中国法制出版社 2020 年版，第 881 页。

修义务。因维修支付的必要费用,由承租人自行承担。

（五）租赁物返还义务

根据合同自由原则,出租人可以和承租人约定,租赁期间届满租赁物归属于出租人或者承租人,若约定归属于出租人,则承租人应在融资租赁合同终止后将租赁物返还给出租人。若对租赁物的归属没有约定或者约定不明确,当事人可以协议补充,不能达成协议的,若依据合同条款或交易习惯确定归属于出租人,承租人在合同终止后同样应将租赁物返还给出租人。若依据以上规则仍不能确定归属的,租赁物的所有权归出租人,此时承租人在合同终止后,仍应将租赁物返还于出租人(《民法典》第757条)。合同无效时,承租人亦负有返还义务,即“融资租赁合同无效,当事人就该情形下租赁物的归属有约定的,按照其约定;没有约定或者约定不明确的,租赁物应当返还出租人”(《民法典》第760条)。

租赁物返还义务亦有例外。租赁物若不能返还的,无须进行返还,承租人应进行合理补偿。例如,“当事人约定租赁期限届满租赁物归出租人所有,因租赁物毁损、灭失或者附合、混合于他物致使承租人不能返还的,出租人有权请求承租人给予合理补偿”(《民法典》第758条第2款)。另外,“因承租人原因致使合同无效,出租人不请求返还或者返还后会显著降低租赁物效用的,租赁物的所有权归承租人,由承租人给予出租人合理补偿”(《民法典》第760条)。以象征性义务的履行为条件转移所有权时,承租人亦无须返还租赁物。依《民法典》第759条规定,“当事人约定租赁期间届满,承租人仅需向出租人支付象征性价款的,视为约定的租金义务履行完毕后租赁物的所有权归承租人”。当事人约定承租人仅需支付象征性价款即可取得租赁物所有权的,出租人在计算租金时已将租赁期限届满后的残值计算在内,故此时可以视为租金义务履行完毕后租赁物的所有权即归承租人。而且,除满足当事人约定象征性留购价款条款这一条件外,仅在承租人已经支付全部应付租金的情形下,期满后租赁物所有权才归承租人。承租人是否依照约定支付象征性留购价款,对于租赁物所有权归承租人这一结果并无影响。如果承租人未依照约定支付象征性留购价款,出租人可以请求承租人依照约定支付。[69]

三、融资租赁合同的“风险负担”

风险负担规则中的风险,包括物之风险、给付风险和对待给付风险。无特别说明的,通常指的是对待给付风险(价金风险)。对于融资租赁合同领域的“租金风险”,《民法典》第751条规定,承租人占有租赁物期间,租赁物毁损、灭失的,出租人有权请求承租人继续支付租金,但是法律另有规定或者当事人另有约定的除外。该条规定进一步表明了融资租赁合同以“融物”为手段的“融资”本质。

融资租赁合同中的租金风险分配规则,与租赁合同中的租金风险分配规则明显不同。依《民法典》第729条,因不可归责于承租人的事由,致使租赁物部分或者全部毁损、灭失的,承租人可以请求减少租金或者不支付租金;因租赁物部分或者全部毁损、灭失,致使不能实现合同目的的,承租人可以解除合同。也就是说,租赁合同中,就不可归责于债权人(承租人)事由引

〔69〕 徐涤宇、张家勇主编:《〈中华人民共和国民法典〉评注》(精要版),中国人民大学出版社2022年版,第810页。

起的租赁物使用收益不能或部分不能，承租人得以请求减少租金或不支付租金，其实质是由出租人承受了此等对待给付风险（租金风险）。但与此不同，依《民法典》第751条规定，承租人占有租赁物期间，租赁物毁损、灭失的，除非当事人另有约定或法律另有规定，出租人有权请求承租人继续支付租金，租金风险由承租人承受。当然，在融资租赁合同中，租赁物使用收益与租金给付之间并不构成给付与对待给付的关系，《民法典》第751条规定并非严格意义上的风险负担规则，而只是分配租金风险的规则。[70] 另外，与租赁合同中的租金风险分配需考虑当事人之归责事由不同，《民法典》第751条规定的融资租赁合同租金风险分配规则，不仅要求是在占有期间内发生的毁损灭失，[71]且并不限于不可归责于当事人事由的租赁物毁损灭失；只要租赁物在承租人占有期间发生毁损灭失的，无论其是否因为不可归责于当事人的原因毁损灭失，均可适用《民法典》第751条规定。[72]

思考｜融资租赁合同解除与"风险负担规则"的协调

《民法典》第751条规定了租赁物毁损、灭失时的"租金风险"分配规则，同时又在第754条规定了合同租赁物意外毁损、灭失时的合同解除权，并在第756条规定了合同租赁物意外毁损灭失而解除时的补偿规则。从体例上看，合同解除与风险负担规则形成了二元并存的立法体例，由此会产生风险负担与合同解除竞合时如何处理的问题。[73] 风险负担规则与合同解除竞合时，需要平衡和协调的关键问题是租赁物的所有权人（出租人）可以获得多大范围的利益补偿。相关释义书认为，根据利益平衡原则，《民法典》第756条对规范竞合时的法律适用和出租人利益如何补偿问题作出了规定，以统一司法尺度；对于融资租赁合同而言，二者竞合时，按照合同解除制度进行处理更具有合理性。同时认为，当租赁物意外毁损、灭失，融资租赁合同可以解除时，法律赋予当事人可以自由选择的两种处理方式：如果当事人不行使解除权，则按风险负担规则处理，承租人应当继续支付租金，实际上是承担了租金的风险，但却可以避免合同解除后一次性补偿出租人的资金压力，从而获得分期支付的期限利益；如果当事人行使解除权，则风险负担规则不再适用，而代之以合同解除制度的登场，承租人应承担返还租赁物的义务，并承担返还不能时的代物清偿义务，即按租赁物的价值对出租人给予补偿。[74]

本书认为，融资租赁合同之所以由承租人承受租金风险，缘于其融资的属性，其风险负担并非经典意义上的风险负担规则。如何弥补不同制度适用导致的利益不平衡，是制度竞合时需统筹考量的重点。因此，针对风险负担规则与合同解除制度适用的不同，面对二元并存的立法体例，可采取以下解释方案弥合两者之间的距离。租赁物因不可归责于双方的原因毁损灭失时，无论是适用合同解除还是风险负担规则，出租人得以请求剩余租赁期间的租金，承租人

---

〔70〕 周江洪：《融资租赁合同解除与风险负担规则并存模式之评析》，载《晋阳学刊》2015年第1期。

〔71〕 《民法典》第751条规定表明，融资租赁合同以承租人受领租赁物为时间节点，此前应由出卖人承担风险，在承租人受领占有租赁物期间风险则应由承租人承担。参见谢鸿飞、朱广新主编：《民法典评注：合同编　典型合同与准合同》（第2册），中国法制出版社2020年版，第497页。

〔72〕 王利明：《合同法》（下册），中国人民大学出版社2021年版，第163页。

〔73〕 黄薇主编：《中华人民共和国民法典解读：合同编》（下册），中国法制出版社2020年版，第893页；谢鸿飞、朱广新主编：《民法典评注：合同编　典型合同与准合同》（第2册），中国法制出版社2020年版，第494页。

〔74〕 黄薇主编：《中华人民共和国民法典解读：合同编》（下册），中国法制出版社2020年版，第894页。

亦仍享有其期限利益。若承租人放弃其期限利益,且当事人未作特别约定,应就剩余租赁期间的租金作出清算,扣减该期间内的利润。就剩余租赁期间之外的租赁标的物毁损灭失的损失负担问题,则应依当事人约定期满归属的不同而作出不同的清算。具体来说,可采取以下解决思路以弥补两者的不同:(1)当事人就风险负担有特别约定时,若与法定解除效果冲突,除非该约定无效,则视为解除权受到了当事人合意的限制;(2)若当事人双方均选择解除,即使双方对风险负担作出了特别约定,可认为对风险分配作出了变更,采合同解除方式处理即可;(3)承租人起诉通常会选择解除合同,因为若选择风险负担无须争讼即可维持合同的存续;若出租人起诉,应在风险负担规则抑或合同解除之间作出"二者择其一"的选择。当一方要求使用风险负担规则,另一方要求解除合同时,采取以剩余租金为标准计算剩余租赁期限返还额度的做法,以尽量弥合两者效果之间的差别。对于到期后的租赁物的残值问题,则根据约定的归属不同作出清算。对于合同解除时,承租人面临期限利益丧失的问题,也可以采取对《民法典》第756条规定的折旧补偿进行进一步解释的做法,即该条并未规定补偿是否为一次性支付,承租人仍可按照原合同规定进行分期支付。如此一来,无论是采取风险负担规则处理,还是按照合同解除制度处理,其结果并无太大不同。[75]

四、融资租赁合同当事人与第三人之间的效力

(一)出租人转让融资租赁合同项下的权利

实践中,融资租赁公司作为金融业的主要商事主体,普遍面临资金杠杆的利用效率问题,通过银行保理等方式转让合同权利、贴现资金已经成为该行业通行的业务模式。无论是从债权让与的理论考虑,还是从尊重行业自身发展规律的角度考虑,都应允许出租人处分其享有的融资租赁合同项下的权利,相关国际公约也均允许转让。[76] 对此,《融资租赁司法解释》第4条规定,"出租人转让其在融资租赁合同项下的部分或者全部权利,受让方以此为由请求解除或者变更融资租赁合同的,人民法院不予支持"。融资租赁合同项下的出租人权利,主要包括出租人所有权、租金债权、解除权等。就解除权而言,脱离合同关系的形成权的移转通常会受到限制,该司法解释中的"出租人权利"当做限缩解释,并不包含解除权等形成权。

1. 出租人转让租赁物所有权

(1)当事人之间的关系因期满归属不同而不同

就出租人所有权而言,虽然与所有权保留买卖都属于所有权担保,但融资租赁中的所有权具有特殊的交易构造,因当事人约定的归属不同而呈现多样的法律构造,但无论是期满租赁物归承租人所有还是归出租人所有,出租人所有权均具有担保功能,亦同时具备所有权的部分性质。从所有权视角来说,出租人的所有权与通常的动产所有权之间的差别是其关键。当事人约定期满租赁物归出租人之情形,出租人就租赁物的所有权特性更为突出;而当事人约定期满租赁物归承租人或支付象征性价款归承租人之情形,出租人所有权的担保特性就更为突出。就前者而言,出租人得以处分其所有权无疑;而对于后者的交易结构,则需具体分析:承租人就

〔75〕 周江洪:《融资租赁合同解除与风险负担规则并存模式之评析》,载《晋阳学刊》2015年第1期。

〔76〕 最高人民法院民事审判第二庭编著:《最高人民法院关于融资租赁合同司法解释理解与适用》,人民法院出版社2014年版,第142页。

租赁物享有占有使用收益的权益，负有租金给付义务，租赁物待租赁期限届满或期满支付象征性价款后归承租人所有，一旦承租人依该规则取得所有权，出租人的所有权即丧失。而出租人虽然不享有占有使用收益的权能，但其作为所有权人拥有“处分权”，理论上仍然可以再次处分标的物所有权。

对于后一情形，虽然租赁物所有权通常仅限于残值，且融资租赁中的租金与所有权保留买卖中的价款的构成亦不相同，但租赁物所有权实质上接近于所有权保留买卖中的标的物所有权。所有权保留买卖相关的规则，在此种情形亦可参照。在所有权保留买卖领域，与通常的所有权不同，在条件成就之前，德国法限制出卖人的处分权；而买受人则享有“期待权”，在取得所有权之前，可以处分该期待权。[77] 但我国并不存在此等规定，是否得以作出同样的限制。本书买卖合同章认为，我国《民法典》的所有权保留买卖法律构造决定了保留所有权的出卖人无法再行处分所有权，出卖人保留的所有权与得以处分的所有权并不相同。但与所有权保留买卖不同，即使约定期满租赁物归承租人所有之情形融资租赁出租人亦享有“解除合同收回租赁物”的权利，虽然亦需进行清算（《民法典》第 758 条），但与所有权保留买卖中要求以处分清算的方式清算（《民法典》第 643 条）并不相同，在解除合同收回租赁物时，出租人仍存在保有出租物所有权的可能性。因此，融资租赁期间出租人处分租赁物时，因租赁物已为承租人所占有，其要履行买卖合同中的所有权转移义务，对于动产只能通过返还请求权让与的方式予以实现（《民法典》第 227 条）。约定期满租赁物归承租人所有之情形，出租人享有特定条件下的解除合同收回租赁物的权利；与所有权保留买卖情形出卖人就取回的标的物再行出卖优先受偿的权利并不相同，出租人仍然存在通过返还请求权让与的方式实现物权变动之可能，并不会如同出卖人一样构成实质意义上的无权处分。而不动产之情形，则可以通过登记实现物权变动。因此，与所有权保留买卖情形不同，本书认为，即使约定期满租赁物归承租人所有之情形，出租人仍然得以处分租赁物。也就是说，若将出租人的“所有权”作功能主义理解，其为“担保权”；而我国法上规定的担保权，除非是法定的独立担保等，无法单独转让，此时单独转让该“担保”并不可行。但从我国融资租赁合同的构造来看，虽然其亦构成所有权担保，但与所有权保留买卖中的所有权担保并不相同，因交易架构、融资租赁物归属约定、租金构成等而形成不同的法律构造，出租人的所有权，并非只是形式意义上的所有权，而是仍具有所有权功能的所有权，并不妨碍出租人出让租赁物的所有权。

（2）受让人不得解除或变更租赁关系

出租人出让其所有权时当事人之间的法律关系，《融资租赁司法解释》第 4 条只是规定了受让人不得以此为由解除或变更租赁关系，并未说明其具体的法律构成。但相关释义书认为，此时的实质是“买卖不破租赁”规则在融资租赁合同领域的反映，认为该制度的设置可以保障承租人持续使用租赁物，维护了其基于租赁合同的期待利益。在受让方获得租赁物的所有权后，承租人亦无需再与受让方重新签订租赁合同，节约了缔约成本。[78] 全国人大常委会法工委

---

〔77〕 王立栋：《〈民法典〉第 641 条（所有权保留买卖）评注》，载《法学家》2021 年第 3 期；［德］延斯·科赫马丁·洛尼希：《德国物权法案例研习》（第 4 版），吴香香译，北京大学出版社 2020 年版，第 83 页。

〔78〕 最高人民法院民事审判第二庭编著：《最高人民法院关于融资租赁合同司法解释理解与适用》，人民法院出版社 2014 年版，第 142 页。

相关释义也说明,“出租人转让租赁物所有权的,融资租赁合同对新的所有权人继续有效,新所有权人不得解除合同,取回租赁物。此即所谓‘买卖不破租赁’原则”。[79] 若是如此理解,则受让人取得的“所有权”,其实质是存在融资租赁合约的所有权。当然,出租人与受让人之间的关系,依双方之间的基础合同关系处理即可,出租人负有该合同关系下的相关义务,若违反此等义务同样应向受让人承担违约责任。

但是,从理论上来说,融资租赁合同出租人转让租赁物所有权是否可以视为“买卖不破租赁”,尚有商榷之余地。租赁合同中的“买卖不破租赁”,在于出租人收取租金、负有租赁物维修义务等,均围绕租赁物而展开,随着租赁物所有权的变动,出租人的合同地位一并发生“买卖不破租赁”的合同地位承受,其逻辑上并无大的问题;但在融资租赁合同中,出租人得以收取的租金并非租赁物使用收益的对价,而是融资的成本及其利润;出租人亦不对租赁物负有维修义务等;即使不考虑租赁物所有权的最终归属以及所有权的担保功能,要说出租人一旦转移租赁物的所有权即发生合同地位承受,并不合理。融资租赁标的物所有权的移转,并不表明融资租赁项下的债权的移转。因此,即使所谓的“买卖不破租赁”,也只是一种借用而已,只不过是表明租赁物所有权的受让人对于融资租赁合同并无解除权和变更权而已,与租赁合同中的“买卖不破租赁”存在本质区别。事实上,若真是属于合同地位承受模式下的“买卖不破租赁”,受让人承受原出租人合同地位而成为新的出租人,享有租赁合同项下的权利,当然亦包括解除权等。而若真是如此,则与《融资租赁司法解释》第 4 条否定受让人的解除权明显相悖。因此,融资租赁合同出租人转让租赁物所有权,并不构成租赁合同情形下合同地位承受模式意义上的“买卖不破租赁”。

2. 出租人转让租金债权

依债权让与的一般原理,出租人的租金债权得以转让,即使出租人与承租人约定租金债权不得让与,亦不得对抗第三人(《民法典》第 545 条)。但若出租人转让租金债权,得以适用《民法典》第 547 条的规定,受让人取得与债权有关的从权利,且取得从权利不因该从权利未办理转移登记手续或未转移占有而受到影响。因该条并未限定担保权或担保物权,则发生此处的作为担保功能的“所有权”的移转。但此时的“所有权”移转,并非指租赁物发生了所有权的物权变动,而是表明其担保功能亦对租金债权受让人产生效力,出租人的所有权同样担保受让人的租金债权,但构成了类似第三人提供担保的现象。当然,若是租金债权部分转让,此时会出现作为担保的“所有权”是否同样担保已转让之部分租金债权的问题。本书认为,出租人的所有权既是受让人受让部分租金债权的担保,亦是出租人保留的部分租金债权的担保。

拓展 | 融资租赁“回购条款”

为了保障承租人全面履行租金给付义务,当事人会在融资租赁合同中订立“回购条款”,约定“若承租人未按约支付租金及应还利息或租赁物存在灭失毁损造成租赁合同无法履行时,出卖人即应无条件履行回购义务,向出租人支付租赁物的回购价款(具体数额包括承租人的未付租

---

〔79〕 黄薇主编:《中华人民共和国民法典解读:合同编》(下册),中国法制出版社 2020 年版,第 879 页。

金、应还利息、逾期罚息及相关费用等），出租人收到回购款后，向出卖人出具租赁物所有权转移证书，将租赁物所有权和融资租赁债权一并转移给出卖人，且出租人对回购标的物不作实际交付”。回购条款的出现，是融资租赁业发展过程中的创新，该条款通过进一步保障出租人利益，消除出租人在融资租赁交易中催讨租金的顾虑，增强出租人开展融资租赁业务的信心，进一步推动融资租赁业的发展。关于该“回购条款”的性质，存在“担保说”“附条件买卖说”等诸多观点，有学说将其界定为“以担保融资租赁合同的履行为实质，以附条件买卖为形式的混合合同”。通常情况下回购条款的效力应为“有效”，但并不排除在某些情况下对其效力做一些特殊的认定。若出卖人并无购买租赁物的需求，因此对于形式上三方约定接受的回购条款，并不排除当事人之间存在恶意串通的情况。而且，串通行为只能存在于出租人与承租人之间或出租人、承租人及出卖人三者之间，不可能存在于出卖人与出租人之间，因为回购条款的成就条件“承租人未按约付款”系由承租人掌控，若任何一方当事人离开了与承租人的串通，该条件就无法通过人为而随时控制，也就失去了恶意串通的基础。〔80〕从理论上来说，该“回购条款”得以发挥效力，其基础就在于出租人得以转让其融资租赁合同项下的权利，包括租赁物所有权和租金债权等；此等转让引起的法律关系构造的变化，是“回购条款”有效与否及其具体法律效果分析的前提。但在《民法典》功能主义担保观的影响下，此等“回购条款”的性质判断等，有必要进一步分析。对此，有学说认为，在《民法典》向功能主义担保观转变的背景下，衡诸契约多元化价值之间的冲突与调和，有必要明确其担保功能以实现交易风险的合理分配。融资租赁回购担保在性质上属非典型担保，在结构上符合“所有权让与担保＋到期回购”的特征，应当适用《担保制度司法解释》的相关规定。但回购担保之重心不仅仅在于使出租人就标的物优先受偿，更在于以义务人支付回购价款的形式扩大了承租人责任财产的范围。因此可以类推适用保证制度：在效力上应遵循担保从属性原理；准用公司对外提供担保的程序限制；在回购期间约定不明情形下可以参照保证期间的相关规定；亦可援引多个担保并存情形下的处理规则。〔81〕

（二）租赁物所有权担保与担保物权担保等之间的关系

《民法典》第745条规定，出租人对租赁物享有的所有权，未经登记，不得对抗善意第三人。但该所有权并非纯粹的所有权，而是具有担保功能的所有权。《民法典》第388条规定，“担保合同包括抵押合同、质押合同和其他具有担保功能的合同。担保合同是主债权债务合同的从合同”。《担保制度司法解释》第1条明确“所有权保留买卖、融资租赁、保理等涉及担保功能发生的纠纷，适用本解释的有关规定”。在关于“正常经营买受人规则”的解释中，更是明确指出，“前款所称担保物权人，是指已经办理登记的抵押权人、所有权保留买卖的出卖人、融资租赁合同的出租人”（《担保制度司法解释》第56条），至少在适用“正常经营买受人规则”时，将融资租赁合同的出租人视为动产担保物权人对待。在“价款担保超级优先权”领域，将融资租赁合同中的租金亦视为买卖合同中的价款对待，并得以适用《民法典》第416条的超级优先权规则（《担保制度司法解释》第57条）。同时，《担保制度司法解释》第65条规定，“在融资租赁合同中，承租人未按照约定支付租金，经催告后在合理期限内仍不支付，出租人请求承租人支付全

〔80〕 张静：《融资租赁“回购条款”的法律分析》，载《私法研究》2019年第1期。

〔81〕 冉克平：《融资租赁回购担保的法律逻辑与风险控制》，载《山东大学学报（哲学社会科学版）》2022年第2期。

部剩余租金，并以拍卖、变卖租赁物所得的价款受偿的，人民法院应予支持；当事人请求参照民事诉讼法‘实现担保物权案件’的有关规定，以拍卖、变卖租赁物所得价款支付租金的，人民法院应予准许”，进一步明确了融资租赁合同的担保功能。实际上，在《担保制度司法解释》出台前《民法典》的规定，也在一定程度上体现了出租人所有权的担保功能。例如，《民法典》第758条第1款明确规定了约定租赁物归承租人情形解除合同收回租赁物的清算，超过租金及其他费用部分应当返还给承租人，亦表明出租人的所有权并非纯粹的所有权，而是具有担保功能的所有权。

出租人的所有权与租赁物上的其他担保之间的关系，主要体现在《担保制度司法解释》第57条规定中。依该条规定，作为租金债权担保的出租人所有权，被作为价款债权担保存在，且具有“超级优先权”之地位；就租赁物存在多个价款优先权时，依登记的时间先后确定清偿顺序。担保人在设立动产浮动抵押并办理抵押登记后又购入或者以融资租赁方式承租新的动产，下列权利人为担保价款债权或者租金的实现而订立担保合同，并在该动产交付后10日内办理登记，主张其权利优先于在先设立的浮动抵押权的，人民法院应予支持：(1)在该动产上设立抵押权或者保留所有权的出卖人；(2)为价款支付提供融资而在该动产上设立抵押权的债权人；(3)以融资租赁方式出租该动产的出租人。买受人取得动产但未付清价款或者承租人以融资租赁方式占有租赁物但是未付清全部租金，又以标的物为他人设立担保物权，上文所列权利人为担保价款债权或者租金的实现而订立担保合同，并在该动产交付后10日内办理登记，主张其权利优先于买受人为他人设立的担保物权的，人民法院应予支持。同一动产上存在多个价款优先权的，人民法院应当按照登记的时间先后确定清偿顺序。从该规定也可以看出，不同于传统的所有权登记，虽然《民法典》第745条规定的融资租赁合同出租人所有权登记，与所有权保留买卖中的登记一样，作为担保性的所有权登记既不创设权利，也不是权利变动的要件，其作用在于通过权利的公示起到对第三人的警示作用而已，[82]但在所有权担保与其他担保的清偿顺位上，因司法解释该规定的存在，使得该登记的作用不仅仅是停留在“警示登记”，而是具有实质性的顺位确定作用。

思考 | 出租人就拍卖、变卖租赁物所得价款的“受偿”抑或“优先受偿”

值得注意的是，无论是所有权保留买卖，还是融资租赁合同，《民法典》《担保制度司法解释》均未规定“优先受偿”效力；《担保制度司法解释》第57条更是非常明确地说明“受偿”，并未使用担保物权部分常用的“优先受偿”（《民法典》第386条）。作为融资租赁合同担保功能化典型表现的《担保制度司法解释》第65条，就如何参照担保物权实现程序亦作出规定，明确规定了其法律效果，但也只是规定，“在融资租赁合同中，承租人未按照约定支付租金，经催告后在合理期限内仍不支付，出租人请求承租人支付全部剩余租金，并以拍卖、变卖租赁物所得的价款受偿的，人民法院应予支持；当事人请求参照民事诉讼法‘实现担保物权案件’的有关规定，以拍卖、变卖租赁物所得价款支付租金的，人民法院应予准许”。这里也非常克制地使用了“受偿”而不是“优先有偿”，显然是做了必要的区分。

---

[82] 刘保玉、张烜东：《论动产融资租赁物的所有权登记及其对抗效力》，载《中州学刊》2020年第6期。

即使依《民法典》第414条，将所有权保留买卖和融资租赁合同中的“所有权”作为《民法典》第414条的“担保物权”对待，也只是解决存在于“担保权”之间的债权的清偿顺序（登记的优先于未登记的），但经登记的作为担保的“所有权”的债权人是否优先于其他普通债权人，并没有直接的法律依据。特别是在面临未登记的所有权、但其他债权人恶意之情形，如何说明此时出租人得以优先于其他债权人，需要进一步阐释（恶意的其他债权人知道出租人或出卖人拥有“所有权”，也知道该“所有权”并非真正所有权，但只是知道出租人和出卖人对此享有“受偿”的权利，无法知晓是否存在优先受偿的权利，此时该恶意的普通债权人能否参与分配拍卖所得，势必会面临解释之必要）。从这层意义上来说，对于所有权保留买卖或融资租赁合同中的“所有权”，即使依功能主义理解，也需要更强有力的实定法依据，否则更加无法实现“消灭隐形担保”的目标（类似于知道你有“所有权”，但并不知晓该“所有权”担保是否具有优先效力的法律模糊状态）。因此，在功能主义解释论上，不仅要解释非典型担保合同中的“所有权”属于《民法典》第414条意义上的“担保物权”，同样还要解释此等非典型担保具有“优先受偿”效力（将其纳入《民法典》第386条的担保物权对待），需要双重拟制。但从《担保制度司法解释》第65条规定来看，最高人民法院至少还在“功能主义”和“形式主义”之间游走，并未明确主张其“优先受偿”效力。关于功能主义和形式主义中的作为担保的“所有权”，仍然可以作进一步思考。当然，《担保制度司法解释》第67条参照动产抵押中的“善意第三人”问题，也试图解决一部分第三人问题，该条规定所参照的第54条中的“抵押人”与“抵押权人”分别以“承租人/买受人”与“出租人/出卖人”分别替代，可以解决部分问题。不仅如此，《担保制度司法解释》第57条规定了所有权保留与融资租赁出租人所有权均得以通过登记成立“超级优先权”，则可以推出经过登记的此等权利，既然优先于担保物权，当然得以优先于普通债权。而且，该司法解释第56条也同样在所有权担保的正常经营买受人规则中，规定了“优先受偿”。体系解释之，当得以推出“优先受偿”的存在；只不过多个优先受偿冲突时，依规则处理。若要给该司法解释第65条以合理解释，只能说其笼统规定“受偿”而不是“优先受偿”，是由于融资租赁出租人所有权与其他各种担保之间的关系，仍需依规则处理其优先顺序，为避免误解为优先于所有债权而无视此等优先顺序规则，故仅规定“受偿”。

（三）出租人所有权与租赁物的善意取得

因承租人占有使用收益租赁物，尤其是在动产融资租赁情形，会形成承租人拥有所有权的表象。但融资租赁期间承租人并不拥有租赁物的所有权，其出让租赁物或在租赁物上设定担保，会涉及第三人能否获得善意取得制度保护的问题。原《融资租赁司法解释》第9条曾规定融资租赁物的善意取得制度，但2020年修正后的《融资租赁司法解释》已删去该条文，而是交由“未经登记不得对抗善意第三人”的对抗效力规则、动产抵押情形的“正常经营买受人规则”予以处理，当然，个别情形仍然会涉及善意取得制度的适用问题。

关于《民法典》第745条“未经登记不得对抗善意第三人”的效力，《担保制度司法解释》第67条参照动产抵押的相关规则予以处理，即“在所有权保留买卖、融资租赁等合同中，出卖人、出租人的所有权未经登记不得对抗的‘善意第三人’的范围及其效力，参照本解释第五十四条的规定处理”。《担保制度司法解释》第54条规定，“动产抵押合同订立后未办理抵押登记，动产抵押权的效力按照下列情形分别处理:(一)抵押人转让抵押财产,受让人占有抵押财产后,抵押权人向受让人请求行使抵押权的,人民法院不予支持,但是抵押权人能够举证证明受让人知道或者应当知道已经订立抵押合同的除外;(二)抵押人将抵押财产出租给他人并移转占有,抵押权人行使抵押权的,租赁关系不受影响,但是抵押权人能够举证证明承租人知道或者应当知道已经订立抵押合同的除外;(三)抵押人的其他债权人向人民法院申请保全或者执行抵押财产,人民法院已经作出财产保全裁定或者采取执行措施,抵押权人主张对抵押财产优先受偿的,人民法院不予支持;(四)抵押人破产,抵押权人主张对抵押财产优先受偿的,人民法院不予支持”。在这里,出租人被作为担保物权人对待,其享有的“所有权”被作为“担保权”,承租人则被作为“担保设定人”对待;若对“担保权”未办理登记,承租人转让标的物,除非承租人的受让人恶意,出租人并不能对租赁物的受让人行使“担保权”;租赁物被承租人出租的,即使“担保权”未经登记,出租人亦可以向承租人的“次承租人”行使“担保权”,未经登记的,租赁关系不受影响,但该“次承租人”恶意时除外;未经登记情形的出租人“所有权担保”,不得对抗保全和执行;“担保权”未经登记的,出租人的“所有权担保”在承租人破产情形并不具有优先受偿的地位。

思考 |“正常经营买受人规则”抑或“善意取得制度”

《担保制度司法解释》第56条将《民法典》第404条规定的“正常经营买受人规则”扩张适用于融资租赁情形,即“买受人在出卖人正常经营活动中通过支付合理对价取得已被设立担保物权的动产,担保物权人请求就该动产优先受偿的,人民法院不予支持,但是有下列情形之一的除外:(一)购买商品的数量明显超过一般买受人;(二)购买出卖人的生产设备;(三)订立买卖合同的目的在于担保出卖人或者第三人履行债务;(四)买受人与出卖人存在直接或者间接的控制关系;(五)买受人应当查询抵押登记而未查询的其他情形。前款所称出卖人正常经营活动,是指出卖人的经营活动属于其营业执照明确记载的经营范围,且出卖人持续销售同类商品。前款所称担保物权人,是指已经办理登记的抵押权人、所有权保留买卖的出卖人、融资租赁合同的出租人”。也就是说,若从承租人处购得租赁物的受让人,符合“正常经营买受人”规则适用之情形,受让人得以取得无“出租人所有权担保”负担的租赁物。但“正常经营买受人规则”适用的前提在于出卖人具有处分权,承租人就租赁物并无处分权。若承租人无权处分租赁物,受让人仍有可能适用善意取得制度而得到保护。而且,若融资租赁物为不动产,即使得以适用“正常经营买受人规则”,以动产担保为前提的“买受人经营规则”仍不敷适用。善意受让人取得动产所有权之情形,该动产上原有的权利,包括所负担的“出租人所有权担保”亦归于消灭(《民法典》第313条)。究竟是采用“正常经营买受人规则”还是“善意取得制度”保护租赁物的买受人,与出租人所有权的功能定位密切相关。

若按照功能主义视角构成,承租人类似于“抵押人”的地位,而第三人若作为买受人等占有了融资租赁标的物(动产),则根据《担保制度司法解释》第67条对第54条的参照适用,出租人所有权若未经登记,则不得对抗善意第三人,也就是说,出租人不能向标的物取得人行使“担保”。从文义解释来看,此时并未采用《民法典》第404条规定的正常经营买受人规则。原因在于,此时并未加以登记,依“未经登记不得对抗善意第三人”的规则推理即可。但是,对于第三人是否得以取得标的物,则会存在不同的构成可能。若认为出租人的所有权是功能主义,是担保权,此时承租人的处分并不一定构成无权处分。原因在于,设定了抵押的标的物仍然得以转让,融资租赁租赁物的承租人亦当如此,《民法典》第753条也只是规定了承租人擅自转让时的出租人解除权,并未否定转让本身的效力。此时,第三买受人依法律行为取得,且依《担保制度司法解释》第67条取得了不存在“担保”的所有权。若标的物经过登记,此时对于第三买受人来说,仍然可参照正常经营买受人规则判断取得的标的物是否附有“担保”。

若依形式主义,此时承租人可能构成对他人之物的无权处分,此时作为第三人的买受人要取得标的物,需依善意取得制度;若不构成善意(知道或应当知道融资租赁合同的存在),则无法取得标的物所有权。若此时标的物经过登记,善意取得的判断,则可能构成善意与否是否需要查询登记簿的问题,此时能否参照正常经营买受规则存在疑问,毕竟正常经营买受人规则解决的是是否附有担保的问题,而不是解决善意取得所有权的问题。因此,关于登记的效力,需要就该登记对于善意取得的善意判断是否构成影响,作进一步的分析。对此,有观点认为,出租人的租赁物所有权已经登记的,可以对抗第三人,第三人即便对承租人的占有产生信赖,亦不能取得所有权;[83]或者认为,租赁物登记的所有权可以对抗租赁物的买受人、抵押权人、质权人。[84] 但对此亦尚有可商榷之处。原因在于,“未经登记不得对抗善意第三人”只是表明“未经登记”时的效力,而并没有表明“经过登记得以对抗善意第三人”。《民法典》第745条并未对租赁物登记的“积极效力”作出规定,是否得以善意取得,仍然需根据善意取得制度的具体构成要件予以判断。

而且,“未经登记不得对抗善意第三人”的规则,若放在功能主义视角下来看待,结合《担保制度司法解释》第67条的规定,即使承租人将租赁物无偿赠与善意第三人并交付,此时虽然既不可能符合正常经营买受人规则的适用场景,也不可能符合善意取得制度的适用要件,但根据“未经登记不得对抗善意第三人”的规则,出租人亦无法对第三人行使“所有权”或“担保”,而只能根据《民法典》第753条解除融资租赁合同。而对于受赠人来说,出租人虽因其为善意第三人而不得对抗之,但受赠人并未取得租赁物所有权——承租人无法将自己没有所有权之物转移给受赠人,而受赠人亦不构成善意取得等。造成此等情形,其规则设计是否合理妥当,存疑。一种可能的方案是将该条规定的“未经登记不得对抗善意第三人”的规则,看作并不适用于承租人无偿转让租赁物之情形。但是,就承租人来说,虽然多数为企业等经营者,但即使为企业,亦存在无偿赠与(如公益捐赠)等情况;而在我国背景下,融资租赁的承租人亦可能是购买汽车等特定动产的消费者。无论何种情形,承租人转赠租赁物的情形均有可能发生,融资租赁作为商事行为本身无法否定承租人从事非商事行为。因此,若要解释为“未经登记不得对抗善意第三人”的规则不适用于承租人所为的无转让行为,仍有必要作更多的“补丁”工作。这也表明,《民法典》导入“未经登记不得对抗善意第三人”的出租人所有权规则以及融资租赁合同出租人所有权的担保功能化之后,如何体系化地妥当解释,仍有不少地方值得进一步思考。

---

〔83〕 杨代雄主编:《袖珍民法典评注》,中国民主法制出版社2022年版,第708页。

〔84〕 刘保玉、张烜东:《论动产融资租赁物的所有权登记及其对抗效力》,载《中州学刊》2020年第6期。

(四)承租人擅自处分租赁物

《民法典》第753条规定,“承租人未经出租人同意,将租赁物转让、抵押、质押、投资入股或者以其他方式处分的,出租人可以解除融资租赁合同”。

原《融资租赁司法解释》第12条将转租也作为擅自处分对待,进而赋予承租人解除权。从融资租赁的属性来看,虽然融资租赁本质是以融物手段实现融资目的,但就承租人而言,其对租赁物的使用收益仍是其重要的目的。而且,融资租赁与租赁合同不一样,不存在因转租致使标的物损耗或损坏风险加大而导致灭失的问题;与租赁合同不同,出租人看重的是租金的回收,而并非标的物的返还,因此《民法典》第753条在吸纳司法解释时删去了“转租”的情形。[85]若从功能主义视角来说,“担保人”转让“担保标的物”无需担保权人的同意(《民法典》第406条);但在融资租赁情形,其所有权担保与所有权保留买卖中的所有权担保仍有差别,期限届满租赁物的归属约定会影响到其出租人所有权属性的程度高低,因此,《民法典》仍然延续了旧有的规定,认为未经同意的转让、设定抵押等方式处分租赁物的,可以解除合同。合同解除后,应当结合融资租赁物归属的约定等,根据解除清算的原理进行清算。

当然,就擅自处分租赁物时的解除权,也有学说质疑,认为在承租人擅自处分租赁物的情形下,原《融资租赁司法解释》第12条第1项(《民法典》第753条)赋予出租人单方解除合同的权利,与我国原《合同法》的相关规定相比,这实际上是放宽了出租人依法解除合同的条件。承租人擅自处分租赁物并不当然导致出租人的合同目的无法实现,不应一概赋予出租人解除合同的权利,而是需要结合承租人支付租金、提供担保情况等因素,综合判断该行为是否构成根本违约,从而最终确定出租人能否依法解除合同。[86]

另外,有学说认为,融资租赁合同下,承租人无权处分租赁物的,应当按照《民法典》第414条关于担保领域权利竞合的清偿顺序的规定依次实现权利。首先,租赁物上已登记的所有权及其他担保物权,按照登记的时间先后确定清偿顺序;其次,租赁物上已登记的所有权及其他担保物权优先于未登记的受偿;最后,租赁物上的所有权及其他担保物权未登记的,按照债权比例清偿。[87] 但该法理逻辑需进一步分析。若认为《民法典》第753条规定的是承租人的无权处分,除非构成善意取得,此等无权处分并不能产生相应的物权变动或物权设定,与出租人的所有权之间并不会形成竞合关系。而且,若是动产,善意受让人取得动产后,该动产上的原有权利消灭。但是,善意受让人在受让时知道或者应当知道该权利的除外(《民法典》第313条)。因此,要适用或参照适用《民法典》第414条,其前提是构成了善意取得;不考虑无权处分情形是否产生了物权变动或担保权设定而直接适用或参照适用《民法典》第414条值得商榷。此外,未经登记的出租人所有权与《民法典》第753条规定的处分形成的权利之间的关系,则依“未经登记不得对抗善意第三人”的规则处理即可。

---

〔85〕 有个别观点认为,仍然有可能因承租人转租而合同得以解除。该观点认为,“在承租人擅自转租租赁物的情形下,不应一概认定其构成根本违约,也不应‘一刀切’式地允许出租人依法解除合同。在承租人擅自转租租赁物的情形下,应当综合考虑承租人支付租金的情况和提供担保的情况,从而最终判定出租人是否有权依法解除合同”。参见王瑛:《论融资租赁承租人擅自转租租赁物时出租人的法定解除权》,载《法学评论》2021年第6期。

〔86〕 王叶刚:《融资租赁承租人擅自处分租赁物时出租人法定解除权反思》,载《法学》2016年第8期。

〔87〕 黄薇主编:《中华人民共和国民法典解读:合同编》(下册),中国法制出版社2020年版,第834页。

（五）租赁物致人损害的赔偿责任

租赁物致人损害情形，所涉及的法律关系也不仅限于融资租赁合同当事人双方。通常来说，致人损害物品，若为地上工作物，应由物的所有人、管理人、使用人以及建设单位、施工单位承担赔偿责任（《民法典》第1252～1253条等）；若为汽车等交通运输工具，交通事故致人损害，以责任险与实际驾驶人赔偿为原则（《民法典》第1208～1213条等）；若为民用航空器，则由民用航空器的经营者承担侵权责任（《民法典》第1238条）；因租赁物本身的缺陷产生产品责任，则由出卖人与生产者承担不真正连带（《民法典》第1203条等）；因租赁物件发生知识产权侵权，则依知识产权侵权相关规则确定；等等。通常来说，物件所有人有可能为物品致人损害承担责任。

但是，融资租赁合同关系中，租赁物致人损害规则有其特殊性。原因在于，在融资租赁合同中，出租人并不直接选择租赁物，也不直接管理租赁物；出租人只是处在提供资金的地位，其所有权是保证收回投资的法律手段，由出租人承担租赁物致人损害责任并不妥当。为此，《民法典》第749条规定"承租人占有租赁物期间，租赁物造成第三人的人身损害或者财产损失的，出租人不承担责任"，明确排除了出租人的责任承担。也就是说，即使《民法典》侵权责任编规定了物品所有人的责任，融资租赁交易中的出租人作为所有权人，也并不会因侵权责任编的相关规定而承担责任。例如，《民法典》第1209条、第1213条的机动车所有权的过错责任、第1252～1253条中关于建筑物、构筑物所有人的责任，并不适用于融资租赁的出租人。当然，承租人是否应当承担赔偿责任，应结合侵权责任编等相关规定具体分析。

第四节　融资租赁合同的终止

一、融资租赁合同终止的特殊性

融资租赁合同的终止，主要包括融资租赁期限届满的终止以及融资租赁合同的解除。在出租人与承租人的内部关系上，中途解约禁止是融资租赁合同的重要特征之一。原因在于，租赁物系承租人选定或定制，如果允许承租人中途解约，虽然出租人因解约得以收回租赁物，但一般也难以再次转让或出租以弥补损失；若允许出租人中途解约，因租赁物通常为生产经营所必需的大型设备等，且即使无须返还租赁物，亦会因解约后的租金或补偿金而增加资金压力，因此会给承租人的生产经营带来不利影响。因此，部分比较法立法例及融资租赁交易实践都对单方解除权作严格限制，认为融资租赁合同具有"不可解约性"或"禁止中途解约"。但是，从我国融资租赁交易实践以及《民法典》规定来看，融资租赁合同虽然具有"不可解约性"，但并不是否定解除，而只是较之一般合同的解除采取了更为严格的条件。

融资租赁合同的终止，经常会涉及融资租赁合同租赁物的归属。融资租赁期间，出租人对租赁物享有所有权；但未经登记的所有权，不得对抗善意第三人（《民法典》第745条）。出租人和承租人可以约定租赁期限届满租赁物的归属；对租赁物的归属没有约定或者约定不明确，依据《民法典》第510条的规定仍不能确定的，租赁物的所有权归出租人（《民法典》第757条）。

而且，当事人约定租赁期限届满租赁物归出租人所有，因租赁物毁损、灭失或者附合、混合于他物致使承租人不能返还的，出租人有权请求承租人给予合理补偿（《民法典》第 758 条第 2 款）。值得注意的是，与《民法典》第 461 条关于占有的不动产或动产毁损灭失时的权利人损害赔偿请求权不同，融资租赁合同中只是规定了“合理补偿”，而且，亦不区分占有人的恶意与否。也就是说，融资租赁情形下租赁物不能返还时的处理方式，依据的是融资租赁合同的规定，而不是占有的规定，是“基于合同关系等产生的占有，有关不动产或者动产的使用、收益、违约责任等，按照合同约定；合同没有约定或者约定不明确的，依照有关法律规定”（《民法典》第458 条）的立法精神的反映。

值得注意的是，租赁合同终止情形的返还，除涉及租赁物归属以及租赁物残余价值与欠付租金等之间的关系之外，还会涉及未及时返还租赁物而产生的占有使用费与欠付租金的关系。对此，有法院裁判认为，“依原《融资租赁司法解释》第 22 条（《融资租赁司法解释》第 11 条）规定，出租人依照原《融资租赁合同司法解释》第 12 条（《融资租赁司法解释》第 5 条）的规定请求解除融资租赁合同，同时请求收回租赁物并赔偿损失的，人民法院应予支持。前款规定的损失赔偿范围为承租人全部未付租金及其他费用与收回租赁物价值的差额。合同约定租赁期间届满后租赁物归出租人所有的，损失赔偿范围还应包括融资租赁合同到期后租赁物的残值。二审判决在认定案涉融资租赁合同解除后的租赁物占用损失时，未适用上述司法解释规定，未明确损失赔偿范围为承租人全部未付租金及其他费用与收回租赁物价值的差额，而直接判令正和楚基公司按每月 72.5 万元的租金标准向威海优精特公司赔偿《融资租赁合同》解除之日起至租赁物返还之日止的租赁物占用损失，有所不当。案涉《融资租赁合同》正常履行情况下，租金支付至 2020 年 5 月结束；而根据威海优精特公司在本院询问时的陈述，案涉租赁物于 2021 年 3 月才实际取回。二审判决按照月租金标准判令正和楚基公司承担的自《融资租赁合同》解除之日起至租赁物返还之日止的租赁物占用损失已超过出租人按照合同正常履行情况下能获得的合同利益，且未考虑收回后的租赁物价值。正和楚基公司于 2020 年 3 月 19 日发出设备取回通知函后，威海优精特公司于 2020 年 3 月 24 日发出设备取回通知函的回函，同意向一审法院申请解除查封，取回案涉租赁物，但威海优精特公司并未于发出回函后的合理期限内取回设备。二审判决对双方就取回案涉租赁物达成一致后，威海优精特公司未及时取回租赁物的原因及期间各自的过错亦未查明”。[88]

二、融资租赁合同的解除

（一）一般法定解除及租赁合同视角的融资租赁合同解除

1. 作为一般法定解除特别规则

不少学说认为，《民法典》关于解除权的一般规定也应当适用于融资租赁合同，即在当事人没有特别约定禁止解约的情形下，应当允许当事人享有法定解除权。[89] 但合同解除制度的现代发展已日益摆脱作为制裁的解除，放弃合同解除时的可归责性要件等，而日益趋向合同作为

〔88〕 深圳市正和楚基科技有限公司、陈某涛融资租赁合同纠纷再审审查与审判监督案，最高人民法院（2021）最高法民申 2974 号民事裁定书。该民事裁定书根据上述认定，指令福建省高级人民法院再审本案。

〔89〕 王利明：《合同法研究》（第 2 版第 3 卷），中国人民大学出版社 2015 年版，第 386 页。

从合同的约束中解放出来的手段而已，总体上呈现缓和合同拘束力而放宽解除要件的趋势。合同解除一般规则中的要件缓和与融资租赁“不可解约性”的要求之间存在乖离现象。因此，在适用合同解除一般规定时，仍然需要注意融资租赁合同“不可解约性”特点对于合同解除一般要件的牵制，特别是在《民法典》融资租赁合同章对合同解除作出了特别规定或细化规定之情形时，更应仔细斟酌是否仍然得以适用合同编通则规定的解除要件。例如，租金给付义务的迟延履行，虽然《民法典》第752条规定的融资租赁合同解除与《民法典》第563条规定的法定解除都要求“催告后在合理期限内未履行”的要件，但《融资租赁司法解释》第5条第2项则在此基础上课加了“欠付期数”或者“欠付数额”的限制性条件。而在合同约定解除条件之情形，依《民法典》第562条，“当事人可以约定一方解除合同的事由。解除合同的事由发生时，解除权人可以解除合同”；但是，《融资租赁司法解释》第5条第1项则要求“承租人未按照合同约定的期限和数额支付租金，符合合同约定的解除条件，经出租人催告后在合理期限内仍不支付的”，在融资租赁合同租金给付义务迟延的问题上，合同约定的解除事由的发生并非合同解除权行使的充分条件，即使符合约定的解除条件，仍然需要催告解除，对当事人关于解除事由的约定作出了限制。此等情形下，融资租赁合同相关规则作为合同解除一般规则的特别规定而存在，应当优先适用特别规则，而不能适用《民法典》合同编通则关于解除的一般规定。

2. 一般法定解除规则的具体化

融资租赁合同中的解除规则，除了作为一般解除的特别规则存在以外，亦有不少规则是《民法典》合同编通则合同解除规则的细化或具体化。《民法典》第563条关于法定解除的要件中，除迟延履行的催告解除及先期拒绝履行的解除以外，核心的要件是合同目的难以实现。融资租赁合同中，就“合同目的难以实现”要件亦作了具体化。例如，《民法典》第754条规定了买卖合同与融资租赁合同在解除上的关系，其实质是合同联立问题，“出租人与出卖人订立的买卖合同解除、被确认无效或者被撤销，且未能重新订立买卖合同”，出租人或承租人均可以解除融资租赁合同，本质上是因为买卖合同解除、被确认无效或被撤销等使得融资租赁合同以融物为手段以融资为目的的合同目的难以实现。同样地，“租赁物因不可归责于当事人的原因毁损，且不能修复或者确定替代物”时的解除，除了租赁物的毁损灭失，尚需要不能修复或者确定替代物，其原因在于，占有融资租赁物期间，出租人提供资金及承租人取得融资的合同目的已实现，出租人之租金亦不会受影响，本无解除之必要，但就承租人而言，使用收益租赁物亦是合同目的所在，故因毁损灭失而无法使用收益的，仍然可以解除合同。与此同时，融资租赁期间的维修义务由承租人承受，若得以修复或确定替代物，物之使用收益并不受影响，因此，不可归责于当事人原因毁损灭失时的解除要求“不能修复或确定替代物”，这亦是从融资租赁合同目的能否实现角度所作的具体制度安排。另外，“因出卖人原因致使融资合同目的不能实现”的出租人、承租人解除权（《民法典》第754条）、《融资租赁司法解释》第5条、第6条规定的“承租人违反合同约定，致使合同目的不能实现的其他情形”的出租人解除权，“因出租人的原因致使承租人无法占有、使用租赁物”的承租人解除权，也均是从合同目的是否得以实现角度所作的制度安排。

3. 融资租赁不适用持续性非定期合同的随时解除

除了约定解除和法定解除，《民法典》合同编通则也规定了持续性非定期合同的随时解除

(《民法典》第563条第2款),但就融资租赁合同而言,其与持续性非定期合同中当事人合同关系持久性的不确定不同,更多的是追求稳定的长期性关系,两者的制度目的存在差异。因此,本书认为融资租赁合同情形,不应适用持续性非定期合同的随时解除制度。而对于《民法典》第533条规定的情势变更制度、《民法典》第580条第2款规定的司法终止制度,则应根据具体情况结合融资租赁合同的特性逐一分析其要件,而不能一概否定其适用可能性。

4. 租赁合同解除规则的不适用

值得注意的是,有观点将融资租赁合同视为特别的租赁。因此,租赁合同的相关规则能否适用于融资租赁合同,亦会成为问题。本书认为,虽然融资租赁合同中承租人对租赁物的使用收益亦构成合同目的之一,但融资租赁合同的本质是以融物为手段以融资目的的合同,与租赁合同存在较大区别。租赁合同中解除的规则,并不能类推适用于融资租赁合同。例如,租赁合同中关于解除的规定,主要包括未正当使用租赁物、转租、租金迟延、租赁物的灭失、不定期租赁、承租人安全健康的特别解除权等;此等情形,融资租赁合同相关规则中要么已作出专门规定,要么因两者属性不同而排除其适用或排除其参照适用。

(二)合同当事人双方均享有的解除权

《民法典》第754条规定,有下列情形之一的,出租人或者承租人可以解除融资租赁合同:(1)出租人与出卖人订立的买卖合同解除、被确认无效或者被撤销,且未能重新订立买卖合同;(2)租赁物因不可归责于当事人的原因毁损、灭失,且不能修复或者确定替代物;(3)因出卖人的原因致使融资租赁合同的目的不能实现。

上述三项解除原因中,第1项和第2项均是以承租人无法继续占有、使用租赁物作为合同解除的条件,以融资租赁合同客观上的履行不能作为解除的前提。[90] 第3项则明确以出卖人的原因致使融资租赁合同目的难以实现的,亦得以解除合同。以出卖人原因导致租赁物存在瑕疵而无法实现融资租赁合同目的为例,此时承租人依索赔权而得以向出卖人索赔,但因租赁物不符合约定或者不符合使用目的的,出租人不承担责任(《民法典》第747条),承租人并不能因此向出租人要求承担瑕疵担保义务违反的责任。但《民法典》第754条不仅确认了承租人解除融资租赁合同的权利,而且也确认了出租人于此时亦能解除合同。再以出租人与出卖人订立的买卖合同为例,合同亦可能源于出租人之原因而解除、无效或被撤销,但出租人仍然得以依《民法典》第754条解除合同。因此,从《民法典》第754条来看,虽然学说和实务中常见的违约方能否解除合同的问题多有争议,但至少在融资租赁合同情形,合同目的能否实现是合同能否解除的关键,违约方能否解除合同问题与融资租赁合同解除之间并无直接关系。当然,就合同解除后的清算及损害填补,《民法典》则考虑了不同的解除原因,若因出租人原因引起的买卖合同解除、被确认无效或者被撤销的,出租人并不能向承租人要求赔偿损失,即"融资租赁合同因买卖合同解除、被确认无效或者被撤销而解除,出卖人及租赁物系由承租人选择的,出租人有权请求承租人赔偿相应损失;但是,因出租人原因致使买卖合同解除、被确认无效或者被撤销的除外。出租人的损失已经在买卖合同解除、被确认无效或者被撤销时获得赔偿的,承租人不再承当相应的赔偿责任"(《民法典》第755条)。

---

〔90〕 黄薇主编:《中华人民共和国民法典解读:合同编》(下册),中国法制出版社2020年版,第835页。

当然，就买卖合同与融资租赁合同之间的关系而言，虽然《民法典》第 754 条规定了融资租赁合同可以因买卖合同无效而解除，但从法理构成来看，也存在因第三人欺诈而撤销之可能。例如，出卖人与出租人（买受人）恶意串通损害承租人合法权益订立的买卖合同，此时依《民法典》第 154 条为无效买卖合同；但此时亦可能存在承租人参照第三人欺诈规则，撤销融资租赁合同，而不一定是解除融资租赁合同。另外，也可能存在出卖人欺诈、出租人恶意，或者是出卖人欺诈、承租人恶意之情形，均可能构成《民法典》第 149 条之欺诈，承租人或者出租人得以撤销融资租赁合同。

而对于融资租赁合同因租赁物交付承租人后意外毁损、灭失等不可归责于当事人的原因解除的，出租人可以请求承租人按照租赁物折旧情况给予补偿（《民法典》第 756 条）。该条就租赁物意外毁损、灭失导致融资租赁合同解除时的法律效果作出了规定，但与《民法典》第 754 条的表述不同的是，该条强调了"租赁物交付承租人后"的时间节点，且并未强调《民法典》第 754 条规定的"且不能修复或者确定替代物"这一合同解除要件。从相互之间的体系解释来看，《民法典》第 756 条只是对解除后的法律效果的规定，只是将引起"出租人可以请求承租人按照租赁物折旧情况给予补偿"这一法律效果的解除，限定在"租赁物交付承租人后"这一时间段，但并未因此创设合同解除的要件，并不能说无须"且不能修复或者确定替代物"这一要件也可以解除，否则前后之间会陷入体系矛盾。合同解除的要件，仍应依《民法典》第 754 条判断。另外，"出租人可以请求承租人按照租赁物折旧情况给予补偿"，主要指的是合同解除后租赁物返还不能引起的补偿问题，应根据租赁物归属的约定情况等予以处理。而且，因不可归责于当事人事由的融资租赁合同解除，与分配租金风险的"风险负担规则"之间亦应作体系协调。

（三）出租人的解除权

《民法典》第 752 条规定，承租人应当按照约定支付租金。承租人经催告后在合理期限内仍不支付租金的，出租人可以请求支付全部租金；也可以解除合同，收回租赁物。对此，《融资租赁司法解释》第 10 条规定应当就支付全部租金还是解除合同收回租赁物作出选择。但从所有权担保构成的功能主义视角来说，要求支付租金与解除合同并不矛盾；司法解释规定应当进行选择，更大程度上考虑了物的效用问题，而并没有考虑租金收回的执行不能风险的问题。因此，《融资租赁司法解释》在规定选择的同时，也同样规定了"出租人请求承租人支付合同约定的全部未付租金，人民法院判决后承租人未予履行，出租人再行起诉请求解除融资租赁合同、收回租赁物的，人民法院应予受理"，并未将其当作"一事不再理"予以处理。另外，即使对于出租人来说，不行使解除权，直接依据《担保制度司法解释》第 65 条要求按照担保物权实现程序进行拍卖、变卖亦可。这样一来，要求出租人就支付全部未付租金和解除合同收回租赁物之间进行选择，并无任何意义。司法解释之间的体系解释，需要进一步考虑。

就租金给付义务违反引起的解除问题，《民法典》第 758 条第 1 款对支付大部分租金情形的清算问题做出了规定，即"当事人约定租赁期限届满租赁物归承租人所有，承租人已经支付大部分租金，但是无力支付剩余租金，出租人因此解除合同收回租赁物，收回的租赁物的价值超过承租人欠付的租金以及其他费用的，承租人可以请求相应返还"。但从理论上来说，期满归承租人所有之情形的解除，若持出租人之所有权乃是为了担保租金债权而存在的功能主义担保观，则应当认为即使并没有支付大部分租金，收回的租赁物经拍卖、变卖后的价值超过欠付租金及其他费用的,承租人也可以请求相应返还,并不应当限于“支付大部分租金而无力支付剩余租金”之情形;从这层意义上来说,《民法典》第758条规定,只不过是表明即使支付了大部分租金,出租人仍然得以解除合同并收回租赁物,此种情形也同样应当进行清算。[91] 在这点上,与《民法典》第758条不同,《担保制度司法解释》第65条并未要求“支付了大部分租金”,而是就租金给付义务违反时的参照担保物权实现程序、解除融资合同并收回租赁物以确保回收租金作出了规定,并同时规定了确定租赁物价值的规则。

同时,就租金给付义务违反引起的解除,《融资租赁司法解释》第5条对解除权亦作出了限制。不仅对约定解除条件情形作出了“催告”的特别要求,而且对未约定解除条件时的租金数额或欠付期数作出了限定,同时也仍然要求催告要件。当然,对于违约致使合同目的难以实现之情形,并未要求催告要件。

出租人的选择权,有时候会与承租人破产情形的破产管理的合同履行选择权发生冲突。实践中,有法院判决认为,“《企业破产法》第18条规定破产管理人享有的法定解除仅适用于受理破产申请后,管理人对破产申请受理前成立而债务人和对方当事人均未履行完毕的合同有权决定解除。在融资租赁合同中,出租人负有支付租赁物购买价款、将租赁物交付承租人使用的积极义务并承担保证承租人在租赁期间对租赁物占有、使用的消极义务。出租人就其中的积极义务履行完毕,即实现了签订融资租赁合同的实质性目的,应认定出租人就融资租赁合同已履行完毕。另外,是否支持承租人管理人行使合同解除权,除需要考量是否有利于破产财产价值最大化和恢复其偿债能力之外,还应兼顾融资租赁合同中出租人的利益”[92]。

出租人得以解除合同的情形,并不限于承租人的租金给付义务违反。承租人未经出租人同意,将租赁物转让、抵押、质押、投资入股或者以其他方式处分的,出租人可以解除融资租赁合同(《民法典》第753条)。不仅如此,有承租人违反合同约定,致使合同目的不能实现的其他情形的,出租人亦可以解除合同(《融资租赁司法解释》第5条)。

(四)承租人的解除权

原《融资租赁司法解释》第13条曾规定,“因出租人的原因致使承租人无法占有、使用租赁物,承租人请求解除融资租赁合同的,人民法院应予支持”。但《民法典》第748条吸收司法解释该规定时,只是赋予承租人以损害赔偿请求权,而没有明确规定是否享有解除权。但2020年修改后的《融资租赁司法解释》第6条,仍然保留原司法解释第13条的规定,即“因出租人的原因致使承租人无法占有、使用租赁物,承租人请求解除融资租赁合同的,人民法院应予支持。”因承租人对租赁物的占有使用收益亦为融资租赁合同的目的所在,此种情形当允许承租人解除合同。当然,依“解约禁止原则”,此处关于承租人无法占有、使用租赁物,应理解成穷尽一切补救措施承租人已经无法实现对租赁物的占有使用权,如果尚有其他补救措施,则不宜解

[91] 当然,依《融资租赁司法解释》第5条规定,租金给付义务违反时的解除,要么符合合同约定的解除条件;要么虽然没有明确约定,但欠付租金需达到两期以上或数额达到15%以上。也就是说,在特定情形,若支付了85%以上租金,即使承租人违反租金给付义务,出租人亦无法解除合同。

[92] 中信富通融资租赁有限公司与杭州众意纸业有限公司等融资租赁合同纠纷上诉案,天津市高级人民法院(2015)津高民二终字第0070号民事判决书。

除合同。[93] 而且,该条规定的无法占有使用租赁物,仅限于由出租人原因引起。如果并非出租人原因引起,则需依《民法典》第754条规则予以处理。若不可归责于债务人(出租人)事由引起的占有使用不能,与不可归责于当事人原因毁损灭失解除时的出租人补偿请求权以及与租金风险分配规则之间的关系等,都应作出体系协调。

---

〔93〕 最高人民法院民事审判第二庭编著:《最高人民法院关于融资租赁合同司法解释理解与适用》,人民法院出版社2014年版,第215页。

第八章　保理合同

保理合同是《民法典》新增的合同类型，规定于《民法典》第761～769条。自20世纪80年代我国引入保理业务开始，保理行业的发展逐步进入规范期。一是1987年至2000年的引入期。以1987年10月中国银行与德国贴现和贷款公司（DISKO FACTORING BANK）签署的首单国际保理协议为标志，保理业务被引入作为我国商业银行的一项国际业务。二是2000年至2012年的成长期。此间，我国多家商业银行陆续加入国际保理商联合会（Factors Chain International），并相继开办国际保理业务和国内保理业务。2005年，我国首家商业保理公司在天津成立，由此标志着商业银行以外的商业保理企业开始进入保理行业。三是2012年至2017年的爆发期。商务部2012年6月发布的《关于商业保理试点有关工作的通知》，将商业保理行业定位于"信用服务业"，并规定由试点地区商务主管部门作为辖区商业保理行业的主管部门，由此开启了新设商业保理公司爆发式增长的大幕。因为保理业务类金融性质及相对宽松的牌照政策，投资蜂拥而入。四是2018年至今的规范期。以2018年4月20日商务部有关制定商业保理公司业务经营和监管规则的职责划归中国银保监会为标志，我国保理行业由中国银保监会监管商业银行保理业务与商务部监管商业保理公司业务的双头管理模式转变为中国银保监会的统一管理模式。2019年10月，中国银保监会办公厅发布《关于加强商业保理企业监督管理的通知》，要求督促整改存量非正常经营类保理企业，并严控增量新设保理企业。[1] 另外，据《中国保理产业发展报告（2019—2020）》，2019年保理专业委员会全体成员单位保理业务量1.75万亿元人民币，同比下降8.85%。其中国际保理业务量264.76亿美元，同比下降25.30%，降幅较前一年有所收窄；国内保理业务量1.56万亿元人民币，同比下降7.14%。

《民法典》编纂过程中，《民法典合同编（草案）》（征求意见稿）和《民法典合同编（草案）》（一审稿）均未规定保理合同。《民法典合同编（草案）》（二审稿）增加了该典型合同。《民法典合同编草案》（二审稿）草案说明指出，保理合同是应收账款的债权人将应收账款转让给保理人，保理人提供资金支持以及应收账款管理、催收等服务的合同。征求意见时，有多方意见提出，保理业务可以为实体企业提供综合性金融服务，特别是可以为中小型企业拓宽融资渠道。当前我国保理业务发展迅猛、体量庞大，但也存在一些问题，时常发生纠纷，亟须立法加以规范。宪法和法律委员会经研究认为，保理业务作为企业融资的一种手段，在权利义务设置、对外效力等方面具有典型性。对保理合同作出明确规定，有利于促进保理业务的健康发展，缓解中小企业融资难、融资贵的问题，进而促进我国实体经济发展。据此，建议设专章规定保理

---

〔1〕 李志刚：《〈民法典〉保理合同章的三维视角：交易实践、规范要旨与审判实务》，载《法律适用》2020年第15期。结合《民法典》最新规定，根据中国银保监会《关于清理规章规范性文件的决定》，中国银保监会办公厅《关于加强商业保理企业监督管理的通知》于2021年6月被修正。

合同。

《民法典》保理合同章的规定主要区分了有追索权保理和无追索权保理。同时,《民法典》保理合同章对于虚构应收账款作为转让标的情形的处理作出特别规定,规定了保理领域依登记确定其受偿顺序。值得注意的是,《民法典》第769条规定了保理合同得以适用债权转让的有关规定,亦表明保理在其本质上是债权让与。除了《民法典》保理合同章的规定,《民法典》合同编通则债权让与、物权编担保物权部分以及《担保制度司法解释》等,均与保理合同相关规则之间具有密切联系。另外,中国银保监会办公厅《关于加强商业保理企业监督管理的通知》(银保监办发〔2019〕205号)、《商业银行保理业务管理暂行办法》(2014)、国际保理商联合会《国际保理业务惯例规则》、国际统一私法协会《国际保理公约》、国际保理联合会《国际保理通则》以及中国服务贸易协会发布的《商业保理合同准则》(2021)、中国银行业协会的《中国银行业保理业务规范》《国内双保理业务合作协议范本V1.0(试行)》等对于了解保理业务流程及相关规范具有重要的参考意义。

第一节 保理合同概述

一、保理合同的概念与类型

(一)保理合同的概念

1. 保理合同的基本概念与保理服务事项

保理合同是应收账款债权人将现有的或者将有的应收账款转让给保理人,保理人提供资金融通、应收账款管理或者催收、应收账款债务人付款担保等服务的合同(《民法典》第761条)。保理合同的内容一般包括业务类型、服务范围、服务期限、基础交易合同情况、应收账款信息、保理融资款或者服务报酬及其支付方式等条款(《民法典》第762条第1款)。从保理合同的概念也可以看出,保理合同以应收账款债权让与为核心,以保理人提供四项服务之一作为基本要素。保理合同为混合合同,〔2〕即"应收账款债权让与"+"借款、以让与方式而非委托方式进行债权管理或催收、担保"的混合构成。因此,与此等给付相关的典型合同均具有准用之余地。但《民法典》第769条仅规定了债权让与规则的适用问题。

另外,亦有反对意见认为在解释论上应该根据保理合同的性质进行限缩解释,提供资金融通或提供应收账款债务人付款担保两者必居其一,保理商不能在不提供上述服务时任意选择应收账款管理或催收作为唯一的合同内容。〔3〕对此,《国际保理公约》要求至少2项、《国际保理通则》要求1项即可。我国《商业银行保理业务管理暂行办法》第6条及《商业保理合同准则》等也要求1项即可。从《民法典》的规定来看,我国《民法典》吸收了行业习惯,文义上认为只要具备"四项服务"中的一项即可。

---

〔2〕 李宇:《保理合同立法论》,载《法学》2019年第12期;黄和新:《保理合同:混合合同的首个立法样本》,载《清华法学》2020年第3期。

〔3〕 方新军:《〈民法典〉保理合同适用范围的解释论问题》,载《法制与社会发展》2020年第4期。

例如，以“债权让与+融资（借款）”保理合同为例，其典型的例子有：平安银行（A）与金能量公司（B）签订的《保理合同》《贷款合同》。依据上述合同，B将其在相关基础合同项下对风华公司（C）享有的应收账款债权转让给A，并向A申请保理融资，且C向A出具应收账款转让通知确认书表示知悉并同意应收账款转让事项和应收账款到期日，确认对该应收账款无异议，A与B就前述应收账款转让事项在人民银行进行了应收账款转让登记，故A、B之间形成保理法律关系。根据《保理合同》约定，B向A提供保理融资的方式为单笔保理授信，具体授信方式包括贷款，并约定回款账户为B保理回款专户，且《贷款合同》中约定的回款账户也与《保理合同》项下的保理回款专户一致。随后，A依约发放两笔保理融资款。〔4〕

2. 保理合同中的“应收账款”

保理合同中让与的应收账款，在行业管理办法等部门规章中有专门的定义。例如，《动产和权利担保统一登记办法》（中国人民银行令〔2021〕第7号）第3条规定，“本办法所称应收账款是指应收账款债权人因提供一定的货物、服务或设施而获得的要求应收账款债务人付款的权利以及依法享有的其他付款请求权，包括现有的以及将有的金钱债权，但不包括因票据或其他有价证券而产生的付款请求权，以及法律、行政法规禁止转让的付款请求权。本办法所称的应收账款包括下列权利：（一）销售、出租产生的债权，包括销售货物，供应水、电、气、暖，知识产权的许可使用，出租动产或不动产等；（二）提供医疗、教育、旅游等服务或劳务产生的债权；（三）能源、交通运输、水利、环境保护、市政工程等基础设施和公用事业项目收益权；（四）提供贷款或其他信用活动产生的债权；（五）其他以合同为基础的具有金钱给付内容的债权”。

另外，目前的部门规章中均把票据等债权排除出保理中的应收账款范畴。对此，有学说认为，其原因正如中国银保监会办公厅《关于加强商业保理企业监督管理的通知》第1条所指出的，是为了确保商业保理企业开展的业务回归本源、关注主业，同时也为了防范化解各类风险，保障安全稳健运行。但是上述限制的正当性理由和实际运行效果是存疑的，上述部门规章对票据债权的排除很可能受到2007年《应收账款质押登记办法》第4条规定的影响。在应收账款质押登记中排除票据债权是合理的，因为登记的目的是公示，而债权的证券化（票据是债权证券化的表现之一）本身就是一种公示方法。债务人见票即付，债权人甚至无须对债务人进行债权让与的通知。即使是用票据进行质押，也只须背书即可，无须登记。票据不是不能被质押，而是无须登记。对于保理业务而言，并非票据债权不能成为保理合同的客体，而是票据债权的转让要符合票据法的专门规定。《联合国国际贸易应收款转让公约》将保理业务扩大到福费廷业务的做法值得我们注意。〔5〕 而且，实践中亦有法院就以票据转让作为债权转让方式的保理纠纷作出了裁判，认为“在以票据背书转让作为债权转让形式的保理交易中，若交易各方未约定交付票据后原债权即消灭，则当票据到期后未能兑付时，不能视为债务人履行了付款义

---

〔4〕 航天科工哈尔滨风华有限公司、平安银行股份有限公司天津分行保理合同纠纷再审审查与审判监督案，最高人民法院（2019）最高法民申848号民事裁定书。该案中的争点之一是按照《贷款合同》约定的利率计算相应罚息是否妥当，该裁定书认为并无不妥。

〔5〕 福费廷业务在金融领域意指一种与进出口贸易有关的融资活动，其具体定义是以无追索权形式为出口商贴现远期票据，所涉及的票据可以是信用证项下或银行项下的远期汇票或本票。参见方新军：《〈民法典〉保理合同适用范围的解释论问题》，载《法制与社会发展》2020年第4期。

务。保理公司可以基于票据关系主张权利，也可以基于保理合同主张权利”。[6]

思考 | “将有的应收账款”、“未来应收账款”与保理合同效力

《民法典》中的“将有的应收账款”，既包括已存在基础法律关系的将有应收账款，如附生效条件或生效期限的合同、继续性合同产生的将有应收账款，债权人自身的给付行为尚未完成但一旦完成即可产生的债权等；也包括没有基础法律关系的纯粹将有应收账款，如尚未订立合同的买卖、租赁等产生的债权，即“纯粹的未来债权”。但要求转让的将有债权应该可以被特定化，此种特定化并非在保理合同签订时已被特定化，而是在将有债权实际产生时能够被识别为被之前订立的保理合同所涉及。[7] 但值得注意的是，《商业银行保理业务管理暂行办法》第13条规定，“商业银行应当根据自身内部控制水平和风险管理能力，制定适合叙做保理融资业务的应收账款标准，规范应收账款范围。商业银行不得基于不合法基础交易合同、寄售合同、未来应收账款、权属不清的应收账款、因票据或其他有价证券而产生的付款请求权等开展保理融资业务。未来应收账款是指合同项下卖方义务未履行完毕的预期应收账款……”

《商业银行保理业务管理暂行办法》作为行业管理部门规章，可以对本行业做出较为严格的管理规定，禁止未来应收账款作为保理的对象，以避免较大风险。但是，《商业银行保理业务管理暂行办法》是对商业银行的经营行为监督管理，并不调整合同关系，不是保理合同效力判断的依据。为此有学说认为，“无论从调整合同的规范层级、调整对象看，还是从规范目的、行权机关看，都不应以《商业银行保理业务管理暂行办法》为据，认定合同无效。《民法典》第761条的规定，更是强化了这一判断。作为问题的另一面，此条规定也并不意味着其必然排斥行政监管机关从金融安全、金融风险防控角度对被监管主体作出更为严格的风控要求。路归路，桥归桥，二者无须人为捆绑”[8]。

当然，以“将有的应收账款”作为保理对象，亦会面临该应收账款并未实际产生的风险。对此，有法院裁判认为，“本案中，在建行洛阳分行与腾飞公司签订保理合同时，各方当事人之间仅是对腾飞公司将其与工贸分公司就未来的买卖合同关系形成的债权，转让给建行洛阳分行达成了合意，腾飞公司对工贸分公司发货产生的应收账款尚未实际发生，属于将来应收账款的转让。腾飞公司转让的是即将发生的债权，债权是否实际形成以及债权的数额具有不确定性。保理商基于将来应收账款的转让向债务人主张清偿债务的前提应当是该应收账款已经发生并能够确定。如果该将来应收账款后来实际并未产生，则保理商无法向债务人主张清偿债务。建行洛阳分行要求工贸分公司清偿债务的请求能否支持，需要审查在《应收账款转让通知书》约定的期间内腾飞公司与工贸分公司之间是否实际发生交易并形成有应收账款。根据鉴定意见及全案证据，能够认定2013年6月1日至2014年12月31日腾飞公司未向工贸分公司供应陶粒砂，该期间未产生应收账款，故，建行洛阳分行要求工贸分公司对保理预付款承担清偿责

---

〔6〕 甲保理公司诉乙公司等保理合同纠纷案，上海金融法院（2019）沪74民终418号民事判决书。
〔7〕 黄薇主编：《中华人民共和国民法典解读：合同编》（下册），中国法制出版社2020年版，第904页。
〔8〕 李志刚：《〈民法典〉保理合同章的三维视角：交易实践、规范要旨与审判实务》，载《法律适用》2020年第15期。

任缺乏事实及法律依据”。[9]

（二）保理合同的类型

1. 有追索权保理与无追索权保理

依保理人是否有追索权划分，可以分为有追索权保理与无追索权保理。

当事人约定有追索权保理的，保理人可以向应收账款债权人主张返还保理融资款本息或者回购应收账款债权，也可以向应收账款债务人主张应收账款债权。保理人向应收账款债务人主张应收账款债权，在扣除保理融资款本息和相关费用后有剩余的，剩余部分应当返还给应收账款债权人（《民法典》第766条）。《民法典》关于有追索权保理的定义与《商业银行保理业务管理暂行办法》第10条的定义稍有区别。后者规定，“有追索权保理是指在应收账款到期无法从债务人处收回时，商业银行可以向债权人反转让应收账款、要求债权人回购应收账款或归还融资。有追索权保理又称回购型保理”，强调的是向债权人追索的补充性，要求“到期无法收回时”得以向债权人主张回购或要求归还融资；[10]而《民法典》第766条强调的是保理人具有选择权，可以向债权人主张归还融资本息或回购，也可以向债务人主张债权。两者的区别，实质在于对有追索权保理的法律构造理解的不同。与《民法典》更接近的是中国服务贸易协会发布的《商业保理术语》的定义，即“保理人在应收账款到期或者出现保理合同约定的其他到期情形，无法从应收账款债务人处足额收回应收账款时，可以向应收账款债权人主张返还保理融资款本息或者回购应收账款债权，也可以向应收账款债务人主张应收账款债权的保理”。该术语规则制定于《民法典》颁布后，故与《民法典》保持一致。

拓展｜有追索权保理的法律构造

关于有追索权保理的法律构造，有多种学说，包括委托代理说、债权质押说、代为清偿说、债权让与担保说、间接给付说、附保证责任的债权让与等各种学说。[11]

委托代理说认为，保理人是供应商的委托代理人，国际保理如同托收，是基于供应商和保理人之间的委托代理关系展开的，但与托收相比，保理的特殊之处在于保理人不仅要替供应商向债务人催收款项，还要在债务人无力付款时向供应商承担担保付款的责任。该说反映的是14～19世纪的英国保理业以及19世纪初美国保理业的商业模式，但随着现代保理业的发展，保理的交易形态不断发生变化，根据《国际保理公约》《国际保理通则》等诸多国际惯例及我国《民法典》、部门规章的界定，现代保理人已无须代理债权人销售货物，其业务模式向提供融资和坏账担保服

[9] 中国建设银行股份有限公司洛阳分行与咸阳川庆鑫源工程技术有限公司、咸阳川庆鑫源工程技术有限公司工贸分公司及新安县腾飞陶粒有限公司等保理合同纠纷案，河南省高级人民法院（2021）豫民终18号民事判决书。

[10] 当然，亦有学者认为，保理业使用“应收账款无法收回时保理商可以……”或者“以应收账款债务人的支付为第一还款来源”之类的表述，并非表明保理商应当先行收取应收账款。参见李宇：《保理合同立法论》，载《法学》2019年第12期。

[11] 相关学说出处归纳梳理如下：李宇：《保理合同立法论》，载《法学》2019年第12期；包晓丽：《保理项下应收账款转让纠纷的裁判分歧与应然路径》，载《当代法学》2020年第3期；何颖来：《〈民法典〉中有追索权保理的法律构造》，载《中州学刊》2020年第6期；潘运华：《民法典中有追索权保理的教义学构造》，载《法商研究》2021年第5期；等等。

务转化。[12]

债权质押说起源于美国。美国的保理人最初只对未出售的货物享有留置权，随着交易的发展，保理人逐渐将未售出的货物或由此产生的应收账款作为其回收预付款和保理佣金的担保。20世纪初德国学界有部分观点开始支持有追索权保理实际上是债权抵押借贷。我国裁判实践中也出现了以应收账款质押解释有追索权保理法律关系的情况。[13] 但保理以债权人转让应收账款为前提，保理人是应收账款的受让人；而应收账款质押乃债权人以其对债务人享有的应收账款向第三人出质的行为，第三人是应收账款的质押权人。

代为清偿说认为，保理人代替债务人向债权人清偿应收账款债务，然后再以自己的名义向债务人追偿这笔应收账款。法国的保理业务界有采该说，认为保理是保理商以代替买方清偿债务的方式而取得卖方的应收账款债权。然而，在有追索权的保理中，保理人往往在受让债权人对债务人应收账款债权的基础上再向债权人发放融资款。相比较可知，两者存在本质性区别：一是代为清偿人的首要目的是替债务人向债权人清偿债务，然后在与该笔债务同等数额的范围内向债务人追偿；但有追索权保理的保理人之首要目的并非代替债务人向债权人清偿债务，而是通过向债权人发放保理融资款以获取收益。二是在代为清偿中，当第三人向债务人追偿时，若债务人不能向第三人清偿的，债权人并不对第三人承担保证责任；但在有追索权的保理中，当保理人向债务人追偿时，若债务人不能清偿的，债权人应对保理人承担保证责任。[14]

间接给付说是《民法典》出台前最高人民法院判决中采纳且对此后案件产生影响的学说。间接给付，又称"为清偿之给付"，是指债权人受领一项不合原定债之本旨的给付（他种给付），经给付者与债权人合意，借由债权人取得就该给付之变价而生的利益，进而发生债务清偿的效力。债权人负有先就他种给付迅速而有效率地予以变价而受满足的义务，即所谓变价义务，债务人得请求债权人为变价所必要之一切行为，且债权人在变价行为未获任何结果时，负有返还他种给付之义务。债权人有义务尽必要的注意努力优先变价，只要变价的尝试对债权人而言仍然是可能的和可期待的，他就不能请求原定给付。换言之，在间接给付时，债权人不能择一请求，而应先就新债务请求履行，如新债务不能履行、无效、被撤销或因实行无结果时，始得就旧债务请求履行。如将有追索权保理理解为间接给付，则保理商有义务先行请求应收账款债务人给付，经此仍未受清偿时始得请求债权人偿还融资款。[15] 但是，《民法典》第766条明确规定保理人享有选择权，并非只能先向应收账款债务人求偿后始能向应收账款债权人求偿。

附保证责任的债权让与说认为，在有追索权的保理中，"债务人不向保理人履行应收账款债务的，保理人可以向债权人主张受偿"实际上是保理合同当事人对应收账款债权人为债务人的履行能力承担保证责任的特别约定，又被称为附担保条件的债权让与说。"附担保条件的债权让与

---

〔12〕 何颖来：《〈民法典〉中有追索权保理的法律构造》，载《中州学刊》2020年第6期。

〔13〕 何颖来：《〈民法典〉中有追索权保理的法律构造》，载《中州学刊》2020年第6期。

〔14〕 潘运华：《民法典中有追索权保理的教义学构造》，载《法商研究》2021年第5期。虽然在《民法典》之前的司法实践中，亦有采此等保证责任构成的。例如，珠海华润银行股份有限公司与江西省电力燃料有限公司、广州大优煤炭销售有限公司保理合同纠纷再审案[最高人民法院（2017）最高法民再164号民事判决书]认为，"追索权的功能相当于债务人为次债务人的债务清偿能力提供担保，其功能与放弃先诉抗辩权的一般保证相当，其与保理商向次债务人的求偿权能够同时并存，其中一方的清偿行为相应减少另一方的清偿义务"，但是，《民法典》背景下是否仍然是保证责任构成，值得商榷。

〔15〕 李宇：《保理合同立法论》，载《法学》2019年第12期。

说”实质上将有追索权的保理看作通过债权让与而获得融资的法律行为有机统一体，是债权人为债务人向保理人清偿应收账款债务承担保证责任，突出债权让与的功能，即以作为债权受让人的保理人对应收账款债权的实现为中心。[16]

债权让与担保说认为，有追索权保理与债权让与担保法律关系最为接近，有追索权保理人受让应收账款的目的并非获取应收账款买受价与其实际价值之间的差额收益，而是对保理融资款的回收进行担保。从整个交易结构来看，有追索权保理的主法律关系是金融借贷，从法律关系是债权让与担保；在外部关系上，应收账款已转让给保理人，但在内部关系上，保理人只是代为管理应收账款，并将回收款项优先清偿债权人欠付的保理融资款；在清算程序上，保理人收取的应收账款超过保理融资款时，应将余款退还给债权人。依债权让与担保说，应收账款类似于担保物，有追索权保理交易的目的在于保障保理人债权的实现。[17] “债权让与担保说”与我国有追索权保理的交易实践相吻合，保理人虽然受让了债权人的应收账款债权，但是其真实目的并不在于最终享有该应收账款债权，而在于从收回的应收账款中优先清偿债权人所欠付的保理融资款本息，若其收取的应收账款数额超过保理融资款本息的，应当将该超过部分退还给债权人。[18] 多数学说主张我国《民法典》第766条以立法的方式确立了债权让与担保说。[19] 当然，个别学说认为该条规定的此种保理仅含服务及融资，而不含保付功能；因应收账款债权转让保理人已为保理之目的，所以保理是带有融资功能之信托关系，可谓为借贷与信托之混合契约。[20]

当然，《民法典》第766条为任意性规范，适用于当事人无另有约定的情形，如果当事人另有约定，应当按照当事人的约定处理。[21] 因此，在有追索权保理的性质判断中，亦需结合当事人之约定具体判断。对此，有学说认为，有追索权的保理在教义学上的类型构造取决于两个方面：(1)当事人约定的保理人行使追索权的顺序；(2)当事人约定的保理人最终享有的应收账款债权数额。在当事人约定保理人最终享有的应收账款债权数额限于保理融资款本息额度的情形下，根据当事人约定的保理人享有的不同追索权顺序，应从教义学上将有追索权的保理解释为间接给付或者债权让与担保；在当事人约定保理人最终能够享有全部应收账款债权数额的情形下，根据当事人约定的保理人享有的不同追索权顺序，应从教义学上将有追索权的保理解释为附保证责任的债权让与；在当事人没有约定保理人最终享有的应收账款债权数额的情形下，应视为保理人最终享有的应收账款债权数额限于保理融资款本息额度，此时根据当事人约定的保理人的不同追索权顺序，应从教义学上将有追索权的保理解释为间接给付或者债权让与担保；在当事人没有约定保理人行使追索权顺序的情形下，根据当事人约定的保理人最终享有的应收账款债权数

---

〔16〕 潘运华：《民法典中有追索权保理的教义学构造》，载《法商研究》2021年第5期。

〔17〕 何颖来：《〈民法典〉中有追索权保理的法律构造》，载《中州学刊》2020年第6期。

〔18〕 潘运华：《民法典中有追索权保理的教义学构造》，载《法商研究》2021年第5期。

〔19〕 李宇：《保理合同立法论》，载《法学》2019年第12期；何颖来：《〈民法典〉中有追索权保理的法律构造》，载《中州学刊》2020年第6期；潘运华：《民法典中有追索权保理的教义学构造》，载《法商研究》2021年第5期；谢鸿飞、朱广新主编：《民法典评注：合同编　典型合同与准合同》（第2册），中国法制出版社2020年版，第556页；王利明：《合同法》（下册），中国人民大学出版社2021年版，第189页。

〔20〕 黄茂荣：《论保理合同》，载《法治研究》2021年第3期。

〔21〕 黄薇主编：《中华人民共和国民法典解读：合同编》（下册），中国法制出版社2020年版，第922页。虽然从《民法典》第766条文义上来看，只要是约定了“有追索权保理”，就得以适用该条规定。但实际上，在实践当中，即使有追索权保理，对于当事人之间的权利义务关系，亦多有特别约定，而不限于《民法典》第766条的选择行使方式。

额，应从教义学上将有追索权的保理解释为附保证责任的债权让与或者债权让与担保；在当事人既没有约定保理人最终享有的应收账款数额又没有约定保理人追索权顺序的情形下，应从教义学上将有追索权保理解释为债权让与担保。〔22〕

无追索权保理，指保理人根据债权人提供的债务人核准信用额度，在信用额度内承购债权人对债务人的应收账款并提供坏账担保责任，债务人因发生信用风险未按基础合同约定按时足额支付应收账款时，保理人不能向债权人追索，又称买断型保理。〔23〕亦称为纯正的保理；而与之对称的有追索权保理，则被称为不纯正的保理。〔24〕《商业银行保理业务管理暂行办法》第10条将其定义为"无追索权保理是指应收账款在无商业纠纷等情况下无法得到清偿的，由商业银行承担应收账款的坏账风险。无追索权保理又称买断型保理"。中国服务贸易协会《商业保理合同准则》3.11将其定义为"保理人在应收账款到期，应收账款债务人发生信用风险，未按基础交易合同约定按时足额支付应收账款时，应当向应收账款债务人主张应收账款债权，不能向应收账款债权人主张返还保理融资款本息或者回购应收账款债权的保理"。此等概念中，特别强调了"债务人的信用风险"或"无商业纠纷"等概念。另外，合同当事人可以在合同中就信用风险的含义补充作出规定。强调"信用风险"等，实质意味着无追索权保理中并非在任何情形下保理人对债权人无追索权，一旦发生债务人未及时全额付款，保理人需根据债务人违约的具体原因来判断追索对象，保理人不再向应收账款债权人追索是具有一定前提的，即债务人未及时全额付款系因为其自身信用风险，而非其他原因。如果债务人因不可抗力而无法支付，或者债务人依法主张基础交易合同所产生的抗辩、抵销权或者依法解除基础交易合同而拒绝付款，则保理人仍有权对债权人追索，向应收账款债权人主张返还融资本息或者回购应收账款债权。〔25〕例如，作为卖方的债权人存在未将货物交付给债务人等违约行为时，债务人有权拒绝支付的，保理人可以向债权人提出追索。〔26〕也正因如此，有学说甚至认为，"尤其是'没有追索权'的保理，就是纯粹的债权转让了；由保理商买断债权，不就是纯粹的债权买卖吗？我国《民法典》中的保理合同，把这种类型的债权转让也作为保理对待，其实是有很大的争议的"。〔27〕另外，也有学说认为，依该规定，究诸实际，无追索权保理是所保理之应收账款债权的买卖，且其出卖人就债务人之支付能力，不负担保责任。〔28〕但是，从无追索权保理特别强调"债务人信用风险"或"无商业纠纷"等的角度来说，无追索保理与普通的债权让与之间是否存在区别，还有待进一步厘清，尤其是需要结合当事人关于债权让与合意的具体约定予以分析，虽与债权让与类似，但通常并非纯粹的债权让与。另外，依《民法典》第761条之规定，只有"应收账款债权让与"加上"资金融通、应收账款管理或者催收、应收账款债务人付款担保等服务"之一者，始得以构成保理。《商业保理合同准则》中也要求，"无追索权保理合同中应明确付款担保条款"，付

〔22〕潘运华：《民法典中有追索权保理的教义学构造》，载《法商研究》2021年第5期。
〔23〕黄薇主编：《中华人民共和国民法典解读：合同编》（下册），中国法制出版社2020年版，第924～925页。
〔24〕黄茂荣：《论保理合同》，载《法治研究》2021年第3期。
〔25〕黄薇主编：《中华人民共和国民法典解读：合同编》（下册），中国法制出版社2020年版，第926页。
〔26〕朱虎：《债权转让中的受让人地位保障：民法典规则的体系整合》，载《法学家》2020年第4期。
〔27〕李永军：《合同法》（第6版），中国人民大学出版社2021年版，第353～354页。
〔28〕黄茂荣：《论保理合同》，载《法治研究》2021年第3期。

款担保是无追索权保理中的必要组成部分。当然,《民法典》只是出现了“无追索权保理”的表述,并未对“无追索权保理”作出定义,即“当事人约定无追索权保理的,保理人应当向应收账款债务人主张应收账款债权,保理人取得超过保理融资款本息和相关费用的部分,无须向应收账款债权人返还”(《民法典》第767条)。也正因如此,“无追索权保理”概念及其内涵,需要求助于商业习惯及当事人之间的具体约定来确定。

2. 单保理和双保理

依《商业银行保理业务管理暂行办法》第10条的规定,按照参与保理服务的保理机构个数,保理业务分为单保理和双保理。单保理是由一家保理机构单独为买卖双方提供保理服务。双保理是由两家保理机构分别向买卖双方提供保理服务。买卖双方保理机构为同一银行不同分支机构的,原则上可视作双保理。商业银行应当在相关业务管理办法中同时明确作为买方保理机构和卖方保理机构的职责。有保险公司承保买方信用风险的银保合作,视同双保理。

3. 公开保理与隐蔽保理

公开保理,指应收账款转让时,应收账款债权人和商业保理人将应收账款转让事实通知应收账款债务人的保理。隐蔽保理,是指应收账款转让时,应收账款债权人和商业保理人未将应收账款转让事实通知应收账款债务人的保理。

二、保理合同的当事人及基础合同

(一)保理合同的当事人

在司法实践中,有法院裁判将保理界定为“应收账款债权人、保理人和应收账款债务人之间的保理关系”,[29]但保理应该是应收账款债权人(债权出让人)与保理人之间的合同关系,合同内容上则是“应收账款债权让与+”的混合合同模式。《商业保理合同准则》提供的商业保理合同样本,其合同当事人也界定为“应收账款债权人”与“商业保理人”。当然,例外情形下,应收账款债务人也可能成为保理合同的当事人。例如,《商业保理合同准则》提供的商业保理合同样本中也会表明,“如应收账款债务人或其他相关方以签订本合同或其他方式同意加入成为本合同当事人的,该应收账款债务人或其他相关方也成为合同当事人之一”。但此时加入的合同当事人关系,并非保理合同定义的“应收账款债权人与保理人”之间的保理合同关系。保理实践中,也存在保理人向应收账款债务人亦收取服务费的情形。例如,有法院判决确认,“本案中,原告与被告海寓公司、景闳公司签订的《有追索权保理合同》,原告系保理合同项下的保理人,被告海寓公司系应收账款债权人,被告景闳公司系应收账款债务人……对于原告向被告景闳公司主张的服务费,因原告与被告景闳公司另行签订了《服务协议》,约定服务费系原告为被告景闳公司提供包括宏观经济分析、行业运行状况分析、保理融资等服务在内的服务对价。《服务协议》签订的背景为原告与被告海寓公司签订了涉案三方《有追索权保理合同》,故《服务协议》项下的服务与涉案保理业务具有关联性,但亦有相对独立性。一方面,根据《服务协议》的约定,原告提供了约定的保理产品结构设计及融资服务,并据此向被告景闳公司出具了

〔29〕 航天科工哈尔滨风华有限公司、平安银行股份有限公司天津分行保理合同纠纷再审审查与审判监督案,最高人民法院(2019)最高法民申848号民事裁定书。

咨询服务报告,提供了约定的服务成果;另一方面,考虑到保理合同为双务有偿合同,虽然涉案《有追索权保理合同》没有约定保理服务报酬如何支付,但是原告作为保理人收取服务报酬具有合理性,故《服务协议》项下的服务费实质上包含了保理服务对价。因此,原告要求被告景闳公司支付涉案《有追索权保理合同》解除日之前应付的服务费 172 万元及相应逾期付款违约金,具有合同依据"〔30〕。

另外,部门规章对于保理行业的准入采严格态度[中国银保监会办公厅《关于加强商业保理企业监督管理的通知》(银保监办发〔2019〕205 号)],但保理合同的效力仍须依《民法典》总则编关于法律行为效力的一般规则判断,而不能因保理人资格问题就直接否定合同效力。

(二)基础交易合同与保理合同的关系

应收账款债务人与应收账款债权人之间的基础合同关系与保理合同,是两个独立的合同,并不存在主从之分。基础交易合同,是指应收账款债权人与应收账款债务人签订的有关提供商品、服务或者出租、出借、许可使用资产等的交易合同。依《民法典》第 763 条的立法精神,基础合同债权是否真实,是否能够实际履行,与保理合同的效力并不具有必然联系。〔31〕 因债权人和债务人虚构应收账款,双方根本不想发生此种交易,故基础交易合同不成立,或叫作无效;如果债权人基于基础交易合同请求债务人清偿应收账款债务,则债务人有权以基础交易合同不成立/无效予以抗辩;但保理合同却不必然地因此成为虚假的意思表示,除非保理人明知债权人和债务人虚构应收账款,保理合同的效力不因基础交易合同的不成立/无效而受影响,保理人有权请求债务人清偿应收账款债务,债务人无权以基础交易合同不成立/无效予以抗辩,只得满足保理人的债权实现,否则就得承担民事责任。〔32〕 若保理合同内容约定与基础合同约定不同,除债务人同意或法律另有规定外,保理合同中关于债务人债务的约定并不能约束债务人,这也符合债权转让的一般规则。〔33〕

关于基础合同关系的变更、终止与保理合同之间的关系,《民法典》第 765 条采不生效力构成,并非否定其解除权等。且只有对保理人产生不利影响的,才对保理人不生效力,即"应收账款债务人接到应收账款转让通知后,应收账款债权人与债务人无正当理由协商变更或者终止基础交易合同,对保理人产生不利影响的,对保理人不发生效力"。债权让与通知到达债务人后,应收账款债权让与对债务人生效,意味着此时债务人履行债务的对象已由原债权人变更为受让人(保理人),若原债权人就该债权作出变更,类似于"无权处分",变更能否对债权受让人产生拘束力本身就值得怀疑。但该逻辑只是从狭义之债角度所做的观察,若从广义之债角度予以考虑,基础交易合同的债权人虽然出让了其债权,但其并未终止基础交易合同关系,也并未从基础交易关系中退出,其仍然享有该合同项下的当事人权利义务,故对基础交易合同关系协商作出变更或解除,仍属于合同当事人的权利所在。

---

〔30〕 远东国际融资租赁有限公司诉上海海寓公寓管理有限公司等保理合同纠纷案,上海市浦东新区人民法院(2020)沪0115 民初 59865 号民事判决书。

〔31〕 高放:《基础合同真实性与保理人权利的实现》,载周江洪、陆青、章程主编:《民法判例百选》,法律出版社 2020 年版,第 405 页。

〔32〕 崔建远:《保理合同探微》,载《法律适用》2021 年第 4 期。

〔33〕 黄薇主编:《中华人民共和国民法典解读:合同编》(下册),中国法制出版社 2020 年版,第 910 页。

如何处理债权出让人作为合同当事人的权利与债权受让人的债权之间的关系、债务人作为基础交易合同当事人的权利与作为受让债权债务人的义务之间的关系,会成为合同之债债权让与中的重要问题之一。对此,《民法典》合同编通则只是在第547条规定了“债权人转让债权的,受让人取得与债权有关的从权利,但是该从权利专属于债权人自身的除外”,明确了债权转让时从权利一并移转的规则;但就“与债权有关的从权利”能否扩张准用于合同解除权、变更权以及当事人之间的协商解除、协商变更等,并未予以说明。也就是说,《民法典》规定的债权让与一般规则并不能直接解决上述问题。对此,在保理合同领域,《民法典》第765条参考了《德国民法典》第407条第1款、《联合国应收账款转让公约》第20条对此作出了规定。[34] 以《德国民法典》第407条第1款为例,其规定“对于债务人在债权让与后向原债权人履行的给付,以及债权让与后在债务人和原债权人之间就债权所实施的一切法律行为,新债权人必须容许它们被对他自己主张,但债务人在给付时或法律行为实施时知道债权让与的除外”,其核心就在于以债务人是否知晓债权让与作为调整当事人之间关系的切入点。同样地,《民法典》第765条强调“接到应收账款转让通知后”,也表明了债务人是否知晓债权让与是处理基础交易合同变更或终止对保理人是否发生效力的关键。若基础交易合同变更或终止发生在债务人接到债权转让通知前,此时债权让与对债务人不发生效力,债务人有权主张债权人仍然对债权具有处分权,此时债权人和债务人协商一致做出的法律行为,仍然得以对保理人发生效力,但保理人因此受损的,得以向应收账款债权人主张保理合同上的违约责任等救济措施。[35] 当然,亦有学说认为,只要保理合同生效,债权人就不再享有处分应收账款债权的权利,即使未将应收账款债权转让的事实通知债务人,债权人也无权与债务人协商变更或者终止基础交易合同。按照合同的相对性,债权人与债务人之间的协商不得约束第三人,除非第三人同意。因此,本书认为应将合同的相对性贯彻到底,《民法典》第765条设置的该项条件过于宽松了。[36] 但债权让与并非当事人合同地位的变化,合同的协商变更或协商终止,究竟是单纯的债权处分,还是合同当事人基于其合同地位对合同关系的变更或终止,需要通过进一步区分广义之债和狭义之债予以判断。而就合同相对性而言,若严格遵循合同的相对性,保理合同生效后让与通知前,保理人虽取得了债权,但在债务人并不知晓债权让与的情况下,该债权让与并不对债务人生效,债务人的行为仍然得以发生债务清偿、内容变更等各种效果。此时债务人与保理人之间的关系,究竟是保理人受让之债权不受影响,还是债务人之清偿、协商变更、协商终止等产生的效果不受影响,实质是双方当事人的利益衡量和保护问题。依《民法典》第548条,债务人接到债权转让通知后,债务人对让与人的抗辩,可以向受让人主张。保理合同生效后债权让与通知前的协商变更或终止形成的法律关系内容,对应收账款债务人来说,当然得以此作为抗辩事由对抗应收账款债权的受让人。因此,从《民法典》第548条规定的债权让与一般原理来看,认为债权让与生效后、债权让与通知前的协商变更、协商终止亦对保理人不生效力的观点,值得商榷。

---

〔34〕 黄薇主编:《中华人民共和国民法典解读:合同编》(下册),中国法制出版社2020年版,第919页。
〔35〕 黄薇主编:《中华人民共和国民法典解读:合同编》(下册),中国法制出版社2020年版,第920页。
〔36〕 崔建远:《合同法》(第4版),北京大学出版社2021年版,第543页。

思考 | 债权让与中的解除权

《民法典》第765条只是就保理合同领域的基础交易合同的协商变更或终止与债权让与之间的关系作出了部分规定，对于协商变更、协商终止以外的基础交易合同的变更或者终止与债权让与受让人之间的关系并未作出规定，仍有待债权让与一般原理相关学说和实践的发展予以处理。[37] 以合同解除权为例，让与人享有说是理论界一直以来的主流学说，认为与债的关系相结合、与当事人的地位有关系的形成权，如解除权、撤销权等，只有在概括承受的情况下，才随着债权债务的概括移转而移转；在单纯的债权让与，债权人仍负有基础合同上的债务，继续为债权关系的当事人的情况下，如果解除权等形成权随着债权让与而移转，会出现不合理的局面。该学说主张，进行债权让与后，仍由让与人享有合同解除权。[38] 当然，也有学说认为，解除权应当由受让人享有，主张在债权让与后，解除权应自动移转给受让人。在折中两种学说主张的基础上的协作模式说，以解除权不可转让为基础，同时将受让人值得保护的利益纳入考虑，改善未能取得解除权的受让人的法律地位。该学说主要区分两种类型。第一种类型是让与人仍享有解除权，但在行使时须获得受让人的同意。第二种类型是将让与人与受让人视为整体共同行使解除权，即"只有两个人共同作出意思表示，形成表示才是有效的"。除了上述三种学说，还存在分类判断说，该说认为在没有明确约定的情况下，不可能为解除权归属建立统一的适用公式。保理合同中的应收账款债权让与，因与保理服务相结合，应收账款债权人的解除权与保理人、应收账款债务人之前的利益平衡如何协调，可进一步思考。

不仅如此，《民法典》第765条并不否定基础交易合同变更或终止在当事人之间的效力，而只是规定了对保理人不发生效力，其也尊重了基础合同交易关系当事人之间的合同当事人地位及其权利。同时，为保障保理人地位，应收账款债权人负有不减损该应收账款价值的义务，债权人不能通过与债务人协商作出任何使转让的应收账款债权价值落空或者减损的行为，债权人违反该义务时，保理人有权依法解除合同并请求债权人承担违约责任。也就是说，一方面，保理人可依《民法典》第765条主张基础合同交易关系的协商变更或解除对其不发生效力，可根据变更或终止前的债权状况请求债务人履行支付应收账款债务。另一方面，即使未能满足该条规定要件，致使保理人利益受损时，保理人同样可以依据保理合同获得救济。另外，也有学说认为，保理人也可以放弃《民法典》第765条的赋权，转向债权人主张权利，视个案情况，或是援用《民法典》第582条及第621条的规定请求债权人承担物的瑕疵担保责任，或是在保理合同约定债权人不得擅自变更、终止基础交易合同的场合援用《民法典》第577条等条款的规定请求债权人承担一般的违约责任，或是援用《民法典》第1165条的规定请求债权人承担侵权责任，甚至援用《民法典》第1168条的规定请求债权人和债务人承担共同侵权责任。[39]

另外，依《民法典》第765条的规定，应收账款债权人与债务人无正当理由的协商变更或协商终止才对保理人不生效力；若存在正当理由时，则仍然得以对保理人发生效力。对此，有学

[37] 关于债权让与中的合同解除问题，参见朱晶晶：《债权让与中的解除权问题研究》，载梁慧星主编：《民商法论丛》第62卷，法律出版社2016年版，第52~69页。

[38] 崔建远：《合同法》（第4版），北京大学出版社2021年版，第267页。

[39] 崔建远：《合同法》（第4版），北京大学出版社2021年版，第543页。

说认为，该条规定实质上有条件地承认了即便未经保理人同意，让与通知发出后，应收账款债权人与债务人之间协商变更或者终止基础交易合同，也有对保理人发生效力的可能。此种场合下，该条规定设置了正当理由和不利影响两个限制条件。从司法裁判角度而言，可以预见司法裁判支持应收账款债权人、债务人有正当理由协商变更或者终止基础交易合同，对保理人未产生不利影响的裁判并不会普遍存在。毕竟让与人和债务人对于正当理由和是否产生不利影响的证明责任较高，法院裁判标准亦有待进一步发展。[40] 但即使作为例外情形，并不能否定其存在。以“正当理由”为例，通常认为协商变更或终止经过保理人之同意为正当理由之一。实践中，《商业保理合同准则》提供的商业保理合同样本中也拟定了以下条款，即“未经商业保理人书面同意，应收账款债权人不得修改、解除已受让应收账款所对应的基础交易合同，也不得与应收账款债务人达成任何有损于商业保理人的和解协议，不得转让基础交易合同项下的其他权利或任何义务”。这也意味着保理交易实践中的合同条款较之《民法典》第765条更为严格，对于基础交易合同的修改、解除、和解均需经保理人之同意，不限于协商变更或终止之情形。虽然此等样式条款的效力可能会引起争议，[41]但该样本条款也表明，至少“经保理人同意”是保理实践中的“正当理由”之一。另外，应收账款债权人与债务人协商变更或终止符合诚信原则且保理人无正当理由反对的情形，亦可能构成“正当理由”。例如，基础交易合同已约定可变更或者终止的情形；政府合同和复杂的合同安排中，尤其对于数额未最终确定的债权，对于那些保理人能够预知此等债权即使被转让，在正常的业务过程中也可能会有合理的变动，保理人能够采取风险预防措施之情形等。[42] 但具体是否得以构成“正当理由”，仍需结合具体的案情进行个案分析判断。

值得注意的是，《民法典》第765条究竟是作为保理人保护的特别规定，还是也适用于债权让与的一般情形，会有疑问。对此，有学说认为，该条仅适用于保理合同，但该条针对的情形在一般债权转让中亦会发生，如果在其他债权转让中出现类似的问题，可以参照本条处理。[43]

三、保理合同的性质与内容

保理合同为混合合同、要式合同。一方面，保理人负有多项给付义务，即担保、融资、受托管理、催收，这些乃是不同合同类型的给付义务的混合；另一方面，应收账款债权人负有应收账款债权转让所伴随的义务、支付服务报酬以及依不同保理类型而承担的归还融资本息等义务。当事人的义务具有复合性，是典型的混合合同。不同的服务类型及其给付义务的特点，会涉及当事人无约定时参照适用何种典型合同规则的问题。不同给付结合情形，给付之间是否产生相互影响，应当慎重判断。例如，应收账款债权让与的无效是否影响保理合同整体的效力，此时依处分与负担分离的原则思考，但同时需要考虑保理人与应收账款债权人之间的合同关系

---

〔40〕 丁俊峰：《民法典保理合同章主要条文的适用》，载《人民司法（应用）》2021年第4期。

〔41〕 例如，应收账款债权为收取标的物价款，因为市场变化，对约定的交付标的物的型号做了调整，但并未影响收取价款的金额及进度，为何仅仅因为保理人不同意，就不能变更？故样本合同的该条款仍有解释的空间。之所以会有该问题，其实质仍然是作为广义之债的合同关系与作为狭义之债的债权之间并没有被恰当的区分。

〔42〕 黄薇主编：《中华人民共和国民法典解读：合同编》（下册），中国法制出版社2020年版，第920页。

〔43〕 黄薇主编：《中华人民共和国民法典解读：合同编》（下册），中国法制出版社2020年版，第920页；丁俊峰：《民法典保理合同章主要条文的适用》，载《人民司法（应用）》2021年第4期。

的特殊性。

保理合同为要式合同，应当采用书面形式（《民法典》第 762 条第 2 款）。保理合同的内容一般包括业务类型、服务范围、服务期限、基础交易合同情况、应收账款信息、转让价款、服务报酬及其支付方式等条款。业务类型决定了保理的类型，如国内还是国际保理、商业保理还是银行保理、融资保理还是非融资保理、有追索权保理还是无追索权保理、明保理还是暗保理等。服务范围，主要指应收账款债权转让之外，保理人提供哪些服务。例如，资金融通，指的是保理人基于应收账款转让，向应收账款债权人预先支付保理融资款的行为。应收账款管理，指的是保理人基于保理合同，定期或者不定期向应收账款债权人提供关于应收账款回收情况、逾期账款情况，对账单等财务和统计报表，在应收账款发生或可能发生风险时及时提出预警、提出风险解决方案等的行为。应收账款催收，指的是保理人基于保理合同，对所受让的应收账款进行保理结算与收款的行为，但不包括在未受让应收账款的情形受托从事催收业务、讨债业务的行为。应收账款债务人付款担保，指的是保理人为保障应收账款到期收回，与应收账款债权人约定，对受让的到期无法从应收账款债务人处收回的应收账款，由保理人履行债务或者承担责任。当然，保理合同中通常也会约定，“商业保理人向应收账款债权人支付未收回的已受让应收账款时，有权先行扣除该已受让应收账款所对应的商业保理人已付给应收账款债权人的保理融资款以及应收账款债权人到期未付给商业保理人的下列欠款：(1)违约金、赔偿金、滞纳金等；(2)保理融资额度承诺费；(3)保理服务费和杂费；(4)保理融资款利息；(5)其他商业保理人到期未收回的款项”。另外，保理服务期限，大多数是 180 天到 1 年。融资保理涉及融资额的，还会约定融资额度届满日、最晚使用日等。基础交易合同情况，则是指应收账款债权人与应收账款债务人之间的基础合同情况。保理实践中，应收账款信息等，通常会以合同附件的方式出现，如通过《应收账款转让申请暨确认书》中记载相应信息的方式予以体现。服务报酬支付方式等，银行保理多表现为融资利息、手续费、相应服务费等；商业保理多为首付款使用费、手续费、相应服务费等。

■ 思考｜保理合同与相关法律关系之间的区别

保理合同与借款合同的不同在于是否存在债权让与。融资型保理，虽然也存在融资服务，存在借款合同的因素，但在保理合同中，“应收账款债权让与”是其核心特点。另外，保理合同中，除了融资以外，还可能提供其他服务。如无追索权保理还以应收账款债务人付款担保作为其内容。

保理合同与债权让与的不同。债权让与不限于应收账款债权，而保理合同中债权让与的标的则是应收账款债权这一商事金钱债权。有追索权的保理，对于超出融资本息及相关费用部分需返还应收账款债权人（《民法典》第 766 条），其实质是以应收账款债权让与的方式实现担保功能。另外，保理合同中，保理人通常还收取服务费等，与通常的债权让与中出让人并不负有价金支付义务不同。即使是无追索权保理，虽然在性质上类似于债权让与，但因无追索权保理附有保理人的付款担保服务等，属于混合合同，而并非纯粹的债权让与。

债权管理及催收委托与保理合同亦不相同。虽然保理合同的服务类型中存在应收账款管理或者催收，但保理合同交易框架中，以应收账款债权让与为前提，保理人是以自己作为债权人名义催收及管理，而不是基于委托关系。

保理人的付款担保与作为从合同的担保合同之间亦有区别。第三人为应收账款债权提供担保时，通常并不负对价；即使担保公司等提供的担保附有对价，但并不以债权让与为前提。而保理人的应收账款债务人付款担保，则以债权让与为前提，构成类似反担保或担保的对价，同时需收取服务费等。应收账款质押与保理合同都以应收账款债权作为标的，但亦有区别。以应收账款出质的，质权自办理出质登记时设立（《民法典》第445条）；质权人取得的是担保物权。而保理合同中，无追索权保理并不以应收账款作为担保，而更加偏向于纯粹的债权让与；有追索权保理，则是债权让与担保构成，并非质押构成；两者取得的均为应收账款债权。而且，保理中的应收账款，则是依登记确定清偿顺序，并不以登记为应收账款债权取得的要件（《民法典》第768条）。同一应收账款同时存在保理、应收账款质押和债权转让，当事人可参照《民法典》第768条的规定确定优先顺序（《担保制度司法解释》第66条）。另外，应收账款质权作为权利质权，其实现依动产质押方式，不排除拍卖、折价、变卖之可能，并未赋予质权人向债务人直接收取应收账款的权利（《民法典》第436条）；当然，《担保制度司法解释》第61条隐含了应收账款质权人直接收取应收账款优先受偿的可能，即“以现有的应收账款出质，应收账款债务人未确认应收账款的真实性，质权人以应收账款债务人为被告，请求就应收账款优先受偿，能够举证证明办理出质登记时应收账款真实存在的，人民法院应予支持；质权人不能举证证明办理出质登记时应收账款真实存在，仅以已经办理出质登记为由，请求就应收账款优先受偿的，人民法院不予支持”。

第二节　保理合同的效力

保理合同当事人之间的权利义务关系，与保理合同的类型及当事人之间的约定密切相关。就保理人而言，主要包括按照约定提供服务、按照约定提供保理融资款、按照约定享有追索权、应收账款转让通知的权利等权利义务；就债权人而言，则主要包括按照约定转让应收账款债权、不得与债务人虚构应收账款作为转让标的、权利瑕疵担保义务、不减损应收账款债权价值的义务等权利义务。[44] 另外，保理合同以应收账款债权让与为中心，因此还涉及债权让与中的相关权利义务规则。《民法典》保理合同章就其中重点问题作了专门规定，并非依典型合同的通常规定方式罗列当事人之义务，故本节依《民法典》规定就重点问题做适当阐释，不专门依当事人之权利义务展开。

一、虚构债权让与标的情形下保理人的权利

（一）虚构债权情形的债权让与

债权让与的一般原理中，虚构债权情形相关的法律构成可能主要有第三人欺诈、双方通谋

〔44〕 王利明：《合同法》（下册），中国人民大学出版社2021年版，第185～194页。

虚伪表示、双方恶意串通损害第三人利益以及债权出让人的权利瑕疵担保义务等。以第三人欺诈为例，债权受让人向债务人核实债权时债务人实施欺诈行为并因此导致债权受让人陷入错误而与债权出让人缔结了债权转让的基础合同，此时若债权出让人知道或者应当知道该欺诈行为的，可能构成《民法典》第149条意义上的"第三人欺诈"。司法实践中，亦有保理人主张应收账款债权人与应收账款债务人构成共同侵权并得到法院判决肯定。例如，有法院判决认为，"中再公司和乾坤公司均明知案涉应收账款债权是将有应收账款债权，但中再公司却在《应收账款转让通知书》中写有付款期限，且该付款期限与《工业品买卖合同》写明的付款期限不同。而且，中再公司与乾坤公司在承诺需经北京银行书面同意才能变更或者消灭《工业品买卖合同》项下应收账款债权的情形下，未经该行同意，擅自协商解除该合同，并在北京银行向其主张应收账款债权时据此进行抗辩，不履行给付应收账款本息的义务，导致该行案涉保理合同项下的合法权益受损，故应认定乾坤公司与中再公司对北京银行构成共同侵权，应承担连带赔偿责任"。[45]

（二）《民法典》第763条对保理人的特别保护

1. 对保理人的特别优待

应收账款的真实存在，是保理交易框架中重要的前提之一。司法实践中，通常应由保理人证明应收账款的真实存在。例如，有法院裁判认为，"本案平安银行提供的现有证据既不能证明粮丰公司与中粮公司之间存在真实、合法、有效的应收账款，又不能证明应收账款转让通知确认书、应收账款余额对账单等证据的真实性。因此，平安银行应当承担举证不能的法律后果。故对平安银行主张本案的性质为保理合同关系及要求中粮公司承担连带清偿责任的上诉请求，本院不予支持。因粮丰公司与平安银行之间存在以保理之名而获取银行借款的事实存在，故原审判决将本案定性为金融借款合同纠纷具有事实和法律依据，定性确当，本院予以确认……现有证据不能证明本案中存在应收账款或中粮公司曾认可存在应收账款。结合《综合授信额度合同》《贷款合同》，原判决将本案定性为金融借款合同纠纷并无不当，平安银行的再审申请事由没有事实和法律依据，本院不予支持。"[46]但是，《民法典》第763条对保理人作出了特别保护，即使虚构应收账款，只要并非保理人明知，即可成立保理。《民法典》颁布以后，保理人的证明责任被减轻，即使在虚构债权之情形，也不是如同本案一样负有证明债权真实存在的证明责任。

保理行业实践中，应收账款虚假是保理实践中的突出问题。债权让与中虚构债权的上述情形，若构成欺诈或第三人欺诈的，保理人可以请求撤销保理合同（《民法典》第148条、第149条）。双方虚伪表示情形以虚假的意思表示实施的法律行为无效，恶意串通情形亦会导致该法律行为无效（《民法典》第146条、第154条）。遇到欺诈或第三人欺诈情形，则可以根据《民法典》第157条的规定请求撤销后的财产返还、损失赔偿等。而对于虚伪表示和恶意串通情形，其无效的是串通行为或虚伪意思表示，其无效后的返还等效果只限于当事人之间，保理合同不

---

〔45〕 北京银行股份有限公司天津和平支行、中再资源再生开发有限公司侵权责任纠纷案，最高人民法院（2019）最高法民终1847号民事判决书。

〔46〕 平安银行股份有限公司石家庄分行、中粮贸易有限公司金融借款合同纠纷案，河北省高级人民法院（2020）冀民终210号民事判决书、最高人民法院（2021）最高法民申208号民事裁定书。

因应收账款债权人与债务人虚构应收账款而成为虚假的意思表示，与保理人并无直接联系，保理人可依《民法典》侵权责任编规定请求承担侵权责任。此外，债权让与过程中，债权人负有保证所转让债权真实的义务，保理人也有权解除保理合同并请求债权人承担违约责任。[47] 但是，就债务人是否以及如何向保理人承担责任，在实践中争议比较大，且《民法典》总则编第 146 条亦未规定双方通谋虚伪表示对第三人的效力问题，因此《民法典》第 763 条就此作出明确规定，即"应收账款债权人与债务人虚构应收账款作为转让标的，与保理人订立保理合同的，应收账款债务人不得以应收账款不存在为由对抗保理人，但是保理人明知虚构的除外"。《民法典》第 763 条旨在保护保理交易中作为善意债权受让人的保理人。其中，虚构应收账款既包括应收账款全部不存在，也包括部分不存在等；既有可能是通谋虚伪表示的虚构，也可能是保理人向债务人确认应收账款真实性时债务人制造了虚假应收账款的外观等。[48] 该释义将虚构应收账款债权也扩张解释至债务人方面单方制造了虚假应收账款外观的情形。当然，应收账款债务人对应收账款存在的确认，不是仅确认收到应收账款的转让通知，须有向债权受让人表示愿意履行债权合同义务的意思。[49]

虚假应收账款保理交易中保理人的信赖保护，其本质是通谋虚伪表示不得对抗善意第三人的效力体现，应收账款债务人不得以应收账款不存在为理由对抗保理人。也就是说，在债务人虚构或者确认债权的范围内，保理人仍有权请求债务人履行如同债权存在时相对应的债务，债务人不得以应收账款实际上不存在为由对保理人提出抗辩。保理人既可以对债务人行使该债权，也可以就该债权进一步处分，包括再次转让或质押。而且对于后续的受让人而言，不需要再援引信赖保护即可取得权利，即使后续的受让人为恶意也无妨。在后续的保理交易中，对当事人之间的关系应做如下解释：(1)在再保理合同中，保理人可再行转让这一债权(再融资)，不必要求债权受让人的善意。(2)在有追索权保理合同中，债权人回购该应收账款，不发生履行不能，应收账款的瑕疵在回购之前即已消除；债权回购以后，由于原债权人明知债务人系虚假，故该债权对债权人无效，债权人不得要求债务人支付应收账款款项。(3)在无追索权保理合同中，因应收账款虚构，无追索权保理人本应有权向债权人主张转让的债权瑕疵担保责任，但因为《民法典》第 763 条的规定，善意的保理人取得了对于债务人的债权，无追索权保理人不得据此向债权人行使瑕疵担保请求权。[50]

但从现行规则体系上看，一方面，我国《民法典》第 146 条并未规定"不得对抗善意第三人"的规则。虽然在原《民法总则》草案阶段曾试图设置该规则，但因"不得对抗善意第三人"的规定有可能会与善意取得制度的内容相矛盾，仅以第三人之主观善意即可对抗无效的法律行为可能会导致善意取得制度中的部分要件被架空，最终并未作出规定。另一方面，《民法典》第 763 条采用"应收账款债权人与债务人虚构应收账款"的表述，其包含的情形更为全面，不限于

[47] 黄薇主编：《中华人民共和国民法典解读：合同编》(下册)，中国法制出版社 2020 年版，第 912 页。
[48] 黄薇主编：《中华人民共和国民法典解读：合同编》(下册)，中国法制出版社 2020 年版，第 913 页。
[49] 朱晓喆、刘剑峰：《虚假应收账款保理交易中保理人的信赖保护》，载《人民司法(应用)》2021 年第 4 期。
[50] 朱晓喆、刘剑峰：《虚假应收账款保理交易中保理人的信赖保护》，载《人民司法(应用)》2021 年第 4 期。

"合意实施"的行为,较之《民法典》第146条范围要广。[51]

2. 保理人明知情形的例外

不仅如此,就《民法典》第763条的文义来看,其但书只是排除了保理人"明知"的情形,而并未包含与"善意"相对的"恶意"所包含的"知道或应当知道",也就是说,并非"不知或不应知"的"善意"。[52] 如此优待非明知的保理人,是因为在非明知的情形,虚构应收账款的债权人与债务人存在明显的欺诈故意,其主观恶意较之保理人的重大过失,更不应得到法律保护。[53] 对于这一点,有释义书认为,该条规定了在保理人明知债权不存在的情形下,保理人就不存在合理的信赖,不能适用本条予以保护。这一方面考虑到了,在债务人确认的情形中,受让人对债权真实性的审查义务较低,仅限于保理人"明知"债权不存在的情形中适用本条规定,有助于避免过分增加受让人的审核义务;另一方面,保理人也不能因为债务人的确认而完全不对债权进行任何的调查核实,在保理人完全可以通过成本较低的审核措施就能够发现债权不存在的情形中,就有理由认为保理人对债权不存在是"明知"的。[54] 但是,在买卖合同权利瑕疵担保"恶意排除规则"中,《民法典》第613条明确规定"买受人订立合同时知道或者应当知道第三人对买卖的标的物享有权利的,出卖人不承担前条规定的义务",遵循的是"买者当心"的规则,明确规定了"应当知道"。根据《民法典》第763条的规定,亦是权利瑕疵担保之一种。两者之间的不平衡,亦遭到学说的批评,认为限于保理人明知,虽非完全无理,但终究不足更多;[55] 或者认为,仅以"明知"作为限定条件,若无审核义务等,不适当地扩大了当事人普通合同债权的公信力。[56] 对此,有不少学说认为,在适用《民法典》第763条时,宜对"保理人明知"的这一例外规定进行漏洞填补,依法理和主流裁判观点将其解释为"保理人明知或应当知道虚构的除外"。[57] 也有学说进一步区分保理人注意义务违反的程度,但亦认为"应当知道而不知道"应当包含在内。"但书要求保理人主观上明知,这意味着保理人须知道债务的虚假性。如果保理人因审查不严,应当知道而不知道,是否不符合善意、不取得对于债务人的债权呢?这实际上涉及保理人的审查义务程度问题。于此应区分情形对待:首先,如果债务人并未参与保理交易形成的过程,也未向保理人确认债务,则保理人的审查义务程度较高,负有核实债权真实性的义务。但即使如此,也应由主张抗辩的债务人举证证明保理人主观上明知。其次,如果债务人参与保理交易过程,并对应收账款进行了确认,保理人一般能够相信债务人不存在债权真实性的抗辩,这会使得保理人对债权真实性的审核义务降低,保理人的合理信赖更容易构成。"[58] 当然,司法实务中,对于保理人审核不严的情形,不少法院裁判并不轻易否定保理人对于债务人的请求权。例如,有法院裁判认为,"对于并非基础合同当事人的第三人建行二支行而言,其

---

[51] 何颖来:《保理中虚假基础交易风险的法律规制——基于〈民法典〉第763条之思辨》,载《浙江社会科学》2021年第7期。

[52] 杨代雄主编:《袖珍民法典评注》,中国民主法制出版社2022年版,第718页。

[53] 徐涤宇、张家勇主编:《〈中华人民共和国民法典〉评注》(精要版),中国人民大学出版社2022年版,第814页。

[54] 黄薇主编:《中华人民共和国民法典解读:合同编》(下册),中国法制出版社2020年版,第914页。

[55] 崔建远:《保理合同探微》,载《法律适用》2021年第4期。

[56] 李宇:《保理合同立法论》,载《法学》2019年第12期。

[57] 何颖来:《保理中虚假基础交易风险的法律规制——基于〈民法典〉第763条之思辨》,载《浙江社会科学》2021年第7期;丁俊峰:《民法典保理合同章主要条文的适用》,载《人民司法(应用)》2021年第4期。

[58] 朱晓喆、刘剑峰:《虚假应收账款保理交易中保理人的信赖保护》,载《人民司法(应用)》2021年第4期。

根据上述材料已经尽到了审慎的注意义务，其有理由相信麟旺公司对中厦公司享有相应的债权。尽管从建行二支行经办人肖某的询问笔录以及沪银监访复[2016]51号答复来看，建行二支行在开展本案保理业务过程中，存在未严格依照监管要求履行审核义务，尤其是对基础合同项下发票真实性审核不当的问题，但该工作瑕疵的存在，并不影响本案的事实认定。本案中并无证据证明建行二支行知晓中厦公司与麟旺公司之间虚伪意思表示，中厦公司主张的基础债权瑕疵不得对抗作为善意第三人的建行二支行，二审法院判决中厦公司应当以其承诺行为向建行二支行承担清偿责任并无不当"[59]。但在另外的案例中，亦有裁判认为，对实践中经常出现的转让债权存在瑕疵的情况，若该瑕疵系债务人和次债务人共同的虚伪意思表示，根据当事人的虚伪意思表示在当事人之间绝对无效，但不得对抗善意第三人的基本原理，应审查保理商在受让债权时是否尽到审查义务，是否知道或应当知道该债权存在瑕疵。若保理商为善意，则次债务人不得以债权瑕疵为由对抗保理商。[60] 但《民法典》第763条已明确排除了"应当知道"的情形，对保理人作出了优待，过往司法实践中就虚构债权情形关于保理人审查义务以及保理人"应当知道"情形的排除等司法裁判倾向，在《民法典》之后均应被纠正。

若保理人明知虚构，只是不能构成保理合同上的保理人保护，但仍然得以按照其实际构成的法律关系予以处理。如果保理人明知不存在真实应收账款而签订保理合同，多数情况是与原债权人为了融资而假签保理合同，因而保理合同因构成双方虚伪表示而无效。如果存在隐藏的法律行为，则通过双方当事人的意思表示予以解释，通常表现为民间借贷或者金融借款法律关系。[61] 亦有学说认为，即使保理人"明知"，亦可以援引《民法典》第148条或第149条关于欺诈场合可以撤销的规定，或者以债权人负有保证所转让债权是真实的义务却违反为由，有权解除保理合同。以此救济明知虚构应收账款的保理人：当保理人发现保理合同于其不利时，可选择撤销或解除保理合同，并请求债权人返还应收账款债权的转让款、服务费用，以及请求债权人承担损害赔偿责任。[62] 当然，若保理交易中的应收账款债权让与得以参照适用买卖合同中的权利瑕疵担保"恶意排除规则"，保理人并不一定享有请求违约损害赔偿等权利。

3. 保理人的核查义务

值得注意的是，就虚构应收账款债权作为转让标的情形给予保理人充分优待，限于除保理人"明知"情形，应收账款债务人不得以应收账款不存在为由对抗保理人。但这并不表明今后保理交易实践中保理人可以不对债权真实性进行核实。《民法典》第763条仅限于应收账款债权人与债务人虚构应收账款作为转让标的之情形，而对于其他情形，保理人则仍然负有真实性核查的注意义务。例如，有法院裁判认为，"保理业务中，保理人应当对基础债权的真实性进行必要的核实，尽到审慎注意义务。本案中，信达陕西分公司没有提交其他证据证明保理人中国工商银行股份有限公司榆林分行对源泉公司和神华能源神东煤炭分公司之间债权的真实性进

---

[59] 中厦建设集团有限公司、中国建设银行股份有限公司上海第二支行合同纠纷再审审查与审判监督案，最高人民法院(2019)最高法民申1533号民事裁定书。

[60] 珠海华润银行股份有限公司与江西省电力燃料有限公司、广州大优煤炭销售有限公司保理合同纠纷再审案，最高人民法院(2017)最高法民再164号民事判决书。

[61] 丁俊峰：《民法典保理合同章主要条文的适用》，载《人民司法(应用)》2021年第4期；朱晓喆、刘剑峰：《虚假应收账款保理交易中保理人的信赖保护》，载《人民司法(应用)》2021年第4期。

[62] 崔建远：《保理合同探微》，载《法律适用》2021年第4期。

行了必要的核实。因此,无法认定信达陕西分公司善意无过失地履行了审慎注意义务。此种情况下,公章及签字真实性的举证责任在信达陕西分公司,而不在神华能源神东煤炭分公司。因此,一审法院未根据神华能源神东煤炭分公司的申请进行鉴定并无不当";"《民法典》第763条适用的前提为'应收账款债权人与债务人虚构应收账款作为转让标的'。而本案中,尚无证据证明神华能源神东煤炭分公司存在虚构债务的情况"〔63〕。另有法院裁判导入了保理人对于应收账款不存在的善意无过失要件,法院认为,"本案中,首铁公司虽然未主张其与盛德公司之间存在通谋行为,但主张应收账款不存在。对此,出于对保理人的信赖保护,亦应当限定在善意无过失的情形下,即要求保理人就基础债权的真实性进行了必要的调查和核实,尽到了审慎的注意义务,有理由相信应收账款债权的真实存在。在保理人善意无过失的情况下,应收账款债务人应当依其承诺的向保理人承担责任,而不得以应收账款不存在的理由对抗保理人……首铁公司在上述行为及文件中,确认了基础交易的真实性,并承诺履行付款义务,并未提及款项已经支付的情况……恒丰银行北京分行向一审法院提交了涉案商务合同、发票、货权交接单等证据,该部分证据属于盛德公司向恒丰银行北京分行转让应收账款时所涉文件,证明恒丰银行北京分行在受让应收账款时对基础债权的真实性进行了必要的调查和核实,尽到了审慎的注意义务"。〔64〕

案 例 上海际华物流有限公司与国核商业保理股份有限公司等合同纠纷案〔65〕

■ 基本案情

璃澳公司作为卖方,国核商业保理股份有限公司(以下简称国核公司)作为保理商签订《保理合同》约定,保理融资额度为1.5亿元;有效期为2016年5月27日至2017年5月26日;保理商同意接受卖方的应收账款转让申请时,在卖方盖章的应收账款转让申请暨确认书上加盖保理商印章后发送给买方。应收账款转让申请暨确认书经保理商盖章后生效,该确认书生效之日该等应收账款转让生效,该等应收账款即作为受核准应收账款等。2017年1月3日,璃澳公司作为供方与际华公司作为需方签订《购销合同》,由际华公司向璃澳公司采购乙二醇16,000吨,单价8000元/吨,金额共计128,000,000元。付款方式为电汇或商业承兑汇票结算,款到发货,合同自双方签字或盖章后生效,至供需双方结清全部货款和费用后止。际华公司于2017年2月6日、2月14日、3月8日向璃澳公司背书转让6张电子商业承兑汇票,合计9375万元。2017年2月10日、2月22日、3月17日,国核公司分别向璃澳公司汇出保理款2375万元,合计7125万元。璃澳公司向国核公司出具3份应收账款转让申请暨确认书,确认书载明:根据2016年7月7日双方签署的《保理合同》,卖方签署并向保理商提交本确认书。基础交易合同为《购销合同》;受核准买方为"上海际华物流有限公司",基础交易合同总金额128,000,000元,转让

〔63〕 中国神华能源股份有限公司、中国神华能源股份有限公司神东煤炭分公司等合同纠纷案,陕西省高级人民法院(2021)陕民终779号民事判决书。

〔64〕 北京首铁置业有限公司与北京华弘兴业科贸有限公司等合同纠纷案,北京市高级人民法院(2021)京民终325号民事判决书。

〔65〕 上海市高级人民法院民事判决书,(2019)沪民终540号;最高人民法院民事裁定书,(2021)最高法民申4612号。

应收账款种类、金额为乙二醇购货款3125万元，应收账款到期日分别为2017年8月5日、8月14日、9月4日，基础交易合同约定的结算方式为商业承兑汇票，共3198.40万元，保理预付款金额均为2500万元，即保理预付款比例为80%，保理融资期限分别为自2017年2月至8月5日、2017年2月至8月14日、2017年3月至9月4日，额度使用费费率为10%/年；额度使用费由保理商在向卖方支付保理预付款时预先扣除。璃澳公司作为申请人、国核公司作为保理商分别盖章确认。璃澳公司和国核公司向际华公司发出3份应收账款转让通知书，载明璃澳公司因经营发展的需要，已申请将与际华公司于2017年1月3日签署的《购销合同》项下的应收账款及从属权利和权益转让给国核公司。际华公司针对上述3份应收账款转让通知书，均出具相应回执，对应收账款的种类、金额和到期日予以确认，并承诺向且仅向应收账款转让通知书规定的指定账户支付上述应收账款。2017年8月23日，国核公司向际华公司发出应收账款催收通知书，际华公司均在应收账款催收通知确认栏盖章确认。

一审法院认为，国核公司与璃澳公司签订的《保理合同》系双方当事人的真实意思表示，且不违反法律法规的规定，应属合法有效，双方当事人均应恪守。际华公司辩称应收账款是虚假的，《购销合同》约定付款方式为电汇或商业承兑汇票结算，款到发货，际华公司于2017年2月6日、2月14日、3月8日向璃澳公司交付合计9375万元的商业承兑汇票，故不存在应收账款的前提。对此，一审法院认为，际华公司将上述商业承兑汇票交付璃澳公司后，璃澳公司又将其质押给国核公司，但经国核公司提示付款，因商业承兑汇票承兑人账户余额不足均被拒付，故际华公司的该项辩称意见，一审法院不予采信。二审法院认为，本案系争焦点在于本案合同性质及际华公司是否是本案所涉《保理合同》项下应收账款转让的债务人。国核公司与璃澳公司、际华公司之间形成的是保理合同关系而非借贷合同关系，际华公司是本案《保理合同》项下的应收账款转让的债务人，际华公司所称本案系借贷合同纠纷的上诉理由不能成立。关于际华公司主张本案所涉《保理合同》项下的《购销合同》是虚构的，应收账款客观上并不真实存在的问题。首先，本案所涉的《保理合同》及项下的《购销合同》均依法成立；其次，国核公司已审核了本案应收账款转让所涉货权转移证明、收货凭证及应收账款转让通知书、回执。因此，际华公司所称的《购销合同》是虚假合同，璃澳公司未实际交付货物，应收账款不真实存在的上诉理由不能成立。对此，际华公司向最高人民法院申请再审。际华公司申请再审称，"保理合同关系成立的前提是基础交易真实存在，而本案中的乙二醇货物及相关交易均不存在，璃澳公司对际华公司不存在真实的应收账款""国核公司明知不存在应收账款，但仍虚构保理业务，本案保理关系不成立""国核公司与璃澳公司之间系因商业承兑汇票质押借款而形成的借贷关系"等。

▌再审裁定

法院认为，案涉合同是否成立保理合同法律关系成为本案争议的焦点问题。本案中，国核公司与璃澳公司签订的《保理合同》载明，璃澳公司将现有或将来的应收账款债权转让给国核公司，国核公司为璃澳公司提供额度为1.5亿元的保理融资资金。璃澳公司向国核公司发出应收账款转让申请，国核公司在应收账款转让申请暨确认书上加盖己方印章后，该等应收账款转让生效。国核公司有权合并或分别行使对璃澳公司和受核准买方（应收账款债务人）的追索权。可见，双方就国核公司作为保理商与璃澳公司作为应收账款债权人之间成立保理关系的意思表示明确。其后，国核公司审核了案涉《保理合同》项下《购销合同》、货权转移证明、收货凭证、应收账款转让通知书及回执等相关文件，并办理本案应收账款转让征信登记。故国核公司、璃澳公司、际华公司之间的保理合同关系依法成立并有效。

法院认为，际华公司关于国核公司未尽到审慎核查义务及虚构保理业务的理由亦不能成立。际华公司主张，案涉《保理合同》项下《购销合同》交易关系并不存在，应收账款亦不存在。经原审查明，璃澳公司作为供方与际华公司作为需方签订的《购销合同》依法有效，后璃澳公司向国核公司出具了3份应收账款转让申请暨确认书，受核准买方为"上海际华物流有限公司"。璃澳公司作为申请人、国核公司作为保理商分别盖章确认。在璃澳公司、国核公司向际华公司发出3份应收账款转让通知书后，际华公司均出具相应的回执，对应收账款的种类、金额和到期日予以确认。此外，在国核公司向际华公司发出的应收账款催收通知书中，际华公司亦在应收账款催收通知确认栏盖章确认。际华公司关于本案不存在真实的乙二醇货物及交易关系、案涉应收账款不存在的主张，缺乏事实和法律依据。际华公司还主张，其已经向璃澳公司背书转让商业承兑汇票，完成了货物款项的支付，同样证明应收账款不存在。本案中，案涉票据由际华公司交付璃澳公司后，后者将其质押给国核公司用于担保《保理合同》，其并非对国核公司清偿；且案涉票据被拒付后，《购销合同》项下璃澳公司的债权并未获得清偿，案涉《保理合同》项下转让的应收账款债权亦未被消灭，实际上璃澳公司与国核公司也均未能收回基于《购销合同》的应收账款，故不能认定际华公司履行了付款义务，本案应收账款债务已结清。最后，关于国核公司作为保理商是否尽到审慎核查义务的问题。际华公司主张，案涉货权转移证明仅由璃澳公司盖章，收货凭证系伪造，且根据新证据上海际华物流客户交割明细，足以证明国核公司放款前并不存在乙二醇货物在长江港务公司交易，国核公司未能在发放融资款前要求璃澳公司提交该交易流水进行核实，属于未履行核查义务，对虚假应收账款系明知。货权转移证明与收货凭证的证明效力已经原审认定，际华公司并未提交相反证据推翻原审认定的相关事实。本案中，国核公司通过审核案涉《购销合同》、货权转移证明、收货凭证、应收账款转让通知书及回执，已经尽到了保理商的一般审慎核查义务。在上述文件均为真实的前提下，要求国核公司进一步向璃澳公司核实交易流水，系不必要增加核查成本，亦缺乏合同和法律依据。

二、保理合同中的债权让与通知

关于保理合同的应收账款债权让与，若《民法典》保理合同章没有规定，同样适用债权让与的规则（《民法典》第769条）。债权人转让债权，未通知债务人的，该转让对债务人不发生效力（《民法典》第546条）。但是普通债权让与中，《民法典》"合同的变更与转让"章并未明确债权让与通知的主体，对于受让人是否得为通知，学理上存在争议，但主张受让人得以通知者，也多认为应附有必要的债权凭证等。〔66〕 但亦有不少观点认为，考虑到可能会给债务人带来过高的审核义务，在一般债权转让中，发出通知的主体原则上应当限于出让人。〔67〕 就保理合同中的应

〔66〕 崔建远主编：《合同法》（第7版），法律出版社2021年版，第158页。

〔67〕 黄薇主编：《中华人民共和国民法典解读：合同编》（下册），中国法制出版社2020年版，第863页；谢鸿飞、朱广新主编：《民法典评注：合同编　典型合同与准合同》（第2册），中国法制出版社2020年版，第548页；丁俊峰：《民法典保理合同章主要条文的适用》，载《人民司法（应用）》2021年第4期。

收账款债权让与,《民法典》第 764 条吸收保理行业的实务操作惯例,明确规定了保理人发出债权让与通知时的具体要求,“保理人向应收账款债务人发出应收账款转让通知的,应当表明保理人身份并附有必要凭证”。之所以“应当表明保理人身份并附有必要凭证”,旨在减轻债务人的审核负担,避免债务人产生非债清偿而引起不必要的风险。何为必要凭证,多认为应该采取严格的认定方式,认为仅有书面的保理或者债权转让合同或债权人签字、盖章的书面转让通知是不够的,需要结合其他具体因素加以判断,债务人审核此等凭证真伪所需要的时间和技术手段尚难达到目的;但经过公证的债权转让合同、保理合同或者转让通知等,构成此处的“必要凭证”。〔68〕 必要凭证的内容一般包括两类:一是保理人、让与人之间形成的书面文件,包括保理合同、债权转让通知书等;二是让与人向保理人申请叙做保理业务时提交的与基础贸易相关的书面文件,包括基础交易合同、贸易单据等。保理人单独发出转让通知时,仅向应收账款债务人提供了上述第一类凭证,不构成充分的必要凭证,转让通知不发生效力。〔69〕 若不构成有效通知,不妨碍债务人向应收账款债权人的履行而发生清偿效果。债务人可以向让与人履行债务,债务人也有权要求保理人在合理期间内提供充分的必要凭证,并在保理人提供之前有权拒绝履行。〔70〕

■ 思考 | 未附必要凭证时的债务人保护

通常来说,不适格的债权让与通知,对债务人不产生通知的效力,亦即不产生债权让与的效力。但如何判断债权让与通知是否妥当,对于接到债权让与通知的债务人来说仍会是个棘手的问题。目前的释义书等均将《民法典》第 764 条的“必要凭证”做严格认定的解释。但此等限制方法是否合适,是否应区分保理人义务和债务人的审核能力,仍有思考之余地。必要凭证,其实质在于债务人得以判断债权让与是否发生所必要的凭证。对发出通知的保理人需要作出严格的要求,这是减轻债务人审核负担之旨意所在。但就债务人一方而言,并不能对其提出同样的要求,应当区别对待。对债务人作同样要求,其实质上是增加了债务人非债清偿的风险,反而对债务人不利。例如,若债务人善意无过失地认为相关材料已构成债权让与的必要证明,但并非《民法典》第 764 条意义上严格认定方式下的“必要凭证”,此时若认为债务人向保理人所为的清偿构成非债清偿,反而对债务人不利。因此,对保理人要求的必要凭证交付义务,并不表明债务人一定要见到此等“必要凭证”始得确认债权让与的存在,而只是对债务人的一种保护,并非债务人的义务。从这一层意义上来说,即使提供的材料就《民法典》对保理人一方的要求来看尚无法达成严格认定下的“必要凭证”,但债务人只要尽了合理的审查义务,善意无过失地向保理人清偿,同样得以构成债的消灭。《民法典》第 764 条只是规定了保理人的义务,但并不构成债务人审核义务的标准。尤其是保理人乃是从事营业的商人,而被通知的债务人并不限于熟悉债权让与营业的自然人或法人时,此种区分更有必要。从这一层意义上来说,如何从债务人视角来观察债权让与通知的适格性,一方面尽力减轻债务人信息成本合适负担,另

〔68〕 崔建远主编:《合同法》(第 7 版),法律出版社 2021 年版,第 366 页;黄薇主编:《中华人民共和国民法典解读:合同编》(下册),中国法制出版社 2020 年版,第 863 页。

〔69〕 丁俊峰:《民法典保理合同章主要条文的适用》,载《人民司法(应用)》2021 年第 4 期。

〔70〕 黄薇主编:《中华人民共和国民法典解读:合同编》(下册),中国法制出版社 2020 年版,第 863 页。

一方面又保障债权让与交易的安全等，在债务人善意无过失之情形，究竟是依非债清偿返还的救济进路保护债务人，还是通过视为构成有效清偿以保护债务人，抑或两者均可的救济模式等，仍有进一步思考的余地。

三、有追索权保理

1. 追索权的约定

在一般的债权让与中，即使是债权的“买卖”，债权出让人虽然负有权利瑕疵担保义务，但并不担保债务人的清偿能力，至多只是担保债权的真实存在。因此，债权受让人享有的是债权让与基础合同上的权利义务，若受让的债权无法从债务人处获得清偿时，债权受让人通常并不享有向原债权人（债权出让人）进行追索的权利。但在保理交易关系中，民法典将保理区分为有追索权保理与无追索权保理。但《民法典》第766条（有追索权保理）及第767条（无追索权保理）规定的都是当事人对有无追索权作出约定时的规则，《民法典》保理合同章并未规定有疑义时保理人是否有追索权。对此，比较法上既有以有追索权为原则的，也有以无追索权为原则的，也有如同我国规定的。从解释论上来说，若无明确约定追索权，存有疑义时，根据《民法典》第769条中一般债权让与，不担保债务人之清偿能力的规定，不应解释为存在保理交易架构下的追索权。

2. 追索权的行使

《民法典》第766条对于追索权的行使，规定了向应收账款债权人主张返还保理融资本息或者回购应收账款债权的行使方式，即“当事人约定有追索权保理的，保理人可以向应收账款债权人主张返还保理融资款本息或者回购应收账款债权，也可以向应收账款债务人主张应收账款债权。保理人向应收账款债务人主张应收账款债权，在扣除保理融资款本息和相关费用后有剩余的，剩余部分应当返还给应收账款债权人”。同时，出于尊重我国保理行业实践，该条并不要求有追索权的保理人先行请求债务人清偿，债权人也无权要求保理人先行向债务人主张受偿，采纳了让与担保构成；同时规定了保理人向应收账款债务人主张应收账款债权时的强制清算义务，也表明了其为让与担保构成。同时，与其他担保不同，应收账款债权为金钱债权，因此，虽为让与担保构成亦无须另行变价或拍卖标的物即可实现，与保留所有权买卖中的取回权的行使并不相同。值得注意的是，实践中保理人提起的诉讼中，多数是提起两项请求权，既向应收账款债权人提出回购应收账款或要求返还融资本息，也同时向应收账款债务人提出付款请求权；对此，《担保制度司法解释》第66条第2款也予以确认支持，“在有追索权的保理中，保理人以应收账款债权人或者应收账款债务人为被告提起诉讼，人民法院应予受理；保理人一并起诉应收账款债权人和应收账款债务人的，人民法院可以受理”。虽然两项请求权均得以行使，但同时行使并不等于保理人可以重复取得利益，依《民法典》第766条的规定，其范围应当以融资本息和相关费用为限；应收账款债权人或债务人一方对保理人履行义务，则另一方免除相应的清偿责任。当然，有追索权的保理，通常约定的是“保理人在应收账款到期或者出现保理合同约定的其他到期情形，无法从应收账款债务人处足额收回应收账款时”作为向应收账款债权人行使追索权的前提，但到期无法收回，并非一般保证领域的“不能履行”（《民法典》第687条），而是应当理解为“到期后保理人向债务人主张履行而未获清偿这一客观事实”，无须以诉讼等方式提出,也不要求客观不能清偿。[71]

值得注意的是,《民法典》第 766 条规定的有追索权保理中,保理人向应收账款债权人得以要求的是融资款本息返还或应收账款回购,从应收账款债务人处回收的债权,超出融资本息及相关费用部分应当返还给应收账款债权人。如此一来,保理人能否获得超出《民法典》第 766 条之利益就会成为问题。由《民法典》第 766 条的规定可以看出,立法旨意似乎存在一种潜在的借款担保的逻辑,即将应收账款转让视为应收账款债权人融资的借款担保。既然如此,那保理人的受偿范围不能超过原融资款的本息,超出部分应当进行清算。但事实并非如此,有追索权保理虽有担保功能,但并非限于担保;保理人之所以选择保理的交易模式,并非只是向应收账款债权人收取本息,其本身也包括对应收账款实际价值及受偿风险的判断,甚至还包括催收、管理的服务价格。故此种立法设定与交易实际并非完全一致,实践中也通常存在服务费等各项费用。在商事合同的意思自治之下,不同的约定,都是当事人商业理性的真实判断。也就是说,当事人之间的保理合同可能会作出与《民法典》第 766 条不同的约定。《民法典》第 766 条规定从应收账款债务人处收回账款时可以保留"相关费用"本身亦表明了这一点。同样地,向应收账款债权人要求返还融资本息或者回购应收账款债权,并不排除保理人保留根据保理合同得以收取的服务费等报酬或费用。

保理人从应收账款债权人处回收了保理合同项下的融资本息及相关费用的,保理人对应收账款享有的"让与担保"权利自动复归。对此,根据《担保制度司法解释》第 66 条第 3 款的规定,"应收账款债权人向保理人返还保理融资款本息或者回购应收账款债权后,请求应收账款债务人向其履行应收账款债务的,人民法院应予支持"。该做法与比较法上的一些立法例并不相同。德国法认为让与担保不具有从属性,被担保的债权消灭的,作为担保物的债权不能自动回归担保人(原债权人),而是需要被担保人(新债权人)与担保人再次达成一项处分行为,将债权返还(让与)给担保人。[72]

另外,实践中还会存在一些特别约定。对应收账款债权人的追索权,主要是指有权向应收账款债权人主张权利,但保理合同约定的追索权的内容及形式,并不仅局限于返还融资款本息、回购两种情形,也包括保理合同将保理人对应收账款债权人的追索权设定为其对应收账款债权的一般保证或连带保证以及其他情形。将此追索权设定为一般保证及连带责任保证,虽然不同于《民法典》第 766 条的追索权架构,但均不违反法律规定,应属有效。[73]

思考｜让与担保构成之"担保"与应收账款质押担保

《民法典》第 766 条的保理合同让与担保构成,与应收账款质押不同。一是应收账款质押需登记才成立(《民法典》第 445 条)。二是权利质权实现依动产质押方式,不排除拍卖、折价、变卖之可能,且《民法典》的规定本身并未赋予质权人向债务人直接收取或要求履行的权利(《民法典》第 446 条、第 436 条),但《担保制度司法解释》第 61 条隐含了应收账款质权人直接

[71] 丁俊峰:《民法典保理合同章主要条文的适用》,载《人民司法(应用)》2021 年第 4 期。
[72] 杨代雄主编:《袖珍民法典评注》,中国民主法制出版社 2022 年版,第 721 页。
[73] 李志刚:《〈民法典〉保理合同章的三维视角:交易实践、规范要旨与审判实务》,载《法律适用》2020 年第 15 期。

收取应收账款优先受偿的可能。“以现有的应收账款出质,应收账款债务人已经向应收账款债权人履行了债务,质权人请求应收账款债务人履行债务的,人民法院不予支持,但是应收账款债务人接到质权人要求向其履行的通知后,仍然向应收账款债权人履行的除外。”(《担保制度司法解释》第61条第3款)依该司法解释的该款规定,应收账款质权人可要求应收账款债务人向其履行。之所以得以要求履行而不采用拍卖、折价、变卖,在于应收账款债权为金钱之债,无需“拍卖、折价、变卖”等“金钱转换”得以实现价值比对。

债权让与担保构成背景下,《民法典》第388条、第414条、第416条等动产抵押规则适用于非典型担保的功能主义构成,在保理中是否得以适用,亦是思考应收账款质押与保理中的应收账款债权让与担保问题的关键点之一。关于担保顺位问题,《担保制度司法解释》第66条并未援引《民法典》第414条的登记顺位予以处理,而是直接援引《民法典》第768条予以参照适用,扩张了《民法典》第768条的适用范围(文义上来说,《民法典》第768条仅适用于“应收账款债权人就同一应收账款订立多个保理合同,致使多个保理人主张权利的”情形)。即“同一应收账款同时存在保理、应收账款质押和债权转让,当事人主张参照《民法典》第七百六十八条的规定确定优先顺序的,人民法院应予支持”(《担保制度司法解释》第66条第1款)。之所以未援引《民法典》第414条,可能的原因在于该条适用于“抵押权”,而权利质权得以适用的是“动产质权”的有关规定,而并未直接指向“抵押权”的有关规定(《民法典》第446条)。当然,《民法典》第414条亦同时规定,“其他可以登记的担保物权,清偿顺序参照适用前款规定”,若认为保理中的应收账款债权让与构成让与担保,则得以纳入第388条规定的具有“担保功能的合同”,同时依功能主义担保主张者的通常理解,第414条的“担保物权”实为“担保权”,直接援引《民法典》第414条处理应收账款质押与保理中的应收账款债权让与担保,并非没有可能。但即使如此,仍然无法处理其与普通债权让与之间的关系,至少在与普通债权让与的关系上,无法参照适用《民法典》第414条。因此,从便利角度言,援引《民法典》第768条具有一定的合理性。但从文义上来说,《民法典》第768条仅适用于“应收账款债权人就同一应收账款订立多个保理合同,致使多个保理人主张权利的”情形,将其扩张适用至应收账款质押、普通债权让与,合理性和妥当性仍需进一步论证。至少,《民法典》第445条的“登记”、《民法典》第414条的“登记”、《民法典》第768条的“登记”,指向的目的和立法旨趣各不相同,各“登记”各自的法律效力亦有所不同,依不同目的的“登记”来确定顺序,其合理性更是需要更为充分的理由,至少从目前来看,其法理依据并不充分。

实际上,在应收账款质押(以登记为前提)成立之情形,若认为得以直接收取应收账款(《担保制度司法解释》第61条第3款),与保理中的让与担保、普通债权让与势必会冲突。但《担保制度司法解释》第66条僵化地以登记确定优先顺序,亦会成为问题,特别是债权让与,无论是保理还是非保理,虽然在债权的“取得”上,可能存在不同:普通的债权让与依意思主义取得,保理中的债权让与依“登记”“通知”的顺序取得,保理中的债权让与“既未登记也未通知的”,按照比例取得;但是针对债务人的效力而言,均以通知债务人为前提始对债务人生效,故在对债务人的请求上,并非以登记为顺序。以登记作为先后顺序,势必会导致经通知但未登记的普通债权让与劣后于未经通知但经登记的保理债权让与,使债务人在选择清偿对象时面临困惑,徒增混乱,不符合债权让与的一般原理。值得注意的是,《担保制度司法解释》第57条规定了所有权保留价款、融资租赁租金的超级优先权，但并未规定保理融资情形的超级优先权，或许亦是注意到了保理合同中的债权让与担保并不能用功能主义担保观完全解释。其本质问题在于，功能主义的担保观能否以及如何在债权让与担保、特别是在保理情形的债权让与担保中予以贯彻的问题。另外，对于并非构成债权让与担保情形的保理中的债权让与之情形，此时要参照适用担保规则，并不具有合理性。因此，即使采担保功能主义构成，亦应区分不同的保理。

四、无追索权保理

《民法典》第767条规定，“当事人约定无追索权保理的，保理人应当向应收账款债务人主张应收账款债权，保理人取得超过保理融资款本息和相关费用的部分，无须向应收账款债权人返还”。无追索权保理，指保理人根据债权人提供的债务人核准信用额度，在信用额度内承购债权人对债务人的应收账款并提供坏账担保责任，债务人因发生信用风险未按基础合同约定按时足额支付应收账款时，保理人不能向债权人追索，又称买断型保理。[74] 关于无追索权保理，《民法典》第767条只是规定了无追索权保理无须与应收账款债权人进行清算，但并未对无追索权保理的其他效力作出规定。故，无追索权保理合同的其他效力安排，多通过保理合同及保理商业惯例予以处理。

无追索权并不等于保理人对于应收账款债权人无任何权利。有学说认为，保理人的所有利益都从其提供的保理融资款与应收账款债权数额的差价中实现。[75] 但是，即使是无追索权保理，并非简单的应收账款债权让与，还包括付款担保等各项服务，应收账款债权人需支付保理服务报酬等。而且，无追索权保理并非在任何情形下保理人都无追索权。[76] 在保理实践中，即使在无追索权保理中，当事人也通常会约定保理人对被保理人可追索的例外情形。情形一，会约定债务人行使基础合同上的抗辩时具有追索权等；甚至约定债务人不履行义务情形的回购，此时与有追索权担保不同，无追索权保理中的保理人要求回购是基于保理合同之外的回购协议，保理人的权利并非保理合同的内容。[77] 情形二，《商业保理合同准则》提供的无追索权商业保理合同样本中规定，“发生下列情形之一时，商业保理人有权要求应收账款债权人回购应收账款：(1)该应收账款发生商业纠纷的(无论是否发生在保理融资期限届满日之前)；(2)应收账款债权人转让应收账款时，该应收账款不符合本合同规定的合格应收账款标准的；(3)应收账款债权人出现本合同规定的违约情形，商业保理人按照本合同约定要求应收账款债权人回购应收账款的；(4)出现本合同约定的应收账款债权人应回购应收账款的其他情形”。

另外，无论是“直接回款模式”(将已受让应收账款支付到以保理人名义开立的保理专户之中)还是“间接回款模式”(将已受让应收账款支付到以应收账款债权人名义开立的保理专户之中)，《商业保理合同准则》提供的无追索权商业保理合同样本就应收账款债务人的错误付款规定了“回购条款”。例如，《商业保理合同准则》规定，“若应收账款债务人采用向保理专户付款汇款以外的方式清偿已受让应收账款的，商业保理人有权自行或要求应收账款债权人立即与

[74] 黄薇主编：《中华人民共和国民法典解读：合同编》(下册)，中国法制出版社2020年版，第924～925页。
[75] 王利明：《合同法》(下册)，中国人民大学出版社2021年版，第189页。
[76] 黄和新：《保理合同：混合合同的首个立法样本》，载《清华法学》2020年第3期。
[77] 谢鸿飞、朱广新主编：《民法典评注：合同编　典型合同与准合同》(第2册)，中国法制出版社2020年版，第562页。

应收账款债务人交涉,要求应收账款债务人纠正错误;若任一应收账款债务人的错误付款累计达到 2 次以上(含 2 次)的,商业保理人有权要求应收账款债权人回购对该应收账款债务人的已受让应收账款(无论到期或未到期);若所有应收账款债务人错误付款累计达到 3 次以上(含 3 次)的,商业保理人有权要求应收账款债权回购还对所有应收账款债务人的已受让应收账款(无论到期或未到期)”。

此外,合同当事人可以在专用合同条款中补充约定商业保理人有权要求应收账款债权人回购应收账款的其他情形。也就是说,无追索权保理并非意味着在任何情形下保理人对债权人均无追索权,一旦发生债务人未及时全额付款,保理人需根据债务人违约的具体原因判断追索对象,保理人不再向应收账款债权人追索具有一定前提,即债务人未及时全额付款系因为其自身信用风险,而非其他原因。[78] 当然,应收账款债权人并不承诺应收账款债务人具有或者将具有履行能力。

无追索权保理中,保理人的付款担保是必要条款。付款担保,指的是保理人与应收账款债权人约定,对受让的到期无法从应收账款债务人处收回的应收账款,由保理人履行债务或者承担责任。付款担保的实现程序,通常是应收账款债权人提出付款担保申请,保理人进行付款担保确认后的付款责任。通常来说,前述保理人有权要求应收账款债权人回购应收账款之情形,虽然亦是应收账款债务人不支付相应的应收账款,但因该权利属于“非信用风险”时的追索权,保理人享有要求应收账款债权人回购的权利,无须因此向应收账款债权人承担保付责任。例如,《商业保理合同准则》提供的无追索权商业保理合同样本中就明确约定“发生本合同规定的商业保理人有权要求应收账款债权人回购应收账款情形”造成的损失,不属于商业保理人付款担保的责任范围。

拓展 | 债权出让人的瑕疵担保义务

为保障受让人获得债权利益,当转让债权不存在、价值降低或者第三人主张权利时,让与人依据债权转让合同对受让人负有瑕疵担保责任。虽然《民法典》对此未明确规定,但结合《民法典》第 646 条规定的出卖人瑕疵担保责任,可以推导出债权让与人的瑕疵担保责任。该瑕疵担保义务在保理中极为重要。《民法典》第 767 条规定了无追索权保理,按照文义,似乎在任何情形中,保理人(受让人)都应当向债务人请求,而不能向债权人(让与人)追索。但该理解与保理业务长期发展形成的惯例相悖。无追索权保理人仅承担债务人的信用风险,即应收账款在无商业纠纷等情况下无法得到清偿的风险,该风险由保理人承担,其无权向债权人追索已付融资。换言之,无追索权保理人并非在任何情况下都不能向债权人追索,一旦债务人未及时全额付款,保理人需根据债务人违约的具体原因来判断追索对象。保理人不再追索应收账款债权人具有一定的前提,即债务人未及时全额付款系源于其自身信用风险,而非发生商业纠纷等其他原因。债务人因无履行能力或无其他正当理由不履行义务而构成违约的,债权人不承担此种瑕疵担保责任,无追索权保理人应当承担此种风险,不得向债权人追索。但是,债务人因不可抗力而无法履行债务,或者因合法行使抗辩、抵销权或依法解除基础交易合同等原因不履行债务时,债权人对此应

[78] 黄薇主编:《中华人民共和国民法典解读:合同编》(下册),中国法制出版社 2020 年版,第 926 页。

承担瑕疵担保责任，保理人仍能够追索债权人。保理人仅承担债务人的信用风险而不承担其他风险。[79]

五、保理合同应收账款债权让与登记与通知的效力

《民法典》第768条规定，应收账款债权人就同一应收账款订立多个保理合同，致使多个保理人主张权利的，已经登记的先于未登记的取得应收账款；均已经登记的，按照登记时间的先后顺序取得应收账款；均未登记的，由最先到达应收账款债务人的转让通知中载明的保理人取得应收账款；既未登记也未通知的，按照保理融资款或者服务报酬的比例取得应收账款。

在《民法典》编纂过程中，不少学者主张债权让与或应收账款债权让与的登记，抑或主张"物权编"与"合同编"体系化视角下的应收账款质押制度重构，采用一体登记公示，奉行登记对抗主义。[80] 亦有学者主张，合同编草案二审稿将一审稿中多重债权让与依登记决定顺序的规则移至保理合同章，"不仅将让与登记降格为保理合同的特别规范，在法理逻辑上抹杀了该制度作为债法一般规范的意义，在价值取向上形成了对保理商的偏惠，使让与登记制度沦为保理商的专享品"，"也可能同时产生不利于保理商的效果"。[81] 但最终颁布的《民法典》，仍然只是在保理合同领域规定了应收账款债权让与登记，而并没有将登记规定为债权让与的一般规则。《民法典》第768条强调了多重保理（实质上应该是同一债权多重让与情形的数个保理之间的关系）则以登记作为"取得"的顺位，但文义上并未扩张至其他债权让与。保理中的债权让与何时发生"变动"，是依"意思主义"抑或"登记"取得，《民法典》第768条"取得"的用词有可能会造成混乱，甚至冲击债权让与的一般原理。《民法典》第768条完全颠覆了传统的债权让与学说，不同于《民法典》第545条至第549条确立的普通债权转让以让与合同生效为要件的规则，抛弃了作为标的物的债权自让与合同生效时转移至受让人之手的规则，先后设计了登记为应收账款债权转让的生效要件、通知为应收账款债权转让的生效要件、各个受让人依比例取得应收账款债权的规则。[82]

从词义上来说，多重保理中，已登记的"取得"应收账款债权，就排除了"未登记"的应收账款债权让与还会发生"取得"债权的问题；因此，从文义上来说，已经登记的"先于"未登记的取得应收账款，逻辑上并不成立，而是已登记的应收账款债权让与的受让人（保理人）取得应收账款债权，未登记的保理人不可能再次取得应收账款债权，故已登记的保理人优先，而不是顺位问题。同样地，均已登记的，也只是最先登记的"取得"债权，并不存在顺位，毕竟无法就同一债权存在双重取得。依据《民法典》第768条的规定，通知亦构成取得债权的生效要件，而改变了合同编通则部分规定的"通知"只是对债务人生效的规则，而不是债权让与生效的要件。在"既未登记也未通知"之情形，依《民法典》第768条的规定，似乎构成了共同取得。实际上，在"既未登记也未通知"之情形，依债权让与的一般原理，应当是由债权让与的时间先后确定由谁取得债权，除非是债权的部分让与情形，始有多人共同取得的可能；但《民法典》第768条规定依

---

〔79〕 朱虎：《债权转让中的受让人地位保障：民法典规则的体系整合》，载《法学家》2020年第4期。

〔80〕 王乐兵：《"物权编"与"合同编"体系化视角下的应收账款质押制度重构》，载《法学家》2019年第3期。

〔81〕 李宇：《保理合同立法论》，载《法学》2019年第12期。

〔82〕 崔建远：《合同法》（第4版），北京大学出版社2021年版，第541页。

比例取得,其可能的考虑在于参照了担保物权的相关规则。例如,《民法典》第 414 条第 3 项规定,“抵押权未登记的,按照债权比例清偿”。也就是说,在保理合同中,特别是有追索权保理中的债权让与,其实质是应收账款债权让与担保,就作为担保标的物的“应收账款债权”而言,在均未依登记亦未依通知“取得”应收账款之情形,则根据其担保属性,由作为担保权人的保理人依比例取得,尚有解释的可能。但即使如此,能否推广至所有类型的保理,仍有商榷之空间。[83]

另外,若依债权让与生效的含义理解《民法典》第 768 条规定“取得”的含义,势必将引起我国民法典中债权让与一般原理的混乱,而且也会引起在让与担保构成情形的追索权保理中,对于超出融资本息及其他费用的余额,其他亦已登记但处于后顺位的保理人并无任何权利之可能。因此,这里的“取得”,似应解释为优先顺位问题,始为得当。在这点上,将《民法典》第 768 条适用范围扩张至一般债权让与、应收账款质押的《担保制度司法解释》第 66 条,采用的是“优先顺位”,而并没有采用“取得”的用词,即“同一应收账款同时存在保理、应收账款质押和债权转让,当事人主张参照民法典第七百六十八条的规定确定优先顺序的,人民法院应予支持”。

因此,本书认为,应当对《民法典》第 768 条的“取得”作出限缩解释,即使在保理中,债权的“取得”仍然依债权让与的一般原理,只不过其优先效力按照登记、通知等先后来判断而已。而对于应收账款债务人来说,仍应维持一般债权让与中通知对债务人生效原则。

■ 思考 |《民法典》第 768 条能否参照适用于一般债权让与

事实上,关于《民法典》保理合同章的规则能否参照适用于其他债权让与情形,多有争议。不少学说主张《民法典》第 768 条关于多重保理的优先顺序规则,可以在一般性的意义上适用于债权多重让与的优先顺位的确定,认为保理的相关规则对于债权转让的实践问题也具有参照适用意义。其主要理由是,保理合同中的债权转让合意与一般的债权转让具有相似性,基于制度的相似性以及《民法典》的体系性,应当认为可以对《民法典》第 768 条采取目的性扩张的解释方法。[84] 或者认为,依《民法典》第 467 条,对于非因保理合同发生的债权转让,首先适用《民法典》或其他法律中明确的特别规定;其次,适用《民法典》合同编第六章关于债权转让的一般规定,同时参照适用最相类似的合同的规则。因此,在对这些债权转让没有明确规定时,保理合同章涉及保理的应收账款债权转让规则,包括《民法典》第 768 条在内,可以参照适用于非因保理合同发生的债权转让。[85] 或者认为,《民法典》第 768 条虽规定于保理合同章,但切不可认为其适用范围仅限于保理合同下的应收账款债权多重让与,非如此,将造成应收账款债权

---

〔83〕 有观点认为,《民法典》第 768 条第 4 分句规定的债权分割规则亦有其正当化基础;该正当化基础在于债权平等原则。主要理由如下:在债权多重转让时,不仅涉及“债权人获得清偿”和“债务人保护”的价值对立,也涉及“债权独立行使和便利”的利益,从债权人获得清偿角度来看,鉴于债权转让客体是无体财产,分割规则,与先到先得的方案相比,更具合理性。从债务人保护的角度来看,在债务给付可分时,数个受让人成立按份债权关系,债务人按照确定的份额履行债务;如债务给付不可分时,数个债权人对外成立连带债权关系,债务人可以向任一债权人清偿。无论是按份债权或者连带债权的后果,都没有增加债务人的负担,符合债权转让的基本原则。从债权独立行使和便利的角度来看,债权分割规则也没有给债权受让人造成不利。参见朱晓喆、冯洁语:《保理合同中应收账款多重转让的优先顺序——以〈民法典〉第 768 条为中心》,载《法学评论》2022 年第 1 期。

〔84〕 王利明:《合同法》(下册),中国人民大学出版社 2021 年版,第 195 ~ 196 页。

〔85〕 黄薇主编:《中华人民共和国民法典解读:合同编》(下册),中国法制出版社 2020 年版,第 933 页。

多重转让规则的双轨制，因保理合同而发生的债权让与，依《民法典》第768条确定受让人间的优先顺位，非因保理合同而发生的债权让与，则根据让与时间先后而确定优先顺位。更有甚者，当债权人就同一笔应收账款既签订保理合同而为让与，又为普通转让时，将会出现规则适用上的困境。根据中国人民银行征信中心发布的最新版《动产融资统一登记公示系统操作规则》第7条的规定，目前个人和机构均可注册为登记系统的常用户，从而享有登记权限，可以办理应收账款转让登记。因而，在应收账款转让领域适用统一规则的障碍已经排除，《民法典》第768条成为应收账款乃至金钱债权多重让与下确定受让人优先顺位的一般规则，已经水到渠成。[86] 亦有学说从其他角度论证了《民法典》第768条债权转让的优先顺位规则不应仅限于保理合同。该学说认为，保理合同部分的处分行为规则，起到了补充一般债权转让的作用，第768条正属此类规范。其主要理由是：首先，就文义和体系来看，第768条似乎适用范围限于保理，而非一般性合同通则规定。但事实上，不论是保理还是一般的债权转让，都面临第768条要解决的债权多重转让的问题。只不过实践中债权多重转让现象在保理中较为普遍，司法审判焦点也多集中于保理案件，因而《民法典》将债权转让的优先顺位规则规定于此。其次，从法典立法技术的角度来看，《民法典》不是完全按照提取公因式的方式从抽象到具体设计规则，而是将保理业务中常见问题汇总到在一处，论题式进行立法编纂。这种立法技术的优势是便于"找法"，与保理业务相关的规则均汇总到《民法典》保理合同部分，但同时也以失去规则的普遍性为代价。因此，在这种立法模式下，不能过于拘泥条文在法典中的外部体系位置，将第768条仅限适用于保理。再次，从立法过程和立法说明来看，2018年8月全国人民代表大会发布的《民法典各分编（草案）》"一审稿"的第336条就有与第768条类似规定。但由于债权转让采登记确定优先效力的反对意见较大，故从2019年4月"二审稿"开始，删除该规定，但同时新增保理合同，即二审稿第552条之一以下，并于第552条之六保留了债权转让的登记、通知等优先顺位规则。最后，在全国人大法工委的说明中，同样并未严格区分保理债权转让和一般的债权转让。[87] 部分释义书也认为，根据《民法典》第467条的规定，保理合同章关于应收账款债权转让的规则，在对这些债权转让没有规定时，可以参照适用于非因保理合同发生的债权转让，如第761条、第763～765条、第768条。[88]

但对此亦有反对意见认为，因保理合同规则在债权让与的意义上属于债权转让的特别规则，依特别规定不得类推适用的一般原理，似应对此持否定意见。[89] 另外，从上述分析可以看出，《民法典》第768条规定了多种"取得"方式，且即使是普通应收账款债权的让与，也并不一定需要登记，若将其推广至通常的债权让与，则势必与债权让与的一般原理发生冲突，与《民法典》第545条至第549条的规定发生体系相悖的效果。因此，不能将适用于多重保理情形的"取得"或"优先顺序"规则，目的性扩张至普通的债权让与。就第四分句规定的依比例取得，更

〔86〕 蔡睿：《保理合同中债权让与的公示对抗问题》，载《政治与法律》2021年第10期。

〔87〕 朱晓喆、冯洁语：《保理合同中应收账款多重转让的优先顺序——以〈民法典〉第768条为中心》，载《法学评论》2022年第1期。

〔88〕 王轶等：《中国民法典释评：合同编·典型合同》（下卷），中国人民大学出版社2020年版，第29页；黄薇主编：《中华人民共和国民法典解读：合同编》（下册），中国法制出版社2020年版，第933页。

〔89〕 徐涤宇、张家勇主编：《〈中华人民共和国民法典〉评注》（精要版），中国人民大学出版社2022年版，第819页。

是不能随意扩张。依比例取得的方式，与《民法典》第414条第1款第3项在最后采取的按照所担保的债权比例清偿的方式一致，同时区分了担保性的保理和非担保性的其他服务性保理。但是，在非保理情形中的债权转让中，债权转让并非都是担保性目的，在通常的债权转让情形中不存在担保的主债权，也不存在服务报酬，无法据此确定顺位。因此，《民法典》第768条中的"按照保理融资款或者服务报酬的比例清偿"仅应适用于保理合同，最多仅能参照适用于均为担保性债权受让人之间的顺位确定，此时按照担保的债权比例清偿，但在其他的债权转让情形中无法参照适用。〔90〕

本书认为，至少就《民法典》第768条规定而言，并无适用或参照适用之余地。原因在于，一方面，保理合同章关于债权让与的规定，是债权让与一般规则之外的特别规定，而不是相反。《民法典》第769条"本章没有规定的，适用本编第六章债权转让有关规定"亦清晰地表明了这一点。另一方面，《民法典》第467条第1款规定并不能成为《民法典》第768条得以参照适用于其他债权让与的理由。《民法典》第467条第1款规定，"本法或者其他法律没有明文规定的合同，适用本编通则的规定，并可以参照适用本编或者其他法律最相类似合同的规定"。一般的债权让与要参照适用《民法典》第768条的规定，其前提是"没有规定"；但事实上，《民法典》合同编通则第546条对债权让与中的"变动"已作出了明晰的规定，并无参照适用第768条之余地。

另外，对于《担保制度司法解释》第66条规定的"优先顺序"，同样应慎重对待。《担保制度司法解释》第66条规定了扩张《民法典》第768条，以登记作为三者（保理、应收账款质押、债权让与）冲突时的优先顺序确定基准。但本书认为，该解释也只是针对三者中的"保理人""质权人""受让人"的关系而言，对于债务人来说，仍然依《民法典》第546条之规定，以通知作为对债务人生效的要件，将通知的受让人作为清偿对象，否则《民法典》第764条完全没有必要如此强调保理中债权让与的通知；而《担保制度司法解释》第66条没有采用"取得"的表述，而采用了"优先顺位"的表述，也在某种程度上表明债权让与对于债务人的效力并非"取得"的关系。对此，也有学说主张，严格地说，《民法典》第768条只能用来解决同一应收账款债权上有多个保理人冲突的问题，而不能解决同一个应收账款债权上同时有保理人、权利质权人、普通的债权转让受让人的权利冲突问题。为了解决实际生活中确实存在的问题，《担保制度司法解释》第66条第1款扩大了这一条的适用范围。但由此参照适用《民法典》第768条确实仍存在一定的问题，这主要是因为普通应收账款债权的转让并不一定需要登记，因此可能难以适用该条规定。〔91〕另外亦有学说对《担保制度司法解释》第66条持批评意见，认为在同一应收账款同时存在保理和应收账款质押时，该规定可堪赞同，因为应收账款质押与保理均可以登记，且登记被赋予法定的效力。然而，一般的债权转让缺乏登记能力，"一刀切"地以登记先后确定三者竞合时的优先顺位，对一般债权转让中的受让人殊为不利，其正当性存疑。〔92〕不仅如此，本书认为，在考虑应收账款债权受让人、质权人、保理人之间的关系时，不应仅限于三者之间的关系，如何适当兼顾应收账款债务人的权益，同样是不可或缺的视角。

---

〔90〕 朱虎：《债权转让中的受让人地位保障：民法典规则的体系整合》，载《法学家》2020年第4期；丁俊峰：《民法典保理合同章主要条文的适用》，载《人民司法（应用）》2021年第4期。

〔91〕 王利明：《合同法》（下册），中国人民大学出版社2021年版，第197页。

〔92〕 徐涤宇、张家勇主编：《〈中华人民共和国民法典〉评注》（精要版），中国人民大学出版社2022年版，第819页。

第九章 承揽合同

承揽合同，是服务类合同的典型代表之一，《民法典》第 770 条至第 787 条对其作出了规定。较之原《合同法》，《民法典》关于承揽合同的主要立法完善有两点：一是定作人任意解除权的行使被限定在“承揽人完成工作前”（《民法典》第 787 条）；二是在承揽人留置权基础上增加了“交付拒绝权”，以保障承揽人的价款请求权（《民法典》第 783 条）。

第一节 承揽合同概述

一、服务类合同典型合同配置方式的历史脉络

无论是从社会的发展来看，还是从民事立法和民法学理论的发展来看，服务类合同的重要性日益突出。[1] 从历史渊源上来说，大陆法系的服务合同类型配置及私法规则体系，与罗马法之间存在或多或少的联系。[2] 在罗马法中，现代大陆法系各国服务类典型契约，分别由租赁（locatio conductio）、委托（mandatum）和保管（dispositum）来分担其不同的类型功能。罗马法上的租赁（locatio conductio），指的是某人一定期间内提供某一物事（包括自身或自身劳动力在内），对方为此提供对价并得以享受契约所定的使用、劳动或劳动结果之契约。其契约原型包含了土地租赁、奴隶家畜租赁、商品运输、衣物制作修缮洗涤等，包含了各式各样的对象内容。该概念历经中世纪及近代欧洲法学的变迁，也出现了逐步分化的趋势，依据给付内容的不同，租赁（locatio conductio）被区分成各种类型，尤其是到了十七八世纪，欧洲各国形成了不同的区分类型。在荷兰和德国，物或权利的使用被纳入“locatio rei”（相当于现代的租赁）、劳力的直接使用被纳入“locatio operarum”（相当于现代的雇佣）、劳力的间接使用，则被纳入“locatio operis”（相当于现代的承揽）。但在法国和意大利，并没有体系性地区分“locatio operarum”和“locatio operis”。同时，在罗马法上，与奴隶提供的不自由劳务（operae illiberales）不同，医生、律师、教师等提供的自由劳务（operae liberales）并不构成租赁（locatio conductio）的对象，而是

---

〔1〕 关于服务类合同各国的私法配置状况、服务类合同中的特性以及服务合同统一立法之可能性等。参见周江洪：《服务合同立法研究》，法律出版社 2021 年版，第 69 页以下。

〔2〕 关于罗马法中服务类合同的类型配置情况，参见王剑一：《欧洲服务合同立法的考察》，载明辉、李昊主编：《北航法律评论》第 1 辑，法律出版社 2012 年版；山本豊編集『新注釈民法（14）債権（7）§ §623 - 696』（有斐閣，2018 年）3 ~5 頁；［苏］毛罗 · 托斯卡罗：《作业合同：服务合同的意大利模式?》，陆青译，载梁慧星主编：《民商法论丛》第 71 卷，社会科学文献出版社 · 集刊分社 2021 年版。

被纳入无偿的委托(mandatum)。此类高级劳务以受领礼金为条件而实施给付,但是此种礼金在法律上不存在任何请求权。在当时,要求支付报酬被认为是有损名誉的行为,故对于这样的契约关系一般适用以无偿性作为原则的委托契约。[3] 直到19世纪末,法国和意大利仍然忠实于罗马法的传统,将高级劳务的提供纳入委托之中。但德国的潘德克吞法学则对此有较大争议,其立场有所转换,先是由撒克逊民法、后来则由德国民法承继,高级劳务的提供被纳入了雇佣之中。而作为现代保管前身的"dispositum",作为要物、无偿合同,罗马法上将其作为区别于租赁(locatio conductio)与委托(mandatum)的合同类型对待,只有在有偿保管他人之物时,才被作为租赁(locatio conductio)看待。但到后世,有偿的情形也被逐步纳入保管之中。上述不同的分化趋势和比较法发展,也决定了此后大陆法系各国服务类典型契约的不同配置方式。各国的服务合同类型配置和私法规则的探索,都受制于各国的法律传统和现行规范。比如说日本的"准委托"、德国的"劳务合同"、法国的"事务处理委托合同"等"口袋"合同,都是与各国各自的现行制度相关。而且,各国各地区的服务合同私法调整机制探索,都或多或少地与罗马法的继受相关。"劳务租赁"、"高级劳务"、委托合同"无偿性"的法教义等,都是这方面的例子。但同样的概念,在后期的发展过程中各国也出现了各自不同的轨迹。我国《民法典》中的服务类合同,以承揽合同、委托合同、保管合同为典型代表,此等类型之下又区分为若干子类型或相近的服务类型。如建设工程合同、运输合同、技术合同的一部分、仓储合同、物业服务合同、行纪合同、中介合同等。[4] 在学理上,有学说主张《民法典》关于承揽合同的规定应当作为生活中各类服务合同的一般规定。[5]也有学者建议以承揽为中心重新构筑服务合同规范,[6]但该见解值得商榷。我国原《合同法》及《民法典》中至少存在委托、承揽和保管三大服务类型,其中,在瑕疵判断及法律效果方面,承揽和委托之间区别甚大,仅仅依据承揽的规范难以统合所有的服务合同类型。另外,从比较法角度来看,虽然也存在试图以劳务合同及承揽合同为中心构筑服务合同体系的尝试,但德国之所以存在这样的尝试,是因为德国的委托合同忠实地遵循了罗马法传统,将其定位为无偿合同,若不以承揽和劳务合同为基石,则无法解决大量的有偿服务合同的定位问题。而《德国民法典》第675条,其原本是转化欧洲议会及欧洲共同理事会的指令,就有偿事务处理作出了规定。但该规定,并不是肯定"有偿事务处理契约"为独立的契约类型,只不过是为了能够令以事务处理为标的的承揽或雇佣能够准用部分委托的规定而加以规定而已。[7] 本书认为,承揽合同只是服务类合同的典型之一,其规范并不能作为各类具体服务合同的"兜底规范"予以对待。

---

〔3〕 顾祝轩:《民法概念史·债权》,法律出版社2016年版,第455页。

〔4〕 当然,我国20世纪80年代的合同法著作中,亦有"完成工作的合同""提供服务的合同""运输合同""科技合同"并列的分类方法(参见王家福等:《合同法》,中国社会科学出版社1986年版),此种分类方法中,提供服务的合同属于一个更小的概念,并不涵盖承揽等。

〔5〕 谢鸿飞、朱广新主编:《民法典评注:合同编　典型合同与准合同》(第3册),中国法制出版社2020年版,第18页。

〔6〕 王利明主编:《中国民法典草案建议稿及说明》,中国法制出版社2004年版,第495页。另外,宁红丽教授认为,现实生活中大量存在教育培训、美容、医疗合同等,都属于新型承揽,似乎也存在以承揽来统筹新型服务的思路,但宁红丽教授同时认为,它们对承揽的准用程度以及合同内容的确定都尚待深入研究。参见宁红丽:《我国典型合同理论与立法完善研究》,对外经济贸易大学出版社2016年版,第25页。

〔7〕 周江洪:《服务合同立法研究》,法律出版社2021年版,第232~233页。

拓展 | 服务及服务类合同的特点

与物及其相关合同相比,服务及其合同具有以下法律特征:[8]

1. 服务具有库存不可能性的特征。一般来说,服务的提供和消费同时进行,难以像物一样贮藏库存。因此,服务的提供会受到时间和场所的限制。而且,由于提供和消费同时进行,在证明是否已为履行上可能会面临一定的困难。

2. 服务具有无形性或识别困难性,以及由此而引起的确定债务内容的困难、客观判断服务品质的困难以及确定对价的困难等。也正因如此,合同缔结前的告知义务,较之物型合同显得更为重要。

3. 复原、返还已经提供的服务非常困难甚至不可能。与物的交易的大多数情形不同的是,服务在提供的过程中通常为服务对象所"消费""吸收",或"付着"于服务对象,服务本身无法还原或返还,或者是受领的服务给付本身对于受领人并无利益可言。因此,因合同解除、无效、撤销等引起的恢复原状或不当得利返还,在服务合同领域就会碰上难以消解的困难。

4. 服务的提供受到服务提供人特质的制约。服务的实际提供人本身的技能,在很大程度上决定了服务的内容、质量。而且,与物不同的是,对于那些只能依赖特定服务提供人而提供的服务,服务合同的"代替给付"就会面临一些障碍。而且,有不少服务的提供是由具有特定资格的专家来进行,因此会面临专家责任、专家的自由裁量幅度等问题。

5. 服务受领人的协作以及服务受领人自身的特性与服务的效果之间密切关联。虽然物的交易也涉及协作义务的问题,但在服务领域,这一点尤为明显。服务的效果,往往会因服务受领人协作程度的不同、服务受领人本身的属性(如适应性、能力、努力程度、情绪、健康状况等)的不同而不同。

6. 与服务相关的信息在当事人之间具有不对称性,特别是由专家提供特定服务时,一般来说服务提供人比起服务受领人更了解合同对象的相关信息。因此,服务合同缔结阶段的信息开示义务、说明义务及建议义务,相较于物的交易来说更为重要。

7. 服务提供人对服务受领人的权益领域的介入与服务提供人的来自服务受领人的权益管理托付相辅相成。一方面,在确定服务合同的债务内容和程度时,服务受领人将什么权益托付给了服务提供人这一法益面的判断非常关键;另一方面,将自己的权益"托付"这一行为本身,也具有信托的一面。近来论及医疗服务及其他一些专家服务时,"忠实义务"被作为与"注意义务"相提并论的概念,其不断被提起本身也反映了这一权益委托的"信任关系"。当服务合同的履行陷入障碍时,特别是当事人之间的"信任关系"出现问题时,合同的继续履行或服务的重新提供就会面临一些困难,从而涉及是否发动合同解除权的问题。

8. 大部分服务具有持续性。现代社会中,持续性的服务越来越多,并反映到了相关立法之中。例如,《日本特定商交易法》第四章就明确规定了持续性服务这一新型的商事交易行为。虽

---

〔8〕 周江洪:《服务合同在我国民法典中的定位及其制度构建》,载《法学》2008 年第 1 期;中田裕康「現代における役務提供契約の特徴」(上)(中)(下)NBL578 号(1995 年)21 頁、579 号(1995 年)32 頁、581 号(1995 年)36 頁;河上正二「債権法講義(各論)2 ——債権各論の対象と具体的契約類型」法学セミナー 736 号(2016 年)78 頁;長坂純「役務提供契約の性質決定と提供者責任」NBL917 号(2009 年)10 頁。当然,此处关于服务及服务合同特性的归纳,更多的是关于"纯粹服务"的归纳,与承揽合同中的劳务提供并不完全一致。

然不否认在物的交易中也会存在持续性的问题,但与物的交易相比,在服务合同当中,在合同成立后,情势的改变、当事人状态的变化等与服务的提供和受领密切联系的因素更容易发生变化,而且,持续性服务合同的具体债务内容一般会随着时间的推移而发生变化,如教育、旅游等服务合同。服务的持续性与合同解除的效果也密切相关。

9. 服务合同具有损害赔偿责任上的自身特征。当服务存在瑕疵时,并不像大多数产品一样只是附着于特定的目的物(如产品本身的瑕疵),而是被服务受领人所消费或者是以难以分离的形式被服务受领人的身心或既存的财产所吸收。例如,在外语教学服务中学到的各元音的不准确发音有时会一生伴随。因此,物的瑕疵虽然也存在扩大损害的问题,但服务的瑕疵除了其本身的瑕疵损失以外,在接受服务过程中发生的服务受领人的身体、财产、时间、劳力等方面的损失也非常明显。因此,在合同无效情形是否有可能适用不当得利返还规则以及对于这些损失应当如何评价也是服务合同所面临的一大难点之一。与此相关的是,服务的瑕疵更容易导致合同标的本身以外的损失,相较于物的交易,在损害赔偿责任上更容易面临违约责任和侵权责任的竞合问题。

正是由于服务及其合同具有上述独特性,有偿服务合同情形的买卖合同的参照适用,或者是现有服务类合同(承揽、委托、保管等)的参照适用,均需逐一慎重分析。

二、承揽合同的概念与内容

(一)承揽合同的概念

承揽合同,是指承揽人按照定作人的要求完成工作,交付工作成果,定作人支付报酬的合同(《民法典》第 770 条)。承揽合同为诺成、有偿、双务、不要式合同。另外,承揽合同中承揽人负有的主给付义务,是典型的结果之债。承揽合同中,承揽人须完成一定工作并交付工作成果,仅仅提供了劳务并不意味着其给付的完成或债务的清偿。而就定作人来说,其目的也是获取一定的工作成果,而不仅仅是承揽人的劳务提供本身。[9] 不仅如此,虽然实践中亦存在无偿的承揽,但依《民法典》第 770 条、第 782 条,定作人须支付报酬,故除非当事人另有约定或另有意思表示,应当推定承揽合同为有偿合同。

1. 承揽合同中的"工作"

承揽合同中,需以完成一定工作为目的。在承揽合同中,定作人需要的不是承揽人单纯的劳务,而是其劳务成果,承揽人完成工作的劳务只有体现在其完成的工作成果上,才能实现定作人之要求。但该工作成果既可以是有形的,也可以是无形的。依《民法典》第 770 条第 2 款的规定,承揽包括加工、定作、修理、复制、测试、检验等工作,如测试仪器的运行等,其并非一定表现为特定的物化工作成果。甚至有学说将宣传、演戏、评估、看护、设计等无形的工作也作为承揽合同中的工作予以对待。[10] 虽然该观点是否妥当有可能会存在争议,但《民法典》第 770 条第 2 款所列的加工、定作等工作都直接源自原《经济合同法》中加工承揽的有关规定,而《民法典》承揽合同章所调整的范围不仅仅包括所列的这几种承揽工作。承揽合同是现实经济生

---

〔9〕 王利明:《合同法》(下册),中国人民大学出版社 2021 年版,第 199 页。
〔10〕 崔建远:《合同法》(第 4 版),北京大学出版社 2021 年版,第 546 页。

活中适用极为广泛的一类合同，是满足自然人、法人的生产、生活的特殊需要的一种法律手段。因此，就我国现实经济生活而言，任何符合《民法典》第770条所定义的合同，如印刷、洗染、打字、翻译、拍照、冲卷扩印、广告制作、测绘、鉴定等都可能构成承揽合同中的“工作”。而且，随着社会发展，会出现各种新类型的工作完成形态，合同性质的判断也愈加困难。例如，数据抓取、分析等数字经济领域的工作，是属于承揽还是委托；疫苗临床试验、药物开发临床试验等工作，是承揽还是委托，均需结合合同内容及事务性质做具体判断。

2. 工作成果的交付

承揽合同中，需交付工作成果（《民法典》第770条、第780条）。承揽人完成工作的劳务只有体现在其完成的工作成果上，只有与工作成果相结合，才能满足定作人的需要。为此，我国《民法典》特别强调了“交付工作成果”。但与此不同，《德国民法典》第631条、《日本民法典》第632条以及中国台湾地区“民法”第490条都未言及交付一定成果，而只是规定完成一定工作；而《瑞士债务法》第363条、《意大利民法典》第1655条则明确规定工作成果的交付。对此，有学说认为，我国原《合同法》第251条进一步明确规定“交付工作成果”，可能有强调承揽合同目的之意。[11] 也有学说认为，所谓完成一定工作，在德日等国家或地区的民法及其理论上，于无需交付工作物的场合，是指单纯完成工作，于必须交付工作物的场合，是指将工作物制作完成并交付给定作人的整个过程。但由于《民法典》的表述方式通常是“完成工作、交付工作成果”，不宜说“完成工作”包含交付工作成果，只好称“交付工作成果”是“完成工作”之外的现象和过程，只不过在无须交付的场合，只有“完成工作”，而无“交付工作成果”的阶段。[12] 当然，也有学说认为，“不宜认为无形工作成果不存在交付。解释上应当认为，这类承揽合同的承揽人向定作人提示工作成果已经完成而定作人对此没有异议之时便视为工作成果已经完成并交付”。[13] 本书认为，从我国《民法典》的规定来看，特别是从第780条及第782条的规定来看，其实质上强调承揽合同的本质在于报酬与工作结果的对价关系，“无结果非报酬”，而不仅仅是工作的完成。而且，我国《民法典》也只是强调该对价关系，并非一定要交付工作成果，并非以“交付工作成果”作为承揽合同之前提，特别是对于无形的工作成果，如何如同动产或不动产一样进行“交付”，本身须拟制。也正因为其“交付”的拟制性，甚至存在无须交付的承揽。

3. 承揽合同与其他合同的界分

同时，对于无形工作成果等相关的服务类合同，承揽合同抑或委托合同的区别与判断，会愈加困难。其区分重点仍然在于承揽的报酬指向其工作成果的达成及对结果之保证，而不仅仅是工作的完成；而委托则更关注过程，即使可能存在完成特定事务的义务的情形，但并不对结果予以保证。通常来说，承揽合同可以通过“劳务标的”与非以劳务给付为标的的有名合同区别开来，承揽与买卖的主要区别即在于此。在以劳务为标的的合同群内部，则又可以通过其给付是否强调“劳务结果”，与其他仅强调劳务本身的合同区别开来，如承揽与雇佣、委托的区分。[14] 承揽与雇佣的区别主要在于劳务受领人与劳务提供人是否具有从属关系，是否存在控

[11] 韩世远：《合同法学》（第2版），高等教育出版社2022年版，第470页。
[12] 崔建远：《合同法》（第4版），北京大学出版社2021年版，第547页。
[13] 谢鸿飞、朱广新主编：《民法典评注：合同编 典型合同与准合同》（第3册），中国法制出版社2020年版，第51页。
[14] 唐波涛：《承揽合同的识别》，载《南大法学》2021年第4期。

制、支配的属性,其报酬指向是劳务的结果抑或劳务的过程等,即雇佣关系侧重于提供劳务的过程,承揽关系侧重于提供劳务的结果,雇佣合同中以雇员提供的劳务作为计付报酬的基础,承揽合同中以承揽人交付的工作成果作为计付报酬的基础。[15] 承揽与委托的区别主要在于结果之达成抑或过程之完成。这里尤其需要注意的是,是否要求完成工作并非承揽与委托的区别,委托合同也要求受托人完成受托事务。工作成果与报酬之间的关系,虽然是区分承揽和委托的重要标识,承揽的报酬指向的是所完成的工作成果,而委托的报酬指向的通常是受托事务的完成,但工作成果与报酬之间的关系,亦非区分承揽与委托的充分条件。例如,在类似"风险代理"等以承诺结果的达成作为报酬支付条件的委托中,虽然在报酬支付义务上与承揽类似,但在其他义务方面与承揽并不相同,本质上仍然属于委托。另外,在参考比较法判断合同类型时,需注意罗马法以来各国的制度变迁,因"租赁"含义的变迁,会导致上述区别在各国的不同,也因此会导致同样的用词会具有不同的含义。例如,同样是"承揽"的用词,其含义并不一定相同,特别是要注意德国法与法国法中的"承揽"概念可能存在不同。[16] 我国目前的规范体系,基本上是"大承揽"与"大委托"相互交织的服务合同类型配置。

拓展 | 新型劳务提供关系与合同性质判断

随着现代分工和社会经济的发展,也出现一些特殊的现象,其应当纳入何种类型的典型合同,由于政策考量的不同,亦会有一些新的争议。例如,以家庭工厂为原型的汽车零部件或外贸订单的加工,形式上虽然归属于承揽,但其实质上是否属于新的"雇佣"形式尚有一些新的探讨,原因在于承揽人的侵权责任与受雇人的侵权责任、社会保险待遇、劳动环境保障等会存在不同,纳入何种类型的典型合同,对于劳务提供人来说,其利害关系明显不同。[17] 也正因如此,在比较法上也出现了"类雇佣合同"的概念。在一些新型劳务提供领域,我国司法实践中亦存在究竟为承揽合同关系还是劳动合同关系的纠纷,其定性时有争议,特别是在互联网平台企业用工领域,有学说指出,"我国多地的司法裁判实践中也因二者合同关系的不明朗,无法统一评判二者关系,导致'同案不同判'的局面屡次发生"。[18] 例如,有法院判决认为,"外卖骑手与互联网平台公司之间签订承揽协议并实际履行的,不构成劳动关系"。[19] 该案中,孙某系外卖配送员,其与某网络科技公司签订订单配送承揽合同并约定,某网络科技公司通过"饿了么"订单系统向孙某分配订单配送任务,孙某按照某网络科技公司质量及时效要求,承接并完成订单的配送。某网络科技公司根据孙某的配送完成数量及质量,向孙某结算报酬,并约定双方属于承揽关系,不属于劳动

---

〔15〕 王金利:《雇佣关系与承揽关系的界分》,载《人民司法》2020 年第 14 期。

〔16〕 该观点具体可参见周江洪:《服务合同立法研究》,法律出版社 2021 年版,第 69 页以下。

〔17〕 亦有学者主张,区别承揽合同与劳动合同,首先看当事人双方的约定,无约定时看补充协议;达不成补充协议的,遵循交易习惯;无习惯可循的,按照承揽合同处理。其理由在于,由于承揽合同为有名合同,原《合同法》设置了较为齐备的规定,而雇佣合同为无名合同,我国现行法欠缺具体规定,应将系争合同作为承揽合同来处理(参见崔建远:《承揽合同四论》,载《河南省政法管理干部学院学报》2010 年第 2 期),但从双方当事人的利益平衡角度言,若推定其为承揽合同,对于劳动者保护等政策目标的实现明显具有妨碍,应谨慎判断。

〔18〕 刘夏青:《互联网平台企业劳动用工策略的博弈分析》,载《西南政法大学学报》2021 年第 2 期。

〔19〕 孙某诉某网络科技公司确认劳动关系纠纷案,南京市中级人民法院发布 2019 年度劳动人事争议十大典型案例之二。

关系、劳务关系。合同签订后，孙某通过手机App接单配送。某网络科技公司为孙某办理了雇主责任险，并按每送一单提成6.5元的标准发放报酬。“饿了么”系统的考勤App会显示孙某存在迟到、早退等情形，但均不影响孙某的业绩考核及收入。后孙某在送餐过程中受伤，并申请仲裁，要求确认其与某网络科技公司之间存在劳动关系。仲裁委员会裁决驳回孙某的请求，后孙某诉至法院。法院认为，孙某与某网络科技公司之间签订的是承揽合同，孙某也是按照上述承揽合同的约定，通过“饿了么”订单系统登录平台点击上下班，并通过“饿了么”订单系统接单、取单、送单。并且，孙某的主要工作为送餐服务，无需到某网络科技公司办公场所上下班，站长、小队长等对孙某的安全教育、服务标准、服务质量的评价，也不属于严格意义上的规章制度上的管理。孙某自带交通工具，某网络科技公司按单支付提成给孙某，“饿了么”订单系统显示的孙某的迟到、早退等情形不影响其业绩考核和收入，报酬完全根据送单数量进行确定。由此可见，孙某与某网络科技公司之间不符合劳动关系的特征，也没有建立劳动关系的合意，判决驳回孙某的全部诉讼请求。作为南京市中级人民法院发布的2019年度劳动人事争议十大典型案例，法院将其典型意义归纳为“外卖配送员作为互联网平台的终端从业人员，有别于传统劳动关系，其与外卖平台或其外包公司之间是否为劳动关系，应当按照双方之间是否有建立劳动关系的合意、劳动者是否服从单位管理等标准进行综合判定。在涉及互联网平台企业有关劳动关系确认问题中，应注意把握保护劳动者权益与促进劳动力市场灵活性的平衡关系，综合考量用人单位网络平台的运营形式、劳动者从业状况、网络平台对劳动者的管理程度、劳动者收入分配方式及劳动者是否独立承担经营风险等因素，依法认定是否为劳动关系”。

但与此不同，亦有法院认为“内部承揽协议不免除法定用工主体责任”。[20] 该案中，某制砖厂与案外人曾某签订承揽协议一份，约定由曾某承揽加工某制砖厂成品砖，制砖厂按照曾某每月生产的成品砖数量支付报酬，并约定若在生产过程中发生任何安全事故所产生的法律责任由曾某自行承担。2016年3月，杨某经人介绍进入该制砖厂工作。制砖厂未与杨某签订劳动合同，也未办理社会保险，而是由曾某安排工作任务，并发放劳动报酬。2016年5月13日杨某在厂区内发生交通事故受伤，但制砖厂否认杨某为该厂职工，辩称杨某为曾某雇佣的工人。杨某诉至法院请求确认该制砖厂与杨某之间存在劳动关系。对此，法院判决认为，杨某与某制砖厂之间存在劳动关系。某制砖厂具备用工主体资格，杨某从事的劳动系某制砖厂的主营业务，其居住在厂方宿舍，按照厂方要求的作息时间提供劳动，遵守厂方的劳动纪律和安全生产要求，并通过曾某收取劳动报酬。杨某虽未与某制砖厂签订书面劳动合同，但双方之间符合劳动关系的特征，故应当认定杨某与某制砖厂存在劳动关系。同时，该案的法官点评认为，“本案中，某制砖厂虽提供了承揽协议及给付承揽款的付款凭证，证明其与曾某之间存在承包关系，但某制砖厂的主营业务为制砖，其将主营业务承包给无用工主体资格的案外人曾某，由曾某招用劳动者，客观上规避了劳动法所规定的用工主体责任，而某制砖厂与曾某之间的约定也仅为双方之间的内部约定，不能免除某制砖厂劳动法中规定的单位用工主体责任”。

实际上，我国亦有不少学说开始反思劳动合同概念的构成。例如，有学说认为，我国《民法典》规定了承揽、委托、保管等属于自治性劳动的民事合同，但对这些自治性劳动作为灵活就业的社会功能认识不够，故法典编纂未充分地反映这方面的立法发展。实际上，在我国以灵活就业为

[20] 杨某与某制砖厂确认劳动关系纠纷案，扬州市中级人民法院发布2017年劳动争议十大典型案例之二。

主、正规就业为辅的就业新格局中，以保险代理人、代工劳动者、平台劳动者为代表的众多从事代理、承揽、技术服务等自治性劳动的灵活就业者，虽已卷入生产组织整合外部资源的后福特制转型，进而陷入明显的工具化，却因其自治性劳动（劳务关系）的法律定性而处于不在劳动法保护范围、民法又不作倾斜保护的尴尬境地。[21]

（二）承揽合同的内容

承揽合同的内容一般包括承揽的标的、数量、质量、报酬，承揽方式，材料的提供，履行期限，验收标准和方法等条款（《民法典》第 771 条）。

承揽的标的，是承揽合同权利义务所指向的对象，也就是承揽人按照定作人要求所应进行的承揽工作。[22] 比较法上亦有将"工作的完成"作为承揽的标的，"工作"即劳务所发生的结果。[23] 另外，亦有学者将承揽的标的归为"承揽人向定作人所应当交付的工作成果"。[24] 若没有承揽的标的，无从判断其是否构成承揽，故双方当事人未约定承揽标的或者约定不明确，承揽合同不成立。关于承揽合同中的数量，也多认为数量是承揽合同的必备条件之一，当事人未明确标的数量的，承揽合同不成立。[25] 但亦有认为，承揽合同中的加工合同和定作合同，数量才是必要之点，没有约定的，合同不成立。[26] 标的质量，通常指的是标的的技术指标、质量要求、规格、型号等。报酬，是承揽人完成工作并交付工作成果的对价，既可以约定报酬数额，也可以约定报酬的计算方法。通常来说，报酬亦是承揽合同的必要之点，但未约定报酬或约定不明确，可以通过《民法典》第 510 条、第 511 条予以补充。若当事人明确约定无需报酬，则因承揽合同以有偿为前提，故无法成立承揽合同。此时，有观点认为可以成立无偿委托合同或赠与合同。[27] 但本书认为，承揽与委托在服务提供人的权利义务方面区别甚多，原则不应成立无偿委托，而应参照赠与合同或直接按照无偿承揽予以处理。但不管如何，因其无偿性，无偿承揽人的注意义务得以轻减。

承揽方式，主要是指无论总承包还是分包，都会涉及承揽人须独立完成抑或得以转承揽的问题；亦可因报酬约定不同，区分为定额承揽方式和概算承揽方式。材料的提供，主要是约定材料的提供人为承揽人还是定作人、材料提供的时间、地点、数量、质量等。履行期限，指的是当事人双方履行义务的时间，如承揽人完成工作交付工作成果的时间，定作人支付报酬的时间等。此外，当事人亦可以约定工作成果验收的标准和方法等。

拓展 | 承揽合同标的物的特定物性质

承揽合同的标的为承揽工作，但有形的工作通常与物相结合，承揽人提供的劳务凝结在物化

[21] 粟瑜：《劳动合同概念溯源及时代启示》，载《法学》2021 年第 3 期。
[22] 黄薇主编：《中华人民共和国民法典解读：合同编》（下册），中国法制出版社 2020 年版，第 938 页。
[23] [日]我妻荣：《我妻荣民法讲义 V_3 债权各论》（中卷二），周江洪译，中国法制出版社 2008 年版，第 70 页。
[24] 王利明：《合同法》（下册），中国人民大学出版社 2021 年版，第 200 页。
[25] 黄薇主编：《中华人民共和国民法典解读：合同编》（下册），中国法制出版社 2020 年版，第 939 页；魏耀荣等：《中华人民共和国合同法释论》（分则），中国法制出版社 2000 年版，第 273 ~ 274 页。
[26] 谢鸿飞、朱广新主编：《民法典评注：合同编　典型合同与准合同》（第 3 册），中国法制出版社 2020 年版，第 20 页。
[27] 谢鸿飞、朱广新主编：《民法典评注：合同编　典型合同与准合同》（第 3 册），中国法制出版社 2020 年版，第 21 页。

的结果之中，因此有承揽合同的标的物之谓。承揽合同的标的物是具有特定性质的物，这种特定性质因承揽合同的不同种类而异。加工合同的标的物是作为加工成果的物，其特定性不仅来自定作人提供的原材料，而且来自加工人特殊的具体劳动。定作合同的标的物是作为定作成果的物。其中一类属于定作制品，如衣服、鞋、帽等。这类制品，表面上和市场上销售的同类物相似，似乎也可称作种类物，实则不然。不仅因为衣料材质不同，即使材质相同，定作制品依据各人的具体尺寸和裁缝店成批统一制作也是不同的。因此，不能称定作制品为种类物，而只能称其为特定物。定作成果的另一类是经过修理的家具和生活用品，如经过修理的桌、椅、箱、柜等。这类作品的特殊性极为明显，就其原物来说，可能多是商店里可以找到的种类物，但经过使用和修理之后，其所具有的种类物的性质就消失了。这不仅因为使用者使其增加了不同的陈旧色彩，更重要的是增加了修理痕迹，或者对某个部分进行了改制，或者对某个零件进行了更换。这都使经过修理过的物品具备了特定物的特征。修理合同和修缮合同的标的物是特定物更不用说了。承揽合同标的物的该特征，给承揽人履行合同提出了严格的要求。由于承揽合同标的物的特定性和不可更换性，要求承揽人在完成工作中必须具有高度的责任心，认真细致地进行工作。当然，承揽合同标的物的这一特征也赋予承揽人某些权利，如承揽人可以对定作人提供的材料和待修物品进行严格的检查，并在合同和单据上记录其质量特征。[28]

三、承揽合同的种类与分类

（一）承揽合同的种类

《民法典》第770条第2款规定，“承揽包括加工、定作、修理、复制、测试、检验等工作”。据此，因工作种类不同，承揽合同亦存在相应的诸多种类。

加工是指定作人提供材料，承揽人按照定作人要求将材料加工为成品并交付给定作人。加工承揽合同的特点在于材料由定作人提供，而不是由承揽人自备。定作是指承揽人根据定作人的要求，以承揽人自己的材料为定作人制作成品并交付给定作人，俗称“包工包料”。定作与加工的区别在于定作中承揽人需自备材料，而不是由定作人提供材料。我国《民法典》中的“定作合同”，也常被认为其本质上是比较法上的“制作物供给合同”。[29] 修理指的是定作人将物品等交给承揽人维修等，承揽人修复后归还定作人。修理既包括动产的修复，也包括对不动产的修缮等。复制是指承揽人按照定作人的要求，根据定作人提供的样品，重新制作类似的成品，定作人接受复制品并支付报酬的合同。复制既包括复印文稿，也包括复制其他物品。在数字化和3D打印日益推广的今天，复制在经济社会生活中的重要性亦日益突出。测试是指承揽人根据定作人的要求，为定作人完成某一项目的性能测试，定作人接受测试结果并支付报酬的合同。检验是指承揽人为定作人提供的特定事物的性能、问题、质量等进行检查化验，定作人接受检验结果并支付报酬的合同。关于测试合同和检验合同，因当事人约定的权利义务内容不同，可能构成委托而不是承揽。例如，当事人特别约定对测试结果的准确性不予以保证之情形，所负有的义务仅为完成特定的测试，注重的是提供劳务的过程，而并非保证测试结果之准

〔28〕 王家福、谢怀栻等：《合同法》，中国社会科学出版社1986年版，第255页。

〔29〕 崔建远：《合同法》（第4版），北京大学出版社2021年版，第550页。

确性,此时并不构成承揽。另外,根据《民法典》第 770 条第 2 款的列举,并非完全列举,承揽尚包括印刷、洗染、打字、拍照、广告制作、测绘、鉴定等工作。

(二)承揽合同的分类

上述关于承揽合同的种类,乃是依承揽所依凭的劳务类型、承揽的具体工作形式所作的区分。学理上,承揽合同又可以依不同标准分类。

1. 原承揽与次承揽

次承揽是指承揽人将其承揽的工作的全部或部分交由他人承揽,又被称为再承揽。此时,原承揽人称为承揽人或次定作人,次承揽中的承揽人则称为次承揽人。相对于次承揽,定作人与原承揽人之间的承揽被称为原承揽。关于交由他人承揽的问题,《民法典》第 772 条规定,"承揽人应当以自己的设备、技术和劳力,完成主要工作,但是当事人另有约定的除外。承揽人将其承揽的主要工作交由第三人完成的,应当就该第三人完成的工作成果向定作人负责;未经定作人同意的,定作人也可以解除合同"。将承揽工作交由他人完成之情形,司法实践中亦会出现实际参与完成承揽工作的次承揽人与定作人之间是否存在承揽关系的争议。例如,有法院裁判认为,"关于胜存公司与良松公司是否构成承揽关系的问题。良松公司将涉案旋回机吊装作业交给予其有过合作的胜存公司完成。胜存公司因自有吊车不足以独立完成涉案旋回机吊装作业,遂联系辽 D×××××吊车协作。从吊装作业的联系、吊车型号的确定、给付费用数额的确认到吊车进场作业的时间、地点,均是胜存公司与辽 D×××××吊车的管理人进行联系,良松公司与辽 D×××××吊车的所有人梁某没有联系,不存在定作和承揽的合意。根据上述事实,原审判决认定在案涉旋回机吊装作业过程中,定作人良松公司与承揽人胜存公司之间构成承揽合同关系,并无不当"。〔30〕

2. 单独承揽与共同承揽

根据承揽人的人数,承揽分为单独承揽与共同承揽。单独承揽,由唯一的承揽人承揽工作。共同承揽,是两个以上的承揽人为承揽合同的当事人一方与定作人之间形成承揽合同关系。依《民法典》第 786 条的规定,除非当事人另有约定,共同承揽人对定作人承担连带责任。

除了上述类型的承揽,学理上还存在"不规则承揽"的概念。通常来说,"承揽人不得擅自更换定作人提供的材料,不得更换不需要修理的零部件"(《民法典》第 775 条第 2 款),但在当事人明确约定或定作人同意的情况下,承揽人可以以自己提供的材料替换定作人提供的材料。于此情形,学理上称其为"不规则承揽",即由定作人提供材料,但约定承揽人可以同种类、品质、数量的材料代替为一定的工作并交付工作成果的承揽合同。〔31〕例如,提供玉米加工爆米花之情形,若约定店家得以用同类同量同质的玉米替代时,即属不规则承揽。因承揽合同注重的是工作结果及其成果的保证,若当事人明确约定得以替代材料等,并无不予保护的理由,故亦应肯定不规则承揽的有效。

---

〔30〕 秦皇岛市胜存工程机械有限公司、秦皇岛市良松船舶机械有限公司承揽合同纠纷案,最高人民法院(2020)最高法民申 5954 号民事裁定书。

〔31〕 韩世远:《合同法学》(第 2 版),高等教育出版社 2022 年版,第 472 页;崔建远:《合同法》(第 4 版),北京大学出版社 2021 年版,第 552 页。

思考 | 制作物供给合同

一方当事人接受承揽以承揽人自己的材料为他人制作特定产品，将该产品交付给他人并收取报酬时，比较法学理上多称其为“制作物供给合同”。此类合同是否属于承揽，以及是否得以适用或类推适用买卖合同之规则，比较法上多有争议。其主要存在以下几种学说和立法例：(1)以材料提供人为区别标准，区分承揽还是买卖。承揽人提供材料的，为买卖合同，适用买卖法。定作人提供材料的，为承揽合同，适用承揽法。(2)以当事人意思为标准。例如，《奥地利民法典》第1166条明确规定，“如果接受了制造一件物品的工作的人，必须为此提供材料，则在有疑问时，该合同视为买卖合同；但如果定作人提供材料，则在有疑问时视为承揽合同”。该条的实质在于，以当事人的意思而定，但有疑问时，则依该条决定。(3)区分待制作物的可替代性而决定其法律适用。例如，《德国民法典》第651条规定，“关于买卖的规定适用于以待制作或待生产的动产的供应为标的的合同。瑕疵须归因于定作人所供应的材料的，第442条第1款第1句也适用于这些合同。待制作或待生产的动产为不代替物的，第642条、第643条、第645条、第649条和第650条也必须予以适用，但以依第446条和第447条为决定性时间代替验收时间为限”。材料由定作人提供，为承揽；材料由加工人提供，则依材料是否为可替代物而区别，可替代物则为买卖；不可替代物则分别适用买卖与承揽(《德国民法典》第651条)。但也有学者指出，德国买卖法与承揽合同法强烈趋同，对于买卖合同抑或承揽合同之适用区分意义在降低。[32] 另外，也有学说主张混合同，认为制造物供给合同兼具承揽和买卖要素，在物的制作方面，与承揽接近；在物的交付方面，与买卖接近。[33] 其实质是将制作物供给合同的过程区分为物的制作阶段与制作完成后的交付及供给阶段，前者适用承揽的规定，后者则依所处理的事项适用买卖的规定。[34]

对此，多数学说认为制造物供给合同，实为我国《民法典》中的定作合同，被归类为承揽合同之一种。关于标的物所有权的变动，我国法律没有特别规定，如果没有交易习惯可资参照，原则上可以类推适用买卖合同相关规定。[35] 也有学说认为，从《民法典》第774条和第775条的规定观察，定作合同(制作物供给合同)在权利义务方面与加工合同等一般承揽合同有所不同。诚然，《民法典》就承揽人提供材料的情形，尤其是当事人有意重在移转工作成果所有权的场合，的确没有规定类推适用关于买卖合同的规定。但就此点而言，似乎采取的是单纯承揽合同说。但绝对如此，在工作成果所有权的归属、风险负担等问题的处理上，不但粗糙，而且可能有时不尽妥当，对定作合同仍有进一步补充解释的空间。[36] 有学说认为，我国司法实践中的做法表明我国主要采取当事人意思说。若依当事人意思说不能判断，则根据案涉合同的一些具体特征来判断是不是承揽合同。[37] 就我国法律而言，即使定性为承揽合同，依《民法典》第646

〔32〕 朱岩:《德国新债法:条文及官方解释》,法律出版社2003年版,第81页。

〔33〕 关于制作物供给合同的比较法状况,参见谢鸿飞、朱广新主编:《民法典评注:合同编　典型合同与准合同》(第3册),中国法制出版社2020年版,第8~9页。

〔34〕 河上正二「債権法講義[各論]37 請負」法学セミナー780号(2020年)63頁。

〔35〕 韩世远:《合同法学》(第2版),高等教育出版社2022年版,第472页。

〔36〕 崔建远:《合同法》(第4版),北京大学出版社2021年版,第554页。

〔37〕 谢鸿飞、朱广新主编:《民法典评注:合同编　典型合同与准合同》(第3册),中国法制出版社2020年版,第12页。

条的规定,并不妨碍承揽合同参照适用买卖合同的规定。而在工作物所有权变动方面,买卖合同章只能解决所有权确定以后的移转问题,并不能决定工作物的“原始取得”抑或“继受取得”等问题,工作物的所有权确定仍以《民法典》物权编的规则为前提。也正因如此,考察承揽合同的性质,其意义究竟如何,仍有进一步思考之余地。

第二节　承揽合同的效力

一、对承揽人的效力

(一)完成承揽工作的义务

依《民法典》第770条的规定,承揽人负有按照定作人要求完成承揽工作的义务。但是,承揽工作是否可交由第三人完成,承揽人是否负有亲自履行义务,是承揽合同中争议的焦点之一。

关于债务的履行主体,我国民法学说通常认为,除了法律规定或者当事人约定必须由债务人亲自履行债务、不得由第三人履行之外,允许第三人履行。[38] 通常认为,根据债的性质,一些债务不得由第三人履行,如具有人身专属性的债,不作为债务,以债务人本身的特别技能、技术为内容的债务,因债权人与债务人之间的特别信任关系所生的债务等,都属于依债的性质不得由第三人履行的债务。[39] 但与此不同,在服务类合同领域,我国《民法典》第772条规定了承揽人亲自完成工作义务、第894条规定了禁止保管人将保管物移交第三人保管、第923条规定了受托人亲自处理受托事务的义务、第791条规定了建设工程承包人不得将全部工程转包或肢解分包等。而且,对于新增的物业服务合同,《民法典》第941条第2款也规定,“物业服务人不得将其应当提供的全部物业服务转委托给第三人,或者将全部物业服务支解后分别转委托给第三人”。从我国目前的通说和法律规定来看,在债法总则或合同法通则层面多认可债务得以由第三人履行,并不以亲自履行为原则,但存在若干例外。但与此不同,在服务类合同领域,则普遍性地承认服务提供人的亲自履行义务,而以第三人履行为例外。[40]

对此,承揽合同领域也不例外。《民法典》第772条规定,“承揽人应当以自己的设备、技术和劳力,完成主要工作,但是当事人另有约定的除外。承揽人将其承揽的主要工作交由第三人完成的,应当就该第三人完成的工作成果向定作人负责;未经定作人同意的,定作人也可以解除合同”。《民法典》第773条规定,“承揽人可以将其承揽的辅助工作交由第三人完成。承揽人将其承揽的辅助工作交由第三人完成的,应当就该第三人完成的工作成果向定作人负责”。承揽合同中之所以限制第三人履行,原因在于:与种类物买卖不同,承揽合同中,承揽人的设

---

〔38〕 崔建远:《合同法》(第4版),法律出版社2007年版,第258页;王利明:《债法总则研究》(第2版),中国人民大学出版社2018年版,第567页以下;韩世远:《合同法总论》(第4版),法律出版社2018年版,第332页;王洪亮:《债法总论》,北京大学出版社2016年版,第103页。

〔39〕 王家福主编:《中国民法学·民法债权》,法律出版社1991年版,第194～195页。

〔40〕 周江洪:《服务合同立法研究》,法律出版社2021年版,第271～272页。

备、技术和劳力，是决定工作能力和工作结果质量的重要因素，故承揽合同重视承揽人的设备、技术和劳力，此等设备、技术和劳力凝结在拟达成的工作成果之中，定作人之所以选择某承揽人，也正是基于这一特点。但与此同时，其与委托合同等相比，工作结果的保证是其重点，而并非承揽的工作过程，因此即使第三人完成之工作结果，只要其结果符合合同之目的，并不一定有违定作人之意思。也正是基于这一点，承揽合同中仅规定"主要工作"的亲自履行，且当事人可以另行约定。而对于辅助工作，并不要求亲自履行。"主要工作"，指的是对于工作成果的质量起决定性作用的工作，或者是技术设备能力等要求高的工作；如果定作物为一般人均可完成的工作，质量要求在承揽工作中不起决定性作用，主要部分应理解为数量上的大部分。〔41〕当然，无论是主要工作交由第三人完成还是辅助工作交由第三人完成之情形，承揽人均对工作结果负责。

违反亲自履行义务，定作人可以要求承揽人承担违约责任，亦可以解除合同。若不解除合同，第三人完成的工作成果质量等不符合合同约定的，定作人可以依《民法典》合同编通则要求承揽人承担违约责任。未经定作人同意将主要工作交由第三人完成的，定作人可以解除合同。即使第三人完成的工作成果符合合同约定，定作人仍然可以解除合同。《民法典》第 772 条规定的合同解除权，虽然亦有认为"承揽人擅自将主要工作交由第三人完成构成根本违约"，〔42〕但本书认为，该合同解除权并非以合同目的不能实现为要件，只要未经定作人同意将主要工作交由第三人完成，定作人即享有此等解除权。实际上，这主要是基于承揽合同是定作人对承揽人有特别的人身信任而言，若承揽人将其主要工作交由第三人完成，即构成对这一信赖的违反，故定作人得以解除合同。因此，此等解除权，与其说基于合同目的不能实现或根本违约，不如说更多的是基于信赖关系受到破坏使然。而对于辅助工作交由第三人完成之情形，则并未动摇此等信赖，故定作人不能以第三人的工作介入了工作成果的完成而否定承揽人的合同履行，也不能因辅助工作由第三人完成而解除合同。

承揽人不仅须亲自履行义务，而且就完成工作过程中产生的自我损害及对他人造成的损害负责。"承揽人在完成工作过程中造成第三人损害或者自己损害的，定作人不承担侵权责任。但是，定作人对定作、指示或者选任有过错的，应当承担相应的责任"（《民法典》第 1193 条）。在承揽合同中，作为劳务受领人的定作人原则上不承担责任，这点与委托合同、雇佣或劳动合同以及个人之间形成的劳务关系情形中的劳务受领人的地位并不相同。委托合同之情形，"受托人处理委托事务时，因不可归责于自己的事由受到损失的，可以向委托人请求赔偿损失"（《民法典》第 930 条）；雇佣或劳动合同以及个人之间形成劳务关系的情形，则适用《民法典》第 1191 条、第 1192 条的规定。

拓展 | 服务类合同是否需要"亲自履行"的比较法状况

关于服务类合同的亲自履行问题，比较法上存在较大争议。依德国法，劳务给付义务具有较

---

〔41〕 最高人民法院民法典贯彻实施工作领导小组主编：《中华人民共和国民法典合同编理解与适用（三）》，人民法院出版社 2020 年版，第 1813 ~ 1814 页。

〔42〕 谢鸿飞、朱广新主编：《民法典评注：合同编　典型合同与准合同》（第 3 册），中国法制出版社 2020 年版，第 26 页。

强的人身属性，因此就劳务合同规定了亲自履行原则，即"有疑义时，劳务给付义务人必须亲自提供劳务。有疑义时，劳务请求权是不可转让的"（《德国民法典》第613条），但《德国民法典》承揽合同中则不存在类似的规定。与此不同，《荷兰民法典》在第356条规定只有法律行为、制定法以及履行性质要求亲自履行时，债权人才能要求债务亲自履行，然后在服务合同部分的第404条重申了这一原则。第404条规定，"服务合同中预设由服务提供人或者与其受雇人共同实施营业或事业的，该服务提供人须亲自完成服务中的必要工作。但从服务合同中可以得出其可以让自己负责之下的他人从事的除外，于此情形，服务提供人的责任不受影响"。《魁北克民法典》第2101条也是明确规定，"除非合同的订立考虑了当事人的个人资格或者合同的性质不允许如此，承揽人或服务提供人可以雇佣第三人履行合同，但后者的履行仍由他们监管并承担责任"。而在日本债法修改过程中，也有不少学者认为并不是所有的准委托都需要亲自履行，因此试图限缩准委托的范围，对于排除出此等范围的服务类合同，并不适用亲自履行原则。而且，学者在草案《日本债权法修改的基本方针》中也没有规定亲自履行原则。同样地，PELSC、DCFR服务合同编也并不是以亲自履行为原则，即"服务提供人可以不经客户同意，将服务转包或分包给第三人履行，但合同约定应由服务提供人亲自履行的除外"（DCFR第Ⅳ.C-2:104条）。在这点上，即使是以代理为中心的委托合同中，DCFR也是规定原则上允许转委托，即"代理人可以未经被代理人同意，全部或者部分转托履行委托合同义务，除非合同要求亲自履行"（DCFR第Ⅳ.D-3:302条）。DCFR的这些规定，实际上是该框架草案中原则上得以由第三人履行原则规定（DCFR第Ⅲ-2:107）的具体化而已。[43]《法国关于各种特殊合同的法的改革草案》第74条也允许分包，不以亲自履行为原则。《日本民法典》第474条虽然规定了债务人的清偿可以由第三人履行，但设定了正当利益、债务人意思、债务性质等例外规定。其中关于债务的性质不允许第三人履行的情形，日本债法上通常指的是具有"一身专属性的给付"，如学者演讲、演员表演、艺术品制作、劳务提供、保管人保管等；而且就此作进一步细分，对于劳务提供、保管人保管等，若经债权人同意的，也可以由第三人履行的情形，作为"相对一身专属性给付"对待；而对于学者演讲等，如果债务人不亲自履行便不能被视为作为债权目的的给付，则被作为"绝对一身专属性给付"对待。[44]

实际上，罗马法以来，立法例及其学说基本坚持，承揽人原则上无须亲自为承揽工作，不妨以第三人的劳务充之，因为承揽合同不是有显著个性差异的劳务，而是以工作的完成为标的，所以原则上让他人完成也没关系。[45]

（二）材料的检验接收或材料提供义务

承揽合同中，材料既可能由定作人提供，亦可能由承揽人提供。合同约定由承揽人提供材料的，承揽人负有依约选用材料的义务和接受定作人检验的义务。《民法典》第774条规定，"承揽人提供材料的，应当按照约定选用材料，并接受定作人检验"。若承揽合同未具体约定材

---

〔43〕 关于服务提供人亲自履行义务的比较法状况，参见欧洲民法典研究组、欧盟现行私法研究组编著、［德］克里斯蒂安·冯·巴尔、埃里克·克莱夫主编：《欧洲私法的原则、定义与示范规则：欧洲示范民法典草案》（第4卷有名合同及其产生的权利义务）（全译本），于庆生等译，法律出版社2014年版，第373页。

〔44〕 周江洪：《服务合同立法研究》，法律出版社2021年版，第269～270页；韩世远：《合同法总论》（第4版），法律出版社2018年版，第332页；潮見佳男『新債権総論Ⅱ』（信山社，2017年）94頁。

〔45〕 崔建远：《合同法》（第4版），北京大学出版社2021年版，第556页。

料选用的时间、数量、质量等,此时可依《民法典》第510条与第511条的规定予以补充。若当事人未约定由哪一方提供材料或者约定不明的,可以根据《民法典》第510条补充,仍不能确定的,一般由承揽人提供,承揽人根据定作人对工作的要求和合同性质,合理地按质按量地选用材料,定作人应当支付材料费。之所以由承揽人提供,是因为作为专业人士的承揽人理应避免出现未约定材料提供方的情况,〔46〕而且,由承揽人提供材料,更便于承揽人完成工作任务,更加符合合同法追求效率和鼓励交易的价值取向。〔47〕《意大利民法典》第1658条对此予以明确规定,对于工作的完成必要的材料,依契约或习惯没有与其相异的决定场合,应由承揽人提供。

承揽人准备好材料后,应当及时通知定作人检验,定作人有权对承揽人提供的材料进行验收。经定作人检验后,承揽人应当以定作人确认后的材料完成工作。承揽人以次充好或者故意隐瞒材料瑕疵而造成工作成果不符合合同约定的,依《民法典》合同编通则关于违约救济的规定,定作人有权要求承揽人重作、修理、减少价款或者赔偿损失、解除合同等。

思考 | 材料的提供与完成工作物的所有权归属

承揽人提供材料的全部或主要部分之情形,有学说认为完成工作物的所有权原则上归承揽人所有,经交付才能将所有权移转于定作人。此种情况下,定作人未支付报酬的,承揽人无法留置完成工作物而只能行使拒绝支付的抗辩权。〔48〕反之,定作人提供材料的,则工作成果即便未交付,也归定作人所有。〔49〕但就完成工作物的所有权,定作人究竟是原始取得还是继受取得,《民法典》承揽合同章并未明确规定,学理上也多有争议。例如,有学说认为,"工作成果在未交付之前,占有和所有权都归承揽人",〔50〕显然主张的是"定作人继受取得说",且并未区分材料的提供者与否。但另有学说认为,无论承揽合同为何种类型,只要当事人明确约定了工作成果所有权的归属,就依其约定。没有约定时,一般承揽之情形,定作人原始取得工作物所有权,《民法典》第783条、第784条等也暗含了工作物的所有权归定作人的思想,特别是《民法典》第784条,只有将该工作成果所有权确定归属于定作人,《民法典》第784条规定的损害赔偿责任才顺理成章。不规则承揽情形,工作成果的所有权归属于谁,与材料所有权是否移转给承揽人无关,亦由定作人原始取得。定作合同之情形,若工作成果为动产,定作人提供承揽工作所附基础的,该工作成果归定作人;定作人未提供承揽工作所附基础,仅由承揽人以自己的材料进行工作而完成工作成果的,亦由定作人原始取得所有权。其理由在于,承揽合同的本旨系承揽人为定作人完成一定的工作,定作人使承揽人为其完成该工作,其目的当然在于直接取

---

〔46〕 黄薇主编:《中华人民共和国民法典解读:合同编》(下册),中国法制出版社2020年版,第940页;谢鸿飞、朱广新主编:《民法典评注:合同编　典型合同与准合同》(第3册),中国法制出版社2020年版,第21页。

〔47〕 当然,亦有观点反对,认为"材料的提供"属于承揽合同的主要条款,若双方就此未能达成补充协议的,可能导致承揽合同不成立,应当视为缔约中的过失。因为承揽人是按照定作人的要求完成承揽工作,使用什么材料完成工作也应符合定作人的要求,定作人应当对确定材料符合合同要求承担义务。如果双方未就材料的提供达成约定,定作人应负主要过错。因此,如果确实无法通过合同或者交易习惯确定由谁提供材料的,应当由定作人提供材料。参见最高人民法院民法典贯彻实施工作领导小组主编:《中华人民共和国民法典合同编理解与适用(三)》,人民法院出版社2020年版,第1822页;杨代雄主编:《袖珍民法典评注》,中国民主法制出版社2022年版,第725页。

〔48〕 谢鸿飞、朱广新主编:《民法典评注:合同编　典型合同与准合同》(第3册),中国法制出版社2020年版,第32页。

〔49〕 徐涤宇、张家勇主编:《〈中华人民共和国民法典〉评注》(精要版),中国人民大学出版社2022年版,第823页。

〔50〕 王利明:《合同法》(下册),中国人民大学出版社2021年版,第211页。

得工作物的所有权，况且承揽合同约定的报酬通常包含有材料的价款在内，可谓实质上系由定作人提供材料，因而关于承揽人所完成的工作物，按照承揽合同的理论，解释为由定作人原始取得其所有权才符合当事人的意思。而且《民法典》关于承揽合同的规定，没有一个条文含有工作成果归承揽人所有的意思。同理，定作人与承揽人共同提供材料时，亦由定作人原始取得。而工作成果为不动产时，定作人提供承揽工作所附基础，而由承揽人提供自己的材料实施承揽工作，工作成果的所有权亦由定作人原始取得。[51] 也有学说指出，根据《民法典》第783条的规定，如果承揽人完成的工作成果为“加工物”，在当事人未另有约定的情形下，该加工物的所有权应当归属于定作人，否则，就不会有承揽人可以享有留置权的结果。[52] 当然，也有学说对此提出商榷，认为《民法典》第783条增加“拒绝交付”的规定，就是为了解决完成工作物所有权不归属于定作人时无法行使留置权的缺漏，并不能以《民法典》第783条规定的留置权反过来推定定作人得以原始取得完全工作物的所有权。《民法典》第784条亦不能做同样的反向推定。[53]

而传统理论上，则经常会区分材料的提供者，结合加工添附的相关原理予以处理。例如，承揽人供给材料、定作人提供该工作所附着的基础（如修理），则可认为是附合，依《民法典》第322条按照充分发挥物的效用以及保护无过错当事人的原则，依主物所有人所有；未提供工作所附着的基础，依承揽人所有，后依买卖之规则转移其所有权。不动产为工作所附着的基础时，则由不动产所有人取得所有权；地基上盖房子时，则因房子为独立的不动产，非为土地之重要部分，故由承揽人先取得所有权，后移转于所有权人等。然而，《民法典》第322条所要确定的是“静态”意义上的所有权归属，而并不是直接针对存在合同关系的、处于交易过程中的工作物所有权归属问题，且承揽合同的所有权归属，因介入了当事人的意思或得以推知的当事人意思，其所有权的归属规则通常作为加工添附规则的例外存在。从这层意义上来说，当事人没有约定时，完成工作物原则上归定作人原始取得的观点值得肯定，这也符合当事人通常的意思。承揽合同完成工作物的归属，其实质是因受托提供劳务而产生的特定结果的归属问题，原则上归属于委托人应当符合通常的意思构成。实际上，亦有比较法趋势表明了这一点。在日本法上，通常来说，定作人提供材料的全部或主要部分时，并非依物权编加工的规则，而是直接归定作人所有；即使承揽人提供材料的全部或主要部分，亦得以基于特别约定而在完成工作的同时所有权移转至定作人；但最近以来，无论是判例的演变还是学说的变化，依当事人默认之意思而认为所有权在完成工作物的同时即归于定作人的观点逐步成为有力说。[54] 本书亦认为，应依当事人意思确定所有权归属，除非另有约定，原则上应归定作人所有。

虽说如此，但在我国的法律体系中，对于受托创作作品的归属、受托完成的发明创造的归属问题，并非以归属于委托人为原则，而是归属于受托人。即“受委托创作的作品，著作权的归属由委托人和受托人通过合同约定。合同未作明确约定或者没有订立合同的，著作权属于受

---

〔51〕 崔建远：《合同法》（第4版），北京大学出版社2021年版，第558～559页。

〔52〕 刘智慧：《添附物的所有权归属确定——以民法典添附规则的司法适用为中心》，载《人民检察》2021年第5期。

〔53〕 谢鸿飞、朱广新主编：《民法典评注：合同编 典型合同与准合同》（第3册），中国法制出版社2020年版，第57～59页。

〔54〕 河上正二「債権法講義[各論]37 請負」法学セミナー780号(2020年)66頁、70頁。

托人”(《著作权法》第19条);“两个以上单位或者个人合作完成的发明创造、一个单位或者个人接受其他单位或者个人委托所完成的发明创造,除另有协议的以外,申请专利的权利属于完成或者共同完成的单位或者个人;申请被批准后,申请的单位或者个人为专利权人”(《专利法》第8条)。虽说考虑到著作权法、专利法鼓励创作和传播、鼓励发明创造的立法目的,采取与承揽合同、通常的委托合同不同的构成具有其特殊性,但如何体系性地考虑受托完成特定事项形成的工作成果的归属问题,仍然亦是考虑承揽合同完成工作物归属的重要视角之一。从这层意义上来说,承揽合同的完成工作物的归属问题,仍有进一步思考的空间。

(三)接受定作人检验监督的义务

《民法典》第779条规定,承揽人在工作期间,应当接受定作人必要的监督检验。定作人不得因监督检验妨碍承揽人的正常工作。因承揽之目的在于实现定作人要求之工作成果,故定作人在承揽人工作期间享有监督检验的权利,其伴随的是承揽人需容许定作人的监督检验。承揽人不得以合同对此未作约定而予以拒绝。承揽人应当为定作人的监督检验提供方便和条件,并应当如实地向定作人反映工作情况,不得故意隐瞒工作中存在的问题。对于定作人在监督检验过程中提出的合理建议和指示,承揽人应当及时采纳,以改进工作、更好地实现合同目的。但与此同时,定作人的监督检验,需符合“必要”及“不得妨碍承揽人正常工作”的条件。〔55〕值得注意的是,定作人必要的监督检验,属于其权利,而并非其义务;但在特定情形,亦可能构成不真正义务。例如,定作人在监督检验过程中,明知材料存在瑕疵而没有及时指出和阻止,事后又以材料存在瑕疵为由要求返工、拖延支付工程款等,实践中亦有法院判决不予支持。〔56〕

承揽人违反接受定作人监督检验义务的,定作人如何救济,《民法典》并未作出规定。若是拒不接受合理的监督检验,定作人得以信赖关系受到破坏致使无法实现合同目的为由解除合同。若在监督检验中发现的问题未能予以及时更正,定作人则可以要求承揽人予以返工等。例如,《意大利民法典》第1662条规定的作法可资参考,即“定作人有监督工程的进展而且以自己的费用检查其状态的权利。在工作的途中,发现其工作的实施未按契约所定的条件而且不以正规的技术实行时,定作人得规定承揽人必须按照此种条件的适当期间。其所定的期间徒过时,得解除契约。但不妨碍定作人请求损害赔偿的权利”。我国《民法典》亦可以作出同样解释。〔57〕

(四)工作成果交付义务

《民法典》第780条规定,承揽人完成工作的,应当向定作人交付工作成果,并提交必要的技术资料和有关质量证明。定作人应当验收该工作成果。

承揽人的工作成果交付义务,其实质是移交完成的工作成果。《民法典》第780条规定的“交付”,并非所有权变动意义上的“交付”。承揽人还负有提交必要的技术资料和有关质量证明的从给付义务,以使债权人的给付利益能够获得最大的满足。定作人就交付的工作成果应当验收,但《民法典》承揽合同章就工作成果的验收规则并未作出规定,依《民法典》第646条关

〔55〕 黄薇主编:《中华人民共和国民法典解读:合同编》(下册),中国法制出版社2020年版,第960~961页。

〔56〕 谢鸿飞、朱广新主编:《民法典评注:合同编　典型合同与准合同》(第3册),中国法制出版社2020年版,第48页。

〔57〕 谢鸿飞、朱广新主编:《民法典评注:合同编　典型合同与准合同》(第3册),中国法制出版社2020年版,第49页。

于买卖合同准用于其他有偿合同的规定,此时可以参照适用《民法典》第620～624条关于买卖合同标的物的验收规则。当然,由于承揽也存在当事人约定为无偿的承揽,此时是否得以参照适用买卖合同的规则会有争议。但通常来说,有偿合同较之无偿合同,通常会加重债务人之注意义务标准或债务负担,而《民法典》第620～624条的规定,其并非基于合同的有偿性课加于出卖人之义务,反而更多的是规定买受人怠于验收义务时的出卖人的救济。从这层意义上来说,无偿的承揽即使参照适用此等规定,并不会加重承揽人之负担,反而有助于承揽人之保护。因此,无偿承揽的工作物验收参照适用此等规定并不会存在障碍。在实践中,就交付的工作物未办理验收手续时,定作人付款行为能否视为工作完成物符合质量标准,会产生争议。对此,有法院判决认为,"以陆续支付设备款的行为,来证明设备已调试合格的理由缺乏证明力,因为向定作人交付合格的定作物是承揽人的义务,向承揽人按时付款是定作人的义务,两者享有的权利不同,承担的义务也不同"。[58]

(五)瑕疵担保义务

工作成果不符合合同内容约定的,承揽人应承担违约责任。《民法典》第781条规定,"承揽人交付的工作成果不符合质量要求的,定作人可以合理选择请求承揽人承担修理、重作、减少报酬、赔偿损失等违约责任"。承揽人就工作物的瑕疵承担的责任,本质上是债务不完全履行的违约责任,故《民法典》第781条属于《民法典》第582条在承揽合同领域的具体化规定。因此,与《民法典》第582条规定保持一致,相较于原《合同法》第262条,《民法典》第781条也增加了选择救济措施时的"合理选择"要求。当然,我国《民法典》将工作物瑕疵情形的补正救济措施的选择权赋予定作人,但比较法上亦有认为应属于承揽人,其理由在于承揽人作为制作工作物的专业人士更容易判断救济措施的合理与否及其成本等。

值得注意的是,虽然《民法典》第781条并未如同《民法典》第617条一样就买卖合同情形直接规定得以依据《民法典》第582～584条的规定承担违约责任,但《民法典》第582～584条作为债务不履行的一般规则,并不妨碍在承揽合同领域采取相同的处理。实际上,承揽合同工作成果不符合质量要求时的物的瑕疵的责任承担问题,除了在责任免除事由方面与买卖合同中的物的瑕疵担保义务违反有所区别外(例如,因定作人提供的材料不合适或者因定作人的指示不合理而引起的质量不符合要求的,承揽人并不承担责任),两者之间并无本质上的区别。因此,交付的工作成果存在瑕疵时的赔偿损失,既有可能是《民法典》第584条意义上的履行利益赔偿,亦有可能是《民法典》第583条意义上的采取补救措施后的其他损失赔偿,也完全有可能是替代修理措施的修理费用赔偿以及《民法典》第581条意义上的不得强制履行情形的第三人替代履行费用负担。

就文义而言,《民法典》第781条仅规定了"交付的工作成果"的瑕疵救济,而并未就工作成果交付之前的工作成果瑕疵作出规定。对此,中国台湾地区"民法"第497条规定了瑕疵预防请求权,即"工作进行中,因承揽人之过失,显可预见工作有瑕疵或有其他违反契约之情事者,定作人得定相当期限,请求承揽人改善其工作或依约履行"。于此情形,与《民法典》第781条规定的"交付的工作成果"的限定不同,例外地允许定作人采取预防救济措施。从《民法典》规

---

〔58〕 吉林冶金设备厂诉烟台冶金研究所加工承揽合同纠纷案,载《最高人民法院公报》2004年第6期。

定来看，可借鉴《民法典》第578条规定的预期违约救济相关立法思想，扩张解释出此等救济，即在承揽工作进行中已发生瑕疵的情形下，若还满足该瑕疵确定不能除去、承揽人明确拒绝除去等要件，则宜使定作人在承揽工作完成或交付前即可向承揽人主张瑕疵责任。[59]

另外，虽然《民法典》第781条仅规定了承揽人交付工作成果的物的瑕疵，但并非说在承揽领域不存在权利的瑕疵。同样地，承揽人就交付的工作成果亦负有权利瑕疵担保义务。有偿承揽之情形，依《民法典》第646条的规定，得以参照适用买卖合同的规定；无偿承揽之情形，则参照适用《民法典》第661条的规定，仅在例外情形承担权利瑕疵担保义务。

案例 丁某与胡某承揽合同纠纷案[60]

基本案情

逝者丁甲育有三子二女，大儿子丁1(已去世)，二儿子丁2，小儿子丁某。丁4系丁1的女儿。约30年前，丁某在父母健在时修建了寿坟。2011年，丁某母亲去世；2020年年初，丁某父亲丁甲去世。丁某、丁2、丁4经协商后，将修缮坟墓工程交给胡某，修缮内容为结顶(浇筑坟墓顶部)以及修(坟墓)道地(浇筑坟墓院子)，每家出资2000元，承揽款共计6000元，由丁4保管。完工后，丁某的妻子、丁2的妻子和丁4夫妻一同到现场进行验收，丁4询问各方无异议后将6000元交予胡某。后丁某提出坟墓修缮存在质量问题，认为道地高低不平，不利于自家风水，且会导致雨水倒灌坟墓，多次找胡某交涉均未果，故诉至法院，要求胡某返还丁某坟墓修缮承揽款6000元，赔偿丁某今后重新修缮坟墓所需的全部修缮费用(预计2万元)、精神损失费5000元，胡某以书面形式公开赔礼道歉。一审法院认为，丁某、丁2、丁4共同出资将案涉坟墓交由胡某修缮施工，双方成立承揽合同关系。案件由丁某提起诉讼后，一审法院依法通知丁2、丁4参加诉讼，二人均表示不愿意参加诉讼，也不主张任何实体权利，故不追加丁2、丁4为共同诉讼人。丁某主张胡某修缮坟墓存在质量问题导致雨水倒灌、地基下沉，但其提供的证据不足以证明其主张的事实。(案涉坟墓)经胡某修缮完工，经丁某妻子、丁2妻子和丁4夫妻共同验收后才支付承揽款，表明定作人对承揽人交付的工作成果无异议。坟墓作为安葬逝者、家属祭祀的特定场所，其管理、修缮应由家属共同决定，而丁某单方要求胡某返还承揽款并且赔偿费用重新修缮，不仅超出其权利范围，且有违其他共同权利人的意愿，法院遂判决驳回丁某的诉讼请求。丁某上诉。

法院裁判

二审法院认为，本案讼争双方未就讼争坟墓修缮施工订立书面合同；对坟墓修缮后的施工效果、工程质量等，讼争双方未有一致意见。依据现有证据，尚不能证明丁某主张的胡某修缮的坟墓存在质量问题、不符合其要求的事实。对案涉坟墓的修缮等事宜，应由丁甲之子女协商确定。作为案涉坟墓修缮共同出资人、共同权利人的丁4、丁2，在一审诉讼中明确表示对胡某的维修成果没有异议，故丁某要求胡某退还全部承揽款6000元并赔偿重作费用、精神损失费

---

[59] 宁红丽：《论承揽人瑕疵责任的构成》，载《法学》2013年第9期。
[60] 许旭涛、杨静：《重修坟墓需逝者家属共同决定》，载《人民司法》2021年第26期。

之诉请,缺乏事实和法律依据,遂判决驳回上诉、维持原判。[61]

(六)保密义务与警示通知义务

服务类合同领域,信息相关义务体系的重要性较之物型合同更为突出。[62] 对于介入市民社会交往的行为来说,通常应当自己收集信息加以判断,对方当事人并不存在普遍性的告知义务,但基于特定的政策考量,民法在诸多领域设计了例外规则,将信息收集风险移转至对方当事人,科以一定的通知、告知、说明或警示义务。不仅如此,就信息相关的义务体系而言,一方面是积极的信息告知义务,另一方面则是消极的、就合同过程中获知的信息予以保密的义务。

在承揽合同中,也体现了服务类合同的这一特点。《民法典》第775条、第776条就明确规定了承揽人的"警示通知义务",即"承揽人对定作人提供的材料应当及时检验,发现不符合约定时,应当及时通知定作人更换、补齐或者采取其他补救措施"(《民法典》第775条第1款第2句);"承揽人发现定作人提供的图纸或者技术要求不合理的,应当及时通知定作人"(《民法典》第776条第1句)。实际上,此等"警示通知义务",亦属于广义的协作义务的组成部分。在服务类合同的履行过程中,服务提供人与服务受领人之间保持合适的沟通机制,甚至是科以告知义务,乃是促成服务效果(承揽工作成果)达成的重要手段之一。学说上亦有主张以服务合同过程中双方当事人之间的协力来构建服务合同中的通知说明警示义务。[63]《民法典》第775条、第776条的规定是其典型表现之一。

与此同时,消极的保密义务亦是承揽合同信息义务体系的重要组成部分。通常来说,承揽、委托等类型的合同安排,较之买卖合同更易于介入合同相对人的权益领域,也更容易知悉合同相对人的相关秘密等。如提供的图纸材料等得以判断定作人未来的战略谋划或企业生产计划,修理精密仪器时有可能接触定作人的商业秘密等。为此,《民法典》第785条明确规定,"承揽人应当按照定作人的要求保守秘密,未经定作人许可,不得留存复制品或者技术资料"。当然,就保密义务而言,即使没有《民法典》第785条的规定,承揽人亦负有此等义务(《民法典》第509条第2款、《民法典》第558条)。从这层意义上来说,《民法典》第785条规定"应当按照定作人的要求"保守秘密,似乎有限缩当事人义务之嫌疑;此处之所以强调"按照定作人的要求",旨在表明定作人可以在《民法典》第509条第2款、《民法典》第558条规定的保密义务以外作出特别要求,要求不仅就商业秘密、个人秘密等予以保密,还包括其他定作人要求保密的事项等。另外,承揽人"未经定作人许可,不得留存复制品或者技术资料"(《民法典》第785条)。

(七)妥善保管义务

承揽人应当妥善保管定作人提供的材料以及完成的工作成果,因保管不善造成毁损、灭失

[61] 法官评析该案例时认为,承揽人完成坟墓修缮工作后,获得了定作人的认可,定作人为此支付了报酬,可认定为承揽人完成了合同内容,双方已经履行完毕各自的义务,丁某要求承揽人重新修缮,不符合合同约定,也无法律和事实依据。而且,丁某以影响自家风水为由要求对坟墓重新修缮,是一种封建迷信思想在诉讼中的体现,与社会主义核心价值观的基本准则相违背,法院裁判通过对该种行为的否定性评价,有效抵制了封建迷信思想,弘扬了社会主义核心价值观。参见许旭涛、杨静:《重修坟墓需逝者家属共同决定》,载《人民司法》2021年第26期。

[62] 周江洪:《服务合同立法研究》,法律出版社2021年版,第261页。

[63] 周江洪:《服务合同立法研究》,法律出版社2021年版,第266页。

的，应当承担赔偿责任（《民法典》第784条）。不仅须妥善保管定作人提供的材料，亦不得擅自更换定作人提供的材料，不得更换不需要修理的零部件（《民法典》第775条第2款）。“妥善保管”，指的是承揽人应依通常承揽人的合理注意予以保管，此时行业的一般要求、物品的性质等均构成是否尽到了“合理注意”义务的综合判断要素。违反妥善保管义务时的损害赔偿责任，与风险负担规则的适用有异：风险负担规则情形，乃是不可归责于债务人之事由而毁损灭失；而未尽妥善保管义务的毁损灭失，则是可归责于债务人事由之毁损灭失。

二、对定作人的效力

（一）报酬支付义务

1. 报酬支付义务的履行期限与报酬债权发生时点

定作人的主给付义务为报酬支付义务（《民法典》第770条）。定作人应当按照约定的期限支付报酬。对支付报酬的期限没有约定或者约定不明确，依据《民法典》第510条的规定仍不能确定的，定作人应当在承揽人交付工作成果时支付；工作成果部分交付的，定作人应当相应支付（《民法典》第782条）。据此，定作人的报酬支付义务以“后付”为原则，遵循了“非工作无报酬”的服务类合同一般原理。而且，《民法典》第782条就报酬支付期限未约定或约定不明确情形的补充，亦仅限于《民法典》第510条，而排除了《民法典》第511条“履行期限不明确的，债务人可以随时履行，债权人也可以随时请求履行”之规定的适用。

关于承揽人的报酬债权发生时点常有争议，既存在主张承揽合同成立即同时发生报酬债权的学说，也存在主张工作成果完成或交付时始有报酬债权之发生。但值得注意的是，两说争议的“报酬的发生”，并非出于同一层面的含义：主张合同成立时点说的“报酬的发生”，其关注点是报酬债权得以成为扣押或命令移转的对象；而工作成果交付或完成时点说中的“报酬的发生”所关注的是，即使预先收取了报酬，若最终并未完成工作成果，承揽人负有返还报酬之义务，意味着在工作成果完成之前该报酬债权并不具备给付保持力。从这层意义上来说，合同成立时点说所主张的“报酬债权”也并未主张合同成立时就具备了给付保持力。因此，两说争议的实质在于所定位的“报酬债权”之含义不同。也正因如此，有学说主张，承揽人的报酬请求权，随着承揽合同的成立而发生，但报酬支付债务的清偿期则因工作完成而到来。〔64〕 从《民法典》第782条的规定来看，至少要具备给付保持力之报酬债权，则应当是“交付工作成果时”。也正因如此，报酬请求权与工作成果的交付处于同时履行关系，而完成工作本身只是交付工作成果的前提。

2. 报酬的部分支付

工作成果部分交付的，定作人应当相应支付（《民法典》第782条）。通常来说，债权人可以拒绝债务人部分履行债务，但是部分履行不损害债权人利益的除外（《民法典》第531条第1款）。因此，《民法典》第782条并非赋予承揽人部分履行债务之权限，虽然“交付工作成果”始得以享有报酬请求权，但部分交付工作成果时并不妨碍“相应”的报酬请求权。在这点，日本法上将工作不能完成或承揽解除情形之“承揽人已为之工作的结果”视为“工作之完成”而得以请

〔64〕 河上正二「債権法講義［各論］37 請負」法学セミナー780号（2020年）64頁。

求报酬(《日本民法典》第634条),较之《民法典》第782条的构成更为准确。原因在于,我国《民法典》一方面规定需“交付工作成果”始得以请求报酬,意味着交付了工作成果报酬的清偿期才到来;另一方面又规定“部分交付工作成果”亦得以请求报酬,势必导致报酬的清偿期究竟何时届至无法予以判断。实际上,《民法典》第782条只是规定了部分交付工作成果时并不妨碍“相应”的报酬请求权而已,并未规定部分交付工作成果时的报酬请求权的具体构成要件,需通过解释予以补充。对此,《日本民法典》第634条规定的比例报酬,乃是按定作人所受利益比例之报酬,即“下列情形,因承揽人既已完成之工作结果中可分部分之给付,定作人受有利益时,视为完成该部分工作。于此情形,承揽人得按定作人所受利益之比例,请求报酬。(1)因不可归责于定作人之事由而致不能完成工作时。(2)承揽于工作完成前被解除时”。而且,此处的“可分”多被广义解释,某一工程被分成数个施工阶段进行亦被认为属于此处的“可分之部分给付”。[65] 类似的做法也见于《德国民法典》第632条a第1款、《意大利民法典》第1666条等。若交付的部分工作成果对定作人并无利益可言,此时若令定作人亦支付相应的报酬,其本身并不合理。故可借鉴《日本民法典》第634条之规定,就《民法典》第782条规定的“相应”作出解释,补充合适的要件,进而限缩部分交付工作时的报酬请求权的发生范围。也就是说,工作成果部分交付时的报酬请求权,一方面指的是工作成果得以分批、分期交付的情形,若合同未就报酬支付期限作出约定,也无法依《民法典》第510条确定之情形,每交付一部分工作成果时均可主张支付相应部分的报酬;[66]另一方面,特别是工作最终未完成之情形,并非指就已交付的部分工作成果均应支付相应报酬,而是指依定作人所受之利益请求比例报酬。

另外,承揽合同中,依所从事工作的不同,亦存在无须交付工作成果的承揽。此时,完成相应的工作即视为工作成果的交付,对支付报酬的期限没有约定或者约定不明确,依据《民法典》第510条的规定仍不能确定的,则应当在完成工作时支付报酬。

实践中,当事人多约定价款支付义务到期的具体条件,将承揽工作成果的质量合格与否作为支付报酬或进度款的条件。例如,合同签订后5日之内支付30%预付款;工程竣工通过验收合格后5日内支付30%工程款;工程运行1年,无重大质量问题,到期5日内支付30%工程款;工程竣工验收合格后运行两年无重大质量问题(或工程竣工30个月,以先到者为准),到期5日内一次性无息支付10%的工程尾款等。实践中就此亦时常发生争议。以工作成果质量作为付款前提的,在涉及瑕疵补救义务履行不适当时,不能视为定作人恶意阻碍付款条件的成就。例如,有法院裁判认为,“龙净公司虽发出函件提出工程需进行完善,但其没有提交有效证据证实案涉项目设计合理且采取补救措施能够达到合同约定的保证值,华丰公司不认可龙净公司的修复方案,不能视为恶意阻却付款条件成就”。[67]

3. 承揽人的留置权

定作人未向承揽人支付报酬或者材料费等价款的,承揽人对完成的工作成果享有留置权或者有权拒绝交付,但是当事人另有约定的除外(《民法典》第783条)。《民法典》第447~457

---

〔65〕 吉永一行「請負における報酬請求——仕事完成不能の場面を中心に」法学教室467号(2019年)91頁。

〔66〕 王利明:《合同法》(下册),中国人民大学出版社2021年版,第209页。

〔67〕 福建龙净环保股份有限公司与泰安华丰顶峰热电有限公司承揽合同纠纷再审案,最高人民法院(2020)最高法民申6635号民事裁定书。

条专章规定了留置权，并将其定位为具有优先受偿权的担保物权。在《民法典》编纂过程中，学界有不少建议对留置权规范予以修正。例如，建议设置债权性“留置抗辩权”、限定留置权之适用范围等。但在承揽合同领域，历来是留置权适用的重要领域。就承揽合同领域留置权的存在理由，有学说指出：虽然有学说主张真正有可能为保管、承揽、运输等合同中的特别留置权证成的理由，就是在先后给付关系下，留置权的存在可以降低在先给付者的风险，从而降低相关合同的交易成本。但是，若仅处置交易双方的给付存在先后顺序所带来的风险，德国法上的一般留置抗辩权就足以解决，而不必赋予留置权以物权效力。德国法之所以存在相当于我国特别留置权的法定质权，是因为动产本身因在先给付而增加了价值。当然，此处的价值增益并非仅限于单纯的物理状态，而是就其总体经济价值而言的：动产承揽合同中承揽人对动产显然有物理价值的增益，而运输、保管等合同中，动产的物理价值虽未有增益，但因运输人、保管人的劳务给付，动产的经济价值或因运输或保管行为而有所增益（如动产在收货地的经济价值一般较高），或免于本可能遭致的减损，广义而言均属以先行给付增益物之价值。[68]

4. 承揽人的拒绝交付权

定作人未按期支付报酬或者材料费等价款时，承揽人除了享有留置权，亦可行使“拒绝交付权”。《民法典》第 783 条较之原《合同法》之所以增加“有权拒绝交付”的规定，有释义书认为主要是基于两点考虑：一是在承揽人提供所有工作材料完成工作成果的情况下，由于工作材料及在此基础上完成的工作成果在交付前很难作为“定作人的动产”由承揽人占有，因此，在这种情况下，严格来说并不符合行使留置权的条件。此时，为保证承揽人的合法权益，本条增加规定了定作人未支付报酬或者材料费等价款的，承揽人可以拒绝交付工作成果。二是增加这一规定，意味着承揽人在定作人到期未支付报酬或者材料费等价款时，享有同时履行抗辩权，是同时履行抗辩权在承揽合同中的表现。[69] 另外亦有释义书明确指出，承揽人提供材料的全部或主要部分时，完成工作物的所有权原则上归承揽人所有，经交付才能将所有权移转于定作人。此种情况下，定作人未支付报酬的，承揽人无法留置完成工作物而只能行使拒绝交付的抗辩权。[70] 但如前所述，无论是判例的演变还是学说的变化，依当事人默认之意思而认为所有权在完成工作物的同时即归于定作人的观点逐步成为有力说。若按照此等学说主张，在承揽人提供所有工作材料且完成工作成果的情况下并不妨碍承揽工作成果归定作人所有，亦因此得以作为“定作人的动产”由承揽人占有。因此，本书认为，与其说是要解决承揽人提供所有工作材料且完成工作成果的情况下是否得以适用留置权的问题，不如说是为了解决无法适用留置权情形（如承揽工作的对象为不动产之情形等）的价款保障而享有的抗辩权。其原因在于，留置权的客体为债务人的动产（《民法典》第 447 条），或者是因同一法律关系留置合法占有的第三人的动产（《担保制度司法解释》第 62 条），若承揽工作成果并非此等动产，或者是不动产等，则无法适用留置权。

---

〔68〕 章程：《论我国留置权的规范适用与体系整合——民法典时代的变与不变》，载《法商研究》2020 年第 5 期。

〔69〕 黄薇主编：《中华人民共和国民法典解读：合同编》（下册），中国法制出版社 2020 年版，第 976 页；谢鸿飞、朱广新主编：《民法典评注：合同编　典型合同与准合同》（第 3 册），中国法制出版社 2020 年版，第 79 页。

〔70〕 谢鸿飞、朱广新主编：《民法典评注：合同编　典型合同与准合同》（第 3 册），中国法制出版社 2020 年版，第 32 页。

（二）协助义务

合同当事人之间的协助义务是承揽合同的重要内容之一。《民法典》第 509 条第 2 款也规定，“当事人应当遵循诚信原则，根据合同的性质、目的和交易习惯履行通知、协助、保密等义务”。据此，合同的性质也决定了协助义务的必要性。在服务类合同领域，服务受领人的协作与服务的效果之间密切关联，其重要性更是突出。《民法典》第 778 条规定，“承揽工作需要定作人协助的，定作人有协助的义务。定作人不履行协助义务致使承揽工作不能完成的，承揽人可以催告定作人在合理期限内履行义务，并可以顺延履行期限；定作人逾期不履行的，承揽人可以解除合同”。据此，定作人承担协助义务的前提是承揽工作需要协助。承揽工作是否需要协助，应根据承揽工作的性质、交易习惯或者诚信原则确定。例如，材料、图纸和必要的技术参数要求的提供等，都属于定作人的协助义务内容之一。《民法典》第 775 条规定了定作人按照约定提供材料的义务，该义务亦属于协助义务之一，违反该义务的法律效果，可以适用《民法典》第 778 条的规定。

定作人的协助义务，需遵循合同义务履行的要求。未履行义务，或未完全履行义务，仍应承担责任。协助义务的不履行或不合适履行，既有可能导致承揽工作无法推进或无法完成，也有可能导致完成的工作成果不符合承揽之要求。《民法典》第 778 条只是就协作义务不履行情形的“催告”、履行期限的顺延及承揽人的解除权作出了规定。但定作人违反协助义务，其法律效果并非限于该条规定的责任。例如，在顺延履行期限的同时，承揽人得以参照适用《民法典》第 589 条关于受领迟延之规定，要求赔偿因此增加的费用。

思考｜定作人协助义务的性质

关于定作人协助义务的性质，学说上多有争议，存在附随义务说、从给付义务说和不真正义务说等学说。有学说借鉴德国的主流学说，认为定作人的协助并不是真正的义务，原因在于并未规定有权诉请法院强制定作人履行协作义务；并同时认为该义务违反所导致的解除，本质上等同于随意解除承揽合同。[71] 亦有学说认为，此处定作人的协助义务已不单纯是不真正义务，因该协助义务是否履行，会直接影响到承揽人的利益，故不妨认为此种场合的协助义务已具有附随义务甚至从给付义务的性质，因此其违反会发生损害赔偿责任。[72] 从不真正义务的特点来说，能否独立诉请强制履行并非其本质要素，即使是给付义务，若符合《民法典》第 580 条的规定，亦有可能存在难以诉请强制履行的情形。不真正义务的特点在于其违反并不向对方当事人承担责任，而只是义务主体自身承受不利益（如《民法典》第 591 条）。从《民法典》第 778 条的规定来看，定作人违反协助义务虽然亦得以“顺延履行期限”而产生承受“不得向对方主张履行迟延”的不利益，但逾期不履行后，承揽人得以解除合同，其并非随意解除承揽合同。学说上亦有将定作人不履行协助义务致使承揽工作不能完成的情形定位为“定作人的根本违

---

〔71〕 宁红丽：《〈民法典草案〉“承揽合同”章评析与完善》，载《经贸法律评论》2020 年第 1 期；谢鸿飞、朱广新主编：《民法典评注：合同编　典型合同与准合同》（第 3 册），中国法制出版社 2020 年版，第 46 页。

〔72〕 韩世远：《合同法学》（第 2 版），高等教育出版社 2022 年版，第 481 页；韩世远：《合同法总论》（第 4 版），法律出版社 2018 年版，第 345 页。

约”,〔73〕属于因根本违约产生的法定解除权行使之情形。比较法上,亦有学说认为定作人协助义务的违反,构成债务不履行。〔74〕实际上,在服务类合同中,服务受领人特别协作所要达到的程度与通常的合同相比会更严格;而服务类合同中的协助义务,可能会因具体情况不同而属于不同法律性质的义务,既有可能是真正义务,也可能是不真正义务,两者违反的法律效果并不一致;应根据不同的情形分别作出细化解释。〔75〕但就《民法典》第778条规定的定作人协助义务而言,本书认为并非不真正义务,违反该义务的法律效果,一方面可参照《民法典》第588条的受领迟延作出扩张,另一方面应纳入违约责任范畴,承揽人就定作人协助义务的违反享有损害赔偿请求权。而且,定作人违反协助义务致使承揽工作不能完成的,构成“可归责于服务受领人事由之服务提供不能”,作为服务提供人的承揽人得以请求全部报酬,但因此而免除自身履行义务而节省的费用、将其资源投入其他领域而获得的其他收益或者恶意怠于取得的相应收益,应当相应地予以扣减。〔76〕

(三)定作人的变更权

依《民法典》第136条第2款的规定,行为人非依法律规定或者未经对方同意,不得擅自变更或者解除民事法律行为。据此,承揽合同也应遵循该规定。但在服务类合同领域,由于诸多服务效果的达成需要当事人双方更为紧密的相互协作,因此,虽然不禁止变更,但会对于关涉当事人之间相互协作的变更作出一些特别规定。比如,定作人中途变更工作要求给承揽人造成损失的,应当赔偿损失(《民法典》第777条);发包方变更计划等而增加勘察、设计费用的,应当增加费用(《民法典》第805条);承运人服务标准变更与运输价款之间的关系(《民法典》第821条)、托运人变更收货地点等给承运人造成损失时的赔偿(《民法典》第829条)。从这些规定也可以看出,在这些服务类合同中,《民法典》并不当然否定此等变更的效力,而是令变更的当事人承担责任或负担其他不利后果。就承揽合同而言,承揽工作的目的就在于满足定作人的特殊需要,如果承揽工作的成果不能满足定作人的需要,承揽合同就不会实现定作人订立合同时所期望的利益,因此,定作人可根据自己的需要,随时变更对合同的要求。〔77〕不仅如此,定作人对于完成的工作成果具有利益,且承揽的成果通常具有特定性和个性化,若不允许变更,在定作人自身需求发生变化后很难通过转售等来减少损失,故允许其中途变更亦有其理由。当然,《民法典》第777条只是规定了定作人变更承揽工作要求给承揽人造成损失时应当赔偿,并未规定定作人的变更权。但结合承揽合同的性质、《民法典》第136条的规定等,可以解释出定作人存在此等变更权。当然,定作人的变更,需属于“中途”变更,变更应当在承揽人完成全部工作前变更。与此同时,定作人变更工作要求,一定程度上与定作人的指示类似,可以参照适用《民法典》第776条的规定,承揽人发现定作人的变更要求不合理时,承揽人同样具有警

〔73〕王利明:《合同法》(下册),中国人民大学出版社2021年版,第210页。

〔74〕河上正二「債権法講義[各論]37 請負」『法学セミナー』780号(2020年)67頁。

〔75〕周江洪:《服务合同立法研究》,法律出版社2021年版,第282页。

〔76〕周江洪:《服务合同立法研究》,法律出版社2021年版,第335页。

〔77〕胡康生主编:《中华人民共和国合同法释义》(第3版),法律出版社2013年版,第420页;魏耀荣等:《中华人民共和国合同法释论》(分则),中国法制出版社2000年版,第286页;黄薇主编:《中华人民共和国民法典解读:合同编》(下册),中国法制出版社2020年版,第955页。

示、通知的义务。

定作人中途变更工作要求给承揽人造成损失的，应当赔偿损失。但就此等损失赔偿的范围，多有争议。或许有观点会认为，《民法典》第 777 条规定的法定变更，属于定作人的权利行使，并不构成违约，理论上不应是违约损害赔偿。也有观点可能会认为，此时虽然不构成违约也可以赔偿履行利益，但应作相应扣减。或者认为，对于行使变更权时的损害赔偿，可参考任意解除时的利益平衡问题，通过报酬请求权模式来解决。[78] 通常来说，因定作人的变更导致费用增加的，定作人应当赔偿此等费用支出，《民法典》第 805 条就建设工程合同作出了该规定。定作人的变更导致承揽人已完成之部分工作陷于无意义时，就已完成之部分工作，虽然对于定作人亦无意义，无法依定作人所受之利益请求比例报酬（《民法典》第 782 条），但因此等部分给付不能可归责于定作人之事由而引起，故就该部分亦可参照风险负担规则的一般原理请求相应的报酬。此等报酬，亦可视为承揽人徒劳费用或支出的赔偿（参照《民法典》第 804 条之立法精神）。但值得注意的是，《民法典》第 777 条只是规定了承揽人的赔偿请求权，并未赋予其他救济措施。对此，可参照适用其他规范予以扩张。例如，因定作人变更工作要求而迟延的，承揽人并不负迟延赔偿责任；因定作人变更工作要求致使承揽工作不能完成、致使合同目的难以实现的，承揽人得以解除合同等。又如，如果承揽人认为定作人变更后的工作要求不合理，且定作人坚持不作修改的，承揽人可以请求解除合同；如果定作人变更后的工作要求已经超出了承揽人原合同所需的工作技能或资质要求，导致承揽人无法完成承揽工作的，承揽人亦可主张解除合同。[79]

（四）定作人的任意解除权

除了变更权，定作人亦享有任意解除权。定作人在承揽人完成工作前可以随时解除合同，造成承揽人损失的，应当赔偿损失（《民法典》第 787 条）。从比较法的立法例中可以看出，在服务类合同中，服务受领人的任意解除权具有普遍性。从制度原理上来说，支撑着每一有名合同任意解除权的是源自各有名合同特性的特别理由。[80] 例如，承揽合同中定作人的任意解除权，与前述变更权一样，并非仅仅源于当事人之间的信任关系，而是定作人是自己利益的最佳判断者，因此，对于自己主观上认为已无需求之工作成果当然有权通过行使任意解除权而避免增加支出。而且，服务类合同任意解除权的法律效果，不应以恢复原状或返还为中心来构筑，而应在报酬请求权模式和损害赔偿请求权模式之间作出考虑，应当区分任意解除权的发起人和合同性质的有偿与否等因素作不同考量。总之，任意解除权的定位，因服务合同的有偿与否有所不同；服务受领人的任意解除与服务提供人的任意解除之间的利益考量也不相同，所受限制也不尽相同。服务受领人原则上具有任意解除权，在任意解除时，若为无偿服务合同，因服务乃

---

〔78〕 关于“报酬请求权模式”与“损害赔偿请求权模式”，参见周江洪：《委托合同任意解除的损害赔偿》，载《法学研究》2017 年第 3 期。

〔79〕 最高人民法院民法典贯彻实施工作领导小组主编：《中华人民共和国民法典合同编理解与适用（三）》，人民法院出版社 2020 年版，第 1844 页。当然，亦有观点认为，因定作人变更要求致使承揽人无法完成承揽工作的，应视同定作人行使任意解除权。参见徐涤宇、张家勇主编：《〈中华人民共和国民法典〉评注》（精要版），中国人民大学出版社 2022 年版，第 825 页。

〔80〕 吴奕锋：《论不定期继续性合同随时终止制度——兼评〈民法典合同编（二审稿）〉的规定》，载《中外法学》2019 年第 2 期。

是为了服务受领人之利益,服务提供人就服务所支出的费用可以由费用返还请求权所涵盖,原则上并无损失可言,不存在损害赔偿请求权。但是,例外情形是服务提供人就服务本身同时也存有自身利益时,服务受领人应就持续性密切接触的服务提供人的利益作出适当关照,若未尽到此等关照,需承担损害赔偿责任。而服务受领人任意解除有偿服务时,服务提供人的报酬请求权与损害赔偿请求权之间的关系成为焦点之一。此时,服务提供人对于任意解除后剩余期间的将来报酬也享有请求权,但应依损益相抵规则、减损规则等作相应调整。但此等报酬请求权的规范基础,并不在于任意解除时的损害赔偿请求权,而是因可归责于债权人事由履行不能时的风险负担规则的适用。若有偿服务同时也为服务提供人的利益的,与前述无偿服务时类似,就服务提供人该部分的利益受损,服务受领人负有损害赔偿责任。[81]《民法典》第787条规定的定作人任意解除权,亦可做同样理解。

实践中,亦有定作人将任意解除权作为“止损”的重要法律工具。例如,有消费者保护相关的案例就肯定了当事人的任意解除权。该案中,李某、景某为两名在校大学生,看到某影楼发布19.9元古装写真广告,遂去店拍摄。后两人对照片、相册、化妆、服装等项目进行多次消费升级,与某影楼先后签订了五份协议,合计金额达2.6万余元。李某、景某通过向亲友借款和开通网贷支付了部分款项后,当天向该公司提出变更套餐内容,减少合同金额,遭拒。后两人向某区消保委投诉未果,遂诉至法院,要求解除五份协议,并退还已经支付的全部款项2万余元,尚未支付的5900元不再支付。法院认为,某影楼按照李某、景某特定拍摄、化妆、选片、选相册等要求而与其签订多份合同,影楼以自己的设备、技术和劳力,根据李某、景某的指示进行相应工作,交付约定的工作成果,李某、景某向影楼支付约定的报酬。故双方为承揽合同关系,李某、景某作为定作人享有任意解除权。但是,任意解除权的行使应有三大限制条件:一是解除应有效通知到承揽人;二是解除通知应在承揽人完成承揽工作之前到达承揽人;三是如因解除行为给承揽人造成损失的,定作人应当赔偿损失。合同解除后,定作人按合同约定预先支付报酬的,承揽人在扣除已完成部分的报酬后,应当将剩余价款返还定作人。故法院判决五份协议中尚未履行的协议全部解除,未全部履行的协议部分解除,已履行完毕的协议不能解除,被告退还两名原告合同款项1.86万元。[82]

当然,比较法上亦有将报酬请求权与损害赔偿请求权折中计算的模式。[83] 例如,有学说认为,定作人任意解除时应予以赔偿的范围,乃是完成工作时得以取得的报酬、到解除时为止已支出的费用、因被任意解除而增加的费用总和减去承揽人因解除而受有之利益。[84] 我国不少

---

〔81〕 周江洪:《委托合同任意解除的损害赔偿》,载《法学研究》2017年第3期;周江洪:《服务合同立法研究》,法律出版社2021年版,第312、316~317页。

〔82〕 李某、景某诉某影楼承揽合同纠纷案——消费者与影楼签订摄影合同后可依法行使解除权,最高人民法院发布十起消费者权益保护典型案例之二。

〔83〕 关于定作人任意解除情形损害赔偿相关的司法实践现状,参见宁红丽:《定作人任意解除权的行使与赔偿范围之认定》,载周江洪、陆青、章程主编:《民法判例百选》,法律出版社2020年版。

〔84〕 河上正二「債権法講義[各論]37 請負」法学セミナー780号(2020年)72頁。

学说亦主张类似的见解。[85] 司法实践中，亦有法院认为，定作人任意解除合同，在合同解除前给守约方造成的损害都应在赔偿范围内，此类赔偿是当事人信赖合同能够成立并能够得到履行而产生的，属于守约方经济利益的损失，故应列入赔偿范围内。合同解除后尚未履行的合同预期的可得利益不应包括在损害赔偿范围内，依比例报酬原理来确定任意解除时的损害赔偿范围。据此，法院判决认为，“考虑到涉案委托设计项目，初步设计是整个项目的架构性设计文件，而详细设计必须在初步设计的基础上进行细化，双方在签订合同时应对合同的阶段性工作量及对应的款项有一定的预期，鉴于初步设计方案的重要性，结合《合同协议书》中对合同款的约定，本院有理由确认某环保技术公司在完成初步设计方案后，应获得50%的合同款，该笔合同款应包括某环保技术公司已完成部分的设计方案的成本及预期收益。现某环境科技公司无正当理由解除合同，应向某环保技术公司赔偿上述款项，因某环境科技公司已经向某环保技术公司支付了38万元，故某环境科技公司还需向某环保技术公司赔偿57万元”[86]。但另有法院裁判则认为不应限于比例报酬，“定作人应当赔偿因其解除合同给承揽人造成的损失，具体包括承揽人为完成承揽工作而购买材料等所支付的价款、承揽人已完成工作部分所应获得的报酬以及承揽人所受的其他损失”。该案中，“争议焦点为海风公司以其为履行案涉《风机定制采购合同》向案外人订购了相应配件为由，要求航城公司赔偿海风公司与案外人签订的《板材定制合同》《叶轮定制合同》《电机定制合同》项下的合同款596,918元的诉请能否成立”。对此，法院认为，“海风公司可待与荣鑫公司、中隧公司、创新公司分别就《板材定制合同》《叶轮定制合同》《电机定制合同》项下有无存在损失以及损失金额予以厘清后，再行向航城公司进行主张”。[87] 该案认为，为履行承揽合同而支出之费用或遭受的损失，应当予以赔偿。

当然，从理论上来说，承揽人的报酬并非任意解除时的“损失”。原因在于，因定作人行使任意解除权而导致承揽人的给付义务履行不能，乃是可归责于债权人事由之给付不能，债权人应承受价金风险。也正因如此，在定作人任意解除承揽合同情形，承揽人享有的报酬请求权，要么是依《民法典》第782条“工作成果部分交付的，定作人应当相应支付”之规定，就承揽人已完成的部分工作在定作人受有利益范围内支付报酬；要么是因可归责于定作人事由之给付不能，承揽人就未完成工作部分相应的报酬享有请求权，但应依损益相抵之原则予以扣减。报酬请求权的基础并非任意解除情形的损害赔偿请求权，《民法典》第787条规定的“赔偿损失”的

[85] 胡康生主编：《中华人民共和国合同法释义》（第3版），法律出版社2013年版，第439页；魏耀荣等：《中华人民共和国合同法释论》（分则），中国法制出版社2000年版，第304页；黄薇主编：《中华人民共和国民法典解读：合同编》（下册），中国法制出版社2020年版，第987页；谢鸿飞、朱广新主编：《民法典评注：合同编　典型合同与准合同》（第3册），中国法制出版社2020年版，第95页。

[86] 某环保技术公司诉某环境科技公司承揽合同纠纷案，北京市通州区人民法院发布九个副中心民营企业商事纠纷典型案例之二。

[87] 浙江海风风机有限公司、浙江航城智能科技有限公司定作合同纠纷案，浙江省绍兴市中级人民法院（2022）浙06民终221号民事判决书。

内涵应当是区别于报酬请求权的“损失”。[88] 但从最终的法律效果上看，在定作人任意解除之情形，承揽人既享有报酬请求权（含已完成部分工作成果相应的报酬请求权与尚未完成工作成果相应的报酬请求权），亦享有《民法典》第 787 条意义上的损害赔偿请求权，但两者之间应做适当协调，以避免重复计算。比较法上的上述理解以及我国的类似学说，其逻辑构成上未能区分风险负担规则、报酬请求权的规范基础以及损害赔偿请求权的规范基础，但在其最终效果上，与依据上述各请求权分别请求时并无大的不同。

值得注意的是，定作人行使任意解除权，并不以实际提供损失赔偿为前提要件。虽然定作人任意解除权乃是“允许定作人及时以赔偿承揽人的损失为代价而解除合同”，[89] 甚至有释义书认为，“定作人解除合同的前提是赔偿承揽人的损失”，[90] 但并不表明任意解除权的行使与损害赔偿地提供处于“同时履行”的关系。任意解除的行使，只要定作人通知承揽人解除合同即可。

定作人行使任意解除权，应当在“承揽人完成工作前”。这是《民法典》第787 条较之原《合同法》新增的限制性要件。之所以增加这一规定，主要是考虑到承揽合同往往具有较强的专属性，承揽人工作的展开及成果的交付都需要按照定作人的要求进行。如果允许定作人在承揽人完成工作以后仍然可以解除合同，则很可能由于定作成果的专属性而造成浪费，承揽人很难再将原本为定作人完成的工作成果另行处置，与《民法典》所倡导的绿色原则、充分发挥物的效用的理念不相符。通过将定作人解除合同的时点限制在“承揽人完成工作前”，可以在定作人的任意解除权与避免资源浪费、践行绿色原则之间取得平衡。[91] 如果承揽人已经完成工作，定作人解除合同不会在避免徒然支出与资源浪费等方面取得任何效果。[92]

（五）定作人的受领及验收义务

虽然我国《民法典》未将受领明确规定为定作人的义务，但是在解释上，从该法明确规定受领人的协助义务及其债务不履行后果，依“举轻以明重”，亦应认定定作人受领义务的存在，在性质上宜理解为定作人的一项主义务。此项义务的违反，除通常发生的债权人受领迟延的法律效果外（《民法典》第 589 条），亦可类推适用原《合同法》第 257 条和第 259 条（《民法典》第 776 条和第 778 条）的规定，进一步发生损害赔偿、合同解除等法律效果。[93] 我国民法多数学说也认为定作人有受领工作成果的义务，[94] 亦有学说认为“应当验收工作成果”的文义解释本身就包含了要求定作人在合理期限内接受并验收的义务，进而主张定作人负有及时接收标的

---

[88] 也有学者敏锐地注意到了赔偿损失与报酬之间的区别，认为“我国法对承揽人的保护与《德国民法典》有较大区别：德国法是保护‘约定的报酬’，即为履行利益或者期待利益，而我国仅仅是赔偿损失，是否包括可得利益？本书认为，德国法的规定比我国法合理，法律既然赋予定作人如此大的权利——任意解除权，就应当对承揽人作出更周全的保护。因此，在解释上，应认为包括可得利益”。李永军：《合同法》（第 6 版），中国人民大学出版社 2021 年版，第 361 页。

[89] 崔建远：《合同法》（第 4 版），北京大学出版社 2021 年版，第 566 页。

[90] 黄薇主编：《中华人民共和国民法典解读：合同编》（下册），中国法制出版社 2020 年版，第 986 页。

[91] 黄薇主编：《中华人民共和国民法典解读：合同编》（下册），中国法制出版社 2020 年版，第 986 页。

[92] 徐涤宇、张家勇主编：《〈中华人民共和国民法典〉评注》（精要版），中国人民大学出版社 2022 年版，第 832 页。

[93] 韩世远：《合同法学》（第 2 版），高等教育出版社 2022 年版，第 481 页。

[94] 崔建远：《合同法》（第 4 版），北京大学出版社 2021 年版，第 563 页；李永军：《合同法》（第 6 版），中国人民大学出版社 2021 年版，第 360 页。

物的义务。[95] 也有学者认为,验收首先是定作人的权利,定作人经承揽人要求却不合理的拒绝验收时,陷于受领迟延。但是,单纯的债权人迟延规则不足以保护承揽人,因为承揽人履行效果的实现有赖于验收的完成,而验收制度的核心在于定作人认可工作,该意思表示仅在满足特别要件的前提下才能够被拟制,而在我国法律上尚缺乏系统完备的意思表示拟制规则。欲令验收效果发生,需要定作人积极做出表示行为。故而,各文献观点均认可定作人有验收义务。同时认为,对验收而言,其相关法律后果,如承揽报酬的到期,风险转移以及相关期间的起算等,均基于法律规定直接发生,其中欠缺定作人的法效意思,非为法律行为,但毕竟验收仍属于表示行为,因此宜解释为准法律行为。[96]

承揽人交付工作成果后,定作人应当及时进行验收。承揽人的给付效果取决于验收,而验收及其法律效果的发生原则上都依赖于定作人的行为,验收是一件服务于定作人利益的工具。[97]《民法典》虽然规定了定作人的验收义务,但并未规定验收的程序及相应的法律效果。《民法典》编纂过程中,虽有建议应明确规定定作人怠于验收时的救济问题,但最终未规定。依《民法典》第 646 条的规定,定作人验收承揽工作成果,可参照适用《民法典》买卖合同章第 620 ~ 624 条的规定。[98] 但值得注意的是,验收义务为不真正义务。定作人怠于验收,并不是向承揽人承担责任,而是自己承受不利益。

三、承揽合同中的风险负担

《民法典》并未就风险负担规则设定一般规则,亦未就承揽合同中的风险负担作出特别规定,我国学理上和实践中对此亦多有争议。承揽合同中的风险负担,通常会涉及材料风险问题、工作成果风险问题和价金风险问题。

(一)材料风险问题

所谓材料风险的负担,是指承揽合同中,定作人或者承揽人(也可能是第三人)所提供的材料一旦由于不可归责于双方当事人的事由损毁、灭失所造成的损失由谁来承受。在此情形,通常应遵循民法上标的物毁损、灭失风险负担的一般规则(物的风险),即由材料的所有人负担风险,当事人另有约定的除外。我国民法学说中多主张材料风险由谁负担是根据定作人提供的材料还是承揽人自己提供的材料而确定。在定作人提供材料的情况下,由定作人承担材料的毁损、灭失风险;由承揽人提供材料的,应由承揽人负担材料毁损、灭失的风险;[99] 其实质亦是材料所有人负担物之风险。但物之风险由材料所有人负担,并非必然影响承揽合同的履行。

---

〔95〕 王利明:《合同法》(下册),中国人民大学出版社 2021 年版,第 209 页。

〔96〕 黄喆:《〈合同法〉第 261 条(工作成果的交付与验收)评注》,载《法学家》2020 年第 2 期。

〔97〕 黄喆:《民法典背景下承揽合同验收制度的教义学展开》,载《苏州大学学报(哲学社会科学版)》2020 年第 4 期。

〔98〕 当然,也有学说主张,"民法典时代,在现有立法框架内,承揽合同法的解释论应当走向全新的方向,体现完全不同于买卖法的规则设计和价值评判"。参见黄喆:《民法典背景下承揽合同验收制度的教义学展开》,载《苏州大学学报(哲学社会科学版)》2020 年第 4 期。

〔99〕 王利明:《合同法》(下册),中国人民大学出版社 2021 年版,第 209 页;崔建远:《合同法》(第 4 版),北京大学出版社 2021 年版,第 564 页。当然,亦有理论主张应根据谁实际控制标的物来确定材料风险的承受人,即如果原材料由定作人提供,则按照交付转移风险的一般规则,也应当由承揽人来承担。因为依照成本理论,谁实际控制标的物,谁就有能力以最小的成本控制风险的发生。参见李永军:《合同法》(第 6 版),中国人民大学出版社 2021 年版,第 361 页。

依《民法典》第774条及第775条的规定，定作人或承揽人需另行承担材料之提供。除非构成履行不能始得免除材料提供义务。若构成材料提供不能时，则引起承揽工作无法完成的结果，进而引发承揽合同上的给付风险问题。值得注意的是，如因承揽人保管不善造成材料毁损、灭失的，并非风险负担规则意义上的材料风险问题，而是承揽人的保管义务违反，属于可归责于承揽人事由引起的毁损、灭失，需由承揽人承担违约责任。

（二）工作成果的风险

工作成果已完成并交付定作人之前，若可归责于承揽人毁损、灭失的，则依《民法典》第784条的规定，应承担损害赔偿责任，并非风险负担的问题。但工作成果已完成并交付定作人之前，因不可归责于双方的事由毁损、灭失的，此时承揽人是否仍有义务重新或继续完成工作，则是风险负担所要解决的问题。就定作人角度言，则是定作人的履行请求权是否继续存在的问题。所谓的“工作成果的风险”，准确的描述应该是承揽人的给付风险，而并非完成的工作成果的“物之风险”。〔100〕对此，有观点认为，定作物的加工制作是一个从无到有的过程，一开始不应简单认定其为承揽工作，定作中的物即为特定物，而应依其基本成型为基点，认定是否具有特定性。在承揽人提供材料时，如果承揽工作尚未进展到定作物基本成型的阶段，应当由承揽人自行承担材料毁损、灭失的风险。反之，如果定作物已经基本成型，应由定作人承担定作中的物的风险。〔101〕对于承揽人是否负重新或继续完成工作之义务，亦有学说主张依交付前后确定，若交付之后，由定作人承受给付风险，承揽人无须重新或继续完成工作；若交付之前，则由承揽人负担给付风险，承揽人仍负有重新或继续完成工作之义务。〔102〕其实质就在于，在工作成果交付之前，只要不构成《民法典》第580条意义上的给付不能，定作人就可以请求承揽人继续履行《民法典》第770条之合同义务。虽说如此，若重新或继续完成工作可能之情形，虽应负继续履行义务，但并非可归责于当事人事由致使毁损、灭失之情形，若符合《民法典》第533条情势变更原则的适用要件，承揽人可请求增加报酬或解除合同等。若此等义务履行不能时，不负继续履行义务，属于不可归责于当事人之事由，价金风险问题依风险负担规则处理。同时，若因可归责于定作人的事由，此时可依可归责于定作人事由（可归责于债权人事由）之不能来对待，承揽人可请求其对待给付（报酬）。

（三）价金（报酬）风险

若因不可归责于当事人之事由致使承揽工作不能完成的，承揽人无须另行重新完成或继续完成工作，定作人是否仍负有报酬支付义务，就属于价金风险问题。对此，学说上有主张适用或参照适用买卖合同风险负担规则者，〔103〕亦有主张进一步区分由定作人还是承揽人先取得成果的所有权而定，若由承揽人首先取得工作成果所有权而不能移转所有权的，则不得向定作人主张报酬的支付，若由定作人自始取得工作成果所有权而承揽人不能交付工作成果的，则报

---

〔100〕亦有学说从物之风险角度阐述“工作成果的风险”，认为须依所有权人主义确定。参见王利明：《合同法》（下册），中国人民大学出版社2021年版，第211页。

〔101〕最高人民法院民法典贯彻实施工作领导小组主编：《中华人民共和国民法典合同编理解与适用（三）》，人民法院出版社2020年版，第1827页。

〔102〕韩世远：《合同法学》（第2版），高等教育出版社2022年版，第483页。

〔103〕韩世远：《合同法学》（第2版），高等教育出版社2022年版，第483页；杨代雄主编：《袖珍民法典评注》，中国民主法制出版社2022年版，第729页。

酬风险可依定作人提供材料形成的价值与承揽人提供劳务形成的价值比例合理负担。[104] 亦有学说主张，承揽债之情形，应当区分工作完成前的毁损、灭失，工作完成后交付前的毁损、灭失进行分别考虑，同时还需考虑工作的完成是否仍有可能以及工作的完成是否已最终不可能等予以判断。[105] 或者主张，"就价金或者说报酬风险言，一般应完全由承揽人自行负担"。[106] 通常来说，对于存在物之交付的承揽合同而言，其价金风险参照买卖合同处理有其合理之处，即依《民法典》第604条、第603条的规定，原则上依交付前后确定，但受领迟延时，则由定作人承担。但依据承揽合同报酬请求权的履行期限到来规则，原则上要交付工作成果承揽人才得以请求报酬，既然未交付工作成果，承揽人不得请求报酬。也就是说，报酬（价金）风险在交付工作成果前由承揽人承受（或者说，对于尚未产生给付义务的报酬请求权，并无所谓风险负担问题）。若是如此，其实际结果与《民法典》第604条、第605条参照结果并无不同。但就无须交付或受领的承揽而言，承揽工作完成的同时即得以请求报酬，故应以工作完成时点作为价金风险移转的时点。

思考｜服务类合同的价金风险问题

与上述各观点将承揽合同中的风险负担比作物之交付予以考虑不同的是，承揽合同的特殊性亦可能会影响风险负担规则的构成。承揽并不同于买卖，其并非材料等物之移转，而且还有凝结在工作成果中的劳务如何对待的问题。而且，承揽等情形，亦存在部分交付情形之比例报酬规则（《民法典》第782条），以及依承揽工作进度支付进度款等特殊情形的价款支付规则。因此，是否得以完全参照适用买卖合同的规则，仍有进一步思考之余地。通常来说，服务类合同中，遵循"非工作无报酬"的原则，就承揽合同而言，则是"无工作成果则无报酬"，只有例外情形始承认承揽人"无工作成果也享有报酬"。因此，就不可归责于承揽人之事由导致承揽工作履行不能时，与其参照买卖合同考虑统一的风险负担规则，不如从承揽合同或服务类合同的特性出发考虑具体的报酬规则始为妥当。从立法论上而言，可从成果完成型报酬支付方式和依履行比例方式支付报酬而做适当区分。具体来说，可考虑参考服务类合同的下述一般规则："（1）未为服务之提供，服务提供人不得请求支付报酬。服务受领人预先支付报酬的场合，若服务提供人不能提供服务之全部或一部的事实已经确定，则服务提供人应返还与未提供服务部分相应的报酬。（2）成果完成型报酬支付方式的服务合同，即使通过该服务提供完成成果已为不可能，若已为之服务提供的成果可分且服务受领人就已履行部分存在利益的，服务提供人有权请求与已履行服务部分相应的报酬。（3）依履行比例支付报酬的服务合同，若服务提供于中途终止，则服务提供人可以请求与已经完成的履行比例相应的报酬。（4）虽有前两款之规定，但因可归责于服务受领人之事由致使服务提供不能或者服务受领迟延期间发生服务提供不能的，服务提供人得以请求全部报酬。但服务提供人就服务提供不能存在故意或重大过失的，除外。（5）前款规定之情形，服务提供人因免除自身履行义务而节省的费用、将其资源投入其他

---

〔104〕 崔建远：《合同法》（第4版），北京大学出版社2021年版，第565页。

〔105〕 河上正二「債権法講義［各論］37 請負」法学セミナー780号（2020年）66頁。

〔106〕 王利明：《合同法》（下册），中国人民大学出版社2021年版，第211页。

领域而获得的其他收益或者恶意怠于取得的相应收益，应当相应地予以扣减。”〔107〕虽然依此等规则确定的结果，与参照适用买卖合同得出的结论可能不会有大的不同，但其兼顾了服务类合同的劳务提供或劳务凝结特性，兼顾了报酬支付方式的不同，对于未来思考承揽合同的价金风险亦具有参考意义。

实际上，关于服务类合同的价金风险问题，比较法上亦有一些动向。例如，日本法上，作为2017年修改之前的解释，工作完成后、交付之前因不可归责于当事人的事由毁损、灭失（烧毁）时，在建筑物之情形，学理上认为使其重新建筑之事，除非所烧毁部分很小，否则应视为一般交易观念上的履行不能，给付风险由定作人承担，承揽人之给付义务消灭；价金风险由承揽人承担，不得请求报酬。值得注意的是，2017年《日本民法典》的修改，是为了协调解除与风险负担规则之间的关系，在放弃解除可归责性要件的同时，一改日本民法原来在风险负担规则对待给付风险中采取的“债务消灭主义”，改采“抗辩权发生主义”，即债务人承担对待给付风险时，并非债权人的对待给付义务自动消灭，而是产生“履行拒绝权”，该抗辩权为永久抗辩，即“（1）因不可归责于双方当事人之事由致债务不能履行时，债权人可以拒绝履行对待给付。（2）因可归责于债权人之事由而致使债务不能履行时，债权人不得拒绝履行对待给付。于此情形，债务人因免除自己之债务而得到利益时，应偿还债权人”（《日本民法典》第536条）。当然，在立法过程中，也有学者从调和合同解除与风险负担规则角度肯定了该修改方案的积极意义，但是对于履行拒绝权的存续期间、已部分履行对待给付时履行拒绝权构成的“盲点”等提出了若干建议。另外，在学理上，有学说认为可以扩张修改后的《日本民法典》第536条第2款规定的适用范围，将其作为服务合同中反对债务履行请求权的发生依据。该学说认为，诸如雇佣、委托、承揽等服务类合同中，因可归责于债权人事由履行不能时，以及受领迟延期间的履行不能，应当解释为发生与该履行不能相应的反对债务的具体履行请求权，应肯定来自债务人之请求。关于这点，日本债法修改过程中，在“中间试案”阶段，曾经就雇佣、委托、承揽分别设置了相应的规则，但立法担当者认为第536条第2款规定足以作为这些报酬请求权发生的根据，因而没有就服务类合同单独设定相应的条文。基于这样的立法过程，该学者认为，作为该法的解释，虽然雇佣、委托、承揽等服务类合同中的因可归责于服务受领人事由之履行不能，与风险负担规则本身相异（风险负担规则处理的是对于已实际发生的反对债务的履行请求权，能否行使履行拒绝权的问题，而此时因履行不能并未实际发生报酬请求权），但从第536条第2款的立法目的出发，作为“非工作无报酬”规则的例外，对于与服务提供不能期间相应的报酬请求权也应予以肯定。〔108〕当然，就该全额报酬请求权而言，如何与部分交付工作成果情形的比例报酬请求相调适，亦有一些不同的观点。一方面，依修改后的《日本民法典》，其第643条肯定了已完成部分的比例报酬，其立法旨趣在于工作的可分及就已完成之工作承揽人支出与定作人之受益的平衡。但另一方面，依修改后的《日本民法典》，其第641条的任意解除情形亦得以肯定履行利益之赔偿，进而肯定了全额报酬请求权；当然，亦应做损益相抵、损害轻减义务的违反与否等各种扣减。不仅如此，依第536条第2款的规定，对于不可归责于定作人事由之工作完成不能，亦可

〔107〕 周江洪：《服务合同立法研究》，法律出版社2021年版，第332～335页。

〔108〕 潮見佳男『新債権総論Ⅰ』（信山社，2017年）623頁以下。

依风险负担规则的原理要求全额报酬，但应做相应扣减。如此一来，报酬请求权各规范依据之间的体系性解释和平衡就会显得尤为重要。对此，亦有学说指出，若是依《日本民法典》第641条或第536条第2款，报酬请求权的来源，似乎就归结于承揽合同的成立，成立了承揽合同，就确保了其报酬请求权。但从承揽的性质来看，承揽人之报酬请求权，并非来自承揽合同的成立，而是随着工作的逐步推进而产生具有给付保持力的具体债权，合同的缔结，只不过是确立了承揽人得以取得报酬的地位。也正因如此，《日本民法典》第641条或第536条第2款的全额报酬请求权，才需要就报酬额的减额或者赔偿额的减额等方面作出适当调整。〔109〕 也正因如此，对于风险负担规则情形的报酬请求权、任意解除情形的履行利益赔偿与承揽合同的比例报酬请求权之间的关系，需要作出整合性思考，特别是那些刚缔结合同、进行工作没多久就面临不可归责于当事人事由之履行不能或者任意解除之情形，"全额报酬请求权＋扣减"模式抑或"比例报酬"模式或者是"损害赔偿请求权"模式，仍有进一步探讨之可能。毕竟，若依"非工作无报酬"的基本原理，"部分交付时相应的报酬"的比例报酬似乎更为合理；对于那些只进行了些许工作进度的承揽而言，若因风险负担或任意解除而享有全额报酬或类似全额报酬的履行利益赔偿，其价值妥当性仍需进一步讨论。也正因如此，需要在全额报酬或履行利益赔偿之外进行各种扣减。从日本的司法实践来看，虽然学说上多承认依风险负担规则的全额报酬请求权或依任意解除时的履行利益赔偿，但司法实践中常见的却是根据工作进度的相应的具体报酬。〔110〕 我国前述"某环保技术公司诉某环境科技公司承揽合同纠纷案"也在一定程度上遵循了依工作进度确定比例报酬的思路。对此，我国亦有不少学者探讨报酬请求权模式与损害赔偿请求权模式的异同，〔111〕可作为进一步研讨的参考材料。

---

〔109〕 吉永一行「請負における報酬請求——仕事完成不能の場面を中心に」法学教室467号(2019年)96頁。

〔110〕 吉永一行「請負における報酬請求——仕事完成不能の場面を中心に」法学教室467号(2019年)95頁。

〔111〕 宁红丽：《〈民法典草案〉"承揽合同"章评析与完善》，载《经贸法律评论》2020年第1期；周江洪：《委托合同任意解除的损害赔偿》，载《法学研究》2017年第3期。

第十章　建设工程合同

建设工程合同包括工程勘察、设计、施工合同。自原《经济合同法》施行以来，建设工程合同就被作为典型合同予以规定。《民法典》合同编第十八章规定了勘察、设计合同（《民法典》第 794 条），施工合同（《民法典》第 795 条），委托监理合同（《民法典》第 796 条），但从整体规范来看，《民法典》合同编第十八章以施工合同作为其主要内容。因此，本章亦以施工合同为主做适当阐释。

《民法典》合同编第十八章将建设工程合同作为承揽合同的子类型予以规定，该章没有规定的，适用承揽合同的有关规定（《民法典》第 808 条）。此外，《民法典》颁布以后，最高人民法院在废止和整合建设工程领域原有司法解释的基础上，公布了《建设工程施工合同司法解释（一）》（法释〔2020〕25 号），共 45 条。与原《合同法》相比，《民法典》建设工程合同章主要吸收了原《合同法》时代的司法解释的部分内容。但其与融资租赁合同等领域大量吸收司法解释并不相同，在《民法典》编纂过程中，虽然在《民法典》合同编二审稿阶段考虑了诸多司法解释的导入，但最终颁布的《民法典》纳入的并不多，特别是在建设工程价款法定优先权方面，并没有实质修改。尤其需要注意的是，原《建设工程施工合同司法解释》（法释〔2004〕14 号，已失效）第 13 条曾规定未经竣工验收擅自使用时，发包人不得主张质量不符合约定，但《民法典》建设工程合同部分，并未导入擅自使用视为合格的规定。〔1〕

在建设工程合同领域，除了《民法典》第十八章及司法解释的规定之外，还存在《建设工程施工合同（示范文本）》《建设工程勘察合同（示范文本）》《建设工程设计合同示范文本（专业建设工程）》《建设工程设计合同示范文本（房屋建筑工程）》《建设项目工程总承包合同（示范文本）》《FIDIC 施工合同条件》等建设工程领域的诸多示范文本。此等示范文本，在某种程度上构成了该领域的行业惯例。不仅如此，在建设工程领域，工程质量不仅涉及发包人的利益，还关系到社会上不特定第三人的人身和财产安全，甚至关系到国计民生和社会稳定，建设工程合同领域也因此具有一定的国家干预特征；〔2〕在合同订立、承包人资质、建设工程质量监管、建设工程验收等各个环节需遵循相应的监管要求等，不仅《民法典》对此作出了特别规定，也存在不少行业性的法律法规，法规体系相对庞杂。例如，《民法典》第 792 条规定，"国家重大建设工程合同，应当按照国家规定的程序和国家批准的投资计划、可行性研究报告等文件订立"。《招标投标法》《建筑法》《建设工程安全生产管理条例》《建设工程勘察设计管理条例》《建设工程质量管理条例》《建设工程勘察设计管理条例》等诸多法律法规也均涉及建设工程问题。另外，建设工程合同，作为承揽合同的子类型，一方面其本质上归属于承揽合同，但另一方面也具有

---

〔1〕 周江洪：《民法典合同编的制度变迁》，载《地方立法研究》2020 年第 5 期。

〔2〕 黄薇主编：《中华人民共和国民法典解读：合同编》（下册），中国法制出版社 2020 年版，第 930 页。

建设工程合同自身的特点，在不少规则上与一般承揽合同有所区别。

第一节 建设工程合同概述

一、建设工程合同的概念

建设工程合同是承包人进行工程建设，发包人支付价款的合同（《民法典》第788条第1款）。建设工程合同包括工程勘察、设计、施工合同（《民法典》第788条第2款）。建设工程合同是概括名称，其中包括了多种合同类型，既可以是包括勘察、设计、施工等在内的总承包合同，也可以是分别与勘察人、设计人、施工人订立的勘察、设计、施工承包合同（《民法典》第791条）。故建设工程合同的具体给付内容应依具体的合同类型确定。《民法典》第788条并未如同《民法典》第770条一样规定“完成工作、交付工作成果”，这似乎表明承包人的主给付义务是“进行工程建设”，而不涉及工作之完成和工作成果的交付。但依《民法典》第808条的规定，建设工程合同为承揽合同的子类型，依该条之规定，仍然得以得出承包人具有完成建设工程并交付建设工程之义务。另外，建设工程合同与承揽合同一样，均为诺成、双务和有偿合同；但与承揽合同不同，建设工程合同为要式合同（《民法典》第789条）。

思考 | 装饰装修合同与建设工程合同

何为建设工程合同中的“建设”，实践中多有争议。在《民法典》编纂过程中，曾有建议扩张“建设工程”的类型，将其规定为“建设工程合同包括工程勘察、设计、施工、监理、试验、检测等合同”，但《民法典》第788条最终并未采纳该建议，仍然是延续原《合同法》第269条的规定。有学说认为，广义上的建设工程合同包括建筑物的勘察、设计、建造、装修、改进、修缮等各种合同，而狭义上的建设工程合同仅仅是指建设工程的勘察、设计和施工合同，并认为我国《民法典》采纳了狭义的概念。[3] 也有学说认为，建设工程合同的标的物仅限于基本建设工程。[4] 亦有认为，这里的“工程”是指土木建筑工程和建筑业范围内的线路、管道、设备安装工程的新建、扩建、改建以及大型的建筑装修装饰活动。[5]

对此，《建筑法》规定了“建筑活动”的概念，即“本法所称建筑活动，是指各类房屋建筑及其附属设施的建造和与其配套的线路、管道、设备的安装活动”（《建筑法》第2条第2款）；在《建筑法》基础上制定的《建设工程质量管理条例》第2条第2款则规定，“本条例所称建设工程，是指土木工程、建筑工程、线路管道和设备安装工程及装修工程”。从这些规定来看，在行

---

〔3〕 王利明：《合同法》（下册），中国人民大学出版社2021年版，第218页。

〔4〕 崔建远：《合同法》（第4版），北京大学出版社2021年版，第567页。另外，在20世纪80年代的合同法著作中，在“完成工作的合同”类型之下，除了“承揽合同”之外，也专门单列了“基本建设合同”予以阐述。参见王家福、谢怀栻等：《合同法》，中国社会科学出版社1986年版，第261页。

〔5〕 黄薇主编：《中华人民共和国民法典解读：合同编》（下册），中国法制出版社2020年版，第989页；胡康生主编：《中华人民共和国合同法释义》（第3版），法律出版社2013年版，第440页。

业法层面,装修工程也逐步被纳入建设工程领域。但《民法典》合同编第十八章规定的建设工程合同是否包括装修装饰工程合同,仍然存在争议。有学说认为,国家相关主管机构对于建设工程合同设有严格的资质监管、备案等程序,并设计了较为统一的合同范本,而对于装饰装修合同则显然要宽松得多,更多的交由市场和行业来自行规范。鉴于这样的原因,《民法典》在建设工程合同的类型中最终没有纳入建筑装饰装修合同。[6] 之所以要确定其是否为建设工程合同,主要是会涉及承包人资质、工程质量监管、承包人工程价款法定优先权等方面,承揽合同与建设工程合同的规范存在不同。审判实践中,对于承揽合同与建设工程合同的区分,也并没有形成非常明确的标准,而是认为区分承揽合同和建设工程合同的关键是对建设工程的范围进行界定,可以根据投资数额、技术难度、工程用途、发包人情况等因素综合判断。同时认为,一般来说,居民为自己居住而建造住宅、修缮房屋、家庭装修装饰,企业建设临时简易房屋建筑等都属于承揽事项,不属于建设工程范围。[7] 但与此不同,最高人民法院民事审判第一庭编著的相关释义书却又认为,"装饰装修已经成为建筑活动或者工程建设的内容。法律、行政法规均明确建筑装饰装修属于建筑活动或者工程建设的内容……结合《民法典》合同编第十八章'建设工程合同'的规定,可以从法律上认定装饰装修工程属于施工合同范围"[8]。但该释义书同时也认为,并非所有的装饰装修工程都为建设工程,可参照装饰装修工程价款占整个建筑的价款的比例予以判断装饰装修工程是否属于建设工程施工范围。而且其还认为,家庭居家装饰装修工程应适用《民法典》合同编有关承揽合同的规定,承包人并不享有工程价款优先受偿权。[9] 这些状况也表明,学说和实践就此尚未达成足够的共识。

实际上,上述争议的本质在于《民法典》第十八章建设工程合同的适用范围问题。对此,因不同的法律规范规定"建设工程"的含义具有不同的立法目的,并不能简单地以《建筑法》及《建设工程质量管理条例》的定义来确定《民法典》规定的"建设工程"的范围,而是应从《民法典》将"建设工程合同"作为区别于承揽合同的典型合同予以规定的立法目的角度予以判断。之所以将建设工程合同单独规定,一方面是延续了原《经济合同法》的规定,另一方面是由于建设工程合同存在诸多严格的监管,与一般的承揽并不相同。若是如此,将那些没有必要纳入工程监管的承揽工作纳入建设工程合同并不合理。此外,在合同性质决定与规范适用上,即使将装修装饰合同纳入一般承揽,亦不能僵化地认为建设工程合同部分的规则不能参照适用,毕竟在合同基本原理层面,建设工程合同为承揽合同的子类型,承揽合同未作细化规定之处,依《民法典》第 467 条规定,建设工程合同部分的规则亦具有一定的参照意义。为此,本书认为,《建设工程施工合同司法解释(一)》第 37 条正是采取了此等务实的做法,而并非将其纳入建设工程合同,而只是将装饰装修工程价款优先权纳入了《民法典》第 807 条的范畴而已。该解释第 37 条规定,"装饰装修工程具备折价或者拍卖条件,装饰装修工程的承包人请求工程价款就该

---

[6] 王轶等:《中国民法典释评:合同编·典型合同》(下卷),中国人民大学出版社 2020 年版,第 107 页。

[7] 最高人民法院民法典贯彻实施工作领导小组主编:《中华人民共和国民法典合同编理解与适用(三)》,人民法院出版社 2020 年版,第 1905 页。

[8] 最高人民法院民事审判第一庭编著:《最高人民法院新建设工程施工合同司法解释(一)理解与适用》,人民法院出版社 2021 年版,第 384 页。

[9] 最高人民法院民事审判第一庭编著:《最高人民法院新建设工程施工合同司法解释(一)理解与适用》,人民法院出版社 2021 年版,第 388 ~ 389 页。

装饰装修工程折价或者拍卖的价款优先受偿的，人民法院应予支持”。[10] 因此，肯定装饰装修工程价款优先权并不表明所有的装饰装修工程合同必然是建设工程合同，尤其是并不表明所有的装饰装修工程合同必然要受制于《建设工程施工合同司法解释(一)》中关于承包人资质的诸多合同效力规范。装饰装修合同是否构成合同效力管制层面的建设工程合同，仍应根据具体的案情予以判断。

二、建设工程合同的类型

建设工程合同包括工程勘察、设计、施工合同。建设工程勘察，是指根据建设工程的要求，查明、分析、评价建设场地的地质地理环境特征和岩土工程条件，编制建设工程勘察文件的活动(《建设工程勘察设计管理条例》第2条第2款)。建设工程设计，是指根据建设工程的要求，对建设工程所需的技术、经济、资源、环境等条件进行综合分析、论证，编制建设工程设计文件的活动(《建设工程勘察设计管理条例》第2条第3款)。勘察、设计合同的内容一般包括提交有关基础资料和概预算等文件的期限、质量要求、费用以及其他协作条件等条款(《民法典》第794条)。勘察、设计合同中，发包人负有及时提供有关基础资料和文件的义务、按期支付费用的义务、接受工作成果的义务以及协作义务；勘察人、设计人负有按期从事勘察、设计工作的义务、按照约定质量标准完成工作的义务、及时提交工作成果的义务以及相关附随义务等。[11] 勘察、设计的质量不符合要求或者未按照期限提交勘察、设计文件拖延工期，造成发包人损失的，勘察人、设计人应当继续完善勘察、设计，减收或者免收勘察、设计费并赔偿损失(《民法典》第800条)。施工合同是指发包人与施工单位就完成建设工程的一定施工活动而达成的协议，主要包括建筑和安装。建筑是对工程进行营造的行为，安装主要是指与工程有关的线路、管道、设备等设施的装配。[12] 施工合同的内容一般包括工程范围、建设工期、中间交工工程的开工和竣工时间、工程质量、工程造价、技术资料交付时间、材料和设备供应责任、拨款和结算、竣工验收、质量保修范围和质量保证期、相互协作等条款(《民法典》第795条)。住房和城乡建设部等发布的《建设工程施工合同(示范文本)》则通过合同协议书、通用合同条款和专用合同条款三部分来构成施工合同的具体内容。《民法典》合同编第十八章的规定中不少均是针对施工合同所作的规范。就施工合同的质量瑕疵问题，《民法典》第801条也专门作出了规定：“因施工人的原因致使建设工程质量不符合约定的，发包人有权请求施工人在合理期限内无偿修理或者返工、改建。经过修理或者返工、改建后，造成逾期交付的，施工人应当承担违约责任。”

---

〔10〕 当然，亦有学说认为，如果发包人就是被装饰装修物的业主，那么，《民法典》第807条的规定适用于此毫无障碍。但是如果发包人是承租人，而被装饰装修物属于出租人所有，那么，《民法典》第807条的规定仍旧不加限制地适用，就会严重损害被装饰装修物所有权人的权益，而这种侵害缺乏正当性依据。因此，应区分不同情形考虑是否适用《民法典》第807条。参见崔建远：《合同法》(第4版)，北京大学出版社2021年版，第581页。

〔11〕 王利明：《合同法》(下册)，中国人民大学出版社2021年版，第231～232页。

〔12〕 黄薇主编：《中华人民共和国民法典解读：合同编》(下册)，中国法制出版社2020年版，第990页；胡康生主编：《中华人民共和国合同法释义》(第3版)，法律出版社2013年版，第441页。

案例 中外建华诚工程技术集团有限公司、北京贞玉民生药业有限公司建设工程设计合同纠纷案[13]

基本案情

中外建华诚工程技术集团有限公司（以下简称建华诚公司）诉称，2018年9月7日，北京贞玉民生药业有限公司（以下简称贞玉民生药业公司）与建华诚公司签订《建设工程设计合同》，约定了贞玉民生药业公司委托建华诚公司设计贞玉民生药业公司滦南分公司工程等事宜。合同签订后，因贞玉民生药业公司拖欠应支付工程设计费，请求法院判令贞玉民生药业公司支付设计费等。北京市大兴区人民法院经审查认为，本案原告建华诚公司系涉案工程的实际施工人，本案审理可能涉及现场勘查。工程施工地位于河北省滦南县，为便于现场勘查，遂作出民事裁定，将本案移送河北省滦南县人民法院。河北省高级人民法院经审查认为，本案系建设工程设计合同纠纷，虽然与不动产有关联，但并非建设工程施工合同纠纷，不适用专属管辖，认为建华诚公司依法向贞玉民生药业公司住所地北京市大兴区人民法院提起诉讼符合法律规定，北京市大兴区人民法院对本案具有管辖权，不应将本案移送河北省滦南县人民法院审理。河北省高级人民法院经与北京市高级人民法院协商，未达成一致意见，遂依照《民事诉讼法》（2017年）第36条（现行《民事诉讼法》第37条）的规定，报请最高人民法院指定管辖。

法院裁判

最高人民法院认为，本案中，建华诚公司以与贞玉民生药业公司存在建设工程设计合同纠纷为由，起诉至法院请求判令支付设计费等费用。《民法典》第788条规定，建设工程合同是承包人进行工程建设，发包人支付价款的合同。建设工程合同包括工程勘察、设计、施工合同。这三种合同均属为建设房屋而订立的合同，但是各自具有不同的特点。工程勘察合同是指发包人与勘察人就完成建设工程地理、地质状况的调查研究工作而达成的协议；建设工程设计合同是为项目决策提供可行性资料的设计及具体施工设计达成的协议；施工合同主要包括建筑和安装两方面内容。在审理建设工程施工合同纠纷中，建设工程施工合同的履行基本是在建设工程所在地，即不动产所在地，其争议会经常涉及建筑物工程造价评估、质量鉴定、留置权优先受偿、执行拍卖等，故由不动产所在地法院管辖。依照《民事案件案由规定》的有关规定，与建设工程施工合同具有同样性质、具有建筑和安装内容的建设工程分包合同纠纷、装饰装修合同纠纷、铁路修建合同纠纷、农村建房施工合同纠纷，其合同履行基本地在建筑物所在地，故应适用不动产专属管辖，同时建设工程价款优先受偿权纠纷、建设工程监理合同纠纷与建设工程施工具有密切关联性，同样应适用不动产专属管辖。虽然建设工程勘察合同、建设工程设计合同的履行与工地有一定的联系，如设计合同，设计工作必须从工地勘察开始，但设计工作主体实际是在设计单位内完成；勘察合同的履行尽管数据采集等大部分工作在工地进行，但后期作图、报告制作等也是在承揽单位完成，故建设工程勘察合同纠纷、建设工程设计合同纠纷不应适用不动产专属管辖。本案系建设工程设计合同纠纷，依照《民事诉讼法》（2017年）第23条（现行《民事诉讼法》第24条），因合同纠纷提起的诉讼，由被告住所地或者合同履行地人民法

---

[13] 最高人民法院民事裁定书，(2021)最高法民辖16号。

院管辖。被告贞玉民生药业公司住所地在北京市大兴区,北京市大兴区人民法院对本案具有管辖权。北京市大兴区人民法院在先行受理的情况下,裁定将本案移送河北省滦南县人民法院审理,适用法律不当,应当予以纠正。

按照承包方式之不同,建设工程合同也可以分为工程总承包合同和单项工程承包合同。建设工程的总承包,又称为"交钥匙承包",是指建设工程任务的总承包,发包人将建设工程的勘察、设计、施工等工程建设任务一并发包给一个具备相应的总承包资质条件的承包人,由该承包人负责工程的全部建设工作,直至工程竣工,向发包人交付经验收合格符合发包人要求的建设工程的发包承包方式。单项工程承包,是指发包人将建设工程中的勘察、设计、施工等不同工作任务,分别发包给勘察人、设计人、施工人,与其签订相应的承包合同。[14] 在单项工程承包情形下,各承包人与发包人之间分别形成各自的合同关系。建设工程实行总承包的,总承包单位应当对全部建设工程质量负责;建设工程勘察、设计、施工、设备采购的一项或者多项实行总承包的,总承包单位应当对其承包的建设工程或者采购的设备的质量负责(《建设工程质量管理条例》第26条第3款)。国家提倡实施工程总承包。例如,《建筑法》第24条第1款规定,"提倡对建筑工程实行总承包,禁止将建筑工程肢解发包"。当然,无论是工程总承包还是单项工程承包,发包人均不得支解分包"……发包人不得将应当由一个承包人完成的建设工程支解成若干部分发包给数个承包人"(《民法典》第791条第1款)。

工程实践中,还存在建设工程的转包和分包等现象。转包指的是建设工程的承包人将其承包的建设工程倒手转让给第三人,使该第三人实际上成为该建设工程新的承包人的行为。分包,指的是承包人承包建设工程后,将其承包的某一部分工程或某几部分工程,再发包给其他承包人,与其签订承包合同项下的分包合同的发包承包方式。与《民法典》第772条、第773条就第三人参与承揽工作的规制不同,为保证工程建设质量,避免质量风险隐患和纠纷隐患,建设工程领域中对转包和分包作出了严格的规制,禁止转包或支解分包,而其他分包则需要经发包人之同意(《民法典》第791条)。

建设工程领域,为了保证工程质量、合理控制工期等,发包人会委托具有工程建设专业知识和实践经验人员组成的工程监理单位来监督工程建设的实施。国家推行建筑工程监理制度(《建筑法》第30条第1款),建设工程监理已成为建设工程领域的基本做法。依《建设工程质量管理条例》第12条的规定,国家重点建设工程,大中型公用事业工程,成片开发建设的住宅小区工程,利用外国政府或者国际组织贷款、援助资金的工程以及国家规定必须实行监理的其他工程,必须实行监理。为此,《民法典》第796条亦规定了委托监理合同,但值得注意的是,委托监理合同并非承揽合同的子类型,而是委托合同的子类型。依《民法典》第796条的规定,"建设工程实行监理的,发包人应当与监理人采用书面形式订立委托监理合同。发包人与监理人的权利和义务以及法律责任,应当依照本编委托合同以及其他有关法律、行政法规的规定"。

[14] 黄薇主编:《中华人民共和国民法典解读:合同编》(下册),中国法制出版社2020年版,第997页。

第二节　建设工程合同的订立

一、建设工程合同的订立程序

（一）建设工程合同的招投标程序

建设工程合同的订立，亦适用合同订立的一般程序，需要当事人之间的意思表示一致。不过，建设工程合同应当采用书面形式（《民法典》第789条）。除了发包人与承包人直接协商订立合同的方式以外，对于特定的建设工程合同，则须通过招投标程序订立合同。《民法典》第790条规定，"建设工程的招标投标活动，应当依照有关法律的规定公开、公平、公正进行"。不仅如此，在《招标投标法》《建筑法》等法律法规中，亦规定了特定的建设工程合同的订立必须通过招投标程序。《招标投标法》第3条规定："在中华人民共和国境内进行下列工程建设项目包括项目的勘察、设计、施工、监理以及与工程建设有关的重要设备、材料等的采购，必须进行招标：（一）大型基础设施、公用事业等关系社会公共利益、公众安全的项目；（二）全部或者部分使用国有资金投资或者国家融资的项目；（三）使用国际组织或者外国政府贷款、援助资金的项目。前款所列项目的具体范围和规模标准，由国务院发展计划部门会同国务院有关部门制订，报国务院批准。法律或者国务院对必须进行招标的其他项目的范围有规定的，依照其规定。"《建筑法》第19条也规定，"建筑工程依法实行招标发包，对不适于招标发包的可以直接发包"。招投标包括公开招标方式和邀请招标方式，《招标投标法实施条例》第8条第1款规定："对于国有资金占控股或者主导地位的依法必须进行招标的项目，应当公开招标；但有下列情形之一的，可以邀请招标：（一）技术复杂、有特殊要求或者受自然环境限制，只有少量潜在投标人可供选择；（二）采用公开招标方式的费用占项目合同金额的比例过大。"

除了必须进行招标发包的情形之外，法律法规亦对可以不进行招投标或不宜进行招投标的情形作了规定。《招标投标法》第66条规定，"涉及国家安全、国家秘密、抢险救灾或者属于利用扶贫资金实行以工代赈、需要使用农民工等特殊情况，不适宜进行招标的项目，按照国家有关规定可以不进行招标"。另外，《招标投标法实施条例》第9条第1款也规定，"除招标投标法第六十六条规定的可以不进行招标的特殊情况外，有下列情形之一的，可以不进行招标：（一）需要采用不可替代的专利或者专有技术；（二）采购人依法能够自行建设、生产或者提供；（三）已通过招标方式选定的特许经营项目投资人依法能够自行建设、生产或者提供；（四）需要向原中标人采购工程、货物或者服务，否则将影响施工或者功能配套要求；（五）国家规定的其他特殊情形"。根据《建设工程施工合同司法解释（一）》第1条的规定，建设工程必须进行招标而未招标或者中标无效的，应当依据《民法典》第153条第1款之规定认定建设工程合同无效。

（二）建设工程招投标程序与建设工程合同内容

招投标程序的强制性，不仅会影响到中标无效及建设工程合同的无效，也与建设工程合同内容的确定密切相关。《招标投标法》第46条第1款规定，"招标人和中标人应当自中标通知书发出之日起三十日内,按照招标文件和中标人的投标文件订立书面合同。招标人和中标人不得再行订立背离合同实质性内容的其他协议"。之所以规定不得再行订立背离合同实质性内容的其他协议,乃是为了保证竞标人之间存在公开、公平、公正的竞标环境,若允许事后签订背离合同实质性内容的协议,就背离了招投标制度的初衷。建设工程领域,工程范围、建设工期、工程价款、工程质量都有可能构成"合同实质性内容"。建设工程领域,背离中标合同实质性内容另签协议的情况时有发生,出现"黑白合同"现象。中标合同被称为"白合同",另行订立的与中标合同实质性内容不一致的合同被称为"黑合同"。[15] 两者之间的关系,亦时常出现争议。

当事人另行签订与中标合同实质性内容不一致的其他协议,既有可能构成双方虚伪表示,亦有可能构成法律规避行为,当然,也不排除可能属于当事人之间合意变更合同等。若按照意思表示原理和合同变更的基本原理,应遵循意思自治原则,以真实意思表示确定双方当事人之间的合同内容,除非该协议无效。对此,原《建设工程施工合同司法解释》第 21 条曾导入备案合同的概念,规定"当事人就同一建设工程另行订立的建设工程施工合同与经过备案的中标合同实质性内容不一致的,应当以备案的中标合同作为结算工程价款的根据"。一方面,该司法解释只是规定了工程价款的计算依据问题,并未规定中标合同与另行签订协议之间的关系;另一方面,建设工程领域的政策环境也发生变化,有必要就中标合同与另行签订协议之间的关系作出更为细致的区分。2017 年,国务院办公厅下发《关于促进建筑业持续健康发展的意见》,优化、放宽资质资格管理。2018 年 3 月,国家发展和改革委员会颁布《必须招标的工程项目规定》,大幅度提高了必须招标工程的金额。2018 年 5 月,国务院办公厅下发《关于开展工程建设项目审批制度改革试点的通知》,试点取消建设工程施工合同备案制度;对民间投资的房屋建筑工程,试行由建设单位自主决定发包方式。2018 年 9 月,住房和城乡建设部作出《关于修改〈房屋建筑和市政基础设施工程施工招标投标管理办法〉的决定》(已失效),第 5 条决定删除该办法第 47 条第 1 款中的"订立书面合同后 7 日内,中标人应当将合同送工程所在地的县级以上地方人民政府建设行政主管部门备案"的规定。随着建设工程施工合同备案制度的取消,"黑白合同"的表现形式也发生了变化。为此,原《建设工程施工合同司法解释(二)》(法释〔2018〕20 号)进一步区分了中标合同、另行签订的建设工程施工合同、招投标文件、中标通知书等不同的概念。而且,该司法解释不再使用备案合同概念,其所涉及的不只是结算价款依据的问题,还涉及其他权利义务的确定问题。随着《民法典》编纂工作的完成,原《建设工程施工合同司法解释(二)》虽然已失效,但相关规则为《建设工程施工合同司法解释(一)》(法释〔2020〕25 号)所承继。经过此等制度变迁,在建设工程合同领域,"黑白合同"的处理,并未完全遵循双方虚伪表示等理论,而是结合建设工程领域招投标的特点,一方面维护了中标合同的地位,另一方面就非必须招标合同扩大了意思自治的空间。具体来说,《建设工程施工合同司法解释(一)》第 2 条规定,"招标人和中标人另行签订的建设工程施工合同约定的工程范围、建设工期、工程质量、工程价款等实质性内容,与中标合同不一致,一方当事人请求按照中标合同

〔15〕 关于建设工程领域"黑白合同"的司法实践统计分析,参见方乐坤:《建设工程领域"黑白合同"规则实证研究——解释论的视角》,载《现代法学》2020 年第 5 期。

确定权利义务的,人民法院应予支持。招标人和中标人在中标合同之外就明显高于市场价格购买承建房产、无偿建设住房配套设施、让利、向建设单位捐赠财物等另行签订合同,变相降低工程价款,一方当事人以该合同背离中标合同实质性内容为由请求确认无效的,人民法院应予支持”。该司法解释第22条规定,“当事人签订的建设工程施工合同与招标文件、投标文件、中标通知书载明的工程范围、建设工期、工程质量、工程价款不一致,一方当事人请求将招标文件、投标文件、中标通知书作为结算工程价款的依据的,人民法院应予支持”。该司法解释第23条规定,“发包人将依法不属于必须招标的建设工程进行招标后,与承包人另行订立的建设工程施工合同背离中标合同的实质性内容,当事人请求以中标合同作为结算建设工程价款依据的,人民法院应予支持,但发包人与承包人因客观情况发生了在招标投标时难以预见的变化而另行订立建设工程施工合同的除外”。

值得注意的是,若是必须招标的建设工程,因其招投标程序、内容违法形成的“阳合同”,因其中标无效而导致“阳合同”本身亦为无效[《建设工程施工合同司法解释(一)》第1条],此时并不存在按照“阳合同”确定合同权利义务的问题,而应按照无效合同处理。而且,通过支解、分解标的以降低单价价款等方式规避招标程序而签订的“阳合同”,此等“阳合同”亦为无效(《招标投标法》第49条)。另外,《建设工程施工合同司法解释(一)》第23条虽然在一定程度上体现了情势变更制度的原理,但与《民法典》第533条不同,判断难以预见的时点不是“合同订立时”,而是“招标投标时”,从这一层意义上来说,司法解释该条并非情势变更原理的适用,而只是确认了此种情形下的当事人之间协商变更具有法律效力。对此,有学说认为,根据《建设工程施工合同司法解释(一)》第23条的规定,既不符合通谋虚伪表示规则,也不完全符合合同变更规则,仅有条件承认合同变更的效力。[16]

二、建设工程合同的承包人资质

当强制性规范针对的是一方当事人资格时,对于违反涉及企业经营资格规范的合同,德国民法通说认为合同有效,因为此种规范旨在维护市场秩序,具有管理性的功能,立法者无意否定合同的效力。但如果该机构从事的是某种需要具备一定专业水准的营业活动从而需要特殊的职业资格,或者该机构从事特殊领域内需要特别许可或者明显涉及公众利益保护的经营活动,则另当别论。[17] 在建设工程领域,我国现行法律多要求承包人具备一定的资质条件。《建筑法》第13条规定,“从事建筑活动的建筑施工企业、勘察单位、设计单位和工程监理单位,按照其拥有的注册资本、专业技术人员、技术装备和已完成的建筑工程业绩等资质条件,划分为不同的资质等级,经资质审查合格,取得相应等级的资质证书后,方可在其资质等级许可的范

〔16〕 杨代雄:《法律行为论》,北京大学出版社2021年版,第279页。

〔17〕 杨代雄:《法律行为论》,北京大学出版社2021年版,第404~405页。当然,亦有学者指出,既然公益实现型强制性规定适用比例原则进行处理,原则上其也应同基本权保护型强制性规定一样,区分效力性规定与管理性规定,在效力性规定的情形中,亦可考虑各种可能的柔化的无效效果。一个可能的方向,就是区分与公益相互冲突的是合同履行行为本身还是合同履行后的状态。若仅仅是合同履行行为本身可能有害公益,则履行前应判定合同无效,由于履行后即使判断无效亦无助于公益实现,故履行后原则上应判定合同有效。相反,如果公益欲控制的不仅是履行行为,还包括履行后的状态,则无论履行前后,均应判定合同无效。参见章程:《从基本权理论看法律行为之阻却生效要件——一个跨法域释义学的尝试》,载《法学研究》2019年第2期。

围内从事建筑活动”。《建筑法》第26条同时规定,“承包建筑工程的单位应当持有依法取得的资质证书,并在其资质等级许可的业务范围内承揽工程。禁止建筑施工企业超越本企业资质等级许可的业务范围或者以任何形式用其他建筑施工企业的名义承揽工程。禁止建筑施工企业以任何形式允许其他单位或者个人使用本企业的资质证书、营业执照,以本企业的名义承揽工程”。在原《合同法》背景下,有学说认为,判定主体资质有瑕疵的建设工程合同无效的理由主要为违反效力性强制性规定和法人行为能力欠缺,但此种认定路径并不合适,以损害社会公共利益为判定理由更具正当性。[18] 但目前的司法解释则以违反强制性规定为由否定建设工程施工合同的效力,“承包人未取得建筑业企业资质或者超越资质等级的”,或者“没有资质的实际施工人借用有资质的建筑施工企业名义的”,应当依据《民法典》第153条第1款之规定认定建设工程施工合同无效[《建设工程施工合同司法解释(一)》第1条]。但是,承包人超越资质等级许可的业务范围签订建设工程施工合同,在建设工程竣工前取得相应资质等级,当事人请求按照无效合同处理的,人民法院不予支持[《建设工程施工合同司法解释(一)》第4条]。建设工程施工合同承包人资质之所以影响合同效力,有学者将其理由归结为“具有保障公众生命、健康法益的规范目的”,且符合比例原则。建筑工程施工资质在客观上有利于规范目的的实现,以避免欠缺资质带来的危害公共秩序的风险(适当性原则);以建筑工程施工资质作为合同有效条件具有必要性,而不是仅仅施以行政处罚(必要性原则),而且法律明确规定此类法律行为无效,还具有极强的价值宣示的作用;经济公序的维护与当事人的行为预期与所获利益的剥夺相比在价值评价上具有更高的层次(均衡性)。[19] 司法实践中,不仅认为被“借用资质”的承包人与发包人之间的建设工程施工合同无效,也认为借用人与被借用人之间的“借用协议”“挂靠协议”无效。[20] 当然,《建设工程施工合同司法解释(一)》第1条第1款第2项之名义借用问题,也有学说认为该司法解释未考虑名义载体的意愿,是一个缺陷;其认为如果有资质的建筑施工企业事后承认施工合同,应该将其视为合同主体,由于该企业有资质,未违反相关的强制性规定,所以合同有效。[21] 还有学说认为,在借用资质承揽建设工程的情形中,出借资质的施工企业允许借用人以其名义与发包人签订建设工程施工合同,在发包人善意无过失的前提下,建设工程施工合同效力的判断仅以发包人的意愿为准,由于发包人的意愿是和出借资质的施工企业订立合同,而非与借用资质的行为人,因此,合同对出借资质的施工企业发生效力。出借资质的施工企业本身虽然没有承担法律行为效果的意愿,但由于此时决定行为效果的并非意思自治,而是信赖保护,故而建设工程施工合同可以在发包人和出借资质的施工企业之间成立并生效。该观点认为,司法解释的规定值得反思。[22] 类似地,也有学说认为,“既然允许

---

〔18〕 李有星、高放:《主体资质影响合同效力之理论探析——以建设工程合同为例》,载《浙江大学学报(人文社会科学版)》2015年第5期。

〔19〕 冉克平:《论效力性强制性规范与私法自治——兼析〈民法总则〉第153条第1款》,载《山东大学学报(哲学社会科学版)》2019年第1期。

〔20〕 最高人民法院民事审判第一庭编著:《最高人民法院新建设工程施工合同司法解释(一)理解与适用》,人民法院出版社2021年版,第84页。

〔21〕 杨代雄:《法律行为论》,北京大学出版社2021年版,第650页。

〔22〕 黄喆:《借用资质承揽建设工程的法律责任》,载周江洪、陆青、章程主编:《民法判例百选》,法律出版社2020年版,第418页。

发包人请求与之没有合同关系的挂靠人(资质的借用人)承担连带违约赔偿责任,实际上隐含着承认了挂靠形成的建设工程合同有效性的意蕴"[23]。虽然从法律行为理论上来说,此类观点殊值赞同,但司法解释仍然维持了长期以来形成的习惯规则,仍然认为此类建设工程施工合同无效。

建设工程施工合同特定资质的欠缺、资质的借用不仅会影响合同的效力,而且对当事人的责任承担亦会产生影响。对此,《建设工程施工合同司法解释(一)》第7条规定,"缺乏资质的单位或者个人借用有资质的建筑施工企业名义签订建设工程施工合同,发包人请求出借方与借用方对建设工程质量不合格等因出借资质造成的损失承担连带赔偿责任的,人民法院应予支持"。当然,从比较法的角度看,有不少立法例承认商号出借的合法性,也存在名义出借的相关的法律规则。例如,《日本商法》第14条规定,"允诺他人使用自己的商号从事营业或事业之商人,对误认为该商人从事该营业而与该他人为交易者,与该他人就该交易所生债务的清偿负连带责任"。名义借用之情形第三人的保护问题,多涉及是否需要第三人善意抑或善意无过失、善意无重大过失等要件的争议。[24] 当然,名义借用本身并不必然导致合同无效,《建设工程施工合同司法解释(一)》第1条规定的无效情形,乃是无资质而借用之行为。而且,《建设工程施工合同司法解释(一)》第7条强调连带赔偿责任中的"出借资质"与"损失"之间的因果关系。这一做法,既与关于"名义借用"的法律行为相关原理并不相同,又与《建筑法》等法律的规定不尽一致。事实上,依《建筑法》,就出借资质时的建设工程质量救济问题,只要存在出借资质证书或名义,无论是否具有因果关系,均应就不符合质量标准的损失承担连带赔偿责任。《建筑法》第66条规定,"建筑施工企业转让、出借资质证书或者以其他方式允许他人以本企业的名义承揽工程的……对因该项承揽工程不符合规定的质量标准造成的损失,建筑施工企业与使用本企业名义的单位或者个人承担连带赔偿责任"。也就是说,《建设工程施工合同司法解释(一)》第7条强调"出借资质"与"损失"之间因果关系的连带赔偿责任,应当指《建筑法》第66条规定以外的"损失",故要求与出借资质具有因果关系。

三、建设工程合同的分包

(一)建设工程分包的合同效力与责任

根据《民法典》第791条第1款的规定,建设工程承包合同可以采取两种方式:第一,发包人以将全部工程发包给一个总承包人完成,由该承包人对工程建设的全过程向发包人负责;第二,发包人也可以将建设工程中的勘察、设计、施工等不同工作任务,分别发包给勘察人、设计人、施工人,与其签订相应的承包合同。建设工程的发包是采取总承包方式还是单项工程承包方式,可以由发包人根据实际情况自行确定。但是不论发包人采取何种方式与承包人签订合同,都不得将建设工程支解发包,即不得将应当由一个承包人完成的建设工程支解成若干部分发包给几个承包人。

当然,总承包人或者勘察、设计、施工承包人经发包人同意,可以将自己承包的部分工作交

---

〔23〕 石佳友:《〈民法典〉建设工程合同修订的争议问题》,载《社会科学辑刊》2020年第6期。

〔24〕 宮川不可止「名板貸責任における第三者保護要件」法律時報85巻10号(2013年)106頁。

由第三人完成。第三人就其完成的工作成果与总承包人或者勘察、设计、施工承包人向发包人承担连带责任。承包人不得将其承包的全部建设工程转包给第三人或者将其承包的全部建设工程支解以后以分包的名义分别转包给第三人(《民法典》第 791 条第 2 款)。但值得注意的是,总承包人可以将部分工程分包,即建筑工程总承包单位可以将承包工程中的部分工程发包给具有相应资质条件的分包单位。但是,除总承包合同中约定的分包外,必须经建设单位认可。施工总承包的,建筑工程主体结构的施工必须由总承包单位自行完成(《建筑法》第 29 条第 1 款)。

建设工程合同分包或交由第三人完成时的法律效果,与承揽合同情形并不相同,建设工程领域的规则构成了特别规则。承包人因转包、违法分包建设工程与他人签订的建设工程施工合同,应当依据《民法典》第 153 条第 1 款及第 791 条第 2 款、第 3 款的规定,认定无效[《建设工程施工合同司法解释(一)》第 1 条第 2 款]。另外,《民法典》第 806 条第 1 款也规定,承包人将建设工程转包、违法分包的,发包人可以解除合同。但与此不同,在承揽合同领域,若未经定作人同意将主要工作交由第三人完成的,定作人可以解除合同(《民法典》第 772 条第 2 款),仅仅就定作人的解除权作出了规定,但并未规定承揽人与第三人之间合同无效。在责任承担方面,两者也存在不同。在建设工程领域,经发包人同意将自己的部分工作交由第三人完成时,第三人就其完成的工作成果与承包人一起向发包人承担连带责任(《民法典》第 791 条第 2 款)。也就是说,第三人亦可同时直接向发包人负责。该规则源于我国《建筑法》的规定,即"建筑工程总承包单位按照总承包合同的约定对建设单位负责;分包单位按照分包合同的约定对总承包单位负责。总承包单位和分包单位就分包工程对建设单位承担连带责任"(《建筑法》第 29 条第 2 款)。但在承揽合同领域,则规定承揽人就该第三人完成的工作成果向定作人负责,并未直接规定第三人向定作人承担责任。也就是说,建设工程领域则突破了合同的相对性,通过法定的连带责任加重了分包人和第三人的责任。该规定适当加重了分包人的责任、要求承担连带责任的立法目的在于维护发包人的利益,保证工程的质量。[25] 不仅如此,在《建筑法》第 67 条中,违法分包之情形,并不限于就"第三人完成的工作成果"承担责任,而更是规定就因工程不符合规定质量标准造成的损失,均承担连带赔偿责任,即"承包单位有前款规定的违法行为的,对因转包工程或者违法分包的工程不符合规定的质量标准造成的损失,与接受转包或者分包的单位承担连带赔偿责任"(《建筑法》第 67 条第 2 款)。

从分包的表现形式来看,依现行法规范,至少存在多种形式的分包,如总承包情形的部分工程分包、经同意的分包、未经同意的分包、支解分包(实质上的转包)、无资质分包、有资质分包、专业工程分包、劳务作业分包等。因分包表现形式多种多样,在司法实践中应根据分包类型的不同慎重判断其不同的合同效力,而不应"一刀切"地否定其合同效力。例如,具有劳务作业法定资质的承包人与总承包人、分包人签订的劳务分包合同,当事人请求确认无效的,人民法院依法不予支持[《建设工程施工合同司法解释(一)》第 5 条]。劳务作业分包是指施工总承包企业或者专业承包企业将其承包工程中的劳务作业发包给劳务分包企业完成的活动(《房屋建筑和市政基础设施工程施工分包管理办法》,2019 年住房和城乡建设部令第 47 号修正)。

---

〔25〕 黄薇主编:《中华人民共和国民法典解读:合同编》(下册),中国法制出版社 2020 年版,第 999 页。

劳务作业分包,由于是将简单劳动从复杂劳动剥离出来单独进行承包施工的劳动,并不属于《民法典》第791条第2款规定的需经发包人同意始得交由第三人完成的工作。劳务作业承包人与总承包人、分包人之间是建设工程施工合同关系,劳务作业分包,区别于专业工程分包,《房屋建筑和市政基础设施工程施工分包管理办法》第9条第2款并没有规定劳务作业分包需经工程建设单位认可。因此,除当事人另有特别约定外,劳务作业分包合同无须经过发包人的同意。当然,劳务分包作业,仍然要求具备相应的资质;住房和城乡建设部《建筑业企业资质管理规定》也将建筑企业资质分为施工总承包资质、专业承包资质、施工劳务资质三个序列。但随着"放管服"改革的不断深化,行业主管部门对于建筑工程劳务分包的强制性约束在逐步放松,劳务分包企业自身的资质要求将逐步淡化。[26]

(二)实际施工人的保护

"实际施工人"是司法解释创制的概念,通常包括转包合同的承包人、违法分包合同的承包人、缺乏相应资质而借用有资质建筑施工企业名义与他人签订合同的单位或者个人,通常出现在建设工程转包、违法分包等领域,司法实践中,对于合法专业分包、劳务分包中的承包人不认定为实际施工人。[27] 关于实际施工人请求权的保护问题,相关司法解释也经历了一个变化的过程。在我国建筑行业中,施工企业通常不会直接大量雇佣农民工,且存在较为严重的工程转包或违法分包现象,实际施工人利润薄弱,经常会通过克扣农民工工资维系企业生存;而转包人和发包人经常将工程转包他人盈利,即使发包人未付清工程款其也不积极主张。囿于合同相对性原理,农民工组成的实际施工人投诉无门现象多发,严重威胁到农民工切身利益。为了保护农民工的合法权益,解决农民工组成的实际施工人在与其有合同关系的相对人缺乏支付能力时的救济问题,2004年的原《建设工程施工合同司法解释》第26条规定,"实际施工人以转包人、违法分包人为被告起诉的,人民法院应当依法受理。实际施工人以发包人为被告主张权利的,人民法院可以追加转包人或者违法分包人为本案当事人。发包人只在欠付工程价款范围内对实际施工人承担责任"。随着农民工工资保证金制度等工资支付监控和保障制度的健全,农民工的利益保障更加多元化、制度化,建筑业市场环境有了根本性的转变,一般都不必再通过突破合同的相对性来保护农民工权益,因此,曾有不少观点认为通过债权人代位权等制度亦足以解决农民工的权益保护问题,建议废止或修改该规定。但考虑到保护农民工合法权益、根治拖欠农民工工资的任务仍很迫切,原《建设工程施工合同司法解释(二)》第24条和第25条仍然原则性维持了该规定:"实际施工人以发包人为被告主张权利的,人民法院应当追加转包人或者违法分包人为本案第三人,在查明发包人欠付转包人或者违法分包人建设工程价款的数额后,判决发包人在欠付建设工程价款范围内对实际施工人承担责任。""实际施工人根据合同法第七十三条规定,以转包人或者违法分包人怠于向发包人行使到期债权,对其造成损害为由,提起代位权诉讼的,人民法院应予支持。"《民法典》颁布后的司法解释清理编纂中,虽然亦有废止或修改的意见建议,但只是对上述两个司法解释进行了技术性整合,未作实质性的

---

〔26〕 最高人民法院民事审判第一庭编著:《最高人民法院新建设工程施工合同司法解释(一)理解与适用》,人民法院出版社2021年版,第58~61页。

〔27〕 最高人民法院民事审判第一庭编著:《最高人民法院新建设工程施工合同司法解释(一)理解与适用》,人民法院出版社2021年版,第446页。

修改,形成了《建设工程施工合同司法解释(一)》第 43 条的规定:[28]“实际施工人以转包人、违法分包人为被告起诉的,人民法院应当依法受理。实际施工人以发包人为被告主张权利的,人民法院应当追加转包人或者违法分包人为本案第三人,在查明发包人欠付转包人或者违法分包人建设工程价款的数额后,判决发包人在欠付建设工程价款范围内对实际施工人承担责任。”第 44 条规定:“实际施工人依据民法典第五百三十五条规定,以转包人或者违法分包人怠于向发包人行使到期债权或者与该债权有关的从权利,影响其到期债权实现,提起代位权诉讼的,人民法院应予支持。”其中,该司法解释第 44 条根据《民法典》代位权构成要件和效果较之原《合同法》的变化而适当修正了上述原《建设工程施工合同司法解释(一)》第 25 条之规定。就两条规定的请求权构成来看,两者并不相同,其中第 43 条规定了实际施工人对发包人“欠付建设工程价款范围”内的直接请求权,而第 44 条则是遵循债权人代位权构成,并非直接请求权。

四、建设工程合同的无效

(一)建设工程合同无效的事由

因施工安全和工程质量事关社会公共利益,建设工程领域受到严格的监管。同样地,在合同效力认定方面,建设工程施工合同领域亦有特殊性,除了遵循法律行为无效的一般原理之外,在市场主体准入(如资质要件)、建设工程招投标程序、工程分包规制、建设工程规划等诸多方面都对建设工程施工合同的无效事由作出了细化规定[《建设工程施工合同司法解释(一)》第 1 ~ 3 条]。建设工程合同无效的事由通常包括承包人未取得建筑施工企业资质或超越资质等级,建设工程必须进行招标而未招标或中标无效的,承包人转包、违法分包建设工程的,发包人未取得建设工程规划许可证等规划审批手续,与备案的中标合同不同的合同等。[29]

(二)建设工程施工合同无效时的特别处理

合同无效时的处理,通常依《民法典》第 155 ~ 157 条的规定予以处理。建设工程施工合同,作为广义上的服务合同之一,也具有服务合同的特点。服务在提供的过程中通常为服务对象所“消费”“吸收”或“付着”于服务对象,服务本身无法还原或返还等,因合同解除,或者是合同无效、撤销等引起的恢复原状或不当得利返还,在服务合同领域就会碰上难以消解的困难。建设工程施工合同中,所提供的服务和材料凝结为特定的工作成果,材料的还原和劳务的返还均存在困难之处;而且,建设工程施工也存在建设周期长、投资数额大等特点,若恢复原状会导致社会成本的巨大浪费。也正因如此,结合建设工程施工合同的特点,《民法典》第 793 条吸收有关司法解释的规定,对建设工程施工合同无效时的特殊处理规则作出了细化规定,即“建设工程施工合同无效,但是建设工程经验收合格的,可以参照合同关于工程价款的约定折价补偿承包人。建设工程施工合同无效,且建设工程经验收不合格的,按照以下情形处理:(一)修复后的建设工程经验收合格的,发包人可以请求承包人承担修复费用;(二)修复后的建设工程经

[28] 最高人民法院民事审判第一庭编著:《最高人民法院新建设工程施工合同司法解释(一)理解与适用》,人民法院出版社 2021 年版,第 441 ~ 444 页。

[29] 崔建远:《合同法》(第 4 版),北京大学出版社 2021 年版,第 573 ~ 574 页。

验收不合格的,承包人无权请求参照合同关于工程价款的约定折价补偿。发包人对因建设工程不合格造成的损失有过错的,应当承担相应的责任。”从《民法典》第 793 条的规定来看,虽然该条规定“可以参照合同关于工程价款的约定折价补偿承包人”,但并不表明“无效合同按有效处理”。建设工程施工合同无效时的补偿规则,本质上是对《民法典》第 157 条规定的法律行为无效时“不能返还或者没有必要返还的,应当折价补偿”规则的细化,《民法典》第 793 条只是就折价补偿的前提、折价的标准作出了细化规定。

依法律行为无效后折价补偿的基本原理,折价补偿本质上还是利益的返还,因此,折价补偿的前提是建设工程本身具有价值。但依《民法典》第 793 条之规定,并非建设工程本身是否具有价值,而是建设工程验收合格与否是折价补偿的重要条件。当然,通常来说,原则上只有验收合格的建设工程始具有价值,两者之间通常并不矛盾。该规定主要是吸收了长期的司法实践经验的成果,主要是出于确保建设工程质量安全、合同当事人之间公平和节约社会资源等价值考量。[30] 另外,即使建设工程经验收不合格,但修复后的建设工程经验收合格的,发包人可以请求承包人承担修复费用。但此时工程亦属验收合格,可以依《民法典》第 793 条第 1 款之规定参照适用关于工程价款的约定折价补偿承包人。若建设工程经验收不合格,修复后的建设工程仍验收不合格的,依《民法典》第 793 条第 2 款第 2 项的规定,承包人无权请求参照合同关于工程价款的约定折价补偿。但值得注意的是,验收不合格,只是表明不能参照适用关于工程价款的约定折价补偿,并不是说无任何折价补偿。虽然多数学说认为,验收不合格,发包人有权拒绝该工程,此时承包人的利益不再值得保护,[31]而应当按照双方的过错来承担合同无效的赔偿责任。[32] 但本书认为,依《民法典》第 157 条之规定“不能返还或者没有必要返还的,应当折价补偿”,若不合格之工程,对于发包人仍具有利益的,仍然应当予以补偿,只是无权请求参照使用工程价款之约定,需根据实际情况来确定补偿额。另外,《民法典》第 793 条强调“经验收合格”,而不是原《建设工程施工合同司法解释》中强调的“经竣工验收合格”,主要是考虑到了实践中有很多工程未完成建设,无法进行“竣工验收”,此时难以适用该条规定。而“经验收合格”则表明,对于已完工部分工程质量合格或者修复合格的情况下,同样可以参照合同关于工程价款的约定进行折价补偿。[33]

参照合同关于工程价款的约定进行折价补偿时还需注意引起建设工程施工合同无效之原因以及得以参照适用的工程价款的合同文本。例如,《建设工程施工合同司法解释(一)》第 2 条第 2 款规定,“招标人和中标人在中标合同之外就明显高于市场价格购买承建房产、无偿建设住房配套设施、让利、向建设单位捐赠财物等另行签订合同,变相降低工程价款,一方当事人以该合同背离中标合同实质性内容为由请求确认无效的,人民法院应予支持”。此种情形无效的折价补偿,则不能参照该背离中标合同实质性内容的合同的工程价款予以折价补偿,而应该根据该条第 1 款及《建设工程施工合同司法解释(一)》第 22 条之规定,参照适用中标合同约定

---

[30] 黄薇主编:《中华人民共和国民法典解读:合同编》(下册),中国法制出版社 2020 年版,第 1006 页。

[31] 王利明:《合同法》(下册),中国人民大学出版社 2021 年版,第 227 页。

[32] 谢鸿飞、朱广新主编:《民法典评注:合同编　典型合同与准合同》(第 3 册),中国法制出版社 2020 年版,第 122 页。

[33] 最高人民法院民法典贯彻实施工作领导小组主编:《中华人民共和国民法典合同编理解与适用(三)》,人民法院出版社 2020 年版,第 1943 页。

的价款及招投标文件、中标通知书等结算工程款依据予以折价补偿。此外，《建设工程施工合同司法解释（一）》第 23 条则对于非必须招标工程的工程款结算规制作了缓和，在特定情形下可以排除中标合同约定的工程款。第 23 条规定：“发包人将依法不属于必须招标的建设工程进行招标后，与承包人另行订立的建设工程施工合同背离中标合同的实质性内容，当事人请求以中标合同作为结算建设工程价款依据的，人民法院应予支持，但发包人与承包人因客观情况发生了在招标投标时难以预见的变化而另行订立建设工程施工合同的除外。”该规定在合同无效情形的折价补偿中亦同样需予以考虑。此外，对于存在数份合同之情形，《建设工程施工合同司法解释（一）》第 24 条规定，“当事人就同一建设工程订立的数份建设工程施工合同均无效，但建设工程质量合格，一方当事人请求参照实际履行的合同关于工程价款的约定折价补偿承包人的，人民法院应予支持。实际履行的合同难以确定，当事人请求参照最后签订的合同关于工程价款的约定折价补偿承包人的，人民法院应予支持”。

合同无效时，有过错的一方应当赔偿对方由此所造成的损失；各方都有过错的，应当各自承担相应的责任（《民法典》第 157 条）。但在建设工程合同领域，除了可以根据《民法典》第 157 条要求承担赔偿责任以外，《民法典》第 793 条第 3 款规定，“发包人对因建设工程不合格造成的损失有过错的，应当承担相应的责任”。此处之所以强调发包人对因建设工程不合格造成的损失有过错的情形，原因在于就合格之工程，即使合同无效，亦得以参照合同约定的工程价款予以折价补偿，而对于不合格之工程，承包人不得要求合同约定的工程价款予以折价补偿。因形成合同无效的原因各式各样，如发包人对于资质疏于审查、必须招标的工程发包人未招标、发包人未办理建设用地规划许可证等，发包人对于合同无效都存在过错。此时，本应依《民法典》第 157 条的过错赔偿责任予以处理，但因建设工程施工合同将建设工程合格与否与能否参照适用合同约定的工程价款折价补偿相挂钩，若对于建设工程不合格造成的损失，发包人存在过错，此时又不能请求参照适用合同约定的工程价款予以折价补偿，势必对承包人极为不利，因此令发包人就此承担责任，以便维护承包人之利益。当然，此处强调了“对因建设工程不合格造成的损失”的发包人过错责任，并不等于发包人不再承担《民法典》第 157 条就合同无效存在过错时的赔偿责任。总之，因《民法典》第 793 条将建设工程施工合同无效时的折价补偿与建设工程是否合格相挂钩，并进而规定了发包人相应的过错责任，会与《民法典》第 157 条合同无效的过错赔偿责任相互交错，具体适用时应当谨慎分析对待。通常来说，对因建设工程不合格造成的损失有过错时的相应的责任，只是建设工程施工合同无效责任的一个方面而已。[34]另外，《民法典》第 793 条第 3 款规定的“承担相应的责任”，同时还有另外一层含义，即并非发包人向合同相对人承包人承担的真正的“责任”，而是就建设工程不合格造成的损失，依与有过失的原则，承包人得以要求减轻或免除赔偿责任。[35]

事实上，《建设工程施工合同司法解释（一）》第 6 条强调的是“建设工程施工合同无效”时的损害赔偿，并未特别强调《民法典》第 793 条规定的“对因建设工程不合格造成的损失有过错”的损害赔偿。《建设工程施工合同司法解释（一）》第 6 条规定：“建设工程施工合同无效，

---

〔34〕 当然，亦有相关释义书认为《民法典》第 793 条第 3 款的表述源自《民法典》第 157 条，保持了与民法典总则的逻辑一致性。参见王轶等：《中国民法典释评：合同编 · 典型合同》（下卷），中国人民大学出版社 2020 年版，第 118 页。

〔35〕 王利明：《合同法》（下册），中国人民大学出版社 2021 年版，第 227 页。

一方当事人请求对方赔偿损失的,应当就对方过错、损失大小、过错与损失之间的因果关系承担举证责任。损失大小无法确定,一方当事人请求参照合同约定的质量标准、建设工期、工程价款支付时间等内容确定损失大小的,人民法院可以结合双方过错程度、过错与损失之间的因果关系等因素作出裁判。"该条司法解释规定了合同无效时的损害赔偿的证明责任,特别强调了要就对方的过错承担举证责任。另外,就损失大小无法确定时的裁判规则也作出了规定。

拓展 | 折价补偿的标准参照适用工程价款之考量

关于折价的标准,在我国以往的司法实践中存在不同的意见。第一种意见认为,建设工程施工合同无效,建设工程经竣工验收合格的,发包人应当向承包人返还建设工程的造价成本。造价成本与合同价款的差额为损失,按照过错责任原则承担责任。第二种意见认为,建设工程施工合同无效,建设工程经竣工验收合格,承包人可以请求参照合同约定支付工程款。对于发包人应当向承包人返还建设工程的造价成本的观点,司法实践认为,该观点存在造价成本计算的难题。关于造价成本的计算,通常存在按照建筑行政主管部门颁布的当年适用的工程定额标准由鉴定机构计算、按照建筑行政主管部门发布的市场价格信息计算、造价成本为合同约定的工程款中的直接费与间接费(不包含利润和税金)等三种观点。对此,司法实践认为,我国建筑市场中,发包人在签订合同时会把工程款压得很低,常常低于当年适用的工程定额标准和政府公布的市场价格信息标准,如果合同无效时按照当年适用的工程定额标准和政府公布的市场价格信息计算可能会出现最终计算出的折价数额超出合同约定的价款的不合理的结果,使承包人不合理地获得超出合同有效时应得的利益,给承包人带来负面激励。同时,采用当年适用的工程定额标准和政府公布的市场价格信息标准,还需要进行鉴定,会增加鉴定成本,导致诉讼时间和费用成本增加,因此不宜采用这两种计算造价成本的方式进行计算。对于第三种观点,司法实践认为承包人不能主张利润和税金,该计算方式在最终结果上也可能会出现从整个建设过程和最终清算结果来看发包人获得了不当利益的现象,这也不符合当事人不应从无效合同中获得不当利益的精神。因而,司法实践结合建筑市场的实际情况,总结司法实践经验,采用了第二种意见,认为该意见有利于保证工程质量,符合当事人真实意思,平衡了双方当事人之间的利益,且可以适当简化程序,减少当事人诉累,便于法院掌握施行,从实践经验来看取得了良好的社会效果。[36] 自原《建设工程施工合同司法解释》实施以来,依据该意见及其司法解释规定审判了大量无效建设工程施工合同纠纷案件,取得了良好的法律效果和社会效果,建设工程施工合同无效,只要工程质量合格,承包人就可以请求参照合同约定支付工程价款,这一观点已成为建筑领域的一项基本规则,为社会各界所接受。《民法典》编纂亦吸收了该司法解释,并做了个别字词的修改,以更符合合同无效的处理原则和建筑市场的实际。[37] 主要是明确了"折价补偿"的术语、明确了可以请求参照适用的不限于"承包人",不再使用"经竣工验收合格"而是使用"验收合格"的表述等。[38] 有观点认为,《建筑法》第1条规定的立法目的是"加强对建筑活动的监督管理,维护建筑市场秩序,保证建筑

---

〔36〕 黄薇主编:《中华人民共和国民法典解读:合同编》(下册),中国法制出版社2020年版,第1007~1008页。

〔37〕 最高人民法院民法典贯彻实施工作领导小组主编:《中华人民共和国民法典合同编理解与适用(三)》,人民法院出版社2020年版,第1942~1943页。

〔38〕 王轶等:《中国民法典释评:合同编·典型合同》(下卷),中国人民大学出版社2020年版,第116页。

工程的质量和安全”，建设工程经竣工验收合格后，无效合同与有效合同在《建筑法》制定的根本目的上已无很大的区别，已达到《建筑法》保护的目的，且便于平衡当事人之间的利益关系，便捷、合理解决纠纷，故参照适用合同约定的工程价款折价补偿。[39] 当然，亦有观点认为，从《民法典》第793条规定的折价补偿的计算标准来看，其在法律效果上并未起到合同无效的否定评价作用，在某种程度上也无法打击非法转包、违法分包等违法行为，但是从司法实践经验来看，其在维护实际施工人的薪资权利上确实起到了良好的社会效果。[40] 为此，亦有观点认为应导入不法原因给付的相关理论，对建设工程施工合同无效的不同类型作出区别对待，以彰显合同无效制度的否定性评价作用。例如，发包人支付工程价款是因为承包人履行工程建设义务，属于合法原因下的给付行为；挂靠人为了借用资质，向被挂靠人支付的管理费，转包、违法分包人为了攫取不法利润，所收取的管理费；一方当事人为了让利或者变相增加、减少工程价款在招投标之外另行签订的赠与、无偿建设等合同，都属于不法原因下的给付行为。[41] 另外，从合同无效后的处理原则上来看，如何协调《民法典》第157条与《民法典》第793条之间的关系，以及如何解决无法参照适用合同约定工程价款予以折价补偿时的补偿或赔偿问题，仍有待将来进一步拓展研究。

第三节　建设工程合同的效力

建设工程合同中的当事人权利义务关系，不仅适用《民法典》建设工程合同章的规定，还适用《民法典》承揽合同章的有关规定（《民法典》第808条）。本节仅就《民法典》建设工程合同章规定的权利义务予以阐释。

一、承包人的义务

（一）工程建设义务

《民法典》第788条第1款规定，“建设工程合同是承包人进行工程建设，发包人支付价款的合同”。据此，“进行工程建设”构成了承包人的基本义务之一。进行工程建设的义务，主要包括在约定的期限内开始工程建设和在约定的期限内交付。承包人迟延履行的，应当承担责任（《民法典》第800条、第801条）。在工程建设义务中，工期的判断十分重要，未在约定工期内完成工程的，应当承担逾期违约责任。

依《民法典》第795条的规定，建设工期是建设工程施工合同中的重要内容，是施工合同的必备条款。同时，工期与开工、竣工时间，工程日期的顺延等密切相关，实践中亦经常发生争议，司法解释也屡次对此作出解释。《民法典》第798条、第803条对工期的顺延作出了规定。另外，《建设工程施工合同司法解释（一）》第8～11条对开工日期、竣工日期和工期的顺延作出

---

〔39〕 谢鸿飞、朱广新主编：《民法典评注：合同编　典型合同与准合同》（第3册），中国法制出版社2020年版，第121页。

〔40〕 杨代雄主编：《袖珍民法典评注》，中国民主法制出版社2022年版，第735页。

〔41〕 刘力、禄劲松、杨劭禹：《论无效建设工程施工合同的折价补偿——〈民法典〉第793条第1款评释》，载《法律适用》2022年第2期。

了专门规定。

开工日期是计算工期的起始点，直接影响工期的认定。关于开工日期，《建设工程施工合同司法解释(一)》第8条承继原《建设工程施工合同司法解释(二)》第5条之规定。该司法解释第8条规定："当事人对建设工程开工日期有争议的，人民法院应当分别按照以下情形予以认定：(一)开工日期为发包人或者监理人发出的开工通知载明的开工日期；开工通知发出后，尚不具备开工条件的，以开工条件具备的时间为开工日期；因承包人原因导致开工时间推迟的，以开工通知载明的时间为开工日期。(二)承包人经发包人同意已经实际进场施工的，以实际进场施工时间为开工日期。(三)发包人或者监理人未发出开工通知，亦无相关证据证明实际开工日期的，应当综合考虑开工报告、合同、施工许可证、竣工验收报告或者竣工验收备案表等载明的时间，并结合是否具备开工条件的事实，认定开工日期。"除了该司法解释的规定，在工程建设实践中，也区分计划开工日期和实际开工日期。例如，《建设工程施工合同(示范文本)》第1.1.4.1条指出，"开工日期：包括计划开工日期和实际开工日期。计划开工日期是指合同协议书约定的开工日期；实际开工日期是指监理人按照第7.3.2项〔开工通知〕约定发出的符合法律规定的开工通知中载明的开工日期"。从目前司法实践来看，主要是区分开工通知发出与否、开工条件是否具备及开工条件不具备是否为承包人原因分别处理。实践中，发包人在施工期间才取得施工许可证，发出开工通知，导致开工通知记载的开工时间与实际进场施工时间不一致，此时究竟以开工通知记载的时间为准还是以实际进场施工的时间为准，实践中有两种不同的观点：一种观点认为，如果实际开工时间早于开工通知或开工报告中明确的开工日期，应当将开工通知或者开工报告确定的日期作为开工日期。因为开工通知或者开工报告确定开工日期是发包方和承包方共同确定，对其后果双方均应清楚，如果将实际开工时间认定为开工日期，会超出承包人的合理预期。另一种观点认为，如果承包人在开工通知载明的开工日期之前经发包人同意已经实际进场施工，这也是双方意思一致的表现，承包人对工期提前有心理预期，而节省时间成本对承包人也有利，此时应该根据事实确定开工日期，如果仅保护承包人，难免会对发包人利益保护不周。《建设工程施工合同司法解释(一)》第8条采纳了第二种观点。但有时承包人虽经发包人同意进场，但是未进行大规模施工，待开工通知发出后，才视为工程开始施工，此时以开工通知记载的时间作为开工时间更符合当事人的真实意图。因此，实践中应区分承包人进场是进行开工准备还是正式施工，如果承包人进场并未进行大规模施工，当事人的真实意思表示是以开工通知记载的时间为开工时间，则不宜将承包人进场时间作为开工时间。[42]

竣工日期亦是判断工期的重要事项，且涉及工程价款及其利息的起算、违约金的计算等，实践中多有争议。为解决审判实践中关于竣工日期的争议问题，《建设工程施工合同司法解释(一)》第9条对此也作了规定："当事人对建设工程实际竣工日期有争议的，人民法院应当分别按照以下情形予以认定：(一)建设工程经竣工验收合格的，以竣工验收合格之日为竣工日期；(二)承包人已经提交竣工验收报告，发包人拖延验收的，以承包人提交验收报告之日为竣工日

〔42〕 最高人民法院民事审判第一庭编著：《最高人民法院新建设工程施工合同司法解释(一)理解与适用》，人民法院出版社2021年版，第92～93页。

期;(三)建设工程未经竣工验收,发包人擅自使用的,以转移占有建设工程之日为竣工日期。”但值得注意的是,《建设工程施工合同(示范文本)》第13.2.3条则规定,“工程经竣工验收合格的,以承包人提交竣工验收申请报告之日为实际竣工日期,并在工程接收证书中载明;因发包人原因,未在监理人收到承包人提交的竣工验收申请报告42天内完成竣工验收,或完成竣工验收不予签发工程接收证书的,以提交竣工验收申请报告的日期为实际竣工日期;工程未经竣工验收,发包人擅自使用的,以转移占有工程之日为实际竣工日期”。《建设工程施工合同(示范文本)》的规定与司法解释并不相同。若当事人之间采用了《建设工程施工合同(示范文本)》的规定,应当尊重当事人之意思,工程经竣工验收合格的,应当以承包人提交竣工验收申请报告之日为实际竣工日期,而不是该司法解释中的“竣工验收合格之日”。[43]

在按照合同约定时间开工的情况下,实际竣工日期晚于约定竣工日期即可证明工程逾期。此时承包人为免其责任需举证证明工期得以顺延。但工期的顺延,需具备工期顺延的事由。例如,《民法典》第798条规定的发包人未及时检查隐蔽工程时的工期顺延、《民法典》第803条规定的发包人违反材料提供义务导致的工期顺延、《建设工程施工合同司法解释(一)》第11条规定的工程质量争议且工程质量经鉴定合格时的质量鉴定期间的工期顺延等。工期的顺延,须经申请和确认,即“当事人约定顺延工期应当经发包人或者监理人签证等方式确认,承包人虽未取得工期顺延的确认,但能够证明在合同约定的期限内向发包人或者监理人申请过工期顺延且顺延事由符合合同约定,承包人以此为由主张工期顺延的,人民法院应予支持。当事人约定承包人未在约定期限内提出工期顺延申请视为工期不顺延的,按照约定处理,但发包人在约定期限后同意工期顺延或者承包人提出合理抗辩的除外”(《建设工程施工合同司法解释(一)》第10条)。此处所谓的“当事人约定承包人未在约定期限内提出工期顺延申请视为工期不顺延的,按照约定处理”,其指向主要是《建设工程施工合同(示范文本)》第19.1条就承包人的索赔规定:“根据合同约定,承包人认为有权得到追加付款和(或)延长工期的,应按以下程序向发包人提出索赔:(1)承包人应在知道或应当知道索赔事件发生后28天内,向监理人递交索赔意向通知书,并说明发生索赔事件的事由;承包人未在前述28天内发出索赔意向通知书的,丧失要求追加付款和(或)延长工期的权利……”示范文本该条款的规定,其实质是关于权利失效期间的约定。该约定有利于敦促承包人及时主张工期顺延,以避免事后难以对工期顺延的事实予以认定,通常应该按照约定处理。然而,承包人未申请工期顺延的原因较为复杂,有些情况下,尽管承包人未在约定时间内提出工期顺延申请或索赔,发包人对工期顺延仍然予以认可,如承包人有证据证明其未申请工期顺延有合理理由且工期应予以顺延。正是基于这样的考虑,《建设工程施工合同司法解释(一)》第10条第2款规定了“发包人在约定期限后同意工期顺延或者承包人提出合理抗辩的除外”。

承包人虽然负有工程建设义务,但亦会因各种原因中途停建或缓建。因发包人的原因致使工程中途停建、缓建的,发包人应当采取措施弥补或者减少损失,赔偿承包人因此造成的停

---

〔43〕 在《民法典》编纂过程中,笔者曾建议采纳建设工程实践中的习惯做法,提交竣工验收申请报告之日为实际竣工日期。参见周江洪:《关于〈民法典合同编〉(草案)(二次审议稿)的若干修改建议》,载《法治研究》2019年第2期。但司法实践中,有观点认为应当以竣工验收合格之日作为实际竣工日期,参见最高人民法院民事审判第一庭编著:《最高人民法院新建设工程施工合同司法解释(一)理解与适用》,人民法院出版社2021年版,第102页。

工、窝工、倒运、机械设备调迁、材料和构件积压等损失和实际费用(《民法典》第 804 条)。即使建设工程合同无效,若由于发包人的原因致使工程中途停建、缓建且此原因与合同无效原因无关,在审判实践中有不少裁判也要求发包人就承包人的停工、窝工等损失承担赔偿责任。[44] 同时,承包人亦负有减损义务,在停建、缓建期间承包人应当采取合理措施减少和避免损失,否则依《民法典》第 591 条的规定,不得就扩大的损失要求赔偿。[45]

(二)瑕疵担保义务、质量保证责任与保修义务

《民法典》建设工程合同章就勘察设计瑕疵(《民法典》第 800 条)、施工工程质量瑕疵(《民法典》第 801 条)以及建设工程对第三人的损害(《民法典》第 802 条)作出了规定。

1. 瑕疵担保义务

勘察、设计的质量不符合要求或者未按照期限提交勘察、设计文件拖延工期,造成发包人损失的,勘察人、设计人应当继续完善勘察、设计,减收或者免收勘察、设计费并赔偿损失(《民法典》第 800 条)。该规定实质上是《民法典》第 577 条、第 582 条在勘察设计领域的具体化。勘察设计的质量需符合要求,指的是符合法律行政法规的规定,符合建设工程质量、安全标准,符合建设工程勘察、设计的技术规范,符合合同的约定。[46] 《建设工程勘察设计管理条例》是其中重要的规范指引。需要指出的是,勘察、设计不符合要求或迟延履行,符合《民法典》第 563 条规定的,发包人亦可解除合同。

建设工程质量不符合约定的,承包人应当承担违约责任。但除《民法典》第 577 条、第 582 条及第 781 条规定的之外,《民法典》第 801 条就施工人的建设工程质量责任专门作出了规定:“因施工人的原因致使建设工程质量不符合约定的,发包人有权请求施工人在合理期限内无偿修理或者返工、改建。经过修理或者返工、改建后,造成逾期交付的,施工人应当承担违约责任。”与《民法典》第 582 条、第 781 条,以及与前述第 800 条规定的勘察、设计人“减收或者免收勘察、设计费”不同的是,《民法典》第 801 条并未规定“减少报酬”这一救济方式。从条文文义上来说,与《民法典》第 582 条、第 781 条规定的债权人得以“合理选择”不同,发包人不同的救济方式具有顺位性——需先请求修理或返工、改建,而不能合理选择“减少报酬(工程价款)”这一救济方式。只有采取瑕疵补救措施后造成逾期交付的,始有违约责任的承担。而此等违约责任的承担,依《民法典》第 582 条、第 781 条的文义,可容纳“减少报酬(工程价款)”这一救济方式。从立法的演变来看,该条承继了原《合同法》第 281 条的规定。从《民法典》建设工程合同章强调建设工程合格与否与工程价款之间的相关性角度言,若建设工程质量不符合约定,故无法验收合格,此时尚不产生工程价款请求权,故即使没有“减少价款(工程价款)”的救济措施,亦不影响发包人之利益,故未规定“减少报酬(工程价款)”救济措施,而只规定了“修理、返工、改建”的救济措施,具有一定的合理性。但从建设工程实践来看,竣工验收等只是产生工程价款请求权的前提,而并非工程质量合格的充分条件,即使竣工验收合格后,仍然存在保修期、质量缺陷期、基础工程和主体结构质量保证等,该质量保障亦足以表明这一点。若是从这一层含义上来说,《民法典》第 801 条未规定“减少报酬(工程价款)”,仍有再考之必要。从司法实

---

〔44〕 王轶等:《中国民法典释评:合同编·典型合同》(下卷),中国人民大学出版社 2020 年版,第 142 页。

〔45〕 谢鸿飞、朱广新主编:《民法典评注:合同编 典型合同与准合同》(第 3 册),中国法制出版社 2020 年版,第 164 页。

〔46〕 黄薇主编:《中华人民共和国民法典解读:合同编》(下册),中国法制出版社 2020 年版,第 1025 ~ 1027 页。

践来看，亦有主张"发包人有权拒付或者少付建设工程价款"，但将其限定在特定的范围之内。"建设工程无修复可能的，发包人有权拒付建设工程价款；如果承包人明确拒绝修理、返工或者改建，或者经承包人修理、返工或改建后建设工程质量仍不合格的，发包人有权请求减少支付工程价款。除非建设工程存在严重质量问题，即使进行修复也不能安全使用，发包人不应拒付全部工程价款"[47]。而《建设工程施工合同司法解释（一）》第 12 条明确规定了减少工程价款的请求权，即"因承包人的原因造成建设工程质量不符合约定，承包人拒绝修理、返工或者改建，发包人请求减少支付工程价款的，人民法院应予支持"。当然，依该条规定，得以请求减少支付工程价款的，仍然以"拒绝修理、返工或者改建"为前提。

另外，从《民法典》第 801 条的文义上来看，建设工程质量不符合约定的责任主体是"施工人"，此处指的是与发包人签订建设工程施工合同的承包人，而不包括实际施工人等。[48] 其他从事施工的人，则视相应的规范是否规定承担连带责任而承担相应的责任（例如，《民法典》第 791 条第 2 款规定的完成工作的第三人的连带责任等）。

此外，部分学说主张承包人责任的归责原则为过错责任，认为"从《民法典》第 793 条、第 802 条的规定来看，建设工程施工合同中的归责原则应当适用过错责任原则"，除非承包人能够证明自己没有过错，承包人应承担瑕疵担保责任。[49] 但本书认为，原《建设工程施工合同司法解释》第 11 条规定"因承包人的过错造成建设工程质量不符合约定，承包人拒绝修理、返工或者改建，发包人请求减少支付工程价款的，应予支持"，但《民法典》并未承继这一规定，且《建设工程施工合同司法解释（一）》第 12 条已将"承包人的过错"修改为"承包人的原因"，也表明目前已修正了原《建设工程施工合同司法解释》第 11 条这一明显有违我国违约责任一般原理的规定。即使《建设工程施工合同司法解释（一）》第 13 条在规定发包人对工程质量缺陷的过错责任时，在其第 2 款规定"承包人有过错的，也应当承担相应的过错责任"，也只是表明此时存在与有过失制度适用的可能，而并非表明承包人违约责任的归责原则为过错责任。

■ 思考｜发包人擅自使用与建设工程质量

《建设工程施工合同司法解释（一）》第 14 条规定，"建设工程未经竣工验收，发包人擅自使用后，又以使用部分质量不符合约定为由主张权利的，人民法院不予支持；但是承包人应当在建设工程的合理使用寿命内对地基基础工程和主体结构质量承担民事责任"。司法解释该规定延续了原《建设工程施工合同司法解释》第 13 条。第 14 条的规定是对《民法典》第 799 条第 2 款规定的"建设工程竣工经验收合格后，方可交付使用；未经验收或者验收不合格的，不得交付使用"规则的细化，但《民法典》第 799 条并未规定"质量合格"的"推定"，也未规定擅自使

---

〔47〕最高人民法院民法典贯彻实施工作领导小组主编：《中华人民共和国民法典合同编理解与适用（三）》，人民法院出版社 2020 年版，第 2001 页。

〔48〕最高人民法院民法典贯彻实施工作领导小组主编：《中华人民共和国民法典合同编理解与适用（三）》，人民法院出版社 2020 年版，第 1997 页；谢鸿飞、朱广新主编：《民法典评注：合同编　典型合同与准合同》（第 3 册），中国法制出版社 2020 年版，第 150 页。

〔49〕谢鸿飞、朱广新主编：《民法典评注：合同编　典型合同与准合同》（第 3 册），中国法制出版社 2020 年版，第 149～150 页。

用时工程质量瑕疵的救济。在《民法典》编纂过程中,《民法典合同编(草案)》(二次审议稿)中曾试图规定,“建设工程未经竣工验收,发包人擅自使用的,除存在违反法律、行政法规强制性规定的情形外,视为工程质量验收合格,但是承包人应当在建设工程的合理使用期限内对地基基础工程和主体结构质量承担责任”。对此曾有建议将“视为工程质量验收合格”改为“推定工程质量验收合格”。通常来说,对承揽标的物的使用并不表明定作人对于标的物的认可,即使怠于验收,通常也需要经过合理期间未通知始“视为合格”。草案规定吸纳原《建设工程施工合同司法解释》第13条,将“擅自使用”作为验收合格来确定,并不合适。虽然草案规定增加了“除存在违反法律、行政法规强制性规定的情形外”的限制,仍然难免规范过度。另外,在建设工程实践中,特别是各示范文本中,“擅自使用”通常也只是作为建设工程接收证书颁发、保修期计算、缺陷责任期计算、竣工日期计算等的依据而已,与建设工程质量本身并非直接挂钩。考虑到与《民法典》买卖合同章怠于验收时的质量合格推定之间的平衡,以及考虑到竣工验收对于建设工程的重要性,建议做如上修改,给予发包人通过举证予以推翻的机会。[50] 但《建设工程施工合同司法解释(一)》第14条仍然在实质上保留了擅自使用被视为工程质量合格的规则,认为该规定实质上是工程质量责任风险移转的规定,[51]值得商榷。

2. 质量保证责任与保修义务

在建设工程领域,通常存在约定和法定的质量保证和保修义务。虽然《产品质量法》将建设工程排除在《产品质量法》的适用范围之外,但《民法典》侵权责任编对建筑工程及其搁置物、悬挂物发生脱落、坠落或倒塌致人损害的责任作出了规范。《民法典》第802条对此也规定,“因承包人的原因致使建设工程在合理使用期限内造成人身损害和财产损失的,承包人应当承担赔偿责任”。该条规定的损害赔偿责任,并不限于发包人的损失,亦与通常的瑕疵担保义务不同,是对“合理使用期限内”的工程质量缺陷问题承担责任。若同时对发包人造成损失,则构成违约损害赔偿与侵权损害赔偿的竞合。从合同的视角言,该条发挥着类似“附保护第三人作用契约”之功能。[52]

建设工程领域的合理使用期限、缺陷责任期和保修期,其含义各不相同。合理使用期限,一般自交付发包人时起算,但与一般产品的生产者对其产品的质量缺陷承担损害赔偿责任的责任期限通常不超过自产品交付使用最初用户起10年不同,建设工程承包人应当在该建设工程合理使用期限内对整个工程质量安全承担责任。该期限由建设工程的不同情况等予以确定,通常按国务院有关主管部门制定的标准予以认定。如《民用建筑设计统一标准》中按民用建筑的主体结构确定的建筑耐久年限将合理使用期限分为四级等。

缺陷责任期在建设工程领域相关规章中多有规定。例如,《建设工程质量保证金管理办

---

[50] 周江洪:《关于〈民法典合同编〉(草案)(二次审议稿)的若干修改建议》,载《法治研究》2019年第2期。

[51] 最高人民法院民事审判第一庭编著:《最高人民法院新建设工程施工合同司法解释(一)理解与适用》,人民法院出版社2021年版,第148页。

[52] 当然,亦有学说认为,若对第三人造成损害,则应当适用《民法典》侵权责任编的相关规定处理,如第1252条等[参见王利明:《合同法》(下册),中国人民大学出版社2021年版,第242页;杨代雄主编:《袖珍民法典评注》,中国民主法制出版社2022年版,第741页];还有学说认为《民法典》第802条规定的是“侵权损害赔偿责任”[参见谢鸿飞、朱广新主编:《民法典评注:合同编 典型合同与准合同》(第3册),中国法制出版社2020年版,第154页]。

法》第 2 条第 1 款规定,“本办法所称建设工程质量保证金(以下简称保证金)是指发包人与承包人在建设工程承包合同中约定,从应付的工程款中预留,用以保证承包人在缺陷责任期内对建设工程出现的缺陷进行维修的资金”。第 3 款规定:“缺陷责任期一般为一年,最长不超过二年,由发、承包双方在合同中约定。”该办法第 8 条规定,“缺陷责任期从工程通过竣工验收之日起计。由于承包人原因导致工程无法按规定期限进行竣工验收的,缺陷责任期从实际通过竣工验收之日起计。由于发包人原因导致工程无法按规定期限进行竣工验收的,在承包人提交竣工验收报告 90 天后,工程自动进入缺陷责任期”。该办法第 9 条规定,“缺陷责任期内,由承包人原因造成的缺陷,承包人应负责维修,并承担鉴定及维修费用。如承包人不维修也不承担费用,发包人可按合同约定从保证金或银行保函中扣除,费用超出保证金额的,发包人可按合同约定向承包人进行索赔。承包人维修并承担相应费用后,不免除对工程的损失赔偿责任。由他人原因造成的缺陷,发包人负责组织维修,承包人不承担费用,且发包人不得从保证金中扣除费用”。

另外,《建筑法》第 62 条规定了质量保修制度及其保修期,即“建筑工程实行质量保修制度。建筑工程的保修范围应当包括地基基础工程、主体结构工程、屋面防水工程和其他土建工程,以及电气管线、上下水管线的安装工程,供热、供冷系统工程等项目;保修的期限应当按照保证建筑物合理寿命年限内正常使用,维护使用者合法权益的原则确定。具体的保修范围和最低保修期限由国务院规定”。对此,《建设工程质量管理条例》第 39 ~ 41 条规定了建设工程质量保修制度,其中,第 40 条规定了建设工程不同部分的保修期限。第 41 条规定:“建设工程在保修范围和保修期限内发生质量问题的,施工单位应当履行保修义务,并对造成的损失承担赔偿责任。”

工程建设领域中,质量保证金与缺陷责任期挂钩,而并不是保修期的质量保修金。缺陷责任期内的质量缺陷修复义务与保修期内质量保修义务存在不同。缺陷责任期是扣留工程质量保证金的期限,缺陷责任期内承包人承担的是质量缺陷修复义务,保修期内承包人承担的是保修义务。[53] 对此,司法实践中认为,“建设工程施工合同质量保证金的返还应遵循当事人约定,合同约定的缺陷责任期届满,发包人应当返还质量保证金。保修义务是承包人的法定义务,发包人返还保证金后,承包人仍应在法定或合同约定的保修期内承担保修责任”。[54] 对此,《建设工程施工合同司法解释(一)》第 17 条亦规定,“有下列情形之一,承包人请求发包人返还工程质量保证金的,人民法院应予支持:(一)当事人约定的工程质量保证金返还期限届满;(二)当事人未约定工程质量保证金返还期限的,自建设工程通过竣工验收之日起满二年;(三)因发包人原因建设工程未按约定期限进行竣工验收的,自承包人提交工程竣工验收报告九十日后当事人约定的工程质量保证金返还期限届满;当事人未约定工程质量保证金返还期限的,自承包人提交工程竣工验收报告九十日后起满二年。发包人返还工程质量保证金后,不影响承包人根据合同约定或者法律规定履行工程保修义务”。

---

〔53〕 最高人民法院民事审判第一庭编著:《最高人民法院新建设工程施工合同司法解释(一)理解与适用》,人民法院出版社 2021 年版,第 171 页。

〔54〕 中国新兴建设开发有限责任公司与海上嘉年华(青岛)置业有限公司建设工程施工合同纠纷上诉案,最高人民法院(2018)最高法民终 556 号民事判决书。

《民法典》并未明确规定承包人的保修义务，但从《民法典》第 801 条的“合理期限内无偿修理”可部分推出保修义务。另外，《建筑法》及《建设工程质量管理条例》均规定了质量保修制度，建设工程合同的示范文本也多有约定。《建设工程施工合同司法解释(一)》第 18 条对此作出了规定：“因保修人未及时履行保修义务，导致建筑物毁损或者造成人身损害、财产损失的，保修人应当承担赔偿责任。保修人与建筑物所有人或者发包人对建筑物毁损均有过错的，各自承担相应的责任。”据此，保修义务首先是合同上的义务，但与此同时，保修义务针对的是建设工程本身。因此，对于并非建设工程施工合同发包人的第三人而言，则随建设工程所有权变动而产生的权利之法定移转，或者直接依据《建筑法》等特别法规定，此等第三人亦有权要求保修人履行保修义务。保修人未及时履行保修义务造成损害的，则可依侵权损害赔偿予以处理。

(三)通知义务

隐蔽工程在隐蔽以前，承包人应当通知发包人检查。发包人没有及时检查的，承包人可以顺延工程日期，并有权请求赔偿停工、窝工等损失(《民法典》第 798 条)。若承包人未履行通知义务而导致发包人未能及时检查的，承包人并不能要求工期顺延或赔偿损失。如果承包人未通知发包人检查而自行进行隐蔽工程的，事后发包人有权要求对已隐蔽的工程进行检查，承包人应当按照要求进行剥露，并在检查后重新隐蔽或者修复后隐蔽。如果经检查隐蔽工程不符合要求的，承包人应当返工，重新进行隐蔽。在这种情况下检查隐蔽工程所发生的费用如检查费用、返工费用、材料费用等由承包人负担，承包人还应承担工期延误的违约责任。[55]

(四)容忍义务(接受检查的义务)

《民法典》第 797 条规定，“发包人在不妨碍承包人正常作业的情况下，可以随时对作业进度、质量进行检查”。发包人对施工作业的检查一般通过两种方式行使：一是委派具体管理人员作为工地代表行使；二是发包人委托监理人对工程实施监理。

与一般的承揽合同不同，在承揽合同领域承揽人“应当接受定作人必要的监督检验”，建设工程领域则是“可以随时对作业进度、质量进行检查”，承包人对此须予以容忍。承包人违反接受发包人检查义务的，发包人当如何救济，《民法典》并未作出规定。与承揽合同部分阐述的一样，若是拒不接受合理的检查，发包人得以信赖关系受破坏致使无法实现合同目的为由解除合同。另外，《民法典》第 797 条规定的检查与隐蔽工程在隐蔽之前的检查并不相同，[56]对作业进度、质量进行检查，是发包人的权利，除非发包人存在如同《民法典》第 798 条一样的隐蔽工程检查义务的违反，否则其并不承担责任；发包人对作业进度、质量进行检查，亦不构成发包人的不真正义务，并不能因此而承受不利益，如果发包人没有尽到检查监督的义务，此时并不部分或全部免除承包人的责任。[57]

---

〔55〕 黄薇主编：《中华人民共和国民法典解读：合同编》(下册)，中国法制出版社 2020 年版，第 1021 页。

〔56〕 最高人民法院民法典贯彻实施工作领导小组主编：《中华人民共和国民法典合同编理解与适用(三)》，人民法院出版社 2020 年版，第 1975 页。

〔57〕 谢鸿飞、朱广新主编：《民法典评注：合同编　典型合同与准合同》(第 3 册)，中国法制出版社 2020 年版，第 139 页。

二、发包人的义务

(一)工程价款支付义务

《民法典》第788条、第799条、第807条均对发包人的工程价款支付义务作出了规定。工程价款支付义务,会涉及计价标准或计价方法、价款支付期限、工程欠款的计息、无效或解除情形的工程价款问题、工程价款债权法定优先权等。

1.计价标准或计价方法

工程价款的计算方式,存在工程定额计价、工程量清单计价、总价方式、成本加酬金方式等,当事人通常会在合同中予以约定。当事人对建设工程的计价标准或者计价方法有约定的,按照约定结算工程价款[《建设工程施工合同司法解释(一)》第19条第1款]。实践中,会出现建设工程施工合同约定的工程款结算标准与建筑行业主管部门发布的工程定额标准和造价计价办法不一致的情形,工程定额标准属于政府指导价范畴,此时,只要当事人的约定不存在无效之情形,应当尊重当事人意思自治,以当事人约定为准。但是,因设计变更导致建设工程的工程量或者质量标准发生变化,当事人对该部分工程价款不能协商一致的,可以参照签订建设工程施工合同时当地建设行政主管部门发布的计价方法或者计价标准结算工程价款[《建设工程施工合同司法解释(一)》第19条第2款]。值得注意的是,在建设工程合同无效之情形下,依建设工程验收合格与否,当事人约定的工程价款是得以参照适用的折价标准。若建设工程施工合同有效,但工程验收不合格时,应当如何结算工程价款,是实践中重要的问题之一。原《建设工程施工合同司法解释》第16条第3款规定参照建设工程施工合同无效且建设工程验收不合格的处理方案予以处理。虽然《民法典》第793条规定了建设工程施工合同无效且建设工程验收不合格时的处理,但《建设工程施工合同司法解释(一)》第19条第3款则规定,"建设工程施工合同有效,但建设工程经竣工验收不合格的,依照民法典第五百七十七条规定处理"。此时按照违约责任予以处理。之所以作出如此变更,主要是认为合同无效与合同有效的处理方式,两者在性质上存在显著差别,不能相互等同。既然按照《民法典》第577条的规定予以处理,其实质是承包人存在违约行为应承担违约责任,其中当然也包括第582条规定的减少价款等在内的补救措施。

工程价款的计算,存在工程量清单计价的方式,住房和城乡建设部亦出台有《建设工程工程量清单计价规范》。但在工程量计算和确认上,关于工程量的证明,实践中多出现争议。《建设工程施工合同司法解释(一)》第20条承继原《建设工程施工合同司法解释》第16条,对此作出了规定,"当事人对工程量有争议的,按照施工过程中形成的签证等书面文件确认。承包人能够证明发包人同意其施工,但未能提供签证文件证明工程量发生的,可以按照当事人提供的其他证据确认实际发生的工程量"。工程实践中,当事人亦可能约定按照固定价格结算工程款。例如,按照施工图预算包干,或者以固定总价格包干或者以平方米包干等各种固定价格结算。对此种工程价款结算方式,《建设工程施工合同司法解释(一)》第28条规定,"当事人约定按照固定价结算工程价款,一方当事人请求对建设工程造价进行鉴定的,人民法院不予支持"。当然,按照固定价结算工程价款,虽然原则上不应做调整,但若因设计变更导致建设工程的工程量或者质量标准发生变化等情形,则可依《建设工程施工合同司法解释(一)》第19条第2款之规定,就工程价款做适当增减。

依《民法典》第799条,工程价款的支付与工程的验收密切相关。工程价款结算的大致过程:竣工验收合格后,承包人提交工程竣工结算申请,监理人对此进行核查并报送发包人,发包人完成审批后签发竣工付款证书。但实践中常出现承包人提交竣工结算申请后,发包人逾期未完成审批且未提出异议,此时该如何处理,实践中多有争议。《建设工程施工合同司法解释(一)》第21条对此作出规定,"当事人约定,发包人收到竣工结算文件后,在约定期限内不予答复,视为认可竣工结算文件的,按照约定处理。承包人请求按照竣工结算文件结算工程价款的,人民法院应予支持"。此处的"约定",常见于相关示范文本中。例如,《建设工程施工合同(示范文本)》第14.2条规定:"(1)……发包人在收到承包人提交竣工结算申请书后28天内未完成审批且未提出异议的,视为发包人认可承包人提交的竣工结算申请单,并自发包人收到承包人提交的竣工结算申请单后第29天起视为已签发竣工付款证书。(2)除专用合同条款另有约定外,发包人应在签发竣工付款证书后的14天内,完成对承包人的竣工付款……"

2. 工程价款的支付时期

关于工程价款的支付时期,与承揽合同一样,原则上为后付主义。例如,《民法典》第799条规定:"建设工程竣工后,发包人应当……及时进行验收。验收合格的,发包人应当按照约定支付价款,并接收该建设工程……"该规定亦在某种程度上表明,工程价款支付的清偿期应当为"验收合格"之后。当然,工程实践中,亦存在按照工程进度支付部分进度款的习惯或约定。从体系解释上言,因建设工程合同适用承揽合同的规定(《民法典》第808条),就工程价款支付期限未约定或约定不明确之情形,应适用《民法典》第782条之规定而排除《民法典》第511条之适用。也就是说,应当依《民法典》第510条协议补充,不能达成补充协议的,按照合同有关条款或者交易习惯确定。仍不能确定的,则应当在交付工作成果时支付。但是,《建设工程施工合同司法解释(一)》第27条承继了原《建设工程施工合同司法解释》第18条,对此作了相同的规定:"利息从应付工程价款之日开始计付。当事人对付款时间没有约定或者约定不明的,下列时间视为应付款时间:(一)建设工程已实际交付的,为交付之日;(二)建设工程没有交付的,为提交竣工结算文件之日;(三)建设工程未交付,工程价款也未结算的,为当事人起诉之日。"该规则被认为符合建筑业的实际情况。[58] 但是,从《民法典》的体系解释和当事人意思自治角度言,若对付款时间没有规定或者约定不明的,首先应允许当事人通过协议补充,而不是直接适用《建设工程施工合同司法解释(一)》第27条。该条规定最多得以构成《民法典》第510条意义上的"交易习惯"而已,是司法解释机关根据建设工程领域的交易习惯所作的解释适用。同时,需注意的是,适用《建设工程施工合同司法解释(一)》第27条的前提是"当事人对付款时间没有约定或者约定不明",若当事人对此作了不同约定,依当事人之约定。例如,依前述《建设工程施工合同(示范文本)》第14.2条规定,工程价款的支付,与竣工验收的流程密切相关,竣工结算申请、竣工付款证书等构成了工程款支付时点判断的重要基准,而并非如同《建设工程施工合同司法解释(一)》第27条一样区分工程之交付予以处理,更不会是该司法解

---

〔58〕 最高人民法院民事审判第一庭编著:《最高人民法院新建设工程施工合同司法解释(一)理解与适用》,人民法院出版社2021年版,第277页。

释所规定的“提交竣工结算文件之日”。[59] 据此,若当事人采用了此等合同示范文本,应当认为其对于付款时间做出了约定,而不适用《建设工程施工合同司法解释(一)》第27条规定的付款时间。

另外,如同《民法典》第782条一样,建设工程合同虽然要求验收合格始有工程价款给付请求权。但在特定情形下,也肯定部分交付时的工程价款请求权。《建设工程施工合同司法解释(一)》第39条规定了未竣工情形就承建工程部分享有的建设工程价款法定优先权,这也同样表明部分交付工作成果时的报酬请求的可能性。但其具体构成要件,需通过解释予以补充。

3. 工程欠款利息计付标准及计付日期

在建设工程合同领域,《建设工程施工合同司法解释(一)》第26条专门就工程欠款的利息计算作了规定:“当事人对欠付工程价款利息计付标准有约定的,按照约定处理。没有约定的,按照同期同类贷款利率或者同期贷款市场报价利率计息。”利息的给付日期,则按该司法解释第27条的规定“利息从应付工程价款之日开始计付”。此处所谓的“按照同期同类贷款利率或者同期贷款市场报价利率计息”,主要是考虑到2019年8月20日以后中国人民银行取消了贷款基准利率标准,而代之以全国银行间同业拆借中心每月20日公布的贷款市场报价利率,且贷款市场报价利率存在1年期和5年期以上两个期限品种。因此,对于工程欠款利息,应以2019年8月20日为时间节点,分时段按不同标准予以动态计算。[60] 另外,对于金钱债务迟延履行的利息计算,除了借款合同、建设工程施工合同之外,其他领域的司法解释亦有所规定。例如,“逾期付款的,按照未付购房款总额,参照中国人民银行规定的金融机构计收逾期贷款利息的标准计算”(《商品房买卖合同司法解释》第13条第2款)“……迟延履行期间的债务利息,包括迟延履行期间的一般债务利息和加倍部分债务利息”(最高人民法院《关于执行程序中计算迟延履行期间的债务利息适用法律若干问题的解释》第1条第1款)等。金钱债务迟延履行时的利息计算标准并不一致,部分原因是各自的立法目的不同。但除了有特殊考量之外,应尽量统一金钱债务迟延履行的利息计付标准。

4. 建设工程合同解除时的工程价款

《民法典》第806条第3款规定,“合同解除后,已经完成的建设工程质量合格的,发包人应当按照约定支付相应的工程价款;已经完成的建设工程质量不合格的,参照本法第七百九十三条的规定处理”。该款规定的工程价款支付,本质上是《民法典》第782条关于承揽合同情形部分交付工成果时的相应价款请求权的体现,但该条款与第782条不同,考虑到建设工程合同的特殊性,以质量合格与否作为工程价款请求权的前提条件。值得注意的是,《建设工程施工合同司法解释(一)》区分了合同有效情形与无效情形的违约责任与折价补偿(《建设工程施工合

---

〔59〕 该司法解释之所以采取竣工结算文件提交的时间节点,其理由为:建设工程已经竣工验收合格,应当认定承包人完成了合同的主要义务,实务中,许多发包人故意拖延审核承包人提交的竣工结算报告以达到推延支付工程价款的目的,以承包人提交竣工结算文件的时间作为工程价款结算的时间,有利于督促发包人行使权利,尽快审核工程竣工结算报告,及时支付工程价款。平衡利弊后,最终确定了现行条款内容。参见最高人民法院民事审判第一庭编著:《最高人民法院新建设工程施工合同司法解释(一)理解与适用》,人民法院出版社2021年版,第281页。

〔60〕 最高人民法院民事审判第一庭编著:《最高人民法院新建设工程施工合同司法解释(一)理解与适用》,人民法院出版社2021年版,第271页。

同司法解释(一)》第19条第3款),但在合同解除情形下,《民法典》第806条并未作如此区分,而是援引合同无效情形的规则予以参照适用。但是,参照适用第793条并不表明因违约而解除合同时不承担违约责任。从立法过程来看,《民法典》第806条第3款源自原《建设工程施工合同司法解释》第10条,鉴于《民法典》第566条已经规定"合同因违约解除的,解除权人可以请求违约方承担违约责任",因此,《民法典》第806条第3款并未保留原《建设工程施工合同司法解释》第10条第2款中承担违约责任的表述。[61] 另外,《民法典》第806条第3款是否适用于建设工程解除的所有情形抑或只适用于该条前两款规定,亦需斟酌。这会涉及建设工程施工合同的解除是否应当有所限制的问题。有观点认为建设工程解除会涉及社会资源浪费等问题,应当限定其解除权,试图排除《民法典》第563条法定解除权之适用。对于质量违约情形,认为应当依《民法典》第800条、第801条采取补救措施,而不得依《民法典》第563条解除合同。但立法上并未对此作出规定,解释论上认为《民法典》合同编通则解除的规则应当适用于建设工程合同。另有观点认为,建设工程合同解除时的清算等,应对恢复原状作出限制,排除《民法典》第566条的适用,而应依第806条第3款予以处理,通过工程价款的有无、费用的清算以及损害赔偿予以处理。该观点虽然值得商榷,但与通常解除不同的是,建设工程领域对于解除情形的工程价款问题作出了特殊规定,适用《民法典》第566条时,应当结合《民法典》第806条第3款予以适用。对此,有释义书也认为,除《民法典》第806条第3款明确规定的特殊情况外,对于建设工程合同解除的法律后果没有规定,仍应根据其性质适用一般合同解除的相关规定。[62]

5. 建设工程价款债权法定优先权

建设工程价款优先权是建设工程领域司法适用的重点问题之一。原《合同法》第286条对此作了规定。最高人民法院也曾通过司法解释对此作了诸多细节规范。除了个别文字性修改之外,《民法典》第807条延续了原《合同法》第286条的规定,即"发包人未按照约定支付价款的,承包人可以催告发包人在合理期限内支付价款。发包人逾期不支付的,除根据建设工程的性质不宜折价、拍卖外,承包人可以与发包人协议将该工程折价,也可以请求人民法院将该工程依法拍卖。建设工程的价款就该工程折价或者拍卖的价款优先受偿"。

多数学说认为,建设工程价款债权法定优先权的立法目的在于保障建设工程承包人的优先受偿权,保障工程款债权能够得到及时实现,从而维护弱势群体农民工等人的利益;[63]该规定是为了切实解决拖欠工程款的问题,保障承包人价款债权的实现。[64] 但本书认为,该法定优先权对于建筑工人的保护只是一种间接保护、反射保护,之所以赋予承包人法定优先权,乃是因为在建设过程中劳务、材料等凝结在建筑物中,承包人的投入不可逆转地形成了建设工程,所以赋予其优先权具有合理性。

---

[61] 王轶等:《中国民法典释评:合同编·典型合同》(下卷),中国人民大学出版社2020年版,第148页。

[62] 黄薇主编:《中华人民共和国民法典解读:合同编》(下册),中国法制出版社2020年版,第1043页。

[63] 王利明:《合同法》(下册),中国人民大学出版社2021年版,第244页。

[64] 黄薇主编:《中华人民共和国民法典解读:合同编》(下册),中国法制出版社2020年版,第1044页。

(1)建设工程价款债权法定优先权的前提条件

建设工程价款债权法定优先权的行使前提是发包人经承包人催告仍逾期不支付工程价款。[65] 因此,承包人的价款请求权首先应达到付款条件。而在工程价款支付条件中,如前所述,在我国,工程质量合格与否是能否请求工程价款或者参照工程价款予以折价补偿的关键。同样地,在行使建设工程价款债权法定优先权时,亦遵循这一标准。对此,《建设工程施工合同司法解释(一)》第38条规定,"建设工程质量合格,承包人请求其承建工程的价款就工程折价或者拍卖的价款优先受偿的,人民法院应予支持"。该司法解释第39条规定,"未竣工的建设工程质量合格,承包人请求其承建工程的价款就其承建工程部分折价或者拍卖的价款优先受偿的,人民法院应予支持"。值得注意的是,《民法典》并未规定该法定优先权的行使是否需要占有或登记等公示要件。关于是否以占有建设工程为要件,若依留置权说,类似承揽人对工作成果的留置权,以实际控制建设工程为要件,应参照《民法典》第457条的规定,认为若丧失占有则导致法定优先权的消灭。但我国《民法典》第807条规定的法定优先权,明显不同于留置权。其原因在于:一是留置权人得以留置的为动产,并不涵盖不动产;二是留置权的实现程序和留置权人的权益明显不同于《民法典》第807条规定的法定优先权。例如,留置权人得以收取留置财产的孳息(《民法典》第452条),留置权应约定留置财产后的债务履行期限或给予60日以上的履行期(《民法典》第453条)。因此,以类似留置权来说明《民法典》第807条规定的法定优先权亦需以实际控制建筑物为前提并不合理。在这个问题上,最高人民法院在裁判中曾明确作出回答,在"安阳广佳欣置业有限公司等与博坤建设集团有限公司建设工程施工合同纠纷上诉案"中明确指出,"至于工程是否竣工、承包人是否保持对建设工程的占有,均非承包人依据原《合同法》第286条主张优先受偿权的法定前提条件"。[66] 此外,在《民法典》编纂过程中,亦曾研究过是否对建设工程价款优先受偿权的登记进行规定,但因未能达成共识,而未作出规定。[67] 对此,比较法上多倾向于应当予以登记,始得以产生对抵押权人等的优先效力。例如,《日本民法典》第338条第1款第1句规定,为保存不动产工程先取特权的效力,须在工程开始前就工程费用的预算额予以登记。同时在其第339条规定,经登记的不动产保存先取特权、工程先取特权,可以先于抵押权行使。但是,从我国工程实践来看,施工工程的类型较为复杂,如装饰装修工程、农村建房等;从登记簿的构造来看,建设工程的登记与各种土地权利的可登记性也会密切相关,如何进行登记、具体的登记方法和程序、登记成本费用、登记查询的费用和程序等,都需要体系性考虑。至少从《民法典》第807条的规定来看,承包人的建设工程价款法定优先权目前并不需要登记。

---

[65] 也有观点认为,《民法典》第807条规定的"逾期",既可以理解为催告后的"合理期限"的逾期,也可以是发包人应当支付价款的期限的逾期,并认为发包人依合同期限支付价款是其应尽的义务,采用后一种理解更为合理。参见最高人民法院民事审判第一庭编著:《最高人民法院新建设工程施工合同司法解释(一)理解与适用》,人民法院出版社2021年版,第374页。本书认为,虽然《民法典》第807条文义上倾向于前一理解,但从制度目的角度言,后一理解更为妥当。

[66] 安阳广佳欣置业有限公司等与博坤建设集团有限公司建设工程施工合同纠纷上诉案,最高人民法院(2014)民一终字第61号民事判决书。

[67] 黄薇主编:《中华人民共和国民法典解读:合同编》(下册),中国法制出版社2020年版,第1051页;《民法典立法背景与观点全集》编写组编:《民法典立法背景与观点全集》,法律出版社2020年版,第322页。

思考 | 建设工程价款法定优先权的权利主体

建设工程价款法定优先权的权利主体，虽然《民法典》第807条规定的是“承包人”，但实践中亦会有争议，尤其是实际施工人、勘察人、设计人等是否同样得以成为该优先权的主体。虽然很多地方法院发布的司法政策文件中都承认分包人或者实际施工人完成了合同约定的施工义务且工程质量合格，在总承包人或转包人怠于行使工程价款优先受偿权时，就其承建的工程在发包人欠付工程款范围内可以主张工程价款优先受偿权，但有学说认为，该优先权是基于有效的建设工程合同产生的法定优先权，法律没有必要对实际施工人授予该优先权，而是将该优先权作为《民法典》第535条意义上的“有关的从权利”对待，在转包人或违法分包人怠于行使其到期债权时代位行使承包人的权利。[68] 或者认为，“从解释论的角度，无论是依文义解释、体系解释还是目的解释的方法，无效施工合同的承包人不应享有建设工程价款优先受偿权。但是，在有效施工合同中的总承包人、转包人或者出借资质人怠于行使建设工程价款优先受偿权时，为顺利实现因工程建设产生的合法债权，应当允许实际施工人可以提起代位权诉讼的方式主张建设工程价款优先受偿权”。[69] 相关释义书亦持该观点。[70] 亦有观点认为，《建设工程施工合同司法解释(一)》第35条[原《建设工程施工合同司法解释(二)》第17条]之所以规定“与发包人订立建设工程施工合同的承包人，依据民法典第八百零七条的规定请求其承建工程的价款就工程折价或者拍卖的价款优先受偿的，人民法院应予支持”，就旨在表明与发包人没有建设工程施工合同关系的实际施工人不享有建设工程价款优先受偿权，不仅实际施工人不能享有该优先权，合法分包合同的承包人与发包人之间不存在建设工程施工合同关系，合法分包合同的承包人也不能享有该优先权。[71] 亦有类似观点认为，《民法典》第807条明确规定，承包人享有优先受偿权，这里的承包人仅指合法的承包人，不包括转包的受让方、违法分包的承包方及不具有建筑资质的承包方等违法承包人。“司法解释的规定，只允许实际施工人有条件地向发包人主张欠付的工程款，这与实际施工人是否享有优先受偿权并无必然联系”。[72] 司法实践中亦有法院裁判认为，“只有与发包人签订施工合同的承包人才有权享有工程价款优先受偿权，而左某国作为案涉工程的实际施工人，不属于该司法解释规定的享有优先受偿权的权利主体”。[73] 也有观点认为，应当依不同的法律关系分别判断，认为转承包人、违法分承包人与发包人未订立建设工程施工合同，不享有建设工程价款优先受偿权。发包人在缔约时知道实际施工人借用有资质的建筑企业名义与其签订建设工程施工合同的，出借资质的建筑企业与发包人签订的建设工程施工合同实际上反映的是借用资质的实际施工人与发包人之间的建

---

〔68〕 王轶等:《中国民法典释评:合同编·典型合同》(下卷),中国人民大学出版社2020年版,第152~154页。

〔69〕 唐倩:《实际施工人的建设工程价款优先受偿权实证研究》,载《中国政法大学学报》2019年第4期。

〔70〕 谢鸿飞、朱广新主编:《民法典评注:合同编 典型合同与准合同》(第3册),中国法制出版社2020年版,第178页。

〔71〕 最高人民法院民法典贯彻实施工作领导小组主编:《中华人民共和国民法典合同编理解与适用(三)》,人民法院出版社2020年版,第2036~2037页。但该书认为,承包人行使建设工程价款优先受偿权无须以建设工程施工合同有效为条件[参见最高人民法院民法典贯彻实施工作领导小组主编:《中华人民共和国民法典合同编理解与适用(三)》,人民法院出版社2020年版,第2039页]。

〔72〕 宋会谱:《建设工程价款优先受偿权疑难问题研究》,载《法律适用》2021年第6期。

〔73〕 左某国、信阳宋基华锐置业有限公司等建设工程施工合同纠纷案,河南省高级人民法院(2021)豫民终68号民事判决书。

设工程施工合同关系。这种情况下,实际施工人实为实际承包人,与发包人签订有建设工程施工合同,可享有建设工程价款优先受偿权。[74] 但也有观点明确指出,"在解释上,优先受偿权具有法定性、特殊性、优先性等特征,实际施工人履行了建设工程义务,且与建筑工人生存利益更贴近,赋予其优先受偿权具有正当性。在功能分析上,借助比例原则进行审视,否定实际施工人的优先受偿权无助于维护建筑市场秩序的美好夙愿,反而与优先受偿权保护建筑工人利益的立法初衷相抵牾。因此,不妨在立法中直接承认实际施工人享有优先受偿权"。[75]

关于合同有效与否是否影响优先权的成立,有观点认为《民法典》第807条的规定是为了切实解决拖欠工程款的问题,保证承包人价款债权的实现。合同有效也好,无效也好,在承包人将技术、劳务甚至资金物化到所承包工程之中这点上,两者并无区别,建设工程承包合同无效场合,也应当适用《民法典》第807条的规定。[76] 亦有观点认为,建设工程合同无效时,若工程质量合格,发包人应参照合同关于建设工程价款的约定补偿承包人,但对价款和补偿款应做相同评价,只要建设工程质量合格,无论建设工程合同是否有效,承包人均可主张该优先权,《建设工程施工合同司法解释(一)》第38条也表明了这一点。[77] 但有观点认为,"合同无效意味着法律对合同的否定性评价,此时仍赋予工程债权优先效力无疑会造成法律自身的矛盾,同时对其他债权人之利益维护不利"[78]。或者认为,建设工程价款优先受偿权应依合法有效的施工合同为前提。[79] 另外,勘察人、设计人是否得以成为法定优先权权利主体,亦有争议。承包人是否包括勘察人、设计人和施工人,文义上似乎可以包括在内。[80]

本书认为,该优先权的对象是建设工程折价拍卖的价款,而建设工程只有施工才得以产生,因此,勘察人、设计人不应包括在内。而对于合同无效情形的实际施工人问题,《民法典》对此并未作出规定,而是认为"相关问题还需要理论的继续深入研究和司法实践经验的积累"。[81] 本书认为,《民法典》第807条规定的工程价款法定优先权,其本质是权利人对于物化于建设工程的劳务、材料、技术等的优先权,其前提在于享有工程价款请求权且未获得清偿;而对于实际施工人来说,其既可以按照债权人代位权构成维护其权益[《建设工程施工合同司法解释(一)》第44条],亦享有对发包人"欠付建设工程价款范围"内的直接请求权[《建设工程施工合同司法解释(一)》第43条],该请求权作为实际施工人的特别保护,并不以合同有效为前提。而且,实际施工人的劳务、材料、技术等亦同样物化于建设工程之中。据此,应当肯定合同无效情形的实际施工人的建设工程价款法定优先权。

---

〔74〕 谢勇、郭培培:《论实际施工人的民法保护》,载《法律适用》2021年第6期。

〔75〕 杨劭禹:《实际施工人的优先受偿权之证成——以〈建工司法解释一〉第35条为中心》,载《中国不动产法研究》2021年第1期。

〔76〕 崔建远:《合同法》(第4版),北京大学出版社2021年版,第581页。

〔77〕 徐涤宇、张家勇主编:《〈中华人民共和国民法典〉评注》(精要版),中国人民大学出版社2022年版,第853页。

〔78〕 王玮玲:《合同无效时建设工程优先受偿权的教义学探析》,载《法学论坛》2020年第1期。

〔79〕 杨代雄主编:《袖珍民法典评注》,中国民主法制出版社2022年版,第745页。

〔80〕 黄薇主编:《中华人民共和国民法典解读:合同编》(下册),中国法制出版社2020年版,第1048页。

〔81〕 黄薇主编:《中华人民共和国民法典解读:合同编》(下册),中国法制出版社2020年版,第1046页。

（2）建设工程价款的含义

承包人行使建设工程价款法定优先权得以优先受偿的债权范围，依《民法典》第 807 条的规定为“价款”，但对于其具体的范围，亦有争议，司法实践中的相关规范亦有一个变化的过程。关于这点，最高人民法院《关于建设工程价款优先受偿权问题的批复》（法释〔2002〕16 号，已失效）第 3 条明确规定，“建筑工程价款包括承包人为建设工程应当支付的工作人员报酬、材料款等实际支出的费用，不包括承包人因发包人违约所造成的损失”。司法实务中亦遵循这一标准。例如，“山西长实房地产开发集团有限公司等与江苏南通六建建设集团有限公司建设工程合同纠纷上诉案”〔82〕判决书中就涉及了这一问题。该案中，南通六建与山西长实房开公司的项目洽谈纪要中约定“工程欠款 6000 万元中包括工程款 4300 万元，剩余的 1700 万元为财务费用及其他部分”。虽然该约定是“工程欠款”，但判决书明确否定了 1700 万元的工程款性质，进而将其排除在优先受偿权范围之外。但与此不同，原《建设工程施工合同司法解释（二）》第 21 条则回到了工程价款的描述，即“承包人建设工程价款优先受偿的范围依照国务院有关行政主管部门关于建设工程价款范围的规定确定。承包人就逾期支付建设工程价款的利息、违约金、损害赔偿金等主张优先受偿的，人民法院不予支持”。《建设工程施工合同司法解释（一）》（法释〔2020〕25 号）第 40 条承继了这一规定，仅仅排除了利息、违约金、损害赔偿金等，但扩大了前述批复的范围。从这层意义上来说，司法解释规定的得以优先受偿的工程价款不仅仅是材料、劳力的凝结，而且还是行政主管部门公布的工程价款范围，这里还包括了合理的利润等。〔83〕司法实践中，亦有法院裁判援引行政主管部门的规定认为，“根据住房和城乡建设部、财政部印发的《建筑安装工程费用项目组成》（建标〔2013〕44 号）第一条第一款‘建筑安装工程费用项目按费用构成要素组成划分为人工费、材料费、施工机具使用费、企业管理费、利润、规费和税金……’的规定，建设工程价款优先受偿的范围包括人工费、材料费、施工机具使用费、企业管理费、利润、规费和税金”〔84〕。当然，将合理的利润包含在优先受偿范围之内，前述关于以材料、劳力的物化凝结来说明法定优先权的理由则会有所削弱。另外，“垫资”是否属于建设工程价款法定优先权得以优先受偿的债权范围，亦有争议。垫资性质上属于为完成建设工程合同而实际发生的费用，而且该垫付资金已经物化为建设工程的组成部分；〔85〕同时，《建设工程施工合同司法解释（一）》第 25 条第 2 款规定“当事人对垫资没有约定的，按照工程欠款处理”，作为“工程欠款”，亦属于广义上的“工程价款”之组成部分。因此，垫资亦应当纳入优先受偿的范围之内。

（3）不得作为折价、拍卖对象的工程

“根据建设工程的性质不宜折价、拍卖”的工程，不得作为折价、拍卖的对象，意味着对其不能行使建设工程价款法定优先权。如国家重点工程、具有特定用途的工程等不宜折价或者拍

---

〔82〕 最高人民法院民事判决书，（2014）民一终字第 181 号。

〔83〕 最高人民法院民事审判第一庭编著：《最高人民法院新建设工程施工合同司法解释（一）理解与适用》，人民法院出版社 2021 年版，第 413 页。

〔84〕 中国建筑第二工程局有限公司、四川秦川物流配送有限公司等建设工程施工合同纠纷案，最高人民法院（2022）最高法民终 9 号民事判决书。

〔85〕 王利明：《合同法》（下册），中国人民大学出版社 2021 年版，第 245 页。

卖;应当拆除的违章建筑,无法折价或者拍卖。[86] 同样地,《民法典》第 399 条规定的关于禁止抵押的财产范围,对于“根据建设工程的性质不宜折价、拍卖”的判断也具有重要的参照适用意义。关于这点,人防工程建设经常会引起争议。有法院裁判明确指出,“依《人民防空法》第 18 条、第 22 条、第 26 条的规定,人防工程只是对相关建筑工程在战时及紧急状态下确保能够发挥特定用途有特别要求,但其经济价值和可交易属性是应当受到法律保护的,广佳欣公司上诉认为,博坤公司施工的地下室属于人防工程且该部分工程不宜折价拍卖,没有法律依据”[87]。该观点殊值赞同。

(4)建设工程价款法定优先权与其他权利的关系

作为法定优先权,建设工程价款法定优先权与其他权利之间的关系,是关涉其优先效力的基本问题,亦是实践中的重要争点之一。在实现该优先权时,会影响到其他权利主体的权利,会涉及权利保护之间的平衡和权利顺位问题,如与《民法典》第 402 条规定的在建工程抵押权之间的关系等。对此,《建设工程施工合同司法解释(一)》第 36 条规定,“承包人根据民法典第八百零七条规定享有的建设工程价款优先受偿权优于抵押权和其他债权”。从该司法解释的规定来看,其并未遵循以登记先后作为担保物权优先效力的基本规则,优先权或担保权产生的时间先后也不是判断建设工程价款法定优先权优先顺位的标准,否则因建设工程价款请求权的产生需具备特定条件,会导致抵押权的设立通常会早于建设工程价款法定优先权的成立,进而使该优先权实际上就变得没有任何意义,[88] 而是认为建设工程价款法定优先权优于抵押权。这也进一步表明,我国司法实践中并未将该优先权作为担保物权对待,否则无法与《民法典》第 414 条形成体系性协调。

思考｜关于建设工程价款法定优先权与商品房消费者房屋交付请求权、价款返还请求权之间的顺位问题

关于该问题,《关于建设工程价款优先受偿权问题的批复》(法释〔2002〕16 号,已失效)第 2 条曾规定,“消费者交付购买商品房的全部或者大部分款项后,承包人就该商品房享有的工程价款优先受偿权不得对抗买受人”。在《民法典》颁布后清理司法解释的过程中,最高人民法院试图保留这一规定,但全国人大常委会法工委办公室认为,“法律对此没有作出规定,宜作个案处理”。考虑到这一意见,《建设工程施工合同司法解释(一)》对此未作规定,而是留待执行异议的司法解释处理。[89]

目前处理该问题的规范依据主要有《人民法院民事执行中查封、扣押冻结财产的规定》第 15 条、《关于人民法院办理执行异议和复议案件若干问题的规定》第 28～29 条以及《关于商品

---

〔86〕 黄薇主编:《中华人民共和国民法典解读:合同编》(下册),中国法制出版社 2020 年版,第 1046 页。

〔87〕 安阳广佳欣置业有限公司等与博坤建设集团有限公司建设工程施工合同纠纷上诉案,最高人民法院(2014)民一终字第 61 号民事判决书。

〔88〕 最高人民法院民事审判第一庭编著:《最高人民法院新建设工程施工合同司法解释(一)理解与适用》,人民法院出版社 2021 年版,第 374～375 页。

〔89〕 最高人民法院民事审判第一庭编著:《最高人民法院新建设工程施工合同司法解释(一)理解与适用》,人民法院出版社 2021 年版,第 377 页。

房消费者权利保护问题的批复》。其中,《人民法院民事执行中查封、扣押冻结财产的规定》第15条规定,"被执行人将其所有的需要办理过户登记的财产出卖给第三人,第三人已经支付部分或者全部价款并实际占有该财产,但尚未办理产权过户登记手续的,人民法院可以查封、扣押、冻结;第三人已经支付全部价款并实际占有,但未办理过户登记手续的,如果第三人对此没有过错,人民法院不得查封、扣押、冻结"。该条规定指向是否得以查封、扣押、冻结已出卖但未办理过户登记手续的财产。《关于人民法院办理执行异议和复议案件若干问题的规定》第28规定,"金钱债权执行中,买受人对登记在被执行人名下的不动产提出异议,符合下列情形且其权利能够排除执行的,人民法院应予支持:(一)在人民法院查封之前已签订合法有效的书面买卖合同;(二)在人民法院查封之前已合法占有该不动产;(三)已支付全部价款,或者已按照合同约定支付部分价款且将剩余价款按照人民法院的要求交付执行;(四)非因买受人自身原因未办理过户登记。"第29条规定,"金钱债权执行中,买受人对登记在被执行的房地产开发企业名下的商品房提出异议,符合下列情形且其权利能够排除执行的,人民法院应予支持:(一)在人民法院查封之前已签订合法有效的书面买卖合同;(二)所购商品房系用于居住且买受人名下无其他用于居住的房屋;(三)已支付的价款超过合同约定总价款的百分之五十。"这两条规定指向买受人是否得以通过执行异议排除金钱债权执行中对被执行人名下的不动产或者房地产开发企业名下的商品房的执行。这两个司法解释的适用,虽然在一定程度上得以解决建设工程价款法定优先权人与建设工程不动产买受人之间的顺位关系问题,仅限于执行程序,至多只能参照适用于《民法典》第807条规定的"请求人民法院将该工程依法拍卖"的相关程序中,而要适用于《民法典》第807条规定的承包人与发包人"协议将该工程折价"之情形,需进行扩张解释始有可能。因此,在解决建设工程价款法定优先权与不动产买受人权利之间的顺位问题时,亦可能面临一些不确定性。

为此,就人民法院在审理房地产开发企业因商品房已售逾期难交付引发的相关纠纷案件中涉及的商品房消费者权利保护问题,《关于商品房消费者权利保护问题的批复》进一步明确了商品房消费者权利在特定条件下优先于建设工程价款法定优先权。其中,该司法解释第2条规定,"(1)商品房消费者以居住为目的购买房屋并已支付全部价款,主张其房屋交付请求权优先于建设工程价款优先受偿权、抵押权以及其他债权的,人民法院应当予以支持。(2)只支付了部分价款的商品房消费者,在一审法庭辩论终结前已实际支付剩余价款的,可以适用前款规定。"第3条规定,"在房屋不能交付且无实际交付可能的情况下,商品房消费者主张价款返还请求权优先于建设工程价款优先受偿权、抵押权以及其他债权的,人民法院应当予以支持"。

从法理逻辑上来说,《民法典》第394条规定了抵押权人有权就抵押财产优先受偿;且根据《民法典》第406条,抵押权具有追及效力,抵押财产转让的,抵押权不受影响。抵押物的买受人即使取得了所有权,也仍然只是附有抵押权负担的所有权,除非行使涤除权,在抵押权人依法实现抵押权时,抵押物的买受人并不能予以排除。同理,在建设工程领域,建设工程的买受人亦不能对抗建设工程抵押权人。与此同时,《建设工程施工合同司法解释(一)》第36条规定了建设工程价款法定优先权优先于抵押权和其他债权。也就是说,建设工程价款法定优先权优先于抵押权,抵押权优先权优先于买受人的权利;商品房或其他不动产的买受人,即使已支付全部价款,也仅享有债权请求权,并不能排除抵押权的实现或优先于抵押权的建设工程法定优先权的实现。但《关于商品房消费者权利保护问题的批复》的规定则明确商品房消费者的房屋交付请求权及价款返还请求权优先于建设工程价款优先受偿权、抵押权以及其他债权，成为一种"超级优先权"，其并不符合通常的法理逻辑，只能说是基于特殊的政策考量所致。从这层意义上来说，在适用《关于商品房消费者权利保护问题的批复》时，应当严格掌握其要件，特别是应当将其严格限定在"商品房消费者"领域，而不包括其他不动产或者买受人不构成消费者之情形，以避免引起进一步的体系混乱。

(5)建设工程价款法定优先权的行使期限

关于建设工程价款法定优先权的行使期限，亦是在《民法典》编纂过程中受争议的问题之一。对此，有观点认为，建设工程价款的优先受偿权涉及抵押权人等第三人利益，而且无需以登记等方式进行公示，权利人长期不行使权利将使抵押权人以及其他权利人的权利受到影响，使大量社会关系处于长期不确定状态，危害第三人利益及交易安全，因此，应当对其权利存续规定固定的期限，在该期限内权利人不行使权利，则权利灭失。〔90〕 对此，《建设工程施工合同司法解释(一)》第41条规定，"承包人应当在合理期限内行使建设工程价款优先受偿权，但最长不得超过十八个月，自发包人应当给付建设工程价款之日起算"。司法解释该规定修正了法释〔2002〕16号第4条规定的期限及其起算日期，同时将法释〔2018〕20号第22条规定的"六个月"改为"十八个月"。之所以放弃以竣工日期作为起算点，原因在于竣工日期的到来，并不一定意味着工程价款请求权的到来，更不意味着工程价款优先权的产生。否则势必引起债权尚未届期(如极端的情形，当事人就工程价款的履行期限约定为竣工后的6个月；或者是工程价款履行期限在约定的竣工日期后6个月)，但优先受偿权已因期限届满而丧失的极端情形。最高人民法院在第73号指导性案例的裁判理由中就直接载明，"因发包人的原因，合同解除或终止履行时已经超出合同约定的竣工日期的，承包人行使优先受偿权的期限自合同解除之日起计算，安徽天宇公司要求按合同约定的竣工日期起算优先受偿权行使时间的主张，缺乏依据，不予采信"〔91〕。这也至少说明，原法释〔2002〕16号第4条的规定，并不能被机械适用。最高人民法院在后来的司法解释中放弃这一起算点，殊值肯定。之所以不以催告后的合理期限起算，原因在于：承包人的催告，是督促发包人支付工程价款的手段而已，催告具有时效中断、产生解除权等效力，但其与优先权的产生并不具有必然联系。从《民法典》第199条的规定来看，自知道或者应当知道权利产生之日起计算。从工程价款履行期届至时，承包人自然得以请求其工程价款，同时也会积极准备各种权利行使手段，优先权的行使也自动纳入其视野。而此时，可能会采取催告支付价款的手段，在催告后仍逾期支付时，承包人会选择进入优先权的实现过程。因此，此处的催告，只不过是优先权行使的程序问题，而并非优先权产生的前提问题。工程价款优先权，其本质上是确保凝结在工程中的劳务、材料等的优先受偿，因此，从发包人迟延履行其工程价款时起，保障该债权实现的法定优先权也就随之产生。

与期限相关的是，在建设工程价款优先权的行使期限方面还会涉及工程质量保证金的问

---

〔90〕 黄薇主编：《中华人民共和国民法典解读：合同编》(下册)，中国法制出版社2020年版，第1055页。

〔91〕 通州建总集团有限公司诉安徽天宇化工有限公司别除权纠纷案，最高人民法院指导性案例73号(2016年)。

题。依《建设工程施工合同(示范文本)》第 15.3.1 条及第 15.3.2 条的规定,发包人可以扣留一定比例的工程款作为质量保证金。对于这部分质量保证金,是否仍然属于优先权保障的“工程价款”,会有争议。若纳入优先权保障的工程价款,质量保证金退还的期限被作为该部分工程价款的清偿期。这样一来,会导致同一工程价款法定优先权的行使期限,被分割成两个行使期限:质量保证金以外的工程价款,自支付期限届满时开始起算;而质量保证金返还就建设工程的折价和拍卖优先受偿,则以质量保证金返还期限到来开始起算;而工程价款优先权的行使,无法如此分割行使。实际上,上述质量保证金,即使是从工程款或进度款中扣除,其性质已发生变化,此时已转换为“保证金”的性质,而不再是《民法典》第 807 条优先权保障的“工程价款”的范围,[92]不在优先受偿权的范围之内,故不需考虑其行使期限问题。

另外,关于执行过程中的主张是否得以视为已依法行使权利,最高人民法院指导性案例第 171 号裁判要点指出,“执行法院依其他债权人的申请,对发包人的建设工程强制执行,承包人向执行法院主张其享有建设工程价款优先受偿权且未超过除斥期间的,视为承包人依法行使了建设工程价款优先受偿权。发包人以承包人起诉时行使建设工程价款优先受偿权超过除斥期间为由进行抗辩的,人民法院不予支持”[93]。

(6)优先权的放弃或限制特约

不仅是期限问题,司法解释还对放弃或者限制优先权的约定的效力作出了规定。《建设工程施工合同司法解释(一)》第 42 条规定,“发包人与承包人约定放弃或者限制建设工程价款优先受偿权,损害建筑工人利益,发包人根据该约定主张承包人不享有建设工程价款优先受偿权的,人民法院不予支持”。司法解释该规定主要是考虑到建筑工人对承包人享有的劳动报酬给付请求权的保护问题。当然,司法解释该规定只是规定了放弃或限制优先权的问题,对于顺位放弃的约定,该司法解释也没有直接作出规范。对此,可通过“限制”的含义予以扩张解释,将“顺位放弃”纳入“限制”之中。相关释义书也认为,此处的“限制”,含义较为广泛,既包括承包人只放弃部分建设工程价款优先受偿权,也包括为建设工程价款优先受偿权的行使设定时间、条件,或者限定建设工程价款优先受偿权所针对的建设工程范围等方面。[94] 同时,该规则只是限于发包人与承包人的约定,且以损害建筑工人利益为要件,并未就承包人与金融部门等第三人之间的约定作出规定。而在工程实践中,承包人与金融部门约定放弃优先受偿权或其顺位的约定亦较为常见。对此,有学说认为,“承包人的放弃行为既不能阻止建设工程价款优先受偿权产生,也不能使建设工程价款优先受偿权消灭,但有可能为其设定对特定抵押权人不行使建设工程价款优先受偿权的义务。对特定抵押权人不行使建设工程价款优先受偿权,实质上是放弃或变更受偿顺位。但建设工程价款优先受偿权与抵押权受偿顺位能否变更,还取决于放弃行为是否违反社会公共利益。只有在不违反社会公共利益的情形下,建设工程价款优先

---

[92] 与此不同,相关司法解释的释义书认为质量保证金属于附期限的工程价款支付义务,可就建设工程折价或者拍卖的价款优先受偿。参见最高人民法院民事审判第一庭编著:《最高人民法院新建设工程施工合同司法解释(一)理解与适用》,人民法院出版社 2021 年版,第 417 页。

[93] 中天建设集团有限公司诉河南恒和置业有限公司建设工程施工合同纠纷案,最高人民法院指导性案例第 171 号(2021 年)。

[94] 最高人民法院民事审判第一庭编著:《最高人民法院新建设工程施工合同司法解释(一)理解与适用》,人民法院出版社 2021 年版,第 436 页。

受偿权与抵押权的受偿顺位才可以放弃或变更”[95]。

（二）协助义务

虽然《民法典》建设工程合同章并没有就发包人的协助义务作一般规定，但依《民法典》第808条，同样适用《民法典》第778条的规定，发包人负有协助义务。而且，就材料提供等开展建设工程的条件准备等，《民法典》第803条对此作了具体规定，即“发包人未按照约定的时间和要求提供原材料、设备、场地、资金、技术资料的，承包人可以顺延工程日期，并有权请求赔偿停工、窝工等损失”。该协助义务之违反，与《民法典》第778条一致，规定了履行期限的顺延；而且，《民法典》第803条还在此基础上增加了损害赔偿。但此等损害赔偿，同样受制于《民法典》第591条的减损规则，承包人应采取措施防止损失扩大。另外，在学理上，有学说将发包人的协助义务定位为“债权人负担（不真正义务）”，其违反会发生对己的不利益以及对他人致害的赔偿，但其赔偿有别于债务人义务违反的赔偿。[96] 但在司法实践中，有法院判决认为发包人未能及时提供正确的技术资料时，承包人不能盲目等待，放任提供状态持续，须防止损失之扩大。[97] 若因发包人原因造成工程停建、缓建的，应承担赔偿责任，即“因发包人的原因致使工程中途停建、缓建的，发包人应当采取措施弥补或者减少损失，赔偿承包人因此造成的停工、窝工、倒运、机械设备调迁、材料和构件积压等损失和实际费用”（《民法典》第804条）。不仅如此，承包人亦可因发包人协助义务之违反而催告解除，即“发包人提供的主要建筑材料、建筑构配件和设备不符合强制性标准或者不履行协助义务，致使承包人无法施工，经催告后在合理期限内仍未履行相应义务的，承包人可以解除合同”（《民法典》第806条第2款）。另外，《民法典》第805条则对勘察、设计合同情形因发包人原因导致勘察、设计返工、停工或修改设计的责任作出了规定，规定了费用增加请求权，即“因发包人变更计划，提供的资料不准确，或者未按照期限提供必需的勘察、设计工作条件而造成勘察、设计的返工、停工或者修改设计，发包人应当按照勘察人、设计人实际消耗的工作量增付费用”。

值得注意的是，《建设工程施工合同司法解释（一）》第13条规定，“发包人具有下列情形之一，造成建设工程质量缺陷，应当承担过错责任：（一）提供的设计有缺陷；（二）提供或者指定购买的建筑材料、建筑构配件、设备不符合强制性标准；（三）直接指定分包人分包专业工程。承包人有过错的，也应当承担相应的过错责任”。司法解释该条文中列举的情形，亦包含了上述协助义务之违反。但所谓的“过错责任”，并非《民法典》第179条规定的“承担民事责任的方式”之任何一种，而只是表明所列举的发包人具有三种情形之一造成建设工程缺陷需承担责任，或者最多只能表明列举的任何一种情形均构成发包人之“过错”，但具体如何承担责任，司法解释该条文并未说明。该“过错责任”的表述，亦不表明发包人承担责任需以“过错”为前提。例如，发包人依《民法典》第803条赔偿承包人之窝工、停工损失以及依《民法典》第804条因发包人原因停建缓建而承担的赔偿责任，《民法典》并未要求发包人存在“过错”，何况工期顺延等，则更无须“过错”要件。而且，该司法解释第13条第2款规定的“承包人有过错”，亦只是在与有过失意义上使用“过错”概念而已，也并不表明承包人就工程质量缺陷的责任承担须以“过

[95] 陈信勇：《建设工程价款优先受偿权放弃行为的效力分析》，载《浙江社会科学》2016年第2期。

[96] 黄喆：《论建设工程合同发包人的协力义务——以德国民法解释论为借鉴》，载《比较法研究》2014年第5期。

[97] 王轶等：《中国民法典释评：合同编·典型合同》（下卷），中国人民大学出版社2020年版，第141页。

错”为前提。

（三）验收义务

《民法典》第 799 条规定，“建设工程竣工后，发包人应当根据施工图纸及说明书、国家颁发的施工验收规范和质量检验标准及时进行验收。验收合格的，发包人应当按照约定支付价款，并接收该建设工程。(2)建设工程竣工经验收合格后，方可交付使用；未经验收或者验收不合格的，不得交付使用”。竣工验收，既是发包人的义务，也是发包人的权利。原《建设工程施工合同司法解释》第 13 条规定未经竣工验收擅自使用时，发包人不得主张质量不符合约定，但《民法典》建设工程合同章并未导入擅自使用视为合格的规定。[98]《民法典合同编（草案）》（二次审议稿）第 583 条规定未经竣工验收擅自使用时“视为工程质量验收合格”，受到不少批评，《民法典》最终也未予规定。实际上，未经竣工验收擅自使用时，可以参照《建设工程施工合同（示范文本）》等的习惯做法：“擅自使用”，通常只是作为建设工程接收证书颁发、保修期计算、缺陷责任期计算、竣工日期计算等的依据，与建设工程质量本身并非直接挂钩。但是，在部分释义书中仍然主张适用原《建设工程施工合同司法解释》第 13 条的规定。[99] 而且，在《民法典》颁布后编纂清理后发布的《建设工程施工合同司法解释（一）》第 14 条中，亦仍然保留了这一规定，即“建设工程未经竣工验收，发包人擅自使用后，又以使用部分质量不符合约定为由主张权利的，人民法院不予支持；但是承包人应当在建设工程的合理使用寿命内对地基基础工程和主体结构质量承担民事责任”。司法实践中同时认为，未经竣工验收擅自使用时，发包人承担的质量责任应是除地基基础工程和主体结构质量以外的所有质量问题，且擅自使用部分，亦不再承担质量保修责任；而且认为，司法解释该条规定的目的是落实《民法典》《建筑法》等关于“建筑工程竣工验收后，方可交付使用；未经验收或者验收不合格的，不得交付使用”的规定而制定，是防止使用未经竣工验收的工程，给人民群众生命和财产安全造成危害和损失而作出的强制性规定，对于发包人具有一定的惩罚意义。[100] 但从理论上来说，司法解释该规定尚有商榷的余地。

三、建设工程合同的解除

建设工程合同的解除，遵循合同解除的一般规则，同时亦应遵循承揽合同的一般规则。《民法典》建设工程合同章对建设工程的解除亦作出了细化规定。例如，《民法典》第 806 条吸收原《建设工程施工合同司法解释》第 8 ~ 10 条的部分规定，对建设工程合同的解除作出专门规定，即“承包人将建设工程转包、违法分包的，发包人可以解除合同。发包人提供的主要建筑材料、建筑构配件和设备不符合强制性标准或者不履行协助义务，致使承包人无法施工，经催告后在合理期限内仍未履行相应义务的，承包人可以解除合同。合同解除后，已经完成的建设工程质量合格的，发包人应当按照约定支付相应的工程价款；已经完成的建设工程质量不合格

〔98〕 周江洪：《民法典合同编的制度变迁》，载《地方立法研究》2020 年第 5 期。

〔99〕 最高人民法院民法典贯彻实施工作领导小组主编：《中华人民共和国民法典合同编理解与适用（三）》，人民法院出版社 2020 年版，第 1985 ~ 1986 页。

〔100〕 最高人民法院民事审判第一庭编著：《最高人民法院新建设工程施工合同司法解释（一）理解与适用》，人民法院出版社 2021 年版，第 152 ~ 153 页。

的，参照本法第七百九十三条的规定处理”。

值得注意的是，依《民法典》第566条的规定，合同解除后，尚未履行的，终止履行。据此，建设工程合同解除后，亦应终止履行，对于工程价款的履行亦应终止履行。但《民法典》第806条第3款规定“已经完成的建设工程质量合格的，发包人应当按照约定支付相应的工程价款”，并未终止工程价款的履行。对此，相关释义书认为，建设工程由于其特殊性，在有使用价值的情况下，一概要求恢复原状，一方面将导致已经完成的建设工程被推倒重建，造成巨大的人力、物力和财力等社会资源的浪费；另一方面还会带来各种复杂的责任认定和赔偿计算问题。因此，基于建设工程施工合同的特殊性以及物尽其用、节约社会资源的原则和价值导向，《民法典》第806条第3款对此作出特别规定。[101] 实际上，与其说是该规则是《民法典》第566条的特别规则，不如说是《民法典》第566条的具体化规定。依《民法典》第566条的规定，并非所有的合同解除都应恢复原状，而是应“根据履行情况和合同性质”来进行合同解除后的清算。对于建设工程合同来说，作为特别的承揽合同，仍然需遵循承揽合同的一般规则。而依《民法典》第782条的规定，工作成果部分交付的，定作人应当相应支付。就建设工程来说，部分交付之建设工程，依其建设工程是否合格，同样存在部分工程价款之请求权，其实质上是根据履行比例请求相应报酬规则的具体化，而不是《民法典》第566条的特别法。而对于建设工程不合格之情形，本应依《民法典》第566条予以清算，但《民法典》第806条援引《民法典》第793条“建设工程施工合同无效”的规则予以处理，在区分合同解除和合同无效清算规则的现行法体系中，是一个重要的例外。这才是《民法典》第566条的特别规则。需要指出的是，虽然《民法典》第806条第3款规定参照《民法典》第793条之规定，但并不表明承包人或发包人因此承担的是合同无效的相关责任；对于发包人和承包人因违约而导致的合同解除，仍然应依《民法典》第566条规定的“合同因违约解除的，解除权人可以请求违约方承担违约责任”。

思考 | 建设工程合同的任意解除

建设工程合同的任意解除，也是在立法过程中曾经引起讨论的问题之一。依《民法典》第808条的规定，建设工程合同章没有规定的，适用承揽合同的有关规定。据此，《民法典》第787条规定存在适用之可能。也就是说，在建设工程完成之前，发包人得以随时解除建设工程合同。但就该问题，多有争议。例如，有观点认为，仅以合同性质否定发包人的任意解除权理由并不充分。但是，因建设工程施工合同标的额通常较高，而且除了合同双方一致意思表示之外，建设工程施工合同的成立和生效还需受到招投标制度和资质管理制度的规范，因此，应当对建设工程施工合同发包人的任意解除权作出适当限制。[102] 笔者也曾建议，“建议慎重考虑是否设置但书规定，排除定作人任意解除权在建设工程领域的适用问题”，倾向于限制任意解除权。[103] 但亦有观点认为，应允许发包人及时通知承包人终止合同，避免施工行为继续所导致的不必要浪费。否则可能出现的情况是：在明知发包人已无需要的情况下，承包人还要继续履

---

〔101〕 黄薇主编：《中华人民共和国民法典解读：合同编》（下册），中国法制出版社2020年版，第1043页。

〔102〕 最高人民法院民法典贯彻实施工作领导小组主编：《中华人民共和国民法典合同编理解与适用（三）》，人民法院出版社2020年版，第1900页。

〔103〕 周江洪：《关于〈民法典合同编〉（草案）（二次审议稿）的若干修改建议》，载《法治研究》2019年第2期。

行合同,花费巨大的人力、物力去建成对发包人而言毫无价值的工程。同时,该观点也援引《法国民法典》第1794条的规定予以说明应当允许建设工程领域的任意解除权。[104] 总体而言,原则上应当允许建设工程合同中的任意解除权,当事人之间的利益关系则可以通过损害赔偿请求权的导入或报酬请求权构成予以适当平衡。而且,从《民法典》第787条的规定来看,该条通过将定作人解除合同的时点限制在"承揽人完成工作前",在定作人的任意解除权与避免资源浪费、践行绿色原则之间取得了平衡。[105] 这一点在建设工程合同领域同样得以实现,因此肯定发包人的任意解除权亦无妨。

[104] 王轶等:《中国民法典释评:合同编·典型合同》(下卷),中国人民大学出版社2020年版,第162页。
[105] 黄薇主编:《中华人民共和国民法典解读:合同编》(下册),中国法制出版社2020年版,第986页。

第十一章　运 输 合 同

运输合同是常见的合同类型之一。《民法典》沿袭原《合同法》将其作为典型合同规定。其具体规定在合同编第十九章,共四节 34 条。《民法典》基本上沿袭了原《合同法》的规则,并根据实际情况作了少量修订和补充,主要是针对一些热点社会问题作了回应。具体变化如下:一是明确旅客应当按照有效客票记载的时间、班次和座位号乘运。承运人应当按照有效客票记载的时间、班次和条件运输旅客(《民法典》第 815 条)。二是明确实名制客运合同的旅客丢失客票的,可以要求承运人挂失补办,承运人不得再次收取票款和其他不合理费用(《民法典》第 815 条第 2 款)。三是明确承运人应当严格履行安全运输义务,及时告知旅客安全运输应当注意的事项。旅客对承运人为安全运输所作的合理安排应当积极协助和配合。遇有不能正常运输的特殊情形和重要事由,承运人应当及时告知旅客并采取必要的安置措施(《民法典》第 819 条、第 820 条)。关于货运合同中的运费问题,全国人大审议《民法典(草案)》时,有代表提出原《合同法》第 314 条的规定不符合国际惯例,建议作出修改;但各界意见分歧较大,最终采取了较为稳妥的方式,规定了"法律另有规定的,依照其规定"来处理(《民法典》第 835 条),为海商法等另行制定规则提供了空间。除《民法典》之外,《铁路法》《海商法》《民用航空法》《邮政法》等特别法亦对相关的运输或运输合同作了规定。另外,我国也参加了《蒙特利尔公约》《雅典公约》等国际公约,这些公约就国际航空运输、海上旅客及其行李运输等,亦有相关的运输合同规范。

第一节　运输合同概述

一、运输合同的概念与特征

(一)运输合同的概念

运输合同是承运人将旅客或者货物从起运地点运输到约定地点,旅客、托运人或者收货人支付票款或者运输费用的合同(《民法典》第 809 条)。据此,运输合同的主体为承运人与旅客或托运人。承运人的主给付义务指向的是"将旅客或者货物从起运地点运输到约定地点"的运输行为,而旅客或承运人的主给付义务为支付票款或运费。运输行为作为给付的客体,亦表明运输合同是以提供劳务为特征的服务类合同之一。

就合同主体来说,货运合同中常见的收货人并非运输合同的一方当事人,虽然有时候托运人自身就是收货人。另外,在一些特别法中,还存在缔约承运人和实际承运人的概念,如《民用航空法》第 137 条、第 138 条规定及《海商法》第 42 条规定存在“(缔约)承运人”与“实际承运人”的概念。另外,“实际承运人”的概念在《民法典》中亦有所体现。例如,第 834 条规定:“两个以上承运人以同一运输方式联运的,与托运人订立合同的承运人应当对全程运输承担责任;损失发生在某一运输区段的,与托运人订立合同的承运人和该区段的承运人承担连带责任。”其中,“该区段的承运人”即指实际承运人。不过,作为运输合同当事人的承运人仅指缔约承运人而非实际承运人。特别法上的实际承运人之所以直接向旅客或者托运人承担合同责任,并非源于其为合同当事人,而是源于其与缔约承运人之间的关系被作为利他合同处理,旅客或者托运人作为第三人对实际承运人的直接履行请求权和债务不履行损害赔偿请求权源于特别法的具体规定。〔1〕

无论是旅客的运送还是货物的运送,在运输合同中,都不是仅仅以付出劳动为目的,而是以地点的变化为目的,是从“起运地点运输到约定地点”的空间移动。因此,是否有空间移动的事实是成立运输的必要要素,如果运送者与他人成立非以空间移动为主要目的的合同,无运输合同成立的可能。例如,约定将垃圾运输到指定的垃圾场固然为运输合同,但如果只是单纯约定垃圾的清除,则为承揽合同,因为在此约定中并不涉及目的地,只重在完成一定的工作。当然,从完成特定工作并保证结果的角度而言,运输合同具有特别承揽的性质。例如,《民法典》第 811 条要求保障旅客或者货物安全且及时地到达目的地,与承揽所要求的结果保证具有共通性;比较法上亦多将其视为特殊的承揽。〔2〕

(二)运输合同的特征

运输合同为双务合同、不要式合同、诺成合同、有偿合同。

运输合同的双务性在于承运人负有安全及时将旅客或者货物运送到目的地的义务,而旅客或托运人则负有支付票款或运费的对价支付义务,两者构成给付与对待给付的关系。运输合同亦不需要书面形式,车票、运单、提货单等各种单据并不是运输合同的成立要件。运输合同也不是要物合同,无需以交付标的物或完成特定的行为作为合同的成立要件。虽然《民法典》第 814 条规定认为出具客票时合同成立,但学理上多认为该规定并不表明客运合同的要物性,仍不妨认为客运合同为诺成合同。〔3〕

运输合同,原则上为有偿合同。依《民法典》第 809 条的运输合同定义,有偿是运输合同的基本特性。除运输合同的定义之外,从《民法典》第 813 条关于“旅客、托运人或者收货人应当支付票款或者运输费用”以及《民法典》第 815 条关于“旅客无票乘坐、超程乘坐、越级乘坐或者持不符合减价条件的优惠客票乘坐的,应当补交票款”等规定来看,我国立法者强调了运输合同的有偿性。当然,虽然为有偿合同,但并不以营业为必要。另外,尽管强调有偿性,但并不能

---

〔1〕 刘胜军:《论实际承运人的法律地位——从“指导案例 51 号”切入》,载《法商研究》2017 年第 5 期;谢鸿飞、朱广新主编:《民法典评注:合同编 典型合同与准合同》(第 3 册),中国法制出版社 2020 年版,第 191 页。

〔2〕 当然,有不少学说认为运输合同与承揽合同的区别在于运输合同仅以提供运送服务为内容,承揽合同则以提供工作成果为内容。运输合同中的安全及时运输是对运输行为的具体要求,而非作为结果存在[参见王利明:《合同法》(下册),中国人民大学出版社 2021 年版,第 259 页;谢鸿飞、朱广新主编:《民法典评注:合同编 典型合同与准合同》(第 3 册),中国法制出版社 2020 年版,第 195 页]。

〔3〕 韩世远:《合同法学》(第 2 版),高等教育出版社 2022 年版,第 507 页;王利明:《合同法》(下册),中国人民大学出版社 2021 年版,第 265 页。

以此排除无偿运输合同的存在。根据《民法典》第 823 条的规定，承运人的人身损害赔偿责任规范“适用于按照规定免票、持优待票或者经承运人许可搭乘的无票旅客”。这反映了立法者也认可无偿运输合同的存在。实践中，承运人基于照顾残疾人、军人以及对于符合一定条件的儿童，往往不收取费用，这些都是运输合同无偿性的体现。尽管存在无偿运输合同，但区分有偿与无偿的意义并不像保管合同那样突出，因为在客运运输合同中，即使是无偿承运人，其义务和责任也并不存在相较于有偿承运人减轻的情况。[4] 当然，无偿运输合同的存在，也并不表明所有的“无偿运输”均得以构成运输合同。例如，《民法典》第 1217 条规定的“无偿搭乘”，并不构成运输合同。“无偿搭乘”情形，属于好意施惠关系，并不构成法律行为，无须存在成立运输合同的合意。因此，较之《民法典》第 823 条规定的承运人责任，依《民法典》第 1217 条的规定，得以减轻机动车一方责任；而《民法典》第 823 条并无此等规定，只有有限的免责情形。总体上来说，是否存在订立运输合同的合意，是区分两者的关键所在。

二、运输合同的订立

除遵循通常的合同订立一般规则之外，运输合同的订立存在一些特殊的规则，尤其是承运人的强制缔约义务。对此，《民法典》第 810 条规定，“从事公共运输的承运人不得拒绝旅客、托运人通常、合理的运输要求”。该规定是《民法典》合同编第 494 条第 3 款规定的“承诺义务”的具体化。《民法典》第 494 条第 3 款规定，“依照法律、行政法规的规定负有作出承诺义务的当事人，不得拒绝对方合理的订立合同要求”。

所谓“公共运输”，一般是指对社会公众开放的，针对的是不特定的人，且多在固定的线路上从事的以营利或非营利为目的客货运输。[5] 常见的公共运输有城市客运服务出租车运输、道路公共汽车运输、城市地铁运输、公共航空运输、铁路公共旅客与货物运输等。在司法实践中，对于“公共运输”的界定，多强调公益性（公用事业性）、垄断性（非竞争性）特点。[6] 但本书认为，虽然一般的公共运输具有此等特征，但并非只有公益性、垄断性的运输服务始构成“公共运输”。何为“公共运输”，仍然需要结合法律法规规定及商业习惯在具体个案中判断。例如，城市客运中的出租车运输等，随着客运行业形态的变化，竞争性因素已非常突出，但并不能因此而否定其公共运输的性质。

所谓“通常、合理的运输要求”，是指该要求既符合法律保护当事人利益的宗旨，符合行业惯例，同时亦是承运人确实能够实施、履行的行为。如果托运人或旅客提出的不是通常、合理的要求，承运人可以拒绝缔约。例如，在城市公交旅客运输中，某一车次的公交车行驶的首末

---

〔4〕 在民法典编纂过程中曾建议增加一款，规定无偿运输合同的适用规则，建议规定“无偿运输合同，参照本章规定，但承运人仅就故意和重大过失引起的损害承担损害赔偿责任”，但《民法典》并未规定无偿运输合同的一般规则。参见周江洪：《关于〈民法典合同编〉（草案）（二次审议稿）的若干修改建议》，载《法治研究》2019 年第 2 期。

〔5〕 有不少释义书将“公共运输”界定为“面向社会公众的，由取得营运资格的营运人所从事的商业运输的行为”，特别强调了商业运输性［参见黄薇主编：《中华人民共和国民法典解读：合同编》（下册），中国法制出版社 2020 年版，第 1062 页］，但从《民法典》第 810 条规定来看，商业性与否并非负有强制缔约的“公共运输”的决定因素。

〔6〕 最高人民法院民法典贯彻实施工作领导小组主编：《中华人民共和国民法典合同编理解与适用（四）》，人民法院出版社 2020 年版，第 2060 页；马士基（中国）航运有限公司及其厦门分公司与厦门瀛海实业发展有限公司、中国厦门外轮代理有限公司国际海上货运代理经营权损害赔偿纠纷再审案，载《最高人民法院公报》2011 年第 10 期。

班时间、沿途停靠站点都是事先固定的,如果乘客要求公交车司机在一个并不属于固定停靠站点的地方停车,或者要求在首班车开车时间之前开车,都不属于通常、合理的要求,承运人可以拒绝。运输要求是否属于"通常、合理",并无固定的标准,应当结合具体情势加以认定。例如,在航空旅客运输中,若旅客坐的是头等舱,旅客要求承运人提供高于经济舱的服务水平就是"通常、合理",而对经济舱的旅客来说,若其要求提供与头等舱相同的服务水平就不属于"通常、合理"。另外,判断是否为"通常、合理",不是依单个旅客或托运人加以判断,而是依一般旅客或者托运人进行判断。例如,在一般旅客都觉得气温适宜的情况下,某旅客由于个人偏好认为该气温并不适宜,因该旅客坐的不是空调车,所以其要求提供空调服务不属于"通常、合理"。此外,在部分特别法或行业规则中,对于公共运输承运人的强制缔约义务也有所体现。例如,《中国民用航空旅客、行李国内运输规则》(已失效)第 14 条规定,重病旅客购票,应持有医疗单位出具适于乘机的证明,经承运人同意后方可购票。该规定将重病旅客的"载"与"不载"的权利交给了承运人,与前述强制缔约义务是否有冲突?从《民法典》第 810 条规定的"不得""合理"等角度来看,承运人的"不同意"应基于"不合理"始为合适,在医疗单位已出具适于承机证明时,仍需要承运人同意,似有违《民法典》第 810 条规定的精神。从学理上来说,在公共运输领域的强制缔约义务,多认为也存在若干正当理由抗辩,主要包括不属于强制缔约适用的公共运输领域、超出经营者服务能力和范围以及可能危害公共安全、违背公序良俗等事由。〔7〕值得注意的是,在旅客"无票乘坐、超程乘坐、越级乘坐或者持不符合减价条件的优惠客票乘坐"之情形中,若旅客在合理期限内补交票款(《民法典》第 815 条),可视为旅客的变更要约,若承运人为公共运输承运人,承运人除非有合理理由,否则不得拒绝。〔8〕这同样也是强制缔约义务的体现。

另外,在民事执行领域,相关司法解释对于失信被执行人也作出了不得订购特定机票、车票的规定,亦可构成强制缔约义务的正当理由抗辩。例如,最高人民法院《关于公布失信被执行人名单信息的若干规定》《关于限制被执行人高消费的若干规定》等明确规定被采取限制消费措施的被执行人不得乘坐飞机及特定等级的轮船舱位、列车座位等。对此类人员,有释义书认为,承运人予以拒绝既是民事权利也是协助执行义务,〔9〕而无须受制于强制缔约义务。

在司法实践中,亦有法院裁判认为,"民航承运人不仅负有强制缔约义务,同时也负有保障航空安全的法定义务。在民航承运人履行强制缔约义务不利于保障航空安全的情况下,法院应当在个别乘客消费者权利与其他乘客的生命财产权利之间做出价值权衡,应当允许民航承运人基于安全事由对乘客拒载,但为防止民航承运人滥用拒载权利,应当为消费者设置救济途径"。〔10〕

在司法实践中,亦有一些案件对公共承运人的强制缔约义务作出了裁判。例如,有法院裁

---

〔7〕 谢鸿飞、朱广新主编:《民法典评注:合同编　典型合同与准合同》(第 3 册),中国法制出版社 2020 年版,第 203 ~ 204 页。

〔8〕 徐涤宇、张家勇主编:《〈中华人民共和国民法典〉评注》(精要版),中国人民大学出版社 2022 年版,第 859 页。

〔9〕 最高人民法院民法典贯彻实施工作领导小组主编:《中华人民共和国民法典合同编理解与适用(四)》,人民法院出版社 2020 年版,第 2063 页。

〔10〕 蔡峰:《范某与厦门航空有限公司等侵犯人格权纠纷上诉案——民航承运人可以基于安全事由拒载乘客》,载《人民司法·案例》2012 年第 18 期。

判认为,“公共运输是指为社会提供公用事业性服务并具有垄断地位的运输。基于公共运输履行着为社会公众提供运输服务的社会职能,具有公益性、垄断性等特征,为维护社会公众利益,我国法律法规除对公共运输规定较严格的市场准入条件和价格管制等监管措施外,还对从事公共运输的承运人规定了强制缔约义务。国际海上集装箱班轮运输是服务于国际贸易的商事经营活动,不属于公用事业,不具有公益性特征。目前,无论在世界某一区域还是整个世界范围内,国际班轮运输具有较强的竞争性,并不具有垄断性。托运人或其货运代理人在运输服务上也具有较大的选择余地,可以选择不同的班轮公司或不同的船舶承运,也可以选择不同的航线、不同的运输方式实现同一运输目的。依照原《国际海运条例》第 16 条第 1 款、第 20 条(2019 年修订《国际海运条例》为第 11 条第 1 款、第 15 条)规定,国际船舶运输经营者经营进出中国港口的国际班轮运输业务,应当依照该条例的规定取得国际班轮运输经营资格;国际班轮运价应当向国务院交通主管部门报备,备案运价包括公布运价和协议运价两种。据此,国际班轮运输业务经营者可以在其运价本载明的运价之外,与货主另行商定运价,也可以在遵守报备制度的前提下随行就市。尽管经营国际班轮运输应当遵守法定的市场准入条件,但国际班轮运价不具有公共运输价格受严格管制的特征。因此,马士基公司从事的国际班轮运输,不属于原《合同法》第 289 条(《民法典》第 810 条)规定的公共运输”〔11〕〔12〕。

三、运输合同的效力

(一)承运人的主要义务是安全运输义务

承运人的主要义务具体来说则有运输的安全要求、时间要求和目的地要求等。承运人应当在约定期限或者合理期限内将旅客、货物安全运输到约定地点(《民法典》第 811 条)。承运人应当按照约定的或者通常的运输路线将旅客、货物安全运输到约定地点(《民法典》第 812 条)。无论是《民法典》第 811 条还是《民法典》第 812 条,均强调“安全运输”。对此,《铁路法》第 10 条、《民用航空法》第 124 条、《海商法》第 114 条等也作出了安全运输的要求。另外,承运人应当依照约定的地点将旅客或货物运送到目的地。如果承运人不按合同约定的地点运输,应承担违约责任。承运人应当依照约定的期限运输,没有约定期限的,应在合理期限内将旅客、货物运输到约定地点。超出约定期限或合理期限运输的,属于运输延迟,应承担违约责任。承运人应依照约定的线路运输,没有约定路线的,应按通常的运输路线运输(《民法典》第 812 条),不得无故绕行,除非发生不可抗力或有法律的明确规定。例如,《海商法》第 49 条规定:“承运人应当按照约定的或者习惯的或者地理上的航线将货物运往卸货港。船舶在海上为救助或者企图救助人命或者财产而发生的绕航或者其他合理绕航,不属于违反前款规定的行

---

〔11〕 马士基(中国)航运有限公司及其厦门分公司与厦门瀛海实业发展有限公司、中国厦门外轮代理有限公司国际海上货运代理经营权损害赔偿纠纷再审案,载《最高人民法院公报》2011 年第 10 期。

〔12〕 与该案相关的是,有观点认为,《民法典》第 810 条规定的从事公共运输的承运人与海商法理论和实践中源自英美法的“公共承运人”概念,在用语源流和制度演变中均不相干,在司法实践中不能混用或者套用,应当注意前者突出服务职能的公用事业性,后者强调运输条件的共同性。在国际上视为“公共承运人”的国际集装箱班轮运输,因不具有公益性和垄断性而具有完全商业性和高度市场竞争性,并不属于《民法典》第 810 条规定的“从事公共运输的承运人”。参见最高人民法院民法典贯彻实施工作领导小组主编:《中华人民共和国民法典合同编理解与适用(四)》,人民法院出版社 2020 年版,第 2065 页。

为。”值得注意的是，无论是运输期限问题还是运输线路问题，《民法典》均以“或者”列举，文义上会被误以为承运人择一选择即可，容易形成“约定期限或合理期限均可”“约定线路或通常线路均可”的结论。但从私法自治角度而言，除非约定无效，否则尊重当事人意思自治，以约定优先为基本原则，故此处应认为没有约定的时候才采用“合理期限”“通常线路”的运输要求。〔13〕

（二）旅客或托运人的主要义务是支付票款或者运费

旅客、托运人或者收货人应当支付票款或者运输费用（《民法典》第809条）。承运人未按照约定路线或者通常路线运输增加票款或者运输费用的，旅客、托运人或者收货人可以拒绝支付增加部分的票款或者运输费用（《民法典》第813条）。值得注意的是，无论是《民法典》第809条还是《民法典》第813条，都规定了收货人的运费支付义务。但收货人应当支付运费，并不表明其为运输合同的当事人。而且，收货人并不当然需支付运费。就收货人的运费支付义务来说，托运人与承运人之间的运输合同更多的是“由第三人履行之合同”，即使托运人与承运人约定运费由收货人支付，也并不产生承运人对收货人的运费请求权，若收货人不支付运费，托运人应当向承运人承担违约责任（《民法典》第523条）。原因在于，运输合同具有相对性（《民法典》第465条第2款），第三人不可因“由第三人履行的合同”而负担债务，否则将动摇私法自治的根基。即使第三人确实负有向债权人直接履行的义务，该义务的发生也只能是在另外的合同（向第三人履行的合同）中。〔14〕 也就是说，除非法律有特别规定收货人的运费支付义务，否则其不承担该义务。收货人之所以应当支付运费，源于收货人与托运人之间的约定。因此，《海商法》第69条虽然规定“托运人与承运人可以约定运费由收货人支付”，但托运人对收货人的运费支付请求权，需依其他依据予以确定。另外，若托运人或收货人不支付运费，承运人享有留置权，即“托运人或者收货人不支付运费、保管费或者其他费用的，承运人对相应的运输货物享有留置权，但是当事人另有约定的除外”（《民法典》第836条）。在收货人主张提货的情形下，无论运输合同是否约定运输费用由收货人支付，如果没有支付运输费用，承运人可以行使抗辩权或者留置权拒绝交付货物，这时往往由需要提取货物的收货人支付运费，但这可能是收货人的权宜之计，并非可以说明收货人就是运输合同项下运输费用支付的义务主体，收货人是运输费用的实际支付主体不等于其是费用支付的义务主体。〔15〕

第二节 客运合同

关于客运合同，《民法典》较之原《合同法》作了一些修正。对此，在《民法典合同编（草案）》（二次审议稿）阶段，曾作了如下立法说明：草案第十八章第二节专门规定了客运合同。一些意见提出，近年来客运合同领域出现不少新问题，一方面，不时发生旅客霸座、强抢方向盘、

〔13〕 黄薇主编：《中华人民共和国民法典解读：合同编》（下册），中国法制出版社2020年版，第1064页、第1067页。

〔14〕 韩世远：《合同法总论》（第4版），法律出版社2018年版，第377页。

〔15〕 最高人民法院民法典贯彻实施工作领导小组主编：《中华人民共和国民法典合同编理解与适用（四）》，人民法院出版社2020年版，第2077页。

不配合承运人采取安全运输措施等严重干扰运输秩序和危害运输安全的恶劣行为；另一方面，也存在因承运人履行安全运输义务不到位导致时常发生安全事故，以及承运人通过收取高额挂失补办费的名义变相再次收取票款等损害旅客合法权益的情形。建议对这些问题作出有针对性的规定。全国人民代表大会宪法和法律委员会经研究认为，为了维护正常的运输秩序，保护旅客在运输过程中的人身、财产安全，建议对草案作如下修改：一是明确旅客应当按照有效客票记载的时间、班次和座位号乘运。承运人应当按照有效客票记载的时间、班次和条件运输旅客。二是明确实名制客运合同的旅客丢失客票的，可以要求承运人挂失补办，承运人不得再次收取票款和其他不合理费用。三是明确承运人应当严格履行安全运输义务，及时告知旅客安全运输应当注意的事项。旅客对承运人为安全运输所作的合理安排应当积极协助和配合。遇有不能正常运输的特殊情形和重要事由，承运人应当及时告知旅客并采取必要的安置措施[《民法典合同编》(草案)(二次审议稿)第600条、第604条、第605条]。[16] 另外，在2020年5月22日全国人大审议阶段，王晨副委员长关于《民法典》的草案说明也指出，“针对近年来客运合同领域出现的旅客霸座、不配合承运人采取安全运输措施等严重干扰运输秩序和危害运输安全的问题，维护正常的运输秩序，草案细化了客运合同当事人的权利义务”。

一、客运合同的概念

客运合同即旅客运输合同，是指承运人将旅客从起运地点运输到约定地点，旅客向承运人支付票款的合同。在客运领域，只有客运机动车才具有客运资质，故《道路交通安全法》第50条第1款规定“禁止货运机动车载客”。故有观点认为，如果非载人的机动车载人，其间当然不成立客运合同关系，因为《道路交通安全法》严格贯彻机动车功能分开、保障安全原则，客货不能混装，功能不能替代。[17] 另外，《海上交通安全法》第57条也规定，“除进行抢险或者生命救助外，客船应当按照船舶检验证书核定的载客定额载运乘客，货船载运货物应当符合船舶检验证书核定的载重线和载货种类，不得载运乘客”。该法第58条第1款则规定，“客船载运乘客不得同时载运危险货物”。本书认为，这些规定虽然属于强制性规范，但即使违反上述规定，也并不影响客运合同的有效性。只有如此，才能有效地保护旅客的利益。

二、客运合同的成立

《民法典》第814条规定，“客运合同自承运人向旅客出具客票时成立，但是当事人另有约定或者另有交易习惯的除外”。从该条可以看出，《民法典》特别强调客票的意义。实际上，《民用航空法》第109条亦对客票作了规定。较之原《合同法》第293条，《民法典》第814条将“交付客票”改为“出具客票”。随着互联网技术的发展，传统的购票方式发生了很大变化，客票的无纸化成为普遍趋势。旅客在订立客运合同过程中，可以通过网上购票的方式与承运人达成出行日期、票价等事项的合意，一旦意思表示一致，承运人出具电子票据合同即宣告成立，甚至旅客都不需要接收电子票据，出示身份证件即可乘坐。因此，《民法典》第814条将原《合同法》

---

〔16〕 2018年12月23日全国人民代表大会宪法和法律委员会《关于〈民法典合同编(草案)〉修改情况的汇报》。
〔17〕 陈界融：《客运合同中交通事故若干法律问题解析》，载《法学家》2005年第4期。

第293条规定的“交付客票时成立”修改为“出具客票时成立”。[18] 也有释义书指出,将“交付”改为“出具”,也意味着可避免客运合同是否属于要物合同的理论争议。[19] 但是,客运合同的成立时点并非均以客票出具为准,例如实践中存在不少“先上车后买票”或“先乘车后付费”的习惯。另外,承运人向旅客出具车票,仅仅是证明合同成立的凭证,而不是合同成立的要件。对此,《民用航空法》第111条第1款明确规定“客票是航空旅客运输合同订立和运输合同条件的初步证据”亦可以说明这一点。因此,本书认为,一方面,将《民法典》第814条规定的立法目的限缩主要是为了确定客运合同的成立时间,而不是确定成立要件;另一方面,可通过“当事人另有约定”“另有交易习惯”等予以解释,避免以客票出具作为合同成立的要件。在有交易习惯的情况下,客运合同的成立应根据交易习惯而确定。例如,在城市出租车运输中,客票的交付时间一般是在运输行为完成之后,按出租车运输的交易习惯,该运输合同即在旅客登上出租车时就成立或者通过在线、电话等方式订立客运合同时即成立。又如,在铁路旅客运输中,有些铁路车站,特别是上下旅客较少的车站,站点不售票,允许旅客上车后买票。旅客先上车后买票的,客运合同自旅客上车时成立。再如,在城市公交运输中,按照公交车的交易习惯,承运人不提前预售某班次车辆的车票,而是乘客先上车,然后再购票或自动投币,故此时不宜以交付票证作为合同成立的条件,而应以乘客是否登上公交车为客运合同的成立时间。当然,“先上车后买票”的客运合同自旅客上车时成立并非适用于所有情况,未经承运人同意而先上车的,客运合同应自旅客补票时成立。因为只有在旅客补票时,双方当事人的意思表示才达成了一致。这样认定的根据有两个方面:一是《民法典》第815条。根据该条规定,旅客无票乘运,应当补交票款,旅客不交付票款的,承运人可以拒绝运输。旅客不交付票款,就说明旅客与承运人的意思表示不一致,客运合同就不成立,承运人当然也就有权拒绝运输。二是《民法典》第823条。根据该条规定,承运人对运输过程中旅客的伤亡承担损害赔偿责任,此适用于经承运人许可搭乘的无票旅客。可见,对未经承运人许可搭乘的无票乘客,承运人对其没有赔偿责任,其原因在于双方没有成立客运合同。因此,对于“无票乘车”之情形,是否成立了客运合同,应当依当事人双方的意思表示及交易习惯而确定。

三、客运合同的效力

(一)旅客的义务

旅客负有票款支付义务、持有效客票乘坐义务、按规定携带物品义务、协助义务等。票款支付义务参见前述相关部分,此处仅就其他义务作阐释。除非存在免票等特殊情形,旅客不支付票款的,承运人可以拒绝运输。当然,依《民法典》第815条的规定,承运人拒绝运输,应以不支付票款(拒绝补交票款)为前提,承运人享有的是一时性的抗辩权;若旅客补交了票款,承运人得以行使抗辩权的事由消失,不得拒绝运输。[20]

1. 持有效客票乘坐义务

持有效客票乘坐义务规定于《民法典》第815条第1款,即“旅客应当按照有效客票记载的

---

〔18〕 黄薇主编:《中华人民共和国民法典解读:合同编》(下册),中国法制出版社2020年版,第1070页。

〔19〕 王轶等:《中国民法典释评:合同编·典型合同》(下卷),中国人民大学出版社2020年版,第171页。

〔20〕 谢鸿飞、朱广新主编:《民法典评注:合同编 典型合同与准合同》(第3册),中国法制出版社2020年版,第232页。

时间、班次和座位号乘坐。旅客无票乘坐、超程乘坐、越级乘坐或者持不符合减价条件的优惠客票乘坐的,应当补交票款,承运人可以按照规定加收票款;旅客不支付票款的,承运人可以拒绝运输”。《民法典》第 815 条较之原《合同法》第 294 条,修改了“旅客应当持有效客票乘运”,并增加了第 2 款“实名制客运合同的旅客丢失客票的,可以请求承运人挂失补办,承运人不得再次收取票款和其他不合理费用”,同时将“乘运”改成“乘坐”。“遗失客票”与“无票乘坐”不同,前者可以挂失补办,无需补交票款;而后者需要补交票款。虽然《民法典》第 815 条第 2 款强调实名制客票的挂失补办,但本书认为,非实名制客票,同样可以要求挂失补办,只是证明客运合同存在的责任在于旅客。〔21〕

2. 按规定携带物品义务

旅客携带物品应当符合规定,即“旅客随身携带行李应当符合约定的限量和品类要求;超过限量或者违反品类要求携带行李的,应当办理托运手续”(《民法典》第 817 条)。“旅客不得随身携带或者在行李中夹带易燃、易爆、有毒、有腐蚀性、有放射性以及可能危及运输工具上人身和财产安全的危险物品或者违禁物品。旅客违反前款规定的,承运人可以将危险物品或者违禁物品卸下、销毁或者送交有关部门。旅客坚持携带或者夹带危险物品或者违禁物品的,承运人应当拒绝运输”(《民法典》第 818 条)。值得注意的是,不携带违禁品的义务,具有保护义务性质和附保护第三人作用契约之性质,该义务并不限于对承运人可能造成的损失的防止,同时对于“运输工具上的人身和财产安全”亦具有保护作用。违反此等义务造成的损失,承运人可基于运输合同要求损害赔偿;而造成运输工具上其他人的人身财产损失的,第三人可基于侵权损害赔偿请求权要求旅客承担责任。同时亦需注意的是,危险品或违禁品的禁止携带,不仅是旅客的义务,在旅客坚持携带的情况下,承运人也有义务拒绝运输。为此,《民法典》第 818 条规定了承运人“应当拒绝运输”,与《民法典》第 828 条关于货物运输安全的规定并不一样。于此情形的拒绝运输义务,也被认为是承运人的一项强制性义务。〔22〕

3. 协助义务与不真正义务

旅客负有为安全运输目的之协助义务。例如,《民法典》第 819 条第 2 句规定,“旅客对承运人为安全运输所作的合理安排应当积极协助和配合”。旅客之协助义务本为当然之义务,原《合同法》并未对此作出规定。但在《民法典》编纂过程中,因旅客原因造成的安全事故多见诸媒体,并引起社会的广泛关注。为此,在《民法典合同编(草案)》(二次审议稿)过程中,“一些意见提出,近年来客运合同领域出现不少新问题,一方面,不时发生旅客霸座、强抢方向盘、不配合承运人采取安全运输措施等严重干扰运输秩序和危害运输安全的恶劣行为……建议对这些问题作出有针对性的规定。宪法和法律委员会经研究认为,为了维护正常的运输秩序,保护旅客在运输过程中的人身、财产安全,建议对草案作如下修改……旅客对承运人为安全运输所作的合理安排应当积极协助和配合……”〔23〕

旅客亦负有若干不真正义务。例如,《民法典》第 816 条规定,“旅客因自己的原因不能按

---

〔21〕 周江洪:《关于〈民法典合同编〉(草案)(二次审议稿)的若干修改建议》,载《法治研究》2019 年第 2 期。

〔22〕 最高人民法院民法典贯彻实施工作领导小组主编:《中华人民共和国民法典合同编理解与适用(四)》,人民法院出版社 2020 年版,第 2100 页。

〔23〕 2018 年 12 月 23 日全国人民代表大会宪法和法律委员会《关于〈民法典合同编(草案)〉修改情况的汇报》。

照客票记载的时间乘坐的,应当在约定的期限内办理退票或者变更手续;逾期办理的,承运人可以不退票款,并不再承担运输义务"。按时搭乘,既有学者认为是旅客之权利,[24]也有学者认为其构成旅客之义务,[25]还有学者认为是旅客的不真正义务,无须就此对承运人承担违约责任,而仅承担对自己不利的后果,即在约定时间内办理退票或者变更乘坐手续并支付由此发生的退票费、改签费等合理费用。[26] 另有学者认为,旅客在约定的期限内办理退票或者变更手续为不真正义务,违反此等义务的旅客应承受不利益。[27] 本书认为,按时乘坐属于旅客之权利,而办理退票或变更手续,则更多的是当事人约定的解除权或当事人约定的单方变更权,或者是承揽合同中的定作人任意解除权或单方变更权在客运合同中的映射而已,相关手续的办理,属于此等权利的行使方式。

从理论上来说,旅客未能按时乘坐,构成受领迟延,存在《民法典》第 589 条第 1 款规定适用之余地,即"债务人按照约定履行债务,债权人无正当理由拒绝受领的,债务人可以请求债权人赔偿增加的费用"。若依此等构成,即使办理退票或者变更手续,承运人均得以要求赔偿增加的费用。在运输实践中,多以退票费或者改签费等形式予以体现。此等退票费或改签费属于当事人事先约定之内容,类似于《民法典》第 585 条规定的事先约定违约损害赔偿额或损害赔偿额的计算方法。因此,此等退票费或改签费,亦同样存在酌减之可能性。另外,若承运人办理退票或者变更手续,当事人对此作出了约定,则属于解除权或变更权之约定。即使未予以约定,旅客仍得以参照承揽合同的一般原理享有任意解除或单方变更之权利,但应对此造成的损失予以赔偿(《民法典》第 777 条、第 787 条)。当然,参照适用承揽合同之规定,仍然需要在特定的期限内行使,即"中途"或"完成工作前"。

"逾期办理的,承运人可以不退票款,并不再承担运输义务",这一规则并不能从受领迟延角度予以解释,而可以从"因可归责于债权人事由之履行不能"角度予以理解。因定有固定期限的客运合同为定期合同,合同履行期限的经过将导致合同履行不能,此时构成《民法典》第 580 条意义上的"法律上或者事实上不能履行",故得以免除承运人之运输义务。当然,在运输实践中,亦存在旅客得以多次改签之客运合同形式,此时更多的是赋予旅客以单方变更权限,但该单方变更权限仍受限于是否"逾期办理"之变更期限约定。基于此等考量,《民法典》编纂过程中曾建议依"因可归责于债权人事由之履行不能"来重新构建逾期受领的问题,并相应修改第 2 句之规定为"逾期办理的,承运人不再承担运输义务;承运人可以不退票款,但旅客证明承运人因此获得利益的,承运人应当将该利益退还给旅客"。原因在于,"因可归责于债权人事由之履行不能,根据风险负担的一般原理,债务人之给付义务消灭,并得以要求对待给付,但因此而获益的,应当予以扣减(损益相抵)。另外,即使按照履行不能而引起的解除(退票)来处理,逾期办理退票或变更,至多产生解除权消灭(未在合理期间行使形成权),并不必然导致其

---

〔24〕 王利明:《合同法》(下册),中国人民大学出版社 2021 年版,第 267 页。

〔25〕 崔建远:《合同法》(第 4 版),北京大学出版社 2021 年版,第 586 页。

〔26〕 谢鸿飞、朱广新主编:《民法典评注:合同编　典型合同与准合同》(第 3 册),中国法制出版社 2020 年版,第 236 页。

〔27〕 韩世远:《合同法总论》(第 4 版),法律出版社 2018 年版,第 350 页。

他权利的丧失问题,如受领迟延引起的损害赔偿与损益相抵问题。故建议做上述修改”。[28]

在航空客票实践中,常有注明“不得签转、不得退票”的机票销售。对此,最高人民法院指导性案例 51 号裁判要点认为,“航空公司在打折机票上注明‘不得退票,不得转签’,只是限制购买打折机票的旅客由于自身原因而不得退票和转签,不能据此剥夺旅客在支付票款后享有的乘坐航班按时抵达目的地的权利”。该案中,“在延误的航班到达香港机场后,东方航空公司拒绝为阿卜杜勒签转机票,其主张阿卜杜勒的机票系打折票,已经注明了‘不得退票,不得转签’,其无须另行提醒和告知。法院认为,即使是航空公司在打折机票上注明‘不得退票,不得转签’,也只是限制购买打折机票的旅客由于自身原因而不得退票和转签;旅客购买了打折机票,航空公司可以相应地取消一些服务,但是旅客支付了足额票款,航空公司就要为旅客提供完整的运输服务,并不能剥夺旅客在支付了票款后享有的乘坐航班按时抵达目的地的权利。本案中的航班延误并非由阿卜杜勒自身的原因造成。阿卜杜勒乘坐延误的航班到达香港机场后肯定需要重新签转机票,东方航空公司既未能在始发机场告知阿卜杜勒在航班延误时机票仍不能签转的理由,在中转机场亦拒绝为其办理签转手续。因此,东方航空公司未能提供证据证明损失的产生系阿卜杜勒自身原因所致,也未能证明其为了避免损失扩大采取了必要的方式和妥善的补救措施,故判令东方航空公司承担赔偿责任”。[29]

(二)承运人的义务

客运合同承运人主要有运输义务、告知义务、特殊情况下的保护义务、旅客自带物品的保护义务以及运输义务履行障碍情形采取安置措施的义务等。

1. 运输义务是承运人的主给付义务

运输义务具体来说,存在运输安全要求、时间要求、运输标准要求等。“承运人应当严格履行安全运输义务,及时告知旅客安全运输应当注意的事项”(《民法典》第 819 条第 1 句)。“承运人应当按照有效客票记载的时间、班次和座位号运输旅客”(《民法典》第 820 条第 1 句)。“承运人擅自降低服务标准的,应当根据旅客的请求退票或者减收票款;提高服务标准的,不得加收票款”(《民法典》第 821 条)。

客运中的安全运输,不仅涉及旅客的协助,也涉及承运人的妥当安排。因此,除了旅客“应当按照有效客票记载的时间、班次和座位号乘运”,承运人也“应当按照有效客票记载的时间、班次和条件运输旅客”,[30]《民法典》第 820 条第 1 句则依此等立法旨意,将“按照……座位号运输”也规定为承运人之义务,以保障旅客运输中的安全运输秩序。

承运人应按照有效客票记载的时间和班次履行运输义务。若承运人未按照有效客票记载

---

〔28〕 周江洪:《关于〈民法典合同编〉(草案)(二次审议稿)的若干修改建议》,载《法治研究》2019 年第 2 期。但与本书观点不同,有观点认为,票款作为承运人应得的合同履行利益无须返还,理由在于:一方面,旅客未办理退票或者改签手续意味着承运人需依客票保留座位,从而得与已履行作相同处理;另一方面,纵然承运人偶然地将客票座位再次出售,旅客怠于办理相关手续也应被视为弃权,由此可避免就相关事宜(如承运人是否出售客票座位)作不必要的调查或查明[参见徐涤宇、张家勇主编:《〈中华人民共和国民法典〉评注》(精要版),中国人民大学出版社 2022 年版,第 861 页]。

〔29〕 阿卜杜勒·瓦希德诉中国东方航空股份有限公司航空旅客运输合同纠纷案,最高人民法院指导性案例 51 号(2015 年)。

〔30〕 2018 年 12 月 23 日全国人民代表大会宪法和法律委员会《关于〈民法典合同编(草案)〉修改情况的汇报》。

的时间运输,构成履行迟延。此时,一方面需及时告知旅客,另一方面亦可能因此承担违约责任。《民法典》第820条规定,"……承运人迟延运输或者有其他不能正常运输情形的,应当及时告知和提醒旅客,采取必要的安置措施,并根据旅客的要求安排改乘其他班次或者退票;由此造成旅客损失的,承运人应当承担赔偿责任,但是不可归责于承运人的除外"。此处的损害赔偿责任,从文义上来说,究竟是《民法典》第583条意义上的"迟延赔偿"(采取补救措施后的损害赔偿)抑或履行迟延引起的赔偿,当依"由此造成旅客损失"的"由此"的解释而定。"由此造成旅客损失",一种可能是指告知、提醒、安置及安排改乘或退票后旅客仍有损失之情形,另一种可能是"承运人迟延运输或者有其他不能正常运输情形的"损失。从解释论上而言,迟延履行引起的损害赔偿,当指后者。如果承运人迟延运输,造成旅客损失的,承运人应当依法承担相应的赔偿责任。[31] 而且,后者的范围也涵盖了前者,若采取了措施,还有其他损失的,即使没有《民法典》第820条规定,依《民法典》第583条的规定亦得以请求赔偿。但需注意的是,相关特别法对于迟延运输的损害赔偿责任亦有特别规定。例如,《民用航空法》第126条规定,"旅客、行李或者货物在航空运输中因延误造成的损失,承运人应当承担责任;但是,承运人证明本人或者其受雇人、代理人为了避免损失的发生,已经采取一切必要措施或者不可能采取此种措施的,不承担责任"。从文义上来说,《民法典》第820条的"不可归责于承运人",指向的是"迟延运输或者有其他不能正常运输";而《民用航空法》第126条的免责事由也旨在表明"不可归责于承运人",但其指向的是"损失的发生",两者之间并不完全等同,尤其是在因第三人原因引起的迟延运输或不可抗力引起的迟延运输方面,依《民用航空法》第126条的规定仍然存在承担损害赔偿责任之可能,但依《民法典》第820条的规定,则通常落入"不可归责于承运人"的范畴而得以免责。此时,只能寻求《民法典》第820条规定的措施采取义务违反的损害赔偿责任,而并非《民法典》第820条意义上的迟延运输损害赔偿责任。

2. 承运人负有重要事项的告知义务

依《民法典》第819条的规定,承运人应当及时告知旅客安全运输应当注意的事项。依《民法典》第820条的规定,迟延运输或者有其他不能正常运输情形的,承运人也负有及时告知和提醒的义务。而且,无论造成迟延或者不能正常运输是否可归责于承运人,承运人均负有此等告知义务。[32] 违反告知义务造成旅客损失的,承运人负有损害赔偿责任。此外,此等告知义务与合同缔结前的告知义务性质上并不相同,其属于合同上的义务。运输类合同中的此等告知义务,亦具有服务类合同告知义务的一般特点,属于服务合同信息交换义务的一种类型。当然,重要事项告知义务亦有其限度。例如,对安全运输应当注意的事项告知,通常是指对一般旅客的告知,而不包括对特殊群体的特殊告知义务。例如,在航空旅客运输中,安全运输注意事项的告知主要是针对一般人,而不要求分别对婴儿、老人、患有某些特殊疾病的人进行具体告知。否则,科加过重的告知义务会增加航空公司不应有的经济负担,而且也不切实际。[33] 当然,如果承运人知道某种特殊体质的人或特殊群体不能乘坐飞机且明知或应知某一乘客属于

---

〔31〕 黄薇主编:《中华人民共和国民法典解读:合同编》(下册),中国法制出版社2020年版,第1082页。

〔32〕 谢鸿飞、朱广新主编:《民法典评注:合同编 典型合同与准合同》(第3册),中国法制出版社2020年版,第253页。

〔33〕 周兴宥、高志刚、付婕:《航空公司不负有对特殊群体的特殊告知义务——梁永兵、梁菊香诉厦门航空公司人身损害赔偿案》,载《人民法院报》2006年8月10日,第6版。

该种体质,基于诚实信用原则,应当对该旅客进行告知。

拓展｜服务合同中信息义务体系的构建

服务合同中信息交换义务的具体构成上,应当注意以下几点:(1)注重合同服务过程的不同阶段设计不同的义务。可以适当区分作为先合同义务的告知、警示,合同履行过程中的告知、警示和后合同义务的告知、警示。(2)不仅限于服务提供人的义务,还应当适当考虑服务受领人的信息交换义务。(3)构建具体信息交换义务时,应当适当区分不同的义务性质,既有真正义务也有不真正义务,以区分不同的法律效果。虽然与信息相关的义务存在说明、告知、警示、建议、通知等各种表述方式,但也应当适当区分各种信息相关义务的不同功能,既有出于警示的告知义务,也有作为协助义务的通知义务等。更何况,有些类型的服务合同,其本身以信息的提供为标的,作为主给付义务,其义务的性质与此处讨论的与信息相关的义务又有所区别。(4)信息交换义务的构建应根据每一义务的特性和义务指向的相对人区分告知、说明、警示的不同范围和标准。[34]

3. 在特定情形中,承运人负有救助义务

《民法典》第 822 条规定,承运人在运输过程中,应当尽力救助患有急病、分娩、遇险的旅客。因客运合同关系,承运人与旅客之间形成了紧密的交往关系,承运人的救助义务具有保护义务的性质。但该救助义务限制在旅客急病、分娩、遇险之情形,且该救助义务仅为“尽力救助”,并非一定要达成救助的结果,属于“方式之债”。而且,因承运人并非专业的救治机构,其在救助过程中的注意义务不应高于专业救治机构。[35] 若承运人违反该义务,应承担违约责任。在司法实践中,这种救助义务或安全保障义务以及赔偿责任存在被放大、被滥用的风险,甚至形成“谁受伤谁有理”“谁闹谁有理”的错误观念。在对旅客权益进行保护的同时,亦应当平衡承运人的利益。例如,在“马某乘坐公交车猝死案”中,马某乘坐公交公司所属的公交车出行。车辆驶出后不久,马某从座位上晕倒在地,后被“120”救护车送至医院救治,经抢救无效后死亡。本案中,乘客马某的猝死系自身健康原因造成,且承运人在第一时间采取了停车、报警、拨打“120”急救电话等救助行为,已尽到了相应的救助义务。另外,马某生前患有高血压,且马某系 79 岁高龄的老人,结合居民死亡医学证明推断书记载的猝死原因,马某的死亡并非外力等其他原因所致,应属自身原因所致。据此,法院驳回了死者家属的赔偿请求。[36] 另外,承运人因救助旅客支出的合理费用,因承运人负有尽力救助义务,不能依无因管理或不当得利予以请求,但可参照《民法典》第 183 条的规定,由受益人给予适当补偿。

4. 旅客随身携带物品的保护义务

《民法典》第 824 条第 1 款规定,“在运输过程中旅客随身携带物品毁损、灭失,承运人有过错的,应当承担赔偿责任”。而对于托运的物品,因其构成货运合同,故该条第 2 款规定,“旅客

---

〔34〕 周江洪:《服务合同立法研究》,法律出版社 2021 年版,第 267～268 页。

〔35〕 谢鸿飞、朱广新主编:《民法典评注:合同编　典型合同与准合同》(第 3 册),中国法制出版社 2020 年版,第 263 页。

〔36〕 马某乘坐公交车猝死案,江苏省常州市中级人民法院发布 2021 年度十大典型案例之十。

托运的行李毁损、灭失的，适用货物运输的有关规定”。相对来说，随身携带物品的毁损灭失较之托运行李的毁损灭失，承运人负有相对较轻的注意义务。需要区分的是，何为“随身携带”和“托运”，通常以是否脱离旅客自身控制予以区分。例如，有法院判决认为，如果旅客将行李存放于大客车封闭的行李舱中，则应视为行李已托运。〔37〕 对于旅客随身携带的物品，处于旅客的直接控制之下，旅客应自行妥善保管，承运人并不承担毁损灭失的责任。之所以如此规定，是因为旅客随身携带的物品是在旅客的直接控制之下，由旅客自身保管，由此造成的毁损、灭失，如果承运人没有过错而仍承担赔偿责任，对承运人不公平，也有违风险控制理论。但是，因承运人过错造成旅客随身携带物品毁损灭失的，则因此构成损害赔偿责任，其损害赔偿请求权的基础既可以从侵权损害赔偿请求权之规定得出，亦可以依客运合同保护义务之违反而得出。值得注意的是，在不少客运合同中，多有旅客免费携带行李的重量体积的规定，亦因此有人会将随身携带物品毁损、灭失的损害赔偿请求权解释为源于无偿货运合同。但本书认为，此并非无偿货运合同之构成，原因在于无偿合同之情形，原则上仅就故意、重大过失承担损害赔偿责任，而《民法典》第 824 条规定的随身携带物品毁损、灭失的损害赔偿，并不以故意或重大过失为要件，通常的过错亦得以构成损害赔偿责任。对于随身携带物品的保护义务，仍然是客运合同承运人义务的一部分，违反该义务应承担客运合同上的违约损害赔偿责任。当然，在司法实践中，关于随身携带物品毁损、灭失时的责任承担，也多酌情考虑不同的交通运输方式对于确定最终责任承担的影响。例如，采用出租车客运等流动性大的客运与流动性较小的特定运输工具运输，其考量并不相同。〔38〕

5. 运输障碍情形采取必要措施的义务

《民法典》第 820 条规定，“……承运人迟延运输或者有其他不能正常运输情形的，应当……采取必要的安置措施……”。当然，违反采取必要安置措施义务而造成的损失，虽然《民法典》第 820 条没有明确规定，但依违约损害赔偿责任的一般原理，仍然得以请求损害赔偿。即使造成履行障碍之原因为不可抗力，承运人亦存在采取必要安置措施的义务。例如，在最高人民法院指导性案例 51 号“阿卜杜勒・瓦希德诉中国东方航空股份有限公司航空旅客运输合同纠纷案”中，法院判决指出，“2004 年 12 月 31 日的 MU703 航班由于天气原因发生延误，对这种不可抗力造成的延误，东方航空公司不可能采取措施来避免发生，故其对延误本身无需承担责任。但还需证明其已经采取了一切必要的措施来避免延误给旅客造成的损失发生，否则即应对旅客因延误而遭受的损失承担责任”。该指导性案例裁判要点明确将其归纳为，“当不可抗力造成航班延误，致使航空公司不能将换乘其他航班的旅客按时运抵目的地时，航空公司有义务及时向换乘的旅客明确告知到达目的地后是否提供转签服务，以及在不能提供转签服务时旅客如何办理旅行手续。航空公司未履行该项义务，给换乘旅客造成损失的，应当承担赔偿责任”。虽然该案引用的是《华沙公约》第 19 条的规定，但在《民法典》背景下亦是如此。当然，《民法典》第 820 条也确认迟延运输或者有其他不能正常运输之情形“不可归责于承运人”，承

〔37〕 辽宁城际客运有限公司与齐佳运输合同纠纷案，辽宁省抚顺市中级人民法院(2017)辽 04 民终 1798 号民事判决书。

〔38〕 最高人民法院民法典贯彻实施工作领导小组主编：《中华人民共和国民法典合同编理解与适用(四)》，人民法院出版社 2020 年版，第 2125 页。

运人对于迟延本身并不负赔偿责任。

（三）承运人的损害赔偿责任

承运人因违反客运合同造成旅客损害的，应当承担损害赔偿责任，包括人身伤亡的损害赔偿责任、行李毁损灭失时的损害赔偿责任以及迟延运输时的损害赔偿责任。三种损害赔偿责任的归责基础各不相同。旅客伤亡的损害赔偿责任遵循无过错责任原则，随身携带行李毁损、灭失的损害赔偿责任遵循过错责任原则，而迟延运输时的损害赔偿责任则遵循“不可归责于承运人的除外”的过错推定规则。旅客随身携带行李毁损灭失的损害赔偿及迟延运输的损害赔偿已如前述，这里仅就旅客伤亡损害赔偿作一简单介绍。

《民法典》第 823 条第 1 款规定，“承运人应当对运输过程中旅客的伤亡承担赔偿责任；但是，伤亡是旅客自身健康原因造成的或者承运人证明伤亡是旅客故意、重大过失造成的除外”。之所以承担赔偿责任，源于承运人的安全运输义务之违反。对于“免票、持优待票或者经承运人许可搭乘的无票旅客”，亦承担同样的责任（《民法典》第 823 条第 2 款）。也就是说，只要成立了有效的客运合同，并不因票款之有无或票款价额的高低而有所区别。同样地，《民法典》第 1217 条规定的“无偿搭乘”，因其并不构成运输合同，并不承担客运合同上的损害赔偿责任。承运人的旅客伤亡赔偿责任，属于无过错责任，并不以承运人是否存在过错为要件，其仅得以“旅客自身健康原因”或者“旅客故意、重大过失”，以及《民法典》第 180 条、第 590 条规定之“不可抗力”予以免责。当然，在旅客自身健康原因造成损害之情形下，亦应依《民法典》第 822 条之规定判断是否存在救助义务之违反以确定承运人之责任。另外，特别法亦有规定旅客的“过错”得以构成免责或减轻责任之事由，而不限于“旅客故意、重大过失”。例如，《民用航空法》第 127 条第 1 款规定，“在旅客、行李运输中，经承运人证明，损失是由索赔人的过错造成或者促成的，应当根据造成或者促成此种损失的过错的程度，相应免除或者减轻承运人的责任。旅客以外的其他人就旅客死亡或者受伤提出赔偿请求时，经承运人证明，死亡或者受伤是旅客本人的过错造成或者促成的，同样应当根据造成或者促成此种损失的过错的程度，相应免除或者减轻承运人的责任”。

对于第三人原因造成的旅客伤亡，涉及《民法典》第 593 条、第 1175 条之间的整合解释问题。对此，曾有司法解释作出明确规定，即“铁路旅客运送期间因第三人侵权造成旅客人身损害的，由实施侵权行为的第三人承担赔偿责任。铁路运输企业有过错的，应当在能够防止或者制止损害的范围内承担相应的补充赔偿责任。铁路运输企业承担赔偿责任后，有权向第三人追偿。车外第三人投掷石块等击打列车造成车内旅客人身损害，赔偿权利人要求铁路运输企业先予赔偿的，人民法院应当予以支持。铁路运输企业赔付后，有权向第三人追偿”[最高人民法院《铁路运输损害赔偿司法解释》（2020 年修正）第 13 条，前司法解释现已修改为《铁路运输人身损害赔偿司法解释》，该款亦已被删去]。修正后的司法解释第 1 条第 2 款明确规定：“铁路运输企业在客运合同履行过程中造成旅客人身损害的赔偿纠纷案件，不适用本解释……”对于运输合同履行过程中的损害赔偿，目前适用《铁路运输损害赔偿司法解释》（2020 年修正）第 12 条“第三者责任造成旅客伤亡的赔偿”的规定，“在铁路旅客运送期间因第三者责任造成旅客伤亡，旅客或者其继承人要求铁路运输企业先予赔偿的，应予支持。铁路运输企业赔付后，有权向有责任的第三者追偿”。从该司法解释的规定来看，其遵循的是《民法典》第 593 条的规定。

旅客伤亡的损害赔偿责任,以完全赔偿为原则,不以票款之有无或价款之高低而有所减损,亦不排除精神损害赔偿请求权(《民法典》第996条)。对此,特别法有特别规定的,依特别法。例如,依《海商法》第117条规定,除非旅客与承运人之间书面约定更高的赔偿额,承运人在每次海上旅客运输中的赔偿责任限额,每位旅客不超过46,666计算单位(国际货币基金组织规定的特别提款权)。类似地,在国际航空运输领域,对每名旅客的赔偿责任限额为16,600计算单位;但是,旅客可以同承运人书面约定高于本项规定的赔偿责任限额(《民用航空法》第129条)。

旅客伤亡引起的损害赔偿责任,常涉及违约损害赔偿与侵权损害赔偿的竞合。对此,亦有相关司法解释作出了明确规定,即"铁路旅客运送期间发生旅客人身损害,赔偿权利人要求铁路运输企业承担违约责任的,人民法院应当依照民法典第八百一十一条、第八百二十二条、第八百二十三条等规定,确定铁路运输企业是否承担责任及责任的大小;赔偿权利人要求铁路运输企业承担侵权赔偿责任的,人民法院应当依照有关侵权责任的法律规定,确定铁路运输企业是否承担赔偿责任及责任的大小"[《铁路运输人身损害赔偿司法解释》(2020年修正)第12条]。但《铁路运输人身损害赔偿司法解释》(2021年修正)已删去该条规定,并于该司法解释第1条第2款明确规定:"铁路运输企业在客运合同履行过程中造成旅客人身损害的赔偿纠纷案件,不适用本解释……"据此,承运人违约损害赔偿与侵权损害赔偿竞合之情形,具体可依《民法典》第186条处理,即"因当事人一方的违约行为,损害对方人身权益、财产权益的,受损害方有权选择请求其承担违约责任或者侵权责任"。

第三节 货运合同

一、货运合同的概念与特征

(一)货运合同的概念

货运合同,指承运人受托运人委托,使用约定的运输工具,在约定的时间内将货物运送到约定地点交由收货人并收取运费的合同。

有学者认为,信件经邮局递送的,为货物运输合同的例外。[39] 有释义书亦认为,信件邮寄不属于运输合同法律规范调整范围。[40] 但本书认为并非如此。依《邮政法》的规定,邮政普遍服务和特殊服务均存在强制缔约义务,"未经邮政管理部门批准,邮政企业不得停止办理或者限制办理前两款规定的业务;因不可抗力或者其他特殊原因暂时停止办理或者限制办理的,邮政企业应当及时公告,采取相应的补救措施,并向邮政管理部门报告"(《邮政法》第15条第3款)。而且,邮政普遍服务业务范围内的邮件和汇款的损失赔偿,适用《邮政法》的规定;而邮政

---

〔39〕 邱聪智:《新订债法各论》(中),中国人民大学出版社2006年版,第342页。

〔40〕 最高人民法院民法典贯彻实施工作领导小组主编:《中华人民共和国民法典合同编理解与适用(四)》,人民法院出版社2020年版,第2049页。

普遍服务业务范围以外的邮件的损失赔偿,适用有关民事法律的规定(《邮政法》第 45 条)。《邮政法》第 46 条规定,“邮政企业对平常邮件的损失不承担赔偿责任。但是,邮政企业因故意或者重大过失造成平常邮件损失的除外”。该法第 47 条同时规定了邮政服务的限额赔偿,但对于故意、重大过失造成的邮件损失,以及邮政企业未尽到限额赔偿告知义务的,并不受赔偿限额的约束。从这些规定也可以看出,邮政业务,即使是邮政普遍服务,也并未脱离货运合同的范畴,只不过《邮政法》作为《民法典》货运合同的特别法,就邮政企业的运营资格、损害赔偿等作出了特别规定而已。

另外,在《民法典》编纂过程中,亦有学者主张,在快递合同中,寄件人或托运人在告知义务、是否具有投递服务、合同履行时限等方面均不同于货运合同,建议将其作为典型合同予以规定。[41] 从目前来看,《邮政法》第六章对“快递业务”作出了规定,可将其作为货运合同的子合同类型对待,将快递业务相关规则作为《民法典》货运合同规则的特别法予以处理。在司法实践中,遇到快递服务合同纠纷之时,法院也多将快递服务合同归入货运合同的范畴,通过适用关于货运合同的规定进行裁判。[42] 亦有部分学者支持快递合同中的限额赔偿,认为“未保价快递丢失是否要根据货物真实价值承担全部损失,是一个有争议的实践问题,更是一个需要进行深入理性分析的理论问题。在基础观念上,此问题需要以反歧视和平等对待为观念前设。从规范意义上,限额赔偿责任既符合信息逻辑,也符合法律设计逻辑。前者主要包括:快递服务合同的定价与快递物品实际价值并不相关,限额赔偿符合分层预防实践,避免寄件人的投机。后者主要包括:寄件人是快递物品价值几乎零成本的信息知悉者,也是可通过不同方式以最低成本避免可能损失的一方当事人。即使保价也适用于全额赔偿的观点难以理解”。[43] 本书认为,快递合同仍然属于货运合同之一种,其损害赔偿仍需按照货运合同的一般原理予以处理。《邮政法》第 47 条规定的限额赔偿,仅适用于“邮政普遍服务业务范围内”的“平常邮件”,而不适用于“快递业务”,并不能以《邮政法》第 47 条作为快递企业限额赔偿的依据;《邮政法》第 59 条也规定,“……第四十五条第二款关于邮件的损失赔偿的规定,适用于快件的损失赔偿”,也就是说,“邮政普遍服务业务范围以外的邮件的损失赔偿,适用有关民事法律的规定”。当然,在快递合同中,快递企业通常设有快递服务格式条款以限制其赔偿额,此等格式条款是否订入合同以及是否有效决定了其是否得以限额赔偿。因此,应当根据《民法典》关于格式条款规制的规范予以判断,而不是援引《邮政法》作为其限额赔偿的依据。

(二)货运合同的特征

货运合同为运输合同的一种,除具有运输合同的一般特征外,还具有如下特征:(1)货运合同以将货物交付给收货人为履行完毕。在客运合同中,承运人将旅客运输到目的地,其义务即履行完毕。在货运合同中,承运人将货物运输到目的地,其义务并没有完结,尚需及时通知收货人,只有将货物交付给收货人后,其义务才履行完毕(《民法典》第 830 条)。(2)货运合同往往涉及第三人。在货运合同中,托运人既可以为自己的利益托运货物,也可以为第三人的利益托运货物。托运人既可以自己为收货人,也可以第三人为收货人。在第三人为收货人的情况

〔41〕 郑佳宁:《快递服务合同典型化的立法表达与实现路径》,载《法学家》2019 年第 1 期。
〔42〕 郑佳宁:《快递服务合同典型化的立法表达与实现路径》,载《法学家》2019 年第 1 期。
〔43〕 孙良国:《快递物品毁损的限额赔偿论》,载《当代法学》2021 年第 1 期。

下，收货人虽不是合同的当事人，但却是合同的利害关系人。[44] (3)货运合同的托运人享有单方面的合同变更和解除权。具体而言，在承运人将货物交付收货人之前，托运人可以要求承运人中止运输、返还货物、变更到达地或将货物交给其他收货人。若此等合同变更、解除给承运人造成损失的，托运人应当赔偿损失(《民法典》第 829 条)。当然，在司法实践中，亦有对海上运输托运人的变更权作出的限制。[45]

二、货运合同的效力

(一)托运人的义务

1. 运费支付义务是托运人的主给付义务

托运人不支付运费的，承运人对相应的运输货物享有留置权，但是当事人另有约定的除外(《民法典》第 836 条)。此处的留置权，与《民法典》第 447 条规定不同的是，并未强调留置物是否为“债务人的动产”；而且，司法实践中亦未要求所留置的货物为托运人的动产。例如，最高人民法院《关于国内水路货物运输纠纷案件法律问题的指导意见》(法发〔2012〕28 号)第 7 条规定，“……人民法院在审查承运人的留置权时，应当重点审查承运人留置货物的数量是否是在合理的限度之内，以及承运人留置的货物是否是其合法占有的货物。债务人对留置货物是否具有所有权并不必然影响承运人留置权的行使，除非运输合同当事人对承运人的留置权另有特殊约定”。[46] 当然，实践中亦有约定由收货人支付运费之情形。而且，除运费之外，托运人亦可能负有保管费及其他费用之支付义务。通常情况下，只要是承运人履行运输合同约定的合同义务或虽然没有明确约定、但属于履行附随义务产生的合理费用，也同样属于上述留置权担保的范围。[47]

若因不可抗力致使货物灭失的，因承运人并未完成《民法典》第 811 条规定的安全运输义务，承运人的给付义务陷于履行不能，此时承运人能否请求托运人支付运费，依风险负担规则处理。对此，《民法典》第 835 条规定，“货物在运输过程中因不可抗力灭失，未收取运费的，承运人不得请求支付运费；已经收取运费的，托运人可以请求返还。法律另有规定的，依照其规定”。也就是说，此时的价金风险由承运人承受。在立法过程中，之所以考虑由承运人承受价金风险，主要是考虑到避免托运人承担货物灭失和运费的双重风险，因此比较侧重于保护托运

---

〔44〕 由于收货人的地位未有明确规定，致使收货人的请求权与运输合同之间的关系不明确，进而在实践中引起诸多争议。因此，在《民法典》编纂过程中，曾建议参考《日本商法》第 582 条、第 583 条规定，明确收货人的权利和义务，即“货物到达目的地后，收货人取得因运输合同所生的托运人的权利。收货人收取货物时，对承运人负有运费支付义务”。同时规定承运人权利的限制性条款，即“但托运人关于货物的此等权利，在货物到达目的地后因收货人请求交付货物而消灭”[参见周江洪：《关于〈民法典合同编〉(草案)(二次审议稿)的若干修改建议》，载《法治研究》2019 年第 2 期]。实际上，我国《民用航空法》第 119 条第 4 款就对此作出了规定，即“收货人的权利依照本法第一百二十条规定开始时，托运人的权利即告终止；但是，收货人拒绝接受航空货运单或者货物，或者承运人无法同收货人联系的，托运人恢复其对货物的处置权”。

〔45〕 浙江隆达不锈钢有限公司诉 A. P. 穆勒 - 马士基有限公司海上货物运输合同纠纷案，最高人民法院指导性案例 108 号(2019 年)。

〔46〕 关于《民法典》物权编规定的一般留置权与合同编规定的特别留置权之间的关系探讨，参见章程：《论我国留置权的规范适用与体系整合——民法典时代的变与不变》，载《法商研究》2020 年第 5 期。

〔47〕 谢鸿飞、朱广新主编：《民法典评注：合同编　典型合同与准合同》(第 3 册)，中国法制出版社 2020 年版，第 340 页。

人的利益，而并不考虑承运人已经在运输过程中投入了人力和物力成本。[48] 当然，从逻辑上来说，该条规定亦可以被认为是承揽合同报酬后付义务在运输合同领域的体现，而并非风险负担规则的具体规则。其原因在于，从逻辑上来说，风险负担规则以价金支付义务的存在为前提，进而依风险负担规则之适用而确定此等已存在的价金风险由何方当事人承受；而就承揽合同的价金后付义务而言，因不可抗力致使货物灭失之情形，承运人尚未完成其给付，并不能请求运费，故也就无所谓风险负担之问题。

拓展｜承运人承受价金风险与“预付运费概不退还”之国际惯例

在《民法典草案》审议过程中，有人大代表提出，“按照国际惯例，预付运费概不退还”，《民法典草案》第835条与国际惯例不符。正式通过的《民法典》第835条为此增加了但书“法律另有规定的，依照其规定”。就目前而言，现行运输单行法就运费问题与《民法典》规定一致，无须“法律另有规定”之必要，但该规定亦为《海商法》等特别法的修订作出特别规定预留了空间，且考虑到了我国未来缔结参加的相关国际公约可能就运费退还问题与《民法典》规定并不一致的问题。[49] 但亦有学者认为，预付运费概不退还虽是国际海运和空运领域的通行做法，但铁路、公路以及国内水路等其他运输方式的主流实务模式仍是预付运费应当退还。预付运费概不退还在比较法上主要是英国法的基本规则，但美国法以及包括东亚法域在内的大陆法系立法仍以规定预付运费应当退还居多。预付运费应否退还的本质在于运输合同的风险负担。海商法的公平价值体现了更多追求实质公平的特殊性，同时又有鼓励航运业发展的价值目标，但预付运费概不退还仍然超出了海商法给予船方倾斜保护的合理限度。而且，此项规则在中国法下并不构成国际惯例。《民法典》第835条作为任意性规范，目前的但书规定无甚必要，反而可能限制当事人的合同自由。《民法典》和《海商法》均不宜采纳预付运费概不退还作为法律规定。[50] 因此，“预付运费概不退还”是否得以成为我国《海商法》的规则，仍有待进一步观察。

2. 托运人交付审批、检验等手续的义务

货物运输会涉及各种手续，特别是涉及出口时，因所涉货物类型不同，会涉及出口货物的报关、检验、检疫等手续。即使是国内运输，也会因特种货物运输等需要特定部门的批准。对此，《民法典》第826条规定，“货物运输需要办理审批、检验等手续的，托运人应当将办理完有关手续的文件提交承运人”。若因手续不完备致使货物无法运输或货物被行政机关扣留销毁的，承运人并不承担损害赔偿责任。例如，有法院裁判认为，“因向承运人提供所运输的货物的检验合格手续的责任在托运人，而作为托运人的原告无证据证明其已向作为承运人的被告提交了完整的、合格的该批肉食品检疫检验合格的相关手续，致使该批货物在运输途中因证物不符被防疫执法部门没收销毁，造成该损失的原因在原告，且被告的工作人员在货物被扣留时通

〔48〕 谢鸿飞、朱广新主编：《民法典评注：合同编　典型合同与准合同》（第3册），中国法制出版社2020年版，第335页。
〔49〕 谢鸿飞、朱广新主编：《民法典评注：合同编　典型合同与准合同》（第3册），中国法制出版社2020年版，第337页。
〔50〕 朱红亮、孙思琪：《〈民法典〉视野下预付运费退还的法理检视与规则构造》，载《大连海事大学学报（社会科学版）》2020年第6期。

知原告进行解决,已完成了作为承运人的相应义务,故被告不应承担赔偿责任"。[51]托运人若未履行该义务给承运人造成损失的,托运人应当赔偿。例如,《民用航空法》第 123 条第 1 款规定,"托运人应当提供必需的资料和文件,以便在货物交付收货人前完成法律、行政法规规定的有关手续;因没有此种资料、文件,或者此种资料、文件不充足或者不符合规定造成的损失,除由于承运人或者其受雇人、代理人的过错造成的外,托运人应当对承运人承担责任"。又如,《海商法》第 67 条规定,"托运人应当及时向港口、海关、检疫、检验和其他主管机关办理货物运输所需要的各项手续,并将已办理各项手续的单证送交承运人;因办理各项手续的有关单证送交不及时、不完备或者不正确,使承运人的利益受到损害的,托运人应当负赔偿责任"。

3. 表明有关货物运输必要情况的义务

《民法典》第 825 条规定,"托运人办理货物运输,应当向承运人准确表明收货人的姓名、名称或者凭指示的收货人,货物的名称、性质、重量、数量,收货地点等有关货物运输的必要情况。因托运人申报不实或者遗漏重要情况,造成承运人损失的,托运人应当承担赔偿责任"。实际上,这亦是服务类合同中信息交换义务原理的体现。一方面,如实申报是让承运人得以履行其安全运输义务;另一方面,若因申报不实或者遗漏重要情况,亦可能给承运人造成不必要的损失。因此,此等信息交换义务,亦属于广义上的协作义务。在实践中,多通过填写运单的方式进行申报。若托运人不履行该义务或者履行该义务不符合合同约定给自己造成损失,且证明托运人对损失的产生是有过错的,理应由托运人自己承担损失,承运人可以不负任何责任。[52]若违反该义务给承运人造成损失的,除了《民法典》第 825 条规定的损害赔偿责任,《铁路法》第 19 条、《民用航空法》第 117 条及《海商法》第 66 条也分别在特别法层面规定了相应的损害赔偿责任。

4. 妥善包装货物的义务

《民法典》第 827 条第 1 款规定,"托运人应当按照约定的方式包装货物。对包装方式没有约定或者约定不明确的,适用本法第六百一十九条的规定"。因此,托运人对包装方式未约定或约定不明确的,依协议补充;不能达成补充协议的,按照合同有关条款或交易习惯确定。仍不能确定的,则按照通用的方式包装;没有通用方式的,应当采取足以保护标的物且有利于节约资源、保护生态环境的包装方式。托运人违反该义务的,"承运人可以拒绝运输"(《民法典》第 827 条)。承运人若未拒绝运输的,由于承运人对于判断货物外包装是否适用于特定运输负有审慎义务,承运人对货物外部包装一般应当有基本了解,应查看货物包装是否适用于特定运输。承运人未对托运人交付货物的外包装尽到谨慎处理义务的,或者对不符合包装要求的货物未行使拒绝运输权利的,在发生货损时可能会丧失相应的抗辩权。[53] 因货物包装不良造成货物损失的,承运人不负赔偿责任。因货物包装不良造成运输工具、其他货物损害的,托运人

〔51〕 李某与青海德邦物流有限公司莫家街分公司、青海德邦物流有限公司服务合同纠纷案,青海省西宁市城中区人民法院(2021)青 0103 民初 1298 号民事判决书。

〔52〕 黄薇主编:《中华人民共和国民法典解读:合同编》(下册),中国法制出版社 2020 年版,第 1093 页。

〔53〕 谢鸿飞、朱广新主编:《民法典评注:合同编 典型合同与准合同》(第 3 册),中国法制出版社 2020 年版,第 293 页。

应当承担赔偿责任。[54] 在司法实践中曾有法院裁判就此作出判断。该案中，承运人为托运人提供货物运输服务，由托运公司负责装货，但是由于托运公司加装不牢，货物在运输途中发生了松动、倾斜，托运人遂派员工前往加固，在将货物人为扶正的过程中，货物发生严重倾斜砸伤了托运人的员工和承运人。法院认为，托运人未履行妥善包装义务，导致了安全隐患，在途中加固的过程中，托运人员工指挥不当，托运人应承担赔偿责任。同时，运输的货物超过了车辆核准载货量，承运人未尽到安全运输的义务，其在加固过程中操作不当，对损害的发生亦应承担责任。[55]

5. 危险货物的包装、警示义务

危险物品的运输不同于一般货物的运输，不仅对货物本身及承运人可能构成危险，亦存在运输安全的风险，因此存在与一般货物不同的运输要求。为此，《民法典》第 828 条对此作出规定，“托运人托运易燃、易爆、有毒、有腐蚀性、有放射性等危险物品的，应当按照国家有关危险物品运输的规定对危险物品妥善包装，做出危险物品标志和标签，并将有关危险物品的名称、性质和防范措施的书面材料提交承运人。托运人违反前款规定的，承运人可以拒绝运输，也可以采取相应措施以避免损失的发生，因此产生的费用由托运人负担”。值得注意的是，《民法典》关于托运人的危险物品妥善包装义务、危险品标志和标签义务，以及书面材料提交义务，属于强制性规定。[56] 若托运人违反此等义务，承运人可以拒绝运输。不仅如此，亦可以采取其他措施。例如，如果在运输过程中发现了托运人托运的是危险物品，承运人可以在任何地点、任何时间根据情况将货物卸下、销毁或者使之不能为害。[57] 承运人采取措施对托运人造成损失的，并不负担损害赔偿责任，且采取措施的费用应当由托运人承担，此等费用请求权属于托运人违反包装警示义务的法律效果之一。例如，《海商法》第 68 条就此等运输途中采取措施时的免责作出了特别规定。值得注意的是，即使托运人没有违反包装警示义务，但承运人也知道危

〔54〕 最高人民法院民法典贯彻实施工作领导小组主编：《中华人民共和国民法典合同编理解与适用(四)》，人民法院出版社 2020 年版，第 2136 页；黄薇主编：《中华人民共和国民法典解读：合同编》(下册)，中国法制出版社 2020 年版，第 1097 页。

〔55〕 张某、武汉曙光汽车附件有限公司侵权责任纠纷案，湖北省武汉市中级人民法院(2017)鄂 01 民终 2868 号民事判决书；王轶等：《中国民法典释评：合同编 · 典型合同》(下卷)，中国人民大学出版社 2020 年版，第 199 页。该案后续仍有相关诉讼。该案中，张某给曝光汽车附件有限公司(以下简称曙光公司)负责人打电话告知相关情况，曙光公司派张某胜、谢某林以及另外三名职工开车前往事故现场处理。在对货物进行人为扶正过程中，货物发生严重倾斜，张某与第三人谢某林被砸伤。后曙光公司向张某起诉追偿支付给谢某林的费用等。对此，法院认为，“此前在被告张某与曙光公司侵权责任纠纷一案中，基于张某与曙光公司之间的货物运输合同关系，由于运输的货物质量超过车辆核准载货量而产生了安全隐患，作为承运人的张某未加阻止，且在加固货物过程中未尽谨慎注意义务致伤，而判定张某承担 50% 的责任；但第三人谢某林其受伤的直接原因为现场指挥人员指挥不当，其作为曙光公司的借聘人员，受曙光公司指派从事职务行为，其事故责任主体的确定及责任比例的划分直接引用张某与曙光公司的侵权责任纠纷案的相关内容，缺乏事实依据和法律依据。第三人谢某林系履职时因原告曙光公司的现场指挥人员指挥不当，致谢某林受伤，另外，货物损失不属本案追偿权法律关系，可另行处理，故谢某林受伤损失依法应当由用人单位曙光公司承担相应赔偿责任，且相关权益维护可依工伤保险关系处理。因而对于原告曙光公司要求向被告张某追偿垫付款项的诉讼请求，本院不予支持”[武汉曙光汽车附件有限公司与张某追偿权纠纷案，湖北省武汉东湖新技术开发区人民法院(2019)鄂 0192 民初 1990 号民事判决书]。

〔56〕 谢鸿飞、朱广新主编：《民法典评注：合同编　典型合同与准合同》(第 3 册)，中国法制出版社 2020 年版，第 296 页；黄薇主编：《中华人民共和国民法典解读：合同编》(下册)，中国法制出版社 2020 年版，第 1098 页。

〔57〕 黄薇主编：《中华人民共和国民法典解读：合同编》(下册)，中国法制出版社 2020 年版，第 1098 页。

险物品的性质且同意运输的，此时托运人是否免责、承运人是否得以采取必要措施？对此，有释义书认为，即使托运人没有违反《民法典》第828条第1款规定的义务，承运人也知道危险物品的性质并且同意运输，但在运输过程中该危险货物对于运输工具、人员安全和其他货物造成危险时，承运人仍可以采取各种相应的措施以避免损失的发生。这种情况下，即使给托运人造成损失，承运人也可以不承担损害赔偿责任。[58]

在司法实践中，危险物品运输之情形，也多要求承运人尽到审慎注意义务。例如，有托运人口头通知承运人运输硝酸钙，后承运人因未取得道路危险货物运输许可证被行政处罚。承运人认为托运人未提交有关危险物品的名称、性质和防范措施的书面材料，应当承担赔偿责任。一审法院认为，虽然托运人的确违反了托运危险物品时的义务，但是，“原告（承运人）作为长期从事运输业务的物流公司，对于危险品运输须经相关部门批准取得运输许可应当具有认知能力。提货单中明确记载货物名称为硝酸钙，原告在提货时却未谨慎注意，并在不具备运输危险品从业资格亦未办理临时运输危险品的证照的情况下仍予运输，造成被行政处罚产生罚款、停运损失，支出鉴定费用……对上述损失双方各自承担50%”。二审法院认为，“被上诉人（承运人）在运输装有化工产品的货物时应对货物进行安全检查以确认其是否有安全隐患，而被上诉人未履行检查义务，应负相应过失责任”，进而驳回上诉，维持原判。[59] 亦有部分法院判决书援引部门规章的规定，肯定了承运人的审慎注意义务，即“被上诉人鑫源运输公司、李某志对承运货物保管不善，造成损失，且对所承运货物中有危险物品不进行清点，造成危险货物与普通货物混装运输，违反了《道路危险货物运输管理规定》第30条第3款‘不得将危险货物与普通货物混装运输’的规定，也应承担相应责任”。[60]

6. 托运人变更货物目的地情形的损害赔偿义务

依《民法典》第829条规定，“在承运人将货物交付收货人之前，托运人可以要求承运人中止运输、返还货物、变更到达地或者将货物交给其他收货人，但是应当赔偿承运人因此受到的损失”。但是，司法实践中对托运人的变更权也作出了限制。

案例 浙江隆达不锈钢有限公司诉A. P. 穆勒-马士基有限公司海上货物运输合同纠纷案[61]

■ 基本案情

2014年6月，浙江隆达不锈钢有限公司（以下简称隆达公司）由中国宁波港出口一批不锈

[58] 黄薇主编：《中华人民共和国民法典解读：合同编》（下册），中国法制出版社2020年版，第1099页。

[59] 太原远程张兰货运部与上海晋太渊物流有限公司公路货物运输合同纠纷案，太原铁路运输中级人民法院（2017）晋71民终10号民事判决书。

[60] 中国平安财产保险股份有限公司河南分公司、漯河市鑫源运输有限公司等保险人代位求偿权纠纷案，河南省漯河市中级人民法院（2021）豫11民终1350号民事判决书。

[61] 浙江隆达不锈钢有限公司诉A. P. 穆勒-马士基有限公司海上货物运输合同纠纷案，最高人民法院指导性案例108号（2019年）。虽然《民法典》将原《合同法》纳入时删去了原《合同法》第5条规定，但《民法典》总则编第6条规定，“民事主体从事民事活动，应当遵循公平原则，合理确定各方的权利和义务”，据此，该指导性案例在《民法典》背景下仍然应予以遵循。

钢无缝产品至斯里兰卡科伦坡港，货物报关价值为36，×××，18.97美元。隆达公司通过货代向A.P.穆勒－马士基有限公司（以下简称马士基公司）订舱，涉案货物于同年6月28日装载于4个集装箱内装船出运，出运时隆达公司要求做电放处理。2014年7月9日，隆达公司通过货代向马士基公司发邮件称，发现货物运错目的地要求改港或者退运。马士基公司于同日回复，因货物距抵达目的港不足2天，无法安排改港，如需退运则需与目的港确认后回复。次日，隆达公司的货代询问货物退运是否可以原船带回，马士基公司于当日回复“原船退回不具有操作性，货物在目的港卸货后，需要由现在的收货人在目的港清关后，再向当地海关申请退运。海关批准后，才可以安排退运事宜”。2014年7月10日，隆达公司又提出“这个货要安排退运，就是因为清关清不了，所以才退回宁波的，有其他办法吗”。此后，马士基公司再未回复邮件。涉案货物于2014年7月12日左右到达目的港。马士基公司应隆达公司的要求于2015年1月29日向其签发了编号603386880的全套正本提单。根据提单记载，托运人为隆达公司，收货人及通知方均为VENUSSTEEL PVT LTD，起运港为中国宁波，卸货港为科伦坡。2015年5月19日，隆达公司向马士基公司发邮件表示已按马士基公司要求申请退运。马士基公司随后告知隆达公司涉案货物已被拍卖。

一审法院认为隆达公司因未采取自行提货等有效措施导致涉案货物被海关拍卖，相应货损风险应由该公司承担，故驳回隆达公司的诉讼请求。二审法院认为，依据原《合同法》第308条（《民法典》第829条）规定，隆达公司在马士基公司交付货物前享有请求改港或退运的权利。在隆达公司提出退运要求后，马士基公司既未明确拒绝安排退运，也未通知隆达公司自行处理，对涉案货损应承担相应的赔偿责任，酌定责任比例为50%。马士基公司不服二审判决，向最高人民法院申请再审。

■ 法院裁判

最高人民法院认为，原《合同法》与《海商法》有关调整海上运输关系、船舶关系的规定属于普通法与特别法的关系。根据《海商法》第89条的规定，船舶在装货港开航前，托运人可以要求解除合同。本案中，隆达公司在涉案货物海上运输途中请求承运人进行退运或者改港，因《海商法》未就航程中托运人要求变更运输合同的权利进行规定，故本案可适用原《合同法》第308条关于托运人要求变更运输合同权利的规定。基于特别法优先适用于普通法的法律适用基本原则，原《合同法》第308条规定的是一般运输合同，该条规定在适用于海上货物运输合同的情况下，应该受到《海商法》基本价值取向及强制性规定的限制。托运人依据原《合同法》第308条主张变更运输合同的权利不得致使海上货物运输合同中各方当事人利益显失公平，也不得使承运人违反对其他托运人承担的安排合理航线等义务，或剥夺承运人关于履行海上货物运输合同变更事项的相应抗辩权。

依据原《合同法》第308条规定，在承运人将货物交付收货人之前，托运人享有要求变更运输合同的权利，但双方当事人仍要遵循原《合同法》第5条规定的公平原则确定各方的权利和义务。海上货物运输具有运输量大、航程预先拟定、航线相对固定等特殊性，托运人要求改港或者退运的请求有时不仅不易操作，还会妨碍承运人的正常营运或者给其他货物的托运人或收货人带来较大损害。在此情况下，如果要求承运人无条件服从托运人变更运输合同的请求，显失公平。因此，在海上货物运输合同下，托运人并非可以无限制地行使请求变更的权利，承运人也并非在任何情况下都应无条件服从托运人请求变更的指示。为合理平衡海上货物运输合同中各方当事人的利益,在托运人行使要求变更权利的同时,承运人也相应地享有一定的抗辩权利。如果变更运输合同难以实现或者将严重影响承运人正常营运,承运人可以拒绝托运人改港或者退运的要求,但应当及时通知托运人不能执行的原因。如果承运人关于不能执行原因等抗辩成立,承运人未按照托运人退运或改港的指示执行则并无不当。

涉案货物采用的是国际班轮运输,载货船舶除运载隆达公司托运的4个集装箱外,还运载了其他货主托运的众多货物。涉案货物于2014年6月28日装船出运,于2014年7月12日左右到达目的港,隆达公司于2014年7月9日才要求马士基公司退运或者改港。马士基公司在航程已过大半,距离到达目的港只有两三天的时间,以航程等原因无法安排改港、原船退回不具有操作性为抗辩事由,符合案件事实情况,该抗辩事由成立,马士基公司未安排退运或者改港并无不当。

马士基公司将涉案货物运至目的港后,因无人提货,将货物卸载至目的港码头符合《海商法》第86条规定。马士基公司于2014年7月9日通过邮件回复隆达公司距抵达目的港不足2日。隆达公司已了解货物到港的大体时间并明知涉案货物在目的港无人提货,但在长达8个月的时间里未采取措施处理涉案货物致其被海关拍卖。隆达公司虽主张马士基公司未尽到谨慎管货义务,但并未举证证明马士基公司存在管货不当的事实。隆达公司的该项主张缺乏依据。依据《海商法》第86条的规定,马士基公司卸货后所产生的费用和风险应由收货人承担,马士基公司作为承运人无须承担相应的风险。

(二)承运人的义务

承运人负有安全运输义务(《民法典》第811条、第812条)、通知提货(《民法典》第830条)、赔偿货损(《民法典》第832条)等义务。承运人的安全运输义务已如前述。

《民法典》第830条规定,"货物运输到达后,承运人知道收货人的,应当及时通知收货人,收货人应当及时提货。收货人逾期提货的,应当向承运人支付保管费等费用"。据此,承运人及时通知义务的前提是"知道收货人"。在货物到达目的地后,如果承运人不知道收货人是谁时,承运人应当通知托运人在合理期限内就运输的货物的处分作出指示。

《民法典》第832条规定,"承运人对运输过程中货物的毁损、灭失承担赔偿责任。但是,承运人证明货物的毁损、灭失是因不可抗力、货物本身的自然性质或者合理损耗以及托运人、收货人的过错造成的,不承担赔偿责任"。在货运合同中,承运人就运输过程中的货物毁损赔偿,并不以过错为要件。其免责事由亦仅被限定为"因不可抗力、货物本身的自然性质或者合理损耗以及托运人、收货人的过错造成"三种情形,且承运人负有此等事由的证明责任。货物的"毁损"指的是货物因损坏而价值减少,"灭失"则指承运人无法将货物交付给收货人,既包括货物物质上的灭失,也包括占有的更新丧失及法律上不能恢复占有的情形。《民法典》第832条特别强调了"运输过程"这一责任期间。但《民法典》第832条"运输过程中"的表述,与《铁路法》《海商法》的相关表述略有不同,《铁路法》第17条规定的是"自接受承运时起到交付时止",《海商法》第46条则表述为"承运人对集装箱装运的货物的责任期间,是指从装货港接收货物时起至卸货港交付货物时止,货物处于承运人掌管之下的全部期间。承运人对非集装箱装运的货物的责任期间,是指从货物装上船时起至卸下船时止,货物处于承运人掌管之下的全部期间”。从这些规定也可以得出,运输过程应当以从托运人处收取货物为始,以在目的地交付货物为止,包括承运人掌管货物的整个期间。[62]

货运合同中的货物毁损赔偿与《民法典》第823条规定的客运合同中旅客伤亡赔偿在免责事由上并不相同;旅客伤亡的赔偿,其免责事由限于“旅客自身健康原因造成的或者承运人证明伤亡是旅客故意、重大过失造成”,而货运合同中则是“托运人、收货人的过错造成”。从免责事由上来看,《民法典》对人身利益作出了比货物更优厚的保护。

思考｜货物到达目的地后的货物毁损的赔偿责任

值得注意的是,货物到达目的地以后,承运人的损害赔偿责任究竟是适用货运合同的规则还是适用保管合同之规则。通常来说,《民法典》第832条规定的“运输过程”是以目的地交付货物为止,承运人掌管货物的整个期间,特别是货物到达目的地后的卸货,仍然处于运输过程并无疑义。但《民法典》第830条也规定了承运人应当及时通知收货人提货,及时通知后收货人逾期的,收货人应当支付保管费等。从该条规定来看,似乎也可以理解为:到达目的地并通知收货人提货后,特别是收货人逾期提货后,“运输”已告一段落,此时已变成收货人目的之保管,“运费”所对应的运输已终结,而是“保管费”对应的保管过程。若是如此,该期间内发生的货物毁损灭失,当依保管之规则予以规定。对此,《民法典》第897条规定,“保管期内,因保管人保管不善造成保管物毁损、灭失的,保管人应当承担赔偿责任。但是,无偿保管人证明自己没有故意或者重大过失的,不承担赔偿责任”。也就是说,与货运合同中的无过错责任不同,保管规则乃是“保管不善”的过错归责。此时,收货人应当证明承运人存在过错,而不是承运人证明自己存在免责事由。依《民法典》第831条规定,收货人提货时需进行检验。若此时发现货物毁损,究竟是“保管期间”的毁损还是“运输过程”的毁损,其证明必将复杂化且难度颇高。或许有人会说,此时仍然可依“收货人逾期与否”予以切割:非逾期提货之情形,仍然处于运输过程阶段,此时依货运合同规则处理;若逾期提货,则处于保管阶段,依保管规则处理。但是,即使如此理解,对于逾期提货时发现的货物毁损,究竟是保管不善所致还是运输过程中导致,其证明仍然是复杂甚至是不可能的。因此,从合理性角度而言,将逾期后的保管亦理解为货物运输过程的一部分具有其合理性。更何况,依《民法典》第829条规定,在承运人将货物交付收货人之前,托运人对货物仍然存在处置的权限,承运人亦需遵循此等处置指示,承运人的“运输义务”尚未因“履行”而消灭,仍然属于运输合同关系。

“货物的毁损、灭失的赔偿额,当事人有约定的,按照其约定;没有约定或者约定不明确,依据本法第五百一十条的规定仍不能确定的,按照交付或者应当交付时货物到达地的市场价格计算。法律、行政法规对赔偿额的计算方法和赔偿限额另有规定的,依照其规定”(《民法典》第

---

〔62〕 王轶等:《中国民法典释评:合同编·典型合同》(下卷),中国人民大学出版社2020年版,第208页;最高人民法院民法典贯彻实施工作领导小组主编:《中华人民共和国民法典合同编理解与适用(四)》,人民法院出版社2020年版,第2157页;谢鸿飞、朱广新主编:《民法典评注:合同编　典型合同与准合同》(第3册),中国法制出版社2020年版,第318页。

833 条)。货运合同虽然可能以较少的运费处理价值较高的货物,但货物毁损的赔偿额,并不以运费的多寡为标准,仍然以当事人的约定及货物的市场价值作为基本标准。当然,货运合同中多存在格式条款,关于赔偿限额的格式条款是否得以成为合同内容、该条款的有效与否以及此等条款的解释,当依《民法典》第 496 ~ 498 条予以确定。若货物的毁损、灭失的赔偿额当事人没有约定或约定不明确时,当事人可以协议补充;不能达成补充协议的,按照合同相关条款或者交易习惯确定(《民法典》第 510 条)。于此情形仍不能确定的,则依货物目的地的市场价格计算。当然,特别法上对于货物毁损的赔偿限额多有规定。例如,依《民用航空法》第 129 条的规定,国际航空运输承运人的赔偿责任限额为"对托运行李或者货物的赔偿责任限额,每公斤为 17 计算单位"。《海商法》第 56 条第 1 款规定,"承运人对货物的灭失或者损坏的赔偿限额,按照货物件数或者其他货运单位数计算,每件或者每个其他货运单位为 666.67 计算单位,或者按照货物毛重计算,每公斤为 2 计算单位,以二者中赔偿限额较高的为准。但是,托运人在货物装运前已经申报其性质和价值,并在提单中载明的,或者承运人与托运人已经另行约定高于本条规定的赔偿限额的除外"。《铁路法》第 17 条第 1 款规定,"铁路运输企业应当对承运的货物、包裹、行李自接受承运时起到交付时止发生的灭失、短少、变质、污染或者损坏,承担赔偿责任:(一)托运人或者旅客根据自愿申请办理保价运输的,按照实际损失赔偿,但最高不超过保价额。(二)未按保价运输承运的,按照实际损失赔偿,但最高不超过国务院铁路主管部门规定的赔偿限额;如果损失是由于铁路运输企业的故意或者重大过失造成的,不适用赔偿限额的规定,按照实际损失赔偿"。《民法典》规定的赔偿额计算方法与特别法不一致的,依特别法处理,即"……法律、行政法规对赔偿额的计算方法和赔偿限额另有规定的,依照其规定"(《民法典》第 833 条)。依该条文义,即使当事人就赔偿额的计算方法和赔偿额另有约定,亦应依特别法之规定处理。因此,在判断当事人约定的效力时,应根据相应的特别法规定予以分析。例如,《海商法》第 56 条虽然规定了赔偿限额和计算方法,但仍然明确规定当事人可以约定更高的赔偿限额。

值得注意的是,《民法典》第 833 条规定,货物到达地的货物价格的计算依"交付或者应当交付时"的时点予以计算,但在部分司法解释中,则依"托运时的实际价值计算"。例如,《铁路运输损害赔偿司法解释》(2020 年修正)第 1 条规定,"铁路法第十七条中的'实际损失',是指因灭失、短少、变质、污染、损坏导致货物、包裹、行李实际价值的损失。铁路运输企业按照实际损失赔偿时,对灭失、短少的货物、包裹、行李,按照其实际价值赔偿;对变质、污染、损坏降低原有价值的货物、包裹、行李,可按照其受损前后实际价值的差额或者加工、修复费用赔偿。货物、包裹、行李的赔偿价值按照托运时的实际价值计算。实际价值中未包含已支付的铁路运杂费、包装费、保险费、短途搬运费等费用的,按照损失部分的比例加算"。当然,该司法解释是否符合《民法典》第 833 条的立法旨趣,仍有商榷之余地。

另外,运输过程中货物毁损的,亦可能构成侵权损害赔偿与违约损害赔偿的竞合。此时,能否以当事人约定的免责事由予以抗辩,在侵权损害赔偿之诉时会面临此问题。对此,有法院判决书认为,"货物运输合同履行过程中托运人财产遭受损失,在承运人存在侵权与合同责任竞合的情形下,允许托运人或其保险人依据原《合同法》第 122 条选择侵权诉讼或合同诉讼。但是,托运人要求承运人承担侵权责任的,承运人仍然可以依据货物运输合同的有关约定进行抗辩。法院应依据诚实信用原则,综合考虑合同条款效力、合同目的等因素确定赔偿范围”。[63] 在侵权之诉中得以依据合同约定予以抗辩,其实质上是采纳了侵权损害赔偿与违约损害赔偿竞合时规范相互影响的见解。

(三)收货人的义务

通常来说,收货人并非货运合同的当事人,但属于货运合同中的利害关系人。收货人既可能是托运人自身,亦可能是托运人以外的第三人。收货人是否居于利益第三人合同的第三人地位,或者是否由第三人履行合同之第三人地位,需依货运合同条款具体判断。关于收货人的义务,《民法典》规定了及时提货、检验货物的义务;在特定情形中,收货人负有运费支付义务。

《民法典》第 830 条规定,“货物运输到达后,承运人知道收货人的,应当及时通知收货人,收货人应当及时提货。收货人逾期提货的,应当向承运人支付保管费等费用”。提货,既是收货人的权利,也是收货人的义务。收货人若不及时提货,会因占用承运人仓库、运输工具等而影响承运人的利益。若存在逾期提货之情形,收货人应当支付保管费等。在司法实践中,对于此等费用的范围时常会发生争议。例如,有案件就货物销毁费用等是否应由逾期提货的收货人负担产生争议。该案中,超誉公司作为海运单载明的收货人,在办理提货手续之后,未及时提取货物,导致其遭受集装箱超期使用费、港口堆存费及货物销毁费的损失,中远海公司要求赔偿此等损失。法院认为,“涉案货物于 2020 年 3 月 24 日到达上海港后,自 2020 年 4 月起承运人就多次通知作为收货人的超誉公司提取货物或向其告知不提取货物可能产生费用增加与货物销毁风险,但超誉公司在 2020 年 9 月 24 日办理提货手续之后,却始终未能提取涉案货物,致使产生大额港口堆存费及集装箱滞期费损失,并被最终销毁。超誉公司虽对货物销毁持有异议,但长期未予回应中远海公司催提通知及累积费用提醒,甚至对中远海公司于 2021 年 4 月 21 日发送、载明船公司开始推进就地销毁货物的催提货物最后通知亦置若罔闻。在此情况下,中远海公司为避免费用持续产生与损失进一步扩大,根据货物性质在衡量货物价值与变现成本的基础上,对涉案货物所采取的处置措施并无明显不合理之处。一审法院据此认定超誉公司应承担由此导致的中远海公司集装箱超期使用费、港口堆存费及货物销毁费用等损失,并无不当”。[64]

收货人提货时负有在约定或者合理期限内检验货物的义务,即“收货人提货时应当按照约定的期限检验货物。对检验货物的期限没有约定或者约定不明确,依据本法第五百一十条的规定仍不能确定的,应当在合理期限内检验货物。收货人在约定的期限或者合理期限内对货物的数量、毁损等未提出异议的,视为承运人已经按照运输单证的记载交付的初步证据”(《民法典》第 831 条)。关于检验期限,依《民法典》第 831 条的规定,其合理期限的确定首先依约定;未约定或约定不明确的,则依协议补充;不能达成补充协议的,则按照合同相关条款或交易

---

〔63〕 东京海上日动火灾保险(中国)有限公司上海分公司与新杰物流集团股份有限公司保险人代位求偿权纠纷案,载《最高人民法院公报》2019 年第 12 期。

〔64〕 上海超誉实业有限公司与中远海运集装箱运输有限公司海上货物运输合同纠纷案,上海市高级人民法院(2021)沪民终 536 号民事判决书。当然,依《民法典》第 837 条规定,“收货人不明或者收货人无正当理由拒绝受领货物的,承运人依法可以提存货物”。本案中,承运人并未采取提存的方式处理货物,而是在多次交涉后采取了销毁货物的处理方式,本案中就该点并未产生争议。

习惯确定。但值得注意的是,在货运领域存在诸多特别法规则时,应首先依特别法规则确定检验期限和验货规则,而并非首先适用《民法典》第 831 条的规定。例如,依《民用航空法》第 134 条规定“旅客或者收货人收受托运行李或者货物而未提出异议”,就构成“托运行李或者货物已经完好交付并与运输凭证相符的初步证据”,并非《民法典》第 831 条规定的“收货人在约定的期限或者合理期限内对货物的数量、毁损等未提出异议的”才得以视为“初步证据”。而且,《民用航空法》第 134 条也规定了法定的验货期限,而并非《民法典》第 831 条规定的依当事人约定或未约定、约定不明时的确定规则。第 134 条规定:“……托运行李或者货物发生损失的,旅客或者收货人应当在发现损失后向承运人提出异议。托运行李发生损失的,至迟应当自收到托运行李之日起七日内提出;货物发生损失的,至迟应当自收到货物之日起十四日内提出。托运行李或者货物发生延误的,至迟应当自托运行李或者货物交付旅客或者收货人处置之日起二十一日内提出。任何异议均应当在前款规定的期间内写在运输凭证上或者另以书面提出。除承运人有欺诈行为外,旅客或者收货人未在本条第二款规定的期间内提出异议的,不能向承运人提出索赔诉讼。”此外,《海商法》第 81 条也规定了货运的检验问题。

货物运输合同中及时检验货物的义务与买卖合同中的及时检验义务,其规则并不相同。虽然《民法典》第 622 条、第 623 条在检验问题上区分外观瑕疵与隐蔽瑕疵对于货运合同同样具有意义,但在未及时提出异议时的法律效果规则上,两者并不相同。依《民法典》第 621 条第 1 款规定,“当事人约定检验期限的,买受人应当在检验期限内将标的物的数量或者质量不符合约定的情形通知出卖人。买受人怠于通知的,视为标的物的数量或者质量符合约定”。但《民法典》第 831 条并未采取“权利消灭说”,而是采纳了“举证责任转移说”,即收货人未及时提出异议,在货运合同领域仅仅“视为承运人已经按照运输单证的记载交付的初步证据”。此处的“初步证据”表明,收货人即使未在约定或者合理期限内提出异议,但以后其仍可以据此提出进行异议和索赔的相反证据,一旦证明货物毁损灭失发生在运输期间的,承运人仍应当赔偿损失。

在特定情形中,收货人亦负有运费支付义务。《民法典》第 809 条与第 813 条均对收货人的运费支付义务作出了规定。但是,除非法律特别规定收货人有运费支付义务,否则其不承担该义务。收货人之所以应当支付运费,该义务源于收货人与托运人之间的约定。例如,《海商法》第 69 条规定,“托运人应当按照约定向承运人支付运费。托运人与承运人可以约定运费由收货人支付;但是,此项约定应当在运输单证中载明”。故运输单证没有载明应由收货人支付运费的,收货人一般可以拒绝支付运费。

第四节　多式联运合同

一、多式联运合同的概念

多式联运合同,是指多式联运经营人以两种以上的不同运输方式,将货物从接收地运至目的地,并收取全程运费的合同。多式联运经营人负责履行或者组织履行多式联运合同,对全程运输享有承运人的权利，承担承运人的义务（《民法典》第 838 条）。多式联运经营人在多式联运中的地位并不仅仅是运输债务的履行者，而且是债务履行的组织者，承担的是组织者的“窗口责任”。多式联运经营人，是本人或者委托他人以本人名义与托运人订立多式联运合同的人，是合同的当事人，而并非托运人的代理人或者实际承运人的代理人或者代表，其有可能仅为多式联运的缔约经营人，但并不进行实际承运，亦有可能为缔约经营人兼实际承运人。〔65〕多式联运合同是运输合同的一种特殊形态，《民法典》合同编第十九章第四节以下各条是关于多式联运合同的特别规定，无特别规定的事项，适用运输合同的一般规定。〔66〕在特别法上，《海商法》与《民用航空法》就多式联运也作出了规定。

与相继运输不同，多式联运需以两种不同运输方式组织运输；而相继运输是两个以上承运人以同一运输方式组织运输。相继运输合同，是指托运人与第一承运人订立运输合同之后，由第一承运人与其他承运人以相同方式完成同一货物运输的合同。对此，《民法典》第 834 条规定，“两个以上承运人以同一运输方式联运的，与托运人订立合同的承运人应当对全程运输承担责任；损失发生在某一运输区段的，与托运人订立合同的承运人和该区段的承运人承担连带责任”。因相继运输与多式联运在性质上不同，《民法典》第 834 条规定的连带责任并不适用于多式联运合同。为与多式联运相区别，相继运输也多被称为“单式联运”，以表明运输方式的同一性。值得注意的是，我国沿海与内河货物运输适用同样的法律规则，沿海与内河货物运输被视为同一运输方式或统一简称为“国内水路货物运输”。但是，若既有国内水路运输，亦有国际海上运输，则构成多式联运，适用多式联运合同的规则。例如，在“中国人民财产保险股份有限公司武汉市汉口支公司与武汉长伟国际航运实业有限公司、长锦商船株式会社海上、通海水域保险合同纠纷案”〔67〕中，法院认为，“根据提单记载，涉案货物运输的装货港为中国武汉，目的港为韩国釜山，内河段运输段由内河船舶‘长航集运 8302’轮承运。根据《海商法》第 102 条的规定，多式联运是指多式联运经营人以两种以上的不同运输方式，其中一种是海上运输方式，负责将货物从接收地运至目的地交付收货人，并收取全程运费的运输方式。因涉案运输包括内河货物运输和海上货物运输两种运输方式，需要转船，非江海直达，故涉案货物运输系内河货物运输与海上货物运输相结合的多式联运。被告长锦商社签发提单，系多式联运经营人，被告武汉长伟系内河区段承运人”。

另外，多式联运合同是否仅局限于货物运输，还是也包括旅客运输，我国《民法典》及原《合同法》均未明确，但国际商会推荐的多式联运单证规则中则限于货物。在相关释义书及著作中，既有将多式联运合同概念限定于货运的表述，〔68〕亦有认为包括客运在内的表述。〔69〕

---

〔65〕 王利明：《合同法》（下册），中国人民大学出版社 2021 年版，第 280 页。

〔66〕 谢鸿飞、朱广新主编：《民法典评注：合同编　典型合同与准合同》（第 3 册），中国法制出版社 2020 年版，第 350 页。

〔67〕 武汉海事法院民事判决书，（2015）武海法商字第 00307 号。

〔68〕 黄薇主编：《中华人民共和国民法典解读：合同编》（下册），中国法制出版社 2020 年版，第 1119 页；谢鸿飞、朱广新主编：《民法典评注：合同编　典型合同与准合同》（第 3 册），中国法制出版社 2020 年版，第 349 页；崔建远：《合同法》（第 4 版），北京大学出版社 2021 年版，第 593 页。

〔69〕 王利明：《合同法》（下册），中国人民大学出版社 2021 年版，第 280 页。

二、多式联运合同的效力

多式联运合同的效力，主要体现在多式联运经营人的全程负责制、赔偿责任及其限额的区段责任制（例外情形则是统一责任制）以及多式联运经营人的单据签发义务。

依《民法典》第838条的规定，多式联运经营人“对全程运输享有承运人的权利，承担承运人的义务”。而且，多式联运各承运人之间的内部约定不得对抗托运人，就多式联运经营人与托运人之间的关系而言，仍然由多式联运经营人承担全程责任，区段承运人并不对托运人直接承担责任，即“多式联运经营人可以与参加多式联运的各区段承运人就多式联运合同的各区段运输约定相互之间的责任；但是，该约定不影响多式联运经营人对全程运输承担的义务”（《民法典》第839条）。在这一点上，多式联运合同与相继运输合同明显不同。依《民法典》第834条的规定，在相继运输中，承运人和区段的实际承运人承担连带责任。当然，在多式联运合同中，多式联运经营人向托运人承担责任后，其全程负责制并不妨碍其依其内部约定等向区段承运人追偿。

值得注意的是，在多式联运合同中，除多式联运经营人的全程负责制之外，托运人能否向多式联运经营人主张第三人的损失，亦会产生纠纷。对此，有法院裁判认为，“北京和风公司作为多式联运经营人，未按合同约定交付货物，违反了合同约定，对由此给宜兴明月公司造成的损失应承担赔偿责任。本院(2009)津高民四终字第574号民事判决已判令北京和风公司赔偿宜兴明月公司货款损失、运费损失及货物运输保险费损失，宜兴明月公司在本案诉请的损失系明月刚果（金）公司的损失。对此，本院认为，根据合同相对性原则，宜兴明月公司只能就其自身损失要求北京和风公司承担赔偿责任。而明月刚果（金）公司并非多式联运合同的主体，宜兴明月公司依据多式联运合同主张北京和风公司赔偿合同之外第三方的损失，依据不足”。〔70〕

不仅如此，因托运人过错造成多式联运经营人损失的，无论其发生在哪一区段，多式联运经营人均有权要求赔偿损失，即“因托运人托运货物时的过错造成多式联运经营人损失的，即使托运人已经转让多式联运单据，托运人仍然应当承担赔偿责任”（《民法典》第841条）。

多式联运经营人负有单据签发义务。多式联运经营人收到托运人交付的货物时，应当签发多式联运单据。按照托运人的要求，多式联运单据可以是可转让单据，也可以是不可转让单据（《民法典》第840条）。关于多式联运单据，《联合国国际货物多式联运公约》及《多式联运单证规则》对此亦有相应的规则。实践中，也多根据多式联运单据的记载来识别多式联运经营人。多式联运单据是多式联运合同的证明，亦同时是货物收据和交付货物的凭据。若是可转让的单据，即使托运人已转让单据，若因托运人托运货物时的过错造成多式联运经营人损失的，托运人仍然应当承担赔偿责任（《民法典》第841条）。

在多式联运运输中，货物损失发生在某个区段时的赔偿责任及其责任限额如何适用法律，需予以明确。在多式联运中，多式联运经营人的赔偿责任制度主要有以下三种模式：(1)统一责任制，即经营人对货主所负的责任不分运输区段而制定统一的规则，赔偿限额亦适用同一规则处理。这种制度标准一致，手续简便，符合多式联运发展的需要。但目前采用这种责任制度

---

〔70〕 宜兴市明月建陶有限公司与北京和风国际物流有限公司多式联运合同纠纷上诉案，天津市高级人民法院(2011)津高民四终字第0169号民事判决书。

的立法为数不多。(2)修正统一责任制,即在责任范围方面实行统一责任制,在赔偿限额方面又实行分段责任制,按各运输区段的原有规定办理。这是过渡时期的一种折中办法。(3)网状责任制,即整个运输过程中所包括的各个区段,以区段运输原有的责任制度为限。这种制度的缺点是各种运输方式的责任轻重和赔偿限额规则不统一,差别较大,对发展多式联运不利。[71]对此,《民法典》第842条规定,"货物的毁损、灭失发生于多式联运的某一运输区段的,多式联运经营人的赔偿责任和责任限额,适用调整该区段运输方式的有关法律规定;货物毁损、灭失发生的运输区段不能确定的,依照本章规定承担赔偿责任"。依该条规定,我国《民法典》采用了网状责任制。但该网状责任制是否适应多式联运发展的需要,是否有必要采用统一责任制原则,仍有进一步思考之必要。原因在于,如果以多式联运经营人的统一责任制为原则,有利于确保托运人和多式联运经营人对合同履行的预期,有利于促进多式联运发展,特别是随着"一带一路"倡议的深入,有必要重新考虑如何促进多式联运的发展。而且,随着我国法律域外适用研究的深入,对于网状责任制的反思也应提上日程。[72]

在多式联运中,货损发生的运输区段有时不易查清,网状责任制通常用"隐蔽损害一般原则"规定多式联运经营人的责任,即对这一类货损采用某项统一的规定的办法确定经营人的责任。《民法典》第842条也采用了这一原则,即"货物毁损、灭失发生的运输区段不能确定的,依照本章规定承担赔偿责任"。依本条规定,对于隐蔽货损,多式联运经营人应当按照《民法典》"运输合同"章关于承运人赔偿责任和责任限额的规定负赔偿责任。

《民法典》第842条没有规定多式联运经营人如何向各区段承运人追偿此项赔偿金额的问题。在货损区段能够确定时,多式联运经营人可以向该区段承运人追偿。如果是隐蔽货损,除合同另有约定外,多式联运经营人无法向任何人追偿。在实践中,多式联运经营人为了摆脱这种损失,经常会通过与参加多式联运的各区段承运人之间订立合同取得相关追偿或分担予以解决。对此,《民法典》第839条作出了规定,即多式联运经营人可以与参加多式联运的各区段承运人约定相互之间的责任,同时约定隐蔽损害的分摊。[73]

拓展｜统一责任制与网状责任制之比较[74]

在学理上,关于国际货物多式联运经营人责任规则的学说主要有两类:一类是上位结构理

〔71〕与本书归纳不同,有释义书在其他含义上使用"统一责任制",其指的是多式联运经营人对全程运输负责;《民法典》第839条的规定与该含义上的"统一责任制"相对应的则是"分散责任制",即多式联运经营人无须对全程运输负责,有关责任由发生责任的区段上的实际承运人负责并适用该区段的相应法律;而对于《民法典》第842条,该释义书则称其为"网状责任制",并认为这是目前国际通行的多式联运经营人的责任方式[参见黄薇主编:《中华人民共和国民法典解读:合同编》(下册),中国法制出版社2020年版,第1120、1125页]。对该释义书所指的"统一责任制",亦有相关评注将其称为"单一责任制"[参见王轶等:《中国民法典释评:合同编·典型合同》(下卷),中国人民大学出版社2020年版,第216页]。关于统一责任制与网状责任制的优缺点及国际发展趋势,参见最高人民法院民法典贯彻实施工作领导小组主编:《中华人民共和国民法典合同编理解与适用(四)》,人民法院出版社2020年版,第2215~2218页;该书认为我国《民法典》第842条采用了更为开放的"经修正的网状责任制"。

〔72〕周江洪:《关于〈民法典合同编〉(草案)(二次审议稿)的若干修改建议》,载《法治研究》2019年第2期。

〔73〕谢鸿飞、朱广新主编:《民法典评注:合同编　典型合同与准合同》(第3册),中国法制出版社2020年版,第372~373页。

〔74〕刘玲:《国际货物多式联运经营人责任规则分析》,载《中国海商法研究》2020年第2期。

论;另一类是下位结构理论,相对应的则是统一责任体制和网状责任体制。统一责任体制建立在上位结构理论基础之上,在该责任体制下,责任基础、责任形式、责任限额等责任内容因受同一规范调整而始终保持统一,因此,各当事人也能对存在的运输风险、赔偿责任、责任限额等具有较高程度的预见,然而统一责任体制却与各区段单式运输公约或国内法的责任规则难以协调,从而无法保障外部责任和对内追偿权的平衡。统一责任体制在理论上包含纯粹统一责任体制和修正统一责任体制。纯粹统一责任体制对各区段单式运输公约或国内法是完全忽略的,责任自始至终只受到多式联运规则的调整。在修正统一责任体制下,当发生定域货损时,如满足一定条件,即可适用有关国际公约或国内法的相关规定,因而也比纯粹统一责任体制更能兼顾与各区段单式运输公约和国内法之间的关系。

根据下位结构理论建立的是网状责任体制,在该责任体制下,多式联运经营人责任受各区段单式运输公约或国内法的规定调整,即运输区段的变化也随之引起多式联运经营人责任的变化。这种责任体制一方面较好兼顾了与各区段单式运输公约和国内法之间的关系,但另一方面却极大牺牲了多式联运各当事人对运输风险和责任的可预见性。同样地,网状责任体制在理论上包括纯粹网状责任体制和修正网状责任体制两种类型。依据纯粹网状责任体制,要么在定域货损情况下适用该区段国际公约或国内法,要么在非定域货损时,适用当事人的约定或共同选择的国内法。在修正网状责任体制下,发生非定域货损时,则借鉴统一责任体制的模式适用统一的责任规则。

第十二章 技 术 合 同

技术合同是科技成果商品化的重要交易工具。各国民法典通常未对技术合同作出规定，与技术合同相关的知识产权合同，多数国家采取著作权法、专利法等特别法的方式予以规定，而1995年11月颁行的《越南民法典》在其第六编规定了"知识产权和技术转让"。我国历来重视技术合同立法，1981年，原《经济合同法》设有关于科技协作合同的笼统规定，但未能建立起完整的技术合同制度。1985年，国家作出了加速技术成果商品化、开拓技术市场的重要决策，极大地推动了我国技术成果市场的形成和发展。在随后颁行的原《涉外经济合同法》、原《技术合同法》都对技术合同设有相关规定。1999年，上述三部合同法方面的法律规范统一为原《合同法》，并设专章对技术合同作出明确、具体的规定，几乎完整地保留了原《技术合同法》原有的内容。另外，2004年，最高人民法院出台了原《技术合同司法解释》（已于2020年修正）。在《民法典》编纂过程中，亦有建议删去"技术合同"这一典型合同规定。其主要理由是，技术合同的各类表现形式均可以纳入其他合同类型或根据混合合同原理予以解决，不符合确定典型合同的基本原理。[1] 但是，《民法典》第843～887条将"技术合同"作为典型合同予以保留，并增加了"技术许可合同"的子类型。在《民法典合同编二审稿草案说明》中，立法机关对相关问题作出了说明，即"关于技术合同。一是适应加强知识产权保护的需要，宪法和法律委员会建议在草案第六百二十九条中增加规定'应当有利于知识产权的保护'（草案二次审议稿第六百二十九条）。二是草案第十九章第三节对技术转让合同作了规定。有的部门提出，技术转让和技术许可具有不同的法律含义，建议区分技术转让合同和技术许可合同。宪法和法律委员会经研究，建议将草案第十九章第三节的名称修改为'技术转让合同和技术许可合同'，并在草案第六百四十七条中增加规定技术许可合同的定义，有关规定也作相应修改（草案二次审议稿第二十章第三节）"。

从技术合同立法的过程来看，自1987年原《技术合同法》施行以来，技术合同的主要制度内容并未发生实质性变化，主要条文一以贯之，体现出技术合同制度在中国法律体系中的超强稳定性。[2] 当然，由于其特有的立法变迁过程，《民法典》技术合同部分在诸多规则上保留了单行法的痕迹，与合同编、其他类型典型合同章节等相关规范之间的关系需要仔细甄别，同时也需留意《民法典》技术合同规范与知识产权相关特别法规范之间的关系。

---

〔1〕 周江洪：《关于〈民法典合同编〉（草案）（二次审议稿）的若干修改建议》，载《法治研究》2019年第2期。

〔2〕 徐卓斌：《技术合同制度的演进路径与司法理念》，载《法律适用》2020年第9期。

拓展 | 技术合同立法的由来[3]

20 世纪 80 年代,随着经济体制改革、科技体制改革的深入展开,过去那种单纯靠行政手段管理科研生产的状况同新形势已经不相适应了。在健全各种经济责任制,使权、责、利的统一成为社会普遍要求的形势下,人们迫切需要找到一种新的手段和方法,冲破那些旧的体制中阻碍科技进步和科技与经济相结合的严重桎梏,技术合同制度便由此应运而生。如何制定一部适合调整技术,即知识形态商品的生产和交换关系的法律,用以规定当事人有关技术开发、技术转让、技术咨询和技术服务应采用的法律形式,分清技术合同与其他经济合同和民事合同的界限,用立法的方式解决技术交易中存在的职务技术成果与非职务技术成果的区分,知识产权的保护、技术情报的保密、科技成果的分享、开发风险的承担、侵权行为的责任和防止不正当竞争等特殊问题,已经不可避免地提到我国法制建设的议事日程上来。同时,在原《经济合同法》的制定时期,由于人们对技术成果商品化和科技体制改革的意义及作用还缺乏自觉、全面的认识,因此对于我国实行技术合同制中出现的许多新问题、新情况,原《经济合同法》是始料不及的。随着我国科技体制改革形势的发展,人们愈加感到原《经济合同法》中确立的科技协作合同的概念及其内容已不能满足现实的需要,并且还在一定程度上暴露出若干缺陷。

原国家科学技术委员会的研究报告表明,最适宜的立法方案是:制定一部较高层次的法律,即可称为《技术合同法》,来实现对内容独特、形式多样的技术合同关系的综合性调整,并使之成为一部单行法律。这在当时是一种大胆的立法设想,其结果将可能使此后的经济生活中出现两部重要的合同法,即经济合同法和技术合同法,他们将分别调整两类不同性质的合同关系,并使中国的合同法制建设形成双轨运行的崭新模式。1985 年 5 月,原国家科学技术委员会正式成立《中华人民共和国技术合同法》起草小组。原国家科学技术委员会在国务院有关部门的协调下,专门成立了由各部门组成的起草领导协调小组和顾问团,在广泛调查研究和论证的基础上,经反复修改,最后拟成《技术合同法》(草案)并提交全国人大常委会法制工作委员会审议。《技术合同法》于 1987 年 6 月 23 日经第六届全国人民代表大会常务委员会第二十一次会议审议通过,并于 1987 年 11 月 1 日起施行。十多年后,全国人大根据国家法律体系的总体发展状况,决定起草统一完整的合同法。将原有的经济合同法、技术合同法和涉外经济合同法三个单行合同法合并为一个统一的合同法。在原《合同法》中,几乎完整地保留了《技术合同法》原有的内容。

第一节　技术合同概述

一、技术合同的概念

技术合同是当事人就技术开发、转让、许可、咨询或者服务订立的确立相互之间权利和义务的合同(《民法典》第 843 条)。从技术合同的定义来看,其主给付既可能是技术相关权利的

〔3〕 周大伟:《〈中华人民共和国技术合同法〉制定中的种种悬念——以此文纪念中国改革开放 30 周年》,载《中国政法大学学报》2009 年第 3 期。

移转或许可使用等权利移转型或权利使用型合同,亦可能是以特定服务之提供为内容的服务类合同。由此可见,技术合同概念本身是一个集合性的概念,其中包含了多种具体合同类型。也正是如此,《民法典》第二十章亦根据合同标的之不同,分别规定了技术开发合同、技术转让合同、技术许可合同、技术咨询合同、技术服务合同等多种合同类型。也正是由于技术合同类型的多样性,在具体权利义务方面各类技术合同也会存在较大差异。另外,因技术合同涉及的技术成果问题,也往往与知识产权法相关规范相关联。

二、技术合同的订立

技术合同的订立遵循合同订立的一般原理。当然,《民法典》及相关司法解释就此亦作了专门的规定。

(一)技术合同的主体

技术合同的主体方面,当然应遵循民事主体资格的一般要求,如民事行为能力等。但在实践中,亦可能发生缔约人不具有民事主体资格之情形,如法人或非法人组织内部从事技术研发、转让等活动的课题组、工作室等对外签订技术合同,此时对如何承担责任会发生纠纷,故司法解释对此亦予以明确,即"不具有民事主体资格的科研组织订立的技术合同,经法人或者非法人组织授权或者认可的,视为法人或者非法人组织订立的合同,由法人或者非法人组织承担责任;未经法人或者非法人组织授权或者认可的,由该科研组织成员共同承担责任,但法人或者非法人组织因该合同受益的,应当在其受益范围内承担相应责任"(《技术合同司法解释》第7条第1款)。当然,在判断不具有民事主体资格的科研组织订立合同之情形时,若构成法人分支机构之情形,应适用《民法典》第74条之规定。而对于执行法人或法人组织工作任务的人员签订的技术合同,则依《民法典》第170条关于职务代理的规则予以处理。

(二)技术合同订立的原则

"订立技术合同,应当有利于知识产权的保护和科学技术的进步,促进科学技术成果的研发、转化、应用和推广"(《民法典》第844条)。虽然《民法典》总则编第一章"基本规定"中就民事活动的基本原则作出了规定,但因技术合同作为重要的科学技术实践活动,关涉技术进步和知识产权保护等,《民法典》技术合同章就技术合同订立的原则作了上述特别规定。作为该原则的具体化,对于非法垄断技术或侵害他人知识产权等情形的技术合同效力,《民法典》第850条规定,"非法垄断技术或者侵害他人技术成果的技术合同无效"。在技术合同具体类型的内容规制上,亦体现了这一原则。例如,"技术转让合同和技术许可合同可以约定实施专利或者使用技术秘密的范围,但是不得限制技术竞争和技术发展"(《民法典》第864条)。对此,有观点认为,"《民法典》第850条中的'非法垄断技术'是《民法典》第132条关于滥用民事权利损害'社会公共利益'的行为无效规定的自然延伸,体现了《民法典》对合同无效或者不生效情形进行限制方面的改进。事实上,《民法典》第850条不再规定原《合同法》第329条中的'妨害技术进步'并不会对该条款的适用范围产生实质影响"。[4] 当然,关于知识产权滥用的规制是否

〔4〕 刘强:《〈民法典〉技术合同章立法研究——兼论与知识产权法的互动》,载《科技与法律(中英文)》2021年第6期。

源于民法“禁止权利滥用原则”,学界仍有争议。[5]

不少技术成果会取得相关的知识产权。从某种程度上来说,授予专利权等知识产权保护,本身就是授予一种“垄断”的权利,属于“合法垄断”。因此,技术合同领域的“非法垄断技术”如何理解,需要澄清。对此,《技术合同司法解释》第10条规定,“下列情形,属于民法典第八百五十条所称的非法垄断技术:(一)限制当事人一方在合同标的技术基础上进行新的研究开发或者限制其使用所改进的技术,或者双方交换改进技术的条件不对等,包括要求一方将其自行改进的技术无偿提供给对方、非互惠性转让给对方、无偿独占或者共享该改进技术的知识产权;(二)限制当事人一方从其他来源获得与技术提供方类似技术或者与其竞争的技术;(三)阻碍当事人一方根据市场需求,按照合理方式充分实施合同标的技术,包括明显不合理地限制技术接受方实施合同标的技术生产产品或者提供服务的数量、品种、价格、销售渠道和出口市场;(四)要求技术接受方接受并非实施技术必不可少的附带条件,包括购买非必需的技术、原材料、产品、设备、服务以及接收非必需的人员等;(五)不合理地限制技术接受方购买原材料、零部件、产品或者设备等的渠道或者来源;(六)禁止技术接受方对合同标的技术知识产权的有效性提出异议或者对提出异议附加条件”。对此,有法院裁判认为,“非法垄断技术、妨碍技术进步”[6]的行为,是指要求技术接受方接受非实施技术必不可少的附带条件,包括购买技术接受方不需要的技术、服务、原材料、设备或者产品等和接收技术接受方不需要的人员,以及不合理地限制技术接受方自由选择从不同来源购买原材料、零部件或者设备等。本案讼争专利实施许可合同涉及的石材成型机是包含专利技术的专用设备,上诉人实施该技术,购买该机器设备是必需的。依据专利实施许可合同的约定,实施该专利技术所使用的设备包括主机、特种模具及传送带,以建立造价为人民币500万元的生产线。上诉人从被上诉人处约定获得的专利实施许可,并不是制造专利产品(石材切压成型机),而是通过使用该专利产品生产、销售最终产品石材。因此,在专利实施许可合同中约定由技术许可方提供履行合同所需要的专用设备并不违反法律、法规的规定。上诉人称这些设备是被上诉人强加于上诉人的,但未举证证明其主张。故其以“非法垄断技术、妨碍技术进步”的上诉理由确认合同无效不能成立。[7]

(三)技术合同的内容

“技术合同的内容一般包括项目的名称,标的的内容、范围和要求,履行的计划、地点和方式,技术信息和资料的保密,技术成果的归属和收益的分配办法,验收标准和方法,名词和术语的解释等条款。”(《民法典》第845条第1款)技术合同的内容,因技术合同类型不同而不同。在科技合同实践领域,科学技术部亦发布了各类技术合同的示范文本。《民法典》第845条第1款规定的技术合同内容条款并非技术合同成立或生效的必备条款,只是供当事人参考,当事人可以另行约定相关条款。但是,技术合同涉及专利的,应当遵守专利法的有关规定。此类合同应当注明发明创造的名称、专利申请人和专利权人、申请日期、申请号、专利号以及专利权的有效期限(《民法典》第845条第3款)。其主要目的是便于技术受让人向有关机关查询以及专利

---

〔5〕 戴芳芳:《知识产权滥用规制的理论基础及制度完善》,载《知识产权》2022年第3期。

〔6〕 原《合同法》第329条规定,“非法垄断技术、妨碍技术进步或者侵害他人技术成果的技术合同无效”,《民法典》第850条修改为“非法垄断技术或者侵害他人技术成果的技术合同无效”。

〔7〕 大洋公司诉黄河公司专利实施许可合同纠纷案,载《最高人民法院公报》2004年第9期。

管理机关的管理，防止假冒专利的欺骗活动。[8] 涉及专利的技术合同的内容条款的规定，属于义务性规定，对双方当事人有一定的约束力，如果当事人订立技术合同的，合同标的涉及专利的，就应当按照《民法典》第 845 条第 3 款规定执行。[9] 与履行合同有关的技术背景资料、可行性论证和技术评价报告、项目任务书和计划书、技术标准、技术规范、原始设计和工艺文件，以及其他技术文档，按照当事人的约定可以作为合同的组成部分(《民法典》第 845 条第 2 款)。

技术合同的价金条款是重要的合同内容之一。技术合同中的价金支付条款，包括价款、报酬、使用费的支付方式由当事人约定，可以采取一次总算、一次总付或者一次总算、分期支付，也可以采取提成支付或者提成支付附加预付入门费的方式。约定提成支付的，可以按照产品价格、实施专利和使用技术秘密后新增的产值、利润或者产品销售额的一定比例提成，也可以按照约定的其他方式计算。提成支付的比例可以采取固定比例、逐年递增比例或者逐年递减比例。约定提成支付的，当事人可以约定查阅有关会计账目的办法(《民法典》第 846 条)。同样地，《民法典》关于技术合同中价金支付方式的规定，也是提示性条款，当事人可自由协商确定。

在实践中，当事人对于技术合同的价金条款也可能没有约定或约定不明确。此时，依《技术合同司法解释》第 14 条规定，"对技术合同的价款、报酬和使用费，当事人没有约定或者约定不明确的，人民法院可以按照以下原则处理：(一)对于技术开发合同和技术转让合同、技术许可合同，根据有关技术成果的研究开发成本、先进性、实施转化和应用的程度，当事人享有的权益和承担的责任，以及技术成果的经济效益等合理确定；(二)对于技术咨询合同和技术服务合同，根据有关咨询服务工作的技术含量、质量和数量，以及已经产生和预期产生的经济效益等合理确定。技术合同价款、报酬、使用费中包含非技术性款项的，应当分项计算"。但值得注意的是，依《民法典》第 510 条及第 511 条的规定，当事人之间就价金条款没有约定或者约定不明确时，可以协议补充；不能达成补充协议的，按照合同有关条款或者交易习惯确定；仍不能确定的，按照订立合同时履行地的市场价格履行，依法应当执行政府定价或者政府指导价的，依照规定执行。据此，《技术合同司法解释》第 14 条与《民法典》第 510 条及第 511 条的规定明显不同，前者并未规定当事人可事后协商确定价金条款。从意思自治及体系解释角度而言，即使存在《技术合同司法解释》第 14 条的规定，在当事人对技术合同的价款、报酬和使用费没有约定或者约定不明确时，也不排除当事人以补充协议的方式达成相关约定；而《技术合同司法解释》第 14 条的规定，至多是《民法典》第 510 条意义上的"交易习惯"——《技术合同司法解释》第 14 条只不过是将技术合同领域的交易习惯以司法解释的方式予以规定而已。

在技术合同领域，技术合同的目的经常会成为当事人争议的焦点所在，特别是实施相应的技术难以达成商业目的时，技术开发委托人、技术受让人、技术被许可人常以此为由要求追究违约责任等。对此，有法院裁判指出，"能否产出符合合同约定的产品，与该产品能否上市销售、是否适销对路、是否有利润空间等并非同一层面的问题。技术合同领域，尤其是涉及技术工业化的合同中，如果当事人之间没有明确约定，不应将产品商业化认定为技术合同的目的。

〔8〕 崔建远：《合同法》(第 4 版)，北京大学出版社 2021 年版，第 597 页。

〔9〕 黄薇主编：《中华人民共和国民法典解读：合同编》(下册)，中国法制出版社 2020 年版，第 1137 页。

投资方应审慎签订涉及技术工业化的合同，在技术指标的设置和产品合格标准的选择上，应当尽可能贴近市场对产品的要求，尤应避免在市场竞争较为激烈或者相关公众要求较高的领域，仅以市场准入标准作为合同项下的产品合格标准，从而陷入产品合格而商业失败的窘境”〔10〕。另有法院裁判特别强调，“关于是否向规模化工业试验项目投资的判断，尽管离不开对技术和项目的理解，但本质上仍是一种商业判断。磋商阶段，技术方应确保其所提供技术并非虚假，所做规划未有不实；但项目产值的估算、项目成本的核算、项目利润的预测等商业分析，应由投资方完成”。〔11〕

此外，因涉及技术成果，实践中亦会有部分技术合同会约定特别的竞业禁止条款等。例如，福建法院参考性案例11号认为，“技术合同中关于不得聘用对方技术人员，并且不得劝说诱使对方技术人员终止原有劳动关系的约定应符合保护商业秘密与防止不正当竞争之目的解释，尊重与保障劳动者的择业自由。合同一方聘用对方已经辞职的技术人员，且不存在采用不正当手段诱使技术人员辞职或利用其所掌握的商业秘密等情形的，不应认定构成违约”〔12〕。

三、技术成果相关权利的归属

所谓技术成果，依《技术合同司法解释》第1条的规定，指的是“利用科学技术知识、信息和经验作出的涉及产品、工艺、材料及其改进等的技术方案，包括专利、专利申请、技术秘密、计算机软件、集成电路布图设计、植物新品种等”。技术秘密则指的是“不为公众所知悉、具有商业价值并经权利人采取相应保密措施的技术信息”。在技术合同领域，职务技术成果和非职务技术成果的区分，是技术合同中经常面临的问题。《民法典》第847～849条对此也作出了规定。《民法典》就技术成果的归属问题，特别是对职务技术成果的使用权和转让权采取了灵活的规定。

（一）职务技术成果

职务技术成果，依《民法典》第847条第2款的规定，指的是“执行法人或者非法人组织的工作任务，或者主要是利用法人或者非法人组织的物质技术条件所完成的技术成果”。所谓的“执行法人或者非法人组织的工作任务”，包括：（1）履行法人或者非法人组织的岗位职责或者承担其交付的其他技术开发任务；（2）离职后1年内继续从事与其原所在法人或者非法人组织的岗位职责或者交付的任务有关的技术开发工作，但法律、行政法规另有规定的除外（《技术合同司法解释》第2条第1款）。“物质技术条件”则包括资金、设备、器材、原材料、未公开的技术信息和资料等（《技术合同司法解释》第3条）。“主要是利用法人或者非法人组织的物质技术条件”，包括职工在技术成果的研究开发过程中，全部或者大部分利用了法人或者非法人组织的资金、设备、器材或者原材料等物质条件，并且这些物质条件对形成该技术成果具有实质性的影响；还包括该技术成果实质性内容是在法人或者非法人组织尚未公开的技术成果、阶段性

〔10〕 汾州裕源土特产品有限公司与陕西天宝大豆食品技术研究所技术合同纠纷再审案，载《最高人民法院公报》2018年第2期。

〔11〕 钦州锐丰钒钛铁科技有限公司与北京航空航天大学技术合同纠纷上诉案，载《最高人民法院公报》2018年第1期。

〔12〕 厦门市拙雅科技有限公司诉智童时刻（厦门）科技有限公司技术合同纠纷案，福建省高级人民法院（2020）闽民终1098号民事判决书。

技术成果基础上完成的情形。但下列情况除外:(1)对利用法人或者非法人组织提供的物质技术条件,约定返还资金或者交纳使用费的;(2)在技术成果完成后利用法人或者非法人组织的物质技术条件对技术方案进行验证、测试的(《技术合同司法解释》第4条)。

技术合同若指向职务技术成果的,法人或者非法人组织可以就其享有使用权、转让权的技术成果订立技术合同。但职务技术成果完成人享有优先受让权,即“职务技术成果的使用权、转让权属于法人或者非法人组织的,法人或者非法人组织可以就该项职务技术成果订立技术合同。法人或者非法人组织订立技术合同转让职务技术成果时,职务技术成果的完成人享有以同等条件优先受让的权利”(《民法典》第847条第1款)。所谓的“职务技术成果的完成人”,“包括对技术成果单独或者共同作出创造性贡献的人,也即技术成果的发明人或者设计人。人民法院在对创造性贡献进行认定时,应当分解所涉及技术成果的实质性技术构成。提出实质性技术构成并由此实现技术方案的人,是作出创造性贡献的人”。但是,“提供资金、设备、材料、试验条件,进行组织管理,协助绘制图纸、整理资料、翻译文献等人员,不属于职务技术成果的完成人、完成技术成果的个人”(《技术合同司法解释》第6条)。

有观点认为,职务技术成果的使用权、转让权属于法人或者非法人组织;〔13〕亦有观点认为,《民法典》确认职务技术成果的使用权、转让权属于法人或非法人组织。〔14〕但事实上,《民法典》第847条承袭了原《合同法》第326条对职务技术成果权属的灵活规定,并未依循原《技术合同法》第6条的规定直接将此类成果归属为单位所有,而是规定,“职务技术成果的使用权、转让权属于法人或者非法人组织的……”。该条款中“的”也表明,法人或者非法人组织并非必然是职务技术成果的使用权人或转让权人,这一规定为技术成果完成人获得职务技术成果相关权利预留了制度空间。事实上,《专利法》第6条第3款也规定当事人可以约定职务技术成果的权属,法人或非法人组织并非一定均享有职务技术成果的使用权和转让权,即“利用本单位的物质技术条件所完成的发明创造,单位与发明人或者设计人订有合同,对申请专利的权利和专利权的归属作出约定的,从其约定”。《技术合同司法解释》第2条第2款也规定,“法人或者非法人组织与其职工就职工在职期间或者离职以后所完成的技术成果的权益有约定的,人民法院应当依约定确认”〔15〕。当然,亦有观点认为,《民法典》第847条删除了原《合同法》第326条有关“法人或者其他组织应当从使用和转让该项职务技术成果所取得的收益中提取一定比例,对完成该项职务技术成果的个人给予奖励或者报酬”的规定。删除该规定后,《民法典》“技术合同”章不再对职务技术成果收益在单位和技术成果完成人之间的分配问题进行具体调整。〔16〕由于知识产权单行法律之间存在冲突,部分单行法律也未作相应规定,在此情况

---

〔13〕黄薇主编:《中华人民共和国民法典解读:合同编》(下册),中国法制出版社2020年版,第1145页。

〔14〕崔建远:《合同法》(第4版),北京大学出版社2021年版,第600页。

〔15〕当然,从《技术合同司法解释》第5条之规定,似乎可以反推出职务技术成果归所在的法人或非法人组织享有的结论,但如此推论,明显有违《民法典》第847条所持的灵活开放的立法主旨。《技术合同司法解释》第5条规定,“个人完成的技术成果,属于执行原所在法人或者非法人组织的工作任务,又主要利用了现所在法人或者非法人组织的物质技术条件的,应当按照该自然人原所在和现所在法人或者非法人组织达成的协议确认权益。不能达成协议的,根据对完成该项技术成果的贡献大小由双方合理分享”。

〔16〕但是,《民法典》第849条规定,“完成技术成果的个人享有在有关技术成果文件上写明自己是技术成果完成者的权利和取得荣誉证书、奖励的权利”。

下仅由《促进科技成果转化法》对此问题加以协调将会存在不足。《民法典》合同编“技术合同”章对此问题不再采用积极协调知识产权单行法律的路径，转而采用消极协调的态度，固然可避免可能造成与单行法律不一致的问题，但是也意味着放弃了对此问题进一步协调完善的机会。[17]

（二）非职务技术成果

非职务技术成果的使用权、转让权属于完成技术成果的个人，完成技术成果的个人可以就该项非职务技术成果订立技术合同（《民法典》第 848 条）。在认定何为“完成技术成果的个人”上，适用前述《技术合同司法解释》第 6 条的规定。

（三）技术成果的署名权等

技术成果的财产权归属按照职务技术成果和非职务技术成果进行区分，但是，技术成果的署名权等人身性权利与此不同，其专属于完成技术成果的个人，即“完成技术成果的个人享有在有关技术成果文件上写明自己是技术成果完成者的权利和取得荣誉证书、奖励的权利”（《民法典》第 849 条）。从该条规定来看，并不区分职务技术成果还是非职务技术成果，技术成果完成人均有取得奖励的权利，并非如同前述学说主张的那样，《民法典》完全放弃了分配问题的规定。依该条规定，至少在署名、取得荣誉证书和奖励方面，技术成果完成人仍然享有相应的权利，特别是享有奖励方面，仍然具有一定的财产权性质，《民法典》对此作出了调整。

（四）以技术投资时的权属及其利益分配

《技术合同司法解释》第 16 条规定，“当事人以技术成果向企业出资但未明确约定权属，接受出资的企业主张该技术成果归其享有的，人民法院一般应当予以支持，但是该技术成果价值与该技术成果所占出资额比例明显不合理损害出资人利益的除外。当事人对技术成果的权属约定有比例的，视为共同所有，其权利使用和利益分配，按共有技术成果的有关规定处理，但当事人另有约定的，从其约定。当事人对技术成果的使用权约定有比例的，人民法院可以视为当事人对实施该项技术成果所获收益的分配比例，但当事人另有约定的，从其约定”。

四、技术合同的无效和可撤销

技术合同的无效和可撤销，亦遵循法律行为无效和可撤销的一般原理，适用《民法典》总则编关于法律行为效力及《民法典》合同编通则分编关于合同效力的规定。与此同时，《民法典》技术合同章亦规定了技术合同的无效，《技术合同司法解释》对此亦有规定。例如，《民法典》第 850 条规定，“非法垄断技术或者侵害他人技术成果的技术合同无效”。《技术合同司法解释》第 9 条规定，“当事人一方采取欺诈手段，就其现有技术成果作为研究开发标的与他人订立委托开发合同收取研究开发费用，或者就同一研究开发课题先后与两个或者两个以上的委托人分别订立委托开发合同重复收取研究开发费用，使对方在违背真实意思的情况下订立的合同，受损害方依照民法典第一百四十八条规定请求撤销合同的，人民法院应当予以支持”。当然，生产产品或者提供服务依法须经有关部门审批或者取得行政许可，而未经审批或者许可的，不影响当事人订立的相关技术合同的效力。当事人对此等审批或者许可的义务没有约定或者约

[17] 刘强：《〈民法典〉技术合同章立法研究——兼论与知识产权法的互动》，载《科技与法律（中英文）》2021 年第 6 期。

定不明确的，人民法院应当判令由实施技术的一方负责办理，但法律、行政法规另有规定的除外（《技术合同司法解释》第8条）。

关于技术合同无效或被撤销后的法律效果，《民法典》第155～157条对此作出了规定，《技术合同司法解释》对此亦作了规定，主要包括损失如何认定以及成果权益的归属问题。例如，《技术合同司法解释》第11条规定，“技术合同无效或者被撤销后，技术开发合同研究开发人、技术转让合同让与人、技术许可合同许可人、技术咨询合同和技术服务合同的受托人已经履行或者部分履行了约定的义务，并且造成合同无效或者被撤销的过错在对方的，对其已履行部分应当收取的研究开发经费、技术使用费、提供咨询服务的报酬，人民法院可以认定为因对方原因导致合同无效或者被撤销给其造成的损失。技术合同无效或者被撤销后，因履行合同所完成新的技术成果或者在他人技术成果基础上完成后续改进技术成果的权利归属和利益分享，当事人不能重新协议确定的，人民法院可以判决由完成技术成果的一方享有”。依该条规定，已履行部分相应的研究开发经费、技术使用费、提供咨询服务等报酬被视为“损失”予以对待。但实际上，之所以此等规定要处理已履行部分相应的报酬等问题，并非在于对方是否存在过错，而是此等“研究开发、技术使用、提供咨询”等服务类给付或使用收益类给付若已履行则无法复原和返还，属于《民法典》第157条规定的“不能返还或者没有必要返还的”情形，此时应当进行“折价补偿”；而“折价补偿”的标准，依司法解释该规定则是“应当收取的”报酬。但依《民法典》第157条，技术合同相对人是否存在过错并不影响此等折价补偿；若存在过错，则根据《民法典》第157条第2句的规定再行赔偿即可。也正是因为如此，司法解释该规定以“过错”与否来处理经费、报酬等的“折价补偿”，法理逻辑上并不清晰；此等规定其实只不过是一种合同无效时的“折价补偿”与“损失赔偿”的折中处理方式而已。

依《民法典》第850条规定，侵害他人技术成果的合同，亦构成无效。其中，因技术秘密的特殊性，侵害他人技术秘密无效时的法律后果亦有其特殊性。对此，《技术合同司法解释》第12条规定，“根据民法典第八百五十条的规定，侵害他人技术秘密的技术合同被确认无效后，除法律、行政法规另有规定的以外，善意取得该技术秘密的一方当事人可以在其取得时的范围内继续使用该技术秘密，但应当向权利人支付合理的使用费并承担保密义务。当事人双方恶意串通或者一方知道或者应当知道另一方侵权仍与其订立或者履行合同的，属于共同侵权，人民法院应当判令侵权人承担连带赔偿责任和保密义务，因此取得技术秘密的当事人不得继续使用该技术秘密”。值得注意的是，此处的“善意取得”，与物权领域的“善意取得”有所不同，并不是以有偿为要件，且因技术秘密的特殊性，即使“善意取得”技术秘密亦不妨碍原权利人继续使用技术秘密，并非如同所有权善意取得情形中的排斥原权利人的权利。若善意取得技术秘密且可以继续使用的，其合理费用如何确定，亦会发生纠纷。对此，《技术合同司法解释》第13条规定，“依照前条第一款规定可以继续使用技术秘密的人与权利人就使用费支付发生纠纷的，当事人任何一方都可以请求人民法院予以处理。继续使用技术秘密但又拒不支付使用费的，人民法院可以根据权利人的请求判令使用人停止使用。人民法院在确定使用费时，可以根据权利人通常对外许可该技术秘密的使用费或者使用人取得该技术秘密所支付的使用费，并考虑该技术秘密的研究开发成本、成果转化和应用程度以及使用人的使用规模、经济效益等因素合理确定。不论使用人是否继续使用技术秘密，人民法院均应当判令其向权利人支付已使用期间的使用费。使用人已向无效合同的让与人或者许可人支付的使用费应当由让与人或者许可人负责返还”。

思考｜侵害他人技术成果的技术合同无效

在技术合同领域,《民法典》一方面采取必要的措施保障技术合同当事人在合法的范围内行使自己的权利,另一方面又不允许当事人滥用这种权利来损害国家利益和社会公共利益。为了防止当事人滥用技术合同来达到自己非法垄断技术和控制市场的目的,应认定上述技术合同无效。[18] 但就侵害他人技术成果的技术合同而言,是否一律无效,多有争议。[19] 原因在于,侵害他人技术成果之技术合同,既可能源于一方当事人之欺诈,亦可能是双方当事人恶意串通损害第三人利益或者是其他各种表现形式,一律归于无效反而不利于无过错当事人利益之维护。对此,有观点认为,若是无权处分人诈称自己有处分权或者冒称自己是技术成果产权人,与知道或者应当知道无权处分事实的第三人订立技术交易合同,鉴于实践中此类交易很可能是因为诈称者或者冒称者故意侵权所致,并不像无权处分物理性财产的行为那样有不小的被追认机会,无须采用经技术成果权利人的追认而有效的做法,将这类合同直接认定为无效是符合知识产权保护这一价值取向的;而对于第三人善意之情形,则不宜采用合同无效的规则给第三人科加过重的不利后果。[20] 另外有观点则认为,在实践中,侵害他人技术成果的行为经常表现为,未经权利人的许可非法转让其发明创造的合同,合同约定技术成果使用权归一方的,另一方未经许可就将该技术成果转让给第三人。从有利于对真正权利人的保护,促进技术进步的角度考虑,显然将其作为效力待定的合同来处理更为妥当。[21] 事实上,所谓“侵害他人技术成果的技术合同”,主要是未经拥有或者持有技术成果权属的单位和个人的许可而与他人订立涉及自己无权处分的技术成果的合同,或者侵害技术成果完成人的身份权和荣誉权的技术合同。[22] 对此,本书认为,侵害他人技术成果的技术合同效力认定,应遵循合同无效的一般原理;侵害他人技术成果的技术合同是否归于无效,应根据合同缔结的不同情形具体处理,而不应一律无效。同时,对于侵害他人技术成果的部分技术合同,亦可参考买卖合同无权处分的相关原理,在肯定其负担行为效力的同时,依违约责任的一般原理予以处理即可。故《民法典》第850条关于技术合同无效的规则,有重新斟酌之必要。

五、技术合同的解除

技术合同的解除,遵循《民法典》合同编通则分编合同解除的一般规则。《民法典》第563条等对此作出了规定。但就迟延履行主要债务情形的催告解除,《技术合同司法解释》第15条明确了催告的“合理期限”,即“技术合同当事人一方迟延履行主要债务,经催告后在30日内仍

---

〔18〕 崔建远:《合同法》(第4版),北京大学出版社2021年版,第600页。

〔19〕 谢鸿飞、朱广新主编:《民法典评注:合同编　典型合同与准合同》(第3册),中国法制出版社2020年版,第421～423页。

〔20〕 王轶等:《中国民法典释评:合同编·典型合同》(下卷),中国人民大学出版社2020年版,第252页。

〔21〕 王利明:《合同法》(下册),中国人民大学出版社2021年版,第291～292页。

〔22〕 魏耀荣等:《中华人民共和国合同法释论》(分则),中国法制出版社2000年版,第435～436页。

未履行，另一方依据民法典第五百六十三条第一款第(三)项的规定主张解除合同的，人民法院应当予以支持。当事人在催告通知中附有履行期限且该期限超过30日的，人民法院应当认定该履行期限为民法典第五百六十三条第一款第(三)项规定的合理期限”。

第二节　技术开发合同

一、技术开发合同的概念、类型与特征

技术开发合同是当事人之间就新技术、新产品、新工艺、新品种或者新材料及其系统的研究开发所订立的合同(《民法典》第851条)。所谓“新技术、新产品、新工艺、新品种或者新材料及其系统”，包括当事人在订立技术合同时尚未掌握的产品、工艺、材料及其系统等技术方案，但对技术上没有创新的现有产品的改型、工艺变更、材料配方调整以及对技术成果的验证、测试和使用除外(《技术合同司法解释》第17条)。

技术开发合同包括委托开发合同和合作开发合同(《民法典》第851条)。此外，《民法典》还规定了作为“准技术开发合同”的技术转化合同。技术转化合同，是指当事人之间就具有实用价值但尚未实现工业化应用的科技成果包括阶段性技术成果，以实现该科技成果工业化应用为目标，约定后续试验、开发和应用等内容的合同(《技术合同司法解释》第18条)。技术转化合同，参照适用技术开发合同的有关规定(《民法典》第851条第4款)。合作开发合同，需要以技术进行投资、分工参与研究开发工作，协作配合研究开发工作(《民法典》第855条)。若一方仅提供资金、设备、材料等物质条件或者承担辅助协作事项，另一方进行研究开发工作的，属于委托开发合同(《技术合同司法解释》第19条第2款)。所谓“分工参与研究开发工作”，包括当事人按照约定的计划和分工，共同或者分别承担设计、工艺、试验、试制等工作(《技术合同司法解释》第19条第1款)。《民法典》第852～856条区分了委托开发合同和合作开发合同，分别规定了相应的权利义务。

技术开发合同具有以下特征：

1. 技术开发合同执行的技术成果具有特定要求。技术开发合同的标的指向“新技术、新产品、新工艺、新品种或者新材料及其系统”的研究开发，强调的是“新”，因此其指向的技术成果应具有新颖性。对此，根据《技术合同司法解释》第17条的规定，其包括“当事人在订立技术合同时尚未掌握的产品、工艺、材料及其系统等技术方案，但对技术上没有创新的现有产品的改型、工艺变更、材料配方调整以及对技术成果的验证、测试和使用除外”。从该司法解释规定来看，其强调的是非公知技术。作为技术开发合同标的的技术已经由他人公开，致使技术开发合同的履行没有意义的，当事人可以解除合同(《民法典》第857条)。

2. 技术开发合同以当事人共同承担风险为默认规则。依《民法典》第858条规定，技术开发合同履行过程中，因出现无法克服的技术困难，致使研究开发失败或者部分失败的，该风险由当事人约定。没有约定或者约定不明确的，依照《民法典》第510条的规定仍不能确定的，风险由当事人合理分担。

3. 技术开发合同是要式合同，应当采用书面形式（《民法典》第851条第3款）。当然，关于技术开发合同等合同的书面形式要求，《民法典》第490条第2款亦有所规定，“法律、行政法规规定或者当事人约定合同应当采用书面形式订立，当事人未采用书面形式但是一方已经履行主要义务，对方接受时，该合同成立”。对此，有法院裁判认为，“对于技术开发合同等特定类型合同，确实存在当事人根据交易习惯等未采用书面形式的情形，如果根据在案证据可以认定一方已经履行主要义务，对方接受的，应当认定双方之间合同关系成立。就技术开发合同而言，如果双方当事人之间没有书面合同，由于技术开发合同以新技术、新产品、新工艺或者新材料及其系统的研究开发成果为主要标的物，因此，需要根据在案证据审查如下因素：第一，双方当事人就相关新技术、新产品、新工艺或者新材料及其系统的研究开发是否达成合意；第二，开发方是否按照委托方的具体研发需求进行研发，且完成主要研发任务，并向委托方交付研发成果，委托方已经接受。如果根据在案证据，可以认定上述两个因素已经具备，应当认定双方存在技术开发合同关系，委托方应当支付相应的研发费用”。[23]

二、技术开发合同的效力

技术开发合同，无论是委托开发合同还是合作开发合同，当事人各方均负有保守技术情报、资料和技术成果秘密的义务（《民法典》第509条），《民法典》合同编通则分编关于合同当事人义务的规定也适用于技术开发合同。此外，《民法典》对委托开发合同与合作开发合同分别规定了不同的权利义务。

（一）委托开发合同的效力

委托开发合同的委托人负有以下义务：（1）委托开发合同的委托人，应按照约定支付研究开发经费和报酬（《民法典》第852条）。报酬是委托人取得研究开发成果后，作为合同的“对价”应按时向研究开发人支付的款项，而研究开发经费则是研究开发的投入。《民法典》第854条虽然规定了委托开发合同当事人的违约责任，但只是强调了研究开发出现障碍之情形，并未涉及违反经费和报酬支付义务的违约责任，其可根据《民法典》合同编通则分编予以处理。（2）按照约定提供技术材料，提出研究开发要求，完成协作事项，接受研究开发成果（《民法典》第852条）。但就按期接受研究开发成果而言，其应为委托人之不真正义务。[24]

委托开发合同的研究开发人应当按照约定制订和实施研究开发计划，合理使用研究开发经费，按期完成研究开发工作，交付研究开发成果，提供有关的技术资料和必要的技术指导，帮助委托人掌握研究开发成果（《民法典》第853条）。除此之外，委托开发合同的研究开发人，其地位与委托合同中的受托人类似，亦是受托从事特定的事务，委托合同中受托人相关义务可以准用于委托开发合同的研究开发人。若当事人约定达成特定成果的，则可以参照适用承揽合同之规定。例如，有法院裁判认为，“在本案中，根据合同中‘实施硬件与软件实现’与不同功率

---

〔23〕 深圳市杉源智能科技有限公司、青岛鲁健本草健康科技有限公司技术委托开发合同纠纷案，最高人民法院（2022）最高法知民终411号民事判决书。

〔24〕 当然，亦有观点认为，多数的受领义务为不真正义务，个别的受领义务为真正义务，尚不宜径直按照整体类推规则将技术开发合同中委托人接受研究开发成果解释为不真正义务或真正义务，需要结合个案具体分析，再作定论［参见崔建远：《合同法》（第4版），北京大学出版社2021年版，第606页］。

电源模块的开发顺序、不同电源模块的开发需求及其对应的价款，可以看出后续6款功率不同的电源模块产品的调试测试环境、设备可以共用，软件部分可以沿用，后续电源模块产品只需根据不同功率对相应参数等部分进行调整……截至本案跃阳公司通知解除合同，金华诚公司已进行到36V电源模块的开发，跃阳公司交付的240,000元已经用于‘实施硬件与软件实现’，但鉴于金华诚公司存在迟延交付且在跃阳公司催告后在合理期限内仍未完成涉案6款电源模块产品交付的情形，构成违约。原审法院考虑金华诚公司在12V电源模块产品、36V电源模块产品的开发中已付出了相应的劳动，对跃阳公司全部返还240,000元并支付相关利息的诉讼请求不予支持，酌情判令金华诚公司返还跃阳公司80,000元，并无不当”。[25] 在该案中，法院虽然没有直接援引《民法典》第782条的规定，但其实质是该条规定的“工作成果部分交付的，定作人应当相应支付”精神的反映，而并非《民法典》第928条关于委托合同比例报酬的规定。毕竟，《民法典》第928条的前提是“因不可归责于受托人的事由，委托合同解除或者委托事务不能完成的”，受托人才享有比例报酬请求权。当然，即使参照适用承揽合同的有关规定，在风险分担等领域，《民法典》第858条确立了技术开发合同的特殊规则，对此应当优先于承揽合同规则予以适用。

委托开发合同的当事人违反约定造成研究开发工作停滞、延误或者失败的，应当承担违约责任（《民法典》第854条）。当然，当事人也可以解除合同。例如，有法院裁判认为，“长沙梓瞳公司未能在合同约定的开发周期内交付符合验收标准的产品，甚至未能交付符合第一阶段‘功能验收通过’的样品，天地阳光公司有权根据合同约定行使解除权”[26]。

（二）合作开发合同的效力

合作开发合同的当事人应当按照约定进行投资，包括以技术进行投资，分工参与研究开发工作，协作配合研究开发工作（《民法典》第855条）。按照约定投资是合作开发合同中当事人的主要义务之一。不仅如此，各方当事人还需要分工参与研究开发工作，相互协作配合研究开发的义务。若违反此等义务的，应当承担违约责任。对此，《民法典》第856条规定，“合作开发合同的当事人违反约定造成研究开发工作停滞、延误或者失败的，应当承担违约责任”。从这些规定可以看出，合作开发合同明显不同于一方负责投资、另一方负责研究开发的委托开发合同。[27] 研究开发是单方义务还是双方共同义务，是合作开发合同与委托开发合同的本质区别。[28] 另外，根据《技术合同司法解释》第19条的规定，所谓“分工参与研究开发工作”，包括当事人按照约定的计划和分工，共同或者分别承担设计、工艺、试验、试制等工作。而且，技术开发合同当事人一方仅提供资金、设备、材料等物质条件或者承担辅助协作事项，另一方进行研究开发工作的，并不属于合作开发，而是属于委托开发合同。从这些规定来看，合作开发合同，其实质上更接近于合伙合同的构造，因此，依《民法典》第467条规定，在当事人没有约定或

---

〔25〕 宁波跃阳电源设备有限公司、金华诚科技（深圳）有限公司技术委托开发合同纠纷案，最高人民法院（2021）最高法知民终1798号民事判决书。

〔26〕 陈某、天地阳光通信科技（北京）有限公司等技术委托开发合同纠纷案，最高人民法院（2022）最高法知民终39号民事判决书。

〔27〕 黄薇主编：《中华人民共和国民法典解读：合同编》（下册），中国法制出版社2020年版，第1163页。

〔28〕 程书锋、程方伟：《技术开发合同的类型与举证责任》，载《人民司法》2022年第8期。

约定不明确之情形下，亦可以参照适用合伙合同的相关规范。

三、技术开发合同的风险分担

对于技术开发合同因不可归责于当事人事由出现的开发风险，《民法典》第 858 条采取了与买卖、承揽、租赁等合同中的风险负担规则不同的风险分配原则，采用了“合理分担”的分配原则。[29] 第 858 条第 1 款规定，“技术开发合同履行过程中，因出现无法克服的技术困难，致使研究开发失败或者部分失败的，该风险由当事人约定；没有约定或者约定不明确，依据本法第五百一十条的规定仍不能确定的，风险由当事人合理分担”。之所以作出如此规定，乃是因为技术开发合同针对的是“新”的技术成果，除技术转化合同之外，技术合同针对的并非现有的技术成果，因此，研究开发风险是技术开发合同中的特殊现象，既不同于民事合同中的不可抗力，也不能简单等同于一般意义上的违约行为。[30] 通常来说，认定一项技术开发的失败或者部分失败属于风险，应当具备以下各项条件：(1)课题本身在国际和国内现有技术水平下具有足够的难度；(2)研究开发方尽了主观努力；(3)该领域专家认为研究开发失败属于合理的失败。[31] 原《技术合同法实施条例》第 52 条亦对技术风险的确认从技术的难易度、研究开发人的主观努力和同行专家判断等角度对此作了规定。[32]

若出现开发失败风险，当事人亦负有警示义务和止损义务。当事人一方发现《民法典》第 858 条第 1 款规定的可能致使研究开发失败或者部分失败的情形时，应当及时通知另一方并采取适当措施减少损失；没有及时通知并采取适当措施，致使损失扩大的，应当就扩大的损失承担责任(《民法典》第 858 条第 2 款)。

四、技术开发合同中的技术成果权益归属

技术开发完成的技术成果，既可能是发明创造，也可能是技术秘密等，其归属问题是技术开发合同中的重要内容之一。对此，《民法典》第 859 ~ 861 条作出了规定。

依《民法典》第 859 条规定，委托开发完成的发明创造，除法律另有规定或者当事人另有约定外，申请专利的权利属于研究开发人。研究开发人取得专利权的，委托人可以依法实施该专利。也就是说，《民法典》对于发明创造专利的归属，强调的是“除法律另有规定或者当事人另有约定外”，更强调依法取得和依法实施，如果当事人没有约定，并不能根据《民法典》第 510 条的交易习惯予以补充确定。另外，研究开发人转让专利申请权的，委托人享有以同等条件优先受让的权利(《民法典》第 859 条第 2 款)。但《民法典》就该优先受让权的具体行使并未作出规定，可参考其他优先购买权之规定。[33]

与委托开发合同不同，在合作开发合同中，除非当事人另有约定，合作开发完成的发明创造，申请专利的权利属于合作开发的当事人共有；当事人一方转让其共有的专利申请权的，其

---

〔29〕 崔建远：《技术合同的立法论》，载《广东社会科学》2018 年第 1 期。

〔30〕 谢鸿飞、朱广新主编：《民法典评注：合同编　典型合同与准合同》(第 3 册)，中国法制出版社 2020 年版，第 459 页。

〔31〕 黄薇主编：《中华人民共和国民法典解读：合同编》(下册)，中国法制出版社 2020 年版，第 1167 页。

〔32〕 魏耀荣等：《中华人民共和国合同法释论》(分则)，中国法制出版社 2000 年版，第 453 页。

〔33〕 崔建远：《技术合同的立法论》，载《广东社会科学》2018 年第 1 期。

他各方享有以同等条件优先受让的权利(《民法典》第 860 条第 1 款)。但是,合作开发的当事人一方声明放弃其共有的专利申请权的,除当事人另有约定外,可以由另一方单独申请或者由其他各方共同申请。申请人取得专利权的,放弃专利申请权的一方可以免费实施该专利。合作开发的当事人一方不同意申请专利的,另一方或者其他各方不得申请专利(《民法典》第 860 条第2 款、第 3 款)。值得注意的是,合作开发的一方当事人关于专利申请权的放弃,属于权利的抛弃行为,依当事人一方的意思表示即可实现。此种放弃,无需《民法典》第 575 条规定的债务免除一样具备“债务人在合理期限内拒绝的除外”的要件,而只要“声明放弃”即可。而且,《民法典》关于合作开发合同中的专利申请权,明确区分了“放弃”与“不同意”的法律效果,在“沉默”的解释上,应当格外注意,“沉默”在此并无特别的意义。

若技术开发合同指向的是技术秘密,其性质上是当事人不愿意公开的不为公众所熟悉、并采取保密措施的技术信息,因此无法依《民法典》第 859 条或第 860 条的专利申请权或专利权的归属作出界定。《民法典》第 861 条就此作出了规定,即委托开发或者合作开发完成的技术秘密成果的使用权、转让权以及收益的分配办法,由当事人约定;没有约定或者约定不明确,依据《民法典》第 510 条的规定仍不能确定的,在没有相同技术方案被授予专利权前,当事人均有使用和转让的权利。但是,委托开发的研究开发人不得在向委托人交付研究开发成果之前,将研究开发成果转让给第三人。可以看出的是,在当事人未约定时的权益归属规则上,与涉及专利的委托开发合同不同,其可以依《民法典》第 510 条的规定予以补充,而并非直接依法定归属规则予以确定。另外,所谓“当事人均有使用和转让的权利”,包括当事人均有不经对方同意而自己使用或者以普通使用许可的方式许可他人使用技术秘密,并独占由此所获利益的权利。当事人一方将技术秘密成果的转让权让与他人,或者以独占或者排他使用许可的方式许可他人使用技术秘密,未经对方当事人同意或者追认的,应当认定该让与或者许可行为无效(《技术合同司法解释》第 20 条)。当然,未经对方同意或追认的让与或者许可行为,其行为是否无效,在法理上仍有商榷之余地。即使无效,指的也是该让与或者许可不产生权利授予的效果,他人并不能依该合同使用技术秘密,而并非作为让与或许可原因的让与合同或许可合同本身无效。

另外,技术开发合同当事人依照《民法典》的规定或者约定自行实施专利或使用技术秘密,但因其不具备独立实施专利或者使用技术秘密的条件,以普通许可方式许可他人实施或者使用的,可以准许(《民法典》第 862 条)。

案　例　昆山倚天智能科技股份有限公司、南昌德漫多科技有限公司技术委托开发合同纠纷案〔34〕

基本案情

2018 年 2 月 26 日,南昌德漫多科技有限公司(以下简称南昌德漫多公司,该公司为委托方、甲方)与昆山倚天智能科技股份有限公司(以下简称昆山倚天公司,该公司为受托方、乙方)订立涉案合同,约定:“甲方与乙方合作共同研究开发全自动组织病理标本处理系统的设计和

〔34〕 最高人民法院民事判决书,(2022)最高法知民终 709 号。

制造项目,在合作研发期内,甲方需向乙方提供必要的医学方面的技术支持,乙方根据合理的机械及电气原理展开相关研发工作……第一条,1. 技术目标:实现组织病理标本从固定、脱水、浸蜡、包埋、切片、染色以及图像采集和储存的全自动处理。2. 技术内容:(1)对组织病理标本从固定、脱水、浸蜡、包埋、染色的机械部分进行设计,提交给委托方全套的机械设计图纸;(2)非标机械部件的制造加工、标准机械部件的代购;(3)装配、系统集成;(4)调试整体设备,实现上述技术目标;(5)对甲方相关人员进行培训,内容包括该设备的使用、维护保养、维修。第二条,乙方应按下列进度完成研究开发工作:……2018 年 6 月 15 日前完成系统集成、调试,交付符合功能要求的样机。第三条,乙方应向甲方提供的技术资料及协作事项如下:1. 技术资料清单:(1)全套机械设计图(纸质版和电子版各一套);(2)样机整机一台;(3)完整的可视化操作软件。2. 提供时间和方式:样机在 2018 年 7 月 1 日前交付给甲方至甲方公司所在地。……第四条,关于研究开发经费和报酬:1. 因是双方合作研发项目,甲乙双方均有实际的投入,前期费用各自承担;在样机完成后,乙方依据实际成本在保证毛利 40%(实际成本 ×1.4)的前提下报价给甲方,甲方在收到报价后一周内,付款给乙方,乙方在收款后将样机发货给甲方……第五条,合作期限:鉴于本项目双方是合作开发,本系统量产的前 300 台必须保证由乙方代工生产;后续的生产甲方有权引入第三方进行比价生产,在同等条件下乙方拥有优先权……第九条,乙方应当按以下方式向甲方交付研究开发成果:研究开发成果交付的形式及数量:样机整机一台(2018 年 7 月 1 日),本合同涉及的所有设计图纸和软件(双方合作解除后一个月),交付时双方的书面认可。……第十一条,乙方应当保证其交付给甲方的研究开发成果不侵犯任何第三人的合法权益。如发生第三人指控甲方实施的技术侵权的,乙方应当负全部责任……第十三条,双方确定,乙方应在向甲方交付研究开发成果后,根据甲方的请求,为甲方指定的人员提供技术指导和培训,或提供与使用该研究开发成果相关的技术服务。……第十四条,双方确定:任何一方违反本合同约定,造成研究开发工作停滞、延误或失败的,按以下约定承担违约责任:……第十五条,双方确定,因履行本合同所产生的研究开发成果及相关知识产权权利,全部归属甲方……"后因履行障碍发生纠纷,南昌德漫多公司诉诸法院。双方就涉案合同系技术委托开发合同还是技术合作开发合同等发生争议,昆山倚天公司认为涉案合同的性质为技术合作开发合同,主张应当由双方当事人各方共担研究开发风险、共享研究开发成果。一审法院认为,涉案合同的性质应为技术委托开发合同,并认为昆山倚天公司未尽合同义务,应当承担违约责任,判决要求昆山倚天公司支付违约金等。昆山倚天公司上诉。

▌法院裁判

原《合同法》第 331 条(《民法典》第 852 条)规定,委托开发合同的委托人应当按照约定支付研究开发经费和报酬;提供技术资料、原始数据;完成协作事项;接受研究开发成果。第 335 条(《民法典》第 855 条)规定,合作开发合同的当事人应当按照约定进行投资,包括以技术进行投资;分工参与研究开发工作;协作配合研究开发工作。……法院认为,虽然涉案合同名称为《技术开发(合作)合同》,但合同名称与合同约定的权利义务关系不一致的,应当按照合同约定的权利义务内容确定合同的类型,适用相应的法律、法规。

其一,从合同签订的背景来看。在案证据可以证实,在涉案合同签订之前,全自动组织病理标本处理系统的技术方案已经基本形成,南昌德漫多公司就该技术方案提交了专利申请,并在双方签订的《技术开发协议》中明确具体技术要求可以“参考产品专利说明书(专利申请号:CN201710323633. X)”。根据涉案合同第3条、第4条约定的内容,双方订立合同的主要目的是设计、制造出组织病理标本全自动处理设备的样机并逐渐完善投入量产,而非单纯的技术开发。涉案项目是将已有的技术方案产品化的过程,其重点在于相关机械部件的设计、装配与调试等。因此,合同约定在双方合作研发期间,南昌德漫多公司“提供必要的医学方面的技术支持”,昆山倚天公司“根据合理的机械及电器原理展开相关研发工作”,再结合昆山倚天公司网站展示的相关产品及其主营业务范围,可以确认涉案合同订立目的是南昌德漫多公司委托具有相关技术实力的昆山倚天公司开发、制造全自动组织病理标本处理设备。

其二,从双方权利义务来看。……根据双方当事人的权利义务以及在合同关系中的作用可以看出,昆山倚天公司承担了涉案项目的实际研发工作,其应当在约定的期限内向南昌德漫多公司交付研发成果(样机整机一台)以及相关设备资料,并接收验收,南昌德漫多公司通过购买样机以及合作期间量产设备的方式,向昆山倚天公司支付研发报酬。

其三,从涉案合同文本来看。涉案合同的抬头双方当事人信息处明确记载,南昌德漫多公司为委托方,昆山倚天公司为受托方。填写说明记载按各自在合同中的作用等,在“委托方”“受托方”项下排列记载当事人信息。合同第1条记载“提交给委托方全套的机械设计图纸”等。涉案合同上述所载信息,亦明确了双方当事人在合同中的作用和地位。

综上所述,根据涉案合同关于双方权利义务的约定,结合该合同签订的背景和目的以及双方的主营业务,可以确定涉案合同为技术委托开发合同。

第三节　技术转让合同和技术许可合同

一、技术转让合同和技术许可合同的概念

技术转让合同是合法拥有技术的权利人,将现有特定的专利、专利申请、技术秘密的相关权利让与他人所订立的合同(《民法典》第862条第1款)。在《民法典》实施之前,常区分广义的技术转让合同和狭义的技术转让合同,前者包括了转让和许可两类合同,而后者仅指权利的转让。在《民法典》编纂过程中,有意见指出,技术转让和技术许可具有不同的法律含义,建议区分规定。《民法典》最终采纳了这一意见,在《民法典》第862条第2款中规定了技术许可合同,[35]即“技术许可合同是合法拥有技术的权利人,将现有特定的专利、技术秘密的相关权利许可他人实施、使用所订立的合同”。技术转让合同的合同标的,指向的是专利权、专利申请权、技术秘密等原权利,而技术许可合同的合同标的,指向的是原权派生的使用权,两者并不一致。而且,在技术许可合同中,并不包括专利申请权的“许可”,原因是其无法予以许可,而只能予以转让。值得注意的是,技术转让合同和技术许可合同,指向的是“现有特定的”技术,因此其区别于技术开发合同所指向的尚待研究开发的新技术。依《技术合同司法解释》第22条第1

〔35〕 黄薇主编:《中华人民共和国民法典解读:合同编》(下册),中国法制出版社2020年版,第1177页。

款，就尚待研究开发的技术成果或者不涉及专利、专利申请或者技术秘密的知识、技术、经验和信息所订立的合同，不属于技术转让合同或技术许可合同。

技术转让合同包括专利权转让、专利申请权转让、技术秘密转让等合同。技术许可合同包括专利实施许可、技术秘密使用许可等合同。技术转让合同和技术许可合同应当采用书面形式(《民法典》第 863 条)。

技术转让合同和技术许可合同中关于提供实施技术的专用设备、原材料或者提供有关的技术咨询、技术服务的约定，属于合同的组成部分(《民法典》第 862 条第 3 款)。并且，依《技术合同司法解释》第 22 条第 2 款，"技术转让合同中关于让与人向受让人提供实施技术的专用设备、原材料或者提供有关的技术咨询、技术服务的约定，属于技术转让合同的组成部分。因此发生的纠纷，按照技术转让合同处理"。但本书认为，此等技术设备、原材料的提供以及提供的技术咨询、技术服务，之所以是技术转让合同和技术许可合同的组成部分，在于其是实施所转让或许可的技术所需的专用设备、原材料，其提供的也是所转让或许可的技术咨询和技术服务。若与此无关的技术咨询或技术服务，以及提供的物品，则是技术咨询合同或技术服务合同，或者是买卖合同等相关的给付内容与技术转让合同和技术许可合同的内容混合形成的混合合同，应依混合合同的一般原理予以处理。

依《民法典》第 862 条的规定，技术转让合同和技术许可合同指向的是专利、技术秘密等，并不包括集成电路、植物新品种等知识产权的转让和许可。然而，根据《民法典》第 876 条的规定，集成电路布图设计专有权、植物新品种权、计算机软件著作权等其他知识产权的转让和许可，可参照适用《民法典》技术合同章"技术转让合同和技术许可合同"节的有关规定。当然，在参照适用时，首先，应注意并不限于列举的三种知识产权的转让和许可得以参照适用。其次，在参照适用时，若集成电路布图设计专有权等知识产权的许可和转让存在特别规定的，特别规定优先，并不能直接参照适用"技术转让合同和技术许可合同"节而无视特别规定的存在。最后，"参照适用"并不等于"适用"，应依"参照适用"的一般原理及拟处理之案情，仔细甄别本节相关条款的适用或变通适用是否符合立法主旨及拟适用知识产权类型的基本原理等。

此外，名为技术入股而不参与经营管理且约定保底条款的联营合同，视为技术转让或技术许可合同，即"当事人以技术入股方式订立联营合同，但技术入股人不参与联营体的经营管理，并且以保底条款形式约定联营体或者联营对方支付其技术价款或者使用费的，视为技术转让合同或者技术许可合同"(《技术合同司法解释》第 22 条第 3 款)。

二、技术转让合同和技术许可合同的效力

技术转让合同和技术许可合同的权利义务，《民法典》将其分为适用于所有技术转让合同和技术许可合同的一般效力与适用于部分子类型的特殊效力予以规定。

(一)技术让与人和许可人的主要义务

技术让与人或许可人的主要义务是按照合同约定将技术转让给受让人或许可给被许可人并对转让标的承担瑕疵担保责任(《民法典》第 870 条)。具体而言其包括三个方面的内容：(1)就权利移转义务而言，技术让与人或者许可人应保证自己就转让标的享有处分权限；(2)权利的瑕疵担保责任，即技术让与人和许可人应当保证自己所提供技术并不存在妨碍转让标的

权利完整性和使用的权利负担；(3)“物”的瑕疵担保责任，即技术让与人和许可人应当保证其所提供的技术完整、无误、有效，能够达到约定的目标。如果受让人或者被许可人按照约定实施专利、使用技术秘密侵害他人合法权益的，由让与人或者许可人承担责任，但是当事人另有约定的除外(《民法典》第 874 条)。有文献认为，受让人使用转让或者许可的技术生产或者销售产品，如果被第三人指控侵权，应当由受让人承担责任。[36] 依本书理解，该文献中所谓承担责任的“受让人”，应当指的是产品责任意义上的产品生产者，而并非《民法典》第 874 条规定的专利实施或者技术秘密使用本身存在侵权。对此，有观点认为，从目的性、体系性及社会学解释出发，《民法典》第 874 条规定的“受让人或者被许可人”的主观状态应限定为善意。依基本逻辑推断，“由让与人或者许可人承担责任”中的“责任”应解释为“赔偿责任”，结合其规范意旨，“侵害他人合法权益”意为负赔偿责任的侵权行为。从句末但书“当事人另有约定的除外”反推，《民法典》第 874 条实为技术合同双方对他人侵权的内部责任分配之规定，“赔偿责任”应再限缩解释为“内部赔偿责任”。该观点认为，依基本逻辑判断，基于知识产权请求权所产生的停止侵害等责任都无法由他人代为承受，只能由善意第三人自行承担。能够由让与人、许可人代为承担的，只有善意第三人的赔偿责任。因此，“由让与人或者许可人承担责任”中的“责任”本身应限缩解释为“损害赔偿责任”，与停止侵害责任无关。[37]

《民法典》第 872 条对让与人和许可人的违约责任作了规定，“许可人未按照约定许可技术的，应当返还部分或者全部使用费，并应当承担违约责任；实施专利或者使用技术秘密超越约定的范围的，违反约定擅自许可第三人实施该项专利或者使用该项技术秘密的，应当停止违约行为，承担违约责任；违反约定的保密义务的，应当承担违约责任。让与人承担违约责任，参照适用前款规定”。

但专利等知识产权不同于物权，其并不具有权利上的排他性，可以由多人同时分别使用。故《技术合同司法解释》第 24 条第 2 款明确规定，“让与人与受让人订立的专利权、专利申请权转让合同，不影响在合同成立前让与人与他人订立的相关专利实施许可合同或者技术秘密转让合同的效力”。不仅如此，让与人也负有自己不得继续实施相关技术的义务，即“订立专利权转让合同或者专利申请权转让合同前，让与人自己已经实施发明创造，在合同生效后，受让人要求让与人停止实施的，人民法院应当予以支持，但当事人另有约定的除外”(《技术合同司法解释》第 24 条第 1 款)。另外，“当事人对实施专利或者使用技术秘密的期限没有约定或者约定不明确的，受让人、被许可人实施专利或者使用技术秘密不受期限限制”(《技术合同司法解释》第 28 条第 2 款)。

(二)受让人或被许可人的主要义务

受让人或被许可人应当按照约定实施技术或技术秘密，并承担保密义务(《民法典》第 864 条、第 873 条等)。技术转让合同的受让人和技术许可合同的被许可人应当按照约定的范围和期限，对让与人、许可人提供的技术中尚未公开的秘密部分，承担保密义务(《民法典》第 871 条)。受让人或被许可人负有费用支付义务(《民法典》第 873 条)。受让人或被许可人违反上

[36] 黄薇主编：《中华人民共和国民法典解读：合同编》(下册)，中国法制出版社 2020 年版，第 1193 页。

[37] 汤贞友：《技术合同双方对他人侵权的责任分担——〈民法典〉第 874 条的解释适用》，载《知识产权》2022 年第 1 期。

述义务的,应承担违约责任,即“被许可人未按照约定支付使用费的,应当补交使用费并按照约定支付违约金;不补交使用费或者支付违约金的,应当停止实施专利或者使用技术秘密,交还技术资料,承担违约责任;实施专利或者使用技术秘密超越约定的范围的,未经许可人同意擅自许可第三人实施该专利或者使用该技术秘密的,应当停止违约行为,承担违约责任;违反约定的保密义务的,应当承担违约责任。受让人承担违约责任,参照适用前款规定”(《民法典》第 873 条)。

(三)专利实施许可合同的效力

专利实施许可合同包括独占实施许可、排他实施许可、普通实施许可等许可方式。当事人对专利实施许可方式没有约定或者约定不明确的,认定为普通实施许可。专利实施许可合同约定被许可人可以再许可他人实施专利的,认定该再许可为普通实施许可,但当事人另有约定的除外(《技术合同司法解释》第 25 条)。专利实施许可合同仅在该专利权的存续期限内有效。专利权有效期限届满或者专利权被宣告无效的,专利权人不得就该专利与他人订立专利实施许可合同(《民法典》第 865 条)。不仅如此,许可人负有专利权有效维持义务,即“专利实施许可合同许可人负有在合同有效期内维持专利权有效的义务,包括依法缴纳专利年费和积极应对他人提出宣告专利权无效的请求,但当事人另有约定的除外”(《技术合同司法解释》第 26 条)。专利实施许可合同的许可人应当按照约定许可被许可人实施专利,交付实施专利有关的技术资料,提供必要的技术指导(《民法典》第 866 条)。专利实施许可合同的被许可人应当按照约定实施专利,不得许可约定以外的第三人实施该专利,并按照约定支付使用费(《民法典》第 867 条)。

(四)技术秘密转让合同、许可合同的效力

技术秘密转让合同的让与人和技术秘密使用许可合同的许可人应当按照约定提供技术资料,进行技术指导,保证技术的实用性、可靠性,并承担保密义务。此处的保密义务,不限制许可人申请专利,但是当事人另有约定的除外(《民法典》第 868 条)。技术秘密转让合同的受让人和技术秘密使用许可合同的被许可人应当按照约定使用技术,支付转让费、使用费,并承担保密义务(《民法典》第 869 条)。

因对于正在申请专利的技术成果亦可以订立许可使用合同,故随着专利申请公开、专利授权等的变化,其技术成果的含义也会发生变化。对此,《技术合同司法解释》第 29 条第 1 款规定,“当事人之间就申请专利的技术成果所订立的许可使用合同,专利申请公开以前,适用技术秘密许可合同的有关规定;发明专利申请公开以后、授权以前,参照适用专利实施许可合同的有关规定;授权以后,原合同即为专利实施许可合同,适用专利实施许可合同的有关规定”。

三、后续改进技术成果的归属

后续改进,是指在技术转让合同的有效期内,一方或者双方对作为合同标的的专利技术或者非专利技术成果所作的革新和改良而取得的技术成果。这一技术成果权益的归属,依《民法典》第 875 条规定,当事人可以按照互利的原则,约定实施专利、使用技术秘密的后续改进技术成果的分享办法;在合同没有约定或者约定不明确的情况下,当事人可以协议补充;不能达成补充协议的,按照合同中有关条款或者交易习惯确定;依照合同有关条款或交易习惯仍不能确定的,后续改进的技术成果属于该成果的一方,任何一方无权分享另一方后续改进的技术成果。

第四节　技术咨询合同和技术服务合同

一、技术咨询合同

技术咨询合同是当事人一方以技术知识为对方就特定技术项目提供可行性论证、技术预测、专题技术调查、分析评价报告等所订立的合同(《民法典》第 878 条第 1 款)。“特定技术项目”,包括有关科学技术与经济社会协调发展的软科学研究项目,促进科技进步和管理现代化、提高经济效益和社会效益等运用科学知识和技术手段进行调查、分析、论证、评价、预测的专业性技术项目(《技术合同司法解释》第 30 条)。

(一)技术咨询合同的特点

技术咨询合同的特点主要包括:(1)技术咨询合同指向的对象具有独特性。与直接进行新技术的研发、现有技术的转让许可等不同,技术咨询合同指向的是特定技术项目的可行性论证、技术预测、专题技术调查、分析评价报告等,其主要在于完成咨询报告或者解答问题(《民法典》第 878 条、第 880 条)。(2)技术咨询合同的决策风险责任分配具有其特殊性,并不对咨询报告或解答意见负有担保责任。在技术转让合同和技术许可合同中,许可人或让与人按照合同约定将技术转让给受让人或许可给被许可人并对转让标的承担瑕疵担保责任(《民法典》第 870 条)。但在技术咨询合同中,技术咨询合同的委托人按照受托人符合约定要求的咨询报告和意见作出决策所造成的损失,由委托人承担,但当事人另有约定的除外(《民法典》第 881 条第 3 款)。对咨询结果或解答结果原则上不负瑕疵担保责任为技术咨询合同所独有,在技术开发合同、技术转让合同和技术服务合同中均不存在。(3)技术咨询合同是不要式合同。与技术开发合同要求书面形式(《民法典》第 851 条第 3 款)、技术转让合同和技术许可合同要求书面形式(《民法典》第 863 条第 3 款)不同,《民法典》对技术咨询合同和技术服务合同并无书面形式的要求。

(二)技术咨询合同委托人的义务

技术咨询合同委托人的主要义务在于支付报酬,同时负有阐明咨询的问题、提供有关技术资料,以及接受技术咨询工作成果的义务,特定情形还负有保密义务。技术咨询合同的委托人应当按照约定阐明咨询的问题,提供技术背景材料及有关技术资料,接受受托人的工作成果,支付报酬(《民法典》第 879 条)。当事人对技术咨询合同委托人提供的技术资料和数据或者受托人提出的咨询报告和意见未约定保密义务,当事人一方引用、发表或者向第三人提供的,不认定为违约行为,但侵害对方当事人对此享有的合法权益的,应当依法承担民事责任(《技术合同司法解释》第 31 条)。也就是说,当事人若约定了保密义务,委托人应当予以遵守。

思考 | **因委托人事由致使技术咨询合同履行出现障碍时的报酬请求权**

若因可归责于委托人之事由致使技术咨询合同的履行出现障碍,受托人的报酬请求权不受影响,即“技术咨询合同的委托人未按照约定提供必要的资料,影响工作进度和质量,不接受或者逾期接受工作成果的，支付的报酬不得追回，未支付的报酬应当支付”（《民法典》第881条第1款）。同样地，在技术服务合同领域也有类似的规定，即“技术服务合同的委托人不履行合同义务或者履行合同义务不符合约定，影响工作进度和质量，不接受或者逾期接受工作成果的，支付的报酬不得追回，未支付的报酬应当支付”（《民法典》第884条第1款）。因未提供必要资料影响工作质量的，此时类似于因可归责于债权人事由之履行不能（部分不能），依风险负担规则一般原理，可归责于债权人事由之履行不能，价金风险由债权人承受，此时不影响受托人的报酬请求权，这本身得以理解。但因未提供必要资料影响工作进度的，通常来说构成可归责于债权人事由之履行迟延（若无法补正，则构成履行不能），此时《民法典》技术合同章“技术咨询合同”部分采取了既不同于承揽合同的工期索赔及损害赔偿（《民法典》第776条、第778条），也不同于委托合同情形仅得以要求“相应的报酬”的做法（《民法典》第928条），而是采用了“全额报酬请求权”的模式。不仅如此，在受领迟延之情形下，关于技术咨询合同，《民法典》第881条也未采纳《民法典》合同编通则规定的“费用赔偿请求权”（《民法典》第589条），而是采用了报酬请求权构成。与《民法典》的规定不同，《技术合同司法解释》第32条则在一定程度上参考了《民法典》第776条关于承揽合同的规定，认为“委托人在接到受托人的补正通知后未在合理期限内答复并予补正的，发生的损失由委托人承担”，采用的是损失承担或损害赔偿的规则。从上述分析亦可看出，《民法典》第881条第1款规定的技术咨询合同全额价款请求权的构成，对于思考如何完善风险负担规则、如何完善受领迟延规则等均具有重要的意义，但其具体发展，仍有待学理和判例予以发展。

当然，在原《合同法》的背景下，亦有学说从原《合同法》第110条（《民法典》第580条）视角考察技术服务不能的问题，结合原《合同法》第94条（《民法典》第563条）的法定解除权，并试图类推适用委托合同的任意解除等来阐述相关原理。该观点认为，技术服务不能，在技术服务具有专属性的情况下，是指受托人因其技术专家丧失殆尽或其技术知识过时而无力解决委托人所要求解决的技术问题；在技术服务非为专属性的情况下，除了前述情形外，还包括在约定的期限内，受托人聘请不到合格的技术人员来解决委托人所要求解决的特定技术问题，或者所受制特定的源泉等消失，并且于履行期届满时仍未恢复或出现。遇此情况，委托人有权解除技术服务合同，从应然的角度看，受托人也应有权解除合同。只是后一种情况缺乏现行法的规定，成为法律漏洞，应予补充。受托人有过错的，应当承担支付违约金或违约损害赔偿的责任，于后者场合，既可以是期待利益的损害赔偿，也可以是信赖利益的损害赔偿。[38] 当然，该观点主要是从合同解除及其损失赔偿的视角予以考察，但并未就风险负担问题作出观察。而且，其设想的情形，与《民法典》第884条规定的可归责于债权人事由之履行迟延、履行不能等并不相同。

（三）技术咨询合同受托人的义务

技术咨询合同受托人的主要义务是按照约定的期限完成咨询报告或解答问题，且提出的咨询报告应当达到约定的要求（《民法典》第880条）。技术咨询合同的受托人未按期提出咨询

---

〔38〕 孙屹、王淑玲：《技术服务不能及其救济》，载《当代法学》2014年第5期。

报告或者提出的咨询报告不符合约定的,应当承担减收或者免收报酬等违约责任(《民法典》第881条第2款)。与《民法典》关于委托合同的规定不同的是,技术咨询合同和技术服务合同的受托人原则上应以自己之费用完成受托事务,而不是如同《民法典》第921条要求委托人负担事务处理费用,即"技术咨询合同和技术服务合同对受托人正常开展工作所需费用的负担没有约定或者约定不明确的,由受托人负担"(《民法典》第886条)。

技术咨询合同受托人还负有警示和通知义务。技术咨询合同受托人发现委托人提供的资料、数据等有明显错误或者缺陷,未在合理期限内通知委托人的,视为其对委托人提供的技术资料、数据等予以认可。委托人在接到受托人的补正通知后未在合理期限内答复并予以补正的,发生的损失由委托人承担(《技术合同司法解释》第32条)。

(四)技术咨询合同与勘察设计合同

实践中,亦会就涉案合同为技术咨询合同抑或勘察设计合同产生争议。对此,有法院裁判认为,"对于城乡设计院主张《工程咨询合同》《工程合作合同》应定性为建设工程勘察、设计合同并适用相应的法律规范的主张,分析如下:(1)根据原《合同法》第356条的规定,技术咨询合同包括就特定技术项目提供可行性论证、技术预测、专题技术调查、分析评价报告等合同。本案合同明确约定,城乡设计院委托盛泰公司就编制西藏自治区县城市政项目设计工程进行技术咨询,并支付咨询报酬。咨询内容包括巴青县、安多县、班戈县、乃东县市政项目设计的前期现场勘查和资料收集、可研、设计阶段期间的技术咨询等,符合技术咨询合同的特质。(2)技术咨询合同受托人的主要义务是按照约定的期限完成咨询报告或者解答问题。从涉案合同的履行情况看,盛泰公司通过发送电子邮件、提交纸质文档等方式向城乡设计院提供了技术咨询服务,盛泰公司履行合同的行为符合技术合同受托人的主要义务。(3)城乡设计院在原审诉讼中对盛泰公司提交的5个项目设计成果予以认可,进一步表明盛泰公司提供的是技术咨询服务,城乡设计院上诉时亦未对一审法院认定的基础法律关系提出异议"[39]。

(五)技术咨询合同技术成果的归属

技术咨询合同或技术服务合同,既有可能在履行合同过程中产生技术成果,也可能在受托人工作成果的基础上形成新的技术成果,法律上应就其归属作出规定。对此,《民法典》第885条规定,"技术咨询合同、技术服务合同履行过程中,受托人利用委托人提供的技术资料和工作条件完成的新的技术成果,属于受托人。委托人利用受托人的工作成果完成的新的技术成果,属于委托人。当事人另有约定的,按照其约定"。

二、技术服务合同

技术服务合同是当事人一方以技术知识为对方解决特定技术问题所订立的合同,不包括承揽合同和建设工程合同(《民法典》第878条第2款)。技术服务合同与技术咨询合同一样,亦为非要式合同。技术服务合同是以解决特定技术问题而订立的合同,其指向的标的具有特殊性。该"特定技术问题",包括需要运用专业技术知识、经验和信息解决的有关改进产品结

---

〔39〕乐山市城乡规划设计院、四川盛泰建筑勘察设计有限公司乐山分公司技术咨询合同纠纷再审审查与审判监督案,最高人民法院(2019)最高法民申1918号民事裁定书。

构、改良工艺流程、提高产品质量、降低产品成本、节约资源能耗、保护资源环境、实现安全操作、提高经济效益和社会效益等专业技术问题(《技术合同司法解释》第 33 条)。另外,某些名为技术转让的合同但实质上无法构成技术转让合同的,也可以按照技术服务合同处理。例如,《技术合同司法解释》第 34 条规定,“当事人一方以技术转让或者技术许可的名义提供已进入公有领域的技术,或者在技术转让合同,技术许可合同履行过程中合同标的技术进入公有领域,但是技术提供方进行技术指导、传授技术知识,为对方解决特定技术问题符合约定条件的,按照技术服务合同处理,约定的技术转让费、使用费可以视为提供技术服务的报酬和费用,但是法律、行政法规另有规定的除外。依照前款规定,技术转让费或者使用费视为提供技术服务的报酬和费用明显不合理的,人民法院可以根据当事人的请求合理确定”。

技术服务合同委托人的主要义务是支付报酬、提供工作条件和协助、接受工作成果。《民法典》第 882 条规定,“技术服务合同的委托人应当按照约定提供工作条件,完成配合事项,接受工作成果并支付报酬”。与技术咨询合同一样,在委托人违约之情形下,技术服务合同领域也采用了“全额报酬请求权”构成,而并非违约损害赔偿请求权构成,即技术服务合同的委托人不履行合同义务或者履行合同义务不符合约定,影响工作进度和质量,不接受或者逾期接受工作成果的,支付的报酬不得追回,未支付的报酬应当支付(《民法典》第 884 条第 1 款)。

技术服务合同受托人的主要义务是按照约定完成服务等。《民法典》第 883 条规定,“技术服务合同的受托人应当按照约定完成服务项目,解决技术问题,保证工作质量,并传授解决技术问题的知识”。技术服务合同的受托人未按照约定完成服务工作的,应当承担免收报酬等违约责任(《民法典》第 884 条第 2 款)。

与技术咨询合同一样,技术服务合同受托人亦负有警示、通知义务。技术服务合同受托人发现委托人提供的资料、数据、样品、材料、场地等工作条件不符合约定,未在合理期限内通知委托人的,视为其对委托人提供的工作条件予以认可。委托人在接到受托人的补正通知后未在合理期限内答复并予补正的,发生的损失由委托人承担(《技术合同司法解释》第 35 条)。

三、技术中介合同、技术培训合同

实践中,还存在技术中介合同和技术培训合同等特殊类型的技术服务合同。在原《合同法》立法过程中,曾有建议增加这两类合同,但立法者考虑技术培训合同、技术中介合同与技术服务合同内容上的相似性、实践中纠纷的复杂性,最终选择将此二者的特殊规则留待日后进一步考察。[40] 在《民法典》编纂过程中,也有建议具体规定技术中介合同和技术培训合同,但考虑到技术培训合同、技术中介合同与技术服务合同的内容大体相似,对技术培训合同与技术中介合同的特殊性问题还需进一步研究,[41] 故仍然维持了原《合同法》第 364 条的规定,在《民法典》第 887 条中规定,“法律、行政法规对技术中介合同、技术培训合同另有规定的,依照其规定”。该规定也表明,技术中介合同、技术培训合同仍然为技术服务合同之子类型,只有其他法律、行政法规另有规定时,才不适用《民法典》关于技术服务合同的规定。《技术合同司法解释》

---

〔40〕 谢鸿飞、朱广新主编:《民法典评注:合同编　典型合同与准合同》(第 3 册),中国法制出版社 2020 年版,第 588 页。
〔41〕 黄薇主编:《中华人民共和国民法典解读:合同编》(下册),中国法制出版社 2020 年版,第 1224 页。

对技术中介合同和技术培训合同作出了较为详细的规定。

(一)技术中介合同

技术中介合同,是指当事人一方以知识、技术、经验和信息为另一方与第三人订立技术合同进行联系、介绍以及对履行合同提供专门服务所订立的合同(《技术合同司法解释》第38条)。

关于技术中介合同,《技术合同司法解释》主要是参照《民法典》中介合同章的相关规定对费用、报酬等规则作了细化规定。[42]《技术合同司法解释》第39条规定,"中介人从事中介活动的费用,是指中介人在委托人和第三人订立技术合同前,进行联系、介绍活动所支出的通信、交通和必要的调查研究等费用。中介人的报酬,是指中介人为委托人与第三人订立技术合同以及对履行该合同提供服务应当得到的收益。当事人对中介人从事中介活动的费用负担没有约定或者约定不明确的,由中介人承担。当事人约定该费用由委托人承担但未约定具体数额或者计算方法的,由委托人支付中介人从事中介活动支出的必要费用。当事人对中介人的报酬数额没有约定或者约定不明确的,应当根据中介人所进行的劳务合理确定,并由委托人承担。仅在委托人与第三人订立的技术合同中约定中介条款,但未约定给付中介人报酬或者约定不明确的,应当支付的报酬由委托人和第三人平均承担"。《技术合同司法解释》第40条规定了中介报酬取得条件及中介人的违约责任,即"中介人未促成委托人与第三人之间的技术合同成立的,其要求支付报酬的请求,人民法院不予支持;其要求委托人支付其从事中介活动必要费用的请求,应当予以支持,但当事人另有约定的除外。中介人隐瞒与订立技术合同有关的重要事实或者提供虚假情况,侵害委托人利益的,应当根据情况免收报酬并承担赔偿责任"。若经过中介服务而达成的技术合同无效或被撤销时,中介人是否享有中介报酬,《技术合同司法解释》第41条对此也作出了规定,"中介人对造成委托人与第三人之间的技术合同的无效或者被撤销没有过错,并且该技术合同的无效或者被撤销不影响有关中介条款或者技术中介合同继续有效,中介人要求按照约定或者本解释的有关规定给付从事中介活动的费用和报酬的,人民法院应当予以支持。中介人收取从事中介活动的费用和报酬不应当被视为委托人与第三人之间的技术合同纠纷中一方当事人的损失"。

(二)技术培训合同

技术培训合同,是指当事人一方委托另一方对指定的学员进行特定项目的专业技术训练和技术指导所订立的合同,不包括职业培训、文化学习和按照行业、法人或者非法人组织的计划进行的职工业余教育(《技术合同司法解释》第36条)。《技术合同司法解释》第37条就技术培训合同的权利义务作了细化规定,即"当事人对技术培训必需的场地、设施和试验条件等工作条件的提供和管理责任没有约定或者约定不明确的,由委托人负责提供和管理。技术培训合同委托人派出的学员不符合约定条件,影响培训质量的,由委托人按照约定支付报酬。受托人配备的教员不符合约定条件,影响培训质量,或者受托人未按照计划和项目进行培训,导致不能实现约定培训目标的,应当减收或者免收报酬。受托人发现学员不符合约定条件或者委托人发现教员不符合约定条件,未在合理期限内通知对方,或者接到通知的一方未在合理期限内按约定改派的,应当由负有履行义务的当事人承担相应的民事责任"。

---

〔42〕 关于技术中介合同与中介合同的区别,参见本书第十八章"中介合同"部分。

第十三章　保 管 合 同

保管合同是服务类合同的一种，自罗马法以来就是一种典型合同。其特色在于以物的保管这一相对限定的劳务作为其标的。[1] 保管，就是将寄存的标的物置于自己的支配之下并维持其原状的活动。[2] 以保管他人之物作为债务，并非保管合同特有的内容。例如，在租赁合同中承租人妥善保管租赁物的义务（《民法典》第714条）、融资租赁合同中承租人妥善保管使用租赁物的义务（《民法典》第750条）、承揽合同中承揽人应当妥善保管定作人提供的材料以及完成的工作成果的义务（《民法典》第784条）等。此等典型合同中的保管，应依该典型合同中关于法律效力的一部分予以处理。[3] 但与此等典型合同中的保管义务不同，保管合同是专以物之保管作为标的的合同。《民法典》承继原《合同法》规定，在《民法典》第888～903条规定了保管合同；而且，在原《合同法》的基础上，《民法典》增加了场所主人保管的规则。

第一节　保管合同概述

一、保管合同的概念与特征

保管合同是保管人保管寄存人交付的保管物，并返还该物的合同（《民法典》第888条第1款），又称寄托合同、寄存合同。从《民法典》的定义来看，保管合同中，寄存人要转移保管物的占有[4]但并不取得保管物的使用收益，因此不同于租赁、借用等。保管合同是要物合同、不要式合同，且为持续性合同；原则上为无偿、单务合同（若特别约定报酬时则为有偿、双务合同）。

保管合同原则上为要物合同。《民法典》第890条规定，"保管合同自保管物交付时成立，但是当事人另有约定的除外"。基于罗马法以来的传统，多数大陆法系国家将保管合同作为要物合同予以规定。但也有不少学者根据诺成化的现代合同法发展趋势对保管合同的要物性作

---

[1]［日］我妻荣：《我妻荣民法讲义 V_3：债权各论》（中卷二），周江洪译，中国法制出版社2008年版，第168页。

[2]［日］我妻荣：《我妻荣民法讲义 V_3：债权各论》（中卷二），周江洪译，中国法制出版社2008年版，第170页。

[3]［日］我妻荣：《我妻荣民法讲义 V_3：债权各论》（中卷二），周江洪译，中国法制出版社2008年版，第171页。当然，若此等典型合同未对保管涉及的法律效力作出规定，本书认为，保管合同的有关规则可参照适用。

[4] 值得注意的是，有学者认为，在一般寄托中，受寄人只能持有标的物，而不能取得标的物的占有，更不能取得标的物的所有［参见崔建远：《合同法》（第4版），北京大学出版社2021年版，第624页］；但也有学者认为，保管成立时，寄存人享有以保管人为占有代理人的间接占有，保管人则享有作为寄存人的占有代理人的直接占有［参见［日］我妻荣：《我妻荣民法讲义 V_3：债权各论》（中卷二），周江洪译，中国法制出版社2008年版，第178页；李永军主编：《合同法学》，高等教育出版社2011年版，第355页］。

出反思。日本债法在2017年进行大修改后,亦将保管合同规定为诺成合同,即“保管,因一方当事人委托相对人保管某物,相对人承诺之,而生其效力”(《日本民法典》第657条)。我国《民法典》维持了保管合同的要物性,但同时也规定,保管合同可基于当事人的约定而为诺成合同。这既符合合同法的最新发展趋势,也为各国理论界和立法所认可。同时,从国际商业惯例来看,保管合同的实践性特征也不断减弱。尤其是在尊重意思自治的语境下,基于强化当事人许诺的效力要求,有观点认为,不应将保管合同硬性地规定为实践合同。[5]

思考 | 保管物之“交付”是否包括占有改定和指示交付

保管合同既然为要物合同,就需有保管物之交付才成立。保管人收取标的物是履行保管义务的前提,其实质就是保管人将标的物置于其支配之下。因此,仅仅是保管人取得间接占有的,原则上不成立保管。原因在于,保管人原则上负有直接占有并加以保管的义务。[6] 而要获得此等支配,须寄存人“交付”。关于此处之“交付”,并非转移所有权之“交付”,而是转移占有,不限于现实交付,也包括简易交付。[7] 但是否包括占有改定和指示交付,学说上存在争议。既有认为保管合同不得因占有改定而成立的,也有认为得以成立保管的。后者认为,将要成为保管人的人属于占有代理人(直接占有人)的场合,也当然成立保管;例如,出卖人为了买受人的利益而保管所售之物的场合。[8] 但前者认为,在出卖人与买受人约定嗣后为买受人保管标的物的场合,这种类型的占有改定,仅为出卖人使买受人因此而取得间接占有,以代交付,而履行出卖人交付买卖物的义务而已,至于买受人和出卖人再成立保管合同,实际上是依据简易交付的方法而进行的,系同时发生,不易辨别。所以,不宜赞同保管合同因占有改定而成立的观点。[9] 实际上,两者之间在成立保管关系上并无区别,有区别的只是因占有改定而成立保管抑或依简易交付而成立保管。该区别只是法律构成逻辑上的区别,于实务并无影响。另外,关于保管合同是否得因指示交付而成立,得依是否存在寄存人之同意而定。因保管合同为实践合同,保管人须现实地占有保管物,且原则上不得由第三人代为保管,因而依指示交付原则上不能成立保管合同,除非经寄存人同意,使第三人代为继续保管。[10] 例如,乙受让了甲保管于丙处的物,并继续让丙保管的场合。

保管合同原则上为无偿合同。《民法典》第889条第1款规定,“寄存人应当按照约定向保管人支付保管费”。依该款规定,寄存人负有保管费支付义务,保管合同似乎为有偿合同,但该条第2款规定,“当事人对保管费没有约定或者约定不明确,依据本法第五百一十条的规定仍不能确定的,视为无偿保管”。而且,《民法典》第888条关于保管合同的定义,亦未规定保管费

---

〔5〕 谢鸿飞、朱广新主编:《民法典评注:合同编 典型合同与准合同》(第4册),中国法制出版社2020年版,第18页。

〔6〕 [日]我妻荣:《我妻荣民法讲义V_3:债权各论》(中卷二),周江洪译,中国法制出版社2008年版,第178页。

〔7〕 亦有观点认为,限于现实交付,参见黄薇主编:《中华人民共和国民法典解读:合同编》(下册),中国法制出版社2020年版,第1239页。

〔8〕 [日]我妻荣:《我妻荣民法讲义V_3:债权各论》(中卷二),周江洪译,中国法制出版社2008年版,第178页。

〔9〕 崔建远:《合同法》(第4版),北京大学出版社2021年版,第625页。

〔10〕 崔建远:《合同法》(第4版),北京大学出版社2021年版,第625页。

支付义务。故除非保管合同约定保管费或依《民法典》第510条得以确定为有偿的，保管合同为无偿合同。无偿保管合同，因寄存人并不负有对待给付义务，故为单务合同；有偿保管合同，保管人的保管义务与寄存人的保管费支付义务之间构成对待给付关系，故属双务合同。〔11〕

保管合同中的保管物，有不少立法例将其限定为动产，但也有国家未作限定，认为其应当包括不动产。〔12〕国内有学说主张其应限定为动产，关于不动产，可以借助雇佣或者委托等合同，达到确保标的物完好的目的。〔13〕反对观点则认为，若以不动产的保管可以采取雇佣或委托合同方式为由而否认其可成立保管合同的必要性，则动产亦无必要成为保管合同的标的，因为动产的保管也可以采取雇佣或委托合同的方式。〔14〕因此，也有不少观点认为，由于保管合同的履行不以保管人有特定的保管场所为条件，因此保管物可以包括不动产，比如对房屋的保管。保管物能否移动，对于保管行为来讲，是无关紧要的。〔15〕本书认为，保管合同中的保管物可以为不动产。

拓展 | 保管合同与保险柜租用服务合同

保管以物的保管为契约内容，乃是将寄存的标的物置于自己的支配之下并维持其原状的活动。即使在提供场所的场合，由于将其置于该处并加以保管的劳务才是契约的标的，因此若只是提供安全的场所，乃是该场所或设备的租赁或使用借贷，并不是保管。因此，所谓的保险柜贷与契约（贷与保险柜、出租保险柜）乃是租赁，而不是保管。该类契约是银行将金库中特定的箱柜或抽屉有偿出借，而借方将有价证券以及其他贵重物品放入其中保管的契约。保管的物品依借方的自由，但对价是特定的（若是保管，保管人知晓标的物，并依其多寡确定其对价）。即使是只能由贷方（银行）与借方一起共同打开装置的场合，贷方也只负责保持保险箱本身的安全，并不对保险箱中的物品负责任（即使在公寓的出租人负有设置管理人并维持公寓安全的责任的场合，也并不成立保管关系。上述例子与公寓的例子并没有什么不同）。总言之，银行虽然负有贷与安全场所的出租人责任，但对于带入该场所的物品，并不负保管的责任。〔16〕当然，如何区分保管合同抑或租赁合同，实践中经常会成为争议的焦点，最终应依当事人之间的意思表示解释予以确定，其关键在于是否存在“保管该物”之合意。

二、特殊保管

（一）消费保管

依《民法典》第888条规定，保管人负有“返还该物”的义务。但在保管实践中，也存在保管人并不是保管并返还标的物本身，而是将标的物消费并返还相同种类、相同等级和相同数量的

---

〔11〕韩世远：《合同法学》（第2版），高等教育出版社2022年版，第537页。

〔12〕［日］我妻荣：《我妻荣民法讲义V_3：债权各论》（中卷二），周江洪译，中国法制出版社2008年版，第171页。

〔13〕韩世远：《合同法学》，高等教育出版社2010年版，第541页。但该著作第2版则认为，我国法律未明确限定保管物为动产，故解释上多承认不动产亦得为保管物［参见韩世远：《合同法学》（第2版），高等教育出版社2022年版，第536页］。

〔14〕宁红丽：《论我国保管合同制度的法律适用》，载《暨南学报（哲学社会科学版）》2008年第6期。

〔15〕隋彭生：《合同法要义》（第4版），中国人民大学出版社2015年版，第403页；谢鸿飞、朱广新主编：《民法典评注：合同编　典型合同与准合同》（第4册），中国法制出版社2020年版，第4页。

〔16〕［日］我妻荣：《我妻荣民法讲义V_3：债权各论》（中卷二），周江洪译，中国法制出版社2008年版，第170～171页。

物的场合。此种保管,被称为消费保管。消费保管中,虽然较少如同普通保管那样为保管标的物而利用他人劳务的要素,但仍将其作为保管,乃是基于此种理解:“避免寄存人自己保管的危险,而将标的物所具有的价值托付给保管人保管作为契约的标的。”〔17〕与通常的保管不同,此时要移转保管物的所有权。《民法典》第 901 条规定为消费保管的构成提供了规范基础,即“保管人保管货币的,可以返还相同种类、数量的货币;保管其他可替代物的,可以按照约定返还相同种类、品质、数量的物品”。值得注意的是,货币保管为消费保管,但保管货币以外的可替代物,原则上亦是普通保管,只有在约定得以返还相同种类、品质和数量的可替代物时,才构成消费保管或混藏保管。消费保管与消费借贷的不同之处在于,消费保管旨在寄存人的保管利益,而消费借贷则关注使用人之消费使用利益。《民法典》第 901 条仅规定了得以返还相同种类、数量或相同种类、品质、数量的可替代物,虽然并未规定保管人得以消费或使用保管物,但为消费保管的存在提供了规范基础,当事人得以约定得以消费或使用之保管。当然,虽然通常认为《民法典》第 901 条规定的是“消费保管”,〔18〕但本书认为,该条规定的并非仅规定消费保管,原因在于该条并未规定保管人的消费或使用,仍有待当事人约定。〔19〕但就货币保管而言,依该条规定,即使无特别约定,亦可以相同种类和数量的货币予以返还,且货币具有高度流通性,原则上“占有即所有”,故其得以消费的属性亦不言自明。

在比较法上,银行机构等接纳存款被作为消费保管契约予以看待,认为将金钱存入银行及其他金融机构,当然是消费保管。〔20〕但也有认为寄存货币的消费保管合同与储蓄合同并不相同。寄存货币的消费保管合同目的侧重于为寄存人保管货币,一般不向寄存人支付利息。而储蓄合同中存款的目的除保管外,存款人还可以获取利息。该观点认为,在我国,储蓄合同实际上是一种借款合同,借款合同是独立的有名合同,因此将储蓄合同归入消费保管合同实无必要,而且不利于保护存款人的利益和不符合金融业务的需要。〔21〕本书认为,利息之有无,并不能决定其为消费保管抑或借款合同,在消费保管中亦可以约定相应的利息。而且,若将其解释为借款合同,无法解释为何在特定情形下银行得以收取相关服务费用等,而保管合同的构成恰恰得以合理解释。不仅如此,之所以存在借款合同与保管合同之争,也在于比较法上通常存在消费保管与消费借贷之间的准用关系,消费保管得以准用消费借贷之规定。例如,《日本民法典》第 666 条规定,“(1)保管人依合同得消费保管物之情形,保管人应返还与被保管之物种类、品质及数量相同之物。(2)第 590 条及第 592 条之规定,准用于前款规定之情形。(3)第 591 条第 2 款及第 3 款之规定,准用于依存款或储蓄相关合同保管金钱之情形”。本书也认为,储

---

〔17〕［日］我妻荣:《我妻荣民法讲义 V_3:债权各论》(中卷二),周江洪译,中国法制出版社 2008 年版,第 195 页。

〔18〕黄薇主编:《中华人民共和国民法典解读:合同编》(下册),中国法制出版社 2020 年版,第 1266 页;谢鸿飞、朱广新主编:《民法典评注:合同编　典型合同与准合同》(第 4 册),中国法制出版社 2020 年版,第 79 页。

〔19〕实际上,也有学说针对原《合同法》第 378 条(《民法典》第 901 条)是否为消费保管提出质疑,认为民法学界对此普遍存在误解,该条规定所针对的并非针对货币的消费保管,最多只能是混藏保管;主张立法上应区分民事保管与商事保管,商事保管又区分为金融机构的货币保管和其他营业中的货币保管来判断是否为消费保管(参见万建华:《〈中华人民共和国合同法〉第 378 条之理解与完善——兼论我国货币保管合同的民商分立》,载《法商研究》2010 年第 2 期)。

〔20〕［日］我妻荣:《我妻荣民法讲义 V_3:债权各论》(中卷二),周江洪译,中国法制出版社 2008 年版,第 197 页。

〔21〕黄薇主编:《中华人民共和国民法典解读:合同编》(下册),中国法制出版社 2020 年版,第 1268 页;最高人民法院民法典贯彻实施工作领导小组主编:《中华人民共和国民法典合同编理解与适用(四)》,人民法院出版社 2020 年版,第 2381 页。

蓄合同的法律适用,若特别法未予规定,首先适用消费保管之规定;消费保管未予以规定的,其次得以参照适用借款合同(金钱消费借贷)之规定。

(二)混藏保管

混藏保管指保管人被多个寄存人委托保管同种、同等的可替代物,将保管物混合在一起保管,最后再从中以接受保管时相同数量的物予以返还。混藏保管区别于消费保管的特征在于未取得标的物的处分权,保管人并不能消费保管物。从《民法典》第 901 条后段的文义来看,因其未规定保管人是否得以消费,因此其语义亦可涵盖混藏保管。而且,从《民法典》第 895 条规定的保管物使用禁止义务来看,因保管人原则上不得使用保管物,故《民法典》第 901 条后段规定的情形其文义更接近于不得消费保管物的混藏保管类型。

(三)场所主人保管

《民法典》第 888 条第 2 款规定,"寄存人到保管人处从事购物、就餐、住宿等活动,将物品存放在指定场所的,视为保管,但是当事人另有约定或者另有交易习惯的除外"。学理上,又有国家将其称为法定保管,[22]《法国民法典》《德国民法典》《日本商法典》等就此作出了规定,我国《民法典》在原《合同法》基础上增加了这一规定。[23]

该规则实际上源于罗马法上的旅店主人责任。古代强盗猖獗,旅店主人有与强盗勾结、谋害客人财物的情形,故远在罗马法中即对旅店主人科以较重责任,对于客人所携带物品之毁损灭失,除能证明系不可抗力或客人自己之过失所致者外,应负赔偿责任。在现代社会,各国对旅店主人,一般都以法律明文加以较重的责任。通说以此责任为法定责任。此种法定责任并不是基于保管关系产生,因此并不以双方之间有保管的约定为必要;此种法定责任虽然通常与使顾客住宿的契约相结合,但无论使顾客住宿的契约生效与否,此种责任均有发生,因为使顾客住宿的外部事实,已经足以使旅店主人发生此种责任。但我国台湾地区"民法"第 607 条则规定,饮食店及浴室主人的责任,仅限于顾客所携带的通常物品,其责任比旅店主人要轻。目前有些国家的场所主人责任已经扩展到剧场、私人诊所、公共演出场所、浴场、膳宿公寓,甚至包括客车卧铺车厢和类似场所。但我国关于旅客携带的行李,已在运输合同中作出专门规定。另外,在大陆法系的民法典中,一般都规定场所主人对汽车及车内物品不负责任。但《法国民法典》却首先突破了这个传统,《法国民法典》第 1954 条第 2 款规定:"作为第 1953 条的例外,

---

〔22〕 亦有观点认为,《民法典》第 888 条第 2 款规定的场所主人保管并非法定保管,而是推定的保管合同。消费者"将物品存放在指定场所的"这一事实被推定为消费者与经营者达成了物品保管合意。法律并非把保管合同强加给双方当事人,而是依社会一般观念认定双方当事人存在保管合意。此项推定可被推翻,如果证明存在相反的特别约定或者交易习惯,则不能认定为保管合同。而且,我国《民法典》第 888 条第 2 款规定并非《德国民法典》第 701 条规定的旅店主人对顾客携入物的安全责任,后者并未要求"将物品存放在指定场所",所以无从成立保管合同,只能成立基于营业风险的法定特别责任(参见杨代雄主编:《袖珍民法典评注》,中国民主法制出版社 2022 年版,第 771 页)。另有相关评释则将该款作为法律拟制对待,认为该款实质上确立了特定场所存放物品合同法律性质不明情形下法律拟制为保管合同的规则[参见王轶等:《中国民法典释评:合同编 · 典型合同》(下卷),中国人民大学出版社 2020 年版,第 344 页]。另有观点则认为,尽管《民法典》第 888 条第 2 款采用了"视为"的表述方式,但其并非对当事人意思的拟制,而是推定,因为即使是在该款规定之下,裁判者依旧需要首先通过意思表示解释理论确定当事人的真实意思,仅当该真实意思既无法查明又无可以依据的交易习惯时,才适用法律提供的推定规则;同时认为该款是立法者意在终结司法实践中保管合同与其他类型合同的定性之争,对到经营场所从事"购物、就餐、住宿等活动"的民事主体作出的倾向性保护(参见于程远:《论法律行为定性中的"名"与"实"》,载《法学》2021 年第 7 期)。

〔23〕 谢鸿飞、朱广新主编:《民法典评注:合同编　典型合同与准合同》(第 4 册),中国法制出版社 2020 年版,第 4 页。

旅馆或饭店的经营人对在其有私人用益权的场所停放的车辆内留有的物品应承担责任,此种责任以房价的50倍为限。"[24]有学说认为,将旅店主人的责任定性为保障责任或可作更好的解释。在旅店主人的领域内,其总是负担着或多或少的风险:正如普遍强调的,由于人员来往密集且不可控,从事旅店经营伴随"开放式房屋的危险"。旅店主人尚且是最能控制"开放式房屋危险之人"。同样是因为旅客的举证困难,方引入旅店主人对第三人加害的宽泛责任;旅店主人更容易找到加害人,故应承担向加害人追偿的风险。该论证表明,旅店主人的责任至少也具有保障受害旅客的作用,使其免于无法说明损害的因果关系或不能强制实现赔偿请求权等不利情形。故其亦为"保障责任"之适用情形,旅店主人对此亦非依损害赔偿法原则对引起的损害负责,而是至少就旅客对有责加害人的赔偿请求权,承担强制实现的风险。[25]当然,我国《民法典》规定的场所主人保管,并不限于旅店住宿,而是将其扩张至购物、就餐等活动,而且,我国《民法典》并未像各国法一样规定场所主人责任的赔偿限额。[26]

要构成场所主人保管中的"视为保管",需具备两个条件:一是需要到购物中心、饭店、宾馆等场所从事购物、就餐、住宿等活动。二是需要将物品存放在指定的场所。顾客未实际消费并不妨碍该保管责任的成立。原因在于,此种情形的法定保管责任,并非源于当事人之间约定的保管合同,该制度设计的初衷是店主为招徕顾客而指定物品存放场所,只要具备这一特征,就应该归入法定保管类型,顾客进入此等场所之后并未购物或者消费,并不影响其法定保管责任的成立,因该"视为保管"并非购物合同等合同的附随义务。[27]

我国《民法典》虽然将其规定为"视为保管",但并未规定究竟是适用有偿保管规则还是无偿保管规则。对此,有意见认为,应当依据寄存人是否为保管支付报酬而定。如果寄存人向对方支付报酬,就应当属于有偿保管,否则为无偿保管。[28]另有意见认为,就法定保管关系而言,到宾馆住宿,将车辆停在宾馆停车场,实质上是宾馆与旅客之间形成了一种有偿保管关系,停车费用隐性地包含在住宿费用内。但是,对于没有真正消费的消费者又无偿寄存在经营者制定场所的物品的,认定为有偿保管关系略有牵强。[29]对此,本书认为,可以考虑与旅客运输合同中携带行李规则(《民法典》第824条)之间的平衡,参照适用过错责任,而不是根据是否支付报酬简单地适用有偿保管或无偿保管的规则。

若当事人另有约定或者另有交易习惯,并不成立场所主人保管。但值得注意的是,《民法典》第888条第2款规定的"当事人另有约定",值得商榷。例如,旅店业主等提供自助寄存柜但明确表明不负担保管义务之情形,旅店业主并无保管之意思,但也不存在与旅店客人另行约定,虽然此时只存在"意思表示"而无"当事人约定",但若按第888条第2款也"视为保管",与当事人意思明显不符。[30]除非立法政策上有足够的理由认为,场所主人保管情形下,场所主人

---

〔24〕 肖泽军:《论场所主人责任》,华东政法学院2003年硕士学位论文。

〔25〕 [奥]赫尔穆特·考茨欧:《保障责任——责任法上的另一路径?》,陈丽婧译,载《南大法学》2020年第2期。

〔26〕 周江洪:《民法典合同编的制度变迁》,载《地方立法研究》2020年第5期。

〔27〕 谢鸿飞、朱广新主编:《民法典评注:合同编 典型合同与准合同》(第4册),中国法制出版社2020年版,第9页。

〔28〕 黄薇主编:《中华人民共和国民法典解读:合同编》(下册),中国法制出版社2020年版,第1230页。

〔29〕 最高人民法院民法典贯彻实施工作领导小组主编:《中华人民共和国民法典合同编理解与适用(四)》,人民法院出版社2020年版,第2352页。

〔30〕 周江洪:《关于〈民法典合同编〉(草案)(二次审议稿)的若干修改建议》,载《法治研究》2019年第2期。

不得以其单方意思排除此等法定保管责任，否则仅得以合意排除此等法定保管责任有违意思自治之原则，是否妥当有重新斟酌之必要。

思考 | 云存储服务合同与保管合同

在信息时代，“云存储”是常见的服务类型。目前流行的“云存储”服务，是基于“云计算”技术的一种数据存储服务。对于“云存储”服务合同的定性，亦有争议。对此，有观点认为，其为无名合同，但从云服务的形式来看，云服务合同类似于买卖合同。用户从云服务提供商处购买的是其提供的服务，提供商以服务作为商品来销售虽不是由云计算首创，但正体现了云计算里服务即商品的商业模式。同时认为，云服务合同还类似于保管合同。云用户使用云服务（如云存储）的过程中涉及的数据、信息等都存放在云服务提供商处，云服务提供商对这些用户信息负有一定的保管义务，包括维护用户数据安全性、完整性、可用性等。在有偿云服务合同中，云服务提供商应尽善良管理人的注意义务，因过失造成保管物毁损、灭失的，应负赔偿责任；在无偿云服务合同中，云服务提供商因重大过失造成保管物毁损、灭失的，应负赔偿责任。[31] 也有观点认为，从法律上看，此类“存储服务”在合同类型上应归为租赁关系：用户通过支付租金，获得一定时期内某硬件设施或经不同程度配备软件的存储空间的使用权。[32] 云存储服务为保管合同还是租赁合同，应依服务提供人提供的服务内容而定，若仅是“消极”的空间租赁，则更接近于特定存储空间的租赁；若提供了“保管”的服务，则偏向于保管。

除了“云存储”服务，亦有学说从保管合同角度对虚拟财产作相关分析，认为用户一方面通过与运营商签订“服务合同”而使用其网络平台；另一方面在此平台上以金钱或劳动获得虚拟财产，并将其拥有的虚拟财产一直寄存于运营商服务器中，形成事实上的“保管合同”。该观点同时认为，在我国大多数情况下，运营商保管用户的虚拟财产并不收费，属于无偿保管，故运营商仅需尽到一般水平的保管责任即可。而且，在此寄托关系中，由于作为寄托人的用户为主要受益人（作为保管人的运营商并不直接受益），故运营商可能只有轻微的保管责任，即只要证明自己没有故意或重大过失即可。[33]

第二节　保管合同的效力

一、保管人的义务

（一）妥善保管保管物的义务

《民法典》第892条规定：“保管人应当妥善保管保管物。当事人可以约定保管场所或者方法。除紧急情况或者为维护寄存人利益外，不得擅自改变保管场所或者方法。”值得注意的是，

〔31〕 廉思思：《云环境下侵犯商业秘密的民事责任》，载《科技与法律》2013年第6期。

〔32〕 余佳楠：《企业破产中的数据取回》，载《法律科学（西北政法大学学报）》2021年第5期。

〔33〕 康娜：《数字经济下虚拟财产的立法进路——基于〈民法典〉第127条与保管合同的视角》，载《山东大学学报（哲学社会科学版）》2021年第5期。

有些国家和地区对保管人的妥善保管义务区分有偿与无偿分别作出规定:有偿之情形,保管人应尽到善良管理人之注意义务,而无偿之情形,保管人多为尽处理自己同一事务之注意义务。[34] 我国《民法典》第 892 条不区分有偿无偿,一体规定了"妥善保管"义务,似乎未作区分。但结合《民法典》第 897 条关于保管人损害赔偿责任的规定,其实质上做了同样的区分,即"保管期内,因保管人保管不善造成保管物毁损、灭失的,保管人应当承担赔偿责任。但是,无偿保管人证明自己没有故意或者重大过失的,不承担赔偿责任"。当然,亦有观点认为,鉴于现代商业经济的复杂性,为保护消费者的利益,不应拘泥于以是否直接给付保管费作为判断保管合同有偿与否的标准,同时应当注意特定场合下保管合同所具有的间接有偿性,如营业场所对顾客的物品寄存,在此情形下,保管人都应尽善良管理人的注意。[35]

保管人的义务特别是妥善保管义务中是否包括"维护义务",学理上存有争议。例如,机动车的保管、牲畜的保管等,机动车需要适当使用始能维持电瓶等的正常使用,牲畜等活物则需要喂养等,都需要积极的管理或者其他劳务的付出,此时的妥善保管义务如何界定。既有学者认为,此时仍然是保管合同,保管人的义务可通过诚信原则等予以扩张,包括积极的维护义务;也有学者认为,此时构成混合合同,属于包含保管与委托的混合合同。但无论哪种解释,均肯定了保管人在此种情形下的"维护义务"。

(二)出具保管凭证的义务

《民法典》第 891 条规定,"寄存人向保管人交付保管物的,保管人应当出具保管凭证,但是另有交易习惯的除外"。保管凭证的出具,并非保管合同的成立要件,亦非保管合同的书面形式,仅是证明保管合同关系存在的凭证。[36] 当然,如果根据交易习惯保管人不交付保管凭证,则此时并不构成保管人的义务,按照交易习惯处理。

(三)亲自保管义务

服务类合同中,多要求亲自履行义务,保管合同也不例外。《民法典》第 894 条第 1 款规定,"保管人不得将保管物转交第三人保管,但是当事人另有约定的除外"。亲自保管,不仅包括保管人自己保管,也包括保管人使用履行辅助人进行保管。[37] 保管人之所以负有亲自保管义务,源于寄存人对确定保管人为谁的识别需求以及对保管人的人身信任,或者对于特定保管技术、设施的特殊要求等。若违反亲自保管义务,保管人应承担责任,即"保管人违反前款规定,将保管物转交第三人保管,造成保管物损失的,应当承担赔偿责任"(《民法典》第 894 条第 2 款)。此时,保管人的赔偿责任构成并不需要《民法典》第 897 条规定的归责事由要件,只要存在亲自保管义务的违反即可。当然,若符合《民法典》第 892 条规定的"紧急情况",不转保管将导致保管物毁损、灭失,又无法及时联系寄存人征得其同意,此时,为了维护寄存人之利益,实现保管合同之目的,保管人将保管物交给具有相应保管能力和条件的次保管人代为保管,不仅是履行其妥善保管义务的要求,符合合同目的,亦符合诚信原则和公平原则要求,因此应当

---

[34] 黄薇主编:《中华人民共和国民法典解读:合同编》(下册),中国法制出版社 2020 年版,第 1243 页。
[35] 王轶等:《中国民法典释评:合同编 · 典型合同》(下卷),中国人民大学出版社 2020 年版,第 350 页。
[36] 崔建远:《合同法》(第 4 版),北京大学出版社 2021 年版,第 627 页。
[37] 黄薇主编:《中华人民共和国民法典解读:合同编》(下册),中国法制出版社 2020 年版,第 1249 页。

允许其转保管。[38] 而且,若交由第三人保管经寄存人同意,此时则可参照适用《民法典》第 923 条规定的转委托相关规则。[39]

值得注意的是,依《民法典》第 894 条第 2 款,违法转保管,保管人应当承担保管物损失的赔偿责任,似乎一旦违反亲自保管义务即产生损害结果承担责任。但事实上亦存在不承担责任的可能。例如,若保管物在第三人处因意外、不可抗力等发生损失,此时虽然并不能依不可抗力而免责,但若依假设因果关系,即使未转保管,亦同样会发生此等损害之情形,亲自保管义务违反与损害结果之间并无因果关系可言,保管人并不就此承担责任。

(四)保管物使用禁止义务

除非是消费保管,保管人不得使用保管物,否则有违保管合同之目的。《民法典》第 895 条规定,"保管人不得使用或者许可第三人使用保管物,但是当事人另有约定的除外"。因保管合同中的使用禁止义务的存在,也就使其区别于借用合同或租赁合同中的借用人或承租人对标的物的妥善保管,后者以使用为目的而附有保管义务,而保管合同中,其目的在于保管,只有在消费保管等特殊情形下,才有使用之可能。若违反使用禁止义务,保管人或第三人既可能承担违约责任,亦可能构成不当得利之返还;若造成保管物毁损灭失,还可能构成侵权损害赔偿责任。值得注意的是,有时为保管寄存物需对其加以使用,例如,当保管物为汽车时,为防止久未发动的汽车发生故障,保管人定期发动汽车,又如,保管人对其所保管的马、猎犬等应使其适当活动,对其所保管的奶牛应取其乳,但该使用构成保管寄存物的方法,因此应视为保管行为的一部分,并非违反不得使用保管物的义务。[40]

(五)通知义务

《民法典》第 896 条第 2 款规定,"第三人对保管人提起诉讼或者对保管物申请扣押的,保管人应当及时通知寄存人"。此处的"第三人对保管人提起诉讼",乃是承接该条第 1 款规定之"第三人对保管物主张权利的"情形,因此,一方面,该"提起诉讼"仅限于保管物被第三人主张权利等存在保管物返还危险的司法或仲裁救济程序,而不能扩张至对第三人对保管人提出的任何诉讼,如第三人对保管人提起的不涉及该保管物的其他诉讼并不在其范围之内;另一方面,该"提起诉讼"应做扩大解释,不限于向法院提起诉讼,尚包括执行程序、财产保全以及向仲裁机构申请仲裁等。之所以规定保管人的通知义务,旨在保障寄存人返还请求权的实现等,以便寄存人得以及时采取措施来维护自身的合法利益。当然,与租赁合同情形不同,租赁合同中,只要第三人主张权利,承租人就应当及时通知出租人(《民法典》第 723 条),而在保管合同情形中,则是"提起诉讼或者对保管物申请扣押的"情形才负有通知义务。[41] 也就是说,保管人的通知义务,以第三人针对保管物采取特定的司法或仲裁程序为前提。

值得注意的是,保管物被采取保全措施时,保管人是否继续负有保管义务在实践中亦有争议。对此,最高人民法院指导性案例 121 号裁判要点认为,"财产保全执行案件的保全标的物

---

〔38〕 黄薇主编:《中华人民共和国民法典解读:合同编》(下册),中国法制出版社 2020 年版,第 1250 ~ 1251 页。

〔39〕 最高人民法院民法典贯彻实施工作领导小组主编:《中华人民共和国民法典合同编理解与适用(四)》,人民法院出版社 2020 年版,第 2366 页。

〔40〕 宁红丽:《论我国保管合同制度的法律适用》,载《暨南学报(哲学社会科学版)》2008 年第 6 期。

〔41〕 谢鸿飞、朱广新主编:《民法典评注:合同编　典型合同与准合同》(第 4 册),中国法制出版社 2020 年版,第 54 页。

系非金钱动产且被他人保管，该保管人依人民法院通知应当协助执行。当保管合同或者租赁合同到期后未续签，且被保全人不支付保管、租赁费用的，协助执行人无继续无偿保管的义务。保全标的物价值足以支付保管费用的，人民法院可以维持查封直至案件作出生效法律文书，执行保全标的物所得价款应当优先支付保管人的保管费用；保全标的物价值不足以支付保管费用，申请保全人支付保管费用的，可以继续采取查封措施，不支付保管费用的，可以处置保全标的物并继续保全变价款”。[42]

（六）返还保管物的义务

“保管期限届满或者寄存人提前领取保管物的，保管人应当将原物及其孳息归还寄存人”（《民法典》第900条）。也就是说，除非依《民法典》第901条规定得以返还可替代物，保管人以返还原物及其孳息为原则。而且，第三人主张权利之情形，原则上也应当向寄存人为返还，即“第三人对保管物主张权利的，除依法对保管物采取保全或者执行措施外，保管人应当履行向寄存人返还保管物的义务”（《民法典》第896条第1款）。

寄存人提前领取保管物，并不构成违约，即使保管定有期限，寄存人亦可以随时领取保管物（《民法典》第899条第1款），保管人因寄存人之要求而负有随时返还保管物之义务。这点与仓储合同并不相同（《民法典》第914～915条）。当然，约定保管期限的，因该期限乃是为寄存人之利益而设，属于寄存人的期限利益，保管人并不能要求寄存人提前领取，即“当事人对保管期限没有约定或者约定不明确的，保管人可以随时请求寄存人领取保管物；约定保管期限的，保管人无特别事由，不得请求寄存人提前领取保管物”（《民法典》第899条第2款）。学说上认为，寄存人提前领取保管物，实质上是寄存人行使任意解除权，保管人因而丧失继续占有保管物的权源，承担返还保管物的义务。[43] 因此，关于任意解除权行使的相关规范得以参照适用，尤其是依《民法典》第933条的规定，寄存人负有损害赔偿责任。另外，保管人得以请求寄存人提前领取保管物的“特别事由”，既包括保管人主观上不具备继续履行保管合同的能力的情形，如保管人患病、丧失行为能力等；也包括保管人周围环境已不具备保管条件，如因地震、洪灾等不可抗力致使保管人不能继续履行合同的情形。[44]

（七）损害赔偿责任

保管人的损害赔偿责任，在构成要件上，区分有偿与无偿而有所不同，即“保管期内，因保管人保管不善造成保管物毁损、灭失的，保管人应当承担赔偿责任。但是，无偿保管人证明自己没有故意或者重大过失的，不承担赔偿责任”（《民法典》第897条）。另外，若因寄存人未告知交付的保管物有瑕疵或根据保管物的性质需要采取特殊保管措施的有关情况，致使保管物受损失，保管人并不承担赔偿责任（《民法典》第893条）。除了赔偿责任的构成外，《民法典》就一些情形的保管也作出了赔偿范围上的限定。例如，依《民法典》第898条，“寄存人寄存货币、有价证券或者其他贵重物品的，应当向保管人声明，由保管人验收或者封存；寄存人未声明的，该物品毁损、灭失后，保管人可以按照一般物品予以赔偿”。所谓“按照一般物品予以赔

---

〔42〕　株洲海川实业有限责任公司与中国银行股份有限公司长沙市蔡锷支行、湖南省德奕鸿金属材料有限公司财产保全执行复议案，最高人民法院指导性案例121号（2019年）。

〔43〕　崔建远：《合同法》（第4版），北京大学出版社2021年版，第631页。

〔44〕　徐涤宇、张家勇主编：《〈中华人民共和国民法典〉评注》（精要版），中国人民大学出版社2022年版，第932～933页。

偿”，指的是依照保管物的外观，按社会一般人标准所能确认的该保管物的价值。如果法律、行政法规对此有明文规定或经国家机关认可的标准合同中对赔偿标准有明确规定，优先适用规定内容，没有规定的，按一般人所能确认的价值赔偿。也有学者认为，所谓的“一般物品”标准，应当结合具体案情进行考虑，如考虑当事人的实际情况、保管的场所等因素。〔45〕 值得注意的是，此处的货币寄存，并非《民法典》第 901 条意义上的消费保管或混藏保管，货币的消费保管并不需要寄存人的声明。原因在于，《民法典》第 898 条的“寄存货币”，需要“验收或者封存”，尤其是“封存”，是要求将此等货币特定化，类似于“封金”等。《民法典》第 898 条规定的仍然是一般保管，保管人需返还原物，而不是可以消费并返还同种类物品的消费保管。〔46〕

除了贵重物品的保管问题，实践中也存在一些具有特定人格象征意义或特别纪念意义的物品的保管问题，此时的损害赔偿范围还有可能包括精神损害赔偿。对此，《民法典》第 996 条规定，“因当事人一方的违约行为，损害对方人格权并造成严重精神损害，受损害方选择请求其承担违约责任的，不影响受损害方请求精神损害赔偿”。例如，江苏省高级人民法院、中国法学会案例法学研究会江苏研究基地联合发布的第三批 10 起弘扬中华优秀传统文化典型案例之“小李等与王某保管合同纠纷案”认为，“小李兄弟姐妹四人，年幼时母亲去世。2011 年小李四人在王某经营管理的公墓购买墓地存放母亲的骨灰盒，并每年支付管理费。2014 年王某发现小李母亲的骨灰盒被盗，向派出所报案后未有结果，于是重新将墓地水泥盖归位，隐瞒了空墓的事实。直至 2020 年公墓面临搬迁，王某才告知小李母亲的骨灰盒被盗之事。因协商未果，小李兄妹四人诉至法院，要求判令王某赔偿精神损害抚慰金 10 万元。法院认为，王某作为墓地管理人，对骨灰盒具有妥善保管义务，其隐瞒事实导致小李兄妹四人在较长时间内对着空墓祭拜，严重伤害了四人的感情，依法判决王某支付精神损害赔偿 2 万元”。

案例　厦门中远海运物流有限公司与招商银行股份有限公司福州白马支行合同纠纷案〔47〕

▌基本案情

为保障招商银行股份有限公司福州白马支行（以下简称招行白马支行，质权人）与柯米斯公司（出质人）签订的授信额度为 8000 万元的《授信协议》的履行，2011 年 9 月 19 日，招行白马支行、厦门中远海运物流有限公司（以下简称中远公司）与柯米斯公司三方共同签订了《动产质押监管合作协议》，约定柯米斯公司提供名下钢材存放在由中远公司指定的仓储或堆场上，作为其与招行白马支行签订的前述授信协议项下债务的质押担保，在监管期间，中远公司按照协议代理招行白马支行对质物进行占有、履行监管责任。该协议第 4.4 条约定：“丙方违反上述

---

〔45〕 黄薇主编：《中华人民共和国民法典解读：合同编》（下册），中国法制出版社 2020 年版，第 1261 页。

〔46〕 谢鸿飞、朱广新主编：《民法典评注：合同编　典型合同与准合同》（第 4 册），中国法制出版社 2020 年版，第 62 页；黄薇主编：《中华人民共和国民法典解读：合同编》（下册），中国法制出版社 2020 年版，第 1261 页。

〔47〕 福建省高级人民法院民事判决书，（2017）闽民终 479 号；最高人民法院民事裁定书，（2018）最高法民申 2872 号。本案的核心焦点是商品融资质押监管协议中因保管不善造成的损害赔偿范围的确定。质押监管合同中因保管不善而造成的质物短少，若质权人构成寄存人，则质物短少造成的赔偿，其责任范围应当如何界定，尚需考虑《民法典》第 432 条规定的质权人因对质物保管不善而需承担的损害赔偿责任予以确定。也就是说，如何区分质押法律关系与质押监管合同两层法律关系，是确定损害赔偿范围的关键所在。本案相关结论和论证尚有进一步商榷之余地。

约定造成质物短损灭失,甲方质权落空导致质物价值不足质物最低价值的,承担不足部分的赔偿责任。”在上述协议签订后,柯米斯公司出具了编号为NO:201175001－11的《质物清单》(质物价值合计135,049,198.7元),并将质物交付给中远公司。同日,中远公司签字确认编号为NO:201175001－11的《查询及出质通知(附确认回执)》,确认已收到全部质物,明确其应履行的占有、监管责任。2012年6月7日,一审法院查封了上述质物,并要求中远公司继续对该质物负有占有、保管、监管责任。因柯米斯公司在授信期间内未履行偿还义务,招行白马支行依约提起诉讼,但判决生效后,柯米斯公司拒不履行生效判决,为此招行白马支行向一审法院申请强制执行。在强制执行过程中,福州市中院分三次就质物进行拍卖或以物抵债,但拍卖受偿及以物抵债之后,招行白马支行只收回22,133,402元,柯米斯公司尚欠87,678,866.02元及迟延履行利息未偿还。在中远公司占有、监管质物的存续期间,招行白马支行从未向中远公司出具《解除质押监管通知书》,一审法院在查封时亦要求中远公司继续承担占有、保管、监管责任。按缺失重量、成交单价、抵债清单综合折算,案涉质押物损失金额合计为35,115,847元。招行白马支行起诉要求中远公司承担赔偿责任。

一审法院认为,案涉《动产质押监管合作协议》系双方真实意思表示,合法有效,双方均应依约履行。招行白马支行作为质权人负有对质物重量、数量、品质等基本情况的法定审核义务,该法定义务不因其与中远公司签订了《动产质押监管合作协议》而减免或转嫁给中远公司。招行白马支行仅通过柯米斯公司提供的《购销合同》、增值税发票等确定质物重量而未实际进行清点过磅,显然未尽质权人应尽的贷前审核义务,亦未对案涉贷款可能涉及骗贷的商业风险尽到基本的注意审慎义务。中远公司作为质物监管方,负有《动产质押监管合作协议》第4.3条中约定的审核质物的规格、数量及每日通知库存情况等监管义务,中远公司未尽该合同义务,构成违约,亦应承担相应赔偿责任。据此认为,中远公司应向招行白马支行赔偿短少质物相应价值35,115,847元的50%。

二审法院认为,本案监管合作协议兼具委托、仓储和保管合同的特征,招行白马支行认为,讼争双方仅仅只是仓储保管合同关系,而非委托代理合同关系,有失偏颇。监管合作协议是各方的真实意思表示,内容不违反法律法规的强制性规定,应认定为合法有效。无论各方的法律关系如何定性,对其权利的行使、义务的履行和责任的承担,均应受到合同约定的条款约束。二审法院认为,本案中,作为债权人的招行白马支行对质押物的状况未尽审慎审查的义务,存在一定的过错,但造成本案质物短少的主要原因系出质人柯米斯公司提供质押物不足,且监管人中远公司在事先已经实际控制质押物的情况下,未能依照监管合作协议的约定,严格履行核验、审查、确认义务,因此,对担保债权未能完全实现、造成招行白马支行的损失部分,三方均应承担相应的责任。并进一步认为,依照《动产质押监管合作协议》第4.4条,即“丙方违反上述约定造成质物短损灭失,甲方质权落空导致质物价值不足质物最低价值的,承担不足部分的赔偿责任”。本案中,招行白马支行只向中远公司主张质物短少部分的折价损失35,115,847元,该数额占主债务不能清偿损失部分不足40%,事实上招行白马支行已经自行承担了60%以上的责任,因而判令赔偿招行白马支行质物损失35,115,847元。中远公司对此申请再审。

■法院裁判

最高人民法院经审查后认为,本案中,一审法院基于《动产质押监管合作协议》和质物实际处置情况，认定案涉质物短少损失 35,115,847 元；二审法院基于本案质押额度为 8000 万元的主债务本息，在处置质物后，尚余 87,678,866.02 元未清偿的主债权本息，并据此认定招行白马支行的损失。一审、二审的认定各有事实依据，但就本案而言，基于《动产质押监管合作协议》的约定，招行白马支行向中远公司主张损失赔偿的范围应当限于因监管质物短少造成的损失，且招行白马支行也是据此提起的相关诉讼请求。就此而言，一审法院对于损失范围的界定更符合本案事实和《动产质押监管合作协议》的约定。本案当事人的核心争议在于因质物短少造成的损失 35,115,847 元如何分担。

根据本案已经查明的事实，招行白马支行与柯米斯公司签订了授信额度为 8000 万元的《授信协议》。为保障《授信协议》的履行，招行白马支行、柯米斯公司与中远公司三方签订《动产质押监管合作协议》。基于《动产质押监管合作协议》的约定，二审法院认定"本案监管合作协议兼具委托、仓储和保管合同的特征"，有相应的事实依据。《动产质押监管合作协议》实际上包含两层法律关系：一是出质人柯米斯公司与质权人招行白马支行之间的质押法律关系，二是质权人招行白马支行与监管人中远公司之间的委托保管法律关系。[48]

就质押法律关系而言，质权人的主要权利是占有质物，并在债务人不履行到期债务时拍卖质物，并就所得价款优先受偿；质权人的主要义务则是妥善保管质物。质权只是实现主债权的担保，若约定质权所担保的债权最终不能完全实现，风险应当由债权人承担。就本案而言，实际处置的质物与约定质物相比出现短少，该部分损失应当如何负担，需要进一步审查《动产质押监管合作协议》所涉的委托保管法律关系。

就委托保管法律关系而言，为了加快交易速度，减轻债权人（质权人）对质物占有保管负担，交易实践中债权人往往与具有专业保管能力的第三人订立质物监管合同，代替自己占有并保管质物。这种委托监管合同只要出于当事人的真实意思表示，且不违反法律、行政法规的效力性强制性规定，就应当认定为有效合同。从上述约定条款中可以看出，中远公司作为质物的占有、监管人既负有质物入库时的审核查验义务，又负有对质物的日常保管查验义务。中远公司作为质物保管人未审慎核对实际质物与质物清单中的质物是否具有同一性，就签章确认质物清单，在出现质物短少时，根据《动产质押监管合作协议》第 4.4 条关于"丙方违反上述约定造成质物短损灭失，甲方质权落空导致质物价值不足质物最低价值的，承担不足部分的赔偿责任"的约定，中远公司应当对委托人招行白马支行承担违约责任，其责任范围依约应限于质物清单中应当移交的质物价值与实际变现及以物抵债后价值的差额，即质物短少损失 35,115,847 元。

据此，中远公司在本案中应当承担的责任，不是基于招行白马支行作为质权人处置质物后，主债权仍不能清偿的风险，而是基于中远公司没有履行监管义务造成质物短少应当承担的违约责任。一审判决以质物清单中应当移交的质物与实际移交质物的差额作为招行白马支行的损失范围，即质物因短少造成损失 35,115,847 元，事实认定正确，但是没有区分两层法律关系中当事人不同的权利义务，判决招行白马支行承担其中 50% 的责任，显属不当。二审法院虽将结果作了纠正，但是仍然没有区分两层法律关系，并以质权人在处置质物后尚未实现的主债

[48] 学理上，亦有学说持类似见解，认为在动态质押监管关系中，监管人的角色定位既不能简单地认定为质权人的受托人，也不能简单地认定为融资企业出质财产的仓储人，而应认定为同时兼具质权人的受托人与质物的仓储保管人双重角色。参见陈本寒：《动态质押监管人的角色定位与义务承担》，载《法学家》2021 年第 4 期。

权本息作为损失赔偿基础，再根据各方当事人的过错程度并结合招行白马支行的诉讼请求，判决中远公司赔偿损失35,115,847元，又背离了《动产质押监管合作协议》的约定，亦属不当。本案中，根据《动产质押监管合作协议》的约定，因质物短少造成的损失35,115,847元应由中远公司承担，招行白马支行的法定审查义务不影响中远公司依约需承担的合同责任。故尽管二审判决对于损失范围的核算不确切，但案件实体处理结果对当事人责任负担并无实质影响。

二、寄存人的义务

（一）必要费用偿还义务

必要费用是指保管人为了实现物的保管目的，以使保管物能够维持原状而支出的费用。[49] 必要费用并非作为对价的保管费（报酬），即使在无偿保管中，寄存人虽无保管费支付义务，但亦应承担必要费用的偿还义务。《民法典》第903条规定保管人留置权担保的债权范围包括了“保管费或者其他费用”，此处的“其他费用”就包括了必要费用。

当然，有观点认为，必要费用仅限于无偿保管之中，因为在有偿保管之中，寄存人所支付的报酬之中已经包含了必要费用。[50] 但从理论上来说，虽然在一般实践中保管费中可能已包括“必要费用”，但保管人也可能和寄存人约定，在支付保管费之外另行支付必要费用，[51] 于此情形下，并不妨碍有偿保管中的必要费用偿还请求权。

（二）保管费支付义务

有偿合同中，寄存人负有保管费支付义务。保管费，是保管人因保管保管物所应获得的报酬。保管费是有偿保管合同中的对价，并非因保管所生之费用，与前述“必要费用”有别。对此，《民法典》第889条第1款规定，“寄存人应当按照约定向保管人支付保管费”。同时，保管费的支付期限亦遵循服务类合同“非服务无报酬”的一般原则，除非当事人另有约定，报酬支付期限以“后付”为原则，即“有偿的保管合同，寄存人应当按照约定的期限向保管人支付保管费。当事人对支付期限没有约定或者约定不明确，依据本法第五百一十条的规定仍不能确定的，应当在领取保管物的同时支付”（《民法典》第902条）。寄存人未按照约定支付保管费或者其他费用的，保管人对保管物享有留置权，但是当事人另有约定的除外（《民法典》第903条）。

（三）告知、警示义务

贵重物品的声明义务，是寄存人的告知义务之一，该义务为寄存人的不真正义务。依《民法典》第898条，该寄存人未履行该声明义务的，寄存人自己受有不利益，保管物毁损灭失时仅能依一般物品获得赔偿。

保管物需采取特殊保管措施的，寄存人负有告知义务。此等义务的违反，可能使寄存人自己受有不利益，不得向保管人请求因此造成的保管物损失；若因该义务的违反造成保管人损失，除非保管人恶意且未采取补救措施，寄存人负有赔偿责任。前者具有不真正义务的特点，

---

〔49〕 王利明：《合同法》（下册），中国人民大学出版社2021年版，第328页。

〔50〕 王利明：《合同法》（下册），中国人民大学出版社2021年版，第328页。

〔51〕 谢鸿飞、朱广新主编：《民法典评注：合同编　典型合同与准合同》（第4册），中国法制出版社2020年版，第84页；黄薇主编：《中华人民共和国民法典解读：合同编》（下册），中国法制出版社2020年版，第1273页。

而后者则可归入保管合同附随义务的范畴。[52] 对此,《民法典》第893条规定,“寄存人交付的保管物有瑕疵或者根据保管物的性质需要采取特殊保管措施的,寄存人应当将有关情况告知保管人。寄存人未告知,致使保管物受损失的,保管人不承担赔偿责任;保管人因此受损失的,除保管人知道或者应当知道且未采取补救措施外,寄存人应当承担赔偿责任”。从该条规定来看,此等告知义务,其实质是服务类合同中因相互协作关系而形成的警示义务之一,在服务类合同中,通常应对提供或受领服务时对相对人可能造成的损害予以关注并予以警示,以防止不必要的损失。当然,若违反《民法典》第893条意义上的告知义务致使保管人受有损害,寄存人亦可能因此承担侵权损害赔偿责任,进而构成违约损害赔偿责任与侵权损害赔偿责任的竞合。

案 例　马某虎、杨某平保管合同纠纷案[53]

▌基本案情

2021年3月18日,马某虎从固原鑫协祥汽车销售服务有限责任公司购车后办理机动车行驶证。2021年4月29日,马某虎以15元/日的停车费将车辆停放在杨某平经营的停车场内,其于2021年5月2日11时许开车时发现车上的三元催化器丢失,杨某平遂报警。因双方对赔偿事宜无法达成一致意见,马某虎用车辆将停车场大门堵住影响其他车辆正常进出,导致其他司机报警。马某虎起诉要求赔偿损失。

一审法院认为,保管合同是实践合同,即保管合同的成立不仅须有当事人双方对保管物品达成一致的意思表示,而且还需向保管人移交对保管物品的占有。本案中,双方未明确约定马某虎在停车场内停车系由杨某平保管该车,且车辆钥匙由马某虎自行保管,杨某平根据停车时间收取停车费后即对停放车辆予以放行,并不对停放车辆及驾驶员的其他情况予以审核,马某虎未将车辆移交给杨某平实际占有,不符合保管合同中保管人对保管物品应有的占有特征。根据杨某平每日收取15元停车费的实际情况,不应当推定杨某平订立合同之本意中包含愿意承担保管车辆的较重义务。依据保管合同,要求杨某平承担停放车辆三元催化器被盗的巨大风险将造成权利与义务之间的严重失衡,对杨某平而言有失公允,因此,马某虎主张与杨某平之间系保管合同法院不予认同。根据双方缔结及履行合同的行为特征,应当认定双方合同系杨某平将停车位临时提供给马某虎停车使用,由马某虎按照停放时间缴付停车费的合同,符合场地租赁合同特征,故认定双方之间是场地租赁合同关系。事发时杨某平已经向马某虎提供了停车场地,应当认定杨某平已经履行了合同的主要义务。作为停车场的提供方,杨某平应当保证其所提供的场地符合安全停车的条件,但其因管理不善、设施不全导致马某虎停放车辆的三元催化器丢失,直接造成其所提供的停车场地安全系数降低,应当认定杨某平在履行场地租赁合同时存在履约瑕疵。因此,杨某平作为场地出租方应当对马某虎车辆三元催化器的丢失承担适当的补充赔偿责任。法院综合考虑杨某平在履行合同中的瑕疵情况,酌定其对马某虎的损失承担30%的补充赔偿责任。

---

〔52〕 杨代雄主编:《袖珍民法典评注》,中国民主法制出版社2022年版,第774页。

〔53〕 宁夏回族自治区中卫市中级人民法院民事判决书,(2022)宁05民终228号。

▌法院裁判

二审法院认为,马某虎与杨某平未签订书面保管合同,马某虎在杨某平经营的停车场停放车辆具有随意性,可在任何时候提取或存放车辆,且每次均不需要通过交付车钥匙或者签署接收单等办理交付手续和提取车辆的任何凭证,即虽然车辆停放在停车场但杨某平并未实际控制该车辆,故马某虎在杨某平经营的停车场停放车辆的行为不具有法律对保管合同规定的交付保管物的特性。相反,杨某平将停车场地交付马某虎用于停放涉案车辆,从而收取场地使用费的合同,符合法律关于租赁合同的规定,双方实质是场地租赁行为,具体理由如下:第一,从停车费的角度来说,涉案重型半挂车停放一日为 15 元,该价格与中卫市沙坡头区范围内停车场就相同车辆的停放收费大致相当,不存在收取费用过高的情形,以这样的收费标准来要求杨某平承担车辆配件丢失甚至车辆丢失的损失赔偿责任未免过于严苛,显失公平。第二,杨某平收取的费用相对统一。与保管合同不同,停车场地租赁合同中,租赁费用相对统一,无论车辆系何种品牌、新旧程度如何,只要大小规格符合一定标准,停车场都是按照车的大小收取停车费,而不是按照车的价值进行收取,这就说明了停车场收取的费用不是车辆保管费而是场地租用费。第三,停车场未真正保管车辆。保管合同是实践合同,如果将停车合同定性为保管合同,则杨某平必须真正控制车辆,本案中虽然车辆停放在停车场但杨某平并未实际控制该车辆,不符合保管合同的交付要件。综上所述,一审认定双方系租赁合同关系适用法律准确,马某虎关于一审认定双方法律关系错误的上诉理由不能成立,不予采纳。另外,根据《民法典》第 1198 条规定,本案中涉案车辆的三元催化器丢失虽系他人盗窃所致,但杨某平经营的停车场无监控探头等基本的安全保障设施,未尽到基本的安全保障义务,履行租赁合同存在瑕疵,一审依据上述法律规定,判决杨某平对马某虎的损失承担 30% 的补偿责任较为公平合理,马某虎主张杨某平应承担全部赔偿责任的上诉理由不能成立,不予采纳。

第十四章　仓 储 合 同

仓储合同是保管合同的子类型，乃是由一般保管合同发展而来的商事合同。采民商分立的立法例常将其规定在商法典中。1981 年原《经济合同法》曾将仓储合同与保管合同视为同一种合同，1999 年原《合同法》将保管合同与仓储合同分列为两类单独的典型合同，《民法典》承继原《合同法》，在其第 904 ~918 条对仓储合同作了规定。《民法典》第 918 条规定，“本章没有规定的，适用保管合同的有关规定”，该规定进一步表明仓储合同乃是保管合同的特殊类型。《民法典》合同编第二十二章“仓储合同”部分未作规定的，适用《民法典》合同编第二十一章“保管合同”部分的规定。

第一节　仓储合同概述

一、仓储合同的概念与特征

仓储合同，又称仓库合同，是保管人储存存货人交付的仓储物，存货人支付仓储费的合同（《民法典》第 904 条）。仓储合同是保管合同的子类型，与一般的保管合同具有相同之处，本质上都是提供保管服务，因此在《民法典》仓储合同部分未作规定之情形，适用《民法典》关于保管合同的一般规定。但与一般的保管合同相比，仓储合同亦具有其特殊性，《民法典》将其作为一种单独的合同类型予以规定，并以“存货人”表述保管合同中的“寄存人”。其特殊性主要体现在以下几个方面：

1. 在合同性质上，仓储合同为有偿、诺成合同，而一般的保管合同为实践性合同，有偿或无偿均可。《民法典》第 904 条关于仓储合同的定义明确将存货人的仓储费支付义务作为主要义务予以规定。不仅如此，《民法典》第 905 条规定，“仓储合同自保管人和存货人意思表示一致时成立”。这一规定明确表明仓储合同的诺成性。依《民法典》第 134 条以及第 483 条的规定，我国就合同的成立采诺成原则，当事人意思表示一致即可成立合同，而《民法典》第 905 条之所以要就仓储合同“重复”规定意思表示一致时成立，乃是源于《民法典》第 890 条关于保管合同为实践性合同的规定，若不就仓储合同作特别规定，则依《民法典》第 918 条的规定，仓储合同也成为实践性合同。

2. 保管的标的物不同。保管合同中的保管标的物，既可以是动产，也可以是不动产；而仓储合同中的标的物则只能是动产。[1] 仓储合同中的保管,采用的是仓库储藏的方式,不动产无法成为仓储物;《民法典》合同编仓储合同章将合同主体称为"存货人",保管的对象称为"仓储物",均在一定意义上表明仓储合同的标的物仅限于动产。

3. 仓储合同中的保管人有营业资质要求。仓储合同中保管人须具有仓储营业资质,[2]特定情形甚至需要特别的许可;而通常的保管合同对于保管人并无此等要求。例如,依《港口法》第22条,在港区内从事货物仓储等港口经营的,应当向港口行政管理部门书面申请取得港口经营许可,并依法办理工商登记。《民法典》第906条第3款对于危险物品的仓储保管,亦规定了保管条件之要求,即"保管人储存易燃、易爆、有毒、有腐蚀性、有放射性等危险物品的,应当具备相应的保管条件"。事实上,仓储合同中的保管人资格要求,亦被认为是判断保管合同抑或仓储合同的区分标准之一。例如,有学者认为,有偿性确实对合同义务的构造产生了影响,但是至少在保管与仓储的区分上,有偿与否并非本质标准,因为保管合同亦得为有偿。同为有偿合同,仓储合同中的保管人却有不同的权利与义务内容,例如,给付仓单的义务、接受及验收仓储物的义务、容忍义务、通知义务及紧急处置权。这些内容无法通过合同的有偿性来加以建构,它们建立在仓储合同中保管人特殊的主体能力之上,该类主体"必须是具有仓库营业资质的人,即具有仓储设施、仓储设备,专事仓储保管业务的人"[3]。

4. 保管期限的严格性上并不相同。依《民法典》第899条,一般保管合同中,寄存人可以随时终止保管合同;如果没有关于保管期限的规定,保管人也可以随时终止合同。但依《民法典》第914条,在未定储存期限之情形下,虽然存货人或仓单持有人可以随时提取,保管人也可以随时要求提取,但需给予必要的准备时间;定有储存期限时,则并不适用这一"给予必要准备时间随存随拿"的规则。[4] 但是,《民法典》第915条又同时规定,"储存期限届满,存货人或者仓单持有人应当凭仓单、入库单等提取仓储物。存货人或者仓单持有人逾期提取的,应当加收仓储费;提前提取的,不减收仓储费"。此处规定的"提前提取的,不减收仓储费"表明并不否定提前提取,只不过仍需支付仓储费。从这层意义上来说,结合两条规定,仓储合同领域采取了与普通的保管合同不同的制度,虽然肯定存货人或仓单持有人的提前提取,但并不"终止"合同,仍然需支付仓储费。

5. 仓储合同中的"保管凭证"具有特殊性。仓储合同中,存在仓单这一有价证券形态的"保管凭证",而保管合同中则只需保管凭证即可,无须签发仓单。《民法典》第908条规定,"存货人交付仓储物的,保管人应当出具仓单、入库单等凭证"。

当然,因仓储合同为保管合同的子类型,依《民法典》第918条规定,仓储合同章未规定的,适用保管合同的有关规定。具体情形包括:支付仓储费义务的规定(第889条第1款和第902条);妥善保管仓储物义务的规定(第892条);存货人主动告知义务的规定(第893条);返还仓储物与危险通知义务的规定(第896条);亲自保管义务的规定(第894条);禁止使用仓储物的

[1] 黄薇主编:《中华人民共和国民法典解读:合同编》(下册),中国法制出版社2020年版,第1276页。
[2] 黄薇主编:《中华人民共和国民法典解读:合同编》(下册),中国法制出版社2020年版,第1276页。
[3] 施鸿鹏:《商法的祛魅——经由企业经营组织构建商事法律关系》,载《中外法学》2022年第3期。
[4] 谢鸿飞、朱广新主编:《民法典评注:合同编 典型合同与准合同》(第4册),中国法制出版社2020年版,第205页。

规定(第895条);保管人留置权的规定(第903条)。[5]

二、仓单

仓单和入库单等凭证都可以作为保管人与存货人之间仓储关系的证明,也都是提取仓储物的凭证,但仓单是有价证券之一种。对此,《民法典》第909条规定,“保管人应当在仓单上签名或者盖章。仓单包括下列事项:(一)存货人的姓名或者名称和住所;(二)仓储物的品种、数量、质量、包装及其件数和标记;(三)仓储物的损耗标准;(四)储存场所;(五)储存期限;(六)仓储费;(七)仓储物已经办理保险的,其保险金额、期间以及保险人的名称;(八)填发人、填发地和填发日期”。《民法典》第910条规定,“仓单是提取仓储物的凭证。存货人或者仓单持有人在仓单上背书并经保管人签名或者盖章的,可以转让提取仓储物的权利”。另外,也有学者认为,根据我国《仓单要素与格式规范》(GB/T 30332—2013)的规定,仓单有普通仓单和可流转仓单之分。普通仓单,指的是保管人依据仓储合同向存货人出具的不可转让的存储仓储物的凭证。[6] 但从我国《民法典》第910条的规定来看,《民法典》仓储合同章规定的“仓单”指的是可流转仓单。

思考 | 仓单转让中的保管人签名或盖章

《民法典》第910条规定,“仓单是提取仓储物的凭证。存货人或者仓单持有人在仓单上背书并经保管人签名或者盖章的,可以转让提取仓储物的权利”。另外,不仅限于存货人转让仓单,甚至有观点认为,存货人以仓单出质的,应当与质权人签订质押合同,在仓单上背书并经保管人签名或者盖章,并将仓单交付给质权人,质权才能设立。[7] 在《民法典》编纂过程中,曾有建议认为,关于依仓单背书转让提取仓储物权利的规定,应删去保管人签字盖章要件,修改为“仓单是提取仓储物的凭证。存货人或者仓单持有人可以通过在仓单上背书转让提取仓储物的权利”。其主要理由是,原《合同法》第387条及承继该条的《民法典》草案规定,使仓单的“有价证券性”“减等”,妨碍了仓单作为有价证券的流通性,甚至不如《民法典》合同编规定的普通的债权让与,因为普通的债权让与都无须债务人之“签字或盖章”等类似需要债务人同意的要件。[8]《民法典》实施后,也有学说进行了反思,认为这种模式对保管人的保护固属周到,但其结果反较一般债权让与严格,不仅对交易效率有所阻碍,与有价证券的原理也有背离,不如仿照票据法、提单的规定,不以保管人的签字或盖章为要件,仅背书交付就发生转让的效果,但可赋予保管人记载禁止背书转让的权利。[9] 对此,也有观点认为,如果仓单转让和出质不经保管人签名或者盖章,保管人就无法知道谁是真正的权利人,尤其是仓单几易其主之后,或者

---

〔5〕 徐涤宇、张家勇主编:《〈中华人民共和国民法典〉评注》(精要版),中国人民大学出版社2022年版,第949页。

〔6〕 刘平:《论我国存货担保的体系构造与制度协同》,载《法学家》2022年第3期。

〔7〕 黄薇主编:《中华人民共和国民法典解读:合同编》(下册),中国法制出版社2020年版,第1291页;魏耀荣等:《中华人民共和国合同法释论》(分则),中国法制出版社2000年版,第545页。对此,有学者以《民法典》第441条为依据,主张仓单出质并非仓单转让,认为难以赞同该观点[参见崔建远:《合同法》(第4版),北京大学出版社2021年版,第640页]。

〔8〕 周江洪:《关于〈民法典合同编〉(草案)(二次审议稿)的若干修改建议》,载《法治研究》2019年第2期。

〔9〕 崔建远:《合同法》(第4版),北京大学出版社2021年版,第641页。

仓单被伪造、涂改等，可能引发一些不必要的纠纷，不利于保护存货人的权利，保管人也将面临更多的不确定性；该观点认为，不经保管人签名或盖章，交易效率的提高可能需要以交易安全和秩序受到损害为代价。[10] 还有观点认为，仓单虽可自由流通，但其关涉保管人的权利实现和义务履行，尤其是对仓储物毁损、变质等情形，保管人负有通知存货人或仓单持有人的义务，如果保管人不能知悉仓单的流转情况，则会妨碍其义务的履行，因此如仓单仅由存货人或仓单持有人背书而无保管人签名或盖章，则不发生仓储物所有权移转的效力。[11] 另外，也有观点认为，之所以需要保管人签名或盖章，还有另一个理由：仓单不仅是有价证券，而且具有仓储合同凭证的性质。仓单不仅可以证明合同的存在，还可以记载保管人所享有的权利。为此，需要保管人签名或盖章，以确认仓储合同的存在。[12] 而在原《合同法》时代，有释义书认为，因仓单是基于保管人和存货人之间存在合同关系而签发，存货人将提取仓储物的权利进行转让，保管人理应知道有关情况，故而需要保管人在仓单上签字或者盖章，以示保管人知道存货人已经将仓储物出卖。保管人在仓单上签字或者盖章，还有更重要的意义在于，表明保管人确认买受人在持仓单提取货物时，自己像对待存货人一样对待买受人，负有返还仓储物的义务，确认买受人已经取得了存货人在仓储合同中的地位。[13] 但是，从立法论上来说，一方面认为仓单为有价证券，另一方面又对其转让施加比普通债权让与更为严格的要件，法理逻辑上并不连贯。因此，如何兼顾仓单的有价证券性以促进其流通，又能适当兼顾保管人之利益，仍有待结合我国仓储营业的交易习惯予以进一步思考。

未经保管人签名或盖章之情形，究竟对仓单转让的效力产生何种影响？对此，有观点认为，考虑对于保管人利益的保护，未经保管人签章的仓单转让自然可以在转让人和受让人之间发生转让的效力，但是保管人可以基于仓储合同对存货人享有的抗辩对抗仓单的受让人。如果仓单转让经过保管人的签章，则（对）存货人所享有的抗辩应该受到切断，不能对抗之后仓单受让人，即使该后手转让并未获得保管人的签章。[14]

从仓单的性质上来看，仓单是有价证券、要式证券、文义证券、无因证券、指示证券、换取证券、记名证券。文义证券，指的是证券上的权利和义务仅依证券记载的文义而确定的证券。仓单所创设的权利和义务是依仓单所记载的文义予以确定的，不能以仓单记载以外的其他因素加以认定或变更。无因证券是指证券权利的存在和行使不以作成证券的原因为要件，证券的效力与作成证券的原因完全分离；虽然也有不少学者主张为其要因证券，但通常认为仓单为无因证券。指示证券，又称背书证券，是指可以通过背书方式加以转让的证券。换取证券，又称缴还证券，是指有价证券的签发人自己为给付义务后，权利人须将证券返还给义务人的证券。

---

〔10〕 黄薇主编：《中华人民共和国民法典解读：合同编》（下册），中国法制出版社 2020 年版，第 1291～1292 页。

〔11〕 谢鸿飞、朱广新主编：《民法典评注：合同编　典型合同与准合同》（第 4 册），中国法制出版社 2020 年版，第 147 页。

〔12〕 王利明：《合同法》（下册），中国人民大学出版社 2021 年版，第 348 页。

〔13〕 魏耀荣等：《中华人民共和国合同法释论》（分则），中国法制出版社 2000 年版，第 545 页。

〔14〕 最高人民法院民法典贯彻实施工作领导小组主编：《中华人民共和国民法典合同编理解与适用（四）》，人民法院出版社 2020 年版，第 2416 页。

仓单的记名证券性，指的是仓单需记载存货人的姓名或名称。[15] 关于仓单的记名证券性，原《合同法》背景下的司法实践中亦有认为，“合同法虽规定了仓单应记载事项，但合同法及相关司法解释中均没有关于欠缺仓单应记载事项（如存货人）的仓单效力的规定。……涉案仓单在法定形式上的欠缺——未记载存货人信息，并不必然导致其为无效仓单”[16]。

此外，我国学者多主张仓单为物权证券，[17]认为仓单是货物所有权的凭证，持有仓单者享有该仓单所载明物品的所有权。但在比较法上，在与仓单类似的提单的效力问题上，亦存在一些差异的表述。例如，日本学说上认为，所谓提单的物权效力，是指就货物的处分，证券的交付与该货物的交付具有同样的效力，即具有占有移转的效力。也就是说，提单的物权效力，仅指证券的交付与货物的交付具有同一效力，其物权效力乃是形式上的效力。而据此取得的权利是什么，以及产生物权变动的原因是什么，与提单的物权效力并不直接相关。依提单交付所取得的权利及物权变动等，依据的是证券外形成的实体法律关系。在日本关于提单物权效力的学说中，无论是代表说、绝对说还是物权效力否定说，都认为提单的物权效力指的是就货物的处分，提单的交付仅具有占有移转的效力，并未说提单代表了物权本身。提单项下的货物所有权变动或者质权设定问题，仍然依物权变动的一般原理予以处理。当然，提单的物权效力的日语表述为“船荷証券の物権的効力”，虽然其原意为“提单的物权式（或物权性）效力”，但常被翻译成“提单的物权效力”，这一翻译亦可能引起提单本身代表了物权这一误解。[18] 回归我国法律，买卖合同中交付提单是依据我国《民法典》第 227 条发生物权变动；设立质权时，则是依我国《民法典》第 441 条。也就是说，物品证券的物权效力，并不是物品证券本身代表着所有权或质权，而是物品证券以外的其他实体法律关系及其规则决定了其是否依物品证券的持有而发生特定的物权效力。

仓单记载与仓储合同之间的关系，主要涉及仓单是否为设权证券以及文义证券的理解。对此，有学说认为，依《民法典》第 908 条，仓单是保管人在存货人交付仓储物时给予存货人的一种凭证，其不同于签发本身就导致了权利产生的设权证券，并非创设合同权利义务，在仓单签发前，当事人所享有的权利已存在，如存货人要求保管人返还仓储物的权利。[19] 也有学说认为，仓单填发后，保管人与存货人存在两种法律关系：一是仓储合同关系，二是仓单的证券债权关系。仓单一经填发，就与前者分离，但仓储合同关系也不因仓单的填发而受影响。仓单移转后，仓单持有人对保管人可依仓单交付仓储物（物权请求权），但无仓储物返还请求权（债权请求权），亦无支付报酬的义务。保管人填发仓单后，故意或过失地毁损了仓单所表彰的仓储物的，对仓单持有人应负不完全履行或不能履行的责任。该种债务不履行责任，本于仓单的证券

---

[15] 房绍坤：《仓单若干问题探讨》，载《求是学刊》2002 年第 1 期；王利明：《合同法》（下册），中国人民大学出版社 2021 年版，第 345～346 页。

[16] 董世华：《未记载存货人信息之仓单的效力》，载《人民司法（案例）》2020 年第 17 期。

[17] 王利明：《合同法》（下册），中国人民大学出版社 2021 年版，第 345 页；崔建远：《合同法》（第 4 版），北京大学出版社 2021 年版，第 639 页；房绍坤：《仓单若干问题探讨》，载《求是学刊》2002 年第 1 期，等等。

[18] 周江洪：《日本法上的提单效力问题研究》，载《东方法学》2015 年第 1 期。另有学者也指出，将提单、仓单视为物权凭证，部分原因在于对外文术语的误解。例如，将德国法上的 Traditionspaper 误译为“物权证券”，将 Traditionsfunktion 误译为“物权凭证作用”（参见杨代雄主编：《袖珍民法典评注》，中国民主法制出版社 2022 年版，第 780 页）。

[19] 王利明：《合同法》（下册），中国人民大学出版社 2021 年版，第 346 页。

债务而发生，并非直接源于仓储合同。[20] 关于这点，涉及仓单的性质问题，尤其是存货人转让仓单后，仓单持有人与保管人之间的关系，需要就我国法律关于仓单的规定及实务操作作进一步考察分析，仍有待学说和实务的进一步发展。通常认为，仓单与仓储合同的关系如同提单与海上货物运输合同的关系一样。[21] 这里以提单为例，对日本关于提单的相关学说发展作简单介绍。

拓展｜日本关于提单的相关学说[22]

在日本学说中，通说认为提单为非设权证券。但各家学说对此说法并不一致。偏重于提单要因证券性的学说，多主张提单为非设权证券；而偏重于提单文义证券性的学说，在提单是否为设权证券方面，各家学说的主张并不一致，或主张券面记载权利与运输合同不一致的提单具有部分设权证券性（券面要因说、部分无因证券说），或认为提单并非设权证券（禁反言原则说、抗辩限制说），或全面肯定其设权证券性（设权证券说）。从目前的研究来看，虽然通说认为提单为要因证券及非设权证券，但较近的学说多偏重于提单的文义证券性，并逐步肯定提单的设权证券性。其所谓的设权证券性，指的是产生了运输债权及货物交付请求权得以表征于提单的法律效果，以及创设出了独立于原因关系上的运输合同的证券关系。但在日本实务中，较近的地方法院案例仍然遵循了有因、非设权证券的见解。

关于提单与运输合同的关系，日本的判例坚持要因证券性，认为依证券外的运输合同并依该合同收取货物构成了提单证券的原因。依运输合同收取货物后签发的提单才为有效提单。学说中亦有不少认为提单所表征的货物交付请求权是运输合同上托运人享有的返还请求权的证券化（要因证券说、禁反言原则说、抗辩限制说）。但注重文义证券性的不少学说则认为，因《日本商法典》第572条的规定，提单的债权效力与运输合同保持距离，而主张设权证券说的学说则更是认为提单所表征的权利内容依提单的记载内容确定，而不能理解为运输合同上的权利。

从日本学说的理论前提来看，提单的债权效力，意味着提单持有人与承运人之间的关系；而运输合同的当事人则为托运人与承运人的关系。两者之间属于不同的法律关系这点确属无疑。但在运输合同的无效、被撤销，尤其是未依运输合同收取货物等是否影响提单的效力方面，要因证券说与文义证券说之间的不同非常明显。从《日本商法典》第572条的规定及《日本国际海上物品运输法》的规定来看，提单持有人与承运人之间关于运输的事项依提单确定，排除了运输合同在提单持有人与承运人之间的效力。而对于恶意的提单持有人而言，提单记载与运输合同的实际不符时，承运人得以提单记载与事实不符对抗。也就是说，对于恶意的提单持有人而言，运输合同的内容具有一定的对抗意义。

就提单在承运人与托运人之间的关系而言，会涉及提单证券与运输合同之间的关系。此时，提单作为运输合同的证明，亦仅作为证据。但《日本商法典》第572条规定的文义证券性，保护的是善意的提单持有人，托运人不受提单文义证券性的保护。原因在于，其为运输合同的当事人，即使提单记载与运输合同内容相异，也并没有必要赋予高于运输合同内容的保护。但除文义证券性外，若托运人持有提单，提单上的其他效力亦对托运人有效。

---

〔20〕 崔建远：《合同法》（第4版），北京大学出版社2021年版，第641页。

〔21〕 黄薇主编：《中华人民共和国民法典解读：合同编》（下册），中国法制出版社2020年版，第1287页。

〔22〕 周江洪：《日本法上的提单效力问题研究》，载《东方法学》2015年第1期。

第二节　仓储合同的效力

一、保管人的义务

（一）妥善保管仓储物的义务

依《民法典》第 904 条规定，保管人负有“储存存货人交付的仓储物”的义务。虽然该条只是规定了“储存仓储物”，但通常认为，“储存存货人交付的仓储物”，就是要“妥善保管仓储物”，并认为其为保管人的主要义务。[23] 另外，从《民法典》第 918 条对保管合同规定的援用中，同样可以得出保管人负有妥善保管仓储物的义务。

妥善保管仓储物，保管人需具备特定的保管条件。《民法典》第 906 条第 3 款规定，“保管人储存易燃、易爆、有毒、有腐蚀性、有放射性等危险物品的，应当具备相应的保管条件”。保管人不具备保管条件进行仓储活动的，依相关的法律法规承担责任。例如，《危险化学品安全管理条例》第 76 条规定了行政处罚。保管人不具备相应储存条件而与存货人订立合同的，若导致维持仓储物价值的目的不能实现，存货人有权解除合同，并要求赔偿因此造成的损失。通常来说，保管人不具备相应的仓储资质进行储存，虽然违反相应规定，但不属于合同无效的情形。[24]

另外，仓储实践中，亦有不少仓储合同明确约定了仓储物出库手续，保管人亦应予以遵守。例如，在“中国铁路物资厦门钢铁有限公司与宁德市港务集团有限公司等仓储合同纠纷案”中，中国铁路物资厦门钢铁有限公司（以下简称中铁公司）与宁德市港务集团有限公司（以下简称港务公司）在《仓储保管合同》中明确约定：货物的所有权属于中铁公司；港务公司须凭中铁公司的提货单办理货物出库手续，港务公司应于提货单上货物出库完毕当日或次日在提货单上盖章并回传给中铁公司反馈出库货物数量，双方在合同附件中明确了中铁公司提供的提货单样单和预留印鉴；因港务公司无提货单办理货物出库手续，给中铁公司造成损失的，港务公司应承担全额赔偿责任；等等。在合同实际履行过程中，港务公司作为保管人，未按照《仓储保管合同》约定办理货物的出库手续，其在中铁公司未出具提货单的情况下向良兴公司放货，违反了与中铁公司的合同约定，应当承担返还货物或赔偿损失的违约责任。[25] 同样地，亦有法院裁判认为，“石油公司在明知货权人为宏信公司的情况下，未与泽嘉物流协商提货流程且在未核对确认提货单、货权转移通知单真实性的情况下，仅凭上述单据的复印件径行放货，未尽到仓储合同项下的管货义务，对泽嘉物流构成违约，应当承担相应的赔偿责任”[26]。实际上，仓储物出库时的审核义务，是仓储合同中妥善保管义务的具体体现之一。

---

〔23〕 黄薇主编：《中华人民共和国民法典解读：合同编》（下册），中国法制出版社 2020 年版，第 1277 页。

〔24〕 谢鸿飞、朱广新主编：《民法典评注：合同编　典型合同与准合同》（第 4 册），中国法制出版社 2020 年版，第 118 页。

〔25〕 最高人民法院民事判决书，（2018）最高法民再 230 号。

〔26〕 中国石油天然气股份有限公司江苏连云港销售分公司、连云港泽嘉国际物流有限公司港口货物保管合同纠纷案，最高人民法院（2021）最高法民申 6612 号民事裁定书。

（二）仓储物验收及瑕疵通知义务

《民法典》第907条规定，“保管人应当按照约定对入库仓储物进行验收。保管人验收时发现入库仓储物与约定不符合的，应当及时通知存货人。保管人验收后，发生仓储物的品种、数量、质量不符合约定的，保管人应当承担赔偿责任”。该处的验收，指的是保管人应当审核存货人实际交付的货物与合同约定的仓储物是否一致。该条没有规定验收义务及通知义务未履行之后果。对此，既有学者认为，应当视为仓储物符合合同约定的条件，[27]也有学者认为，应当推定验收合格，[28]或者认为“验收之后，如果发生仓储物的品种、数量、质量不符合约定，则可以推定保管人未尽到妥善保管义务”[29]。从体系解释角度而言，虽然《民法典》第907条规定“保管人验收后，发生仓储物的品种、数量、质量不符合约定的，保管人应当承担赔偿责任”，但《民法典》第917条同时规定，因仓储物本身的自然性质等造成仓储物变质、损坏的，保管人不承担责任，因此采“推定”说较为合适；《民法典》第907条更多的是关于证明责任分配机制的规定，而不是法律拟制。如果能举证证明是入库后出现损害且保管人自身不需要对此种损害承担责任之情形，则并不能以《民法典》第907条为由认为只要出现仓储物与合同约定不符即承担责任。[30]

（三）仓单、入库单等凭证出具义务

《民法典》第908条规定，“存货人交付仓储物的，保管人应当出具仓单、入库单等凭证”。仓单或入库单等凭证，既是表明保管人收到仓储物的凭证，也是存货人提取仓储物的凭证。对此，《民法典》第915条第1句规定，“储存期限届满，存货人或者仓单持有人应当凭仓单、入库单等提取仓储物”。值得注意的是，依《民法典》第910条，仓单是有价证券，可以背书转让，且仓单持有人可以凭仓单提取仓储物。但《民法典》并未规定“入库单持有人”可以凭入库单提取仓储物，而是存货人应当凭入库单提取仓储物；而且，入库单不是有价证券，《民法典》也没有规定入库单具有背书转让或者出质的功能。[31] 另外，仓单作为一种有价证券，有的国家立法采两券主义，即保管人在收到仓储物后应同时填发两张仓单：一是提取仓单，作为提取仓储物和通过背书转让之用；二是出质仓单，以供仓储物出质之用。我国《民法典》采一券主义，即保管人只填发一张仓单，该仓单除作为已收取仓储物的凭证和提取仓储物的凭证外，既可以背书转让，也可以用于出质。[32]

（四）容许义务

保管人负有同意存货人或仓单持有人检查仓储物或提取样品的义务。《民法典》第911条规定，“保管人根据存货人或者仓单持有人的要求，应当同意其检查仓储物或者提取样品”。值

〔27〕 崔建远：《合同法》（第4版），北京大学出版社2021年版，第642页。

〔28〕 王利明：《合同法》（下册），中国人民大学出版社2021年版，第341页。

〔29〕 黄薇主编：《中华人民共和国民法典解读：合同编》（下册），中国法制出版社2020年版，第1285页。

〔30〕 谢鸿飞、朱广新主编：《民法典评注：合同编　典型合同与准合同》（第4册），中国法制出版社2020年版，第126页。

〔31〕 亦有个别观点将入库单与仓单同等化处理。例如，有观点认为，仓单、入库单为物权证券，是仓储物所有权及其交付请求权的表征，持有仓单、入库单，意味着享有请求保管人交付仓储物的权利［参见徐涤宇、张家勇主编：《〈中华人民共和国民法典〉评注》（精要版），中国人民大学出版社2022年版，第940页］；但从《民法典》刻意没有规定入库单的背书转让来看，《民法典》并未将入库单作为有价证券对待。

〔32〕 黄薇主编：《中华人民共和国民法典解读：合同编》（下册），中国法制出版社2020年版，第1287页。

得注意的是,《民法典》第 915 条只是规定提取仓储物时需凭仓单,仓单背书转让后,对于存货人是否仍然得以检查仓储物或提取样品,会有一些疑问。有学者认为,存货人向保管人行使权利应基于仓单,《民法典》第 911 条之所以将存货人作为检查仓储物、提取样品的权利主体,乃是由于存货人系第一手的仓单持有人,一旦两种身份互相分立,存货人不再持有仓单,保管人便有权拒绝其检查或提取。[33] 但是,仓单持有人不仅仅是通过背书转让形式的持有人,亦可能为因仓单出质而形成的质权人,此种情形,是否允许存货人检查仓储物或提取样品,仍有再考虑之必要。出质本身并非丧失其权利,质权是否被实现有赖于主债务之履行与否等,此种情形,存货人不应完全丧失仓储物的控制权,仍然有权检查和提取样品。与此同时,仓单出质情形,质权人持有仓单,其拥有债务不履行情形的变价优先受偿权,仓储物保管状态的变化等会对其交换价值产生影响,应当认为质权人亦得以检查仓储物或提取样品。另外,依《民法典》第 446 条的规定,权利质权得以适用动产质权的规定,故《民法典》第 432 条存在适用之可能。从《民法典》第 432 条规定的质权人负有妥善保管质押财产的义务角度来说,赋予仓单出质后的质权人以检查仓储物和提取样品的权利,亦是妥当的。

(五)危险告知义务及紧急情况下的必要处置权

仓储物处于保管人的直接控制之下,保管人对仓储物的情况最为熟悉,若仓储物出现变质或其他损坏,保管人负有告知义务。对此,《民法典》区分仓储物是否危及其他仓储物安全和正常保管而分别规定了"及时通知"和"催告"两种义务。对于前者,《民法典》第 912 条规定,"保管人发现入库仓储物有变质或者其他损坏的,应当及时通知存货人或者仓单持有人";对于后者,《民法典》第 913 条第 1 句规定,"保管人发现入库仓储物有变质或者其他损坏,危及其他仓储物的安全和正常保管的,应当催告存货人或者仓单持有人作出必要的处置"。值得注意的是,无论是及时通知义务还是催告义务,均以保管人"发现入库仓储物有变质或者其他损坏"为前提,保管人似乎得以用"未发现"而免除此等危险告知义务。但保管人除具有危险告知义务以外,还负有前述妥善保管义务。若保管人未尽到妥善保管义务而未发现,属于应当发现而未发现,既构成妥善保管义务之违反,亦构成危险告知义务之违反;若保管人尽到了妥善保管义务而未发现,保管人并不存在危险告知义务。当然,无论是否尽到了妥善保管义务,只要发现入库仓储物有变质和其他损坏,保管人均负有危险告知义务。保管人违反危险告知义务的,应当承担责任。保管人履行告知义务后,因存货人或仓单持有人未采取措施导致仓储物进一步损坏的,保管人无须就扩大之损害承担责任。当然,保管人履行告知义务并不免除其妥善保管义务,若违反妥善保管义务,仍应承担责任。若入库仓储物有变质或者其他损坏,危及其他仓储物的安全和正常保管,而存货人或者仓单持有人未作出必要处置,则保管人可以进行必要的处置。情况紧急的,未进行催告保管人亦可以采取必要的处置措施,即"因情况紧急,保管人可以作出必要的处置;但是,事后应当将该情况及时通知存货人或者仓单持有人"(《民法典》第 913 条第 2 句)。

危险告知义务亦会涉及告知的对象问题。对此,《民法典》第 912 条、第 913 条规定的都是"存货人或者仓单持有人"。若仓单已背书转让,存货人对仓储物的权利已转移至仓单持有人,

[33] 谢鸿飞、朱广新主编:《民法典评注:合同编 典型合同与准合同》(第 4 册),中国法制出版社 2020 年版,第 152 页。

且依《民法典》第910条,保管人亦得以知道仓单持有人,则此时只需通知或催告仓单持有人;此时若仅通知或催告存货人,则并没有履行危险告知义务。若仓单出质,此时无须保管人之同意或盖章,保管人无从知晓仓单持有人,则保管人通知或催告存货人即可,无须通知持有仓单的仓单质权人;但保管人知道仓单质权人的,则同时负有通知或催告仓单质权人的义务,原因在于,仓单质权人既有妥善保管质物之义务,对于仓储物亦具有其利益。

(六)保管人的损害赔偿责任

《民法典》第917条规定,“储存期内,因保管不善造成仓储物毁损、灭失的,保管人应当承担赔偿责任。因仓储物本身的自然性质、包装不符合约定或者超过有效储存期造成仓储物变质、损坏的,保管人不承担赔偿责任”。值得注意的是,该条仅规定了“储存期内”的责任问题,若储存期限届满,存货人或仓单持有人逾期提取之情形,保管人可以加收仓储费,此时可视为“展期”,保管人仍负有妥善保管义务,因保管不善造成仓储物毁损灭失的,保管人仍应承担赔偿责任。当然,逾期情形的保管人保管注意义务,因发生债权人迟延而减轻。另外,《民法典》第917条对此未规定请求权人。若未发生仓单背书转让之情形,则存货人享有损害赔偿请求权无疑。若已背书转让仓单,仓单持有人对于保管人的损害赔偿请求权,是基于仓储合同所生之权利抑或基于仓单所表征的仓储物返还请求权或仓储物所有权而产生的赔偿请求权,在具体法律构成上,则需依仓单与仓储合同的关系如何确定而定。通常认为应当随仓单的移转而移转。

依《民法典》第918条的规定,“本章没有规定的,适用保管合同的有关规定”。据此,除了上述义务,保管人还负有返还仓储物及其孳息的义务(《民法典》第900条)、亲自保管义务(《民法典》第894条)、仓储物使用禁止义务(《民法典》第895条)、第三人提起诉讼或者对保管物申请扣押时的通知义务(《民法典》第896条第2款)等。

二、存货人的义务

(一)仓储费和必要费用支付义务

仓储合同为有偿合同,支付仓储费是存货人的主要义务。除了仓储费,存货人还应支付其他必要费用。《民法典》仓储合同章部分虽然对仓储费及其他必要费用的支付未作规定,但依《民法典》第918条的规定,保管合同关于保管费及其他费用的规定同样适用于仓储合同。对此,《民法典》第903条规定,“寄存人未按照约定支付保管费或者其他费用的,保管人对保管物享有留置权,但是当事人另有约定的除外”。该条同样适用于仓储合同情形。但值得注意的是,在储存期限届满前,提前提取仓储物的,并不减收仓储费(《民法典》第915条)。

仓储交易实践中,亦存在未对仓储费用进行约定,而以仓储公司发布的价格为准的做法。对此,有法院裁判认为,“双方未签订合同对仓储期间及仓储费用进行约定,实际履行中是以利士德公司发布的价格为准,盈泰公司可以选择接受或结束仓储服务。在双方仓储关系存续期间,利士德公司发出数次通知函,告知盈泰公司即将提高仓储费用,在利士德公司发出通知至按照实际提价后标准收取费用之前,留有合理期间以供盈泰公司选择是否继续履行合同。盈泰公司未提供证据证明其在收到提价通知之后对价格提出异议,也未将仓储货物进行交割以结束仓储关系,而是继续将货物储存在利士德公司,应视为同意利士德公司的价格调整。此后,盈泰公司按照通知函上的价格与利士德公司进行了结算,盈泰公司支付了仓储费并进行了货物交割,双方的仓储合同已经履行完毕。现盈泰公司要求利士德公司返还已付仓储费,依据不足"[34]。

(二)移交仓储物的义务

依《民法典》第905条的规定,仓储合同为诺成合同,与保管合同的实践性并不相同,故移交仓储物成为合同上的义务,而并非合同成立的前提。虽然对该义务是否可以要求继续履行尚有争议,但依《民法典》第908条的规定,若未交付仓储物,则不能要求保管人出具仓单等凭证。

(三)说明义务

《民法典》第906条第1款规定,"储存易燃、易爆、有毒、有腐蚀性、有放射性等危险物品或者易变质物品的,存货人应当说明该物品的性质,提供有关资料"。与《民法典》第893条规定稍有不同,仓储合同情形的存货人说明义务,不仅限于《民法典》第893条规定的"保管物有瑕疵或者根据保管物的性质需要采取特殊保管措施"情形的"有关情况告知"义务,而且规定了仓储物为危险品或易变质物品情形的积极的说明义务。《民法典》第893条更多是从寄存人的不真正义务角度所作的规定,若因此造成保管物损失,由寄存人承受不利益;而《民法典》第906条更多是从保管人权利的角度对存货人说明义务的积极规定,不仅规定了"存货人应当说明该物品的性质,提供有关资料"的说明义务履行具体要求,而且在其第2款规定了保管人拒收仓储物的权利和费用增加请求权,即"存货人违反前款规定的,保管人可以拒收仓储物,也可以采取相应措施以避免损失的发生,因此产生的费用由存货人负担"。当然,依《民法典》第918条的规定,《民法典》第893条亦同样适用于仓储合同情形,若存货人未履行说明义务致使仓储物受损,保管人并不承担责任;若保管人因此受有损失,存货人应当承担赔偿责任。

(四)仓储物提取义务

《民法典》第915条规定,"储存期限届满,存货人或者仓单持有人应当凭仓单、入库单等提取仓储物。存货人或者仓单持有人逾期提取的,应当加收仓储费;提前提取的,不减收仓储费"。第916条规定,"储存期限届满,存货人或者仓单持有人不提取仓储物的,保管人可以催告其在合理期限内提取;逾期不提取的,保管人可以提存仓储物"。从这两条规定来看,存储期限届满后,存货人或者仓单持有人负有提取仓储物的义务。但从义务的性质来看,虽然名为"义务",但更多的是就受领迟延层面而言,《民法典》第915条规定的"加收仓储费",亦更多的是《民法典》第589条意义上的"增加的费用"的赔偿。

案 例 东海县旺仓粮食有限公司、东海晶发粮油购销有限公司寇荡粮库等仓储合同纠纷案[35]

▍基本案情

2020年11月3日,东海晶发粮油购销有限公司寇荡粮库(以下简称寇荡粮食储备库,甲方)与东海县旺仓粮食有限公司(以下简称旺仓公司,乙方)签订《粳稻买卖合同》一份,约定甲

[34] 上海盈泰石化有限公司、江苏利士德化工有限公司仓储合同纠纷案,江苏省无锡市中级人民法院(2022)苏02民终3104号民事判决书。

[35] 江苏省连云港市中级人民法院民事判决书,(2022)苏07民终91号。

方将重量为1500吨、单价为2700元/吨、总金额为405万元的2020年地产粳稻销售给乙方。交货地点:寇荡粮食储备库院内大棚里。质量标准:水分≤16.0%,杂质≤1%,出米率≥68%,色泽、气味正常。甲方对本合同项下的粳稻享有完全的所有权,承担粳稻的保管义务。粳稻的所有权和风险自车板交付时转移给乙方。甲方将本合同项下的全部粳稻销售给乙方,乙方应现款提货,在乙方未付清相应货款之前,甲方有权拒绝交货。乙方应在2021年4月30日之前全部提货完毕,如乙方2021年4月30日前未能全部提货且甲方愿意继续销售给乙方,则乙方应按每吨100元的标准支付甲方此后的保管费用。本合同项下的粳稻调拨费用等及该批粳稻所产生的水分杂质损耗减量也由乙方承担。乙方应在本合同签订之日起5日内向甲方缴纳定金40.5万元,作为履行本合同的担保。2020年12月7日,寇荡粮食储备库(甲方)与旺仓公司(乙方)签订《粳稻买卖合同》一份,约定甲方将重量为650吨、单价为2700元/吨、总金额为175.5万元的2020年地产粳稻销售给乙方,交货地点为寇荡粮食储备库院内11号仓。乙方应在本合同签订之日起5日内向甲方缴纳定金17.6万元,作为履行本合同的担保。其余合同内容与前述合同相同。

在签订前述两份合同后,旺仓公司分别将1500吨粳稻运至大棚仓,将650吨粳稻运至11号仓。寇荡粮食储备库按照每斤1.3元的价格支付给旺仓公司稻谷款,其中大棚仓支付了390万元,11号仓支付了169万元。由于寇荡粮食储备库支付给旺仓公司的货款系东海县粮食购销总公司向中国农业发展银行东海县支行(以下简称农发行)申请的贷款,双方约定由旺仓公司按照年利率4.35%支付该笔贷款的利息。之后,粳稻一直由寇荡粮食储备库负责保管。后发生诉讼,旺仓公司和寇荡粮食储备库之间是何种法律关系成为双方争议焦点之一。

一审法院认为,从旺仓公司和寇荡粮食储备库之间的交易方式来看,实际为旺仓公司提供粳稻,寇荡粮食储备库提供贷款资金,按照每吨2600元价格收购案涉粳稻,粳稻放入粮库后由寇荡粮食储备库保管。出库时旺仓公司除需要按照入库时的价格支付粳稻收购款外,还需要支付就案涉粳稻收购向农发行申请贷款的利息以及合作费用,在付清上述款项后,寇荡粮食储备库将案涉粳稻交付给旺仓公司。寇荡粮食储备库抗辩称旺仓公司和寇荡粮食储备库之间系买卖合同关系,但根据查明的情况,双方之间既未按照合同约定的每吨2700元的价格支付价款,也未按照约定的数量足量向旺仓公司交付粳稻,双方并不具有真实的粳稻买卖合同意思表示。由于入库和出库系同一批粳稻,该批粳稻由寇荡粮食储备库负责保管,且在出库时旺仓公司还需按照大棚仓每吨40元、11号仓每吨50元支付合作费用,故该种交易方式符合仓储合同基本特征。结合《补充协议及结算清单》中约定的旺仓公司需支付贷款利息,可以看出《粳稻买卖合同》签订的真实意思表示应系寇荡粮食储备库为保证向农发行申请的贷款能够按时归还,将旺仓公司存放在粮库中的粳稻所有权让与自己作为贷款担保。

▌法院裁判

法院认为,根据双方的合同约定,案涉粳稻实际由旺仓公司收购,并由旺仓公司在限定期限内提清,同时交纳寇荡粮食储备库一定的费用,所收购的粳稻货款也实际由旺仓公司支付,且在存储中,双方对案涉粮食的关系特定,存放的粮食并未作为种类物与寇荡粮食储备库其他同类粮食混同,旺仓公司亦拉来风机等对该特定的粮食进行存储管理,并限期拉走,表明双方案涉权利义务本质上还是特定粮食的仓储关系,一审对涉案合同关系的确认并无不当。

第十五章 委托合同

委托合同是服务类合同的重要类型之一，在服务合同研究领域亦多被作为重点合同类型予以考察，甚至有学说认为，民法上关于委托的规定可以被认为处理他人事务法律关系的通则。[1] 委托合同也是一种古老的合同类型，委托他人处理事务可有效拓展民事主体的民事活动领域，各国民法典通常都对此作了规定。我国《民法典》第919～936条亦延续原《合同法》将其作为典型合同予以规定，并就委托合同任意解除时的损害赔偿规则等作了完善。关于委托合同的研究，我国学界研究的重点在于《民法典》第925条、第926条（原《合同法》第402条、第403条）规定的代理问题以及第933条（原《合同法》第410条）规定的任意解除权问题。[2]

第一节 委托合同概述

一、委托合同的概念

委托合同是委托人和受托人约定，由受托人处理委托人事务的合同（《民法典》第919条）。委托合同是诺成、不要式、持续性合同。与部分国家和地区的规定不同，我国《民法典》规定的委托合同，既可以是有偿合同亦可以是无偿合同。有偿委托合同情形下，委托合同为双务合同，其中，事务处理与报酬支付之间构成给付与对待给付的关系。

委托合同经历了从无偿到有偿的历史沿革。委托合同作为一种古老的合同类型，随着社会生活的变迁而变化，其中一个最重要的变化便是委托合同从绝对无偿原则到无偿推定原则，再到有偿推定原则的发展。罗马法时代的委托合同以无偿为原则，无论有无特别约定，受托人均不能接受报酬。罗马法上，知识型劳务被认为不宜与对价联系在一起，委托被定位为无偿契约。[3] 罗马法上曾认为，"如果不是无偿的就不是委托：因为委托源于义务感和友谊。义务和报酬相冲突：如果涉及金钱，这项法律关系就是租赁合同了"[4]。《法国民法典》第1986条、《日本民法典》第648条第1项为"受托人，非有特约，不得对委托人请求报酬"，与罗马法之原则，尚属接近。依《德国民法典》第662条之规定，委托合同仍以受托人不收报酬为要件，严格承继了罗马法的无偿原则；而对有偿的事务处理合同，另行作出规定。《瑞士民法典》和我国台

---

〔1〕［日］我妻荣：《我妻荣民法讲义V_3：债权各论》（中卷二），周江洪译，中国法制出版社2008年版，第134页。

〔2〕周江洪：《服务合同立法研究》，法律出版社2021年版，第34页。

〔3〕［日］我妻荣：《我妻荣民法讲义V_3：债权各论》（中卷二），周江洪译，中国法制出版社2008年版，第127页。

〔4〕［德］马克斯·卡泽尔、［德］罗尔夫·克努特尔：《罗马私法》，田士永译，法律出版社2018年版，第488页。

湾地区的“民法”则采有偿推定原则。如我国台湾地区“民法”第547条规定,报酬未约定的,如依习惯或依委托事务之性质,应给付报酬者,受托人得请求报酬。原《合同法》第396条虽然并未规定报酬,但原《合同法》第405条第1分句规定“受托人完成委托事务的,委托人应当向其支付报酬”,似乎表明原《合同法》以有偿为原则。对此,《民法典》第928条第1款将其修改为“受托人完成委托事务的,委托人应当按照约定向其支付报酬”,较之原《合同法》采取了更为中性的表述即“按照约定”。据此,依《民法典》第928条的规定,委托合同报酬乃是以约定为前提,而不能推定为有偿委托;委托合同,既可以是有偿合同,也可以是无偿合同。因我国《民法典》规定了有偿委托,在研究其他国家与地区相关规定时,应注意有关规定立足于无偿性而形成的不同规则与学说。

委托合同是以处理他人事务为目的的合同。事务处理的委托,既可以是特别委托,也可以是概括委托。“委托人可以特别委托受托人处理一项或者数项事务,也可以概括委托受托人处理一切事务”(《民法典》第920条)。当然,在一些特殊的法律关系中,会限制委托人对受托人进行概括委托,就相关特别事项需进行特别委托,以防止受托人权限过大而损害委托人的利益。但无论如何,事务处理的托付在于在特定目的下将相关事务交由受托人合理处置,受托人被赋予了一定程度上的自由裁量权。

事务的处理,委托人既可以委托一个受托人,也可以委托数人共同处理。两个以上的受托人共同处理委托事务的,对委托人承担连带责任(《民法典》第932条)。之所以承担连带责任,是因为数个受托人对委托人负担同一项给付,委托人得以向任一受托人请求全部或部分给付;任一受托人的给付,在其给付的范围之内亦使其他受托人的债务消灭。〔5〕同时,在共同受托人对委托人承担连带责任的同时,在无特别约定的情况下,共同受托人也对委托人享有连带债权。〔6〕

委托所处理的事务类型多样,从事事务的方式亦多种多样,既可以是法律行为,〔7〕也可以是事实行为;既可以是财产行为,也可以是非财产行为。例如,工程监理事务,亦是委托合同中的“事务”。依《民法典》第796条的规定,委托监理合同中发包人与监理人的权利义务,适用委托合同的规定。但是,民法及其他法律就具体特殊类型事务的处理,设有特别规范的,如《民法典》就行纪、中介、保管、仓储、物业服务等合同专门设置规则,属于特殊委托规范,应当优先适用,《民法典》关于委托合同的规定不得越俎代庖。〔8〕不仅如此,商业实践中还发展出了款项划拨、委托支付、“团体首脑”(如公司的法定代表人)的法律地位等,其虽然逐步脱离了委托的一般规定而构成了独特的类型,但《民法典》关于委托的规定,作为一般规定,对于这些特殊类型来说也仍然具有补充性意义。〔9〕当然,并非所有的事务都可以委托。一般而言,法律特别规

---

〔5〕 杨代雄主编:《袖珍民法典评注》,中国民主法制出版社2022年版,第800页。

〔6〕 王轶等:《中国民法典释评:合同编 · 典型合同》(下卷),中国人民大学出版社2020年版,第455页。

〔7〕 《日本民法典》第643条将处理的事务限于“法律行为”,对于法律行为以外的事务所成立的合同,称为“准委托”合同,依《日本民法典》第656条规定准用关于委托合同的规定。另外,《意大利民法典》第1703条也将委托的事务限定为从事法律行为。

〔8〕 崔建远:《合同法》(第4版),北京大学出版社2021年版,第649页。当然,这些合同与委托合同之间的关系,严格意义上来说并非类合同与子合同的关系,其在法律规则上并不一定构成一般规则与特殊规则之关系。

〔9〕 [日]我妻荣:《我妻荣民法讲义 V_3:债权各论》(中卷二),周江洪译,中国法制出版社2008年版,第123页。

定或者依事务性质不得由他人代为处理的,委托人不得处理。例如,进行婚姻登记,就需要本人亲自办理,而不能委托他人代办。[10] 另外,依《民法典》第153条的规定,违法事项的委托亦会因违法而无效。例如,有法院裁判认为,"中科瑞公司委托广建公司采取'挂证'的形式代理申请建筑资质属于违法行为,中科瑞公司作为委托人明知自己不具备申请相应建筑资质的人员配备,因此委托广建公司作为受托人采取'挂证'形式为其配备所需人员以申请相应建筑资质,受托人亦明知'挂证'行为属于非法,仍接受委托为中科瑞公司寻找'挂证'人员假冒中科瑞公司工作人员申请建筑资质,属于双方共谋的违法行为","中科瑞公司与广建公司签订《资质代理服务合同》,约定中科瑞公司委托广建公司采取'挂证'形式为其配备所需人员以申请相应建筑资质,因委托事项违法,合同无效"。[11]

因《民法典》第919条规定的是处理"委托人事务",故对于基于委托合同所处理的事务是否限于委托人自身的事务,有一些分歧。有部分释义书认为,原则上所委托的事务应当是委托人自己的事务,仅在特殊情况下,例如,符合转委托条件,才能对他人的事务进行委托。[12] 但也有释义书认为,所谓委托人事务,指的是与委托人有直接利益关系的事务。传统理论认为,受托人处理的对象还应当包括第三人事务。虽然第三人事务与委托人无直接利益关系,但只要委托人认为依其自身利益有处理必要,便可委托他人处理,如委托他人寻找第三人的遗失物。在解释上,既然委托人委托受托人处理第三人事务,那么第三人事务与委托人就有利益关系,它可被认为属于《民法典》第919条规定的"委托人事务"。[13] 当然,无论如何,一般认为,"事务"必须是他人——受托人以外的人,即委托人或第三人——的事务,换句话说,不可以是受托人自身的事务。[14]

二、委托合同与相关法律关系辨析

委托合同不同于单纯的好意施惠。好意施惠并不存在效果意思,不属于法律行为,而无偿委托,虽为无偿,但仍属于典型的法律行为。另外,除非就咨询等达成合同,建议或者推荐等通常并不形成契约关系,他人听从了建议而遭受损失时并不因此承担损害赔偿责任,只有特别保证了其准确性时,才负有契约上的责任。[15]

委托合同与委托代理不同。虽然部分国家专门规定了委托代理合同,[16] 但不少立法例均将委托合同与代理权的授予相区分。我国《民法典》总则编第七章规定了代理,并于其第二节规定了"委托代理"。《民法典》第162条规定,"代理人在代理权限内,以被代理人名义实施的民事法律行为,对被代理人发生效力"。代理权的授予采书面形式的,还专门规定了授权委托

---

[10] 王利明:《合同法》(下册),中国人民大学出版社2021年版,第352页。

[11] 广州广建实业发展有限公司、广东中科瑞建设工程有限公司委托合同纠纷案,广东省广州市中级人民法院(2022)粤01民终4952号民事判决书。

[12] 黄薇主编:《中华人民共和国民法典解读:合同编》(下册),中国法制出版社2020年版,第1312页。

[13] 谢鸿飞、朱广新主编:《民法典评注:合同编 典型合同与准合同》(第4册),中国法制出版社2020年版,第213页。

[14] [日]我妻荣:《我妻荣民法讲义 V_3:债权各论》(中卷二),周江洪译,中国法制出版社2008年版,第125页。

[15] [日]我妻荣:《我妻荣民法讲义 V_3:债权各论》(中卷二),周江洪译,中国法制出版社2008年版,第126页。

[16] 例如,《荷兰新民法典》第7:414条规定,委托代理合同乃是一种能使代理人负担为本人之利益和计算而实施行为之义务的合同关系(参见周江洪:《服务合同立法研究》,法律出版社2021年版,第111页)。

书的相关内容，即“委托代理授权采用书面形式的，授权委托书应当载明代理人的姓名或者名称、代理事项、权限和期限，并由被代理人签名或者盖章”（《民法典》第165条）。从这些规定看，代理人从事的是法律行为，且需要代理权的授予，其关注的是代理人行为的效果是否归属于本人。而委托合同中，受托人处理的事务既可以是法律行为，亦可以是法律行为以外的事务；即使是处理法律行为相关事务，委托合同中并不必然伴随代理权的授予；只有存在代理权授予的，受托人才享有代理权。若法律行为的委托没有授予代理权，则受托人以自己的名义为法律行为，并将其法律效果移转给委托人。[17]

委托与无因管理不同。无因管理，是指没有法定的或者约定的义务，为避免他人利益受损失而管理他人事务（《民法典》第121条、第979条）。作为债的发生原因之一，《民法典》合同编第二十八章对此作了专门规定。委托合同中，受托人是依照委托合同约定处理受托事务，与无因管理中管理人无法定或约定义务而管理事务明显不同。委托合同作为法律行为的典型，其遵循法律行为能力等要求，合同的缔结受制于行为能力，而在无因管理中，对于管理人并无行为能力之要求。基于无因管理产生的债是法定之债，而基于委托合同产生的债则是意定之债。当然，在事务处理方面，两者具有一定的共通性，因此，《民法典》第984条规定，“管理人管理事务经受益人事后追认的，从管理事务开始时起，适用委托合同的有关规定，但是管理人另有意思表示的除外”。

■ 拓展｜服务类合同一般规则的构建与委托合同

若要构建服务类合同一般规则，在构建服务合同一般性规定时，需要适当考虑是否需要就委托合同的范围作出限缩。在这点上，日本债法修改过程中曾试图就“准委托”作出限定，并提出了将其限定在受托与第三人从事事务之情形或者是为解决任意解除权可能被滥用的风险而将准委托限定在具有特定人身信赖关系的事务委托中，但最终都未能成功。《荷兰民法典》中的“委托代理合同”则是作为服务合同的子类型，但更多地关注代理规则和利益冲突规则。《德国民法典》中的委托，则坚持罗马法以来的无偿原则，但通过有偿事务处理合同的规定，将委托合同的部分规则准用于以处理事务为标的的劳务合同及承揽合同，作为服务合同中的典型的“劳务合同”与委托合同的界限虽然趋于模糊，但委托合同规则的准用被限定在特定范围之内。也就是说，排除了部分委托合同规则的适用。DCFR则将委托合同作为服务合同之外的合同类型处理，将委托限定在直接代理、间接代理和经纪人合同之中，试图借助委托合同概念的限缩而达成服务合同概念的明晰化。《法国民法典》则将委托合同限定为法律行为事务的处理，将其与学理上的服务合同概念即“事务处理委托合同”相区别。从这些国家和地区的情况来看，处理好委托合同规则的适用范围，同样与服务合同一般规则的设计相互联动。从我国关于委托合同的规定来看，如同日本的“准委托”，委托合同所涵摄的范围非常宽泛，可以处理的“事务”几乎囊括所有类型的服务，但《民法典》提供的规则，若适用于所有类型的事务处理或服务，亦可能导致其规则适用上的不妥当性。在委托合同这一典型合同之外，是否有必要设置单独的服务合同一般规则，仍有进一步考虑之必要。[18]

---

〔17〕［日］我妻荣：《我妻荣民法讲义 V_3：债权各论》（中卷二），周江洪译，中国法制出版社2008年版，第137页。

〔18〕周江洪：《服务合同立法研究》，法律出版社2021年版，第249页。

第二节 委托合同的效力

一、委托人的义务

委托合同中,无论有偿与否,委托人均负有相应的义务。原因在于,即使是无偿的,委托人也负有不因委托而给受托人造成任何经济负担,以及不使受托人因委托而遭受损失的义务,这是委托理应遵守的规则。[19] 若委托为有偿合同,则委托人还负有报酬支付义务。

(一)承受事务处理后果的义务

委托乃是受托人接受委托,为委托人之目的而处理事务。因此,一方面,受托人处理委托事务取得的财产,应当转交给委托人(《民法典》第927条)。另一方面,委托人亦应承受相应的法律后果。在受托人根据委托人的要求完成委托事务之后,无论相关的法律后果是否对委托人有利,委托人都应当承受该法律效果。[20] 实践中,有法院针对"资产管理委托协议"作出判决认为,资产管理人根据资产管理委托协议,在股市证券买卖交易中,基于商业判断而作出的正常投资行为,只要尽到了善良管理义务,不存在明显的过错,就不应承担交易损失的后果。[21] 受托人处理事务过程中产生的委托资产损失是股市行情处于低迷环境下的正常风险损失,应由委托人自行承受。当然,在考虑由委托人承受事务处理后果时,还可参考代理的相关规则,并不是对所有的事务处理后果均需承受。例如,若受托人没有代理权、超越代理权或者代理权终止以后,仍然实施代理行为,则未经被代理人追认的,对被代理人不发生效力(《民法典》第171条第1款)。

(二)费用预付义务与垫付必要费用返还义务

费用不同于报酬。因此,无论有无约定报酬,因受托人处理事务均可能支出一定费用,无偿委托和有偿委托的委托人均负有费用预付义务。值得注意的是,比较法上,有不少立法例在规定委托人负有费用预付义务的同时,会规定该义务乃是基于受托人之请求。[22] 例如,《日本民法典》第649条规定,"处理委托事务需费用时,委托人应依受托人之请求,作出其预付"。但与此不同,我国《民法典》第921条第1分句并未规定"受托人请求"的要件,而是规定"委托人应当预付处理委托事务的费用"。据此,不管受托人有无请求,委托人均负有费用预付义务。也就是说,若委托合同约定了预付费用,则费用预付义务依合同产生,若委托合同中未约定预付费用,则费用预付义务依《民法典》第921条产生,[23] 均无须受托人之请求。而且,若多付了费用,受托人应当予以返还。当然,费用预付义务与委托事务处理义务之间并不构成给付与对待给付的对价关系,委托人不能行使同时履行抗辩权,反倒是费用预付构成了事务处理的前

---

[19] [日]我妻荣:《我妻荣民法讲义 V_3:债权各论》(中卷二),周江洪译,中国法制出版社2008年版,第149页。

[20] 王利明:《合同法》(下册),中国人民大学出版社2021年版,第358页。

[21] 西能科技公司诉国泰君安证券公司委托管理资产合同纠纷案,载《最高人民法院公报》2004年第8期。

[22] 黄薇主编:《中华人民共和国民法典解读:合同编》(下册),中国法制出版社2020年版,第1316页。

[23] 谢鸿飞、朱广新主编:《民法典评注:合同编 典型合同与准合同》(第4册),中国法制出版社2020年版,第220页。

提。因此,若委托人拒绝预付费用,受托人即使不为事务的处理也不构成履行迟延或承担拒绝履行的责任,[24]且受托人可以以此为由解除合同。

关于违反费用支付义务能否要求继续履行,不少学说持否定意见,认为委托人拒绝预付时,受托人可以拒绝处理事务或解除合同,且受托人为委托人利益处理事务,依“无利益即无诉权”法理,受托人不能诉请委托人预付费用。[25]或者认为,受托人要求委托人为费用预付之请求权不具有可诉性。原因在于,如果委托合同之履行纯属为了委托人利益,那么受托人自然没有权利主张委托之实行;即使委托合同之履行不纯粹是为了委托人的利益,受托人也有利益存焉,受托人也不必要享有要求委托实行之权利。因为当委托人不为费用之预付时,则受托人可以拒绝为委托人处理事务,甚至在因此而产生彼此不信任的情况下,受托人可以辞任;如果受托人受有损害,于委托人有可归责性时,要求赔偿即可。反之,如果赋予受托人有实行委托之权利,从而有权诉请委托人预付费用,则反而会置委托人于尴尬的地位。[26]本书认为,受托人可以催告委托人继续履行,经催告不履行的,可以解除合同,但并不能要求强制履行。

另外,在一些特定事务处理中,是否可以请求预付费用亦需具体分析。例如,在一些特定情形的保证中,保证人之所以为保证,乃是因为受主债务人委托,即所谓的“受托为保证”。此时保证人用于清偿的资金,虽说是委托事务处理费用的一种,但该预先支付的请求应受到一定的限制。原因在于,成为保证人,并不意味着其必然会承担保证责任为债务清偿。[27]例如,依《日本民法典》第460条的规定,仅在特定情形时有“事先求偿权”(费用预付),即“保证人受主债务人之委托作出保证之情形,下列之时,得对主债务人事先行使求偿权:(1)主债务人受破产程序开始之裁定,且债权人未加入其破产财团之分配时。(2)债务已届清偿期时。但保证合同缔结后债权人许与主债务人之期限,不得对抗保证人。(3)保证人无过失而受到应向债权人作出清偿之内容之裁判宣告时”。

受托人虽无费用垫付义务,但受托人可垫付费用。若垫付了费用,依我国《民法典》第921条第2句,“受托人为处理委托事务垫付的必要费用,委托人应当偿还该费用并支付利息”。值得注意的是,垫付费用的偿还,与前述费用预付义务中的“费用”不同,限于“必要费用”,通常指的是完成委托事务必须支付的费用。必要的判断标准,可以依费用的直接性、有益性和经济性等标准予以综合考虑,即受托人支出的费用应与处理的事务有直接联系;应有利于委托人,目的是让委托人受益;受托人在直接支出费用时,应尽善良管理人的义务,采用尽量节约、适当的方法处理事务。[28]另外,亦有学说主张应依相关性、合理性和适当性予以判断。[29]

■ 思考 | 客观标准抑或受托人处理事务时的无过失主观判断

比较法上有立法例规定,“受托人就处理委托事务而支出被认为必要之费用时,得对委托

---

[24] 崔建远:《合同法》(第4版),北京大学出版社2021年版,第659页。

[25] 谢鸿飞、朱广新主编:《民法典评注:合同编　典型合同与准合同》(第4册),中国法制出版社2020年版,第221页。

[26] 张谷:《民法典合同编若干问题漫谈》,载《法治研究》2019年第1期。

[27] [日]我妻荣:《我妻荣民法讲义V_3:债权各论》(中卷二),周江洪译,中国法制出版社2008年版,第150页。

[28] 黄薇主编:《中华人民共和国民法典解读:合同编》(下册),中国法制出版社2020年版,第1317页。

[29] 谢鸿飞、朱广新主编:《民法典评注:合同编　典型合同与准合同》(第4册),中国法制出版社2020年版,第221页。

人请求偿还其费用及支出日以后之利息”(《日本民法典》第650条第1款)。此处的必要费用,指的是受托人在处理该事务时以合理的注意加以判断而认为必要的费用。其中当然也包括从结果上来看没有必要的费用以及没有效果的费用,判断费用支出当时是否必要,也并不是依据纯客观的标准,而应以受托人没有过错为判断标准。这是出于不给受托人造成经济上负担的宗旨。[30]《法国民法典》第1999条第2款也明确规定,“如无任何可归咎于受委托人的过错,委托人不得免除前述偿还与支付,即使其委托的事务并未获得成功,亦同;委托人不得借口费用或垫款本可少一些而减少其应偿还与支付的数额”。但我国《民法典》第921条并未明确规定必要费用的判断标准。对此,有学说认为,《德国民法典》第669条中委托人预付费用的范围限于客观上必要的费用,而第670条中受托人可以要求偿还的垫付费用的范围则不限于客观上必要的费用,更可以是依据相关情形其主观上认为必要而垫付的费用。这也是基于对人性的洞察而作出的不同规定。我国《民法典》虽然只在第921条(原《合同法》第398条)后句中提及垫付的“必要费用”,在前句中对委托人预付费用的范围是否限于“必要范围”则未提及,但细查立法者本意,似乎可以作出与德国民法相同的解释。[31] 另外,有释义书认为,“必须是客观上确有必要,才可以请求偿还,以防其滥用。不能以受托人主观上是否认为支出为必要为标准,而应以受托人实施行为时的客观状态为标准”[32]。然而,鉴于受托人系为委托人利益处理事务,要求受托人在尽到注意义务时仍承担判断费用是否必要的风险,明显对受托人要求过于严苛。[33] 从这层意义上来说,就支出费用是否必要的判断,应考虑事务处理当时受托人是否尽到善良管理人的注意义务的主张更为妥当。当然,上述两者貌似不同,但并非不可调和。以客观状态为标准,并不排斥考虑受托人是否违反注意义务,违反注意义务而支出之费用,亦不符合“必要”之要求;而采取受托人是否具有过错而支出费用的判断标准,因作为过错判断标准的违反注意义务本身具有客观化的色彩,需以合理人在相同情形下的注意为标准,而并非将受托人主观上认为需要支出的费用均作为必要费用。

(三)有偿委托情形的报酬支付义务

报酬不同于费用,《民法典》对此作出了专门规定。原《合同法》第405条规定,“受托人完成委托事务的,委托人应当向其支付报酬。……当事人另有约定的,按照其约定”。据此,即使委托合同中并没有约定报酬,但依据习惯或者依据委托事务的性质应该由委托人给付报酬的,委托人仍然有支付给受托人报酬的义务,甚至据此可以认为是委托合同的有偿推定。但《民法典》第928条第1款规定,“受托人完成委托事务的,委托人应当按照约定向其支付报酬”。该规定在原《合同法》基础上增加了“按照约定”,则存在新的解释可能性。有解释指出,该修改实际上是将原《合同法》以有偿为原则的规则变为以无偿为原则,[34]委托合同以无偿为原则,以

---

〔30〕［日］我妻荣:《我妻荣民法讲义V_3:债权各论》(中卷二),周江洪译,中国法制出版社2008年版,第151页。

〔31〕张谷:《民法典合同编若干问题漫谈》,载《法治研究》2019年第1期。

〔32〕黄薇主编:《中华人民共和国民法典解读:合同编》(下册),中国法制出版社2020年版,第1317页。

〔33〕谢鸿飞、朱广新主编:《民法典评注:合同编　典型合同与准合同》(第4册),中国法制出版社2020年版,第222页。

〔34〕王利明:《合同法》(下册),中国人民大学出版社2021年版,第357页。

有偿为例外。[35] 但本书认为,此处的“按照约定”,只是强调了支付报酬时应按照约定,并不排除未做明确约定时委托合同仍存在有偿之可能。例如,依《民法典》第510条之规定,当事人对委托合同报酬没有约定或约定不明确的,可以协议补充;不能达成补充协议的,按照合同有关条款和交易习惯确定。据此,在法律实践中,即使当事人未约定报酬,但依委托事务的性质或者交易习惯,当事人之间仍有可能属有偿委托关系,委托人仍应支付报酬。在这点上,从有关服务类合同的比较法趋势中,亦可以发现这一规律,特别是服务提供人以服务提供为营业时,多推定为有偿。例如,《荷兰民法典》中的服务合同虽然无偿有偿均可,但其在第405条中规定了以服务为业时的报酬推定规则,即“(1)服务提供人作为营业或事业订立服务合同的,委托人应当支付报酬。(2)当事人没有约定应支付报酬的金额时,委托人应支付基于通常习惯所计算之报酬;若不存在此等通常习惯时,支付合理金额”[36]。同样地,虽然《民法典》第928条规定了“按照约定”支付报酬,但其只不过是软化了原《合同法》的有偿推定,并不能说我国《民法典》转向了无偿委托原则,毕竟未做约定时仍可以依交易习惯确定为有偿委托。也就是说,即使委托合同中并没有约定报酬,但依据习惯或者依据委托事务的性质应该由委托人给付报酬的,委托人仍然有向受托人支付报酬的义务。[37]

实践中,也存在类似“风险代理报酬”的约定,约定报酬支付以事务处理取得特定成果为前提,而不仅仅是《民法典》第928条规定的“完成委托事务”。对此,有观点认为,如果当事人约定报酬的支付以处理事务取得特定成果为前提,此时成立承揽关系。例如,如果当事人约定报酬支付以律师胜诉为前提,则该约定在性质上属于承揽合同。[38] 但本书认为,虽然取得特定成果是承揽合同中承揽人的主要义务,但并非所有约定取得特定成果时有报酬给付请求权的事务处理均为承揽,毕竟两者在权利义务等方面均有所不同,合同性质的决定仍应依当事人双方的意思以及依此确定的权利义务等予以确定。以律师胜诉为前提之报酬约定中,律师对于事务处理的自由裁量等完全不同于承揽,且未取得胜诉之结果并不会因此而承担承揽合同中的违约责任,故难以认定其为承揽,仍应定性为委托。对此,也有观点认为,此时虽然与承揽类似,但此时费用得以清偿只在成功时支付报酬这一点,仍然应被理解为委托。[39] 实际上,晚近的一些立法例对此明确作出了规定。例如,日本2017年的债法修改,修改了委托合同的报酬规则,增加了成果完成型委托的报酬支付规则。[40] 《日本民法典》第648条之二规定,“约定对因履行委托事务所得之成果支付报酬之情形,其成果需交付时,报酬应于其成果之交付同时支付”。而且,《日本民法典》该条第2款也只是规定了承揽合同中部分交付成果时的比例报酬规则准用于成果完成型委托,并未规定承揽合同的其他规则的准用。

服务类合同相关立法例通常会有比例报酬之规定。例如,我国《民法典》第782条规定了承揽合同中部分交付成果时的比例报酬规则。同样,比较法立法例上亦有不少关于服务类合

[35] 谢鸿飞、朱广新主编:《民法典评注:合同编　典型合同与准合同》(第4册),中国法制出版社2020年版,第245页。
[36] 周江洪:《服务合同立法研究》,法律出版社2021年版,第252页。
[37] 黄薇主编:《中华人民共和国民法典解读:合同编》(下册),中国法制出版社2020年版,第1336页。
[38] 谢鸿飞、朱广新主编:《民法典评注:合同编　典型合同与准合同》(第4册),中国法制出版社2020年版,第245页。
[39] [日]我妻荣:《我妻荣民法讲义V_3:债权各论》(中卷二),周江洪译,中国法制出版社2008年版,第154页。
[40] 周江洪:《日本服务合同立法受挫的经验和教训》,载《上海政法学院学报(法治论丛)》2020年第3期。

同的比例报酬规则。例如,《荷兰民法典》第 411 条规定了服务合同提前结束时的比例报酬等,即"(1)服务合同在完全提供服务前或合同期限届满前终止的,若报酬支付以全部履行或期限届满为条件,服务提供人有权取得合理确定的部分报酬。确定报酬时,应考量服务提供人已实施的工作情况、委托人从该工作中所获利益以及合同终止的原因等因素;(2)在前款规定之情形中,只有合同终止可归责于委托人方事由时,并且考虑所有情况后支付全额报酬是合理时,服务提供人才可以请求支付全部报酬。但应从报酬中扣除服务提供人因合同提前终止而节省的费用"。2017 年日本债法修改时对委托合同中的比例报酬规定也做了修订,于其第 648 条第 3 款规定,"下列情形,受托人得按既已履行之比例请求报酬:(1)因不可归责于委托人之事由而致不能履行委托事务时。(2)委托于履行中途终止时"。我国《民法典》第 928 条第 2 款亦承继原《合同法》第 405 条,规定了委托人支付相应报酬的义务,即"因不可归责于受托人的事由,委托合同解除或者委托事务不能完成的,委托人应当向受托人支付相应的报酬。当事人另有约定的,按照其约定"。"相应的报酬",通常指的是委托人根据受托人处理委托事务所付出的工作时间的长短或者所处理事务的大小及完成情况,向受托人支付相应的报酬;[41] 其实质上指的就是比例报酬,根据委托事务完成部分的比例以及重要性程度等因素酌定。[42]

依《民法典》第 928 条文义,委托人支付相应的报酬,需以不可归责于受托人之事由致使委托合同解除(含法定解除和任意解除)或委托事务不能完成为要件。例如,因委托人不预付费用而不能完成事务的,受托人此时仍得以请求相应的报酬。但是,若因可归责于受托人之事由致使委托合同被解除或者委托事务不能完成,受托人能否请求相应报酬,或者说委托人是否仍负有支付报酬义务?对此,有观点认为,如果是因可归责于受托人的原因导致委托合同解除或者委托事务不能完成,受托人可能丧失报酬请求权。[43] 亦有观点承认个别情形下的比例报酬,即因可归责于受托人的事由而中途终止委托的(例如,因受托人存在违反报告义务的债务不履行,委托人解除契约的)——原则上不能按照已履行比例请求报酬——若报酬是定期分期支付,则应将其理解为,对于产生该事由前的事务处理,应支付与该期间相应的报酬。[44] 另有观点认为,纵使是因可归责于受托人的事由未完成委托事务,但受托人仍旧提供了劳务,委托人仍应支付相应的报酬。[45] 若依《民法典》第 928 条第 2 款之反对解释,如果是因可归责于受托人之事由,则委托人无须支付相应报酬。而且,依《民法典》第 928 条,受托人只有完成委托事务时始有报酬请求权;《民法典》第 928 条只是为"未完成委托事务"情形的报酬请求权设定了例外。也就是说,除非另有约定,除此例外之外应遵循《民法典》第 928 条的"非完成无报酬"原则。但是,从委托处理事务的性质来看,受托人的主给付义务是处理委托事务,若未约定特定的结果义务,即使因可归责于受托人之事由而不能完成事务,受托人仍然提供了具体的劳务、

〔41〕 黄薇主编:《中华人民共和国民法典解读:合同编》(下册),中国法制出版社 2020 年版,第 1337 页。

〔42〕 谢鸿飞、朱广新主编:《民法典评注:合同编 典型合同与准合同》(第 4 册),中国法制出版社 2020 年版,第 247 页。

〔43〕 黄薇主编:《中华人民共和国民法典解读:合同编》(下册),中国法制出版社 2020 年版,第 1337 页;王利明:《合同法》(下册),中国人民大学出版社 2021 年版,第 357 页。

〔44〕 [日]我妻荣:《我妻荣民法讲义 V_3:债权各论》(中卷二),周江洪译,中国法制出版社 2008 年版,第 156 页;崔建远:《合同法》(第 4 版),北京大学出版社 2021 年版,第 660 页。

〔45〕 谢鸿飞、朱广新主编:《民法典评注:合同编 典型合同与准合同》(第 4 册),中国法制出版社 2020 年版,第 246 ~ 247 页。

处理了事务,委托人对此仍应支付相应的比例报酬。而对于因可归责于受托人之事由引起的事务不能完成给委托人造成的损害等,则完全可以根据《民法典》第 929 条予以处理。也就是说,受托人的报酬请求权与委托人的损害赔偿请求权,完全可以同时存在,两者并行不悖。因此,从这层含义上来说,对《民法典》第 928 条第 2 款的反对解释,应当予以限制,即使是由于可归责于受托人之事由,亦应肯定受托人之比例报酬请求权。

思考｜"相应的报酬"的另一种解释可能性

笔者在阐述委托合同任意解除损害赔偿时,曾比较了任意解除情形的损害赔偿请求权模式和报酬请求权模式,提出了或许可以风险负担规则为切入点,采用报酬请求权模式:将委托人的任意解除视为可归责于债权人事由的履行不能,债权人难以免除其价金上的对待给付义务。当然,委托人行使任意解除权存在不得已的事由或其他正当事由时,委托人并不承受此时的价金风险,受托人不能行使剩余期间的报酬请求权。从《民法典》第 928 条(原《合同法》第 405 条)的文义来看,传统解释上认为任意解除终止契约后的报酬并不在报酬请求权的涵摄范围内,但依风险负担规则传统法理,可以将该条的委托事务履行不能时的"相应的报酬"扩张解释至可归责于债权人事由引起的价金风险领域,同时根据"相应的报酬"中"相应"的语义,将因免除债务而获得的利益以及受托事务陷入履行不能后所应采取的损失回避措施等减损归责纳入"相应"的考量中。〔46〕事实上,比较法上亦存在委托关系提前终止时受托人得以请求全部报酬的立法例。例如,根据《法国民法典》第 1999 条第 2 款的规定,若没有可归责于受托人的过错,即使委托的事务未获成功,也不得免除委托人支付报酬的义务,且委托人不得减少应当支付的数额。〔47〕

当时作上述判断的基本逻辑在于:"委托人任意解除→受托人义务的履行不能→受托人义务消灭→给付风险由委托人承担→对待给付风险的归责与分配"。但从理论上来说,委托人任意解除的通知到达以后,合同之债面向将来消灭,受托人关于事务处理的给付义务当然消灭,并不是履行不能而引起的义务消灭问题。同时,报酬给付义务也当然面向将来归于消灭。因不存在将来债务的给付与对待给付问题,双务合同的牵连性原理在此并没有发挥作用的余地。这一点与《德国商法典》肯定经理人合同、代办合同、居间合同终止后特定期间内的经理人、代办人、居间人的报酬请求权存在不同。原因在于,在后一类型合同中,合同终止前"受托人"所为的行为或提供的服务给付,与后续积极效果的发生具有一定的关联性,考虑此等委托合同的持续性特质及服务效果显现上的迟延可能性,对于任意解除后的部分价金请求权予以肯定。关于这一点,究竟由以可归责于债权人事由之履行不能构成,还是由以服务给付效果发生的迟延为由的报酬请求权构成,有待将来作进一步的研究,此处暂以前一构成来论证受托人的剩余期间报酬请求权。

---

〔46〕 周江洪:《委托合同任意解除的损害赔偿》,载《法学研究》2017 年第 3 期。另参见周江洪:《服务合同立法研究》,法律出版社 2021 年版,第 258 页。

〔47〕 黄薇主编:《中华人民共和国民法典解读:合同编》(下册),中国法制出版社 2020 年版,第 1336 页。

（四）不得擅自重复委托

重复委托，乃是在现有委托关系的前提下，委托人就同一事务的处理又委托第三人予以处理的行为。因委托合同具有较强的人身信任属性，若重复委托第三人进行同一事务的处理，势必会影响此等信任关系，而且若事务处理涉及对外的交易处理等事务，也会增加多个受托人之间相互冲突、矛盾的风险，不利于受托人处理事务，故委托人不得擅自重复委托。《民法典》第931条规定，“委托人经受托人同意，可以在受托人之外委托第三人处理委托事务。因此造成受托人损失的，受托人可以向委托人请求赔偿损失”。当然，若原委托合同解除或因其他原因终止后再行委托第三人，或者是委托第三人处理的并非同一事务，或者是《民法典》第923条意义上的转委托，则并非重复委托。从《民法典》第931条的规定来看，并未明确禁止重复委托。从理论上来说，委托人委托他人处理事务，乃是委托人之权利，其有权决定委托谁处理事务，与先委托人合同关系的存在，并不妨碍委托人重复委托他人处理事务。事实上，《民法典》第931条也并未禁止未经受托人同意的重复委托，而只是规定了此时应当承担损害赔偿责任。

未经受托人同意之重复委托，造成受托人损失的，受托人可以要求赔偿损失。对此，有观点认为，此种损失主要是先受托人不能取得应有报酬的损失，如果委托人已经支付了报酬，则视为已经赔偿了损失。[48] 或者认为，如果委托人未经受托人同意，擅自将委托事务重复委托第三人，不仅需要向受托人支付全部报酬，还应当赔偿因此给受托人造成的损失。[49] 但从委托合同法律关系的结构来看，即使是重复委托，委托人与先受托人之间的委托合同也并未终止，先受托人的报酬请求权的规范基础在于《民法典》第928条，而并非《民法典》第931条的损害赔偿请求权，两者在规范基础和构成要件上并不相同。若受托人还有其他损失，报酬请求权的存在并不妨碍其损害赔偿请求权的发生。而且，重复委托情形下先受托人的报酬请求权，依《民法典》第928条的规定，也并非必然是全额报酬的请求权，需根据报酬请求权的规范基础具体确定。即使是按照因“可归责于债权人（委托人）事由”之履行不能（事务处理给付义务因重复委托而履行不能）而享有对价（报酬）之请求权，仍然需就报酬做损益相抵等扣减。从这层意义上来说，将报酬视为损失赔偿并不合理，而是应当根据各自的构成要件分别计算，但在弥补先受托人损失方面，两者之间会相互影响，应当进行综合平衡。当然，未经委托人同意重复委托的，先受托人亦可依《民法典》第933条随时解除合同，且先受托人并不因此承担损害赔偿责任。值得注意的是，委托人与第三人（后受托人）之委托合同关系，并不因重复委托未经受托人同意而受影响，委托人与第三人的委托合同并不因此而无效。

有疑问的是，经委托人同意之重复委托，若给先受托人造成损失，委托人是否应当承担损害赔偿责任。对此，有观点认为，委托人委托第三人处理委托事务，即使经过了受托人的同意，对因此给受托人造成的损失仍须负赔偿责任，该观点认为，这体现了对受托人的优惠保护。[50]

（五）损害赔偿义务

《民法典》第930条规定，“受托人处理委托事务时，因不可归责于自己的事由受到损失的，可以向委托人请求赔偿损失”。这种责任，乃是基于利益衡量而特别设立的责任，不是通常意

---

〔48〕 王利明：《合同法》（下册），中国人民大学出版社2021年版，第359页。

〔49〕 黄薇主编：《中华人民共和国民法典解读：合同编》（下册），中国法制出版社2020年版，第1342页。

〔50〕 崔建远：《合同法》（第4版），北京大学出版社2021年版，第661页。

义上的违约责任，因为不存在义务被违反的事实，委托人亦非行为人，受托人所受损失与委托人的行为之间没有因果关系。[51] 之所以规定此种损害赔偿请求权，主要理由在于：受托人是为委托人利益处理事务，受托人的损失与受托人处理委托事务的行为之间具有直接的关联性，按照利益风险一致的原则，应当由委托人承担责任。且委托人既然从受托人处理事务的结果中受益，理应承担处理委托事务的风险损失。[52] 除此之外，亦有观点认为，还存在以下理由：如果委托人并未委托受托人处理事务，而是亲自处理委托事务，受到损失的可能就是委托人自己。[53] 或者认为，"在委托合同中，受托人依委托人指示处理事务，其劳务自主性或独立性较弱，所以委托人对受托人遭受损害承担无过错责任。相反，承揽合同中，承揽人的自主性与独立性较强，法律不要求定作人承担此种损害赔偿责任"[54]。本书认为，之所以规定该损害赔偿请求权，主要考虑是受托人不仅是以委托人之费用处理事务，而且委托人也享有受托人处理事务之结果，也就应承担事务处理之风险。实际上，该条规定与《民法典》第921条的规定相辅相成，均表明委托合同中受托人是以委托人之费用处理事务，此等"费用"甚至会包括受托人因不可归责于自身事由而遭受的损失。[55] 委托人之所以负有此等损害赔偿义务，乃是"不因委托事务的处理而给受托人增加任何经济负担这一委托的宗旨"[56]的体现。实践中，亦有法院裁判依《民法典》第930条（原《合同法》第407条）的规定来处理银行因完成指示汇款他行而造成的损失，认为应向委托指示方主张权利，而不是向收款方金融机构主张不当得利返还。[57]

《民法典》第930条意义上的损害赔偿义务，并不以委托人有过错为要件。[58] 而且，《民法典》第930条并不区分有偿委托和无偿委托而一体适用。当然，也有观点认为，该条主要适用于无偿委托，而不适用于有偿委托，但主流观点认为，可无差别地适用于无偿委托和有偿委托。[59] 从前述"费用"的角度来理解，不要求委托人的过错要件，亦不区分有偿委托、无偿委托一体适用，更符合委托的宗旨。

思考 | 委托人的损害赔偿义务是否应区分有偿与否、委托人过错与否

当然，从立法论上而言，以无偿为原则的委托中，作为一种损害担保责任，对委托人的损害赔偿义务予以肯定没有问题，但是否也同样适用于有偿委托中，则会存在争议。在日本民法学中，关于《日本民法典》第650条第3款规定的委托人损害赔偿义务，虽然多数学说认为其也适

〔51〕 崔建远：《合同法》（第4版），北京大学出版社2021年版，第660页。

〔52〕 王利明：《合同法》（下册），中国人民大学出版社2021年版，第359页。

〔53〕 黄薇主编：《中华人民共和国民法典解读：合同编》（下册），中国法制出版社2020年版，第1340页。

〔54〕 徐涤宇、张家勇主编：《〈中华人民共和国民法典〉评注》（精要版），中国人民大学出版社2022年版，第960页。

〔55〕 周江洪：《民法典中介合同的变革与理解——以委托合同与中介合同的参照适用关系为切入点》，载《比较法研究》2021年第2期。

〔56〕 [日]我妻荣：《我妻荣民法讲义V_3：债权各论》（中卷二），周江洪译，中国法制出版社2008年版，第153页。

〔57〕 中国民生银行股份有限公司邯郸分行与乾安县农村信用合作联社等不当得利纠纷案，最高人民法院（2019）最高法民终251号民事判决书。

〔58〕 比较法上亦有立法例（如《瑞士债务法》第402条第2项）要求委托人具有过错，但委托人要免除其责任应举证其没有过错，而且一般认为该举证并不那么容易（参见[日]我妻荣：《我妻荣民法讲义V_3：债权各论》（中卷二），周江洪译，中国法制出版社2008年版，第153页）。

〔59〕 谢鸿飞、朱广新主编：《民法典评注：合同编　典型合同与准合同》（第4册），中国法制出版社2020年版，第254页。

用于有偿委托情形,但有力说则认为,该损害赔偿请求权只有在无偿委托中才得以正当化,不能扩及有偿委托。我国亦有学说主张,在有偿委托合同中,委托事务如果是涉及经济活动的"高级劳务",委托人在事务处理过程中具有较高的独立性,则受托人对于事务处理事实上具有自身经济利益,不宜一概由委托人承担无过失责任。尤其受托人是银行、证券公司等营利组织的情况下,委托人可能反而处于弱势地位,由委托人对受托人的损失承担无过失责任,显失公平。因此主张应对该条规定以目的论限缩解释,将此等情形排除在其适用范围外。[60] 另外,《民法典》在其他有关提供劳务情形下劳务提供人的损失方面,亦有一些规定。例如,在无因管理之情形下,管理人因管理事务受到损失的,可以向受益人请求的是"适当补偿"而非损失赔偿。依《民法典》第1192条的规定,个人之间形成劳务关系之情形,若因第三人行为造成提供劳务一方损害,提供劳务一方得以请求的也只是"补偿"而非"赔偿"。而在承揽合同中,依《民法典》第1193条,除非定作人对定作、指示或者选任有过错,否则定作人并不对承揽人完成工作中造成的自己损害承担责任。若体系性地解释这些规定,似乎应该区分有偿与无偿、区分委托人过错与否,始能体系周延。实际上,这取决于委托合同中,是否坚持不给受托人增加负担、以委托人之费用完成委托事务之宗旨。若是坚持该宗旨,无论有偿与否、无论委托人有无过错,委托人对处理委托事务时不可归责于受托人事由的损失均负有赔偿责任,亦为合理。

二、受托人的义务

《民法典》第919条规定,"委托合同是委托人和受托人约定,由受托人处理委托人事务的合同"。据此,受托人的主要义务在于处理事务。围绕事务处理这一标的,《民法典》作了受托人负有依委托人指示处理、亲自处理、报告事务处理情况、移交事务处理结果等将事务处理义务具体化的诸多规定。

(一)按照委托人的指示处理委托事务的义务和情况紧急时的变更指示妥善处理义务

受托人应当按照委托人的指示处理委托事务。需要变更委托人指示的,应当经委托人同意;因情况紧急,难以和委托人取得联系的,受托人应当妥善处理委托事务,但是事后应当将该情况及时报告委托人(《民法典》第922条)。委托原则上为委托人之利益而设,故委托人有权决定如何处理事务始符合其自身利益,委托人是其自身利益的最佳判断者,受托人原则上不得变更委托人的指示,以防止受托人任意行事而损害委托人之利益。例如,委托人委托受托人以低于市场价的方式销售某商品,此时受托人不能认为此等低价销售有损委托人利益而变更指示。原因在于,委托人之所以作出此等指示,可能是出于促销等各种原因。受托人认为需要变更的,应征得委托人之同意。若为情况紧急,难以取得联系,因而无法等待委托人是否同意变更之情形,因受托人负有为委托人之利益妥善处理事务之义务,此时不仅不应等待变更指示的同意,而且"应当"予以妥善处理并报告。从《民法典》第922条的规定来看,"情况紧急"且"难以联系",不仅是受托人免于取得委托人同意的豁免事由,而且亦是受托人之义务;也就是说,此等情形,既赋予受托人变更指示之权利,亦同时科加了"妥善处理委托事务"之义务。[61] 若

〔60〕 杨代雄主编:《袖珍民法典评注》,中国民主法制出版社2022年版,第799页。

〔61〕 崔建远:《合同法》(第4版),北京大学出版社2021年版,第654页。

受托人未尽到此等“妥善处理委托事务”义务，构成善管注意义务或“就自己同一事务注意义务”之违反，委托人可以依《民法典》第929条要求受托人承担损害赔偿责任。

与依指示处理委托事务义务相关的是，受托人亦当然负有在授权范围内处理事务的义务。依《民法典》第920条的规定，委托既可以是特别委托，也可以是概括委托；受托人应在授权的范围内处理委托事务。受托人超越权限造成委托人损失的，应当赔偿损失(《民法典》第929条第2款)。

思考｜受托人对委托人之不合理指示是否具有警示通知义务

在立法论或解释论上而言，在服务类合同中，是否遵循服务受领人指示，仍应根据具体情况作不同的判断。通常来说，因服务提供乃是为服务受领人之利益(不排除特殊情形下同时为服务提供人之利益)，故服务受领人对于服务具有指示权限。《民法典》第922条的规定亦是基于这一原理。但与此同时，服务提供属于独立的劳务提供，并不同于从属性的雇佣等，而且不少是专家提供的服务，具有一定的裁量性及对于服务受领人利益存有保护义务，对于不合理指示等应及时警示。另外，有部分服务提供，如医疗服务提供，具有特殊的政策考量，在专家裁量性和服务受领人指挥上需作出特殊考量的，在特定情形下是否必须遵循委托人之指示，应根据特别法或合同性质予以合理斟酌。〔62〕事实上，《民法典》第775～776条明确规定了承揽人的“警示通知义务”。此等“警示通知义务”，亦属于广义协作义务的组成部分。在服务类合同的履行过程中，服务提供人与服务受领人之间保持合适的沟通机制，甚至是科以告知义务，乃是促成服务效果达成的重要手段之一。学说上亦有主张以服务合同履行过程中双方当事人之间的协力来构建服务合同中的通知、说明、警示义务。〔63〕同样地，在委托合同领域，就对委托人不合理的指示是否负有警示通知义务，亦有再考之必要。从受托人乃是为委托人之利益处理事务，且负有善良管理注意义务或与自己同一事务注意义务角度而言，受托人是否负有此等警示通知义务，应综合受托人的专业知识、所处理事务的性质、委托人指示事项、受托人自由裁量的可能性等具体情况作出综合判断。

(二)亲自处理委托事务的义务

从我国目前的通说和法律规定来看，债法总则或合同法通则层面多认可债务得以由第三人履行，并不以“亲自履行”为原则，但存在若干例外。但与此不同，在服务类合同领域，则普遍性地承认服务提供人的亲自履行义务，而以第三人履行为例外。〔64〕《民法典》关于委托合同的规定，亦是如此，即“受托人应当亲自处理委托事务”(《民法典》第923条第1句)。

之所以在服务合同领域以“亲自履行”为原则，乃是因为从服务及服务合同特性来说，服务质量或效果往往受制于服务提供人的特质，服务的实际提供人本身的技能，在很大程度上决定了服务的内容、质量，特别是在那些只能依赖于特定服务提供人的服务中，代替给付、第三人履

〔62〕周江洪：《服务合同立法研究》，法律出版社2021年版，第339页。
〔63〕周江洪：《服务合同立法研究》，法律出版社2021年版，第266页。
〔64〕周江洪：《服务合同立法研究》，法律出版社2021年版，第272页。

行等都会面临障碍。从服务受领人角度而言,其对于特定的服务提供人的技能等,往往具有一定的期待,如果没有特殊理由,其希望的是由特定的服务提供人提供服务。而且,服务提供人在提供服务过程中需要介入服务受领人权益领域,如果没有特定信任关系的存在,往往无法达成最佳的服务效果,这一信任关系的存在,也决定了亲自履行的必要性。当然,亲自履行原则也有例外,在服务受领人同意等个别情形下,由第三人提供服务并没有问题。[65] 同样地,委托合同中的事务处理,亦需同样的政策考量,故有受托人应当亲自处理事务之规定。

但特殊情况下,受托人亦可以转委托。例如,委托人同意或者紧急情况需要转委托之情形,即“经委托人同意,受托人可以转委托。转委托经同意或者追认的,委托人可以就委托事务直接指示转委托的第三人,受托人仅就第三人的选任及其对第三人的指示承担责任。转委托未经同意或者追认的,受托人应当对转委托的第三人的行为承担责任;但是,在紧急情况下受托人为了维护委托人的利益需要转委托第三人的除外”(《民法典》第 923 条后段)。此处所说的紧急情况,可参考委托代理情形中转代理场合的“紧急情况”的界定,即“由于急病、通信联络中断、疫情防控等特殊原因,委托代理人自己不能办理代理事项,又不能与被代理人及时取得联系,如不及时转委托第三人代理,会给被代理人的利益造成损失或者扩大损失的,人民法院应当认定为民法典第一百六十九条规定的紧急情况”(《民法典总则编司法解释》第 26 条)。

依《民法典》第 923 条的规定,委托人同意是受托人可以转委托的情形之一;另外,紧急情况下为维护委托人利益之情形亦可以转委托。那么,既未经同意亦非紧急情况,受托人能否转委托?从《民法典》第 923 条后段的文义来看,似乎亦得以转委托,只要受托人就第三人之行为承担责任即可。但体系性解释第 923 条规定可以得知,若未经同意亦非紧急情况,受托人并不能转委托,否则构成亲自履行义务的违反,应当承担违约责任。[66] 原因在于,第 923 条第 1 句明确强调了受托人“亲自处理委托事务”的义务,未经同意且亦非紧急情况下得以豁免同意情形的转委托,当然构成此等义务的违反。而第 923 条后段之规定,并非赋予委托人得以转委托的权利,而是旨在区分不同情形的责任承担:经同意或追认之情形,受托人仅就第三人的选任及其对第三人的指示承担责任;未经同意或追认之情形,受托人则应就第三人之行为承担责任,第三人构成了受托事务债务履行中类似“履行辅助人”之角色——之所以说“类似”,乃是因为受托人处理事务允许使用履行辅助人,并不违反亲自履行义务,而擅自转委托之情形,受托人违反亲自履行义务。[67] 因此,未经同意或追认之转委托,构成亲自履行义务之违反,受托人因此应承担违约责任,对于若不转委托就不会产生的损害,受托人负有赔偿责任;因委托合同中委托人与受托人之间特别的信赖关系,委托人此时亦可以解除合同。

---

〔65〕 周江洪:《服务合同立法研究》,法律出版社 2021 年版,第 273 页。

〔66〕 同样主旨的主张,参见谢鸿飞、朱广新主编:《民法典评注:合同编　典型合同与准合同》(第 4 册),中国法制出版社 2020 年版,第 229 页;该评注书认为,“如果转委托未经委托人同意或追认,那么受托人属于未依债之本旨作出给付,应当承担债务不履行责任”。

〔67〕 比较法上有观点认为,即使在没有转委托的权限而转委托的场合,也产生于受托人使用了履行辅助人的场合同样的关系(参见[日]我妻荣:《我妻荣民法讲义 V_3:债权各论》(中卷二),周江洪译,中国法制出版社 2008 年版,第 144 页)。

思考 | 经同意或追认之转委托情形，委托人、受托人与复受托人之间的法律关系

《民法典》在编纂过程中，曾有学者建议，转委托之情形应参考租赁合同转租情形的规定，明确规定“委托人与受托人之间的委托合同继续有效”[68]。在比较法上，亦有立法例对转委托情形的法律关系作出专门规定，“赋予代理权之委托中，受托人选任有代理权之复受托人时，对于委托人，复受托人于其权限范围内，与受托人享有相同权利，负担相同义务”（《日本民法典》第644条之二第2款）。从我国《民法典》第923条规定来看，经同意或追认之委托，与委托项下的权利义务概括移转并不相同，受托人此时仍然得以根据转委托合同指示第三人，且就其对第三人的指示向委托人负责，受托人并未退出委托合同关系。而对于第三人（复受托人）与受托人之间的关系，《民法典》第923条并未明确复受托人之权利，而只是规定委托人得以直接指示第三人（复受托人）与受托人。因此，从我国《民法典》的规定来看，经同意或追认之转委托，存在三重法律关系：(1)委托人与受托人之间的委托合同关系，但受托人之责任因委托人之同意或追认而减轻；(2)受托人与第三人之间的转委托合同关系；(3)委托人与第三人之间的事务处理直接指示关系。从未来来看，要进一步明确第三人的权利义务，特别是第三人对于委托人之权利义务，仍有进一步完善之必要。

另外需注意的是，转委托之情形与建设工程合同情形亦有区别。根据《民法典》第791条第2款的规定，将部分工作分包之情形，承包人不仅就指示或选任承担责任，而且应与第三人一起承担连带责任。从责任轻重来看，转委托之情形，受托人之责任明显轻于承包人之责任，即“总承包人或者勘察、设计、施工承包人经发包人同意，可以将自己承包的部分工作交由第三人完成。第三人就其完成的工作成果与总承包人或者勘察、设计、施工承包人向发包人承担连带责任。承包人不得将其承包的全部建设工程转包给第三人或者将其承包的全部建设工程支解以后以分包的名义分别转包给第三人”。与此不同，受托人虽然并未退出原委托合同关系，但受托人的责任因转委托而减轻。当然，此种责任轻重程度的不同，亦源于建设工程合同属于结果之债，与委托合同多为手段之债并不相同。

（三）报告委托事务处理情况的义务

《民法典》第924条规定，“受托人应当按照委托人的要求，报告委托事务的处理情况。委托合同终止时，受托人应当报告委托事务的结果”。据此，受托人负有依要求报告事务处理情况以及委托合同终止时的事务处理结果报告义务。该规定与《日本民法典》的规定基本一致。《日本民法典》第645条规定，“受托人，在有委托人之请求时，应随时报告委托事务之处理状况，委托终止后，应毫不迟延地报告其过程及结果”。《瑞士债务法》第400条也规定只有委托人请求报告时，受托人才有报告的义务。但《德国民法典》第666条规定，受托人除在委托人请求报告时负有报告义务外，在受托人自己认为有必要报告时，亦有报告义务。[69] 但实际上，《日本民法典》采民商分立模式，虽然在民法典中规定的是“因请求而报告”，但商法就代理商规

---

〔68〕 周江洪：《关于〈民法典合同编〉（草案）（二次审议稿）的若干修改建议》，载《法治研究》2019年第2期。
〔69〕 黄薇主编：《中华人民共和国民法典解读：合同编》（下册），中国法制出版社2020年版，第1326页。

定了“作出交易的代理或媒介时，应及时向本人发出通知”（《日本商法典》第 47 条[70]），在委托关系存续期间也负有不待本人（委托人）的请求而应予报告的义务这一点，成了民法的例外。而且，日本通说认为，虽然存在《日本民法典》第 645 条的规定，但即使在民事关系中，在作出临时报告以征求委托人的意见使符合委托本意的场合，受托人也负有不待委托人的请求而进行报告的义务。[71] 我国《民法典》第 924 条规定应予以适当扩张。例如，若委托合同特别约定相应的报告义务，应依合同约定予以报告，而不应待委托人要求才予以报告；在委托人未要求以及合同未约定时，如果在事务处理过程中出现需要报告的情形，则受托人不必等待委托人要求，而应依诚信原则主动报告。[72] 同样地，依《民法典》第 590 条的规定，因不可抗力不能履行委托合同时，受托人亦负有报告义务，而不是等待委托人的要求。无论如何，受托人的报告义务，不应该仅限于“委托人要求时”或“委托合同终止时”，至少在委托事务面临障碍时，不管委托合同是否终止、委托人是否要求，依诚信原则都应该向委托人报告。[73] 另外，委托合同终止时，不管事务是否已处理完毕，无须委托人要求，受托人均负有报告义务，且此等报告义务并不限于文义上的“结果”，还应包括事务处理的经过。也就是说，委托合同终止时，受托人应向委托人全面报告办理委托事务的经过和结果，如处理委托事务的始末、各种账目、收支计算等，并提交必要的书面材料和证明文件。[74] 从这层意义上来说，委托合同因履行障碍而终止之情形，因受托人需主动报告事务处理的经过及其结果，受托人的报告义务在某种程度上降低了委托人对于债务不履行事实的证明责任要求。

（四）移交财产的义务

《民法典》第 927 条规定：“受托人处理委托事务取得的财产，应当转交给委托人。”受托人乃是为了委托人利益处理事务，委托人承受事务处理结果，因事务处理取得的财产亦归于委托人，受托人应将处理委托事务取得的财产转交给委托人。此处所谓处理委托事务取得财产，包括取得的金钱、实物、金钱与实物所生孳息，以及其他财产权利。[75] 处理委托事务取得的财产，也包括为了处理事务而取得的财产。例如，事务处理所必要的文件材料、预先支付的剩余费用等。不仅如此，无论是以委托人名义取得的财产，还是以受托人名义取得的财产，受托人均负有转交的义务，只不过两者在所有权等权利变动上存在区别——《民法典》第 927 条“转交”的用词并不表明一定要先由受托人取得相应权益（如所有权）然后再转移。例如，在受托人享有代理权且为直接代理之情形下，因效果直接归属于本人，财产权无须“转交”即直接由委托人取得；同时，受托人若违反转交义务，既可能承担继续履行、损害赔偿等违约责任，亦可能负有物权法意义上的原物返还义务等，而委托人因此享有的是财产返还请求权。

值得注意的是，委托人负有支付受托人垫付费用的义务（《民法典》第 921 条）。但是，委托人对受托人负有返还费用的义务，并非为了获得处理委托事务所得的财产。由于不完全双务

---

[70] 现行《日本商法典》已删去该条规定。

[71] [日]我妻荣：《我妻荣民法讲义 V_3：债权各论》（中卷二），周江洪译，中国法制出版社 2008 年版，第 145 页。

[72] 谢鸿飞、朱广新主编：《民法典评注：合同编　典型合同与准合同》（第 4 册），中国法制出版社 2020 年版，第 232 页。

[73] 周江洪：《服务合同在我国民法典中的定位及其制度构建》，载《法学》2008 年第 1 期。

[74] 黄薇主编：《中华人民共和国民法典解读：合同编》（下册），中国法制出版社 2020 年版，第 1325 页。

[75] 黄薇主编：《中华人民共和国民法典解读：合同编》（下册），中国法制出版社 2020 年版，第 1334 页。

合同的债务人无法援用同时履行抗辩权,因此在委托人不支付委托费用时,受托人仍须向前者移交委托结果,再就委托费用另案起诉。为此,有学说指出,可借助物权留置权的实质要件与该条"当事人互负债务"的宽泛文义,为留置抗辩权的行使提供解释依据。《民法典》第525条不应局限于同一合同的对价关系,而应扩及广义的牵连关系。此类留置抗辩权的牵连关系不应限于《民法典》第448条规定的"同一法律关系",而应尽可能地扩张为"内在的、相互关联的、统一的生活事实"[76]。

(五)损害赔偿义务

依《民法典》第577条的规定,受托人违反合同义务的,负有债务不履行责任;造成委托人损失的,应当承担违约损害赔偿责任。当然,受托人负有的事务处理义务,通常为手段之债,未达成预期结果并不一定构成违约。而且,《民法典》委托合同章就此作了特别规定,而不同于《民法典》合同编通则层面的违约损害赔偿责任。首先,受托人的违约损害赔偿责任采过错归责,而非无过错责任。不仅如此,因委托合同存在有偿与否,受托人违约损害赔偿责任的归责事由并不相同,即"有偿的委托合同,因受托人的过错造成委托人损失的,委托人可以请求赔偿损失。无偿的委托合同,因受托人的故意或者重大过失造成委托人损失的,委托人可以请求赔偿损失"(《民法典》第929条第1款)。当然,比较法上,亦有立法例认为,不管有偿与否,受托人均负有善良管理人注意义务,并不因委托合同的无偿性而减轻受托人的责任。例如,《日本民法典》第644条规定,"受托人,负有按委托之本旨,以善良管理人之注意而处理委托事务之义务"。之所以无偿委托的受托人亦负有善良管理人之注意,乃是因为源于委托合同以当事人之间的信赖为基础。但实际上,日本亦有学说批评此等规定。例如,有学说认为,受托人的注意义务程度,应考虑委托事务的性质、委托人因此可得的利益、受托人得到的报酬及相关情事,依诚信原则将注意义务限定在适当的范围内;而对于受托人以专业知识、经验为基础,以接受来自普通人对该事务的委托为业的情形,受托人的注意义务就成了以有关该事务的周到的专家为标准的高度注意义务。[77] 与此不同,我国民法学说通常认为,无偿委托系不完全双务合同,受托人处理事务不能获得作为对价的报酬,故不应承担与有偿委托相当的注意义务。[78] 另外,我国《民法典》的相关规则也多遵循无偿情形应减轻义务人责任的立法旨趣。据此,应该说《民法典》第929条区分有偿与否而规定不同的归责事由,是符合我国《民法典》的实际的。司法实践中,除了委托合同的有偿与否,亦会考虑委托事务性质和受托人的专业能力等作出判断。例如,有法院裁判认为,"旅游公司借用星级酒店POS机进行刷卡,并在星级酒店获得银行刷卡预付款项后与星级酒店进行结算,在款项的收取和结算上与星级酒店形成委托合同关系。由于星级酒店与银行就境外信用卡POS机刷卡签有特约商户协议,对境外银行卡的受理条件、操作流程、风险防范和控制有专门的约定,并对酒店刷卡人员进行了专业的培训,因此星级酒店在有关境外信用卡的刷卡业务上具有一般商事主体不具备的专业知识和风险防控能力。星级酒店在受委托操作POS机刷卡时,特别是受理如'无卡无密'这种风险较高的境外信用卡刷

---

[76] 庄加园:《留置抗辩权的体系构建:以牵连关系为中心》,载《法商研究》2022年第3期。

[77] [日]我妻荣:《我妻荣民法讲义V_3:债权各论》(中卷二),周江洪译,中国法制出版社2008年版,第141页。

[78] 谢鸿飞、朱广新主编:《民法典评注:合同编　典型合同与准合同》(第4册),中国法制出版社2020年版,第249页。

卡业务时,应进行认真核查,负有审慎和风险告知的义务。否则即构成重大过失,应对完成委托事务过程中造成的损害承担相应的赔偿责任”[79]。

值得注意的是,依《民法典》第 929 条第 2 款的规定,受托人超越权限造成委托人损失的,应当赔偿损失。该款文义表明,受托人越权情形,委托人是否追认,不影响其赔偿请求权,受托人是否具有过错以及过错程度亦不影响其损害赔偿请求权。对此,《民法典》在编纂过程中曾有人建议删去该款规定,认为“超越权限的问题,如果是存在代理权授予的委托,则归入代理制度中处理即可;若不存在代理权授予的委托,超越权限也可以纳入第 1 款规定的过错(具体行为义务违反意义上的过错)中予以解释处理”[80],但《民法典》第 929 条仍然将其保留。事实上,《民法典》颁布以来,对于受托人超越权限时的损害赔偿责任是否需要受托人过错要件,学理上亦有争议。有解释方案认为,对本款进行目的性限缩解释,则受托人超越权限给委托人造成损失的,应赔偿损失,但受托人证明自己无过错的除外,亦即采取过错推定的方式。此时应结合该条第 1 款予以适用,即有偿受托人证明自己无过错,无偿受托人证明自己无故意和重大过失。或者认为,将受托人具有合理理由的超越权限,直接解释为受托人未超越权限予以处理。[81] 但亦有学说认为,受托人超越权限的损害赔偿责任属于无过错责任,受托人超越权限时,无论受托人主观上是否有过错均应承担损害赔偿责任。而且,无论委托合同有偿还是无偿,受托人均承担无过错损害赔偿责任。[82] 本书认为,受托人处理事务超越权限虽然构成了委托合同上的合同义务违反,但并不等于其损害赔偿责任的构成不存在免责事由。例如,紧急情况下的转委托本身亦构成权限超越,但仍然具有免责事由。因此,若有正当理由不得不超越权限处理事务以维护委托人利益,则受托人并不因此而承担损害赔偿责任。综上所述,受托人超越权限时的损害赔偿责任,同样需要考虑受托人是否存在可归责事由。委托人是否存在注意义务的违反,仍然是责任构成要件之一;若存在正当理由,则委托人并不承担损害赔偿责任。

第三节　委托合同的终止

一、委托合同终止的原因

委托合同的终止,既有因合同解除而终止权利义务关系的(《民法典》第 557 条第 2 款),也有因《民法典》委托合同章的专门规定而终止的。前者如《民法典》第 533 条规定的因情势变更而解除,第 562 条规定的协商解除、约定解除事由的解除,第 563 条规定的法定解除、不定期持续性合同的随时解除,以及第 580 条第 2 款规定的司法终止等,作为通则性规定,此等规定同样适用于委托合同领域;后者如《民法典》第 933 条规定的任意解除以及第 934 条规定的因当事

[79] 苏州阳光新地置业有限公司新地中心酒店诉苏州文化国际旅行社有限公司新区塔园路营业部、苏州文化国际旅行社有限公司委托合同纠纷案,载《最高人民法院公报》2012 年第 8 期。

[80] 周江洪:《关于〈民法典合同编〉(草案)(二次审议稿)的若干修改建议》,载《法治研究》2019 年第 2 期。

[81] 王轶等:《中国民法典释评:合同编·典型合同》(下卷),中国人民大学出版社 2020 年版,第 449 页。

[82] 谢鸿飞、朱广新主编:《民法典评注:合同编　典型合同与准合同》(第 4 册),中国法制出版社 2020 年版,第 249 页。

人死亡、丧失民事行为能力引起的终止等。也正是因为存在不同的终止原因,实践中应注意委托合同终止的不同原因、当事人行使的不同权利等,尤其是要厘清委托合同任意解除权与其他解除权之间的关系。

（一）委托合同因当事人一方任意解除而终止

《民法典》第933条第1句规定:“委托人或者受托人可以随时解除委托合同。”在学理上,因此等“解除”的含义与《民法典》第563条意义上的“解除”的含义并不完全等同,故有时会以“委托人撤销委托”“受托人辞去委托”等用词来表述。不少学说认为,委托合同任意解除的法理基础在于委托合同是以双方信任为基础的,[83]认为委托合同注重当事人之间的相互信任,若此种信任关系动摇,委托合同的基础亦不复存在。在当事人对此种信任关系产生疑义时,委托合同便无必要继续约束当事人,任意一方当事人均可以解除合同。同时,为适当限制解除权的行使以及平衡对方当事人利益,对于合同解除造成的损失应当予以赔偿。[84] 学界多认为委托的任意解除制度乃是基于信任关系原理,认为委托合同乃是基于当事人之间的信任而订立,委托合同的履行也有赖于此种信任关系。委托人让难以信任的受托人继续处理受托事务,或者是受托人为难以信任的委托人处理受托事务,对于当事人而言都是难以忍受的,并无益处,故有必要规定委托合同的任意解除。[85] 但是,委托合同中的任意解除权并非信任关系说得以圆满解释的。原因在于,无论何种债权债务关系,均有信任原理作用之空间,只是程度不同。同样地,委托合同作为持续性合同的持续性特征,也不足以说明任意解除的正当性。若委托合同定有合同存续期间,因“依法成立的合同,对当事人具有法律约束力”(《民法典》第119条),“依法成立的合同,受法律保护”(《民法典》第465条第1款),当事人并不能擅自变更或者解除合同,此等期间当然也具有合同上的拘束力,并非所有的持续性合同均得以随时终止。因此,除信任关系原理和持续性合同的特性之外,尚需其他正当性基础,特别是商事委托合同中,委托人选择受托人处理委托事务,关注的是受托人的商誉及经营能力而非人身信赖关系。在这点上,委托合同与其他类型的合同并无区别。[86] 之所以赋予当事人任意解除权,对于委托人来说,既有可能是基于委托人收回事务处理之考量,也可能是基于事务处理本身对于委托人已无利益可言,甚或是对特定事务处理事项的事先不了解的一种救济。[87] 而对于受托人而言,之所以赋予其任意解除权,既可能涉及无偿委托的义务弱化问题,也可能涉及行为义务之不可强制问题,其利益考量并不相同。实际上,委托合同任意解除权的制度目的,因委托的有偿与否、任意解除权发动主体的不同而不同。[88]

---

〔83〕 黄薇主编:《中华人民共和国民法典解读:合同编》(下册),中国法制出版社2020年版,第1346页。

〔84〕 谢鸿飞、朱广新主编:《民法典评注:合同编　典型合同与准合同》(第4册),中国法制出版社2020年版,第263页。

〔85〕 魏耀荣等:《中华人民共和国合同法释论》(分则),中国法制出版社2000年版,第582页;梁慧星编:《中国民法典草案建议稿附理由:合同编·条文　说明　理由　立法例》(下册),法律出版社2013年版,第718页;崔建远:《合同法学》,法律出版社2015年版,第501页。当然,也有学者认为,将源于无偿委托的信任关系原理扩张适用于有偿委托并不合理,主张应对任意解除作目的性限缩,对于一些商事交易性质的事务委托合同,不宜允许当事人行使任意解除权[参见王利明:《合同法研究》(第3卷),中国人民大学出版社2012年版,第739页]。

〔86〕 王轶等:《中国民法典释评:合同编·典型合同》(下卷),中国人民大学出版社2020年版,第457页。

〔87〕 桑岡和久「民法学のあゆみ——丸山絵美子中途解約と契約の内容規制」法律時報88巻4号(2015年)104頁;丸山絵美子『中途解約と契約の内容規制』(有斐閣,2015年)25頁,267－271頁。

〔88〕 周江洪:《委托合同任意解除的损害赔偿》,载《法学研究》2017年第3期。

思考 | 委托合同任意解除权的限制

值得注意的是,依《民法典》规定,委托合同的有偿与否并不影响委托合同当事人的任意解除权。但在学理上,有学说认为,双方当事人的任意解除只有适用于无偿委托时,方能圆融无碍,原《合同法》未能区分有偿委托与无偿委托而规定任意解除制度,存在立法上的疏漏。[89]在《民法典》编纂过程中,亦有意见指出,委托合同的任意解除权在司法实践中存在被滥用的情况,损害了合同相对方的利益,建议区分有偿委托合同与无偿委托合同作不同规定,即对于无偿委托合同,可以随时解除,对于有偿委托合同则允许当事人通过约定排除任意解除权的适用。但立法机关认为,此种观点与委托合同的解除不相符合,特别是与以信任为基础的任意解除原理不符,不应依有偿与否而有所限制。因此,《民法典》延续了原《合同法》规定,并未在区分有偿与否的基础上作出不同规定。[90] 另外,有学说认为,"原《合同法》第 410 条规定的任意解除权适用范围过宽,应当进行限缩解释。当一个合同既包含委托的因素,又包含其他合同类型的因素从而构成无名合同的时候,不得适用原《合同法》第 410 条解除合同"[91]。但从我国《民法典》编纂过程来看,与其说是从是否得以任意解除的角度来限制委托合同当事人任意解除权的行使,不如说其更多的是肯定当事人的任意解除权,但通过任意解除以后的损害赔偿来平衡当事人的利益,其重点在于损害赔偿问题,而不在于是否得以任意解除的问题。也就是说,《民法典》第 933 条的立法态度在于:对委托合同任意解除权的行使不作限制,双方均可随时解除合同;对于行使任意解除权的,通过赔偿责任的方式予以规制。[92] 当然,从学理上而言,《民法典》第 933 条以损害赔偿为中心来平衡委托合同当事人之间的利益是否足够,仍然有进一步思考的空间。对此,有学说指出,任意解除权的限制问题,"实质上就是委托人不受到合同绝对拘束的利益和受托人对继续履行合同所享有的利益之间的平衡,平衡的标准是受托人对继续履行合同所享有利益的强弱。如果此种利益较弱,赔偿就足以确定地保障,则委托人享有任意解除权;如果此种利益较强,则委托人不享有任意解除权"[93]。

就放弃任意解除权的特别约定而言,有学说认为,"当事人合意抛弃任意解除权的,在无偿委托的情形为无效;在有偿委托的情形,原则上有效,除非这种抛弃有违公序良俗,或出现了不得不解除合同的情形"。或者认为,"在无偿委托中,受托人享有任意解除权的正当性较强,故放弃特约应当无效,毕竟受托人未获得对价,强制其继续履行似乎要求过苛。即使无偿委托同时是为受托人利益,但此时受托人通过解除委托合同不要此种利益,属于受托人对自己利益的放弃。但是,在有偿委托中,受托人享有任意解除权的正当性较弱,故放弃特约原则上有效。不过,即使如此,同样如上文关于委托人任意解除权的放弃特约中所述,也需要以同样的方式

[89] 张谷:《商法,这只寄居蟹——兼论商法的独立性及其特点》,载《清华法治论衡》2005 年第 2 期。

[90] 黄薇主编:《中华人民共和国民法典解读:合同编》(下册),中国法制出版社 2020 年版,第 1347 ~ 1348 页。

[91] 崔建远、龙俊:《委托合同的任意解除权及其限制——"上海盘起诉盘起工业案"判决的评释》,载《法学研究》2008 年第 6 期。

[92] 最高人民法院民法典贯彻实施工作领导小组主编:《中华人民共和国民法典合同编理解与适用(四)》,人民法院出版社 2020 年版,第 2530 页。

[93] 王轶等:《中国民法典释评:合同编 · 典型合同》(下卷),中国人民大学出版社 2020 年版,第 458 页。

使得受托人解除合同成为可能，其中最为重要的也仍然是重大事由解除的例外”[94]。也有学说明确主张应当尊重当事人的意思，应当认为约定排除任意解除权是有效的。[95] 还有观点认为，“对于有偿委托合同当事人抛弃任意解除权特约的效力，结合《民法典》第933条的立法精神，应认可其效力。当事人违反该抛弃特约，应适用违约责任相关规范处理”[96]。另有观点认为，“针对有偿委托，在民事委托中，原则上应当否认排除或限制委托人任意解除权特约的效力；在商事委托中，原则上则应当承认此类特约的效力”[97]。司法实践对能否通过约定排除任意解除权亦存在不同认识。对此，有观点认为，首先，从立法本意来看，任意解除权是法律赋予委托合同双方当事人的权利，是随时可以行使的。即使有约定，当事人亦可随时行使，约定并不能阻却任意解除权的行使。其次，从社会实践来看，在有偿合同中特别是商事合同中，约定限制任意解除权的现象比较常见，存在市场需求，如果一律认定无效，可能不利于保护被解除方的合法权益。并据此进而认为，关于限制任意解除权的约定并不能真正阻却任意解除权的行使，此类约定亦不适于强制履行，对于一方当事人主张任意解除权的，应当认定行使任意解除权的行为有效，而不能否定行使效果。解除方违反约定行使任意解除权的行为，可作为当事人违约的一种情形，追究解除方的违约责任。[98] 从学说状况来看，关于约定排除任意解除权的效力问题，是偏向于有效理解还是虽然偏向于有效但并不排斥任意解除权行使的角度理解，仍有待学说和司法实践进一步澄清。

当然，即使损害赔偿足以涵盖任意解除引起的损失，但就特定事项处理的委托而言，特别是涉及人身相关事务的委托，对受托人的任意解除权，仍有限制之必要。例如，成年任意监护的委托，若得以参照适用委托合同之规定，令受托人享有无重大事由而任意解除的权利，势必危及成年任意监护的制度基础。

另外，委托合同情形的任意解除权，在一些类似委托合同的合同类型中常会形成争议。例如，在演艺经纪合同领域，有法院就否定了其任意解除权，认为“毕某以双方之间系委托合同关系为由主张其享有任意解除权，但《艺人经纪合同》约定的内容超出委托合同的范畴，故毕某的该项主张于法无据；双方于2019年12月1日签订《艺人经纪合同》，次月新冠疫情爆发，至今尚未完全消除，《艺人经纪合同》约定的演艺活动势必受到影响，极致公司一审中陈述直至2020年4月尚无法恢复到正常营业状态也可印证此节事实，在此情况下，双方对于案涉的解除均无过错；关于极致公司未取得营业性演出许可证问题，毕某在签约之初对此应属明知，且在合同履行过程中未就此提出过异议，其现以此作为解除合同的理由，不能成立。因毕某对于《艺人经纪合同》的解除不存在过错，结合极致公司未取得营业性演出许可证势必对合同履行产生一定影响，且该公司提交的损失证据不足以证明相应费用与毕某存在直接关联性，毕某在履约阶段也付出一定时间、精力，极致公司在毕某发出解除合同通知前未通知毕某与艾克公司合作事

---

[94] 朱虎：《分合之间：民法典中的合同任意解除权》，载《中外法学》2020年第4期；王轶等：《中国民法典释评：合同编·典型合同》（下卷），中国人民大学出版社2020年版，第459页。

[95] 王利明：《合同法》（下册），中国人民大学出版社2021年版，第368页。

[96] 仲伟珩：《有偿委托合同任意解除权的法律适用问题研究》，载《法律适用》2020年第17期。

[97] 韩富鹏：《民商区分视角下委托合同任意解除权的适用》，载《财经法学》2021年第3期。

[98] 最高人民法院民法典贯彻实施工作领导小组主编：《中华人民共和国民法典合同编理解与适用（四）》，人民法院出版社2020年版，第2532页。

宜,及极致公司实际并未向艾克公司承担违约责任等事实,本院对极致公司要求毕某赔偿损失、承担律师费等的反诉请求均不予支持"[99]。对此,有观点认为,"演艺经纪合同的性质取决于其规定的内容,大多数演艺经纪合同都包含代理签约的经纪服务内容、经理人服务内容、权利许可与权利归属内容、公司管理与公司纪律等内容,这些内容决定了演艺经纪合同并非单纯的委托合同,而是一种集委托、居间、行纪、培养、宣传、推广、知识产权归属等内容为一体的混合合同。因此,演艺经纪合同当事人便不能基于委托合同任意解除权规则(法定解除权)解除合同,而应当采取分立规则与结合规则相结合的混合合同适法规则,任意解除权并无用武之地"[100]。另外,亦有观点认为,"代理商合同本应作为独立的典型合同,其中不存在真正任意解除权,而只能基于重大理由即时终止。不动产委托管理合同中的委托人系物业服务合同中的业主,其任意解除权的行使须符合法定程序和书面通知的要求。以尽力完成特定工作为标的的委托合同,应类推适用承揽合同任意解除的规定。伴有债权让与的委托回收债权合同属于或类似于保理合同,并无真正的任意解除权"。[101]

(二)当事人死亡等原因导致的委托合同终止

《民法典》第934条规定,"委托人死亡、终止或者受托人死亡、丧失民事行为能力、终止的,委托合同终止;但是,当事人另有约定或者根据委托事务的性质不宜终止的除外"。其中,"死亡""丧失民事行为能力"是对自然人而言,"终止"则是针对法人和非法人组织而言。[102] 原《合同法》第411条规定了"委托人或者受托人死亡、丧失民事行为能力或者破产的",委托合同终止。因该规定文义易引起歧义,会被认为委托人丧失行为能力、委托人或受托人破产将导致委托合同的终止,但事实上,委托人丧失行为能力并不导致委托合同终止,而法人被宣告破产后其法人资格并非当然消灭,尚需经过清算等程序,作为破产人仍然可以承受合同的权利义务关系;[103]受托人或委托人进入解散清算或者破产清算阶段,并不必然导致委托合同终止。[104]而且,即使认为破产会导致合同终止,破产也只是法人或者非法人组织终止的原因之一,法人或者非法人组织终止的原因还有解散等。[105]

思考 | 《民法典》第934条较之原《合同法》第411条的变化是否意味着破产、解散但并未终止法人或非法人组织资格时并不终止委托合同

法人或非法人组织破产、解散等,但法人资格尚未终止的,委托合同是否终止,亦有具体分析之必要。原因在于,虽然《民法典》第934条将"破产"改成了"终止",但《民法典》第935条、

---

〔99〕南京极致影视传媒有限公司与毕然演出合同纠纷案,江苏省南京市中级人民法院(2021)苏01民终3410号民事判决书。

〔100〕刘承韪:《论演艺经纪合同的解除》,载《清华法学》2019年第4期。

〔101〕武腾:《委托合同任意解除与违约责任》,载《现代法学》2020年第2期。

〔102〕黄薇主编:《中华人民共和国民法典解读:合同编》(下册),中国法制出版社2020年版,第1350页。

〔103〕谢鸿飞、朱广新主编:《民法典评注:合同编 典型合同与准合同》(第4册),中国法制出版社2020年版,第266~267页。

〔104〕黄薇主编:《中华人民共和国民法典解读:合同编》(下册),中国法制出版社2020年版,第1350~1351页。

〔105〕黄薇主编:《中华人民共和国民法典解读:合同编》(下册),中国法制出版社2020年版,第1350页。

第 936 条仍然采用“……被宣告破产、解散，致使委托合同终止……”的表述。因此，被宣告破产、解散是否构成委托合同终止的原因，仍有具体分析之必要。对此，有观点认为，根据《民法典》第 72 条第 1 款的规定，“清算期间法人存续，但是不得从事与清算无关的活动”，清算期间的法人，仅得从事与清算有关的活动。据此，法人作为委托人就清算事宜订立的委托合同，当然有效；但是，法人此时与其他主体订立的与清算工作无关的委托合同，原则上应当终止。原因在于，此时的法人既无法作为委托人与他人就清算无关业务进行交易，实际上也无法作为受托人为他人管理与清算事宜无关的事务。〔106〕 另有观点认为，依《民法典》第 934 条文义，受托人或者委托人被宣告破产或者被解散，仅仅是委托人或者受托人终止的原因，尚未依《民法典》第 68 条等规定完成清算、注销登记的，委托人或者受托人的法人资格并未终止，按照《民法典》第 934 条中规定的“终止”，委托人或者受托人并未终止，委托合同因此也并未终止。但同时认为，此种文义解释方案可能会产生价值不妥当的问题。例如，委托人已被宣告破产，受托人继续按照未终止的委托合同负有义务似乎并不妥当，即使受托人可以行使任意解除权解除委托合同，但这似乎徒增成本；而在受托人被宣告破产的情形中，委托合同不自动终止对委托人更为不利，即使委托人可以行使任意解除权也无法完全避免此种不利，而且同样徒增成本。同时，该观点认为《民法典》第 935 条、第 936 条的规定隐含了被宣告破产、解散情形委托合同终止的意义，按照体系解释和价值正当性的解释方案，《民法典》第 934 条中的“终止”应当理解为“发生终止原因”，即发生了《民法典》第 68 条第 1 款所规定的被宣告破产、解散或者法律规定的其他原因，此时，委托合同原则上就应当自动终止。〔107〕 但此种解释偏离了《民法典》第 934 条的文义，且亦不符合《民法典》区分法人或非法人资格“终止”与“终止原因事由”的做法，更为妥当的解释应当是将《民法典》第 934 条理解为委托人或受托人终止的，委托合同终止；而发生“终止原因”时是否终止委托合同，其解释论依据应当是《民法典》第 935 条、第 936 条，在委托人或者受托人被宣告破产、解散时，委托合同原则上终止。同时，结合《民法典》第 934 条但书规定，就例外情形不终止委托合同作出解释认定。另外，就破产情形委托合同是否终止的问题，也有必要结合对破产法中“待履行合同”的理解作出进一步考察。

关于委托人死亡是否必然导致合同的终止，亦有再考察之必要。从理论上来说，当事人的死亡原则上不发生合同终止，这不仅是因为当事人的契约地位会因继承而承继，而且亦有不少委托事项可能是身后事项处理的委托，此时并不必然发生委托合同终止。当然，在比较法立法例上，亦有学说认为当事人的死亡将导致合同的终止。例如，在《日本民法典》中，委托以及定期赠与，都会因当事人的死亡而发生合同终止，但当事人另有约定的除外。各类合同肯定当事人死亡会导致合同终止的理由稍微有所区别。委托的情形，主要是立足于日本民法立法当初认为委托乃是基于当事人之间的信任关系，且当事人之间可推定的意思也是发生终止的效果；但日本后来的学说也逐渐认为即使不存在特别约定，也存在委托不因当事人死亡而当然终止的例外情形，例如，当事人的解约告知权被限制之情形，当事人的死亡原则上不发生合同终止。

---

〔106〕 最高人民法院民法典贯彻实施工作领导小组主编：《中华人民共和国民法典合同编理解与适用（四）》，人民法院出版社 2020 年版，第 2541 页。

〔107〕 王轶等：《中国民法典释评：合同编 · 典型合同》（下卷），中国人民大学出版社 2020 年版，第 463 页。

在委托事务的处理既是委托人利益也是受托人利益的场合,该利益属于经济性利益的,也不因当事人的死亡而终止。[108] 与日本不同,德国民法中则是受托人的死亡虽然是合同终止的原因,但委托人的死亡并非委托合同终止的原因。

在我国法上,对于原《合同法》规定的当事人死亡导致合同终止的问题,虽然多数认为受托人死亡原则上使委托合同终止,这是因为委托合同当事人之间的信赖使然,[109]但也有学者认为,当事人的死亡之所以引起合同终止,是由于事务处理权与事务处理义务,都不得作为继承的标的。[110] 当然,也有一些反对的意见。例如,有学说认为,原《合同法》第411条的规定,从比较法观察颇为特别。委托人方面的原因,通常并不妨碍受托人对于事务的处理,特别是在我国以有偿委托为原则的背景下,更有保护受托人合理信赖的必要,不使委托合同当然终止。该学者因此建议就该规则作限缩解释,将大多数情形归属于"根据委托事务的性质不宜终止"之列,以期避免不合理结果的发生。[111] 同样地,《民法典》第934条的规定,亦可以作同样理解,且不限于当事人死亡之情形,对于其他情形,也应当就"根据委托事务的性质不宜终止"作出合理解释,以避免不合理的结果。

另外,依《民法典》第934条的规定,受托人丧失行为能力导致委托合同终止,但就"丧失行为能力"是否包括部分丧失行为能力,尚有争议。有观点认为,此处的"丧失行为能力",是指完全丧失行为能力。因受托人可以为限制行为能力人,故当事人一方成为限制行为能力人时,委托合同不妨继续存在。[112] 还有观点从《民法典》相关条文区分使用"丧失"和"部分丧失"行为能力的表述出发,认为《民法典》第934条的"丧失民事行为能力"仅包括完全丧失行为能力之情形,而并非立法疏漏。[113] 反对观点则认为,在受托人部分丧失行为能力时,委托合同的信任关系亦不复存在,没有必要使合同继续存在,所以受托人丧失行为能力在解释上应包括完全丧失和部分丧失行为能力。同时,仍可根据《民法典》第934条但书例外不终止委托合同。[114] 也有观点认为,导致委托合同终止的"丧失行为能力",应当指的是"丧失相应的行为能力"。理由在于,如果受托人并未完全丧失行为能力,而是成为限制民事行为能力人,但依据其年龄、智力状况仍然具有处理委托事务的能力,则此时没有必要让委托合同终止;但是,如果受托人成为限制民事行为能力人,并且依据其年龄、智力状况不具有处理委托事务的能力,考虑到受托人负有处理委托事务的注意义务,并在违反注意义务时可能要承担赔偿责任,为保护受托人的利益,此时原则上委托合同终止。[115] 总体上来看,第三种观点较为妥当。但从行为能力制度的目的来看,其指向的是"法律行为",若委托事务的处理并不涉及法律行为问题,行为能力制度并

---

[108] [日]我妻荣:《我妻荣民法讲义 V_3:债权各论》(中卷二),周江洪译,中国法制出版社2008年版,第164页。

[109] 王利明:《合同法研究》(第2版第3卷),中国人民大学出版社2015年版,第733页;韩世远:《合同法学》(第2版),高等教育出版社2022年版,第558页。

[110] 崔建远:《合同法》(第4版),北京大学出版社2021年版,第665页。

[111] 韩世远:《合同法学》(第2版),高等教育出版社2022年版,第558页。

[112] 崔建远:《合同法》(第4版),北京大学出版社2021年版,第665页。

[113] 最高人民法院民法典贯彻实施工作领导小组主编:《中华人民共和国民法典合同编理解与适用(四)》,人民法院出版社2020年版,第2538页。

[114] 谢鸿飞、朱广新主编:《民法典评注:合同编 典型合同与准合同》(第4册),中国法制出版社2020年版,第268页。

[115] 王轶等:《中国民法典释评:合同编·典型合同》(下卷),中国人民大学出版社2020年版,第464页。

没有适用之余地。更为妥当的做法是，受托人因丧失或部分丧失行为能力而丧失或部分丧失委托事务处理能力的，委托合同终止，而不是行为能力丧失或部分丧失的问题。

另外，值得注意的是，《民法典》第934条对原《合同法》第411条作出了修改，删除了委托人"丧失民事行为能力"导致委托合同终止的情形。理由在于，委托人丧失民事行为能力，一般情况下并不影响受托人继续处理委托事务，受托人依然可以完成委托事务。同时，也与《民法典》第173条的规定相一致。依《民法典》第173条的规定，委托代理因代理人丧失民事行为能力而终止，但并不因被代理人丧失民事行为能力而当然终止。[116] 例如，《民法典》第33条规定了成年任意监护，若成年任意监护的委托亦得以参照适用《民法典》委托合同章的规定，此时委托人丧失民事行为能力并不发生委托合同的终止。原因在于，成年任意监护，其本身就是"以书面形式确定自己的监护人，在自己丧失或者部分丧失民事行为能力时，由该监护人履行监护职责"，若委托人行为能力丧失导致委托合同终止，并不符合委托事务的性质。

二、委托合同终止的法律效果

(一)当事人任意解除时的损害赔偿责任

委托合同任意解除之情形，其解除面向将来发生效力，并无溯及力，实为"合同之终止"，但为平衡当事人利益，比较法上诸多立法例一方面赋予当事人可以任意解除合同的权利，另一方面又通过损害赔偿来矫正当事人之间的利益得失。《民法典》及原《合同法》亦遵循这一立法进路，但与原《合同法》第410条不同，《民法典》第933条区分有偿与否分别采取不同的损害赔偿规则，即"因解除合同造成对方损失的，除不可归责于该当事人的事由外，无偿委托合同的解除方应当赔偿因解除时间不当造成的直接损失，有偿委托合同的解除方应当赔偿对方的直接损失和合同履行后可以获得的利益"。当然，在《民法典》层面导入"直接损失"的概念，其与承揽合同任意解除、物业服务合同任意解除等情形的"损失"赔偿之间，是否具有共通性以及不具有共通性时的具体差别何在，仍然有待今后进一步探讨。[117]

拓展｜《民法典》编纂过程中关于委托合同任意解除损害赔偿的相关主张

曾有主张认为应区分有偿委托与无偿委托来确定损害赔偿的范围，虽然《民法典》亦采取了区分论，但在如何确定损害赔偿范围上，该主张与《民法典》的规定并不相同。[118] 立法过程中也曾建议，虽然《民法典》文本较之原《合同法》第410条具有一定进步，但无偿委托之情形，并非只存在解除时间不当造成的直接损失问题，若委托人解除无偿委托，可能给受托人造成所处理事务的利益的丧失，而受托人解除委托时，则可能造成委托人信赖利益的损失(类似赠与合同的任意撤销)。有偿委托之任意解除，也并非仅仅是直接损失和可得利益的问题，而应当区分解除权发动的主体分别对待。例如，受托人解除有偿委托时造成的损失，若赔偿可得利益，其实质上让受托人承担了拒绝履行的违约责任，与任意解除权的旨趣不符，而是应当区分是否可以采取替代措

〔116〕黄薇主编：《中华人民共和国民法典解读：合同编》(下册)，中国法制出版社2020年版，第1351页。

〔117〕周江洪：《民法典合同编的制度变迁》，载《地方立法研究》2020年第5期。

〔118〕周江洪：《委托合同任意解除的损害赔偿》，载《法学研究》2017年第3期。

施继续事务处理，分别承担因解除而增加的费用的赔偿或者是因解除而无法继续该事务处理所引起的损害赔偿责任。[119] "直接损失"的概念，除了《海商法》，在我国现有法律体系中并不常见；使用此等概念将引起合同编关于"损失""损害"的规范含义的无端争议，而且与合同编规定的承揽合同任意解除时的损害赔偿、物业服务合同任意解除时的损害赔偿的范围发生冲突，形成体系矛盾，建议不采用该概念。[120]

任意解除时的损害赔偿构成，其前提是不存在"不可归责于该当事人的事由"。若解除方存在此等事由，则无须承担此等损害赔偿责任。该要件被称为委托合同任意解除损害赔偿责任的消极构成要件，[121]无论有偿与否，均有该消极构成要件之适用。不可归责于该当事人的事由，有学说认为是指解除权人对导致合同解除的事由没有过错；如果解除是主张赔偿的一方的过错所导致的，其不能主张此项损害赔偿请求权，行使任意解除权情形下所承担的损害赔偿责任是一种过错责任；[122]认为因可归责于对方当事人的事由或者客观原因导致委托合同被解除的，即属于不可归责于解除权人的事由。[123] 在司法实践中，亦有法院判决认为，"委托合同解除后的归责应充分考虑信赖基础丧失的原因，即在委托合同履行过程中，何者的行为导致双方信赖基础丧失，致使委托合同关系无法维系"[124]。此等主张，多强调解除是否源于对方当事人之原因，进而考虑是否存在不可归责于解除方的事由。但是，因对方原因或客观原因而被解除的，通常并非任意解除构成，而是法定解除等解除权的行使，不应依任意解除损害赔偿规则处理。若将"不可归责于该当事人的事由"理解为"不存在过错"，则势必导致委托合同任意解除的损害赔偿责任构成采过错归责原则，与学理不相符。例如，有学说就主张，就对方当事人不利时期的任意解除而言，即使没有故意、过失，也应该承担损害赔偿责任。[125] 本书认为，《民法典》第933条强调的"除不可归责于该当事人的事由外"，其实质上并非强调解除权人是否存在过错的问题，而是强调其是否存在"不得已的事由"。例如，委托事务的处理已变得毫无必要时委托人任意解除、受托人因病无法处理事务而辞去委托等，很难说是注意义务违反与否的过错层面的判断问题，难谓是否"可归责"的问题，而更多的是"不得已事由"与否的判断问题。若如此区分，也就可以得出：在无偿委托合同中，于不利时期的任意解除，虽然即使没有故意、过失也要承担责任，但只要存在不得已的事由，同样亦无须承担损害赔偿责任。

《民法典》第933条区分有偿与无偿规定了不同的损害赔偿范围。其中无偿委托时的损害赔偿范围被限定在"因解除时间不当造成的直接损失"。有释义书认为，委托合同的一方当事人在不利于对方当事人的时期解除委托合同造成对方损失的，应当承担赔偿责任，这是对任意

---

〔119〕 周江洪：《委托合同任意解除的损害赔偿》，载《法学研究》2017年第3期。
〔120〕 周江洪：《关于〈民法典合同编〉（草案）（二次审议稿）的若干修改建议》，载《法治研究》2019年第2期。
〔121〕 谢鸿飞、朱广新主编：《民法典评注：合同编　典型合同与准合同》（第4册），中国法制出版社2020年版，第265页。
〔122〕 王利明：《合同法》（下册），中国人民大学出版社2021年版，第369页。
〔123〕 谢鸿飞、朱广新主编：《民法典评注：合同编　典型合同与准合同》（第4册），中国法制出版社2020年版，第265页。
〔124〕 文山陆河发电有限责任公司、云南君山律师事务所委托合同纠纷案，最高人民法院（2020）最高法民再356号民事判决书。
〔125〕 ［日］我妻荣：《我妻荣民法讲义 V_3：债权各论》（中卷二），周江洪译，中国法制出版社2008年版，第158页。

解除权的一种限制。[126] 但从《民法典》第 933 条的规定来看,解除时间不当的问题,只是对无偿委托任意解除损害赔偿范围的一种限定,且仅限于无偿委托情形,不适用于有偿委托。其实际上强调的是,无偿委托中任意解除权的行使更为宽松,其赔偿责任较之有偿委托之情形要轻减,而并非对任意解除的行使作出限制。解除时间不当,乃是在不利于对方当事人的时期为任意解除。有观点认为,就委托人方面而言,指的是当受托人在未完成委托事务的情况下解除合同时,委托人自己不可能亲自处理该项事务,而且又不能及时找到合适的受托人代他处理该委托事务而发生损害的情形;就受托人方面而言,是指由于委托人在委托事务完成前解除了合同,使受托人因不能继续履行义务而少获得报酬。[127] 应该说,关于"不利时期"的这一解释虽然总体上没有什么问题,但就《民法典》第 933 条意义上的"解除时间不当"来说,该解释尚有进一步完善之空间——原因在于,《民法典》第 933 条意义上的"解除时间不当"问题,仅就无偿合同的任意解除具有意义,并不涉及受托人的报酬损失等问题。因此,认为委托人任意解除无偿委托时存在受托人报酬问题,乃是误解。委托人于受托人不利时期任意解除合同的,主要是会导致受托人无法预先作出其他安排而产生的费用增加等;而在委托合同对受托人亦存有利益之特殊情形下,则无论是否为"不利时期"的解除,均应就此部分利益受损作出赔偿。

无论是无偿委托还是有偿委托的任意解除,《民法典》第 933 条都特别强调了"直接损失"的赔偿。所谓直接损失,是指现存利益的积极减少,其含义等同于所受损害和实际损失。其中,实际损失是指当事人信赖合同能够履行并为得到履行利益所提前支出的费用或财产因任意解除而遭受的损失,包括缔约费用、为准备履行而支出的费用以及准备受领而支出的费用等。受托人的直接损失主要表现为必要费用以外的前期投入的损失。[128] 当然,"直接损失"通常来说是相对于"间接损失"(如机会的丧失等)而言,而《民法典》又是首次规定了"直接损失"的概念,此处"直接损失"的含义当如何理解,与其他类型合同任意解除时的"损失"概念如何区分或无须区分等,仍有待司法实践和学说进一步发展。

有偿委托合同任意解除之情形,除了直接损失以外,还需要赔偿"合同履行后可以获得的利益"(《民法典》第 933 条)。虽然任意解除本身并不构成违约,但在损害赔偿上,与《民法典》第 584 条的违约损害赔偿规则一样采用了"合同履行后可以获得的利益"的表述。因此,《民法典》第 584 条(原《合同法》第 113 条)积累的司法实践经验和学说亦同样具有参考作用。对此有学说认为,在委托人任意解除有偿委托时,此处履行利益的计算模式存在不同立法例。一种是报酬请求权模式,规定受托人有权请求约定的报酬,但扣减受托人因合同解除而节省的费用,或转将其劳动力用于他处而取得或原本能够取得但故意不取得的利益。另一种是损害赔偿模式,明定赔偿范围包括受托人的直接损失和可以获得的利益。而且认为,这里的赔偿并非《民法典》第 584 条中的赔偿,毕竟委托人的任意解除权是法定权利,故委托人任意解除合同的行为并非违约行为,也就不能适用第 584 条。但是,即使如此,其赔偿范围也同样是第 584 条所规定的履行利益赔偿,故第 933 条明确规定,有偿委托合同的委托人应当赔偿受托人的直接损

[126] 黄薇主编:《中华人民共和国民法典解读:合同编》(下册),中国法制出版社 2020 年版,第 1347 页。
[127] 黄薇主编:《中华人民共和国民法典解读:合同编》(下册),中国法制出版社 2020 年版,第 1347 页。
[128] 谢鸿飞、朱广新主编:《民法典评注:合同编　典型合同与准合同》(第 4 册),中国法制出版社 2020 年版,第 265 页。

失和可以获得的利益,以避免可能的争论。[129] 从《民法典》第 933 条规定来看,《民法典》采取的是损害赔偿请求权模式。但在司法实践中,有法院裁判既援引了报酬请求权规则,亦同时援引了任意解除损害赔偿请求权规则,认为"委托合同解除后,受托人可以向委托人主张垫付的费用及利息、相应报酬和赔偿损失"[130],这实际上是对报酬请求权与损害赔偿请求权进行了综合考量以确定最终需支付的金额。

值得注意的是,就有偿委托合同的任意解除而言,《民法典》第 933 条同时规定了"直接损失"和"可得利益"的赔偿,此点有进一步商榷之必要。如前所述,"直接损失"通常包含了为获得合同履行后利益的投入成本,若既赔偿"直接损失"又赔偿"可得利益",难免存在重复计算之可能。例如,委托人的直接损失是委托人为履行合同而遭受的现有财产的损失,可得利益则指在委托合同得到完全履行的情况下,委托人能够获得的利益。受托人的直接损失指必要费用之外的前期投入损失,可得利益是指受托人在委托合同完全履行时可以获得的利益。[131] 通常来说,若合同正常履行,则前期投入得以在履行后获得的利益中得到弥补,既赔偿履行利益,又赔偿此等前期投入,势必会引起重复计算。因存在重复计算之可能,故在具体计算时应扣除重复计算部分;否则,任意解除情形,解除方将承担较之拒绝履行的违约责任更重之损害赔偿责任,其并不符合赋予当事人任意解除权以摆脱合同拘束的任意解除原理。而且即使不存在重复计算,"可得利益"之赔偿与违约损害赔偿无异,赔偿可得利益是否符合任意解除之制度本旨,仍有再考之必要。受托人任意解除有偿委托的,并不构成违约,受托人并不因此承担拒绝履行的违约责任,应区分是否得以采取替代措施,分别承担因解除而增加费用的赔偿责任或者是因解除而无法继续该事务处理所引起的损害赔偿责任。不仅如此,委托人任意解除有偿委托的,可归入因可归责于债权人事由的履行不能,受托人可依风险负担规则请求将来报酬并作相应扣减,此等报酬并非《民法典》第 933 条(原《合同法》第 410 条)意义上的可得利益损失。[132] 也有学说因此指出,行使任意解除权后的报酬请求权,其规范依据是《民法典》第 928 条第 2 款,但同时也指出,如果将报酬的损失计算在损害赔偿中,受托人就失去了另外请求支付报酬的权利;如果受托人已经请求支付了报酬,那么在计算损害赔偿时也就无所谓报酬的损失了;有偿合同任意解除的情形,直接损失和间接损失都应当赔偿,但在计算损害赔偿时,不能进行双重计算。[133]

思考 | 受托人任意解除时的损害赔偿范围之思考

因受托人负有事务处理的给付义务,受托人的任意解除本质上来说属于拒绝履行的一种,似应按照拒绝履行赔偿履行利益。但是,将受托人的任意解除视为拒绝履行,其法律效果与事

[129] 朱虎:《分合之间:民法典中的合同任意解除权》,载《中外法学》2020 年第 4 期;关于委托合同任意解除情形的报酬请求权模式与损害赔偿请求权模式,另参见周江洪:《委托合同任意解除的损害赔偿》,载《法学研究》2017 年第 3 期。

[130] 文山陆河发电有限责任公司、云南君山律师事务所委托合同纠纷案,最高人民法院(2020)最高法民再 356 号民事判决书。

[131] 谢鸿飞、朱广新主编:《民法典评注:合同编 典型合同与准合同》(第 4 册),中国法制出版社 2020 年版,第 266 页。

[132] 周江洪:《委托合同任意解除的损害赔偿》,载《法学研究》2017 年第 3 期。

[133] 王利明:《合同法》(下册),中国人民大学出版社 2021 年版,第 369 页。

实上或法律上不得要求继续履行的给付义务违反趋于一致,可能会有损《民法典》规定的任意解除权制度本身的意义和目的。有偿委托的受托人享有任意解除权,与通常的拒绝履行并不相同。于此情形,不能要求受托人承担替代原定履行的损害赔偿责任。不仅如此,受托人任意解除,除了可以视为拒绝履行外,也可以认为是受托人不愿再为委托人的利益行事,因而通知委托人,将受托事务交由委托人自身去处理或者是交由委托人另行寻找的他人去处理。此时,作为不真正义务,委托人收到任意解除的通知后,要么自己处理事务,要么积极寻找他人处理事务,而不能坐等受托人事务处理完毕后的履行利益的获得。因此,本书认为,受托人任意解除有偿委托时,以事务处理完毕后得以获得的履行利益为原则计算任意解除时的损害赔偿并不合适,此时可以采用替代方法来计算所失利益和所受损失:受托人在未完成受托事务的情况下解除合同,委托人自身处理相关事务所增加的费用;或者是委托人自己不亲自处理该项事务,另外委托他人从事该项事务时所增加的费用;或者是委托人因自己不亲自处理该项事务,又不能及时找到合适的受托人代为处理事务而遭受的损失。当然,若该项事务只能由行使任意解除权的受托人处理(如需要特定的资质等)或者是有特定的时效性要求而无法另行委托他人处理,可以就该项事务处理难以完成所造成的损失要求赔偿,包括徒然支出的费用等。也就是说,若受托人任意解除有偿委托,考虑到任意解除权制度的存在意义,并不能令受托人承担拒绝履行的违约责任,而是应当区分是否得以采取替代措施继续事务处理,分别承担因解除而增加费用的赔偿责任或者是因解除而无法继续该事务处理所引起的损害赔偿责任。[134] 只有这样解释,才符合《民法典》第 933 条规定的损害赔偿责任的前提要件——"因解除合同造成对方损失"的含义,而不是因拒绝履行而造成对方的违约损失。从这层意义上来说,《民法典》第 933 条的"可得利益"赔偿规则,仍有再考之必要。

(二)当事人死亡等原因终止委托合同的法律后果

1. 当然终止

通常来说,委托合同终止,指的是当然终止,无须当事人主张双方当事人均不再受委托合同的约束。但此等终止,仅对将来发生效力,终止前已履行的部分并不受影响。而且,因不同的原因终止,其法律效果亦会出现不同。例如,因当事人死亡而终止的,已成立的权利义务发生继承的效力。因法人分立、合并等导致原法人解散的,其权利义务依《民法典》第 67 条承继。值得注意的是,依《民法典》第 934 条规定,当事人死亡或终止的,因合同主体资格消灭,原则上应当终止委托合同。但《民法典》第 934 条亦规定了例外不终止的但书,此时就存在委托合同例外不终止的效力。对此,有观点认为,"已死亡或终止的当事人的继承人或约定的民事主体与对方当事人之间成立法定的债权债务关系,且该法律关系的内容与委托合同的内容相同。因此,在当事人死亡或者终止时,《民法典》第 934 条但书规定的效力并非使委托合同继续存在,而是成立法定的债之关系"[135]。但从主体资格消灭的不同情形以及委托合同委托事务的性质等角度而言,并非所有的例外均需通过法定债之关系予以解释,承受原委托合同的新主体之所以承受委托合同上的

---

〔134〕 周江洪:《委托合同任意解除的损害赔偿》,载《法学研究》2017 年第 3 期。

〔135〕 谢鸿飞、朱广新主编:《民法典评注:合同编 典型合同与准合同》(第 4 册),中国法制出版社 2020 年版,第 270 页。

权利义务关系，亦可能存在法定的概括移转、继承等不同的法律关系构成。

2. 特定情形的继续处理事务义务

为避免委托事务因合同终止无人处理而损害委托人利益，《民法典》第935条和第936条也分别规定了合同终止后特定情形受托人继续处理事务的义务，以及受托人的继承人等义务人的通知义务和必要措施采取义务。但无论是第935条还是第936条，其适用的前提都是委托合同终止，若符合《民法典》第934条但书规定的不发生委托合同终止之情形，并不适用《民法典》第935条、第936条。

《民法典》第935条规定："因委托人死亡或者被宣告破产、解散，致使委托合同终止将损害委托人利益的，在委托人的继承人、遗产管理人或者清算人承受委托事务之前，受托人应当继续处理委托事务。"该条规定了受托人在特定情形继续处理委托事务的义务，并规定其期限为"委托人的继承人、遗产管理人或者清算人承受委托事务之前"。但此处的"承受"，究竟指"能够承受"抑或"实际承受"，文义上并不明确。有观点认为是"实际承受"，但同时认为若委托人的继承人等承受委托事务存在迟延，则自迟延时起受托人不再负担继续处理事务的义务。[136]也有观点认为是"能够承受"，否则在委托人的继承人等能够承受委托事务而怠于实际承受时，受托人的继续处理义务就会一直持续，这与《民法典》第935条规定的继续处理义务的暂时性相违背。[137] 从结论上来看，两者之间并无本质区别。

《民法典》第935条规定的继续处理事务义务的构成要件之一是委托合同因委托人死亡等原因终止将损害委托人利益。但此处的委托人利益，实质上并不仅仅是委托人利益，毕竟委托人死亡等情形，委托人主体资格本身因此而消灭或终止，无所谓"委托人"利益之说，故此处的"委托人利益"，尚包括继承人等承继委托人相关利益之人的利益。

不仅如此，《民法典》第935条规定的继续处理义务的前提在于委托合同因委托人死亡等原因终止。若委托合同尚未终止，受托人本身负有事务处理义务，无须特别规定此等继续处理事务的义务。如此一来，此等继续处理事务义务的性质，在学理上就会产生争议。一说认为，此时的受托人继续处理事务的义务，似乎以理解为后合同义务为宜。作这样的理解，不排除委托人的承受人应当就受托人在委托合同终止后完成的委托事务支付报酬和费用，因为这也是委托人的承受人按照诚实信用原则应当承担的对等义务。[138] 另外亦存在无因管理说和委托合同延长说等。无因管理说主张委托合同关系已消灭，受托人处理事务属于无因管理，只能请求委托人偿还费用，而不得请求报酬。委托合同延长说则认为，受托人既然有继续处理事务的义务，也得享有委托合同项下的权利，所以他与委托人之间的关系，为委托合同的延长。[139] 无因管理说并不可取，因《民法典》第935条已明确规定了受托人的此等义务，不符合"没有法定的或约定的义务"的无因管理构成要件。委托合同延长说，其实质乃是借鉴了比较法立法例中"委托合同视为存续"的相关原理：在不存在《民法典》第934条规定的例外情形时，委托合同已

---

[136] 谢鸿飞、朱广新主编：《民法典评注：合同编　典型合同与准合同》（第4册），中国法制出版社2020年版，第272页。

[137] 王轶等：《中国民法典释评：合同编·典型合同》（下卷），中国人民大学出版社2020年版，第467页；黄薇主编：《中华人民共和国民法典解读：合同编》（下册），中国法制出版社2020年版，第1354页。

[138] 魏耀荣等：《中华人民共和国合同法释论》（分则），中国法制出版社2000年版，第586页。

[139] 崔建远：《合同法》（第4版），北京大学出版社2021年版，第666页。

经终止,但符合《民法典》第935条规定的,虽然委托合同终止,但于其限度内,委托合同被"视为"存续。[140] 原因在于,《民法典》第935条规定之情形,委托合同已终止,难以说委托合同继续存在,"延长"之类的,只能是一种"拟制"。但此种拟制"存续",在委托人一方的主体发生了变动时(如委托人死亡等),存在法定的概括移转。受托人继续处理委托事务的权限与发生终止事由前相同,权利和义务同样如此。[141] 若仅仅是为了说明继续处理事务义务的存在,前述后合同义务说亦得以说明,毕竟《民法典》第558条本身规定了后合同义务。但该学说无法说明有偿委托情形继续处理事务的受托人享有报酬请求权的依据,而这点恰恰是《民法典》第935条的立法疏漏。从这层意义上来说,在特定限度内委托合同"视为"存续的法律构成,虽然是一种续造,但更符合委托合同双方当事人的利益平衡及双方的意思。

3.报告及通知义务

委托合同终止的,受托人负有报告义务(《民法典》第924条)。因《民法典》第934条规定的原因终止的,受托人同样负有报告义务。但受托人死亡、丧失民事行为能力或者被宣告破产、解散,致使委托合同终止的,因发生民事主体资格消灭之情形,受托人势必无法履行此等报告义务。但如此一来,委托人可能因并不知情而不可能采取必要的善后处理措施,或者虽然知情但无法采取必要的善意处理措施。因此,于此情形,受托人的继承人、遗产管理人、法定代理人或者清算人因委托合同终止虽然不负有继续处理事务的义务,但为了保护委托人的利益,受托人的继承人等负有通知义务,应当及时通知委托人。《民法典》第936条第1句对此作出了规定,"因受托人死亡、丧失民事行为能力或者被宣告破产、解散,致使委托合同终止的,受托人的继承人、遗产管理人、法定代理人或者清算人应当及时通知委托人"。因委托合同已终止,该通知义务,属于法律规定的后合同义务,且不限于合同当事人。委托人的继承人等违反此等义务造成委托人损失的,负有损害赔偿责任。不仅如此,"因委托合同终止将损害委托人利益的,在委托人作出善后处理之前,受托人的继承人、遗产管理人、法定代理人或者清算人应当采取必要措施"(《民法典》第936条第2句)。此等"采取必要措施"与前述"继续处理委托事务"并不相同,采取必要措施只是为了维护委托人的利益,减少委托人因委托合同终止产生的损失。[142] 但与"继续处理委托事务"一样,此等"采取必要措施"的义务,其期限也不是委托人实际作出善后处理之前,而是委托人能够作出善后处理之前,委托人能够作出善后处理而怠于实际作出时,受托人的继承人等不负有采取必要措施的义务。[143]

另外,《民法典》第936条只是规定了受托人方面出现委托合同终止事由时的通知义务,并未规定委托人方面出现合同终止事由时的通知义务。但是,在出现委托人死亡、丧失民事行为能力等合同终止事由的情形中,受托人在不知道并且不应当知道合同终止时仍然可能继续处理委托事务,还可能在处理委托事务过程中与第三人发生交易等,此时,更有必要为保护受托人和第三人的利益,而使委托人的继承人、遗产管理人、法定代理人或者清算人负有对受托人

〔140〕 王轶等:《中国民法典释评:合同编·典型合同》(下卷),中国人民大学出版社2020年版,第467页。
〔141〕 王轶等:《中国民法典释评:合同编·典型合同》(下卷),中国人民大学出版社2020年版,第468页。
〔142〕 黄薇主编:《中华人民共和国民法典解读:合同编》(下册),中国法制出版社2020年版,第1356页。
〔143〕 王轶等:《中国民法典释评:合同编·典型合同》(下卷),中国人民大学出版社2020年版,第469页。

的及时通知义务。[144]

第四节 委托合同与外部关系

一、受托人以自己的名义与第三人订立合同

委托人委托受托人处理的事务若为与第三人从事交易，势必就会涉及外部关系问题。通过委托合同中不同权利义务的设置和不同的交易结构框架设计，当事人之间可以形成代理关系、行纪关系等。作为基础合同，委托合同根据是否存在授权可以产生代理关系。其中，委托人若授予受托人以代理权，受托人在授权范围内与第三人从事交易，既可能以被代理人（委托人）名义，亦可能以自己名义。对于前者，《民法典》第162条作了专门规定，并在《民法典》总则编第七章第二节专门规定了“委托代理”的规则。因《民法典》第162条强调“以被代理人名义”实施法律行为，对于那些以受托人（代理人）自己名义实施的行为，《民法典》第162条无法将其纳入。对此，《民法典》合同编委托合同章第925条、第926条作出了规定。而在以受托人名义实施的行为中，既有效果直接归属于委托人的类型，也有以受托人名义且效果直接归属于受托人，但随后通过转交间接归属于委托人之类型，还有以受托人名义但效果不直接归属于委托人，而赋予委托人介入权及第三人选择权之类型等。不仅如此，在委托合同的外部关系上，也会涉及委托人委托第三人处理同一委托事务的问题，此时涉及《民法典》第931条关于禁止擅自重复委托的规定，已如前述。

《民法典》第925条、第926条源于原《合同法》第402条、第403条。但是，无论是该条规定所表述的代理类型的判断，还是此等规定的体系定位及其价值，学界均有争议。[145]《民法典》编纂过程中，也有学说建议委托合同章应删去原《合同法》第402条，原《合同法》第403条则可以通过改变体系位置和明确限制条件予以保留。[146] 以《民法典》第925条规定的制度为例，既有将《民法典》第925条概括为“间接代理”，[147]亦有将其归纳为“隐名代理”，[148]也有称为“披露本人的代理”，[149]还有称为代理事实未公开但相对人知道的代理，[150]同时，也有将

[144] 王轶等：《中国民法典释评：合同编·典型合同》（下卷），中国人民大学出版社2020年版，第470页。

[145] 谢鸿飞：《合同法学的新发展》，中国社会科学出版社2014年版，第623页；方新军：《民法典编纂视野下合同法第402条、第403条的存废》，载《法学研究》2019年第1期；朱虎：《代理公开的例外类型和效果》，载《法学研究》2019年第4期；胡东海：《〈合同法〉第402条（隐名代理）评注》，载《法学家》2019年第6期；尹飞：《代理：体系整合与概念梳理——以公开原则为中心》，载《法学家》2011年第2期；尹飞：《论我国民法典中代理制度的类型与体系地位》，载《法学杂志》2015年第9期；方新军：《货运代理转委托行为的效力规则》，载周江洪、陆青、章程主编：《民法判例百选》，法律出版社2020年版，第420页；胡东海：《〈民法典〉第926条（间接代理）评注》，载《苏州大学学报（法学版）》2021年第2期等。

[146] 方新军：《民法典编纂视野下合同法第402条、第403条的存废》，载《法学研究》2019年第1期。

[147] 王利明：《合同法》（下册），中国人民大学出版社2021年版，第363页；崔建远：《合同法》（第4版），北京大学出版社2021年版，第661页；李永军：《合同法》（第6版），中国人民大学出版社2021年版，第402页。

[148] 谢鸿飞、朱广新主编：《民法典评注：合同编 典型合同与准合同》（第4册），中国法制出版社2020年版，第235页。

[149] 魏耀荣等：《中华人民共和国合同法释论》（分则），中国法制出版社2000年版，第569页。

[150] 王轶等：《中国民法典释评：合同编·典型合同》（下卷），中国人民大学出版社2020年版，第422页。

《民法典》第926条概括为“间接代理”,[151]不一而足。之所以存在如此众多的不同归纳和称谓,主要是源于此等规定本身就是结合中国原外贸代理制混合继受而成。在改革开放早期的外贸体制下,当时很多企业由于没有外贸经营权,在需要进出口货物时,只能委托专业外贸公司代理,而外贸公司也只能以自己的名义与外商订立进出口合同。而当时严守“以被代理人名义”实施法律行为的代理制度无法满足这一需求。为此,在制定原《合同法》过程中,经过反复酝酿研究,参照《国际货物销售代理公约》的有关规定,同时吸收大陆法系和普通法系代理制度的精髓,既在行纪合同一章规定了类似大陆法系的间接代理制度,又在委托合同一章规定了类似普通法系的披露委托人和不披露委托人的代理制度。[152] 而这一混合继受的模式,使原《合同法》第402条、第403条规定的代理,与大陆法系和普通法系乃至《国际货物销售代理公约》的规定均不相同,学界也因此产生了诸多争议。例如,有学者明确指出,《民法典》第926条规定的代理,并非普通法系中的“本人不公开代理”,原因在于《民法典》第926条规定的代理不产生代理效果直接归属于本人的效力。[153] 但无论如何,《民法典》第925条规定的代理,虽然以代理人名义实施,但依该条规定其效果直接归属于委托人(被代理人),若以代理效果直接归属与否为标准,此处的代理与《民法典》第162条规定的代理一样,均可以纳入直接代理的范畴。另外,自原《合同法》第402条、第403条规定上述代理制度以来,因委托合同中得以作为合同内容的事务处理广泛多样,此等规定的适用并不限于外贸代理领域,而被广泛地适用于以受托人名义对外签订的合同类型中,如委托借款合同、委托型借名合同等。《民法典》亦延续了原《合同法》的规定。当然,由于存在上述诸多争议,这里以委托合同情形的外部关系作为切入视角对《民法典》第925条、第926条规定作出介绍,以避免陷入各种代理学说和代理类型界定的争论。而且,《民法典》第925条与第926条文义上的最大区别在于订立合同时第三人是否知道受托人与委托人之间的代理关系。故以此区分为基础就相关制度作出介绍。

二、第三人订立合同时知道代理关系时的当事人关系

《民法典》第925条规定,“受托人以自己的名义,在委托人的授权范围内与第三人订立的合同,第三人在订立合同时知道受托人与委托人之间的代理关系的,该合同直接约束委托人和第三人;但是,有确切证据证明该合同只约束受托人和第三人的除外”。据此,要适用该条规定,需具备如下要件:

1. 受托人以自己名义与第三人订立合同。若非以受托人自己名义,而是以委托人名义订立合同,则适用《民法典》第162条。当然,亦有观点认为,第162条中的“以被代理人名义”应被理解为代理人公开了代理事实,是否公开了被代理人的特定身份则是无关紧要的。因此,如果代理人公开了代理事实而未公开被代理人,亦同样适用《民法典》第162条。[154] 另外,即使受托人以自己的名义与第三人订立合同,若受托人以自己之计算行事,而非为被代理人(本人)之计算,其效果并不直接归属于委托人,不适用《民法典》第925条。代理,乃是为了被代理人

---

[151] 胡东海:《〈民法典〉第926条(间接代理)评注》,载《苏州大学学报(法学版)》2021年第2期。

[152] 魏耀荣等:《中华人民共和国合同法释论》(分则),中国法制出版社2000年版,第570~571页。

[153] 胡东海:《〈民法典〉第926条(间接代理)评注》,载《苏州大学学报(法学版)》2021年第2期。

[154] 王轶等:《中国民法典释评:合同编·典型合同》(下卷),中国人民大学出版社2020年版,第423页。

的利益行事,而不是为了代理人自身利益行事。

2. 受托人在委托人授权范围内订立合同。无论是代理授权的要求,还是委托合同的要求,受托人均应在授权范围内处理事务。有疑问的是,若受托人的代理权有瑕疵,比如说无代理权、超越代理权或代理权终止后仍然实施代理行为,在以受托人名义订立合同时,能否类推适用《民法典》第 171 条、第 172 条规定的无权代理规则和表见代理规则。持否定观点者认为,《民法典》第 171 条、第 172 条适用于以被代理人名义行事之情形,而《民法典》第 925 条(原《合同法》第 402 条)适用于以受托人名义行事之情形,两者并不相同;而且,在此种情形下,与其允许第三人要求受托人承担无权代理人责任,还不如肯定第三人仅可要求受托人履行合同。原因在于,由于受托人以自己名义与第三人订立合同,仍可约束缔约人自己,第三人可直接要求受托人履行合同。[155] 持肯定观点者则认为,《民法典》第 162 条与第 925 条均属于效果直接归属规范,自然也有理由类推适用第 171 条、第 172 条。且从利益衡量角度观察,适用第 171 条时,由于被代理人享有追认权,对被代理人并无不利,第三人则享有善意时的撤销权和请求代理人赔偿的权利,对第三人也并无不利;适用第 172 条时,虽然不利于被代理人,但其中的考量与一般的表见代理中的考量并无不同。[156] 本书认为,适用《民法典》第 925 条尚需具备"第三人在订立合同时知道受托人与委托人之间的代理关系"的要件。该要件也表明,第三人的意思不在于与受托人进行交易,而是基于所知晓的代理关系订立合同,故以受托人以自己名义订立的合同直接约束受托人与第三人为由,认为没有必要借助无权代理规则和表见代理规则来保护第三人的利益,其理由并不充分,并不符合第三人的意思。故此处亦采肯定说,即若第三人在订立合同时知道受托人与委托人之间的代理关系,则受托人超越权限范围订立合同,同样可以类推适用《民法典》第 171 条、第 172 条的规定。

3. 第三人在订立合同时知道代理关系。根据合同相对性原则,受托人以自己名义订立合同,通常并不能将所订立合同的效果直接归属于委托人(被代理人)。但若第三人订立合同时知道受托人与委托人之间的代理关系,此时就第三人而言,其明知其并非与受托人(代理人)为交易,而是与受托人背后的委托人(被代理人)为交易,故此时订立的合同若约束的是受托人与第三人,并不符合第三人之意思。且就受托人而言,其与第三人订立合同,虽然是以自己名义,但却是在委托人授权范围内为代理,故亦没有受该合同约束之意思。因此,在此种情形下,所订立的合同产生效果的直接归属,直接约束委托人与第三人,并不会有意思表示层面的障碍。《民法典》第 925 条之所以强调"订立合同时"这一要件,而不包括合同履行过程或纠纷解决过程中知道以及第三人事后追认等情形,也正是顾及了意思表示的基本原理。但是,因此时会产生订立合同的名义人与实际承受合同的合同当事人之间的不一致,为防止科加第三人过重的注意义务引起的交易风险,《民法典》第 925 条规定的要件是"知道";仅仅是第三人"应当知道"代理关系之情形,并不构成《民法典》第 925 条的适用。事实上,在继受《国际货物销售代理公约》第 12 条的过程中,原《合同法》第 402 条在制定之初也是刻意排除了其中"相对人知道或

---

〔155〕 胡东海:《〈合同法〉第 402 条(隐名代理)评注》,载《法学家》2019 年第 6 期。

〔156〕 王轶等:《中国民法典释评:合同编 · 典型合同》(下卷),中国人民大学出版社 2020 年版,第 424 页。

者应当知道"的内容,将其限定为"知道",有意地排除了"应当知道"这一情形。[157] 当然,就"知道"的对象而言,只要知道"代理关系"即为满足该要件,并不要求知道被代理人的特定身份。[158] 值得注意的是,依《民法典》第925条文义,若仅仅是知道"受托人与委托人之间的委托关系",而不知道"代理关系",并不满足该条适用的要件。[159] 另外,虽然知道受托人与委托人之间的代理关系,但并不知道具体的授权范围,并不影响该条的适用;若构成无权代理或越权代理等,则可类推适用《民法典》第171条、第172条。[160]

4. 若有确切证据证明该合同只约束受托人和第三人,则不发生直接约束委托人和第三人的代理直接归属效果。有确切证据证明该合同只约束受托人和第三人的情形主要有以下几种:受托人与第三人明确约定该合同只约束受托人和第三人;虽未明确约定,但是根据合同解释规则明显可以得出只约束受托人和第三人的结论;有交易习惯表明该合同只约束受托人和第三人,如行纪合同;有证据证明如果委托人作为合同当事人,第三人就不会订立该合同;[161] 委托人与受托人明确约定"在发生受托人与第三人之间的纠纷时,由受托人先行承担责任",且第三人知悉此约定;[162] 等等。另外,值得注意的是,若受托人与第三人缔结的合同是转委托合同,因其并非根据代理授权进行交易,此等情形应适用《民法典》第923条的规则,而不适用关于代理效果直接归属的《民法典》第925条。实践中,常有法院混淆转委托合同与《民法典》第925条意义上的"与第三人订立合同"。[163]

实践中,货运代理领域常会形成争议。例如,在货运代理中,虽然承运人明显知道货运代理中的代理事实,但是承运人基于交易成本的考虑而不愿意和大量的散货货主形成合同关系。除此之外,现代商事实践的节奏加快,陌生人趋势增强反而更加注重代理制度的形式要求,因此产生了大量的广告代理人、保付代理人、海运经纪人等"承担特别责任的代理人"。此时,相对人对代理人的信赖程度可能要高于相对人对被代理人的信赖程度。据此,依据交易习惯和交易情境等可以推断相对人只愿意与代理人形成该合同关系,或者有证据证明如果被代理人作为合同当事人相对人就不会订立该合同时,合同自然仅能约束代理人和相对人,而不能在被

---

[157] 最高人民法院民法典贯彻实施工作领导小组主编:《中华人民共和国民法典合同编理解与适用(四)》,人民法院出版社2020年版,第2499页。

[158] 不少观点认为,此处"知道"的对象,应包括知道委托人即被代理人具体是谁[参见黄薇主编:《中华人民共和国民法典解读:合同编》(下册),中国法制出版社2020年版,第1329页]。另有观点认为,"第三人唯有在订立合同时知道具体的被代理人,才具有与之缔约的意思"[参见谢鸿飞、朱广新主编:《民法典评注:合同编 典型合同与准合同》(第4册),中国法制出版社2020年版,第237页]。还有观点认为,第三人知道的内容包括:一是知道具体的被代理人;二是知道授权的内容和期限[参见王利明:《合同法》(下册),中国人民大学出版社2021年版,第364页]。但亦有观点主张第三人要明确知道被代理人姓名或者名称,但不要求第三人必须知道代理的具体内容和权限[参见最高人民法院民法典贯彻实施工作领导小组主编:《中华人民共和国民法典合同编理解与适用(四)》,人民法院出版社2020年版,第2502页]。

[159] 但亦有观点将该要件表述为"第三人必须是订立合同时就知道委托人与受托人之间存在委托关系"。

[160] 王轶等:《中国民法典释评:合同编·典型合同》(下卷),中国人民大学出版社2020年版,第427页。

[161] 黄薇主编:《中华人民共和国民法典解读:合同编》(下册),中国法制出版社2020年版,第1330页。

[162] 最高人民法院民法典贯彻实施工作领导小组主编:《中华人民共和国民法典合同编理解与适用(四)》,人民法院出版社2020年版,第2500页。

[163] 方新军:《货运代理转委托行为的效力规则》,载周江洪、陆青、章程主编:《民法判例百选》,法律出版社2020年版,第420页。

代理人和相对人之间形成合同关系。[164] 行纪合同之所以不适用《民法典》第 925 条，被作为直接约束委托人和第三人的例外对待，除了交易习惯外，《民法典》合同编第二十五章就行纪合同作出了特别规定亦是重要理由之一。在行纪合同中，即使相对人知道委托人的存在，在委托人和相对人之间也不直接发生合同权利义务关系。但是，《民法典》第 960 条规定了行纪合同得以参照适用委托合同的有关规定，因此应就此作适当分析。因《民法典》第 958 条明确规定了相对人与行纪人发生权利义务关系，而依《民法典》第 960 条得以参照适用委托合同有关规定的前提是"本章没有规定的"，故行纪合同情形，即使相对人知道间接代理事实的存在，亦不能适用《民法典》第 925 条在委托人和相对人之间直接产生法律关系。事实上，如果委托人选择行纪人，则相对人与具有营业外观的行纪人进行交易，这本身意味着从客观的相对人立场不能认为行纪人行为时具有代理意思。委托人取得合同权利、义务仅能基于其和行纪人之间的关系进行合同权利义务的约定概括移转。[165]

总之，符合上述要件的，委托人自动介入受托人与第三人的合同，取代受托人在该合同中的地位，该合同并不约束受托人，而是约束委托人和第三人。[166]

三、第三人订立合同时不知道代理关系时的当事人关系

《民法典》第 925 条对受托人以自己名义与第三人订立合同，且第三人知道代理关系时的效果直接归属作了规定，而与此不同，《民法典》第 926 条则针对受托人以自己名义与第三人订立合同但第三人不知道代理关系时的当事人关系作了规定。从规则上来看，与《民法典》第 925 条明显不同，因第三人并不知道代理关系的存在，故《民法典》第 926 条并未采用效果直接归属的效力规则，受托人以自己名义与第三人订立的合同约束的是受托人和第三人，而在特殊情形下才会产生委托人的介入权和第三人的选择权等问题，《民法典》第 926 条规定了此种情形中的委托人介入权、第三人选择权、受托人的披露义务以及第三人、委托人的抗辩等具体规则。而且与《民法典》第 925 条不同，因《民法典》第 926 条并非效果直接归属规范，故不能类推适用关于无权代理、表见代理的《民法典》第 171 条、第 172 条的规定。[167]

（一）委托人介入权

与《民法典》第 925 条的委托人自动介入、替代受托人成为合同当事人并不相同，《民法典》第 926 条的委托人介入，需要有特定的条件，即"受托人以自己的名义与第三人订立合同时，第三人不知道受托人与委托人之间的代理关系的，受托人因第三人的原因对委托人不履行义务，受托人应当向委托人披露第三人，委托人因此可以行使受托人对第三人的权利。但是，第三人与受托人订立合同时如果知道该委托人就不会订立合同的除外"（《民法典》第 926 条第 1 款）。委托人允许受托人以受托人自己名义订立合同，可能会有多种考虑。例如，受托人的商业信誉、交易能力较之委托人更为擅长，以受托人名义更有利于达成更为有利的交易条款等。而对

---

〔164〕 王轶等：《中国民法典释评：合同编 · 典型合同》（下卷），中国人民大学出版社 2020 年版，第 428 页。

〔165〕 王轶等：《中国民法典释评：合同编 · 典型合同》（下卷），中国人民大学出版社 2020 年版，第 429 页。

〔166〕 崔建远：《合同法》（第 4 版），北京大学出版社 2021 年版，第 662 ~ 663 页；黄薇主编：《中华人民共和国民法典解读：合同编》（下册），中国法制出版社 2020 年版，第 1330 页。

〔167〕 王轶等：《中国民法典释评：合同编 · 典型合同》（下卷），中国人民大学出版社 2020 年版，第 432 页。

于受托人来说,特别是对于专业从事中间环节交易的营业者来说,若允许委托人直接与第三人交易,则自身作为中间环节的业务势必受有影响。而且,在不少情形中,委托人和受托人都不希望第三人知道两者之间的代理关系,因此不会向第三人披露两者之间存在代理关系。在合同正常履行的情形下,委托人基于委托合同的效力,对受托人享有权利,可根据《民法典》第927条要求受托人转交取得的财产等而享有委托事务处理的利益。而对于受托人与第三人来说,受托人与第三人订立的合同直接约束受托人和第三人。但是,此种交易架构亦会面临风险,特别是作为中间环节的受托人的违约风险及破产风险问题。对于委托人来说,若法律不对其进行保护,使其在中间人违约或者破产时向第三人直接主张权利,则委托人就可能会因害怕中间人违约或破产而不愿再进行此种交易。因此,允许委托人在特定情形下通过行使介入权直接向第三人主张权利,有助于商业便利、减少理论逻辑(合同相对性等)与商业现实之间的冲突,同时平衡委托人、受托人和第三人的利益。[168] 但与此同时,若受托人违约乃是自身原因而并非与其订立合同的第三人原因所致,此时若亦允许委托人行使介入权,势必将使并不知道代理关系存在的第三人遭到委托人的突然袭击,且使受托人将自身风险转嫁给不知情的第三人,因此应将此种介入权限定在特定范围内。《民法典》第926条将其限定为"受托人因第三人的原因对委托人不履行义务"之情形,对于第三人来说,因委托人行使介入权而需向委托人履行的义务,原本就是其需要向受托人履行的义务,并未增加其新的成本。[169]

委托人得以行使介入权的前提:(1)受托人以自己名义与第三人订立合同。这是《民法典》第925条、第926条适用的共同前提。如果以委托人之名义与第三人订立合同,此时若存在代理权的授予,则依《民法典》第162条直接约束委托人与第三人,无须委托人介入权之行使即可对第三人享有权利。(2)第三人订立合同时不知道受托人与委托人之间的代理关系。这是区分《民法典》第925条与第926条的关键所在。因第三人不知道代理关系的存在,令第三人直接向委托人履行义务的意思自治根基并不存在,因此也就需要特别的要件,委托人才得以向第三人主张权利。与《民法典》第925条类似,此处亦特别强调了第三人于"订立合同时"不知道。另外,若委托人与受托人之间虽有委托合同之存在,但并没有代理授权之情形,则第三人不可能知道受托人与委托人之间具有代理关系。此时,若属于受托人"无权代理",亦不能类推适用《民法典》第171条和第172条关于无权代理和表见代理之规定,因为此时第三人压根就不可能有与所谓的"被代理人"成立合同之意思。同时,若委托人与受托人之间并无代理授权等代理关系之存在,虽然第三人亦因此不可能知道委托人与受托人之代理关系,但亦并不能适用《民法典》第926条之规定。原因在于,此时委托人并无授权受托人为代理行为之意思,其本身就不愿意受受托人与第三人订立之合同的约束,因此没有必要在此种情形下也赋予委托人以介入权。在此种情形下,委托人只能依委托合同向受托人主张委托合同上的债务不履行。受托人则依其与第三人之合同主张权利义务关系。(3)受托人因第三人的原因不履行债务。如果委托合同得到顺利履行,委托人就没有必要介入合同。而且,此种债务不履行,乃是因为第三人的原因不履行。若因受托人自身原因不履行,委托人应向受托人追究违约责任,而不能通

---

〔168〕 王轶等:《中国民法典释评:合同编·典型合同》(下卷),中国人民大学出版社2020年版,第433页;另参见魏耀荣等:《中华人民共和国合同法释论》(分则),中国法制出版社2000年版,第573页。

〔169〕 王轶等:《中国民法典释评:合同编·典型合同》(下卷),中国人民大学出版社2020年版,第433页。

过行使介入权将受托人自身违约的风险转嫁给第三人。介入权的行使乃是委托人取代受托人享有受托人与第三人之间合同的权利，即使得以行使介入权，因受托人的违约乃是自身原因而并非第三人原因，其意味着第三人并不存在对受托人的违约，第三人已向受托人履行义务，此时受托人并无针对第三人之权利可言，从而决定了即使得以行使介入权，亦无《民法典》第926条规定的“受托人对第三人的权利”可行使。(4)受托人向委托人披露了第三人。若受托人没有向委托人披露第三人，委托人无从向第三人行使权利，亦难以行使介入权。依《民法典》第926条规定，符合前述三个前提的，受托人应当向委托人披露第三人，受托人因此似乎负有披露义务。但是，实践中，对于一些受托人特别是商事受托人而言，真实的交易或交易对手属于其商业秘密；有些交易，委托人或第三人基于各种原因不愿出现在交易中，强制要求受托人披露可能会给当事人利益带来较大损害。因此，有观点认为，无论是对委托人还是对第三人，受托人的披露义务均非法定的强制性义务，受托人不履行披露义务，并不会承担相应的法律责任，受托人不披露的，不得强制披露。[170] 该观点值得商榷。因第三人原因不履行委托合同之情形，若委托人不行使介入权，仍然得以依委托合同向受托人追究违约责任，依《民法典》第593条，受托人并不能因第三人原因而免责。若受托人有足够的资力承担责任，委托人依此要求受托人承担责任即可，即使受托人拒绝披露，亦不会实质性影响委托人之利益。但是，若受托人没有足够的资力承担责任，特别是在濒临破产等极端情形下，则受托人不披露第三人而造成委托人无法行使受托人对第三人权利的利益受损风险，将实质上转由委托人承担。在极端情形下，甚至有可能存在第三人与受托人串通转移财产等损害委托人利益而拒绝披露第三人之情形。从这层含义上来说，在因第三人原因不履行委托合同时，应当对受托人科以披露义务，这亦更有利于平衡当事人之间的利益。当然，在实践中，受托人亦可能以拒绝履行等基于自身原因不履行的方式，而不是基于第三人原因不履行的方式来实质上拒绝披露第三人，以规避披露义务之强制履行。若构成此等规避，仍然得以强制受托人披露第三人，以避免委托人利益受损。(5)即使符合上述四个前提，若“第三人与受托人订立合同时如果知道该委托人就不会订立合同”，委托人仍然不能向第三人行使受托人对第三人的权利。《民法典》第926条第1款的但书规定构成了委托人介入权行使的消极要件。之所以设定这一限制，主要在于保护第三人的利益，其理论前提是委托人的介入不得明显违背第三人的意愿。第三人作为合同一方当事人，订立合同时的意思表示蕴含了自身预期，法律应对这种意思表示或者预期予以充分尊重，优先维持受托人与第三人之间合同关系的稳定性和预见性。[171] 具体来说，主要有以下几种情形：一是受托人与第三人在合同中明确约定或者通过合同相关条款等得以解释出排除其他人介入的意思；二是第三人完全是出于对受托人的技能或偿付能力的信赖才与之订立合同；三是委托人的信誉或偿付能力差，第三人如果知道该委托人与受托人之间的代理关系，就不会订立合同；[172] 四是虽然不符合上述几种情形，但第三人在与受托人订立合同之前，已有明确拒绝与委托人订

〔170〕 最高人民法院民法典贯彻实施工作领导小组主编：《中华人民共和国民法典合同编理解与适用（四）》，人民法院出版社2020年版，第2506页。

〔171〕 最高人民法院民法典贯彻实施工作领导小组主编：《中华人民共和国民法典合同编理解与适用（四）》，人民法院出版社2020年版，第2506页。

〔172〕 魏耀荣等：《中华人民共和国合同法释论》（分则），中国法制出版社2000年版，第574页。

立合同的事实。[173] 当然,“第三人与受托人订立合同时如果知道该委托人就不会订立合同”这一消极要件,应当由主张委托人不享有介入权的人来证明。

委托人介入权的行使,乃是形成权的行使。一旦委托人行使介入权,委托人即享有受托人对第三人的合同权利。该介入权的行使,不需要征得第三人之同意,且不可撤回。关于该介入权行使的法理基础,在普通法系国家占主导地位的理论是“转让论”。在受托人披露了第三人或委托人的身份以后,只要委托人行使介入权或第三人行使选择权而以委托人为相对人,受托人即将主合同(普通法称受托人与第三人订立的合同为主合同)向委托人转让,委托人概括地承受了受托人在主合同中的权利和义务,主合同转化为委托人与第三人之间的合同。[174] 但从《民法典》第 926 条的用词文义来看,委托人行使介入权,仅产生委托人“可以行使受托人对第三人的权利”的效果,其并未表明受托人对第三人的义务也发生移转。因此,与其说是“合同地位概括承受”,还不如说是法定的债权让与。此时相当于法律拟制了委托人和受托人之间的债权转让合意,从而一旦委托人行使介入权,债权便从受托人处移转至委托人处。采取此等法定债权让与的法律构造,就可以将债权让与的规则适用于委托人行使介入权时的法律效果构成,以弥补《民法典》第 926 条第 1 款的漏洞。例如,可以通过适用《民法典》第 546 条,要求委托人行使介入权应通知第三人,否则该债权让与不对第三人发生效力等;因债权让与而发生的相关从权利亦随之移转等。[175]

符合上述前提条件时,委托人享有介入权,但委托人亦可以不行使介入权。委托人是否行使介入权,主要是基于对自身利益的权衡。[176] 即使受托人披露了第三人,委托人也可以选择不行使介入权,仍然由受托人处理因第三人违约而产生的问题,此时,委托人只能向受托人主张权利,而不能直接向第三人主张权利。[177] 此时,委托人向受托人主张权利的基础在于委托合同,且受托人并不能因第三人的原因违约而免除其违约责任(《民法典》第 593 条)。但需注意的是,《民法典》第 929 条的受托人违约损害赔偿责任以受托人存在过错为前提,故因第三人的原因未向委托人履行义务时的受托人损害赔偿责任,仍需具备过错要件。

(二)第三人选择权

《民法典》第 926 条规定之情形中,与委托人介入权相对应的是第三人的选择权。与委托人介入权的功能类似,第三人选择权要保护的是第三人之利益,也同样旨在避免中间环节受托人的违约风险或者破产风险。同样地,若是受托人因自身原因对第三人不履行义务,并不能将此等风险移转给委托人,而应当是因委托人原因对第三人不履行义务。但与委托人介入权构造不同的是,第三人并不知道委托人和受托人之间的代理关系,而不似委托人介入权行使时,委托人知晓受托人乃是为自己利益行事,虽然其并不一定知道具体的第三人是谁。因此,在第三人选择权的构造上,会更强调受托人的披露义务;否则,第三人无从知晓受托人背后的委托

---

〔173〕 最高人民法院民法典贯彻实施工作领导小组主编:《中华人民共和国民法典合同编理解与适用(四)》,人民法院出版社 2020 年版,第 2507 页。

〔174〕 魏耀荣等:《中华人民共和国合同法释论》(分则),中国法制出版社 2000 年版,第 573 页。

〔175〕 王轶等:《中国民法典释评:合同编・典型合同》(下卷),中国人民大学出版社 2020 年版,第 435 页。

〔176〕 最高人民法院民法典贯彻实施工作领导小组主编:《中华人民共和国民法典合同编理解与适用(四)》,人民法院出版社 2020 年版,第 2506 页。

〔177〕 黄薇主编:《中华人民共和国民法典解读:合同编》(下册),中国法制出版社 2020 年版,第 1332 页。

人的存在,就无法行使其选择权。为此,《民法典》第 926 条第 2 款规定,“受托人因委托人的原因对第三人不履行义务,受托人应当向第三人披露委托人,第三人因此可以选择受托人或者委托人作为相对人主张其权利,但是第三人不得变更选定的相对人”。与该条第 1 款不同的是,在第三人的选择权行使中,《民法典》第 926 条第 2 款明确规定了第三人得以向委托人或受托人主张,且该选择权的行使,作为形成权的行使,一旦行使就不得更换。当然,该选择权的行使,与《民法典》第 515 条规定的选择之债并不相同。

因第三人选择权之行使,要么选择委托人作为相对人,要么选择受托人作为相对人,其法律构造与委托人行使介入权稍有不同。虽然《民法典》第 926 条第 2 款规定的是第三人可以选择特定的相对人主张“其权利”,并未表明该权利究竟是什么权利,但从合同相对性角度而言,第三人得以主张的是其与受托人之间的合同上的权利,而不是受托人与委托人在委托合同上的权利。该权利由于委托人原因致使受托人对第三人不履行义务而受损,其主张的亦当是此等权利,而并非委托人与受托人之间委托合同上的受托人权利。选择受托人行使权利时,其行使的仍然是其与受托人订立合同上的权利。因该权利源于受托人与第三人之间的合同,无论第三人是否行使选择权,均得以行使,并未发生法律构造的变化。当然,如果第三人以受托人作为被告提起诉讼,则意味着第三人已经行使了选择权,无论判决结果对第三人是否有利,第三人都不能再以另一方为被告提起诉讼。[178] 但若第三人选择委托人行使权利,其行使的并非受托人对委托人的委托合同上的权利,并非债权的让与;因第三人行使选择权致使第三人以委托人为相对人行使权利的,乃是将本应由受托人承担的受托人与第三人之间合同上的义务(第三人对受托人的权利)转由委托人承受,此种选择权的行使发生了法定债务承担的效果。这一法律构造,与委托人行使介入权时的法定债权让与法律构造并不相同。当然,因第三人选择权行使导致法定债务承担之情形,同样得以适用《民法典》第 551 条、第 553 ~ 554 条的规则,只是该债务承担为法定的债务承担,无须取得委托人(新债务人)的同意而已。而且,因《民法典》第 926 条第 2 款规定“不得变更选定的相对人”,且第三人只能选择其中一人行使权利,委托人与受托人并不产生连带债务关系,因此该债务承担亦并非《民法典》第 552 条意义上的债务加入,而是免责的债务承担。

(三)第三人的抗辩与委托人的抗辩

《民法典》第 926 条第 3 款规定,“委托人行使受托人对第三人的权利的,第三人可以向委托人主张其对受托人的抗辩。第三人选定委托人作为其相对人的,委托人可以向第三人主张其对受托人的抗辩以及受托人对第三人的抗辩”。如前所述,委托人行使介入权从而行使受托人对第三人权利的,其实质上就是法定债权让与,就债务人来说,其得以向债权出让人(原债权人)抗辩的,同样也可以以之抗辩债权受让人(新债权人)。因此,第三人可以向委托人主张其对受托人的抗辩,依《民法典》第 548 条亦可以得出同样的结论。而第三人选定委托人作为其相对人的,其实质上就是法定债务承担,于此情形,依《民法典》第 553 条,新债务人可以主张原债务人对债权人的抗辩,《民法典》第 926 条第 3 款规定委托人可以向第三人主张受托人对第

---

[178] 最高人民法院民法典贯彻实施工作领导小组主编:《中华人民共和国民法典合同编理解与适用(四)》,人民法院出版社 2020 年版,第 2508 页。

三人的抗辩，其实质上也是主张原债务人对债权人的抗辩。但是，对于委托人为何得以向第三人主张其对受托人的抗辩，法定债务承担法律构造并不能予以合理说明。在《民法典》编纂过程中，曾有建议指出，"第三人选择委托人作为相对人之情形，委托人得以行使的仍然是受托人对第三人的权利；委托人对于受托人的抗辩，因其属于内部的委托合同关系，第三人无法知晓其具体内容（本条规范的也是第三人不知道委托人与受托人之间代理关系的情形），若得以其内容予以抗辩，有损第三人的预期。即使以抗辩，也应当区分不同的类型，如受托人的无权代理等"〔179〕。也就是说，对于第三人来说，一旦其选择了委托人作为相对人主张权利，若依《民法典》第 926 条第 3 款的文义，其犹如"拆盲盒"，根本无法预计可能面临的抗辩；而且，第三人的选择权行使，一旦选定即不得更换相对人，即使面临无法预见之抗辩等亦不得再寻求向受托人主张权利，第三人的权益维护因此存在极大的不确定性和风险。对此等立法的理由，既有观点认为"这是为保护委托人的利益而创设的一种抗辩权"〔180〕，亦有观点认为，"毕竟委托人是被迫成为请求对象的，不能使其地位恶化，因此其也可以对第三人主张委托人对受托人的抗辩"，〔181〕还有观点认为"允许委托人向第三人主张其对受托人的抗辩，是因为委托人因第三人选择而成为新债务人，其法律地位不应较之从前更不利"。〔182〕事实上，委托人得以向第三人主张委托合同上委托人对受托人的抗辩，若不加限制，必定会存在问题。例如，若委托人与受托人内部存在"在发生受托人与第三人之间的纠纷时，由受托人先行承担责任"之类的约定，就有观点认为此种排斥第三人选择权的内部约定，为保护第三人利益，不得对抗第三人，否则在间接代理中，第三人的选择权将被架空。〔183〕从解释论上来看，至少应根据具体情形不同，通过不同的解释论方案来缓和此等抗辩制度设计有可能带来的弊端。例如，委托人以已向受托人履行债务作为针对第三人的抗辩时，若其此等抗辩成立，那么选择权行使后不得变更的规定就会导致第三人的利益受损，此时可以解释为"不存在因委托人原因对第三人不履行义务"，进而否定选择权行使的前提，认为第三人此时并无选择权，其选择委托人作为权利主张对象并不构成选择权行使的选定，其仍然得以依其与受托人之间的合同向受托人主张其权利。在某些情形中，甚至可以导入重大误解撤销制度等来缓和选定后不得变更的僵化规定。例如，有观点认为，第三人行使选择权后虽然不得变更，但是在第三人因误信受托人或者委托人有足够资力而进行了选择的情形下，此举未必公平。考虑到此种情形发生的前提是受托人未公开代理而第三人不知情，第三人无从预先采取风险预防措施，而委托人的风险控制成本较低，将此种情形的风险分配给委托人是合理的。因此，解释上可以考虑在行使选择权的意思表示存在重大误解时允许变更，以实现此种风险分配。〔184〕也就是说，为避免委托人对第三人行使其对受托人的抗辩可能造成的不合理性，应通过体系性解释，联动其他制度予以缓和。

〔179〕周江洪：《关于〈民法典合同编〉（草案）（二次审议稿）的若干修改建议》，载《法治研究》2019 年第 2 期。

〔180〕魏耀荣等：《中华人民共和国合同法释论》（分则），中国法制出版社 2000 年版，第 575 页。

〔181〕王轶等：《中国民法典释评：合同编·典型合同》（下卷），中国人民大学出版社 2020 年版，第 438 页；徐涤宇、张家勇主编：《〈中华人民共和国民法典〉评注》（精要版），中国人民大学出版社 2022 年版，第 957 页。

〔182〕谢鸿飞、朱广新主编：《民法典评注：合同编　典型合同与准合同》（第 4 册），中国法制出版社 2020 年版，第 241 页。

〔183〕最高人民法院民法典贯彻实施工作领导小组主编：《中华人民共和国民法典合同编理解与适用（四）》，人民法院出版社 2020 年版，第 2509 页。

〔184〕王轶等：《中国民法典释评：合同编·典型合同》（下卷），中国人民大学出版社 2020 年版，第 438 页。

案 例 上海诚耘国际物流有限公司与泛成国际货运有限公司不当得利纠纷案[185]

■基本案情

上海诚耘国际物流有限公司(以下简称诚耘公司)于2021年委托越嘉公司出口一票货物,越嘉公司又委托给泛成国际货运有限公司(以下简称泛成公司),并由泛成公司向阳明海运订舱。同年7月6日,阳明海运中国代理环明(上海)国际船务代理有限公司(以下简称环明公司)通过电子邮件联系泛成公司,转达阳明海运的意见:“此票已放舱的booking,贵司提交资料作假,根据协议规定,将收取瞒报罚金USD10000/CNTR。”查询出来的鉴定书样品中文名为“葵子麝香”,英文名为“MUSKAMBRETTE”,而诚耘公司提交的鉴定书中样品英文名为“MUSKAMBRETTE;MUSKKETON”。7月29日,环明公司再次邮件联系泛成公司,转达阳明海运的意见:“经由我司化工品鉴定小组澄清,贵司作假的品名系危险品,故按照我司协议,此案将视作危险品瞒报处理,罚金为USD30000/BOX。”经泛成公司与阳明海运沟通、协商,阳明海运最终同意将罚款金额减低为6000美元。9月16日,泛成公司向环明公司支付了6000美元,双方亦对账确认。

泛成公司支付罚款后要求越嘉公司向其支付该笔罚金,越嘉公司要求诚耘公司向泛成公司支付罚金,诚耘公司承认提供了错误的鉴定书,但认为出口货物“酮麝香”并非危险品,且该票货物已经退关,表示仅愿意支付人民币5000元的罚金。诚耘公司最终回复:“我司可以先行支付USD6000,但是我要申明清楚:‘我们虽然现在会支付掉这个USD6000,但是并不等于我司接受这个金额。’”并要求泛成公司将发票直接开给诚耘公司。2021年9月23日,泛成公司向诚耘公司开具金额为人民币38,820元(折合6000美元)的货代发票,9月27日,诚耘公司通过银行转账方式向泛成公司账户转入6000美元。诚耘公司主张船公司阳明海运收取6000美元罚金无法律依据,诚耘公司与越嘉公司、越嘉公司与泛成公司之间在建立海上货运代理合同关系时也未约定罚金事项,泛成公司根据其与阳明海运的协议支付罚金系其自身应当承担的损失,其向诚耘公司收取该笔罚金以避免自身损失缺乏法律依据,构成不当得利,故起诉要求返还。泛成公司则认为收取罚金的依据及标准在阳明海运官网均有公示,且阳明海运作出涉案处罚基于订舱时提交了作假的货物运输条件鉴定书,诚耘公司作为提交该份作假材料的责任方应当支付该笔罚金,泛成公司不构成不当得利。

一审法院认为,泛成公司收取6000美元于法有据。主要理由如下:泛成公司不知越嘉公司交付的鉴定书作假,主观上也无向阳明海运提交作假鉴定书的故意,其为越嘉公司办理订舱事务而遭受阳明海运罚款的6000美元损失,根据《民法典》第930条的规定,可以向订舱委托合同关系中的委托人越嘉公司追偿。同理,越嘉公司向泛成公司赔偿该笔罚金后,也可向货运代理合同关系中的委托人诚耘公司追偿。本案中,越嘉公司通过微信同诚耘公司协商,最终诚耘公司同意直接向泛成公司付款,泛成公司亦接受由诚耘公司直接向其支付,符合《民法典》第

---

[185] 上海市高级人民法院民事判决书,(2022)沪民终329号。本案二审法院援引《民法典》第926条第2款规定作为裁判依据之一,但从学理上来说,相继货运代理究竟是适用关于转委托的第923条规定,还是适用行纪合同的规定,以及是否适用第926条规定,尚有商榷的余地。具体可参见方新军:《货运代理转委托行为的效力规则》,载周江洪、陆青、章程主编:《民法判例百选》,法律出版社2020年版,第420页。

523 条规定的当事人约定由第三人向债权人履行债务的情形。

■法院裁判

二审法院认为,根据《民法典》第 985 条的规定,不当得利指没有法律根据,取得不当利益,造成他人损失的情况。故泛成公司向诚耘公司收取 6000 美元费用是否有法律根据系本案二审审理的争议焦点。本案中,诚耘公司委托越嘉公司出运货物,越嘉公司委托泛成公司订舱,泛成公司向阳明海运订舱。诚耘公司提供的货物鉴定书存在通过修图软件对货物品名进行修改的情况。阳明海运发现上述情况后,根据其与泛成公司之间的合同约定要求泛成公司就瞒报行为承担相应的违约金。航运实践中,世界主要班轮公司均在其官方网站上公布了对瞒报货物品名,特别是瞒报危险品进行运输的处罚措施,而如实申报运输货物品名是诚信商人应尽之义务,故对瞒报货物品名的行为收取相应的违约金也符合航运实践。根据《民法典》第 930 条的规定,受托人处理委托事务时,因不可归责于自己的事由受到损失的,可以向委托人请求赔偿。泛成公司因诚耘公司的瞒报行为支付了上述违约金后,有权向越嘉公司进行追偿。又根据《民法典》第 926 条第 2 款的规定,受托人因委托人的原因对第三人不履行义务,受托人应当向第三人披露委托人,第三人因此可以选择向委托人主张其权利。本案中,诚耘公司与越嘉公司成立合同关系,作为受托人的越嘉公司在第三人泛成公司向其主张赔偿时,向泛成公司披露了委托人诚耘公司,且诚耘公司系提供作假鉴定书的主体,泛成公司直接向诚耘公司主张上述损失有相应的法律根据。综上所述,泛成公司向诚耘公司收取 6000 美元费用有相应的法律根据,不符合不当得利的构成要件,法院对诚耘公司的上诉主张不予支持。

第十六章　物业服务合同

物业服务合同是《民法典》新增的典型合同之一，亦是服务类合同的重要类型之一。原《合同法》并未将其规定为典型合同，但《物业管理条例》、原《物权法》关于建筑物区分所有的规定以及原《物业服务司法解释》（已于2020年修改）等都涉及了物业服务合同，《民法典》合同编第二十四章第937～950条将其作为典型合同予以规定，共14条。《民法典》将物业服务合同确立为典型合同，被认为是我国民法典区别于其他国家和地区立法的创新之举之一。[1] 当然，《民法典》合同编物业服务合同章相关规范的设计，不少是以区分所有为基础的小区物业服务为立法原型，在相关规则的理解和适用上应注意到这一立法切入点所在。另外，在成为《民法典》典型合同以前，学界多围绕物业服务合同与委托合同、雇佣合同、承揽合同、业主管理规约之间的区别展开讨论，分析其是构成某类典型合同的子类型，还是混合合同或独立的有名合同等。除了合同定性问题，物业服务合同的主体构成、物业服务合同的任意解除问题以及物业费相关纠纷的学理探讨，亦是物业服务合同研究的关注重点。[2]

当然，在《民法典》编纂过程中以及《民法典》颁布后的相关研究中，对于将物业服务合同作为《民法典》典型合同之一予以规定是否妥当，存在一些质疑。例如，有观点认为，"就物业服务合同而言，它相较于消费者合同，更加不同于传统意义上的合同类型""我国物业服务合同适用非常态缔约规则，与民法典中的其他典型合同有本质区别"，认为纯粹私法意义上的民法典，以中性的、抽离社会身份的交易角色为其规范对象，而物业服务合同中的业主和物业服务企业构成不同的利益团体，当为特别民法所规范的对象，"物业服务合同最终之所以成为我国民法典中典型合同的一种，根本原因与其说是学者所分析的无名合同有名化之理据，毋宁说是中国特有的混合立法背景使然"，"民法典的编纂其实担负着'整合'分散在不同单行法中之民事规范的重任，而物业服务合同之规范既已零散分布于特别法和司法解释中，就不如将之汇聚于法典，以应对日益突出的物业服务领域之核心问题"[3]。但与此不同，亦有观点认为，随着我国城市化进程的加快和人们居住方式的变化，与物业服务合同相关的纠纷也日益增加。物业服务合同已成为一种具有普遍性、典型性、规则特殊性的合同类型，与广大业主的权益密切相关。为更好地处理这些纠纷，更好地规范物业秩序，合同编积极总结既有的立法、司法经验，将物业服务合同作为独立的典型合同加以规定，并对物业服务合同中的业主单方解除权、前期物业合同、物业交接等突出问题作出了有针对性的规定。[4] 另有观点认为，物业服务水平的高低，将

---

〔1〕 黄薇主编：《中华人民共和国民法典解读：合同编》（下册），中国法制出版社2020年版，第1358页。

〔2〕 周江洪：《服务合同立法研究》，法律出版社2021年版，第56～60页。

〔3〕 徐涤宇：《物业服务合同法律构造之中国模式》，载《法学研究》2021年第3期。

〔4〕 石宏：《合同编的重大发展和创新》，载《中国法学》2020年第4期。

直接影响业主的居住生活质量。为满足业主对居住环境质量的需求及对美好居住生活的向往，社会各界对完善物业服务规范的需求日益强劲。为满足社会的迫切需要，《民法典》新增“物业服务合同”为典型合同。[5] 对此，本书认为，将物业服务合同作为《民法典》的典型合同予以规定，其理由并非物业服务合同在现实生活中的普遍性及其重要性，而是其具有典型合同意义上的典型性。在《民法典》典型合同的取舍上，社会生活中的重要性并非充分要件。就物业服务合同而言，其之所以应当设计为典型合同，主要考虑的是典型合同类型与混合合同规则、无名合同规则的联动性。混合合同规则、无名合同规则足以解决的新类型合同，无须纳入典型合同予以规定。但就物业服务合同而言，从其构成内容来看，其构成要素并非现有合同类型的简单组合，虽然其本质上是事务处理类的合同，但同时兼具委托、承揽、劳务等诸多合同类型中的部分给付的性质；同时，由于以建筑物区分所有的业主为典型业主的我国物业服务，会涉及业主之间、业主大会、业委会以及物业服务公司之间的关系，会涉及单个业主在物业服务合同中的定位问题。因此，无法简单予以参照适用，其性质决定上会面临诸多问题，混合合同及无名合同的规定不足以应对，故有必要将其设计为典型合同。[6]

第一节　物业服务合同概述

一、物业服务合同的概念和特征

物业服务合同是物业服务人在物业服务区域内，为业主提供建筑物及其附属设施的维修养护、环境卫生和相关秩序的管理维护等物业服务，业主支付物业费的合同（《民法典》第937条）。物业服务合同是双务、有偿、要式、继续性合同。物业服务合同的双务合同性质在于物业服务人的物业服务提供与物业费之间的给付与对待给付关系。另外，《民法典》第938条第3款规定“物业服务合同应当采用书面形式”，表明其为要式合同。当然，亦有观点认为，“此属对于物业服务框架合同的要求，至于物业服务人与单个业主之间的法律关系，除基于框架合同之外，是否仍依书面形式具体化（比如明确该业主的物业面积及相应的物业费或其计算方法），立法未作统一要求，依《民法典》第135条，形式自由”[7]。

物业服务合同的特征还在于其集体合同性质，不少学说主张物业服务合同的集体合同性质。[8] 有学说认为，“较之委托合同，物业服务合同的最大特点之一就是具有集体合同的特征。该特征贯穿于《民法典》物业服务合同规范的始终，其订立、内容、单个业主权利的限

---

[5] 谢鸿飞、涂燕辉：《民法典典型合同的制度创新及意义》，载《人民检察》2020年第12期。

[6] 周江洪：《服务合同立法研究》，法律出版社2021年版，第200页。

[7] 韩世远：《物业服务合同的解释论——以框架合同为视角》，载《中国政法大学学报》2022年第3期。

[8] 王利明：《合同法》（下册），中国人民大学出版社2021年版，第373页；李永军：《合同法》（第6版），中国人民大学出版社2021年版，第405页；王轶等：《中国民法典释评：合同编·典型合同》（下卷），中国人民大学出版社2020年版，第477页。

制以及解除等各方面都体现出集体合同的特点"[9]。例如,依《民法典》第939条规定,业主委员会与业主大会依法选聘的物业服务人订立的物业服务合同对于业主具有法律约束力。该规定也表明,在物业服务合同的订立上,为避免集体行动难题,物业服务合同中会出现订立主体和约束主体的分离,物业服务合同对业主具有法律约束力的前提是建设单位或者业主委员会依法订立的物业服务合同符合法定的程序和权限。而该合同订立方式正是集体合同的典型表现方式。对此,亦有学者借鉴劳动法领域的集体合同概念,认为应当以物业服务合同之集体合同属性为基础,在解释论上重构物业服务合同之规范模式,主张"物业服务合同由民法上的委托合同发展为独立的有名合同,由个别磋商的合同转向集体合同,最终也不排除其脱离法典而成为独立法律领域的可能"[10]。当然,所称物业服务合同的集体合同性质,乃是针对区分所有等业主为多数人之情形;实践中,亦有可能存在单一业主就某一物业(如某幢写字楼)与物业服务人签订合同之情形,此时并非集体合同性质。

拓展｜物业服务合同的不同含义

《民法典》合同编第二十四章在多种意义上使用物业服务合同的概念,存在集体合同与个别合同两种不同含义的物业服务合同概念。例如,依《民法典》第937条关于物业服务合同的定义,合同主给付义务承担者分别是物业服务人(提供物业服务)和单个业主(支付物业费),这其实已经属于另一种意义上的物业服务合同,它与劳动法上的单个劳动合同恰成对应。由此,《民法典》第939条和第937条所言的物业服务合同并不统一,前者属于集体合同的范畴,后者则为类似于劳动合同的单个物业服务合同,但二者又因前者的规范性效力而交织在一起,此为我国《民法典》关于物业服务合同的立法特色。[11] 而且,在物业服务合同纠纷的语境中,作为一方合同当事人的"业主"有时是集体概念,有时是个体概念,并不统一;进而也导致了物业服务合同一元论还是二元论的争议,其中二元论的观点认为,除建设单位或者业主委员会与物业服务人签订的物业服务合同之外,在物业服务人与单个业主之间实际上还存在具体的物业服务合同。[12] 与"集体合同论"不同的是,该观点主张"框架合同论",认为物业服务框架合同的效力能够及于作为第三人的单个业主的根源,既非法律的一般规定(《民法典》第939条),也非该框架合同作为"集体合同"的"法规性效力",而是基于"业主的意思"。换言之,复数的业主采取集体行动,形成多方行为(又细分为共同行为与决议行为),《民法典》第939条所称"业主大会依法选聘"物业服务人,实际上指业主自治组织对此形成决议。该决议即便在多数决议的情况下,对于未到会的成员或到会而表示不同意思(投反对票或弃权)的成员也有拘束力。因而,《民法典》明定,业主大会或者业主委员会的决定,对业主具有法律约束力(第280条第1款)。业主委员会与物业服务人缔约,不过是落实上述业主大会决议而已。确切地说,并非其所订立的框架合同本身,而是业主大会的决议对各个业主具有约束力;借由业主大会的决议,业主委员会所订立的物业服务框架合

---

[9] 朱虎:《物业服务合同作为集体合同:以〈民法典〉规范为中心》,载《暨南学报(哲学社会科学版)》2020年第11期。

[10] 徐涤宇:《物业服务合同法律构造之中国模式》,载《法学研究》2021年第3期。

[11] 徐涤宇:《物业服务合同法律构造之中国模式》,载《法学研究》2021年第3期。

[12] 韩世远:《物业服务合同的解释论——以框架合同为视角》,载《中国政法大学学报》2022年第3期。

同才对具体业主具有约束力。[13] 无论是集体合同的性质定位,还是框架合同的性质定位,其重要旨趣之一就在于说明物业服务合同对单个业主产生拘束力的法理依据。个人认为,物业服务合同之所以对业主发生效力,是由于管理规约等业主自治规范的作用,而并非直接是合同的效力。即使是就决议的法律效力而言,决议如何对后续加入的成员(业主)产生拘束力,仍需进一步说明。而管理规约的效力,则体现了业主大会等业主团体自治规范的效力。

关于物业服务合同的性质,在《民法典》编纂前多有合同性质之争论。其中有主张构成混合合同或无名合同的,[14] 也有主张构成特别法规定的有名合同的。[15] 还有主张业主与物业服务公司之间的关系为信托关系,试图从信托角度厘清物业服务合同中的权利义务关系,[16] 亦有主张物业服务合同本质是委托合同的一种特殊形态。[17]《民法典》编纂过程中也曾规定物业服务合同参照适用委托合同。对此,笔者曾建议删去该条规定。理由是物业服务合同与委托合同、承揽合同、劳务合同之间的关系很复杂,不是简单参照可以解决的。比如,涉及维修时,物业服务人可能会承担结果责任,而委托合同原则上仅对过程负责。而且,若得以参照适用,关于物业服务合同的诸多规定会被架空。例如,《民法典》赋予业主共同体任意解除权,而并没有对物业服务人的任意解除权作出规定。若严格按照文义,对物业服务合同没有规定的,完全可以参照委托合同中的任意解除权,物业服务人也享有任意解除权。[18]《民法典》最终未采纳草案该条规定,主要是考虑到物业服务合同既具有委托合同的特性,也具有承揽合同的特性,物业服务合同与委托合同之间存在诸多区别,不宜笼统地规定物业服务合同参照适用委托合同,因此合同编二审稿删除了该条规定。[19] 虽然有这一变化,但仍有不少学说主张物业服务合同的委托合同性质。例如,有观点认为,法典编纂者将"物业服务合同"一章置于"委托合同"一章之后,已反映出其肯认这种典型合同属于广义上的委托合同的基本立场。[20] 有学说认为,物业服务合同"本质上类似于有偿委托合同"[21]。也有学者主张,物业服务合同既是"特殊的委托合同",亦是"特殊的承揽合同"。[22] 也有观点认为,《民法典》将物业服务合同放到委托合同之后,体现了物业服务合同虽然并非委托合同,并不能当然适用委托合同中的很多规则,但却属于委托类的服务合同。[23] 当然,虽然有学说将物业服务合同归类为"特别的委托合同",但在法律适用上却主张,"如果物业服务合同章没有明确规定,在物业服务合同中的义务为行为义务场合,则应

---

〔13〕 韩世远:《物业服务合同的解释论——以框架合同为视角》,载《中国政法大学学报》2022 年第 3 期。

〔14〕 揭明、唐先锋:《物业管理若干法律问题研究》,载《政治与法律》2007 年第 1 期。

〔15〕 王利明:《合同法研究》(第 2 版第 4 卷),中国人民大学出版社 2017 年版,第 130 页。

〔16〕 曹明艳:《信托视角下业主与物业服务公司的法律关系》,载《法律适用》2009 年第 5 期。

〔17〕 王利明:《物业服务合同立法若干问题探讨》,载《财经法学》2018 年第 3 期。《民法典》出台后,亦有评注认为,物业服务合同也是一种特殊的委托合同(参见杨代雄主编:《袖珍民法典评注》,中国民主法制出版社 2022 年版,第 784 页)。

〔18〕 周江洪:《服务合同立法研究》,法律出版社 2021 年版,第 57 页。

〔19〕 黄薇主编:《中华人民共和国民法典解读:合同编》(下册),中国法制出版社 2020 年版,第 1373 页。

〔20〕 徐涤宇:《物业服务合同法律构造之中国模式》,载《法学研究》2021 年第 3 期。

〔21〕 王利明:《合同法》(下册),中国人民大学出版社 2021 年版,第 373 页。

〔22〕 崔建远:《合同法》(第 4 版),北京大学出版社 2021 年版,第 667 页。

〔23〕 王轶等:《中国民法典释评:合同编 · 典型合同》(下卷),中国人民大学出版社 2020 年版,第 476 页。

适用(而非参照适用或者类推适用)委托合同的有关规定;在物业服务合同中的义务为结果义务场合,则应适用承揽合同的有关规定”[24]。从《民法典》颁布后的这些定位来看,不少学说虽然仍然坚持物业服务合同与委托合同具有类似性,但并不将其等同。从物业服务人提供的服务来看,既有可能存在委托型服务,也有可能存在承揽型服务,[25]若《民法典》物业服务合同章没有作出规定,应根据不同的情形分别参照适用不同规范。[26]

依《民法典》第939条规定,我国《民法典》上的物业服务合同还包括前期物业服务合同。前期物业服务合同,既不同于单个业主与物业服务人签订的物业服务合同,也不同于业主委员会与物业服务人签订的物业服务合同,而是建设单位与物业服务人签订的物业服务合同。而且,前期物业服务合同具有过渡性质,合同期限通常只是从合同订立到普通物业服务合同生效之时。对此,《民法典》第940条规定,“建设单位依法与物业服务人订立的前期物业服务合同约定的服务期限届满前,业主委员会或者业主与新物业服务人订立的物业服务合同生效的,前期物业服务合同终止”。虽然前期物业服务合同,是在业主、业主大会选聘物业服务企业之前,建设单位依法与物业服务人签订的合同,但该合同对业主同样具有法律约束力(《民法典》第939条)。前期物业服务合同对业主产生约束力,存在委托代理说和合同转让说等学理解释。前者认为,建设单位构成了将来业主的代理人或者业主事后对代理的追认;后者则认为是合同权利义务的概括承受。对此,《物业管理条例》第25条规定,“建设单位与物业买受人签订的买卖合同应当包含前期物业服务合同约定的内容”。据此,至少就业主而言,其之所以接受前期物业服务合同,乃是源于其承诺。[27] 而对于物业服务人来说,则可以认为其是对合同权利义务概括承受的默示同意,毕竟物业服务人签订前期物业服务合同的目的也在于服务未来的业主,并不存在不同意之可能,甚至可以说得以构成强制承诺,不得拒绝同意。当然,就前期物业服务合同对业主产生法律约束力的问题,《民法典》第939条特别强调了建设单位“依法”与物业服务人订立的合同,才对业主产生法律约束力。“依法”,既包含了程序性要求,也包含了实体性要求。对此,《物业管理条例》第三章对建设单位的“前期物业管理”作了明确规定,如对前期物业服务合同的书面要求、合同订立方式等都有相应的具体规定。另外,因前期物业服务合同多作为买卖合同的附件一并提供,业主并无更改之可能,因此亦可以参照适用《民法典》第497条关于格式条款无效的规制对前期物业服务合同做相应规制。[28] 当然,业主不能援引《民法典》第496条的格式条款“纳入”规制,该规定并不当然适用于前期物业服务合同。毕竟,前期物业服务合同之所以对业主产生法律约束力,更多在于“法定概括承受”,而不在于物业服务人

---

〔24〕 韩世远:《物业服务合同的解释论——以框架合同为视角》,载《中国政法大学学报》2022年第3期。

〔25〕 徐涤宇、张家勇主编:《〈中华人民共和国民法典〉评注》(精要版),中国人民大学出版社2022年版,第965页。

〔26〕 谢鸿飞、朱广新主编:《民法典评注:合同编 典型合同与准合同》(第4册),中国法制出版社2020年版,第285~286页。

〔27〕 当然,《民法典》因采用了“依法”订立的前期物业服务合同均对业主产生法律约束力的表述,并未采用《物业管理条例》第25条的“订入”买卖合同的方式,从这层意义上来说,可以认为此时构成“法定的概括承受”。对此,有观点认为,如果业主与建设单位签订买卖合同时,其中未包含前期物业服务合同约定的内容,侵犯了业主的知情权,但是由于业主已经成为物业服务区域内的建筑物区分所有权人,并接受了物业服务,业主并不能主张不受前期物业服务合同的约束。参见最高人民法院民法典贯彻实施工作领导小组主编:《中华人民共和国民法典合同编理解与适用(四)》,人民法院出版社2020年版,第2570页。

〔28〕 王轶等:《中国民法典释评:合同编·典型合同》(下卷),中国人民大学出版社2020年版,第494页。

与业主或者建设单位与业主之间的缔约过程，关于缔约过程的格式条款规制并不当然适用于前期物业服务合同对业主产生法律约束力的场合。当然，从立法论上而言，可以考虑就前期物业服务合同单独规定对业主生效的要件，而不仅仅是“依法”这一并不十分明确的条件。例如，可以要求充分的开示。以日本法为例，《日本公寓管理适正化(合理化)促进法》第72条规定了管理合伙与公寓管理业者签订合同时的具体的开示义务，如对业主召开说明会，同时要对所有业主提前一周交付记载有说明会开会日期、场所及重要事项的书面文件等。即使并非前期物业，也有如此严格的内容开示义务，可供参考。

二、物业服务合同的主体和内容

(一)物业服务合同的主体

物业服务合同的主体，是理论和实践中争议的焦点所在。除了前期物业服务合同、单个业主直接缔结的合同类型之外，以区分所有建筑物组成的小区内的普通物业服务合同，其合同主体究竟是谁，常有争议。学理上对于是以业主委员会、全体业主还是单个业主作为合同当事人存在分歧。对此，有观点认为物业服务合同的另一方当事人为全体业主或业主大会；也有观点认为是业主；还有观点认为是业主委员会(或称为物业管理委员会)，主张物业服务合同是由建设单位与物业服务人签订的前期物业合同，或者是业主委员会与物业服务人签订的物业服务合同，业主本身并不构成合同当事人。合同当事人的确定，对于各种请求权的构成而言是前提性的关键点。不同的构成，会影响业主、后续业主、物业使用人等义务的构成问题。

有释义书认为，物业服务合同的主体应当是业主，而且是全体业主。虽然与物业服务人签订物业服务合同的可能是业主，也可能是业主委员会甚至是建设单位，但是物业服务合同的当事人是全体业主，由全体业主享有物业服务合同的权利，承担合同义务。[29] 实际上，此种意义上的物业服务合同，乃是从集体合同或者框架合同角度理解的物业服务合同，但集体合同或框架合同的存在，并不排斥业主与物业服务人之间形成个别合同，只不过无论是否存在个别合同，集体合同或框架合同对业主均产生法律约束力，即“业主委员会与业主大会依法选聘的物业服务人订立的物业服务合同，对业主具有法律约束力”(《民法典》第939条)。也就是说，就区分所有等类型中的物业服务合同而言，全体业主是合同主体，因为聘用物业对共有部分进行管理属于《民法典》第278条规定的业主共同管理权，而《民法典》第937条亦包括了对共有部分的维护管理。同时，《民法典》第280条第1款规定，“业主大会或者业主委员会的决定，对业主具有法律约束力”。因此，物业服务合同对单个业主发生效力，是由于管理规约等业主自治规范的作用，并非直接是合同的效力。但由于物业形态各异，当然也有不少可能是由业主作为合同当事人的，如商业写字楼、不存在业主大会或业主委员会的小区等情形。此时则是合同的直接效力，而并不是管理规约的作用使然。

何为“业主”？对此，《物业管理条例》第6条第1款规定，“房屋的所有权人为业主”。而在区分所有情形中，区分所有的房屋所有权人为业主。对此，2020年修改的《建筑物区分所有司法解释》第1条规定，“依法登记取得或者依据民法典第二百二十九条至第二百三十一条规

〔29〕 黄薇主编：《中华人民共和国民法典解读：合同编》(下册)，中国法制出版社2020年版，第1369页。

定取得建筑物专有部分所有权的人,应当认定为民法典第二编第六章所称的业主。基于与建设单位之间的商品房买卖民事法律行为,已经合法占有建筑物专有部分,但尚未依法办理所有权登记的人,可以认定为民法典第二编第六章所称的业主”。虽然该司法解释规定的“业主”含义针对的是物权编区分所有建筑物情形的“业主”,但构成区分所有建筑物的“业主”,当然亦是《民法典》合同编第二十四章“物业服务合同”中的业主,至少是该章规定的“业主”之一。司法解释之所以如此规定,乃是考虑到在区分所有情形以及我国房地产市场交易形态背景下,“业主”的含义亦不限于房屋所有权人,以便于已合法占有但尚未登记完毕的房屋买受人依照法定程序参与物业的共同管理。

此外,“物业使用人”是否得以纳入“业主”的范畴,亦多有争议。物业使用人既可能是承租人、借用人,也可能是其他物业使用人等。物业使用人虽然并非业主,不是物业服务合同的当事人,但作为物业服务领域的重要参与人,其仍然会受到业主自治规范以及物业服务合同的约束。例如,《建筑物区分所有司法解释》第 16 条规定,“建筑物区分所有权纠纷涉及专有部分的承租人、借用人等物业使用人的,参照本解释处理。专有部分的承租人、借用人等物业使用人,根据法律、法规、管理规约、业主大会或者业主委员会依法作出的决定,以及其与业主的约定,享有相应权利,承担相应义务”。在物业服务合同领域,《物业服务司法解释》第 4 条更是明确规定,“因物业的承租人、借用人或者其他物业使用人实施违反物业服务合同,以及法律、法规或者管理规约的行为引起的物业服务纠纷,人民法院可以参照关于业主的规定处理”。

物业服务合同的另一方当事人为物业服务人,包括物业服务企业与其他管理人(《民法典》第 937 条第 2 款)。《民法典》第 284 条第 1 款规定,“业主可以自行管理建筑物及其附属设施,也可以委托物业服务企业或者其他管理人管理”。也就是说,物业服务人并不限于物业服务企业,也可以是其他管理人。例如,城市公有住房,在房改之前多由房屋产权单位自行管理,一些老旧小区没有聘用专门的物业服务企业,而是由社区居委会提供物业服务等。另外,实践中亦有小区实行业主委员会自治管理,司法实践中亦肯定此时的物业服务法律关系,法院判决认为“业主委员会受业主大会的委托负责该小区的物业服务,并制定了《自治管理办法(试行)》,其与业主之间形成了物业服务法律关系”[30]。

(二)物业服务合同的内容

物业服务合同的内容一般包括服务事项、服务质量、服务费用的标准和收取办法、维修资金的使用、服务用房的管理和使用、服务期限、服务交接等条款(《民法典》第 938 条第 1 款)。该条规定了物业服务合同的主要条款,但此等条款仅是当事人订立物业服务合同的指引。在实践中,各地房管部门多会发布物业服务合同示范文本及前期物业合同示范文本,且通常会涉及业主装修、经营性收益的分配等内容,而不限于《民法典》第 938 条规定的内容。

其中,关于服务事项,主要是“建筑物及其附属设施的维修养护、环境卫生和相关秩序的管理维护等物业服务”(《民法典》第 937 条)。《民法典》第 942 条对此作出了具体化规定。当然,具体的服务事项仍需在物业服务合同中具体约定。若有特别约定,服务事项可以不限于上

---

〔30〕 某小区业主委员会诉邓某某物业服务合同纠纷案,最高人民法院发布十起关于弘扬社会主义核心价值观典型案例之七。

述事项,也可以少于上述事项。

另外,除了物业服务合同的约定,法律法规的内容同样构成物业服务合同的权利义务内容。例如,《民法典》第 282 条规定了物业服务人利用业主的共有部分产生的收入,扣除合理成本后归业主所有;据此,物业服务人也应当负有此部分收入的返还义务。《民法典》第 285 条、第 286 条就物业服务人接受监督、及时答复询问,业主对于应急处置措施及其他管理措施的配合义务等作出了规定,即使物业服务合同中没有约定,亦同样构成物业服务合同的内容。此外,中央部门或地方通常会有物业服务相关立法,这也会成为物业服务人合同内容的来源,尤其是以《物业管理条例》为代表的国务院条例等也都有与物业服务合同内容相关的规定。

实践中,亦有主张物业服务人的服务细则构成物业服务合同内容的。从服务合同的一般原理来看,服务提供人的服务细则或服务手册,多为相关的业务操作规程。为了使业务内容不受经营者内部服务人员变动的影响并保持业务的延续性,许多经营者都会制定相关的业务操作规程。操作规程也在某种程度上部分实现了服务提供过程的标准化。基于该现象,有学说提出将经营者内部的操作规程作为判断服务是否具有瑕疵的素材之一。[31] 该学说认为,虽然不能否定经营者也可能制定有利于自己的内部操作规程,但如果连这样的操作规程要求都达不到,可以推定其服务具有瑕疵。服务提供人的操作规程在这里成了评价服务过程的初步判断标准。但本书认为,不同的服务、不同的经营者存在不同的操作规程,除存在有可能降低服务质量的操作规程之外,也有可能存在对员工来说要求过高的操作规程,操作规程的存在会成为判断瑕疵的参照之一,并不一定是服务提供人的主观预期,甚至也不在服务受领人的主观预期之内,因此在承认操作规程对服务瑕疵判断的参照作用的同时,也应仔细辨认各操作规程的不同性质并据此进行不同判断。[32] 相关释义书也认为,服务细则是物业服务人依据《物业管理条例》等规定单方面制定的用于指导物业服务活动的细则,是否可以作为合同内容的组成部分,应当视细则中规定的具体内容而定;如认为服务细则中有利于业主的关于物业服务承诺的规定,可以成为物业服务合同的内容。[33] 事实上,《民法典》第 938 条第 2 款强调将公开作出的服务承诺纳入合同的前提是"有利于业主"的限定也表明,并非所有单方承诺均得以成为合同的内容;而对于服务手册等是否得以成为服务合同的内容,同样应遵循这一标准,否则将有违意思自治的原则。

《民法典》吸收原《物业服务司法解释》,将"物业服务人公开作出的有利于业主的服务承诺"也纳入物业服务合同的组成部分。这实质上是对物业服务合同内容的扩张。物业服务人的服务承诺虽然仅为单方意思表示,但是这种服务承诺对于业主的缔约意愿以及业主的合理信赖产生了实质影响;而对于物业服务人来说,其公开作出服务承诺亦表明其愿意受该承诺之

---

〔31〕 長尾治助「サービスの欠陥とサービス提供業者の契約責任」『星野英一先生古稀祝賀・日本民法学の形成と課題(下)』(有斐閣,1996 年)781 頁以下;松本恒雄「サービス契約」『債権法改正の課題と方向』別冊 NBL №.51(1998 年)216 頁以下。

〔32〕 周江洪:《服务合同的类型化及服务瑕疵研究》,载《中外法学》2008 年第 5 期;周江洪:《服务合同立法研究》,法律出版社 2021 年版,第 289~290 页。

〔33〕 黄薇主编:《中华人民共和国民法典解读:合同编》(下册),中国法制出版社 2020 年版,第 1382~1383 页。

拘束。因此,令物业服务人受其服务承诺的拘束也符合其主观意愿,并未导致其义务的加重。[34] 此等公开承诺,并不限于合同订立前的承诺,物业服务合同存续期间的公开承诺,符合《民法典》第938条规定的条件的,也同样构成物业服务合同的组成部分。而且,此等"公开承诺",并非单方允诺,《民法典》第938条仍将其作为"合同"对待。但与原《物业服务司法解释》第3条第2款"物业服务企业公开作出的服务承诺及制定的服务细则,应当认定为物业服务合同的组成部分"这一规定不同,《民法典》第938条第2款强调了"有利于业主"的限定条件,以避免此等公开承诺纳入物业服务合同给业主带来的不必要的"突然袭击",有利于业主的预期实现。随着《民法典》的颁布,清理修改后的《物业服务司法解释》已删去该条规定,也表明并非所有的公开承诺均得以构成物业服务合同的内容。当然,较之原司法解释,《民法典》第938条并未规定"服务细则"。对此,可依《民法典》第938条规定的条件和精神作出具体分析,如前所述,视其具体情况决定是否作为物业服务合同的内容。

第二节 物业服务合同的效力

一、物业服务人的义务

(一)提供物业服务的义务

提供物业服务是物业服务人的主给付义务。《民法典》第942条规定:"物业服务人应当按照约定和物业的使用性质,妥善维修、养护、清洁、绿化和经营管理物业服务区域内的业主共有部分,维护物业服务区域内的基本秩序,采取合理措施保护业主的人身、财产安全。对物业服务区域内违反有关治安、环保、消防等法律法规的行为,物业服务人应当及时采取合理措施制止、向有关行政主管部门报告并协助处理。"据此,物业服务人负有业主共有部分的维修、养护等义务,业主共有部分的经营管理义务,基本秩序的维护义务,业主人身财产的安全保障义务,治安、环保、消防等领域违法行为的制止、报告和协助义务。

值得注意的是,《民法典》第942条第1款特别强调了"应当按照约定和物业的使用性质"来确定具体的物业服务义务。特别是物业的性质,应当引起重视。物业是一个比较宽泛的概念,有住宅、商业、公益等多种物业,根据物业性质的不同,业主所需的物业服务也不同,很难套用一种约定或规则来规定物业服务人应提供的物业服务。[35] 例如,商业物业、住宅物业、工业物业、市政物业、公益物业等,无论是维护义务还是经营管理义务,以及秩序维护义务和人身财产安全保障义务,在具体的履行样态上,都会出现各自不同的特点和内容。

1. 物业服务人员有维修、养护、清洁、绿化的义务和经营管理的义务。上述两项义务指向的都是业主的共有部分,即小区内的道路、绿地、广场等公共场所,电梯、消防设施、公共照明设

〔34〕 谢鸿飞、朱广新主编:《民法典评注:合同编 典型合同与准合同》(第4册),中国法制出版社2020年版,第285~289页。

〔35〕 最高人民法院民法典贯彻实施工作领导小组主编:《中华人民共和国民法典合同编理解与适用(四)》,人民法院出版社2020年版,第2587页。

施和共有的车位车库等公共设施,以及物业服务用房等。《民法典》第 942 条强调"共有部分",亦表明供水、供电、供气、供热等的相关管线和专业设施设备的维护等,不属于物业服务的范围。[36] 对此,《物业管理条例》第 51 条第 1 款明确规定,"供水、供电、供气、供热、通信、有线电视等单位,应当依法承担物业管理区域内相关管线和设施设备维修、养护的责任"。当然,若物业服务合同有特别规定,亦无妨对业主专有部分进行维护和管理;若有此等约定,物业服务人亦负有专有部分的维护管理义务。[37] 不仅如此,无论是维护义务还是经营管理义务,物业服务人均需尽到"妥善"的注意义务。"妥善"意味着物业服务人应尽善良管理人的注意,违反此义务可构成过错,应承担赔偿责任。[38] 例如,有法院裁判认为,"物业公司作为小区健身器材的管理人,应当对健身器材进行日常管理和维护,器材存在安全隐患的,物业公司应设置安全警示标志并及时维修,以保障他人使用器材时的安全。物业公司未尽到该职责造成他人损害的,应依法承担相应赔偿责任"[39]。对于妥善经营管理义务而言,《民法典》第 278 条及第 282 条对利用共有部分进行经营管理作出了决议程序、收入分配等方面的规定。物业服务人履行妥善经营管理义务,同样需遵循此等规定。

2. 基本秩序维护义务,主要指的是维护小区内的共同生活秩序。例如,对外来人员的管理、对小区内停车位使用的管理、对业主损害其他业主利益行为的制止等。[40] 但是,这里的秩序,主要指的是业主生活秩序,而不包括公共秩序,物业服务人并不负有公共秩序的维护义务。公共秩序应当由公权力机关维护,相关开支应当以公共财政支付,而不应当由业主或物业服务人承担并支付相关成本。但关于对公共秩序的维护,物业服务人负有协助义务。例如,《民法典》第 942 条第 2 款规定的义务,就是协助义务的体现。[41] 当然,物业服务人在特定公共秩序的维护上,亦负有公法上的执行义务。例如,《民法典》第 285 条第 2 款规定,"物业服务企业或者其他管理人应当执行政府依法实施的应急处置措施和其他管理措施,积极配合开展相关工作"。而且,在维护基本秩序时,物业服务人亦有采取一定措施的权限。例如,《物业服务司法解释》第 1 条规定,"业主违反物业服务合同或者法律、法规、管理规约,实施妨碍物业服务与管理的行为,物业服务人请求业主承担停止侵害、排除妨碍、恢复原状等相应民事责任的,人民法院应予支持"。

3. 物业服务人也应采取合理措施保护业主的人身财产安全。之所以要求物业服务人承担一定的安全保障义务,多数学者认为乃是基于危险控制理论。因为物业服务人是物业服务区域的实际管理者,对物业服务区域内的危险源的控制力显然要高于业主。另外,对物业服务人课以一定的安全保障义务,也符合业主对物业服务合同的期待。[42] 在判断物业服务人是否尽到安全保障义务时,应考虑损害发生的原因、物业服务人是否尽到了职责、物业收费标准等加

〔36〕 王轶等:《中国民法典释评:合同编·典型合同》(下卷),中国人民大学出版社 2020 年版,第 502 页。
〔37〕 王利明:《合同法》(下册),中国人民大学出版社 2021 年版,第 390 页。
〔38〕 韩世远:《物业服务合同的解释论——以框架合同为视角》,载《中国政法大学学报》2022 年第 3 期。
〔39〕 汤某 1 诉连云港光鼎置业有限公司、灌南县开源物业管理有限公司人身损害赔偿纠纷案,载《最高人民法院公报》2017 年第 3 期。
〔40〕 黄薇主编:《中华人民共和国民法典解读:合同编》(下册),中国法制出版社 2020 年版,第 1382 ~ 1383 页。
〔41〕 王轶等:《中国民法典释评:合同编·典型合同》(下卷),中国人民大学出版社 2020 年版,第 505 页。
〔42〕 黄薇主编:《中华人民共和国民法典解读:合同编》(下册),中国法制出版社 2020 年版,第 1402 ~ 1403 页。

以综合判断。[43] 毕竟,安全保障义务的履行与否,并不以损害结果的出现为充分要件,而是要根据具体案情判断物业服务人应尽的注意义务。物业服务人承担的安全保障义务,应当在一定、合理、正常范围内,不能过于苛求。当然,也有释义书特别区分了"保障"和"保护"。在《民法典》第一份草案中,草案条文使用的表述是"采取合理措施保障业主的人身、财产安全",后来的草案将"保障"调整为"保护"。从语义上讲,保障更多强调事前预防、物质装备保障,而保护则强调物业服务人应当积极主动作为,在遇到安全事件时挺身而出,这个词的调整充分体现了《民法典》以人为本的原则。[44] 在《民法典》之前,亦有法院积极肯定物业服务人的责任。例如,有法院裁判认为,"根据该合同的约定,青和公司负责物业共用部分的维修养护。陈某豪的车辆停放在青和公司提供的车位上,被倒塌的围墙致损,青和公司未尽到维修养护义务,应当承担赔偿责任"[45]。另外,也有法院裁判认为,"物业服务企业依法或依约在物业管理区域内负有安全防范义务,应协助做好安全事故、隐患等的防范、制止或救助工作。第三人原因致损,物业服务企业未尽到专业管理人的谨慎注意义务的,应在其能够预见和防范的范围内承担相应的补充责任"[46]。另有法院裁判认为,"申请人作为物业服务企业,对自己管理服务的物业小区范围内的共有部分区域,及业主的人身和财产安全,依照法律规定和物业服务合同约定负有一定的安全保障义务。案涉死亡事故发生于申请人所服务的管理区域内,受害人王某奎虽因被申请人冯某私自安装电力线路而触电死亡,冯某及王某奎自身在涉案事故中均具有过错,应依法承担相应的民事赔偿责任,但对于冯某私自安装电力设施的行为,申请人作为物业区域的管理者,在制定小区管理制度、业主公约等方面没有尽到相应的管理职责及安保义务,特别对物业小区内业主在公共区域从事的违规危险行为没有尽到提示、制止等义务,因而原判决认定申请人对于涉案死亡事故的发生具有一定过错符合当前我国物业小区管理的现实情况,也不违反我国法律、行政法规的规定"[47]。

4. 制止违法行为、向有关机关报告并协助处理的义务,是《民法典》第 942 条第 2 款规定的义务。该义务并不以物业服务合同的约定为前提,也不是根据物业的性质而得出的物业服务义务,而是法定义务。该款规定使物业服务人行使管理权限有了明确的法律依据,同时也督促物业服务人依法履行合同义务。对此,也有学说认为,对物业服务区域内发生的违法违规行为,物业服务人有权制止、报告和协助处理。此类行为已经脱离了服务领域,而深具管理色彩。显而易见,物业服务合同乃是一个债权合同,其效力在于在全体业主与物业服务人之间产生债权债务关系,从而使债权人可以请求债务人为给付行为,原则上其不会产生对第三人的效力。然而,《民法典》第 942 条第 2 款中出现了物业服务人对合同外第三人——个别业主或进入小

[43] 王利明:《合同法》(下册),中国人民大学出版社 2021 年版,第 391 页。

[44] 最高人民法院民法典贯彻实施工作领导小组主编:《中华人民共和国民法典合同编理解与适用(四)》,人民法院出版社 2020 年版,第 2589 页。

[45] 刘洋:《物业服务企业给付义务与第三人侵权之关系——陈书豪与南京武宁房地产开发有限公司、南京青和物业管理有限公司财产损害赔偿纠纷案评析》,载《产权法治研究》2017 年第 1 期。

[46] 赵某华与沈阳皇朝万鑫酒店管理有限公司、沈阳中一万鑫物业管理有限公司财产损害赔偿纠纷案,载《最高人民法院公报》2019 年第 5 期。

[47] 潍坊安顺居物业管理有限公司、冯某生命权、健康权、身体权纠纷案,山东省高级人民法院(2021)鲁民申 886 号民事裁定书。

区扰乱秩序者——的管理权,物业服务合同为何会产生对第三人的管理权?一个债权合同为什么会对第三人发生类似于公法管理的效力?物业服务人显然不是行政机关,那其管理权限从何而来?他人又为何要服从这种管理?从根本上说,对物业进行管理的权利均源于业主。人的管理部分,本身也是源于业主的成员权或共同管理权,但出于管理上的便利及实际效果,业主可以在物业服务合同中将人的管理委托授权给物业服务人来进行。需要注意的是,业主进行人的管理是行使权利(成员权),而物业服务人进行人的管理,则是基于业主授权产生的权限。基于此等授权原理,该学说将《民法典》第942条第2款的性质定位为民法上的法定委托授权,故当物业服务人未履行该管理职责时,发生物业服务人违反委托的私法责任,而非公法上的行政责任。[48] 但是,无论如何,治安、环保、消防等公共秩序问题,是相关职能部门的职责,物业服务人更多只是协助义务。

案　例　常某富诉南京秦房物业管理有限责任公司侵权责任纠纷案[49]

■ 基本案情

2017年8月28日,南京市秦淮区双桥新村住宅小区业主委员会在南京市秦淮区人民政府中华门办事处备案登记。2018年10月10日,甲方南京市秦淮区双桥新村业主委员会与乙方南京秦房物业管理有限责任公司(以下简称秦房物业)签订《双桥新村小区物业管理托管合同》,约定:甲方将南京市秦淮区双桥新村小区委托乙方实行物业管理,合同期限三年;委托管理事项有维护公共秩序,包括门岗服务、物业区域巡查,维护物业区域内车辆行驶秩序,对车辆停放进行管理等;乙方的权利义务有根据甲方的授权和有关法律、法规及本合同的约定,在物业区域内提供物业管理服务,有权要求业主及物业使用人配合乙方合理、合法的管理服务行为,对业主和物业使用人违反《业主规约》和物业管理制度的行为,有权根据情节轻重,采取劝阻、制止、向主管部门举报等措施。2018年11月16日,南京市秦淮区双桥新村业主委员会成员、南京市秦淮区人民政府中华门办事处工作人员、双桥新村社区居委会工作人员、宏光空降装备有限公司代表、秦房物业代表等在双桥新村社区召开双桥新村物业管理会议,作出书面的《双桥新村物业管理会议纪要》,要求秦房物业:做好小区非机动车辆管理,请物业公司不要让共享单车进入小区,小区内乱停乱放的自行车请物业公司及时清理摆放有序。常某富之子常某系南京市秦淮区双桥新村A幢B室房屋所有人,该楼位于小区东门附近,自2014年1月15日起由常某富实际居住、使用。2019年4月4日,常某富骑共享单车(摩拜单车)欲进入南京市秦淮区双桥新村小区北门,在门口遭到秦房物业工作人员的阻拦,为此常某富报警。2019年4月11日,常某富再次骑共享单车(摩拜单车)欲从北门进入小区时,又遭到了秦房物业工作人员的阻拦,常某富再次报警处理。常某富认为秦房物业禁止其骑共享单车进入小区,严重侵犯其正当权益,故向法院提起诉讼,要求停止侵权、排除妨碍、消除影响,允许其骑着共享单车进入南京市秦淮区双桥新村小区等。

---

〔48〕 于飞:《〈民法典〉中物业服务人的管理权限》,载《浙江工商大学学报》2020年第5期。

〔49〕 案例来源:《最高人民法院公报》2021年第9期。

■ 法院裁判

法院认为,物业管理人员阻拦常某富将共享单车骑入小区是正当履职行为,并未侵犯原告的合法权益,秦房物业并不构成侵权。具体理由如下:

根据原《物权法》第73条(《民法典》第274条)规定,建筑区划内的道路、绿地、其他公共场所、公用设施和物业服务用房,属于业主共有。本案中,在小区内骑行、停放共享单车必然占用业主共有的道路、场地等,是否准许,应由南京市秦淮区双桥新村小区业主行使自治权,自主决定。南京市秦淮区双桥新村业主委员会已在南京市秦淮区人民政府中华门办事处备案登记,依法宣告成立,其与秦房物业签订《双桥新村小区物业管理托管合同》,并以《双桥新村物业管理会议纪要》的书面形式明确要求"请物业公司不要让共享单车进入小区"。据此,可以认定南京市秦淮区双桥新村小区业主委员会对"禁止共享单车进入小区"作出了自治决定。根据原《物权法》第78条第1款关于"业主大会或者业主委员会的决定,对业主具有约束力"的规定,南京市秦淮区双桥新村小区业主委员会"禁止共享单车进入小区"的决定,对该小区全体业主具有约束力。常某富作为南京市秦淮区双桥新村小区房屋的实际居住和使用人亦有义务遵守该决定。常某富租赁、骑行共享单车是其合法权利,但将共享单车骑入南京市秦淮区双桥新村小区则违背了小区的管理规约,突破了共享单车有序运营的规范,影响了南京市秦淮区双桥新村小区的环境秩序,损害了南京市秦淮区双桥新村小区其他业主的合法权益,违反了原《民法总则》第131条(《民法典》第131条)"民事主体行使权利时,应当履行法律规定的和当事人约定的义务"和第132条(《民法典》第132条)"民事主体不得滥用民事权利损害国家利益、社会公共利益或者他人合法权益"的规定,不应得到法律的支持和保护。

物业管理人员阻拦原告常某富将共享单车骑入小区是正当的履职行为。秦房物业依据《双桥新村小区物业管理托管合同》,进入南京市秦淮区双桥新村开展物业管理服务,合法有据。其工作人员遵照小区业主委员会"请物业公司不要让共享单车进入小区"的决定,履行工作职责,阻止常某富将共享单车骑入小区的行为没有过错。物业管理人员阻拦常某富将共享单车骑入小区不侵犯其合法权益。原告将共享单车骑入小区并非其法定权利,而是违背小区自治管理规定,损害他人利益的行为,物业管理人员有合法的依据和正当的理由予以制止。物业管理人员阻拦常某富将共享单车骑入小区是维护公共行为规范的行为。南京市交通运输局、南京市公安局、南京市城市管理局已经对共享单车按区域和点位规范停放作出指导性意见,共享单车经营企业也积极响应,并在手机App中作出明确提示,使用者理应按规范要求骑行停放。常某富坚持骑共享单车进入小区,穿行小区后将单车随意停放在其所住楼栋门口的树下,违反了共享单车的使用规范。物业管理人员对其进行制止,是对公共行为规范的维护。

(二)亲自履行的义务及其例外

服务类合同,常有亲自履行的问题。虽然比较法对于服务类合同的亲自履行原则亦有争议,但就我国目前的学说和法律规定来看,在债法总则层面认可债务得以由第三人履行,并不以亲自履行为原则,但存在若干例外。与此不同,服务类合同领域,则普遍性地承认服务提供人的亲自履行义务,而以第三人履行为例外。[50] 物业服务合同亦同样如此。但同样需要注意的是,《民法典》关于各类服务合同的亲自履行的要求严格程度及其法律效果并不统一。

《民法典》第941条规定:"物业服务人将物业服务区域内的部分专项服务事项委托给专业性服务组织或者其他第三人的,应当就该部分专项服务事项向业主负责。物业服务人不得将其应当提供的全部物业服务转委托给第三人,或者将全部物业服务支解后分别转委托给第三人。"据此,与承揽人的亲自履行以及受托人的亲自履行不同的是,物业服务人的亲自履行义务,只是强调不得将全部物业服务转委托第三人或支解后分别转委托第三人,而并未从正面直接规定物业服务人的亲自履行义务。而在承揽合同中,《民法典》第772条第1款明确规定"承揽人应当以自己的设备、技术和劳力,完成主要工作";在委托合同中,《民法典》第923条第1句明确规定"委托人应当亲自处理委托事务"。

不仅如此,在服务提供人将相关事务交由第三人完成的规制方面,《民法典》关于物业服务合同的规定也不同于承揽合同和委托合同。承揽合同领域,《民法典》区分主要工作和辅助工作,承揽人可以将辅助工作交由第三人完成,而未经同意将主要工作交由第三人完成的,定作人可以解除合同(《民法典》第772~773条)。物业服务合同,并不区分主要工作和辅助工作,而是允许采用部分专项事务外包的方式由第三人完成;而且,此等专项事务交由第三人完成,亦不需要征得业主的同意。而在委托合同领域,委托合同的转委托与物业服务合同将部分专项服务事项交由第三人完成,其构成完全不同。委托合同的转委托,无须同意的情形,仅限于紧急情况下的转委托。而且,委托合同领域的转委托,受托人虽然并未退出原委托合同关系,但受托人的责任因转委托而减轻(《民法典》第923条),而在物业服务合同领域,《民法典》第941条虽然允许物业服务人将部分专项服务事项交由第三人完成,但并未因此减轻物业服务人的责任。在物业服务合同中,部分专项服务事项的转委托合同与物业服务合同亦是相互独立,受托人的专业型服务组织或者其他第三人更多是处于物业服务人的履行辅助人地位,并不适用委托合同的转委托规则。

之所以产生此等不同,乃是因为物业服务人提供的物业服务的性质。基于物业服务内容的综合性和专业性,物业服务人难以应对如此庞大、复杂而又专业的工作,所有服务事项难以由物业服务人亲自完成,否则物业服务的质量也无法得到保证。此时,物业服务人将某些服务事项交给其他更具专业性的机构或者人员来进行,也是为了维护业主的利益,本质上受益的是业主。[51] 当然,对于物业服务人的服务事项转委托,亦有限制。除了不得将全部物业服务转委托或支解后全部转委托之外,物业服务人得以转委托的只是部分专项服务事项,如保安、保洁、绿化以及电梯维护保养等专项服务事项,而不包括服务区域的转委托。物业服务人不能将物业服务区域内部分区域的物业服务事项转委托第三人,这违反了"一个物业管理区域由一个物业服务企业实施物业管理"的规定(《物业管理条例》第33条)。[52]

如果物业服务人擅自将全部物业服务转委托给第三人,或者将全部物业服务支解后分别转委托给第三人,业主可以依照法定程序解聘物业服务人,解除物业服务合同,并请求其承担

---

〔50〕 周江洪:《服务合同立法研究》,法律出版社2021年版,第272页。

〔51〕 黄薇主编:《中华人民共和国民法典解读:合同编》(下册),中国法制出版社2020年版,第1396页。

〔52〕 谢鸿飞、朱广新主编:《民法典评注:合同编　典型合同与准合同》(第4册),中国法制出版社2020年版,第303页。

违约责任。[53] 对此,原《物业服务司法解释》第 2 条第 1 款第 1 项曾规定"物业服务企业将物业服务区域内的全部物业服务业务一并委托他人而签订的委托合同"无效。据此,有释义书认为《民法典》第 941 条第 2 款关于违法转委托的规范在性质上为效力性强制性规范,法院有权依职权确认违法转委托合同无效。[54] 但是,从物业服务人与第三人之间的合同角度而言,双方之间均遵循意思自治之要求,亦无其他妨碍合同效力之事由;而且,物业服务的转委托或者支解转委托,与建设工程领域的分包转包影响建设工程质量等涉及公共利益考量不同,并不能同等对待。实际上,依《民法典》第 791 条的规定,在建设工程领域,承包人将部分工作交由第三人完成时须经发包人同意,且不得将主体结构的施工交由第三人完成。就物业服务合同而言,则无此等限制,将部分服务事项交由第三人完成并不需要业主同意,亦未区分类似"主体结构"工作或承揽领域的"主要工作",其服务事项的转委托较之建设工程领域的规制要宽松不少,只不过是要求不得全部转委托而已,两者的规制不可同日而语。不仅如此,合同有效情形的违约责任及合同解除等救济方式,也足以维护业主利益。因此,本书认为并无必要令物业服务人与第三人签订的转委托合同无效。事实上,《民法典》颁布后修改的《物业服务司法解释》亦已删去了上述规定。

(三)定期公开和报告义务

《民法典》第 943 条规定:"物业服务人应当定期将服务的事项、负责人员、质量要求、收费项目、收费标准、履行情况,以及维修资金使用情况、业主共有部分的经营与收益情况等以合理方式向业主公开并向业主大会、业主委员会报告。"该条规定,也是配合《民法典》第 285 条关于业主监督权行使的规定。物业服务人履行了报告义务,也有利于监督权真正落地。《民法典》第 285 条第 1 款规定,"物业服务企业或者其他管理人根据业主的委托,依照本法第三编有关物业服务合同的规定管理建筑区划内的建筑物及其附属设施,接受业主的监督,并及时答复业主对物业服务情况提出的询问"。

物业服务人的该项义务为法定义务,即使合同没有约定,亦负有此等义务,且不能通过另行约定予以排除。若物业服务人未履行定期公开和报告义务,业主可以要求继续履行。业主依照法定程序共同决定解聘物业服务人时的任意解除情形中,物业服务人未定期公开和报告可作为《民法典》第 946 条第 2 款中的"不可归责于业主的事由",业主并不因此而承担任意解除时的损害赔偿责任。但需要注意的是,业主并不能要求履行报告义务,此时应区分业主对业主委员会的权利。[55] 若业主起诉要求物业服务人向其履行报告义务或者向业主大会、业主委员会履行报告义务,因接受报告义务的主体是作为业主团体及其执行机关的业主大会、业主委

---

〔53〕 韩世远:《物业服务合同的解释论——以框架合同为视角》,载《中国政法大学学报》2022 年第 3 期。

〔54〕 王轶等:《中国民法典释评:合同编 · 典型合同》(下卷),中国人民大学出版社 2020 年版,第 500 页;谢鸿飞、朱广新主编:《民法典评注:合同编　典型合同与准合同》(第 4 册),中国法制出版社 2020 年版,第 305 页;王利明:《合同法》(下册),中国人民大学出版社 2021 年版,第 393 页。

〔55〕 实践中,亦存在业主向业主委员会行使知情权之情形。例如,孙某军诉南京市清江花苑小区业主委员会业主知情权纠纷案(载《最高人民法院公报》2015 年第 12 期)裁判摘要中指出,"业主作为建筑物区分所有人,享有知情权,享有了解本小区建筑区划内涉及业主共有权及共同管理权等相关事项的权利,业主委员会应全面、合理公开其掌握的情况和资料。对于业主行使知情权亦应加以合理限制,防止滥用权利,其范围应限于涉及业主合法权益的信息,并遵循简便的原则"。

员会而非个别业主,故存在起诉主体不合格的问题。业主如认为物业服务人未履行报告义务,可行使监督权利,或向业主委员会、业主大会反映情况,要求业主委员会、业主大会向物业服务人主张权利。[56]

司法实践中,亦有认为未履行该公开和报告义务,得以酌减物业费。例如,有法院裁判认为,"本案虽然特克斯县旅游商贸城业主委员会认可万泰物业公司提供了合格的物业服务,但万泰物业公司未举证证实其公司履行了上述公示和报告义务,万泰物业公司提供的服务存在瑕疵。据此,一审判决认定万泰物业公司提供的服务存在瑕疵,并酌情李某梅向万泰物业公司支付80%的物业费,并无不当,本院予以维持"[57]。但本书认为,物业费为物业服务人提供物业服务的对价及相关的必要费用,定期公开与报告义务与物业费支付义务之间并不构成对价关系,以定期公开和报告义务的履行瑕疵为由酌减物业费并不妥当。

(四)不同意续聘情形的通知义务

《民法典》第947条第2款规定,"物业服务期限届满前,物业服务人不同意续聘的,应当在合同期限届满前九十日书面通知业主或者业主委员会,但是合同对通知期限另有约定的除外"。该通知义务又被称为物业服务人的"期前通知义务"。在定有合同期限的持续性合同中,当事人双方对于到期后的合同终止本身应该有预期,物业服务期限届满时,物业服务合同即终止,法律为到期后的不延展而设定期限届满前一定期限内的通知义务,并不是十分常见。例如,作为持续性合同的典型代表之一的租赁合同领域,《民法典》合同编租赁合同章并没有设定承租人到期不续租的通知义务。物业服务合同领域之所以设定物业服务人的期前通知义务,既是考虑了物业服务合同的特点,亦是平衡业主和物业服务人双方利益的一种制度安排。有释义书认为,之所以这样规定,主要是因为如果物业服务人不同意续聘,业主就需要重新选聘新的物业服务人,而物业服务人的选择和选聘决定,往往需要较长的一段时间。因此,原物业服务人如果不愿意接受续聘,就应当在服务期限届满前给予业主充分的时间重新选择新的物业服务人。[58] 该理由虽然有一定合理之处,但从合同可预期角度而言,合同约定物业服务期限届满合同终止,业主亦当遵循这一基本的法理,业主并不能以物业服务人未履行期前通知义务为由不采取措施考虑并决定选聘的新物业服务人或延聘原有的物业服务人。事实上,之所以要求物业服务人的期前通知义务,乃是因为物业服务的特点和当事人双方的利益平衡。物业服务人通常为专门从事物业服务活动的专业性公司或其他组织,对于所提供服务的对象通常不会有特别要求,因而法律推定以物业服务人同意接受续聘为一般情形,不同意续聘为例外,故在不同意续聘时负有特别通知义务,以保障物业服务的稳定性和连续性,避免因物业服务的中断而给业主的生活工作带来不利影响。[59]

期前通知义务是物业服务人依照诚实信用原则应当承担的附随义务。该义务为法定义

---

〔56〕 最高人民法院民法典贯彻实施工作领导小组主编:《中华人民共和国民法典合同编理解与适用(四)》,人民法院出版社2020年版,第2599页。

〔57〕 伊犁万泰物业服务有限公司、李某梅、吴某奄物业服务合同纠纷案,新疆维吾尔自治区高级人民法院伊犁哈萨克自治州分院(2021)新40民终2224号民事判决书。

〔58〕 黄薇主编:《中华人民共和国民法典解读:合同编》(下册),中国法制出版社2020年版,第1431页。

〔59〕 谢鸿飞、朱广新主编:《民法典评注:合同编　典型合同与准合同》(第4册),中国法制出版社2020年版,第334页。

务,不能通过合同约定排除,[60]但可以就通知期限作特别约定。物业服务人违反该法定义务应当视为一种单独的义务侵害方式。若物业服务人未在法定或者约定的期限之前作出通知,业主或者业主委员会不能单独就该义务诉请强制执行,法律亦不能强制物业服务人与业主续订物业服务合同。但在物业服务人违反期前通知义务给业主造成损失的情形下,如业主因未能及时选聘新的物业服务人,而不得不支出更高的费用委托他人处理保洁和垃圾清理等物业服务事项,业主对因此所遭受的损失可以向物业服务人请求赔偿。[61]

当然,关于期前通知义务的履行期限,理解上存在争议。有观点认为,“合同期限届满前九十日”,并不表明其文义为“离合同期限届满九十日前”。关于物业服务人不同意续聘时的通知义务的履行,只要物业服务人在合同期限届满前将不同意续聘的意思通知了业主或者业主委员会,业主方即可另聘物业服务人,且根据物业服务合同章其他条款的规定,在新的物业服务人接管之前原物业服务人仍然有继续处理物业服务事项的义务。因此,物业服务人即使在最后期限通知业主不同意续聘也不会给业主造成损失,而只会产生物业服务合同将到期终止的法律后果,认为“合同期限届满前九十日”的通知期限是适当的。[62] 而与此不同,亦有释义书认为,物业服务人的书面通知到达之日至合同期限届满之日不足 90 日的,物业服务人应当自通知到达之日起 90 日后方可撤出物业服务区域,不得擅自停止物业服务。[63] 就《民法典》第 947 条第 2 款旨在推定物业服务人的续聘意愿以及保护业主的利益角度而言,“合同期限届满前九十日”至“合同期限届满”的任何期限内通知均可的解释并不可取,而是应当理解为“合同期限届满前九十日”之前应当作出通知。但是,未在该期限内通知,并不表明物业服务人的默示同意,更不表明物业服务合同的自动顺延,合同期限届满物业服务合同即告终止;而合同终止后原物业服务人的继续处理物业服务事项的义务,是源于《民法典》第 950 条规定,并非期前通知义务违反的结果。当然,90 日的期限要求并非强制性规定,允许当事人在合同中对通知期限作不同约定。

(五)合同终止后的交接义务

物业服务合同是深度介入服务受领人领域权益的服务类合同,而且物业服务的稳妥延续对于物业及业主来说具有重要意义。因此,物业服务合同领域合同终止后的善后措施就显得十分重要。这也是《民法典》第 558 条债权债务终止后的“后合同义务”的典型表现之一。[64] 而且,物业服务交接条款也属于《民法典》第 938 条明确规定的物业服务合同内容之一。但在实践中,物业服务人无正当理由,拒绝退出物业服务区域,拒绝移交物业服务用房等相关设施设备以及物业服务所必需的相关资料,或者不配合新物业服务人做好交接工作的现象也时有

---

〔60〕 最高人民法院民法典贯彻实施工作领导小组主编:《中华人民共和国民法典合同编理解与适用(四)》,人民法院出版社 2020 年版,第 2630 页。

〔61〕 谢鸿飞、朱广新主编:《民法典评注:合同编　典型合同与准合同》(第 4 册),中国法制出版社 2020 年版,第 333 页。

〔62〕 最高人民法院民法典贯彻实施工作领导小组主编:《中华人民共和国民法典合同编理解与适用(四)》,人民法院出版社 2020 年版,第 2630 ~ 2631 页。

〔63〕 王轶等:《中国民法典释评:合同编·典型合同》(下卷),中国人民大学出版社 2020 年版,第 542 ~ 543 页。

〔64〕 当然,亦有学者认为,一方当事人因合同而占有他人之物的,应于合同消灭时返还该物,此为不当得利或物权请求权规则的适用结果。《物业管理条例》第 39 条关于合同终止时返还、交接义务的规定,均属此类规则的具体化,不必归结为后合同义务(参见李宇:《后合同义务之检讨》,载《中外法学》2019 年第 5 期)。

发生，导致新物业服务人无法进场或者决定自行管理的业主无法接管，不仅影响业主的正常生产生活，损害业主的共同利益，严重的甚至可能引发群体性事件。[65] 物业交接问题成为物业服务领域的热点难点问题之一。[66] 为此，《民法典》在《物业管理条例》第 38 条及原《物业服务司法解释》第 9～10 条的基础上，就合同终止后的物业服务人交接义务作了更为细化的规定，即“物业服务合同终止的，原物业服务人应当在约定期限或者合理期限内退出物业服务区域，将物业服务用房、相关设施、物业服务所必需的相关资料等交还给业主委员会、决定自行管理的业主或者其指定的人，配合新物业服务人做好交接工作，并如实告知物业的使用和管理状况”(《民法典》第 949 条第 1 款)。

物业服务人违反物业交接义务的，应当承担责任。对此，《民法典》第 949 条第 2 款规定：“原物业服务人违反前款规定的，不得请求业主支付物业服务合同终止后的物业费；造成业主损失的，应当赔偿损失。”之所以规定不得请求合同终止后的物业费，原因在于合同终止后继续提供服务时物业服务人仍有物业费收取权(《民法典》第 950 条)，但在违反交接义务的情况下，即使仍然在继续提供物业服务，但此时并不符合业主的意愿，而且是对业主权利的侵犯，此种情形下，收取物业费并无法理基础。违背本人意愿的强迫得利，并不能构成不当得利返还的依据。当然，若有相关费用支出，是否得以参照适用不真正无因管理予以处理，则有讨论之空间。同时，若物业服务人违反交接义务造成业主损失，应当赔偿损失。《民法典》第 949 条规定的损害赔偿责任并不排斥其他违约责任的承担。例如，依《民法典》第 577 条，物业服务人应当承担继续履行、采取补救措施等违约责任。

服务类合同的履行，多有赖于相对人之协作。物业服务合同交接义务的履行，亦有赖于服务受领人之协作。例如，业主委员会等没有正当理由拒绝受领物业服务所必需的相关资料等，构成受领迟延。依《民法典》第 589 条规定，物业服务人不仅不承担迟延履行之责任，而且可以请求赔偿因此增加的费用。同时，受领迟延后，物业服务人对这些物和资料仅负有无偿保管的义务，若出现毁损灭失，参照适用关于无偿保管人责任的《民法典》第 897 条，仅对故意、重大过失承担赔偿责任。[67]

值得注意的是，实践中，物业服务人往往以业主未足额支付物业费为由拒绝撤场交接。对此，若原物业服务人提出存在部分业主未支付物业费因而不愿交接，则因为物业费是否支付属于当事人合同履行中的抗辩权问题，而非关于合同是否终止的抗辩权，在此情况下，物业服务人对物业费的诉求并不能产生对其交接义务的否定，其应当按照法律规定予以交接，物业费的支付问题应在双方交接过程中协商解决或者在交接后通过诉讼、仲裁予以解决。[68] 事实上，于此情形，原物业服务人对于物业等亦无留置权，故难以产生拒绝交付之合理抗辩。当然，若物业服务人并未违反交接义务，在交接义务履行期间物业服务人仍然应当继续处理物业服务事

---

〔65〕 黄薇主编：《中华人民共和国民法典解读：合同编》(下册)，中国法制出版社 2020 年版，第 1434 页。

〔66〕 最高人民法院民法典贯彻实施工作领导小组主编：《中华人民共和国民法典合同编理解与适用(四)》，人民法院出版社 2020 年版，第 2639 页。

〔67〕 王轶等：《中国民法典释评：合同编 · 典型合同》(下卷)，中国人民大学出版社 2020 年版，第 547 页。

〔68〕 最高人民法院民法典贯彻实施工作领导小组主编：《中华人民共和国民法典合同编理解与适用(四)》，人民法院出版社 2020 年版，第 2645 页。

项,并可以请求业主支付该期间的物业费。[69]

物业服务合同终止后,除了上述返还交接义务之外,物业服务人可能还要履行其他义务,包括但不限于:一是物业服务人应当对其提供物业服务期间所掌握的业主有关信息、资料和情况等进行保密。特别是随着智慧小区、智慧城市建设的开展,物业服务人收集的包括生物识别信息在内的个人信息是极为重要的敏感信息,应当遵循个人信息保护等相关规定。二是物业服务人应当返还其占有的属于业主所有的财产,如《民法典》第282条规定的经营收益。三是物业服务人应当退还已经预收的、尚未提供物业服务期间的物业费等(《物业服务司法解释》第3条)。[70]

(六)合同终止后接管前继续处理物业服务事项的义务

因物业服务的稳定性和持续性需求,物业的持续性维护管理等关乎业主的重要利益。对物业服务合同终止后的原物业服务人课以继续处理物业服务事项的义务,旨在避免物业服务空白期的形成,保障物业服务不因物业服务合同终止而中断。[71] 除了保护业主利益的考虑,物业服务合同终止后继续处理物业服务事项的义务亦是基于诚信原则,且符合公平与效率的原则。[72] 对此,《民法典》第950条规定,“物业服务合同终止后,在业主或者业主大会选聘的新物业服务人或者决定自行管理的业主接管之前,原物业服务人应当继续处理物业服务事项,并可以请求业主支付该期间的物业费”。

当然,关于原物业服务人继续处理物业服务事项义务的期限,虽然亦有“接管之前”的期限限制,但因其法定义务性质亦会给物业服务人带来利益上的不平衡。对此,有释义书认为,如果业主因自身原因未能及时订约,所造成的后果不应完全转嫁于物业服务人,否则就会助长业主消极对待物业服务事务的风气。同时,新物业服务人或者决定自行管理的业主究竟何时接管物业服务,并非原物业服务人所能控制,如果其迟迟不进场接管,原物业服务人因此无限期地继续处理物业服务事项,就会由原物业服务人承受迟迟不进场的新物业服务人违约造成的不利后果。即使原物业服务人可以请求物业费,但其仍然无法彻底结清物业服务关系。据此认为,原物业服务人继续处理物业服务事项的义务,应当被限制在物业服务合同终止后的合理期限内。该合理期限的具体时间,可以在个案中结合物业服务合同终止的原因、新物业服务人或决定自行管理的业主未接管的原因、物业服务的具体事项和情况、有无应急物业服务等因素具体考量。[73] 就平衡物业服务人和业主利益的角度而言,该补充解释较为妥当,也有利于更好地体现《民法典》第950条的精神。

思考 | 合同终止后接管前继续服务义务的性质

合同终止后接管前物业服务人负有继续处理物业服务事项的义务,但关于该义务的性质,

---

〔69〕 王轶等:《中国民法典释评:合同编·典型合同》(下卷),中国人民大学出版社2020年版,第548页。

〔70〕 黄薇主编:《中华人民共和国民法典解读:合同编》(下册),中国法制出版社2020年版,第1437~1438页。

〔71〕 谢鸿飞、朱广新主编:《民法典评注:合同编 典型合同与准合同》(第4册),中国法制出版社2020年版,第345页。

〔72〕 黄薇主编:《中华人民共和国民法典解读:合同编》(下册),中国法制出版社2020年版,第1439页。

〔73〕 王轶等:《中国民法典释评:合同编·典型合同》(下卷),中国人民大学出版社2020年版,第549~550页。

学理上多有争议。有学说将其归纳为“后合同义务”,[74]亦有学说将其归纳为当事人之间形成了非定期的物业服务合同,[75]还有学说认为既不构成物业服务合同的法定更新(并未转变为不定期物业服务合同),亦不构成后合同义务,并建议将《民法典》第950条限缩解释为:物业服务合同终止后,在不违反业主明示或可推知的意思前提下,原物业服务人应当继续处理物业服务事项;双方当事人此时成立新的物业服务合同关系为附期限的合同,直至新物业服务人或者决定自行管理的业主接管时终止。[76] 对此,有释义书认为双方当事人之间成立事实上的物业服务合同关系,且为不定期合同,双方可以随时终止该合同。同时,该释义书亦对无因管理说及物业服务合同默示变更说进行了评析,认为如果将物业服务人的行为认定为无因管理,物业服务人就只能请求业主偿还因管理事务而支出的必要费用(其提供物业服务的成本),这对物业服务人来说是不公平的。而如果定位为物业服务人与业主以默示的方式延长了物业服务期限,将物业服务合同变更为不定期合同,那么双方将需要通过行使解除权来终止合同,而且需要在合理期限内通知对方以解除合同。如果是业主行使解除权,还需要依照法定程序作出决定。[77] 但是,就合同解除或者业主任意解除权的行使,或者是不定期合同的随时终止来说,定位为事实合同关系和物业服务合同期限默示延长并无本质不同。不仅如此,从《民法典》第950条的文义来看,其适用前提是原物业服务合同已终止,因此并不构成《民法典》第948条的法定更新,这也是第950条意义上的“继续处理物业服务事项”与第948条意义上的“继续提供物业服务”之不同所在。因此,“法定更新说”或者是“物业服务合同延长说”并不可取。同样地,事实合同说的拟制,虽然得以说明物业费之构成,但拟制的前提是当事人得以推定的意愿或意思,如何拟制双方之意思,势必面临困难;特别是当事人已终止了合同,表明当事人之间并不愿意受原物业服务合同的拘束,若将合同终止后的继续处理物业服务事项及物业费支付拟制成事实合同关系,则明显有违当事人之意思自治,其拟制并不成功。另外,批评后合同义务说的主张认为,从义务内容来看,此种继续处理物业服务事项的履行义务与物业服务合同的主给付义务等同,已经超出了后合同义务的范畴。[78] 从《民法典》第558条规定来看,债权债务终止后的义务,乃是当事人遵循诚信等原则,根据交易习惯产生的通知、协助、保密、旧物回收等义务,与《民法典》第950条规定的继续处理物业服务事项、支付物业费等,确实属于不同的范畴。同时,第950条规定的继续处理物业服务事项的义务,也并非与原物业服务合同的主给付义务等同。对此,有释义书认为,原物业服务人该项义务的内容是继续处理物业服务事项。继续处理物业服务事项,并不等同于“继续提供物业服务”,也即该义务内容并不完全等同于原物业服务合同约定的提供物业服务的内容。在物业服务合同终止后,要求原物业服务人如合同终止

---

[74] 崔建远:《合同法》(第4版),北京大学出版社2021年版,第669页;韩世远:《物业服务合同的解释论——以框架合同为视角》,载《中国政法大学学报》2022年第3期;杨立新:《物业服务合同:从无名合同到典型合同的蜕变》,载《现代法学》2020年第4期。

[75] 王利明:《合同法》(下册),中国人民大学出版社2021年版,第403页。

[76] 谢鸿飞、朱广新主编:《民法典评注:合同编　典型合同与准合同》(第4册),中国法制出版社2020年版,第346~347页。

[77] 黄薇主编:《中华人民共和国民法典解读:合同编》(下册),中国法制出版社2020年版,第1440页。

[78] 谢鸿飞、朱广新主编:《民法典评注:合同编　典型合同与准合同》(第4册),中国法制出版社2020年版,第346页;李宇:《后合同义务之检讨》,载《中外法学》2019年第5期。

前那样提供完全相同的物业服务,事实上也是不太可能的;继续处理物业服务事项的内容,需在个案中结合各种因素综合判断。[79] 因此,就继续处理物业服务事项的义务而言,虽然符合物业服务合同的性质和特点,有其存在之必要性,但其法律构成究竟为何,仍有进一步探讨之空间。当然,亦有学说认为,理解第950条不必如此大费周章,它就是物业服务合同终止后的法定债之关系。[80]

(七)合同约定或其他承诺事项的服务提供义务

除了上述义务,物业服务合同当事人亦可能在物业服务合同中约定了其他义务,且依《民法典》第938条第2款,物业服务人公开作出的有利于业主的服务承诺,为物业服务合同的组成部分,物业服务人同样应履行此等义务。

二、业主的义务

(一)物业费支付义务

物业服务合同的缔约主体为全体业主,无论是基于其集体合同性质还是基于框架合同的性质抑或基于管理规约的效力,物业服务合同对业主个体均产生法律约束力。《民法典》第939条对此作了规定。物业服务合同对业主个体的法律约束力,最为重要的就是业主的物业费支付义务。《物业管理条例》第41条规定了业主的物业费支付义务,《民法典》第944条在此基础上结合司法实践作出了规定,即"业主应当按照约定向物业服务人支付物业费。物业服务人已经按照约定和有关规定提供服务的,业主不得以未接受或者无需接受相关物业服务为由拒绝支付物业费。业主违反约定逾期不支付物业费的,物业服务人可以催告其在合理期限内支付;合理期限届满仍不支付的,物业服务人可以提起诉讼或者申请仲裁。物业服务人不得采取停止供电、供水、供热、供燃气等方式催交物业费"。

在物业服务实践中,无论是采用包干制还是酬金制,物业费的构成中,除了物业服务人从事管理维护工作的成本外,也包括了物业服务人的税费、利润等。对物业服务费用的内涵绝对不能简单地认为只是物业服务企业的佣金。物业服务费可分为公共性服务费(为物业产权人、使用人提供公用卫生清洁、公共设施维修保养和保安、绿化等公共性服务而收取的费用)、公众代办性服务费(为物业产权人、使用人提供代收代交水电费、煤气费、有线电视费、电话费等公众代办性的服务而收取的费用)和特约服务费(为物业产权人、使用人提供特约服务而收取的费用)。[81] 因此,物业费并非单纯的"报酬",而是包含了费用与报酬,不仅包括物业服务人的佣金,还包括物业维修养护等产生的必要费用。[82] 同时,由于建筑物区分所有权方面的制度不同,世界上各个国家和地区关于业主交纳物业费以及拖欠物业费的追交制度存在较大差异。在其他法域,业主作为区分所有权人所承担的各项费用,类似于物业费的管理费,由业主向管

---

〔79〕 王轶等:《中国民法典释评:合同编·典型合同》(下卷),中国人民大学出版社2020年版,第550页。
〔80〕 韩世远:《物业服务合同的解释论——以框架合同为视角》,载《中国政法大学学报》2022年第3期。
〔81〕 姚辉、段睿:《物业服务合同履行的相关法律问题研究》,载《法律适用》2010年第1期。
〔82〕 王利明主编:《中国民法典评注:合同编》(第4册),人民法院出版社2021年版,第1963页。

理人(类似我国的业主委员会)交纳,交纳的依据是法律规定和业主管理规约。[83] 但我国区分所有制度的一个特点在于,享有业主团体成员权的单个业主的个体义务流变为业主直接向物业服务人支付物业费的义务。业主的专有部分可以相对独立,但与共有部分不可分离、相互依存,对专有部分享有所有权的同时必须履行作为业主团体成员的义务。[84] 《民法典》第273条规定,业主对建筑物专有部分以外的共有部分,享有权利,承担义务;不得以放弃权利为由不履行义务。不仅如此,物业服务是针对物业及业主整体的物业服务,除非与单个业主有特别约定,针对个别业主的具体物业服务本身并不常见。因此,《民法典》第944条第1款规定,业主不得以未接受或者无须接受相关物业服务为由拒绝支付物业费。之所以不得以此等事由抗辩,其本质上在于物业的维护管理是业主共同的义务,交由物业服务人维护管理,只不过是将业主团体自身管理事务委托他人处理而已。不少国家和地区的法律规定了不得以放弃共有关系作为拒绝交纳物业费或者管理费的抗辩理由。业主以未接受物业服务(比如虽然交付了房屋但并未实际入住)或无须接受物业服务(比如以其不产生生活垃圾或将生活垃圾带离小区丢弃)为由抗辩的,并不构成有效的抗辩。只要物业服务人未另行表示免除单个业主的物业费,业主支付物业费的义务便因业主团体的决议而发生集体的约束力,不因个体不同意思而有差异。[85] 另外,亦有观点认为,物业服务合同生效后,业主不得以未接受或无须接受相关物业服务为由拒绝支付物业费,其理由与承租人不得以租赁合同生效后未使用租赁物为由拒绝支付租金相同。[86] 当然,在特定情形下业主也可以拒绝支付物业费。业主可以拒绝支付物业费的正当理由包括:一是物业服务人不履行物业服务合同义务或者履行义务不符合合同约定,业主对此可以依法行使抗辩权。二是物业服务人违反物业服务合同约定或者法律、法规、部门规章规定,擅自扩大收费范围、提高收费标准或者重复收费,业主可以就属于违规收费的部分拒绝交纳。[87] 对于后者,《物业服务司法解释》第2条作了明确规定。

思考｜关于物业费支付请求权的业主抗辩

物业费问题,既是物业纠纷中的重点,也是理论研究中的焦点之一。在物业服务合同纠纷案件中,占了大多数的是与物业费支付义务相关的纠纷。[88] 有论文专门针对业主交纳物业费义务之性质作出研究,认为物业费是业主履行对共有部分的管理义务而应当付出的成本费用,属于法定义务。[89] 也有专门提出自益型抗辩和公益型抗辩相区分的观点,根据物业公司违约程度对业主的物业费交纳义务及其抗辩作出分析。[90] 也有学者围绕原《物业服务司法解释》

---

〔83〕 黄薇主编:《中华人民共和国民法典解读:合同编》(下册),中国法制出版社2020年版,第1409页。

〔84〕 最高人民法院民法典贯彻实施工作领导小组主编:《中华人民共和国民法典合同编理解与适用(四)》,人民法院出版社2020年版,第2603页。

〔85〕 韩世远:《物业服务合同的解释论——以框架合同为视角》,载《中国政法大学学报》2022年第3期。

〔86〕 杨代雄主编:《袖珍民法典评注》,中国民主法制出版社2022年版,第807页。

〔87〕 黄薇主编:《中华人民共和国民法典解读:合同编》(下册),中国法制出版社2020年版,第1416页。

〔88〕 周江洪:《服务合同立法研究》,法律出版社2021年版,第59页。

〔89〕 陈广华、张力元:《业主交纳物业费义务之法律性质研究》,载《时代法学》2018年第2期。

〔90〕 潘洁、王雷:《物业服务合同纠纷抗辩事由研究——对物业服务义务履行的调研报告》,载《人民论坛》2010年第2期。

对物业费请求权的抗辩作出了分析,认为物业服务存在瑕疵等多种情形可以构成物业费请求权的抗辩。[91] 也有学者从物业服务瑕疵程度认定标准入手,就物业费抗辩问题作出了研究。[92] 还有学者从诚信原则、权利禁止滥用原则等角度对物业服务合同纠纷中的不当抗辩行为的限制问题作出了探讨。[93] 从总体来看,关于物业服务存在瑕疵时的单个业主抗辩权问题,存在赞否两说。否定说通常认为,面向全体业主提供的物业服务是不可分给付,全体业主就此享有不可分债权,应依不可分债权处理,要求全体权利人共同行使。[94] 但从《民法典》第 944 条第 1 款的表述来看,也有学说认为这里有一个隐含的问题。条文规定物业服务人已经按照约定和有关规定提供服务的,业主不得拒绝支付物业费,意味着如果物业服务人没有按照约定和有关规定提供服务,业主可以拒绝支付物业服务费,这是行使同时履行抗辩权的行为。[95] 对此,司法实践中有的判决对业主要求减免物业费的诉讼请求予以支持。例如,有法院判决认为,"一审法院综合涉诉小区物业费收费标准、涉诉小区物业服务存在瑕疵等实际情况,酌定上诉人按照 95% 的标准向被上诉人缴纳物业费 4141.92 元并无不当,本院予以维持",[96] 或者认为,"一审根据双方当事人所举证据,已认定强冠物业公司提供物业管理服务存在部分质量瑕疵,判决按照 90% 的比例缴纳物业费,并无不当"等。[97] 但同时也有观点认为,在物业服务人提供的物业不符合约定的情况下,业主的抗辩能否得到支持有赖于法官根据案件的具体情况,结合合同约定,对当事人实际权利义务关系予以平衡并作出调整。[98] 本书认为,无论是从《民法典》第 944 条的规定来看,还是从司法实践来看,单个业主的抗辩或者请求酌减都存在适用的可能性,但对其法律构造需结合集体合同的特点予以适当限制,特别是单个业主个别诉讼中形成的判决是否有可能对其他业主的物业费酌减造成相应的影响仍然需要进一步研究。因此,总体上而言,应从严控制物业费酌减或拒绝支付的抗辩。

业主违反物业费支付义务的,应承担违约责任,依《民法典》第 577 条、第 579 条,物业服务人可以要求支付。与此不同,《民法典》第 944 条为物业费支付义务迟延履行时的诉讼或仲裁设定了"可以催告"的要件。该规定实际上是部分吸收了原《物业服务司法解释》第 6 条规定的做法。该司法解释曾规定,经书面催交,业主无正当理由拒绝交纳或者在催告的合理期限内仍未交纳物业费,物业服务企业请求业主支付物业费的,人民法院应予支持。据此,物业服务人的催告被设置为提起诉讼或仲裁的前置程序。明确将催告程序作为物业服务人起诉的前置条

[91] 陈佳:《物业服务合同中的物业费请求权研究——兼评法释〔2009〕8 号中的相关规定》,载《河北法学》2010 年第 5 期;林中梁:《物业服务合同纠纷研究》,载《中国不动产法研究》2016 年第 2 期;羊震:《物业服务合同履行中业主抗辩权的行使规则》,载《人民司法(应用)》2017 年第 22 期。

[92] 张永:《物业服务瑕疵程度的认定》,载《人民司法(案例)》2016 年第 23 期。

[93] 焦和平:《物业管理合同履行中不当抗辩行为的限制》,载《政法学刊》2008 年第 4 期。

[94] 谢鸿飞、朱广新主编:《民法典评注:合同编　典型合同与准合同》(第 4 册),中国法制出版社 2020 年版,第 323 页。

[95] 杨立新:《物业服务合同:从无名合同到典型合同的蜕变》,载《现代法学》2020 年第 4 期。

[96] 张某利、天山物业服务有限公司天津分公司物业服务合同纠纷案,天津市第二中级人民法院(2022)津 02 民终 4058 号民事判决书。

[97] 刘某荣、许某飞等物业服务合同纠纷案,安徽省蚌埠市中级人民法院(2022)皖 03 民终 1988 号民事判决书。

[98] 最高人民法院民法典贯彻实施工作领导小组主编:《中华人民共和国民法典合同编理解与适用(四)》,人民法院出版社 2020 年版,第 2603 页。

件，给予了物业服务人和业主直接沟通、协商的空间，也督促一部分因为各种原因忘记或者暂时无法支付物业费的业主尽快履行义务，有利于双方直接解决纠纷。[99] 但《民法典》第944条第2款规定的催告，究竟为前置程序还是倡导性规定，存在争议。既有认为该规定为前置程序者，[100] 亦有持否定意见者。[101] 有观点认为，在业主已经迟延履行构成违约的情形下，若将催告作为提起诉讼或申请仲裁的前置程序，将导致对物业服务人诉权的不当限制。[102] 从《民法典》第944条第2款的文义来看，其规定的是"可以催告"，因此，物业服务人具有选择催告与否的权利；但一旦进行催告，则在合理期限届满之前并不能提起诉讼或仲裁。但是，就《民法典》第944条第2款针对催告、提起诉讼和仲裁作出特别规定的角度而言，其实质上是在鼓励、倡导物业服务人通过催告程序来解决物业费的收取问题。[103] 原因在于，通常来说，无论《民法典》是否规定得以催告、是否规定得以提起诉讼或仲裁，物业服务人均有此等权利，无须规定；其特别规定者，乃是在鼓励倡导这一纠纷解决方式。

另外，在通常的合同中，依《民法典》第563条，在迟延履行主要债务之情形下，若债务人经催告后仍未履行债务，合同一方当事人可以解除合同。但是，物业服务合同之情形并非如此。原因在于，物业服务合同具有集体合同的特性，物业服务之提供系针对业主共有部分，无从区分提供。对于个别极端业主之惩治，在公法许可范围内，系业主自治事项。物业服务人可以要求物业服务框架合同之相对方（业主委员会）督促其限期交纳（《物业管理条例》第64条），但不宜直接对个别业主解除合同、拒绝提供物业服务。[104]

在物业服务实践中，有的物业服务人采取断水、断电等方式催交物业费，对业主的基本生活造成了严重影响，为此，《民法典》第944条第3款对此作出规定，以规范物业服务人的行为，保护业主的合法权益。[105] 供用水、电、热、气等合同，与物业服务合同为彼此独立的合同，两者之间并不存在牵连关系，无法依此行使同时履行抗辩权。而且，即使供用水、电、热、气的主体委托物业服务人代为缔结合同或代为收费，亦不能以此作为催交物业费的方式。即使物业服务合同中约定，在业主不支付物业费的情况下，物业服务人有中止供电的权利，这一约定也是无效的。[106] 除了合同的相对性，亦有认为此系立法者衡量双方利益，以业主之生存利益重于物

---

〔99〕 最高人民法院民法典贯彻实施工作领导小组主编：《中华人民共和国民法典合同编理解与适用（四）》，人民法院出版社2020年版，第2605页。

〔100〕 最高人民法院民法典贯彻实施工作领导小组主编：《中华人民共和国民法典合同编理解与适用（四）》，人民法院出版社2020年版，第2605页；王轶等：《中国民法典释评：合同编·典型合同》（下卷），中国人民大学出版社2020年版，第529页。

〔101〕 谢鸿飞、朱广新主编：《民法典评注：合同编 典型合同与准合同》（第4册），中国法制出版社2020年版，第319页；黄薇主编：《中华人民共和国民法典解读：合同编》（下册），中国法制出版社2020年版，第1419页。

〔102〕 徐涤宇、张家勇主编：《〈中华人民共和国民法典〉评注》（精要版），中国人民大学出版社2022年版，第971页。

〔103〕 在《民法典》编纂过程中，笔者曾建议：通常来说，无论是否规定得以提起诉讼或仲裁，物业服务人均有此等权利，无须规定。应当回归迟延履行的一般规则，即催告后仍不履行的，是否发生解除权、是否发生迟延损害赔偿（迟延利息）以及是否具有持续性合同中的"向后的抗辩权"问题（比如是否可以中止相应的服务等）。参见周江洪：《关于民法典分编物业服务合同部分的意见建议》，载微信公众号"浙大民商法"2018年10月23日，https://mp.weixin.qq.com/s/3LzBvp2EqBfvFH0NmuShSw。

〔104〕 韩世远：《物业服务合同的解释论——以框架合同为视角》，载《中国政法大学学报》2022年第3期。

〔105〕 黄薇主编：《中华人民共和国民法典解读：合同编》（下册），中国法制出版社2020年版，第1420页。

〔106〕 王轶等：《中国民法典释评：合同编·典型合同》（下卷），中国人民大学出版社2020年版，第530页。

业服务人之经济利益之故。[107]

值得注意的是物业费支付的义务主体可能并不限于业主。《民法典》第 944 条仅规定了“业主”，但在实践中，也存在建设单位、物业使用人、物业继受人等不同主体介入情形下的物业费支付问题。[108] 例如，《物业管理条例》第 41 条第 2 款就规定了物业建设单位的物业费交纳义务，即“已竣工但尚未出售或者尚未交给物业买受人的物业，物业服务费用由建设单位交纳”。此时，虽然物业服务合同对业主发生法律约束力，但物业尚未交给买受人时，并不符合《建筑物区分所有司法解释》第 1 条规定的已取得专有部分所有权或已合法占有专有部分的条件，即使有买卖合同的存在，因物业尚未交付占有，买受人此时亦不构成业主，物业服务合同或前期物业服务合同尚未对其发生法律约束力。而对于其他已经购入并合法占有专有部分或取得所有的业主而言，其交纳的物业费也只是根据自己专有部分面积核算的物业费，而不包括建设单位尚未出售或虽出售但尚未移交的物业。后一部分的物业费，由建设单位分担交纳具有其合理之处。

而对于物业使用人来说，实践中业主作为出租人等常与物业使用人约定由物业使用人交纳物业费。从合同相对性来说，即使物业使用人与业主之间存在这样的约定，物业服务人亦不能据此要求物业使用人支付物业费，物业服务合同对物业使用人也并没有法律约束力，《物业服务司法解释》第 4 条也只是规定了物业使用人实施违反物业服务合同、管理规约及违法行为引起的纠纷得以参照适用关于业主的规定，亦并未规定物业使用人对物业服务人的物业费支付义务。所以业主仍要承担支付物业费的义务，如果物业使用人未交纳物业费，物业服务人可以直接请求业主承担。[109] 但是，《物业管理条例》第 41 条第 1 款规定，“业主应当根据物业服务合同的约定交纳物业服务费用。业主与物业使用人约定由物业使用人交纳物业服务费用的，从其约定，业主负连带交纳责任”。另外，原《物业服务司法解释》第 7 条亦有类似规定，但《物业服务司法解释》已删去该条。对于如何理解《物业管理条例》第 41 条第 1 款中的物业使用人的物业费支付义务及业主连带责任，有学说将其归纳为《民法典》第 552 条意义上的“债务加入”。[110] 就负有物业费支付义务的连带债务这一结果角度而言，《物业管理条例》第 41 条第 1 款确实与《民法典》第 552 条类似。但需要注意的是，债务加入自有其构成要件：一是物业使用人与业主之间关于物业费支付的约定，其真实意思是旨在加入业主对物业服务人承担的物业费债务中，还是物业使用人仅愿意向业主承担物业费支付义务之代偿等，需要意思表示上的解释；二是物业使用人加入债务，还需通知债权人或向债权人表示愿意加入债务，且债权人未在合理期限内明确拒绝等要件，但实践中，业主与物业使用人之间的约定，并不一定向物业服务人为通知。虽然《民法典》第 945 条第 2 款规定了出租物业时的告知义务，但此等告知义务的履行，并非债务加入之通知。因此，从这层含义上来说，除非构成了债务加入或其他使物业使用人负有物业费支付义务的法律构造，否则因物业服务合同具有相对性，物业使用人并不负

---

〔107〕 韩世远：《物业服务合同的解释论——以框架合同为视角》，载《中国政法大学学报》2022 年第 3 期。

〔108〕 朱虎：《物业服务合同作为集体合同：以〈民法典〉规范为中心》，载《暨南学报（哲学社会科学版）》2020 年第 11 期。

〔109〕 黄薇主编：《中华人民共和国民法典解读：合同编》（下册），中国法制出版社 2020 年版，第 1411 页。

〔110〕 朱虎：《物业服务合同作为集体合同：以〈民法典〉规范为中心》，载《暨南学报（哲学社会科学版）》2020 年第 11 期；王利明：《合同法》（下册），中国人民大学出版社 2021 年版，第 373 页。

有物业费支付义务。为此,就《民法典》贯彻实施角度而言,应当删去《物业管理条例》第 41 条关于物业使用人支付物业使用费的相关规定。业主与物业使用人约定了物业使用人的物业费支付义务时,物业使用人对物业服务人原则上并不负有物业费支付义务,而应根据情形判断是否构成债务加入等确定是否负有物业费支付义务。

物业继受过程中的物业费支付问题,亦是实践中的争议问题之一,即房屋等可能基于买卖、赠与、继承等方式发生移转,如果原业主拖欠了物业费,新业主是否需要承担原业主拖欠的物业费?对此,既有观点认为应当属于原业主的个人债务而不应由继受者承担;亦有观点认为新业主负有查询物业费交纳情况的义务,对于明知物业费拖欠而继受物业的,应当承担原业主拖欠的物业费;或者认为应分类型具体对待:继承之情形,若未放弃继承,应当承担被继承人拖欠的物业费,赠与与买卖之情形,新业主原则上不承受拖欠的物业费。[111] 此外,还有观点认为其类似“物上之债”,可以区分新业主是否知道或者应当知道原业主拖欠物业费,如果新业主知道或者应当知道,对原业主拖欠的物业费应当负有支付义务。[112] 从物业费支付义务的产生时点来看,业主之所以产生物业费支付义务,在于其自合法占有或取得专有部分之所有权之时起成为业主而负有物业费支付义务,除非物业服务合同另有约定或者业主管理规约等另有规定,新业主对于之前拖欠的物业费并不承担支付义务。而且物业费的构成既有管理费用又有报酬等,其能否构成“物上之债”当有商榷之余地。因此,本书认为,物业继受人原则上并不负有拖欠物业费的支付义务。当然,物业因发生继承而继受之情形,遵循继承法相关规则作出处理即可。

(二)重要事项的告知和配合义务

物业服务人不仅负有物业服务区域内的基本秩序维护义务,也因此在物业服务区域内具有管理权限。但是,《民法典》第 942 条只是从义务履行的角度对此作了规定。不仅如此,此等管理权限的行使或义务的履行,需要业主的配合。实际上,业主的共同管理权限不限于对共有部分的支配管理,还涉及对共同生活事务的管理,包括对妨害业主共同生活关系、损害业主合法权益的行为进行制止的权利。[113] 虽然《民法典》第 286 条第 2 款仅就业主大会或者业主委员会针对损害他人合法权益的行为规定了相应的权利,但通过物业服务合同的委托授权或者法律规定的法定授权,物业服务人亦同样享有此等权利。《物业服务司法解释》第 1 条就明确规定了此等权限,即“业主违反物业服务合同或者法律、法规、管理规约,实施妨碍物业服务与管理的行为,物业服务人请求业主承担停止侵害、排除妨碍、恢复原状等相应民事责任的,人民法院应予支持”。为保障物业服务人对物业服务区域内秩序管理权利的行使,维护其他业主的合法权益,业主负有相应配合协助物业服务人管理之义务,这实际上也是服务类合同履行过程中常见的协助义务的体现之一。对此,《民法典》第 945 条规定了重要事项的告知义务和相应的配合义务,即“业主装饰装修房屋的,应当事先告知物业服务人,遵守物业服务人提示的合理注意事项,并配合其进行必要的现场检查。业主转让、出租物业专有部分、设立居住权或者依法改变共有部分用途的,应当及时将相关情况告知物业服务人”。其中,业主装饰装修房屋情

---

[111] 黄薇主编:《中华人民共和国民法典解读:合同编》(下册),中国法制出版社 2020 年版,第 1412 ~ 1413 页。

[112] 朱虎:《物业服务合同作为集体合同:以〈民法典〉规范为中心》,载《暨南学报(哲学社会科学版)》2020 年第 11 期。

[113] 谢鸿飞、朱广新主编:《民法典评注:合同编　典型合同与准合同》(第 4 册),中国法制出版社 2020 年版,第 325 页。

形的告知配合义务,主要是源于其可能会对物业本身以及对其他业主造成影响和损害,同时亦会妨碍物业服务人妥善提供物业服务。此系物业服务人维护小区内的基本秩序所必需,一方面,装修施工会产生噪声、污染等问题,给其他业主带来不便,故须遵守一定的规则(比如施工时间、区域的限定等);另一方面,楼房承重墙不许随意损坏,否则会危及其他业主安全,故物业服务人有必要进行现场检查。[114] 而物业的转让、出租、设立居住权、改变共有部分用途等,虽然均属于业主之权利,但由于会涉及物业服务相对人的变化以及物业本身的变化,故业主负有告知物业服务人相关情况的义务,以最大限度促使物业服务人了解情况、知悉物业的真实使用情况,确定享有物业服务之主体,物业服务人救济权利主张的对象,为物业服务的及时提供与物业服务区域内秩序的有效维护创造前提。[115]

关于上述重要事项的告知和配合义务,有学说将其定位为业主的附随义务,并认为按照教义学通说,对于业主附随义务的违反,物业服务人不能单独提起诉讼请求业主履行告知、协助义务,但是如果业主因违反该附随义务给物业服务人造成损失,物业服务人可以主张损害赔偿责任。[116] 或者认为,该告知义务为附随义务,附随义务不同于合同给付义务,对违反附随义务的行为无法提起给付之诉。[117] 但本书认为,业主关于重要事项的告知和配合义务,并非以附随义务得以说明。一是服务类合同中的协作、通知等义务,关涉服务类合同的履行效果,并非都是附随义务的问题。[118] 二是在物业服务合同中,物业服务人乃是针对全体业主整体提供服务,其并非物业服务人与单个业主之间的合同关系,物业服务人义务的履行以及业主义务的履行,亦关涉其他业主及物业本身的维护管理、利益保护问题,附随义务理论在此等集体合同中的适用有限。三是物业服务人依物业服务合同授权或法定授权而享有管理权限,对于业主的相关行为本身具有制止等权利,也有采取积极措施维护基本秩序之义务,并非仅享有损害赔偿请求权。例如,若业主不遵守物业服务人提示的合理注意事项致使其装修威胁建筑物本身的安全,此时物业服务人不仅可以诉请停止侵害、要求遵循指示,而且这亦是物业服务人的义务所在。前述《物业服务司法解释》第 1 条亦规定,业主违反物业服务合同或者法律、法规、管理规约,实施妨害物业服务与管理的行为的,物业服务人得以请求业主承担停止侵害、排除妨碍、恢复原状等相应民事责任。因此,应根据具体的事项个别判断此等告知、配合义务是否得以诉请履行。

(三)提前解聘时的书面通知义务

《民法典》第 946 条规定了业主依法定程序任意解除物业服务合同的权利。但此等权利的行使,不同于通常的任意解除,要求业主负有提前书面通知义务。当然,亦有学说认为,在业主任意解除权的行使不影响物业服务人的损害赔偿请求权且通过损害赔偿足以平衡对物业服务人利益保护的情形下,再进一步对业主课加提前通知义务,是否对业主的任意解除权行使构成

〔114〕 韩世远:《物业服务合同的解释论——以框架合同为视角》,载《中国政法大学学报》2022 年第 3 期。
〔115〕 王轶等:《中国民法典释评:合同编 · 典型合同》(下卷),中国人民大学出版社 2020 年版,第 530 页。
〔116〕 谢鸿飞、朱广新主编:《民法典评注:合同编 典型合同与准合同》(第 4 册),中国法制出版社 2020 年版,第 327 页。
〔117〕 王利明主编:《中国民法典评注:合同编》(第 4 册),人民法院出版社 2021 年版,第 1970 页。
〔118〕 周江洪:《服务合同立法研究》,法律出版社 2021 年版,第 261 ~268 页。

过分限制值得探讨。[119] 但是,结合物业服务合同的特点,提前通知的作用在于在合同任意解除的情况下给予物业服务人必要的准备时间以便安排合同解除后的交接事宜,有其合理性。

但是,就违反提前书面通知义务的法律效果而言,学理上存在争议。一说认为,违反提前书面通知义务并不能导致任意解除权的行使无效,要求业主必须继续维持该合同效力直至通知的期限届满方可解除合同,显然与任意解除权的制度目的相悖,业主未履行提前通知义务,应当依照债务不履行的规则转变为损害赔偿规则。[120] 另一说认为,未提前通知的,只有在期限届满之后,解除才发生效力,而非解除无效;[121]或者认为,合同不是自通知到达对方时解除,而是自通知到达对方60日后解除。[122] 两者都肯定即使违反提前书面通知义务也并不影响任意解除权行使的效果,只是在合同解除时点的判断上存在实质差别。前一说认为解除通知到达即发生合同任意解除的效力,而后一说则认为通知到达后60日才发生解除的效力。就文义来说,若任意解除通知到达即发生解除之效力,所谓的"提前60日书面通知"就不再有意义;毕竟无论何种解除导致的合同终止,依《民法典》第949条规定,均应给予物业服务人以合理的期限进行交接准备,若认为任意解除通知到达后合同即告解除,则"提前60日"书面通知义务的要求的意义就不甚明确。但是,就提前书面通知60日后发生解除的效力而言,该说亦会面临一些困难。例如,距物业服务期限届满不足60日时,若决定任意解除并通知,此时究竟是合同期限届满合同终止,还是自任意解除通知到达时起合同解除,势必会面临争议。两相比较,后一说更符合《民法典》第946条之文义,但应当与其他合同终止原因引起的终止相协调。例如,若业主共同体行使《民法典》第563条意义上的法定解除权,则依《民法典》第565条确定合同解除的时点。若业主共同体行使任意解除权,但任意解除的通知期限届满60日或届满合同约定的通知期限之前,物业服务合同的服务期限届满,则依服务期限届满之日作为合同终止的日期。当然,就立法论而言,因《民法典》第949条已给予物业服务人在合同终止情形下的"合理期限"交接的保护,在《民法典》第946条任意解除之情形下是否仍有必要课加提前书面通知义务,值得商榷。就解释论而言,对第946~949条的规定,可以作如下体系性解释:在任意解除物业服务合同致使合同终止时,物业服务人退出物业服务区域并做好交接的"合理期限"的判断,应考虑已有书面提前通知的期限,作适当缩短之修正。

(四)因区分所有等引起的其他义务

我国的物业服务合同,不少是针对区分所有建筑及其业主的物业服务,因此,区分所有、物业服务人行使部分管理权限等亦会导致业主承担一些义务。例如,《民法典》第286条第1款规定,"业主应当遵守法律、法规以及管理规约,相关行为应当符合节约资源、保护生态环境的要求。对于物业服务企业或者其他管理人执行政府依法实施的应急处置措施和其他管理措施,业主应当依法予以配合"。《物业服务司法解释》第1条规定,"业主违反物业服务合同或者法律、法规、管理规约,实施妨碍物业服务与管理的行为,物业服务人请求业主承担停止侵害、

---

[119] 谢鸿飞、朱广新主编:《民法典评注:合同编　典型合同与准合同》(第4册),中国法制出版社2020年版,第330页。

[120] 谢鸿飞、朱广新主编:《民法典评注:合同编　典型合同与准合同》(第4册),中国法制出版社2020年版,第330~331页。

[121] 王轶等:《中国民法典释评:合同编·典型合同》(下卷),中国人民大学出版社2020年版,第540页。

[122] 韩世远:《物业服务合同的解释论——以框架合同为视角》,载《中国政法大学学报》2022年第3期。

排除妨碍、恢复原状等相应民事责任的，人民法院应予支持”。在司法实践中，因物业服务人执行政府依法实施的应急处置措施和其他管理措施的业主配合义务的履行问题，亦有相关纠纷发生。例如，被告某物业服务有限公司为天津市河东区某物业管理方。原告黄某于 2020 年 6 月 10 日由上海市来到该小区探望祖母。彼时正值我国部分地区出现聚集性新冠疫情，天津市有关部门发布紧急防控通知，要求严格落实社区出入口值班值守，加强验码、亮码、登记等疫情防控措施。2020 年 6 月 19 日 9 时许，黄某骑共享单车进入小区，物业公司值守保安当即呼喊要求其停车接受亮码、登记等疫情防控检查措施。黄某听到有人呼喊后回头观看，随即加速向前骑行。值守保安即骑车追赶，伸手接触原告背部时车辆失控摔倒。后黄某将物业公司诉至法院，要求赔偿医疗费、交通费、营养费、护理费、误工费等各项损失共计 57,501.3 元。生效裁判认为，《民法典》第 286 条规定，对于物业服务企业或者其他管理人执行政府依法实施的应急处置措施和其他管理措施，业主应当依法予以配合。事发之时正值聚集性疫情扩散、防控形势严峻的关键时期，该物业公司依照有关政策要求派员值守、验码登记、阻拦冲岗，是履职尽责的体现，其行为没有过错，不应当承担赔偿责任。黄某在物业人员大声呼喊之际却加速骑行，最终导致摔伤，应自行承担相应后果，遂判决驳回黄某的诉讼请求。[123]

第三节　物业服务合同的终止

一、物业服务合同终止的原因

物业服务合同的终止，既有因合同解除而终止权利义务关系的(《民法典》第 557 条第 2 款)，亦有因《民法典》物业服务合同章的专门规定而终止的。前者如《民法典》第 533 条规定的因情势变更而解除，第 562 条规定的协商解除、约定解除事由的解除，第 563 条规定的法定解除、不定期持续性合同的随时解除，以及第 580 条第 2 款规定的司法终止等，作为通则性规定，此等规定同样适用于物业服务合同领域；后者如《民法典》第 946 条规定的业主依法行使任意解除权导致的合同终止以及《民法典》第 947 ~ 948 条涉及的因物业服务期限届满终止、不定期物业服务合同的随时解除等。也正是因为存在不同的终止原因，在实践中应注意物业服务合同终止的不同原因、当事人行使的不同权利等。而且，就物业服务合同而言，其集体合同性质以及物业服务面向全体业主整体的性质决定了单个业主原则上并无解除权，物业服务人亦不得对单个业主行使解除权。

(一)物业服务合同因业主依法行使任意解除权而终止

因任意解除并不需要特别的理由，不受条件限制，可能会给当事人预期造成冲击并导致损失，故在《民法典》编纂过程中，物业服务合同领域是否规定任意解除权，亦有争议。但为了保护业主的合法权益，构建和谐物业服务关系，《民法典》第 946 条赋予业主一方任意解除权。[124]

---

〔123〕 黄某诉某物业服务有限公司健康权纠纷案，最高人民法院发布 13 件人民法院贯彻实施民法典典型案例(第一批)之四。

〔124〕 黄薇主编:《中华人民共和国民法典解读:合同编》(下册)，中国法制出版社 2020 年版，第 1424 ~ 1428 页。

从物业服务合同作为服务类合同的原理来看,虽然支撑着每一有名合同任意解除权的是源自各有名合同各自特性的特别理由,但就物业服务合同来说,其任意解除权的存在具有合适的理由。特别是作为服务受领人,业主对于物业服务合同的存续与否是自身利益的最佳判断者,对于认为特定物业服务人提供的物业服务已无必要的物业服务受领人来说,将其固定在物业服务合同的约束中亦无必要,关键则在于任意解除后的利益平衡问题。从比较法上来看,服务类合同中服务受领人的任意解除权具有普遍性。[125] 物业服务合同的受领人享有任意解除权亦不违背服务类合同的基本原理。

但值得注意的是,业主一方的任意解除权,并非单个业主的任意解除权,而是全体业主的任意解除权。[126] 依《民法典》第 946 条规定,其行使需“依照法定程序共同决定解聘”,且负有提前书面通知义务。该法定程序,实际上指的是《民法典》第 278 条规定的“选聘和解聘物业服务企业或者其他管理人”由业主共同决定的程序,应当由专有部分面积占比 2/3 以上的业主且人数占比 2/3 以上的业主参与表决。当然,这里的物业服务合同,仅指向普通物业服务合同,而不包括前期物业服务合同。前期物业服务合同的服务期限届满前的终止,依《民法典》第 940 条的规定,乃是因业主委员会或者业主与新物业服务人订立的物业服务合同生效而终止,并不适用任意解除权之规定。[127]

当然,《民法典》并未赋予物业服务人以任意解除权。其主要原因在于,一方面,物业服务人通常为专门从事物业服务营业项目的专业公司或其他组织,面向社会公众开展物业服务活动,通常对于服务对象没有特别要求;另一方面,则是为保障向业主所提供的物业服务的稳定性和连续性。若允许物业服务人任意解除物业服务合同,物业服务的持续性难以保障,将对业主生活工作状态的稳定性造成威胁或破坏。[128]

(二)物业服务合同因物业服务期限届满而终止

物业服务期限届满的,物业服务合同原则上终止。如果物业服务期限届满前,业主依法共同决定续聘的,应当与原物业服务人在合同期限届满前续订物业服务合同(《民法典》第 947 条第 1 款)。当然,续聘与否是双方意思表示的结果,原物业服务人亦可以不同意续聘。物业服务期限届满前,物业服务人不同意续聘的,应当在合同期限届满前 90 日书面通知业主或者业主委员会,但是合同对通知期限另有约定的除外(《民法典》第 947 条第 2 款)。另外,续订合同不同于重新签订合同,而是在原物业服务合同其他内容不变的情况下,延长合同的期限。

值得注意的是,也存在物业服务期限届满但并不终止物业服务合同的情形。对此,《民法典》第 948 条第 1 款规定,“物业服务期限届满后,业主没有依法作出续聘或者另聘物业服务人的决定,物业服务人继续提供物业服务的,原物业服务合同继续有效,但是服务期限为不定期”。虽然该条与《民法典》第 734 条第 1 款关于租赁的法定更新、第 976 条第 2 款关于合伙的法定更新类似,都是出于维持持续性合同中当事人之间法律关系稳定以及物的使用或事务处

---

〔125〕 周江洪:《服务合同立法研究》,法律出版社 2021 年版,第 316 页。

〔126〕 黄薇主编:《中华人民共和国民法典解读:合同编》(下册),中国法制出版社 2020 年版,第 1428 页。

〔127〕 王轶等:《中国民法典释评:合同编·典型合同》(下卷),中国人民大学出版社 2020 年版,第 539 页;王利明:《合同法》(下册),中国人民大学出版社 2021 年版,第 401 页。

〔128〕 谢鸿飞、朱广新主编:《民法典评注:合同编　典型合同与准合同》(第 4 册),中国法制出版社 2020 年版,第 329 页。

理延续的需要,但与租赁和合伙情形不同,物业服务合同的法定更新并不需要以相对人或其他合同当事人没有异议为必要条件。也就是说,只要业主没有依法作出续聘或新聘的决定,无论业主委员会有无异议,原物业服务合同都构成法定更新。因此,除非构成法定更新,否则物业服务合同因物业服务期限届满而终止。

(三)不定期物业服务合同因随时解除而终止

依《民法典》第563条第2款规定,当事人双方均可以随时解除不定期持续性合同。同样地,不定期物业服务合同的随时解除,与物业服务合同的任意解除仅限于业主一方不同,无论是物业服务人还是业主一方,均可以随时解除。而且,与不定期租赁、不定期合伙的随时解除不同,也与《民法典》第563条第2款规定不同,关于不定期物业服务合同的随时解除,《民法典》明确了"合理期限之前通知对方"的"合理期限"为60日,即"当事人可以随时解除不定期物业服务合同,但是应当提前六十日书面通知对方"(《民法典》第948条第2款)。但是,此等随时解除,亦是物业服务人的解聘,需依《民法典》第278条的规定由业主共同决定。

二、物业服务合同终止的法律效果

物业服务合同终止的,除了因终止原因不同而产生不同的法律效果之外,《民法典》物业服务合同章对终止后的法律效果也作了规定。例如,因解除而终止的,除了《民法典》第566条的规定,《民法典》第949~950条也就物业服务的交接、接管前物业服务人继续处理物业服务事项等作了规定。此外,在任意解除情形下,《民法典》第946条第2款亦规定了损害赔偿责任。关于合同终止后的交接及合同终止后接管前物业服务人继续处理物业服务事项的义务等,已如前述,这里仅就业主一方任意解除时的损害赔偿和不定期物业服务合同随时解除时的法律效果作简单介绍。

业主一方依法定程序共同决定解聘时的任意解除,若造成物业服务人损失,除不可归责于业主的事由外,业主应当赔偿损失(《民法典》第946条第2款)。此项赔偿并非违约损害赔偿,因为解除权人是在行使法律赋予的权利,具有正当性,不构成违约。此项赔偿并非解除权人行使解除权的前提条件,而是其结果,因而不能以是否作出了此项赔偿来判断是否发生解除的效果。[129] 但是,该任意解除的损害赔偿范围问题并不十分明确。有学说认为,在不存在不可归责于业主的事由时,业主应当赔偿因解除物业服务合同给物业服务人造成的损失。参照《民法典》第933条的规定,业主赔偿的范围包括物业服务人的直接损失和可以获得的利益,最为重要的就是物业服务人本可以获得的解除后的物业服务费部分。但是,基于损益相抵、过错相抵、减损不真正义务的基本原理和规则,应当扣除物业服务人因合同解除而转将其劳动力用于他处而取得或原本能够取得但故意不取得的利益。由于已经提前通知物业服务人,已经给了物业服务人必要的准备时间,物业服务人此时具有减损义务,加上损益相抵和过错相抵的规则,因此,物业服务人的损失不会太大。实践中,可以以更为简单的方式确定物业服务人的损失,例如一定期限的物业费。[130] 亦有其他观点认为,任意解聘时对物业服务人的损害赔偿,也

---

〔129〕 韩世远:《物业服务合同的解释论——以框架合同为视角》,载《中国政法大学学报》2022年第3期。

〔130〕 朱虎:《物业服务合同作为集体合同:以〈民法典〉规范为中心》,载《暨南学报(哲学社会科学版)》2020年第11期。

应包括造成对方的直接损失和合同履行后可以获得的利益。[131]

但是，从《民法典》的用词来看，第946条虽然导入了业主的任意解聘，但对其损害赔偿的范围，并未与委托合同任意解除时的用词保持一致，并没有明确直接损失和利益问题，《民法典》第933条（委托合同）规定的"直接损失"与《民法典》第787条（承揽合同）和第946条（物业服务合同任意解除）规定的"损失"之间，是否具有共通性，是否存在具体差别，仍然有待今后进一步探讨。[132] 而且，关于任意解除时的报酬请求权模式和损害赔偿请求权模式之间本身也存在争议。就委托合同而言，委托人任意解除有偿委托的，受托人对于任意解除后剩余期间的将来报酬也享有请求权，但应依损益相抵规则、减损规则等作相应调整。但此等报酬请求权的规范基础，并不在于任意解除情形的损害赔偿请求权，而是因可归责于债权人的事由而履行不能时的风险负担规则的适用，其规范基础在于委托合同报酬请求权规则的扩张适用。[133] 而且，与委托合同中的"报酬"不同，物业费中不仅包括报酬，也包括费用，即使以报酬请求权构成来确定物业服务合同任意解除的损害赔偿，也应注意两者之间的不同，应当扣除费用部分。

关于随时解除不定期物业服务合同，多数学说认为此时与随时解除不定期持续性合同的基本原理一样，并不存在损害赔偿请求权。其理由在于，不定期物业服务合同中允许双方当事人随时解除合同，主要是为避免不定期合同无休止存续的弊害。当事人并不能期待合同永久存续，因而当一方当事人要求解除合同时，只需要给对方以合理的过渡期间，使物业服务合同在该期间届满后才终止，即可平衡对相对方的利益保护，而无须进一步赔偿对方因此所遭受的损失。[134] 实际上，不定期持续性合同的随时解除之所以没有采纳损害赔偿构成，可能的解释在于对于不定期合同，当事人对于合同期限的约束期待相对缓和，将不定期持续性合同作为一种相对非稳定的状态来对待，故只需在解除前的合理期限通知即可。但就"不定期"的角度而言，当事人的意思不尽相同，个别情形中当事人的意思只不过是表明当事人之间的长期合同关系，其追求的恰恰是稳定的合同关系，是因当事人之间稳定的信赖关系等而形成了不定期持续性关系。此种情形的任意解除，是否应当设置如同委托合同任意解除权行使时的损害赔偿构成，仍有进一步细分之必要，特别是对在"合理期限之前通知"机制难以发挥作用之领域产生的损失，是否仍有损害赔偿请求构成的可能，仍有进一步探讨之空间。当然，就物业服务合同而言，因《民法典》第946条、第947条规定了业主的解聘、续聘程序，对因此等程序难以达成而形成的不定期物业服务合同来说，难谓有稳定合同关系之期待，在提前60日通知随时解除的合理期限保障背景下，无须赔偿损失亦是可取的。

---

〔131〕 王利明主编：《中国民法典评注：合同编》（第4册），人民法院出版社2021年版，第1973页；徐涤宇、张家勇主编：《〈中华人民共和国民法典〉评注》（精要版），中国人民大学出版社2022年版，第974页。

〔132〕 周江洪：《民法典合同编的制度变迁》，载《地方立法研究》2020年第5期。

〔133〕 周江洪：《委托合同任意解除的损害赔偿》，载《法学研究》2017年第3期。

〔134〕 谢鸿飞、朱广新主编：《民法典评注：合同编　典型合同与准合同》（第4册），中国法制出版社2020年版，第339页。

第十七章 行 纪 合 同

行纪合同是原《合同法》确立的典型合同之一，是委托合同的子类型之一。《民法典》编纂早期阶段，亦有意见建议删去行纪合同一章，但最终在《民法典》中予以保留，在其第 951 ~ 960 条作了规定，并对若干条文作了修改。与原《合同法》相比，《民法典》行纪合同章条文没有非常大的变化。但值得注意的是，原《合同法》第 423 条规定的是"本章没有规定的，适用委托合同的有关规定"，而《民法典》第 960 条变成了"本章没有规定的，参照适用委托合同的有关规定"。从"适用"到"参照适用"的变化，说明了对行纪合同认识的变化，也同时说明委托合同部分的规定，并不是当然地适用于行纪合同。[1] 国内关于行纪合同的研究并不多见，主要集中于破产时的取回权问题[2]以及行纪合同与原《合同法》第 402 条、第 403 条（《民法典》第 925 条、第 926 条）的关系，或者是将其作为民商合一体例的典型合同用以阐述民商关系等。

第一节 行纪合同概述

一、行纪合同的概念和性质

行纪合同是行纪人以自己的名义为委托人从事贸易活动，委托人支付报酬的合同（《民法典》第 951 条）。行纪合同为双务、有偿、诺成、不要式合同。

行纪合同是典型的商事合同，无论中外，在市场交易的历史长河中都发挥了重要的作用，且是各种现代交易架构的重要工具。在大陆法系采民商分立立法例的国家和地区，通常会在商法典中规定"行纪营业"，而采民商合一的国家和地区，则通常会在民法典中规定行纪合同。在现代社会中，行纪往往由一些专业机构实施，比如委托行、拍卖行、证券商、房屋中介等，它们受委托人委托，从事行纪业务。[3] 当然，此等专业机构具体营业行为是否均属于行纪，需根据当事人之间具体的权利义务内容而定。例如，《证券法》第 133 条规定的证券公司、《期货和衍生品法》第 66 条规定的期货经营机构以及《拍卖法》第 21 条、第 24 条规定的拍卖人是否构成《民法典》行纪合同章中的"行纪人"，应根据其从事的具体交易的架构及其与委托人的关系予以确定。

《民法典》第 951 条关于行纪合同的定义，强调了"以自己的名义"和"贸易活动"。就"以

---

〔1〕 周江洪：《民法典合同编的制度变迁》，载《地方立法研究》2020 年第 5 期。

〔2〕 其木提：《论行纪合同委托人的取回权》，载《环球法律评论》2005 年第 1 期。

〔3〕 王利明：《合同法》（下册），中国人民大学出版社 2021 年版，第 406 页。

自己的名义”来说,其实际上并不能正确区分委托合同与行纪合同。《民法典》第925条、第926条都规定了受托人以自己名义从事订立合同之活动,此等订立合同当然亦包括贸易活动。事实上,作为行纪营业,其不仅是以自己的名义从事贸易活动,更为重要的是行纪人以自己之费用而不是以委托人之费用从事贸易活动,行纪人从事贸易活动的结果并不直接归属于委托人,而是行纪人对合同直接享有权利、承担义务(《民法典》第958条)。而受托人以自己名义与第三人订立的委托合同情形,其结果有可能直接归属于委托人,或者是委托人享有介入权或第三人享有选择权(《民法典》第925条、第926条)。在行纪合同情形,“行纪商通过行纪契约接受委托人的委托,以自己名义为委托人计算,与第三人签订买卖契约,将经售的动产或有价证券让与第三人,或者自第三人受让经收的动产或有价证券,最后还需要通过契约,(经售行纪中)将取得的债权让与委托人,或者(经收行纪中)将取得的动产或有价证券让与委托人”。[4]也就是说,行纪情形通常会涉及三种关系:一是委托人与行纪人之间的行纪合同;二是以行纪合同为基础与第三人缔结的实行行为;三是由行纪人向委托人移转通过实行行为所获结果的行为(执行行为)。[5] 在这一交易架构中,行纪人具有两重资格。就内部关系,亦即与委托人之关系言,行纪人系为委托人处理事务之受托人。而就外部关系,亦即与第三人之关系言,行纪人系以自己之名义订立契约。在委托人与第三人之间,并不因行纪人之执行业务而发生任何法律上之关系。[6]

就“贸易活动”而言,传统上的贸易指的是商品买卖、交易。在原《合同法》的释义书中,有观点借鉴比较法上的立法例认为“贸易”一词是指商品的贸易,不应当包括不动产,也不应当包括知识产权贸易。[7] 不同国家或地区亦有不少规定将行纪所从事的贸易限于动产或者有价证券的买卖。例如,《瑞士债务法》第425条第1款。另外,中国台湾地区“民法”第576条亦规定,“称行纪者,谓以自己之名义,为他人之计算,为动产之买卖或其他商业上之交易,而受报酬之营业”。学界也多认为行纪须以动产交易事项为内容,但对于为他人为不动产交易之营业,如与委托人成立委托而为不动产交易之契约,虽然多认为不属于行纪,但该契约性质上与行纪相近,法律解释上究系类推适用行纪(准行纪),抑或回归委任而认其性质上为委任契约,学理上容有争议。[8] 但我国不少学说主张行纪合同虽然主要适用于动产买卖和证券期货的交易,但从有利于促进我国市场经济发展的角度考虑,只要法律不禁止的贸易行为,都应当允许开展行纪业务,对《民法典》第951条的“贸易活动”应作广义解释,[9]认为现代社会的贸易已经不再限于动产的商品交易,行纪活动也不应当再限于传统的商品贸易,而是可以包括更多财产权益的管理、处分,如房地产买卖、证券交易、期货交易和信托等。[10] 另外,在司法实践中,贸易活动亦不限于买卖活动,包括从事汽车租赁等营业活动,也被纳入行纪的范围。例如,有法院判

---

〔4〕 张谷:《从民商关系角度谈〈民法总则〉的理解与适用》,载《中国应用法学》2017年第4期。

〔5〕 韩世远:《合同法学》(第2版),高等教育出版社2022年版,第574~575页。

〔6〕 梅仲协:《民法要义》,中国政法大学出版社1998年版,第431页。

〔7〕 魏耀荣等:《中华人民共和国合同法释论》(分则),中国法制出版社2000年版,第590页。

〔8〕 邱聪智:《新订债法各论》(中),台北,元照出版有限公司2008年版,第344页。

〔9〕 王利明:《合同法》(下册),中国人民大学出版社2021年版,第406页;最高人民法院民法典贯彻实施工作领导小组主编:《中华人民共和国民法典合同编理解与适用(四)》,人民法院出版社2020年版,第2659页。

〔10〕 黄薇主编:《中华人民共和国民法典解读:合同编》(下册),中国法制出版社2020年版,第1443页。

决认为，根据陈某萍与永恒汽车公司签订的加盟车辆管理合同约定，以及合同实际履行情况，陈某萍是通过加盟的方式将其所有的涉案车辆委托给永恒汽车公司出租经营，由永恒汽车公司以自己的名义对外出租并收取租金。根据《民法典》第 951 条的规定，行纪合同是行纪人以自己的名义为委托人从事贸易活动，委托人支付报酬的合同。以自己的名义为他方从事贸易活动的人为行纪人，委托行纪人从事贸易活动并支付报酬的人为委托人。本案中，永恒汽车公司是依法成立并具有汽车租赁服务经营资格的公司，可以从事汽车租赁业务，具有行纪人的主体资格。因此，涉案合同属于行纪合同。该合同是双方当事人的真实意思表示，合法有效，双方应按合同约定履行合同义务。双方因合同履行事宜发生纠纷，本案案由为行纪合同纠纷。〔11〕

另外，不少学说认为行纪人需要具备相应的资格，原因在于行纪具有一定的专业化和独立性的特点，行纪人必须取得从事某种行纪行为的特定资格。〔12〕 但此等营业资格要求，乃是对特定贸易活动的行纪营业要求，而并非对行纪营业本身的要求，因此在市场经济中仍然存在大量不受资格限制的行纪活动，此时仍然适用行纪合同的相关规定。〔13〕

二、行纪合同与委托合同

行纪合同是委托合同的子类型之一。无论是行纪合同还是委托合同，都是以双方当事人的信任为基础，都是以处理一定事务为目的，但仍然存在不少区别，且因其适用规则并不相同，有必要作适当区分。两者的区别主要有以下几点：

1. 适用范围不同。行纪合同中行纪人所处理的事务乃是贸易活动，而委托合同中受托人处理的事务并不限于贸易活动。受托人处理的事务类型多样，从事事务的方式亦多种多样，既可以是法律行为，也可以是非法律行为；既可以是财产行为，也可以是非财产行为。另外，行纪合同为有偿合同，而委托合同则可以是无偿合同。

2. 处理委托事务的费用负担规则不同。行纪合同中，行纪人为委托人处理委托事务所支出的费用，除当事人另有约定外，由行纪人负担（《民法典》第 952 条）；在委托合同中，受托人为委托人处理委托事务所支出的费用，由委托人负担（《民法典》第 921 条）。

3. 事务处理的效果归属不同。委托合同中受托人既可以以自己名义也可以以委托人名义处理委托事务，行纪人则只能以自己名义从事贸易活动，即两者在处理委托事务时的名义并不相同。但更为实质的区别并非"以自己名义"与否，而是事务处理效果的归属问题。行纪人以自己名义与第三人订立合同，该合同与行纪合同是相互独立的两个合同，委托人与第三人之间不发生直接的法律关系，行纪人对合同直接享有权利、承担义务（《民法典》第 958 条）。而在委托合同中，受托人以委托人的名义处理委托事务的，对委托人直接发生效力。受托人以自己的名义与第三人订立合同，如果第三人在订立合同时知道受托人和委托人之

〔11〕 陈某萍、儋州永恒汽车租赁有限公司行纪合同纠纷案，海南省第二中级人民法院（2021）琼 97 民终 2291 号民事判决书。

〔12〕 王利明：《合同法》（下册），中国人民大学出版社 2021 年版，第 406 页；最高人民法院民法典贯彻实施工作领导小组主编：《中华人民共和国民法典合同编理解与适用（四）》，人民法院出版社 2020 年版，第 2659 页；黄薇主编：《中华人民共和国民法典解读：合同编》（下册），中国法制出版社 2020 年版，第 1446 页。

〔13〕 最高人民法院民法典贯彻实施工作领导小组主编：《中华人民共和国民法典合同编理解与适用（四）》，人民法院出版社 2020 年版，第 2659 页。

间的代理关系，则该合同直接对委托人发生效力，即可以直接约束委托人和第三人。[14] 委托合同中，依《民法典》第926条的规定，受托人以自己的名义与第三人订立合同时，即使第三人不知道受托人与委托人之间的代理关系的，虽然不产生法律效果的直接归属，但在特定情形下委托人享有介入权、第三人享有选择权，进而使得委托人与第三人发生相应的权利义务关系。而行纪合同中，无论是由于第三人的原因还是由于委托人的原因导致行纪人不能履行义务，委托人或者第三人都只能向行纪人主张权利，再由行纪人向违约的第三人或者委托人追偿。

4. 破产情形下的后果不同。在行纪中，行纪人与委托人、行纪人与第三人形成两个独立的法律关系，行纪人向第三人购买货物，在第三人将货物交付给行纪人后，货物归行纪人所有，此时如果行纪人破产，委托人并未受领该货物，则委托人只能基于行纪合同上的债权请求权或其货款不能得到返还而以普通债权人的身份与其他债权人一起参加破产分配。行纪人向第三人出售委托物，在该委托物所有权转移给第三人之前，如果行纪人破产，则该委托物应当属于行纪人的破产财产，委托人不能直接取回，其只能主张对行纪人的债权，且该债权不能优先于其他债权。而在委托合同情形下，存在代理权授予的，其效果均归属于被代理人，受托人取得的财产并不能被列入受托人破产时的破产财产。[15]

思考｜委托人的取回权等特别保护问题

虽然对于买入行纪情形的委托物的归属及其取回权问题，《民法典》未予以明确，进而需依《民法典》第958条之规定作上述理解，但是，从立法论上言，亦有不少学者建议给予行纪合同情形的委托人以破产法上的特别保护。例如，有学者主张，“……行纪合同中如何增补规定，以防止行纪人被强制执行或破产时，殃及委托人的财物或本该取得的付款请求权”。[16] 事实上，比较法上亦有相应的立法例。例如，《德国商法典》第392条规定，“对于由行纪人所订立的法律行为产生之债权，仅在让与之后，委托人始可以对于债务人主张。但此种债权即使未行让与，在委托人和行纪人或其债权人之间的关系上，仍然被视为委托人的债权”。亦有学说认为，“在行纪人破产时，在委托人和行纪人或其债权人之间的关系上，委托人对委托物应享有取回权或享有优先于一般债权人的权利”。[17] 另外，虽然其论据并不相同，但也有学说主张，在买入行纪中，行纪人的营业外观是促使法律承认委托人取回权的重要因素。[18] 此外，还有学说认为，应借鉴德国法的原则，对委托人给予必要保护，与德国法作类似处理：行纪人通过实行行为的履行而获得的财产虽然归行纪人所有，但只是名义上归其所有，在委托人与行纪人及其债权人的关系上，此类财产视为已经移转于委托人，从而在行纪人陷于支付不能时，委托人享有取

---

〔14〕黄薇主编：《中华人民共和国民法典解读：合同编》（下册），中国法制出版社2020年版，第1446页。

〔15〕黄薇主编：《中华人民共和国民法典解读：合同编》（下册），中国法制出版社2020年版，第1446～1448页；王利明：《合同法》（下册），中国人民大学出版社2021年版，第409页。

〔16〕张谷：《民商合一体制对民法典合同编的要求》，载李昊、明辉主编：《北航法律评论》2016年第1辑，法律出版社2017年版。

〔17〕其木提：《论行纪合同委托人的取回权》，载《环球法律评论》2005年第1期。

〔18〕许德风：《论债权的破产取回》，载《法学》2012年第6期。

回权,在行纪人的债权人对此类财产予以强制执行时,委托人可以提起第三人异议之诉。[19]

也正是因为行纪合同与委托合同的上述区别,对于行纪合同未规定者完全适用委托合同规定并不一定合理。例如,《民法典》第 925 条、第 926 条并不能被适用于行纪合同情形。[20] 故,《民法典》编纂过程中,将原《合同法》第 423 条规定的“本章没有规定的,适用委托合同的有关规定”修改为《民法典》第 960 条的“本章没有规定的,参照适用委托合同的有关规定”,从“适用”到“参照适用”的变化,也体现出了对行纪合同认识的变化。

第二节　行纪合同的效力

一、行纪人的义务和权利

行纪人处于受托人之地位,为委托人之计算(利益)从事贸易活动,但又不同于委托合同中的受托人。《民法典》行纪合同章就行纪人特别规定了若干义务。与此同时,因《民法典》第 960 条的规定,委托合同中受托人义务亦有部分会成为行纪人的义务。

(一)直接履行义务

行纪人与第三人订立合同的,行纪人对该合同直接享有权利、承担义务(《民法典》第 958 条第 1 款)。依该规定,行纪人与第三人订立的合同,只约束行纪人和第三人;委托人并非行纪人和第三人缔结合同的主体,对第三人不享有合同权利,不能请求与行纪人缔结合同的第三人直接履行相关合同义务,也不必向第三人履行合同义务;第三人也不能依据其与行纪人订立的合同向委托人主张权利。在行纪合同履行过程中,行纪人为完成委托事务开展的买卖交易,对于第三人取得权利应当归属于行纪人而非委托人。之所以作出该制度安排,是因为行纪制度的特殊性。委托人委托行纪人从事特定委托事务,往往是基于对行纪人的职业性商事主体的信任,行纪人因其长期的商业实践经验能够灵活地处理行纪委托事务,因此委托人对于行纪人如何完成委托事务并不需要给予特别关注。行纪人往往是通过与第三人订立合同,直接享受合同权利、履行合同义务来完成委托事务。在此情况下,如果委托人任意干预行纪人和第三人之间的合同,行纪合同的目的就不可能实现,行纪制度的效率性和公平性也会受到影响。[21]

不仅如此,若行纪人因委托人原因对第三人不履行义务或因第三人原因对委托人不履行义务,亦不存在委托人介入权或第三人选择权行使的问题,而是“第三人不履行义务致使委托人受到损害的,行纪人应当承担赔偿责任,但是行纪人与委托人另有约定的除外”(《民法典》第 958 条第 2 款)。对此,曾有观点认为,该款规定表明,行纪人可以与委托人约定,在第三人不履行义务致使委托人受到损害的情形下,不由行纪人承担损害赔偿责任,即排除合同相对性原则的适用。其中一种可能的做法是,行纪人与委托人在行纪合同中约定,由行纪人在与第三人订

〔19〕 杨代雄主编:《袖珍民法典评注》,中国民主法制出版社 2022 年版,第 814 页。

〔20〕 崔建远:《合同法》(第 4 版),北京大学出版社 2021 年版,第 675 ~676 页。

〔21〕 谢鸿飞、朱广新主编:《民法典评注:合同编　典型合同与准合同》(第 4 册),中国法制出版社 2020 年版,第 389 页。

立合同时披露委托人的姓名或名称。这样,第三人可以作出选择。如果第三人不同意与委托人建立法律关系,合同就无从订立。如果第三人同意与委托人建立法律关系,则依照原《合同法》第 402 条(《民法典》第 925 条)的规定,行纪人与第三人订立的合同即直接约束委托人与第三人。一旦第三人不履行义务,第三人就应直接对委托人承担损害赔偿责任,而行纪人则得以免责。[22] 而且,即使没有特别约定,亦有学者认为,行纪合同作为一种特别的委托合同,如果发生了委托人的自动取代(原《合同法》第 402 条)或者主动取代(原《合同法》第 403 条),委托人便取代了行纪人的合同当事人地位而由后台走上前台,行纪人退居代理人地位。[23] 但是,从行纪的特殊性来看,《民法典》第 925 条、第 926 条以代理关系的存在为前提,其隐含着委托人作为被代理人存在受托人所从事行为的效果直接归属可能,而不同于行纪人所从事的贸易行为的效果间接归属。不仅如此,《民法典》第 960 条的适用前提在于"本章没有规定"的,才存在得以参照适用《民法典》委托合同章规定的可能,而《民法典》第 958 条就委托人、行纪人与第三人之间的关系已作特别规定,并无《民法典》第 925 条、第 926 条被参照适用的可能。而《民法典》第 958 条规定的"行纪人与委托人另有约定"的但书,乃是指对行纪人损害赔偿责任减免的特别约定,而并非合同相对性原则的但书规定。原因在于,当事人之间原则上并不能为第三人设定义务(如第三人的损害赔偿责任);依《民法典》第 523 条的规定,即使当事人约定由第三人向债权人履行债务,第三人不履行债务或者履行债务不符合约定的,仍然应由债务人承担违约责任。也就是说,仅有行纪合同当事人之间关于委托人对第三人损害赔偿请求权的约定,并不能约束第三人;即使有此等约定,亦以第三人之同意为前提。因此,《民法典》第 958 条行纪人与委托人的另行约定,并不是排除合同相对性原则的适用。对此,有释义书也是严格区分行纪合同和行纪人与第三人订立的合同,认为如果第三人不履行义务,将导致行纪人不能完成委托事务,违背行纪人与委托人订立的行纪合同;而委托人不履行行纪合同的义务,如不按约定交付委托物,也会导致行纪人不能履行与第三人的买卖合同的义务。在因委托人原因发生合同违约行为、追究违约责任时,第三人不得直接对委托人主张赔偿请求权,而只能向行纪人主张权利,行纪人也不得以自己没有过错为由拒绝承担违约责任,行纪人只能先承担责任后,再向委托人行使追偿权。同样地,如果第三人违约,委托人不得直接对第三人行使请求权,而只能向行纪人主张权利,行纪人此时也不得以自己无过错为由拒绝承担自己的责任,行纪人只能承担责任向委托人履行后,再行使向第三人的追偿权。[24] 事实上,如果要让委托人得以享有行纪人对第三人的合同权利及其损害赔偿请求权,完全可以通过委托人与行纪人之间的债权让与约定来行使,但其法律构造也不同于《民法典》第 958 条的特别约定:《民法典》第 958 条约定的是委托人对行纪人损害赔偿请求权的例外,而不是行纪人对第三人的损害赔偿请求权的让与。而且,如果允许行纪人向第三人披露委托人而可以使得自己退出行纪合同,那么行纪合同就没有成为典型合同的必要,[25] 将其纳入《民法典》第 925 条、第 926 条处理即可。另外值得注意

---

〔22〕 魏耀荣等:《中华人民共和国合同法释论》(分则),中国法制出版社 2000 年版,第 599 ~ 600 页。

〔23〕 韩世远:《合同法学》(第 2 版),高等教育出版社 2022 年版,第 577 页。

〔24〕 黄薇主编:《中华人民共和国民法典解读:合同编》(下册),中国法制出版社 2020 年版,第 1461 页。

〔25〕 最高人民法院民法典贯彻实施工作领导小组主编:《中华人民共和国民法典合同编理解与适用(四)》,人民法院出版社 2020 年版,第 2694 页。

的是，亦有相关规定明确因第三人不履行债务时行纪人承担的是“直接履行义务”，而不限于损害赔偿责任。例如，我国台湾地区“民法”第579条规定，“行纪人为委托人之计算所订立之契约，其契约之他方当事人，不履行债务时，对于委托人，应由行纪人负直接履行契约之义务，但契约另有订定，或另有习惯者，不在此限”，且此处的履行义务，解释上包括代为履行及代为负责任，故当交易相对人之行为为可代替行为时，行纪人负履行责任（如价金支付义务）。[26]

（二）以自己费用处理委托事务的义务

《民法典》第952条规定：“行纪人处理委托事务支出的费用，由行纪人负担，但是当事人另有约定的除外。”关于行纪人处理委托事务支付费用负担的原则，既存在由行纪人负担的相关规定，亦存在由委托人负担的相关规定。前者如《魁北克民法典》等，后者如《瑞士债务法》、中国台湾地区“民法”。除报酬外，行纪人可以请求寄存费、运送费及为委托人之利益而支出费用及其利息。[27] 但即使采用费用由行纪人负担的模式，实践中通常将此等费用计入行纪人报酬。此种费用承担方式，有利于调动行纪人节省费用的积极性。当然，当事人也可以另行约定费用承担主体。事实上，以行纪人负担费用为原则，也是我国行纪合同与委托合同的区别所在。在委托合同中，《民法典》第921条明确规定了委托人预付费用义务及垫付费用的返还义务，受托人并不负担委托事务处理的费用。

（三）妥善保管义务

因行纪中常见的是购入货物的买入行纪或出售货物的卖出行纪，其都会涉及货物的占有，也因而会涉及保管问题。因此，与委托合同相关规则不同，《民法典》第953条就行纪人的保管义务专门作出了规定，即“行纪人占有委托物的，应当妥善保管委托物”。此处的委托物，不仅包括委托出售的物，也包括委托购入的物；不仅包括一般的有形物，还包括委托人交付行纪人保管的金钱以及权利凭证等。[28]

关于行纪人保管义务的注意义务标准，《民法典》第953条规定的是“妥善保管”，其用词与《民法典》第892条的保管人的“妥善保管”义务保持一致，且与第897条关于“保管不善”之规定相对应。有不少学说认为，在行纪人处理委托事务的费用中，含有最终由委托人负担的保管费，行纪人属于有偿保管人，因此，与有偿保管中的保管人一样，妥善保管义务可以理解为善良管理人的注意义务。保管合同一章中为保管人设定的有关保管保管物的义务，应当适用于行纪人。[29] 也有观点认为保管合同情形下保管人义务的判断标准问题对于行纪人的保管义务标准同样可以适用。[30] 虽然在《民法典》编纂过程中，也曾建议直接规定“适用保管相关规

〔26〕 林诚二：《民法债编各论》（中册），中国人民大学出版社2007年版，第229页。

〔27〕 魏耀荣等：《中华人民共和国合同法释论》（分则），中国法制出版社2000年版，第591页；最高人民法院民法典贯彻实施工作领导小组主编：《中华人民共和国民法典合同编理解与适用（四）》，人民法院出版社2020年版，第2667页；谢鸿飞、朱广新主编：《民法典评注：合同编　典型合同与准合同》（第4册），中国法制出版社2020年版，第361～362页。

〔28〕 王利明：《合同法》（下册），中国人民大学出版社2021年版，第411页。

〔29〕 魏耀荣等：《中华人民共和国合同法释论》（分则），中国法制出版社2000年版，第592页；最高人民法院民法典贯彻实施工作领导小组主编：《中华人民共和国民法典合同编理解与适用（四）》，人民法院出版社2020年版，第2671页。

〔30〕 谢鸿飞、朱广新主编：《民法典评注：合同编　典型合同与准合同》（第4册），中国法制出版社2020年版，第365页。

定”,[31]但是,保管人的保管义务与行纪人的保管义务毕竟有别:保管人的主给付义务就是妥善保管保管物,保管合同是专以保管为目的之合同;而在行纪合同中,行纪人妥善保管委托物乃是委托事务(行纪事务)处理的环节之一,并非行纪人的主给付义务,而是服务于行纪事务的顺利完成这一目的。因此,从这层意义上来说,直接参照适用保管合同中有偿保管人的注意义务标准并不一定妥当。在保管合同以外的典型合同中的保管义务问题,原则上应依该典型合同中的法律效力的一部分予以处理,[32]除非该典型合同就此未作特别规定。我国台湾地区“民法”的解释论上之所以适用保管合同中的注意义务标准,乃是源于我国台湾地区“民法”第583条第1款明确规定,“行纪人为委任人之计算所买入或卖出之物,为其占有时,适用寄托之规定”。学理上也认为,一般因其他法律关系而使占有人负保管义务之情形,当事人间并不成立寄托契约,如就物之保管生争执时,仍应适用其原来之法律关系,而不是适用寄托之规定,但行纪因该条之明确规定而有寄托规定之适用。[33]

但从《民法典》关于行纪合同的规定来看,行纪合同是否有必要适用保管合同之规定,有商榷之必要。从行纪合同角度言,《民法典》第953条规定了行纪人的妥善保管义务,但未规定违反该义务的法律效果及其构成。对此,似乎可以参照保管合同相关规定予以处理。但是,《民法典》第960条规定,“本章没有规定的,参照适用委托合同的有关规定”,故首先应当从委托合同相关规定中去寻找相应的参照适用规则,而不是参照适用保管合同的有关规定。对此,《民法典》第929条规定了有偿委托合同中委托人的过错损害赔偿责任。虽然无论是援引有偿保管的规则还是有偿委托的规则,对于行纪人和委托人来说,其责任的构成和法律效果并不会有区别,都应承担善良管理人之注意义务。但从行纪人的妥善保管义务乃是服务于行纪事务(委托事务)这一目的来说,其从属于事务处理义务,将其作为委托事务处理中的过错予以对待而援引《民法典》第929条予以处理,应该更符合参照适用的法理,也符合其他典型合同中的保管义务原则上应首先适用该典型合同相关规则的基本原理。

《民法典》第953条规定的乃是妥善保管义务,且经《民法典》第960条对委托合同之参照适用,行纪人违反妥善保管义务时须承担损害赔偿责任。但是,若委托物并非因行纪人之保管不善,而是因不可抗力等不可归责于当事人事由而毁损灭失,当如何处理,亦有必要作适当说明。对此,有观点将其纳入风险负担予以讨论,但值得注意的是,其所谓的“风险负担”并非双务合同中通常意义上的价金风险问题,而是就标的物之灭失而引起的物之风险由谁予以承受以及就标的物的灭失是否需要承担责任之问题。该观点认为,就卖出行纪而言,委托人对委托物的保管跟保管合同的寄存人交付给保管人保管并无本质不同,就标的物发生不可归责于行纪人的事由造成损失,行纪人在将委托物出卖交付给第三人之前,应当由委托人承担风险。而就买入行纪而言,行纪人对于买入的委托物享有直接的权利义务,在将委托物交付给委托人之前,行纪人系委托物的所有权人,除非行纪有特别约定,否则行纪人应当自行承担委托物的意

---

〔31〕 周江洪:《关于〈民法典合同编〉(草案)(二次审议稿)的若干修改建议》,载《法治研究》2019年第2期。

〔32〕 [日]我妻荣:《我妻荣民法讲义V_3:债权各论》(中卷二),周江洪译,中国法制出版社2008年版,第171页。当然,若此等典型合同未对保管涉及的法律效力作出规定,本书认为保管合同的有关规则可参照适用。

〔33〕 林诚二:《民法债编各论》(中册),中国人民大学出版社2007年版,第232页。

外损失风险。[34] 实际上,该观点所谓的风险,并非价金风险,而是物之风险问题。本书认为,就卖出行纪情形,丧失委托物所有权的乃是委托人,此时行纪人因不存在妥善保管义务之违反,就此等委托物的毁损灭失并不承担责任;而从价金风险角度而言,因不可归责于行纪人事由之委托事务完成不能,遵循服务合同中"未为服务之提供,服务提供人不得请求支付报酬"之基本原理,[35] 依《民法典》第959条之比例报酬规则确定报酬数额即可。[36] 而对于买入行纪而言,丧失委托物所有权的乃是行纪人,此时行纪人没有违反妥善保管义务,亦不存在损害赔偿责任的承担问题;从价金风险角度而言,同样应遵循服务合同风险负担规则的一般原理,"无服务即无报酬",只能根据履行比例要求相应的报酬。当然,就委托物毁损灭失后的代偿物,委托人对行纪人享有请求权。事实上,因不可归责于当事人事由之委托物毁损灭失,除物之风险承担不同以外,并不会因买入行纪与卖出行纪而有所不同。对于毁损灭失的财物,如果是由于不可抗力或物品本身的自然损耗等不可归责于行纪人的事由造成损失,行纪人可以免除责任,由委托人自己承担损失。[37]

另外,如果委托人对财物的管理有特别指示,如委托人支付投保费,请行纪人代委托人投保财物保险,行纪人没有投保保险的,损失的责任理应由行纪人承担。但行纪人在既无约定又无指示的情况下,对其占有的财物投保,如果投保是为了委托人的利益且不违反委托人明示或可推定的意思,则行纪人有权请求委托人支付保险费及自支出时起的利息。[38] 对此,有学说认为行纪人自动投保的,投保费用归为行纪费用,[39] 若归为行纪费用,依《民法典》第952条,原则上应由行纪人负担行纪费用,并不能要求委托人返还。从理论上来说,此等"保险费用"并不构成《民法典》第952条意义上"行纪人处理委托事务支出的费用",故得以依无因管理构成要求委托人返还此等保险费。原因在于,投保并非行纪人处理委托事务之内容,而是为避免委托人利益受损而额外作为之行为,因此亦非处理事务支出之费用,在不违背本人意思之前提下,有无因管理费用返还请求权。

(四)价格遵守义务

行纪人作为行纪事务的受托人,其亦需遵循委托人之指示处理行纪事务。但与《民法典》第922条关于委托合同中受托人的遵循委托人指示义务不同,《民法典》第955条就行纪人遵循委托人价格指示作出了特别规定,行纪人得以通过补偿差额而缓和此等遵循指示的义务。在委托人指定了价格时,行纪人需遵循此等价格指示。不遵循此等价格指示之情形,通常包括两类:一类是不利于委托人的价格指示义务违反,如以更高价格买入或以更低价格卖出;另一类则是有利于委托人的价格指示义务违反,如以更低价格买入或者以更高价格卖出。实践中,行纪人为了行纪事务的完成和行纪目的的达成,通常会灵活地调整买卖价格,以促成贸易

---

〔34〕 最高人民法院民法典贯彻实施工作领导小组主编:《中华人民共和国民法典合同编理解与适用(四)》,人民法院出版社2020年版,第2672页。

〔35〕 周江洪:《服务合同立法研究》,法律出版社2021年版,第333页。

〔36〕 当然,就不可归责于双方当事人事由的服务给付履行不能如何处理,仍有进一步探讨之必要。参见周江洪:《服务合同立法研究》,法律出版社2021年版,第335页。

〔37〕 黄薇主编:《中华人民共和国民法典解读:合同编》(下册),中国法制出版社2020年版,第1450页。

〔38〕 黄薇主编:《中华人民共和国民法典解读:合同编》(下册),中国法制出版社2020年版,第1450页。

〔39〕 韩世远:《合同法学》(第2版),高等教育出版社2022年版,第578页。

活动。

行纪人违反价格遵守义务而从事交易行为致使委托人不利者，需经委托人同意，否则委托人有权拒绝受领或者有权否认受领。但是，行纪人可以通过负担差额而排除委托人的否认权。这是因为委托人的目的在于以一定价格达成买卖的结果，行纪人负担差额即已使此目的在经济上达到了。为此，《民法典》第 955 条第 1 款规定："行纪人低于委托人指定的价格卖出或者高于委托人指定的价格买入的，应当经委托人同意；未经委托人同意，行纪人补偿其差额的，该买卖对委托人发生效力。"当然，行纪人负担了差额的，只是发生排除委托人否认权的效果，并不因此而免除行纪人因违反价格遵守义务而可能发生的责任，如果因此义务违反而使委托人遭受损害，行纪人尚须负赔偿责任。比如由于行纪人故意以低于指定价格卖出，导致物的价格暴跌，委托人尚有大量的该物存货，因此遭受损害的，行纪人在负担差额之外，尚要负损害赔偿的义务。〔40〕

另外，《民法典》第 955 条第 1 款所谓的"该买卖对委托人发生效力"，意指"委托人应依行纪合同受领该买卖的结果"，而并不是说行纪合同情形亦为效果直接归属模式，也不是说该买卖合同对于委托人产生直接的约束力。原因在于，依《民法典》第 958 条的规定，行纪中的实行行为，其效果直接归属于行纪人，并不对委托人直接产生效果。〔41〕 而且，即使未经委托人之同意，以对委托人不利之价格与第三人订立合同之情形，对于该合同之相对人而言，即使行纪人未补偿其差额，也并不影响行纪人与第三人之合同效力，违反价格遵守义务之合同仅对委托人不生效力，并不妨碍行纪人与第三人订立之合同。但行纪人违反价格遵守义务，又不愿意补偿差额的，则因此而承担行纪合同上的违约责任，应承担损害赔偿责任。此等损害赔偿，因未受补偿之差额应被视为所失利益，除非还存在差额损失之外的其他损失等特殊情形，其结果与行纪人补偿差额之效果并无不同。值得注意的是，《民法典》第 955 条第 1 款规定的差额负担并非行纪人的义务，而是行纪人得以通过负担差额排除委托人之否认权。这点上，与我国台湾地区"民法"第 580 条规定之"行纪人以低于委托人所指定价额卖出，或以高于委托人所指定之价额买入者，应补偿其差额"并不相同，后者明确将补偿差额作为行纪人之义务予以规定。〔42〕

行纪人违反价格遵守义务而从事交易行为致使委托人有利的，因行纪人乃是为委托人之利益从事贸易活动，故其利益应当归属于委托人。此种情形，当事人约定有报酬增加条款的，行纪人可依约定请求增加报酬，即行纪人高于委托人指定的价格卖出或者低于委托人指定的价格买入的，可以按照约定增加报酬；没有约定或者约定不明确，依据《民法典》第 510 条的规定仍不能确定的，该利益属于委托人（《民法典》第 955 条第 2 款）。

但是，委托人就价格指示有可能有特别的考虑。例如，通过降价促销以占领更大的市场，或者是为了快速去库存而特别指定低价销售等。此时，"委托人对价格有特别指示的，行纪人不得违背该指示卖出或者买入"（《民法典》第 955 条第 3 款）。也就是说，行纪人不仅不得以不利于委托人的利益进行交易，即使行纪人可以依高于委托人指定的价格卖出或者以低于委托

---

〔40〕 韩世远：《合同法学》（第 2 版），高等教育出版社 2022 年版，第 579 页。

〔41〕 周江洪：《关于〈民法典合同编〉（草案）（二次审议稿）的若干修改建议》，载《法治研究》2019 年第 2 期。

〔42〕 林诚二：《民法债编各论》（中册），中国人民大学出版社 2007 年版，第 231 页。

人指定的价格买入，行纪人依然不得违背指示。[43] 此时，行纪人并不能通过负担差额以排除委托人否认权。即使行纪人弥补价格差额，委托人也可以拒绝接受该行为的效果。[44]《民法典》第955条第3款之所以如此规定，原因主要在于以下几点：第一，在行纪关系中，行纪人是为委托人的利益服务的，而委托人才是其利益的最佳和最终判断者。第二，在特别的场合，委托人可能有更为长远的利益规划。行纪人违背委托人的指示，即便会给委托人带来短期收益，但也可能会导致其丧失长远利益。对于委托人而言，这显然是得不偿失的。第三，行纪关系的存续以行纪人与委托人之间相互信任为基础，倘若行纪人违背委托人的特别指示，将会严重损害委托人的信任，进而危及行纪关系的存续。[45]

（五）行纪人的介入权

行纪人为委托人之利益从事行纪事务，通常来说并不能进行自我交易。在代理之情形，《民法典》亦严格禁止"自己代理"（《民法典》第168条第1款）。行纪情形，自己可以作为交易的相对人，这是行纪人与代理人的区别之一。由于行纪人利益与委托人利益存在冲突的可能，且行纪人的介入权行使乃是形成权之行使，一旦表示介入则该买卖契约成立，不以委托人之承诺为要件，[46] 因此行纪人自己作为买受人或者出卖人时，要承认其效力，需具备严格的要件，以保证委托人的利益不受损。对此，《民法典》第956条第1款规定："行纪人卖出或者买入具有市场定价的商品，除委托人有相反的意思表示外，行纪人自己可以作为买受人或者出卖人。"行纪人行使此等介入权，需具备不存在委托人相反的意思表示以及所从事贸易活动涉及的商品具有市场定价两个要件。于此情形，同样属于完成了行纪事务，且不损害委托人之利益，故行纪人仍然应当享有报酬请求权，即"行纪人有前款规定情形的，仍然可以请求委托人支付报酬"（《民法典》第956条第2款）。值得注意的是，只要委托人没有相反的意思表示，即使违背委托人真实意愿，若委托人没有将此等意愿以意思表示的方式作出，行纪人仍然得以行使介入权。关于此处"意思表示"的含义，亦有观点认为其含义过于宽泛，既可能指当事人在行纪合同中达成了排除介入权的约定，也可能指行纪人与委托人缔结合同时委托人表示反对的意思。后一种情形无非委托人拒绝要约。此处"意思表示"应解释为仅指第一种情况。[47] 但从《民法典》第956条刻意强调"除委托人有相反的意思表示外"而非如同我国台湾地区"民法"第587条一样强调"除有反对之约定外"来看，本书认为委托人相反的意思表示并不限于行纪合同中排除介入权的约定。当然，委托人相反的意思表示，并不能在行纪人行使介入权后作出；行纪人行使介入权前委托人无相反意思表示即已满足该要件，故在行使介入权以后的相反意思表

〔43〕 最高人民法院民法典贯彻实施工作领导小组主编：《中华人民共和国民法典合同编理解与适用（四）》，人民法院出版社2020年版，第2680页。

〔44〕 黄薇主编：《中华人民共和国民法典解读：合同编》（下册），中国法制出版社2020年版，第1455页。

〔45〕 王轶等：《中国民法典释评：合同编·典型合同》（下卷），中国人民大学出版社2020年版，第566页。

〔46〕 有学说认为，行纪人行使介入权的结果成立买卖合同，并非经过了行纪人与委托人之间要约、承诺的合同成立程序。参见崔建远：《合同法》（第4版），北京大学出版社2021年版，第679页。但亦有学说认为介入权作为形成权的行使，其行使具有两方面的作用：一为具有要约之性质；二为拟制委托人具有承诺之默示，契约仍系因双方之意思表示合致而成立，而非行纪人介入权之行使直接发生买卖契约之成立。参见林诚二：《民法债编各论》（中册），中国人民大学出版社2007年版，第240页。

〔47〕 杨代雄主编：《袖珍民法典评注》，中国民主法制出版社2022年版，第812页；韩世远：《合同法学》（第2版），高等教育出版社2022年版，第581页。

示并不影响介入权的成立。

从历史角度而言，行纪人的此等介入权由商业习惯发展而来，最早出现于《德国商法典》。该法第400条第1款规定，买入或者卖出商品的行纪，以商品具有交易所价格或者市场价格为限，以及买入或者卖出有价证券的行纪，以有价证券具有官方确认的交易所价格或者市场价格为限，在委托人无其他的指定时，可以由行纪人实行；在自己应当买入财产的情形，自己作为出卖人交付此种财产；在自己应当卖出财产的情形，自己作为买受人承担此种财产。此后诸多立法例予以效仿。〔48〕 当然，就证券交易而言，依我国《证券法》第39条、第40条的规定，作为行纪人的证券公司受托买卖公开发行的股票，必须在交易所内通过集中交易方式完成，证券公司不能行使介入权，也无法行使介入权。

行纪人行使介入权后，行纪人与委托人之间形成买卖合同关系。该买卖合同并不为行纪合同所吸收，行纪合同也不为买卖合同所吸收，两者独立存在。也就是说，若委托物存在瑕疵等，委托人既可以依买卖合同主张其权利，也可以依行纪合同上的债务不履行行使其权利。两者竞合之情形，则依竞合之法理予以处理。也正因如此，行纪人仍得以享有行纪合同上的报酬请求权。实际上，介入权行使后形成的两重合同关系分别为：作为实行行为的买卖合同与作为介入权基础的行纪合同。若买入行纪中产生的价款请求权依据买卖合同而产生，此时的买卖合同价款，并不能解释为《民法典》第952条意义上的"费用"，并非依行纪合同产生价款费用的请求权，而是依买卖合同产生的价款请求权。

（六）行纪人对瑕疵委托物的合理处置

《民法典》第954条规定："委托物交付给行纪人时有瑕疵或者容易腐烂、变质的，经委托人同意，行纪人可以处分该物；不能与委托人及时取得联系的，行纪人可以合理处分。"此处的"处分"，并非处分权意义上处分，而是合理处置意义上的处分。委托人交由行纪人出售之委托物，虽未移转所有权，但应授予处分权，否则行纪人无法通过出售以完成行纪事务；而对于买入之物，则行纪人直接享有权利和承担义务，行纪人对该物享有所有权，当然亦有处分权。故无论是否为瑕疵物，行纪人均有处分权当无疑。对此，有观点认为，此处的处分不限于物权性处分，还包括事实性处分以及债法上的处分（比如出租）。〔49〕 本书认为，《民法典》第954条意义上的处分，并非此等处分权意义上的处分，而是为了委托人利益之合理处置。

关于行纪人对瑕疵委托物的合理处置，究竟为行纪人之权利抑或行纪人之义务，自原《合同法》第417条以来就有争议。从文义上来看，"可以处分"与"可以合理处分"的表述，合理处置难谓是行纪人之义务，但不少学说从比较法立法例等出发，多将其解释为行纪人之合理处置义务。对此，有观点认为这里的"可以"相当于"有权"，将其理解和解释为权利条款为宜，否则就会出现在对法律条文作文义解释时的随意性和不确定性。而且，我国台湾地区"民法"第584条虽然规定了行纪人的处置义务，但两者是从不同的角度所作的规定，文字表述也不同，不必勉强作同样的解释。同时有观点认为，若行纪人对瑕疵委托物有合理处置以防止损失扩大的

〔48〕 最高人民法院民法典贯彻实施工作领导小组主编：《中华人民共和国民法典合同编理解与适用（四）》，人民法院出版社2020年版，第2684页；谢鸿飞、朱广新主编：《民法典评注：合同编 典型合同与准合同》（第4册），中国法制出版社2020年版，第380页。

〔49〕 徐涤宇、张家勇主编：《〈中华人民共和国民法典〉评注》（精要版），中国人民大学出版社2022年版，第980页。

义务，乃是源于原《合同法》第60条（《民法典》第509条）之附随义务，而并非源于原《合同法》第417条（《民法典》第954条）；后者规定的是行纪人的权利，以便行纪人履行此等附随义务。[50] 亦有观点认为《民法典》第954条是关于行纪人处置委托物义务的规定，但同时认为，紧急情况下行纪人对委托物进行处分，既是法律赋予的权利，也是行纪人应当履行的义务。[51] 也有观点明确认为该条规定的是行纪人的合理处置义务，而不是权利。[52] 在相关教科书中，亦多将其界定为行纪人的合理处分委托物的义务。[53] 当然，亦有观点认为，原《合同法》第417条（《民法典》第954条）表面上是关于行纪人对委托物处分权的规定，另一个侧面则是对于行纪人委托物处分义务的规定。[54] 对此争议，本书认为，行纪人虽然负有紧急情况下委托物的处置义务，但该义务并非来自《民法典》第954条，而是来自《民法典》第509条在行纪合同领域的适用，以及依《民法典》第960条对关于委托合同的《民法典》第922条的参照适用，其本质上是行纪人对委托物的妥善保管义务（《民法典》第953条）的自然延伸。就《民法典》第954条来说，仍然有必要将其定位为权利，否则会与规范文义相去甚远。例如，合理处置义务通常限于为委托人之利益，且在紧急情况下无法联络等特殊情形；而《民法典》第954条不限于委托物"容易腐烂、变质"等与紧急情况合理处置具有天然共生性的情形，将委托物"有瑕疵"情形也纳入"合理处分"之范围。有瑕疵的委托物并不一定存在此等紧急情况，并不能说必定存在为了委托人利益而有合理处置之义务；《民法典》第954条并未如同《民法典》第922条一样规定"情况紧急"的要件，而仅仅规定"不能与委托人及时取得联系"即可合理处分。而且，行纪人的合理处置义务，因《民法典》第960条参照适用条款的存在，《民法典》行纪合同章中不作规定亦无妨；若真要作出义务性规定，则应当如同《民法典》第922条一样首先表明行纪人在瑕疵委托物情形负有"妥善处理行纪事务"之义务，且应当限定为"情况紧急"等情形，才符合"义务"定性的逻辑。因此，该条并非紧急情况下对行纪人妥善保管义务的细化要求，而是为了促进快速流通之行纪营业目的，在特定情形下赋予行纪人为了委托人利益合理处置瑕疵委托物的权利。如此理解也有助于发挥《民法典》第954条的规范功能。当然，将《民法典》第954条定位为行纪人的权利，并不否定行纪人负有妥善保管义务意义上的合理处置义务，只不过是表明此等义务来源并非来自《民法典》第954条而已。

《民法典》第954条规定的"委托物"，是仅指委托人所交付之委托物，还是也包括第三人所交付之委托物，多数学说认为应当是或者原则上应当是委托人交付的委托物。例如，有观点认为，此处的"委托物"，应当为委托人所交付；如果是第三人所交付，行纪人自应不予受领，或者在受领后及时交付委托人。[55] 亦有观点认为，原则上应当系委托人所交付。如果涉案的委托

---

〔50〕 魏耀荣等：《中华人民共和国合同法释论》（分则），中国法制出版社2000年版，第593～594页。

〔51〕 黄薇主编：《中华人民共和国民法典解读：合同编》（下册），中国法制出版社2020年版，第1451～1452页；最高人民法院民法典贯彻实施工作领导小组主编：《中华人民共和国民法典合同编理解与适用（四）》，人民法院出版社2020年版，第2677～2678页。

〔52〕 谢鸿飞、朱广新主编：《民法典评注：合同编　典型合同与准合同》（第4册），中国法制出版社2020年版，第369页。

〔53〕 崔建远：《合同法》（第4版），北京大学出版社2021年版，第678页；王利明：《合同法》（下册），中国人民大学出版社2021年版，第412页。

〔54〕 韩世远：《合同法学》（第2版），高等教育出版社2022年版，第580页。

〔55〕 魏耀荣等：《中华人民共和国合同法释论》（分则），中国法制出版社2000年版，第593～594页。

物真的系由第三人所交付，委托物在出现《民法典》第954条所涉情形时，按照日常生活经验法则，行纪人不会丧失理性而从事高风险行为，故行纪人自应不予受领。如果行纪人是基于委托人的特别指示而受领，由于存在高风险，行纪人当会及时向委托人转交。[56] 亦有观点认为此处的"处分委托物"仅指处分委托出售之物，除非万不得已，不包括处分购入之物，以达到委托人签订行纪合同的目的。[57] 如此限缩解释，是否符合《民法典》第954条之本义，尚有探讨空间。首先，对于第三人交付的瑕疵之物，行纪人并非一概得以拒绝受领。除了委托人有特别指示之情形，作为出卖人的第三人交付瑕疵之物时，行纪人作为买受人得以拒绝受领的前提是"因标的物不符合质量要求，致使不能实现合同目的"（《民法典》第610条）。更何况，若标的物自然性质上就是容易腐烂、变质的标的物，此时更难以拒绝受领。其次，不少观点认为若受领上述瑕疵之物应当及时转交，但《民法典》第954条规定的情形之一就在于"不能与委托人及时取得联系"，此时转交标的物本身存在困难，应当允许行纪人为了委托人利益合理处置标的物。因此，本书认为《民法典》第954条的"委托物"，并不限于委托人交付的委托物还是第三人交付的委托物。当然，需注意的是，《民法典》第954条规定的是委托物交付时存在瑕疵或者容易腐烂、变质，而并非针对交付后出现的瑕疵或者腐烂、变质。委托物交付后出现瑕疵或者腐烂、变质的，若是由于行纪人之原因引起，应当作为妥善保管义务违反而由行纪人承担违约责任；若是不可归责于行纪人之事由引起，行纪人亦负有防止损失扩大的义务，参照适用《民法典》第922条应采取妥善处理行纪事务之相应措施。

拓展 | 行纪中的多重关系及其给付障碍

对应于行纪交易中涉及的三方当事人的法律关系，在给付障碍的问题上，亦应当区分三个层面，即行纪人与第三人之间之实行行为层面的给付障碍，行纪人与委托人之间之行纪关系层面的给付障碍，以及行纪人与委托人之间之清算了结关系层面的给付障碍。在第一个层面，需要建立第三人损害清算制度，以此突破法律关系相对性的限制；在第二个层面，适用债法的一般性法律制度，通常为行纪法规制的重点；在第三个层面，需要正确认识行纪人的交付义务与佣金请求权和费用偿还请求权之间的法律关系，即交付义务与佣金请求权之间存在关联关系，而与费用偿还请求权则不具有关联性。委托人在主张权利方面，必须注意承认拟制和时效方面的限制。[58]

二、委托人的义务

（一）报酬支付义务

作为有偿合同，报酬支付义务是行纪合同中委托人的主给付义务之一。《民法典》第951条关于行纪合同的定义中规定了委托人的报酬支付义务。不仅如此，《民法典》第959条还规定了委托人报酬支付义务与事务完成之间的关系，规定了比例报酬，即"行纪人完成或者部分

〔56〕 最高人民法院民法典贯彻实施工作领导小组主编：《中华人民共和国民法典合同编理解与适用（四）》，人民法院出版社2020年版，第2678页。

〔57〕 崔建远：《合同法》（第4版），北京大学出版社2021年版，第678页。

〔58〕 杜景林：《行纪中的给付障碍和法律救济——兼论〈合同法〉相关规则的问题及解决》，载《法律科学（西北政法大学学报）》2014年第3期。

完成委托事务的，委托人应当向其支付相应的报酬。委托人逾期不支付报酬的，行纪人对委托物享有留置权，但是当事人另有约定的除外”。依该条规定，若当事人之间没有另行约定，委托人的报酬支付义务或行纪人的报酬请求权始于完成事务时，部分完成的，则支付比例报酬。也就是说，与其他服务类合同相一致，以报酬后付为原则。有学说认为，该事务的完成，通常要求行纪人将卖出行纪情形出卖委托物的价金或将买入行纪情形的购入商品交付给委托人。[59] 但该观点有待商榷。原因在于，若移交委托物后始产生报酬请求权，就不可能产生《民法典》第959条意义上的留置权。因此，行纪行为的实行，为委托人支付报酬的条件，而并非行纪人与委托人之间的执行行为之后，否则《民法典》第959条的留置权没有任何意义，除非特别约定了报酬支付时期，否则已移交委托物之情形，无从留置。

与《民法典》第928条中委托合同的报酬规则不同，《民法典》第959条并未强调部分完成行纪事务时是否可归责于受托人事由。前者规定，“因不可归责于受托人的事由，委托合同解除或者委托事务不能完成的，委托人应当向受托人支付相应的报酬。当事人另有约定的，按照其约定”（《民法典》第928条第2款）；而后者仅规定“部分完成委托事务的”即可请求相应的报酬，并无不可归责于行纪人之要求。部分释义书认为，如果因可归责于行纪人的事由导致其不能完成委托的行纪事务，行纪人丧失报酬请求权，委托人可以不向行纪人支付相应的行纪报酬。[60] 但本书认为，从委托所处理事务的性质来看，受托人的主给付义务是处理委托事务，若未约定特定的结果义务，即使因可归责于受托人之事由而不能完成事务时，受托人仍然提供了具体的劳务、处理了事务，委托人对此仍应支付相应的比例报酬。而对于可归责于受托人之事由引起的事务不能完成给委托人造成的损害等，则完全可以根据《民法典》第929条予以处理。也就是说，受托人的报酬请求权与委托人的损害赔偿请求权，完全可以同时存在。因此，从这层含义上来说，《民法典》第928条第2款的反对解释，应当予以限制，应当肯定即使存在可归责于受托人之事由，亦应肯定受托人之比例报酬请求权。同样地，《民法典》第959条并未强调是否可归责于行纪人亦并无问题。因此，行纪人是否享有比例报酬请求权，关键在于是否部分完成了行纪事务，而不是其是否具有可归责性。报酬请求权与损害赔偿责任完全可以区分考虑。当然，行纪人要享有比例报酬请求权，亦需符合特定的要求，即行纪人完成的部分行纪事务本身具有相对独立性和可分割性，对于其他未完成行纪事务和整体行纪事务不会产生不利影响。[61]

委托人的报酬支付义务，亦有一些特殊情形，《民法典》行纪合同章对此也作了特别规定。例如，行纪人违反价格遵守义务而从事交易行为但对于委托人有利情形的报酬增加请求权（《民法典》第955条第2款），行纪人行使介入权情形的行纪人报酬请求权（《民法典》第956条）。

委托人违反报酬支付义务的，应当承担违约责任。委托人迟延履行此等义务的，行纪人享有留置权，即“委托人逾期不支付报酬的，行纪人对委托物享有留置权，但是当事人另有约定的除外”（《民法典》第959条后段）。但是亦有观点认为，行纪人之留置权并无必要，反而不如直

---

〔59〕 谢鸿飞、朱广新主编：《民法典评注：合同编　典型合同与准合同》（第4册），中国法制出版社2020年版，第394页。
〔60〕 谢鸿飞、朱广新主编：《民法典评注：合同编　典型合同与准合同》（第4册），中国法制出版社2020年版，第394页。
〔61〕 谢鸿飞、朱广新主编：《民法典评注：合同编　典型合同与准合同》（第4册），中国法制出版社2020年版，第394页。

接规定行纪人对于买入物或者委托物的拍卖提存权。该观点认为,卖出行纪之情形,行纪人获得了相应的价款,该价款并非委托人的委托物,不成为留置的对象;买入行纪之情形,该委托物被转交给委托人之前,物的所有权归属于行纪人而非委托人,债权人留置自己的物是没有意义的。[62] 当然,若认为《民法典》第959条意义上的留置权,并非《民法典》第447条意义上的一般留置权,而是行纪合同领域的特别留置权,所留置的对象并不限于委托人之财产,则留置归属于行纪人而非委托人之委托物亦无妨。[63]

(二)委托人的受领义务

就买入行纪而言,行纪人按照约定买入的委托物,应转交给委托人,而委托人应及时受领。如果委托人不及时受领,将会加重行纪人保管委托物的负担,亦可能面临委托物毁损灭失之风险。故《民法典》第957条规定了委托人的及时受领义务和行纪人的提存权,即"行纪人按照约定买入委托物,委托人应当及时受领。经行纪人催告,委托人无正当理由拒绝受领的,行纪人依法可以提存委托物"(《民法典》第957条第1款)。委托人的受领义务属于不真正义务。[64] 此外,《民法典》第589条关于受领迟延的规定,亦同样适用于行纪合同中委托人无正当理由拒绝受领之情形。

(三)特定情形的取回或处分义务

就卖出行纪而言,既可能存在委托物无法卖出的情况,亦可能存在因行纪人遵循委托人撤回出卖的指示而不再卖出的情况,于此情形,若委托人不取回或未对委托物适当处置,同样会增加行纪人保管委托物的负担。故《民法典》第957条第2款规定,"委托物不能卖出或者委托人撤回出卖,经行纪人催告,委托人不取回或者不处分该物的,行纪人依法可以提存委托物"。

值得注意的是,有释义书认为行纪人享有拍卖权,认为拍卖权是指委托人无故拒绝受领或者不取回出卖物时,法律赋予行纪人依照法定程序将委托物予以拍卖的权利,并认为行纪人可以优先受偿,从拍卖后的价款中扣除委托人应付的报酬、偿付的费用以及赔偿金等,如果还有剩余,行纪人应当交给有关部门进行提存。[65] 部分立法例中确实存在行纪人的拍卖权规定。例如,我国台湾地区"民法"第585条规定:"委托人拒绝受领行纪人依其指示所买之物时,行纪人得定相当期限,催告委托人受领,预期不受领者,行纪人得拍卖其物,并得就其对于委托人因委托关系所生债权之数额,与拍卖价金中取偿之,如有剩余,并得提存。如为易于败坏之物,行纪人得不为前项之催告。"同时,我国台湾地区"民法"第586条亦规定了不能卖出或撤回出卖之情形亦可以行使第585条规定的权利。[66] 但是,就《民法典》行纪合同章而言,其并未规定行纪人的拍卖权。根据《民法典》第570条的规定,只有标的物不适于提存或者提存费用过高的,债务人依法可以拍卖或者变卖标的物,提存所得的价款。因此,除非《民法典》第570条意

[62] 韩世远:《合同法学》(第2版),高等教育出版社2022年版,第583页。
[63] 关于一般留置权和特别留置权的区分,参见章程:《论我国留置权的规范适用与体系整合——民法典时代的变与不变》,载《法商研究》2020年第5期。
[64] 崔建远:《合同法》(第4版),北京大学出版社2021年版,第681页。
[65] 黄薇主编:《中华人民共和国民法典解读:合同编》(下册),中国法制出版社2020年版,第1460页。
[66] 林诚二:《民法债编各论》(中册),中国人民大学出版社2007年版,第235~238页。

义上的不适于提存或者提存费用过高的例外情形，原则上行纪人无权采取拍卖措施，否则可能损害委托人的利益而要承担损害赔偿责任。[67]

三、委托合同相关规定的参照适用

《民法典》第960条规定，“本章没有规定的，参照适用委托合同的有关规定”。但如何参照适用，应视具体情况分析。实际上，参照适用在立法技术上，其实质为“准用”。[68] 之所以采用“准用”之构成，是因为在特定情形应等同视之而赋予其法律效果。也就是说，两者的个别要素，依各该要素之作用及其于构成要件意义脉络中的地位而言，应等同视之，应赋予其相同的法效果。[69] 法律有时拟处理之案型与被引用之法条所规定的案型之法律事实虽不相同，但因其实际上引起相同或类似的结果，而以之作为它们应作相同处理之依据。其特点是彼此分别所规范的法律事实虽不相同，但就系争问题，其法律上重要之点确是相同的。[70] 虽然有不少学者区分“参照适用”与“类推适用”，但各学说均不否认其过程中包含类似性考量，即将关于某种事项所设之规定，适用于相类似之事项。[71] 除通过类似性考量赋予相同法律效果之外，参照适用也并非完全适用，其内涵区别于“适用”，即“准用非全部照样适用，如其事件有差异时，于性质许可之限度，应基于其差异，加以取舍变更，以变通适用，此等与适用应完全适用者不同”。[72] 基于“参照适用”的此等考量，就《民法典》委托合同章相关规定在行纪合同领域的参照适用作如下简要分析：

1.《民法典》第921条关于委托人负担费用的原则，并不能参照适用于行纪合同情形。原因在于，《民法典》第952条已就行纪事务处理的费用负担作了不同规定。

2.《民法典》第922条关于受托人按照委托人的指示处理委托事务的义务和情况紧急情形的变更指示妥善处理义务的规定，同样得以适用于行纪人之情形。[73] 如前所述，虽然《民法典》第954条规定了行纪人的合理处置权利，同时也在《民法典》第955条规定了价格遵守义务，但并未就行纪人应当按照委托人的指示处理事务以及紧急情况的变更指示妥善处理事务作出规定，此等规定同样适用于行纪人之情形。当然，就价格指示而言，存在通过负担差额拒绝委托人的否认权等例外情况。

3.《民法典》第923条关于受托人亲自处理委托事务的规定，亦同样得以参照适用于行纪合同。作为服务类合同的原则之一，行纪人同样负有亲自处理行纪事务之义务，但该义务并不妨碍行纪人使用履行辅助人履行义务。

---

〔67〕 最高人民法院民法典贯彻实施工作领导小组主编：《中华人民共和国民法典合同编理解与适用（四）》，人民法院出版社2020年版，第2691页。

〔68〕 于飞：《合同法总则替代债法总则立法思路的问题及弥补——从“参照适用”的方法论性质切入》，载《苏州大学学报（法学版）》2018年第2期。

〔69〕 [德]拉伦茨：《法学方法论》，陈爱娥译，商务印书馆2003年版，第141页。

〔70〕 黄茂荣：《法学方法与现代民法》（增订七版精装本），2020年自版发行，第308～310页。

〔71〕 张弓长：《〈民法典〉中的“参照适用”》，载《清华法学》2020年第4期。

〔72〕 史尚宽：《民法总论》，中国政法大学出版社2000年版，第52页。

〔73〕 最高人民法院民法典贯彻实施工作领导小组主编：《中华人民共和国民法典合同编理解与适用（四）》，人民法院出版社2020年版，第2702页；黄薇主编：《中华人民共和国民法典解读：合同编》（下册），中国法制出版社2020年版，第1464页。

4.《民法典》第 924 条关于受托人报告义务的规定，得以参照适用于行纪合同情形，行纪人亦负有此等报告义务。〔74〕也就是说，行纪人在行纪事务处理过程中需及时将行纪事务具体进展向委托人报告，在行纪事务结束后，行纪人应当及时将相应的情况向委托人进行报告。

5.《民法典》第 925 条、第 926 条并不能参照适用于行纪合同情形。〔75〕如前所述，从行纪的特殊性来看，《民法典》第 925 条、第 926 条以代理关系的存在为前提，其隐含着委托人作为被代理人存在受托人所从事行为的效果直接归属可能，而不同于行纪人所从事的贸易行为的效果间接归属。不仅如此，《民法典》第 960 条的适用前提在于“本章没有规定的”，才存在得以参照适用《民法典》委托合同章规定的可能，而《民法典》第 958 条就委托人、行纪人与第三人之间的关系已作特别规定，并无《民法典》第 925 条、第 926 条被参照适用之可能。事实上，自原《合同法》实施以来，关于委托人的介入权和第三人的选择权等规定只规定于委托合同之中而未规定在行纪合同中，这是为了强调行纪区别于间接代理，因为行纪制度独立性保持之关键就在于没有委托人的介入权和第三人的选择权。〔76〕

6.《民法典》第 927 条关于受托人移交财产的义务，得以参照适用于行纪合同情形。〔77〕也就是说，在行纪合同中，行纪人处理委托事务时取得的财产，也应当转交委托人。事实上，《民法典》第 957 条关于委托人及时受领义务以及委托人的及时取回与处分义务的规定，也意味着行纪人负有此等义务。

7.《民法典》第 928 条关于委托人报酬支付义务的规定，无须参照适用。原因在于，《民法典》第 959 条就行纪人的报酬请求权已作出专门规定。

8.《民法典》第 929 条关于有偿委托人损害赔偿责任的规定，原则上可以参照适用于行纪合同情形。《民法典》行纪合同章并未就行纪人违反行纪事务处理义务等作出损害赔偿方面的规定，故得以参照适用。但在参照适用时，应当注意《民法典》第 958 条关于因第三人不履行义务致使委托人受到损害时的行纪人赔偿责任规定。依后者规定，此种情形，并不以行纪人存在过错为损害赔偿责任的要件。

9.《民法典》第 930 条不能参照适用于行纪合同情形。该条规定了受托人不可归责受损时的委托人责任。这一规定考虑的主要是受托人不仅是以委托人之费用处理事务，而且委托人也享有受托人处理事务之结果，也就应承担事务处理之风险。实际上，该条规定与《民法典》第 921 条的规定相辅相成，均表明委托合同中受托人是以委托人之费用处理事务。此等“费用”甚至会包括受托人因不可归责于自身事由的损失。但与此不同，根据《民法典》第 952 条的规

〔74〕最高人民法院民法典贯彻实施工作领导小组主编：《中华人民共和国民法典合同编理解与适用（四）》，人民法院出版社 2020 年版，第 2703 页；黄薇主编：《中华人民共和国民法典解读：合同编》（下册），中国法制出版社 2020 年版，第 1464 页；谢鸿飞、朱广新主编：《民法典评注：合同编　典型合同与准合同》（第 4 册），中国法制出版社 2020 年版，第 399 页。

〔75〕崔建远：《合同法》（第 4 版），北京大学出版社 2021 年版，第 675～676 页；最高人民法院民法典贯彻实施工作领导小组主编：《中华人民共和国民法典合同编理解与适用（四）》，人民法院出版社 2020 年版，第 2705 页。

〔76〕其木提：《论行纪合同委托人的取回权》，载《环球法律评论》2005 年第 1 期。

〔77〕最高人民法院民法典贯彻实施工作领导小组主编：《中华人民共和国民法典合同编理解与适用（四）》，人民法院出版社 2020 年版，第 2703 页；黄薇主编：《中华人民共和国民法典解读：合同编》（下册），中国法制出版社 2020 年版，第 1465 页；谢鸿飞、朱广新主编：《民法典评注：合同编　典型合同与准合同》（第 4 册），中国法制出版社 2020 年版，第 399 页。

定,行纪人原则上以自己费用来完成行纪事务,与委托合同中受托人以委托人之费用完成委托事务并不相同,连支出的费用原则上都不能向委托人要求偿付,至于不可归责于行纪人本身的损害,就更不能向委托人转嫁。

10.《民法典》第 933 条规定了委托合同中的任意解除权及其损害赔偿,该条能否参照适用于行纪合同情形,存在争议。有观点认为,行纪合同中,委托人可以随时解除行纪合同,因解除合同造成对方损失的,除不可归责于解除方的事由外,应当赔偿对方的直接损失和可以获得的利益。而对于行纪人能否享有任意解除权,有观点认为应当赋予行纪人任意解除权,只要其依法承担相应的赔偿责任,对委托人来说也无害。有观点则认为行纪人是专门从事行纪业务的经营者,更应当遵守约定,不能任意解除合同。[78] 亦有观点认为,行纪合同作为一种商事合同,其与以民事、无偿为典型的委托合同存在的差异性大于相似性,因而不宜参照适用委托合同任意解除权的规定。[79] 不少观点对此均予以肯定。[80] 从《民法典》第 957 条关于撤回出卖的规定来看,委托人得以任意解除行纪合同并无问题,否则委托人撤回出卖之说就无从说起。实践中亦有不少案例肯定了委托人的任意解除权。[81] 就行纪人能否任意解除而言,本书认为只要损害赔偿责任得以平衡双方当事人之利益,并无必要将行纪人束缚在行纪合同之中;对于行纪人本身已不愿处理之行纪事务,若非要否定其任意解除的退出可能性,反而不利于行纪事务的开展——即使开展行纪事务,也可能不会为了委托人利益而稳妥处理行纪事务,甚至会损害委托人之利益。在这点上,与注重结果实现之承揽合同并不相同,行纪合同中虽然以完成行纪事务作为报酬发生的条件,但其仍然更多地接近于委托合同,体现为手段债务的事务处理义务,而并非结果实现义务。从这层意义上来说,也没有必要如同承揽合同一样,将任意解除权只限于定作人一方。因此,在《民法典》未就行纪合同的任意解除作出特别规定的情况下,委托人或行纪人享有任意解除权这一点可以参照适用委托合同的规定。实践中亦有不少案例肯定了行纪合同情形的任意解除权。

11.《民法典》关于委托合同终止的规定,可参照适用于行纪合同情形。[82] 委托合同终止的相关规定得以适用于行纪合同。[83] 《民法典》委托合同章第 934 ~ 936 条就委托合同终止的情形以及相应主体的义务作了规定,但《民法典》行纪合同章并未规定行纪合同的终止,委托合同的相关规定得以参照使用。

---

〔78〕 黄薇主编:《中华人民共和国民法典解读:合同编》(下册),中国法制出版社 2020 年版,第 1465 页。

〔79〕 王利明:《民法典中参照适用条款的适用》,载《政法论坛》2022 年第 1 期。

〔80〕 谢鸿飞、朱广新主编:《民法典评注:合同编　典型合同与准合同》(第 4 册),中国法制出版社 2020 年版,第 400 页;王轶等:《中国民法典释评:合同编 · 典型合同》(下卷),中国人民大学出版社 2020 年版,第 576 页;最高人民法院民法典贯彻实施工作领导小组主编:《中华人民共和国民法典合同编理解与适用(四)》,人民法院出版社 2020 年版,第 2072 页。

〔81〕 例如,中澳生物科技有限公司与新疆彩云牧歌农牧生态科技有限公司、陈某云行纪合同纠纷案,伊犁哈萨克自治州分院(2019)新 40 民终 1790 号民事判决书;佛山市顺德区蕾驰家具有限公司与佛山市弗克斯家具有限公司、刘某芳行纪合同纠纷案,广东省佛山市中级人民法院(2021)粤 06 民终 12831 号民事判决书等。

〔82〕 谢鸿飞、朱广新主编:《民法典评注:合同编　典型合同与准合同》(第 4 册),中国法制出版社 2020 年版,第 401 页。

〔83〕 林诚二:《民法债编各论》(中册),中国人民大学出版社 2007 年版,第 242 页。

案例　佛山市顺德区蕾驰家具有限公司与佛山市弗克斯家具有限公司、刘某芳行纪合同纠纷案[84]

基本案情

刘某芳系佛山市顺德区蕾驰家具有限公司（以下简称蕾驰公司）的法定代表人。依芙晟罗蓝旗舰店系蕾驰公司开设的天猫店铺。蕾驰公司（甲方）和佛山市弗克斯家具有限公司（以下简称弗克斯公司，乙方）于2020年5月19日签订天猫店铺代运营销售合同书，约定乙方委托甲方运营天猫店铺代销售事宜，店铺所属甲方，甲方店铺所有的产品由乙方提供，甲方提供天猫店铺风格设计、店铺策划、店铺营销优化、天猫活动参与等运营相关服务等事项。合同有效期自2020年5月19日起至2025年5月18日止。每年的托管服务费20万元，每月5日前甲方应收取上个月销售订单额的10%。甲方根据店铺进展及销售情况策划推广方案提交给乙方审核，经乙方通过后方能进行广告推广，费用由乙方承担，甲方承诺乙方广告费用一年平均占销售总额二十个点左右。合同还约定了甲乙双方的责任、权利和义务；商业保密条款；违约责任；合作约定。刘某芳作为甲方代表、弗克斯公司的股东唐某文作为乙方代表在合同上签名。2020年5月20日，弗克斯公司依照合同约定向刘某芳指定的银行账户支付了20万元服务费。之后，弗克斯公司的工作人员与蕾驰公司工作人员就网络运营进行工作交流，并通过微信组建了“弗克斯—依芙对接群”，蕾驰公司已根据合同实施了部分工作。后因合同双方未能就推广方案达成一致，蕾驰公司的天猫店依芙晟罗蓝旗舰店并没有实际销售弗克斯公司的家具。弗克斯公司要求蕾驰公司、刘某芳退还服务费，未果。为此，弗克斯公司遂于2020年8月28日向一审法院提起诉讼。一审法院认为，双方实际成立行纪合同关系。一审法院认为弗克斯公司认为合同无效，要求蕾驰公司退款，实际也是作出解除合同的表示，是行使委托合同的任意解除权；认为弗克斯公司应当赔偿对方的直接损失和合同履行后可以获得的利益，根据本案实际履行情况，法院酌定弗克斯公司应赔偿蕾驰公司4万元，故扣除后，蕾驰公司实应退回弗克斯公司16万元。蕾驰公司上诉。

法院裁判

二审法院认为，本案中，从涉案天猫店铺代运营销售合同书的内容来看，该合同符合行纪合同有关行纪人以自己的名义为委托人从事贸易活动并由委托人支付报酬的法律特征，一审法院认定该合同属行纪合同，处理正确。虽然弗克斯公司在本案中提出的确认合同无效的诉讼请求不能成立，但弗克斯公司同时提出要求蕾驰公司返还涉案合同项下全部服务费20万元的诉讼请求，结合弗克斯公司提出其他诉讼意见，其要求终止与蕾驰公司之间的合同关系的意思表示是明确的。因此，一审法院在综合分析本案案情后，认为弗克斯公司实质上向蕾驰公司作出了解除合同的意思表示，合理有据。本案中，合同无效与解除合同的法律后果类似，都可以产生蕾驰公司返还涉案服务费的法律后果，而针对服务费是否应予返还的问题蕾驰公司在一审期间已经进行了抗辩，一审法院为避免当事人诉累，对涉案合同是否应予解除的问题进行审理，未严重损害蕾驰公司的基本诉讼权利，并无明显不妥。根据原《合同法》第423条规定，

---

〔84〕　广东省佛山市中级人民法院民事判决书，（2021）粤06民终12831号。

行纪合同可以适用委托合同的有关规定。而原《合同法》第410条规定:“委托人或者受托人可以随时解除委托合同。因解除合同给对方造成损失的,除不可归责于该当事人的事由以外,应当赔偿损失。”因弗克斯公司在涉案合同中是委托人的身份,故一审法院认定弗克斯公司有权直接解除合同,符合上述法律规定,本院予以确认,但弗克斯公司应当赔偿因此造成蕾驰公司的损失。虽然蕾驰公司上诉主张其为履行涉案合同投入了大量的人力物力及资金成本,但从蕾驰公司二审期间提交的证据来看,相关证据所反映的相关费用支出均属其正常运营所支付的经营成本范畴,在无其他证据佐证的情况下,不能认定相关费用是蕾驰公司专门为履行涉案合同而产生的额外支出,故本院对蕾驰公司提交的上述证据的证明内容不予采信。而且,从一审法院查明的事实来看,在涉案合同签订后,虽然双方通过微信对前期合作事宜进行了沟通,但蕾驰公司尚未实际销售弗克斯公司的货物,即涉案合同并未得到全面的履行,在此情况下,蕾驰公司主张其因弗克斯公司拒不履行合同已产生了巨额的成本损失缺乏理据。因此,在蕾驰公司未能举证证明其产生的实际损失已超过一审法院酌定金额4万元的情况下,本院对一审法院判令蕾驰公司向弗克斯公司返还涉案合同项下服务费16万元的处理结果予以维持。

第十八章 中 介 合 同

中介合同是服务类合同之一，是原《合同法》确立的典型合同之一，《民法典》在其第 961 ~ 966 条予以规定。较之原《合同法》，《民法典》不仅将"居间合同"的合同名称修改为"中介合同"，"居间人"改为"中介人"，而且新增了"禁止跳单"规则以及中介合同参照适用委托合同的规则，同时规定了未促成合同成立时的必要费用请求权限于"约定"情形。[1] 之所以将"居间合同"改为"中介合同"，主要是为便于人民群众理解。[2] 而增加参照适用委托合同规则的导入，亦说明对居间合同的认识较之原《合同法》有了变化。随着社会的发展，居间（中介）在现代社会中的重要意义，绝不仅仅限于我们生活中常见的不动产中介等。例如，随着各种网络交易平台的发展，出现了"自动撮合"等特定的交易形式。这些新生事物，虽然需要根据不同情形加以分析其法律关系构成，但在一定程度上也可以构成"居间"（中介）等。但与此不相匹配的是，理论上对于居间或中介合同的关注并不充分。从现有的研究来看，随着最高人民法院指导性案例 1 号的公布，虽然有大量的论著对居间合同报酬请求权问题及"跳单"问题作出了研究，[3] 但就其他主题的研究并不多见，只有少部分学者对原《合同法》第 425 条规定的违反"居间人如实报告义务"的损害赔偿从请求权规范角度作过分析和研究。[4] 此外，还有个别学者探讨了居间合同中的债权人受领义务。[5]

第一节 中介合同概述

一、中介合同的概念和性质

中介合同是中介人向委托人报告订立合同的机会或者提供订立合同的媒介服务，委托人支付报酬的合同（《民法典》第 961 条）。中介人是介绍人或报告人，并非代理人，也并非拟促成

---

〔1〕 周江洪：《民法典合同编的制度变迁》，载《地方立法研究》2020 年第 5 期；周江洪：《民法典中介合同的变革与理解——以委托合同与中介合同的参照适用关系为切入点》，载《比较法研究》2021 年第 2 期。

〔2〕 黄薇主编：《中华人民共和国民法典解读：合同编》（下册），中国法制出版社 2020 年版，第 1466 页。

〔3〕 张谷：《民法典合同编若干问题漫谈》，载《法治研究》2019 年第 1 期；汤文平：《多人居间行为共同原因性研究——从"指导案例 1 号"切入》，载《政治与法律》2012 年第 12 期；汤文平：《从"跳单"违约到居间报酬——"指导案例 1 号"评释》，载《法学家》2012 年第 6 期；其木提：《居间报酬请求权的法理依据》，载《法学》2018 年第 7 期；周江洪：《"上海中原物业顾问有限公司诉陶德华居间合同纠纷案"评释》，载《浙江社会科学》2013 年第 1 期；等等。

〔4〕 李永军：《合同法上赔偿损失的请求权基础规范分析》，载《法学杂志》2018 年第 4 期。

〔5〕 兰仁迅：《以"服务"为交易对象的债权人违约初探——以最高人民法院指导案例 1 号为例》，载《苏州大学学报（法学版）》2016 年第 1 期。

合同的当事人,只是起介绍、辅助、斡旋作用。中介合同,传统理论一般称其为“居间合同”。[6] 中介合同包括报告居间和媒介居间。前者指的是中介人向委托人报告订立合同机会的居间;所谓报告订约机会,是指中介人接受一方委托人的委托,寻觅、搜索信息报告委托人,从而提供订立合同的机会。后者指的是提供订立合同媒介服务的居间;所谓提供订立合同的媒介服务,是指介绍双方当事人订立合同,中介人不但要向委托人报告订约的机会,还要进一步斡旋于委托人与第三人之间,努力促成其合同成立。[7] 《民法典》第 961 条虽然规定了两者,但《民法典》中介合同章的规则多是以媒介居间为中心的规则。

中介合同为有偿、单务、诺成、不要式合同。由于《民法典》第 961 条的定义采取了典型的双务合同式的表述,多数观点认为中介合同为双务合同,[8] 只有少数观点认为中介合同为单务合同。[9] 但实际上,典型形态的中介合同为有偿、单务合同,甚至可以说中介人只是取得了获取佣金的资格,并不负有义务。[10] 也就是说,与买卖合同等典型双务合同中的“有偿”相比,中介合同中的“有偿”的性质并不相同。虽然中介人达成媒介居间或报告居间目标时具有报酬请求权,但该报酬请求权并非中介人所负担义务之对价;中介人原则上并不负担积极义务,只承担消极的告知义务。中介人并不负有积极查找、调查交易对手或交易对象的义务,只是负有如同《民法典》第 962 条规定的消极的如实报告义务而已。[11] 只有在一些特别的中介行业或者特殊的中介委托中,才会有积极的查询或调查义务,比如说日本关于不动产中介中的专属委托情形,中介人就负有积极的调查义务及报告义务。[12] 另外,我国台湾地区“民法”第 567 条第 2 款也规定,“以居间为营业者,关于订约事项及当事人之履行能力或订立该约之能力,有调查义务”。但《民法典》并未规定此等积极调查义务,而只是规定了消极的如实报告义务。因此,中介合同,只不过是使得中介人获得了一个取得报酬的机会,而取得报酬的前提是促成合同的成立。因此,其本质上与委托合同中受托人依委托人要求积极处理受托事务并不相同。[13]

中介在实践中表现为多种形式,被区分为一般中介和特殊中介。常见的特殊中介有婚姻中介、保险中介、证券中介、期货中介、不动产中介、演出中介等。其中有不少中介营业有特别法上的规定。例如,《保险法》《证券法》《期货和衍生品法》等对于保险经纪、证券经纪以及期

---

[6] 未特别说明,本书不区分居间和中介、居间人和中介人的表述。

[7] 黄薇主编:《中华人民共和国民法典解读:合同编》(下册),中国法制出版社 2020 年版,第 1470 页。

[8] 黄薇主编:《中华人民共和国民法典解读:合同编》(下册),中国法制出版社 2020 年版,第 1472 页;谢鸿飞、朱广新主编:《民法典评注:合同编　典型合同与准合同》(第 4 册),中国法制出版社 2020 年版,第 407 页;最高人民法院民法典贯彻实施工作领导小组主编:《中华人民共和国民法典合同编理解与适用(四)》,人民法院出版社 2020 年版,第 2707 页;王利明:《合同法》(下册),中国人民大学出版社 2021 年版,第 419 页。当然,在 20 世纪 90 年代的民法学教科书中,居间合同也被认为是双务有偿合同,参见彭万林主编:《民法学》,中国政法大学出版社 1994 年版,第 611 页。

[9] 杨代雄主编:《袖珍民法典评注》,中国民主法制出版社 2022 年版,第 815 页;韩世远:《合同法学》(第 2 版),高等教育出版社 2022 年版,第 587 页;张谷:《民法典合同编若干问题漫谈》,载《法治研究》2019 年第 1 期。

[10] 韩世远:《合同法学》(第 2 版),高等教育出版社 2022 年版,第 587 页;张谷:《民法典合同编若干问题漫谈》,载《法治研究》2019 年第 1 期。

[11] 周江洪:《关于〈民法典合同编〉(草案)(二次审议稿)的若干修改建议》,载《法治研究》2019 年第 2 期。

[12] 椿久美子「非典型契約の総合的検討(9)仲立・仲介・媒介契約」NBL933 号(2010 年)72 頁。

[13] 周江洪:《民法典中介合同的变革与理解——以委托合同与中介合同的参照适用关系为切入点》,载《比较法研究》2021 年第 2 期。

货经纪等都有相应的规定。当然,就中介与经纪而言,其内涵上稍有不同。经纪人亦可能从事行纪、代理等业务,而不限于中介业务。另外,就婚姻中介而言,有学者认为,婚姻居间不属于原《合同法》及《民法典》所称的中介。理由一是婚姻关系不能简单地理解为一种合同关系;理由二是从国外已有的立法例来看,婚姻居间是无偿的,而原《合同法》规范的居间是有偿的。〔14〕有学者则持不同见解,认为婚姻关系是身份合同,而对婚姻居间,委托人与居间人之间的合同是债权合同,自可适用原《合同法》的规定。〔15〕 从我国司法实践来看,存在将婚姻中介认定为居间法律关系的案件。〔16〕 另外,亦有立法例肯定婚姻得以居间,但结合婚姻的属性对报酬请求权作了限制。例如,我国台湾地区"民法"第 573 条规定,"因婚姻居间而约定报酬者,就其报酬无请求权"。

拓展 | 中介合同的性质与居间制度的由来〔17〕

中介合同的性质与居间制度的由来密切相关。我国古代也有居间。战国时期称"驵""驵侩",魏晋南北朝称"互郎",唐朝称"牙人",至宋代时形成了较为系统的居间法律制度,元明清加以承继。〔18〕牙人、牙行在不同时间和不同场合,身兼商业活动的中介机构、国家对商业进行社会控制的辅助机构、商业和商人的社会自治机构三重角色。〔19〕 我国原《合同法》上的居间制度受到了欧陆制度的影响,有些甚至是欧陆早期居间交易习惯规则的反映。从欧陆制度的发展来看,欧洲的居间制度源于古希腊、古罗马帝国时期,任何人都可为居间活动。但到了中世纪,国家对居间行业进行控制,居间活动受到限制,从自由经营主义转为干涉主义,使得居间人成为准公职人员。例如,《法国商法典》中就存在须政府任命的特权居间人和其他居间人的区别。德国旧商法也曾经规定,居间人是一种官吏。英国也存在须经地方官署许可才可以执业的居间人。只有到了近代,随着社会和经济的快速发展,居间活动和居间需求日增,居间法律关系的调整从干涉主义转向自由经营主义。〔20〕 例如,《德国民法典》第 652 条以下首先把居间活动作为民事合同的一种作了规定,同时在《德国商法典》中规定了商事居间人。此后,大多数国家的民商法典和民商法理论都将居间合同作为一种独立的典型合同对待。例如,《瑞士债务法》将其作为委托之一种加以规定。而《日本民法典》并未对此予以规定,但在《日本商法典》中规定了营业中介这一典型的商行为。《日本民法典》之所以没有规定居间合同,其中一原因是在起草旧民法时主要参考了《法国民法典》,而《法国民法典》并未将中介或居间作为典型合同予以规定。而且,更为重要的是,《日本民法典》制定当初,民事中介活动并不活跃,法典起草人对于其重要性和必要性并没有

---

〔14〕 江平主编:《中华人民共和国合同法精解》,中国政法大学出版社 1999 年版,第 477 页。

〔15〕 隋彭生:《合同法要义》(第 2 版),中国政法大学出版社 2005 年版,第 587 页。

〔16〕 甘某兰诉黄某群案,广西壮族自治区南宁地区中级人民法院(2001)南地民终字第 300 号民事判决书。另参见国家法官学院、中国人民大学法学院编:《中国审判案例要览》(2002 年民事审判案例卷),中国人民大学出版社 2003 年版,第 191 页。

〔17〕 周江洪:《民法典中介合同的变革与理解——以委托合同与中介合同的参照适用关系为切入点》,载《比较法研究》2021 年第 2 期。

〔18〕 吕志兴:《我国古代居间制度及其借鉴》,载《当代法学》2002 年第 6 期。

〔19〕 黄东海:《牙人角色演进与中国古代商业中介机构之法律地位探析——从牙人称谓的流变视角出发》,载《暨南学报(哲学社会科学版)》2016 年第 8 期。

〔20〕 黄薇主编:《中华人民共和国民法典解读:合同编》(下册),中国法制出版社 2020 年版,第 1467 页。

足够的认识。[21] 当然，《日本商法典》中规定了营业中介，但要求中介本身是营业，而且要求所中介的行为也是商行为。在日本债法修改过程中，作为学者草案的债法修改基本方针，也曾试图规定媒介契约，以应对各种中介活动，但并未获得成功。但无论如何，在日本法上，通说认为居间（中介）是委托的一种特殊类型，虽然《日本民法典》没有规定居间合同，但应根据居间合同内容的不同补充适用委托的规定。从委托的规定及诚信原则出发，日本民法也可以得出与德国、瑞士同样的结论。[22] 但同时也认为，诸如不动产中介等民事中介合同，虽然原则上可以准用委托或准委托的规定，但在报酬请求权等方面则需另行对待，应参照适用《日本商法典》中关于"中介营业"的规定。[23]

之所以认为原《合同法》上的居间合同制度受到了欧陆制度变迁的影响，是因为实际上从原《合同法》居间合同报酬规则上可以看出部分端倪。原《合同法》第426条规定："居间人促成合同成立后，委托人应当按照约定支付报酬。对居间人的报酬没有约定或者约定不明确，依照本法第六十一条的规定仍不能确定的，根据居间人的劳务合理确定。因居间人提供订立合同的媒介服务而促成合同成立的，由该合同的当事人平均负担居间人的报酬。居间人促成合同成立的，居间活动的费用，由居间人负担。"《民法典》第963条承继了该条规定。[24] 中介报酬请求权规则具有一定的"半强制性"，即使拟促成合同的合同当事人之间约定了中介报酬的分担，也不得对抗中介人，中介人仍可以依据中介报酬的特殊规则向第三人请求报酬。[25] 但关于这一规则的由来，学理上并不是十分明确。一种可能的解释是借鉴了德国的商事居间制度或者《日本商法典》中的中介营业制度（《日本商法典》第550条第2款）。毕竟，按照通常的理解，居间合同同样存在合同相对性的问题，原则上不得为他人设定义务。《民法典》第465条第2款也明确规定："依法成立的合同，仅对当事人具有法律约束力，但是法律另有规定的除外。"该款规定突出地强调了合同之债的相对性，而《民法典》第963条正是此处的"法律另有规定"。居间服务成功促成的合同的对方当事人，并非居间合同的合同当事人，由其分担居间活动报酬，无法用居间合同本身予以说明。

反倒是居间制度的历史发展有可能对此作出部分说明。在德国居间制度的发展历史上，德国的商事居间以促成商事合同成立作为其目标。在商事居间制度发展的过程中，居间本来是官方的中介人，慢慢发展成中立的中介人。在这种情况下，有一个特别细节的问题，居间人不仅仅要为了委托人的利益考虑，同时也要考虑第三人（拟促成合同的合同对方当事人）的利益，只有这样才能快速促成合同成立。但如此一来，就有可能存在类似代理制度中的禁止利益背反难题。对此，在代理制度中，《民法典》第168条第2款规定了双方代理的禁止。但是，在商事居间中，恰恰是因为以商事合同的成立为中介目标，商人之间促成合同的快速成立是最重要的，而且他们能够判断自己的利益，因此不太容易导致利益背反问题。而且，商事交易的居间人，其原本脱胎于

〔21〕 椿久美子「非典型契約の総合的検討(9)仲立・仲介・媒介契約」NBL 933号(2010年)65頁。

〔22〕 [日]我妻荣：《我妻荣民法讲义 V_3：债权各论》（中卷二），周江洪译，中国法制出版社2008年版，第130～132页。

〔23〕 平口洋「標準媒介契約約款の策定とその検討」(上)NBL 218号(1980年)41頁。

〔24〕 当然，也有观点认为，报告居间情形，因仅为委托人一方报告订约机会，而不与其相对人发生关系，故居间人的报酬，自然仅由委托人给付，而媒介居间，才由双方平均分担报酬。参见彭万林主编：《民法学》，中国政法大学出版社1994年版，第612页。

〔25〕 北居功、高田晴仁編著『民法とつながる商法総則・商行為法』(第2版)(商事法務，2018年)314頁。

基于中立的立场、以公职身份促成交易的“官方中介人”，其历史沿革决定了居间人在从事居间时应顾及作为交易相对人的第三人的利益，〔26〕甚至对第三人也可能负有一定的忠实义务。〔27〕从这个角度来说，向并非合同当事人的第三人收取一部分报酬也是合理的。因此，从制度变迁的角度来说，这一制度本身就带着典型的欧陆商事习惯的特点，是商事居间制度的一个特点。〔28〕而对于民事居间来说，甚至有立法例认为，即使居间人本身为商人，但其所居间的并非商行为时不构成商事居间，因此无法适用商法上的商事居间报酬规则，民事居间人并不能向所促成合同的相对人请求报酬。〔29〕例如，以商行为以外法律行为的媒介居间为业者，虽然也构成《日本商法典》第502条意义上的“商人”，但并不构成《日本商法典》第543条意义上的“中介人”，不适用《日本商法典》第543～550条，不能根据商事居间的规则向所促成合同的相对人请求报酬。同样地，《德国商法典》第99条也规定了居间商对双方当事人的报酬请求权，但在《德国民法典》第652条以下的居间契约中，并不存在类似的规则。〔30〕

二、中介合同与相关合同的比较

（一）中介合同与委托合同

《民法典》第966条规定，“本章没有规定的，参照适用委托合同的有关规定”。据此，中介合同被定位为特殊的委托合同。两者均是服务类合同，在事务处理方面具有一定的相似之处。《民法典》第966条正是从其相似性角度入手，就中介合同与委托合同的关系作出了规定。但是，两者也存在不同。

两者所处理的事务类型不同。中介合同中，中介人所处理的事务为报告订立合同的机会或促成合同成立的媒介服务，而委托合同中委托人得以处理的事务范围广泛。

中介合同为有偿单务合同，而委托合同则无偿有偿均可，有偿情形则为双务合同。虽然实践中亦存在无偿居间，但《民法典》第961条仅规定了需支付报酬的有偿中介合同。而且，同为有偿之情形，委托合同与中介合同的报酬请求权发生的条件和报酬支付义务主体不同。委托合同中，存在比例报酬之规定，即使部分完成委托事务或者因不可归责于受托人事由不能完成事务，亦可请求相应的报酬（《民法典》第928条）。而在中介合同中，不仅可以由被促成合同的当事人平均负担报酬，而且只有促成合同成立之情形或者委托人“跳单”之情形，中介人才享有报酬请求权（《民法典》第963条、第965条）。

中介合同中，中介人不介入委托人与相对人之间的合同关系，仅提供报告缔约机会或者促成合同成立的媒介服务。而在委托合同中，会存在代理权的授予，受托人无论是以委托人名义

---

〔26〕洲崎博史「代理商・仲立人・問屋——取引仲介業の規整」NBL935号（2010年）44頁；北居功、高田晴仁編著『民法とつながる商法総則・商行為法』（第2版）（商事法務，2018年）308頁。

〔27〕张谷：《民法典合同编若干问题漫谈》，载《法治研究》2019年第1期。

〔28〕当然，也有学者从默示居间契约的存在角度予以说明，认为媒介居间的居间人活动于委托人与相对人之间，因居间行为而得益的是契约当事人双方，据此，认为相对人与居间人之间存在默示的居间契约。因此，当事人双方各负其半，不仅公平而且也符合当事人的意思。参见周小明：《试论居间人的报酬及其报酬请求权》，载《政法论坛》1994年第3期。

〔29〕北居功、高田晴仁編著『民法とつながる商法総則・商行為法』（第2版）（商事法務，2018年）314頁。

〔30〕当然，也有学者认为《德国商法典》第99条应被解释为仅仅适用于和双方当事人都有合同关系的双重居间。参见［德］卡纳里斯：《德国商法》，杨继译，法律出版社2006年版，第529页。

或者以自己名义与第三人缔结合同,虽然在效果归属上仍然归属于委托人,但实质上介入了合同的缔结,且在特定情形下该合同亦可能实质上约束受托人和第三人(《民法典》第925条、第926条)。

中介合同与委托合同的事务处理费用负担规则不同。中介合同中,中介人促成合同成立的,中介活动的费用由中介人负担(《民法典》第963条第2款),未促成合同成立的,则可以依约定请求委托人支付从事中介活动支出的必要费用(《民法典》第964条)。而委托合同中,委托人应当负担受托人处理委托事务的费用(《民法典》第921条)。

(二)中介合同与行纪合同

中介合同与行纪合同均为特殊的委托合同,但两者之间也存在不同。

两者所处理的事务不同。行纪合同中,行纪人以自己的名义为委托人之利益从事贸易活动,完成行纪事务需要与第三人缔结合同,其从事的是法律行为。而中介合同所提供的服务,无论是报告缔约机会的服务还是媒介服务,均非法律行为。其实质在于,无论是报告居间还是媒介居间,关注的是合同成立阶段的缔约机会报告或缔约斡旋服务,并不代他人以自己名义或以他人名义订立合同。

中介人和行纪人在与第三人的关系上不同。行纪合同中,行纪人以自己的名义缔结合同,且对该合同直接享有权利、承担义务(《民法典》第958条)。中介合同中,中介人并不介入委托人与第三人的合同关系中,并不以自己名义与第三人缔结合同,且对该合同不享有权利和承担义务。当然,有所谓的"隐名居间",中介人亦可能介入与相对人的合同关系中。在媒介居间中如果委托人一方指定或居间合同双方当事人约定居间人不得将委托人姓名、商号、名称告知对方,居间人根据诚实信用原则负有保密义务,由此居间人产生为委托人隐名的义务,这种居间称为隐名居间。在隐名居间中,居间人对于委托人与相对人的合同应承担义务,在一定条件下由居间人以履行辅助人的身份履行义务,并受领对方当事人所为的给付。[31] 例如,我国台湾地区"民法"第575条第2款规定,"居间人不以当事人一方之姓名或商号告知相对人时,应就该方当事人由契约所生之义务,自己负履行之责,并得为其受领给付"。但此时的居间人,也仅有介入之义务,而无介入之权利。纵使其介入后,居间人亦非立于当事人之地位,仅系代隐名当事人履行与受领。[32]

中介人和行纪人在是否享有介入权上不同。行纪合同中,行纪人自己可以作为买受人或者出卖人(《民法典》第956条)。中介合同中,中介人并不享有此等介入权。

中介合同与行纪合同的费用负担及报酬规则不同。除当事人另有约定外,行纪人应当自己负担处理行纪事务的费用(《民法典》第952条)。中介人中介活动的费用,则因是否促成合同成立而不同,促成合同成立之情形,由中介人负担;未促成合同成立的,则可以依约定向委托人请求负担费用。在报酬规则上,行纪人仅从委托人一方取得报酬,但中介人促成合同成立的,可以由所促成合同的双方当事人平均负担报酬。

(三)中介合同与承揽合同

媒介居间情形,中介合同也以促成合同成立作为取得报酬的前提,与承揽合同注重结果具

---

〔31〕 吴庆宝、赵培元、孟祥刚主编:《委托类合同裁判原理与实务》,人民法院出版社2008年版,第218页。

〔32〕 林诚二:《民法债编各论》(中册),中国人民大学出版社2007年版,第216页。

有相似性。于此情形，二者均强调给付结果，无结果，不可以请求报酬（报告居间除外）；但中介人并不负有结果义务。在承揽合同的场合，按照定作人的要求完成工作、交付工作成果，属于承揽人的给付义务，承揽人不履行此等义务，构成违约行为，定作人享有相应的履行请求权。而在中介合同情形下，向委托人报告缔约机会或者提供缔约的媒介服务，除非另有特别约定，并不是居间人的给付义务，委托人并不能要求中介人积极活动或尽到调查义务。中介合同，只不过使中介人获得一种资格或者权利而已，中介人不为此种报告或媒介服务，并非违约行为，委托人不享有相应的履行请求权。

（四）中介合同与技术中介合同

《民法典》第887条将技术中介合同作为技术服务合同之一种予以规定，《技术合同司法解释》对技术中介合同的相关规则作出了规定。技术中介合同，是指当事人一方以知识、技术、经验和信息为另一方与第三人订立技术合同进行联系、介绍以及对履行合同提供专门服务所订立的合同（《技术合同司法解释》第38条）。从该定义来看，虽然技术中介合同名为"中介合同"，《技术合同司法解释》的规则也多参考中介合同的相关规则，但其与《民法典》中介合同章中的中介合同存在诸多不同。

1. 两者所提供的服务内容不同。技术中介合同虽然也包含了报告缔约机会和合同订立的媒介服务，但同时还包括为所订立技术合同的合同履行提供服务。但《民法典》中介合同章规定的中介合同只是提供报告缔约机会和合同订立的媒介服务，并不包括合同履行环节的服务。从这层意义上来说，技术中介合同中"中介"的含义，与生活用语中的"中介"含义更为一致。当然，在中介行业实践中，特别是不动产中介行业，中介营业者除提供报告居间和媒介居间服务以外，时常也会提供与所促成合同履行相关的服务。但中介行业提供的此类服务，实质上是《民法典》中介合同的中介服务与其他给付的混合，属于混合合同。

2. 技术中介合同中的中介费用与中介合同中的费用负担规则不同。技术中介合同中中介人从事中介活动的费用，是指中介人在委托人和第三人订立技术合同前，进行联系、介绍活动所支出的通信、交通和必要的调查研究等费用（《技术合同司法解释》第39条）。虽然技术中介费用也是合同订立过程中提供服务的费用，且原则上由中介人承担，亦区分了促成技术合同成立情形的费用负担和未促成技术合同成立情形的必要费用负担，但《技术合同司法解释》在规定费用由中介人承担的原则时，并没有如同《民法典》第963条第2款一样强调"促成合同成立"，在规定未促成技术合同成立情形的必要费用请求时也没有如同《民法典》第964条一样强调"按照约定请求"，亦即此等必要费用请求权，不以当事人之间有约定为必要。具体如下："当事人对中介人从事中介活动的费用负担没有约定或者约定不明确的，由中介人承担。当事人约定该费用由委托人承担但未约定具体数额或者计算方法的，由委托人支付中介人从事中介活动支出的必要费用"（《技术合同司法解释》第39条第2款）；"中介人未促成委托人与第三人之间的技术合同成立的，其要求支付报酬的请求，人民法院不予支持；其要求委托人支付其从事中介活动必要费用的请求，应当予以支持，但当事人另有约定的除外"（《技术合同司法解释》第40条第1款）。

3. 技术中介合同与中介合同的报酬规则不同。技术合同中的报酬所对应的服务，不仅包括合同订立过程中的服务，还针对合同履行过程中的服务，即"中介人的报酬，是指中介人为委托人与第三人订立技术合同以及对履行该合同提供服务应当得到的收益”(《技术合同司法解释》第39条第1款第2句)。但是,与《民法典》第963条规定由所促成合同的当事人平均分担中介人报酬的规定不同,技术中介合同的报酬,原则上由委托人负担;若要由第三人予以承担,须有特别要件,即“当事人对中介人的报酬数额没有约定或者约定不明确的,应当根据中介人所进行的劳务合理确定,并由委托人承担。仅在委托人与第三人订立的技术合同中约定中介条款,但未约定给付中介人报酬或者约定不明确的,应当支付的报酬由委托人和第三人平均承担”(《技术合同司法解释》第39条第3款)。

第二节　中介合同的效力

一、中介人的义务

根据《民法典》第961条的规定,中介人应当提供报告缔约机会或者提供缔约媒介的服务,围绕此等服务的提供,中介人负有一定义务,但报告或者媒介服务并非中介人的给付义务。[33]中介人所提供的报告缔约机会或者提供媒介服务的劳务,除非另有特别约定,难谓属于中介人的给付义务,因为即便其不为此种劳务,或并未促成委托人缔约,也并非违约行为,委托人也不应享有相应的履行请求权。[34]

(一)如实报告义务

中介人虽然不负积极调查义务,但负有如实报告的义务。当然,在《民法典》编纂过程中,亦存在以居间为业的营业中介应当负有积极调查义务的立法建议,[35]但《民法典》最后仍然维持了原《合同法》关于中介人义务的基本定位,即“中介人应当就有关订立合同的事项向委托人如实报告”(《民法典》第962条第1款)。订立合同的有关事项,包括相对人的资信状况、生产能力、产品质量及履约能力等与订立合同有关的事项,根据拟促成合同的不同,其事项亦有不同。从文义上来说,就如实报告义务而言,其“只需就其所知道的情况如实报告给委托人”即可。[36] 但不少学说及实践都存在扩张解释的现象。例如,有观点认为,即使未规定调查义务,也并不意味着中介人完全不需要进行任何调查,但对于调查之后的如实报告义务也基本上限于中介人“应知”或“推定应知”的范畴,而不能随意扩大,不能对“应知”或“推定应知”之外的隐藏事实等内容都要求积极调查。[37] 司法实践中,亦有不少判决书认为如实报告义务,不仅包括报告,还包括对所报告信息的审核义务。[38] 例如,有法院裁判指出:“在房屋买卖居间活动中,中介公司(居间人)对于受托事项及居间服务应承担符合专业主体要求的注意义务,审查核

〔33〕 韩世远:《合同法学》(第2版),高等教育出版社2022年版,第587页。
〔34〕 谢鸿飞、朱广新主编:《民法典评注:合同编　典型合同与准合同》(第4册),中国法制出版社2020年版,第426页。
〔35〕 周江洪:《关于〈民法典合同编〉(草案)(二次审议稿)的若干修改建议》,载《法治研究》2019年第2期。
〔36〕 黄薇主编:《中华人民共和国民法典解读:合同编》(下册),中国法制出版社2020年版,第1476页。
〔37〕 谢鸿飞、朱广新主编:《民法典评注:合同编　典型合同与准合同》(第4册),中国法制出版社2020年版,第418页。
〔38〕 王轶等:《中国民法典释评:合同编·典型合同》(下卷),中国人民大学出版社2020年版,第582页。

实与交易相关的主体身份、房产权属等基本信息材料的真实性。中介公司因未进行必要的审核而未能发现卖房人提供的信息虚假，由此导致买房人遭受损失的，应当承担与其过错相应的补充赔偿责任。”〔39〕甚至有法院裁判说理中隐含了营业居间应当负有积极调查义务之可能性。例如，有法院裁判认为，“林某装提供居间服务，就其所知悉的与订立合同有关的事项，负有向陈某昌如实报告的义务。但其并非以居间为营业，就陈某昌所主张洪潭水电公司隐名股东、资产负债情况等事项，不负有积极调查义务”。〔40〕

中介人违反如实报告义务的，《民法典》中介合同章仅规定了故意隐瞒或提供虚假情况情形的法律后果，并未对其他情形作规定，即“中介人故意隐瞒与订立合同有关的重要事实或者提供虚假情况，损害委托人利益的，不得请求支付报酬并应当承担赔偿责任”（《民法典》第 962 条第 2 款）。从该规定来看，中介人承担丧失报酬请求权及赔偿责任的要件在于：(1)违反如实告知义务，且限于故意隐瞒与订立合同有关的重要情况或者提供虚假情况之情形。(2)中介人主观上需故意，提供虚假情况亦限于“故意”情形。“隐瞒”本身包含故意，不可能存在“过失隐瞒”之说法。《民法典》共有三处使用了“隐瞒”，其中两处使用了“故意隐瞒”。一是《民法典》第 53 条关于“利害关系人隐瞒真实情况，致使他人被宣告死亡而取得其财产的”情形；二是《民法典》第 500 条关于缔约过失责任的规定中用了“故意隐瞒与订立合同有关的重要事实或者提供虚假情况”；三是《民法典》第 962 条的情形。从三处规定来看，用“故意”修饰“隐瞒”者，其后的表述除“隐瞒”事实以外，尚还包括“或者提供虚假情况”。从立法表述来看，“隐瞒”本无“故意”予以修饰限定之必要，其旨在说明“提供虚假情况”亦需“故意”提供，始符合这一要件。(3)损害委托人利益。对此，有观点认为，居间人如果隐瞒与订立合同有关的重要事实或者提供虚假情况，至少已违反诚实信用原则和忠实义务，即使尚未给委托人造成损失，也丧失了报酬请求权。〔41〕但从交易实践看，若存在即使中介人隐瞒事实或者提供虚假情况但委托人知晓此等被隐瞒的事实或者知道所提供情况为虚假，并未陷入错误之状态，其订立合同并非根据此等事实或情况而订立，难谓损害委托人利益。例如，有法院裁判认为，“从刘某与武某的微信聊天记录来看，双方均明知案涉交易违反华为公司的内部管理规定。北京思华公司申请再审称刘某故意隐瞒窜货事实，缺乏证据证明，其关于刘某应当退还居间费用及赔偿损失的主张，原审法院未予支持，并无不当”。〔42〕而且，报酬请求权并非如实报告义务的对价，而是促成合同成立之结果；如实报告义务违反并不必然导致报酬请求权的丧失，仍需依《民法典》第 962 条第 2 款之“损害委托人利益”之要件进行判断。因此，本书认为，若没有损害委托人利益，且具备报酬请求权的其他要件的，中介人的报酬请求权不受影响。

虽说有上述规定，但学理和实践中仍有不少观点主张中介人过失情形亦存在承担损害赔偿责任之可能。例如，有观点认为，因中介人的过失给委托人造成损失的，不适用《民法典》第 962 条规定，但中介人是否需要承担责任，可以适用《民法典》合同编通则部分的规定进行判

---

〔39〕 李某诉中原房地产中介公司未尽审核义务造成买房人损失应承担补充赔偿责任纠纷案，江苏省南京市中级人民法院(2015)宁民终字第 4352 号民事判决书。

〔40〕 陈某昌诉林某装居间合同纠纷案，最高人民法院(2017)最高法民申 1976 号民事裁定书。

〔41〕 魏耀荣等：《中华人民共和国合同法释论》(分则)，中国法制出版社 2000 年版，第 606 页。

〔42〕 北京思华网智科技有限公司、刘某中介合同纠纷案，湖北省高级人民法院(2021)鄂民申 6403 号民事裁定书。

断，如果中介人的行为构成侵权，委托人还可以基于中介人的侵权行为向中介人主张赔偿。[43]也有观点认为，若中介人对于未尽如实报告义务仅存在过失（含重大过失），不发生《民法典》第962条适用的余地，中介人可因其违约行为所致委托人损失承担赔偿责任。[44] 实践中，亦存在因未告知公开信息而扣减报酬的案例，并未说明其是否存在故意或过失。例如，有判决书认为，"本案中，丽兹行公司作为案涉房屋买卖的中介机构，应当全面了解、跟进交易的每一个流程，及时向当事人披露交易进展，不应以第三方的行为作为其怠于履行相关职责的借口。在案涉房屋院落的宗地面积已经相关行政部门出具测绘结果并对外公示后，丽兹行公司并未及时将宗地面积的相关情况明确告知吕某，丽兹行公司的中介服务存在瑕疵。故基于诚实信用原则，综合全案情况，本院酌定丽兹行公司退还吕某中介服务费25万元"。[45] 事实上，类似案件处理的基本逻辑，仍然是将中介合同当成双务合同对待，将中介服务的提供与报酬给付义务相挂钩。但在《民法典》并未肯定中介人积极调查义务的前提下，此等考量是否妥当，仍需谨慎对待。

思考 | 因中介人过失导致委托人利益受损时的损害赔偿责任

需要明确的是，《民法典》第962条仅是针对如实报告义务违反中的故意隐瞒或提供虚假情况作出了责任规定，对于其他情形并未作出规定。根据"明示其一则排除其他"的解释规则，过失未告知相关事项或者过失提供虚假情况的情形，不仅不适用该条规定，而且亦不因此而承担责任，否则《民法典》第962条尽可规定违反如实报告义务即应承担责任，而没有必要特别规定故意隐瞒或者提供虚假情况这一特别情形。若如此解释，导入审核义务或者在营业居间情形导入更为积极的调查核实义务等，都不符合《民法典》第962条的逻辑。若要肯定比《民法典》第962条更为苛刻的报告义务，则需当事人另有约定或得以通过当事人的合同解释出此等义务的存在，或者法律法规对特定的中介营业作出了特别的规定。当然，从立法论上考虑，赋予中介营业者必要的审核义务和一定的积极调查义务有其必要性，但如何在《民法典》中介合同章的框架下通过解释论扩张如实报告义务的内容，构建更加积极的如实报告义务，有必要寻求更多的理论基础支持。就司法实践中积极扩张中介人报告义务的趋势来看，其多数是不动产交易的中介服务。就不动产交易中介来看，中介业者根据合同内容提供的服务往往不限于报告居间和媒介居间服务，尚存在协助当事人办理公证、办理登记，协助履行等诸多内容，因此其并不是单纯的中介合同，而是混合合同，因此可能会存在较《民法典》规定的中介人义务更为严格的审核义务、调查义务等，亦是符合其合同内容构成的。

但是，在如实报告义务以外的其他领域，例如，泄露个人信息或商业秘密等问题，是否存在因中介人过失而承担损害赔偿责任的可能，仍需作适当分析。关于中介人损害赔偿责任问题，《民法典》只是在第962条第2款规定了故意隐瞒或提供虚假情况时的损害赔偿责任，并未对其他合同义务的违反问题作出规定。这里会涉及《民法典》第929条参照适用的可能性问题。

---

[43] 黄薇主编：《中华人民共和国民法典解读：合同编》（下册），中国法制出版社2020年版，第1478页。

[44] 徐涤宇、张家勇主编：《〈中华人民共和国民法典〉评注》（精要版），中国人民大学出版社2022年版，第990页。

[45] 吕某与北京丽兹行房地产顾问有限公司中介合同纠纷案，北京市第二中级人民法院（2022）京02民终4332号民事判决书。

因符合《民法典》第 966 条“本章没有规定”的形式条件，表面上看起来似乎存在参照适用的可能。但从解释论上来说，《民法典》第 962 条已限制了中介人的损害赔偿责任：只有在故意隐瞒或提供虚假情况时才会存在损害赔偿责任，排除了其他损害赔偿的请求权基础。其原因在于，中介人并不负有积极的调查义务等，并不存在如同《民法典》第 929 条意义上的“过错”等概念情形下的注意义务违反问题，因此根据其性质也不得参照适用。中介人的损害赔偿责任问题，应在第 962 条的范围内展开解释，而不是求助于关于委托合同的《民法典》第 929 条规定。即使有可能存在泄露商业秘密、泄露个人私密信息等侵害委托人利益的行为，也完全可以通过其他请求权构造予以解决，如侵权损害赔偿请求权构成等，而不能随意参照适用《民法典》第 929 条的规定。[46]

另外，中介人故意隐瞒或提供虚假情况致使委托人利益受损之情形，特别是委托人因此而缔结合同之情形，也存在因第三人欺诈而撤销所缔结合同之可能。若是中介人与拟促成合同的对方当事人恶意串通损害委托人利益的，则所缔结的合同亦归于无效。前者规定于《民法典》第 149 条，后者规定于《民法典》第 154 条。

（二）勤勉义务

关于中介人的勤勉义务，虽然《民法典》编纂过程中有建议直接规定中介人的勤勉义务，[47]但原《合同法》及《民法典》均未作明确的规定。不过依《民法典》第 966 条规定参照适用委托合同的规定并据此导入委托人之义务，存在解释出勤勉义务之可能。学说中亦有不少观点肯定中介人的勤勉义务，关于中介人的勤勉义务及其范围，应当根据合同的约定、诚信原则以及交易习惯来具体确定。原则上中介人除了履行报告和媒介义务之外，无须再负进一步的义务。但是在履行这种媒介和报告义务中，其应当尽到勤勉义务。例如，在当事人之间出现合意的分歧时，中介人应当尽力调解、斡旋，以促成合同的成立。[48] 另外，也有学说将其归纳为“尽力义务”。[49]

（三）保密义务

在居间合同中，居间人对在居间活动中获悉的委托人的有关商业秘密以及委托人提供的其他各种信息等，应当依照合同约定和法律规定保守秘密（《民法典》第 509 条对此作了规定）。另外，在隐名居间等特殊场合，尚有不得将委托人的商号等告知相对人等保密义务。

（四）负担中介活动费用的义务

《民法典》第 963 条第 2 款规定，“中介人促成合同成立的，中介活动的费用，由中介人负担”。而对于未促成成立之情形，依《民法典》第 964 条，若当事人另有约定的，则可以依照约定请求委托人支付从事中介活动支出的必要费用，没有约定的，则由中介人自行负担。

---

〔46〕 周江洪：《民法典中介合同的变革与理解——以委托合同与中介合同的参照适用关系为切入点》，载《比较法研究》2021 年第 2 期。

〔47〕 郭泽喆：《居间人损害赔偿责任的司法认定——兼论民法典编撰中对〈合同法〉第 425 条规范漏洞的填补》，载《时代法学》2019 年第 3 期。

〔48〕 王利明：《合同法》（下册），中国人民大学出版社 2021 年版，第 424 页。

〔49〕 崔建远：《合同法》（第 4 版），北京大学出版社 2021 年版，第 685 页。

有必要说明的是未促成合同成立情形的费用负担问题。依原《合同法》第 427 条规定，未促成合同成立的，虽不得要求报酬，但中介人可以要求委托人支付从事居间活动支出的必要费用。之所以如此规定，通常认为是因为在促成合同成立之情形，中介人从事中介活动的费用已包含在报酬中，中介费用已得到补偿。如果中介人已向委托人报告订立合同的机会，或者为订立合同提供了媒介服务，但未获成效，未能促成合同成立，则中介人不但不能就付出的劳动获得报酬，为进行中介活动所支出的费用也无从追偿，这就有违公平原则。故，原《合同法》第 427 条规定，未促成合同成立的情形下，中介人可以向委托人请求支付中介活动中支出的必要费用。[50] 但是，较原《合同法》第 427 条，《民法典》第 964 条增加了“按照约定”。所谓“按照约定”，也就是在未促成合同成立的情况下，中介人向委托人请求支付从事中介活动的必要费用，须以中介人和委托人之间存在合同未成立时中介人亦享有费用请求权的约定为前提。结合《民法典》第 963 条第 2 款和《民法典》第 964 条的规定可知，中介活动的费用原则上由中介人自己负担。在没有特别约定的情况下，无论中介人是否促成合同成立，中介人都要自己负担从事中介活动的费用。这和行纪合同由行纪人负担处理委托事务的费用是相似的。因为中介人和行纪人都是以营利为目的的经营者，中介人是专门从事提供中介服务的人。既然是经营，就必然会有商业风险。就中介合同来说，只有当中介人促成合同成立，才能向委托人请求支付报酬。如果中介人没有促成交易，不得请求报酬，他所付出的代价即支出的成本费用，就算是商业风险，由其自己负担。[51] 从《民法典》的变化来看，除非当事人对此另有约定，才会有不同的费用负担规则。虽然《民法典》编纂过程中，就未促成合同情形费用负担的立场改变的讨论并不多见，但有观点认为：原《合同法》有关中介活动必要费用的思路，可能更多是参考了委托事务费用的处理思路，这一规则在其后的司法实践当中也存在诸多适用障碍；并且，鉴于学界由来已久的对于原《合同法》关于费用法定请求权立法例的质疑以及司法实践中适用该条时所产生的问题，《民法典》编纂之际借鉴域外立法例及近年来司法实际情况作此修改，在一定程度上更加符合中介合同的制度本意，并且进行了立法漏洞的填补，在相当程度上使中介合同规则构造更加合理和完善，也排除了法律适用中的一些模糊地带和难以确定的情况。[52]

案 例　李某东诉上海汉宇房地产顾问有限公司居间合同纠纷案[53]

基本案情

2012 年 3 月 7 日，李某东、上海汉宇房地产顾问有限公司（以下简称汉宇地产）及案外人周

---

〔50〕 魏耀荣等：《中华人民共和国合同法释论》（分则），中国法制出版社 2000 年版，第 609 页。

〔51〕 黄薇主编：《中华人民共和国民法典解读：合同编》（下册），中国法制出版社 2020 年版，第 1491 ~ 1492 页。当然，亦有观点认为，即使没有约定的，中介人也有权请求委托人支付从事中介活动支出的必要费用，认为《民法典》第 964 条之所以增加“可以按照约定”，主要是尊重合同当事人的意思自治，强调合同的私法性质[参见最高人民法院民法典贯彻实施工作领导小组主编：《中华人民共和国民法典合同编理解与适用（四）》，人民法院出版社 2020 年版，第 2721 页]。

〔52〕 谢鸿飞、朱广新主编：《民法典评注：合同编　典型合同与准合同》（第 4 册），中国法制出版社 2020 年版，第 439 ~ 441 页。

〔53〕 案例来源：《最高人民法院公报》2015 年第 2 期。

某签订一份《房地产买卖居间协议》，约定经汉宇地产居间介绍，李某东向周某购买某房屋，房屋总价118万元。同日，三方签订一份《房地产买卖协议》，约定定金总额为20万元，由周某委托汉宇地产代为收取并保管。在周某签约当日将房屋产权证书等文件证明交由汉宇地产保管后，周某可以取回由汉宇地产代为保管的定金。同日，李某东通过其配偶账户向周某支付了定金20万元。周某于当日向李某东出具一份定金收据，确认收到李某东支付的定金20万元。2012年3月14日，李某东向公安机关报案，称2012年3月7日，其通过汉宇地产与周某签订了房屋买卖协议，并通过银行转账的方式向周某支付了定金20万元，准备购买上述房屋。后发现周某提供的公证书系伪造，怀疑对方有欺诈行为。3月17日，上海市公安局浦东分局对周某涉嫌合同诈骗一案立案侦查。2012年10月17日，周某因犯信用卡诈骗罪、合同诈骗罪被上海市浦东新区人民法院判处有期徒刑8年，罚金6万元并被责令退赔犯罪所得，返还被害银行及被害人（李某东）。判决后，周某提出上诉。2012年12月14日，上海市第一中级人民法院裁定驳回上诉，维持原判。

系争房屋原系案外人周某、周某左、蔡某、陈某玉按份共有，其中周某占1/6份额。系争房屋交易过程中，周某曾向李某东、汉宇地产出具一份公证书，载明周某左、蔡某、陈某玉委托周某代为办理系争房屋交易的相关事宜。该公证书后被上海市国信公证处确认为系伪造。上海市浦东新区房地产登记处于2012年3月30日受理了系争房屋的过户事宜，2012年4月16日，该房屋过户至案外人夏某华、沈某芳、夏某豪名下。其间的2012年4月9日，系争房屋的抵押被注销。

李某东诉称，汉宇地产作为专业的中介机构，在提供专业的房屋居间服务时，应尽到基本的审核和调查义务，但汉宇地产未调查系争房屋是否已被交易、委托人与被委托人的确切信息、房屋产权的明晰状态等情况，造成己方巨大损失，汉宇地产应承担重大过失责任，要求汉宇地产赔偿损失20万元。一审法院认为，汉宇地产作为专业的房屋中介机构，在进行居间服务时应尽到必要的、审慎的审查、核实义务，如核实房源信息、核实卖房人的身份信息、判断交易过程中的合理性等。买房人对于房屋交易也负有注意义务。本案中，汉宇地产虽进行了一定的调查、核实等行为，但未就系争房屋是否存在一房二卖、公证书是否系伪造等事宜进行调查核实，导致原告李某东定金损失。而李某东也未依约将定金交予汉宇地产保管，而是将定金直接支付于周某，也未对公证书的真实性尽到注意义务，导致定金无法追回。双方在此过程中均有过错，应各自承担相应的责任。现周某已被判处刑罚，并被责令退赔犯罪所得，结合李某东、汉宇地产双方的过错程度，确定汉宇地产在3万元的数额范围内承担补充赔偿责任。法院根据原《合同法》第60条（《民法典》第509条）、第425条（《民法典》第962条），判令汉宇地产应对案外人周某刑事退赔不足部分在3万元范围内赔偿原告李某东损失。李某东与汉宇地产均上诉。

■ 法院裁判

二审法院认为，李某东系周某实施合同诈骗的被害人，周某骗得李某东支付的购房定金20万元，周某犯罪所得应予追缴并发还被害人。一审法院判令汉宇地产承担补充赔偿责任，符合案件事实，二审予以认同。本案二审主要争议在于汉宇地产承担补充赔偿责任的范围，对此应综合本案案情予以判定。

根据二审查明的事实,伪造的公证书中载明的蔡某出生日期与其身份证号码记载不一致,该事项无须专业知识即可判断。在公证机构无法提供电话核实真伪的情况下,汉宇地产理应赴公证机构进行现场核实,但汉宇地产未采取前述措施。而根据上诉人李某东在二审时的陈述,其在付款前已注意到公证书存在的问题并提出异议,李某东完全有机会主动核实公证书真伪后再行付款。由于李某东、汉宇地产均未尽到前述审慎义务,致使李某东本人成为周某合同诈骗的被害人。汉宇地产作为专门从事居间活动的单位,开展经营业务理应尽职尽力维护好委托人的利益。根据查明的事实,汉宇地产经办本案居间业务的工作人员不具备经纪人资格,未认真核查系争房屋已被出卖情况,未严格按照合同约定履行定金保管义务,使案外人周某得以实施诈骗,继而造成李某东损失。综合前述情况,李某东提出汉宇地产在10万元范围内承担补充赔偿责任,尚属合理,可予支持,对一审判决作相应调整。

二、委托人的义务

(一)报酬支付义务

支付报酬是委托人的主要义务。但该报酬支付义务的发生,除了"跳单"等特殊情形,以中介人促成合同成立为前提。对此,《民法典》第963条第1款规定,"中介人促成合同成立的,委托人应当按照约定支付报酬。对中介人的报酬没有约定或者约定不明确,依据本法第五百一十条的规定仍不能确定的,根据中介人的劳务合理确定。因中介人提供订立合同的媒介服务而促成合同成立的,由该合同的当事人平均负担中介人的报酬"。同时《民法典》第964条规定:"中介人未促成合同成立的,不得请求支付报酬……"据此,委托人报酬支付义务发生的两大要素是:合同成立;该合同由中介人促成,即合同成立与中介人中介活动之间存在因果关系。

1. 合同成立

报酬请求权需以"促成合同成立"为要件,这会涉及合同虽成立但无效或被撤销或被解除情形的报酬请求权问题。对此,认为合同无效等影响报酬请求权的观点认为,委托人与第三人之间的合同成立,是指合同合法、有效成立,如果所促成的合同属于无效合同,或者属于可撤销的合同而被撤销的,则不能视为促成合同成立,中介人仍不能请求支付报酬。[54] 也有观点认为,已成立之合同被确认为无效或被撤销,其效果等同于合同未成立,中介人也不能取得报酬请求权。[55] 亦有观点认为,所促成之契约经撤销之情形,委托人与相对人所订立之契约经撤销后,视为自始无效,故解为居间人丧失其报酬请求权,应依不当得利之规定请求返还;契约经解除者,虽然通说认为居间人之报酬请求权不受影响,但该观点认为,于契约被撤销时,视为自始无效,契约解除亦为自始无效,故应作相同解释;但契约经终止时,因其并无溯及力,居间人自得保留其报酬而不受影响。[56] 与此同时,亦有反对观点认为,"合同成立"系指委托人与第三人的合同成立,与合同效力无关。因此委托人与第三人一旦订立合同完毕,签订了双方主体明确、基本条款齐全的合同,该合同即告成立,此时间点即为委托人给付义务的生效点。此合同嗣后的效力并不影响居间人的报酬请求权,无论合同是附解除条件,抑或被解除、撤销、宣告无

---

〔54〕 黄薇主编:《中华人民共和国民法典解读:合同编》(下册),中国法制出版社2020年版,第1483页。

〔55〕 魏耀荣等:《中华人民共和国合同法释论》(分则),中国法制出版社2000年版,第607页。

〔56〕 林诚二:《民法债编各论》(中册),中国人民大学出版社2007年版,第219页。

效,均不影响居间人主张报酬请求权。如果将委托人与第三人的合同效力与委托人的给付义务牵连起来,对居间人有失公允,因为居间人毕竟不是该合同的当事人,不应对合同的效力瑕疵承担法律责任。[57] 在司法实践中,若主合同虽成立,又经意思表示一致解除了原合同,若解除合同的原因不可归责于中介人,则仍应支付中介费;若因客观情形需要解除,中介费用可按照公平原则进行合理分担。[58] 另有观点认为,从《民法典》第963条的立法意旨来看,就中介人的给付与请求权基础而言,中介人仅促成委托人与第三人订立合同,即可认为"中介人促成合同成立";即使该合同被解除、撤销、宣告无效(由于中介人未履行义务导致此类情形出现则另当别论),也不影响中介人的报酬请求权。[59] 本书支持这一观点,除非此等合同被解除、撤销、无效是因中介人原因引起(如第三人欺诈情形的撤销、恶意串通情形的无效、因中介人故意隐瞒事实或提供虚假情况使委托人陷入重大误解等),以及属于《民法典》第962条第2款之情形,否则合同的效力瑕疵或者被解除,不影响中介人的报酬请求权。事实上,在技术中介合同领域,《技术合同司法解释》也采取了类似的做法,中介人对合同效力瑕疵没有过错的,不影响报酬请求权,即"中介人对造成委托人与第三人之间的技术合同的无效或者被撤销没有过错,并且该技术合同的无效或者被撤销不影响有关中介条款或者技术中介合同继续有效,中介人要求按照约定或者本解释的有关规定给付从事中介活动的费用和报酬的,人民法院应当予以支持"(《技术合同司法解释》第41条第1款)。

2. 合同成立与中介人中介活动的因果关系

就合同成立由中介人促成这一因果关系而言,也会涉及一些问题。一般认为,只要中介人能够证明其在委托人与第三人的合同订立之前,就提供了相应的活动,如向委托人报告了第三人的有关情况,或者经常参与到双方的谈判中,一般就可以认为中介人的这些行为与合同的成立具有因果关系。所谓"因果关系",应当指构成比较直接或者相当程度的因果关系,或者说中介人的中介行为对合同订立起到一定程度的作用。[60] 但是,在多人报告缔约机会或参与媒介服务之情形,此时如果对所有居间人都赋予完全报酬请求权,却又似乎过分增加了委托人的负担,难谓公平。因此,有观点主张,在多人居间的场合,共同原因性其实呈现两重内涵:一是任一居间人报酬请求权之原因性要件的确定标准;二是居间人行为相互之间的原因性关系。而第二个问题又可分割为几个问题:各居间人行为对其他居间人行为有何影响;多个居间行为满足共同原因性要件时是分别取得足额报酬还是分割报酬;若分割报酬则又应采何比例。[61] 若依此逻辑,在多人介入居间促成合同成立之情形,就会出现中介人只享有分割报酬之可能。[62] 类似地,也有观点认为,中介报酬应当根据中介人促成缔约的原因力来确定,中介人如果证明其中介服务对于委托人缔约有实质性作用,就有权请求委托人支付相应报酬。[63] 在《民法典》编纂过程中,曾有建议对"跳单"情形的报酬请求权草案规则作出修改,即"跳单之情形,通常都

〔57〕 税兵:《居间合同中的双边道德风险——以"跳单"现象为例》,载《法学》2011年第11期。
〔58〕 王轶等:《中国民法典释评:合同编·典型合同》(下卷),中国人民大学出版社2020年版,第588页。
〔59〕 谢鸿飞、朱广新主编:《民法典评注:合同编　典型合同与准合同》(第4册),中国法制出版社2020年版,第429页。
〔60〕 黄薇主编:《中华人民共和国民法典解读:合同编》(下册),中国法制出版社2020年版,第1484页。
〔61〕 汤文平:《多人居间行为共同原因性研究——从"指导案例1号"切入》,载《政治与法律》2012年第12期。
〔62〕 汤文平:《从"跳单"违约到居间报酬——"指导案例1号"评释》,载《法学家》2012年第6期。
〔63〕 其木提:《论"跳单"之认定标准——最高人民法院指导案例1号评释》,载《交大法学》2016年第4期。

存在着多人共同居间的情形,改为‘相应的居间报酬’,对于处理多个居间人共同努力促成的交易如何支付报酬具有相应的解释空间”,〔64〕但《民法典》并未采纳。当然,对于委托人召入多人参与中介,进而促成合同成立之情形,从《民法典》的规定来看,要承认比例报酬,唯有将《民法典》第963条第1款第2句的“根据中介人的劳务合理确定”予以扩张适用始有可能,但其解释难度在于如何确定没有约定或约定不明确,而且如何区分《民法典》第965条“跳单”相关之规则,尚有难度。从《民法典》第965条的规定来看,委托人召入多人参与中介活动而促成合同成立之情形,委托人面临需支付多份完整报酬的可能性极高。当然,关于因果关系问题,主要面临的障碍是何为促成合同成立,特别是委托人“跳单”的情形,虽然最终成立了合同但是否为中介人所促成,是实践中多发的疑难问题之一。《民法典》对此也作了回应,留待后续具体分析。

3. 报酬请求权特约

有观点认为《民法典》第964条的规范属性为强行性规范,当事人不得约定排除,法律作出此种规定既符合公平原则,也与居间行为的本质属性相符。〔65〕但从意思自治角度言,当事人之间就促成合同成立的缔约机会报告或斡旋,既可能约定为有偿,也可能约定为无偿,并无不可。而且,若约定不同于《民法典》第964条规定的报酬支付条件,并不以合同成立为报酬支付条件,约定了即使未促成合同成立亦得以请求劳务报酬亦未尝不可;只是此时委托人与中介人之间的合同,其性质上并不属于中介合同,而是一般的委托合同而已。因此,并不能说约定了不同于《民法典》第964条规定内容的合同就属于无效合同,只是此等合同不一定属于《民法典》中规定的中介合同而已。而且,双方当事人之间亦可以约定其他中介报酬支付条件,实践中有以所促成合同的履行作为条件的,亦当允许。例如,在“韩国某公司诉杭州某公司居间合同纠纷案”中,韩国某公司作为代理方为杭州某公司与伊朗某公司发生铝箔交易提供居间服务,约定佣金标准为200美元/公吨,具体按实际装运量确定,杭州某公司保证从收到全额发票金额后支付最终确认的佣金给韩国某公司。该案系因伊朗受经济制裁影响,银行外汇储备不足,导致信用证不能及时兑付引发的争议。杭州某公司对代理人韩国某公司不满,不愿支付佣金,而韩国某公司为了及时收回货款也多方努力,支出大量成本。法院考虑上述国际局势变化所引发的交易风险并非各方所能预见或左右,各自由此遭受的损失也均非对方违约所造成,最终判定杭州某公司向韩国某公司支付佣金,但不承担违约金。〔66〕

4. 媒介居间情形的报酬分担

依《民法典》第963条,因中介人提供订立合同的媒介服务而促成合同成立的,由该合同的当事人平均负担中介人的报酬。也就是说,报告居间和媒介居间的报酬负担规则并不相同。因报告居间仅向委托人报告订约机会,中介人不与委托人的相对人发生关系,因此,中介人的报酬应当由委托人给付。在媒介居间中,中介人不仅向委托人报告订约机会,而且要找第三人促成合同成立,由于有了中介人的中介活动,委托人与第三人双方发生了法律关系,委托人与第三人都因此受益,因此,一般情况下,除合同另有约定或另有交易习惯外,中介人的报酬原则

〔64〕 周江洪:《关于〈民法典合同编〉(草案)(二次审议稿)的若干修改建议》,载《法治研究》2019年第2期。

〔65〕 王利明:《合同法》(下册),中国人民大学出版社2021年版,第425页。

〔66〕 《浙江省杭州市中级人民法院发布涉外民商事审判十大典型案例(2012-2021)》(2022年4月20日发布)。

上应由媒介居间而订立合同的委托人与第三人双方平均负担。[67] 该解释将双方合同当事人平均负担报酬归结为所促成合同的合同相对人也因此受益，其法理逻辑并不充分。原因在于，为委托人从事事务处理而订立合同的情形，并不限于中介合同之情形。例如，委托合同中受托人根据代理授权以委托人名义与第三人订立合同，此时也促成了委托人与第三人之间的合同关系，委托人和第三人也都因此受益，但委托合同中受托人的报酬并不能由第三人予以分担。因此，亦有反对观点认为，这实际上是法律为了平衡委托人和相对人的利益而强加给相对人的负担，除非是相对人和中介人也存在委托关系即双方中介的情形，否则相对人的支付义务是没有充分的法理依据的。[68] 如前所述，本书认为，之所以存在此等报酬分担规则，其更多的是源于商事习惯的继受和中介制度的历史发展。

（二）依约定返还必要费用的义务

较之原《合同法》第 427 条，《民法典》第 964 条在未促成合同成立情形的中介活动必要费用负担规则的立场上有了重大转变。依第 964 条规定，若委托人和中介人约定中介活动必要费用由委托人承担，则委托人负有支付从事中介活动支出的必要费用的义务。

（三）委托人"跳单"情形的报酬支付义务

中介人在从事中介活动时，由于钟摆式的不对称信息，中介人与委托人在履约过程中均可能出现机会主义倾向，衍生出双边道德风险问题，而原《合同法》忽略了委托人机会主义倾向可能带来的问题，[69] 并未对"跳单"等问题作出规定。最高人民法院指导性案例 1 号虽然针对委托人"跳单"问题也提出了裁判的倾向，但该指导性案例仅解决了委托人不构成"跳单"违约时中介人不享有违约金请求权的问题，并未对报酬请求权问题作出判断。[70] 从比较法上来看，关于"跳单"情形的报酬支付义务问题，基本上是将其纳入委托人支付报酬条款中予以解释，而并未作出专门规定。[71] 但在我国实践中，"跳单"现象频繁发生，已经成为中介合同纠纷案件中的一种常见纠纷类型。"跳单"行为违背诚信和公平原则，严重损害中介人的利益，扰乱市场秩序，阻碍了中介行业健康发展，故《民法典》第 965 条予以特别规定，[72] 即"委托人在接受中介人的服务后，利用中介人提供的交易机会或者媒介服务，绕开中介人直接订立合同的，应当向中介人支付报酬"。该条款的导入，被作为"坚持问题导向，体现时代特征"的《民法典》合同编重大创新和发展来对待，其对于完善中介规则具有重要意义。[73] 对此，有观点认为，《民法典》第 965 条所列情形，可由《民法典》第 963 条第 1 款第 1 句解释出来，即委托人与第三人的主合同成立，系由中介人所提供的交易机会或媒介服务等信息促成，即便委托人故意"绕开"中介人缔约，只要具备相关事实和因果关系，中介人就有权请求委托人支付相应报酬。之所以特设该条，意在针对近年来实践中较多的多人中介场合中，委托人所存在的对在先中介人之"跳单"情

---

〔67〕 黄薇主编：《中华人民共和国民法典解读：合同编》（下册），中国法制出版社 2020 年版，第 1488 页。

〔68〕 黄薇主编：《中华人民共和国民法典解读：合同编》（下册），中国法制出版社 2020 年版，第 1488 页。

〔69〕 税兵：《居间合同中的双边道德风险——以"跳单"现象为例》，载《法学》2011 年第 11 期。

〔70〕 戴孟勇：《禁止"跳单"条款的效力和"跳单"违约的裁判标准》，载周江洪、陆青、章程主编：《民法判例百选》，法律出版社 2020 年版，第 124 页。

〔71〕 谢鸿飞、朱广新主编：《民法典评注：合同编　典型合同与准合同》（第 4 册），中国法制出版社 2020 年版，第 443 页。

〔72〕 黄薇主编：《中华人民共和国民法典解读：合同编》（下册），中国法制出版社 2020 年版，第 1493 页。

〔73〕 石宏：《合同编的重大发展和创新》，载《中国法学》2020 年第 4 期。

形,并对这种情形作出一定的否定性价值判断,突出强调此种情形下的委托人义务。[74] 在司法实践中,有观点认为中介合同当事人解除中介协议后与第三人订立合同,亦得以构成《民法典》第965条意义上的"跳单",中介人享有报酬请求权。例如,有法院裁判认为:"本案中,链家公司与王某文、王某之间的《居间服务合同》是各方当事人的真实意思表示,且不违反法律、行政法规的强制性规定,应属有效。王某文、王某虽然与链家公司达成《解约协议书》,但其二人仍履行了房屋买卖合同的内容。二审法院根据查明的事实及在案证据,结合双方诉辩意见,综合其二人签订《解约协议书》的时间与另行签订房屋买卖合同的时间、房款支付的履约过程、王某文未就涉案房屋委托多家中介公司挂牌出售一事提交证据,以及王某亦未能就其向其他中介公司支付居间服务费充分举证等情形,认定王某、王某文之间的房屋买卖合同系基于链家公司的服务达成的,其后即便另行签订房屋买卖合同,亦属于法律规定的绕开中介人订立合同的情形,王某文、王某应向链家公司支付报酬,并无不当。《居间服务合同》系三方共同达成的,能够体现链家公司提供中介服务应取得的报酬标准,同时三方亦在《解约协议书》中对此情形进行了约定,二审判决认定链家公司要求按照《居间服务合同》中约定的金额支付居间服务费于法有据,亦无不当。"[75]

当然,要注意的是,与《民法典》第965条规定报酬请求权不同的是,最高人民法院指导性案例1号中格式条款中规定的是"违约金条款",而并非"报酬条款",其实质是损害赔偿请求权构成。[76] 另外,亦有观点认为该条虽然规定的是报酬请求权,但其是以报酬请求权方式体现的违约责任,将"跳单"本身定位为"违约责任"。[77]

思考 | "跳单"情形的报酬请求权构成与损害赔偿请求权构成[78]

无论定位为报酬请求权模式还是损害赔偿请求权模式,《民法典》第965条规定的"跳单"本身与委托人的任意解除权密不可分。学说上在分析指导性案例1号格式条款效力时,也多将其与任意解除权能否事先排除联系在一起予以考虑。[79] 也就是说,委托人接受服务后"跳单",与委托人行使任意解除权终止中介合同具有一定的相似之处,其实质都是委托人脱离了原有的中介合同关系。不同的是,在"跳单"情形下,委托人绕开中介人直接订立合同,而在任意解除权情形下,终止中介合同后是否与第三人订立合同并不明确。对于前者,《民法典》第965条赋予中介人报酬请求权,而对于任意解除权,若《民法典》第933条可以根据《民法典》第966条的规定予以参照适用,则中介人享有损害赔偿请求权。但是否可以参照适用以及如何参照适用,仍有必要作进一步分析。

对以完成特定结果作为报酬请求权发生条件的中介合同来说,委托人任意解除中介合同

---

[74] 谢鸿飞、朱广新主编:《民法典评注:合同编 典型合同与准合同》(第4册),中国法制出版社2020年版,第444页。

[75] 王某文与王某等中介合同纠纷案,北京市高级人民法院(2022)京民申176号民事裁定书。

[76] 周江洪主编:《合同法案例研习》,法律出版社2019年版,第369~372页。

[77] 最高人民法院民法典贯彻实施工作领导小组主编:《中华人民共和国民法典合同编理解与适用(四)》,人民法院出版社2020年版,第2725页。

[78] 周江洪:《民法典中介合同的变革与理解——以委托合同与中介合同的参照适用关系为切入点》,载《比较法研究》2021年第2期。

[79] 周江洪主编:《合同法案例研习》,法律出版社2019年版,第369~372页。

的构成,与其说与委托合同中的任意解除权构造类似,不如说更接近承揽合同中定作人的任意解除权。对于定作人的任意解除权,虽然《民法典》第787条规定的是损害赔偿请求权构成,但在比较法上及我国学说中也存在不同的主张,认为应当采纳报酬请求权构成。〔80〕此等主张中的报酬请求权构成的实质在于可归责于债权人事由时的价金风险分配,即因可归责于债权人事由之给付不能,其价金风险当由债权人承受。但作为价金风险的风险负担规则,通常只适用于双务合同,如何将其适用于有偿、单务的中介合同,尚有争议。因此,采纳报酬请求权构成来建构中介合同中委托人的任意解除权,势必会面临较大争议。更何况《民法典》第787条并没有采纳报酬请求权构成,《民法典》也未规定中介合同可以参照适用承揽合同的规则。

虽然中介合同并不排除委托人的任意解除权,但任意解除情形的损害赔偿,并不能简单地参照适用关于委托合同任意解除损害赔偿的规定,而应具体分析。对于"禁止跳单"的情形,虽然与委托人任意解除中介合同具有一定的类似性,但即使将其作为任意解除中介合同的一种表现,也只不过是其中的一种情形而已。对于这种特殊的"任意解除",且在"任意解除"后"利用中介人提供的交易机会或者媒介服务,绕开中介人直接订立合同的",才会有报酬请求权的存在。也就是说,如果认为委托人任意解除中介合同可以参照适用委托合同的规定、产生以报酬为中心的可得利益赔偿,则无须规定《民法典》第965条也足以涵盖"跳单"情形的报酬请求权。而《民法典》导入第965条本身也说明,任意解除中介合同时肯认报酬请求权的,也仅仅限于构成"跳单"的情形,而不是所有的情形。

无论如何,《民法典》第965条的导入,存在与任意解除规则交错的问题。若肯定得以任意解除,则此时的损害赔偿与《民法典》第965条的报酬请求权规则应作出适当调适。当然,《民法典》第965条的报酬请求权规则,并非双务合同领域的可归责于债权人事由之价金风险问题,而是《民法典》第963条规定的"促成合同成立"中的因果关系的认定问题,是因此等因果关系的存在而肯定的报酬请求权而已。对此,有学说认为,居间合同的特性在于居间人的报酬请求权具有不确定性,以促成委托人与相对人缔约为构成要件。在认定委托人"跳单"缔约是否为居间人所促成时,"条件拟制规则说""委托合同解除权说"等学说理论在居间合同领域并无适用余地,其认定标准在法理上也难谓圆通。而"相当因果关系说"则基于居间合同之特性,以我国原《合同法》第426条为依据,以其规定的居间人"促成"合同成立这一因果关系要件为出发点,认定居间媒介与委托人"跳单"缔约之间的因果关系,实乃破解"条件拟制规则说"与"委托合同解除权说"等学说的理论困境、平衡委托人与居间人之间利益关系之最佳解释路径。〔81〕也正是因为存在此等争议,关于"跳单"情形的报酬请求权构成,特别是如何与相关制度进行协调的问题,仍存在进一步思考的空间。

三、委托合同相关规定的参照适用

与原《合同法》不同,《民法典》第966条确立了中介合同得以参照适用委托合同的规则。但是,委托合同与中介合同的同与不同,决定了《民法典》关于委托合同的具体规定是否可参照

〔80〕 宁红丽:《〈民法典草案〉"承揽合同"章评析与完善》,载《经贸法律评论》2020年第1期;周江洪:《委托合同任意解除的损害赔偿》,载《法学研究》2017年第3期。

〔81〕 其木提:《居间报酬请求权的法理依据》,载《法学》2018年第7期。

适用,以及如何参照适用于中介合同。而具体取舍时的判断,还需要结合具体规范构成及其立法目的等予以判断。以下就若干重点规范作具体分析:[82]

1.《民法典》第 921 条规定的事务处理费用问题能否参照适用。该条规定:“委托人应当预付处理委托事务的费用。受托人为处理委托事务垫付的必要费用,委托人应当偿还该费用并支付利息。”依该条规定,委托合同以委托人承担费用为原则。与此不同,《民法典》第 963 条和第 964 条明确规定了中介合同的费用支付问题。依此规定,中介事务处理费用,原则上由中介人承担,只有在未促成合同成立时,才可以按照约定要求支付必要费用。故,关于中介合同的事务处理费用,《民法典》中介合同章已另行作出不同规定,《民法典》第 921 条关于委托合同中的费用预付义务及费用垫付问题,并不能被参照适用。

2.《民法典》第 922 条规定的接受委托人指示的义务,能否参照适用。《民法典》中介合同章并未规定此等接受指示的义务。理论上来说,中介人并不能违反委托人的指示提供中介服务。无论是报告缔约机会还是为促成合同成立发挥“媒介”作用,中介人均不得违背委托人的指示。因此,原则上应当可以参照适用。[83] 但需注意的是,中介人只提供中介服务,若违背委托人指示从事报告或媒介,当无法促成合同的成立时,亦不会影响委托人之利益。因此,即使能够参照适用,也应当以中介人负有的消极报告义务为前提,接受指示的义务亦以媒介服务和报告服务为限,委托人并非可以任意指示中介人作出特定的中介服务。也就是说,《民法典》第 922 条参照适用于中介合同时,应当作适当变通。

3.《民法典》第 923 条规定了委托合同中受托人的亲自履行义务。关于这点,《民法典》并未规定中介人的亲自履行义务,但中介合同作为服务类合同,应遵循服务类合同的一般原理。中介合同的中介人亲自履行也有其理论基础,亲自履行义务并不会对委托人和中介人造成妨碍,该条的参照适用并无大碍。相关释义书也认为:“中介人应当亲自处理中介事务,不得擅自将中介事务交给他人处理。”[84]

4.《民法典》第 924 条规定了受托人的事务处理报告义务,在中介合同情形可否参照适用,应区分对待。在中介事务处理的过程中,委托人可以向中介人了解中介事务处理的进展情况;中介合同参照适用委托合同规定是不存在障碍的。即使中介服务未促成合同成立,此时中介人仍然负有报告义务,以便委托人作出后续安排。当然,中介人报告义务的范围,仍然受到《民法典》第 962 条规定的中介人消极报告义务的限制,并不能要求中介人负担积极的调查义务。但中介合同终止时,是否有必要向委托人报告中介事务处理的结果,尚需具体分析。中介合同的终止,通常是基于任意解除或法定解除。若中介人任意解除中介合同,因其本身并不负有积极义务,其实质是以抛弃潜在报酬请求资格的方式从合同的束缚中解放出来,此时因不负有积极义务,而无须向委托人报告相关事务的情况。若是委托人任意解除,其实质是委托人不再需要中介人的服务,因此也无须中介人在合同终止后报告。

---

[82] 周江洪:《民法典中介合同的变革与理解——以委托合同与中介合同的参照适用关系为切入点》,载《比较法研究》2021 年第 2 期。

[83] 最高人民法院民法典贯彻实施工作领导小组主编:《中华人民共和国民法典合同编理解与适用(四)》,人民法院出版社 2020 年版,第 2729 页。

[84] 黄薇主编:《中华人民共和国民法典解读:合同编》(下册),中国法制出版社 2020 年版,第 1500 页。

5.《民法典》第925条和第926条的规定，原则上不能被中介合同参照适用。关于《民法典》第925条和第926条，虽然学界多有争议，[85]但无论持何种主张，都不能否认《民法典》第925条和第926条都是以委托人与受托人之间存在代理关系为前提，只不过是区分了作为缔结合同相对人的第三人是否知道代理关系的存在。而与此不同，中介人只是提供媒介或报告服务，虽然旨在促成合同的成立，但并不介入委托人与第三人之间的合同关系，提供的只是中介服务。因此，《民法典》第925条和第926条涉及委托人对受托人代理权的授予，受托人从事的是代理权授予背景下的代理行为，与中介合同中介人只提供报告或媒介服务，存在本质的不同。后者通常不涉及代理权的问题。因此，这两条规定原则上不能被参照适用。当然，是否承认中介人存在代理权的中介合同类型（中介人一方面接受委托人的委托从事媒介服务，但同时就所媒介的对象行为取得委托人的代理权授予，同时从事代理行为），学理上存在争议。然而，即使中介合同涉及代理权授予等，由此可能构成中介合同与其他合同类型的混合合同，按混合合同规则处理即可，也不是委托合同的参照适用问题。

但这里需要注意的是“隐名居间”的问题。“隐名居间”情形，有可能出现与《民法典》第925条、第926条类似的情形，中介人并不告知对方委托人的信息。对于此种情形的中介人地位问题，有立法例规定了中介人的介入义务，中介人不向相对人提供合同当事人姓名、名称的，中介人自身负有履行责任（如《日本商法典》第549条）。但即便中介人负有直接的履行责任，也不同于《民法典》第926条第2款规定的第三人选择受托人作为相对人主张权利的情形。原因在于，中介人中介服务的结果，是在匿名的当事人与对方当事人之间成立了合同，而不是中介人作为当事人或代理人与对方当事人缔结了合同。之所以规定中介人的直接履行责任，乃是为了保护因匿名而可能受损的对方当事人，将其作为一种法定的担保责任予以规定。该责任也不同于行纪情形的行纪人地位，中介人虽负有履行责任但并不构成合同当事人。也就是说，中介人并没有取得向对方当事人请求对待给付的权利，相对人也不能向中介人为履行。[86]从法定担保的视角来说，该履行责任并不同于《民法典》第926条第2款的规定，因此，从理论上来说也并不能参照适用。但由于《民法典》并未规定“隐名居间”问题，为权宜计，“隐名居间”中介人的担保责任可部分参照适用第926条的规定。

6. 对于《民法典》第927条规定的财产转交义务，参照适用并无大碍。但从中介合同的中介事务处理情况来看，通常并不会涉及中介人因中介事务处理而取得财产，因此其参照适用的实际情形微乎其微。甚至有立法例认为，由于中介人只是从事报告或媒介等中介服务，其所从事的是事实行为，并不构成所促成合同当事人，也不构成代理人，除非存在特别的约定或特殊的商业惯例，就所媒介之行为，中介人并不拥有受领给付的权限（《日本商法典》第544条），只有在“隐名居间”等得以推定被赋予了受领权限的特殊情形，才有相应的受领给付的权限。

7.《民法典》第928条关于委托合同报酬的规定，无须参照适用。依《民法典》第928条的规定，委托合同委托人报酬支付义务产生的前提是受托人完成委托事务。而根据《民法典》第

---

〔85〕 方新军：《民法典编纂视野下合同法第402条、第403条的存废》，载《法学研究》2019年第1期；朱虎：《代理公开的例外类型和效果》，载《法学研究》2019年第4期；尹飞：《论隐名代理的构成与效力》，载《法律科学（西北政法大学学报）》2011年第3期；等等。

〔86〕 北居功、高田晴仁編著『民法とつながる商法総則・商行為法』（第2版）（商事法務，2018年）312頁。

963 条、第 964 条的规定,中介合同中的委托人报酬支付义务的产生,则以促成合同成立为前提。从规范意旨上来看,中介合同的报酬请求权更接近于承揽合同中的报酬请求权,即以特定结果的产生为前提,因此与委托合同可以根据事务处理情况具有相应的报酬请求权存在本质的区别。当然,在委托合同中,也会存在类似于成功报酬、风险代理等特别约定的情形,也会以结果的产生作为报酬请求权的前提。此时,两者之间就具有了一定的类似性。但无论如何,《民法典》就中介人的报酬请求权已作出特别规定,根据《民法典》第 966 条的规定,不构成“本章没有规定”的参照适用前提,无须参照适用。

另外,《民法典》第 928 条第 2 款规定了受托事务未能完成情形时相应报酬的支付问题。因中介合同严格以促成合同成立为报酬请求权产生的前提,原则上也不存在参照适用委托合同该规则的可能。但值得注意的是,《民法典》第 965 条“禁止跳单”的规定与报酬支付之间的关系,有可能可以通过参照第 928 条得出“禁止跳单”情形也只是可以请求部分报酬而不是全部报酬的结论,可对第 965 条进行适当限缩,以应对多人共同促成合同订立的情形。[87] 也就是说,将“跳单”视为不可归责于中介人的事由而解除或不能完成委托事务,此时所能取得的报酬,应当是相应的报酬,而不是全部报酬。日本也有学说认为,在不动产中介合同中,在不解除中介合同的前提下直接“跳单”缔结合同,则因“合同成立”要件具备,中介人可以请求约定的报酬;而在中介合同被解除之情形,中介人则可以考虑适用《日本民法典》第 648 条第 3 款的规定请求比例报酬。[88] 但在我国法上,类似的解释,有可能会逾越《民法典》第 966 条规定的“本章没有规定”的限制,因此,作此等参照适用,仍然需要慎重。

8.《民法典》第 929 条规定了受托人的损害赔偿责任,能否参照适用于中介合同有待具体分析。关于中介人损害赔偿责任问题,《民法典》只是在第 962 条第 2 款规定了故意隐瞒或提供虚假情况时的损害赔偿责任,并未对其他合同义务的违反问题作出规定。因符合“本章没有规定”的形式条件,表面上看起来似乎存在参照适用的可能。但从解释论上来说,本书认为,《民法典》第 962 条已限制了中介人的损害赔偿责任:只有在故意隐瞒或提供虚假情况时才会存在损害赔偿责任,排除了其他损害赔偿的请求权基础。其原因在于,中介人并不负有积极的调查义务等,并不存在如同《民法典》第 929 条意义上的“过错”等概念情形下的注意义务违反问题,因此根据其性质也不得参照适用。中介人的损害赔偿责任问题,应在第 962 条的范围内展开解释,而不是求助于关于委托合同的《民法典》第 929 条规定。即使有可能存在泄露商业秘密、泄露个人私密信息等侵害委托人利益的行为,也完全可以通过其他请求权构造予以解决,而不能随意参照适用《民法典》第 929 条的规定。

9.《民法典》第 930 条规定了受托人不可归责受损时的委托人责任。该条立法旨趣与中介合同不符,也不能被参照适用。《民法典》第 930 条规定:“受托人处理委托事务时,因不可归责于自己的事由受到损失的,可以向委托人请求赔偿损失。”这一规定考虑的主要是受托人不仅是以委托人之费用处理事务,而且委托人也享有受托人处理事务之结果,也就应承担事务处理之风险。实际上,该条规定与《民法典》第 921 条的规定相辅相成,均表明委托合同中受托人是

[87] 关于多人共同居间情形的报酬请求权问题,参见汤文平:《多人居间行为共同原因性研究——从“指导案例 1 号”切入》,载《政治与法律》2012 年第 12 期。

[88] 北居功、高田晴仁編著『民法とつながる商法総則・商行為法』(第 2 版)(商事法務,2018 年)319 頁。

以委托人之费用处理事务。此等“费用”甚至会包括受托人因不可归责于自身事由的损失。但与此不同,根据《民法典》第963条、第964条的规定,中介人原则上以自己费用来完成中介服务,与委托合同中受托人以委托人之费用完成服务并不相同。在这点上,中介合同与行纪合同、承揽合同类似,其都是以中介人费用来完成受托的中介事务,与以委托人之费用来完成受托事务的委托合同并不相同。连支出的费用原则上都不能向委托人要求偿付,至于不可归责于中介人本身的损害,就更不能向委托人转嫁。即使未促成合同成立,根据《民法典》第964条的规定,中介人能要求的也只是按照约定得以请求的必要的费用,并不能要求额外的损失赔偿。因此,该条也不能参照适用。

10.《民法典》第933条规定了委托合同中的任意解除权及其损害赔偿。该条规定能否参照适用于中介合同,涉及《民法典》第965条与第933条的定位问题。原则上,既然中介合同没有规定任意解除权问题,理论上可以参照适用。委托合同之所以存在任意解除权,从委托人和受托人角度考虑,具有不同的正当性基础。[89] 除了与信任关系原理及持续性合同的特性相关以外,委托人视角和受托人视角的不同,也会因此形成各种不同的利益考量:对委托人而言,既有可能是基于委托人收回事务处理之考量,也可能是事务本身对于委托人已无利益可言,甚或是对特定事务处理事项的事先不了解的一种救济等;而对于受托人而言,既有可能是涉及无偿委托的义务弱化,也可能涉及行为义务之不可强制问题等。[90] 对于中介合同来说,虽然在《民法典》中介合同章中没有规定任意解除权,但通常认为中介合同中双方当事人也可以基于类似的理由享有同样的任意解除权。[91] 因此,在《民法典》未就中介合同的任意解除作出特别规定的情况下,委托人或中介人享有任意解除权这一点可以参照适用委托合同的规定。[92]

但是,关于任意解除时的损害赔偿问题,则需慎重对待。《民法典》第965条既然特别规定了接受服务后的“跳单”情形依报酬请求权构成而并非损害赔偿请求权构成来弥补损失问题,是否已排除了受托人任意解除时的损害赔偿请求权的参照适用问题,这一问题仍然是值得探讨的。从性质上来说,中介合同委托人的任意解除,更类似于承揽合同定作人的任意解除,但《民法典》并未规定中介合同可参照适用承揽合同的规定。此时,依《民法典》第966条的规定,中介合同似乎仍可参照适用关于委托合同的第933条规定。但如此一来,委托人任意解除中介合同时,中介人一方面可以享有第933条意义上的损害赔偿请求权,另一方面倘若构成第965条规定的“跳单”,还可以根据第965条的规定要求报酬请求权。两者之间如何协调,势必会面临一些问题。从中介人与委托人之间的关系来看,除了接受服务后的“跳单”,通常也不会产生损害问题,即使可以参照适用,在损害赔偿请求权的问题上,也需慎重对待,通常不应参照适用第933条规定的损害赔偿,而应根据第965条规定的报酬请求权及第964条规定的必要费用请求权作出处理。[93]

---

[89] 朱虎:《分合之间:民法典中的合同任意解除权》,载《中外法学》2020年第4期。

[90] 周江洪:《委托合同任意解除的损害赔偿》,载《法学研究》2017年第3期。

[91] 黄薇主编:《中华人民共和国民法典解读:合同编》(下册),中国法制出版社2020年版,第1501页。

[92] 亦有学说认为,原《合同法》第410条能否适用于居间合同值得商榷,参见其木提:《居间报酬请求权的法理依据》,载《法学》2018年第7期。

[93] 也有意见认为应当参照适用有偿委托任意解除时的损害赔偿,具体参见最高人民法院民法典贯彻实施工作领导小组主编:《中华人民共和国民法典合同编理解与适用(四)》,人民法院出版社2020年版,第2730页。

11. 关于委托人是否可以另行委托他人从事事务处理,《民法典》第 931 条要求需取得受托人之同意。中介合同是否可以参照适用该规定,需具体分析。委托合同之所以要求非经同意不得重复委托,其主要考虑的是委托合同当事人具有相互信任的严格的人身属性,在受托人开始处理事务后再另行委托他人,可能会造成受托人不可预料的成本增加或损失。[94] 不仅如此,因委托合同通常会涉及受托人与第三人所从事的特定行为,甚至伴随代理权的授予,若重复委托,也会给交易带来困扰。因此,为了避免此等困扰或成本的增加,需经受托人同意才能重复委托。但与此不同,中介人提供的是报告或媒介的中介服务,并不与拟促成合同的相对人发生直接的联系,并不会存在上述困扰。而且,从交易习惯来说,以房产中介为例,除非特别约定了"独家委托"的中介,房屋出卖人通常可以委托数家中介提供服务,若需中介人同意始得重复委托,不符合交易习惯。[95] 另外,即使未经同意重复委托其他中介人,若构成《民法典》第 965 条意义上的"跳单",也已有相应的规范处理。因此,《民法典》第 931 条的规定,并不能被参照适用。

〔94〕 黄薇主编:《中华人民共和国民法典解读:合同编》(下册),中国法制出版社 2020 年版,第 1342 页。
〔95〕 黄薇主编:《中华人民共和国民法典解读:合同编》(下册),中国法制出版社 2020 年版,第 1501 页。

第十九章 合 伙 合 同

合伙合同是《民法典》新增的典型合同之一。在《民法典》编纂过程中,是否新增典型合同以及如何新增典型合同,曾有各种观点。但立法机关经研究认为,在现实的社会经济生活中,合同类型多种多样,为适应社会发展和纠纷处理的需要,适当增加新的合同类型是必要的,但并非所有合同类型都需要在合同编中加以规定,从立法技术的角度看,也不可能做到这点。原则上讲,应当作为典型合同加以规定的合同类型,须满足以下条件:一是合同的典型性,即该类合同要么适用比较普遍,要么问题较为突出;二是问题的特殊性,即该类合同涉及的问题较为特殊,适用合同编通则中的规则难以完全解决,需要作出特别规定;三是规则的可抽象性,即对该类合同的规则没有多大争议,且较为成熟,从立法技术上可以抽象提炼出来;四是规则的缺失性,即对该类合同,还没有法律作出专门的规定。基于此等考量,关于合伙合同,立法机关认为,实践中,民事主体通过签订合伙合同以实现共同事业目标的情形大量存在,且与其他合同相比,合伙合同中当事人的权利义务内容较为特殊,法律有必要对此加以规定。原《民法通则》规定了个人合伙,个人合伙既包括民事合伙,也包括商事合伙。我国的《合伙企业法》主要规定了商事合伙。《民法典》实施后,原《民法通则》被废止,商事合伙可由《合伙企业法》继续调整,但民事合伙将无处归依。为了解决这个问题,同时也为了更好地规范实践中存在的大量民事合伙合同关系,合同编专章规定了合伙合同,具体规定了合伙人之间的权利义务、合伙事务的执行等内容。[1] 当然,亦有学说认为,我国《民法典》合伙合同的规范以何种类型的合伙作为预设对象,不同法域都有不同的预设,《德国民法典》关于合伙的规定侧重于合同性,而《德国商法典》关于普通合伙的规定侧重于主体性;《意大利民法典》和我国台湾地区"民法"关于合伙的规定更多地体现主体性;《瑞士债务法》区分规定了单纯合伙和普通合伙,前者强调合同性,后者强调主体性。而我国《民法典》中的合伙合同规范,以未形成组织的合伙为预设对象,与《合伙企业法》相结合能够发挥最大的体系效益,并通过代理制度解决未形成组织的合伙的对外行为效果归属问题。[2] 但从总体上来说,《民法典》合伙合同规范虽然侧重合同性,但合同性相关制度供给明显不足,特别是关于合伙合同区别于其他合同的规范明显偏少,出现"契约化不足"的现象。与此同时,因刻意强调合同性,忽略了入伙、退伙、散伙等方面的组织性规范,在法律适用上不得不求助《合伙企业法》等。[3] "契约化不足"和"组织性规范缺失"的结果就会导致在法律适用和学理上出现不少争议点。也正是因为存在这样的立法背景,在理解和适

---

〔1〕 石宏:《合同编的重大发展和创新》,载《中国法学》2020 年第 4 期。

〔2〕 朱虎:《〈民法典〉合伙合同规范的体系基点》,载《法学》2020 年第 8 期。

〔3〕 有观点指出,合伙人的退伙、解散和清算应当拥有独立的规定或者类推适用《合伙企业法》。参见谢立敏:《民事合伙的体系勘误和适用完善》,载《经贸法律评论》2021 年第 5 期。

用《民法典》合伙合同规范时，要时刻注意把握合伙的组织性和契约性这一双重法律属性，[4] 要谨慎区分其与《合伙企业法》规定的不同点，以及与双务合同规则、通常的法律行为规则之间的不同。[5] 《民法典》第967～978条分别从合伙合同的定义、合伙人的出资义务、合伙事务的执行和合伙事业的运营相关的债权债务关系、合伙的终止等角度对合伙合同作出了规范。

第一节　合伙合同概述

一、合伙合同的概念

《民法典》第967条规定，合伙合同是两个以上合伙人为了共同的事业目的，订立的共享利益、共担风险的协议。

原《民法通则》曾从民事主体的角度对个人合伙和合伙型联营作出了规定。1997年原《合伙企业法》对合伙企业作了专门规定。2017年制定原《民法总则》时，删去了原《民法通则》关于个人合伙和联营的规定，仅将要求依法律规定登记的合伙企业作为非法人组织予以确认（《民法典》第102条、第103条）。由于其要求依法律规定登记，也就意味着《合伙企业法》以外的合伙类型特别是从协议角度而不是组织角度予以调整的合伙规范阙如。这是《民法典》将合伙合同作为典型合同予以规定的重要原因之一。无论是原《民法通则》还是《合伙企业法》，其立足点都在于合伙的组织性，而非其协议性；而《民法典》合伙合同章则更多地立足于合伙人内部之间的关系，意味着其更多地带有协议性。但是，即使偏重于合伙的协议性，也无法忽视合伙合同所具有的组织性特点，这是合伙合同区别于其他合同类型的重要特质之一。当然，所谓"合伙"，既有组织意义上的合伙的含义，也有合伙合同意义上的合伙的含义，《民法典》合伙合同章的"合伙"，指的是合伙合同意义上的合伙。

（一）合伙样态

合伙合同是合伙人之间为了共同的事业目的而订立的协议。因此，根据其事业目的的不同，合伙也就呈现多样化的状态，既可能是为了营利性目的，也可能是为了非营利性目的，因此其既可能是商事合伙，也可能是民事合伙。无论是民事合伙还是商事合伙，《民法典》合伙合同章的规范均得以适用。当然，若是《合伙企业法》意义上的合伙，则首先适用《合伙企业法》中的规范。合伙人欲达成的共同事业目的，既可能是临时性的特定事项，也可能是长期性的某项事业，也正因如此，临时性的合伙，因共同事业目的的达成而解散，而持续性的合伙，则具有了一定的团体性，而且也因此可能登记为合伙企业。合伙合同也就因此有了偶然合伙合同与持续合伙合同的分类。当然，无论合伙合同的共同事业目的是持续性的还是临时性的，都不影响合伙合同为继续性合同。合伙人履行义务的行为并不是一次性的，只要共同目的仍未实现，所有

---

[4] 最高人民法院民法典贯彻实施工作领导小组主编：《中华人民共和国民法典合同编理解与适用（四）》，人民法院出版社2020年版，第2733页。

[5] 周江洪：《民法典合同编的制度变迁》，载《地方立法研究》2020年第5期；周江洪：《合伙合同的四个维度》，载《财经法学》2022年第6期。

合伙人都应持续履行其义务。[6] 但就持续性的合伙而言,可能是定有合伙期限的合伙合同,也可能是不定期的合伙合同,合伙合同也就因此有了定期合伙合同与不定期合伙合同之区分。《民法典》第976条就合伙期限、定期合伙的届满、不定期合伙及其解除作了规定。

(二)合伙人

依《民法典》第967条,合伙合同需有"两个以上合伙人"。从合同的特性来看,任何合同均需两人以上始能称为合同。《民法典》第464条关于合同的定义也强调是"民事主体之间"设立、变更、终止民事法律关系的协议,既然是"民事主体之间",合同当事人必为两人以上。合伙合同之所以强调"两个以上合伙人",旨在说明即使只有两个合同当事人,也得以称为"合伙合同"(依《民法典》第1259条,"以上"包括本数)。原因在于,合伙合同若为两个合伙人之间的协议,则其性质上会趋向于通常的双务合同以及基于双方意思表示一致成立的合同,意思表示的相关规则和双务合同的相关规则有可能在仅有两个合伙人的合伙合同中得到参照适用。[7] 但此等得以参照适用,并不妨碍其仍然为合伙合同。另外,《民法典》并未规定合伙人人数上限,但《合伙企业法》就有限合伙企业作了人数上限的要求,即"有限合伙企业由二个以上五十个以下合伙人设立;但是,法律另有规定的除外"(《合伙企业法》第61条第1款)。

关于合伙人的资格,《民法典》未作限制。对此,有观点认为,不是所有民事主体都可以成为合伙人。该观点以《合伙企业法》第3条规定为由,认为国有独资公司、国有企业、上市公司以及公益性的事业单位、社会团体不得成为合伙企业的普通合伙人,原则上也不得与他人订立合伙合同成为合伙人。[8] 亦有观点认为,对于法人和非法人组织的合伙人资格问题,应视合伙事业目的的营利性与非营利性而定。如果是营利性合伙合同,可以参照适用《合伙企业法》规定,上述主体原则上不能成为合伙人,而对于非营利性或者公益性合伙,认为除了机关法人和基层群众性自治组织法人以外,应解释为可以具有合伙资格。[9] 对此,亦有观点认为,《合伙企业法》第3条的规定,是对合伙企业合伙人资格的限制,而《民法典》合伙合同章规定的合伙合同以不形成组织的合伙作为原型,该类合伙,在未形成合伙企业时,即使导致合伙人承担连带责任,也与其他通过合同约定合同当事人承担连带责任的情形并无区别,不宜作出一般性的限制。[10] 本书认为,除了合伙企业的合伙人资格有所限制外,对于合伙合同的合伙人资格,不应作出限制。即使是公益性法人或非法人组织,并非说其不能从事营利性活动,之所以称其为"非营利",其旨在不得分配盈余,而不是不得从事营利性活动。因此,在合伙人资格上,并无区分营利性事业目的抑或非营利性事业目的而作不同规制之需要。而且,即使公益性法人或非

---

〔6〕黄薇主编:《中华人民共和国民法典解读:合同编》(下册),中国法制出版社2020年版,第1508~1509页。

〔7〕例如,有观点认为,两个合伙人的合伙合同具有类似于双务合同交换性的特征,在一定程度上得以行使同时履行抗辩权。参见朱虎:《〈民法典〉合伙合同规范的体系基点》,载《法学》2020年第8期。另外也有类似的观点认为,在这样的合伙中,团体性非常弱,且全体合伙人的利益与各当事人的利益不一定能够明确区别,因此,依公平的原则,该情形可认可同时履行抗辩权。参见[日]我妻荣:《我妻荣民法讲义V_3:债权各论》(中卷二),周江洪译,中国法制出版社2008年版,第228页。

〔8〕黄薇主编:《中华人民共和国民法典解读:合同编》(下册),中国法制出版社2020年版,第1506页。

〔9〕谢鸿飞、朱广新主编:《民法典评注:合同编　典型合同与准合同》(第4册),中国法制出版社2020年版,第464~465页。

〔10〕王轶等:《中国民法典释评:合同编·典型合同》(下卷),中国人民大学出版社2020年版,第595页。

法人组织不得从事营利性活动,也只是对其行为的规制,其本身不是对其能否成为合伙人的规制。当然,在合伙人资格上,同样受限于法律行为能力的要求。若是以无行为能力人为合伙人,依《民法典》第144条,此等合伙合同无效;若是以限制行为能力人为合伙人,则依《民法典》第145条处理。但是,对于法定代理人对限制行为能力人订立的合伙合同的同意或者追认,如果涉及类似于成立合伙企业这种概括性、持续性经营的合伙合同,由于涉及行为能力不足者的全部财产,后果要严重于《民法典》第35条第1款规定的"处分被监护人的财产",则基于最有利于被监护人的原则,应认为法定代理人超越代理权限,或者认为不能予以有效的同意或追认。[11] 《合伙企业法》第14条规定合伙企业中的合伙人需要有完全行为能力,也是有此种考虑。参加合伙企业与从事一般的民事活动毕竟有很大的不同。考虑到订立合伙协议、设立合伙企业不仅是一项重要的投资活动,需要各合伙人之间合伙经营,共担风险,而且还要求各个合伙人必须为合伙企业的债务承担无限连带责任,所以这种投资决策以及随之而来的经营活动既关系到投资人个人全部财产的安危,也影响其他合伙人的利益。既然如此,对于订立合伙协议、设立合伙企业以及参与合伙企业的经营等重大事务,就远非无民事行为能力人或者限制民事行为能力人的智力与经验所及。可见,原《合伙企业法》第9条(《合伙企业法》第14条)突破了原《民法通则》和原《合同法》关于限制民事行为能力人经其法定代理人同意或追认后可以从事民事活动的规定,要求合伙人应当是完全民事行为能力人,显然是有相应的立法政策基础的。[12] 尽管在《合伙企业法》上有完全行为能力之要求,但就《民法典》合伙合同而言,限制行为能力人是否得以成为合伙人,仍然需要根据《民法典》第145条规定具体判断。

(三)合伙目的

合伙合同是合伙人为了共同的事业目的而订立。对于合伙的目的,《民法典》并未作限定,只要是合法的目的均可,而不限于经营性目的。但是,由于要求其积极性地从事事业,因此,诸如共有人仅为了确定共有物使用方法而订立协议等情形并不构成合伙合同,除非是为了其他共同事业而确定如何使用该共有物。[13]

与原《民法通则》第30条就个人合伙要求"合伙经营、共同劳动"不同,《民法典》第967条仅要求"为了共同的事业目的"和"共享利益、共担风险"。对此,原《民法通则意见》第46条规定,"公民按照协议提供资金或者实物,并约定参与合伙盈余分配,但不参与合伙经营、劳动的,或者提供技术性劳务而不提供资金、实物,但约定参与盈余分配的,视为合伙人"。虽然《民法典》承继了该司法解释的精神,并不要求合伙人共同劳动。但亦有观点认为,共同事业目的产生了合伙人对事业目的的促进义务,各合伙人均需依一定的形式参与合伙事务的执行,该执行可以仅仅是最小的业务执行监督权,否则就不构成合伙。[14] 《民法典》第970条也规定了即使不执行合伙事务的合伙人,也有权监督执行情况。

虽然要求"共享利益、共担风险",但若不存在共同协作,而只是确定物的使用对价的计算

---

[11] 王轶等:《中国民法典释评:合同编·典型合同》(下卷),中国人民大学出版社2020年版,第596页。

[12] 戴孟勇:《未成年人及限制民事行为能力人的合伙行为能力问题》,载《人民司法》2004年第8期。

[13] [日]我妻荣:《我妻荣民法讲义V_3:债权各论》(中卷二),周江洪译,中国法制出版社2008年版,第238页。

[14] 王轶等:《中国民法典释评:合同编·典型合同》(下卷),中国人民大学出版社2020年版,第596~597页;[日]我妻荣:《我妻荣民法讲义V_3:债权各论》(中卷二),周江洪译,中国法制出版社2008年版,第240页。

方法的，并不构成合伙。例如，借款或者租赁合同中约定回报不是固定的利息或者租金而是一定的利润分配，此时，当事人对于获得高盈利具有利益和风险，但不用因此为这一目的而共同协作，此时也并非合伙合同。[15] 再如，承包经营某企业并上交利润的百分比给发包人，此时并不构成合伙，而是企业的租赁。在以往的司法实践中，曾有判决强调"共同投资"作为合伙成立的要件，但共同目的才是合伙的根本，因为存在共同目的才有各合伙人推动合伙关系发展的共同出资义务，但仅从共同出资中尚不足以推导出合伙人之间的共同目的。[16] 当然，亦有法院裁判认为，虽然各方基于投资事实亦可产生其他形式的法律关系，但其证明责任应该由主张其属于其他法律关系的人来承担，[17] 以共同投资作为合伙关系认定出发点的习惯仍然存在，这值得警惕。

此外，"共享利益、共担风险"也要求须所有人都受有利益的分配，只有一部分当事人受有利益分配的情形，并不是民法上的合伙。利益仅为特定人所独有的"狮子合伙"（societas leonina），自罗马法以来就被认为是无效的。[18] 《合伙企业法》第 33 条第 2 款也明确规定，"合伙协议不得约定将全部利润分配给部分合伙人或者由部分合伙人承担全部亏损"。合伙人对合伙债务承担连带责任（《民法典》第 973 条第 1 句），也就是说，合伙人应当以自己的财产而非合伙财产就合伙债务先承担责任。但是，若只是约定部分合伙人只承担出资范围的损失，合伙受损时并不负有填补义务，此时并不妨碍成立《合伙企业法》上的特殊合伙企业。例如，《合伙企业法》第 2 条第 3 款规定的有限合伙企业中的有限合伙人的责任以及第 57 条第 1 款规定的特殊普通合伙企业中特定情形的合伙人责任。

（四）合伙合同为不要式合同

虽然原《民法通则》第 31 条等规定"合伙人应当对出资数额、盈余分配、债务承担、入伙、退伙、合伙终止等事项，订立书面协议"，但《民法典》合伙合同章并未承继这一规定。另外，依《合伙企业法》第 14 条规定，设立合伙企业，应当有书面合伙协议。但该规定只是表明合伙企业的设立条件，并不表明《民法典》中的合伙合同亦需书面形式。通常来说，要成立合伙合同，只需要有合伙人、出资以及合伙的意思表示即可，其他相关事项，均可以通过合同解释或者合伙合同章相关规范予以补充确定。

二、合伙合同的性质

《民法典》规定的 19 类典型合同中，合伙合同具有其鲜明的特点，存在完全不同于其他合同的异质性，具有明显的组织性与契约性相融合的特点。但与此同时，既然作为合同之一，合伙合同仍然是需要意思表示的法律行为，仍然是合同类型之一，同时更是《民法典》规定的典型合同之一。虽然在《民法典》编纂过程中有不少意见建议就合伙合同是否适用《民法典》总则编

---

〔15〕 王轶等：《中国民法典释评：合同编 · 典型合同》（下卷），中国人民大学出版社 2020 年版，第 597 页。

〔16〕 严城：《合伙关系的认定》，载周江洪、陆青、章程主编：《民法判例百选》，法律出版社 2020 年版，第 425 页。

〔17〕 河南明安建设集团有限公司、韩某茹等合伙协议纠纷案，河南省高级人民法院（2021）豫民终 522 号民事判决书。

〔18〕 ［日］我妻荣：《我妻荣民法讲义 V_3：债权各论》（中卷二），周江洪译，中国法制出版社 2008 年版，第 240 页；河上正二「債権法講義［各論］第 2 部第 10 章組合（1）」法学セミナー 785 号（2020 年）75 頁。

法律行为相关规则、是否适用《民法典》合同编通则相关规则作出规定,[19]但《民法典》合伙合同章并未很好地回应此等问题,而只能留待学说和实务的进一步发展。以下就从合伙合同的四个维度来对合伙合同性质及其法律适用作进一步的剖析。

(一)作为法律行为的合伙合同

合伙合同是法律行为,需以意思表示为之。与通常的民事法律行为一样,合伙合同基于双方或者多方的意思表示一致而成立(《民法典》第134条)。合伙人仅为两人时,为双方意思表示一致;合伙人为两人以上时,则为多方的意思表示一致。但在通常的法律行为中,行为人非依法律规定或者未经对方同意,不得擅自变更或者解除民事法律行为(《民法典》第136条第2款),当事人协商一致,可以变更合同(《民法典》第543条)。也就是说,若依当事人意思变更合同等法律行为,除非法律特别规定,通常亦需要当事人之间意思表示一致。但是,在合伙合同中,合伙合同的成立虽然需各方意思表示一致,但合伙合同的变更属于合伙事务之一,"合伙人就合伙事务作出决定的,除合伙合同另有约定外,应当经全体合伙人一致同意"(《民法典》第970条第1款)。也就是说,就合伙合同具体条款的变更,若合伙合同另有约定,存在采取多数决方式予以决定的可能,而并不一定是全体合伙人意思表示一致。若是依照约定以多数决方式对合同作出变更,则可归入《民法典》第134条第2款意义上的"决议",适用决议相关的规则。[20]

作为法律行为,其核心要素在于意思表示,故意思表示瑕疵相关的法律行为效力规则是否得以适用于合伙合同领域是不可回避的问题之一。合伙人法律行为能力方面的欠缺已如前所述,这里仅就意思表示瑕疵作简要说明。对此,有观点认为应当区分合伙是否开始其事业并与第三人发生交易关系。若在合伙开始其事业并与第三人发生交易关系之前,关于无能力及意思表示的总则编规定适用于合伙。如果是三人以上合伙人缔结合伙契约之情形,其中一人的意思表示因瑕疵而无效或被撤销时,此时并不仅仅是该人脱离合伙关系,除非可以认定由剩下的人成立合伙这一意思,原则上应理解为合伙契约全部失去其效力。如果是在合伙开始其事业并与第三人发生交易关系之后,则着眼于交易关系及从信赖合伙这一外形的第三人来说,应类推商法关于设立无效之诉或者设立撤销之诉使得公司的存续面向将来解散的精神,意思表示瑕疵之人可以以此为由退伙,此时虽然可以依民法一般原理请求返还,但在与第三人的关系上与通常的退伙合伙人负同样责任;当然,因无行为能力而退伙的,则不负此等责任。[21] 我国学理上亦有借鉴该观点主张区分交易前后予以判断的,同时认为,当三人以上订立合伙合同时,其中一人的意思表示具有效力瑕疵而无效、被撤销或者确定不发生效力,基于合伙合同的特殊信任关系,可以考虑认为合伙合同全部丧失效力,而在其他合伙人之间也不能发生效力,除非可以认为其他合伙人有成立合伙的意思。即使合同效力仍然在其他合伙人之间发生,但

---

[19] 周江洪:《关于〈民法典合同编〉(草案)(二次审议稿)的若干修改建议》,载《法治研究》2019年第2期。

[20] 当然,决议与意思表示一致的法律行为尚有不同。例如,关于公司决议,有观点认为,行为法规则无法回应公司决议的团体性,也与组织法的原则和价值相矛盾。法律行为制度以契约为原型,其规范重心在意思与表示的一致及双方意思表示的一致。公司决议制度则调整公司意思的形成,亦即部分成员或机关成员的意思如何成为公司的意思从而约束全部。公司决议本质是"公意",而非"合意"(参见周淳:《组织法视阈中的公司决议及其法律适用》,《中国法学》2019年第6期)。

[21] [日]我妻荣:《我妻荣民法讲义 V_3:债权各论》(中卷二),周江洪译,中国法制出版社2008年版,第230~232页。

其他合伙人可以因该重大事由而解除合伙合同。[22] 但是,就合伙人一人之意思表示瑕疵是否影响合伙的存续,原则上应当是合伙人意思表示及合伙合同的解释问题。而且,社团法人等之所以需考虑存续与否的问题,主要原因在于与第三人进行交易的效果归属于社团法人本身,而对于合伙来说,与第三人交易的效果归属于全体合伙人,是合伙人之间的“合有”[23]性的归属,其实质上就是归属于各个合伙人,并不以团体之存在为必要。因此,合伙人一人之意思表示瑕疵是否影响合伙合同的存续,应当由剩余合伙人之意思的解释而定。[24] 对于此等学理争议,2017 年修改后新增的《日本民法典》第 667 条之 3 规定,“合伙人之一人存在意思表示无效或撤销之原因时,于其他合伙人间,亦不碍合伙合同之效力”。据此,受有意思表示瑕疵之合伙人,无论是否与第三人开始交易,均得以主张无效、撤销等,只是此等无效、撤销并不妨碍其他合伙人之间的合伙合同效力。[25] 我国《民法典》对此并未作出规定,但合伙人之一存在意思表示瑕疵事由而撤销或无效之情形,其实质上是合伙人之一的退伙,可以参照退伙予以处理,原则上并不妨碍其他合伙人之间合伙合同的效力。对此,《合伙企业法》就行为能力欠缺问题规定,合伙人被依法认定为无民事行为能力人或者限制民事行为能力人的,经其他合伙人一致同意,可以依法转为有限合伙人,普通合伙企业依法转为有限合伙企业。其他合伙人未能一致同意的,该无民事行为能力或者限制民事行为能力的合伙人退伙(《合伙企业法》第 48 条第 2 款)。该规定实际上考虑了行为能力欠缺者的保护与合伙企业作为组织体存续之间的利益平衡。不仅如此,《民法典》合伙合同章也仅将合伙人丧失民事行为能力等作为合伙合同终止的事由,而并未对其他效力瑕疵作出考量,据此也可以认为《民法典》合伙合同章亦得以考量合伙合同的组织性契约特点,以合伙合同关系的存续作为其原则。当然,若因某一合伙人的意思表示瑕疵而撤销、无效,并进而参照退伙处理时,因此出现导致合伙协议约定的合伙目的无法实现等事由的,其他合伙人亦可解散合伙(参见《合伙企业法》第 85 条)。

(二)作为合同的合伙合同

《民法典》合同编通则作为合同法总则性规定,《民法典》第 463 条“本编调整因合同产生的民事关系”的规定,理论上应同样适用于合伙合同。但有观点认为,契约法总则的规定乃是关于当事人交换给付场合的规定,而如同合伙这样为了全体当事人共同目的而统合给付的情形,其不适用契约法总则才是合理的。[26] 其中最为重要的就是双务合同相关规则的不适用,尤其是同时履行抗辩权与风险负担、合同解除的规定。对于合同解除,合伙人不履行合伙契约上的债务时,并不是依解除来处理,而是将其作为除名、退伙、解散等团体组成变动的事由来处理才是合适的。[27] 我国学理上亦有观点认为,原则上不适用一般规则,只有在基于合伙合同中不同给付义务的关系,产生了与典型双务合同类似的利益基础时,才可以适用一般规则,就出资

---

〔22〕 朱虎:《〈民法典〉合伙合同规范的体系基点》,载《法学》2020 年第 8 期。

〔23〕 关于“合有”,有学说认为,日本学者所谓的“合有”其实就是德国学者所讲的“共同共有”,而德国学者所谓的“共同共有”与我国物权法及理论上的“共同共有”其实也是一样的。参见李永军:《民事合伙的组织性质疑——兼评〈民法总则〉及〈民法典各分编(草案)〉相关规定》,载《法商研究》2019 年第 2 期。

〔24〕 岡本裕樹「典型契約としての組合契約の意義」法政論集 254 号(2014 年)723 頁。

〔25〕 河上正二「債権法講義[各論]第 2 部第 10 章組合(2)」法学セミナー 786 号(2020 年)84 頁。

〔26〕 [日]我妻荣:《我妻荣民法讲义 V_3:债权各论》(中卷二),周江洪译,中国法制出版社 2008 年版,第 226 页。

〔27〕 [日]我妻荣:《我妻荣民法讲义 V_3:债权各论》(中卷二),周江洪译,中国法制出版社 2008 年版,第 230 页。

义务的履行抗辩权，应区分是否为两人合伙或两人以上合伙，区分是否已有合伙人出资作区别对待。同时认为，合伙人之间的出资义务不存在交换关系，因此，应当认为这不属于《民法典》第568条第1款中"当事人互负债务"的抵销要件，即使只有两个合伙人。[28] 另有观点则主张，有必要通过司法解释对合伙合同中的出资义务抗辩权进行明确规定，主要是规定在合伙人人数较少并且没有对外从事经营活动的情况下，其他合伙人有抗辩权，在其他情况下不得行使出资义务的抗辩权。[29] 亦有不少观点主张双务合同中的抗辩权在合伙中不能行使，认为民事合伙是一种纯粹的契约关系，但这种契约关系具有不同于一般契约的特殊性，不能适用同时履行抗辩、不安抗辩等合同法上的抗辩权。[30] 或者认为合伙合同本质上是一种共同行为，而非双务合同，某一合伙人履行其出资义务不是为了换取另一方的对待给付，或使另一方履行出资义务，而是为了共同的目的从事合伙经营活动，因此，在一方不履行其出资义务时，其他合伙人不能主张双务合同的同时履行抗辩权。[31] 但与此不同，我国学界长期以来主张合伙合同为双务合同。例如，有观点认为，合伙人有经过协商确定的对等义务，因而它又是双务合同。需要特别指出的是，合伙人的义务不仅像一般双务合同那样有对价的特点，而且内容也是相同的，如都负有出资的义务，这是其他双务合同不具有的特点。[32]《民法典》颁布后新修订的相关教材也认为，合伙合同当事人享有权利，以履行相应的义务为代价，各合伙人的出资义务互为对价关系，合伙合同为诺成性合同、双务合同、有偿合同、不要式合同。[33]

合伙合同是否为双务合同，关键在于双务合同的界定问题。对此，通常认为，双务合同指的是双方当事人互负具有对价意义的债务的合同，或者说双方互负居于给付与对待给付关系之义务的合同。双务合同的特色在于双方债务间的牵连关系或牵连性。[34] 对于合伙合同中合伙人义务之间的牵连性，各学说多不否认，但持非双务合同说的多认为，合伙人义务相互之间并不具有互为交换交付的交换性，因此合伙合同并非双务合同。[35] 或者认为，典型的双务合同首先当然要求当事人的给付义务之间存在对价关系（牵连性），合伙合同也同样存在这种特征，例如合伙人出资的给付义务与其他合伙人出资的给付义务之间是相互依赖的。但是，在典型的双务合同中，当事人之间的给付义务还具有交换性，是为了各自的利益而交换给付。例如在买卖合同中，买方支付价款是为了卖方的交付并转移所有权。在合伙合同中，合伙人是"为了共同的事业目的"，是以为了全体合伙人的利益而统合给付为目的，不限于一次性的或者具体

---

〔28〕王轶等：《中国民法典释评：合同编·典型合同》（下卷），中国人民大学出版社2020年版，第601～603页；朱虎：《〈民法典〉合伙合同规范的体系基点》，载《法学》2020年第8期。

〔29〕张其鉴：《股东出资义务的请求权主体研究——兼评〈民法典〉合伙合同、利他合同条款》，载《法商研究》2022年第1期。

〔30〕李永军：《合同法》（第6版），中国人民大学出版社2021年版，第417页；李永军：《民事合伙的组织性质疑——兼评〈民法总则〉及〈民法典各分编（草案）〉相关规定》，载《法商研究》2019年第2期。

〔31〕王利明：《合同法》（下册），中国人民大学出版社2021年版，第438页；谢鸿飞、朱广新主编：《民法典评注：合同编典型合同与准合同》（第4册），中国法制出版社2020年版，第480～481页。

〔32〕王家福、谢怀栻等：《合同法》，中国社会科学出版社1986年版，第390页。

〔33〕魏振瀛：《民法》（第8版），北京大学出版社、高等教育出版社2021年版，第574页。

〔34〕韩世远：《合同法总论》（第4版），法律出版社2018年版，第76页。

〔35〕［日］我妻荣：《我妻荣民法讲义 V_3：债权各论》（中卷二），周江洪译，中国法制出版社2008年版，第226页。

化的交换,而是针对一个动态程序中的共同目的。[36] 或者认为,合伙人履行出资义务不是为换取其他合伙人的对价,而是由各合伙人履行出资义务后形成共同的合伙财产,为实现共同事业目的奠定物质基础。合伙人实际上是通过合作的方式指向共同的目的,而非站在对立的角度进行等价交换。[37] 据此,合伙合同并非双务合同。[38] 但是,亦有学说认为,决定是否为双务合同的,并非存在交换关系债务的相互负担,而是当事人之间"因对方负担债务则自己也负担债务"的债务之间的相互牵连性,并不能以给付的非交换性否定其双务合同性质。该观点进一步主张,各典型合同是否适用合同编通则的规定,应根据合同编通则的具体规定逐一判断。不仅仅是合伙合同,就其他典型合同而言,合同编通则的规定也并非都得以适用,仍然需要根据各典型合同的性质和合同编通则的具体规定具体判断。[39] 另外,也有一些合同法教科书只强调双务合同中的"互为原因"性,即一方承诺作出主给付恰恰是为了也仅仅是为了得到另一方作出对待给付的承诺,是"我给你是为了你给我"意义上的相互关联。[40]

虽然对双务合同的理解与界定不同会导致合伙合同是否为双务合同的结论上的不同,但即使认为合伙合同是双务合同,也通常会认为其不同于一般的双务合同。在合同编通则相关规定的适用上,合伙合同并不予以适用。例如,在合伙合同不适用债务不履行合同解除和风险负担规则问题上,并无多大争议,而对于合伙人出资的同时履行抗辩权问题,则不管是持双务合同说还是非双务合同说,其争论也只是个别情形的同时履行请求权的肯定与否问题。[41] 对此,2017 年修订后新增的《日本民法典》第 667 条之 2 明确规定:"(1)第 533 条及第 536 条之规定,不适用于合伙合同。(2)合伙人,不得以其他合伙人不履行基于合伙合同之债务为理由,解除合伙合同。"据此,在日本民法上,合伙合同不仅不适用债务不履行的解除,而且也不适用《日本民法典》第 533 条规定的同时履行抗辩权和第 536 条规定的风险负担规则。从这层意义上来说,至少在日本民法上,合伙合同越来越远离有偿双务合同的观念。当然,就出资瑕疵而言,若用于出资的标的物存在瑕疵,补救措施请求权及损害赔偿请求权等确保出资履行的制度,在合伙合同中亦得以肯定。[42]

《民法典》对合伙合同是否适用双务合同的相关规则并未作出规定,反倒是在《民法典》第 976 条规定了不定期合伙合同的任意解除制度。但是,该"解除"并非《民法典》第 563 条意义上的"解除",而是合同的终止。虽然关于任意解除权的行使、解除方式、解除时间等,适用《民法典》第 565 条关于解除权的一般规定,但该"解除"应是面向将来发生效力,其具体效力依《民

---

〔36〕 朱虎:《〈民法典〉合伙合同规范的体系基点》,载《法学》2020 年第 8 期。

〔37〕 最高人民法院民法典贯彻实施工作领导小组主编:《中华人民共和国民法典合同编理解与适用(四)》,人民法院出版社 2020 年版,第 2736 页。

〔38〕 当然,亦有观点认为,合伙合同为非交换性的双务有偿合同,认为其仍然是双务有偿合同的原因在于,合伙合同的债务合同属性使合伙人互负促进义务,尤其是互负出资义务,从而在此之间形成对价关系。参见龙卫球主编:《中华人民共和国民法典合同编释义》(下册),中国法制出版社 2020 年版,第 1100 页;严城:《民法典合同编(草案)合伙合同的成功与不足》,载《法治研究》2019 年第 1 期。

〔39〕 岡本裕樹「典型契約としての組合契約の意義」法政論集 254 号(2014 年)732 頁。

〔40〕 [德]海因·克茨:《德国合同法》,叶玮昱、张焕然译,中国人民大学出版社 2022 年版,第 149 页。

〔41〕 岡本裕樹「典型契約としての組合契約の意義」法政論集 254 号(2014 年)732 ~ 734 頁。

〔42〕 河上正二「債権法講義[各論]第 2 部第 10 章組合(2)」法学セミナー 786 号(2020 年)84 頁;王轶等:《中国民法典释评:合同编·典型合同》(下卷),中国人民大学出版社 2020 年版,第 608 页。

法典》第566条第1款予以确定。[43]

从合伙合同不同于双务合同的特性以及同时履行抗辩权、不安抗辩权、风险负担规则、债务不履行解除的制度目的来看，本书认为合伙合同并不适用此等规则。[44] 而对于合同编通则中规定的其他规则，原则上仍应适用，但应根据各具体规则的制度目的及合伙合同的特性，具体判断是否得以适用。例如，关于合同权利义务移转的规定，在合伙合同领域的适用也应当谨慎，合伙人以合同当事人的身份移转权利义务时，应当适用关于退伙与入伙的规则。《民法典》第974条为此规定了合伙人转让财产份额的规则。

（三）作为典型合同的合伙合同

《民法典》将合伙合同作为典型合同予以规定的理由已如前述。但就典型合同的功能而言，不仅仅是要确定某一合同是否得以成为典型合同，同时也需要考虑典型合同的功能。典型合同具有设定依据框架、分析基准等诸多功能，[45]更为重要的是，典型合同的规定，不仅仅适用于该具体合同类型。在符合该类型合同相关规范旨趣的限度内，得以通过直接适用、准用或参照适用等方式补充当事人之间的具体合同内容，这也是合同解释时的重要指南。事实上，《民法典》第467条第1款也规定，“本法或者其他法律没有明文规定的合同，适用本编通则的规定，并可以参照适用本编或者其他法律最相类似合同的规定”。得以参照“最相类似合同的规定”这一规则，为各典型合同相关规范发挥更大作用提供了规范依据。也就是说，即使某一合同并非严格意义上的合伙合同，特别是当事人从事共同事业目的的合同并不限于合伙合同形式，对于那些重视共同事业性的合同类型等来说，合伙合同也就有可能具有了典型合同的重要意义。不仅仅对于以共同事业为目的的合同具有“模型”或“典型”的意义，合伙合同也可以发挥三个当事人以上的合同类型的“模型”或“典型”的作用。[46] 但就这方面而言，究竟合伙合同相关规范哪些可以适用或参照适用于以共同事业为目的的合同类型、哪些规范可以适用或参照适用于三个当事人以上的合同类型，仍有待学说和实务进一步发展。但至少可以考虑，从合伙的“共同事业目的”性质出发，合伙人之间的损益分配规则、“狮子合伙”的禁止等，在其他共同事业目的型合同中都有参照适用的余地。例如，有观点就认为，对于公司成立过程中的发起人协议，在公司不能成立时应适用关于合伙合同的法律规定而不能适用《合伙企业法》的规定。[47] 对于三个当事人以上的合同类型，合伙合同中关于多方意思表示一致的合同成立及意

---

〔43〕 王轶等：《中国民法典释评：合同编·典型合同》（下卷），中国人民大学出版社2020年版，第648页。

〔44〕 当然，亦有观点认为，合伙合同的共同行为性决定了不存在危险负担规则是否适用于合伙合同的问题，而只是使得因发生不可归责于自身事由无法出资的人无法成为合伙人而已。参见谢鸿飞、朱广新主编：《民法典评注：合同编典型合同与准合同》（第4册），中国法制出版社2020年版，第484页。另外，亦有观点认为，无须就合伙人出资义务相关的风险负担规则作出规定，通过《民法典》第563条第1款第1项中的法定解除权统一解决即可。参见王轶等：《中国民法典释评：合同编·典型合同》（下卷），中国人民大学出版社2020年版，第609页。但就后一观点而言，会涉及合伙合同的“解除”能否适用《民法典》第563条规定的问题。本书认为，无论是因不可抗力等不可归责于合伙人的事由引起的出资义务履行不能，还是因其他债务不履行引起的出资义务违反，并不适用法定解除的规定，而应当参照适用退伙规则予以处理。

〔45〕 周江洪：《典型合同与合同法分则的完善》，载《交大法学》2017年第1期。

〔46〕 岡本裕樹「典型契約としての組合契約の意義」法政論集254号（2014年）753頁。

〔47〕 李永军：《民事合伙的组织性质疑——兼评〈民法总则〉及〈民法典各分编（草案）〉相关规定》，载《法商研究》2019年第2期。

思表示瑕疵规则、同时履行抗辩权等双务合同规则的讨论,同样具有典型合同功能上的意义,对于三个当事人以上的合同类型同样具有参考意义。也正是从这层意义上来说,合伙合同不仅仅是区别于其他合同类型的合伙合同自身的“典型合同”,同时也是相类似合同的“典型合同”。

（四）作为组织性契约的合伙合同

在《民法典》编纂过程中,有不少文献从如何区分以《合伙企业法》为代表的合伙组织体和以《民法典》为代表的合伙合同角度,就合伙及合伙合同的组织性作出探讨。[48] 对此,有观点认为,民事合伙的合伙协议也具有一定的组织规则的属性。因为民事合伙并不纯粹是一种单纯的合同关系,也可能具有组织体的属性,因而,合伙协议的成立也可能成为形成组织体的基础,从而发挥组织规则的功能。所谓组织规则,是指确定组织体及其成员内部和外部关系所应当遵循的规则。某一组织体制定组织规则的本质在于为主体资格的确认提供制度框架,明确组织决策与管理的协商机制,并为与该组织体进行交往的第三人提供保障。合伙协议在合伙组织中实际上发挥了类似于公司章程的组织规则的作用。就对内责任而言,合伙的双重属性决定了合伙人违反合伙协议的双重责任,即一方面,合伙人违反合伙协议需要对其他合伙人承担相应的责任,此种责任仍然属于典型的债务不履行的责任。另一方面,违反合伙协议的合伙人需要对合伙组织体承担责任。所谓违反合伙协议的责任,是指合伙人违反法定或约定的义务,而应对其他合伙人及合伙组织体承担的责任。[49]

实际上,这里所说的合伙合同作为组织性契约,指的是替代市场功能的组织功能意义上而言,是与以买卖为代表的权利移转型合同、以租赁为代表的财产利用型合同、以委托合同为代表的服务型合同相区别的组织型合同类型,其以实现共同利益且在特定情形下形成组织体为目标。其中,合伙合同是该类型合同的典型代表。从合伙合同来看,一方面存在将各合伙人聚在一起的特点,另一方面也存在将各合伙人的财产聚集为合伙财产的特点,即存在人与财产的集合,因此具有一定的共同体特征。虽然其组织性存在强弱之分,既存在像合伙企业一样的具有较强组织性的非法人组织,也存在并不以形成组织体为目标的较弱组织性的合伙合同,但其均具有一定的组织性本身无法否定,均是以共同事业为目标将人与财聚集起来。当然,从组织型合同角度而言,乃是与交易型合同相对应的概念,但实际上这亦是一个相对的动态分类。按照组织性的强弱,既存在如一般的买卖一样的较弱组织性的交易型契约,也存在如合伙合同一样的组织性较强的组织性契约,同时也存在两者的中间状态,如保险合同、持续性买卖、连锁合同等中间型契约。[50] 就组织性契约来说,组织性越强,当事人之间相互协作的必要性也就会增强,当事人之间的持续性合作关系的追求、当事人之间的人身信任关系等就会越强,进而在协作义务、合同终止等方面都会表现出不同于交易型契约的诸多特点。但就组织性契约整体而言,我国学界和实务界关注的并不多。从这层意义上来说,若就合伙合同中各合伙人围绕共同事业目的而形成的诸多权利义务关系作出梳理,特别是对组织性相关的组织的持续性、独立性

---

〔48〕 王利明:《论民法典对合伙协议与合伙组织体的规范》,载《甘肃社会科学》2019 年第 3 期;李永军:《民事合伙的组织性质疑——兼评〈民法总则〉及〈民法典各分编(草案)〉相关规定》,载《法商研究》2019 年第 2 期。

〔49〕 王利明:《论民法典对合伙协议与合伙组织体的规范》,载《甘肃社会科学》2019 年第 3 期。

〔50〕 大村敦志『新基本民法 5 契約編』(第 2 版)(有斐閣,2020 年)175 頁。

以及组织的自律性相关的权利义务关系作出分析，可以进一步加深对组织性契约的认识，进而也更能发挥前述合伙合同作为典型合同的重要意义。

思考 |《民法典》合伙合同规范与《合伙企业法》的关系

《民法典》合伙合同章的规定着重于合伙人之间的内部关系，主要是从合同的角度对合伙作出规范，但也同时涉及合伙财产、合伙事务执行、合伙债务的承担等诸多涉及外部关系的规范，具有一定的组织性。《合伙企业法》着重合伙企业这一组织体的规范，更多的是从主体角度对合伙作出规范，但也部分涉及合伙协议等。两者之间的关系因此就会成为法律适用中的重要问题。对此，有观点指出，商事合伙契约性与组织性（团体性）这一双重属性决定了商事合伙应通过《民法典》和商事单行法共同调整：商事合伙的主体地位需由《民法典》加以确立，《合伙企业法》作为特别法将专门调整商事合伙。《民法典》与单行法分别调整商事合伙的立法模式具有内在合理性且符合域外法经验，《民法典》编纂后仍应当予以坚持；就法律适用顺位而言，商事合伙的法律适用秉承特别法优先于普通法的规则，《合伙企业法》优先于《民法典》适用，《民法典》同时具有补充法的性质。[51] 类似的观点认为，《民法典》总则编确立了合伙企业的独立民事主体地位，为该类主体广泛从事市场交易活动奠定了基础。《民法典》合同编调整民事合伙法律关系，侧重合伙的内部关系，是处理合伙法律关系的一般规定。《合伙企业法》则全面规定了合伙企业内外部关系规则，属于对商事合伙的特别规定。[52] 另有观点亦同样主张《民法典》合伙合同规范的一般法地位，认为《合伙企业法》作为特别法优先于一般法，如果《合伙企业法》没有规定或规定不明，则适用《民法典》关于合伙合同的规定。但该观点同时也认为，《合伙企业法》与《民法典》合伙合同章是分别规范不同合伙类型的，《合伙企业法》的有关规定不宜简单套用在合伙合同关系之中，对于那些较为长期性的合伙合同，如其已形成较为正式的管理制度，则完全可以适用《合伙企业法》有关规定，但应灵活处理。[53] 另有观点则认为，与《合伙企业法》以形成组织的合伙（组织型合伙）为预设对象不同，《民法典》合伙合同一章的规范以未形成组织的合伙（合同型合伙）为预设对象，这决定了《民法典》中合伙合同有关合伙财产的归属、合伙债务的承担、合伙出资的价值确定以及入伙和退伙等方面的诸多具体规范与《合伙企业法》有明显差异。《民法典》中合伙合同的预设对象与《合伙企业法》的预设对象分别构成了合伙类型光谱中的两个极点，大量中间类型的合伙根据其组织性的强弱个别考量适用或者类推适用某种规范，从而使规范的适用更为灵活和更为符合当事人的利益安排，实现规范的最大体系效益。根据上述组织性的判断因素，具体类型合伙的组织性越强，越有理由类推适用《合伙企业法》的规范和《民法典》中关于非法人组织的规范；组织性越弱，越有理由类推适用《民法典》中关于合伙合同的规范。因此，《民法典》关于合伙合同的规范很难被简单地认为是一般性规范，而将《合伙企业法》中关于合伙协议的规范认为是特别规范，否则就会出现一般性

---

〔51〕 王利明：《论民法典对合伙协议与合伙组织体的规范》，载《甘肃社会科学》2019 年第 3 期。

〔52〕 最高人民法院民法典贯彻实施工作领导小组主编：《中华人民共和国民法典合同编理解与适用（四）》，人民法院出版社 2020 年版，第 2733 页。

〔53〕 谢鸿飞、朱广新主编：《民法典评注：合同编　典型合同与准合同》（第 4 册），中国法制出版社 2020 年版，第 474～475 页。

地适用《民法典》合伙合同规范的结果，丧失适用上的灵活性。[54] 从目前的学说探讨来看，如何协调《民法典》合伙合同章的有关规范与《合伙企业法》相关规定的适用关系，仍有待在个案中根据具体案情分析。但无论如何，《民法典》第467条关于无名合同得以参照适用“其他法律最相类似合同的规定”这一原理，在合伙合同领域亦可以适当借鉴。虽然合伙合同属于《民法典》规定的合同，并不构成《民法典》第467条意义上的“本法或者其他法律没有明文规定的合同”，但因《民法典》合伙合同章规则的阙如，在特定情形参照适用《合伙企业法》的规则也是当下不得不选择的变通路径之一。《合伙企业法》关于合伙协议及合伙人之间权利义务关系的相关规范，恰恰构成了“其他法律最相类似合同的规定”。当然，在参照适用时，仍然需要根据特定的案情以及拟参照适用规范的立法目的等作出是否得以参照适用的慎重探讨。

第二节　合伙合同的效力

关于合伙合同效力的阐述，既有按照合伙合同中的权利义务内容区分为合伙人义务与合伙人权利予以阐述的方式，[55] 亦有按照为共同事业目的而展开的合伙人内部关系和外部关系予以阐述的方式。[56] 虽然各自视角不同，但基本上是围绕《民法典》合伙合同章的规定展开，同时兼及《合伙企业法》的相关规定。此处以《民法典》合伙合同章的规定为线索就合伙合同中的权利义务关系依次作出介绍。

一、合伙人的出资义务

合伙人的出资，是合伙财产的组成部分之一，是合伙人实现共同事业目的的基础所在。出资是“共享利益、共担风险”的合伙合同原则的体现之一。通常认为，出资义务是合伙人的根本义务，也是合伙得以成立的前提。[57] 当事人中存在不负出资义务的人时，已不能说其从事的是共同事业，该契约也不再是合伙契约。[58] 《民法典》第968条就合伙人的出资义务作了明确规定，即“合伙人应当按照约定的出资方式、数额和缴付期限，履行出资义务”。

关于履行出资义务的方式，包括出资方式、数额、缴付期限等，《民法典》并未作出限定，而是依当事人意思自治，依当事人约定即可。关于出资方式，《合伙企业法》第16条第1款规定，“合伙人可以用货币、实物、知识产权、土地使用权或者其他财产权利出资，也可以用劳务出资”。同理，对于不一定形成合伙企业这类组织体的合伙合同来说，合伙人当然亦可以此等方式出资。实际上，只要有财产价值的都可以成为出资的标的，甚至是不作为，在特定情形亦可

---

〔54〕 朱虎：《〈民法典〉合伙合同规范的体系基点》，载《法学》2020年第8期。

〔55〕 崔建远：《合同法》（第4版），北京大学出版社2021年版，第689～691页；魏振瀛：《民法》（第8版），北京大学出版社、高等教育出版社2021年版，第574～575页。

〔56〕 王利明：《合同法》（下册），中国人民大学出版社2021年版，第436～446页；李永军：《合同法》（第6版），中国人民大学出版社2021年版，第418～419页。

〔57〕 黄薇主编：《中华人民共和国民法典解读：合同编》（下册），中国法制出版社2020年版，第1509页。

〔58〕 ［日］我妻荣：《我妻荣民法讲义V_3：债权各论》（中卷二），周江洪译，中国法制出版社2008年版，第239页。

以作为出资的标的。例如,并非合伙人当然应负担的竞业禁止义务,而是诸如停止此前的营业活动等特殊的不作为,当事人认可其存在财产性价值时,亦可以作为出资的标的。[59] 另外,《合伙企业法》第 16 条就非货币出资规定了评估作价的机制,合伙合同情形当然亦可以采取此等评估作价机制,但评估作价并非合伙合同出资的必须程序。之所以作价评估,主要目的在于确定合伙人之间的出资比例,以便在损益分配等方面具有相应的标准。[60] 但《民法典》第 972 条也规定了无法确定出资比例时的损益分配为"平均分配、分担",亦足以能够为损益分配提供标准,故即使出资未经评估,亦不妨碍合伙合同之成立和生效。当然,为减少纠纷,合伙人就非货币出资特别是劳务出资情形,事先协商确定评估办法更为妥当。

关于出资的缴付期限,当事人应按约定履行;没有约定或约定不清楚的,则依《民法典》第 510 条、第 511 条规定处理即可。有疑问的是,合伙财产不足以清偿合伙债务时,是否存在就出资期限未届满之出资义务有加速到期之必要?对此,有观点认为,《民法典》以未形成组织的合伙为预设对象,并不要求先以合伙财产清偿合伙债务,故此等出资义务加速到期规则并无必要。[61]

合伙人违反出资义务的,应承担违约责任。但是,就违反出资义务情形能否行使同时履行抗辩权问题,《民法典》草案阶段虽然曾试图规定,但《民法典》最终未予以规定。有观点认为,之所以未作规定,一是合伙人未必不能行使同时履行抗辩权;二是并不意味着其他合伙人可以简单地按照合同编通则部分行使同时履行抗辩权,而需要由法院依具体情况进行具体分析和判断。[62] 对此,既有观点认为部分合伙人不履行出资义务时,其他合伙人不得据此拒绝履行其出资义务,[63]也有不少观点主张在特定情形下仍然可以适用同时履行抗辩权,如两人构成的合伙合同中或者是各合伙人保留合伙事务执行权而请求出资的合伙人尚未履行时,得以行使同时履行抗辩权。但本书认为,合伙人之一不履行出资义务的,其他合伙人并不能以此为由拒绝出资,合伙人之间的出资义务并不构成互为对价关系的给付与对待给付关系,其他合伙人并无同时履行抗辩权。此时,除了请求未履行出资义务的合伙人承担违约责任以外,其他合伙人得以通过除名、退伙、解散合伙等方式予以救济。

亦有观点主张,合伙人迟延履行出资义务,经催告后在合理期限内仍未履行,或者迟延履行出资义务,致使不能实现合同目的,其他合伙人可依据《民法典》第 563 条第 1 款解除合同。[64] 或者认为,合伙人未出资或未适当出资,符合约定或法定解除条件的,其他合伙人可解除合同,合伙合同解除的,合伙合同的权利义务终止,并依《民法典》第 978 条规定的合伙合同终止的清算程序处理。[65] 但本书认为,从合伙合同的特点来看,合同的法定解除规则并不应予

---

〔59〕 [日]我妻荣:《我妻荣民法讲义 V_3:债权各论》(中卷二),周江洪译,中国法制出版社 2008 年版,第 239 页。

〔60〕 类似的结论参见王轶等:《中国民法典释评:合同编 · 典型合同》(下卷),中国人民大学出版社 2020 年版,第 607 页。但其理由主要是以尚未形成组织的合伙为规范对象的《民法典》合伙合同规范,并不要求以合伙财产清偿债务,合伙财产价值确定对于债权人并不重要,其评估作价等可以更为自由。

〔61〕 朱虎:《〈民法典〉合伙合同规范的体系基点》,载《法学》2020 年第 8 期。

〔62〕 谢鸿飞、朱广新主编:《民法典评注:合同编 典型合同与准合同》(第 4 册),中国法制出版社 2020 年版,第 481 页。

〔63〕 王利明:《合同法》(下册),中国人民大学出版社 2021 年版,第 438 页。

〔64〕 王轶等:《中国民法典释评:合同编 · 典型合同》(下卷),中国人民大学出版社 2020 年版,第 609 页。

〔65〕 徐涤宇、张家勇主编:《〈中华人民共和国民法典〉评注》(精要版),中国人民大学出版社 2022 年版,第 997 页。

以适用。例如,若数十个合伙人之间订立的合伙合同,因合伙人之一未履行出资义务,且符合《民法典》第563条第1款法定解除之要件,其他合伙人之一以此为由要求解除合同,而另外的其他合伙人希望维持合伙合同关系,若得以适用法定解除,意味着合伙合同的终止和合伙的解散,此时适用解除的原理并不妥当,也不符合合伙合同具有组织性契约的特点。此时,依不同的构成要件,通过除名、退伙、解散合伙等方式予以救济更为妥当。

二、合伙财产

《民法典》第969条第1款规定,"合伙人的出资、因合伙事务依法取得的收益和其他财产,属于合伙财产"。广义上来说,合伙财产包括合伙存续期间因经营合伙事务取得的一切财产,包括合伙债务。但是,《民法典》第969条采取了狭义合伙财产的概念。〔66〕

关于合伙财产的性质,《民法典》并未作规定,但通常认为其为共同共有。因此,合伙财产的处分等亦须遵循或参照适用《民法典》物权编共同共有的规则。之所以称"参照适用",乃是因为合伙财产中不仅仅包括物权等财产权,亦包括债权等积极财产。例如,尚未履行的出资,为合伙全体的出资请求权,亦属于合伙财产范围;用于出资的劳务,虽然劳务很难说是财产的标的,但不履行劳务出资义务时,亦存在相应的请求权或损害赔偿请求权,因此其仍然得以构成合伙财产。此等合伙财产的共有,并非物权法意义上的共有。

值得注意的是,合伙财产在合伙合同层面的意义并不如《合伙企业法》层面的意义突出。原因在于,在《合伙企业法》中,"合伙人的出资、以合伙企业名义取得的收益和依法取得的其他财产,均为合伙企业的财产"(《合伙企业法》第20条)。也就是说,合伙财产是"合伙企业的财产",归属于合伙企业这一非法人组织。而在《民法典》合伙合同章中,强调的是合伙合同,并不一定形成组织体,故其只能归属于全体合伙人。而且,在《合伙企业法》中,合伙企业首先以合伙企业的财产清偿债务,合伙企业不能清偿到期债务的,合伙人才承担无限连带责任(《合伙企业法》第38条、第39条)。合伙财产(合伙企业的财产)是合伙债务第一顺位的责任财产,首先由其对合伙债务负一般担保责任。但与此不同,《民法典》并未采纳《合伙企业法》这一"补充连带责任主义"做法,而是采用了"并存连带责任主义",由全体合伙人对合伙债务承担连带责任(《民法典》第973条),债权人可以直接向部分或全部合伙人要求清偿债务,并不以合伙财产不足清偿为前提。〔67〕 合伙财产,在《民法典》合伙合同中,并未发挥第一顺位一般担保之功能。在合伙合同层面来说,合伙财产的功能仅在于实现共同事业目标,以及合伙合同终止后的剩余财产分配。

但是,合伙财产由全体合伙人共同共有,亦应遵循共同共有的一般规则。合伙财产的共同共有意味着,共同共有人对于合伙财产中的具体财物和权利不享有处分权,而只对合伙财产享

---

〔66〕 谢鸿飞、朱广新主编:《民法典评注:合同编　典型合同与准合同》(第4册),中国法制出版社2020年版,第486页;最高人民法院民法典贯彻实施工作领导小组主编:《中华人民共和国民法典合同编理解与适用(四)》,人民法院出版社2020年版,第2741页;王轶等:《中国民法典释评:合同编·典型合同》(下卷),中国人民大学出版社2020年版,第610页。

〔67〕 当然,亦存在不同观点。例如,王利明认为,尽管合伙人要承担无限责任,但首先要以合伙财产对合伙债务承担责任。只有在合伙财产不足以清偿合伙债务的情况下,才有必要以合伙人个人财产来清偿合伙债务。参见王利明:《合同法》(下册),中国人民大学出版社2021年版,第438页。

有类似股份性质的权利。只有所有的共有人才可以作为权利人处分合伙财产中的具体财物和其他权利，从而使合伙财产至少在实质的管理处分上，具有有别于各合伙人财产的相对独立性价值。[68] 从这层意义上来说，即使在合伙合同层面，合伙财产也仍然具有其意义。合伙财产的共同共有，决定了与各合伙人财产的相对分离，进而在合伙财产的管理使用上服务于合伙共同事业的目标。

合伙财产作为一个整体构成的标的的财产、一种物和权利的集合，合伙人在此基础上仅拥有类似于公司股东的概括性的份额，而该权利是不可分割的。[69] 而且，合伙人在合伙合同终止前分割合伙财产，往往会影响合伙的正常经营，甚至可能导致共同目的的落空。为避免这种现象的发生，维护合伙的正常经营和全体合伙人的利益，《民法典》第969条第2款规定，"合伙合同终止前，合伙人不得请求分割合伙财产"。[70] 当然，亦有观点认为，该款规定为任意性规范，经全体合伙人的一致同意即可分割合伙财产。但若全体合伙人合意分割全部合伙财产，这实际上是终止了合伙合同关系。[71] 若是并非分割全部合伙财产，则可以将其作为合伙财产的处分予以对待，依共同共有的规则，全体合伙人也得以处分合伙财产。若是就某个合伙人的全部份额财产予以分割，即使经全体合伙人同意，亦应作为退伙处理。

三、合伙事务的决定与执行

（一）合伙事务的决定

合伙事务的决定以全体合伙人一致同意为原则，合伙事务的执行以全体合伙人共同执行为原则。无论是一致同意原则还是共同执行原则，其强调的是，与合伙企业等组织体相比，在合伙合同中，虽然共同执行原则等比较笨拙，但对所有合伙人而言并不危险，全体合伙人的安全利益和高度人合性的需要比交易的便捷性更为重要。[72] 另外，关于合伙事务的执行，《民法典》规定了以下方法：全体合伙人共同执行、委托某一合伙人单独执行或部分合伙人共同执行、全体合伙人分别执行和部分受托合伙人分别执行。

合伙人就合伙事务作出决定的，除合伙合同另有约定外，应当经全体合伙人一致同意（《民法典》第970条第1款）。"合伙合同另有约定"，可扩张解释，合伙合同订立后，全体合伙人一致同意或依合伙协议约定予以决议的，亦是合伙合同之一部分。[73] 也就是说，合伙契约并不限于设立合伙当初所为的合意，合伙存续期间所为的合意也是合伙契约。[74] 所谓的"合伙事务"，不仅限于具体的合伙事务，也包括涉及合伙自身基础或者合伙人相互关系的行为，例如订立、修改、补充、终止合伙合同，接受他人入伙或者同意退伙等。《民法典》合伙合同规范要求，合伙事务的决定，原则上需全体合伙人一致同意，除非合伙合同另有约定。但值得注意的是，

---

[68] 谢鸿飞、朱广新主编：《民法典评注：合同编　典型合同与准合同》（第4册），中国法制出版社2020年版，第488页。
[69] 谢鸿飞、朱广新主编：《民法典评注：合同编　典型合同与准合同》（第4册），中国法制出版社2020年版，第491页。
[70] 黄薇主编：《中华人民共和国民法典解读：合同编》（下册），中国法制出版社2020年版，第1516页。
[71] 朱虎：《〈民法典〉合伙合同规范的体系基点》，载《法学》2020年第8期；王轶等：《中国民法典释评：合同编·典型合同》（下卷），中国人民大学出版社2020年版，第613页。
[72] 严城：《民法典合同编（草案）合伙合同的成功与不足》，载《法治研究》2019年第1期。
[73] 谢鸿飞、朱广新主编：《民法典评注：合同编　典型合同与准合同》（第4册），中国法制出版社2020年版，第496页。
[74] [日]我妻荣：《我妻荣民法讲义V_3：债权各论》（中卷二），周江洪译，中国法制出版社2008年版，第225页。

作为组织体的合伙企业,《合伙企业法》第30条、第31条区分了一般事项和特别事项。就特别事项,除非合伙协议另有约定,需经全体合伙人一致同意;而对于一般事项,合伙协议未约定或者约定不明确的,实行合伙人一人一票并经全体合伙人过半数通过的表决方法。

(二)合伙事务的执行

合伙事务由全体合伙人共同执行。按照合伙合同的约定或者全体合伙人的决定,可以委托一个或者数个合伙人执行合伙事务;其他合伙人不再执行合伙事务,但是有权监督执行情况(《民法典》第970条第2款)。对此,比较法立法例上有明确区分合伙事务的执行和代理的立法例。例如,2017年《日本民法典》修改时新增第670条之2,就事务的执行和代理作了区分[75]:"(1)执行合伙业务之情形,已得合伙人过半数同意时,各合伙人得代理其他合伙人。(2)不论前款之规定,有业务执行人时,仅业务执行人得代理合伙人。于此情形,业务执行人为数人时,限于已得业务执行人过半数同意时,各业务执行人得代理合伙人。(3)不论前两款之规定,执行合伙人之日常事务时,各合伙人或各业务执行人得单独代理合伙人。"但我国《民法典》并未区分事务执行权和代理权(合伙企业等组织体中则为代表权),似乎认为执行权本身就蕴含了代理权或代表权,另外亦可能是《民法典》合伙合同规范仅关注合伙人之间的内部关系,而对于其对外关系关心甚少,故对此不作规定。从学理上来说,全体合伙人共同执行时,合伙人之间形成了相互代理关系,而委托一个或数个合伙人执行事务时,则属于委托代理,事务执行人得以代理全体合伙人对外执行事务。当然,在委托范围之外的某些事项,全体合伙人也可以临时决定委托给某一合伙人办理。也就是说,在作出对合伙事务执行的一般委托时,并不排除特殊的委托,但需要合伙合同作出约定或者全体合伙人的授权。[76] 另外,《民法典》第970条第2款有意选择使用了"委托"这一语词,意味着除法律另有规定外,只要没有根据合伙合同的特性得出其他结论,有执行权合伙人(执行事务合伙人)的法律地位可以参照适用委托合同的受托人地位的相关规则。但是,《民法典》第933条规定的任意解除权不应予以适用。在具有正当理由时,其他合伙人可以解任而终止执行权,执行事务合伙人可以辞任而终止执行权。[77] 比较法立法例上亦多规定执行事务合伙人的地位可以适用或参照适用受托人地位的相关规定。例如,《日本民法典》第671条规定,"(委托合同)第644条至第650条之规定,准用于决定或执行合伙业务之合伙人"。

不执行合伙事务的合伙人虽然不直接参与合伙日常事务的经营管理,但是仍然享有对合伙重大事务的参与权和决定权,如参加合伙人会议、对重大事务行使表决权等。[78] 但是,合伙事务已委托其他合伙人执行的,此等合伙人不再执行合伙事务,但是有权监督执行情况。《合伙企业法》第28条规定了监督权的具体行使,亦可参照适用于合伙合同中的监督权行使。这种监督权源于合伙事业的共同性和财产的共有性,包括监督合伙事务及检查合伙财产、财务的权利。无论其出资种类如何及出资多少,非执行事务合伙人均有监督权。而且,这种监督权可以单独行使,无须与其他合伙人一起。合伙人的监督权是法定的,不能为合伙合同或者决议所

---

〔75〕 河上正二「債権法講義[各論]第2部第10章組合(2)」『法学セミナー』786号(2020年)84頁。

〔76〕 黄薇主编:《中华人民共和国民法典解读:合同编》(下册),中国法制出版社2020年版,第1521页。

〔77〕 王轶等:《中国民法典释评:合同编·典型合同》(下卷),中国人民大学出版社2020年版,第619~620页。

〔78〕 黄薇主编:《中华人民共和国民法典解读:合同编》(下册),中国法制出版社2020年版,第1522页。

排除或限制，否则为无效约定或决定。[79]

合伙人分别执行合伙事务时，其他执行事务合伙人享有异议权。对此，《民法典》第970条第3款规定，合伙人分别执行合伙事务的，执行事务合伙人可以对其他合伙人执行的事务提出异议；提出异议后，其他合伙人应当暂停该项事务的执行。分别执行合伙事务，指的是通过合伙合同约定或者全体合伙人一致决定，可以由合伙的每个合伙人分别执行合伙事务，也可以委托合伙的某几个合伙人分别执行合伙事务。在合伙人分别执行合伙事务时，受托合伙人可以单独执行合伙事务，无须征得其他合伙人的同意，但为维护合伙共同事业之利益，其他受托合伙人，即其他执行事务合伙人有权对其他合伙人执行的事务提出异议。此种异议权仅仅在合伙人分别执行合伙事务之情形下产生，且仅其他执行事务合伙人享有。不具有执行事务权的合伙人，无权对其他合伙人执行的事务提出异议，但可以行使监督权。[80]

一旦执行事务合伙人就其他合伙人的执行行为提出异议，其他合伙人应立即暂停执行，以避免损失的扩大。但暂停之后如何处理，《民法典》并未作规定。对此，《合伙企业法》第29条第1款援引第30条规定的合伙人决议规则来解决纠纷。但是，《民法典》第970条规定了全体合伙人一致同意原则，因此，除非另有约定，原则上被异议的有执行权的合伙人应当暂停此项事务的执行，如果有必要继续进行，则需要全体合伙人的一致同意。[81]

合伙人不得因执行合伙事务而请求支付报酬，但是合伙合同另有约定的除外（《民法典》第971条）。合伙人执行合伙事务也就是在处理自己的事务，因此，原则上合伙人不得以执行合伙事务为由请求支付报酬。而且，合伙本身是共担风险、共享利益，由于合伙的分红等已经使合伙人取得了相应的对价，如果允许执行事务合伙人请求支付报酬，则会使该合伙人获得不当利益。无论是全体合伙人共同执行合伙事务，还是部分合伙人执行合伙事务，均不因执行合伙事务而直接享有报酬请求权。[82] 如果合伙合同对此没有约定，也没有全体合伙人的决定，则合伙人无权以合伙事务的执行为由要求报酬。

四、合伙的损益分配

合伙合同指向共同的事业目的，需共担风险、共享利益，故在合伙存续期间，亦会产生损益分配问题。对此，《民法典》第972条规定了损益分配的方法，即合伙的利润分配和亏损分担，按照合伙合同的约定办理；合伙合同没有约定或者约定不明确的，由合伙人协商决定；协商不成的，由合伙人按照实缴出资比例分配、分担；无法确定出资比例的，由合伙人平均分配、分担。

---

〔79〕 谢鸿飞、朱广新主编：《民法典评注：合同编　典型合同与准合同》（第4册），中国法制出版社2020年版，第498页。但亦有观点认为，对该监督权，可以约定行使的方式，也可以约定予以一定的限制，但限制不能达到实质性剥夺的程度。参见王轶等：《中国民法典释评：合同编·典型合同》（下卷），中国人民大学出版社2020年版，第617页。

〔80〕 谢鸿飞、朱广新主编：《民法典评注：合同编　典型合同与准合同》（第4册），中国法制出版社2020年版，第499页。当然，亦有观点认为，非执行合伙事务合伙人也可以对合伙事务的执行行使监督权和异议权。但考虑到不执行合伙事务的合伙人一般不了解合伙经营的具体情况，他们可以通过要求召开合伙人会议等办法对合伙经营进行监督，为了保证合伙经营的效率，当非执行事务合伙人提出异议时，合伙事务可以不停止执行，但应尽快召开合伙人会议，讨论并决定有关异议事项。参见黄薇主编：《中华人民共和国民法典解读：合同编》（下册），中国法制出版社2020年版，第1524～1525页。但从该表述来看，此等"异议权"，并非《民法典》第970条意义上的异议权。

〔81〕 王轶等：《中国民法典释评：合同编·典型合同》（下卷），中国人民大学出版社2020年版，第619页。

〔82〕 王利明：《合同法》（下册），中国人民大学出版社2021年版，第443页。

值得注意的是,合伙合同没有约定或约定不明确,又协商不成时,损益按照实缴出资比例分配、分担。但是,如果合伙人未按照约定实缴出资,存在应缴而未缴的违约行为,在利润分配上,以实缴出资比例确定利润分配的比例,并无违和感。但是,采用这种确定比例的方式,在亏损分担上却不无疑问。若按照实缴出资比例分担亏损,反而是违约的合伙人承担了较少比例的亏损,因而看起来有因违约而获益的表象。因此,有观点认为,以实缴出资比例作为亏损分担的标准可能引发道德危机:合伙人为避免分担过多亏损,极有可能不实缴出资或少缴出资。如此一来,不仅不利于合伙事务的开展,还有对预先实缴出资之合伙人不公之嫌。〔83〕但是,因出资义务违反而引起的违约行为造成损失的,应当承担违约损害赔偿责任。此时,违约合伙人所负的义务就不限于应缴而未缴的出资义务,还包括因违约行为导致其他合伙人有较高的亏损分担比例产生的损失。〔84〕

思考｜对于实缴出资比例分配方法的反思

作为利益分配规则,《民法典》第972条强调协商不成按照实缴出资比例分配和分担,其本意是为了促使合伙人按照合伙合同实际履行其出资义务,以利于合伙共同事业目的的实现。但在实践中,由于合伙出资形式多样,关系较为复杂,其与公司法所确定的按照实际出资比例的法理并非一致,其分配的规则完全是两个不同的概念。相比而言,公司是典型资合性的,是资本的联合;合伙则是典型人合性的,是人的联合。公司股东对外以出资为限承担责任,合伙人对外则不分出资多少及出资形式而承担连带的无限责任。大多数国家和地区民事规范中关于合伙合同的规定,几乎均未规定协商不成时应按照实际出资比例确定分红和承担亏损。因此,在实践中,须具体分析,不宜简单地套用本规定。例如,对于现金及物权性出资而未给付的情况,可通过除名的方式使该合伙人退出合伙,且不免除损害赔偿责任;部分给付时,则主张依应缴部分的全部比例承担责任。劳务和信用出资,若提供者不积极提供或消极为之,则可以除名,且不免除损害赔偿责任。知识产权出资的,若其提供的专利等无法实际应用,则视为未履行出资义务而可以除名,并不免除损害赔偿责任。〔85〕对此,本书认为,虽然对于实缴出资比例分配利润、分担损失的方法值得商榷,但如何依具体情况判断,仍有待个案中不断完善。特别是部分给付出资情形,以应缴出资比例作为分担损失的依据,并无实定法根据。在现行法框架内的解释论,应在《民法典》规定的实缴出资比例分担损失的前提下,通过损害赔偿范围的确定来平衡当事人之间的利益关系。

关于以劳务出资的合伙人如何分配利润和分担亏损,不同的国家和地区有着不同的规定。其中,既有我国台湾地区“民法”规定的方式:除非另有约定,劳务出资合伙人原则上不受损失分配;亦有《瑞士债务法》规定的得以约定劳务出资人仅分配利润的方式;还存在不对劳务出资人作特别规定,与其他合伙人一并参与利润分配和亏损负担的方式。大多数国家和地区并不

〔83〕杨代雄主编:《袖珍民法典评注》,中国民主法制出版社2022年版,第824页。
〔84〕王轶等:《中国民法典释评:合同编·典型合同》(下卷),中国人民大学出版社2020年版,第629页。
〔85〕谢鸿飞、朱广新主编:《民法典评注:合同编　典型合同与准合同》(第4册),中国法制出版社2020年版,第514页。

强调劳务出资者不承受损失，而是一般性地规定凡合伙人均须依合同约定或者法定进行损益分配。[86] 我国《民法典》并未对劳务出资人作特别规定，应当认为采取了第三种方式，即不对劳务出资人特别对待。[87] 事实上，原《民法通则意见》第48条曾规定："只提供技术性劳务，不提供资金、实物的合伙人，对于合伙经营的亏损额，对外也应当承担连带责任；对内则应当按照协议约定的债务承担比例或者技术性劳务折抵的出资比例承担；协议未规定债务承担比例或者出资比例的，可以按照约定的或者合伙人实际的盈余分配比例承担；没有盈余分配比例的，按照其余合伙人平均投资比例承担。"应该说，原《民法通则意见》关于劳务出资人损益分配的精神，在《民法典》背景下仍然得以适用。也就是说，劳务出资人并不被特别对待，仍然与其他合伙人一样按照约定或法定的方式参与损益分配。

另外，在《民法典》编纂过程中，曾有意见建议规定，"仅就利润分配或亏损分担之一约定比例的，推定该比例共同适用于利润分配和亏损分担"，[88] 但《民法典》并未对此作出规定。实践中，当事人有可能会存在此等约定，不少国家对此一般规定，利益分配比例或者亏损分担比例确定的，可以适用于利益分配和亏损分担。[89] 此等损益分配方法，亦可以作为实践中的参考。

五、合伙债务的承担

关于合伙债务的承担规则，《民法典》编纂过程中的各草案经历了一个变化的过程。早期的草案并未采纳原《民法通则》第35条第2款规定的规则，而是参考了《合伙企业法》第38条和第39条的规定，即合伙人对合伙财产不足以清偿部分承担连带责任。但到了《民法典（草案）》时，则规定为"合伙人对合伙债务承担连带责任"，含义发生了重大变化，由之前草案中的补充连带主义改为并存连带主义，[90] 即"合伙人对合伙债务承担连带责任。清偿合伙债务超过自己应当承担份额的合伙人，有权向其他合伙人追偿"。之所以如此规定，其原因主要在于：一是并存的连带责任主义是世界上大多数国家和地区的普遍做法。二是我国司法实践中对于合伙债务的诉讼，基本上采并存的连带责任，而不先由合伙财产清偿再由合伙人个人财产清偿，因为实践中实在无法由合伙的债权人举证证明合伙财产不足。三是合伙合同与合伙企业完全系两个不同性质的法律制度。合伙合同是合伙人的联合，作为联合的合伙合同没有权利能力，自然不能作为独立的债务主体。[91] 实际上，在形成组织的合伙中，债务人就是合伙组织，且合伙财产为合伙组织所有，其与合伙人个人财产的区分较为清晰，合伙债权人不先请求以合伙组织的财产清偿而直接请求以合伙人的个人财产清偿，合伙人有权据此抗辩，这对债权人不会造成其他损失，故《合伙企业法》第38条和《民法典》第104条都规定先以合伙组织的财产清偿。但在未形成组织的合伙中，债务人是全体合伙人，且合伙财产属于全体合伙人共有，与合伙人个人财产的区分较弱，并且经全体合伙人的一致同意即可分割合伙财产，如果合伙人仍享

---

〔86〕 谢鸿飞、朱广新主编：《民法典评注：合同编　典型合同与准合同》（第4册），中国法制出版社2020年版，第515页。
〔87〕 王轶等：《中国民法典释评：合同编·典型合同》（下卷），中国人民大学出版社2020年版，第629页。
〔88〕 周江洪：《关于〈民法典合同编〉（草案）（二次审议稿）的若干修改建议》，载《法治研究》2019年第2期。
〔89〕 黄薇主编：《中华人民共和国民法典解读：合同编》（下册），中国法制出版社2020年版，第1528页。
〔90〕 谢鸿飞、朱广新主编：《民法典评注：合同编　典型合同与准合同》（第4册），中国法制出版社2020年版，第518页。
〔91〕 谢鸿飞、朱广新主编：《民法典评注：合同编　典型合同与准合同》（第4册），中国法制出版社2020年版，第520页。

有上述抗辩，则会使债权人的债权实现成本增加。[92] 因此，《民法典》第 973 条规定了合伙人的连带责任。当然，是否采用了并存连带主义，尚有解释的空间。通常来说，并存连带意味着既可以向合伙请求，也可以向合伙人请求，而《民法典》第 973 条并未突出“合伙”，而是直接规定合伙人承担连带责任。[93] 不过，从解释上来说，合伙债务的债权人得以要求从合伙财产中清偿债务，并无限制之必要。另外，有部分观点认为，尽管合伙人要承担无限责任，但首先要以合伙财产对合伙债务承担责任，只有在合伙财产不足以清偿合伙债务的情况下，才有必要以合伙人个人财产来清偿合伙债务；[94]但从立法过程来看，这一观点并不符合《民法典》第 973 条的旨趣。

合伙人就合伙债务承担连带责任具体可适用《民法典》合同编通则关于连带债务的规则。但就清偿了合伙债务的合伙人的追偿权，《民法典》第 973 条并未如同《民法典》第 519 条一样规定“有权就超出部分在其他连带债务人未履行的份额范围内向其追偿，并相应地享有债权人的权利，但是不得损害债权人的利益”。从解释论上而言，即使是合伙人之间的追偿，亦应服从连带债务人之间追偿的规则，应与《民法典》第 519 条作同样解释。不仅如此，包括《民法典》第 519 条第 3 款规定的追偿不能风险的分担规则，亦同样适用于合伙人之间。而关于《民法典》第 973 条规定的“超过自己应当承担份额”中的“份额”的确定，则依《民法典》第 972 条关于利润分配和亏损分担份额的规定。

另外，《民法典》合伙合同章并未就新入伙合伙人、退伙合伙人的债务承担问题作出规定。此时可以参照适用《合伙企业法》的规定。通常来说，新入伙合伙人就其入伙前的债务承担连带责任（《合伙企业法》第 44 条）、退伙人就基于退伙前的原因发生的合伙债务承担连带责任（《合伙企业法》第 53 条）。

六、合伙人财产份额的转让

《民法典》第 974 条规定：“除合伙合同另有约定外，合伙人向合伙人以外的人转让其全部或者部分财产份额的，须经其他合伙人一致同意。”依该条规定，合伙人的财产份额转让需经全体合伙人一致同意。合伙人的财产份额，虽然名为“份额”，但并非按份共有中的“份额”；对于后者，《民法典》第 305～306 条规定了按份共有份额转让的规则，除了其他按份共有人的优先购买权和通知义务，并无更多限制。但合伙人的财产份额，并非按份共有中的“份额”。合伙人的财产份额，是指各个合伙人对于合伙财产的应有部分，即合伙人在合伙财产中的所持份额，类似于公司法上股东在公司所占的股份份额。合伙财产在作为各个个体存在的同时，也有着作为统一整体存在的一面。各合伙人在拥有共有合伙财产中的各物的同时，也拥有概括性财产上的份额。如同公司股份，合伙份额反映了作为出资人的合伙人与合伙之间的权利义务关系。但与公司股份不同，合伙份额是与合伙人的地位紧紧联系在一起的，是作为合伙人之间主

---

〔92〕 王轶等：《中国民法典释评：合同编·典型合同》（下卷），中国人民大学出版社 2020 年版，第 631 页；朱虎：《〈民法典〉合伙合同规范的体系基点》，载《法学》2020 年第 8 期。

〔93〕 《民法典》采纳契约型合伙与组织型合伙的二分法体例后与《合伙企业法》关于合伙财产、合伙债务的定位的不同。参见赵玉：《民法典背景下合伙企业财产制度构造》，载《中国法学》2020 年第 6 期。

〔94〕 王利明：《合同法》（下册），中国人民大学出版社 2021 年版，第 438 页。

体性结合的必然结果，本质上仅系各合伙人对合伙财产隐存的计算比例，一般不允许与合伙人的地位相分离加以处分。实质上，合伙份额所体现的合伙人权利与义务主要是针对其他合伙人的，并因合伙的性质而使合伙人连带地对合伙债权人承担责任。公司股份尽管与股东地位相连，但其是股东与公司之间关系的反映，非股东与股东之间关系的体现。[95] 从这层意义上来说，合伙份额是合伙人地位或者资格的一部分，除了财产份额之外，还包括共同执行合伙事务、利润分配、剩余财产分配等权利，是具有复合性的权利，包括自益和共益的权利以及亏损分担等义务，类似于公司中的股权或者股份。《合伙企业法》第 22 条和《民法典》第 974 条规定的合伙财产份额的转让，事实上也就是合伙人地位或者"合伙份额"的转让，该份额不同于物权法意义上共有中的份额，而应理解为合伙人地位或者合伙份额。[96] 若是如此理解，则合伙人就其财产份额转让的限制也就理所当然。原因在于，对第三人转让份额，不管部分还是全部，都意味着第三人加入了合伙，其实质上是入伙，而对于新入伙而言，从合伙合同及合伙的高度人合性出发，合伙人之间的高度信赖具有重要意义，因此势必需要得到全体合伙人的同意方可。而若是转让全部份额，则意味着原合伙人脱离合伙，属于退伙，亦同样需要特定的条件（参见《合伙企业法》第 45 条）。[97]

未经全体合伙人同意的合伙份额转让，虽然对其他合伙人和合伙人的债权人不产生效力，但并不妨碍份额转让协议在出让人和受让人之间产生债权性效力。受让人得以据此要求出让份额的合伙人承担违约责任。当然，《民法典》第 974 条规范的是合伙份额转让导致合伙人地位变化的情况，若是因合伙份额所产生的利益分配请求权、清算后剩余财产的分配请求权，均无专属性，可以自由转让而不受《民法典》第 974 条的限制。[98] 实践中，亦有法院判决将未经同意对外转让合伙份额作为合伙人违反合同义务予以处理，并认为可以依《民法典》第 563 条发生解除权，得以解除合伙合同。该法院认为，"赵氏足业公司未经合伙人孙某花同意即将全部合伙份额转让给合伙人之外的第三人栗某，属其以自己行为表明其将不再履行与孙某花所签合伙合同约定的义务，违反了法律规定及合同约定"，属于"当事人一方迟延履行债务或者其他违约行为致使不能实现合同目的"，并进而肯认解除权。[99] 本书认为，一则合伙合同并不适用《民法典》第 563 条第 1 款规定的因债务不履行引起的解除；二则未经同意对外转让合伙份额，在合伙人之间并不发生效力，亦无解除权发生之必要。因其他违反合伙合同之行为导致合伙目的难以实现的，可以通过退伙、除名、合伙解散等予以救济；法院的判决值得商榷。

另外，《民法典》第 974 条仅就合伙份额的对外转让作出了规定，对于合伙人内部转让并无规定。对此，《合伙企业法》第 22 条第 2 款规定，"合伙人之间转让在合伙企业中的全部或者部分财产份额时，应当通知其他合伙人"。《民法典》第 974 条参考了《合伙企业法》第 22 条第 1 款规定了合伙份额对外转让的规则，但却未如同《合伙企业法》一样规定合伙人之间的转让，其

---

〔95〕 谢鸿飞、朱广新主编：《民法典评注：合同编　典型合同与准合同》（第 4 册），中国法制出版社 2020 年版，第 527 页。

〔96〕 朱虎：《〈民法典〉合伙合同规范的体系基点》，载《法学》2020 年第 8 期。

〔97〕 关于《民法典》合伙合同章合伙份额与《合伙企业法》合伙份额属性之异同，参见宋晓庆：《民法典体系下合伙份额法律属性阐释》，载《政法论坛》2021 年第 4 期。

〔98〕 谢鸿飞、朱广新主编：《民法典评注：合同编　典型合同与准合同》（第 4 册），中国法制出版社 2020 年版，第 533 页。

〔99〕 孙某花与陕西赵氏足业服务有限公司合同纠纷案，陕西省渭南市中级人民法院（2022）陕 05 民终 979 号二审民事判决书。

间考量不得而知。对此，有观点认为，虽然《民法典》第 974 条没有对此作出规定，但因为合伙份额的内部转让不会破坏合伙人之间应有的信赖关系，故，除非合伙合同有特别要求，应当允许自由为之，但须通知其他合伙人。[100] 也有观点虽然在结论上与该观点类似，也持内部转让自由说，但亦对合伙份额内部转让自由说持谨慎态度。原因在于，若允许合伙人内部自由转让，则很有可能出现某个合伙人转让全部财产份额，从而间接地实现退伙目的。如果说此等结果在《合伙企业法》的语境下尚可接受，那么对于人合性极强的合伙合同而言这可能会引发疑虑。[101] 本书认为，至少在全部转让份额时，即使是内部转让，也需要全体合伙人之同意始为妥当。原因在于，转让全部合伙份额时，其实质就是退伙；而退伙，需要特定的事由，而并不是自由退伙。内部转让全部合伙份额无须其他合伙人之同意，其实质上就是受让合伙份额的是合伙人之一即可同意出让人退伙。从这层意义上来说，《合伙企业法》第 22 条第 2 款与《合伙企业法》第 45 条之间存在矛盾之处。《合伙企业法》第 45 条规定："合伙协议约定合伙期限的，在合伙企业存续期间，有下列情形之一的，合伙人可以退伙：（一）合伙协议约定的退伙事由出现；（二）经全体合伙人一致同意；（三）发生合伙人难以继续参加合伙的事由；（四）其他合伙人严重违反合伙协议约定的义务。"当然，就不定期合伙，《合伙企业法》第 46 条规定，"合伙协议未约定合伙期限的，合伙人在不给合伙企业事务执行造成不利影响的情况下，可以退伙，但应当提前三十日通知其他合伙人"。也就是说，若允许内部自由转让份额，至少就定期合伙而言，合伙人完全可以通过合伙份额内部转让而"架空"《合伙企业法》第 45 条关于退伙事由的规定。因此，从这个角度来说，《民法典》第 974 条未对合伙份额的内部转让作出规定，是"留白"，为内部转让规则完善的实践探索提供了一定的空间。

七、合伙人债权人的代位权行使限制

《民法典》第 535 条第 1 款规定，"因债务人怠于行使其债权或者与该债权有关的从权利，影响债权人的到期债权实现的，债权人可以向人民法院请求以自己的名义代位行使债务人对相对人的权利，但是该权利专属于债务人自身的除外"。若依该条之规定，合伙人对其他合伙人享有债权或者针对全体合伙人享有债权之情形，合伙人怠于行使此等权利影响合伙人个人债务所对应的债权人的到期债权实现的，合伙人个人的债权人似乎可以行使债权人代位权以保全其债权。例如，合伙人对其他合伙人享有出资请求权、因其他合伙人违约引起的损害赔偿请求权、因对外承担连带债务而享有的追偿权等，此时合伙人个人债务的债权人能否行使《民法典》第 535 条意义上的债权人代位权，关键在于此等权利是否专属于债务人（合伙人）自身。对此，《民法典》第 975 条规定，"合伙人的债权人不得代位行使合伙人依照本章规定和合伙合同享有的权利，但是合伙人享有的利益分配请求权除外"。其中，利益分配请求权包括了《民法典》第 972 条规定的利润分配请求权与第 978 条规定的合伙剩余财产分配请求权。《民法典》第 975 条的规定，实际上区分了合伙人个人债务与合伙债务，而且区分了第三人针对合伙人个人的债权和合伙人针对其他合伙人基于合伙合同或合伙关系享有的权利。

---

〔100〕 谢鸿飞、朱广新主编：《民法典评注：合同编　典型合同与准合同》（第 4 册），中国法制出版社 2020 年版，第 529 页。
〔101〕 王轶等：《中国民法典释评：合同编·典型合同》（下卷），中国人民大学出版社 2020 年版，第 636 页。

合伙人在合伙合同上的权利，多基于合伙人之间的特别信赖而产生，因此形成的合伙关系具有强烈的人身属性，合伙人因其合伙人身份而享有合伙权利，其行使合伙权利不能与其合伙人身份相分离，若允许合伙人个人债务的债权人代位行使，会发生第三人介入合伙关系的不当结果。〔102〕 也就是说，在面对合伙人个人债权人时，合伙人仅以个人名义且以个人财产负责，包括合伙份额中的财产性权利。合伙人个人的债权人也只能以合伙人财产份额中的财产性权利作为债权实现的保证，除非依第 974 条规定进行合伙份额的转让。〔103〕 也正因如此，《民法典》第 975 条仅允许就利益分配请求权行使代位权。但是，《民法典》排除了利益分配请求权以外的一切权利，是否妥当，需谨慎判断。例如，因承担债务而对其他合伙人享有的追偿权，其虽然基于合伙关系而产生，但其追偿权已转化为个人财产权而非合伙财产，同样地，虽然出资请求权本身是基于合伙关系产生的，但若因其他合伙人未履行出资义务等产生的违约损失，特别是针对合伙人个人的损失，此等损害赔偿请求权虽亦有赖于合伙合同或合伙关系的存在，但亦为合伙人个人之债权，与合伙人之间的高度人身属性无关，债权人行使代位权亦不会介入合伙关系。因此，从这层意义上来说，与其说不能行使基于合伙合同享有的权利，还不如说不能针对合伙财产行使债权人代位权，或者说不能代位行使与合伙事务管理相关的、与人身属性密切相关的权利。也正因如此，关于《民法典》第 975 条规定的“依照本章规定和合伙合同享有的权利”，应该根据具体的权利作出具体分析，作限缩性解释，以兼顾合伙人个人债务的债权人的权利保护与合伙合同作为组织性契约的特有权利构造。

第三节　合伙合同的终止

因《民法典》从合同层面规范合伙，故在相关表述方面亦以合同相关概念来表述，如合伙合同的随时解除、合伙合同的终止等，而不是采用作为组织体意义上的退伙、散伙等概念。此处亦遵循《民法典》的表述，但并不因此表明《民法典》合同编通则第七章关于合同权利义务终止的相关规定均适用于合伙合同领域。例如，《民法典》第 563 条第 1 款规定的法定解除，特别是因合伙人债务不履行引起的法定解除，并不适用于合伙合同领域。《民法典》第 976～978 条就不定期合伙合同的随时解除、合伙人死亡等引起的合伙合同终止以及合伙合同终止后的剩余财产分配作出了规定。但关于合伙合同终止的规范，不仅见于《民法典》合伙合同章，《合伙企业法》对此亦有诸多规定得以参考。

一、合伙合同终止的原因

关于合伙合同终止的主要原因，《民法典》第 976 条规定了不定期合伙合同的任意解除；《民法典》第 977 条规定了合伙人死亡等引起的合伙合同终止。

---

〔102〕 谢鸿飞、朱广新主编：《民法典评注：合同编　典型合同与准合同》（第 4 册），中国法制出版社 2020 年版，第 536 页。

〔103〕 谢鸿飞、朱广新主编：《民法典评注：合同编　典型合同与准合同》（第 4 册），中国法制出版社 2020 年版，第 540 页。

（一）不定期合伙合同的任意解除

合伙合同的不定期，一是源于当事人没有约定或约定不明确且无法通过补充协议、相关条款或者交易习惯予以确定；二是源于定期合伙合同期限届满后持续的合伙。对此，《民法典》第976条第1款和第2款分别作了规定："合伙人对合伙期限没有约定或者约定不明确，依据本法第五百一十条的规定仍不能确定的，视为不定期合伙。""合伙期限届满，合伙人继续执行合伙事务，其他合伙人没有提出异议的，原合伙合同继续有效，但是合伙期限为不定期。"

不定期合伙之情形，依《合伙企业法》第46条的规定，合伙人得以有条件退伙，即"合伙协议未约定合伙期限的，合伙人在不给合伙企业事务执行造成不利影响的情况下，可以退伙，但应当提前三十日通知其他合伙人"。合伙人的退伙，并不意味着合伙关系的终止。就合伙企业来说，合伙企业并不因退伙而解散，合伙关系仍存在于其他合伙人之间。但是，《民法典》合伙合同章并未规定退伙规范，在不定期合伙合同情形，亦仅规定了合伙人得以任意解除，即"合伙人可以随时解除不定期合伙合同，但是应当在合理期限之前通知其他合伙人"（《民法典》第976条第3款）。[104] 这一立法例，与《德国民法典》第723条的立法例类似，但与比较法上的一些立法例并不相同。例如，《日本民法典》第678条规定的是不定期合伙的退伙，《瑞士债务法》第546条规定的是得以请求解散合伙。

我国《民法典》之所以采纳不同于《合伙企业法》的方式处理不定期合伙，有理由认为是契约型合伙不同于合伙企业的特性使然，并将其定位为《民法典》第563条第2款规定的任意解除不定期持续性合同规则在合伙合同领域的具体体现。即合伙企业是独立的民事主体，对于不定期限的合伙企业，一般也不宜随意终止，但是可以允许合伙人在不影响合伙企业事务执行的情况下自行退伙。而《民法典》合伙合同章规定的契约型合伙，本身就是松散型的合伙，如果不定期合伙，应当允许合伙人行使任意解除权解除合伙合同。但一旦任意解除，合伙合同即告终止，此时如果其他合伙人仍有意继续原合伙事业，可以继续订立新的合伙合同。[105]

但是，就合伙企业来说，书面合伙协议是设立合伙企业的前提条件之一（《合伙企业法》第14条）；同时，作为独立民事主体的合伙企业，其也仍然是以合伙人以合伙协议的方式予以设立。在《合伙企业法》未对合伙协议作出特别规定的情况下，仍然需遵循《民法典》合伙合同章的规定。事实上，《合伙企业法》并未对合伙协议的"解除""终止"作出规定，而只是规定了退伙、合伙企业解散等。设想，若合伙企业中的合伙人之一任意解除不定期合伙协议（合伙合同）而导致合伙协议（合伙合同）终止，此时，合伙企业本身是否得以存在？也就是说，姑且不论两者之间规范不一致的合理与否，若合伙企业的合伙人之一依据《民法典》第976条提出任意解除书面合伙协议，而不是依据《合伙企业法》第46条提出退伙，此时当如何处理？若依严格区分《合伙企业法》与《民法典》合伙合同章规范的做法，似乎应当解释为：限定合伙企业中的合伙

---

〔104〕 当然，在《民法典》编纂过程中，亦有意见建议将此处的"任意解除"改为"退伙"［参见周江洪：《关于〈民法典合同编〉（草案）（二次审议稿）的若干修改建议》，载《法治研究》2019年第2期］，但《民法典》仍然采用了任意解除的规则。然而，在《民法典》颁布后，相关释义书在归纳该条的"条文主旨"时，明确将其归纳为"本条是对合伙协议未约定合伙期限时合伙人自愿退伙情形的规定"［参见黄薇主编：《中华人民共和国民法典解读：合同编》（下册），中国法制出版社2020年版，第1539页］，将条文中的"随时解除"归纳为"自愿退伙"，亦表明该条与《合伙企业法》相关条文之间的适用困惑。

〔105〕 黄薇主编：《中华人民共和国民法典解读：合同编》（下册），中国法制出版社2020年版，第1541页。

人的任意解除权,以《合伙企业法》已规定退伙为由否定其任意解除权。同时,对于未形成合伙组织体(合伙企业)的合伙合同而言,虽然《民法典》并未规定退伙相关的规则,但并没有必要因此否定退伙制度的必要性,此时可以反向参照适用《合伙企业法》第46条的规定,既可以提出退伙,亦可以任意解除,具体依该合伙人的意思解释而定。[106] 当然,若依《民法典》第977条的立法精神,合伙人死亡、丧失民事行为能力或终止的情形,合伙合同终止;退伙之情形,亦相当于"合伙人之一的消失",故亦导致合伙合同的终止;合伙合同另有约定或者根据合伙事务的性质不宜终止的除外。[107] 当然,如此解释,至少有"合伙事务的性质不宜终止"这一除外可能性为退伙而不解散契约型合伙留下了空间,而不是说非要通过任意解除来终止不定期合伙,然后由剩下的合伙人再行订立新合伙协议这种方式。当然,对于同样的事由,因其是否形成合伙企业组织体而采取不同的规范方式是否妥当,以及是否会为司法实务带来困扰,在立法论上尚有进一步探讨的空间。[108]

(二)合伙人死亡等引起的合伙合同终止

与不定期合伙合同任意解除规则类似,在处理合伙人死亡、丧失民事行为能力或者终止时的合伙合同境遇时,《民法典》合伙合同章规范与《合伙企业法》的导向亦明显不同。依《合伙企业法》第48条第1款,作为自然人的合伙人死亡,是当然退伙的法定情形之一。当然,依《合伙企业法》第50条,按照合伙协议或者经全体合伙人同意,该合伙人的财产份额继承人取得合伙企业合伙人资格。而对于合伙人丧失或部分丧失民事行为能力的,依《合伙企业法》第48条第2款,经其他全体合伙人一致同意,可以依法将该合伙人转为有限合伙人;只有未能一致同意的情形,该合伙人退伙。对于作为组织的合伙人终止之情形,依《合伙企业法》第48条,亦是当然退伙的法定情形之一。但《民法典》合伙合同章的规范,将此等事由均作为合伙合同终止的事由,即"合伙人死亡、丧失民事行为能力或者终止的,合伙合同终止;但是,合伙合同另有约定或者根据合伙事务的性质不宜终止的除外"(《民法典》第977条)。之所以存在如此不同,不少观点亦同样将其归结为契约型合伙与组织性合伙的不同。与不定期合伙合同任意解除规则

---

[106] 在司法实践中,似乎并不太区分合伙合同的解除与退伙,且将解除的效果指向退伙。例如,有法院判决指出,"该项诉讼请求虽然没有明确写明要求解除与恒业公司的合伙关系,但是合伙关系存续的特点是共同出资、共享利益、共担风险,胡某前明确要求恒业公司退还其合伙建造船舶的出资款,表明其不愿意再与恒业公司合伙经营船舶,已表达了要求退伙即解除合伙关系的意思,该意思表示明确"[胡某前、南京恒业油运有限公司船舶共有纠纷案,湖北省高级人民法院(2021)鄂民终862号二审民事判决书]。另外,亦有观点认为,《合伙企业法》第45条第4项杂糅了两个层次的法律效果,即违约行为导致终止权的产生和终止权的性质导致合同关系的解消,只不过是基于商事企业维持的理念而添加例外规则,而将合同关系的消灭默认式地仅限于行使终止权合伙人,因此,对于未形成组织的无须商事企业维持理念介入的合伙,则可参照该条行使违约行为解除权(终止权)以终结合同关系(参见刘洋:《合同条款在私法法源中的优先地位及其实现——以隐名合伙的商事实践为例》,载《法学》2021年第4期)。

[107] 对此,有观点指出,应当对"另有约定或者根据合伙事务的性质不宜终止"的但书进行妥当的解释,如合伙人出现退伙情形,根据合伙的性质,对有需求继续存续的合伙作出不宜终止的解释。参见李建伟、岳万兵:《民法典合伙合同规范的体系功能及其解释》,载《西北工业大学学报(社会科学版)》2020年第4期。

[108] 甚至有观点认为,合伙期限届满后合伙人继续执行合伙事务的,某一合伙人提出解除合同的,合伙是否绝对解散,应当区分情况而定,对于不同意继续履行合伙合同的合伙人,发生退伙的效力,其不再受合伙合同的约束,有权请求退还其应得合伙财产份额;对于其他同意继续履行合伙合同的合伙人,合伙合同继续有效,不发生合伙解散的效果(参见最高人民法院民法典贯彻实施工作领导小组主编:《中华人民共和国民法典合同编理解与适用(四)》,人民法院出版社2020年版,第2766页)。此种解释明显偏离了"任意解除"的含义本身,并不妥当。

类似，此时也会面临《合伙企业法》规范与《民法典》合伙合同章规范的协调问题。对于已形成合伙企业的合伙合同来说，此时应当限制《民法典》第977条的适用，合伙人死亡、丧失民事行为能力或者终止，并不终止合伙合同；或者也可以通过"根据合伙事务的性质不宜终止"予以解释，认为合伙企业中的合伙协议这一特性属于"合伙事务的性质"，而不宜终止合伙合同，而是按照《合伙企业法》的退伙、继承人入伙等规则予以处理。对于未形成合伙企业组织的合伙合同，则依《民法典》第977条处理。此时不宜参照适用《合伙企业法》之规定，毕竟此时的合伙人已"消失"或行为能力已"消失"，不能如同不定期合伙合同中的合伙人得以依意思自治自主决定退伙或解除合伙合同。另外，因《民法典》第977条并未规定合伙人部分丧失民事法律行为能力时如何处理，若该合伙人部分丧失民事法律行为能力，作为限制行为能力人，其智力状况等与合伙事务的性质、内容不相匹配，此时可以参照《合伙企业法》的规则，采取退伙的方式予以处理。

合伙人亦可另行约定上述事由的发生不导致合伙合同的终止。另外，依合伙事务性质不宜终止的，不产生合伙合同的终止。但何为"根据合伙事务性质不宜终止"的情形，仍有待实践和学理的进一步明晰。通常来说，主要是指一些合伙的事务正在进行，如因合伙人死亡等而终止合伙，将严重影响其他合伙人利益；或者合伙事务涉及公益，合伙事务停止将影响公益等不宜终止合伙的情形。此时应依退伙处理或者待合伙事务进行完毕后再予以终止。另外，关于《民法典》第977条的"合伙合同另有约定"，学说和实践中多将其进行扩张解释，解释为既包括初始合伙合同的约定，也包括出现合伙人死亡或终止、丧失民事行为能力后，其他合伙人以决议、协议作出的规定或以行为表现的意愿。[109]

有疑问的是，合伙合同另有约定或者根据合伙事务不宜终止的情形，死亡或终止的合伙人、丧失民事行为能力的合伙人及其合伙财产份额、对外债务等该如何处理？在此等例外情形中，对该合伙人发生退伙的效果。[110] 但《民法典》合伙合同章并未规定退伙、除名等规则的弊端明显，因此亦不得不参照适用《合伙企业法》的相关规则予以处理。

（三）其他终止原因

除了上述原因，合伙合同亦因以下事由而终止：一是合伙期限届满。依《民法典》第976条第2款的规定，合伙期限届满，原则上合伙合同终止，除非符合该款规定的合伙人继续执行合伙事务且其他合伙人未提出异议。二是参照适用《合伙企业法》合伙企业解散事由的各种事由。连作为组织性合伙的典型的合伙企业都因此等事由而解散，对于契约型合伙来说，更有理由终止合伙合同。例如，参照《合伙企业法》第85条的规定，合伙合同约定的终止事由出现，全体合伙人决定终止合伙合同，合伙人仅存一人时，合伙合同约定的合伙目的已经实现或者无法实现等，均可以作为合伙合同终止的事由。[111]

---

[109] 谢鸿飞、朱广新主编：《民法典评注：合同编　典型合同与准合同》（第4册），中国法制出版社2020年版，第553页；王轶等：《中国民法典释评：合同编·典型合同》（下卷），中国人民大学出版社2020年版，第653页。

[110] 王轶等：《中国民法典释评：合同编·典型合同》（下卷），中国人民大学出版社2020年版，第653页。

[111] 学说上，虽然没有明确表明是《合伙企业法》第85条的参照适用，但亦将此等事由作为合伙合同终止的原因。参见王利明：《合同法》（下册），中国人民大学出版社2021年版，第446～448页；龙卫球：《中华人民共和国民法典：合同编释义》（下册），中国法制出版社2020年版，第1132～1134页。

另外，亦有部分观点将《合伙企业法》中规定的退伙、除名等事由亦作为合伙合同法定解除权产生的事由或法定终止事由；同时认为合伙合同另有约定或者合伙人另有约定时，可以认为该解除权仅针对行使解除权的部分合伙人发生，合伙合同继续在其他合伙人中存续。[112] 亦有不少观点认为，合伙合同同样发生与其他合同一样的法定解除问题。[113] 该观点的实质在于坚持《民法典》合伙合同规范的契约型合伙本质，认为发生退伙、除名等事由或因解除权行使而导致合伙合同终止，或者直接发生合伙合同终止；但当事人另有约定时除外。本书认为，将《合伙企业法》规定的退伙、除名等规则，借助"解除"的通道适用于合伙合同之中，不仅会造成"解除"概念含义的混乱，而且在其"解除"的效果上，亦需与退伙、除名等规则进行权衡。合伙合同，原则上不适用因债务不履行解除的规则，而除名等事由中，明显存在不履行出资义务等债务不履行的情形（参见《合伙企业法》第 49 条）。更为妥当的方法应当是在立法上规定合伙合同中的退伙、除名等规则；退而求其次的方法则是参照适用《合伙企业法》的退伙、除名等规则予以填补漏洞，但在填补漏洞时需注意《民法典》合伙合同章规范的体系协调。

二、合伙合同终止后的剩余财产分配

合伙合同终止后，合伙人之间的合伙合同关系已消灭，合伙合同上的权利义务终止，但在合伙人之间，在清算结束前，仍然作为清算中的合伙存在，其对于清算结束前的合伙财产的共同共有状态持续。虽然《民法典》中并未有如同《民法典》第 107 条关于非法人组织解散、《合伙企业法》第 86 条关于合伙企业解散一样规定合伙合同终止后的清算的规定，但为了使合伙财产从共同共有的联结中脱离出来，亦需要对合伙的财产关系予以清算。《合伙企业法》第 87 条规定的清算人在清算期间执行清理合伙企业财产、处理与清算有关的合伙企业未了结事务、清缴所欠税款、清理债权债务、处理剩余财产等，可参照适用于合伙合同。当然，《合伙企业法》第 21 条第 1 款"合伙人在合伙企业清算前，不得请求分割合伙企业的财产；但是，本法另有规定的除外"的规定，与《民法典》第 969 条第 2 款"合伙合同终止前，合伙人不得请求分割合伙财产"的规定并不相同。也就是说，合伙合同终止后，合伙人即可请求分割合伙财产，此等合伙财产的分割，可被列入合伙合同终止后的清算环节予以处理。因合伙合同中的合伙人对合伙债务承担连带责任，而非合伙企业中的补充连带责任，此时清算的目的并非保护合伙债权人的利益，而是保障合伙人之间的公平，仅仅是内部清算。因此，较之《合伙企业法》规定的合伙企业的清算程序，《民法典》合伙合同终止后的清算规定更为简略，更尊重合伙人之间的意思自治，仅规定了合伙财产的剩余分配比例，[114] 即"合伙合同终止后，合伙财产在支付因终止而产生的费用以及清偿合伙债务后有剩余的，依据本法第九百七十二条的规定进行分配"（《民法典》第 978 条）。

有疑问的是，依《民法典》第 978 条规定，合伙剩余财产的分配，是"合伙财产在支付因终止

〔112〕 王轶等：《中国民法典释评：合同编 · 典型合同》（下卷），中国人民大学出版社 2020 年版，第 653 页。

〔113〕 例如，不少观点将"解除合同"作为合伙合同终止的原因之一。参见魏振瀛：《民法》（第 8 版），北京大学出版社、高等教育出版社 2021 年版，第 576 页；黄薇主编：《中华人民共和国民法典解读：合同编》（下册），中国法制出版社 2020 年版，第 1545 页。

〔114〕 王轶等：《中国民法典释评：合同编 · 典型合同》（下卷），中国人民大学出版社 2020 年版，第 655 页。

而产生的费用以及清偿合伙债务后有剩余的”再进行分配；如果合伙人在支付清算费用和清偿合伙债务前进行了合伙财产的分配，分配仍然有效，但未支付的费用和未清偿的合伙债务仍然要在合伙人内部分担。[115] 在司法实践中，亦有个案先行分配财产的。而且，合伙合同终止后，合伙人仍然对尚未清偿的合伙债务负连带责任，即使清算结束剩余财产分配后，清算时遗漏的债务亦同样如此，合伙人之间仍然负有连带责任，合伙人之间在清算过程中的内部财产分配顺序、债务承担协议等，仅在合伙人之间产生效力，并不能对外产生拘束力。[116] 当然，在司法实践中，亦有不少判决主张清算后才得以分割财产。例如，有法院裁判指出，“原审法院参照《合伙企业法》第21条之规定，认定丰某在合伙财产尚未清算前，无权请求分割合伙财产，并无不当。丰某可待双方清算后，再行主张权利”。[117] 在合伙人内部，是否必须经合伙清算始得分配财产，尚待司法实践进一步统一。但无论如何，只要全体合伙人意见一致，在清算前分配剩余财产并无问题。

案例 胡某前、南京恒业油运有限公司船舶共有纠纷案[118]

基本案情

2011年3月31日，南京恒业油运有限公司（以下简称恒业公司）与南京蓝昇船舶修造有限公司签订了《6500T油船建造合同》，合同约定由南京蓝昇船舶修造有限公司建造船舶，船舶造价为3380万元。2011年7月17日，恒业公司出具说明，主要内容：(1)该轮合同总价定于3380万元，预计建造中加上设计审图费及其他费用，按3600万元计算；(2)温州陈某占全船的40%股权；(3)恒业公司占全船的60%股权（其中老胡儿子投资300万元、李某松投资200万元、陈某同投资200万元、洪某投资100万元等在全船股权60%内）。说明中的“老胡儿子”是指胡某前。2011年4月14日至2012年11月2日，胡某前先后向恒业公司和游某佑个人账户支付了船舶建造股权投资款共计300万元。2012年10月25日，恒业公司与南京蓝昇船舶修造有限公司进行了结算并签订了《“恒业”6500吨油船结算协议》，最终确认“恒业”轮建造价格为3300万元。“恒业”轮登记在恒业公司名下，并由该公司和案外人陈某共同经营和管理，胡某前没有参与船舶经营管理。“恒业”轮从2012年11月开始投入营运。2013年4月17日，陈某向胡某前出具了《“恒业”轮陈某A（系胡某前认可的代表）、陈某股份比例及2013年第一季度分红》的说明，主要内容：(1)“恒业”轮总造价34,808,304元，陈某A总投资300万元应占8.62%股份；(2)2013年第一季度运费收入1,908,635.86元，陈某A 8.62%股份应分红164,524元；(3)“恒业”轮陈某A占40%股份，应分红763,454.34元。2013年4月22日至2016年9月19日，游某燕（恒业公司财务）向胡某前及其指定人员陈某A账户汇款2,064,524元。胡某前于2016年10月27日向恒业公司发律师函，要求恒业公司向胡某前支付拖欠的投资回报红利，同

[115] 王轶等：《中国民法典释评：合同编·典型合同》（下卷），中国人民大学出版社2020年版，第655页。

[116] 谢鸿飞、朱广新主编：《民法典评注：合同编 典型合同与准合同》（第4册），中国法制出版社2020年版，第560页；龙卫球：《中华人民共和国民法典：合同编释义》（下册），中国法制出版社2020年版，第1136页。

[117] 丰某、张某卫等合伙协议纠纷民事申请再审案，河南省高级人民法院(2021)豫民申2715号民事裁定书。

[118] 湖北省高级人民法院民事判决书，(2021)鄂民终862号。

时要求恒业公司提供完整的财务凭证。恒业公司收到律师函后，于2016年11月11日回复胡某前，不认可双方之间存在合伙造船关系，认为胡某前与游某佑个人之间存在业务往来关系，要求胡某前与游某佑联系解决相关事宜。2016年9月19日之后，恒业公司未再向胡某前支付过任何款项。胡某前于2018年8月24日向一审法院提起诉讼，要求判令恒业公司给付胡某前出资款，并承担资金占用期间的利息；要求判令恒业公司给付胡某前应得的"恒业"成品油船利润分配及其利息等。

一审法院认为，胡某前与恒业公司之间存在船舶合伙关系，本案系船舶合伙经营合同纠纷。根据《适用民法典时间效力的规定》，本案应适用《民法典》。一审法院认为，依《民法典》第976条规定，胡某前享有随时提出退伙的权利，其要求解除合伙关系的意思表示自到达恒业公司时即发生效力。胡某前提起诉讼的诉讼请求虽然没有明确写明要求解除与恒业公司的合伙关系，但是合伙关系存续的特点是共同出资、共享利益、共担风险，胡某前明确要求恒业公司退还其合伙建造船舶的出资款，表明其不愿意再与恒业公司合伙经营船舶，已表达了要求退伙即解除合伙关系的意思。一审法院于2018年9月7日向恒业公司送达了应诉通知书及起诉状副本，因此，胡某前与恒业公司的船舶合伙经营关系自2018年9月7日起解除。一审法院确认胡某前在合伙关系中投资占比为8.62%。胡某前作为恒业公司船舶经营的合伙人，享有按照8.62%的比例取得合伙关系存续期间"恒业"轮运营利润的权利。据此，按胡某前合伙投资占比8.62%计算，其应分配取得合伙期间的利润为4,350,509.8元，扣除其于2016年9月19日之前已分得的利润2,064,524元，恒业公司还应当向胡某前支付合伙关系存续期间"恒业"轮运营的利润2,285,985.8元，退还船舶合伙投资款2,675,300元，合计4,961,285.8元。胡某前与恒业公司均不服一审判决，提起上诉。

▌法院裁判

二审法院认为，根据《适用民法典时间效力的规定》，本案应适用《民法典》。根据《民法典》第967条与第972条规定，即使胡某前未参与合伙经营，但可以参与盈余分配并应与其他共有人共同承担亏损，胡某前亦应被视为合伙人。胡某前基于对涉案船舶的投资与恒业公司及案外人对涉案船舶形成按份共有关系，胡某前基于该共有关系与恒业公司形成船舶合伙经营合同关系。恒业公司关于一审判决认定本案基础法律关系存在错误，本案并非合伙经营合同纠纷的上诉理由不成立，本院不予支持。

胡某前与恒业公司的合伙合同没有约定合伙期限，属不定期合伙，根据《民法典》第976条规定，胡某前享有随时提出退伙的权利，其要求解除合伙关系的意思表示自到达恒业公司时即发生效力。根据《民法典》第565条第2款规定，一审法院于2018年9月7日向恒业公司送达了应诉通知书及起诉状副本，因此，胡某前与恒业公司的船舶合伙经营关系自2018年9月7日起解除。因合同的履行既可能产生收益，也可能产生亏损，因此，在胡某前一审起诉后，"恒业"轮并非确定地能够盈利，合同的继续履行并不一定会减损其合法权益。合同当事人是否主张解除合同系对双方当事人之间的关系、市场风险、合同继续履行是否存在障碍等诸多因素进行综合权衡后作出的选择。胡某前若要求继续履行合同，其完全可以不请求返还投资款，而仅请求支付涉案船舶的经营利润，但其在一审中并未如此主张。因此，胡某前关于一审判决适用《民法典》的规定明显减损其合法权益，适用法律错误，胡某前收回投资款及分配利润的诉求并非请求解除合伙关系的上诉理由不成立,本院不予支持。

虽然双方在合伙协议中没有约定具体的利润分配时间和方式,但“恒业”轮投入营运后,恒业公司作为合伙船舶的经营方,有义务对“恒业”轮营运收支情况定期或者不定期进行核算,如有利润,应向有关合伙人进行通报或者进行分配。恒业公司只在2016年9月19日前向胡某前支付了分红款,其后一直未再向胡某前分配利润,恒业公司的行为有违合伙关系建立的初衷。胡某前要求恒业公司向其分配合伙期间的利润的请求成立。胡某前与恒业公司的合伙关系于2018年9月7日解除,恒业公司应当对2018年9月7日之前的运营利润进行结算并分配。胡某前不再享有2018年9月8日之后“恒业”轮运营利润的分配权,也不承担亏损,即2018年9月8日之后“恒业”轮运营盈亏与胡某前无关,胡某前上诉主张依法享有2018年9月7日之后至判决生效之日的经营利润分配权利,缺乏事实和法律依据,本院不予支持。

胡某前请求判令恒业公司承担没有及时按比例退还合伙投资款的违约责任,并支付分红款的利息。对此本院认为,胡某前与恒业公司存在不定期船舶合伙经营关系,胡某前直接以提起诉讼方式主张解除合同,一审法院依法确认双方的合伙关系自2018年9月7日起诉状副本送达恒业公司时解除,恒业公司在抗辩中也提出了该项主张。恒业公司作为船舶运营方,在收到胡某前的起诉状副本后,应当及时就“恒业”轮当时的市场价值进行评估,对双方合伙关系存续期间“恒业”轮运营的收支情况、债权债务进行结算,并在评估结算完毕后及时按比例将胡某前应得的船舶合伙投资款及合伙期间的利润退还和分配给胡某前,恒业公司至今没有履行退款和分配利润的义务,应当赔偿胡某前的损失。由于胡某前和恒业公司的合伙合同对合伙期限、分配利润的时间、分配方式以及违约责任均没有约定,胡某前要求恒业公司承担违约责任的请求缺乏事实和法律依据,本院不予支持。但其要求赔偿利息损失的请求,应当予以支持。

后　记

本书的由来，似乎可以回溯至入职浙大不久后的一次学科点会议。当时学科点讨论民商法学教学相关事宜，张谷老师指出，国内合同法领域的教学，多偏重于合同法总则而忽视分则各典型合同的教学，提议加强合同法分则的教学，同事们深表赞同。此后不久，自己也有幸成为这门课程的主讲教师之一。虽然具体课程名称时有变化，从《合同法》到《合同法理论与实务》，又从《合同法理论与实务》回归《合同法》，但注重合同法分则教学的理念一直未变。

在合同法具体教学过程中，越发觉得合同法分则的教学并不简单。这既有主观学识能力上的原因，也有一些客观上的因素。就客观上来说，主要是合同法分则层面的学理探讨尚不够充分。民法学界的不少师友一起闲聊时也都大多认为，相对于合同法总则层面研究的繁荣，学界关于各典型合同的研究明显偏少；除了买卖合同等有限的数个典型合同，各典型合同的不少问题点并未得到充分关注，亦因此难以形成较为稳定的"通说"。如此一来，教学过程中得以参考的高水平教科书并不多见亦是必然。从主观上来说，在面对典型合同的不少细节问题时，因自己并未精研合同法分则各典型合同，对各类交易的实际形态及其变形也多无切身体会，难以做出充分有效的解释说明。也正是因为如此，在讲授合同法后不久，就给自己立下一个今天看起来非常不自量力的小目标：针对合同法规定的每一典型合同都至少写一篇像样的学术论文，对每一典型合同都能深入了解其基本机理；在此基础上，写一本自己认为最好的合同法分则教科书。但现在回头来看，当初是多么地年少无知和不知天高地厚！

事实上，到目前为止，虽然就买卖合同、保证合同、租赁合同、融资租赁合同、委托合同、中介合同等典型合同层面的若干主题有所涉猎，对于非典型合同"服务合同"亦多有关注，但离当初的目标相差甚大。而且，即使就某一类合同的某一主题有所涉猎，各典型合同背后交易实践的丰富性、学理的复杂性和比较法来源的多样性，囿于学识，很难对每一典型合同相关制度都理解透彻，遑论写出像样的学术论文。因此，不要说一本最好的合同法分则教科书，即使是一本值得信赖的合同法分则教科书，亦是差距不少。借用葛云松教授当年力作的书名，本书至多只不过是"过渡时代的典型合同原理"而已。学识有限，疏漏之处在所难免，不少细节仍有待将来进一步开拓，还请方家务必指正。

借写后记的机会，对本书的相关情况亦做适当说明。

第一，书名。关于本书的书名，写作过程中一直纠结，合同法分则、典型合同原理、典型合同讲义、合同法讲义之典型合同等等题目都曾作为备选。为此，曾向数位好友求教。其中，李昊教授认为，合同法分则蛮好，郭烁教授支持该书名。陆青教授、章程教授则认为，典型合同原理挺好。之所以最终选取目前的书名，主要是源于以下几点不能称之为理由的理由。若称之为合同法分则，作为个人独著的体系性教科书，似乎后续应该再出一本合同法总则才说得过去，压力颇大；因此，合同法分则的书名虽好，但为避免自我加压，故舍弃之。同理，合同法讲义之典型合同的书名，亦复如此。因本书是在多年授课讲义基础上整理而成，故曾将典型合同讲义作为备选书名之一。“讲义”者，有多重含义，若从“学校教师为学生编辑的讲授资料”这一含义上言，该名称亦符合；但从本书的现有规模来看，份量已远超当初的讲义资料，作为课堂授课讲义而言，其简约性明显有所欠缺，故亦舍弃之。而“原理”者，蕴含着观察基础上予以归纳概括的科学意味，本书不少内容亦正是司法实践和学理发展之归纳概括；而且，《民法典》第三编第二分编的标题即为典型合同，采典型合同命名亦具尊崇法典之意。基于上述考虑，选取了目前的书名。在这里，要特别感谢各位好友分享各自的见解，犹如民法典编纂，“任何不同意见、反对意见、未采纳意见，也都是对民法典的贡献”。

第二，本书的体例结构。本书遵循《民法典》“典型合同”分编的篇章结构，全书分十九章。此外，为更清晰地把握典型合同的基本原理，绪论部分就《民法典》合同编的制度变迁作了简要介绍。同时，既是为了说明《民法典》用如此大的篇幅来规定各典型合同的意义，也是为了回应逐一讲授各典型合同的教学安排是否具有实际意义的“怀疑论”，更是出于为本书“张目”之目的，专门就典型合同的功能作了简要概括说明。

第三，本书的若干特点。首先，本书关照民法典的体系效应，在阐释典型合同相关制度时尝试联动其他编的相关制度原理。从《民法典》内部来看，典型合同作为民事生活和民事基本制度的“底层架构”，本质上需要联动《民法典》各编。例如，合同编通则和《民法典》总则编基本理念、基本制度有不少都是在典型合同中得以具体化，或者需要在典型合同层面予以特别法化。因此，在阐释各典型合同原理时，也需要时不时关照其他各编的制度原理。例如，在阐述所有权保留买卖时，需注意其所有权构成、担保构成和买卖合同构成的不同面向；在阐述保证合同时，对担保的基本原理需有所回望，并需联动数人之债的若干原理；保理合同部分，则需时刻关注债权让与的基本原理；合伙合同部分，需要将其放在法律行为层面予以观察，需要辨析其与双务合同之不同；而关于各典型合同的违约责任问题，则需要时时关注合同编责任规则与侵权编责任规则之间的相互作用，等等。其次，民法典的体系效应，不仅需关注各编之间的联动，亦需关注典型合同的内部体系。本书为此也做了适当努力，特别是在若干典型合同之间的异同、“类合同”内部的“参照适用”或“适用”规则的厘清方面，做了若干尝试，拟沟通不同典型合同之间的关系。例如，技术中介合同与中介合同之比较，建设工程施工合同与承揽合同之间的规则异同，保管合同与其他类型合同中的“保管”，中介合同、行纪合同等如何参照适用委托合同的规则等，都是这方面的体现。再次，本书亦适当关照《民法典》之外的相关制度体系。例如，合伙合同与合伙企业法之间的联动问题、物业服务合同与《物业管理条例》等等，亦有适当关照。最后，本书关注司法实践和学说发展，设置“案例”“拓展”“思考”等诸多栏目，以供读者进一步参考或研讨。“案例”专栏,乃是选取若干典型案例供进一步研讨之用,其目的在于丰富本书的素材,同时也有利于读者直观了解司法实践的相关动态。“拓展”栏目,则更多地是相关内容的学说拓展,以便加深对相关制度原理细节的理解。“思考”栏目,试图就相关制度原理中可能存在的争议或疑难问题提供若干思考的方向,以便感兴趣的读者进一步思考。

然而,上述诸般特点,实乃写作当初的“初心”,但所呈现的“实然”是否已臻“应然”,自身也难免见疑。“体系关照”云云,有“黄婆卖瓜”之嫌,实则力所不逮之处颇多。“案例”选取典型与否,见仁见智,亦有所疑;“拓展”及文献注释,虽本意在于加深理解但实则招之理解混乱之处亦难免,且遗漏重要文献者必有之;还请被遗漏参引的各位师友见谅,为此随时做好“挨批”的准备。“思考”云云,虽名为引发思考和探究,但多数往往是作者自身因学识能力有限而困惑之处,因一时无法厘清,故“偷懒”将其作为“思考”了之。因此,此等写作特点和体例编排,虽然丰富了本书的内容,但也可能招致困扰,敬请读者见谅并批评。

本书能够面世,要感谢的人非常多。

首先,要感谢家人和同事。家里的大小杂事,多赖家人担待。学校里,无论是教育教学工作还是行政管理服务工作,同事们任劳任怨地承担了本应由我承担的大量工作,且时时提供帮助和支持。在此,致以特别的感谢。这里还要特别感谢陆青教授。陆青教授估计是除编辑之外第一位通读完本书的读者了。不仅在合同法课程教学过程中相互研讨,也给本书提出了不少意见建议;他甚至特别提出,本书过于复杂,建议能否出一本简洁一点的合同法分则教材。本书作者虚心接受批评,并“知恩图报”,回敬“能否一起合作出一本典型合同简明教程”。目前,“典型合同简明教程”亦已在积极筹措之中。

其次,要特别感谢温暖而又有力量的民商法研究所。本书作者在韩家勇老师荣休感言时曾留言,“在民商法所,大家都是温润如玉的谦谦君子,既给足了各自的空间,又不失挚友般的亲密。这一切都离不开前辈们的开创,也正是因为前辈们的垂范,才有了这个温暖的小集体。”确实如此,唯有这样的小集体,才得以能够坚持每周一次的法典研读。记得从《民法典》各分编草案阶段开始,研究所就组织师生一起研读草案条文。张谷老师领衔,每周一次,几乎“雷打不动”,之江校区5号楼灯火通明的夜晚,共同学习、分享观点、畅所欲言、热烈讨论、相互启发、相互砥砺,就这样研读了大致一年半左右的时间。其中,对《民法典》合同编草案的研读最为细致,在共同研读的基础上,还组织了几次全国性的研讨会,法工委及民法典编纂专班成员也参与其中。讨论中形成的有不少意见建议被吸收采纳。《民法典》草案法条研读及相关的研讨会,为本书的写作提供了丰富的滋养。记得在讨论第926条关于委托合同中第三人抗辩和委托人抗辩规则时,章程教授关于此等抗辩是否会有损第三人预期的观点就很有启发,在本书中亦加以吸收。

再次,要特别感谢法律出版社教育分社吴昉社长和郑怡萍编辑。没有她们以及她们率领的团队,就没有本书的面世。即使是这篇后记,也是郑怡萍编辑“要求”的结果,没有她就没有这个后记。她们不仅为《民法判例百选》的出台贡献颇巨,对于本书的面世也费了大量心血。

郑怡萍编辑不仅承担了不少本应由作者承担的部分文稿工作，还为本书体例的“美化”作了精心的设计和修正。例如，在本书草稿中曾依授课课件中的“课后阅读”“延伸思考”来归纳相关拓展内容，经编辑手后始成为“拓展”与“思考”，这一修改犹如妙笔生花。

又次，要特别感谢学生们。唯有学生的存在，始有教师的意义。也唯有学生的存在，才得以推动本书的形成。正因为合同法课程授课期间同学们的“发问”，才逼迫自己不断思考，教学相长。要特别感谢读书会上一起研读本书草稿的博硕士生们，正因为他们的共同研读，才使得部分观点得以澄清，部分疏漏得以修正。诸位博士生还参与了本书一校稿的校对工作，博士生孙娟还为本书制作了缩略语。

最后，要特别感谢读者。希望我们一起努力，将各典型合同的基本原理揭示得更为清晰明了。但由于学识能力有限，本书肯定存在不尽人意之处甚至错讹之处，还请大家批评和谅解。

周江洪

2023 年 4 月 24 日